मध्य प्रदेश कर्मचारी चयन मण्डल

मध्य प्रदेश

शासन, स्कूल शिक्षा विभाग के अन्तर्गत

उच्च माध्यमिक शिक्षक

पात्रता परीक्षा (ऑनलाइन)

वाणिज्य

लेखक
महेन्द्र सिंह नेगी

अरिहन्त पब्लिकेशन्स (इण्डिया) लिमिटेड

卐 **रजि. कार्यालय**

'रामछाया' 4577/15, अग्रवाल रोड, दरिया गंज, नई दिल्ली- 110002
फोन: 011-47630600, 43518550

卐 **मुख्य कार्यालय**

कालिन्दी, टी०पी० नगर, मेरठ (यूपी)– 250002
फोन: 0121-7156203, 7156204

卐 **शाखा कार्यालय**

आगरा, अहमदाबाद, बरेली, बंगलुरु, चेन्नई, दिल्ली, गुवाहाटी, हैदराबाद, जयपुर, झाँसी, कोलकाता, लखनऊ, नागपुर तथा पुणे

卐 **मूल्य** ₹ 310.00

PO No. : TXT-59-T067406-09-25

PUBLISHED BY ARIHANT PUBLICATIONS (INDIA) LTD.

'अरिहन्त' की पुस्तकों के बारे में अधिक जानकारी के लिए हमारी वेबसाइट **www.arihantbooks.com** पर लॉग इन करें या **info@arihantbooks.com** पर सम्पर्क करें।

विषय–सूची

परीक्षा का प्रारूप व पाठ्यक्रम

परीक्षा योजना निर्देश

1. सभी प्रश्न अनिवार्य होंगे।
2. सभी प्रश्न बहुविकल्पीय (वस्तुनिष्ठ 4 विकल्प वाले) होंगे। प्रत्येक प्रश्न हेतु 1 अंक निर्धारित रहेगा।
3. परीक्षा समय 2:30 घण्टे का होगा।
4. इस परीक्षा हेतु एक प्रश्न-पत्र होगा। इसका कुल पूर्णांक 150 होगा। इसमें बहुविकल्पीय प्रश्नों की कुल संख्या 150 होगी। प्रत्येक सही प्रश्न हेतु 1 अंक निर्धारित रहेगा। ऋणात्मक मूल्यांकन होगा। प्रति 4 प्रश्नों के गलत उत्तर पर 1 अंक काटा जाएगा।
5. प्रश्न-पत्र के दो भाग होंगे- भाग अ एवं भाग ब। **भाग अ** सभी के लिए अनिवार्य होगा। **भाग ब** के अन्तर्गत शामिल विषयों में से एक विषय का चयन करना होगा।
6. **भाग अ** के चार खण्ड होंगे, जिनमें अंकों का अधिभार निम्नानुसार होगा

क्र.स.	विषय	प्रश्नों की संख्या	कुल अंक
1.	सामान्य हिन्दी	8	8
2.	सामान्य अंग्रेजी	5	5
3.	सामान्य ज्ञान व समसामयिक घटनाक्रम, तार्किक एवं आंकिक योग्यता	7	7
4.	पेडागोगी	10	10
	कुल	**30**	**30**

7. **भाग ब** 120 अंक का होगा एवं इस प्रश्न-पत्र में 120 बहुविकल्पीय प्रश्न पूछे जायेंगे। प्रश्न-पत्र के अन्तर्गत 16 विषय नीचे तालिका में दिए अनुसार होंगे, जिसमें से अभ्यर्थी अपने स्नातकोत्तर उपाधि के विषय में ही परीक्षा में सम्मिलित हो सकेगा।

क्र. स.	विषय	प्रश्नों की संख्या	कुल अंक	क्र. स.	विषय	प्रश्नों की संख्या	कुल अंक
1.	हिन्दी भाषा	120	120	9.	गृह विज्ञान	120	120
2.	अंग्रेजी भाषा	120	120	10.	वाणिज्य	120	120
3.	संस्कृत भाषा	120	120	11.	इतिहास	120	120
4.	उर्दू भाषा	120	120	12.	भूगोल	120	120
5.	गणित	120	120	13.	राजनीति शास्त्र	120	120
6.	भौतिक विज्ञान	120	120	14.	अर्थशास्त्र	120	120
7.	जीव विज्ञान	120	120	15.	कृषि	120	120
8.	रसायन विज्ञान	120	120	16.	समाजशास्त्र	120	120

विषय वस्तु का स्तर

- प्रश्न-पत्र के **भाग अ** में सामान्य ज्ञान व समसामयिक घटनाक्रम, तार्किक एवं आंकिक योग्यता, पेडागोगी की विषयवस्तु का स्तर स्नातक स्तर के छात्र के मानसिक स्तर के समकक्ष होगा। हिन्दी व अंग्रेजी की विषयवस्तु का स्तर हायरसेकेंडरी स्कूल परीक्षा के समकक्ष होगा।
- प्रश्न-पत्र के **भाग ब** की विषयवस्तु का स्तर स्नातकोत्तर स्तर के समकक्ष होगा।

परीक्षा का पाठ्यक्रम

अ. व्यवसाय अध्ययन एवं प्रबन्ध

1. व्यवसाय का परिचय–अवधारणा, विशेषताएँ, उद्देश्य; व्यवसाय का वर्गीकरण–उद्योग, वाणिज्य एवं पेशा, व्यावसायिक संगठन का चुनाव–लघु स्तर व वृहत् स्तर, उद्योग के प्रकार, वाणिज्य का वर्गीकरण; व्यावसायिक जोखिम–प्रकृति एवं कारण।
2. व्यावसायिक संगठन के रूप–एकाकी व्यापार, संयुक्त हिन्दू परिवार व्यवसाय, साझेदारी, संयुक्त स्कन्ध प्रमण्डल एवं उसका निर्माण, सहकारी संगठन।
3. व्यवसाय सेवाएँ–निजी, सार्वजनिक एवं संयुक्त क्षेत्र, संयुक्त उपक्रम की भूमिका, वैश्विक उपक्रम, पब्लिक प्राइवेट पार्टनरशिप।
4. व्यावसायिक सेवाएँ–बैंकिंग, बीमा, यातायात, भण्डारण, सन्देशवाहन, आधुनिक तकनीकों का व्यावसायिक सेवाओं पर प्रभाव, डाकसेवा, टेलीकॉम सेवा।
5. व्यापार–आन्तरिक व्यापार एवं थोक व्यापार, व्यवसाय के नवोदित ढंग। फ्रेंचाईज़, ई–व्यवसाय, आउटसोर्सिंग। अन्तर्राष्ट्रीय व्यापार, आयात–निर्यात प्रक्रिया, आयात एवं निर्यात प्रक्रिया में प्रयोग किए जाने वाले प्रलेख, EPZ/SPZ अन्तर्राष्ट्रीय व्यापार संस्थाएँ, विश्व व्यापार संगठन, विश्व बैंक, अन्तर्राष्ट्रीय मुद्रा कोष, UNCTAD।
6. व्यवसाय वित्त–साधन, स्वामित्व कोष, उधार लिए गए कोष। वित्त के विभिन्न स्रोत–समता अंश, पूर्वाधिकार अंश, GDR, ADR ऋणपत्र, बॉण्ड्स, उपार्जित आय, लोक जमा, वित्तीय संस्थाओं एवं वाणिज्यिक बैंकों के लिए गए ऋण, क्रेडिट रेटिंग एवं रेटिंग संस्थाएँ, व्यापारिक साख, माईक्रोक्रेडिट।
7. व्यवसाय का सामाजिक उत्तरदायित्व एवं व्यवसाय की नैतिकता, पर्यावरण संरक्षण।
8. प्रबन्ध–अवधारणा, उद्देश्य, प्रकृति–कला, विज्ञान, पेशा। प्रबन्ध के स्तर, प्रबन्ध के सिद्धान्त–सामान्य एवं वैज्ञानिक सिद्धान्त। समन्वय–विशेषताएँ एवं महत्त्व।
9. व्यावसायिक पर्यावरण–अर्थ, महत्त्व, आयाम। बदलते व्यावसायिक परिवेश में प्रबन्धकीय प्रतिक्रियाएँ–निजीकरण, वैश्वीकरण, उदारीकरण के विशिष्ट सन्दर्भ में। विमुद्रीकरण–अवधारणा, उद्देश्य, प्रभाव। व्यवसाय की भविष्य दृष्टि।
10. प्रबन्ध के कार्य–नियोजन, संगठन, नियुक्तिकरण, निर्देशन, नियन्त्रण एवं समन्वय।
11. व्यवसाय वित्त–वित्तीय प्रबन्ध–अर्थ एवं उसकी मात्रा को प्रभावित करने वाले तत्त्व, वित्तीय निर्णय।
12. वित्तीय बाजार–अवधारणा, प्रकार, कार्य। मुद्रा बाजार एवं उसके उपकरण। पूँजी बाजार–प्राथमिक एवं द्वितीयक, स्कन्ध विपणी। NCEI, OTCEI की प्रक्रिया SEBI।
13. मानवीय संसाधन प्रबन्ध–आशय, महत्त्व मानवशक्ति अनुमान, चयन, भर्ती, प्रशिक्षण एवं विकास, क्षतिपूर्ति, निष्पादन मूल्यांकन।
14. विपणन–अर्थ, कार्य, भूमिका, विपणन के स्तर, विपणन के बदलते स्वरूप, विपणन मिश्रण। संगठनात्मक व्यवहार–व्यक्तिगत व्यवहार, अभिप्रेरणा–अवधारणा एवं प्रयोग, व्यक्तित्व अवबोध, सीखना एवं अभिवृत्ति। नेतृत्व एवं नेतृत्व की अवधारणाएँ, सम्प्रेषण समूह गतिशीलता।
15. प्रबन्ध की आधुनिक प्रवृत्तियाँ (रुझान)–व्यवसाय प्रक्रिया, पुनर्रचना, कुल गुणवत्ता प्रबन्धन, गुणात्मक वृत्त, मानदण्ड (बैंचमार्क) व्यूह रचनात्मक प्रबन्ध, ज्ञान प्रबन्धन, व्यवसाय प्रमाणीकरण एवं ISO।
16. उपभोक्ता संरक्षण–अर्थ, महत्त्व, अधिकार एवं कर्त्तव्य उपभोक्ता जागरूकता एवं वैधानिक प्रावधान (उपभोक्ता संरक्षण अधिनियम के अन्तर्गत) उपभोक्ता संगठन एवं गैर–सरकारी संगठन की भूमिका।

ब. लेखाशास्त्र

1. लेखांकन–अर्थ, उद्देश्य, विश्वसनीय लेखांकन सूचनाओं के आवश्यक तत्त्व, लेखांकन सिद्धान्त, लेखांकन की आधारभूत मान्यताएँ, लेखांकन प्रमाप, लेखांकन के रोकड़ एवं उपार्जित आधार।

2. लेखांकन प्रक्रिया–प्रमाणक, सौदे, लेखांकन समीकरण, नाम/जमा के नियम, प्रारम्भिक प्रविष्टियाँ की बहियाँ, नकल बही एवं सहायक बहियाँ, खाताबही। नकल बही से खाताबही में प्रवृष्टियाँ, खातों का शेष निकालना, तलपट, अशुद्धियाँ का संशोधन, बैंक समाधान विवरण–पत्र।

3. ह्रास के लेखा, प्रावधान, संचय, विनिमय विपत्र, गैर–लाभकारी संगठन, साझेदारी लेखे, साझेदारी का पुनर्गठन, प्रवेश, सेवानिवृत्ति, मृत्यु, विघटन। अपूर्ण लेखों के खाते। प्रेषण व्यवहार, संयुक्त उद्यम।

4. संयुक्त कम्पनी के खाते–अंशपूजी, अंशो के प्रकार, अंशो के निर्गमन, आवण्टन, हरण एवं पुर्नर्निगमन पर किया जाने वाला लेखांकन। ऋणपत्र–प्रकार, निर्गमन एवं शोधन पर लेखे। एकल स्वामित्व के खाते एवं संयुक्त कम्पनी के लेखे अन्तिम खातों के प्रस्तुतिकरण पर उभरती प्रवृत्ति।

5. परिसमापन के लिए लेखांकन (कम्पनी का लिक्विडेशन)

6. कम्पनी का वित्तीय विवरण व विश्लेषण–अर्थ महत्त्व, सीमाएँ, वित्तीय विवरण के विश्लेषण के उपकरण, तुलनात्मक विवरण विश्लेषण, सामान्य आकार के विवरण का विश्लेषण, प्रवृत्ति विश्लेषण, लेखांकन अनुपात।

7. कोष प्रवाह विवरण विश्लेषण एवं रोकड़ प्रवाह विवरण–अर्थ, उद्देश्य, निर्माण, लेखांकन मानक–3 के आधार पर।

8. लागत लेखांकन–प्रकृति, कार्य लागत, प्रक्रिया लागत, सीमान्त लागत, लागत लाभ मात्रा विश्लेषण, लागत नियन्त्रण एवं लागत नियन्त्रण तकनीक।

9. लेखांकन में कम्प्यूटर–कम्प्यूटर का परिचय, लेखांकन सूचना प्रणाली, लेखांकन में कम्प्यूटर का प्रयोग, लेखांकन प्रक्रिया का स्वतः चालन, लेखांकन प्रतिवेदन की डिजाईनिंग प्रबन्धकीय सूचना प्रणाली (MIS) अन्य सूचना प्रणाली के साथ डाटा हस्तान्तरण–रेडीमेड, कस्टमाईज्ड एवं टेलर मेड लेखांकन प्रणाली।

10. लेखांकन एवं डाटाबेस प्रबन्ध प्रणाली–अर्थ एंटिटि की अवधारणा एवं लेखांकन प्रणाली से सम्बन्ध, लेखांकन में डाटाबेस लेखांकन प्रणाली (DBMS)।

11. संगठन के मानव संसाधन हेतु लेखांकन, स्फीतिक लेखांकन एवं सामाजिक उत्तरदायित्व।

सॉल्वड पेपर

परीक्षा तिथि 05 फरवरी, 2019

मध्य प्रदेश उच्च माध्यमिक शिक्षक पात्रता परीक्षा

वाणिज्य

1. व्यवसाय फर्म की ········ को उसकी अल्पकालीन दायित्वों को पूरा करने की क्षमता के आधार पर मापा जाता है, क्योंकि वे देय होते हैं।

(a) लाभप्रदता (b) तरलता
(c) सक्रियता (d) ऋण

2. बाजार के विभिन्न हिस्सों की प्रतिक्रियाओं की विशेषताओं में मतभेदों को पुन: संगठित करके सीमित विपणन संसाधनों से अधिकतम बाजार प्रतिक्रियाएँ प्राप्त करने के लिए एक विधि को ············ के रूप में जाना जाता है।

(a) बाजार की स्थिति (b) बाजार लक्ष्यीकरण
(c) बाजार रणनीति (d) बाजार विभाजन

3. ············ कर्मचारियों के प्रेरण से सम्बन्धित है।

(a) प्रशिक्षण-कार्यक्रम (b) संगठनात्मक जागरूकता
(c) परिचय (d) कर्त्तव्यों का स्वत्यार्पण

4. लेखा सॉफ्टवेयर जिसे उपयोगकर्त्ता की विशेष आवश्यकता को पूरा करने के लिए अनुकूलित किया जा सकता है, उसे ·············· के रूप में जाना जाता है।

(a) रेडी-टू-यूज (b) टेलर्ड
(c) कस्टमाइज्ड (d) हार्डवेयर

5. 2017 और 2018 की बैलेन्स शीट में ₹ 3,50,000 और ₹ 4,50,000 ऋण-पत्र (डिबेन्चर) हैं। प्रत्येक ₹ 100 के 1000 ऋण-पत्रों (डिबेन्चर्स) को 2018 के सम मूल्य पर जारी किया गया था, जिसमें 400 ऋण-पत्रों (डिबेन्चर्स) को एक मशीन की खरीद के लिए आपूर्तिकर्त्ता को जारी किया गया था। निधि प्रवाह विवरण के प्रयोजन हेतु ऋण पत्रों (डिबेन्चरों) के लिए जारी की गई राशि निर्धारित करें

(a) ₹ 1,00,000 (b) ₹ 60,000
(c) ₹ 30,000 (d) ₹ 40,000

6. भारत में लेखा मानक जारी करने के लिए कौन जिम्मेदार है?

(a) इन्स्टीट्यूट ऑफ चार्टर्ड अकाउण्टेट ऑफ इण्डिया
(b) राज्य शासन
(c) भारतीय रिजर्व बैंक
(d) केन्द्र शासन

7. दो देशों '*i*' और '*j*' के बीच व्यापार की मात्रा की भविष्यवाणी करने के लिए गुरुत्वाकर्षण मॉडल के लिए फॉर्मूला है
A एक स्थिर शब्द है, T_{ij} देश i और देश j के बीच व्यापार का मूल्य है। Y_i देश i की GDP है, Y_j देश की GDP है और D_{ij} दोनों देशों के बीच की दूरी है।
('*' का तात्पर्य गुणा है, '/' का अर्थ है विभाजन और '+' का अर्थ जोड़ है)

(a) $T_{ij} = A * Y_i * \frac{Y_j}{D_{ij}}$ (b) $T_{ij} = A * Y_i * Y_j * D_{ij}$
(d) $T_{ij} = A * Y_i * (Y_j + D_{ij})$ (d) $T_{ij} = A * D_{ij} * \frac{Y_j}{Y_i}$

8. कम्पनी के परिसमापन का अर्थ है

(a) एक कम्पनी का समापन (b) समामेलन
(c) एसोसिएशन के ज्ञापन में परिवर्तन (d) एक कम्पनी का निर्माण

9. ············· आवश्यक सॉफ्टवेयर और हार्डवेयर संसाधनों को प्राप्त करने के लिए और इसके इस्तेमाल हेतु समन्वय और निगरानी के लिए डेटाबेस तक प्राधिकरण पहुँच के लिए जिम्मेदार है।

(a) एण्ड यूजर्स (b) एप्लीकेशन प्रोग्रामर्स
(c) डेटाबेस डिजाइनर्स (d) डेटाबेस एडमिनिस्ट्रेटर

10. ······· में कर्मचारियों की अनुमानित भावी कमाई के वर्तमान मूल्य के रूप में मानव संसाधनों के मूल्य का निर्धारण करना शामिल है।

(a) प्रतिस्थापन लागत मॉडल
(b) अवसर लागत मॉडल
(c) ऐतिहासिक लागत मॉडल का पूँजीकरण
(d) रियायती मजदूरी और वेतन मॉडल

11. जब बाजार में नए उत्पाद को पेश करने में एजेण्ट को कड़ी मेहनत करने की आवश्यकता होती है, तो सामान्य से ज्यादा और अधिक दिया जाने वाला अतिरिक्त कमीशन ·········· होता है।

(a) डेल क्रेडेर कमीशन
(b) अधिभावी कमीशन (ओवर राइडिंग कमीशन)
(c) असाधारण कमीशन (एक्स्ट्रा ऑर्डनेरी कमीशन)
(d) सामान्य कमीशन (ऑर्डनेरी कमीशन)

12. .... वित्तीय उपकरण हैं, जो उनकी अन्तर्निहित परिसम्पत्तियों या प्रतिभूतियों से अपना मूल्य प्राप्त करते हैं।
(a) व्युत्पादन (b) विनिमय बिल
(c) वाणिज्यिक पत्र (d) खजाना बिल

13. .... सिद्धान्त व्यापार लेन-देन के आधार पर हमेशा रिकॉर्ड किया जाएगा यदि इसे धन के सन्दर्भ में व्यक्त किया जा सकता है।
(a) राजस्व प्राप्ति अवधारणा (b) प्रोद्भवन अवधारणा
(c) चालू व्यवसाय अवधारणा (d) मुद्रा मापन अवधारणा

14. एकाकी व्यापारी द्वारा भुगतान किए गए आयकर को .... में दिखाया जाता है।
(a) पूँजी खाते में जमा (b) पी एण्ड एल खाते में देय
(c) ट्रेडिंग खाते में देय (d) अपने पूँजी खाते में देय

15. अपनी पूँजी पर ब्याज .... है।
(a) कल्पित लागत (b) विफल लागत
(c) उपरिव्यय (d) प्रमुख लागत का हिस्सा

16. मूल्य ह्रास की किस विधि के तहत्, एक व्यवसाय, सम्पत्ति को प्रतिस्थापित करने के लिए आवश्यक राशि हेतु बीमा पॉलिसी लेता है जब यह ग्लानिमय (बेकार) हो जाती है?
(a) बीमा पॉलिसी विधि (b) स्ट्रेट लाइन विधि
(c) सिंकिंग फण्ड विधि (d) वार्षिकी विधि

17. निम्नलिखित में से कौन-सा व्यक्तिगत खाता का उदाहरण है?
(a) किराया (b) ऋणदाता (c) फर्नीचर (d) मशीनरी

18. कौन-सा वित्तीय विवरण, लेखांकन समीकरण का प्रतिनिधित्व करता है?
(a) बैलेन्स शीट (b) लाभ और हानि खाता
(c) नकदी प्रवाह विवरण (d) विनिर्माण लेखा

19. निम्नलिखित में से कौन-सा वित्तीय साधन, मानक मात्रा और गुणवत्ता की अन्तर्निहित परिसम्पत्ति को खरीदने या बेचने के लिए दो पक्षों के मध्य एक अनुबन्ध है, जो आज एक निश्चित भविष्य तिथि पर वितरण और भुगतान के साथ सहमत मूल्य के लिए है?
(a) वेन्चर कैपिटल फण्ड (b) ऑप्शन
(c) कमोडिटी पूल (d) फ्यूचर्स

20. नकदी प्रवाह विवरण तैयार करते समय, कौन-सी दी गई गतिविधि के तहत् दीर्घ अवधि के उधार का भुगतान दर्ज किया गया है?
(a) नकद प्रवाह विवरण में इसे नजर अन्दाज कर दिया गया है
(b) निवेश गतिविधि
(c) परिचालन गतिविधि
(d) वित्त पोषण गतिविधि

21. वित्तीय वक्तव्य सामान्यत: इस धारणा पर तैयार किए जाते हैं कि एक उद्यम एक चालू व्यवसाय है और निकट भविष्य के लिए संचालन जारी रहेगा, किस अवधारणा पर आधारित है?
(a) राजस्व प्राप्ति अवधारणा (b) प्रोद्भवन अवधारणा
(c) ऐतिहासिक लागत अवधरणा (d) चालू व्यवसाय अवधारणा

22. डेटाबेस सम्पूर्ण संगठन के संचालन की सहायता करने के लिए जो आवश्यक विस्तृत डेटा को संग्रहित करता है, ... के रूप में जाना जाता है।
(a) इन्फॉर्मेशन वेयरहाउस डेटाबेस (b) ऑपरेशनल डेटाबेस
(c) मैनेजमेण्ट डेटाबेस (d) एण्ड यूजर डेटाबेस

23. .... नकद और ऋण लेन-देन दोनों की स्वीकृति पर आधारित है।
(a) राजस्व प्राप्ति अवधारणा (रेवेन्यू रिएलाइजेशन अवधारणा)
(b) प्रोद्भवन अवधारणा (एक्यूरल अवधारणा)
(c) चालू व्यवसाय (गोइंग कन्सर्न अवधारणा)
(d) मुद्रा मापन अवधारणा (मनी मेजरमेण्ट अवधारणा)

24. वर्ष के अन्त में मूल्यह्रास खाता को .... में स्थानान्तरित करके बन्द कर दिया जाता है।
(a) सामान्य आरक्षित खाता (b) निश्चित परिसम्पत्ति खाता
(c) लाभ-हानि खाता (d) मूल्यह्रास खाते के लिए प्रावधान

25. ABC लिमिटेड के पास प्रति शेयर ₹ 300 का बाजार मूल्य है और मूल्य कमाई अनुपात 15 है। यदि शेयर का अंकित मूल्य ₹ 10 है, तो प्रति शेयर कमाई क्या है?
(a) ₹ 45 (b) ₹ 30 (c) ₹ 20 (d) ₹ 50

26. कम्प्यूटर के संसाधनों का प्रबन्धन और इसके संचालन को सुविधाजनक बनाने के लिए विशेष कार्यक्रमों के एक एकीकृत सेट को .... कहा जाता है।
(a) लैंग्वेज प्रोसेसर (b) सिस्टम सॉफ्टवेयर
(c) ऑपरेटिंग सिस्टम (d) एप्लीकेशन सॉफ्टवेयर

27. A लिमिटेड 40% की बिक्री अनुपात में समग्र योगदान के साथ 37.5% की सुरक्षा सीमा को बनाए रखता है। इसकी निश्चित लागत राशि ₹ 5 लाख है। बिक्री की मात्रा 7.5% की वृद्धि होने पर नई सुरक्षा सीमा की गणना करें
(a) ₹ 6,00,000 (b) ₹ 4,00,000
(c) ₹ 9,00,000 (d) ₹ 3,50,000

28. तीसरे पक्ष के साथ मुकद्मेबाजी में व्यापार के लिए खरीदी गई भूमि पर हक को बनाए रखने के लिए एक फर्म ने ₹ 10,000 खर्च किए। किस श्रेणी के तहत् इस खर्च की सूचना दी जाएगी?
(a) पूँजी व्यय (b) राजस्व व्यय
(c) राजस्व आय (d) स्थगित राजस्व व्यय

29. एक फर्म के द्वारा प्रत्येक बल्ब का बिक्री मूल्य ₹ 200 है और परिवर्तनीय लागत ₹ 160 है। साथ ही कम्पनी ₹ 50,000 का नियत व्यय भी वहन कर रही है। ₹ 10,000 का लाभ प्राप्त करने के लिए आवश्यक कुल बिक्री ज्ञात करें।
(a) ₹ 2,40,000 (b) ₹ 2,50,000
(c) ₹ 2,00,000 (d) ₹ 3,00,000

30. ABC लिमिटेड ने 1.04.2015 को ₹ 2,00,000 की मूल लागत पर एक सम्पत्ति खरीदी और लिखित मूल्य पर मूल्यह्रास 10% प्रतिवर्ष की दर पर प्रभारित किया जाता है। वित्तीय वर्ष 2016-17 के लिए मूल्यह्रास राशि क्या होगी?
(a) ₹ 20,000 (b) ₹ 15,000
(c) ₹ 18,000 (d) ₹ 16,000

31. प्रतिबन्धक ब्रेकडाउन उपाय के लिए मशीनरी की मरम्मत के लिए खर्च की गई राशि है
(a) राजस्व व्यय (b) पूँजी हानि
(c) पूँजी व्यय (d) आस्थगित राजस्व

32. P लिमिटेड ने 1 जलाई, 2016 को ₹ 8,00,000 की एक मशीन खरीदी और मालभाड़ा और पारगमन बीमा प्रीमियम पर क्रमश: ₹ 25,000 और ₹ 10,000 का भुगतान किया। स्थापना खर्च ₹ 40,000 थे और 5 वर्ष के बाद अवशिष्ट मूल्य ₹ 50,000 होगा। 31 मार्च, 2017 को समाप्त वर्ष के लिए सीधी रेखा विधि के तहत् मूल्यह्रास की राशि होगी
(a) ₹ 1,60,000 (b) ₹ 1,50,000
(c) ₹ 1,30,000 (d) ₹ 1,23,750

33. डिबेन्चर या ऋण-पत्र के प्रतिपादन पर भुगतान किए गए प्रीमियम को निम्न में से किस नकदी प्रवाह विवरण के हेड के तहत् गणित किया जाता है?
(a) नकदी प्रवाह विवरण में लेखा नहीं (b) निवेश गतिविधियाँ
(c) परिचालन गतिविधियाँ (d) वित्तीय गतिविधियाँ

34. असामान्य बर्बादी की लागत .... है।
(a) बिल्कुल प्रभारित नहीं की गई
(b) लाभ और हानि खाते में प्रभारित की गई
(c) उत्पाद लागत से प्रभारित की गई
(d) आंशिक रूप से उत्पाद और आंशिक रूप से लाभ और हानि खाते से प्रभारित की गई

35. तुलनात्मक विवरण को इस नाम से भा जाना जाता है
(a) लम्बवत् विश्लेषण (b) बाहरी विश्लेषण
(c) गतिशील विश्लेषण (d) क्षैतिज विश्लेषण

36. लाभांश आमतौर पर .... के प्रतिशत के रूप में भुगतान किए जाते हैं।
(a) शुद्ध लाभ (b) अधिकृत शेयर पूँजी
(c) प्रदत्त पूँजी (d) माँगी गई पूँजी

37. XYZ लिमिटेड के पास ₹ 40,000 ऋणदाता के प्रारम्भिक बैलेन्स, ₹ 50,000 ऋणदाता के अन्तिम बैलेन्स, नकदी में किया गया भुगतान ₹ 85,000 और प्राप्त छूट ₹ 2000 है। वर्ष के दौरान निवल उधार क्रय है
(a) ₹ 97,000 (b) ₹ 99,000 (c) ₹ 49,000 (d) ₹ 55,000

38. मौजूदा कानूनी आबन्ध और श्रम कानूनों के साथ किसी संगठन की अनुकूलता के परिमाण के मापन की प्रक्रिया निम्न कहलाती है
(a) श्रम प्रक्रियाएँ
(b) औद्योगिक सम्बन्ध
(c) श्रम कानून
(d) एचआर ऑडिट (मानव संसाधन लेखा परीक्षण)

39. आपकी कम्पनी के लिए ₹ 4,000 के अशोध्य ऋण हैं। वर्ष के आरम्भ में अशोध्य ऋणों का संचय ₹ 2,000 था। आप ₹ 3,000 का संचय बनाना चाहते हैं। आपको लाभ व हानि खाते में कितना अतिरिक्त संचय प्रदान करना होगा?
(a) ₹ 3,000 (b) ₹ 1,000 (c) ₹ 9,000 (d) ₹ 5,000

40. "............. कम्पनी के उद्देश्यों को योग्यतापूर्ण व कुशलतापूर्ण प्राप्त करने के लिए पूरे संगठन द्वारा चलाई जाने वाली गतिविधियों का एक समूह है, जिससे उस स्तर की गुणवत्ता के उत्पाद एवं सेवाएँ प्रदान की जा सकें, जो उचित समय और दाम पर ग्राहकों को सन्तुष्ट करती है।"
(a) इण्डस्ट्री वाइड बेंचमार्किंग (b) सिक्स सिग्मा
(c) कुल गुणवत्ता प्रबन्धन (d) कुल गुणवत्ता नियन्त्रण

41. यदि एक एचआर मैनेजर रॉबर्ट कैल्पैन द्वारा निर्मित रिपोर्ट का उपयोग करता है, जोकि कर्मचारियों के कार्य प्रदर्शन का पता लगाने के लिए प्रमाणित अभिकल्प, विधियों तथा ऑटोमेशन टूल्स से युक्त है, तो वह निम्न का उपयोग कर रहा है
(a) कर्मचारी रिपोर्ट (b) बैलेन्स स्कोर कार्ड
(c) युग्मित तुलना (d) 360 अंश मूल्यांकन

42. .... एक विश्वव्यापी मानकों का एक सेट है, जो गुणवत्ता के प्रबन्धन के लिए आवश्यकताओं को स्थापित करता है।
(a) ISO 9000 (b) QS-9000
(c) सिक्स सिग्मा (d) बेंचमार्किंग

43. मूल्य ह्रास केवल .... पर प्रदान किया जाता है।
(a) अमूर्त सम्पत्ति (b) कल्पित सम्पत्ति
(c) वर्तमान सम्पत्ति (d) अचल सम्पत्ति

44. गुणवत्ता प्रबन्धन अभ्यास जो दूसरों के अनुभव को समझता है और अत्यधिक प्रभावी ऑपरेटिंग प्रक्रियाओं की खोज के लिए इसका उपयोग करता है
(a) वैश्वीकरण (b) गुणात्मक वृत्त (c) मानकीकरण (d) बेंचमार्किंग

45. ईपीजेड सन्दर्भित करता है
(a) अतिरिक्त प्रसंस्करण क्षेत्र (b) अतिरिक्त संवर्धन क्षेत्र
(c) निर्यात संवर्धन क्षेत्र (d) निर्यात प्रसंस्करण क्षेत्र

46. यदि आने वाला साथी अपने पूँजीगत योगदान के अलावा नकदी में कुछ भी लाता है तो इसे .... कहा जाता है।
(a) लाभ (b) पूँजी
(c) रिजर्व (d) साख के लिए प्रीमियम

47. डिबेन्चर या ऋण-पत्र जारी करने पर छूट एक .... है।
(a) साख के रूप में दर्शाई गई पूँजी हानि
(b) ऋण-पत्र की अवधि पर खारिज पूँजी हानि
(c) पूँजी रिज़र्व से खारिज पूँजी हानि
(d) जारी किए जाने वाले वर्ष में प्रभारित राजस्व हानि

48. सहकारी संगठन जो बिचौलियों को खत्म करने के लिए सेट हैं और कम कीमत पर उच्च गुणवत्ता वाले सामानों की निरन्तर आपूर्ति सुनिश्चित करने के लिए है उसे .... कहा जाता है।
(a) खेती सहकारी समिति
(b) उपभोक्ताओं की सहकारी समिति
(c) उत्पादक सहकारी समिति
(d) हाउसिंग सोसायटी

49. आप एक ऐसे वर्ग की कार लॉन्च कर रहे हैं, जहाँ वास्तव में कोई प्रतिस्पर्धा नहीं है और आपको पूरा भरोसा है कि उसकी पर्याप्त माँग रहेगी, लेकिन आपको अपने सूत्रों से पता चलता है कि आपका एक प्रतिस्पर्धी उसी सेगमेण्ट की एक कार विकसित कर रहा है जिसके 6 से 8 माह में लॉन्च होने की सम्भावना है, आप अपनी नई कार के लिए इनमें से कौन-सी मूल्य रणनीति अपनाएँगे?
(a) रैपिड पेनिट्रेशन (b) स्लो स्किमिंग
(c) रैपिड स्किमिंग (d) स्लो पेनिट्रेशन

50. इनपुट की मात्रा के लिए गुणवत्ता आउटपुट की मात्रा का क्या तात्पर्य है?
(a) उत्पादन (b) उत्पादकता
(c) बिक्री में वृद्धि (d) लाभ बनाना

51. विपणन शब्दावली में, सुस्त व्यक्ति किसे कहा जाता है?
(a) वे ग्राहक, जिन्हें उत्पाद की जरूरत नहीं होती है, लेकिन फिर भी वे किसी-न-किसी तरह से खरीदते हैं
(b) वे ग्राहक जो नया उत्पाद हर किसी के खरीदने के बाद खरीदते हैं
(c) वे ग्राहक जो नकली उत्पाद खरीदते हैं
(d) वे ग्राहक जो आलसी होते हैं

52. दर्शनीय एवं कम दर्शनीय कार्य निर्वाह-क्षमताएँ निम्न के अध्ययन में प्रयुक्त होने वाली अवधारणाएँ हैं
(a) स्व भावजन्य साक्षात्कार
(b) कार्य-निर्वाह क्षमता आधारित साक्षात्कार
(c) विशिष्ट पेशे के सदस्यों के लिए निर्धारित मानक
(d) कार्य निर्वाह-क्षमताओं का आइसबर्ग मॉडल

53. वेन्चर कैपिटल, जर्मन वेन्चर कैपिटलिस्ट किसी भी स्टार्ट-अप में अपने निवेश से उच्च/रिटर्न की अपेक्षा रखते हैं। निम्नलिखित में से कौन-सा विकल्प इस माँग की व्याख्या नहीं करता है?
(a) अतीत में वीसी के निवेश में उच्च रिटर्न मिलता रहा है
(b) वीसी धन से कहीं ज्यादा देते हैं; वे परामर्श, नेटवर्क तथा रणनीतिक इनपुट की भी सेवाएँ देते हैं जिनके लिए वे कोई शुल्क नहीं लेते हैं
(c) वीसी केवल बिजनेस में दाँव नियन्त्रित करने के लिए निवेश करते हैं, इसलिए वे प्रबन्धन गतिविधि को उस दिशा में ले जा सकते हैं, जहाँ उच्चतम रिटर्न मिलता है
(d) उपरोक्त में से कोई नहीं

54. आमतौर पर आपूर्तिकर्त्ताओं के साथ आदेश देने के बाद डिलीवरी प्राप्त करने में लिया गया समय ………. के रूप में जाना जाता है।
(a) रि-ऑर्डर स्तर (b) लीड टाइम
(c) अधिकतम स्तर (d) न्यूनतम स्तर

55. निम्न सभी वित्तीय बाजारों के उदाहरण हैं, सिवाय इसके
(a) बैंक (b) विदेश विनिमय बाजार
(c) कॉल मनी मार्केट (d) शेयर बाजार

56. वित्तीय बाजारों में ………. के कुशल आवण्टन का एक आवश्यक आर्थिक कार्य होता है।
(a) ऋणदाता-उद्धारक (b) पूँजी
(c) देयताओं (d) प्रतिभूतियों

57. एक सार्वजनिक रूप से सूचीबद्ध फर्म के बाजार पूँजीकरण को निम्न से परिभाषित किया जाता है
(a) बाजार पूँजीकरण = सामान्य शेयर बेचने के लिए ब्रोकर द्वारा माँगा गया धन
(b) बाजार पूँजीकरण = शुद्ध बिक्री − विक्रित माल की लागत
(c) बाजार पूँजीकरण = किसी कम्पनी की अमूर्त सम्पत्तियों का मूल्य
(d) बाजार पूँजीकरण = सामान्य शेयर बकाया × सामान्य शेयर मूल्य

58. उपभोक्ता व्यवहार को प्रभावित करने वाले तीन कारक हैं
(a) उपसंस्कृति, वित्तीय प्रणाली, राजनीति-कानूनी पर्यावरण
(b) राजनीतिक, आर्थिक, सामाजिक, तकनीकी
(c) व्यक्तिगत कारक, उत्पाद कारक, प्रोमोशनल कारक
(d) सांस्कृतिक कारक, सामाजिक कारक और व्यक्तिगत कारक

59. उत्पाद जीवन चक्र का वह चरण जब अधिकांश बाजार ने उत्पाद को स्वीकार कर लिया हो और बिक्री में वृद्धि मन्दी दिखाने लगे, उसे कहा जाता है
(a) गिरावट (b) उत्पत्ति (c) विकास (d) परिपक्वता

60. विश्व व्यापार संगठन, अन्तर्राष्ट्रीय संगठन जो अन्तर्राष्ट्रीय व्यापार नियमों को लागू करता है, के मुख्यालय किस शहर में हैं?
(a) हेग, नीदरलैण्ड्स
(b) ब्रुसेल्स, बेल्जियम
(c) पेरिस, फ्रांस
(d) जिनेवा, स्विट्जरलैण्ड

61. विक्रेता (मार्केटर्स) द्वारा नियोजित तीन प्रकार के मार्केटिंग चैनल हैं
(a) संचार चैनल, वितरण चैनल और सेवा चैनल
(b) संचार चैनल, संवर्धन चैनल (प्रमोशन चैनल) और मीडिया चैनल
(c) प्रमोशन चैनल, पब्लिक रिलेशंस चैनल और मीडिया चैनल
(d) सर्विसिंग चैनल, फाइनेन्शियल चैनल और प्रमोशन चैनल

62. SEBI का पूर्ण रूप है
(a) भारतीय सुरक्षा एवं इक्विटी बोर्ड
(b) भारतीय अटकलबाजी एवं इक्विटी बोर्ड
(c) भारतीय अटकलबाजी एवं सन्तुलन बोर्ड
(d) भारतीय प्रतिभूति एवं विनिमय बोर्ड

63. एक मैनेजर को रिपोर्ट करने वाले कर्मचारियों की संख्या को इस रूप में परिभाषित किया जाता है
(a) निर्देशन एकला (यूनिटी ऑफ डायरेक्शन)
(b) समादेश एकलता (यूनिटी ऑफ कमाण्ड)
(c) सोपानिक शृंखला (स्केलर चेन)
(d) नियन्त्रण अवधि (स्पैन ऑफ कन्ट्रोल)

64. पूँजी बाजार प्रतिभूतियों के लिए द्वितियक बाजार में दो प्रकार के एक्सचेंज हैं ………. और ……….।
(a) फोन, हाथों-हाथ
(b) नियम आधारित, सिद्धान्त आधारित
(c) संगठित, असंगठित
(d) ओवर-द-काउण्टर, विनिमय व्यापार (एक्सचेन्ज ट्रेडिंग)

65. मुआवजा सातत्य के विपरीत सिरों पर स्थित दो बुनियादी मुआवजा धारणाएँ हैं, वे हैं
(a) घण्टे आधारित और परिणाम आधारित
(b) अधिकार और व्यवहार
(c) स्थिर और अस्थिर
(d) वरिष्ठता आधारित और बाजार समायोजित

66. अब्राहम मैस्लो के आवश्यकता पदानुक्रम के सिद्धान्त में, व्यक्तिगत जरूरतों के 5 विशिष्ट स्तर हैं। कौन-सा विकल्प सही स्तर से मेल खाता है (निम्न से उच्च तक)।
(a) शारीरिक, सामाजिक, सुरक्षा, आत्मसम्मान, स्व प्रत्यक्षीकरण
(b) सुरक्षा, शारीरिक, सामाजिक, आत्मसम्मान, स्व प्रत्यक्षीकरण
(c) शारीरिक, सुरक्षा, सामाजिक, आत्मसम्मान, स्व प्रत्यक्षीकरण
(d) सामाजिक, शारीरिक सुरक्षा, आत्मसम्मान, स्व प्रत्यक्षीकरण

67. एक व्यवसाय में पेस्ट (पीईएसटी) विश्लेषण को ………. की विधि के रूप में प्रयोग किया जाता है।
(a) संगठनात्मक विश्लेषण (b) ग्राहक विश्लेषण
(c) पर्यावरण विश्लेषण (d) बाजार परीक्षण

68. एफडब्ल्यू टेलर मुख्यत: प्रबन्धन के निम्नलिखित में से किस परिप्रेक्ष्य पर अपने काम के लिए जाने जाते हैं?
(a) मानवतावादी दृष्टिकोण (b) प्रशासनिक सिद्धान्तों
(c) अधिकारीतन्त्रीय संगठनों (d) वैज्ञानिक प्रबन्धन

69. मेण्टीज (Mentees) रिवर्स मेण्टरिंग, Mentees लाभ से निम्नलिखित को छोड़कर शेष सभी तरीकों से लाभ उठाते हैं
(a) जेन वाई (Gen Y) अधीनस्थों के साथ जुड़ना सीखना
(b) उनकी दक्षताओं के अन्तरालों को भरने में सक्षमता
(c) मेण्टर्स के व्यापक अनुभव से ज्ञान प्राप्त करना
(d) युवा वर्ग की उपभोक्ता वरीयताओं में अन्तर्दृष्टि प्राप्त करना

70. आदिवर्णिक शब्द WACC (डब्ल्यूएसीसी) से आप क्या समझते हैं?
(a) भारित औसत पूँजी मूल्य
(b) नकदी की भारित औसत लागत
(c) कॉर्पोरेशन के लिए भारित सम्बन्धित लागत
(d) भारितत सम्बन्धित मुआवजा लागत

71. हिन्दू अविभक्त कुटुम्ब के अनुसार, कर्ता के रूप में किसे परिभाषित किया जाता है?
(a) सदस्यता के उत्तराधिकारी सबसे जूनियर
(b) संयुक्त परिवार के व्यवसाय को संचालित करने वाले वरिष्ठ सह-समर्थक
(c) कोई भी सदस्य जो HUF के वरिष्ठतम सदस्य के साथ सहयोग करके सदस्यता प्राप्त करता है
(d) कोई भी पुरुष सदस्य जो केवल जन्म से ही सदस्यता प्राप्त करता है

72. निम्नलिखित में से आव्यूह प्रबन्धन प्रणाली की हानि कौन-सी है?
(a) यह प्रबन्धकों की निष्ठा के प्रति गतिरोध उत्पन्न करती है
(b) लोग परियोजना की जरूरतों के अनुसार चयन नहीं कर सकते हैं
(c) दल गतिशील नहीं होते हैं
(d) यह विभागों में संसाधनों का साझाकरण रोकती है

73. निम्नलिखित में से कौन-सी ब्रेटन वुड्स प्रणाली हैं (है)?
(a) यूनिसेफ और यूएनसीटीडी (संयुक्त राष्ट्र व्यापार और विकास सम्मेलन)
(b) केवल ओपेक
(c) केवल डब्ल्यूटीओ
(d) अन्तर्राष्ट्रीय मुद्रा कोष और विश्व बैंक

74. निम्नलिखित में से कौन-सा 1944 में 'पुनर्निर्माण और विकास के लिए अन्तर्राष्ट्रीय बैंक' के रूप में स्थापित किया गया था?
(a) विश्व बैंक
(b) बेरोगारी सूचकांक
(c) अन्तर्राष्ट्रीय मुद्राकोष (आईएमएफ)
(d) संयुक्त राष्ट्र

75. निम्नलिखित में से कौन-सा एक निश्चित तारीख पर किसी कम्पनी की वित्तीय स्थिति का सारांश दिखाता है?
(a) बैलेन्श शीट (b) लाभ और हानि खाता
(c) नकदी प्रवाह विवरण (d) आय और व्यय खाता

76. निम्नलिखित में से किसे एक अद्वितीय क्षमता के रूप में परिभाषित किया जा सकता है जो उच्च मूल्य बनाती है और किसी संगठन को अपने प्रतिस्पर्धियों से अलग करती है?
(a) मूल योग्यता (b) मानव संसाधन
(c) एनपीएस स्कोर (d) संगठन विकास

77. निम्नलिखित में से कौन-सी सेवाओं की एक विभेदक विशेषता नहीं है?
(a) अवियोज्यता (b) अस्पृश्यता
(c) एकरूपता (d) भंगुरता

78. निम्नलिखित में से कौन-सा एक प्रकार का प्राइवेट सेक्टर उद्यम नहीं है?
(a) भागीदारी (b) सार्वजनिक क्षेत्र इकाई
(c) सहकारी समिति (d) संयुक्त हिन्दू परिवार

79. दिए गए लेखा मानक में से कौन सम्पत्ति, संयन्त्र और उपकरण से सम्बन्धित है?
(a) लेखा मानक 14 (b) लेखा मानक 21
(c) लेखा मानक 12 (d) लेखा मानक 10

80. दिए गए वित्तीय साधनों में से कौन-सा मनी मार्केट इन्स्ट्रूमेण्ट है?
(a) इक्विटी शेयर (b) प्राथमिकता शेयर
(c) ऋण-पत्र (d) खजाना बिल

81. पारस्परिक निधि का उद्देश्य निम्न को विशाखित निवेश के अवसर प्रदान करना है
(a) एकल मालिक (b) छोटे निवेशकों
(c) साझेदारी प्रतिष्ठान (d) सार्वजनिक कम्पनियाँ

82. एक व्युत्पन्न मूल्य की गणना कैसे की जाती है?
(a) ग्राहक के उत्पाद की लागत में से उत्पाद का अवशिष्ट मूल्य घटा कर
(b) ग्राहक के उत्पाद की लागत में से उत्पाद की उत्पादन लागत को घटा कर
(c) किसी ग्राहक को उत्पाद से मिलने वाले लाभ में से ग्राहक के उत्पाद की लागत घटा कर
(d) किसी ग्राहक को उत्पाद से मिलने वाले लाभ में से उत्पाद की उत्पादकता लागत को घटा कर

83. तुलन-पत्र (बैलेन्स शीट) में दिखाई देने वाले डिबेन्चर खाते के प्रतिदान पर प्रीमियम एक .... है।
(a) वास्तविक खाता (b) व्यक्तिगत खाता
(c) नाममात्र खाता-व्यय (d) नाममात्र खाता-आय

84. एक कम्पनी का समापन होने पर, क्लर्क का कारण वेतन उस अवधि के लिए अधिमान्य होता है जो कि .... से अधिक नहीं है।
(a) दो महीने (b) छह महीने
(c) तीन महीने (d) चार महीने

85. ऋणदाता के पक्ष में विशेष रूप से वचनबद्ध सम्पत्तियों के मामले में परिसमापक का लेखा विवरण तैयार करते समय, ऐसी सम्पत्ति से उत्पन्न होने वाले किसी भी अधिशेष को .... में दर्ज किया जाता है।
(a) प्रतिभूतियों से अधिशेष (b) लाभ-हानि लेखा
(c) अपूर्ण लेखा (d) प्रतिभूति प्रीमियम

86. 'वर्तमान क्रय शक्ति विधि' किस प्रकार के लेखांकन से सम्बन्धित है?
(a) मुद्रास्फीति लेखांकन (b) वित्तीय लेखांकन
(c) लागत लेखांकन (d) सामाजिक लेखांकन

87. 1.04.2015 को एक मशीन ₹ 1,00,000 में खरीदी गई थी और ₹ 50,000 का भुगतान उसकी स्थापना के लिए किया गया। यह मानते हुए कि मूल्यह्रास सन्तुलन विधि पर मूल्यह्रास की दर 10% थी, 31.03.2018 तक मूल्यह्रास की मात्रा की गणना करें।
(a) ₹ 12,500 (b) ₹ 48,000
(c) ₹ 40,650 (d) ₹ 36,500

88. जब जारीकर्ता द्वारा निर्धारित किसी विशेष तारीख में उसके मौजूदा शेयरधारकों को जारीकर्ता द्वारा प्रतिभूतियों का मुद्दा बनाया जाता है, तो इसे .... कहा जाता है।
(a) बोनस मुद्दा (बोनस इश्यू)
(b) अधिकार मुद्दा (राइट इश्यू)
(c) निजी कार्य नियुक्ति (प्राइवेट प्लेसमेण्ट)
(d) अधिमानी आवण्टन (प्रीफरेन्शियल अलॉटमेण्ट)

89. .... को निवेश के शुरुआती नकद बहिर्वाह की वापसी की आवश्यकता दर पर भविष्य के नकद लाभ के वर्तमान मूल्य की दर के रूप में परिभाषित किया जाता है।
(a) सकल वर्तमान मान विधि (b) वापसी विधि की आन्तरिक दर
(c) पेबैक विधि (d) लाभप्रदता सूचकांक

90. स्वैच्छिक समापन के मामले में, रसीदों और नकदी के भुगतान को दिखाते हुए परिसमापन द्वारा तैयार विवरण ...... कहा जाता है।
(a) लेखा का परिसमापन अन्तिम विवरण
(b) बही खाता (कैश बुक)
(c) नकदी प्रवाह विवरण
(d) अपूर्ण खाता

91. R लिमिटेड ने D लिमिटेड से ₹ 1,20,000 में बिल्डिंग और ₹ 1,00,000 में संयन्त्र और मशीनरी ₹ 2,00,000 वाले एक सहमत खरीद विचार के अन्तर्गत सन्तुष्ट होते हुए 2000 जारी किया और प्रत्येक ₹ 100 वाले 12% के डिबेन्चर्स खरीदे। R लिमिटेड की किताबों में अन्तरिक्ष जमा पूँजी की राशि की गणना करें
(a) ₹ 10,000 (b) ₹ 30,000
(c) ₹ 20,000 (d) ₹ 15,000

92. शेयरधारक आमतौर पर दो प्रकार की मतदान प्रणालियों द्वारा कम्पनी निवेशकों का चयन करते हैं। वे हैं
(a) कानूनी मतदान और नियमों का नमन मतदान
(b) वर्गीकृत और अवर्गीकृत मतदान
(c) बहुमत मतदान और संचयी मतदान
(d) बहुमत और अल्पसंख्यक मतदान

93. व्यवहार का सामान्य स्वरूप, साझा किया विश्वास और मूल्य, जो सदस्यों के लिए समान हैं .... के रूप में जाना जाता है।
(a) संगठन के प्रभावकारिता (b) संगठन के वातावरण
(c) संगठन के साँचे (d) संगठन के वातावरण

94. निम्नलिखित में से कौन माप अपकिरण का माप नहीं है?
(a) चतुर्थांश
(b) क्षेत्र
(c) मानक विचलन
(d) औसत झुकाव

95. निम्नलिखित में से किस समझौते से पूर्व कुछ अन्तर्राष्ट्रीय व्यापार नियम लगते हैं (विश्व व्यापार संगठन द्वारा लागू)?
(a) नाफ्टा (उत्तर अमेरिकी मुक्त व्यापार समझौता)
(b) नाटो (उत्तरी अटलाण्टिक सन्धि संगठन)
(c) ओपेक (तेल निर्यातक देशों का संगठन)
(d) गैट (विश्व व्यापार संगठन)

96. एक मशीन ₹ 40,000 में क्रय की गई तथा उसे स्थापित करने में ₹ 6,000 व्यय हुए। मशीन का अवशिष्ट मूल्य ₹ 1,000 है, तो स्थायी किस्त विधि से मशीन के अन्तिम वर्ष में कितना ह्रास लगाया जाएगा, यदि मशीन का जीवनकाल 3 वर्ष है?
(a) ₹ 6,000 (b) ₹ 10,000
(c) ₹ 15,000 (d) ₹ 1,000

97. उत्तम प्रतिस्पर्धा में, एक प्रतिष्ठान की माँग आलेख .... होती है।
(a) ऋणात्मक ढाल (b) क्षितिज
(c) धनात्मक ढाल (d) लम्बवत्

98. इक्विटी शेयरों की वापसी खरीद, नकद प्रवाह विवरण की किस गतिविधि में गणित होगी?
(a) परिचालन गतिविधियाँ (b) नकदी प्रवाह में गणित नहीं
(c) निवेश गतिविधियाँ (d) वित्तीय गतिविधियाँ

99. चालू दायित्व .... अवधि में निपटान किए जाने के लिए दायित्व हैं।
(a) दीर्घ (b) अल्प
(c) अनिश्चितकाल (d) परिसमापन

100. एक निवेशक के पास राइट च्वॉइस लिमिटेड के 1000 शेयर हैं। कम्पनी द्वारा भुगतान किए गए लाभांश की वर्तमान दर प्रति शेयर ₹ 5 है। लम्बी अवधि की वृद्धि दर 10% होने की उम्मीद है और वापसी की अनुमानित दर 25% है। शेयर का वर्तमान बाजार मूल्य .... है।
(a) ₹ 45.60 (b) ₹ 25.50
(c) ₹ 36.66 (d) ₹ 50.50

उत्तरमाला

1.	(b)	2.	(d)	3.	(c)	4.	(b)	5.	(b)	6.	(a)	7.	(a)	8.	(a)	9.	(d)	10.	(d)
11.	(b)	12.	(a)	13.	(d)	14.	(d)	15.	(a)	16.	(a)	17.	(b)	18.	(a)	19.	(d)	20.	(d)
21.	(d)	22.	(b)	23.	(b)	24.	(c)	25.	(c)	26.	(c)	27.	(c)	28.	(c)	29.	(d)	30.	(c)
31.	(a)	32.	(d)	33.	(d)	34.	(b)	35.	(d)	36.	(c)	37.	(a)	38.	(d)	39.	(d)	40.	(c)
41.	(b)	42.	(a)	43.	(d)	44.	(d)	45.	(d)	46.	(d)	47.	(a)	48.	(b)	49.	(c)	50.	(b)
51.	(b)	52.	(b)	53.	(d)	54.	(b)	55.	(a)	56.	(b)	57.	(d)	58.	(d)	59.	(d)	60.	(d)
61.	(b)	62.	(d)	63.	(d)	64.	(d)	65.	(b)	66.	(c)	67.	(c)	68.	(d)	69.	(c)	70.	(a)
71.	(b)	72.	(a)	73.	(d)	74.	(a)	75.	(a)	76.	(a)	77.	(c)	78.	(b)	79.	(d)	80.	(d)
81.	(b)	82.	(d)	83.	(b)	84.	(d)	85.	(a)	86.	(a)	87.	(c)	88.	(b)	89.	(d)	90.	(a)
91.	(c)	92.	(a)	93.	(d)	94.	(a)	95.	(b)	96.	(c)	97.	(b)	98.	(d)	99.	(b)	100.	(b)

संकेत एवं हल

1. (b) व्यवसाय फर्म की तरलता को उसके अल्पकालीन दायित्वों को पूरा करने की क्षमता के आधार पर मापा जाता है। तरलता का आशय कम्पनी की अपने चालू दायित्वों का भुगतान करने की क्षमता से होता है। तरलता अनुपातों की सहायता से संस्था की अल्पकालीन शोधन क्षमता को ज्ञात किया जाता है।

2. (d) बाजार के विभिन्न हिस्सों की प्रतिक्रियाओं की विशेषताओं में मतभेदों को पुनः संगठित करके सीमित विपणन संसाधनों से अधिकतम बाजार प्रतिक्रियाएँ प्राप्त करने के लिए एक विधि को बाजार विभाजन के रूप में जाना जाता है। अतः विकल्प d सही उत्तर हैं। एकसमान माँग रखने वाले ग्राहकों के समूह को अलग अलग विभाजित करने की प्रक्रिया को बाजार विभाजन कहते हैं।

3. (c) परिचय कर्मचारियों के प्रेरण से सम्बन्धित है। अतः विकल्प (c) सही उत्तर है। कर्मचारी प्रेरण कम्पनी में नए कर्मचारियों का स्वागत करने और उन्हें उनकी सम्बन्धित भूमिकाओं के लिए तैयार करने का पहला कदम हैं। प्रेरण संगठनात्मक संस्कृति में कर्मचारी का परिचय और अभिविन्यास है और कर्मचारियों को दिखाता है कि वह संगठन में सभी के लिए कितना परस्पर जुड़ा हुआ है।

4. (b) लेखा सॉफ्टवेयर जिसे उपयोगकर्ता की विशेष आवश्यकता को पूरा करने के लिए अनुकूलित किया जा सकता है, उसे टेलर्ड सॉफ्टवेयर के रूप में जाना जाता है, अतः विकल्प b सही उत्तर है। टेलर्ड सॉफ्टवेयर को उपयोगकर्ताओं की विशिष्ट आवश्यकताओं को पूरा करने और संगठनात्मक M/S का एक महत्त्वपूर्ण हिस्सा बनाने के लिए डिजाइन किया गया है।

5. (b) उपरोक्त स्थिति में ₹ 60000 से कोष प्रवाह होगा कोष प्रवाह तभी होता है जब लेन-देन से प्रभावित होने वाले खातों में एक चालू खाता तथा दूसरा गैर-चालू खाता हो ₹ 40000 के ऋण पत्रों के बदले मशीन की खरीद की है। ऋण पत्र तथा मशीन दोनों गैर-चालू खाते हैं। अतः इस लेनदेन से कोष प्रवाह नहीं होगा।

6. (a) भारत में लेखा मानक इन्स्टीट्यूट ऑफ चार्टर्ड अकाउण्टेंट ऑफ इण्डिया जारी करता है। समान मोद्रिक लेन-देनों के लेखांकन में समरूपता लाने के लिए लेखा मानक जारी किए गए हैं।

7. (a) दो देश 'i' और 'j' के बीच व्यापार की मात्रा की भविष्यवाणी करने के लिए गुरुत्वाकर्षण मॉडल के लिए फॉर्मूला $T_{ij} = \dfrac{A \times Y_i \, . \, Y_j}{D_{ij}}$ या $\dfrac{A * Y_i * Y_j}{D_{ij}}$ होगा।

यहाँ * का अर्थ गुणा है।

Y_i देश i की GDP

Y_j देश j की GDP

D_{ij} दोनों देश के बीच की दूरी है।

A एक स्थिरॉक है।

अतः विकल्प (a) सही है।

8. (a) कम्पनी के परिसमापन का अर्थ एक कम्पनी का समापन होता है। कम्पनी एक कृत्रिम व्यक्ति होती है। जो विधान द्वारा अस्तित्व में आती है एवं जिसका अन्त भी विधान में दी गई व्यवस्थाओं के अनुसार होता है।

9. (d) एक डेटाबेस एडमिनिस्ट्रेटर एक सफल डेटाबेस वातावरण बनाए रखने से सम्बन्धित सभी गतिविधियों को निर्देशित करने और निष्पादित करने के लिए जिम्मेदार सूचना तकनीशियन है। वह आवश्यक सॉफ्टवेयर और हार्डवेयर संसाधनों को प्राप्त करने के लिए और इसके इस्तेमाल हेतु समन्वय और निगरानी के लिए डेटाबेस तक प्राधिकरण पहुँच के लिए जिम्मेदार है।

10. (d) रियायती मजदूरी और वेतन मॉडल में कर्मचारियों की भावी कमाई के वर्तमान मूल्य के रूप में मानव संसाधनों के मूल्य का निर्धारण किया जाता है।

यह आर्थिक मूल्य पर आधारित लेव एवं श्वार्ज मॉडल है यह मॉडल भावी आय के वर्तमान मूल्य पर आधारित है तथा बचे हुए सेवा काल से संस्था के लिए कर्मचारी के आर्थिक मूल्य को मान्यता प्रदान करता है।

11. (b) एजेण्ट को सामान्य से अधिक दिया जाने वाला अतिरिक्त कमीशन अधिभावी कमीशन कहलाता है। यह कमीशन प्रेषक द्वारा एजेण्ट को प्रायः एक निश्चित कीमत से अधिक मूल्य पर माल बेचने के लिए दिया जाता है।

12. (a) व्युत्पादन वित्तीय उपकरण है जो अन्य प्रकार की सम्पत्तियों से प्राप्त होते हैं और उनके अन्तर्निहित परिसम्पत्तियों या प्रतिभूतियों से अपना मूल्य प्राप्त करते हैं।

13. (d) मुद्रा मापन अवधारणा के अनुसार केवल उन्हीं लेन-देनों का लेखा किया जाता है। जिनकी माप निश्चित रूप से मुद्रा में की जा सके।

14. (d) व्यापारी द्वारा भुगतान किए गए आयकर से उसके पूँजी खाते को डेबिट किया जाता है। एक व्यापारी के लिए आयकर व्यक्तिगत व्यय माना जाता है तथा इसे उसकी पूँजी में से घटा दिया जाता है।

15. (a) पूँजी पर ब्याज एक कल्पित लागत होती है। कल्पित लागतें वे लागतें होती है जिनका नकद में लेन-देन नहीं होता है। केवल निर्णय के उद्देश्य से इनकी गणना की जाती है।

16. (a) मूल्य ह्रास की बीमा पॉलिसी विधि से सम्पत्ति को प्रतिस्थापित करने के लिए बीमा पॉलिसी ली जाती है। बीमा पॉलिसी विधि में मूल्य ह्रास की राशि के बराबर बीमा प्रीमियम जमा कराया जाता है। सम्पत्ति के जीवन काल की समाप्ति पर बीमा पॉलिसी परिपक्व हो जाती है और बीमा पॉलिसी से प्राप्त राशि से नई सम्पत्ति प्रतिस्थापित कर ली जाती है।

17. (b) ऋणदाता एक व्यक्तिगत खाता है। खाते जो किसी व्यक्ति, कम्पनी या संस्था के नाम से सम्बन्धित होते हैं। व्यक्तिगत खाते कहलाते हैं।

18. (a) बैलेन्स शीट लेखांकन समीकरण का प्रतिनिधित्व करती है। लेखांकन समीकरण का अर्थ है कि प्रत्येक दशा में सम्पत्तियों की राशि पूँजी तथा दायित्वों के बराबर होती है।

19. (d) फ्यूचर्स एक वित्तीय साधन है, जो मानक मात्रा और गुणवत्ता की अन्तर्निहित परिसम्पत्ति को खरीदने या बेचने के लिए दो पक्षों के मध्य एक अनुबन्ध है, जो आज एक निश्चित भविष्य तिथि पर वितरण और भुगतान के साथ सहमत मूल्य के लिए है।

20. (d) दीर्घ अवधि के ऋणों के भुगतान को नकद प्रवाह विवरण में वित्त पोषण गतिविधि में दर्शाया जाता है। वित्त पोषण गतिविधि में उन लेन-देनों को दर्शाया जाता है। जिनके द्वारा संस्था की पूँजी तथा दीर्घ अवधि के ऋणों में परिवर्तन होता है।

21. (d) चालू व्यवसाय अवधारणा इस मान्यता पर आधारित है कि व्यवसाय अनन्त काल तक चलता रहेगा। व्यावहारिक रूप से इसी मान्यता को दृष्टिगत रखते हुए पुस्तकों में लेखा किया जाता है। इसी अवधारणा के आधार पर स्थायी सम्पत्तियों पर ह्रास लगाया जाता है।

22. (b) ऑपरेशनल डेटाबेस सम्पूर्ण संगठन के संचालन की सहायता करने के लिए एक डेटाबेस है, जो आवश्यक विस्तृत डेटा को संग्रहित करता है। ऑपरेशनल डेटाबेस मैनेजमेण्ट सिस्टम, वास्तविक समय में डेटा को अपडेट करने के लिए उपयोग किया जाता है। इस प्रकार के डेटाबेस उपयोगकर्ताओं को केवल संग्रहित डेटा देखने के अलावा और भी बहुत कुछ करने की अनुमति देते हैं।

23. (b) नकद तथा उधार लेन-देनों का लेखा उपार्जन आधार पर किया जाता है। उपार्जन आधार के अन्तर्गत ऐसे चालू वर्ष में व्यय जिनका भुगतान कर दिया है और ऐसे व्यय जिनका भुगतान करना शेष है, दोनों का लेखा पुस्तकों में किया जाएगा।

24. (c) मूल्यह्रास एक आयगत अप्रत्यक्ष व्यय है। इसे वर्ष के अन्त में लाभ-हानि खाते में हस्तान्तरित कर दिया जाता है।

25. (c) $\text{Earning Per Share} = \dfrac{\text{Market Price}}{\text{Price Earning}}$

$$= \frac{300}{15} = ₹\,20$$

26. (c) एक ऑपरेटिंग सिस्टम वह प्रोग्राम है, जो शुरू में एक बूट प्रोग्राम द्वारा कम्प्यूटर में लोड़ होने के बाद कम्प्यूटर में अन्य सभी एप्लिकेशन प्रोग्राम को प्रबन्धित करता हैं। कम्प्यूटर के संसाधनों का प्रबन्धन करने और इसके संचालन को सुविधाजनक बनाने के लिए विशेष कार्यक्रमों के एकीकृत सेट ऑपरेटिंग सिस्टम कहा जाता है।

27. (c) M/S = 37.5% P/V ratio = 40%

Fixed cost = 5,00,000

$$BEP = \frac{\text{Fixed cost}}{\text{P/v ratio}} = \frac{5,00,000}{40\%}$$

= ₹ 1250000

M/S Sale – BEP Sale

$$Sale = \frac{1250000}{62.5\%} = 20,00,000$$

New Sale = 20,00,000 + 7.5%

= 20,00,000 + 1,50,000

= 21,50,000

M/S = 21,50,000 – 12,50,000

= 9,00,000

28. (c) सम्पत्ति के हक को बनाए रखने के लिए किए गए व्यय राजस्व अर्थात् आयगत व्यय होते हैं।

29. (d) लाभ/मात्रा अनुपात $= \frac{S - V}{S} \times 100$

$$= \frac{200 - 160}{200} \times 100$$

= 20%

$$\text{आवश्यक बिक्री} = \frac{\text{स्थायी व्यय + इच्छित लाभ}}{\text{लाभ मात्रा अनुपात}}$$

$$= \frac{50000 + 10000}{20\%}$$

$$= \frac{60000}{20} \times 100 = ₹\ 3,00,000$$

30. (c) वर्ष 2015-16 का ह्रास $= 2,00,000 \times \frac{10}{100}$

= ₹ 20000

वर्ष 2016-17 का ह्रास = (2,00,000 – 20,000)

$$= 180000 \times \frac{10}{100} = ₹\ 18000$$

31. (a) एक बन्द मशीन को चालू करने के लिए किए गए व्यय आयगत व्यय होते हैं।

32. (d) ह्रास $= \frac{\text{लागत मूल्य – अवशिष्ट मूल्य}}{\text{उपपागी वर्ष}}$

$$= \frac{(8,00,000 + 25000 + 10000 + 40000) - 50,000}{5}$$

$$= \frac{825000}{5} = 165000$$

9 माह का ह्रास $= \frac{165000}{12} \times 9 = 123750$

33. (d) ऋणपत्रों के शोधन पर प्रीमियम का भुगतान रोकड़ प्रवाह विवरण में वित्तीय गतिविधि में दर्शाया जाता है। वित्तीय गतिविधि में वे लेन-देन दर्शाए जाते हैं, जिनसे पूँजी तथा दीर्घ ऋण की राशि परिवर्तित होती है।

34. (b) असामान्य लागत किसी भारी या बड़े व्यवधान के कारण कार्यहीन समय से या प्रक्रिया में असामान्य हानि के कारण उत्पन्न होती है। इसे लाभ-हानि खाते में प्रभारित किया जाता है।

35. (d) तुलनात्मक विवरण को क्षैतिज विश्लेषण के नाम से भी जाना जाता है। जब दो या दो से अधिक अवधियों के वित्तीय विवरणों की मदों को साथ-साथ इस प्रकार प्रस्तुत किया जाए कि उनका तुलनात्मक अध्ययन किया जा सके, तो ऐसे विवरण को तुलनात्मक विवरण कहते हैं।

36. (c) लाभांश का भुगतान प्रदत्त पूँजी के प्रतिशत के रूप में किया जाता है।

प्रदत्त पूँजी वह पूँजी होती है जिसका भुगतान अंशधारियों द्वारा कर दिया गया है।

37. (a) Total creditor's Account

To Cash A/c	85000	By Balance b/d	40000
To Discount Received	2000	By Purchase (Bal fig)	97000
To Balance c/d	50000		137000
	137000		

38. (d) एच आर ऑडिट (मानव संसाधन लेखा परीक्षण) एक ऐसी प्रक्रिया है, जिसके अन्तर्गत मौजूदा कानूनी आबन्ध और श्रम कानूनों के साथ किसी संगठन की अनुकूलता के परिमाण को मापन किया जाता है।

To Bad Debts	4000	By Balance B/d	2000
To Balance C/d	3000	By Profit and Loss A/c (Bal fig)	5000
	7000		7000

39. (d) Provision for Bad debts accounts.

To Bad Debts	4000	By Balance B/d	2000
To Balance C/d	3000	By Profit and Loss A/c (Bal fig)	5000
	7000		7000

40. (c) कुल गुणवत्ता प्रबन्धन में 'स्थायी वातावरण स्थापित करने और बनाने के लिए संगठनव्यापी प्रयास शामिल हैं, जहाँ कर्मचारी लगातार माँग उत्पादों और सेवाओं को प्रदान करने की अपनी क्षमता में सुधार करते हैं, जो ग्राहकों को विशेष मूल्य से मिलेंगे। यह कम्पनी के उद्देश्यों को योग्यतापूर्ण व कुशलतापूर्ण प्राप्त करने के लिए पूरे संगठन द्वारा चलाई जाने वाली गतिविधियों का एक समूह है जिससे उस स्तर की गुणवत्ता के उत्पाद एवं सेवाएँ प्रदान की जा सकें जो उसे उचित समय और दाम पर ग्राहकों को सन्तुष्ट करती है।

41. (b) बैलेंस स्कोर कार्ड एक रणनीति प्रदर्शन प्रबन्धन उपकरण है। एक अच्छी तरह से संरचित रिपोर्ट, जिसका उपयोग प्रबन्धकों द्वारा अपने नियन्त्रण में कर्मचारियों द्वारा गतिविधियों के निष्पादन पर नजर रखने और इन कार्यों से उत्पन्न होने वाले परिणामों की निगरानी के लिए किया जा सकता है।

42. (a) ISO 9000 मानकों का एक समूह है, जो संगठनों को यह सुनिश्चित करने में मदद करता है कि वे किसी उत्पाद या सेवा से सम्बन्धित वैधानिक और नियामक आवश्यकताओं के भीतर ग्राहक और अन्य हितधारक की जरूरतों को पूरा करते हैं।

43. (d) मूल्य ह्रास केवल अचल सम्पत्ति पर प्रदान किया जाता है। ह्रास का अर्थ किसी स्थायी सम्पत्ति के मूल्य में कमी से होता है। यह कमी सम्पत्ति के निरन्तर प्रयोग करने से इनकी टूट-फूट के कारण आती है।

44. (d) गुणवत्ता प्रबन्धन अभ्यास दूसरों के अनुभव को समझता है और प्रभावी ऑपरेटिंग प्रक्रियाओं की खोज के लिए बेंचमार्किंग का उपयोग करता है।

45. (d) EPZ (Export Processing Zones) निर्यात प्रसंस्करण क्षेत्र एशिया का पहला निर्यात प्रसंस्करण क्षेत्र 1965 में काड़ला, गुजरात में स्थापित किया था। भारत में आठ निर्यात प्रसंस्करण क्षेत्र हैं, जिन्हें विशेष आर्थिक क्षेत्र में परिवर्तित कर दिया गया है।

46. (d) फर्म में प्रवेश करने वाला नया साझेदार फर्म की सम्पत्तियों में हिस्सा पाने के लिए पूँजी लाता है तथा फर्म के लाभ में हिस्सा पाने के लिए पूँजी के अतिरिक्त जो नकदी लाता है, उसे ख्याति के लिए प्रीमियम कहते हैं।

47. (d) ऋण पत्र निर्गमन पर दिया गया बट्टा एक पूँजीगत हानि होती है। इस हानि को ऋण-पत्रों की अवधि में अपलिखित किया जाना आवश्यक है। कम्पनी अधिनियम के नये प्रावधानों के अनुसार इस हानि को उस वर्ष अपलिखित कर दिया जाता है, जिस वर्ष यह हुई है।

48. (b) उपभोक्ता सहकारी समिति वे सहकारी संगठन हैं, जो बिचौलियों को खत्म करने के लिए सेट हैं और कम कीमत पर उच्च गुणवत्ता वाले सामानों की निरन्तर आपूर्ति सुनिश्चित करते हैं।

49. (c) प्रश्न में दी गई परिस्थिति के अनुसार हम रैपिड स्किमिंग की मूल्य रणनीति अपनाएँगे। एक रैपिड स्किमिंग रणनीति प्रतिस्पर्धा का सामना करने और बाजार हिस्सेदारी को जल्दी से स्थापित करने के लिए उच्च कीमत और व्यापक प्रचार का उपयोग करते हैं। जब कोई गम्भीर प्रतिस्पर्धा की उम्मीद नहीं होती है, तो धीमी स्कीमिंग रणनीति का उपयोग किया जा सकता है- कम प्रचार के साथ उच्च कीमत।

50. (b) इनपुट की मात्रा के लिए गुणवत्ता आउटपुट की मात्रा से तात्पर्य उत्पादकता से है। उत्पादकता किसी माप द्वारा व्यक्त वस्तुओं या सेवाओं के उत्पादन की दक्षता है।

51. (b) वे ग्राहक जो नया उत्पाद हर किसी के खरीदने के बाद खरीदते हैं। विपणन शब्दावली में उन्हें सुस्त व्यक्ति कहा जाता है। उपभोक्ताओं का वह समूह जो नई तकनीकों के आधार पर उत्पादों या सेवाओं को खरीदने में धीमा (या अनिच्छुक) है। ये लोग नई तकनीक को अपनी जरूरतों और दैनिक गतिविधियों के लिए जोखिम-भरा और गैर-जरूरी मानते हैं।

52. (b) दर्शनीय एवं कम दर्शनीय कार्य निर्वाह-क्षमताएँ कार्यनिर्वाह क्षमताओं के आइसबर्ग मॉडल के अध्ययन में प्रयुक्त होने वाली अवधारणा है। अतः विकल्प (b) सही उत्तर है।

53. (d) दिए गए विकल्पों में से कथन ''वीसी केवल बिजनेस में दाँव नियन्त्रित करने के लिए निवेश करते हैं, इसलिए वे प्रबन्धन गतिविधि को उस दिशा में ले जा सकते हैं, जहाँ उच्चतम रिटर्न मिलता है, इस माँग की व्याख्या नहीं करता कि वेंचर कैपिटल जर्मन वेंचर कैपिटलिस्ट किसी भी स्टार्ट अप में अपने निवेश से उच्च/रिटर्न की अपेक्षा रखते हैं।

54. (b) लीड टाइम (प्रतीक्षा अवधि) से आशय स्कन्ध की एक मद के पुनर्भरण हेतु दिए गए आदेश तथा भण्ड़ार में वास्तव में उस मद को प्राप्त होने के बीच लगने वाले समय से हैं।

55. (a) दिए गए प्रश्न में विदेशी विनिमय बाजार, कॉल मनी मार्केट व शेयर बाजार सभी वित्तीय बाजार के उदाहरण हैं, परन्तु बैंक वित्तीय बाजार का उदाहरण नहीं हैं।

56. (b) वित्तीय बाजारों में पूँजी के कुशल आवण्टन का एक आवश्यक आर्थिक कार्य होता है। अर्थव्यवस्था का मौलिक कार्य कुशलता से पूँजी का आवण्टन करना है। इसे प्राप्त करने के लिए, पूँजी को उन क्षेत्रों में निवेश किया जाना चाहिए, जिनसे उच्च रिटर्न की उम्मीद की जाती है और खराब सम्भावनाओं वाले क्षेत्रों से वापस ले लिया जाता है।

57. (d) बाजार पूँजीकरण सूत्र कम्पनी के कुल इक्विटी मूल्य की गणना करता है। यह कम्पनी के मौजूदा बाजार मूल्य प्रति अंश को बकाया अंशों की कुल संख्या से गुणा करके ज्ञात किया जाता है।

58. (d) उपभोक्ता व्यवहार को प्रभावित करने वाले तीन कारक निम्न हैं- सांस्कृतिक कारक, सामाजिक कारक और व्यक्तिगत कारक। उपभोक्ता व्यवहार व्यक्तियों, समूहों या संगठनों और वस्तुओं एवं सेवाओं की खरीद, उपयोग और निपटान से जुड़ी गतिविधियों का अध्ययन है।

59. (d) बाजार ने उत्पाद को स्वीकार कर लिया हो और बिक्री में वृद्धि मन्दी दिखाने लगे, तो यह चरण परिपक्वता चरण कहलाता हैं। जीवन चक्र लागत एक प्रबन्धन तकनीक हैं जिसका उपयोग जीवन चक्र में किसी उत्पाद की लागतों की पहचान और निगरानी के लिए किया जाता है। उत्पाद जीवन चक्र के विभिन्न चरणों में परिचय, विकास, परिपक्वता तथा गिरावट को सम्मिलित किया जाता है।

60. (d) विश्व व्यापार संगठन का मुख्यालय जिनेवा, स्विट्जरलैण्ड में स्थित है। विश्व व्यापार संगठन एक अन्तर्राष्ट्रीय संगठन है जो विश्व व्यापार के लिए नियम बनाता है। इसकी स्थापना वर्ष 1995 में गैट के स्थान पर लाने के लिए की गई थी।

61. (b) संचार चैनल, संवर्धन चैनल (प्रमोशनल चैनल) और मीडिया चैनल, विक्रेता द्वारा नियोजित तीन प्रकार के मार्केटिंग चैनल हैं। विपणन चैनल में वे लोग संगठन और गतिविधियाँ शामिल हैं जो वस्तुओं के स्वामित्व को उत्पादन के स्थान से उपयोग के स्थान तक स्थानान्तरित करने के लिए आवश्यक है। यह वह तरीका है जिससे उत्पाद उपयोगकर्ता, उपभोक्ता एक पहुँचाते हैं और इसे वितरण चैनल के रूप में भी जाना जाता है।

62. (d) भारतीय प्रतिभूति एवं विनिमय बोर्ड (Security and Exchange Board of India-SEBI) की स्थापना सन 1992 में एक निगमित संस्था के रूप में की थी। इसका मुख्यालय मुम्बई में स्थित है। इसका मुख्य उद्देश्य निवेशकों के हितों की रक्षा करना तथा प्रतिभूति बाजार पर नियन्त्रण एवं नियमन करना है।

63. (d) एक मैनेजर को रिपोर्ट करने वाले कर्मचारियों की संख्या को नियन्त्रण अवधि (स्पैन ऑफ कण्ट्रोल) के नाम से जाना जाता है। नियन्त्रण अवधि से तात्पर्य उन अधीनस्थों की संख्या से है, जिन्हें किसी संगठन में पर्यवेक्षकों या प्रबन्धकों द्वारा प्रभावी ढंग से और कुशलता से प्रबन्धित किया जा सकता है।

64. (d) द्वितीयक पूँजी बाजार में प्रतिभूतियों का विनिमय ओवर द काउण्टर तथा स्टॉक एक्सचेंज के माध्यम से किया जाता है। ओवर द काउटर बाजार एक विकेन्द्रीकृत बाजार होता है, जिसमें प्रतिभूतियों का विनिमय दोनों पक्ष प्रत्यक्ष रूप से करते हैं।

65. (b) अधिकार और व्यवहार मुआवजा सातत्य के विपरीत सिरों पर स्थित दो बुनियादी मुआवजा धारणाएँ हैं। अधिकार दर्शन को इस रूप में परिभाषित किया जा सकता है कि जिन व्यक्तियों ने एक और वर्ष काम किया है वे प्रदर्शन के अन्तर के बारे में बहुत कम ध्यान देते हुए वेतन वृद्धि के हकदार हैं। व्यवहार मुआवजा धारणा में केवल संगठनात्मक सेवा में एक और वर्ष जोड़ने के लिए किसी को मुआवजे की गारण्टी नहीं है।

66. (c) अब्राह्म मैस्लो के आवश्यकता पदानुक्रम के सिद्धान्त में, व्यक्तिगत जरूरतों के 5 विशिष्ट स्तर हैं- शारीरिक सुरक्षा, सामाजिक, आत्मसम्मान व स्व-प्रत्यक्षीकरण। मैस्लो की जरूरतों का पदानुक्रम प्रेरणा का एक सिद्धान्त है, जो बताता है कि मानव की पाँच श्रेणियाँ एक व्यक्ति के व्यवहार को निर्धारित करती हैं।

67. (c) एक व्यवसाय में पेस्ट (PEST) विश्लेषण को पर्यावरण विश्लेषण की विधि के रूप में इस्तेमाल किया जाता है। व्यापार विश्लेषण में पेस्ट विश्लेषण रणनीतिक प्रबन्धन के पर्यावरण विश्लेषण घटक में उपयोग किए जाने वाले मैक्रो-पर्यावरणीय कारकों के ढाँचे का वर्णन करता है।

68. (d) एफडब्ल्यू टेलर मुख्यतः वैज्ञानिक प्रबन्धन परिप्रेक्ष्य पर अपने काम के लिए जाने जाते हैं। वैज्ञानिक प्रबन्धन, प्रबन्धन का एक सिद्धान्त है, जो वर्कफ्लो का विश्लेषण और संश्लेषण करता है। इसका मुख्य उद्देश्य आर्थिक दक्षता, विशेषकर श्रम उत्पादकता में सुधार करना है।

69. (c) मेंटिज रिवर्स मेंटरिंग, मेंटिज लाभ से दिए गए विकल्पों में से 'उनकी दक्षताओं के अन्तरालों को भरने में सक्षमता, मैंटर्स के व्यापक अनुभव से ज्ञान प्राप्त करना व युवा वर्ग की उपभोक्ता वरीयताओं में अन्तदृष्टि प्राप्त करना सभी तरीकों से लाभ उठाते हैं, परन्तु जेन वाई अधीनस्थों के साथ जुड़ना नहीं सीखता।

70. (a) भारित औसत पूँजी लागत (Weighted Average Cost of Capital–WACC) संस्था के विभिन्न पूँजी साधनों की भारित लागतों का योग होती हैं। प्रत्येक पूँजी साधन की लागत को उसके भार से गुणा करके उसकी भारित लागत ज्ञात की जाती है।

71. (b) संयुक्त परिवार के व्यवसाय को संचालित करने वाले वरिष्ठ सह-समर्थक को कर्ता के रूप में परिभाषित किया जाता है। हिन्दू अविभाजित परिवार की दशा के कर्ता ही परिवार की तरफ से किसी भी अनुबन्ध पर हस्ताक्षर कर सकता है। सामान्यतः हिन्दू अविभाजित परिवार का वर्योबद्ध सदस्य ही परिवार का कर्ता होता है।

72. (a) आव्यूह प्रबन्धन प्रणाली प्रबन्धकों की निष्ठा के प्रति गतिरोध उत्पन्न करती है। आव्यूह प्रबन्धन प्रणाली कभी-कभी टीम के सदस्यों पर काम का बोझ भी डाल सकती हैं, क्योंकि उनका प्रोजेक्ट वर्कलोड अक्सर उनके नियमित कार्यात्मक कर्त्तव्यों के अतिरिक्त होता है। कर्मचारियों को बर्नआउट या अनदेखी या कार्यों को पूरा करने में विफल हो सकता है या समय की कमी के कारण उनके काम की गुणवत्ता प्रभावित हो सकती है।

73. (d) ब्रेटन वुड्स सम्मेलन में अन्तर्राष्ट्रीय मुद्रा कोष के साथ-साथ विश्व बैंक की स्थापना की गई थी। मौद्रिक प्रबन्धन थी ब्रिटेन वुड्स प्रणाली ने 1944 के ब्रेटन वुड्स समझौते के बाद अमेरिका, कनाडा, पश्चिमी यूरोपीय देश, ऑस्ट्रेलिया और जापान के बीच वाणिज्यक और वित्तीय सम्बन्धों के नियमों की स्थापना की थी।

74. (a) ब्रेटन वुड्स सम्मेलन में अन्तर्राष्ट्रीय मुद्रा कोष के साथ-साथ पुनर्निर्माण और विकास के लिए अन्तर्राष्ट्रीय बैंक की स्थापना का भी निर्णय लिया गया था। इस संस्था को इसकी सहायक संस्था अन्तर्राष्ट्रीय विकास संघ के साथ मिलाकर विश्व बैंक भी कहते हैं। विश्व बैंक की स्थापना वर्ष 1945 में हुई थी। इसका मुख्यालय वॉशिंगटन (अमेरिका) में है।

75. (a) बैलेंश शीट (चिट्ठा) एक निश्चित तिथि को किसी कम्पनी की वित्तीय स्थिति को दर्शाता है। चिट्ठा एक निश्चित तिथि को कम्पनी की सम्पत्तियाँ और दायित्वों का विवरण पत्र होता है।

76. (a) मूल योग्यता एक अद्वितीय क्षमता के रूप में परिभाषित की जा सकती है, जो उच्च मूल्य बनाती है और किसी संगठन को अपने प्रतिस्पर्धियों से अलग करती है। किसी भी संगठन के लिए, उसकी मूल योग्यता क्षमताओं, ज्ञान, कौशल और संसाधनों को सन्दर्भित करती है, जो इसकी परिभाषित ताकत

को गठन करते हैं। एक कम्पनी की मूल योग्यता अलग होती हैं और इसलिए अन्य संगठनों द्वारा आसानी से दोहराई नहीं जाती है। चाहे वे मौजूदा प्रतिस्पर्धी हो या इसके बाजार में नए प्रवेशकर्ता हों।

77. (c) अविभोज्यता, अस्पृश्यता व भंगुरता सेवाओं की एक विभेदक विशेषता है, परन्तु एकरूपता सेवा की विभेदक विशेषता नहीं है। एकरूपता से अभिप्राय एकसमान प्रकार के होने या एक समान संरचना या संरचना होने की गुणवत्ता या अवस्था से है।

78. (b) दिए गए सभी विकल्प भागीदारी, सहकारी समिति व संयुक्त हिन्दू परिवार प्राइवेट सेक्टर उद्यम के अन्तर्गत आते हैं, परन्तु सार्वजनिक क्षेत्र इकाई इसके विपरीत है। यह प्राइवेट सेक्टर उद्यम नहीं हैं।

79. (d) लेखा मानक 10 का सम्बन्ध सम्पत्ति, सम्पन्न तथा उपकरणों से है। इस मानक का उद्देश्य सम्पत्ति, संयन्त्र तथा उपकरणों के लिए लेखांकन उपचार को निर्धारित करना है।

80. (d) खजाना बिल मुद्रा बाजार के उपकरण है। मुद्रा बाजार वह बाजार होता है, जहाँ पर अल्पकालीन ऋणों का लेन-देन किया जाता है।

मुद्रा बाजार का प्रमुख उपकरण खजाना बिल होता है, जो एक वर्ष से कम परिपक्व अवधि के लिए जारी किया जाता है।

81. (b) पारस्परिक निधि (म्युचुअल फण्ड) का उद्देश्य छोटे निवेशकों को निवेश का अवसर प्रदान करना होता है, पारस्परिक निधियाँ एक प्रकार के सामूहिक निवेश होते हैं, जो विकासशील अर्थव्यवस्था में विकास कार्यक्रमों को सफल बनाने हेतु घरेलू बचतों को अधिक गतिशीलता प्रदान करने में सहायक होते हैं।

82. (d) ग्राहक व्युत्पन्न की मूल्य की गणना किसी ग्राहक को उत्पाद से मिलने वाले लाभ में से ग्राहक के उत्पाद की लागत घटा कर की जाती है। जब ग्राहक किसी उत्पाद से मूल्य प्राप्त करते हैं, तो वे उत्पाद की विशेषताओं के साथ-साथ विशेषता, प्रदर्शन और उत्पाद के उपयोग से वांछित लक्ष्यों को प्राप्त करने के परिणाम से मूल्य प्राप्त करते हैं, जो ग्राहक व्युत्पन्न मूल्य कहलाता है।

83. (b) ऋणपत्र शोधन पर प्रीमियम एक व्यक्तिगत खाता होता है। शोधन पर दिया जाने वाला प्रीमियम एक पूँजीगत हानि होता है।

84. (d) कम्पनी के समापन पर कर्मचारी की चार माह की मजदूरी या वेतन को पूर्वाधिकार लेनदार माना जाता है। यह परिश्रमिक अधिकतम 20000 रुपये तक प्रतिव्यक्ति पूर्वाधिकार लेनदार माना जाता है।

85. (a) कम्पन्नी के समापन पर सूची ब में उन सम्पत्तियों को दर्शाया जाता है, जो लेनदारों के पास गिरवी रखी हुई है। यदि गिरवी सम्पत्ति का वसूली मूल्य ऋण की राशि से अधिक है, तो इस राशि को प्रतिभूतियों से अधिक शेष कहा जाता है।

इस राशि को सूची अ की सम्पत्तियों के वसूली मूल्य में जोड़ा जाता है। यदि वसूली राशि ऋण राशि से कम है, तो इसे न्यूनता माना जाएगा तथा इस राशि को सूची ई में असुरक्षित लेनदारों से जोड़ा जाएगा।

86. (a) वर्तमान क्रय शक्ति विधि मुद्रा स्फीति लेखांकन की विधि होती है। इस विधि के अन्तर्गत वित्तीय विवरणों की विभिन्न पदों के मूल्यों को कीमत स्तर में परिवर्तन के अनुरूप परिवर्तित कर दिया जाता है। इस उद्देश्य के लिए अनुमोदित सामान्य कीमत सूचकांक का प्रयोग किया जाता है।

87. (c)

	(₹)
1-04-2016 को मूल्य ह्रास $150000 \times \frac{10}{100}$	15000
1-04-2017 को मूल्य ह्रास (150000 – 15000) $135000 \times \frac{10}{100}$	13500
1-04-2018 हो मूल्य ह्रास (135000 – 13500)$121500 \times \frac{10}{100}$	12150
कुल	40650

88. (b) अधिकार अंशों का निर्गमन मौजूदा अंशधारियों को ही किया जाता है।

89. (d) लाभदायकता सूचकांक अपेक्षित प्रत्याय दर पर भावी रोकड़ अन्तर्वाहों के वर्तमान मूल्य का प्रारम्भिक विनियोग लागत से अनुपात होता है।

90. (a) कम्पनी के समापन पर निस्तारक की नियुक्ति की जाती है। निस्तारक कम्पनी की सम्पत्तियों से वसूली तथा दायित्वों का भुगतान करता है। सम्पत्तियों से वसूली तथा दायित्वों को भुगतान का विवरण को निस्तारक का अन्तिम हिसाब का विवरण कहा जाता है।

91. (c)

	(₹)
क्रय की गई सम्पत्तियों की राशि (120000 + 1,00,000)	2,20,000
(–) क्रय प्रतिफल	2,00,000
पूँजी संचय	20000

92. (a) कम्पनी की सभा में समता अंशधारी को मत देने का अधिकार होता है। समता अंशधारी कम्पनी के वास्तविक स्वामी होते हैं।

93. (d) हेनरी फेयोल ने प्रबन्ध के 14 सिद्धान्त के अन्तर्गत पद सोपान शृंख्ला को बताया है। इस सिद्धान्त के अनुसार संगठन में उच्चाधिकारियों से निम्न अधिकारियों के मध्य सम्प्रेषण करने की पूर्व-निर्धारित शृंख्ला होती है जिसे सोपान शृंखला कहते हैं विषय परिस्थितियों में इस शृंखला की अवहेलना को बताया जा सकता है।

94. (a) चतुर्थक अपकिरण का माप नहीं है। किसी समूह के माध्य से उसके पदों की दूरी पर फैलाव, बिखराव या विस्तार को अपकिरण कहते हैं। विस्तार, माध्य विचलन, प्रमाप विचलन चतुर्थक विचलन अपकिरण की माप होते हैं। चतुर्थक एक स्थिति सम्बन्धी माध्य होता है।

95. (b) विश्व व्यापार संगठन का मुख्यालय जिनेवा (स्विट्जरलैण्ड) में है। अन्तर्राष्ट्रीय व्यापार को नियन्त्रित तथा सुविधाजनक बनाने के लिए वर्ष 1995 में गैट के स्थान पर विश्व व्यापार संगठन की स्थापना की गई थी।

96. (c) Depreciation

$$= \frac{\text{Cost of Machine + Installation Charge} - \text{Scrap Value}}{\text{Useful Life}}$$

$$= \frac{40{,}000 + 6{,}000 - 1{,}000}{3}$$

$$= \frac{45{,}000}{3}$$

= ₹ 15,000 प्रति वर्ष

97. (b) पूर्ण प्रतियोगिता में माँग रेखा क्षितिज होती है। पूर्ण प्रतियोगिता में फर्म के प्रवेश तथा निकास पर प्रतिबन्ध नहीं होता है। एक फर्म कीमत का निर्धारण नहीं करती है। कीमत का निर्धारण उद्योगों द्वारा किया जाता है।

98. (d) समता अंशों की वापसी खरीद रोकड़ प्रवाह विवरण में वित्तीय गतिविधि में दर्शाया जाता है। वित्तीय गतिविधि में उन लेन-देनों को दर्शाया जाता है, जिनसे संस्था की पूँजी तथा दीर्घ ऋणों की राशि में परिवर्तन आता है।

99. (b) चालू दायित्वों का भुगतान अल्प अवधि में किया जाता है। ऐसे दायित्व जिनका भुगतान चिट्ठे की तिथि के 12 माह के अन्दर करना है, चालू दायित्व कहलाते हैं।

100. (b) दिया हुआ है, G = 6%, Ke = 9%, PS = 1.5

$$ke = \frac{DPS}{MP} + G$$

$$0.09 = \frac{1.5}{MP} + 0.6$$

अध्याय 1

व्यवसाय का परिचय
Introduction to Business

व्यवसाय की अवधारणा Concept of Business

आधुनिक समाज में व्यवसाय एक महत्वपूर्ण आर्थिक क्रिया है। व्यवसाय एक ऐसी क्रिया है जिसमें विभिन्न लोग परस्पर लाभ के लिए वस्तुओं और सेवाओं का आदान-प्रदान करते हैं। व्यवसाय के अन्तर्गत वे सभी क्रियाएँ आती हैं, जिनमें लोग वस्तुओं और सेवाओं का उत्पादन करने या विनिमय करने में व्यस्त हैं।

व्यवसाय का अर्थ एवं परिभाषाएँ
Meaning and Definitions of Business

व्यवसाय का तात्पर्य उन समस्त वैध, मानवीय एवं आर्थिक क्रियाओं से है, जिनका उद्देश्य समाज की आवश्यकताओं की पूर्ति करते हुए धर्नाजन द्वारा लाभ कमाना होता है। इसी कारण व्यवसाय के अन्तर्गत, वाणिज्य, व्यापार, उद्योग, नौकरी, पेशे आदि को सम्मिलित किया जाता है।

उदाहरण के लिए, उत्पादकों द्वारा माल का निर्माण, वकील द्वारा अपने ग्राहक को दी जाने वाली सेवा, थोक तथा फुटकर व्यापारियों द्वारा माल का विक्रय, अध्यापक द्वारा स्कूल में बच्चों को पढ़ाया जाना आदि क्रियाएँ व्यवसाय के अन्तर्गत आती हैं।
व्यवसाय को विभिन्न विद्वानों ने निम्नलिखित प्रकार से परिभाषित किया है—

डॉ. विलियम आर. स्प्रीगल के अनुसार, "व्यावसायिक क्रियाओं के अन्तर्गत उन समस्त क्रियाओं का समावेश किया जाता है, जिनका सम्बन्ध वस्तुओं या सेवाओं के निर्माण व विक्रय से होता है।"

थॉमस के अनुसार, "व्यवसाय एक ऐसा कार्य है, जिसका मुख्य उद्देश्य मौद्रिक लाभ तथा मुख्य जोखिम मौद्रिक हानि है।"

पीटरसन तथा **प्लाउमैन** के अनुसार, "व्यवसाय का आशय ऐसी क्रिया से है, जिसमें विभिन्न व्यक्ति, वस्तुओं एवं सेवाओं के रूप में किसी-न-किसी उपयोगी पदार्थ का पारस्परिक लाभ के उद्देश्य से विनिमय करते हैं।"

व्यवसाय की विशेषताएँ Characteristics of Business

एक व्यवसाय अन्य आर्थिक क्रियाओं से किस प्रकार भिन्न है, इस तथ्य को व्यवसाय की निम्नलिखित विशेषताओं द्वारा समझा जा सकता है—

1. **आर्थिक क्रिया** यह एक आर्थिक क्रिया है, क्योंकि इसके अन्तर्गत जो क्रियाएँ आती हैं, उनका उद्देश्य धन या जीविका अर्जित करना होता है। इन क्रियाओं का कोई भावनात्मक कारण; जैसे—प्रेम, ईर्ष्या, दया आदि नहीं होता।
2. **उत्पादन या विनिमय** प्रत्येक व्यावसायिक उपक्रम या तो वस्तुओं और सेवाओं का उत्पादन करता है या उन्हें पुन: बिक्री के लिए उत्पादकों से क्रय करता है, ताकि उन्हें उपभोक्ताओं को बेच कर तथा उनकी आवश्यकता को सन्तुष्ट कर लाभ अर्जित किया जा सके।
3. **लाभ अर्जित करना** प्रत्येक व्यवसाय का प्राथमिक उद्देश्य लाभ अर्जित करना होता है। इसलिए व्यवसायी बिक्री की मात्रा बढ़ाने की कोशिश करता है तथा लागत में कमी करने का प्रयास करता है।
4. **अनिश्चित प्रतिफल** व्यवसाय फूलों की सेज नहीं है, प्रत्येक कदम पर मुश्किलें और बाधाएँ सफलता की ओर जाने से रोकती हैं। कोई भी वास्तविक प्रतिफल की आशा नहीं कर सकता, क्योंकि हानि की सम्भावना हमेशा बनी रहती है।
5. **वस्तुओं और सेवाओं में नियमित लेन-देन** कोई एक लेन-देन या क्रय-विक्रय व्यवसाय नहीं हो सकता। वस्तुओं और सेवाओं का क्रय-विक्रय नियमित होना चाहिए।
6. **जोखिम की सम्भावना** व्यवसाय में जोखिम शामिल होता है। इससे अभिप्राय लाभ की अनिश्चिता या हानि की सम्भावना से है। जोखिम का सम्बन्ध उपभोक्ता की रुचि तथा प्राथमिकता में परिवर्तन, हड़ताल, चोरी, आग लगने या दुर्घटना होने से है। लगभग प्रत्येक व्यवसाय में जोखिम शामिल है।

व्यवसाय के उद्देश्य Objectives of Business

व्यवसाय के उद्देश्य को मुख्यत: दो भागों में विभाजित किया जाता है—

1. आर्थिक उद्देश्य Economic Objectives

व्यवसाय से सम्बन्धित आर्थिक उद्देश्य निम्नलिखित हैं—

(i) संसाधनों का उचित प्रयोग करना।

(ii) बाजार में अपनी पहुँच बनाना या उपभोक्ताओं की संख्या में निरन्तर वृद्धि करना।

(iii) लाभ अर्जित करना, क्योंकि इसके बिना व्यवसाय ज्यादा दिनों तक नहीं चल सकता।

(iv) बाजार में बने रहना हर व्यवसाय का आधारभूत उद्देश्य है, क्योंकि प्रतियोगिता दिन-प्रतिदिन बढ़ती जा रही है।

(v) एक व्यवसाय बाजार में तभी जीवित रह सकता है, जब वह निरन्तर विकास करे, इसलिए निरन्तर विकास भी एक महत्वपूर्ण उद्देश्य है।

(vi) उत्पादन की नई विधियों को विकसित करना तथा नई तकनीकों को अपनाना।

(vii) संसाधनों के उचित प्रयोग द्वारा उत्पादकता बढ़ाना।

(viii) प्रबन्धक की कार्यक्षमता को विकसित करना।

2. सामाजिक उद्देश्य Social Objectives

व्यवसाय से सम्बन्धित सामाजिक उद्देश्य निम्नलिखित हैं–

(i) उचित गुणवत्ता वाली वस्तुओं का उत्पादन करना।

(ii) अनुचित व्यापार व्यवहारों की अवहेलना करना; जैसे– कालाबाजारी, मिलावट, दुष्प्रचार आदि।

(iii) एक संगठन के लिए उसके कर्मचारी मूल्यवान सम्पत्ति हैं, क्योंकि इनके कारण ही व्यवसाय सफलता पाने की आशा रखता है। इसलिए कर्मचारियों का कल्याण भी एक महत्त्वपूर्ण सामाजिक उद्देश्य है।

(iv) रोजगार के अवसरों का सृजन करना।

(v) पर्यावरण संरक्षण के लिए कदम उठाना।

व्यावसायिक क्रियाओं का वर्गीकरण
Classification of Business Activities

व्यवसाय एक विस्तृत एवं व्यापक शब्द है। इसके अन्तर्गत उन सभी क्रियाओं को सम्मिलित किया गया है, जो वस्तुओं और सेवाओं के उत्पादन से उनके वितरण तक लाभ कमाने के उद्देश्य से की जाती हैं। ये क्रियाएँ निजी तथा सार्वजनिक दोनों प्रकार की होती हैं।

व्यावसायिक क्रियाओं को निम्नलिखित चार्ट द्वारा सरलता से समझा जा सकता है–

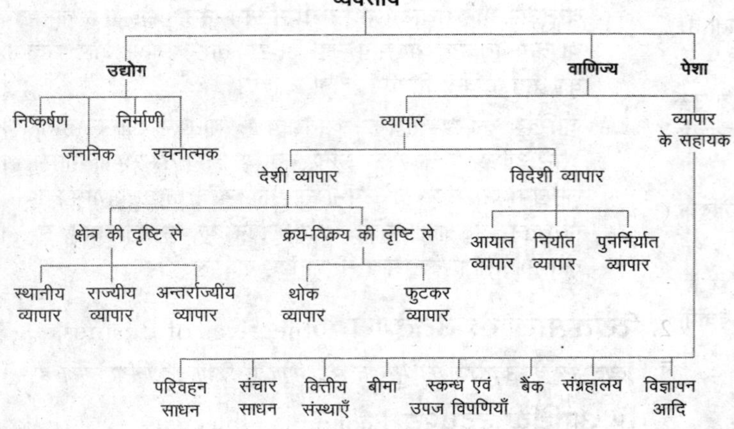

उद्योग का अर्थ एवं परिभाषा
Meaning and Definition of Industry

प्राकृतिक वस्तुओं की उपयोगिता बढ़ाकर उन्हें ब्रिकी योग्य बनाना अथवा कच्चे माल को पक्के माल में परिवर्तित करना ही 'उद्योग' कहलाता है। इसके अन्तर्गत वस्तु के रूप, संरचना, बनावट एवं उपयोग में परिवर्तन कर उपयोगिता का सृजन किया जाता है। *उद्योग दो प्रकार के पदार्थों का निर्माण करते हैं–*

1. **उपभोक्ता पदार्थों का निर्माण करने वाले उद्योग** के अन्तर्गत कपड़ा व्यवसायी, बिस्कुट व्यवसायी, जूता व्यवसायी इत्यादि आते हैं, क्योंकि इन पदार्थों का अन्तिम उपभोक्ताओं द्वारा प्रत्यक्ष उपभोग किया जाता है।
2. **पूँजीगत पदार्थों का निर्माण करने वाले उद्योग** के अन्तर्गत वे व्यवसाय आते हैं, जिनमें ऐसी मशीनों या उपकरणों का निर्माण किया जाता है, जिनका उपयोग कपड़ा, कागज, एल्युमीनियम, प्लास्टिक आदि बनाने वाले कारखानों में किया जाता है। इन मशीनों या उपकरणों का प्रयोग दूसरे उद्योगों द्वारा अन्य पदार्थ बनाने में किया जाता है।

डाबर के अनुसार, "उद्योग वाणिज्य का वह विभाग है, जो धन के उत्पादन से सम्बन्धित है।"

उद्योग के प्रकार Types of Industry

उद्योग को चार भागों में वर्गीकृत किया गया है–

1. **निष्कर्षण उद्योग** (Extractive Industry) प्रकृति की गोद (जल, थल, वायु) से मानवीय प्रयास आदि द्वारा प्राप्त वस्तुएँ व पदार्थ निष्कर्षण उद्योग कहलाते हैं; जैसे–कृषि उद्योग, खान खोदना, तेल निकालना, मछली पकड़ना, जंगलों से लकड़ी प्राप्त करना, वनों से दवाएँ व जड़ी-बूटियाँ प्राप्त करना आदि।
2. **जननिक उद्योग** (Genetic Industry) कुछ उद्योग ऐसे होते हैं, जो पौधों की नस्ल सुधारने तथा पशुओं के प्रजनन से सम्बन्धित होते हैं। इन उद्योगों को जननिक उद्योग कहा जाता है।

   इसमें वनस्पति एवं पशुओं की विशिष्ट नस्लों में प्रजनन कराकर उनकी संख्या को बढ़ाया जाता है और उनका विक्रय करके लाभ कमाया जाता है। इन उद्योगों के अन्तर्गत पशुपालन, कृषि बागवानी, मत्स्य पालन, मुर्गी पालन, कैटल-ब्रीडिंग फार्म आदि आते हैं।
3. **रचनात्मक उद्योग** (Constructive Industry) ये वे उद्योग हैं, जिनका विक्रय नहीं होता एवं कार्य किसी निश्चित स्थान पर किया जाता है; जैसे–भवन निर्माण, नहर व बाँध का निर्माण, सड़क निर्माण, पुल निर्माण आदि।
4. **निर्माणी उद्योग** (Manufacturing Industry) कच्चे माल को या अर्द्धनिर्मित माल को निर्मित माल में परिवर्तित करने को ही निर्माणी उद्योग कहा जाता है; जैसे–जूट के थैले बनाना, चमड़े से जूते बनाना, लकड़ी से फर्नीचर, गन्ने से चीनी बनाना, लुग्दी से कागज बनाना आदि। *निर्माणी उद्योग के विभिन्न रूप निम्न हैं–*

   (i) **विश्लेषणात्मक उद्योग** (Analytical Industry) वे उद्योग जिनमें मूल पदार्थ का विश्लेषण या पृथक्कीकरण करके एक ही सामग्री से विभिन्न पदार्थ निकाले जाते हैं, उन्हें विश्लेषणात्मक उद्योग कहते हैं;

जैसे—क्रूड तेल से पेट्रोल, मिट्टी तेल तथा डीजल तेल बनाना आदि।

(ii) **संश्लेषणात्मक उद्योग** (Assembling Industry) जिन उद्योगों में विभिन्न तत्त्वों या कलपुर्जों को एकत्रित करके नई वस्तु का निर्माण किया जाता है, उन्हें संश्लेषणात्मक उद्योग कहते हैं; जैसे—बस का निर्माण, विभिन्न उद्योगों से बने कलपुर्जे स्टेयर, इंजन, बॉडी, टायर, हैण्डिल, ट्यूब आदि को जोड़कर किया जाता है।

(iii) **प्रक्रिया उद्योग** (Processing Industry) कच्चे माल को विभिन्न प्रक्रिया द्वारा पक्के माल में बदलना प्रक्रिया उद्योग कहलाता है; जैसे—गन्ने से गुड़ व चीनी बनाना आदि।

(iv) **कृत्रिम उद्योग** (Synthetic Industry) जब किसी नई वस्तु का निर्माण अनेक वस्तुओं को मिलाकर किया जाता है, तो वह कृत्रिम उद्योग कहलाता है; जैसे—सीमेण्ट का निर्माण अनेक वस्तुओं को मिलाकर किया जाता है।

(v) **एकीकरण उद्योग** (Amalgamation Industry) रबड़, टायर व लोहा इस्पात उद्योग एकीकरण उद्योग के अन्तर्गत आते हैं।

वाणिज्य का अर्थ एवं परिभाषाएँ
Meaning and Definitions of Commerce

वाणिज्य उन समस्त आर्थिक क्रियाओं का सामूहिक रूप है, जो मानवीय आवश्यकताओं एवं इच्छाओं की सन्तुष्टि के लिए माल को उत्पत्ति के स्थान से उपभोग के स्थान तक पहुँचाने में आने वाली असुविधा तथा बाधाओं के निवारण हेतु कार्यरत् रहती हैं अर्थात् वाणिज्य में वस्तुओं एवं सेवाओं के क्रय-विक्रय के साथ-साथ उन समस्त क्रियाओं को सम्मिलित किया जाता है, जिनके द्वारा वस्तुओं को उपभोक्ताओं तक पहुँचाया जाता है।

वाणिज्य की प्रमुख परिभाषाएँ निम्नलिखित हैं—

स्टीफेन्सन के अनुसार, ''वाणिज्य उन सभी विधियों का योग है, जिनके द्वारा वस्तुओं के विनिमय में आने वाली बाधाओं—व्यक्ति-बाधा (व्यापार), स्थान-बाधा (परिवहन एवं बीमा), समय-बाधा (संग्रहालय) तथा वित्तीय-बाधा (बैंक) को दूर किया जाता है।''

थॉमस के अनुसार, ''वस्तुओं के क्रय-विक्रय, विनिमय और वितरण को वाणिज्य कहते हैं।''

वाणिज्य के प्रकार Types of Commerce

वाणिज्य के दो प्रमुख अंग हैं—

I. व्यापार II. व्यापार के सहायक

व्यापार का अर्थ एवं परिभाषा
Meaning and Definition of Trade

सरल शब्दों में, व्यापार का अर्थ वस्तुओं के क्रय-विक्रय से होता है। व्यापार के अन्तर्गत उन समस्त क्रियाओं को सम्मिलित किया गया है, जो वस्तुओं एवं सेवाओं के उत्पादन तथा क्रय-विक्रय से सम्बन्धित हों।

यदि कोई व्यक्ति जिसका उद्देश्य वस्तु का विक्रय करना नहीं होता है अर्थात् वह कोई वस्तु स्वयं के उपयोग हेतु क्रय करता है, तो वह क्रिया व्यापार के अन्तर्गत नहीं आती है।

पीटरसन एवं **प्लाउमैन** के अनुसार, ''व्यापार से आशय उस क्रिया से है, जिसमें विभिन्न व्यक्ति उपयोगी वस्तुओं एवं सेवाओं का पारस्परिक लाभ के लिए विनिमय करते हैं।''

व्यापार के प्रकार Types of Trade

व्यापार मुख्यतः दो प्रकार का होता है—

1. देशी व्यापार Home Trade

जब वस्तुओं अथवा सेवाओं का क्रय-विक्रय देश की सीमाओं के भीतर निवास करने वाले क्रेता एवं विक्रेताओं के मध्य किया जाता है, तो उसे 'देशी व्यापार' कहा जाता है। *देशी व्यापार को निम्नलिखित प्रकार से विभक्त किया जाता है—*

(i) **क्षेत्र की दृष्टि से** In Terms of Area

क्षेत्र की दृष्टि से व्यापार को तीन भागों में वर्गीकृत किया गया है—

(a) **स्थानीय व्यापार** (Local Trade) इस प्रकार के व्यापार में क्रेता एवं विक्रेता स्थानीय होते हैं एवं व्यापार किसी विशेष स्थान तक ही सीमित होता है; जैसे—दुग्ध उत्पाद, फल-सब्जी, मिष्ठान इत्यादि का व्यापार।

(b) **राज्यीय व्यापार** (In-state Trade) किसी एक ही राज्य में होने वाले व्यापार को 'राज्यीय व्यापार' कहते हैं। इस व्यापार में क्रेता एवं विक्रेता एक ही राज्य के होते हैं; जैसे—जयपुर एवं भीलवाड़ा के मध्य कपड़ों का व्यापार इत्यादि।

(c) **अन्तर्राज्यीय व्यापार** (Inter-state Trade) विभिन्न राज्यों के मध्य होने वाले व्यापार को 'अन्तर्राज्यीय व्यापार' कहते हैं। इस व्यापार में क्रेता एवं विक्रेता अलग-अलग राज्यों के होते हैं; जैसे—राजस्थान एवं असम के मध्य होने वाला व्यापार।

(ii) **क्रय-विक्रय की दृष्टि से** In Terms of Sale-Purchase

क्रय-विक्रय की दृष्टि से व्यापार को दो भागों में वर्गीकृत किया गया है—

(a) **फुटकर व्यापार** (Retail Trade) वह व्यापार जिसमें व्यापारी थोड़ी-थोड़ी मात्रा में सामान खरीदकर ग्राहकों को बेचता है, फुटकर व्यापार कहलाता है; जैसे—चाय, कॉफी, बिस्कुट आदि।

(b) **थोक व्यापार** (Wholesaler Trade) थोक व्यापार से आशय उस व्यापार से है, जिसमें व्यापारी, उत्पादकों एवं निर्माताओं से अधिक मात्रा में माल क्रय करके उसे फुटकर व्यापारियों को उनकी आवश्यकतानुसार थोड़ी-थोड़ी मात्रा में बेचता है। थोक व्यापारी प्रायः एक या कुछ वस्तुओं का ही व्यापार करते हैं; जैसे—दवाइयाँ, वस्त्र, अनाज-दालें आदि।

2. विदेशी व्यापार Foreign Trade

जब दो या दो से अधिक देशों के मध्य वस्तुओं अथवा सेवाओं का क्रय-विक्रय किया जाता है, तो उसे विदेशी व्यापार कहते हैं।

विदेशी व्यापार को चार वर्गों में विभक्त किया गया है, जो निम्न प्रकार से हैं—

(i) **आयात व्यापार** (Import Trade) जब किसी एक देश के क्रेता द्वारा दूसरे देश से माल खरीदकर लाया जाता है, तो उसे देश का आयात व्यापार कहते हैं; जैसे—चीन से आने वाला चावल यहाँ आयात व्यापार कहलाता है।

(ii) **निर्यात व्यापार** (Export Trade) जब अपने देश से दूसरे देश को माल भेजा जाता है, तो उसे निर्यात व्यापार कहते हैं; जैसे—भारत द्वारा अमेरिका को चाय, फल, चावल आदि वस्तुएँ भेजी जाती हैं, तो वह व्यापार भारत का निर्यात व्यापार कहलाता है।

(iii) **पुनर्निर्यात व्यापार** (Entrepot Trade) जब किसी देश द्वारा कुछ ऐसी वस्तुएँ विदेशों से आयात की जाती हैं, जोकि उपभोग के लिए नहीं, अपितु पड़ोसी देश को निर्यात के लिए मँगवाई जाती हैं, पुनर्निर्यात व्यापार कहलाता है; जैसे—भारत द्वारा इण्डोनेशिया से चावल मँगवाकर चीन को भेज दिया जाता है, क्योंकि चीन का अपना कोई बन्दरगाह नहीं है। यह व्यापार भारत के लिए पुनर्निर्यात व्यापार है।

व्यापार के सहायक Aids of Trade

वाणिज्य में व्यापार के साथ-साथ व्यापार की सहायक क्रियाओं को भी सम्मिलित किया जाता है। ऐसी सभी क्रियाएँ जो व्यापार में आने वाली विभिन्न बाधाओं को दूर करने के लिए की जाती है, व्यापार की सहायक क्रियाएँ कहलाती हैं।

व्यापार की सहायक क्रियाएँ निम्न प्रकार हैं—

1. **परिवहन के साधन** आधुनिक बाजार क्षेत्र बहुत विस्तृत हो गया है। वस्तुओं का निर्माण एक स्थान पर होता है, लेकिन उपभोक्ता दूर-दूर स्थानों तक रहते हैं। अत: इन वस्तुओं को उपभोक्ताओं तक पहुँचाने में परिवहन के साधनों का उपयोग किया जाता है।
2. **संचार के साधन** आजकल व्यापार में संचार के साधनों द्वारा व्यापारियों को वस्तुओं तथा सेवाओं के क्रय-विक्रय में सहायता मिलती है। इनमें डाक, बेतार के तार, टेलीफोन, तार, मोबाइल, टेलीविजन, रेडियो, इण्टरनेट, फैक्स मशीन, कम्प्यूटर, टैलेक्स, केबिलग्राम आदि शामिल हैं।
3. **वित्तीय संस्थाएँ** इनमें व्यापारिक बैंक, औद्योगिक बैंक, औद्योगिक वित्त निगम, विकास बैंक, अभिगोपन गृह, स्कन्ध विनिमय, विनियोग प्रन्यास आदि वित्तीय संस्थाएँ शामिल हैं।
4. **बीमा** बीमा व्यापार के विकास के लिए आवश्यक साधन है, क्योंकि व्यवसाय में जोखिम तथा अनिश्चितताएँ रहती हैं और बीमा जोखिम को वहन करता है। भविष्य की अनिश्चितता एवं जोखिमों (गोदाम में आग लगना, जहाज डूब जाना, अकाल, प्राकृतिक आपदा, कर्मचारी की लापरवाही से क्षति) से बचाव हेतु व्यापारी द्वारा विभिन्न प्रकार के बीमा; जैसे—जीवन बीमा, दुर्घटना बीमा, अग्नि बीमा, समुद्री बीमा करवाएँ जाते हैं।
5. **स्कन्ध एवं उपज विपणियाँ** स्कन्ध विपणी में अंशों एवं ऋणपत्रों के क्रय-विक्रय से विभिन्न कम्पनियों द्वारा धन जुटाया जाता है। उपज विपणी में विभिन्न वस्तुओं तथा कृषि उपज का क्रय-विक्रय किया जाता है।
6. **बैंक** बैंक जनता की पूँजी को एकत्रित करके उन्हें बदले में ब्याज देकर पूँजी का निर्माण करते हैं तथा इस एकत्रित पूँजी को व्यापारियों तथा उद्योगपतियों को व्यवसाय के विकास हेतु ऋण के रूप में अधिक ब्याज लेकर उपलब्ध कराते हैं।
7. **संग्रहालय** किसी भी व्यवसाय के विकास के लिए यह आवश्यक है कि माल का निरन्तर प्रवाह बना रहे। अत: माल को उपभोक्ता के स्थान पर लाने व आवश्यकतानुसार उपभोक्ता की आवश्यक माँग पूरी करने के लिए माल को भण्डार-गृह में संगृहीत किया जाता है। यहाँ माल लम्बे समय तक सुरक्षित रखा जाता है। संग्रहालय का देशी-विदेशी व्यापार में बहुत बड़ा योगदान है।
8. **विज्ञापन** इसके माध्यम से उपभोक्ताओं को उत्पादित वस्तुओं की जानकारी मिलती है। विज्ञापन द्वारा वस्तु की किस्म, रंग-रूप, मात्रा, प्रकार तथा नई-नई वस्तुएँ, जिनके बारे में उन्हें जानकारी नहीं है, दी जाती है। विज्ञापन माल की माँग उत्पन्न करने व विक्रय वृद्धि में सहायक है। अत: यह कहा जा सकता है कि विज्ञापन भी वाणिज्य का अभिन्न अंग है।
9. **अन्य** डाक विभाग, मनोरंजन-गृह (होटल, रेस्टोरेण्ट, कैफे, लॉज आदि), आयकर, विक्रय सलाहकार, अंकेक्षक, चार्टर्ड लेखापालक, प्रबन्धकीय सलाहकार, वैधानिक परामर्शदाता, डॉक्टर एवं इंजीनियर आदि सभी की सेवाएँ भी वाणिज्य में ली जाती हैं।

पेशे का अर्थ एवं परिभाषाएँ
Meaning and Definitions of Profession

पेशा से आशय उन मानवीय आर्थिक क्रियाओं से है, जिसमें व्यक्ति अपने विशिष्ट ज्ञान, अनुभव, प्रशिक्षण तथा योग्यता के माध्यम से अन्य व्यक्तियों की व्यक्तिगत सेवा एक निश्चित प्रतिफल के बदले करता है; जैसे—डॉक्टर अपने अनुभव तथा योग्यता द्वारा रोगी का इलाज करता है, अध्यापक अपने ज्ञान तथा योग्यता द्वारा बच्चों को पढ़ाता है। *पेशे की प्रमुख परिभाषाएँ निम्नलिखित हैं—*

वेबस्टर शब्दकोश के अनुसार, ''पेशा वह व्यवसाय है, जिसके अन्तर्गत एक व्यक्ति विशिष्ट ज्ञान प्राप्त करके अन्य व्यक्तियों को निर्देशन, मार्गदर्शन या परामर्श देता है।''

डॉ. विलियम आर. स्प्रीगल के अनुसार, ''पेशेवर वह व्यक्ति है, जो केवल व्यक्तियों से व्यवहार करता है और अपनी सेवाओं व ज्ञान का विकल्प व्यक्तिगत आधार पर करता है।''

पेशे की विशेषताएँ Characteristics of Profession

पेशे की प्रमुख विशेषताओं को निम्नलिखित रूपों में वर्गीकृत किया गया है—

1. **विशिष्ट ज्ञान एवं कौशल** किसी भी पेशे को अपनाने के लिए व्यक्ति में उस कार्य विशेष का विशिष्ट ज्ञान, अनुभव तथा योग्यता का होना आवश्यक है; जैसे—चिकित्सक बिना डिग्री, अनुभव, ज्ञान तथा योग्यता के इलाज नहीं कर सकता। उसके लिए औषधि व शरीर के अंगों की कार्यप्रणाली का ज्ञान होना अति आवश्यक है।
2. **सेवा भावना** पेशे में व्यक्ति को आर्थिक लाभ के स्थान पर सेवा भावना को अधिक प्राथमिकता देनी चाहिए; जैसे—एक वकील अपने मुवक्किल का किसी मामले में केस जीतकर ही सफलता प्राप्त कर सकता है न कि अधिक फीस लेकर।
3. **ईमानदारी एवं नैतिक गुण** पेशेवर व्यक्ति को अपना कार्य पूरी लगन, मेहनत तथा ईमानदारी से करना चाहिए। उसमें नैतिक गुणों का होना अत्यन्त आवश्यक है। उसे अपने पक्षकार के साथ पूर्ण रूप से ईमानदार होना चाहिए।

4. **अनुभव में वृद्धि तथा उसका उपयोग** पेशे की विशेषता है कि इसमें लगातार अभ्यास करने व प्रशिक्षण लेने से अनुभव तथा ज्ञान में अभिवृद्धि होती है। अपने अनुभव तथा ज्ञान को आधुनिकतम बनाए रखने के लिए पेशेवर व्यक्ति को उस ज्ञान का प्रयोग दूसरे व्यक्तियों के लिए करना चाहिए; जैसे—किसी व्यक्ति द्वारा अध्यापक परीक्षा पास कर लेने से पेशेवर अध्यापक नहीं बन जाता है। वह पेशेवर अध्यापक तभी बनेगा, जब वह अपने विशिष्ट ज्ञान से बच्चों को शिक्षित करेगा।
5. **आचार-संहिता** पेशेवर व्यक्ति की आचार-संहिता होती है, जिसे पेशेवर व्यक्ति को अपनाना आवश्यक होता है। पेशेवर व्यक्ति को अपने कार्य की गरिमा बनाए रखने के लिए अपना कार्य पूरी ईमानदारी तथा मेहनत से करना चाहिए।

व्यावसायिक संगठन का चुनाव
Selection of a Form of Business Organisation

व्यवसाय के संगठन के प्रारूप का चयन करते समय निम्न कारकों पर विचार कर लेना चाहिए—

1. **लागत एवं संगठन आरम्भ करने में सहजता** यदि आरम्भिक लागत और कानूनी आवश्यकताएँ कम चाहिए, तो एकल स्वामित्व अच्छा विकल्प है। साझेदारी में भी ऐसा ही है, लेकिन कम्पनी एवं सहकारी संस्थाओं का रजिस्ट्रेशन अनिवार्य होता है तथा इनकी स्थापना भी काफी खर्चीली एवं समय लेने वाली होती है।
2. **दायित्व** एकल स्वामित्व एवं साझेदारी में असीमित उत्तरदायित्व पाया जाता है, लेकिन कम्पनी एवं सहकारी संस्थाओं के अन्तर्गत सीमित दायित्व पाया जाता है।
3. **निरन्तरता** एकल स्वामित्व एवं साझेदारी फर्म की निरन्तरता स्वामी की मृत्यु, दिवालियापन या पागलपन से प्रभावित होती है, जबकि, ऐसे कारक संयुक्त हिन्दू परिवार व्यवसाय, सहकारी संस्था एवं कम्पनी की निरन्तरता को प्रभावित नहीं करते।
4. **प्रबन्धन योग्यता** एकल स्वामित्व के अन्दर स्वामी के पास सभी क्षेत्रों में विशेषज्ञता का होना मुश्किल है, लेकिन व्यवसाय के अन्य प्रारूप; जैसे—साझेदारी फर्म, कम्पनी आदि में यह समस्या नहीं होती।
5. **पूँजी स्रोत** कम्पनी के पास पूँजी एकत्रित करने के लिए अनेक विकल्प होते हैं; जैसे—अंशपत्र, ऋणपत्र जारी करना, बैंकों से ऋण एवं सार्वजनिक जमा आदि। साझेदारी फर्म के पास भी सभी साझेदारों की संयोजित पूँजी होती है, लेकिन एकल स्वामित्व के पास पूँजी की उपलब्धता सीमित होती है।
6. **नियन्त्रण की मात्रा** यदि कार्य एवं निर्णय सम्बन्धी प्रत्यक्ष नियन्त्रण की आवश्यकता है, तो एकल स्वामित्व अच्छा विकल्प है, लेकिन यदि स्वामी को नियन्त्रण और निर्णय साझा करने में कोई परेशानी नहीं है, तो साझेदारी या कम्पनी का चुनाव किया जा सकता है।
7. **व्यवसाय की प्रकृति** यदि उपभोक्ताओं से प्रत्यक्ष व्यक्तिगत सम्बन्ध की आवश्यकता है, तो एकल स्वामित्व का चुनाव करना चाहिए। बड़े स्तर की उत्पादन इकाइयों के लिए, जहाँ प्रत्यक्ष सम्बन्ध की आवश्यकता नहीं है, कम्पनी का चुनाव करना चाहिए।

लघु स्तर व वृहत स्तर के व्यवसाय
Large and Small Scale Business

वृहत स्तर पर होने वाले व्यवसाय बहुत जटिल होते हैं। इनमें पूँजी, श्रम आदि की अधिक आवश्यकता होती है, जबकि लघु स्तर पर होने वाले व्यवसाय सामान्यत: संचालन में आसान होते हैं एवं पूँजी, श्रम की कम आवश्यकता होती है। प्रबन्धन के लिए किसी विशेषज्ञ की आवश्यकता नहीं होती। *लघु स्तर एवं वृहत स्तर के व्यवसाय में अन्तर निम्न हैं—*

1. **लघु स्तर के व्यवसाय**
   (i) ऐसे व्यवसायों में श्रमिकों एवं पूँजी की मात्रा कम प्रयोग की जाती है।
   (ii) अधिकतर कार्य मानव शक्तियों, छोटी मशीनों एवं औजारों द्वारा किए जाते हैं।
   (iii) कम मात्रा में कच्चा माल प्रयोग किया जाता है, जिसके फलस्वरूप उत्पादन भी कम मात्रा में पाया जाता है। ये ग्रामीण तथा शहरी दोनों क्षेत्रों में फैले होते हैं तथा निजी क्षेत्रों में पाए जाते हैं।
2. **वृहत स्तर के व्यवसाय**
   (i) ऐसे व्यवसायों में अधिक मात्रा में श्रमिक एवं पूँजी प्रयोग की जाती है। इन व्यवसायों के अन्तर्गत कार्य प्राय: मशीनों द्वारा किया जाता है, श्रम का कम प्रयोग किया जाता है।
   (ii) कच्चे माल का अधिक उपयोग कर अधिक मात्रा में उत्पादन किया जाता है।
   (iii) ये शहरों में स्थापित होते हैं एवं प्राय: सार्वजनिक क्षेत्रों में पाए जाते हैं।

व्यावसायिक जोखिम Business Risk

व्यावसायिक जोखिम से अभिप्राय लाभ या हानि होने की उस सम्भावना से है, जिस पर हमारा कोई नियन्त्रण नहीं होता है तथा जो अनिश्चित या अचानक हुई घटनाओं के कारण होती है; जैसे—उपभोक्ताओं की माँग में परिवर्तन, आग लगना, चोरी होना इत्यादि।

व्यावसायिक जोखिमों की प्रकृति
Nature of Business Risk

व्यावसायिक जोखिम की प्रकृति से सम्बन्धित निम्नलिखित आवश्यक बातें हैं—

1. **जोखिम अनिश्चितताओं का परिणाम** जोखिम अनिश्चितताओं का परिणाम होती है। अनिश्चितता मानवीय, व्यावसायिक या प्राकृतिक कोई भी हो सकती है; जैसे—
   (i) **मानवीय अनिश्चितता** हड़ताल, चोरी आदि।
   (ii) **व्यावसायिक अनिश्चितता** माँग का गलत अनुमान, मूल्यों में परिवर्तन आदि।
   (iii) **प्राकृतिक अनिश्चितता** भूकम्प, सूखा, हिमपात, महामारी आदि।
2. **जोखिम से बचा नहीं जा सकता** एक व्यवसायी जोखिमों के जाल से नहीं निकल सकता। इसका एकमात्र कारण यह है कि व्यवसाय भविष्य के लिए किया जाता है और भविष्य अनिश्चित है।
3. **जोखिम की मात्रा व्यवसाय के आकार के अनुसार** जोखिम की मात्रा छोटे आकार के व्यवसाय में कम और बड़े आकार के व्यवसाय में अधिक होती है।

4. **जोखिम का प्रतिफल लाभ** व्यवसायी को जोखिम उठाने के बदले जो प्रतिफल मिलता है, वह लाभ होता है। जितना अधिक जोखिम होता है, उतने ही अधिक लाभ की सम्भावना रहती है।
5. **व्यवसाय की प्रकृति पर जोखिम की मात्रा निर्भर करती है** जोखिम की मात्रा व्यवसाय की प्रकृति पर निर्भर करती है। दूसरी ओर, जिन व्यवसायों में फैशन वाली वस्तुएँ बेची जाती हैं, वहाँ पर जोखिम की मात्रा अधिक पाई जाती है, क्योंकि वहाँ पर फैशन के अनुरूप व्यवसाय की प्रकृति परिवर्तित होती रहती है।

व्यावसायिक जोखिम के कारण Causes of Business Risk

व्यावसायिक जोखिम के निम्न कारण हो सकते हैं–

1. **प्राकृतिक कारण** व्यवसाय में भूकम्प, बाढ़, हिमपात, महामारी आदि प्राकृतिक कारणों से जोखिम बना रहता है।
2. **व्यावसायिक कारण** व्यावसायिक कारणों में उपभोक्ता की माँग में परिवर्तन, मूल्यों में परिवर्तन, प्रतिस्पर्द्धी व्यवसायी आदि कारणों से जोखिम रहता है।
3. **सरकारी नीतियाँ** व्यवसाय से सम्बन्धित सरकार की नीतियों में परिवर्तन हो जाने या नए नियम लागू हो जाने से भी जोखिम बनी रहती है; जैसे–कर की दरों में परिवर्तन, सब्सिडी में परिवर्तन आदि।
4. **मानवीय कारण** हड़ताल, चोरी, आगजनी आदि कारणों से व्यवसाय को भारी हानि होती है, जिनसे व्यवसाय में जोखिम रहता है।

अभ्यास प्रश्न

व्यवसाय-अवधारणा, परिभाषा एवं विशेषताएँ

1. आर्थिक क्रिया का उदाहरण है
(a) दर्जी का कपड़े सिलना (b) खेलना
(c) समाज सेवा (d) मनोरंजन

2. व्यवसाय है
(a) वैध क्रिया (b) मानवीय क्रिया
(c) आर्थिक क्रिया (d) ये सभी

3. व्यवसाय की विशेषता है
(a) जोखिम (b) साहस
(c) सेवाभाव (d) ये सभी

4. ''व्यवसाय एक ऐसा कार्य है, जिसका मुख्य उद्देश्य मौद्रिक लाभ तथा मुख्य जोखिम मौद्रिक हानि है।'' परिभाषा है
(a) डॉ. विलियम (b) थॉमस
(c) पीटरसन (d) इनमें से कोई नहीं

5. निम्नलिखित में से किस गतिविधि को आर्थिक नहीं माना जाएगा?
(a) चिकित्सक का पेशा (b) चार्टर्ड लेखपाल का पेशा
(c) वकील का पेशा (d) विद्यार्थी का क्रिकेट खेलना

6. व्यवसाय का आशय है
(a) उद्योग एवं वाणिज्य (b) वाणिज्य
(c) वस्तुओं का क्रय-विक्रय (d) व्यापार तथा वाणिज्य

7. ''एक व्यक्ति का नियन्त्रण विश्व में सर्वोत्तम है।'' कथन है
(a) एफ. डब्ल्यू. टेलर का (b) किम्बाल एवं किम्बाल का
(c) हैने का (d) विलियम आर. बैसेट का

8. व्यवसाय को स्पष्ट किया जा सकता है
(a) व्यवसाय = उद्योग + वाणिज्य
(b) व्यवसाय = उद्योग – वाणिज्य
(c) व्यवसाय = उद्योग/वाणिज्य
(d) उपरोक्त में से कोई नहीं

9. ''व्यवसाय शब्द निजी तथा सार्वजनिक दोनों ही संस्थाओं को सम्बोधित करता है, जोकि समाज के आर्थिक मूल्यों को विकास एवं गति प्रदान करता है।'' यह किसका कथन है?
(a) कीथ और गुबेलिन (b) एफ.सी. हूपर
(c) डेविड तथा ब्लोम (d) हार्ट

10. ''किसी सामान्य उद्देश्य अथवा उद्देश्यों की प्राप्ति के लिए विशिष्ट अंगों का मैत्रीपूर्ण संयोजन ही संगठन कहलाता है।'' यह किसका कथन है?
(a) जे.एन. शुल्जे (b) थियो हैमन
(c) लुइस एच. हैने (d) लैसबर्ग एवं स्प्रीगल

11. व्यावसायिक क्रियाओं के अन्तर्गत उन समस्त क्रियाओं का समावेश किया जाता है, जिनका सम्बन्ध वस्तुओं या सेवाओं के निर्माण व विक्रय से होता है। परिभाषित किया था
(a) एफ. डब्ल्यू. टेलर (b) हैने
(c) विलियम आर बैसेट (d) डॉ. विलियम आर. स्प्रीगल

12. व्यवसाय की विशेषता है
(a) आर्थिक क्रिया (b) सेवार्थ कार्य
(c) धमार्थ कार्य (d) इनमें से कोई नहीं

व्यवसाय-उद्देश्य

13. व्यवसाय का मूल उद्देश्य है
(a) लाभार्जन उद्देश्य (b) सेवा उद्देश्य
(c) 'a' और 'b' दोनों (d) इनमें से कोई नहीं

14. उत्पादन के विभिन्न साधनों में समन्वय स्थापित करता है
(a) व्यावसायिक संगठन (b) वाणिज्य
(c) संगठन (d) व्यापार

15. व्यावसायिक संगठन की प्रकृति है
(a) कला (b) विज्ञान
(c) 'a' और 'b' दोनों (d) इनमें से कोई नहीं

16. व्यावसायिक संगठन का उद्देश्य है
(a) सामाजिक उत्तरदायित्वों की पूर्ति करना
(b) क्षेत्रीय असन्तुलन को दूर करना
(c) रोजगार के नए अवसर प्रदान करना
(d) उपरोक्त सभी

17. व्यावसायिक संगठन का कार्य है/हैं
(a) क्रय सम्बन्धी (b) विक्रय सम्बन्धी
(c) नियोजन सम्बन्धी (d) ये सभी

18. व्यवसाय का उद्देश्य होना चाहिए
(a) केवल सेवा (b) केवल लाभ
(c) सेवा तथा लाभ (d) सेवा एवं जन-कल्याण

उद्योग

19. किसका उद्गम औद्योगिक क्रान्ति के फलस्वरूप हुआ है?
(a) वाणिज्य (b) व्यापार
(c) उद्योग (d) इनमें से कोई नहीं

20. उद्योग कितने प्रकार के होते हैं?
(a) दो (b) तीन (c) चार (d) छः

21. कच्चे माल को निर्मित माल में परिवर्तित करना ·········· उद्योग कहलाता है।
(a) निर्माणी (b) निष्कर्षण
(c) जननिक (d) रचनात्मक

22. प्रकृति की गोद से मानवीय प्रयास द्वारा प्राप्त वस्तुएँ व पदार्थ कौन-सा उद्योग कहलाता है?
(a) निष्कर्षण उद्योग (b) जननिक उद्योग
(c) रचनात्मक उद्योग (d) निर्माणी उद्योग

23. ऐसे उद्योग जो पौधों की नस्ल सुधारने तथा पशुओं के प्रजनन से सम्बन्धित होते हैं, कहलाते हैं
(a) निष्कर्षण उद्योग (b) जननिक उद्योग
(c) रचनात्मक उद्योग (d) निर्माणी उद्योग

24. सड़क निर्माण का कार्य निम्न में से किस उद्योग का हिस्सा है?
(a) जननिक उद्योग (b) निर्माणी उद्योग
(c) निष्कर्षण उद्योग (d) रचनात्मक उद्योग

25. खान से कोयला निकालने का उद्योग है
(a) निर्माणी उद्योग (b) रचनात्मक उद्योग
(c) निष्कर्षण उद्योग (d) जननिक उद्योग

26. प्राथमिक उद्योग है
(a) जननिक उद्योग (b) निष्कर्षण उद्योग
(c) 'a' और 'b' दोनों (d) इनमें से कोई नहीं

27. निर्माणी उद्योग को विभाजित किया गया है
(a) विश्लेषणात्मक उद्योग (b) संश्लेषणात्मक उद्योग
(c) प्राविधिक उद्योग (d) ये सभी

28. खान से कोयला निकालने का उद्योग है
(a) निर्माणी उद्योग (b) रचनात्मक उद्योग
(c) निष्कर्षण उद्योग (d) जननिक उद्योग

29. शिकार करना उदाहरण है
(a) निर्माणी उद्योग (b) निष्कर्षण उद्योग
(c) जननिक उद्योग (d) उद्योग नहीं है

30. निष्कर्षण उद्योग है
(a) वन उद्योग (b) पशुपालन
(c) आटा मिलें (d) शिकार करना

31. समुद्र में मछली पकड़ना है
(a) निर्माणी उद्योग (b) निष्कर्षण उद्योग
(c) जननिक उद्योग (d) रचनात्मक उद्योग

वाणिज्य

32. दो देशों के मध्य व्यापार, ······· व्यापार कहलाता है।
(a) स्थानीय (b) देशी
(c) विदेशी (d) राज्यीय

33. भारत-श्रीलंका के मध्य व्यापार है
(a) स्थानीय व्यापार (b) देशी व्यापार
(c) विदेशी व्यापार (d) राज्यीय व्यापार

34. निम्न में से व्यापार की सहायक क्रिया है
(a) बीमा (b) बैंक
(c) परिवहन के साधन (d) ये सभी

35. व्यापार का उद्गम किससे हुआ है?
(a) वस्तु उत्पादन से (b) वस्तु निर्माण से
(c) वस्तु विनिमय से (d) ये सभी

36. वाणिज्य किन क्रियाओं से मिलकर बना है?
(a) व्यापार तथा पेशा
(b) व्यापार तथा उद्योग
(c) व्यापार तथा उसकी सहायक क्रियाएँ
(d) उपरोक्त में से कोई नहीं

37. दो राज्यों के मध्य होने वाला व्यापार है
(a) स्थानीय व्यापार (b) राज्यीय व्यापार
(c) अन्तर्राज्यीय व्यापार (d) विदेशी व्यापार

38. क्रय-विक्रय की दृष्टि से देशी व्यापार कितने भागों में वर्गीकृत है?
(a) दो (b) तीन
(c) छः (d) चार

39. वाणिज्य में सम्मिलित किया जाता है
(a) केवल व्यवसाय
(b) व्यवसाय तथा उद्योग
(c) वस्तुओं का क्रय-विक्रय
(d) क्रय-विक्रय एवं समस्त ऐसी गतिविधियाँ जो व्यवसाय में सहायक हों

40. निम्नलिखित में से किसमें व्यापार की सहयोगी सेवाओं को सम्मिलित किया जाता है?
(a) वाणिज्य (b) व्यापार
(c) उद्योग (d) इनमें से कोई नहीं

41. विदेशी व्यापार को कितने भागों में विभाजित किया गया?
(a) एक (b) दो
(c) तीन (d) चार

42. विदेशी व्यापार के कौन-कौन-से रूप हैं?
(a) आयात व्यापार
(b) निर्यात व्यापार
(c) पुनर्निर्यात व्याापर
(d) उपरोक्त सभी

43. व्यापार की सहायक क्रियाएँ हैं
(a) परिवहन व डाक एवं तार
(b) बीमा कम्पनियाँ व भण्डार-गृह
(c) विज्ञापन व स्कन्ध एवं उपज विपणि
(d) उपरोक्त सभी

44. देशी व्यापार होता है
(a) स्थानीय (b) राज्यस्तरीय
(c) अन्तर्राज्यीय (d) ये सभी

45. निम्नलिखित में से कौन-सी विशेषता एकाकी व्यापार की है?
(a) इच्छानुसार आरम्भ व समाप्त किया जा सकता है
(b) राजकीय हस्तक्षेप कम होता है
(c) दायित्व असीमित होता है
(d) उपरोक्त सभी

46. निम्न में से किस व्यापार के अन्तर्गत व्यवसाय का नियन्त्रण एवं प्रबन्ध एक ही व्यक्ति के द्वारा किया जा सकता है?
(a) एकाकी व्यापार (b) संयुक्त हिन्दू परिवार
(c) साझेदारी (d) सहकारी व्यापार

47. साझेदारी संगठन में नहीं आते
(a) गोपनीयता (b) व्यक्तिगत प्रबन्ध
(c) असीमित दायित्व (d) निरन्तर उत्तराधिकार

48. साझेदारी नहीं हो सकती
(a) ऐच्छिक (b) सीमित दायित्व
(c) निश्चितकालीन (d) निश्चित उद्देश्य

49. साझेदारी इकाई कहते हैं
(a) उत्तरदायी इकाई
(b) कानूनी इकाई
(c) कानूनी व उत्तरदायी इकाई
(d) उपरोक्त में से कोई नहीं

पेशा तथा व्यावसायिक जोखिम

50. पेशा हेतु आवश्यक घटक है/हैं
(a) विशिष्ट ज्ञान (b) अनुभव
(c) योग्यता (d) ये सभी

51. इनमें से प्रत्यक्ष सेवा कौन-सी है?
(a) प्रेम (b) भावना
(c) स्नेह (d) इनमें से कोई नहीं

52. व्यवसाय एवं पेशे में समानता है
(a) जोखिम (b) पारिश्रमिक (c) लाभ कमाना (d) ये सभी

53. व्यवसाय एवं पेशा में अन्तर है
(a) विशिष्ट ज्ञान सम्बन्धी (b) पूँजी सम्बन्धी
(c) नामांकन सम्बन्धी (d) ये सभी

54. पेशा कहते हैं
(a) कोई विशिष्ट ज्ञान और प्रशिक्षण द्वारा व्यक्तियों की व्यक्गित सेवा करके धनोपार्जन करना
(b) किसी व्यक्ति का किसी नियोक्ता के अधीन कार्य करना
(c) वह आर्थिक क्रिया, जिसके द्वारा वस्तुओं तथा सेवाओं का उत्पादन तथा वितरण किया जाता है
(d) उपरोक्त में से कोई नहीं

55. व्यावसायिक जोखिम का उदाहरण है
(a) उपभोक्ता की माँग में परिवर्तन (b) आग लगना
(c) चोरी होना (d) ये सभी

56. व्यावसायिक जोखिम होता है
(a) निश्चित (b) अनिश्चित
(c) सम्मलित (d) 'a' और 'c' दोनों

57. व्यावसायिक जोखिम की प्रकृति होती है
(a) मानवीय अनिश्चितता
(b) व्यावसायिक अनिश्चितता
(c) प्राकृतिक अनिश्चितता
(d) उपरोक्त सभी

58. व्यावसायिक जोखिम का कारण है
(a) प्राकृतिक (b) व्यावसायिक
(c) मानवीय (d) ये सभी

59. व्यावसायिक जोखिम का प्राकृतिक कारण है
(a) भूकम्प (b) चोरी
(c) मूल्यों में परिवर्तन (d) हड़ताल

उत्तरमाला

1.	(a)	2.	(d)	3.	(d)	4.	(b)	5.	(d)	6.	(a)	7.	(d)	8.	(a)	9.	(c)	10.	(c)
11.	(d)	12.	(a)	13.	(c)	14.	(a)	15.	(c)	16.	(d)	17.	(d)	18.	(d)	19.	(c)	20.	(c)
21.	(a)	22.	(a)	23.	(b)	24.	(d)	25.	(c)	26.	(c)	27.	(d)	28.	(c)	29.	(b)	30.	(d)
31.	(b)	32.	(c)	33.	(c)	34.	(d)	35.	(c)	36	(c)	37.	(c)	38.	(a)	39.	(b)	40.	(a)
41.	(c)	42.	(d)	43.	(d)	44.	(d)	45.	(d)	46.	(a)	47.	(d)	48.	(b)	49.	(d)	50.	(d)
51.	(d)	52.	(d)	53.	(d)	54.	(a)	55.	(d)	56.	(d)	57.	(d)	58.	(d)	59.	(a)		

अध्याय 2

व्यावसायिक संगठन का स्वरूप
Forms of Business Organisation

व्यवसाय के क्षेत्र के विस्तार के साथ व्यावसायिक स्वामित्व के विभिन्न स्वरूपों का विस्तार हुआ है। *व्यावसायिक इकाइयों के स्वरूप को निम्न प्रकार से स्पष्ट किया जाता है—*

एकाकी व्यापार Sole Proprietorship

व्यवसाय का जब से उद्‌गम हुआ है, तभी से इस व्यापार का चलन है। एकाकी व्यापार को एकल स्वामित्व, व्यक्तिगत उपक्रम, व्यक्तिगत साहस तथा व्यक्तिगत व्यवसाय भी कहते हैं। इस व्यापार के अन्तर्गत एक ही व्यक्ति व्यवसाय करता है। वह स्वयं ही समस्त पूँजी लगाता है, स्वयं ही लाभ एवं हानि को वहन करता है तथा व्यवसाय के सभी दायित्वों को स्वयं ही पूरा करता है।

जॉन ए. शुबिन के अनुसार, ''एकाकी स्वामित्व के व्यवसाय के अन्तर्गत एक ही व्यक्ति व्यवसाय का संगठन करता है, उसका स्वामी होता है तथा अपने स्वयं के नाम से व्यवसाय का संचालन करता है।''

किम्बाल एवं **किम्बाल** के अनुसार, ''एकाकी स्वामी अपने व्यवसाय से सम्बन्धित अपने राष्ट्र के सामान्य एवं विशेष नियमों के अन्तर्गत अपने व्यवसाय में समस्त बातों का सर्वोच्च अधिकारी होता है।''

एकाकी व्यापार के लाभ
Advantages of Sole Proprietorship

एकाकी व्यापार के लाभ निम्नलिखित हैं—

1. यह व्यापार आसानी से शुरू एवं समाप्त किया जा सकता है।
2. इसमें वैधानिक औपचारिकताएँ नहीं होती हैं।
3. इसमें पूर्णतया गोपनीयता होती है।
4. निर्णय स्वयं के होते हैं, अत: आसानी एवं शीघ्रता से लिए जा सकते हैं।
5. इसमें सभी लाभों पर एक ही व्यक्ति का अधिकार होता है।
6. इसमें साधनों का अधिकतम उपयोग किया जाता है।
7. इससे बेरोजगारी में कमी आती है।
8. इसमें पृथक् ख्याति का लाभ उठाया जा सकता है।

एकाकी व्यापार के दोष
Disadvantages of Sole Proprietorship

एकाकी व्यापार के दोष अथवा हानियाँ निम्नलिखित हैं—

1. व्यापार के मालिक के दायित्व असीमित होते हैं।
2. इसमें पूँजी सीमित होती है।
3. यदि व्यापार के मालिक को किसी कारणवश छुट्टी लेनी पड़ती है, तो व्यापार को हानि होती है।
4. निर्णय केवल एक ही व्यक्ति के होते हैं, जिससे निर्णय गलत हो सकते हैं।
5. प्रबन्धकीय योग्यता सीमित होती है।

एकाकी व्यापार की उपयुक्तता
Suitability of Sole Proprietorship

निम्नलिखित परिस्थितियों में एकाकी व्यापार उपयुक्त है—

1. यदि व्यापार का आकार छोटा हो।
2. यदि सीमित पूँजी हो।
3. व्यवसाय में प्रत्यक्ष देख-रेख आवश्यक हो।
4. जहाँ व्यक्तिगत निपुणता की विशेष आवश्यकता हो।
5. विक्रय क्षेत्र एवं माँग सीमित हो।
6. यदि व्यवसाय में जोखिम की मात्रा सीमित हो।
7. यदि व्यवसाय की प्रकृति ऐसी हो, जिसमें तत्काल निर्णय लेना आवश्यक हो।
8. यदि व्यवसाय में नियन्त्रण एवं प्रबन्ध एक ही व्यक्ति के द्वारा किया जाना सम्भव है।

संयुक्त हिन्दू परिवार व्यवसाय
Joint Hindu Family Business

संयुक्त हिन्दू परिवार व्यवसाय से आशय एक ऐसे व्यवसाय से है, जिसमें हिन्दू परिवार के सभी सदस्य एकसाथ मिलकर परिवार के प्रधान के नियन्त्रण एवं निर्देशन में एकसाथ कार्य करते हैं। इस प्रकार का व्यवसाय मुख्य रूप से भारत में ही पाया जाता है।

हिन्दू लॉ के अनुसार, ऐसे व्यवसाय का स्वामी बड़ा अथवा ज्येष्ठ पुत्र होता है। हिन्दू लॉ के अनुसार संयुक्त परिवार में उन सभी सदस्यों को सम्मिलित किया जाता है, जो एक ही पूर्वज की सन्तान हैं तथा इसमें उनकी पत्नियाँ एवं पुत्रियों (अविवाहित) को भी सम्मिलित किया जाता है।

इसको प्रारम्भ करने के लिए किसी प्रकार की कोई कानूनी कार्यवाही की आवश्यकता नहीं होती। इसका पंजीकरण भी नहीं कराया जाता। इस प्रकार का व्यवसाय स्वेच्छा से प्रारम्भ अथवा समाप्त किया जा सकता है। संयुक्त हिन्दू परिवार व्यवसाय में कर्ता एवं प्रधान एक ही व्यक्ति होता है। कर्ता निर्णय लेने के लिए स्वतन्त्र होता है।

संयुक्त हिन्दू परिवार व्यवसाय की विशेषताएँ Characteristics of Joint Hindu Family Busines

संयुक्त हिन्दू परिवार व्यवसाय की विशेषताएँ निम्नलिखित हैं–

1. इसका नियमन हिन्दू लॉ के अनुसार होता है।
2. संयुक्त हिन्दू परिवार के अन्तर्गत परिवार की सम्पत्ति तथा प्राप्त होने वाले ऋण ही उसके वित्तीय साधन के स्रोत होते हैं।
3. संयुक्त हिन्दू परिवार व्यवसाय के पंजीयन की आवश्यकता नहीं होती।
4. संयुक्त हिन्दू परिवार व्यवसाय में केवल कर्ता का दायित्व असीमित होता है, बाकी सभी व्यक्तियों का दायित्व सीमित होता है।
5. संयुक्त हिन्दू परिवार व्यवसाय में एक बच्चा, जिसका कि जन्म हुआ है, इसका सदस्य बन जाता है। अवयस्क बच्चे भी इसके सदस्य होते हैं।
6. संयुक्त हिन्दू परिवार व्यवसाय के अन्तर्गत किसी सदस्य की मृत्यु अथवा पागल अथवा दिवालिया होने पर संयुक्त हिन्दू परिवार व्यवसाय के अस्तित्व पर कोई प्रभाव नहीं पड़ता।

साझेदारी Partnership

'साझेदारी' व्यवसाय के अन्तर्गत दो अथवा दो से अधिक व्यक्तियों के मध्य साथ कार्य करने के लिए स्वेच्छा से लिखित एवं मौखिक समझौता होता है तथा वे व्यवसाय में होने वाले लाभ अथवा हानि को आपस में वहन करने के लिए सहमत होते हैं। साझेदारी व्यवसाय सभी साझेदारों द्वारा अथवा सभी साझेदारों की ओर से कुछ साझेदारों द्वारा संचालित किया जा सकता है।

साझेदारी व्यवसाय के अन्तर्गत एक फर्म का नाम होता है। भारतीय साझेदारी अधिनियम के अन्तर्गत साझेदारों की अधिकतम संख्या का उल्लेख नहीं किया गया, किन्तु कम्पनी अधिनियम, 1956 की धारा 77 के अनुसार बैंकिंग व्यवसाय करने वाली साझेदारी संस्था के अधिकतम सदस्यों की संख्या 10 तथा सामान्य व्यवसाय करने वाली साझेदारी संस्था की अधिकतम सदस्य संख्या 20 थी। इसे कम्पनी अधिनियम, 2013 में परिवर्तित कर सभी व्यवसायों के लिए 50 कर दिया गया है और यदि कोई संस्था अधिनियम की धारा के विपरीत कोई कार्य करती है, तो वह व्यवसाय अवैध माना जाएगा।

अंग्रेजी साझेदारी अधिनियम, 1890 के अनुसार, "लाभ अर्जित करने की दृष्टि से आपस में मिलकर व्यवसाय चलाने वाले व्यक्तियों के पारस्परिक सम्बन्ध को साझेदारी कहते हैं।"

भारतीय साझेदारी अधिनियम, 1932 की धारा 4 के अनुसार, "साझेदारी उन व्यक्तियों के पारस्परिक सम्बन्ध को कहते हैं, जो ऐसे व्यापार के लाभ को आपस में बाँटने के लिए सहमत हुए हों, जो सभी साझेदारों के द्वारा या उनमें से किसी एक के द्वारा सबकी ओर से चलाया जाता हो।"

साझेदारी के प्रकार Types of Partnership

साझेदारी को निम्न चार प्रकार से विभाजित किया जा सकता है–

1. **सामान्य तथा सीमित साझेदारी** सामान्य साझेदारी का प्रबन्ध, नियमन एवं नियन्त्रण भारतीय साझेदारी अधिनियम, 1932 के अनुसार होता है। सामान्य साझेदारी उसे कहते हैं, जिसमें सभी सदस्यों का दायित्व असीमित होता है। प्रत्येक सदस्य संस्था को अपने कार्य से बद्ध कर सकता है। सीमित साझेदारी व्यवसाय में साझेदार की मृत्यु, पागल अथवा दिवालिया होने पर साझेदारी समाप्त नहीं होती।
2. **ऐच्छिक तथा विशिष्ट साझेदारी** ऐच्छिक साझेदारी से आशय ऐसी साझेदारी से है, जो साझेदारों की इच्छानुसार चलाई जाती है अर्थात् इसके अनुबन्ध में व्यवसाय के चालू रहने की अवधि नहीं दी जाती। इस प्रकार की साझेदारी को अनिश्चित समय के लिए प्रारम्भ किया जाता है। विशिष्ट साझेदारी से आशय ऐसी साझेदारी से है, जो किसी निश्चित समय अथवा अवधि के लिए की जाती है। इस प्रकार की साझेदारी अवधि समाप्त होने पर स्वयं समाप्त हो जाती है।
3. **वैध तथा अवैध साझेदारी** वैध साझेदारी से आशय ऐसी साझेदारी से है, जिसका गठन अधिनियम एवं सम्बन्धित अधिनियम के प्रावधानों के अनुसार किया गया हो तथा अवैध साझेदारी से आशय ऐसी साझेदारी से है, जिसके गठन में सदस्यों की संख्या 50 से अधिक हो अथवा साझेदार शत्रु देश का व्यक्ति हो।
4. **निश्चितकालीन तथा अनिश्चितकालीन साझेदारी** निश्चितकालीन साझेदारी से आशय ऐसी साझेदारी से है, जिसकी स्थापना एक निश्चित अवधि के लिए की गई हो, ऐसी साझेदारी का समापन अवधि समाप्त होने पर स्वतः हो जाता है। अनिश्चितकालीन साझेदारी वह साझेदारी है, जिसका गठन किसी विशेष उद्देश्य की पूर्ति के लिए किया जाता है तथा अवधि नहीं लिखी जाती। इसका समापन साझेदारी अधिनियम अथवा साझेदारी अनुबन्ध के अनुसार होता है।

साझेदारों के प्रकार Types of Partners

साझेदारों को निम्न प्रकार से विभाजित किया जा सकता है–

1. **सक्रिय साझेदार** यह वह साझेदार है, जो व्यवसाय में पूँजी लगाता है। फर्म के लेनदारों के प्रति इसका दायित्व असीमित होता है। यह साझेदार व्यवसाय संचालन में सक्रिय रूप से भाग लेता है।
2. **निष्क्रिय साझेदार** जो साझेदार संगठन के दिन-प्रतिदिन के कार्यों में भागीदार नहीं होते हैं, उन्हें निष्क्रिय साझेदार कहते हैं। एक निष्क्रिय साझेदार फर्म में पूँजी लगाता है तथा लाभ-हानि को बाँटता है। इस साझेदार का दायित्व असीमित होता है।
3. **गोपनीय साझेदार** यह वह साझेदार है, जिसके फर्म से सम्बन्ध के बारे में साधारण जनता को पता नहीं होता। इस तथ्य के अतिरिक्त अन्य मामलों में यह अन्य साझेदारों के समान होता है। वह पूँजी लगाता है, लाभ-हानि को बाँटता है, प्रबन्ध में भाग लेता है तथा लेनदारों के प्रति इसका दायित्व भी असीमित होता है।
4. **नाममात्र साझेदार** यह वह साझेदार है, जिसके नाम का फर्म प्रयोग करती है, लेकिन वह इसमें कोई पूँजी नहीं लगाता है। वह फर्म के प्रबन्ध में सक्रिय रूप से भाग नहीं लेता है और न ही लाभ-हानि में भाग लेता है, लेकिन अन्य साझेदारों की तरह फर्म के ऋणों के भुगतान के लिए तीसरे पक्षों के प्रति उत्तरदायी होता है।

5. **विबन्धन साझेदार** (इंसटॉपेल) कोई व्यक्ति विबन्धन साझेदार तब कहा जाता है, जब वह अपनी पहल, आचरण अथवा व्यवहार से दूसरों को यह आभास कराता है कि वह किसी फर्म का साझेदार है। ऐसे साझेदार भी फर्म के ऋणों के भुगतान के लिए उत्तरदायी होते हैं, क्योंकि अन्य पक्षों की दृष्टि में वे साझेदार होते हैं।
6. **प्रतिनिधि साझेदार** (होल्डिंग आउट) यह वह व्यक्ति होता है, जो जानबूझकर फर्म में अपने नाम के प्रयोग की अनुमति देता है अथवा अपने आपको इसका प्रतिनिधि मानने देता है। यह व्यक्ति किसी भी ऐसे ऋण के लिए उत्तरदायी होगा, जो उसके ऐसे प्रतिनिधित्व के कारण दिए गए हैं।

साझेदारी संलेख Partnership Deed

साझेदारी संलेख का कोई निश्चित प्रारूप नहीं होता। प्रत्येक फर्म अपनी इच्छानुसार संलेख बना सकती है। यह एक सार्वजनिक प्रपत्र नहीं है। अत: तीसरा व्यक्ति बिना सूचना के इसके लिए बाध्य नहीं होता। साझेदारी संलेख को 'साझेदारी ठहराव' का 'प्रपत्र' भी कहते हैं। *साझेदारी संलेख में निम्न मदों से सम्बन्धित प्रावधान होते हैं–*

1. फर्म का नाम
2. व्यवसाय की प्रकृति तथा स्थान
3. व्यवसाय की अवधि
4. प्रत्येक साझेदार द्वारा निवेशित राशि
5. लाभ एवं हानि का वितरण
6. साझेदारों के कर्त्तव्य एवं उत्तरदायित्व
7. साझेदारों का वेतन एवं आहरण
8. प्रवेश, सेवानिवृत्त आदि की शर्तें
9. पूँजी एवं आहरण पर ब्याज

साझेदारी फर्म का विघटन या समापन
Winding Up of a Partnership Firm

भारतीय साझेदारी अधिनियम, 1932 की धारा 39 के अनुसार, ''किसी फर्म के समस्त साझेदारों के मध्य साझेदारी की समाप्ति ही फर्म का विघटन या समापन कहलाती है।''

साझेदारी का समापन एवं फर्म का समापन दो अलग-अलग बातें हैं। साझेदारी के समापन पर फर्म का समापन नहीं होता, लेकिन फर्म के समापन पर साझेदारी का समापन अनिवार्य है।

साझेदारी के समापन के निम्नलिखित कारण हो सकते हैं–

1. यदि कोई साझेदार अवकाश ग्रहण कर लेता है।
2. यदि किसी साझेदार की मृत्यु हो जाती है।
3. यदि कोई साझेदार पागल अथवा दिवालिया हो जाता है।
4. विशिष्ट अवधि अथवा विशिष्ट कार्य के समाप्त होने पर।

फर्म के समापन की निम्नलिखित विधियाँ होती हैं–

1. ठहराव द्वारा समापन
2. अनिवार्य समापन
3. सूचना द्वारा समापन
4. न्यायालय द्वारा समापन
5. आकस्मिक घटना के घटित होने पर समापन

संयुक्त पूँजी वाली कम्पनी
Joint Stock Company

संयुक्त पूँजी कम्पनी से आशय व्यावसायिक संगठन के ऐसे स्वरूप से है जिसके अन्तर्गत अनेक व्यक्ति मिलकर एकसाथ पूँजी एकत्र करते हैं तथा बहुत बड़े स्तर पर एक व्यवसाय की स्थापना करते हैं। कम्पनी की स्थापना विधान के अधीन एक कृत्रिम व्यक्ति के रूप में की जाती है, जिसका संचालन एवं समापन भी विधान के अधीन ही किया जाता है। कम्पनी के सभी सदस्यों का दायित्व सीमित होता है तथा कम्पनी का अस्तित्व अपने सदस्यों से पृथक् रहता है।

कम्पनी की स्थापना के मुख्य कारण निम्न प्रकार हैं–

1. प्रचुर मात्रा में पूँजी का एकत्र होना।
2. प्रबन्ध की उच्च योग्यता वाले कर्मचारियों की नियुक्ति होना।
3. अधिक जोखिम वहन करने की क्षमता होना।
4. सदस्यों के दायित्व सीमित होना आदि।

भारतीय कम्पनी अधिनियम, 2013 के अनुसार, ''विद्यमान कम्पनी से आशय एक ऐसी कम्पनी से है, जिसका निर्माण एवं समामेलन इस अधिनियम के पहले वाले कम्पनी अधिनियमों में से किसी के भी अधीन हुआ हो।''

प्रो. हैने के अनुसार, ''कम्पनी विधान द्वारा निर्मित एक कृत्रिम व्यक्ति है। यह एक पृथक् वैधानिक अस्तित्व रखती है, इसे अविच्छिन्न उत्तराधिकार प्राप्त है और इसकी एक सार्वमुद्रा होती है।''

कम्पनी की विशेषताएँ
Characteristics of Company

एक कम्पनी में निम्नलिखित विशेषताएँ पाई जाती हैं–

1. यह विधान द्वारा निर्मित एक कृत्रिम एवं निर्जीव व्यक्ति है।
2. कम्पनी के सदस्यों से इसका अलग अस्तित्व होता है।
3. यह व्यक्तियों का एक ऐसा संघ है, जो लाभ कमाने के उद्देश्य से बनाया जाता है।
4. किसी भी सदस्य के पागल होने अथवा दिवालिया होने या मृत्यु होने से फर्म के अस्तित्व पर कोई प्रभाव नहीं पड़ता।
5. कम्पनी में सदस्यों के दायित्व सीमित होते हैं।
6. कम्पनी का कार्यक्षेत्र कम्पनी अधिनियम, पार्षद सीमानियम तथा पार्षद अन्तर्नियम द्वारा सीमित होता है।

कम्पनी का वर्गीकरण Classification of Company

कम्पनी का वर्गीकरण दो भागों में किया जा सकता है

1. निजी कम्पनी Private Company

निजी कम्पनी से अभिप्राय उस कम्पनी से है–

(i) जो अपने सदस्यों पर अंशों के हस्तान्तरण पर रोक लगाती है।
(ii) जिसमें वर्तमान एवं भूतपूर्व कर्मचारियों को छोड़कर न्यूनतम 2 एवं अधिकतम 200 सदस्य होते हैं।
(iii) जो अंश पूँजी लगाने के लिए जनता को आमन्त्रित नहीं करती है।

यदि कोई निजी कम्पनी ऊपर दिए गए प्रावधानों में से किसी एक का भी उल्लंघन करती है, तो यह निजी कम्पनी नहीं रहेगी तथा यह प्राप्त होने वाली सभी छूटों एव कम्पनी सुविधाओं से वंचित हो जाएगी।

निजी कम्पनी को प्राप्त विशेषाधिकारों में से कुछ निम्नलिखित हैं–

(i) एक निजी कम्पनी के निर्माण के लिए केवल दो सदस्यों की आवश्यकता होती है।

(ii) प्रविवरण पत्र जारी करने की आवश्यकता नहीं है, क्योंकि निजी कम्पनी के अंशों के अभिदान के लिए जनता को आमन्त्रित नहीं किया जाता है।

(iii) न्यूनतम अभिदान की राशि प्राप्त किए बिना भी अंशों का आवण्टन किया जा सकता है।

(iv) एक निजी कम्पनी समामेलन प्रमाण-पत्र प्राप्त होते ही व्यवसाय प्रारम्भ कर सकती है, जबकि सार्वजनिक कम्पनी को व्यवसाय प्रारम्भ करने के लिए व्यापार प्रारम्भ प्रमाण-पत्र की प्राप्ति तक इन्तजार करना पड़ता है।

(v) एक निजी कम्पनी में दो निदेशक होने चाहिए, जबकि सार्वजनिक कम्पनी में कम-से-कम तीन निदेशकों की आवश्यकता होती है।

(vi) एक निजी कम्पनी को सदस्यों की अनुक्रमणिका रखने की आवश्यकता नहीं होती है, जबकि सार्वजनिक कम्पनी के लिए यह आवश्यक है।

(vii) एक निजी कम्पनी में निदेशकों को ऋण देने पर किसी प्रकार का प्रतिबन्ध नहीं है। ऋण की स्वीकृति बिना सरकारी अनुमति के दी जा सकती है, जबकि सार्वजनिक कम्पनी में इसके लिए सरकार की अनुमति आवश्यक है। एक निजी कम्पनी के लिए अपने नाम के पीछे 'प्राइवेट लिमिटेड' शब्द लगाना अनिवार्य है।

2. सार्वजनिक कम्पनी Public Company

एक सार्वजनिक कम्पनी वह कम्पनी है, जो निजी कम्पनी नहीं है। भारतीय कम्पनी अधिनियम के अनुसार एक सार्वजनिक कम्पनी वह है–

(i) जिसमें कम-से-कम 7 सदस्य हों तथा अधिकतम सदस्य संख्या की कोई सीमा नहीं है।

(ii) जिसमें अंशो के हस्तान्तरण पर कोई प्रतिबन्ध नहीं है।

(iii) जो अपनी अंश पूँजी के अभिदान के लिए जनता को आमन्त्रित कर सकती है तथा जन साधारण इसकी सार्वजनिक जमा में रुपया जमा करा सकते हैं।

यदि एक निजी कम्पनी सार्वजनिक कम्पनी की सहायक कम्पनी है, तो वह भी सार्वजनिक कम्पनी के समान मानी जाएगी।

सहकारी संगठन Co-operative Organisation

समाजवादी समाज की दृष्टि से सहकारी संगठन अपना अलग एवं विशेष महत्त्व रखता है, इसका मुख्य कार्य आपस में मिलजुलकर कार्य करना होता है, जिसमें व्यक्ति ऐच्छिक रूप से सामान्य आर्थिक उद्देश्यों की पूर्ति के लिए आपस में मिलकर कार्य करते हैं।

एम. टी. हैरिक के अनुसार, "सहकारी संगठन स्वेच्छा से संगठित हुए ऐसे व्यक्ति की क्रिया है, जोकि उपभोक्ताओं अथवा उत्पादकों द्वारा अपनी आवश्यकताओं की पूर्ति के लिए स्थापित किया जाता है।"

सहकारी योजना समिति के अनुसार, "सहकारिता संगठन का एक प्रारूप है, जिसके अन्तर्गत मनुष्य समानता के आधार पर अपने आर्थिक हितों में वृद्धि हेतु स्वेच्छा से संगठित होते हैं।"

सहकारी संगठन की विशेषताएँ Characteristics of Co-operative Organisation

सहकारी संगठन की निम्नलिखित विशेषताएँ हैं–

1. सहकारी संगठन का मुख्य उद्देश्य सेवा करना होता है न कि लाभ कमाना।
2. सहकारी संगठन के सभी सदस्य आपस में मिलजुलकर पारस्परिक सहयोग से सेवार्थ कार्य करते हैं।
3. सहकारी संगठन के कम-से-कम 10 वयस्क सदस्य अवश्य होने चाहिए।
4. सहकारी संगठन का मुख्य उद्देश्य सदस्यों के आर्थिक हितों में वृद्धि करना होता है।

अभ्यास प्रश्न

एकाकी व्यापार तथा संयुक्त हिन्दू परिवार व्यवसाय

1. सामान्य व्यापार में सदस्यों की अधिकतम संख्या होती है
(a) 7 (b) 10 (c) 20 (d) 50

2. किस फर्म को व्यवसाय के लिए अवैध माना जाएगा?
(a) 18 भागीदारों वाली फर्म
(b) 21 भागीदारों वाली फर्म
(c) 10 भागीदारों वाली फर्म
(d) 9 भागीदारों वाली फर्म

3. एकल स्वामित्व की विशेषता है
(a) आसानी से प्रारम्भ एवं बन्द
(b) पूर्ण नियन्त्रण
(c) कोई पृथक् अस्तित्व नहीं
(d) उपरोक्त सभी

4. एकाकी व्यापार के सन्दर्भ में दिया गया कथन "एकाकी स्वामित्व के व्यवसाय के अन्तर्गत एक ही व्यक्ति व्यवसाय का संगठन करता है, उसका स्वामी होता है तथा अपने स्वयं के नाम से व्यवसाय का संचालन करता है।" किस विचारक का है?
(a) किम्बाल एवं किम्बाल (b) जॉन. ए. शुबिन
(c) विलियम एस. बैसेंट (d) एम. टी. हैरिक

5. इनमें से कौन-सा एकल स्वामित्व का लाभ है?
(a) इससे बेरोजगारी में कमी आती है
(b) इसमे साधनों का अधिकतम उपयोग किया जाता है
(c) इसमें पूर्णतया गोपनीयता होती है
(d) उपरोक्त सभी

6. एकाकी व्यापार में प्रबन्ध व नियन्त्रण किसके पास होता है?
(a) स्वामी (b) समिति (c) विधान (d) प्रबन्धक

7. एकाकी व्यापार में स्वामी का दायित्व होता है
(a) सीमित (b) पूँजी तक
(c) असीमित (d) हानियों तक

8. इनमें से कौन-सा एकल स्वामित्व का लाभ नहीं है?
(a) आसानी से प्रारम्भ एवं बन्द
(b) शीघ्र निर्णय
(c) व्यवसाय की सीमित अवधि
(d) गुप्तता

9. उस व्यावसायिक संगठन के प्रारूप का नाम, जिसमें प्रबन्धक को कर्ता कहते हैं
(a) साझेदारी
(b) संयुक्त स्कन्ध कम्पनी
(c) लोक निगम
(d) संयुक्त हिन्दू परिवार फर्म

10. सहकारी संगठन का मुख्य उद्देश्य क्या है?
(a) सेवा करना (b) लाभ कमाना
(c) उत्पादन करना (d) इनमें से कोई नहीं

11. संयुक्त हिन्दू परिवार का नियमन किसके अनुसार होता है?
(a) साझेदारी अधिनियम (b) व्यापारिक सन्नियम
(c) भारतीय कानून (d) हिन्दू लॉ

12. संयुक्त हिन्दू परिवार व्यवसाय में पंजीयन होता है
(a) ऐच्छिक (b) अनिवार्य
(c) वैधानिक (d) इनमें से कोई नहीं

साझेदारी

13. साझेदारी फर्म की अधिकतम संख्या निर्धारित की गई है
(a) कम्पनी अधिनियम, 2013 में
(b) साझेदारी अधिनियम, 1932 में
(c) कम्पनी अधिनियम, 1956 में
(d) उपरोक्त में से कोई नहीं

14. किस व्यक्ति को साझेदार नहीं बनाया जा सकता?
(a) एक अवयस्क व्यक्ति
(b) एक पागल व्यक्ति
(c) एक निगम
(d) उपरोक्त सभी

15. यदि साझेदारी फर्म पंजीकृत नहीं है, तो वह मानी जाएगी
(a) कुछ अयोग्यताओं के साथ व्यवसाय चलाने हेतु मान्य
(b) अवैधानिक संघ
(c) दण्ड भुगतान पर व्यवसाय चलाने के लिए
(d) फर्म पंजीयक की विशेष अनुमति पर ही व्यवसाय चलाने हेतु मान्य

16. सामान्य साझेदारी का प्रबन्धन, नियमन एवं नियन्त्रण किस अधिनियम के अनुसार किया जाता है?
(a) भारतीय साझेदारी अधिनियम, 1932
(b) भारतीय साझेदारी अधिनियम, 1937
(c) भारतीय साझेदारी अधिनियम, 1942
(d) उपरोक्त में से कोई नहीं

17. यह एक साझेदारी संलेख नहीं है
(a) समझौता (b) सार्वजनिक संलेख
(c) निजी प्रलेख (d) ये सभी

18. सीमित साझेदारी में
(a) सभी साझेदारों का दायित्व सीमित होता है
(b) साझेदारों की संख्या सीमित होती है
(c) कुछ साझेदारों का दायित्व सीमित होता है
(d) पूँजी की रकम, जिसका संचय किया जा सकता है, सीमित होती है

19. साझेदारी समाप्त की जा सकती है
(a) यदि साझेदारी ऐच्छिक है
(b) यदि साझेदारी निश्चित समय के लिए है
(c) यदि साझेदारी अनिश्चित समय के लिए है
(d) यदि वह उद्देश्य पूरा हो गया हो, जिसके लिए साझेदारी बनाई गई है

20. बैंकिंग व्यवसाय में साझेदारों की अधिकतम संख्या होती है
(a) 7 (b) 10 (c) 20 (d) 50

21. एक अवयस्क को साझेदार बनाया जा सकता है यदि
(a) सभी साझेदारों की सहमति से लाभ का हिस्सेदार बनाया जा सकता है
(b) साझेदार बनाया जा सकता है
(c) साझेदार नहीं बनाया जा सकता
(d) उपरोक्त सभी

22. साझेदारी का विघटन किस परिस्थिति में होना अनिवार्य है?
(a) यदि व्यवसाय घाटे में चलता है
(b) यदि किसी साझेदार का स्वास्थ्य ठीक नहीं होता
(c) यदि किसी साझेदार की मृत्यु हो जाती है
(d) यदि किसी साझेदार को दिवालिया घोषित कर दिया गया है

23. विधिवत् रूप से साझेदारी अधिनियम एवं सम्बन्धित अधिनियम के अनुरूप कार्य कर रही संस्था की साझेदारी है
(a) वैध साझेदारी (b) सीमित साझेदारी
(c) विशिष्ट साझेदारी (d) निश्चितकालीन साझेदारी

24. निम्न में से कौन-से साझेदार माने जाएँगे?
(a) सक्रिय व निष्क्रिय साझेदार (b) अवयस्क व नाबालिग साझेदार
(c) गुप्त साझेदार (d) ये सभी

25. साझेदारी अनुबन्ध हो सकता है
(a) मौखिक (b) लिखित
(c) मौखिक व लिखित (d) इनमें से कोई नहीं

26. एक गुप्त साझेदार वह व्यक्ति है, जो
(a) कोई पूँजी विनियोग नहीं करता
(b) व्यवसाय में सक्रिय भाग नहीं लेता
(c) केवल लाभों में भाग लेता है
(d) उपरोक्त में से कोई नहीं

27. नाममात्र के साझेदार होते हैं
(a) जिसे फर्म के लाभ में नाममात्र का हिस्सा मिले
(b) फर्म के संचालन में हिस्सा नहीं बाँटते
(c) फर्म को अपना नाम प्रयोग करने की अनुमति देते हैं
(d) उपरोक्त सभी

28. निष्क्रिय साझेदार उसे कहते हैं, जो
(a) फर्म के लाभ में अपना हिस्सा नहीं माँगता
(b) फर्म से सेवानिवृत्त हो चुका है
(c) फर्म के व्यवसाय के संचालन में कोई हिस्सा नहीं लेता
(d) उपरोक्त सभी

29. यदि साझेदारी फर्म की रजिस्ट्री नहीं कराई गई, तो एक साझेदार
(a) अपनी पूँजी पर ब्याज नहीं ले सकता
(b) लाभ में हिस्सा नहीं ले सकता
(c) फर्म के संचालन में भाग नहीं ले सकता
(d) अन्य साझेदार के विरुद्ध वाद प्रस्तुत नहीं कर सकता

30. प्रदर्शन द्वारा साझेदार किसके प्रति उत्तरदायी नहीं होगा?
(a) फर्म के प्रति (b) फर्म के अन्य साझेदारों के प्रति
(c) तीसरे पक्षकार के प्रति (d) ये सभी

31. नाममात्र का साझेदार वह है, जो
(a) फर्म में कोई पूँजी नहीं लगाता है
(b) फर्म के लाभ में नाममात्र का हिस्सा लेता है
(c) फर्म के संचालन में भाग नहीं लेता
(d) उपरोक्त में से कोई नहीं

32. कौन-सा साझेदारी का एक रूप है?
(a) सामान्य साझेदारी (b) सीमित साझेदारी
(c) विशेष साझेदारी (d) ये सभी

33. साझेदारी की सीमा नहीं है
(a) अधिक वित्तीय संसाधन (b) निरन्तरता की कमी
(c) जनता के विश्वास की कमी (d) विवाद की सम्भावना

34. साझेदारी में सदस्यों की संख्या 10,20 से बढ़ाकर 50 किस अधिनियम के अन्तर्गत की गई?
(a) साझेदारी अधिनियम, 1932 (b) कम्पनी अधिनियम, 1956
(c) कम्पनी अधिनियम, 2013 (d) इनमें से कोई नहीं

35. कौन-से संगठन के रजिस्ट्रेशन की आवश्यकता नहीं होती?
(a) एकल स्वामित्व (b) साझेदारी
(c) कम्पनी (d) 'a' और 'b' दोनों

36. साझेदारी के बारे में दिया गया कथन "एक व्यक्ति का नियन्त्रण विश्व में सर्वश्रेष्ठ है यदि वह व्यक्ति इतना सामर्थ्यवान हो कि सभी मामलों का प्रबन्ध स्वयं कर सके।" किस विचारक का है?
(a) विलियम एस. बैसेंट (b) एडम स्मिथ
(c) शुबिन (d) हैरिक

37. सामान्य साझेदारी का प्रबन्धन, नियमन एवं नियन्त्रण होता है
(a) भारतीय साझेदारी अधिनियम, 1936 के अनुसार
(b) भारतीय साझेदारी अधिनियम, 1942 के अनुसार
(c) भारतीय साझेदारी अधिनियम, 1932 के अनुसार
(d) भारतीय साझेदारी अधिनियम, 1956 के अनुसार

38. वह कौन-सा साझेदार है, जिसके नाम का फर्म प्रयोग करती है, लेकिन वह फर्म में पूँजी नहीं लगाता?
(a) नाममात्र साझेदार (b) सक्रिय साझेदार
(c) निष्क्रिय साझेदार (d) इनमें से कोई नहीं

39. ऐसी साझेदारी, जो किसी निश्चित समय अथवा अवधि के लिए की जाती है, वह है
(a) सामान्य (b) सीमित
(c) ऐच्छिक (d) विशिष्ट

40. व्यवसाय के ऋणों के लिए साझेदारी फर्म में कौन उत्तरदायी होता है?
(a) धनी साझेदार (b) प्रत्येक साझेदार
(c) अधिक पूँजी वाले साझेदार (d) फर्म की सम्पत्तियाँ

41. किसी साझेदारी फर्म के गठन के लिए अनिवार्य है
(a) कम-से-कम 2 सदस्य कोई भी
(b) 2 वयस्क साझेदार
(c) कोई अनिवार्यता नहीं
(d) 2 व्यक्ति जो अनुबन्ध के योग्य हों

42. कम्पनी अधिनियम, 1932 के अनुसार बैंकिंग व्यवसाय करने वाली साझेदारी संस्था में अधिकतम सदस्यों की संख्या थी
(a) 20 (b) 10
(c) 30 (d) 100

कम्पनी तथा सहकारी संगठन

43. निम्न में कौन-सा संगठन जनता को अंशपत्र जारी कर सकता है?
(a) सार्वजनिक कम्पनी (b) निजी कम्पनी
(c) सहकारी समितियाँ (d) इनमें से कोई नहीं

44. एक निजी कम्पनी को अपने नाम के पीछे कौन-सा शब्द लगाना अनिवार्य है?
(a) लिमिटेड (b) प्राइवेट
(c) कम्पनी (d) प्राइवेट लिमिटेड

45. किसका जीवन निरन्तर रहता है?
(a) निजी कम्पनी (b) सार्वजनिक कम्पनी
(c) साझेदारी कम्पनी (d) 'a' और 'b' दोनों

46. सार्वजनिक कम्पनी में अधिकतम सदस्यों की संख्या कितनी होती है?
(a) 200 (b) 100
(c) 50 (d) असीमित

47. किस संगठन का दायित्व सीमित होता है?
(a) एकल स्वामित्व
(b) साझेदारी
(c) कम्पनी
(d) उपरोक्त में से कोई नहीं

48. कौन-सा व्यावसायिक संगठन का एक रूप है?
(a) एकल स्वामित्व (b) साझेदारी
(c) संयुक्त स्टॉक कम्पनी (d) ये सभी

49. "कम्पनी विधान द्वारा निर्मित एक व्यक्ति है। यह एक पृथक् वैधानिक अस्ततित्व रखती है, इसे अविच्छिन्न उत्तराधिकार प्राप्त है और इसकी एक सार्वमुद्रा होती है।" किसने कम्पनी को परिभाषित किया?
(a) प्रो. हैने
(b) भारतीय कम्पनी अधिनियम, 2013
(c) थॉमस
(d) पीटरसन

50. भारतीय कम्पनी अधिनियम के अनुसार सार्वजनिक कम्पनी वह है, जिसमें
(a) कम-से-कम सात सदस्य हों (b) कम-से-कम दस सदस्य हों
(c) कम-से-कम पन्द्रह सदस्य हों (d) कम-से-कम बीस सदस्य हों

51. निजी कम्पनी में अधिकतम सदस्य होते हैं
(a) 100 (b) 200
(c) 20 (d) 120

52. एक निजी कम्पनी में कितने निदेशक होने चाहिए?
(a) 4 (b) 5
(c) 3 (d) 2

53. यदि एक निजी कम्पनी सार्वजनिक कम्पनी की सहायक कम्पनी है, तो वह कम्पनी मानी जाएगी
(a) निजी कम्पनी
(b) सार्वजनिक कम्पनी
(c) सहकारी कम्पनी
(d) मिश्रित कम्पनी

54. सार्वजनिक कम्पनी में कितने निदेशक होने चाहिए?
(a) 2 (b) 4
(c) 1 (d) 3

55. ''सहकारी संगठन स्वेच्छा से संगठित हुए ऐसे व्यक्ति की क्रिया है, जोकि उपभोक्ताओं अथवा उत्पादकों द्वारा आवश्यकताओं की पूर्ति हेतु स्थापित किया जाता है।'' यह कथन किसका है?
(a) एफ. डब्ल्यू. टेलर का
(b) किम्बाल एवं किम्बाल का
(c) एम. टी. हैरिक
(d) विलियम आर. बैसेंट का

56. एक सहकारी समिति के पंजीकरण के लिए सदस्यों की न्यूनतम संख्या है
(a) बीस (b) दस (c) सात (d) दो

57. एक सहकारी समिति और कम्पनी में समानता है
(a) अंकेक्षण का चार्टर्ड एकाउण्टेण्ट होना आवश्यक है
(b) अंकेक्षण वैधानिक आवश्यकता है
(c) अंकेक्षण की नियुक्ति अंशधारियों द्वारा की जाती है
(d) सभी सदस्यों को केवल एक वोट देने का अधिकार होता है

58. सहकारी समिति में सदस्यों का मताधिकार निर्भर करता है
(a) 'एक सदस्य एक मत' सिद्धान्त पर
(b) उनके द्वारा क्रय किए गए अंशों की संख्या पर
(c) रजिस्ट्रार के निर्देशानुसार
(d) उपरोक्त में से कोई नहीं

59. सहकारी समिति की विशेषता है
(a) ऐच्छिक सदस्यता (b) सीमित दायित्व
(c) सदस्यों की सेवा (d) ये सभी

60. सहकारी संगठन में कम-से-कम कितने सदस्य होने आवश्यक हैं?
(a) 20 (b) 10
(c) 2 (d) 25

उत्तरमाला

1.	(a)	2.	(b)	3.	(d)	4.	(b)	5.	(d)	6.	(a)	7.	(c)	8.	(c)	9.	(d)	10.	(a)
11.	(d)	12.	(a)	13.	(a)	14.	(d)	15.	(b)	16.	(a)	17.	(b)	18.	(c)	19.	(a)	20.	(d)
21.	(a)	22.	(c)	23.	(a)	24.	(d)	25.	(c)	26.	(d)	27.	(c)	28.	(c)	29.	(d)	30.	(d)
31.	(d)	32.	(d)	33.	(a)	34.	(c)	35.	(d)	36.	(a)	37.	(c)	38.	(a)	39.	(d)	40.	(b)
41.	(b)	42.	(b)	43.	(a)	44.	(d)	45.	(d)	46.	(d)	47.	(c)	48.	(d)	49.	(a)	50.	(a)
51.	(b)	52.	(d)	53.	(b)	54.	(d)	55.	(c)	56.	(b)	57.	(b)	58.	(a)	59.	(d)	60.	(b)

अध्याय 3

व्यावसायिक स्वामित्व
Business Ownership

निजी तथा सार्वजनिक उपक्रम
Private and Public Enterprises

हमारे देश में छोटे या बड़े, औद्योगिक या व्यापारिक, निजी या सार्वजनिक प्रत्येक प्रकार के संगठन उपलब्ध हैं। ये सभी संगठन हमारे दैनिक आर्थिक जीवन को प्रभावित करते हैं। ये भारतीय अर्थव्यवस्था के महत्वपूर्ण अंग हैं, क्योंकि भारतीय अर्थव्यवस्था के अन्दर निजी तथा सार्वजनिक दोनों प्रकार के उपक्रम मौजूद हैं, इसलिए इसे 'मिश्रित अर्थव्यवस्था' के रूप में जाना जाता है। *भारतीय अर्थव्यवस्था को निम्न दो क्षेत्रों में बाँटा गया है—*

I. निजी उपक्रम Private Enterprise

इसके अन्तर्गत वे सभी उपक्रम आते हैं, जिनका स्वामित्व व नियन्त्रण निजी हाथों में होता है; जैसे—रिलायन्स इण्डस्ट्रीज लिमिटेड, विप्रो लिमिटेड आदि। *निजी क्षेत्र के विभिन्न संगठन निम्न प्रकार के हैं—*

1. **एकल स्वामित्व** यह संगठन का वह स्वरूप है, जहाँ व्यवसाय का स्वामित्व, प्रबन्धन एवं नियन्त्रण किसी एक व्यक्ति द्वारा किया जाता है तथा सभी जोखिम एवं लाभ में वह अकेला भागीदार होता है।
2. **साझेदारी** इससे अभिप्राय दो या दो से अधिक व्यक्तियों के संगठन से है, जो एकसाथ व्यवसाय करने के लिए सहमत होते हैं तथा लाभ व हानि में सामूहिक रूप से भागीदार होते हैं।
3. **संयुक्त हिन्दू परिवार** यह व्यवसाय हिन्दू अविभाजित परिवार के सदस्यों द्वारा चलाया जाता है, जिसका नियमन हिन्दू अधिनियम के द्वारा होता है।
4. **निजी कम्पनी** वह कृत्रिम व्यक्ति, जिसका केवल कानून की नजर में अस्तित्व होता है और यह अपने सदस्यों से पृथक् होता है।

निजी क्षेत्र के उपक्रमों की दो महत्त्वपूर्ण विशेषताएँ हैं—

1. इसका स्वामित्व निजी हाथों में होता है। जो इन फर्मों को पूँजी प्रदान करते हैं।
2. इनका मुख्य उद्देश्य लाभ अर्जित करना होता है।

II. सार्वजनिक उपक्रम Public Enterprise

इससे अभिप्राय, उन सभी उपक्रमों से है, जिनका स्वामित्व, प्रबन्धन व नियन्त्रण पूर्ण या आंशिक रूप से केन्द्र या राज्य सरकार द्वारा किया जाता है। ऐसे उपक्रम उचित दर पर वस्तुओं व सेवाओं को जनता को उपलब्ध कराते हैं। उदाहरण—एअर इण्डिया, भारतीय रेलवे आदि।

सार्वजनिक क्षेत्र के उपक्रमों की दो विशेषताएँ हैं—

1. प्रबन्धन व नियन्त्रण सरकार के हाथ में होता है।
2. इनका मुख्य उद्देश्य सामाजिक कल्याण है।

सार्वजनिक उपक्रम के प्रकार
Types of Public Enterprise

सार्वजनिक क्षेत्र के उपक्रमों को निम्न प्रकार से विभाजित कर सकते हैं—

1. विभागीय उपक्रम Departmental Enterprise

यह सार्वजनिक उपक्रम का सबसे प्राचीनतम रूप है। इसका संचालन केन्द्र या राज्य सरकार द्वारा किया जाता है। इसका प्रबन्ध उपक्रम से सम्बन्धित मन्त्रालय द्वारा किया जाता है।

विभागीय उपक्रम की विशेषताएँ *विभागीय उपक्रम की विशेषताएँ निम्न हैं—*

(i) **गठन** संसद के विशेष अधिनियम के द्वारा इसका गठन किया जाता है। केन्द्र या राज्य सरकार के मन्त्रालय का इस पर पूर्ण नियन्त्रण एवं संचालन होता है।

(ii) **नियन्त्रण एवं स्वामित्व** ये सरकारी विभागों के मुख्य उपखण्ड हैं। इनका पृथक् अस्तित्व नहीं है, इसलिए ये मन्त्रालय के प्रत्यक्ष नियन्त्रण में आते हैं।

(iii) **वित्तीय स्वायत्तता** सरकारी ट्रेजरी के द्वारा इनका वित्तपोषण किया जाता है और बजट में भी इसके वित्त के लिए प्रावधान किया जाता है।

(iv) **आगम** विभागीय उपक्रमों से प्राप्त आगम को सरकारी ट्रेजरी में जमा किया जाता है।

(v) **स्टाफ** इनके कर्मचारी भारतीय प्रशासनिक सेवा अधिकारी के अन्तर्गत आते हैं और भारतीय प्रशासनिक सेवा के कानून के अन्तर्गत इनकी भर्ती व पारिश्रमिक तय किया जाता है।

(vi) **लेखांकन एवं अंकेक्षण नियन्त्रण** अन्य सरकारी गतिविधियों की तरह ही इनका भी लेखांकन एवं अंकेक्षण किया जाता है।

(vii) **प्रबन्धन** इनका प्रबन्धन प्रत्यक्ष रूप से सम्बन्धित मन्त्रालय द्वारा किया जाता है, इसलिए वे इसके प्रति जवाबदेह होते हैं।

विभागीय उपक्रम के लाभ *विभागीय उपक्रम के लाभ निम्न हैं—*

(i) **प्रभावशाली नियन्त्रण** क्योंकि इस पर संसदीय नियन्त्रण होता है, अत: नियन्त्रण बहुत प्रभावशाली होता है।

(ii) **सार्वजनिक आगम** विभागीय उपक्रम का आगम सरकारी ट्रेजरी में जमा किया जाता है। अत: इस प्रकार के उपक्रम सरकारी आगम की वृद्धि में सहायक होते हैं।

(iii) **सार्वजनिक जवाबदेही** क्योंकि इनका लेखांकन एवं अंकेक्षण किया जाता है, अत: जनता के प्रति इनकी जवाबदेही बहुत अधिक होती है।

(iv) **राष्ट्रीय सुरक्षा के लिए उचित** जहाँ राष्ट्रीय सुरक्षा से सम्बन्धित कोई तथ्य सामने आता है, तब ऐसी स्थिति में ये उचित होते हैं, क्योंकि इन पर मन्त्रालय का प्रत्यक्ष नियन्त्रण होता है।

(v) **निधियों का उचित प्रयोग** क्योंकि वित्तीय मामले मन्त्रालय के अन्तर्गत आते हैं, अत: निधियों का उचित प्रयोग सम्भव हो पाता है।

विभागीय उपक्रम की सीमाएँ *विभागीय उपक्रम की सीमाएँ निम्न हैं—*

(i) **बेलोचशीलता** विभागीय उपक्रम कठोर संसदीय नियन्त्रण में कार्य करते हैं।

(ii) **निर्णयन में देरी** इन उपक्रमों के विभागों के पास निर्णयन की शक्ति नहीं हैं। निर्णय सम्बन्धित मन्त्रालय के अनुमोदन के बाद ही लिया जाता है।

(iii) **रूढ़िवादी एवं सतर्क पद्धति** बेलोचशीलता एवं हस्तक्षेप के कारण दफ्तरशाह जोखिम उपक्रम में रुचि नहीं लेते। इस प्रकार व्यावसायिक अवसरों का लाभ उठाने में वे असमर्थ रहते हैं।

(iv) **लालफीताशाही एवं नौकरशाही** जब अत्यधिक नियमों एवं नियन्त्रण के कारण अनावश्यक विलम्ब किया जाता है, तो इसे लालफीताशाही कहते हैं। प्राय: यह सरकारी संगठनों में तथा बड़े निजी संगठनों में दोहराने को मिलता है।

(v) **अनावश्यक राजनीतिक हस्तक्षेप** इस पर निरन्तर राजनीतिक हस्तक्षेप होता रहता है।

(vi) **ग्राहक के प्रति असंवेदनशील** ऐसे उपक्रम ग्राहकों की आवश्यकताओं के प्रति असंवेदनशील होते हैं।

2. वैधानिक निगम Statutory Corporation

यह एक निगमीय संस्था है, जो कानून के द्वारा स्थापित की जाती है, जिसकी शक्तियाँ, कार्य आदि परिभाषित होते हैं। ये वित्त के सन्दर्भ में आत्मनिर्भर होते हैं। इनके पास सरकार की शक्ति होती है और निजी उपक्रमों की तरह पर्याप्त मात्रा में लोचशीलता भी होती है। उदाहरणार्थ, एअर इण्डिया, स्टेट बैंक ऑफ इण्डिया, LIC आदि।

वैधानिक निगम की विशेषताएँ *वैधानिक निगम की निम्न विशेषताएँ हैं—*

(i) **गठन** केन्द्र या राज्य सरकार के विशेष कानून द्वारा इसकी स्थापना होती है। सम्बन्धित अधिनियम शक्तियों, कार्यों एवं नियमों को परिभाषित करते हैं, जिसके अन्तर्गत इसके कर्मचारी एवं सरकारी विभागों के मध्य सम्बन्ध स्थापित होता है।

(ii) **स्वामित्व एवं नियन्त्रण** यह प्रत्यक्ष रूप से सरकार के नियन्त्रण में होता है। इसके प्रति सरकार की वित्तीय जिम्मेदारी होती है तथा लाभ एवं हानि दोनों में सरकार की भागीदारी होती है।

(iii) **पृथक् कानूनी अस्तित्व** ये दूसरे के ऊपर वाद कर सकते हैं तथा दूसरे इनके ऊपर वाद कर सकते हैं। यह अनुबन्ध कर सकता है तथा स्वयं के नाम पर सम्पत्तियों का क्रय-विक्रय कर सकता है।

(iv) **वित्तीय स्वायत्तता** ये स्वयं वित्तपोषित होते हैं। इनका वित्तपोषण सरकार या जनता से प्राप्त ऋण द्वारा किया जाता है। ये अपने आगम का भी प्रयोग कर सकते हैं।

(v) **लेखांकन एवं अंकेक्षण नियन्त्रण** ये सरकारी लेखांकन एवं अंकेक्षण से मुक्त होते हैं, क्योंकि सरकारी बजट द्वारा इनका वित्तीयन नहीं किया जाता।

(vi) **स्टाफ** इसके कर्मचारी सरकारी या प्रशासनिक अधिकारी नहीं होते तथा इसकी प्रक्रिया, शर्तें, नियम आदि इसके स्वयं के कानून व अधिनियम द्वारा निर्धारित होते हैं।

वैधानिक निगम के लाभ *वैधानिक निगम के लाभ निम्न हैं—*

(i) **परिचालन लोचशीलता** सरकार के अनावश्यक हस्तक्षेप से ये मुक्त होते हैं। परिचालन कार्यों को ये स्वतन्त्रता से अपने अनुसार करते हैं।

(ii) **स्वायत्तता** स्वयं के नियम व नीति आदि होने के कारण इनकी स्वायत्तता बनी रहती है, परन्तु कुछ मामले ऐसे हो सकते हैं, जहाँ मन्त्रालय का आदेश लेना आवश्यक हो।

(iii) **आर्थिक विकास में सहायक** सरकारी शक्ति एवं निजी उपक्रम की तरह लोचशीलता के कारण आर्थिक विकास में इनका अच्छा योगदान होता है।

(iv) **वित्तीय स्वायत्तता** क्योंकि सरकारी बजट से इनका वित्तीयन नहीं किया जाता, इसलिए वित्तीय मामलों में सरकार का हस्तक्षेप नहीं होता।

वैधानिक निगम की सीमाएँ *वैधानिक निगम की सीमाएँ निम्न हैं—*

(i) **नाममात्र की स्वायत्तता** स्वायत्तता केवल कागजों पर है। वास्तव में सभी संचालन एवं क्रियाएँ अनेक नियमों एवं नीतियों द्वारा तय होते हैं, जो सरकार द्वारा निर्धारित किए जाते हैं।

(ii) **राजनीतिक हस्तक्षेप** जहाँ भी उच्च मात्रा में निधि की आवश्यकता होती है, वहाँ सरकार एवं राजनीतिज्ञों का हस्तक्षेप शामिल होता है।

(iii) **क्रियान्वयन में देरी** कॉर्पोरेशन बोर्ड में सरकार प्राय: सलाहकारों की नियुक्ति करती है। यह स्वतन्त्रता एवं निर्णयन को प्रभावित करती है, जिसके कारण अनेक कार्यों में देरी भी होती है।

(iv) **अनुचित व्यवहार** ऐसे निगमों में भ्रष्टाचार प्राय: देखने को मिलता है, क्योंकि अधिकारी अपनी स्वायत्तता का प्रयोग अनुचित व्यवहारों में करते हैं।

3. सरकारी कम्पनी Government Company

एक सरकारी कम्पनी भारतीय कम्पनी अधिनियम के प्रावधानों द्वारा पंजीकृत एवं गठित की जाती है। भारतीय कम्पनी अधिनियम के अनुसार, सरकारी कम्पनी से अभिप्राय ऐसी कम्पनी से है, जिसमें न्यूनतम 51% प्रदत्त पूँजी राज्य सरकार या केन्द्र सरकार द्वारा लगाई गई हो। इनकी स्थापना पूर्णरूप से व्यावसायिक उद्देश्यों के लिए की जाती है और ये निजी क्षेत्र की कम्पनियों से प्रतियोगिता करती हैं।

सरकारी कम्पनी की विशेषताएँ *सरकारी कम्पनी की विशेषताएँ निम्न हैं—*

(i) **स्थापना** भारतीय कम्पनी अधिनियम, 2013 के अन्तर्गत इसकी स्थापना होती है।

(ii) **पृथक् कानूनी अस्तित्व** सरकारी कम्पनी का अपना एक पृथक् अस्तित्व होता है। यह स्वयं के नाम पर क्रय, विक्रय या अनुबन्ध कर सकती है।

(iii) **प्रबन्धन** इसका प्रबन्धन भी अन्य सार्वजनिक कम्पनियों की तरह पार्षद सीमानियम व पार्षद अन्तर्नियम पर आधारित होता है।

(iv) **नियन्त्रण** सरकारी कम्पनी लेखांकन/अंकेक्षण के नियमों से मुक्त होती है। हालाँकि एक अंकेक्षक केन्द्र सरकार द्वारा नियुक्त किया जाता है और एक वार्षिक रिपोर्ट संसद में पेश की जाती है।

(v) **पूँजी** सरकारी कम्पनी सरकार से अंशधारक के रूप में पूँजी एकत्रित करती है और पूँजी बाजार से भी यह पूँजी एकत्रित कर सकती है।

(vi) **स्टाफ** पार्षद सीमानियम एवं पार्षद अन्तर्नियम के नियमों एवं नीतियों के अनुसार कम्पनी के कर्मचारी नियुक्त किए जाते हैं।

सरकारी कम्पनी के लाभ *सरकारी कम्पनी के लाभ निम्न हैं—*

(i) **आसानी से आरम्भ** भारतीय कम्पनी अधिनियम की आवश्यकताओं की पूर्ति करने के बाद इसका गठन किया जा सकता है। किसी विशेष कानून को पारित करने की आवश्यकता नहीं होती।

(ii) **स्वायत्तता** राजनीतिक एवं सरकारी हस्तक्षेप से यह मुक्त होती है। यह आसानी से सरकार की सामान्य निगरानी में कार्य कर सकती है।

(iii) **पृथक् कानूनी अस्तित्व** इसका स्वयं का अपना एक पृथक् अस्तित्व होता है।

(iv) **अलाभकारी व्यावसायिक व्यवहारों को रोकना** सरकारी कम्पनी जनता को उचित दर पर वस्तुएँ एवं सेवाएँ उपलब्ध कराती है। इस प्रकार यह बाजार में अनुचित व्यावसायिक व्यवहारों पर रोक लगाती है।

सरकारी कम्पनी की सीमाएँ *सरकारी कम्पनी की सीमाएँ निम्न हैं—*

(i) **प्रावधानों के महत्त्व में कमी** कुछ कम्पनियों की अंशधारक केवल सरकार है। अत: भारतीय कम्पनी अधिनियम के प्रावधानों का कोई खास महत्त्व नहीं है।

(ii) **संवैधानिक जवाबदेही नहीं** सरकार की इसमें कोई महत्त्वपूर्ण जवाबदेही नहीं होती। अत: सरकारी कम्पनी का प्रदर्शन उत्तरदायित्व वाला नहीं होता।

(iii) **नाममात्र की स्वायत्तता** सरकारी कम्पनी की आत्मनिर्भरता केवल कागजों पर है। राजनीतिज्ञ, मन्त्री और सरकारी अधिकारी कार्य में हस्तक्षेप करते रहते हैं।

(iv) **मुख्य उद्देश्य असफल** कम्पनी का मुख्य उद्देश्य यह होता है कि यह अन्य कम्पनियों की तरह कार्य करे और लाभों का फायदा उठाए, परन्तु इस उद्देश्य में यह सफल नहीं हो पाती, क्योंकि सरकार की अंशदारी कम्पनी में अधिक होती है। फलस्वरूप, उसका हस्तक्षेप भी बहुत अधिक होता है।

(v) **सरकार द्वारा नियुक्त बोर्ड** निर्देशकों का बोर्ड सरकार द्वारा नियुक्त किया जाता है। वे हमेशा सरकार को खुश करने में लगे रहते हैं, बजाय इसके कि कम्पनी की कार्यकुशलता में वृद्धि की जाए।

वैश्विक या बहुराष्ट्रीय निगम
Multinational Corporation

बहुराष्ट्रीय निगम की शाखाएँ, कारखाने तथा कार्यालय विभिन्न देशों में उपस्थित होते हैं। इनके मुख्यालय गृहस्थ देश में होते हैं। उदाहरण—रिबॉक, सैमसंग, कोका कोला आदि। इनका अन्तर्राष्ट्रीय अर्थव्यवस्था पर बहुत ज्यादा प्रभाव होता है।

बहुराष्ट्रीय निगमों की विशेषताएँ *बहुराष्ट्रीय निगमों की विशेषताएँ निम्नलिखित हैं—*

1. **अधिक पूँजी एवं संसाधन** बहुराष्ट्रीय कम्पनियों की सम्पत्तियाँ एवं बिक्री बहुत ऊँचे स्तर पर पाई जाती हैं। ये ऊँचे स्तर पर संचालन करती हैं तथा बहुत से स्रोतों द्वारा पूँजी एकत्रित करती हैं। वित्तीय मजबूती के कारण ये किसी भी परिस्थिति में अडिग रहती हैं।
2. **केन्द्रीय नियन्त्रण** ये एक से अधिक देशों में व्यवसाय का संचालन करती हैं। ये सभी देशों में विभिन्न शाखाओं एवं कार्यालयों द्वारा संचालन करती हैं, लेकिन सभी का नियन्त्रण गृहस्थ देश से करती हैं।
3. **विदेशी सहभागिता** निजी क्षेत्र एवं सार्वजनिक क्षेत्र की कम्पनियों के साथ MNCs सहभागी बन सकती हैं। MNCs बहुत-सी कम्पनियों के साथ सहभागी इसलिए बनती हैं, ताकि वे विभिन्न प्रकार के व्यवसाय में जा सकें और उत्पादन स्तर को बहुत अधिक बढ़ा सकें।
4. **आधुनिकतम तकनीक** उत्पादन विधियों में ये तकनीकी गुणवत्ता रखती हैं। ये अन्तर्राष्ट्रीय मानकों पर चलती हैं। इस कारण गृहस्थ देश की औद्योगिक प्रगति होती है।
5. **बाजार क्षेत्र का विस्तार** इनका परिचालन देश की राजनीतिक सीमा से पार तक होता है। इनकी अन्तर्राष्ट्रीय प्रसिद्धि इनके ब्राण्ड को बहुत अधिक प्रसिद्ध करती है। विशालकाय आकार के कारण इनकी स्थिति बाजार में प्रभावशाली होती है।
6. **विपणन रणनीतियाँ** अन्य कम्पनियों की तुलना में इनकी विपणन रणनीतियाँ बहुत ज्यादा प्रभावशाली होती हैं। ये आक्रमणकारी विपणन रणनीतियों का प्रयोग करती हैं, ताकि कम समय में भी बिक्री को और अधिक बढ़ा सकें।
7. **उत्पाद नवीनीकरण** उच्च पूँजी आधार के कारण ये कम्पनियाँ निरन्तर प्रभावशाली रिसर्च करती रहती हैं, ताकि उत्पादों का नवीनीकरण किया जा सके और गुणवत्ता में सुधार हो सके।

संयुक्त उद्यम Joint Venture

जब दो या दो से अधिक फर्म किसी सामान्य उद्देश्य के लिए एवं परस्पर लाभ के लिए एकत्रित होती हैं, तो इसे 'ज्वाइण्ट वेन्चर' कहते हैं। ये संगठन निजी, सरकारी या विदेशी कुछ भी हो सकते हैं। उदाहरण— मारुति सुजुकी, भारती एअरटेल आदि।

ज्वाइण्ट वेन्चर आपस में पूँजी, तकनीक, मानव संसाधन आदि का संयुक्त प्रयोग कर अधिक प्रतियोगी बन जाती हैं।

संयुक्त उद्यम की विशेषताएँ *संयुक्त उद्यम की विशेषताएँ निम्न हैं—*

1. यह दो या दो से अधिक फर्मों के मध्य साझेदारी है।
2. यह एक अस्थायी व्यावसायिक क्रिया है।
3. ज्वाइण्ट वेन्चर में लाभ तथा हानि को तय अनुसार बाँटा जाता है।

4. कार्य समाप्त होने पर ज्वाइण्ट वेन्चर अपने आप समाप्त हो जाता है।
5. ज्वाइण्ट वेन्चर बन्द होने पर सभी सम्पत्तियों की बिक्री कर दी जाती है एवं सभी दायित्वों का भुगतान कर दिया जाता है।

संयुक्त उद्यम के लाभ *संयुक्त उद्यम के लाभ निम्नलिखित हैं—*

1. **संसाधनों एवं क्षमताओं में वृद्धि** जब दो या दो से अधिक उपक्रम एकसाथ आते हैं, तो संसाधनों एवं क्षमताओं में अधिक वृद्धि होती है और इस प्रकार नए अवसरों का लाभ उठाने तथा चुनौतियों का सामना करने में ये सफल हो पाते हैं।
2. **नए बाजार और वितरण नेटवर्क में पहुँच** जब दो उपक्रम एक साथ आते हैं, तो नए-नए बाजार में प्रवेश कर पाते हैं तथा नए वितरण नेटवर्क तैयार कर पाते हैं।
3. **नई तकनीक सम्भव** एकसाथ होने के कारण नई तकनीक का प्रयोग सम्भव हो पाता है, जिसमें बहुत अधिक पूँजी की आवश्यकता पड़ती है।
4. **उत्पादन की लागत में कमी** साथ आने के कारण ज्वाइण्ट वेन्चर के उत्पादन की लागत बहुत कम हो जाती है।
5. **प्रतिष्ठित एवं स्थायी ब्राण्ड का नाम** दोनों कम्पनियों के मशहूर होने के कारण साथ में जुड़ने पर संयुक्त उद्यम का ब्राण्ड भी प्रतिष्ठित हो जाता है।
6. **नवीनीकरण** ज्वाइण्ट वेन्चर व्यवसाय को नए एवं सृजनात्मक उत्पाद बनाने में सहयोग करते हैं।

संयुक्त उपक्रम Joint Enterprises

संयुक्त क्षेत्र से अभिप्राय सार्वजनिक क्षेत्र तथा निजी क्षेत्र के मध्य साझेदारी से है, चाहे वह वित्तीयन से सम्बन्धित हो या आधारभूत संरचना के विकास से सम्बन्धित हो। इससे अभिप्राय है कि सरकारी प्रोजेक्ट में निजी क्षेत्रों की भागीदारी। ऐसे प्रोजेक्ट में निजी क्षेत्र वित्त, तकनीकी सूचना तथा प्रबन्धकीय कुशलता में भागीदारी करते हैं।

आधारभूत संरचना के विकास की जिम्मेदारी सरकार की है। वित्त की कमी के कारण सरकार अकेले इसकी माँग को पूरा नहीं कर सकती। इस कमी को दूर करने के लिए निजी-सार्वजनिक साझेदारी की शुरूआत हुई। *यह निम्न प्रोजेक्ट पर कार्य करती है—*

1. बिजली 2. यातायात 3. जल
3. स्वास्थ्य 5. शिक्षा आदि

संयुक्त क्षेत्र की विशेषताएँ *संयुक्त क्षेत्र की विशेषताएँ निम्न हैं—*

1. **सार्वजनिक क्षेत्र और निजी क्षेत्र के मध्य साझेदारी** PPP एक ऐसी व्यवस्था है, जिसमें निजी क्षेत्र सार्वजनिक सेवा या सार्वजनिक सम्पत्ति जनता को प्रदान करता है। सार्वजनिक सेवा से अभिप्राय ऐसी सेवा से है, जिसके लिए सरकार बाध्य है; जैसे—बिजली, पानी आदि। सार्वजनिक सम्पत्ति से अभिप्राय ऐसी सम्पत्ति से है, जो सार्वजनिक सेवा देने से सम्बन्धित हो; जैसे—सरकारी रास्ते, पुल आदि।
2. **किसी विशेष समय के लिए संचालन या प्रबन्धन** PPP की व्यवस्था एक विशेष समय के लिए होती है। इस समय अवधि की समाप्ति के पश्चात् यह साझेदारी समाप्त हो जाती है।
3. **बड़े एवं उच्च प्राथमिकता वाले प्रोजेक्टों के लिए उपयुक्त** PPP ऐसे प्रोजेक्ट के लिए उपयुक्त है, जो बड़े हों तथा जिनकी अवधि अधिक लम्बी हो। PPP ऐसे प्रोजेक्ट के लिए भी उपयुक्त होते हैं, जिनकी उच्च प्राथमिकता होती है। सरकार इसके लिए आर्थिक सहायता, कर में छूट, आगम की गारण्टी आदि दे सकती है।
4. **आगम का विभाजन** प्राप्त हुई आगम को सरकारी तथा निजी क्षेत्रों द्वारा तक किए गए अनुपात में विभाजित किया जाता है।
5. **जोखिम का विभाजन** प्रोजेक्ट में होने वाले जोखिम को भी सरकारी तथा निजी क्षेत्रों में परस्पर बाँटा जाता है।

संयुक्त क्षेत्र के लाभ *संयुक्त क्षेत्र के लाभ निम्न हैं—*

1. **निजी निवेश का आगमन** निवेश में निजी क्षेत्र का योगदान सार्वजनिक वित्त के प्रयोग में कमी करने में सहायता करता है, जिसे अन्य आवश्यक प्राथमिकता वाले क्षेत्रों या प्रोजेक्टों में उपयोग किया जा सकता है।
2. **प्रोजेक्ट जोखिम का बँटवारा** PPP द्वारा किसी प्रोजेक्ट से होने वाले जोखिम को निजी क्षेत्रों को बाँटा जा सकता है।
3. **कार्यक्षमता में वृद्धि** निजी क्षेत्र वित्त, तकनीक आदि में भागीदारी करता है। इनकी अलग-अलग क्षेत्र में दक्षता के कारण प्रोजेक्ट अधिक कुशलतापूर्वक सम्पन्न हो पाते हैं।
4. **सार्वजनिक कल्याण** ऐसे प्रोजेक्ट जिसमें सामाजिक कल्याण को प्राथमिकता दी जाती है, PPP का प्रयोग करना लाभदायक होता है; जैसे—दिल्ली मेट्रो।
5. **नवीनीकरण** PPP नई डिजाइन और संरचना आदि उद्देश्यों की पूर्ति में सहायक होती है।

अभ्यास प्रश्न

निजी व सार्वजनिक क्षेत्र के उपक्रम

1. निम्न में से कौन-से संगठन की निर्णयन सीमा है और व्यवसाय के अवसरों का लाभ उठाने में वह सक्षम नहीं है?
(a) निजी क्षेत्र की कम्पनी (b) सहकारी समिति
(c) एकल स्वामित्व (d) विभागीय उपक्रम

2. भारतीय अर्थव्यवस्था को कितने क्षेत्रों में बाँटा गया है?
(a) दो क्षेत्रों में (b) तीन क्षेत्रों में
(c) चार क्षेत्रों में (d) पाँच क्षेत्रों में

3. निजीकरण को कहा जाता है
(a) वि-शासनीकरण (b) विशेषीकरण
(c) वि-नियोजीकरण (d) ये सभी

4. भारत में निजीकरण की दिशा में कब कदम उठाए गए?
(a) सन् 1981 में (b) सन् 1991 में
(c) सन् 2001 में (d) इनमें से कोई नहीं

5. सार्वजनिक व निजी क्षेत्र में अन्तर का आधार है
(a) स्वामित्व (b) नियन्त्रण
(c) उद्देश्य (d) ये सभी

6. लाभ और सेवा उद्देश्य है
(a) परस्पर विरोधी (b) एक-दूसरे के पूरक
(c) एक-दूसरे के सहयोगी (d) इनमें से कोई नहीं

7. प्रथम बार सभी बड़े वैलो तथा बीमा कम्पनियों का राष्ट्रीयकरण किया गया
(a) सन् 1969 में (b) सन् 1972 में
(c) सन् 1951 में (d) सन् 1990 में

8. वर्तमान में जिन उद्योगों के लिए लाइसेन्स लेना अनिवार्य है
(a) 5 (b) 10
(c) 8 (d) 20

9. वैधानिक निगम की शक्ति किसके द्वारा निर्धारित होती है?
(a) राष्ट्रपति (b) संसद
(c) प्रधानमन्त्री (d) कैबिनेट मन्त्री

10. इनमें से कौन-सी कम्पनी सरकारी कम्पनी कहलाएगी?
(a) सरकार की भागीदारी प्रदत्त पूँजी की 51% हो
(b) सरकार की भागीदारी प्रदत्त पूँजी की 49% हो
(c) सरकार की भागीदारी प्रदत्त पूँजी की 100% हो
(d) उपरोक्त में से कोई नहीं

11. SAIL निम्न में से किस संगठन के अन्तर्गत आएगी?
(a) सार्वजनिक क्षेत्र
(b) सरकारी कम्पनी
(c) विभागीय उपक्रम
(d) सहकारी समितियाँ

12. निम्न में किस संगठन के पास सरकार की शक्ति है और साथ ही साथ निजी उद्यमों की क्रियान्वयन लोचशीलता भी है?
(a) विभागीय उपक्रम (b) सरकारी कम्पनी
(c) वैधानिक निगम (d) इनमें से कोई नहीं

13. निम्न में से किसके अन्तर्गत एअर इण्डिया, स्टेट बैंक ऑफ इण्डिया आदि आते हैं?
(a) निजी क्षेत्र (b) सहकारी समितियाँ
(c) विभागीय उपक्रम (d) वैधानिक निगम

14. निम्न में से कौन-सा संगठन सरकार द्वारा गठित एवं संचालित किया जाता है, जो सरकार हेतु आर्थिक क्रियाओं में भागीदारी भी करता है?
(a) सहकारी समितियाँ (b) बहुराष्ट्रीय कम्पनी
(c) निजी क्षेत्र की कम्पनी (d) सार्वजनिक उद्यम

15. निम्न में से कौन-सा संगठन संसद के माध्यम से जनता के प्रति उत्तरदायी है?
(a) सार्वजनिक उद्यम (b) निजी क्षेत्र की कम्पनी
(c) सहकारी समितियाँ (d) इनमें से कोई नहीं

16. निम्न में से सार्वजनिक क्षेत्र के उद्यमों को संगठित करने का कौन-सा रूप सबसे अधिक प्राचीन है?
(a) सहकारी समितियाँ (b) सरकारी कम्पनी
(c) वैधानिक निगम (d) विभागीय उपक्रम

17. निम्न में कौन-से संगठन का कोई पृथक् कानूनी अस्तित्व नहीं है?
(a) विभागीय उपक्रम (b) वैधानिक निगम
(c) सरकारी कम्पनी (d) इनमें से कोई नहीं

18. निम्न में से कौन-सा संगठन केन्द्र या राज्य के किसी एक मन्त्रालय के सम्पूर्ण नियन्त्रण में कार्य करता है?
(a) सहकारी समितियाँ (b) विभागीय उपक्रम
(c) वैधानिक निगम (d) इनमें से कोई नहीं

19. निम्न में से कौन-सा संगठन संसदीय नियन्त्रण में होता है?
(a) निजी क्षेत्र की कम्पनी (b) विभागीय उपक्रम
(c) सहकारी समितियाँ (d) इनमें से कोई नहीं

20. निम्नलिखित में से कौन-सी संस्था विभागीय उपक्रम का संचालन करती है?
(a) केवल केन्द्र सरकार (b) केवल राज्य सरकार
(c) केन्द्र या राज्य सरकार (d) इनमें से कोई नहीं

21. सार्वजनिक क्षेत्र के आरक्षित उद्योगों के अन्तर्गत आता है
(a) परमाणु ऊर्जा (b) रक्षा
(c) रेलवे (d) ये सभी

22. वैधानिक निगम के सन्दर्भ में निम्नलिखित में से क्या सही नहीं है?
(a) यह एक निगमीय संस्था है
(b) इस संस्था को कानून के द्वारा स्थापित किया जाता है
(c) ये वित्त के सन्दर्भ में आत्मनिर्भर नहीं होते हैं
(d) इनके पास सरकार की शक्ति होती है

23. वर्ष 1956 में आरक्षित उद्योगों की संख्या कितनी थी?
(a) 16 (b) 17 (c) 18 (d) 19

24. सार्वजनिक उपक्रम है/हैं
(a) सरकारी स्वामित्व के अधीन (b) सरकारी नियन्त्रण के अधीन
(c) 'a' और 'b' दोनों (d) इनमें से कोई नहीं

25. ''सार्वजनिक क्षेत्र समाजवादी समाज की संरचना की ओर एक क्रान्तिकारी कदम है।'' कथन है

(a) नेहरूजी का (b) महात्मा गाँधी का
(c) प्रो. रामनाथ का (d) प्रो. हेन्सन का

26. भारत में सार्वजनिक क्षेत्र में नवरत्न कम्पनियों की संख्या है

(a) 10 (b) 17 (c) 20 (d) 4

27. मिनीरत्न कम्पनियों की संख्या है

(a) 62 (b) 65 (c) 73 (d) 50

28. सार्वजनिक उपक्रम की सहायता से सम्भव होता है

(a) तीव्र विकास (b) धीमा विकास
(c) साधनों का प्रतिकूल आवण्टन (d) ये सभी

29. भारत के प्रमुख नवरत्न उद्योग है/हैं

(a) भेल (भारत हैवी इलैक्ट्रिकल्स लिमिटेड)
(b) पी.एफ.सी. (पावर फाइनेन्स कॉर्पोरेशन)
(c) C.I.L. (कोल इण्डिया लिमिटेड)
(d) उपरोक्त सभी

30. कौन-सा उद्योग सार्वजनिक क्षेत्र के लिए आरक्षित है?

(a) रेलवे (b) परमाणु ऊर्जा
(c) 'a' और 'b' दोनों (d) इनमें से कोई नहीं

31. सन् 1951 में सार्वजनिक क्षेत्र के उद्योग थे

(a) 2 (b) 3 (c) 4 (d) 5

32. स्वतन्त्र भारत में पहली औद्योगिक नीति की घोषणा किस वर्ष में की गई थी?

(a) 1948 (b) 1950 (c) 1952 (d) 1955

33. सार्वजनिक उपक्रमों की घटती निष्पादन क्षमता का कारण है

(a) हानि पर चलना (b) राजनीतिक हस्तक्षेप
(c) जल-प्रवर्तन का अभाव (d) ये सभी

बहुराष्ट्रीय निगम, संयुक्त उद्यम तथा संयुक्त क्षेत्र

34. निम्न में से कौन-सा संगठन वित्तीय मजबूती के कारण जीवित रहता है?

(a) सार्वजनिक क्षेत्र (b) सहकारी समितियाँ
(c) बहुराष्ट्रीय कम्पनी (d) इनमें से कोई नहीं

35. निम्नलिखित में से कौन-सी विशेषताएँ बहुराष्ट्रीय कम्पनी की नहीं होती हैं?

(a) अधिक पूँजी एवं संसाधन (b) केन्द्रीय नियन्त्रण
(c) आधुनिकतम तकनीक (d) संकीर्ण बाजार क्षेत्र का विस्तार

36. MNCs का पूर्ण रूप क्या है?

(a) Multilateral corporations (b) Multinational corporations
(c) Multination corporations (d) Multinavel corporation

37. बहुराष्ट्रीय कम्पनियों के सन्दर्भ में निम्नलिखित में से क्या सही नहीं है?

(a) इनकी शाखाएँ विश्व के विभिन्न देशों में होती हैं
(b) इनका मुख्यालय मातृदेश में होता है
(c) इनकी विपणन नीति बहुत प्रभावशाली नहीं होती है
(d) इनका व्यापक बाजार विस्तार होता है

38. NEP का पूर्ण रूप क्या है?

(a) New Economy policy
(b) New Ecological policy
(c) Narrow Economy policy
(d) New Economic policy

39. निम्न में से कौन-सी कम्पनी संयुक्त उपक्रम नहीं है?

(a) मारुति सुजुकी
(b) भारती एअरटेल
(c) रिलायन्स
(d) उपरोक्त सभी

40. निम्नलिखित में से कौन-सा संयुक्त उद्यम का लाभ नहीं है?

(a) संसाधनों एवं क्षमताओं में वृद्धि
(b) उत्पादन लागत में वृद्धि
(c) प्रतिष्ठा एवं स्थायी ब्राण्ड का नाम
(d) नई तकनीक का प्रयोग

41. संयुक्त उद्यम किन तत्वों का प्रयोग करके अधिक प्रतियोगी बन जाते हैं?

(a) आपस में पूँजी का संयुक्त प्रयोग करके
(b) आपस में तकनीक का संयुक्त प्रयोग करके
(c) आपस में मानव संसाधन का प्रयोग करके
(d) उपरोक्त सभी तत्वों का प्रयोग करके

42. भारतीय अर्थव्यवस्था के उपक्रम हैं

(a) केवल निजी उपक्रम
(b) केवल सार्वजनिक उपक्रम
(c) निजी एवं सार्वजनिक उपक्रम दोनों
(d) उपरोक्त में से कोई नहीं

43. PPP का पूर्ण रूप क्या है?

(a) Private Public Partnership
(b) Public Private Partnership
(c) Public Private Policy
(d) Public Policy Partnership

44. लोक निजी भागीदारी (PPP) एक ऐसी भागीदारी है, जिसमें

(a) केवल निजी क्षेत्र भाग लेता है
(b) केवल सार्वजनिक क्षेत्र भाग लेता है
(c) निजी एवं सार्वजनिक क्षेत्र दोनों की भागीदारी होती है
(d) उपरोक्त में से कोई नहीं

उत्तरमाला

1.	*(d)*	2.	*(a)*	3.	*(d)*	4.	*(b)*	5.	*(d)*	6.	*(b)*	7.	*(a)*	8.	*(d)*	9.	*(b)*	10.	*(a)*
11.	*(b)*	12.	*(c)*	13.	*(d)*	14.	*(d)*	15.	*(a)*	16.	*(d)*	17.	*(a)*	18.	*(b)*	19.	*(b)*	20.	*(c)*
21.	*(d)*	22.	*(c)*	23.	*(c)*	24.	*(c)*	25.	*(a)*	26.	*(b)*	27.	*(c)*	28.	*(a)*	29.	*(d)*	30.	*(c)*
31.	*(d)*	32.	*(b)*	33.	*(d)*	34.	*(c)*	35.	*(d)*	36	*(b)*	37.	*(c)*	38.	*(a)*	39.	*(c)*	40.	*(b)*
41.	*(d)*	42.	*(c)*	43.	*(b)*	44.	*(c)*												

अध्याय 4

व्यावसायिक सेवाएँ
Business Services

व्यावसायिक सेवाओं का अर्थ
Meaning of Business Services

व्यावसायिक सेवाओं का तात्पर्य ऐसी सेवाओं से है, जो किसी भी व्यवसाय को सफलतापूर्वक चलाने में सहायक होती हैं। व्यावसायिक सेवाओं के उदाहरण हैं—बैंकिंग, बीमा, परिवहन, संग्रहण तथा सन्देशवाहन। व्यवसाय का पैमाना जैसे-जैसे बढ़ रहा है, वैसे-वैसे इनकी सेवाओं की आवश्यकता और महत्त्व भी बढ़ता जा रहा है।

व्यावसायिक सेवाओं की प्रकृति
Nature of Business Services

व्यावसायिक सेवाओं की प्रकृति को निम्नलिखित स्थिति से स्पष्ट किया जा सकता है—

1. **अदृश्यता** सेवाएँ साधारणत: अदृश्य होती हैं। उन्हें देखा नहीं जा सकता है, केवल महसूस किया जा सकता है; जैसे—पोस्ट ऑफिस व बैंकिंग में प्रदान की जाने वाली सेवा।
2. **असमानता** सेवाएँ प्रदान करने में समानता का अभाव होता है। कहीं पर यह सेवा किसी ग्राहक के लिए बहुत बढ़िया हो सकती है, तो कहीं पर यह सेवा दूसरे के लिए रूखी भी हो सकती है।
3. **ग्राहक की भागीदारी** सेवा के लाभ का सदुपयोग तभी अच्छे से हो सकता है, जब किसी सेवा के लिए ज्यादा से ज्यादा ग्राहक उसमें भाग ले सकते हों। ग्राहक की भागीदारी से ही सेवा की गुणवत्ता भी बढ़ेगी।
4. **संग्रहण सम्भव नहीं** सेवाओं का संग्रहण सम्भव नहीं है। सेवा को बचाकर कहीं पर रखा नहीं जा सकता। सेवा माँग व पूर्ति के साथ-साथ चलती है।
5. **पृथक्ता का अभाव** सेवा की विशेषता है कि उत्पादन व उपभोग दोनों साथ-साथ चलते हैं। यदि माल को भण्डार-गृह में रखते हैं, तो उसके लिए खाली स्थान भी उपलब्ध कराया जाता है। साथ ही माल रखने पर किराया भी आरम्भ हो जाता है। परन्तु सेवा तुरन्त उत्पन्न होती है और तभी उसका उपभोग भी कर लिया जाता है।

व्यावसायिक सेवाओं के प्रकार
Types of Business Services

I. बैंक Bank

बैंक एक ऐसी वित्तीय संस्था है, जो अपने ग्राहकों को बैंकिंग व अन्य वित्तीय सेवाएँ उपलब्ध कराता है। सामान्य तौर पर बैंक को एक ऐसी संस्था के रूप में जाना जाता है, जो ग्राहकों को मूलभूत बैंकिंग सेवाएँ उपलब्ध कराने के साथ-साथ लोगों की जमा राशि स्वीकार करता है, साख सृजन करता है तथा उसी आधार पर ग्राहकों को ऋण सम्बन्धी सेवाएँ उपलब्ध कराता है।

बैंकों के प्रकार Types of Bank

निम्नलिखित प्रकार के बैंक भारत में पाए जाते हैं—

1. **वाणिज्यिक बैंक** Commercial Bank

वाणिज्यिक बैंक ऐसे बैंकों को कहा जाता है, जो बचतें एकत्र करते हैं और उन्हें बड़ी व छोटी औद्योगिक एवं व्यापारिक इकाइयों को देते हैं तथा मुख्यत: इनकी कार्यकारी पूँजी की आवश्यकताओं को पूरा करते हैं। वर्ष 1969 के पश्चात् वाणिज्य बैंकों को राष्ट्रीयकृत या सार्वजनिक क्षेत्र के बैंकों और निजी क्षेत्रों के बैंकों में वर्गीकृत किया गया।

वाणिज्यिक बैंकों के निम्नलिखित कार्य हैं—

(i) **जमा स्वीकार करना** इन बैंकों का प्रमुख कार्य जनता से जमा स्वीकार करना है। इस जमा राशि के माध्यम से बैंक बचतों (Savings) को प्रोत्साहित करने का कार्य करते हैं। इन जमा बचतों पर जमाकर्ता को बैंक द्वारा ब्याज दिया जाता है। इसके साथ ही बैंक जमाकर्ताओं को उनकी सुविधानुसार निम्नलिखित प्रकार के खातों की सुविधा भी उपलब्ध कराता है।

(ii) **ऋण देना** वाणिज्यिक बैंकों का अन्य महत्त्वपूर्ण कार्य ऋण देना है। बैंक अपने ग्राहकों, उत्पादकों व व्यापारियों आदि को विभिन्न प्रकार की जमानतों पर ऋण देते हैं, ये ऋण अचल सम्पत्तियाँ व्यक्तिगत जमानत के आधार पर नहीं दिए जाते।

2. **कृषि बैंक** Agriculture Bank

कृषि व्यवसाय का स्वरूप व आवश्यकताएँ अन्य व्यवसायों से भिन्न होती हैं। अत: कृषि अर्थ प्रबन्धन हेतु विशेष प्रकार के बैंकों की आवश्यकता पड़ती है।

किसानों की वित्तीय आवश्यकताएँ भी अल्पकालीन व दीर्घकालीन दो वर्गों में बाँटी जा सकती हैं। अत: भारत में कृषि बैंकों का विकास भी दो स्तरों पर हुआ है। कृषि सहकारी बैंक (अल्पकालीन साख सम्बन्धी आवश्यकताओं की पूर्ति हेतु) व भूमि विकास बैंक (दीर्घकालीन ऋण सम्बन्धी आवश्यकताओं की पूर्ति हेतु)।

3. **सहकारी बैंक** Co-operative Bank

भारत में सहकारी बैंक का संगठन त्रिस्तरीय है। राज्य स्तर पर राज्य सहकारी बैंक, जिला स्तर पर जिला सहकारी बैंक अथवा केन्द्रीय सहकारी बैंक तथा स्थानीय स्तर पर प्राथमिक सहकारी समितियाँ कार्य करती हैं। सहकारी बैंकों की स्थापना राज्य सरकार द्वारा बनाए गए अधिनियम के द्वारा होती है। इनका मुख्य कार्य कृषि साख सृजन है। वाणिज्यिक बैंक के बाद कृषि साख उपलब्ध कराने के मामले में यह दूसरे स्थान पर है।

सहकारी बैंकों के महत्त्वपूर्ण दो स्तर हैं—

(i) **जिला सहकारी अथवा केन्द्रीय सहकारी बैंक** इसका कार्यक्षेत्र एक जिले तक सीमित होता है। इसके खाताधारकों में प्राथमिक सहकारी समितियाँ तथा आम आदमी भी सम्मिलित होते हैं। सहकारी बैंकों में इसकी केन्द्रीय भूमिका होती है।

(ii) **राज्य सहकारी बैंक** इस बैंक को राज्य का शीर्ष सहकारी बैंक भी कहते हैं। यह जिला सहकारी बैंक को ऋण देता है तथा उसके कार्यों को नियमित करता है। नाबार्ड एवं राज्य सरकारों द्वारा इसे पूँजी प्रदान की जाती है। यह रिज़र्व बैंक, जिला सहकारी बैंक तथा प्राथमिक सहकारी समितियों के मध्य एक कड़ी का कार्य करता है। वैद्यनाथन समिति के सुझावों के आने पर सहकारी बैंकिंग क्षेत्र में कई महत्त्वपूर्ण सुधार किए गए हैं।

महत्त्वपूर्ण बैंकिंग सेवाएँ Important Banking Services

जमा स्वीकार करना व ऋण प्रदान करने के अतिरिक्त अन्य महत्त्वपूर्ण सेवाएँ निम्नलिखित हैं—

1. **इलेक्ट्रॉनिक बैंकिंग** इलेक्ट्रॉनिक माध्यमों द्वारा बैंकिंग सेवाओं को उपलब्ध कराना, इलेक्ट्रॉनिक बैंकिंग कहलाता है। इलेक्ट्रॉनिक बैंकिंग इस समय बैंकिंग विकास का स्तम्भ माना जा रहा है।

इलेक्ट्रॉनिक बैंकिंग के प्रमुख संघटक *इलेक्ट्रॉनिक बैंकिंग के अन्तर्गत निम्नलिखित को सम्मिलित किया जाता है—*

(i) **पी सी बैंकिंग या होम बैंकिंग** इसके अन्तर्गत घर बैठे ही अपेक्षित राशि निकालने या जमा करने आदि के लिए बैंक को कम्प्यूटर पर ही आदेश दे सकते हैं।

(ii) **टेलीफोन द्वारा भुगतान** यह प्रणाली आपको अपनी वित्तीय (धन सम्बन्धी) संस्थाओं को टेलीफोन के द्वारा आपके बिल के भुगतान व विभिन्न खातों में निधियों के अन्तरण का अनुदेश देने की सुविधा देती है।

(iii) **मोबाइल बैंकिंग** यह वह प्रणाली है, जिसमें मोबाइल फोन या किसी अन्य मोबाइल के द्वारा किसी ग्राहक के खाते के साथ जोड़कर वित्तीय व्यापार करते हैं। मोबाइल बैंकिंग के लिए इण्टर बैंक मोबाइल भुगतान सेवा से जुड़े मोबाइल फोन सहित बैंक में खाते की आवश्यकता होती है। एसएमएस बैंकिंग वन टाइम पासवर्ड द्वारा संचालित होती है।

(iv) **डायरेक्ट जमा प्रणाली** इसके माध्यम से आप अपनी विशेष जमा; जैसे—वेतन चैक, कमीशन चैक, पेन्शन चैक, आदि नियमित रूप से जमा कर सकते हैं।

(v) **इलेक्ट्रॉनिक निधि अन्तरण प्रणाली** इसके अन्तर्गत इस प्रकार की भुगतान प्रणालियों में लिखित चैक के बिना भी एक खाते से दूसरे में धन अन्तरित किया जा सकता है।

(vi) **डायरेक्ट क्रेडिट** इसमें ग्राहक सीधे पहले से धनराशि निकालने के लिए बैंक को प्राधिकृत कर सकते हैं, ताकि आपके आवर्ती बिल, जैसे- बीमा किस्त आदि का स्वत: भुगतान होता रहे। इसकी अधिकारिता वाणिज्यिक बैंक, क्षेत्रीय ग्रामीण बैंक, निजी बैंक, अनुसूचित सहकारी बैंक, एनबीएफसी आदि पर व्याप्त है। यह ₹ 10 लाख तक के मूल्य वाले मामलों को स्वीकार करता है।

2. **नेशनल इलेक्ट्रॉनिक फण्ड ट्रांसफर** यह देश में इण्टरनेट के माध्यम से फण्ड स्थानान्तरण करने का तरीका है। इसके अन्तर्गत कोई व्यक्ति, फर्म या कम्पनी, एक बैंक शाखा से दूसरे किसी बैंक या उसी बैंक की शाखा में किसी व्यक्ति, फर्म या कम्पनी के खाते में पैसा ट्रांसफर कर सकता है। NEFT (National Electronics Fund Transfer) के अन्तर्गत न्यूनतम या अधिकतम राशि की कोई सीमा नहीं है। NEFT के अन्तर्गत स्वयं की अनुपस्थिति में उस बैंक में खाता होते हुए भी, नकद राशि जमा कराने पर दूसरी बैंक की शाखा में पैसा अन्तरण किया जा सकता है। इसके लिए पैसा जमा कराने वाले व्यक्ति को अपना पहचान-पत्र प्रमाण स्वरूप देना होगा।

3. **रियल टाइम ग्रॉस सैटलमेण्ट** इस व्यवस्था में एक बैंक से दूसरे बैंक में फण्ड का स्थानान्तरण वास्तविक समय (Real time) में एवं सकल आधार पर होता है। वास्तविक समय का अर्थ है, इसमें निधि हस्तान्तरण तुरन्त, बिना किसी समयान्तराल के होता है। तत्काल निपटान का अर्थ है किसी अन्य लेन-देन के साथ RTGS को किसी लिंक की आवश्यकता नहीं होती है। एक बार प्रक्रिया पूर्ण होने के बाद यह अन्तिम व अपरिवर्तनीय माना जाता है। RTGS (Real Time Gross Settlement) द्वारा लेन-देन के लिए न्यूनतम सीमा ₹ 2 लाख निर्धारित है।

4. **चैक** चैक एक प्रकार से विनिमय हुण्डी होती है, जो एक निर्दिष्ट (विशिष्ट) बैंक के ऊपर आहरित होती है तथा माँग पर ही, जिसका भुगतान किया जाता है। *चैक में तीन पक्ष होते हैं—*

   (i) भुगतान का आदेश देने वाला, आहर्ता
   (ii) जिसको आदेश दिया जाता है अर्थात् बैंक
   (iii) जो भुगतान प्राप्त करता है अर्थात् चैक का धारक

5. **ड्राफ्ट** ड्राफ्ट किसी बैंक द्वारा पहले से भुगतान प्राप्त करके जारी किया जाता है तथा जिस व्यक्ति अथवा संस्था के नाम ड्राफ्ट बनाया जाता है, उसकी पहचान करने के बाद इसका भुगतान कर दिया जाता है। ड्राफ्ट भी चैक की भाँति रेखांकित हो सकता है।

नोट *चैक किसी भी व्यक्ति या संस्था द्वारा जारी किया जा सकता है, जबकि ड्राफ्ट किसी बैंक द्वारा पहले से भुगतान प्राप्त करके जारी किया जाता है। चैक का भुगतान प्राप्त करने नें सन्देह हो सकता है। चैक का भुगतान करते समय देखा जाता है कि खाते में अपेक्षित धनराशि है या नहीं। परन्तु ड्राफ्ट में ऐसा नहीं होता है।*

II. बीमा Insurance

बीमा आकस्मिक वित्तीय क्षति से सुरक्षा प्रदान करता है। इसके अन्तर्गत बीमाकर्ता किन्हीं विशिष्ट परिस्थितियों में घटित क्षति की पूर्ति के लिए निश्चित धनराशि प्रदान करता है। इस सुविधा का लाभ उठाने के लिए बीमाधारक को निर्धारित राशि के रूप में कुछ किस्तों (प्रीमियम) का भुगतान/जमा बीमा कम्पनी को करना पड़ता है। बीमा क्षेत्र के प्रारम्भ के समय से बीमा उद्योग में प्रतिभागियों की संख्या वर्ष 2000 में 7 बीमाकर्ताओं, जिनमें भारतीय जीवन बीमा निगम (LIC) सहित चार सरकारी-क्षेत्रक सामान्य बीमाकर्ता, एक विशेषज्ञता प्राप्त बीमाकर्ता और साधारण बीमा निगम बीमाकर्ता के रूप में शामिल हैं, जो 30 सितम्बर, 2015 में बढ़कर लगभग 60 हो गई। देश में पहले से विद्यमान बीमा कम्पनियों के अतिरिक्त विशेषज्ञ बीमा निर्यात ऋण गारण्टी निगम तथा कृषि बीमा कम्पनी भी शामिल है।

बीमा के प्रकार Types of Insurance

बीमा कई प्रकार के हो सकते हैं। कुछ महत्त्वपूर्ण बीमा इस प्रकार से हैं–

1. **जीवन बीमा** इसका महत्त्व अन्य बीमाओं में सबसे ज्यादा है। यह बीमा व्यवसाय का सर्वाधिक प्रचलित प्रकार है। इसके द्वारा आकस्मिक संकट को काफी हद तक दूर किया जा सकता है तथा यह आर्थिक हानि में मददगार हो सकता है। इसमें बीमाधारी को निश्चित प्रीमियम का भुगतान करना पड़ता है। भारत में जीवन बीमा निगम द्वारा मुख्यत: जीवन बीमा का कार्य किया जाता है।
2. **अग्नि बीमा** इसका अभिप्राय ऐसे बीमा से है, जिसके अन्तर्गत बीमाकर्ता निश्चित प्रतिफल के बदले, बीमाधारी की सम्पत्ति को, निश्चित तिथि तक अग्नि द्वारा हानि पहुँचने पर, पूर्व निश्चित धनराशि तक क्षतिपूर्ति करने का वचन देता है। यह बीमा अधिकतम एक वर्ष के लिए हो सकता है। इसके प्रीमियम की किस्त का भुगतान एकमुश्त में किया जाता है।
3. **सामुद्रिक बीमा** इसका अभिप्राय ऐसे बीमा से है, जिसके अन्तर्गत बीमाकर्ता बीमाधारी को सामुद्रिक जोखिमों से उत्पन्न हानि की क्षतिपूर्ति करने का वचन देता है। इसके अन्तर्गत माल (कारगो) का बीमा, जहाज का बीमा, भाड़े का बीमा, दायित्व बीमा आदि आता है।

III. परिवहन/यातायात Transport

परिवहन व्यक्तियों, वस्तुओं अथवा पशुओं को एक स्थान से दूसरे स्थान तक पहुँचाने का माध्यम है, जो यान्त्रिक साधनों एवं संगठनों का योग है। विश्व की वर्तमान आर्थिक व्यवस्था में परिवहन के साधनों का विशेष महत्त्व है।

व्यापार, कृषि, उद्योग, सामरिक सुरक्षा आदि का विकास परिवहन के साधनों के विकास पर निर्भर करता है। इसके अन्तर्गत रोड, रेल, वायु तथा जल सभी प्रकार के साधन आते हैं। इसके कारण उत्पादित वस्तु को उत्पादक से लेकर उपभोक्ता तक पहुँचाया जाता है।

IV. भण्डारगृह/भण्डारण Storage

वस्तुओं के भण्डारण के लिए बनाए गए भवन को भण्डारगृह कहते हैं। इसका प्रयोग उत्पादक, आयातकर्ता, निर्यातकर्ता, थोक व्यापारी आदि करते हैं। भण्डारगृह प्राय: शहरी क्षेत्रों व कस्बों में ऊँचे-ऊँचे भवनों के रूप में स्थित होते हैं। मन्दी के मौसम में भण्डारगृह वस्तुओं को सुरक्षित रखते हैं। अत: यह समय पर उपयोगिता प्रदान करते हैं। भण्डारगृह वस्तुओं को खराब होने से बचाते हैं। इसके अतिरिक्त ये कीमत स्थिर रखने में भी सहायक होते हैं, क्योंकि जिस समय किसी वस्तु का उत्पादन किया जाता है, उस समय सारी वस्तुओं की बिक्री नहीं हो पाती। यदि उस समय उत्पादित सभी मात्रा की बिक्री की जाए तो कीमत में बहुत ज्यादा कमी आएगी, जिससे उत्पादक का नुकसान होगा। जिस समय उत्पादन नहीं किया जाता, उस समय वस्तु की पूर्ति कम होने और माँग अधिक होने के कारण कीमत बढ़ जाती है, जिससे उपभोक्ता को नुकसान होता है, परन्तु भण्डारगृह की सहायता से इस समस्या को दूर किया जा सकता है।

V. सम्प्रेषण/सन्देशवाहन Communication

संदेश वाहन व्यापार की एक मुख्य सहायक क्रिया है। इसके माध्यम से वस्तुओं एवं सेवाओं के बारे में पूछताछ की जाती है, आदेश दिए जाते हैं, शिकायत एवं सुझाव दिए जाते हैं तथा व्यावसायिक लेन-देनों को अन्तिम रूप दिया जाता है।

1. डाक सेवाएँ Postal Services

डाक विभाग विभिन्न प्रकार की सेवाएँ प्रदान करता है। *कुछ महत्त्वपूर्ण डाक सेवाएँ निम्नलिखित हैं–*

(i) **यू.पी.सी.** UPC का पूरा नाम 'Under Postal Certificate' है। इसका अभिप्राय उस डाक प्रमाण-पत्र से है, जो डाकखाने द्वारा पत्र को डाक में डालने के प्रमाण (Proof) के रूप में जारी किया जाता है। यह प्रमाण रसीद के रूप में दिया जाता है। यह प्रमाण-पत्र लेने के लिए प्रेषक (Sender) को एक कोरे कागज पर प्राप्तकर्ता (Receiver) व स्वयं का पूरा पता लिखना होता है और कुछ निर्धारित राशि की डाक टिकट लगानी होती है। डाकपाल (Post master) उस पर अपनी मुहर (Seal) लगाकर प्रेषक को वापिस कर देता है।

(ii) **पंजीकृत डाक** इसका अभिप्राय उस डाक सुविधा से है, जिसके अन्तर्गत यह सुनिश्चित किया जाता है कि डाक वास्तव में प्राप्तकर्ता के पास पहुँच गई है अन्यथा यह प्रेषक के पास वापिस आ जाती है। सामान्य डाक व पंजीकृत डाक में भेद करने के लिए इसे पंजीकृत डाक (Registered post) लिखा जाता है।

(iii) **पार्सल डाक** इसका अभिप्राय डाक सुविधा के उस प्रकार से है, जिसके अन्तर्गत वस्तुएँ देश व विदेशों में भेजी जा सकती हैं। इस सेवा के अन्तर्गत, विशेष आकार व भार के पार्सल अन्य स्थानों पर भेजे जाते हैं। डाक व्यय पार्सल के भार पर निर्भर करता है। देश के अन्दर व देश के बाहर भेजे जाने वाले पार्सल पर भिन्न दर से डाक व्यय लिया जाता है।

(iv) **स्पीड पोस्ट** इसका अभिप्राय डाक सुविधा के उस प्रकार से है जिसके अन्तर्गत डाक अतिशीघ्र प्राप्तकर्ता के पास पहुँचाई जाती है। यह सुविधा कुछ विशेष डाकघरों पर ही उपलब्ध होती है। तीव्र डाक पर सामान्य डाक से अधिक डाक व्यय लिए जाते हैं तथा दूरी के अनुसार व्यय भिन्न होते हैं।

(v) **कुरियर सेवाएँ** कुरियर सेवा निजी डाकघरों द्वारा प्रदान की जाती है। निजी डाकघर अच्छे विकल्प के रूप में उभर रहे हैं। कुरियर द्वारा पत्र, प्रलेख, पार्सल आदि भेजे जा सकते हैं। यह सेवा डाकघर सेवा से बहुत सस्ती है।

2. **टेलीकॉम सेवाएँ** Telecom Services

टेलीकॉम सेवाएँ वह सेवाएँ हैं, जो विश्व-स्तर पर व्यावसायिक व अन्य व्यवहार करने हेतु वांछित सूचनाओं को सही व तीव्र गति से दूरस्थ स्थानों पर पहुँचाने के लिए इलेक्ट्रॉनिक उपकरणों का प्रयोग करती हैं। ये सेवाएँ प्रत्येक व्यावसायिक क्रिया के लिए रीढ़ की हड्डी मानी जाती हैं। सैल्यूलर मोबाइल सेवाएँ इसी के अन्तर्गत आती हैं।

आजकल इस सेवा को एक प्रसिद्ध टेलीकॉम सेवा के नाम से जाना जाता है। इस सेवा का प्रयोग करने के लिए एक तार-रहित (Cordless) उपकरण की जरूरत होती है, जिसे मोबाइल फोन (Mobile phone) कहते हैं। यह उपकरण इस सेवा के उपयोगकर्ताओं (User) को, जोकि दूर-दूर फैले होते हैं, जोड़ता है।

सैल्यूलर मोबाइल सेवाओं में सम्मिलित मुख्य सेवाएँ इस प्रकार हैं—कॉल भेजना व प्राप्त करना (Making and receiving calls), सन्देशों का आदान-प्रदान (Exchange of messages), डॉटा सर्विस (Data service), पी.सी.ओ. (PCO), इण्टरनेट सेवा (Internet service) आदि। इस सेवा को प्राप्त करने के लिए एक हैण्डसेट व सेवा को प्रदान करने वाली कम्पनी से कनेक्शन लेना होता है। मोबाइल सेवा के प्रयोग करने का खर्च उपयोगकर्ता की इच्छा पर पूर्वदत्त (Prepaid) अथवा आगामीदत्त (Postpaid) हो सकता है। *कुछ अन्य टेलीकॉम सेवाएँ निम्नलिखित हैं—*

(i) **केबल सेवाएँ** केबल सेवा एक मीडिया सेवा (Media service) उपलब्ध करने वाली पद्धति है। यह एकतरफा मनोरंजन सेवाएँ उपलब्ध कराती है। यह सेवाएँ, सेवा प्रदान करने वाली कम्पनी लाइसेंस प्राप्त क्षेत्र (Licensed area of operation) में उपलब्ध कराती हैं। इन सेवाओं की भविष्य में द्वि-मार्गीय (Two-way) होने की पूरी उम्मीद है। ये सेवाएँ कुछ सीमा तक स्थायी लाइन से मेल खाती हैं।

(ii) **डायरेक्ट टू होम सेवाएँ** DTH एक उपग्रह आधारित मीडिया सेवा है। इसके माध्यम से टी.वी. स्क्रीन पर बड़ी मात्रा में चैनल (Channels) प्राप्त किए जा सकते हैं। यह सेवा सैल्यूलर (Cellular) कम्पनियों द्वारा उपलब्ध करायी जाती है। यह सुविधा प्राप्त करने के लिए उपयोगकर्ता को एक छोटा डिश ऐनटेना (Small dish antenna) व एक सेट-टॉप बॉक्स (Set-up box) की आवश्यकता होती है, क्योंकि यह एक तार-रहित तकनीक है, इसलिए उपयोगकर्ता के टेलीविजन पर सभी कार्यक्रम उपग्रह द्वारा सीधे ही प्रसारित होते हैं। तार-रहित पद्धति होने के कारण इसके अन्तर्गत केबल नेटवर्क सेवा प्रदानकर्ताओं पर निर्भरता शून्य हो गई है।

(iii) **मोबाइल सेवाएँ** इसके अन्तर्गत मोबाइल फोन सेवाएँ; जैसे—कॉल, एसएमएस आदि शामिल की जाती हैं।

(iv) **अन्य टेलीकॉम** उपरोक्त सेवाओं के अतिरिक्त टेलीकॉम कुछ अन्य सेवाएँ भी देती है; जैसे—फिक्स्ड लाइन सेवा, VSAT, वीडियो कान्फ्रेंसिंग आदि।

आधुनिक तकनीकों का व्यावसायिक सेवाओं पर प्रभाव Effect of Modern Technologies on Business Services

जिस गति से प्रौद्योगिकी में परिवर्तन हो रहे हैं कि या तो इसे अपनाना पड़ेगा या इसकी आँधी में बह जाना होगा। *इसके निम्न प्रकार के परिवर्तन व्यावसायिक सेवाओं में देखे गए हैं—*

1. **मोबाइल समाधान** मोबाइल फोन की सहायता से अधिकतर कार्य आजकल सम्भव हो रहे हैं; जैसे—क्रय, विक्रय, शिकायत दर्ज करना, सुझाव देना, क्रय आदेश देना आदि। व्यवसाय इनके प्रयोग के बिना प्रगति नहीं कर सकता।
2. **क्लाउड गणना** क्लाउड गणना की सहायता से छोटे तथा बड़े व्यवसाय तीसरी पार्टी के सर्वर से अपना परिचालन कार्य कर सकते हैं। तीसरी पार्टी के सर्वर के उपयोग द्वारा आँकड़ों के खोने या किसी गड़बड़ी का खतरा भी नहीं रहता है। इसकी सहायता से छोटे व्यवसायों को ऐसे संसाधन मिल जाते हैं, जिनके लिए उन्हें बहुत अधिक धन खर्च करना पड़ता है।
3. **उपभोक्ता जानकारी** अधिक आँकड़ों की उपलब्धता के कारण उपभोक्ताओं को समझना अब बहुत आसान हो गया है। एक साधारण गूगल खाते की सहायता से कोई ग्राहक कहाँ का है, उसने ब्राउजिंग कब की, व्यवसाय की साइट कब खोली, कितनी देर वह साइट पर रहा और कब उसने साइट छोड़ी आदि की जानकारी प्राप्त की जा सकती है।
4. **सम्पर्क** प्रौद्योगिकी की सहायता से एक-दूसरे से सम्पर्क आसान हो गया है। चाहे सम्पर्क कर्मचारी से करना हो या किसी उपभोक्ता से सभी से टेक्स्ट, वीडियो या चैट द्वारा आसानी से सम्पर्क स्थापित किया जा सकता है।
5. **लागत में कमी** प्रौद्योगिकी के कारण बहुत से खर्चों में कमी आई है क्योंकि वेबसाइट के द्वारा क्रय आदेश, शिकायत, भुगतान आदि किया जा सकता है। इसके अतिरिक्त विज्ञापन का खर्च भी बहुत कम होता है।
6. **सामाजिक प्रभाव** फेसबुक आदि सामाजिक वेबसाइट के द्वारा कोई कम्पनी अधिक मशहूर या अधिक बुरी हो जाती है, क्योंकि कोई भी अच्छी या बुरी खबर किसी भी कम्पनी के बारे में बहुत तेजी से सामाजिक साइट द्वारा फैल जाती है।

अभ्यास प्रश्न

बैंकिंग

1. इनमें से कौन-सा बैंक राज्य सहकारी समिति अधिनियम के अन्तर्गत संचालित किया जाता है?
(a) वाणिज्यिक बैंक (b) सहकारी बैंक
(c) केन्द्रीय बैंक (d) विशेषीकृत बैंक

2. इनमें से किस खाते को माँग जमा खाता भी कहते हैं?
(a) बचत खाता (b) चालू खाता
(c) मियादी जमा खाता (d) इनमें से कोई नहीं

3. भारत के किस बैंक को 'शीर्ष बैंक' (Apex Bank) के नाम से जाना जाता है?
(a) भारतीय स्टेट बैंक (b) भारतीय रिज़र्व बैंक
(c) केन्द्रीय बैंक (d) बैंक ऑफ इण्डिया

4. 'जमा स्वीकार करना' बैंकों का किस तरह का कार्य है?
(a) प्राथमिक कार्य (b) गौण कार्य
(c) सामाजिक कार्य (d) इनमें से कोई नहीं

5. निम्न में से क्या इलेक्ट्रॉनिक बैंकिंग के अन्तर्गत नहीं आता?
(a) इलेक्ट्रॉनिक फण्ड हस्तान्तरण (b) स्वचालित टेलर मशीन
(c) डेबिट कार्ड (d) अधिविकर्ष

6. पंजाब बैंक लि. बैंकों की किस श्रेणी के अन्तर्गत आता है?
(a) सार्वजनिक क्षेत्र के बैंक (b) निजी क्षेत्र के बैंक
(c) सहकारी बैंक (d) ये सभी

7. इनमें से कौन-सा धनराशि निकालने और जमा करने में सहायता करता है?
(a) डेबिट कार्ड (b) क्रेडिट कार्ड
(c) ATM (d) इनमें से कोई नहीं

8. इनमें से किस खाते में एक निश्चित रकम एक निश्चित अवधि के लिए जमा की जाती है?
(a) चालू खाता (b) मियादी जमा खाता
(c) आवर्ती जमा खाता (d) इनमें से कोई नहीं

9. इनमें से कौन-सा खाता व्यवसायी द्वारा खोला जाता है?
(a) बचत खाता (b) चालू खाता
(c) आवर्ती जमा खाता (d) इनमें से कोई नहीं

10. जब कोई बैंक चैक अदत्त लौटाता है, तो इसे ········ कहते हैं।
(a) चैक का भुगतान (b) चैक का आहरण
(c) चैक का निरसन (d) चैक का अनादरण

11. हमारे देश में भुगतान हेतु चैक उसके जारी करने की तारीख से ..... के लिए वैध रहता है।
(a) 3 माह (b) 6 माह
(c) 9 माह (d) 12 माह

12. बचत बैंक खाते किसके द्वारा खोले जाते हैं?
(a) व्यापारिक प्रतिष्ठान, विनिर्माण प्रतिष्ठान और व्यक्तियों द्वारा बचत के लिए
(b) व्यापारियों और विनिर्माता द्वारा कारोबार के लिए
(c) व्यक्तियों द्वारा बचत के लिए
(d) बचत के लिए लिमिटेड कम्पनियों और भागीदारों द्वारा

13. भारत में निजी क्षेत्र का बैंक निम्नलिखित में से कौन-सा है?
(a) कॉर्पोरेशन बैंक (b) कोटक महिन्द्रा बैंक
(c) IDBI बैंक (d) सिण्डिकेट बैंक

14. अब बैंकों द्वारा बचत बैंक खाते पर ब्याज परिकलन ····· के आधार पर किया जाता है।
(a) महीने के दौरान न्यूनतम शेष
(b) महीने के 7वें से अन्तिम दिन तक न्यूनतम शेष
(c) महीने के 10वें से अन्तिम दिन तक न्यूनतम शेष
(d) महीने के दौरान अधिकतम शेष

15. निम्नलिखित में से एक खुदरा बैंकिंग का कार्य नहीं है
(a) सावधि जमा स्वीकार करना (b) आवास ऋण देना
(c) शिक्षा ऋण देना (d) संयुक्त उद्यम

16. निम्नलिखित में से कौन-सा भारत के अनुसूचित बैंकिंग ढाँचे का नहीं है?
(a) साहूकार (b) सार्वजनिक क्षेत्र के बैंक
(c) निजी क्षेत्र के बैंक (d) क्षेत्रीय ग्रामीण बैंक

17. बचत बैंक खाते पर ब्याज दर का निर्धारण कौन करता है?
(a) सम्बन्धित बैंक (b) RBI
(c) भारतीय बैंक संघ (d) भारत सरकार

18. भारत में सहकारी बैंक का संगठन है
(a) द्विस्तरीय (b) त्रिस्तरीय (c) चतुर्थस्तरीय (d) षष्ठस्तरीय

19. निम्नलिखित में से किस समिति के सुझाव के आधार पर सहकारी बैंकिंग में व्यापक सुधार किए गए हैं?
(a) गाईपोरिया समिति (b) रंगराजन समिति
(c) वैद्यनाथन समिति (d) पुँछी समिति

20. RTGS का पूर्ण रूप क्या है?
(a) Real Time Gross Settlement
(b) Real Time Ground Settlement
(c) Reverse Time Gross Settlement
(d) Real Time Gross Service

बीमा

21. भारतीय जीवन बीमा निगम का राष्ट्रीयकरण कब हुआ?
(a) 1954 (b) 1956 (c) 1960 (d) 1974

22. ········ वह विधि है, जो एक व्यक्ति के जोखिम को अनेक व्यक्तियों में विभाजित करती है।
(a) यातायात (b) बीमा (c) भण्डारण (d) बैंकिंग

23. "यह एक उपकरण है, जिसके द्वारा बीमाकर्ता कुछ प्रतिफल के बदले बीमित व्यक्ति के हानि के जोखिम को हस्तान्तरित करता है।" यह कथन किस सेवा के बारे में है?
(a) बैंकिंग (b) भण्डारण (c) बीमा (d) विज्ञापन

24. 'एश्योरेंस' (Assurance) शब्द का प्रयोग ········ के लिए किया जाता है।
(a) अग्नि बीमा (b) चोरी बीमा
(c) जीवन बीमा (d) सामुद्रिक बीमा

25. विश्वस्तता बीमा (Fidelity Insurance) की विषय-वस्तु ……… है।
(a) भवन (b) वस्तुएँ (c) मूर्त (d) अमूर्त

26. निम्न में से जीवन बीमा का कौन-सा उद्देश्य है?
(a) सुरक्षा (b) विनियोग (c) 'a' और 'b' दोनों (d) लाभ

27. ऐसे बीमा-पत्र का क्या नाम है, जिसमें बीमाधारी अपने पूरे जीवन तक प्रीमियम का भुगतान करता है?
(a) सीमित प्रीमियम वाला आजीवन बीमा-पत्र
(b) साधारण आजीवन बीमा-पत्र
(c) एक प्रीमियम वाला आन्दोलन बीमा-पत्र
(d) उपरोक्त में से कोई नहीं

28. अग्नि बीमा में कौन-सा तत्त्व विद्यमान होता है?
(a) सुरक्षा (b) विनियोग
(c) लाभ (d) इनमें से कोई नहीं

29. जीवन बीमा में 'बीमा योग्य हित' किस समय होना चाहिए?
(a) बीमा कराते समय व हानि के समय
(b) केवल बीमा करते समय
(c) केवल क्षति के समय
(d) उपरोक्त में से कोई नहीं

30. बीमाकर्ता द्वारा अपनी सेवाएँ प्रदान करने के बदले जो शुल्क लिया जाता है, उसे ……… कहते हैं।
(a) लाभ (b) लाभांश (c) प्रीमियम (d) किस्त

31. जीवन बीमा में निम्न में से कौन-सा तत्त्व विद्यमान है?
(a) सुरक्षा (b) विनियोग
(c) 'a' और 'b' दोनों (d) लाभ

32. निम्न में से क्या सामंजस्य बीमा के अन्तर्गत नहीं आता?
(a) जीवन बीमा (b) अग्नि बीमा
(c) चोरी बीमा (d) सामुद्रिक बीमा

यातायात तथा भण्डारण

33. यातायात कितने प्रकार का होता है?
(a) 2 (b) 3 (c) 4 (d) 5

34. नागपुर योजना कब बनी?
(a) सन् 1940 में (b) सन् 1941 में
(c) सन् 1942 में (d) सन् 1943 में

35. भारत में सड़कों को कितने प्रकार से वर्गीकृत किया गया है?
(a) 2 (b) 3 (c) 4 (d) 5

36. भारतीय रेलवे का स्वामी कौन है?
(a) उद्योगपति (b) राज्य सरकारें
(c) केन्द्रीय सरकार (d) ये सभी

37. भारत में रेलों की शुरुआत कब हुई?
(a) सन् 1850 में (b) सन् 1852 में
(c) सन् 1853 में (d) सन् 1855 में

38. रेल परिवहन पर किसका अधिकार होता है?
(a) व्यापारी (b) उद्योगपति
(c) रेलमन्त्री (d) केन्द्र सरकार

39. भारतीय रेलवे देश की सबसे बड़ी ……… है।
(a) प्राइवेट संस्था (b) निजी संस्था
(c) अर्द्ध-सरकारी व्यवस्था (d) सार्वजनिक व्यवस्था

40. भूमिगत रेल सेवा की शुरुआत कब की गई?
(a) सन् 1982 में (b) सन् 1983 में
(c) सन् 1984 में (d) सन् 1986 में

41. रेलवे का पृथक् जोन कौन-सा है?
(a) पूर्वी रेलवे (b) कोलकाता मेट्रो रेलवे
(c) मध्य रेलवे (d) पूर्वी तटीय रेलवे

42. भारत में जल यातायात को कितने भागों में बाँटा गया है?
(a) 2 (b) 3
(c) 4 (d) 5

43. किस यातायात के लिए मार्गों का निर्माण नहीं किया जाता?
(a) जल (b) रेल
(c) सड़क (d) पाइप लाइन

44. भारत के प्रमुख समुद्री मार्ग कितने हैं?
(a) 2 (b) 3 (c) 4 (d) 5

45. भारत में वायु परिवहन का वास्तविक विकास हुआ
(a) सन् 1927 में (b) सन् 1911 में
(c) सन् 1933 में (d) सन् 1935 में

46. पाइप लाइन के माध्यम से किन पदार्थों को गन्तव्य स्थान तक पहुँचाया जाता है?
(a) गैस (b) तरल पदार्थ
(c) 'a' और 'b' दोनों (d) इनमें से कोई नहीं

47. किसी भी राष्ट्र के आर्थिक विकास में महत्त्वपूर्ण भूमिका अदा करता है
(a) रेल परिवहन (b) सड़क परिवहन
(c) जल परिवहन (d) ये सभी

48. वस्तुओं के भण्डार के लिए बनाए गए भवन को कहते हैं
(a) भण्डारण (b) फैक्ट्री
(c) शोरुम (d) ऑफिस

49. भण्डारण का उपयोग कौन-कौन करते हैं?
(a) उत्पादक (b) आयातकर्ता (c) निर्यातकर्ता (d) ये सभी

50. भण्डारण का उपयोग है
(a) वस्तुओं को खराब होने से रोकना
(b) मन्दी में स्टॉक करने हेतु
(c) हड़ताल, तालाबन्दी में उत्पादन बन्द होने पर
(d) उपरोक्त सभी

सन्देशवाहन

51. भारत सरकार द्वारा 'बचत बैंक अधिनियम' कब पारित किया गया?
(a) सन् 1872 में (b) सन् 1873 में
(c) सन् 1874 में (d) सन् 1877 में

52. देश के डाकघरों में बचत बैंक खाता खोलने की सुविधा देने की शुरुआत कब प्रारम्भ हुई?
(a) सन् 1857 से (b) सन् 1880 से
(c) सन् 1882 से (d) सन् 1885 से

53. डाकघर द्वारा निम्नलिखित में से कौन-सी सेवाएँ प्रदान नहीं की जाती हैं?
(a) बैंकिंग सेवाएँ (b) डाक सेवाएँ
(c) निवेश सेवाएँ (d) एजेन्सी सेवाएँ

54. निम्न में से कौन डाकघर बचत बैंक खाते के उद्देश्यों में सम्मिलित है?
(a) लोगों में बचत की भावना को बढ़ाना
(b) लोगों की बचत को सुरक्षा प्रदान करना
(c) 'a' और 'b' दोनों
(d) उपरोक्त में से कोई नहीं

55. डाकघर बचत बैंक खाता खोलने की योग्यता निम्न में से कौन-कौन व्यक्ति रखते हैं?
(a) वयस्क व्यक्ति (b) अवयस्क व्यक्ति
(c) पर्दानशीन स्त्री (d) ये सभी

56. कितने वित्तीय वर्षों में बचत खाते में से जमा या निकासी एक बार भी न किए जाने पर खाता निष्क्रिय हो जाता है?
(a) दो वित्तीय वर्ष में (b) तीन वित्तीय वर्ष में
(c) चार वित्तीय वर्ष में (d) पाँच वित्तीय वर्ष में

57. डाकघर में निम्नलिखित में से किस खाते को खोला जा सकता है?
(a) बचत बैंक खाता (b) सावधि जमा खाता
(c) आवर्ती जमा खाता (d) ये सभी

58. डाकघर सावधि जमा खाता योजना की शुरुआत कब हुई?
(a) सन् 1970 में (b) सन् 1972 में
(c) सन् 1974 में (d) सन् 1975 में

59. डाकघर मासिक आय योजना कब प्रारम्भ की गई?
(a) सन् 1985 में (b) सन् 1987 में
(c) सन् 1989 में (d) सन् 1991 में

60. डाकघर कौन-सी सेवा नहीं देता है?
(a) डाकघर टिकटों का विक्रय
(b) राष्ट्रीय बचत पत्र का विक्रय
(c) पोस्टल ऑर्डर का विक्रय
(d) सरकारी प्रतिभूतियों का क्रय-विक्रय

61. PCO द्वारा कॉल की जा सकती है
(a) स्थानीय (b) राष्ट्रीय
(c) अन्तर्राष्ट्रीय (d) ये सभी

62. ट्रंक कॉल का शुल्क वसूला जाता है
(a) दूरी के अनुसार (b) समय के अनुसार
(c) दूरी एवं समय के अनुसार (d) इनमें से कोई नहीं

63. कम्प्यूटर एकत्रित करता है
(a) सूचनाओं को (b) गणनाओं को
(c) तार्किकों को (d) इनमें से कोई नही

64. फैक्स मशीन को जोड़ा जाता है
(a) टेलीफोन (b) ई-मेल
(c) कम्प्यूटर (d) इनमें से कोई नहीं

65. फैक्स द्वारा भेजा जा सकता है
(a) लिखित पत्र (b) दस्तावेज
(c) 'a' और 'b' दोनों (d) इनमें से कोई नहीं

66. भारत में इण्टरनेट का प्रारम्भ हुआ
(a) सन् 1985 में (b) सन् 1995 में
(c) सन् 1996 में (d) सन् 1999 में

67. भारत में ई-मेल सेवा कब शुरू हुई?
(a) जनवरी, 1994 (b) फरवरी, 1994
(c) मार्च, 1994 (d) अप्रैल, 1994

68. ई-मेल की उपयोगिता है
(a) कृषि क्षेत्र में (b) चिकित्सा क्षेत्र में
(c) 'a' और 'b' दोनों (d) इनमें से कोई नहीं

69. आधुनिक संचार सुविधा के शीघ्रगामी साधन हैं
(a) फैक्स (b) इण्टरनेट (c) ई-मेल (d) ये सभी

व्यावसायिक सेवाएँ एवं आधुनिक तकनीकों का व्यावसायिक सेवाओं पर प्रभाव

70. निम्न में से कौन-सी पहचानने योग्य, परन्तु अमूर्त क्रियाएँ हैं, जो आवश्यकताओं को सन्तुष्ट करती हैं?
(a) व्यवसाय (b) सेवाएँ
(c) आर्थिक क्रियाएँ (d) इनमें से कोई नहीं

71. 'डॉक्टर के द्वारा इलाज' के उदाहरण से क्या समझाया जा सकता है?
(a) भिन्नता (b) अमूर्तता
(c) अविभाज्यता (d) इनमें से कोई नहीं

72. 'असमानता' किस प्रकार की व्यावसायिक सेवा की प्रवृत्ति है?
(a) बैंकिंग (b) बीमा (c) भण्डारण (d) ये सभी

73. ग्राहक भागीदारी ……… खरीदने के लिए आवश्यक है।
(a) सेवा (b) वस्तु
(c) 'a' और 'b' दोनों (d) इनमें से कोई नहीं

74. "एक डॉक्टर ऑपरेशन तभी कर सकता है, जब मरीज उसकी सेवा लेने को तैयार हो।" यह व्यावसायिक सेवाओं की प्रकृति के किस बिन्दु का उदाहरण है?
(a) स्टॉक सम्भव नहीं (b) अहस्तान्तरणीयता
(c) समकालीनता (d) ग्राहक भागीदारी

75. निम्न में से कौन-सी व्यावसायिक सेवा नहीं है?
(a) बैंकिंग (b) उत्पादन (c) यातायात (d) सन्देशवाहन

76. निम्नलिखित में से कौन-सी सेवा व्यावसायिक सेवाओं का प्रतिनिधित्व करती है?
(a) बैंकिंग (b) बीमा (c) परिवहन (d) ये सभी

उत्तरमाला

1.	(b)	2.	(b)	3.	(b)	4.	(a)	5.	(d)	6.	(b)	7.	(c)	8.	(b)	9.	(b)	10.	(d)
11.	(a)	12.	(c)	13.	(b)	14.	(c)	15.	(d)	16.	(a)	17.	(b)	18.	(b)	19.	(c)	20.	(a)
21.	(b)	22.	(b)	23.	(c)	24.	(c)	25.	(d)	26.	(c)	27.	(b)	28.	(a)	29.	(b)	30.	(c)
31.	(c)	32.	(a)	33.	(d)	34.	(d)	35.	(a)	36	(c)	37.	(c)	38.	(d)	39.	(d)	40.	(c)
41.	(b)	42.	(a)	43.	(a)	44.	(c)	45.	(a)	46.	(c)	47.	(c)	48.	(a)	49.	(d)	50.	(d)
51.	(b)	52.	(c)	53.	(d)	54.	(c)	55.	(d)	56.	(b)	57.	(d)	58.	(a)	59.	(b)	60.	(d)
61.	(d)	62.	(c)	63.	(a)	64.	(a)	65.	(c)	66.	(b)	67.	(b)	68.	(c)	69.	(d)	70.	(b)
71.	(b)	72.	(d)	73.	(a)	74.	(c)	75.	(b)	76.	(d)								

अध्याय 5

व्यापार
Trade

मौद्रिक लाभ के लिए वस्तुओं और सेवाओं का विनिमय व्यापार कहलाता है। यह उत्पादक तथा उपभोक्ता में सम्बन्ध स्थापित करता है। आधुनिक युग में व्यापार का महत्त्व बढ़ा है, क्योंकि दिन-प्रतिदिन नए-नए उत्पाद विकसित किए जा रहे हैं। व्यापार को मुख्यत: 2 भागों में विभाजित किया जा सकता है— आन्तरिक व्यापार व अन्तर्राष्ट्रीय व्यापार।

आन्तरिक व्यापार Internal Trade

एक देश के आर्थिक विकास के लिए व्यापार अत्यन्त आवश्यक है। व्यापार का अर्थ लाभ के उद्देश्य से वस्तुओं तथा सेवाओं का क्रय-विक्रय करना है। वह व्यापार जो एक देश की सीमाओं के अन्दर होता है, 'आन्तरिक व्यापार' कहलाता है। इसे देशी व्यापार (Home trade) भी कहते हैं।

मात्रा के आधार पर आन्तरिक व्यापार निम्न दो प्रकार का हो सकता है—

I. थोक व्यापार Wholesale Trade

वितरण के माध्यम के रूप में थोक व्यापार का नाम सर्वप्रथम आता है। यह उत्पादक अथवा निर्माता और फुटकर व्यापारी के मध्य एक कड़ी का काम करता है।

उत्पादकों अथवा निर्माताओं से अधिक मात्रा में माल खरीदकर थोड़ी-थोड़ी मात्रा में फुटकर व्यापारियों को बेचने को थोक व्यापार तथा इस कार्य को करने वाले को थोक व्यापारी कहते हैं। थोक व्यापारी मुख्यत: एक ही प्रकार की वस्तु में व्यापार करते हैं।

थोक व्यापारी की सेवाएँ Services of Wholesaler

आधुनिक व्यापार की जटिलताओं को दूर करने में थोक व्यापार की अपनी विशेषता रही है। यह व्यवसाय से सम्बन्धित प्रत्येक पक्ष के प्रति अपनी सेवाएँ प्रदान करता है। व्यवसाय से सम्बन्धित पक्षों में मुख्यत: उत्पादक अथवा निर्माता, फुटकर व्यापारी व उपभोक्ता और समाज के नाम आते हैं। अध्ययन की सुविधा की दृष्टि से थोक व्यापारी की सेवाओं को इन्हीं दो भागों में बाँटा गया है।

थोक व्यापारी की सेवाएँ निम्नलिखित हैं—

1. निर्माताओं के प्रति सेवाएँ Services Towards Producers

थोक व्यापारी उत्पादकों को निम्नलिखित सेवाएँ प्रदान करते हैं—

(i) थोक व्यापारी 'वितरण के माध्यम' का प्रथम अंग है। थोक व्यापारी वितरण के माध्यम के प्रथम अंग (कड़ी) के रूप में उत्पादक और फुटकर व्यापारी की दूरी को समाप्त कर, उन्हें एक-दूसरे के नजदीक लाता है और उत्पादक के कार्य को सरल बना देता है।

(ii) उत्पादक अथवा निर्माता को वस्तुओं के उत्पादन के लिए बड़ी मात्रा में पूँजी की आवश्यकता होती है। उत्पादक अनेक साधनों से पूँजी प्राप्त करता है और उन्हीं में मुख्य साधन है थोक व्यापारी। थोक व्यापारी समय-समय पर अग्रिम भुगतान, नकद भुगतान और ऋण सुविधा प्रदान करके उत्पादकों की वित्तीय सहायता करता है।

(iii) आधुनिक व्यापार में विज्ञापन का विशेष महत्त्व है। विज्ञापन का मुख्य कार्य उपभोक्ताओं को नई-नई वस्तुओं की जानकारी देना और उनके प्रति आकर्षित करना होता है। यह कार्य थोक व्यापारी द्वारा किया जाता है।

(iv) थोक व्यापारी वस्तुओं को अधिक मात्रा में खरीदकर अपने गोदामों में रख लेता है। इस प्रकार उत्पादक को न ही स्टाक में अधिक पूँजी फँसानी पड़ती है और न ही अधिक गोदामों की जरूरत पड़ती है।

(v) थोक व्यापारी का उपभोक्ताओं से सीधा सम्बन्ध तो नहीं होता, लेकिन फुटकर व्यापारी उपभोक्ताओं की माँग की सूचना थोक व्यापारी को देते हैं, जो इसे निर्माताओं तक पहुँचाते हैं।

(vi) थोक व्यापारी उत्पादकों को बड़ी मात्रा में वस्तुओं के आदेश देते हैं। परिणामस्वरूप, उत्पादन का पैमाना बढ़ जाता है और बड़े पैमाने के उत्पादन के सभी लाभ उत्पादकों को प्राप्त होते हैं।

(vii) थोक व्यापारी वस्तुओं को उत्पादन के समय खरीदकर स्टॉक कर लेता है और मूल्यों में अधिक कमी को रोकता है। दूसरी ओर माँग अधिक होने और उत्पादन न होने के समय गोदामों में रखे माल से पूर्ति की जाती है। परिणामत: मूल्यों में अधिक वृद्धि रुक जाती है। इस प्रकार मूल्यों में स्थिरता से उत्पादक को लाभ पहुँचता है।

(viii) उत्पादक अपना माल थोक व्यापारी को बेचकर वितरण समस्या से बच जाता है। यही माल यदि अनेक फुटकर व्यापारियों या उपभोक्ताओं को बेचना पड़े, तो उत्पादक के लिए एक गम्भीर समस्या खड़ी हो सकती है।

2. **फुटकर व्यापारी के प्रति सेवाएँ** Services Towards Retailer

उत्पादक की भाँति ही फुटकर व्यापारियों की भी अनेक प्रकार से थोक व्यापारी सहायता करता है। फुटकर व्यापारी को प्रदान की जाने वाली मुख्य सेवाएँ निम्न हैं–

(i) थोक व्यापारी का अनेक अच्छे व्यापारियों व दूसरे मध्यस्थों के सम्पर्क में आने से अनुभव काफी बढ़ जाता है, जिसका लाभ फुटकर व्यापारियों को भी मिलता है। वह अनुभव के आधार पर फुटकर व्यापारियों को अनेक परामर्श देता रहता है।

(ii) माँग और पूर्ति के सन्तुलन द्वारा मूल्यों में स्थिरता बनाई जाती है। यह कार्य थोक व्यापारी ही कर सकता है। इस प्रकार थोक व्यापारी समय-समय पर उचित मूल्य पर वस्तुएँ उपलब्ध करवाता है।

(iii) थोक व्यापारी अधिक साधन सम्पन्न होने के कारण बड़े पैमाने पर विज्ञापन करते हैं, जिसका लाभ फुटकर व्यापारी को बिना किसी अतिरिक्त प्रयत्न के ही मिल जाता है।

(iv) थोक व्यापारी प्राय: फुटकर व्यापारियों को उधार माल बेचता है और फुटकर व्यापारी माल के बिक जाने पर माल का मूल्य चुका देते हैं। इस प्रकार उन्हें कम पूँजी की आवश्यकता रहती है।

(v) थोक व्यापारी वस्तुओं को खरीदने के बाद उनका श्रेणीयन और पैकिंग का कार्य करता है। अत: फुटकर व्यापारी वस्तुओं को छाँटने, डिब्बों में भरने तथा उनकी पैकिंग करने से बच जाते हैं।

(vi) उत्पादक समय-समय पर अनेक नई वस्तुओं का उत्पादन करते हैं, जिसकी सूचना सर्वप्रथम थोक व्यापारी को ही मिलती है। वह इस सूचना को फुटकर व्यापारियों तक पहुँचाता है। परिणामस्वरूप, फुटकर व्यापारी की विभिन्न वस्तुओं की जानकारी में वृद्धि होती है।

(vii) फुटकर व्यापारियों को वस्तुओं का अधिक स्टॉक करने की आवश्यकता नहीं रहती। वे अपनी आवश्यकतानुसार थोड़ी-थोड़ी मात्रा में वस्तुएँ किसी भी समय प्राप्त कर सकते हैं।

II. फुटकर व्यापार Retail Trade

फुटकर व्यापार व्यावसायिक मध्यस्थों की अन्तिम कड़ी है। इसके अन्तर्गत माल थोक व्यापारियों से खरीदकर उपभोक्ताओं को थोड़ी-थोड़ी मात्रा में बेचा जाता है। वह व्यक्ति, जो उपभोक्ताओं की इच्छानुसार इस प्रकार माल बेचता है, 'फुटकर व्यापारी' कहलाता है। फुटकर व्यापारी का अर्थ उस व्यक्ति से है, जो वस्तुओं को बड़ी मात्रा में खरीदता है और छोटी-छोटी मात्रा में बेचता है। वाणिज्य की भाषा में यह व्यक्ति 'फुटकर व्यापारी' कहलाता है।

फुटकर व्यापारी की सेवाएँ Services of Retailer

फुटकर व्यापारी अपनी सेवाएँ थोक व्यापारी और उपभोक्ता दोनों को प्रदान करता है। *इसकी सेवाओं का अध्ययन निम्नलिखित दो शीर्षकों में किया जा सकता है–*

1. **थोक व्यापारी के प्रति सेवाएँ**
Services Towards Wholesalers

फुटकर व्यापारी, थोक व्यापारी को निम्नलिखित सेवाएँ प्रदान करता है–

(i) थोक व्यापारियों की दुकानें किसी विशेष स्थान पर साधारण उपभोक्ताओं से दूर होती हैं, जबकि फुटकर व्यापारियों की दुकानें जगह-जगह बिखरी रहती हैं। अत: फुटकर व्यापारी वस्तुओं को दूरस्थ स्थानों से लाकर उपभोक्ताओं तक पहुँचाता है, जिससे थोक व्यापारियों की वितरण की समस्या का समाधान सहज हो जाता है।

(ii) स्थानीय विज्ञापन का अर्थ है, ग्राहकों से प्रत्यक्ष रूप में मिलकर वस्तुओं की जानकारी देना होता है। यह कार्य फुटकर व्यापारी बिना किसी अतिरिक्त परिश्रम के पूरा कर लेता है।

(iii) फुटकर व्यापारियों की सेवा के कारण ही थोक व्यापारियों को उपभोक्ताओं से मिलने की आवश्यकता नहीं रहती। फुटकर व्यापारी दोनों के मध्य की कड़ी है और उनकी दूरी को शून्य में बदलकर महत्त्वपूर्ण सेवा करता है।

(iv) फुटकर व्यापारी उपभोक्ताओं के सम्पर्क में होने के कारण उनसे अनेक सूचनाएँ; जैसे–रुचि, फैशन व आवश्यकता आदि एकत्रित करके थोक व्यापारी तक पहुँचाता है। इन्हीं सूचनाओं के आधार पर थोक व्यापारी वस्तुएँ खरीदता है और बेकार वस्तुओं में पूँजी फँसने से बच जाता है।

(v) फुटकर व्यापारी विद्यमान वस्तुओं व अन्य नई-नई वस्तुओं की माँग उत्पन्न करता है। यह कार्य वे ग्राहकों को वस्तुओं के गुणों और प्रयोग की अलग-अलग विधियाँ बताकर पूरा करते हैं। उपभोक्ता सन्तुष्ट होकर बार-बार उन्हीं वस्तुओं की माँग करते हैं, जिसका लाभ व्यापारियों को भी मिलता है।

2. **उपभोक्ताओं के प्रति सेवाएँ** Services Towards Consumers

फुटकर व्यापारी की अनुपस्थिति उपभोक्ताओं के लिए संकट पैदा कर देने वाली स्थिति होती है। इनके अभाव में सभी आवश्यकताओं की पूर्ति करना दुर्लभ हो सकता है, क्योंकि साधारण उपभोक्ता थोक व्यापारी या उत्पादक तक शीघ्रता से नहीं पहुँच सकता। *फुटकर व्यापारी उपभोक्ताओं के प्रति निम्नलिखित सेवाएँ प्रदान करता है–*

(i) फुटकर व्यापारी का अधिकतर विक्रय तो नकद ही होता है, लेकिन ग्राहकों से सीधा सम्पर्क होने के कारण वह कभी-कभी उधार क्रय की सुविधा प्रदान करता है।

(ii) फुटकर व्यापारी उपभोक्ताओं द्वारा खरीदे गए माल को उनके घर पर पहुँचाने की नि:शुल्क व्यवस्था भी करता है। यहाँ तक कि उपभोक्ता को दुकान तक भी नहीं जाना पड़ता; जैसे– फुटकर व्यापारी का आदमी उपभोक्ताओं के घरों से माल का आदेश प्राप्त कर लेता है। इसके बाद सबका सामान पैक करके उनके घरों तक पहुँचा दिया जाता है। आजकल यह प्रथा बहुत प्रचलित है।

(iii) उपभोक्ताओं को फुटकर व्यापारियों के माध्यम से ताजी वस्तुएँ प्राप्त हो जाती है; जैसे–ताजी सब्जी, दूध व फल आदि। इनके अतिरिक्त दूसरी वस्तुएँ भी कम मात्रा में ही खरीदी जाती हैं और जैसे ही स्टॉक खत्म होने लगता है फिर से ताजी वस्तुएँ खरीद ली जाती हैं।

(iv) फुटकर व्यापारी मौसम के अनुकूल गुणों वाली वस्तुओं को ही स्टॉक में रखता है। जैसे-जैसे मौसम बदलने लगता है दुकान पर वस्तुएँ भी बदलनी शुरू हो जाती हैं। अत: उपभोक्ताओं को मौसम बदलने पर भी अपनी जरूरत के अनुसार माल आसानी से उपलब्ध हो जाता है।

उदाहरण के लिए, कपड़े का फुटकर व्यापारी गर्मियों में ठण्डे कपड़े और सर्दियों में गर्म कपड़े ही दुकान पर रखता है।

(v) फुटकर व्यापारियों का उपभोक्ताओं के साथ सीधा सम्पर्क रहता है, जिसके कारण उनमें अच्छी मित्रता बन जाती है। उपभोक्ता हमेशा

विश्वास के साथ माल खरीदते हैं। यदि किसी समय भूल से उन्हें कोई खराब माल दे भी दिया जाए, तो वह वापस भी ले लिया जाता है।

(vi) फुटकर व्यापारी के पास अनेक प्रकार की रुचि रखने वाले उपभोक्ता आते हैं। वह उन सबकी रुचि व माँग के अनुसार वस्तुएँ खरीदकर उपभोक्ताओं को बेचता है। इस प्रकार उपभोक्ता अपनी सभी आवश्यकताओं को आसानी से पूरा कर लेते हैं।

(vii) प्रत्यक्ष सम्पर्क होने के कारण व्यापारी अपने ग्राहकों के अधिक निकट आने की कोशिश करता है। फेरी वाले व ठेले वाले तो ग्राहकों के बहुत निकट होते हैं। इसका लाभ फुटकर व्यापारी और उपभोक्ता दोनों को ही मिलता है।

(viii) फुटकर व्यापारी वस्तुओं को बेचने के साथ ही ग्राहकों को आश्वासन देता है कि यदि निश्चित समय के अन्दर वस्तु खराब हो जाती है, तो वे उसको बदल देंगे या मुफ्त सुधार करेंगे; जैसे—फ्रिज, टेलीविजन, रेडियो, घड़ी, कपड़े, सिलाई की मशीन आदि।

आन्तरिक व्यापार की विशेषताएँ
Characteristics of Internal Trade

आन्तरिक व्यापार की मुख्य विशेषताएँ निम्नलिखित हैं—

1. आन्तरिक व्यापार एक ही देश के अन्दर होता है। जब व्यापार एक देश की सीमाओं को पार कर जाता है, तो वह विदेशी व्यापार कहलाता है।
2. एक देश के विभिन्न राज्यों में वस्तुओं के क्रय-विक्रय पर प्राय: कोई प्रतिबन्ध नहीं होता है।
3. आन्तरिक व्यापार के अन्तर्गत लेन-देन अपने देश की मुद्रा में ही होता है।
4. आन्तरिक व्यापार से सम्बन्धित झगड़ों का निपटारा करने के लिए वस्तु विक्रय अधिनियम के प्रावधान लागू होते हैं।

आन्तरिक व्यापार में प्रयोग होने वाले प्रपत्र
Documents to be used in Internal Trade

आन्तरिक व्यापार में प्रयोग होने वाले मुख्य प्रपत्र निम्नलिखित हैं—

1. **प्रोफॉर्मा बीजक** प्रोफॉर्मा बीजक प्रेषक द्वारा प्रेषणी को भेजे गए माल के विवरण को 'प्रोफॉर्मा बीजक' कहते हैं। इसके अन्तर्गत माल की मात्रा, गुणवत्ता, मूल्य व किए गए खर्चों की जानकारी दी जाती है। क्योंकि प्रेषण बिक्री नहीं है और न ही प्रेषणी क्रेता, इसलिए माल के साथ भेजा गया यह प्रपत्र केवल सूचना के लिए होता है। इसे 'अन्तरिम बीजक' भी कहा जाता है। जब तक अन्तिम बीजक नहीं बन जाता, इसमें परिवर्तन सम्भव होता है।
2. **बीजक** उधार क्रय के लिए विक्रेता से प्राप्त, खरीदे गए माल के विवरण को बीजक कहते हैं। बीजक में विक्रेता का नाम व पता, खरीदे गए माल का विवरण; जैसे—मात्रा, गुणवत्ता, दर, कुल मूल्य, बिक्री कर, व्यापारिक कटौती, आदि लिखा होता है। इसे बिल अथवा मीमो भी कहते हैं, क्योंकि बीजक क्रय व्यवहार का प्रमाण होता है, इसलिए क्रय बही में इसी के आधार पर लेखा किया जाता है।
3. **वाहन रसीद** इसका अभिप्राय एक रसीद से है, जो माल को एक स्थान से दूसरे स्थान पर भेजने के लिए यातायात कम्पनी द्वारा माल की स्वीकृति हेतु जारी की जाती है।
4. **रेलवे रसीद** इसका अभिप्राय एक रसीद से है, जो माल को एक स्टेशन से दूसरे स्टेशन पर भेजने के लिए रेलवे द्वारा माल की स्वीकृति हेतु जारी की जाती है।
5. **डेबिट नोट** इसका अभिप्राय एक ऐसे पत्र अथवा नोट से है, जो क्रेता द्वारा विक्रेता को यह सूचित करने के लिए भेजा जाता है कि उसका खाता पत्र में लिखी गई राशि से माल वापिस करने के कारण डेबिट कर दिया गया है। इसमें माल की मात्रा, दर, मूल्य व माल वापसी के कारणों की जानकारी दी जाती है। डेबिट नोट की दो प्रतियाँ तैयार की जाती हैं। इनमें से एक प्रति विक्रेता को भेज दी जाती है तथा दूसरी क्रेता भावी सन्दर्भ के लिए अपने कार्यालय में रख लेता है।
6. **क्रेडिट नोट** इसका अभिप्राय एक ऐसे पत्र अथवा नोट से है, जो विक्रेता द्वारा क्रेता को यह सूचित करने के लिए भेजा जाता है कि उसका खाता पत्र में लिखी गई राशि से उसका माल वापसी का दावा स्वीकार करते हुए क्रेडिट कर दिया गया है। क्रेडिट नोट की दो प्रतियाँ तैयार की जाती हैं। एक प्रति क्रेता को भेज दी जाती है और दूसरी विक्रेता अपने कार्यालय में रखता है।

व्यवसाय के उभरते आयाम या नवोदित ढंग
Emerging Modes of Business Franchise

आज के वैश्विक युग में प्रौद्योगिकी बहुत तेजी से परिवर्तित हो रही है। व्यवसाय करने का तरीका भी दिन-प्रतिदिन परिवर्तित हो रहा है। प्रतियोगिता में बने रहने के लिए व्यवसाय अच्छी गुणवत्ता के उत्पाद उपलब्ध कराने के लिए नए-नए तरीके खोज रहा है। व्यवसाय करने के तरीके, विधियाँ एवं प्रक्रिया सभी में परिवर्तन किया जा रहा है। इस तरीके से व्यवसाय करने को व्यवसाय के उभरते आयाम कहा जाता है। *इसमें तीन जो महत्त्वपूर्ण तरीके हैं, वे हैं—*

I. ई बिज़निस E-business

'व्यवसाय' एक विस्तृत शब्द है। उद्योग और वाणिज्य इसके अंग हैं। उद्योग के अन्तर्गत उत्पादन एवं अन्य सम्बन्धित क्रियाओं को सम्मिलित किया जाता है। वाणिज्य के अन्तर्गत व्यापार (Trade) एवं व्यापार की सहायक क्रियाएँ आती हैं। व्यापार का अर्थ क्रय-विक्रय करने से है। संक्षेप में, व्यवसाय उद्योग एवं वाणिज्य का सम्मिश्रण है। इस संदर्भ में, ई-बिजनिस का अर्थ उद्योग एवं वाणिज्यिक क्रियाओं को कम्प्यूटर नेटवर्क अर्थात् इण्टरनेट के माध्यम से पूरा करना है।

आज, जबकि इण्टरनेट (Internet) का जमाना है, दुनिया का आधुनिक व्यापार धीरे-धीरे इण्टरनेट के साथ जुड़ने लगा है। इससे व्यापार की एक नई धारणा प्रचलन में आई है, जिसे 'ई-कॉमर्स/ई-बिज़निस' कहा जाता है। आज हम इण्टरनेट पर अपनी दुकान खोल कर दुनिया भर के इण्टरनेट उपभोक्ताओं तक पहुँच सकते हैं। इण्टरनेट उपभोक्ता घर बैठे ही माल का आदेश दे सकते हैं, माल की सुपुर्दगी ले सकते हैं और भुगतान भी कर सकते हैं।

1. **सुपुर्दगी** *सुपुर्दगी के दृष्टिकोण से माल दो प्रकार का हो सकता है—*

   (i) वह माल, जिसकी सुपुर्दगी तुरन्त कम्प्यूटर सेट पर प्राप्त की जा सकती है; जैसे-कम्प्यूटर सॉफ्टवेयर, विमानों के टिकट, होटल आरक्षण, टेप, सीडी, सूचनाएँ, पुराने समाचार-पत्र व अन्य प्रकाशन आदि। इसे 'ऑनलाइन व्यवहार' कहते हैं।

(ii) वह माल, जिसकी सुपुर्दगी तुरन्त कम्प्यूटर सेट पर प्राप्त नहीं की जा सकती; जैसे- यदि हम एक कार खरीदना चाहते हैं, तो विभिन्न दुकानों पर जाकर कार और उससे सम्बन्धित जानकारियाँ इकट्ठी करने के स्थान पर इण्टरनेट पर ही यह सब जान सकते हैं और फिर ऑर्डर दे सकते हैं, लेकिन इण्टरनेट पर कार की सुपुर्दगी सम्भव नहीं है। कुछ ही समय के बाद डीलर कार लेकर आपके घर आ जाएगा। इसे आदेश की भौतिक सुपुर्दगी (Physical Delivery) कहते हैं।

2. **भुगतान विधि** इण्टरनेट के माध्यम से भुगतान भी किया सकता है। माल का क्रेता आदेश के साथ ही बैंक द्वारा जारी किए क्रेडिट कार्ड का नम्बर देकर भुगतान कर सकता है। इस भुगतान पद्धति को इलेक्ट्रॉनिक फण्ड हस्तान्तरण (Electronic Fund Transfer- EFT) कहते हैं।

ई-बिज़निस का क्षेत्र Scope of e-business

ई-बिज़निस के क्षेत्र को इलेक्ट्रॉनिक व्यवहार करने वाले पक्षकारों के दृष्टिकोण से समझा जा सकता है। *ई-बिज़निस के क्षेत्र में निम्न को सम्मिलित किया जाता है—*

1. **B2B Commerce** B2B Commerce का अर्थ उस व्यावसायिक क्रिया से है, जिसमें इलेक्ट्रॉनिक व्यवहारों को करने वाली दोनों पक्षकार फर्में अथवा व्यावसायिक इकाइयाँ होती हैं।
2. **B2C Commerce** जैसे कि इसके नाम से स्पष्ट है कि इसके अन्तर्गत एक पक्षकार फर्म होती है और दूसरा पक्षकार ग्राहक। आजकल कॉल सेण्टर के माध्यम से हर समय फर्मों के बारे में अनेकानेक जानकारियाँ उपलब्ध रहती हैं।
3. **Intra-B Commerce** इसके अन्तर्गत व्यावसायिक क्रिया में सम्मिलित दोनों पक्षकार एक ही व्यवसाय के दो व्यक्ति अथवा विभाग होते हैं। उदाहरण के लिए, एक फर्म का विपणन विभाग इण्टरनेट के माध्यम से लगातार उत्पादन विभाग के सम्पर्क में रहता है, जिससे ग्राहकों को अच्छा उत्पादन दिया जा सके। इसी प्रकार विभिन्न ब्रांचों में स्टॉक की अतिशीघ्र जानकारी प्राप्त की जा सकती है।
4. **C2C Commerce** इसके अन्तर्गत व्यावसायिक क्रिया में सम्मिलित दोनों पक्षकार ग्राहक होते हैं। दोनों पक्षकार ग्राहक होने के कारण ही इसे Customer-to-Customer Commerce कहा जाता है। इण्टरनेट के माध्यम से विक्रेता ग्राहक को विश्व-स्तर पर क्रेता उपलब्ध हो जाते हैं।

ई-बिज़निस के लाभ Advantages of e-business

ई-बिज़निस के मुख्य लाभ निम्नलिखित हैं—

1. **सरल वितरण प्रक्रिया** ई-बिज़निस के अन्तर्गत अनेक सेवाएँ एवं सूचनाएँ कम्प्यूटर पर ही प्राप्त हो जाती हैं। इससे वितरण प्रक्रिया सरल हो गई है।
2. **शंकाओं का तुरन्त समाधान** ई-बिज़निस का आधार इण्टरनेट है। इण्टरनेट के माध्यम से उपभोक्ता व अन्य व्यवसायी अपनी शंकाओं का तुरन्त समाधान कर सकते हैं।
3. **नए उत्पाद को लाने में आसानी** ई-बिज़निस के माध्यम से कोई भी कम्पनी अपने उत्पाद को आसानी से बाजार में ला सकती है। इस प्रकार उपभोक्ताओं व अन्य व्यवसायियों को घर बैठे ही अनेक नए उत्पादों की जानकारी प्राप्त होती रहती है।
4. **दूर-दराज के क्षेत्रों में वस्तुएँ एवं सेवाएँ उपलब्ध** ई-बिज़निस से ऐसे क्षेत्रों में भी वस्तएँ एवं सेवाएँ उपलब्ध होने लगी हैं, जहाँ आस-पास बाजार नहीं हैं।
5. **भुगतान की जोखिम में कमी** ई-बिज़निस के अन्तर्गत बैंक द्वारा जारी किए गए क्रेडिट कार्ड के माध्यम से इण्टरनेट पर ही भुगतान किया जा सकता है। इस प्रकार धन के हस्तान्तरण में होने वाली जोखिम में कमी आई है।
6. **समय की बचत** अब उपभोक्ताओं को सामान खरीदने के लिए बाजार में नहीं घूमना पड़ता। इस प्रकार समय की बचत होती है।
7. **कर्मचारी लागत में कमी** ई-बिज़निस से आवश्यक कर्मचारियों की संख्या में कमी आई है, क्योंकि एक ही कम्प्यूटर अनेक कर्मचारियों द्वारा किए जाने वाले काम को अधिक तेजी व शुद्धता के साथ कर सकता है।

ई-बिज़निस की हानियाँ Disadvantages of e-business

ई-बिज़निस की हानियाँ निम्नलिखित हैं—

1. **व्यक्तिगत सम्पर्क नहीं** इसमें तकनीक का प्रयोग होता है। अतः व्यक्तिगत सम्पर्क सम्भव नहीं हो पाता है। इसलिए कुछ उत्पाद; जैसे—कपड़े, खाद्य पदार्थ आदि के लिए यह उपयुक्त नहीं है।
2. **आदेश व सुपुर्दगी में समन्वय की कमी** प्रौद्योगिकी के कारण बहुत तेजी से आदेश किए जाते हैं पर उनकी सुपुर्दगी आवश्यकतानुसार हमेशा सम्भव नहीं होती, क्योंकि कई बार क्रय के लिए आदेश बहुत ज्यादा आ जाते हैं।
3. **तकनीकी क्षमता की आवश्यकता** ई-बिज़निस के लिए दोनों पक्षों को तकनीकी ज्ञान की आवश्यकता होती है। इसके अभाव में ई-बिज़निस का क्रियान्वयन सम्भव नहीं है।
4. **जोखिम** इण्टरनेट द्वारा किए गए लेन-देन में कई बार दोनों पक्षों की पहचान मुश्किल हो जाती है, जिससे किसी भी पक्ष को नुकसान उठाना पड़ सकता है।
5. **लोगों द्वारा विरोध** कई बार लोग इस तरीके से होने वाले व्यवसाय का विरोध करते हैं, क्योंकि इसमें उन्हें किसी जोखिम की आशंका रहती है।

II. बाह्यकरण Outsourcing

व्यवसाय को कुशलतापूर्वक चलाने के लिए अनेक क्रियाएँ करनी होती हैं; जैसे—उत्पादन, क्रय-विक्रय, वित्तीय प्रबन्ध, विज्ञापन, पत्र-व्यवहार, उधार एकत्रित करना, ग्राहकों को विक्रय के बाद सेवा प्रदान करना आदि। इनमें से कुछ क्रियाएँ तो ऐसी हैं, जो प्रायः स्वयं व्यावसायिक संस्था द्वारा ही सम्पन्न की जाती है; जैसे-उत्पादन तथा क्रय-विक्रय। कुछ अन्य क्रियाएँ ऐसी हैं, *जिन्हें पूरा करने के लिए व्यावसायिक संस्था के पास दो विकल्प उपलब्ध होते हैं—* (i) संगठन के अन्दर ही पूरा करना

(ii) संगठन के बाहर पूरा करना

जब व्यवसाय का पैमाना छोटा था, तो व्यवसायी सभी क्रियाएँ करने के लिए संगठन के अन्दर ही इन्तजाम कर लेते थे, लेकिन व्यवसाय का पैमाना बढ़ने के साथ अब यह काम काफी कठिन हो गया है। कोई भी संगठन इतना सक्षम नहीं है कि वह इन सभी क्रियाओं में विशिष्टता प्राप्त कर ले। अब अनेक क्रियाओं को करने में आने वाली कठिनाइयों को दूर करने तथा विशिष्टीकरण के लाभ प्राप्त करने के लिए इन सेवाओं को संगठन के बाहर से प्राप्त किया जाने लगा है। इसे सेवाओं का बाह्यकरण कहते हैं।

बाह्यकरण की प्रकृति Nature of Outsourcing

सेवाओं के बाह्यकरण की प्रकृति निम्नलिखित तथ्यों से स्पष्ट होती है–

1. **सेवाओं का संगठन के बाहर उपलब्ध होना** सेवाओं के बाह्यकरण के अन्तर्गत व्यावसायिक संगठनों को सेवाएँ बाहर से प्राप्त होती हैं; जैसे-उधार एकत्रित करने वाली एजेन्सी विभिन्न कम्पनियों के देनदारों से रुपया एकत्रित करने का काम करती है।
2. **विशिष्टीकृत सेवाएँ** एक कम्पनी प्राय: एक ही प्रकार की सेवा उपलब्ध करवाती है, इसलिए उस विशेष सेवा में उसको विशेषज्ञता प्राप्त हो जाती है।
3. **सेवाओं की सस्ती विधि** सेवाओं के बाह्यकरण की प्रकृति सस्ती सेवाएँ उपलब्ध करवाने की है। एक ही प्रकार की सेवा को बड़े स्तर पर व्यवहार करने के कारण ये सेवाएँ सस्ती दर पर उपलब्ध हो जाती हैं।
4. **प्रयोग करने वाले की कुशलता में वृद्धि** अनेक सेवाएँ संगठन के बाहर से प्राप्त हो जाने के कारण इन्हें प्रयोग करने वाला अपने मुख्य व्यवसाय पर अधिक ध्यान केन्द्रित कर सकता है।

बाह्यकरण की आवश्यकता Need of Outsourcing

सेवाओं के बाह्यकरण की आवश्यकता निम्नलिखित कारणों से होती है–

1. **अच्छी गुणवत्ता की सेवाएँ प्राप्त करना** कोई कम्पनी सभी क्रियाओं को स्वयं ही पूरा करने की कोशिश करती है, तो प्रदान की जाने वाली सेवाओं की गुणवत्ता पर विपरीत प्रभाव पड़ने की पूरी सम्भावना रहती है। इस कठिनाई से बचने के लिए सेवाओं का बाह्यकरण अथवा सेवाओं को बाहर से प्राप्त करने की आवश्यकता महसूस होती है।
2. **सेवाओं में स्थाई विनियोग से बचना** यदि कोई कम्पनी ये सेवाएँ संगठन के अन्दर ही उपलब्ध कराती है, तो उसे इनके लिए अलग-अलग विभागों की स्थापना करनी होगी, जिस पर भारी स्थाई विनियोग करना पड़ता है। बाजार में ये सेवाएँ बहुत कम लागत पर बिना कुछ विनियोग किए उपलब्ध रहती हैं।
3. **व्यवसाय को सुविधापूर्वक ढंग से चलाना** सेवाओं के बाह्यकरण की आवश्यकता व्यवसाय को सुविधापूर्वक तरीके से चलाने के लिए होती है। व्यवसायी का ध्यान अनेक छोटी-छोटी क्रियाओं से हटकर मुख्य क्रिया की ओर केन्द्रित हो जाता है।

III. फैंचाइज़िंग Franchising

फ्रैंचाइजिंग वह विशेष अधिकार अथवा स्वतन्त्रता है, जो एक उत्पादक द्वारा किसी व्यक्ति अथवा समूह को उत्पादक वाला व्यवसाय किसी विशेष स्थान पर प्रारम्भ करने के लिए प्रदान की जाती है। यह व्यापार की आधुनिक पद्धति है और उत्पादक दूर-दूर तक अपने माल की बिक्री करने के लिए इसे अपनाते हैं। यह पद्धति प्राय: उन उत्पादकों द्वारा अपनाई जाती है, जिनकी साख अच्छी होती है। जो व्यक्ति (अथवा कम्पनी) यह अधिकार प्रदान करता है, वह 'फ्रैंचाइजर' तथा अधिकार प्राप्त करने वाला व्यक्ति 'फ्रैंचाइजी' कहलाता है। दोनों पक्षकारों के मध्य हुए समझौते को 'फ्रैंचाइज समझौता' कहते हैं।

इस व्यापारिक पद्धति से उत्पादक, अधिकार प्राप्तकर्ता तथा उपभोक्ता सभी को लाभ प्राप्त होता है। उत्पादक की बिक्री बढ़ती है, अधिकार प्राप्तकर्ता को उत्पादक की साख का लाभ प्राप्त होता है और उपभोक्ताओं को अच्छी गुणवत्ता का माल अपने नजदीक ही प्राप्त हो जाता है।

फ्रैंचाइज़िंग व्यवसाय की विशेषताएँ Characteristics of Franchising Business

फ्रैंचाइज़िंग व्यवसाय की मुख्य विशेषताएँ निम्नलिखित हैं–

1. **नाम के प्रयोग का अधिकार** फ्रैंचाइज़ समझौते के अन्तर्गत उत्पादक अपने नाम, ट्रेड मार्क या अपनी किसी गुप्त सूचना के प्रयोग का अधिकार फ्रैंचाइज़ी को देता है।
2. **लगातार नियन्त्रण** अपनी साख को बनाए रखने के लिए वह फ्रैंचाइज़ी की व्यावसायिक गतिविधियों पर लगातार नियन्त्रण रखता है।
3. **फ्रैंचाइज़ी की सहायता** फ्रैंचाइज़र, फ्रैंचाइज़ी की व्यवसाय संचालन में अनेक प्रकार से मदद करता है; जैसे—विज्ञापन करना, तकनीकी सहायता प्रदान करना आदि।
4. **अलग व्यवसाय** फ्रैंचाइज़ी का व्यवसाय फ्रैंचाइज़र से बिल्कुल अलग होता है।
5. **सामयिक फीस** यह अधिकार प्राप्त करने के प्रतिफलस्वरूप फ्रैंचाइज़ी फ्रैंचाइज़र को निश्चित समयावधि के लिए निश्चित रकम का भुगतान करता है।
6. **न्यूनतम समझौता अवधि** फ्रैंचाइज़, समझौते की न्यूनतम अवधि 5 वर्ष होती है। प्रत्येक 5 वर्ष के बाद समझौते का नवीनीकरण होता है।
7. **लिखित वायदा** फ्रैंचाइज़ी, लिखित वायदा करता है कि फ्रैंचाइज़ समझौते के चलते तथा समझौता समाप्त होने के 2 वर्ष तक वह फ्रैंचाइज़र जैसा व्यवसाय नहीं करेगा।

फ्रैंचाइज़िंग के लाभ Advantages of Franchising

फ्रैंचाइज़िंग से निम्नलिखित लाभ प्राप्त होते हैं–

1. **तैयार बाजार** यह व्यवसाय उन्हीं व्यक्तियों या कम्पनियों द्वारा शुरू किया जाता है, जिनकी बाजार में पूरी साख होती हैं। नए व्यवसायियों को इनके नाम से माल व सेवाएँ बेचने में कोई परेशानी नहीं होती, क्योंकि इनके नाम से उपभोक्ता पहले से ही परिचित होते हैं।
2. **अनेक तरह से सहायता** फ्रैंचाइज़ी को फ्रैंचाइज़र द्वारा अनेक तरह से सहायता पहुँचाई जाती है; जैसे—इस विशेष व्यवसाय को चलाने का प्रशिक्षण देना, स्थानीय विज्ञापन के कुछ खर्चे सहन करना आदि।
3. **राष्ट्रीय स्तर पर विज्ञापन** फ्रैंचाइज़र अपने उत्पाद का राष्ट्रीय स्तर पर विज्ञापन करता है।
4. **कम जोखिम** इस व्यवसाय में फ्रैंचाइजी का सम्बन्ध एक विख्यात उत्पादक से होता है। ऐसे उत्पादक को उत्पादों को बेचना आकस्मिकताओं को छोड़कर हानिप्रद नहीं हो सकता।
5. **कम विनियोग** ऐसे व्यवसाय में माल के स्टॉक, अनुसन्धान आदि पर फ्रैंचाइजी को विनियोग करने की आवश्यकता नहीं होती है।

अन्तर्राष्ट्रीय व्यापार International Trade

एक देश अपनी सभी जरूरतों को पूरा नहीं कर सकता और उसे अन्य देशों पर निर्भर रहना पड़ता है। इसका एकमात्र कारण प्राकृतिक साधनों की विभिन्नता है। कोई भी देश वहाँ उपलब्ध प्राकृतिक साधनों के अनुरूप ही उत्पादन कर सकता है। इस प्रकार उत्पादित अतिरिक्त वस्तुओं को अन्य देशों को बेच दिया जाता है और वहाँ से अपनी आवश्यकता की वस्तुओं को खरीदकर देश की आन्तरिक माँग में सन्तुलन स्थापित किया जाता है। इस प्रकार दो देशों के मध्य होने वाले क्रय-विक्रय को 'अन्तर्राष्ट्रीय व्यवसाय' कहते हैं।

अन्तर्राष्ट्रीय व्यापार की प्रकृति
Nature of International Trade

अन्तर्राष्ट्रीय व्यापार की प्रकृति अथवा विशेषताएँ निम्नलिखित बिन्दुओं से स्पष्ट होती है—

1. **अपेक्षाकृत अधिक जोखिम** अन्तर्राष्ट्रीय व्यापार में देशी व्यापार की अपेक्षा अधिक जोखिम होता है। इसके अन्तर्गत माल बहुत दूरी से और प्राय: सामुद्रिक मार्गों से आता है।
2. **सरकारी हस्तक्षेप** अन्तर्राष्ट्रीय व्यापार पूर्णत: सरकारी देख-रेख में होता है। विदेशों से क्रय-विक्रय करने से पूर्व सरकार की अनुमति आवश्यक होती है।
3. **विदेशी मुद्रा में भुगतान** आयात-निर्यात के माध्यम से विदेशी मुद्रा की व्यवस्था करना अन्तर्राष्ट्रीय व्यापार की एक महत्वपूर्ण विशेषता है।
4. **अनेक आधार** अन्तर्राष्ट्रीय व्यापार को सम्भव बनाने वाले अनेक आधार हैं; जैसे—प्राकृतिक संसाधनों का असमान वितरण एवं भिन्न उत्पादन लागत। भिन्न उत्पादन लागत अन्तर्राष्ट्रीय व्यापार को प्रोत्साहित करती है।
5. **भाषा-भेद** प्रत्येक देश की अपनी अलग भाषा होती है। एक सफल व्यवसायी के लिए आवश्यक है कि उसे विभिन्न देशों की भाषा की जानकारी हो।
6. **दो देशों की भागीदारी** अन्तर्राष्ट्रीय व्यापार तभी सम्भव है, जब कोई दो देश आपस में व्यावसायिक व्यवहार करें।

अन्तर्राष्ट्रीय व्यापार के लाभ
Advantages of International Trade

अन्तर्राष्ट्रीय व्यापार से निम्नलिखित लाभ प्राप्त होते हैं—

1. **जीवन-स्तर में वृद्धि** विदेशी व्यापार की सहायता से विदेशों में उत्पादित अच्छी क्वालिटी के उत्पाद उपभोग के लिए उपलब्ध होते हैं। अत: अन्य देशों के लोगों के जीवन-स्तर में वृद्धि होती है।
2. **रोजगार के अवसरों में वृद्धि** विदेशी व्यापार की सहायता से मशीनरी, कच्चे माल व आधुनिक तकनीक का आयात करके देश के औद्योगीकरण को बढ़ावा दिया जाता है। इससे विकास एवं रोजगार की सम्भावनाएँ बढ़ी हैं।
3. **संसाधनों का अधिक क्षमता से उपयोग** विदेशी व्यापार के कारण ही प्राकृतिक साधनों का अत्यधिक उपयोग सम्भव है। प्रत्येक उत्पादक केवल उन्हीं वस्तुओं का उत्पादन करता है, जिसके उत्पन्न करने में उसे अधिक से अधिक लाभ होता है। प्राकृतिक साधनों के अनुकूल एक ही वस्तु का बार-बार उत्पादन करने से विशिष्टीकरण के लाभ भी प्राप्त होते हैं।
4. **विकास की सम्भावनाएँ** अन्तर्राष्ट्रीय व्यापार उन फर्मों के लिए एक अच्छा विकल्प है, जिनके उत्पादों की माँग में स्थानीय बाजार में ठहराव आने लगा है।
5. **बढ़ी हुई क्षमता का उपयोग** वे फर्में, जिनके पास अतिरिक्त उत्पादन क्षमता है, विदेशों में व्यवसाय के विस्तार की योजना बना सकती हैं। इस प्रकार, एक ओर वे अपनी बेकार पड़ी उत्पादन क्षमता का उपयोग कर सकते हैं और दूसरी ओर, बड़े पैमाने के लाभ प्राप्त कर सकते हैं।
6. **उच्च लाभ की सम्भावनाएँ** अन्तर्राष्ट्रीय व्यापार से घरेलू व्यापार की अपेक्षा अधिक लाभ प्राप्त होता है, विशेषकर जब घरेलू बाजार में वस्तुओं के मूल्य कम हों।

अन्तर्राष्ट्रीय व्यापार की हानियाँ
Disadvantages of International Trade

अन्तर्राष्ट्रीय व्यापार की हानियाँ निम्नलिखित हैं—

1. **हानिकारक वस्तुओं का आयात** अन्तर्राष्ट्रीय व्यापार में कई बार हानिकारक वस्तुओं; जैसे—सिगरेट, ड्रग्स आदि का आयात किया जाता है।
2. **संसाधनों का अवशोषण** अन्तर्राष्ट्रीय व्यापार से कई बार देश के प्राकृतिक संसाधनों का जरूरत से ज्यादा उपयोग होता है, जिससे भविष्य में उसकी दुलर्भता की सम्भावना बनी रहती है।
3. **घरेलू उद्योगों को खतरा** बाहरी कम्पनियों से प्रतियोगिता न कर पाने के कारण कई बार घरेलू कम्पनियाँ अपने आप को जीवित नहीं रख पातीं, जिससे कई लोगों की जीविका प्रभावित होती है।
4. **भूखमरी का खतरा** विदेशों पर खाद्य पदार्थों की निर्भरता किसी देश के लोगों के लिए भूखमरी साबित हो सकती है, यदि उस देश से सम्पर्क खराब हो जाएँ।
5. **युद्ध का खतरा** अन्तर्राष्ट्रीय व्यापार में प्रतियोगिता होने के कारण कई बार युद्ध का खतरा भी उत्पन्न हो जाता है।

आयात व्यापार Import Trade

जब एक देश का व्यापारी किसी दूसरे देश के व्यापारी से माल का क्रय करता है, तो इसे आयात व्यापार कहते हैं। व्यापारी माल का आयात मनचाहे ढंग से नहीं कर सकते, बल्कि इसके लिए एक निश्चित विधि है। इस निश्चित विधि को ही आयात व्यापार की कार्यविधि कहा जाता है। इसके अन्तर्गत व्यापारिक पूछताछ से लेकर माल के आयातकर्ता के शहर में पहुँचने तक अनेक औपचारिकताएँ पूरी करनी होती हैं। इसी प्रकार इस दौरान अनेक प्रलेख भी तैयार किए जाते हैं।

आयात व्यापार की कार्यविधि
Procedure of Import Trade

एक भारतीय आयातकर्ता को माल आयात करते समय निम्नलिखित कार्यविधि का पालन करना होता है—

1. **व्यापारिक पूछताछ** आयातकर्ता सबसे पहले यह जानकारी प्राप्त करता है कि उसकी आवश्यकता का माल किस देश में और किस निर्यातकर्ता से उपलब्ध हो सकेगा। यह जानकारी वह अपने देश में निर्यातकर्ताओं के एजेण्टों, अन्य आयातकर्ता व्यापारियों व भारत में रह रहे विदेशों के उच्चायुक्तों से प्राप्त कर सकता है।

   निर्यातकर्ता/निर्यातकर्ताओं का पता लग जाने के बाद उनसे माल के मूल्य, किस्म, भुगतान की शर्तों आदि के बारे में पूछताछ की जाती है।
2. **आयात लाइसेन्स प्राप्त करना** आयात लाइसेन्स प्राप्त करने के लिए आयात व निर्यात नियन्त्रक अधिकारी (Controller of Imports and Exports) को आवेदन-पत्र दिया जाता है। इस आवेदन-पत्र के साथ मुख्यत: तीन प्रलेख लगाने होते हैं— (i) लाइसेन्स शुल्क जमा की रसीद, (ii) आयकर विभाग का प्रमाण-पत्र, तथा (iii) पूर्व वित्तीय वर्ष में आयातित माल के विवरण का चार्टर्ड एकाउण्टेण्ट से प्रमाणित प्रमाण-पत्र, जब आयात व निर्यात नियन्त्रक अधिकारी आवेदन पत्र में दी गई जानकारी से

सन्तुष्ट हो जाता है, तो वह आयातकर्ता को आयात लाइसेन्स जारी कर देता है। इसके साथ ही एक कोटा प्रमाण-पत्र (Quota certificate) भी जारी किया जाता है, जिसमें इस बात का उल्लेख होता है कि कितने मूल्य के माल का आयात किया जा सकता है।

3. **विदेशी मुद्रा प्राप्त करना** आयात लाइसेन्स प्राप्त करने के बाद आयातकर्ता को विदेशी मुद्रा की व्यवस्था करनी होती है। सन् 1991 में सरकार की उदारीकरण नीति (Liberalisation policy) के अन्तर्गत भारत में विदेशी मुद्रा बाजार (Foreign exchange market) की स्थापना हुई। इस बाजार में विदेशी मुद्रा का स्वतन्त्र क्रय-विक्रय किया जाता है। अतः आयातकर्ता को जितनी भी विदेशी मुद्रा की जरूरत हो वह इस बाजार में आसानी से क्रय करके निर्यातकर्ता को भुगतान कर सकता है।

4. **इन्डेण्ट अथवा आदेश देना** वस्तुओं के आदेश देने को विदेशी व्यापार की भाषा में इन्डेण्ट कहते हैं। इसमें वस्तुओं का नाम, किस्म, मात्रा, मूल्य, पैकिंग, सुपुर्दगी का समय, बीमा सम्बन्धी निर्देश आदि के बारे में लिखा जाता है।

5. **साख-पत्र भेजना** अन्तर्राष्ट्रीय व्यापार में प्रायः देखा जाता है कि निर्यातकर्ता और आयातकर्ता परिचित व्यक्ति नहीं होते हैं। निर्यातकर्ता की सन्तुष्टि के लिए आयातकर्ता उसके पास साख-पत्र भेजता है। साख-पत्र आयातकर्ता के बैंक द्वारा जारी किया जाता है।

   इसमें यह लिखित आश्वासन होता है कि आयातकर्ता को बैंक निर्यातकर्ता द्वारा लिखे गए एक निश्चित राशि के विनिमय-पत्र (Bill of exchange) को अपनी स्वीकृति प्रदान करेगा।

6. **निर्यातकर्ता द्वारा माल की व्यवस्था करना एवं भेजना** जब माल पूर्णतः तैयार हो जाता है, तो निर्यातकर्ता आगे की कार्यवाही के लिए रवानगी एजेण्ट (Forwarding agent) की नियुक्ति करता है। रवानगी एजेण्ट माल को जहाज से भेजने का प्रबन्ध करता है और दो मुख्य प्रलेख जहाजी बिल्टी (Bill of lading) तथा समुद्री बीमा-पत्र (Marine insurance policy) निर्यातकर्ता के पास भेजता है। इसके बाद निर्यातकर्ता बीजक (Invoice) तैयार करता है और बीजक की राशि के बराबर का विनिमय पत्र (Bill of exchange) आयातकर्ता पर लिखता है।

   इस प्रकार माल से सम्बन्धित सभी मुख्य प्रलेख; जैसे-जहाजी बिल्टी, समुद्री बीमा-पत्र, बीजक व विनिमय-पत्र तैयार हो जाते हैं। निर्यातकर्ता इन्हें अपने बैंक के माध्यम से आयातकर्ता के देश में स्थित विदेशी बैंक की शाखा अथवा अन्य किसी अधिकृत बैंक में भेज देता है।

7. **अधिकार पत्रों की प्राप्ति** माल से सम्बन्धित सभी प्रलेखों के आयातकर्ता के पास पहुँचाने के दो तरीके हैं। प्रथम-यदि सुपुर्दगी से पूर्व भुगतान की शर्त नहीं है, तो सभी प्रलेख निर्यातकर्ता सीधे ही आयातकर्ता के पास भेज देता है।

   द्वितीय-यदि सुपुर्दगी से पूर्व भुगतान की शर्त है, तो माल से सम्बन्धित प्रलेख बैंक के पास पहुँचते हैं। द्वितीय स्थिति में जैसे ही प्रलेख बैंक में पहुँचने की सूचना आयातकर्ता को प्राप्त होती है, वह प्रलेख प्राप्त करने की व्यवस्था करता है।

   जब निर्यातकर्ता द्वारा माल से सम्बन्धित प्रलेख बैंक में भेजे जाते हैं, तो वह आयातकर्ता को पत्र द्वारा सूचित करता है कि प्रलेख अमुक बैंक में भेजे गए हैं। इस पत्र को आयात व्यापारी को सूचना पत्र (Advice letter to import trader) कहते हैं।

8. **निकासी एजेण्ट की नियुक्ति** सभी अधिकार-पत्र प्राप्त करने के बाद आयातकर्ता माल की सुपुर्दगी लेने का प्रबन्ध करता है। आयातकर्ता चाहे तो माल की सुपुर्दगी बन्दरगाह से लेने की कार्यवाही स्वयं कर सकता है, लेकिन निकासी एजेण्ट की नियुक्ति करना उचित रहता है।

   ये एजेण्ट इस काम के विशेषज्ञ होते हैं। अतः इस चरण पर निकासी एजेण्ट की नियुक्ति करके सभी प्रलेख उसे सौंप दिए जाते हैं।

9. **माल की निकासी** *इस चरण पर निकासी एजेण्ट निम्नलिखित औपचारिकताओं को पूरा करके माल को छुड़वाता है—*

   (i) **सीमा शुल्क का भुगतान** जहाज से माल प्राप्त करने से पूर्व एजेण्ट को सीमा शुल्क कार्यालय में जाना होता है, जहाँ पर उसे प्रवेश बिल (Bill of entry) की तीन प्रतियाँ भरनी होती हैं। प्रवेश बिल की दो प्रतियाँ एजेण्ट को लौटा दी जाती हैं। यदि किसी कारण से निकासी एजेण्ट को आयातित माल के सम्पूर्ण विवरण की जानकारी न हो, तो प्रवेश बिल के स्थान पर दर्शनी बिल (Bill of sight) भरा जाता है।

   (ii) **बन्दरगाह शुल्क का भुगतान** सीमा शुल्क का भुगतान करने के बाद निकासी एजेण्ट बन्दरगाह शुल्क का भुगतान करने के लिए डॉक चालान (Dock challan) की दो प्रतियाँ भरता है। भुगतान के बाद एक प्रति रसीद के रूप में उसे वापस मिल जाती है।

   (iii) **सुपुर्दगी के लिए बेचान** अब निकासी एजेण्ट को जहाजी कम्पनी के कार्यालय में जाकर जहाजी बिल्टी (Bill of lading) के पीछे अधिकारी के हस्ताक्षर करवाने होते हैं। इसी को सुपुर्दगी के लिए बेचान कहा जाता है। सुपुर्दगी के लिए बेचान जहाज के कप्तान के लिए सुपुर्दगी देने का आदेश होता है।

   (iv) **माल की सुपुर्दगी लेना** माल की सुपुर्दगी लेने के लिए निकासी एजेण्ट सीमा शुल्क रसीद, बन्दरगाह शुल्क रसीद तथा हस्ताक्षरित जहाजी बिल्टी अथवा सुपुर्दगी आदेश-पत्र को बन्दरगाह के अधिकारियों को प्रस्तुत करता है, जब अधिकारी सभी प्रलेखों से सन्तुष्ट हो जाते हैं, तो वे माल को बन्दरगाह से उठाने की अनुमति दे देते हैं।

   (v) **माल को सुपुर्दगी लेने से पूर्व ही बेचना** कभी-कभी आयातकर्ता माल की सुपुर्दगी लेने से पहले ही उसे बेच देता है और वह चाहता है कि क्रेता स्वयं ही माल की सुपुर्दगी प्राप्त कर ले। ऐसी स्थिति में आयातकर्ता बन्दरगाह अधिकारी को लिखित आदेश देता है। यह आदेश जहाजी बिल्टी पर लिखा जाता है।

निर्यात व्यापार Export Trade

जब एक देश का व्यापारी, किसी दूसरे देश के व्यापारी को माल का विक्रय करता है, तो इसे निर्यात व्यापार कहते हैं। जिस देश का व्यापारी माल का क्रय करता है, उसे 'आयातकर्ता' कहते हैं। आयात व्यापार की भाँति ही निर्यात व्यापार के लिए भी अनेक औपचारिकताएँ पूरी करनी होती हैं। इन औपचारिकताओं को पूरा करने की एक निश्चित विधि है, जिसे निर्यात व्यापार की कार्य-विधि कहते हैं।

निर्यात व्यापार की कार्यविधि

Procedure of Export Trade

एक भारतीय निर्यातकर्ता को माल का निर्यात करते समय निम्नलिखित कार्यविधि का पालन करना पड़ता है–

1. **व्यापारिक पूछताछ** जो व्यापारी अपना माल निर्यात करना चाहता है उसे निर्यात कमीशन एजेण्ट, निर्यात एजेण्ट अथवा निर्यात दलाल से सम्पर्क स्थापित करना पड़ता है। आयातकर्ता से सम्पर्क स्थापित होने पर वह उसे अपने माल की विशेषताओं एवं लेन-देन की शर्तों की जानकारी देता है।
2. **इन्डेण्ट प्राप्त करना** व्यापारिक पूछताछ के बाद आयातकर्ता निर्यातकर्ता को इन्डेण्ट भेजता है। इन्डेण्ट में माल का नाम, किस्म, मूल्य, मात्रा, पैकिंग विधि, माल भेजने का समय, बीमा सम्बन्धी निर्देश, भुगतान विधि आदि का उल्लेख किया जाता है। यदि इन्डेण्ट में माल से सम्बन्धित सभी बातों का सम्पूर्ण उल्लेख किया गया हो, तो इसे बन्द इन्डेण्ट कहते हैं। इसका अभिप्राय यह है कि निर्यातकर्ता को सब कुछ आयातकर्ता के निर्देशानुसार ही करना होगा। इसके विपरीत, यदि इन्डेण्ट अपूर्ण है अर्थात् उसमें सभी बातों का उल्लेख नहीं है, तो इसे खुला इन्डेण्ट कहते हैं। ऐसी स्थिति में अधिकांश बातों के निर्णय निर्यातकर्ता अपने विवेक के अनुसार लेता है।
3. **साख सम्बन्धी जानकारी** इससे पहले कि आगे की कार्यवाही प्रारम्भ की जाए निर्यातकर्ता माल के भुगतान के बारे में सन्तुष्ट होना चाहता है। इसके लिए निर्यातकर्ता आयातकर्ता से साख-पत्र की माँग करता है। यह साख-पत्र आयातकर्ता के बैंक द्वारा निर्यातकर्ता के पक्ष में जारी किया जाता है। साख-पत्र में बैंक निर्यातकर्ता को यह आश्वासन देता है कि वह एक निश्चित राशि का विनिमय पत्र स्वीकार करने के लिए तैयार है। यदि जरूरी हो तो निर्यातकर्ता अग्रिम भुगतान की बात भी कर सकता है।
4. **निर्यात लाइसेन्स प्राप्त करना** भुगतान प्राप्ति से निश्चित होने के बाद निर्यातकर्ता को निर्यात लाइसेन्स प्राप्त करना होता है। इसके लिए उसे आयात व निर्यात नियन्त्रक के कार्यालय में आवेदन-पत्र देना होता है। आवेदन-पत्र के साथ ही निर्धारित शुल्क भी जमा करवानी होती है। आयात व निर्यात नियन्त्रक द्वारा आवेदन-पत्र की जाँच-पड़ताल की जाती है और पूर्णत: सन्तुष्ट हो जाने पर, आवेदक को निर्यात लाइसेन्स जारी कर दिया जाता है। निर्यात लाइसेन्स प्राय: तीन महीने तक वैध होता है।
5. **विदेशी विनिमय से सम्बन्धित घोषणा** विदेशी मुद्रा नियमन अधिनियम, 1947 के अनुसार प्रत्येक निर्यातकर्ता को यह घोषणा करनी होती थी कि वह निर्यातित माल से प्राप्त विदेशी मुद्रा को एक निर्धारित समय के अन्दर भारतीय रिज़र्व बैंक में जमा करा देगा, लेकिन अब यह प्रावधान लागू नहीं होता है। सन् 1991 में सरकार की उदारीकरण नीति लागू होने के बाद भारतीय अर्थव्यवस्था में विदेशी मुद्रा बाजार की स्थापना हुई। इस बाजार में विदेशी मुद्रा का स्वतन्त्र क्रय-विक्रय होता है अर्थात् जो विदेशी मुद्रा एक निर्यातकर्ता को प्राप्त होती है, उसे वह चाहे तो विदेशी मुद्रा बाजार में बेच सकता है अथवा अपने पास भी रख सकता है, लेकिन विदेशी मुद्रा की राशि को एक निर्धारित सीमा तक ही अपने पास रखा जा सकता है।
6. **विनिमय दर को निश्चित करना** विनिमय दर का अभिप्राय उस दर से है, जिस पर एक देश की मुद्रा को दूसरे देश की मुद्रा में बदला जाता है। विदेशी मुद्रा बाजार में, विदेशी मुद्रा की माँग एवं पूर्ति में परिवर्तन होने के साथ-साथ इस दर में भी परिवर्तन होता रहता है। प्राय: माल भेजने एवं भुगतान प्राप्त करने की अवधि में अन्तर होता है/हो सकता है। इस अवधि में विनिमय दर में परिवर्तन हो जाए। विनिमय दर में परिवर्तन से आयातकर्ता को अतिरिक्त लाभ भी हो सकता है और हानि भी।
7. **माल एकत्रित करना** माल का आदेश प्राप्त होने और शेष सभी शर्तें तय हो जाने के बाद निर्यातकर्ता माल एकत्रित करता है। यदि माल उसके स्टॉक में है, तो उसे आदेशानुसार छाँट लिया जाता है और यदि स्टॉक में नहीं है, तो अन्य व्यापारियों से क्रय किया जाता है।
8. **माल की पैकिंग एवं चिन्हांकन** माल एकत्रित हो जाने के बाद आयातकर्ता के निर्देशानुसार उसकी पैकिंग एवं मार्किंग की व्यवस्था की जाती है। यदि इस बारे में कोई स्पष्ट निर्देश आयातकर्ता ने न दिया हो, तो व्यापार की प्रचलित प्रथा का पालन किया जाता है। पैकिंग करते समय ध्यान रखना चाहिए कि पैकिंग ऐसी हो कि माल अपने गंतव्य पर सुरक्षित पहुँच जाए। माल के पैकिटों के चिन्हांकन का उद्देश्य उनको पहचानने में होने वाली कठिनाई से बचना है। अत: उन पर लगाए गए चिन्ह स्पष्ट होने चाहिए।
9. **रवानगी एजेण्ट की नियुक्ति** जब माल भेजने के लिए तैयार हो जाता है, तो रवानगी एजेण्ट की नियुक्ति की जाती है। रवानगी एजेण्ट रेलवे अथवा ट्रांसपोर्ट से माल की सुपुर्दगी लेकर उसे जहाज में लदवाने तक की सारी कार्यवाही करता है। इस कार्य के बदले में वह निर्यातकर्ता से कमीशन लेता है।
10. **माल को बन्दरगाह के लिए रवाना करना** माल की तैयारी तथा रवानगी एजेण्ट की नियुक्ति के बाद, निर्यातकर्ता माल को बन्दरगाह के लिए रवाना कर देता है। माल प्राय: रेलवे द्वारा भेजा जाता है। निर्यातकर्ता रेलवे रसीद रवानगी एजेण्ट के पास भेज देता है, जिसकी सहायता से वह माल को रेलवे से छुड़ा लेता है।

निर्यात प्रसंस्करण क्षेत्र

Export Processing Zone-EPZ

- निर्यात प्रसंस्करण क्षेत्र को एक इकाई के रूप में निर्यात को बढ़ावा देने के लिए किसी भी देश के द्वारा स्थापित किया जा सकता है। इसके अन्तर्गत इस क्षेत्र में स्थापित उद्योगों को राजकोषीय प्रोत्साहन, कर, छूट और निर्यातित वस्तुओं के लिए उपयुक्त वातावरण उत्पन्न करना है, ताकि वे अन्तर्राष्ट्रीय प्रतियोगिता में अपना स्थान बना सकें।
- भारत द्वारा निर्यात संवर्द्धन को बढ़ावा देने के उद्देश्य से एशिया का पहला निर्यात संवर्द्धन क्षेत्र (Export Processing Zone, EPZ) सन् 1965 में काण्डला में स्थापित किया गया। सार्वजनिक क्षेत्र में कुल सात EPZ स्थापित किए गए, ये हैं–काण्डला (गुजरात), सान्ताक्रुज (महाराष्ट्र) तथा (पश्चिम बंगाल), नोएडा (उत्तर प्रदेश), कोच्चि (केरल), चेन्नई (तमिलनाडु) तथा विशाखापत्तनम (आन्ध्र प्रदेश)।
- इनके अतिरिक्त निजी क्षेत्र में दो EPZ स्थापित किए गए, ये हैं– मुम्बई (महाराष्ट्र), सूरत (गुजरात) सान्ताक्रुज। इलेक्ट्रॉनिकी निर्यात संसाधन क्षेत्र विशिष्ट रूप से इलेक्ट्रॉनिक सामान तथा रत्न और आभूषणों के लिए हैं, जबकि अन्य क्षेत्र सभी प्रकार के उत्पादों के लिए हैं।

विशेष आर्थिक क्षेत्र Special Economic Zone- SEZ

- विशेष आर्थिक क्षेत्र का अभिप्राय ऐसे भौगोलिक क्षेत्र से है, जो देश में गैर-विशेष आर्थिक क्षेत्र (Non-SEZ) की अपेक्षा विशेषाधिकारों का लाभ प्राप्त कर रहा है।
- EPZ का अनुभव बहुत अधिक सकारात्मक नहीं होने के कारण आयात-निर्यात नीति वर्ष 1997-2002 में SEZ की संकल्पना लागू की गई। चीनी मॉडल अनुसरण करते हुए 1 अप्रैल, 2000 से कोच्चि (केरल) को छोड़कर सभी को SEZ में परिवर्तित कर दिया गया। SEZ की कार्य प्रणाली को और प्रभावी बनाने के लिए SEZ अधिनियम, 2005 पारित किया गया। सामान्यत: आर्थिक मामलों में SEZ को विदेशी क्षेत्र माना जाता है।

अन्तर्राष्ट्रीय मुद्रा कोष

International Monetary Fund-IMF

संयुक्त राज्य अमेरिका द्वारा प्रस्तावित 'व्हाइट प्लान' एवं ब्रिटेन द्वारा प्रस्तावित 'कीन्स योजना' पर जुलाई, 1944 में 44 देशों के प्रतिनिधियों ने ब्रेटनवुड्स अधिवेशन में विचार-विमर्श किया। इस सम्मेलन में ही अन्तर्राष्ट्रीय मुद्रा कोष और अन्तर्राष्ट्रीय पुनर्निर्माण विकास बैंक (International Bank for Reconstruction and Development, IBRD) की स्थापना की गई थी।

- IMF के समझौते का प्रलेख 27 दिसम्बर, 1945 को लागू हुआ, किन्तु इसने वास्तविक रूप से 1 मार्च, 1947 से कार्य करना प्रारम्भ किया। नवम्बर, 1947 में यह संयुक्त राष्ट्र का विशिष्ट अभिकरण बना। इसका मुख्यालय वाशिंगटन DC में है। इसका कार्यालय पेरिस एवं जेनेवा में भी हैं। वर्तमान में इसकी सदस्य संख्या 188 है।
- दक्षिण सूडान इसका 188वाँ सदस्य है, जिसको अप्रैल, 2012 में सदस्यता प्रदान की गई है।
- अन्तर्राष्ट्रीय सहयोग तथा स्थायी वैश्विक मौद्रिक ढाँचे को बढ़ावा देने के लिए स्थापित IMF एक प्रधान अन्तर्राष्ट्रीय मौद्रिक संस्था है। भारत IMF का संस्थापक सदस्य है।

अन्तर्राष्ट्रीय मुद्रा कोष के उद्देश्य

Objectives of International Monetary Fund

अन्तर्राष्ट्रीय मुद्रा कोष के निम्नलिखित उद्देश्य हैं—

1. अन्तर्राष्ट्रीय मौद्रिक सहयोग (International Monetary Cooperation) की स्थापना करना।
2. अन्तर्राष्ट्रीय व्यापार का सन्तुलित विकास करना।
3. विनिमय दरों (Exchange rate) में स्थिरता बनाए रखना।
4. बहुपक्षीय भुगतानों (Multilateral payments) की व्यवस्था करके विनिमय प्रतिबन्धों को समाप्त अथवा न्यूनतम करना।
5. सदस्य देशों के प्रतिकूल भुगतान सन्तुलन को अनुकूल बनाने के लिए सहायता प्रदान करना।
6. असन्तुलन की मात्रा एवं अवधि में कमी करना।

अन्तर्राष्ट्रीय मुद्रा कोष का संगठन एवं संरचना

Organisation and Structure of International Monetary Fund

- IMF का नियन्त्रण एवं प्रबन्धन 'बोर्ड ऑफ गवर्नस' में निहित है। प्रत्येक सदस्य एक गवर्नर को नियुक्त करता है, जिन्हें मिलाकर बोर्ड ऑफ गवर्नर्स का गठन होता है। इस मनोनयन के साथ ही प्रत्येक देश एक वैकल्पिक गवर्नर को भी नियुक्त करता है, जो मुख्य गवर्नर की अनुपस्थिति में मतदान करता है।
- प्रत्येक गवर्नर को कितने मताधिकार प्राप्त हों, यह उस देश को प्राप्त कोटे के आधार पर निर्भर करता है। प्रत्येक गवर्नर को 250 मत सदस्यता के तथा उस देश को प्राप्त कोटे में प्रत्येक 1 लाख (Special Drawing Rights, SDRs) पर एक अतिरिक्त मत देने का अधिकार है। इन दोनों का योग ही सदस्य राष्ट्रों के मताधिकार को व्यक्त करता है।
- बोर्ड ऑफ गवर्नर्स की वार्षिक बैठक (सामान्यत: सितम्बर-अक्टूबर में) होती है, जिसमें मुद्रा कोष के कार्यों की समीक्षा होती है तथा भविष्य के लिए नीतियों का निर्धारण किया जाता है। कार्यकारी बोर्ड (Executive board) मुद्रा कोष का सबसे शक्तिशाली अंग है। वर्तमान में इसके 21 सदस्य हैं।
- किसी सदस्य देश के अंशदान या कोटे का निर्धारण उसकी विश्व बैंक में भागीदारी, प्रति व्यक्ति राष्ट्रीय आय और आर्थिक विकास की दर पर निर्भर करता है।

विश्व बैंक World Bank

अन्तर्राष्ट्रीय पुनर्निर्माण एवं विकास बैंक या विश्व बैंक (World Bank, WB) की स्थापन सन् 1944 के ब्रेटनवुड्स समझौते के तहत सन् 1945 में हुई थी। इसकी स्थापना के लिए जेनेवा में 27 देशों के बीच समझौता हुआ था।

- इस बैंक ने 25 जून, 1946 से कार्य करना प्रारम्भ किया। भारत इसका संस्थापक सदस्य है। इसकी स्थापना युद्धकालीन अर्थव्यवस्था को शान्तिकालीन अर्थव्यवस्था में शान्तिमय ढंग से लाने में सहायता के लिए की गई थी। यह अन्तर्राष्ट्रीय मुद्रा कोष की सह-संस्था है। विश्व बैंक एवं IMF को ब्रेटनवुड्स की जुड़वा सन्तानें कहा जाता है।
- इसका मुख्यालय वाशिंगटन डी सी में है। वर्तमान में इसके सदस्यों की संख्या 188 है। दक्षिण सूडान इसका 188वाँ सदस्य है। IMF के सभी सदस्य विश्व बैंक के भी सदस्य होते हैं।
- *विश्व बैंक प्रारम्भ में निम्न दो संस्थाओं के सहयोग से बना था—*
  1. इण्टरनेशनल बैंक ऑफ रिकन्सट्रक्शन एण्ड डेवलपमेण्ट (IBRD)
  2. इण्टरनेशनल डेवलपमेण्ट एसोसिएशन (IDA)
- *किन्तु बाद में निम्न तीन और संस्थाएँ बनाई गईं—*
  1. इण्टरनेशनल फाइनेन्स कॉर्पोरेशन (IFC)
  2. मल्टी इन्वेस्टमेण्ट गारण्टी एजेन्सी (MIGA)
  3. इण्टरनेशनल सेण्टर फॉर सेटलमेण्ट ऑफ इन्वेस्टमेण्ट डिस्प्यूट्स (ICSID)
- इसका गठन सदस्य देशों को आर्थिक पुनर्निर्माण और विकास के कार्यों में आर्थिक सहायता देने, विश्व में गरीबी को कम करने एवं अन्तर्राष्ट्रीय निवेश को बढ़ावा देने के लिए किया गया है। उपरोक्त सभी संस्थाओं को मिलाकर 'विश्व बैंक समूह' कहा जाता है।
- भारत अब IMF के वित्तपोषक राष्ट्रों में शामिल है अर्थात् यह इस बहुपक्षीय संस्था को ऋण उपलब्ध कराने लगा है। भारत ने मुद्रा कोष को यह राशि फाइनेन्शियल ट्रांजेक्शन प्लान के तहत् उपलब्ध कराई थी।
- अन्तर्राष्ट्रीय विकास परिषद् उदार ऋण प्रदान करने के पूर्व तीन कसौटियों की ओर ध्यान देती है, ये कसौटियाँ हैं—गरीबी का मूल्यांकन, परियोजना का मूल्यांकन एवं निष्पादन का मूल्यांकन।
- अन्तर्राष्ट्रीय मुद्रा कोष द्वारा 'वर्ल्ड इकॉनोमिक आउटलुक' को प्रकाशित किया जाता है।

विश्व बैंक के उद्देश्य Objectives of World Bank

विश्व बैंक के निम्नलिखित उद्देश्य हैं–

1. सदस्य देशों के आर्थिक पुनर्निर्माण एवं विकास हेतु दीर्घकालीन पूँजी (Long-term capital) उपलब्ध कराना, जिसकी अवधि 20 वर्ष तक होती है।
2. भुगतान सन्तुलन की साम्यता एवं अन्तर्राष्ट्रीय व्यापार के सन्तुलित विकास हेतु दीर्घकालीन पूँजी विनियोग (Investment) को प्रोत्साहित करना।
3. सदस्य राष्ट्रों में पूँजी निवेश को प्रोत्साहित करने हेतु पूँजी की व्यवस्था करना।
4. सदस्य देशों की लघु एवं बड़ी परियोजनाओं के कार्यान्वयन हेतु ऋण प्रदान करना तथा ऐसे ऋणों के लिए गारण्टी देना।
5. युद्ध से पीड़ित देशों की अर्थव्यवस्थाओं को शान्तिकालीन अर्थव्यवस्था में परिवर्तित करने हेतु कार्यक्रमों को लागू करना।

विश्व बैंक का संगठन एवं संरचना Organisation and Structure of World Bank

- अन्तर्राष्ट्रीय मुद्रा कोष की भाँति विश्व बैंक का ढाँचा भी त्रि-स्तरीय है। इसका एक अध्यक्ष होता है तथा दूसरे स्तर पर अधिशासी निदेशक होते हैं और तीसरे स्तर पर शासक मण्डल होता है। इसके संगठन में गवर्नरों का बोर्ड, प्रशासनिक संचालक बोर्ड, सलाहकार समिति तथा ऋण समिति महत्त्वपूर्ण है। प्रत्येक सदस्य देश 5 वर्ष की अवधि के लिए एक गवर्नर और एक वैकल्पिक गवर्नर की नियुक्ति करता है। प्रत्येक गवर्नर के मतदान की शक्ति उसके देश की सरकार के वित्तीय योगदान से सम्बन्ध रखती है।
- प्रशासनिक निदेशक बोर्ड की बैठक नियमित रूप से वर्ष में एक बार होती है, जिसकी अध्यक्षता शासक मण्डल का अध्यक्ष करता है। प्रशासनिक निदेशक समझौते के नियमों के ढाँचे में नीति के बारे में निर्णय लेते हैं। वे अध्यक्ष द्वारा दिए गए ऋण (Debt) तथा साख (Credit) सम्बन्धी सुझावों पर विचार करते हैं और निर्णय लेते हैं। वे शासक मण्डल की वार्षिक सभाओं में ऑडिट, शुद्ध हिसाब-किताब, प्रशासकीय बजट और बैंक के प्रचालनों एवं नीतियों की वार्षिक रिपोर्ट भी प्रस्तुत करते हैं।
- संचालक बोर्ड के सदस्यों की संख्या 24 होती है। इनमें से पाँच उन देशों द्वारा नियुक्त किए जाते हैं, जिनका बैंक की पूँजी में सर्वाधिक हिस्सा होता है। ये देश संयुक्त राज्य अमेरिका, जापान, चीन, जर्मनी एवं फ्रांस हैं।
- शेष 19 संचालक अन्य 183 देशों द्वारा 2 वर्षों के लिए चुने जाते हैं। प्रत्येक संचालक को उसके देश के अंशदान के अनुसार मताधिकार प्राप्त होते हैं।
- सलाहकार समिति (Advisory committee) तथा ऋण समिति (Debt committee) की नियुक्ति संचालक बोर्ड द्वारा होती है। संचालक बोर्ड की मीटिंग एक महीने में कम-से-कम एक बार होना आवश्यक है। संचालक समिति का अध्यक्ष बैंक का प्रधान अधिकारी होता है और वह बैंक के सभी साधारण कार्यों की देखभाल करता है। अध्यक्ष को केवल अपना निर्णायक मत देने का अधिकार होता है, साधारण मताधिकार नहीं।
- संचालक मण्डल द्वारा कम-से-कम 7 सदस्यों की एक सलाहकार परिषद् (Advisory council) नियुक्त की जाती है। ये सदस्य विभिन्न आर्थिक क्षेत्रों के विशेषज्ञ होते हैं। परिषद् की साधारणतः प्रतिवर्ष एक बैठक होती है। संचालक मण्डल द्वारा समय-समय पर ऋण समितियाँ भी नियुक्त की जाती हैं, जो किसी सदस्य देश द्वारा माँगे गए ऋण की उपयुक्तता के सम्बन्ध में जाँच करती हैं।

संयुक्त राष्ट्र व्यापार एवं विकास सम्मेलन–अंकटाड United Nations Conference on Trade and Development-UNCTAD

- संयुक्त राष्ट्र संघ ने 1960-70 के दशक को 'संयुक्त राष्ट्र विकास दशक' घोषित किया, जिसका मुख्य उद्देश्य व्यापार एवं विकास की अतिरिक्त सम्भावनाओं का पता लगाकर अल्पविकसित देशों की आय में 5% वृद्धि करना था। इस विचार के कारण ही गैर-विकासशील देशों के विकास में बाधक है। इसकी क्रियाओं का लाभ केवल विकसित देशों को ही प्राप्त होता है।
- संयुक्त राष्ट्र संघ की आर्थिक एवं सामाजिक परिषद् ने जेनेवा में एक विश्व व्यापार एवं विकास सम्मेलन बुलाया, जो 31 मार्च, 1964 से 16 जून, 1964 तक चला। इसमें अन्तर्राष्ट्रीय व्यापार सम्बन्धी विश्वव्यापी नीति निर्धारित की गई तथा विकासशील देशों की विशेष आवश्यकताओं एवं अन्तर्राष्ट्रीय व्यापार विस्तार सम्बन्धी समस्याओं के व्यावहारिक पहलू पर विचार किया गया। इसी सम्मेलन को संयुक्त राष्ट्र का प्रथम व्यापार एवं विकास सम्मेलन (United Nation Conference on Trade and Development, UNCTAD-I) कहा गया। इसका मुख्यालय जेनेवा में स्थित है।
- अंकटाड संयुक्त राष्ट्र संघ की महासभा का एक स्थायी (Permanent) अंग है, किन्तु उसकी स्वयं की सहायक संस्थाएँ एवं स्वतन्त्र सचिवालय हैं। वर्तमान में यह सम्मेलन एक स्थायी संगठन बन चुका है और इसका मुख्यालय जेनेवा (स्विट्जरलैण्ड) में स्थित है। वर्तमान में इसकी सदस्य संख्या 194 है।
- अंकटाड का सम्मेलन 4 वर्ष के अन्तराल पर होता है। इसके सभी सम्मेलनों में IMF को स्थायी प्रतिनिधित्व प्राप्त है। अंकटाड द्वारा पारित प्रस्तावों को IMF अपनी नीति निर्माण प्रक्रिया में प्रयोग करता रहा है, परन्तु अंकटाड के सुझाव मात्र रचनात्मक होते हैं। इसके पालन के लिए किसी को बाध्य नहीं किया जा सकता।
- अंकटाड के कुल 13 सम्मेलन हो चुके हैं। इसका दूसरा सम्मेलन सन् 1968 में नई दिल्ली में तथा 11वाँ सम्मेलन साओ पाउलो (ब्राजील) में हुआ था। इसका 12वाँ सम्मेलन 21-25 अप्रैल, 2008 को घाना की राजधानी अंकारा में हुआ था एवं 13वाँ सम्मेलन अप्रैल, 2012 में कतर की राजधानी दोहा में सम्पन्न हुआ। केन्या के 'मुखिसा कितयी' (Mukhisa Kitnyi) इसके वर्तमान महासचिव हैं।
- संयुक्त राष्ट्र संघ की एक स्थायी एजेन्सी के रूप में अंकटाड कार्य कर रहा है, जिसकी सदस्यता पूर्णरूपेण ऐच्छिक है। कोई भी राष्ट्र अपनी इच्छानुसार 'अंकटाड' की सदस्यता ग्रहण कर सकता है अथवा परित्याग कर सकता है। इसके प्रत्येक सदस्य को केवल एक मत देने का अधिकार है। सामान्यतः महत्त्व के विवादों पर केवल उपस्थित सदस्यों के बहुमत के आधार पर निर्णय लिए जाते हैं, जबकि अत्यन्त महत्त्वपूर्ण प्रश्नों के लिए दो-तिहाई बहुमत आवश्यक है।

अंकटाड के मुख्य उद्देश्य Objectives of UNCTAD

अंकटाड के प्रमुख उद्देश्य निम्नलिखित हैं–

1. सम्पूर्ण विश्व में विकसित और विकासशील देशों के बीच अन्तर्राष्ट्रीय व्यापार को प्रोत्साहन देना और आर्थिक विकास को गतिशील बनाना।

2. अन्तर्राष्ट्रीय व्यापार एवं आर्थिक विकास से सम्बद्ध आवश्यक सिद्धान्तों का प्रतिपादन करना एवं नीति निर्धारित करना। निर्धारित सिद्धान्तों एवं नीतियों को कार्यान्वित करने के लिए आवश्यक प्रस्ताव प्रस्तुत करना।
3. संयुक्त राष्ट्र संघ की महासभा एवं आर्थिक व सामाजिक परिषद् को आवश्यक सहयोग प्रदान करना तथा संयुक्त राष्ट्र संघ की अन्य संस्थाओं के कार्यों के साथ ताल-मेल बैठाना। व्यापार सम्बन्धी वार्ता के लिए आवश्यक प्रबन्ध करना।

विश्व व्यापार संगठन
World Trade Organisation-WTO

विश्व व्यापार संगठन की स्थापना 1 जनवरी, 1995 को की गई। विश्व व्यापार संगठन ने गैट का स्थान ले लिया है। 1 जनवरी, 1995 को 124 देश विश्व व्यापार संगठन के सदस्य थे। मई, 2016 में यह संख्या बढ़कर 164 हो गई। इस संगठन में कुछ क्षेत्रों पर विशेष ध्यान दिया गया है; जैसे—सेवाओं का व्यापार, विदेशी निवेश को प्रोत्साहन, पेटेण्टों को संरक्षण, विश्व व्यापार से सम्बन्धित विवादों का निवारण, टैरिफ में कमी आदि। WTO के समझौतों से विश्व व्यापार में वृद्धि होगी। विकासशील देशों को अधिक विदेशी निवेश व तकनीकी सहायता प्राप्त होगी तथा उनके आर्थिक विकास में वृद्धि होगी। WTO संसार के विभिन्न देशों के बीच अन्तर्राष्ट्रीय व्यापार को प्रोत्साहित करने तथा सीमा शुल्क के बन्धनों को कम करने के लिए किया गया, आवश्यक सिद्धान्तों तथा नियमों से सम्बन्धित बहुपक्षीय समझौता है। यह एक बहुपक्षीय सन्धि है, जो अन्तर्राष्ट्रीय व्यापार को प्रोत्साहित एवं इसके नियमों का निर्धारण करती है।

विश्व व्यापार संगठन की विशेषताएँ
Characteristics of World Trade Organisation

विश्व व्यापार संगठन की मुख्य विशेषताएँ निम्नलिखित हैं—

1. यह एक अन्तर्राष्ट्रीय संगठन है, जो बहुपक्षीय व्यापार को बढ़ावा देने के लिए कार्य करता है। इसे गैट (GATT) के स्थान पर बनाया गया है।
2. यह स्वतन्त्र अन्तर्राष्ट्रीय व्यापार को बढ़ावा देता है। यह टैरिफ व गैर-टैरिफ जैसी बाधाओं को खत्म करने पर बल देता है।
3. इसका वैधानिक अस्तित्व है। इसके कुछ नियम व प्रावधान हैं। इन नियमों व प्रावधानों के द्वारा यह सदस्य देशों के मध्य अन्तर्राष्ट्रीय व्यापार की बाधाओं को कम करता है। ये नियम सदस्य देशों द्वारा आपसी सहमति से बनाए जाते हैं।
4. WTO के सदस्य देशों द्वारा किए गए समझौते सभी सदस्य देशों पर लागू होते हैं। यदि कोई सदस्य देश उन समझौतों का पालन नहीं करता, तो उसकी शिकायत विवाद निपटारा समिति को की जा सकती है।
5. WTO के अन्तर्गत वस्तु व्यापार, सेवा-व्यापार, बौद्धिक सम्पत्ति-अधिकारों का संरक्षण, विदेशी निवेश आदि शामिल हैं।
6. अन्तर्राष्ट्रीय मुद्रा कोष (IMF) और विश्व बैंक (World Bank) की तरह, WTO पर केवल विकसित देशों का ही नियन्त्रण नहीं है। WTO विकसित देशों के एजेण्ट की भाँति कार्य नहीं करता।
7. WTO में सभी सदस्य देशों को एकसमान वोटिंग अधिकार दिए गए हैं। इसमें एक देश को एक वोट देने का अधिकार होता है।
8. WTO का एक बड़ा सचिवालय है और इसका संगठनात्मक ढाँचा बहुत विशाल है।

विश्व व्यापार संगठन के उद्देश्य
Objectives of WTO

विश्व व्यापार संगठन के उद्देश्य निम्नलिखित हैं—

1. यह आश्वस्त करना कि अल्पविकसित देश भी अन्तर्राष्ट्रीय व्यापार के विस्तार से लाभान्वित हो।
2. विश्व व्यापार को इस तरह से बढ़ावा देना है कि प्रत्येक सदस्य देश उससे लाभान्वित हो।
3. अन्तर्राष्ट्रीय व्यापार में टैरिफ और गैर-टैरिफ बाधाओं को दूर करके स्वतन्त्र व्यापार को बढ़ावा देना।
4. बहुपक्षीय व्यापार को बढ़ावा देना।(बहुत से देशों के बीच किए गए व्यापार को बहुपक्षीय व्यापार कहा जाता है।)
5. WTO का प्राथमिक उद्देश्य नए विश्व व्यापार समझौते को लागू करना है।
6. अति गरीब राष्ट्रों के विकास के लिए विशेष प्रयास करना।
7. विश्व की जनसंख्या के जीवन-स्तर में सुधार लाना और सदस्य राष्ट्रों के आर्थिक विकास की गति को तेज करना।
8. संसार के संसाधनों का अधिकतम मात्रा में विस्तार करना तथा उनका अनुकूलतम प्रयोग करना।
9. विश्व में रोजगार के स्तर को बढ़ाने के लिए उत्पादन के स्तर तथा उत्पादकता को बढ़ाना।
10. उपभोक्ताओं को लाभान्वित करने के लिए सभी देशों में प्रतिस्पर्धा को बढ़ावा देना।
11. खुली विश्व प्रणाली की सभी रुकावटों को दूर करना तथा विश्व व्यापार को आर्थिक विकास के लिए प्रयोग करना।

विश्व व्यापार संगठन के कार्य Functions of WTO

विश्व व्यापार संगठन के कार्य निम्नलिखित हैं—

1. विवाद निपटारा समिति की सहायता से सदस्य देशों के अन्तर्राष्ट्रीय व्यापार सम्बन्धी झगड़ों का निपटारा करना।
2. अन्तर्राष्ट्रीय व्यापार में टैरिफ और गैर-टैरिफ बाधाओं को कम करने के लिए नियम बनाना।
3. विश्व व्यापार संगठन के समझौतों को पूरा करने के लिए इन्हें लागू करना और अन्तर्राष्ट्रीय व्यापार का प्रशासन करना।
4. विश्व व्यापार नीति-निर्माण में समन्वय लाने के लिए अन्तर्राष्ट्रीय मुद्रा कोष तथा विश्व बैंक को सहयोग देना।
5. व्यापार उदारीकरण के लिए कार्य करना।
6. सदस्य देशों को विदेशी व्यापार, राजकोषीय नीति के प्रबन्ध के लिए आवश्यक तकनीक, तकनीकी सलाह और मार्गदर्शन देना।
7. सदस्य देशों की आर्थिक नीतियों व व्यापार सम्बन्धी नीतियों का पुनरावलोकन करना।

अभ्यास प्रश्न

आन्तरिक व्यापार

1. व्यापार एक प्रक्रिया है, जिसके अन्तर्गत शामिल है
(a) वस्तुओं का क्रय (b) वस्तुओं का विक्रय
(c) वस्तुओं का विनिमय (d) इनमें से कोई नहीं

2. व्यापार, उपभोक्ता तथा उत्पादक के बीच अन्तर को ....
(a) बनाता है (b) बढ़ाता है
(c) कम करता है (d) इनमें से कोई नहीं

3. थोक विक्रेता किसको सुविधाएँ प्रदान करते हैं?
(a) उत्पादक
(b) फुटकर विक्रेता
(c) उत्पादक तथा फुटकर विक्रेता दोनों
(d) उपरोक्त में से कोई नहीं

4. थोक विक्रेता द्वारा उत्पादक को कौन-सी सुविधा प्रदान की जाती है?
(a) उच्च-स्तर उत्पादन में सहायता
(b) जोखिम सहन करना
(c) वित्तीय सहायता
(d) उपरोक्त सभी

5. थोक विक्रेता बहुत से जोखिम को सहन करता है, जैसे
(a) कीमतों में कमी (b) चोरी
(c) वस्तुओं का सड़ना, गलना (d) ये सभी

6. थोक विक्रेता उत्पादन की निरन्तरता कैसे सुनिश्चित करता है?
(a) उत्पादित वस्तु को खरीदकर (b) वस्तुओं को बेचकर
(c) वस्तुओं का भण्डारण कर (d) इनमें से कोई नहीं

7. फुटकर विक्रेता एक ऐसा व्यावसायिक उपक्रम है, जो प्रत्यक्ष रूप से .... को वस्तुएँ बेचता है।
(a) थोक विक्रेताओं (b) अन्य फुटकर विक्रेताओं
(c) उपभोक्ताओं (d) इनमें से कोई नहीं

8. उपभोक्ताओं को साख सुविधा कौन प्रदान करता है?
(a) उत्पादक (b) थोक विक्रेता
(c) फुटकर विक्रेता (d) इनमें से कोई नहीं

9. थोक व्यापारी की क्या विशेषता है?
(a) कम मात्रा का क्रय (b) एक ही स्थान पर व्यापार
(c) प्रायः नकद बिक्री (d) ये सभी

10. पेटेण्ट संरक्षण कितने वर्ष की अवधि के लिए होता है?
(a) 10 वर्ष (b) 15 वर्ष
(c) 20 वर्ष (d) 25 वर्ष

11. पेटेण्ट एक्ट किस वर्ष लागू हुआ?
(a) वर्ष 1960 (b) वर्ष 1970
(c) वर्ष 1975 (d) वर्ष 1980

12. EFT क्या है?
(a) इलेक्ट्रॉनिक फण्ड ट्रांसफर (b) इलेक्ट्रॉनिक फारेन हेड
(c) इकॉनोमिक फण्ड ट्रांसफर (d) इनमें से कोई नहीं

13. ई-बिजनिस का क्षेत्र है
(a) B2B commerce (b) B2C commerce
(c) Intra B commerce (d) ये सभी

14. ई-बिजनिस क्षेत्र में C2C क्या है?
(a) Customer to Customer
(b) Cost to Cost
(c) Customer to Cunsumption
(d) Currency to Customer

अन्तर्राष्ट्रीय व्यापार

15. बाह्य व्यापार में कितने देश शामिल होते हैं?
(a) 1 (b) 2
(c) 2 या दो से अधिक (d) इनमें से कोई नहीं

16. किसी वस्तु या सेवा का दो देशों के मध्य होने वाला विनिमय कहलाता है
(a) राष्ट्रीय व्यापार (b) अन्तर्राष्ट्रीय व्यापार
(c) अन्तर्क्षेत्रीय व्यापार (d) ये सभी

17. निम्नलिखित में से कौन-सा कथन सही है?
(a) जब अन्तर्राष्ट्रीय आधार पर श्रम का विभाजन होने लगता है, तब अन्तर्राष्ट्रीय व्यापार उत्पन्न होता है
(b) जब अन्तर्राष्ट्रीय आधार पर श्रम का विभाजन होने लगता है, तब अन्तर्राष्ट्रीय व्यापार की स्थिति समाप्त होने लगती है
(c) जब राष्ट्रीय आधार पर श्रम-विभाजन होने लगता है, तब अन्तर्राष्ट्रीय व्यापार की स्थिति उत्पन्न हो जाती है
(d) उपरोक्त में से कोई नहीं

18. विदेशी व्यापार सभी देशों के लिए तब लाभदायक होगा, जबकि
(a) सभी देश सभी वस्तुओं का उत्पादन करें
(b) सभी देश अपनी विशेषज्ञता वाली वस्तुओं का उत्पादन करें
(c) सभी देश अपनी जरूरत के अनुसार उत्पादन करें
(d) उपरोक्त सभी

19. किसी देश को अगर अपना आयात कम करना है, तो
(a) वस्तुओं के मूल्यों में वृद्धि करनी पड़ती है
(b) निर्यात बढ़ाना पड़ता है
(c) आयात लाइसेन्स या कोटा तथा टैरिफ नीति लाभदायक होती है
(d) उपरोक्त सभी

20. विदेशी व्यापार में संलग्न देशों के मध्य लाभ का विभाजन होता है
(a) समान (b) असमान
(c) माँग एवं पूर्ति की लोच के द्वारा
(d) उपरोक्त सभी

21. व्यापार की शर्तों का आशय है
(a) परस्पर देशों का विभिन्न वस्तुओं के उत्पादन में तुलनात्मक लाभ
(b) दो देशों के मध्य व्यापार समझौते
(c) आयातों पर निर्यातों का आधिक्य
(d) आयात मूल्य तथा निर्यात मूल्य का आनुपातिक सम्बन्ध

22. अस्सी के दशक से पूर्व भारत सरकार की आयात नीति के दो महत्त्वपूर्ण पहलू कौन-से थे?
(a) आयात प्रतिस्थापन और निर्यात संवर्द्धन
(b) आयात उदारतावाद और आयात प्रतिस्थापन
(c) आयात प्रतिबन्ध और निर्यात प्रतिस्थापन
(d) निर्यात प्रोत्साहन और निर्यात संवर्द्धन

23. किसी देश के आर्थिक विकास पर व्यापार शर्तों के पड़ने वाले प्रभाव निम्न तत्त्व पर आधारित होते हैं
(a) व्यापार की मात्रा
(b) व्यापार की दिशा
(c) उत्पादन लागत
(d) आय एवं कीमत की माँग एवं पूर्ति की लोच

24. विदेशी व्यापार की शर्तों को निम्न प्रकार से बताया जा सकता है
(a) $\text{व्यापार शर्त} = \frac{\text{आयात मूल्य}}{\text{निर्यात मूल्य}}$ (b) $\text{व्यापार शर्त} = \frac{\text{आयात माँग}}{\text{निर्यात माँग}}$
(c) $\text{व्यापार शर्त} = \frac{\text{आयात मूल्य}}{\text{निर्यात माँग}}$ (d) $\text{व्यापार शर्त} = \frac{\text{आयात माँग}}{\text{निर्यात मूल्य}}$

25. समान प्रशुल्क प्रणाली होती है
(a) सभी देशों की विभिन्न वस्तुओं पर समान दर से प्रशुल्क
(b) सभी देशों की समान वस्तुओं पर समान दर से प्रशुल्क
(c) पड़ोसी देश की समान वस्तुओं पर समान दर से प्रशुल्क
(d) उपरोक्त में से कोई नहीं

26. भारत में एग्ज़िम स्क्रिप एक उपाय था
(a) आयातों एवं निर्यातों के पारस्परिक सम्बन्धों को तोड़ने का
(b) आयातों एवं निर्यातों को परस्पर जोड़ने का
(c) एग्ज़िम बैंक ऑफ इण्डिया को प्रबलित करने का
(d) निर्गम नीति को बल प्रदान करने का

27. किसके निर्यात से भारत की निर्यात आय में सर्वाधिक योगदान होता है?
(a) कृषि उत्पादों के
(b) रत्न एवं आभूषणों के
(c) मशीनरी के
(d) कपड़ा एवं सिले-सिलाए वस्त्रों के

28. निम्नलिखित में से कौन-सा संगठन निर्यातकों को विभिन्न जोखिमों हेतु सुरक्षा प्रदान करता है?
(a) भारतीय रिज़र्व बैंक
(b) स्टेट ट्रेडिंग कॉर्पोरेशन ऑफ इण्डिया
(c) एक्सिस बैंक
(d) एक्सपोर्ट क्रेडिट एण्ड गारण्टी कॉर्पोरेशन

29. अदृश्य निर्यात का अर्थ होता है
(a) सेवाओं का निर्यात
(b) प्रतिबन्धित सामान का निर्यात
(c) अलिखित सामान का निर्यात
(d) तस्करी से सामान का निर्यात

30. विदेशी व्यापार का प्रत्यक्ष लाभ इनमें से कौन-सा है?
(a) उत्पादन स्तर में वृद्धि
(b) महत्त्वपूर्ण शैक्षणिक प्रभाव
(c) विदेशी पूँजी के आयात का आधार
(d) उपरोक्त में से कोई नहीं

31. लचीली विनिमय दर प्रणाली के अन्तर्गत भुगतान सन्तुलन में असाम्य स्वत: ही सही हो सकता है
(a) अतिमूल्यन द्वारा (b) राष्ट्रीय आय को बढ़ाकर
(c) मुद्रा की पूर्ति बढ़ाकर (d) अवमूल्यन द्वारा

32. उरुग्वे दौर कब-से-कब तक चला?
(a) वर्ष 1963-67 (b) वर्ष 1973-79
(c) वर्ष 1986-94 (d) वर्ष 1990-95

33. अन्तर्राष्ट्रीय विकास परिषद् से सम्बन्धित कौन-सा कथन असत्य है?
(a) अन्तर्राष्ट्रीय विकास परिषद् विश्व बैंक की एक इकाई है, जो आईबीआरडी की एक पूरक संस्था है
(b) इसकी स्थापना सन् 1955 को की गई
(c) इस सन् 1961 में यूएनओ का अभिकरण बनाया गया
(d) विश्व बैंक का अध्यक्ष ही इसका अध्यक्ष होता है

34. विदेशी व्यापार निम्न में से कौन-सा है?
(a) दो देशों के मध्य व्यापार (b) दो शहरों के मध्य व्यापार
(c) दो जिलों के मध्य व्यापार (d) इनमें से कोई नहीं

35. इनमें से कौन-सा विदेशी व्यापार का प्रकार है?
(a) आयात व्यापार (b) निर्यात व्यापार
(c) पुनर्निर्यात व्यापार (d) ये सभी

36. आयात व निर्यात कर को इस नाम से भी जाना जाता है
(a) आयकर (b) उत्पादन कर
(c) सीमा शुल्क (d) इनमें से कोई नहीं

37. विदेशी व्यापार में कौन-से प्रलेख प्रयोग किए जाते हैं?
(a) जहाजी बिल्टी (b) विदेशी बीजक
(c) चार्टर पार्टी (d) ये सभी

38. पुनर्निर्यात का अर्थ है
(a) आयात (b) निर्यात
(c) निर्यात के लिए आयात (d) इनमें से कोई नहीं

39. निम्नलिखित में से किसे अन्तर्राष्ट्रीय व्यापार से अधिक लाभ होता है?
(a) अल्प विकसित देशों को (b) विकसित देशों को
(c) पिछड़े हुए देशों को (d) इनमें से कोई नहीं

40. सीमा शुल्क को इस नाम से भी जाना जाता है
(a) आयात कर (b) निर्यात कर
(c) निर्यात के लिए आयात कर (d) 'a' और 'b' दोनों

41. 'संरक्षण कर' किस लिए लगाया जाता है?
(a) घरेलू उद्योगों को बढ़ाने के लिए
(b) सरकारी खर्च बढ़ाने के लिए
(c) सरकारी आय को बढ़ाने के लिए
(d) विदेशों को संरक्षण देने के लिए

42. 'अनुरक्षण कर' का दूसरा नाम है
(a) राजस्व कर (b) अधिमान्य कर
(c) संरक्षणात्मक कर (d) इनमें से कोई नहीं

43. निम्न में से विदेशों में माँग उत्पन्न करने के साधन हैं
(a) व्यक्तिगत सम्पर्क (b) सूचना ग्रह
(c) विदेशों में साझेदारी (d) ये सभी

44. आयात अनुज्ञा-पत्र के प्रकार है/हैं
(a) विशिष्ट (b) सामान्य
(c) प्रतिबन्धित (d) ये सभी

45. इण्डेण्ट के प्रकार है/हैं
(a) खुला इण्डेण्ट (b) बन्द इण्डेण्ट
(c) 'a' और 'b' दोनों (d) इनमें से कोई नहीं

46. बन्द इण्डेण्ट ऐसा इण्टेण्ट है, जिसमें
(a) केवल माल की मात्रा एवं गुणात्मक विशेषताओं का उल्लेख हो
(b) माल के सम्बन्ध में सम्पूर्ण बातों का उल्लेख हो
(c) आयातकर्ता द्वारा बीमा एवं संवेष्टन आदि के सम्बन्ध में कोई आवश्यक निर्देश नहीं दिए हों
(d) भुगतान प्रक्रिया का विस्तृत विवरण हो

47. इण्डेण्ट में लिखी जाने वाली मुख्य बातों में सम्मिलित किया जाता है
(a) माल का मूल्य (b) माल की मात्रा
(c) माल का गुण (d) ये सभी

48. जहाज के कप्तान द्वारा किस चालान को देखकर माल को जहाज से उतारने की अनुमति दी जाती है?
(a) निकासी चालान (b) इण्डेण्ट
(c) जहाजी बिल (d) जहाजी बिल्टी

49. आयात कर का निर्धारण किस पत्र के आधार पर किया जाता है?
(a) प्रवेश बिल (b) बीजक
(c) विदेशी बीजक (d) इनमें से कोई नहीं

50. उपागम पत्र को भी कहा जाता है
(a) प्रवेश बिल (b) दर्शनीय बिल
(c) मुद्दती बिल (d) इनमें से कोई नहीं

51. यदि माल बन्दरगाह पर पहुँच चुका हो, किन्तु उसके सम्बन्ध में निकासी प्रतिनिधि के पास पूर्ण जानकारी न हो, तो उस स्थिति में आयात कर की गणना किस आधार पर की जाती है?
(a) दर्शनीय बिल (b) इण्डेण्ट
(c) 'a' और 'b' दोनों (d) इनमें से कोई नहीं

52. नवभाटव-पत्र कहते हैं
(a) माल प्राप्त करने की रसीद को
(b) माल भेजने के लिए किए गए अनुबन्ध को
(c) जहाज को सम्पूर्ण अथवा उसके किसी भाग को किराये पर लेने के लिए जहाजी कम्पनी और प्रेषक के प्रतिनिधि के बीच के अनुबन्ध को
(d) उपरोक्त में से कोई नहीं

53. चार्टर पार्टी (नवभाटक-पत्र) का प्रयोग होता है
(a) आयात व्यापार में (b) निर्यात व्यापार में
(c) आन्तरिक व्यापार में (d) इनमें से कोई नहीं

54. जहाजी बिल्टी सम्बन्धित है
(a) रेल परिवहन से (b) सड़क परिवहन से
(c) पोत परिवहन से (d) इनमें से कोई नहीं

55. जहाजी कम्पनी द्वारा प्रदत्त माल प्राप्त करने की रसीद को कहते हैं
(a) कप्तान की रसीद (b) बीजक
(c) जहाजी बिल्टी (d) सुपुर्दगी चालान

56. कप्तान की रसीद निर्गमित की जाती है
(a) निर्यातकर्ता द्वारा (b) बैंक द्वारा
(c) अभिकर्ता द्वारा (d) जहाज के कप्तान द्वारा

57. कप्तान की रसीद में उल्लेखित होता है
(a) संवेष्टन सन्तोषजनक है (b) संवेष्टन असन्तोषजनक है
(c) 'a' और 'b' दोनों (d) इनमें से कोई नहीं

58. बिना माल भेजे जिस भाड़े का भुगतान किया जाता है, उसे कहते हैं
(a) मृत भाड़ा (b) जीवित भाड़ा
(c) आगत भाड़ा (d) निर्गत भाड़ा

59. निर्यात कर के भुगतान हेतु जिस चालान का प्रयोग किया जाता है, उसे कहते हैं
(a) जहाजी बिल (b) जहाजी बिल्टी
(c) इण्डेण्ट (d) इनमें से कोई नहीं

60. रियायती आधार पर आयात कर चुकाने हेतु किस प्रमाण-पत्र की आवश्यकता होती है?
(a) उद्गम का प्रमाण-पत्र (b) जन्म का प्रमाण-पत्र
(c) आयातकर्ता का प्रमाण-पत्र (d) इनमें से कोई नहीं

61. प्रमाणित गोदामों में माल को निम्न परिस्थितियों में रखा जाता है
(a) जब आयातक आयात कर चुकाने में असमर्थ हो
(b) जब आयातक निर्यातकर चुकाने में असमर्थ हो
(c) जब माल का पुनर्निर्यात किया जाता है
(d) 'a' और 'b' दोनों

62. प्रमाणित गोदाम में माल रखने का प्रमुख उद्देश्य होता है
(a) आयातित माल को सुरक्षित ढंग से रखना
(b) सुविधानुसार माल का विक्रय
(c) आयात कर का सुविधानुसार भुगतान
(d) उपरोक्त सभी

63. विदेशी व्यापार में प्रयोग किए जाने वाले प्रलेख है/हैं
(a) चार्टर पार्टी (b) जहाजी बिल्टी
(c) विदेशी बीजक (d) ये सभी

64. आयातक का बैंक आयातक के आदेश पर निर्यातक के पक्ष में किस आधार पर साख-पत्र जारी करता है?
(a) आयात लाइसेंस की प्रति के आधार पर
(b) डॉक चलान के आधार पर
(c) इण्डेण्ट के आधार पर
(d) उपरोक्त में से कोई नहीं

65. विदेशी व्यापार के साख-पत्र की माँग की जाती है
(a) आयातक द्वारा (b) निर्यातक द्वारा
(c) बैंक द्वारा (d) सरकार द्वारा

66. विदेशी चुंगी घर द्वारा माल को निर्यात करने की लिखित अनुमति को कहते हैं
(a) इण्डेण्ट (b) विदेशी चुंगी घर का परमिट
(c) जहाजी आज्ञा-पत्र (d) इनमें से कोई नहीं

67. क्षतिपूरक बन्ध-पत्र भरना पड़ता है, यदि
(a) जहाजी कप्तान की रसीदें दूषित हैं
(b) प्रेषक प्रतिनिधि जहाजी कप्तान की दूषित रसीद होने पर स्वच्छ जहाजी बिल्टी प्राप्त करना चाहता है
(c) जहाजी कप्तान की रसीद ठीक है
(d) उपरोक्त में से कोई नहीं

68. आयात प्रक्रिया के चरणों में सम्मिलित है/हैं
(a) निर्यातक देश का चयन (b) आयात लाइसेंस प्राप्त करना
(c) माल का आदेश देना (d) ये सभी

69. विदेशी मुद्रा की व्यवस्था की जाती है
(a) रिज़र्व बैंक द्वारा (b) स्टेट बैंक द्वारा
(c) पंजाब नेशनल बैंक द्वारा (d) ये सभी

70. प्रवेश बिल की कितनी प्रतियाँ भरी जाती हैं?
(a) 1 (b) 2 (c) 5 (d) 3

71. निकासी प्रतिनिधि डॉक में माल को बाहर लाने के लिए डॉक चालान की कितनी प्रतिलिपियाँ भरता है?
(a) दो (b) तीन (c) चार (d) पाँच

72. पूर्व आयात कर चुकता न करने पर माल को
(a) जहाज पर छोड़ना पड़ता है
(b) प्रमाणित गोदाम में जमा करवाना पड़ता है
(c) आयातकर्ता स्वयं प्राप्त कर सकता है
(d) उपरोक्त में से कोई नहीं

73. प्रमाणित गोदामों में माल रखने के लिए भरना होता है
(a) विशेष प्रवेश बिल (b) डॉक चालान
(c) इण्डेण्ट (d) इनमें से कोई नहीं

अन्तर्राष्ट्रीय मुद्रा कोष व विश्व बैंक

74. अन्तर्राष्ट्रीय भुगतानों में मध्यस्थों की क्रिया से आशय है
(a) महँगे बाजार से मुद्रा खरीदकर सस्ते बाजार में बेचना
(b) सस्ते बाजार से मुद्रा खरीदकर महँगे बाजार में बेचना
(c) विनिमय दर के अन्तर को पाटने की सरकारी क्रिया
(d) भुगतान सन्तुलन को संकट से बचाना

75. विदेशी विनिमय की माँग और पूर्ति पर विदेशी मुद्रा का प्रबन्धन किया जाता है
(a) मुद्रा बाजार से (b) पूँजी बाजार से
(c) विदेशी मुद्रा भण्डार निधि से (d) सरकारी कोष से

76. ब्रेटनवुड्स कहाँ स्थित है?
(a) न्यू हैम्पशायर (b) कोलोरेडो
(c) मिशिगन (d) अलास्का

77. भारत की ओर से अन्तर्राष्ट्रीय मुद्राकोष के गवर्नर मण्डल का पदेन गवर्नर और द्वितीय गवर्नर क्रमशः कौन-कौन होते हैं?
(a) वित्त मन्त्री, आरबीआई (b) आरबीआई, वित्त मन्त्री
(c) वित्त सचिव, वित्त मन्त्री (d) वित्त मन्त्री, वित्त सचिव

78. डंकन प्रारूप का सम्बन्ध गैट के किस दौर से है?
(a) उरुग्वे दौर (b) टोक्यो दौर
(c) केनेडी दौर (d) डिलान दौर

79. पोर्टफोलियो निवेश किस प्रकार का निवेश है?
(a) अल्पकालीन निवेश (b) दीर्घकालीन निवेश
(c) 'a' और 'b' दोनों (d) इनमें से कोई नहीं

80. डिपार्टमेण्ट ऑफ इण्डस्ट्रियल पॉलिसी एण्ड प्रमोशन (डीआईपीपी) की स्थापना किस वर्ष की गई?
(a) वर्ष 1992 (b) वर्ष 1995
(c) वर्ष 1997 (d) वर्ष 1999

81. भारत में एफडीआई के इक्विटी निवेश में प्रथम तीन सर्वाधिक निवेश करने वाले देश हैं
(a) सिंगापुर, मॉरीशस, यूके
(b) सिंगापुर, मॉरीशस, जापान
(c) मॉरीशस, सिंगापुर, यूके
(d) सिंगापुर, मॉरीशस, यूएस

82. निम्नलिखित में से कौन-सा आईएमएफ का कार्य नहीं है?
(a) विनिमय दर अथवा मुद्राओं की समता दरों का निर्धारण
(b) अल्पकालीन अन्तर्राष्ट्रीय साख व्यवस्था
(c) मुद्राकोष विनिमय दर नीतियों के मार्गदर्शन के लिए विशेष सिद्धान्त अपना सकता है और इन नीतियों पर निगरानी रख सकता है
(d) अंकटाड की गतिविधियों को नियन्त्रित करना

83. आईएमएफ में भारत का प्रतिनिधित्व एक कार्यकारी निदेशक करता है, जो अन्य तीन देशों का भी प्रतिनिधित्व करता है, वे तीन देश हैं
(a) नेपाल, भूटान, अफगानिस्तान
(b) अफगानिस्तान, बांग्लादेश, श्रीलंका
(c) भूटान, बांग्लादेश, नेपाल
(d) बांग्लादेश, श्रीलंका, भूटान

84. अन्तर्राष्ट्रीय वित्त निगम की स्थापना किस वर्ष की गई?
(a) वर्ष 1945 (b) वर्ष 1946
(c) वर्ष 1955 (d) वर्ष 1956

85. मिगा अर्थात् बहुपक्षीय निवेश गारण्टी एजेन्सी की स्थापना किस वर्ष की गई?
(a) वर्ष 1966 (b) वर्ष 1977
(c) वर्ष 1988 (d) वर्ष 1990

86. अन्तर्राष्ट्रीय मुद्राकोष से सम्बन्धित कौन-सा कथन असत्य है?
(a) आईएमएफ की स्थापना वर्ष 1945 में हुई
(b) इसका मुख्यालय वाशिंगटन डी सी में है
(c) अप्रैल, 2012 तक 188 राष्ट्र अन्तर्राष्ट्रीय मुद्रा कोष के सदस्य हैं
(d) वर्तमान में राबर्टो एजेवेडो आईएमएफ के प्रबन्ध निदेशक हैं

87. विश्व बैंक की 'उदार ऋण प्रदान करने वाली खिड़की' किसे कहा जाता है?
(a) अन्तर्राष्ट्रीय वित्त निगम
(b) अन्तर्राष्ट्रीय विकास संघ
(c) अन्तर्राष्ट्रीय मुद्रा कोष
(d) भारत सहायता क्लब

88. विदेशी निवेश सम्बन्धी 'विश्व निवेश रिपोर्ट' किस संस्थान/संगठन द्वारा प्रतिवर्ष जारी की जाती है?
(a) आईएमएफ (b) आईबीआरडी
(c) यूएनसीटीएडी (d) डब्ल्यूटीओ

89. किसके सहयोग से सन् 1958 में भारत विकास मंच की स्थापना की गई है?
(a) अन्तर्राष्ट्रीय मुद्राकोष
(b) विश्व बैंक
(c) विश्व व्यापार संगठन
(d) संयुक्त राष्ट्र संघ

90. अन्तर्राष्ट्रीय वित्त निगम के सम्बन्ध में कौन-सा कथन सही है?
(a) यह विश्व बैंक से सम्बद्ध संस्था नहीं है
(b) इसकी स्थापन सन् 1950 में की गई
(c) विश्व बैंक केवल एक सदस्य देश की सरकार को अथवा उसकी गारण्टी पर ऋण देता है, जबकि अन्तर्राष्ट्रीय वित्त निगम में इस प्रकार की बाध्यता नहीं है
(d) निगम का उद्देश्य विकसित देशों की आर्थिक विकास की गतिविधियों को और तीव्र करना है

91. अन्तर्राष्ट्रीय विकास परिषद् की स्थापना कब हुई?
(a) सन् 1945 (b) सन् 1950
(c) सन् 1955 (d) सन् 1960

92. विश्व बैंक किन दो संस्थाओं के सामूहिक रूप को कहा जाता है?
(a) आईबीआरडी और आईएफसी
(b) आईबीआरडी और एमआईजीए
(c) आईबीआरडी और आईडीए
(d) आईडीए और आईएफसी

93. विश्व बैंक की स्थापना कब हुई?
(a) सन् 1945 (b) सन् 1946
(c) सन् 1947 (d) सन् 1950

94. कागजी स्वर्ण मुद्रा कौन-सी है?
(a) एडीआर (b) जीडीआर
(c) एसडीआर (d) 'a' और 'b' दोनों

95. विश्व बैंक से सम्बन्धित कौन-सा कथन असत्य है?
(a) वर्तमान में विश्व बैंक के 188 सदस्य हैं
(b) भारत विश्व बैंक के संस्थापक सदस्यों में से एक है
(c) ब्रेटनवुड्स सम्मेलन में भारतीय प्रतिनिधिमण्डल का प्रतिनिधित्व सीडी देशमुख ने किया था
(d) विश्व बैंक की स्थापना के समय भारत 5 बड़े अंशधारियों में से एक था

96. किस अर्थशास्त्री ने आईएमएफ और विश्व बैंक के विलय का सुझाव दिया?
(a) जार्ज शुल्ट्ज (b) साइमन कुजनेट्स
(c) गुन्नार मिर्डल (d) हर्बर्ट साइमन

97. एशियाई विकास बैंक का मुख्यालय कहाँ स्थित है?
(a) मनीला (b) टोक्यो
(c) बीजिंग (d) नई दिल्ली

अंकटाड व विश्व व्यापार संगठन

98. अंकटाड की दूसरी बैठक कहाँ आयोजित हुई?
(a) मास्को (b) नई दिल्ली
(c) न्यूयॉर्क (d) जेनेवा

99. मिगा (बहुपक्षीय निवेश गारण्टी एजेन्सी) के सम्बन्ध में कौन-सा कथन सत्य है?
(a) वर्तमान में इसके सदस्यों की संख्या 179 है
(b) मिगा का पूर्ण सदस्य बनने के लिए एक देश को अपना पूँजी अंशदान भी मिगा को देना होता है
(c) इसकी स्थापना सन् 1985 में हुई
(d) भारत ने मिगा के समझौतों पर हस्ताक्षर सन् 1988 में किया

100. उरुग्वे दौर में गैट किन नए क्षेत्रों में लागू हुआ?
(a) बौद्धिक सम्पत्ति अधिकार (b) सेवाएँ
(c) निवेश (d) ये सभी

101. ट्रिप्स (TRIPS) क्या है?
(a) साधारण कस्टम ड्यूटी लगाकर राष्ट्रीय मार्केट को खोलना
(b) व्यापार सम्बन्धी बौद्धिक सम्पत्ति अधिकार
(c) व्यापार सम्बन्धी निवेश उपाय
(d) सेवाओं में व्यापार का सामान्य समझौता

102. व्यापार को विरुपित करने वाले सभी घरेलू समर्थन को किस बॉक्स में रखा जाता है?
(a) ग्रीन बॉक्स (b) ब्लू बॉक्स
(c) अम्बर बॉक्स (d) इनमें से कोई नहीं

103. अंकटाड का मुख्यालय कहाँ स्थित है?
(a) वाशिंगटन डी सी (b) जेनेवा
(c) मास्को (d) बर्लिन

104. डब्ल्यूटीओ के सम्बन्ध में कौन-सा कथन असत्य है?
(a) डब्ल्यूटीओ का मुख्यालय जेनेवा में है
(b) तजाकिस्तान 2 मार्च, 2013 को विश्व व्यापार संगठन का सदस्य बना
(c) एक जनवरी, 1995 से गैट का स्थान विश्व व्यापार संगठन (डब्ल्यूटीओ) ने ले लिया
(d) रूस डब्ल्यूटीओ का सदस्य सन् 2012 में बना

105. ट्रिप्स (TRIPS) के अन्तर्गत औद्योगिक डिजाइनों का संरक्षण कितने वर्ष के लिए होता है?
(a) 10 वर्ष (b) 15 वर्ष
(c) 20 वर्ष (d) 25 वर्ष

106. कितने प्रतिशत निवेश को FDI तथा FII के बीच की विभाजक रेखा माना गया है?
(a) 5% (b) 10%
(c) 15% (d) 20%

107. ऐसी सब्सिडी जो पूर्णत: प्रतिबन्धित हो क्या कहलाती है?
(a) रेड सब्सिडी
(b) अम्बर बॉक्स सब्सिडी
(c) ब्लू बॉक्स सब्सिडी
(d) ग्रीन बॉक्स सब्सिडी

108. वह सब्सिडी, जो व्यापार पर नकारात्मक प्रभाव नहीं डालती है, किस प्रकार की सब्सिडी है?
(a) अम्बर बॉक्स सब्सिडी (b) ग्रीन बॉक्स सब्सिडी
(c) ब्लू बॉक्स सब्सिडी (d) डी बॉक्स सब्सिडी

109. डब्ल्यूटीओ का मुख्यालय कहाँ स्थित है?
(a) वाशिंगटन डीसी (b) न्यूयॉर्क
(c) पेरिस (d) जेनेवा

110. डब्ल्यूटीओ कब अस्तित्व में आया?
(a) सन् 1990 (b) सन् 1992
(c) सन् 1995 (d) सन् 1997

111. गैट का मुख्यालय कहाँ स्थित था?
(a) वाशिंगटन डीसी (b) न्यूयॉर्क
(c) जेनेवा (d) रोम

112. विवादों को सुलझाने हेतु बिन्दु के रूप में प्रयुक्त अन्तर्राष्ट्रीय खाद्य सुरक्षा मानकों के सम्बन्ध में WTO निम्नलिखित में से किसके साथ सहयोग करता है?

(a) कोडेक्स एलीमेन्टेरियस कमीशन

(b) अन्तर्राष्ट्रीय मानक उपभोक्ता संघ (इण्टरनेशनल फेडरेशन ऑफ स्टैण्डर्ड यूजर्स)

(c) अन्तर्राष्ट्रीय मानवीकरण संगठन (इण्टरनेशनल ऑर्गेनाइजेशन फॉर स्टैण्डर्डाइजेशन)

(d) विश्व मानक सहकार (वर्ल्ड स्टैण्डड्र्स को-ऑपरेशन)

113. WTO के प्रावधानों के अन्तर्गत

(a) G-7 देशों के पास 'विवाद निपटारा निकाय' द्वारा दिए गए अधिमत को अस्वीकार करने का विशेषाधिकार है

(b) सेवाओं में व्यापार पर कोई समझौता नहीं है

(c) एक देश या देश-समूह द्वारा प्रकरण दर्ज किए जाने की तिथि से 15 माह के अन्दर अभिमत लेना होता है

(d) उपरोक्त सभी

उत्तरमाला

1.	(c)	2.	(c)	3.	(c)	4.	(d)	5.	(d)	6.	(a)	7.	(c)	8.	(c)	9.	(d)	10.	(c)
11.	(b)	12.	(a)	13.	(d)	14.	(a)	15.	(c)	16.	(b)	17.	(a)	18.	(d)	19.	(c)	20.	(c)
21.	(d)	22.	(c)	23.	(c)	24.	(a)	25.	(b)	26.	(b)	27.	(b)	28.	(d)	29.	(a)	30.	(a)
31.	(d)	32.	(c)	33.	(b)	34.	(a)	35.	(d)	36.	(c)	37.	(d)	38.	(c)	39.	(b)	40.	(d)
41.	(a)	42.	(a)	43.	(d)	44.	(d)	45.	(c)	46.	(b)	47.	(d)	48.	(a)	49.	(a)	50.	(a)
51.	(a)	52.	(c)	53.	(b)	54.	(c)	55.	(c)	56.	(c)	57.	(c)	58.	(a)	59.	(a)	60.	(a)
61.	(d)	62.	(c)	63.	(d)	64.	(a)	65.	(b)	66.	(b)	67.	(b)	68.	(d)	69.	(a)	70.	(d)
71.	(a)	72.	(b)	73.	(a)	74.	(b)	75.	(c)	76.	(a)	77.	(a)	78.	(a)	79.	(c)	80.	(b)
81.	(c)	82.	(d)	83.	(d)	84.	(d)	85.	(c)	86.	(d)	87.	(b)	88.	(c)	89.	(b)	90.	(c)
91.	(d)	92.	(c)	93.	(a)	94.	(c)	95.	(c)	96.	(a)	97.	(a)	98.	(b)	99.	(b)	100.	(d)
101.	(b)	102.	(c)	103.	(b)	104.	(c)	105.	(a)	106.	(b)	107.	(a)	108.	(b)	109.	(d)	110.	(c)
111.	(c)	112.	(a)	113.	(d)														

अध्याय 6

व्यावसायिक वित्त
Business Finance

व्यावसायिक वित्त की अवधारणा
Concept of Business Finance

एक व्यवसाय को सही ढंग से चलाने के लिए वित्त की आवश्यकता होती है। बिना पर्याप्त वित्त न तो व्यवसाय का प्रभावी संचालन सम्भव है और न ही व्यवसाय का विस्तार सम्भव है। अत: एक व्यवसाय को सुचारु रूप से चलाने के लिए जिस वित्त की आवश्यकता होती है, उसे व्यावसायिक वित्त कहते हैं।

व्यावसायिक वित्त की प्रकृति
Nature of Business Finance

1. व्यावसायिक वित्त में स्वामी पूँजी तथा ऋण पूँजी, दोनों शामिल होती हैं।
2. व्यवसाय में वित्त की आवश्यकता पर अनेक तत्त्वों का प्रभाव पड़ता है; जैसे—व्यवसाय का स्तर, मुद्रा-स्फीति, माँग में कमी व वृद्धि, नकद व उधार क्रय-विक्रय आदि। इन तत्त्वों में परिवर्तन के साथ ही व्यवसाय में वित्त की आवश्यकता भी बदल जाती है और इन तत्त्वों में लगातार परिवर्तन होते रहते हैं।
3. वित्त की उपलब्धता पर ही व्यवसाय का आकार निर्भर करता है। जितना अधिक वित्त उपलब्ध होगा, उतना ही व्यवसाय का आकार बढ़ाया जा सकेगा।
4. व्यावसायिक वित्त एक विस्तृत मद है। इसके अन्तर्गत पूँजी की आवश्यकता का अनुमान लगाना, पूँजी को प्राप्त करना, पूँजी का उचित विनियोग करना, आदि को शामिल किया जाता है।

व्यावसायिक वित्त का महत्त्व
Importance of Business Finance

वित्त का महत्त्व निम्नलिखित है—

1. वित्त द्वारा तुरन्त भुगतान करके व्यवसाय की साख को बढ़ाया जा सकता है। जिन व्यवसायों की साख अच्छी होती है, आवश्यकता पड़ने पर उन्हें आसानी से ऋण प्राप्त हो जाता है।
2. व्यवसाय की स्थापना के समय भूमि, भवन, मशीनरी व फर्नीचर आदि खरीदने तथा अन्य प्रारम्भिक व्यय के लिए वित्त की आवश्यकता होती है। बिना वित्त के व्यवसाय की स्थापना के बारे में सोचना भी एक स्वप्न ही है।
3. व्यवसाय की स्थापना हो जाने पर कच्चा माल क्रय करने, वेतन व मजदूरी का भुगतान करने, भाड़े का भुगतान करने, आदि के लिए वित्त की आवश्यकता होती है। पर्याप्त वित्त से ही व्यवसाय को सफलतापूर्वक चलाया जा सकता है।
4. प्रतियोगिता में टिके रहने के लिए आधुनिकीकरण आवश्यक होता है और इसके लिए वित्त चाहिए। इसी प्रकार व्यवसाय के विस्तार के लिए भी वित्त की आवश्यकता होती है।
5. मन्दीकाल में पर्याप्त वित्त से ही कोई व्यवसाय अपने-आप को बचा सकता है।
6. व्यवसाय में अनेक बार लाभ के अवसर आते हैं। पर्याप्त वित्त होने पर ही इन अवसरों का लाभ उठाया जा सकता है; जैसे—अधिक मात्रा में माल क्रय करने पर छूट प्राप्त होना।

वित्तीय आवश्यकताएँ Finance Requirements

प्रत्येक व्यवसाय को अनेक प्रकार के वित्त की आवश्यकता होती है, जिसे विभिन्न स्रोतों से प्राप्त किया जाता है। समय के आधार पर वित्तीय आवश्यकताओं को तीन भागों में विभाजित किया जा सकता है-दीर्घकालीन, मध्यकालीन एवं अल्पकालीन। *इनका संक्षिप्त वर्णन इस प्रकार है—*

1. **दीर्घकालीन** प्राय: जब व्यवसाय को 10 वर्ष से अधिक के लिए वित्त की आवश्यकता होती है, तो इसे दीर्घकालीन वित्तीय आवश्यकता कहा जाता है। दीर्घकालीन वित्त का प्रयोग भूमि, भवन, मशीनरी आदि को क्रय करने के लिए किया जाता है।
2. **मध्यकालीन** व्यवसाय को जब एक वर्ष से अधिक तथा दस वर्ष तक के लिए वित्त की आवश्यकता होती है, तो इसे मध्यकालीन वित्तीय आवश्यकता कहते हैं। मध्यकालीन वित्त का प्रयोग मशीनों के प्रतिस्थापन, शोध एवं विकास कार्य, बड़े पैमाने पर विज्ञापन आदि में किया जाता है।
3. **अल्पकालीन** व्यवसाय की एक वर्ष तक की वित्तीय आवश्यकताओं को अल्पकालीन वित्तीय आवश्यकताएँ कहते हैं। अल्पकालीन वित्त का प्रयोग व्यवसाय के दैनिक व्ययों; जैसे—माल का क्रय, मजदूरी, भाड़ा, किराया, कर आदि का भुगतान करने के लिए किया जाता है।

व्यावसायिक वित्त के स्रोत
Sources of Business Finance

स्वामित्व के दृष्टिकोण से वित्त के विभिन्न स्रोतों को निम्न दो भागों में बाँटा जा सकता है—

I. स्वामित्व फण्ड Proprietor Fund

व्यवसाय के स्वामियों द्वारा प्रदान किए गए फण्ड को स्वामित्व फण्ड कहते हैं। पूँजी के अतिरिक्त लाभ का पुनर्निवेश भी इसके अन्तर्गत आता है। स्वामित्व फण्ड के कारण ही स्वामी का व्यवसाय पर नियन्त्रण बना रहता है। इसके अन्तर्गत समता अंश, पूर्वाधिकार अंश तथा प्रतिधारित लाभ को शामिल किया जाता है। कम्पनी की पूँजी छोटी-छोटी इकाइयों में बाँटी जाती है, जिसे अंश कहते हैं। प्रत्येक अंश व्यवसाय में स्वामित्व को दर्शाता है। इसके अन्तर्गत वह पूँजी सम्मिलित की जाती है, जो व्यवसाय के स्वामियों की स्वयं की होती है। यह पूँजी तीन स्रोतों से प्राप्त होती है- समता अंश, पूर्वाधिकार अंश तथा प्रतिधारित लाभ।

1. समता अथवा सामान्य अंश Equity Shares

जो पूँजी अंशों को निर्गमित करके एकत्रित की जाती है, उसे अंश पूँजी कहते हैं। समता अंशों को निर्गमित करके एकत्रित की गई पूँजी को समता अंश पूँजी कहते हैं। इसके अभाव में किसी कम्पनी की कल्पना भी नहीं की जा सकती। जिन निवेशकों को समता अंश जारी किए जाते हैं, उन्हें समता अंशधारी कहते हैं। ये कम्पनी के वास्तविक स्वामी होते हैं। उन्हें कम्पनी की सभाओं में मतदान का पूर्ण अधिकार प्राप्त होता है। कम्पनी के संचालकों की नियुक्ति इनके द्वारा ही की जाती है, जो कम्पनी का संचालन करते हैं। समता अंशधारी कम्पनी के प्रबन्ध में अप्रत्यक्ष रूप से भाग लेते हैं। समता अंशों पर लाभांश की दर अनिश्चित होती है और इन्हें लाभांश का भुगतान पूर्वाधिकार अंशों पर लाभांश देने के बाद किया जाता है। कम्पनी की समाप्ति की दशा में पूर्वाधिकार अंशधारियों की पूँजी वापस करने के बाद ही समता अंशधारियों की पूँजी वापस की जाती है, इस प्रकार समता अंशधारी अधिक जोखिम वहन करते हैं।

समता अंशों के लाभ *विनियोजकों को समता अंशों में निवेश द्वारा निम्नलिखित लाभ प्राप्त होते हैं—*

(i) समता अंशधारियों को कम्पनी की सभाओं में उपस्थित होने एवं मतदान का पूरा अधिकार होता है। जहाँ तक प्रबन्ध में हिस्सेदारी का प्रश्न है, समता अंशधारी संचालकों की नियुक्ति करते हैं, जो उनके प्रतिनिधि के रूप में काम करते हैं।

(ii) कम्पनी की आय के अन्तिम प्राप्तकर्ता होने के कारण ऋणपत्रों पर ब्याज, पूर्वाधिकार अंशधारियों को लाभांश आदि का भुगतान करने के बाद जो भी शेष बचता है, वह लाभ अंशधारियों को ही मिलता है।

(iii) कम्पनी के लाभ अधिक होने के कारण समता अंशों का बाजार मूल्य तेजी से बढ़ने लगता है। ऐसी स्थिति में अंशों को बेचकर लाभ अर्जित किया जा सकता है। ऐसे लाभ को पूँजीगत लाभ कहते हैं।

एक कम्पनी को समता अंश निर्गमित करने से निम्नलिखित लाभ प्राप्त होते हैं—

(i) समता अंश कम्पनी को दीर्घकालीन एवं स्थायी वित्त उपलब्ध करवाते हैं। समता अंश पूँजी का भुगतान कम्पनी को अपने जीवनकाल में नहीं करना होता।

(ii) इन पर पूर्वाधिकार अंश पूँजी की भाँति लाभांश की दर निश्चित नहीं होती। सभी स्थायी व्ययों का भुगतान करने के बाद यदि कुछ शेष बचता है, तभी इनको लाभांश दिया जाता है।

(iii) जिस कम्पनी की जितनी अधिक समता अंश पूँजी होती है, बाजार में उसकी साख उतनी ही अधिक होती है। इससे कम्पनी की ऋण प्राप्त करने की क्षमता में वृद्धि होती है।

(iv) प्राय: ऋण लेने के लिए अपनी सम्पत्तियों को बन्धक अथवा गिरवी रखना पड़ता है, लेकिन अंश पूँजी पर बन्धक की आवश्यकता नहीं होती।

समता अंशों की हानियाँ *विनियोजकों को समता अंशो में विनियोग करने से निम्नलिखित हानियाँ उठानी पड़ती हैं—*

(i) मन्दीकाल में लाभ कम होने के कारण एक ओर लाभांश कम दर से मिलता है और दूसरी ओर अंशों के बाजार मूल्य में भी भारी गिरावट आती है।

(ii) कम्पनी के समापन की दशा में समता अंश की वापसी सबसे अन्त में की जाती है। अधिक हानि होने की दशा में समता अंशधारियों को अपनी पूँजी से वंचित भी रहना पड़ सकता है।

(iii) कुछ लोग अंशों में सट्टेबाजी का काम करते हैं, जिसके कारण बाजार मूल्य में भारी उतार-चढ़ाव आते रहते हैं। इस कारण से विनियोजकों को हानि की सम्भावना बनी रहती है।

(iv) समता अंश पर दिए जाने वाले लाभांश की दर निश्चित नहीं होती है, इसलिए समता अंशधारियों के लिए आय की अनिश्चितता बनी रहती है। कई बार भावी वित्तीय आवश्यकताओं को देखते हुए लाभों को कम्पनी में ही रोक लिया जाता है।

कम्पनी को समता अंश जारी करने से निम्नलिखित हानियाँ होती हैं—

(i) कम्पनी जितने अधिक समता अंश जारी करती है, उतने ही अधिक लोगों का हस्तक्षेप कम्पनी के प्रबन्ध में बढ़ता है। ऐसा करके वे प्रबन्ध को अपने हाथों में ले लेते हैं और कम्पनी को मनचाहे ढंग से चलाते हैं।

(ii) समता अंशों को एक बार निर्गमित करके कम्पनी अपने जीवनकाल में इनका भुगतान नहीं कर सकती। समता अंशों की यह विशेषता पूँजी ढाँचे में लोचशीलता का अभाव पैदा करती है।

(iii) ऋणपत्रों पर भुगतान किए गए ब्याज को लाभ-हानि खाते में अन्य खर्चों की भाँति दिखाया जाता है, जिससे कम आयकर का भुगतान करना पड़ता है, लेकिन समता अंशों पर भुगतान किए गए लाभांश पर आयकर का लाभ प्राप्त नहीं होता है, क्योंकि यह कम्पनी का व्यय नहीं है बल्कि लाभ का हिस्सा होता है।

(iv) अन्य प्रतिभूतियों की अपेक्षा समता अंश जारी करने पर कम्पनी को अधिक निर्गमन लागतें वहन करनी पड़ती हैं।

(v) यदि कम्पनी केवल समता अंश ही जारी करती है, तो 'समता पर व्यापार' का लाभ नहीं उठाया जा सकता। इसका लाभ उठाने के लिए ऋण पूँजी का होना आवश्यक है।

2. **पूर्वाधिकार अंश** Preference Shares

पूर्वाधिकार अंशधारियों को समता अंशधारियों की तुलना में दो प्राथमिकताएँ प्राप्त होती हैं—

(i) इन्हें लाभांश का भुगतान समता अंशधारियों से पहले किया जाता है, साथ ही लाभांश की दर पूर्व निश्चित होती है।

(ii) कम्पनी के समापन की दशा में पूर्वाधिकारियों की पूँजी की वापसी समता अंशधारियों से पहले की जाती है।

प्राय: पूर्वाधिकार अंशधारियों को कम्पनी की सभाओं में मत देने का अधिकार प्राप्त नहीं होता, परन्तु विशेष परिस्थितियों में इन्हें मत देने का अधिकार प्राप्त है।

पूर्वाधिकार अंशों के लाभ *विनियोजकों को पूर्वाधिकारी अंशों में निवेश द्वारा निम्नलिखित लाभ प्राप्त होते हैं—*

(i) कम्पनी के समापन की दशा में इन्हें समता अंशधारियों से पहले भुगतान किया जाता है। अत: इनमें जोखिम की मात्रा कम रहती है।

(ii) जिन वर्षों में कम्पनी को अधिक लाभ होता है, तो कम्पनी भागयुक्त पूर्वाधिकार अंशों पर पूर्व निश्चित दर से लाभांश के अतिरिक्त भी लाभांश देती है।

(iii) पूर्वाधिकार अंशधारियों को कम्पनी के प्रत्येक ऐसे प्रस्ताव पर मत देने का अधिकार होता है, जिससे उनके हित प्रत्यक्ष रूप से प्रभावित होते हैं।

(iv) यदि कम्पनी को पर्याप्त लाभ होते हैं, तो पूर्वाधिकार अंशों पर पूर्व निश्चित दर से लाभांश दिया ही जाता है। यदि किसी वर्ष लाभांश बिल्कुल ही न मिले तो संचयी पूर्वाधिकार अंशों का लाभांश जमा होता रहता है और लाभ वाले वर्ष में चालू लाभांश के साथ-साथ बकाया लाभांश का भुगतान भी कर दिया जाता है।

कम्पनी को पूर्वाधिकार अंश जारी करने से निम्नलिखित लाभ प्राप्त होते हैं—

(i) पूर्वाधिकार अंशों पर लाभांश की दर पूर्व निश्चित होती है, जो प्राय: बहुत अधिक नहीं होती। पूर्वाधिकार अंशधारियों को लाभांश का भुगतान करके शेष बचा सारा लाभ समता अंशधारियों में लाभांश के रूप में बाँट दिया जाता है। इस प्रकार समता अंशधारियों को अधिक दर से लाभांश प्राप्त होता है।

(ii) समता अंशधारी प्राय: पूर्वाधिकार अंशों की अपेक्षा अधिक लाभांश की उम्मीद रखते हैं। दूसरी ओर, पूर्वाधिकार अंशों पर निश्चित दर से लाभांश का भुगतान करके कम्पनी निश्चिन्त हो जाती है।

(iii) पूर्वाधिकार अंशों के निर्गमन पर कम्पनी को सम्पत्ति गिरवी नहीं रखनी पड़ती, जबकि ऋणपत्रों की दशा में कई बार ऐसा करना पड़ता है।

(iv) शोध्य पूर्वाधिकार अंशों को छोड़कर अन्य पूर्वाधिकार अंशों के निर्गमन से कम्पनी को स्थायी पूँजी प्राप्त होती है अर्थात् इस पूँजी का भुगतान कम्पनी को अपने जीवनकाल में नहीं करना पड़ता।

(v) यदि किसी समय कम्पनी के पास पूँजी अधिक हो जाए, तो शोध्य पूर्वाधिकार अंशों का भुगतान किया जा सकता है।

पूर्वाधिकार अंशों की हानियाँ *विनियोजकों को पूर्वाधिकार अंशों में विनियोग करने से अनेक हानियाँ उठानी पड़ती हैं, जो इस प्रकार हैं—*

(i) किसी वर्ष लाभांश प्राप्त न होने पर पूर्वाधिकार अंशधारी कोई वैधानिक कार्यवाही नहीं कर सकते, जबकि ऋणपत्रों पर ब्याज प्राप्त न होने पर ऐसी कार्यवाही की जा सकती है।

(ii) पूर्वाधिकार अंशधारियों को सामान्य परिस्थितियों में मत देने का अधिकार नहीं होता है।

(iii) जब कम्पनी का समापन होता है, तो कम्पनी की सारी सम्पत्तियों को बेच दिया जाता है और दायित्वों का भुगतान कर दिया जाता है। पूर्वाधिकार अंशधारियों सहित सभी को उनकी जमा राशि के बराबर भुगतान कर दिया जाता है। इसके बाद जितनी भी राशि बचती है, वह समता अंशधारियों को दे दी जाती है।

(iv) भागयुक्त पूर्वाधिकार अंशों को छोड़कर शेष पूर्वाधिकार अंशधारियों को कम्पनी के अतिरिक्त लाभ में से हिस्सा प्राप्त नहीं होता।

पूर्वाधिकार अंश जारी करने से कम्पनी को निम्नलिखित हानियाँ होती हैं—

(i) मन्दीकाल में अथवा जिन वर्षों में लाभ कम होते हैं, पूर्वाधिकार अंशधारियों को तो प्राय: लाभांश प्राप्त हो जाता है, लेकिन समता अंशधारियों के लिए कुछ नहीं बचता।

(ii) पूर्वाधिकार अंशों पर कम्पनी को एक निश्चित दर से लाभांश देना पड़ता है। यह कम्पनी पर एक स्थायी भार होता है।

(iii) पूर्वाधिकार अंशों पर दिया जाने वाला लाभांश कम्पनी के वितरण योग्य लाभ का हिस्सा माना जाता है न कि एक व्यय। इसलिए कम्पनी को इस लाभांश पर भी आयकर देना पड़ता है।

समता अंशों एवं पूर्वाधिकार अंशों में अन्तर

आधार	समता अंश	पूर्वाधिकार अंश
प्रबन्ध में भाग	समता अंशधारियों को कम्पनी के प्रबन्ध में भाग लेने का पूरा अधिकार होता है।	सामान्यतः इन्हें प्रबन्ध में भाग लेने का अधिकार नहीं होता।
लाभांश की क्रमबद्धता	कम्पनी के लाभों में से समता अंशों पर लाभांश बाद में दिया जाता है।	लाभांश इन्हें समता अंशों से पहले दिया जाता है।
पूँजी वापसी का क्रम	कम्पनी के समापन पर इन्हें पूँजी की वापसी पूर्वाधिकार अंशों के बाद की जाती है।	पूँजी की वापसी समता अंशों से पहले की जाती है।
जीवनकाल में पूँजी की वापसी	कम्पनी अपने जीवनकाल में समता अंश पूँजी को वापस नहीं कर सकती।	शोध्य पूर्वाधिकार अंशों की पूँजी वापस की जा सकती है।
लाभांश की निश्चितता	इन पर लाभांश घटता-बढ़ता रहता है।	इन पर लाभांश की दर निश्चित होती है।
अनिवार्यता	कम्पनी की स्थापना के लिए समता अंशों का निर्गमन किया जाना अनिवार्य है।	इनका निर्गमन अनिवार्य नहीं है।
संचयी प्रकृति	यदि किसी वर्ष इन पर लाभांश न मिले तो लाभांश का संचय नहीं होता अर्थात् पूर्व वर्ष के लाभांश को अगले वर्ष में नहीं लिया जा सकता है।	संचयी पूर्वाधिकार अंशों का लाभांश जमा होता रहता है और पर्याप्त लाभ वाले वर्ष में प्राप्त हो जाता है।

3. **प्रतिधारित लाभ** Retained Profit

सामान्य कोष के रूप में बचाए गए लाभों का प्रयोग कम्पनी व्यवसाय के विकास एवं विस्तार के लिए करती है। बचाए गए लाभों को इस प्रकार प्रयोग करने को प्रतिधारित लाभ कहते हैं। इसे स्वयं वित्त भी कहा जाता है।

प्रतिधारित लाभ के लाभ *प्रतिधारित लाभ का संचय करने से निम्नलिखित लाभ होते हैं—*

(i) **पूँजी निर्माण में वृद्धि** देश की बचतों को जितना अधिक निवेश किया जाता है, उतना ही अधिक पूँजी निर्माण होता है। लाभों का पुनर्विनियोजन भी एक प्रकार का बचतों का निवेश ही है।

(ii) **सबसे सस्ता साधन** प्रतिधारित लाभ वित्त प्राप्त करने का सबसे सस्ता साधन है। सामान्य कोष में जमा किया गया रुपया समता अंशधारियों का होता है। वे इसके प्रतिफल स्वरूप कुछ अधिक लाभांश की उम्मीद तो करते हैं, लेकिन इसका कम्पनी पर कोई दबाव नहीं होता।

(iii) **व्यापार चक्रों से सुरक्षा** व्यवसाय में अनेक उतार-चढ़ाव आते रहते हैं। सामान्य कोष में जमा रुपया इन उतार-चढ़ाव के विपरीत परिणामों से कम्पनी को सुरक्षित रखता है।

(iv) **स्थिर लाभांश नीति** यदि कम्पनी ने लाभों का पुनर्विनियोजन किया है, तो वह स्थिर लाभांश नीति अपना सकती है। स्थिर लाभांश नीति का अभिप्राय सभी वर्षों में लगभग बराबर लाभांश घोषित करने से है। यदि किसी वर्ष में लाभ कम होता है, तो संचय का प्रयोग करके लाभांश के स्तर को बनाए रखा जा सकता है।

(v) **कम्पनी के विस्तार में आसानी** कम्पनी की विस्तार योजनाओं को आसानी से लागू किया जा सकता है।

(vi) **अंशों के मूल्य में वृद्धि** सामान्य संचय में वृद्धि से कम्पनी की वित्तीय स्थिति सुदृढ़ होती है। इसके परिणामस्वरूप, अंशों के बाजार मूल्य में भी वृद्धि होती है।

प्रतिधारित लाभ की सीमाएँ *लाभों के पुनर्विनियोजन की सीमाएँ अथवा हानियाँ निम्नलिखित हैं*

(i) **अंशधारियों को हानि की सम्भावना** अंशधारियों को कम दर से लाभांश देकर संचय में रुपया जमा किया जाता है। यदि इस संचित रुपये का उचित प्रयोग न किया जाए, तो अंशधारियों को हानि होती है।

(ii) **एकाधिकार का खतरा** लाभों को अधिक मात्रा में एकत्रित करने से कम्पनी की वित्तीय स्थिति में सुधार होता है। ऐसे में कम्पनियाँ तेजी से विकसित होने लगती हैं और कुछ समय बाद वे एकाधिकार की स्थिति में आ जाती हैं।

(iii) **अति-पूँजीकरण का खतरा** अधिक संचय से पूँजी की अधिकता हो जाती है और यदि इसी अनुपात में लाभ में वृद्धि न हो तो अति-पूँजीकरण की स्थिति उत्पन्न हो जाती है।

II. **ऋण फण्ड** Loan Funds

ऐसे फण्ड जो स्वामियों द्वारा प्रदान नहीं किए जाते, उधार फण्ड कहलाते हैं। इस श्रेणी में विभिन्न प्रकार के स्रोत हैं; जैसे—ऋणपत्र, बॉण्ड, सार्वजनिक निक्षेप, बैंक एवं वित्तीय संस्थाओं से ऋण।

1. **ऋणपत्र एवं बॉण्ड** Debenture and Bond

भारतीय कम्पनी अधिनियम 2013 के अनुसार, "ऋणपत्र में ऋणपत्र स्टॉक, बॉण्ड और कम्पनी की अन्य प्रतिभूतियाँ सम्मिलित की जाती हैं, चाहे वह कम्पनी की सम्पत्तियों पर प्रभार उत्पन्न करें या न करें।"

इस प्रकार ऋणपत्र एक ऐसा प्रपत्र है, जो ऋण की प्राप्ति की स्वीकृति तथा उन शर्तों का वर्णन करता है, जिनके अधीन ऋण लिया गया है। ऋणपत्रों की एक मुख्य विशेषता यह है कि कम्पनी द्वारा इन पर ब्याज का भुगतान किया ही जाता है, चाहे उसको हानि ही क्यों न हो।

ऋणपत्र एवं बॉण्ड के लाभ
Merits of Debenture and Bond

विनियोजकों को लाभ *ऋणपत्रों में निवेश करने से विनियोजकों को निम्नलिखित लाभ प्राप्त होते हैं—*

(i) **परिवर्तन का अधिकार** परिवर्तनशील ऋणपत्रों पर उन्हें अंशों में परिवर्तित करने का अधिकार प्राप्त होता है। ऐसी स्थिति में ऋणपत्रधारी कम्पनी के स्वामी बनकर कम्पनी की समृद्धि में भाग ले सकते हैं।

(ii) **अधिक तरलता** अंशों की तुलना में ऋणपत्रों को आसानी से बेचा जा सकता है, अतः इनमें अधिक तरलता रहती है।

(iii) **स्थायी एवं नियमित आय** ऋणपत्रों पर पूर्व निर्धारित दर से ब्याज का नियमित भुगतान प्राप्त होता है।

(iv) **अधिक सुरक्षित विनियोग** ऋणपत्र प्रायः कम्पनी की सम्पत्तियों को बन्धक रखकर निर्गमित किए जाते हैं, इसलिए ऋणपत्रधारी कम्पनी के समापन की दशा में कम्पनी के सुरक्षित लेनदार होते हैं।

कम्पनी को लाभ *कम्पनी को निम्नलिखित लाभ प्राप्त होते हैं—*

(i) **पूँजी ढाँचे में लोचशीलता** शोधनीय ऋणपत्र निर्गमित करके कम्पनी अपने पूँजी ढाँचे को लोचशील बना सकती है।

(ii) **मन्दीकाल में अच्छा वित्तीय साधन** मन्दीकाल में जनता कम्पनी के अंशों में विनियोग करने से संकोच करती है। ऐसी स्थिति में ऋणपत्र वित्त करने का एक उत्तम साधन होता है।

(iii) **समता अंशधारियों को अधिकतम आय** ऋणपत्रों को निर्गमित करके कम्पनी 'समता पर व्यापार' का लाभ उठाते हुए समता अंशधारियों की आय में वृद्धि कर सकती है।

(iv) **कर लाभ** ऋणपत्रों पर दिया जाने वाला ब्याज कम्पनी की कर देय आय की गणना के लिए स्वीकृत कटौती होती है, इससे आयकर कम देना पड़ता है।

(v) **वित्त का सस्ता साधन** ऋणपत्रों पर दिया जाने वाला ब्याज अंशों पर दिए जाने वाले लाभांश की तुलना में कम होता है। यह दीर्घकालीन एवं मध्यकालीन वित्त का एक सस्ता साधन है।

(vi) **प्रबन्धकीय क्रियाओं में हस्तक्षेप नहीं** ऋणपत्रधारियों को कम्पनी के प्रबन्ध में भाग लेने का अधिकार नहीं होता। अतः वे प्रबन्धकीय क्रियाओं में हस्तक्षेप नहीं कर सकते।

ऋणपत्र एवं बॉण्ड की हानियाँ
Demerits of Debenture and Bond

विनियोजकों को हानियाँ *ऋणपत्रों में निवेश करने से विनियोजकों को निम्नलिखित हानियाँ होती हैं—*

(i) **कम आय** ऋणपत्रों पर ब्याज की दर काफी कम होने के कारण ऋणपत्रधारियों को आय कम होती है।

(ii) **प्रबन्ध में भागीदारी नहीं** क्योंकि ऋणपत्रधारी कम्पनी के लेनदार होते हैं, इसलिए उनको कम्पनी की सभाओं में मतदान का अधिकार प्राप्त नहीं होता है।

कम्पनी को हानियाँ *ऋणपत्र निर्गमन से कम्पनी को निम्नलिखित हानियाँ होती हैं—*

(i) **सम्पत्तियों पर अधिकार से साख में कमी** सुरक्षित ऋणपत्र निर्गमित करने की स्थिति में कम्पनी को अपनी सम्पत्तियाँ बन्धक रखनी पड़ती हैं, इससे कम्पनी की साख में कमी आती है।

(ii) **वैधानिक कार्यवाही सम्भव** कम्पनी के ब्याज अथवा मूलधन का भुगतान करने में असमर्थ रहने पर ऋणपत्रधारी कम्पनी को बन्द कराने के लिए वैधानिक कार्यवाही कर सकते हैं।

(iii) **स्थायी भार** ऋणपत्रों पर ब्याज का भुगतान कम्पनी को निर्धारित दर से ही करना पड़ता है, चाहे लाभ हो या हानि इससे फर्क नहीं पड़ता है।

ऋणपत्र एवं अंश में अन्तर

आधार	ऋणपत्र	अंश
कम्पनी से सम्बन्ध	ऋणपत्रधारी कम्पनी के लेनदार होते हैं।	अंशधारी कम्पनी के स्वामी होते हैं।
प्रतिफल	इन्हें अपने विनियोग पर ब्याज प्राप्त होता है।	इन्हें अपने विनियोग पर लाभांश प्राप्त होता है।
प्रबन्ध में भाग	इन्हें प्रबन्ध में लाभ लेने का कोई अधिकार प्राप्त नहीं होता है।	अंशधारी कम्पनी के प्रबन्ध में भाग ले सकते हैं।
पूँजी की वापसी	अशोध्य ऋणपत्रों को छोड़कर शेष ऋणपत्रों का रुपया कम्पनी अपने जीवनकाल में ही वापस कर देती है।	शोध्य पूर्वाधिकार अंशों को छोड़कर शेष अंशों का रुपया कम्पनी अपने जीवनकाल में वापस नहीं करती।
कर लाभ	ऋणपत्रों पर कम्पनी को कर लाभ प्राप्त होता है।	अंशों पर कोई कर लाभ प्राप्त नहीं होता।
वापसी का क्रम	कम्पनी के समापन की दशा में इन्हें अंशधारियों से पहले भुगतान किया जाता है।	ऋणपत्रों के बाद पूर्वाधिकार अंशों का और पूर्वाधिकार अंशों के बाद समता अंशों का भुगतान किया जाता है।

2. विशिष्ट वित्तीय संस्थाएँ Special Financial Institutions

प्राय: कम्पनियाँ अंशों एवं ऋणपत्रों को निर्गमित करके काफी मात्रा में वित्त प्राप्त कर लेती हैं, लेकिन परियोजनाओं (Projects) की लागतों में वृद्धि होने के कारण कम्पनियों को अन्य दीर्घकालीन एवं मध्यकालीन साधनों के रूप में ऋणों पर निर्भर रहना पड़ता है। स्वतन्त्रता प्राप्ति के बाद उद्योगों को बड़ी मात्रा में दीर्घकालीन एवं मध्यकालीन पूँजी उपलब्ध करवाने के उद्देश्य से विशिष्ट वित्तीय संस्थाओं की स्थापना की गई।

इस समय देश में निम्न मुख्य वित्तीय संस्थाएँ कार्य कर रही हैं—

(i) भारतीय औद्योगिक वित्त निगम
(ii) राज्य वित्त निगम
(iii) भारतीय औद्योगिक साख एवं विनियोग निगम
(iv) राष्ट्रीय औद्योगिक विकास निगम
(v) यूनिट ट्रस्ट ऑफ इण्डिया
(vi) भारतीय औद्योगिक विकास बैंक

ये सभी संस्थाएँ व्यवसाय की स्थापना, विस्तार व आधुनिकीकरण के लिए दीर्घकालीन एवं मध्यकालीन ऋण प्रदान करती हैं।

3. जन निक्षेप Pulic Deposit

इसके अन्तर्गत कम्पनी जनता से एक निश्चित समय के लिए ब्याज की पूर्व निश्चित दर पर धन उधार लेती है। जमा की अवधि छ: माह से लेकर तीन वर्ष तक हो सकती है। जन निक्षेप पर दिए जाने वाले ब्याज की दर बैंक द्वारा उसी अवधि के निक्षेप पर दी जाने वाली ब्याज की दर से कुछ अधिक होता है।

जन निक्षेप के लाभ *जन निक्षेप से निम्नलिखित लाभ प्राप्त होते हैं—*

(i) **बन्धक की आवश्यकता नहीं** जन निक्षेप में कम्पनी को अपनी किसी सम्पत्ति को बन्धक के रूप में नहीं रखना पड़ता।

(ii) **अंशधारियों के नियन्त्रण में कमी नहीं** जन निक्षेप में निवेश करने वाले लोगों का कम्पनी के प्रबन्ध में कोई हस्तक्षेप नहीं होता। अत: कम्पनी पर अंशधारियों का नियन्त्रण ज्यों का त्यों बना रहता है।

(iii) **समता पर व्यापार का लाभ** यदि कम्पनी को अधिक लाभ हो रहे हों, तो जन निक्षेप पर सीमित ब्याज का भुगतान करके शेष लाभ अंशधारियों में विभाजित किया जा सकता है।

(iv) **सरल पद्धति** कम्पनी के लिए मध्यकालीन एवं अल्पकालीन वित्त प्राप्त करने का यह सबसे सरल तरीका है।

जन निक्षेप की हानियाँ *जन निक्षेप से निम्नलिखित हानियाँ होती हैं—*

(i) **गलत प्रवृत्ति** जन निक्षेप पूँजी बाजार में गलत प्रवृत्तियाँ प्रारम्भ करते हैं। जन निक्षेप पर अलग-अलग कम्पनियाँ विभिन्न ब्याज की दर निश्चित कर लेती हैं।

(ii) **असुरक्षित प्रकृति** जन निक्षेप असुरक्षित प्रकृति के होते हैं।

(iii) **अच्छे समय के साथी** कम्पनी को जन निक्षेप केवल तभी प्राप्त होते हैं, जबकि कम्पनी की वित्तीय स्थिति बहुत अच्छी हो। संकटकाल में निवेशक अपना धन जन निक्षेप की अपेक्षा किसी भी ब्याज पर बैंक में जमा करवाना अधिक अच्छा समझते हैं।

4. व्यापारिक बैंक Commercial Bank

व्यापारिक बैंक, अल्पकालीन वित्त प्राप्त करने का एक प्रमुख साधन है। इतना ही नहीं, बल्कि व्यापारिक बैंक मध्यकालीन वित्त प्राप्त करने में भी सहायक होते हैं। *व्यापारिक बैंक प्राय: निम्नलिखित प्रकार से व्यवसाय में सहायता करते हैं—*

(i) **प्राप्य बिलों को भुनाना** इसके अन्तर्गत बैंक अपने ग्राहकों को प्राप्य बिल भुनाने की सुविधा प्रदान करता है।

(ii) **अल्पकालीन ऋण** इसके अन्तर्गत बैंक अपने ग्राहक को ऋण की सम्पूर्ण राशि एकमुश्त उधार दे देता है।

(iii) **नकद साख** इसके अन्तर्गत बैंक अपने ग्राहकों को प्रतिभूति के आधार पर एक निश्चित मात्रा तक ऋण लेने का अधिकार प्रदान करता है। ग्राहक ऋण की राशि अपनी आवश्यकतानुसार निकालता रहता है।

(iv) **अधिविकर्ष** इसके अन्तर्गत बैंक अपने ग्राहक को उसके चालू खाते में से उसमें जमा राशि से अधिक राशि निकालने की अनुमति प्रदान करता है।

5. व्यापारिक साख Trade Credit

प्राय: व्यवसाय में उधार क्रय-विक्रय की सुविधा उपलब्ध होती है। उधार क्रय एक तरह का अल्पकालीन वित्तीय साधन होता है। इसके अन्तर्गत माल का उधार क्रय करके उसे तुरन्त प्रयोग में लाया जाता है, लेकिन उसका भुगतान कुछ समय बाद करना होता है। इस वित्तीय साधन की अवधि इस बात पर निर्भर करती है कि विक्रेता कितने दिन की उधार सुविधा उपलब्ध करवाता है।

6. सूक्ष्म साख Micro-Credit

सन् 1970 से पहले 'सूक्ष्म साख' का कोई अस्तित्व नहीं था, परन्तु अब यह बहुत ज्यादा प्रचलन में है। अब 'सूक्ष्म साख' शब्द कृषि साख, ग्रामीण साख, सहकारी साख, उपभोक्ता साख आदि के लिए प्रयोग किया जाता है। सूक्ष्म साख, सूक्ष्म वित्त का एक भाग है जोकि बहुत-सी वित्त सेवाएँ प्रदान करता है। सूक्ष्म साख ऐसे ऋणधारकों के लिए है, जो बहुत गरीब हैं और जमानत के तौर पर कुछ रख नहीं सकते एवं उन्हें स्थायी रूप से रोजगार प्राप्त नहीं है। इसके अतिरिक्त उनका जाँच योग्य साख इतिहास भी नहीं है।

अन्तर्राष्ट्रीय वित्तीय उपकरण

International Financial Instruments

समता अंश, पूर्वाधिकार अंश, ऋणपत्र आदि के अतिरिक्त भी कई वित्त के स्रोत हैं, जिनसे अन्तर्राष्ट्रीय स्तर पर वित्त प्राप्त किया जा सकता है। अत: एक भारतीय कम्पनी विदेशों से भी वित्त प्राप्त कर सकती है। *इसके दो मुख्य स्रोत हैं—*

1. ग्लोबल डिपॉजिटरी रिसिप्ट Global Depository Receipt

GDR एक ऐसा प्रलेख है, जो देश की कम्पनियाँ विदेशी पूँजी प्राप्त करने के लिए विदेशों में यू. एस. डॉलर में जारी करती हैं। इनकी ट्रेडिंग उन सभी विदेशी अंश बाजारों में होती है, जहाँ इन्हें सूचीबद्ध करवाया गया है।

GDRs की विशेषताएँ GDRs *की मुख्य विशेषताएँ निम्नलिखित हैं—*

(i) GDRs को यू. एस. डॉलर में प्रदर्शित किया जाता है।
(ii) GDRs को किसी भी अमेरिकन तथा यूरोपियन स्टॉक एक्सचेंज पर सूचीबद्ध करवाया जा सकता है।
(iii) एक GDRs एक से अधिक अंशों का प्रतिनिधित्व कर सकता है।
(iv) GDRs का धारक इन्हें अंशों में परिवर्तित करवा सकता है।
(v) GDRs के धारक को कम्पनी में वोट डालने का अधिकार नहीं होता है।
(vi) इन पर लाभांश अंशों की भाँति ही प्राप्त होता है।

GDRs के लाभ GDRs *जारी करने के मुख्य लाभ निम्नलिखित हैं—*

(i) **विदेशी पूँजी प्राप्त करना** GDR के माध्यम से भारतीय कम्पनियों के लिए विदेशी पूँजी प्राप्त की जा सकती है। इससे कम्पनियों को पर्याप्त वित्त प्राप्त हो जाता है और देश के विदेशी विनिमय कोष में वृद्धि होती है।

(ii) **अधिक तरलता** GDR अच्छी वित्तीय स्थिति वाली कम्पनियों द्वारा ही जारी किए जाते हैं, इसलिए इनमें अंशों की अपेक्षा अधिक तरलता रहती है अर्थात् इन्हें आसानी से बेचा जा सकता है।

(iii) **कम्पनी की साख में वृद्धि** जो कम्पनी GDR जारी करती है, बाजार में उसकी साख में वृद्धि होती है।

(iv) **जारी करने की कम लागतें** कम्पनी को GDR जारी करने में अंश जारी करने की अपेक्षा कम लागतें वहन करनी पड़ती हैं।

(v) **अधिक अंश मूल्य** GDR जारी करके घरेलू बाजार में अंश जारी करने की अपेक्षा अधिक मूल्य प्राप्त होता है। ऐसा इसलिए होता है, क्योंकि GDR कम्पनी की सुदृढ़ वित्तीय स्थिति के सूचक होते हैं।

(vi) **अंशधारियों के फैलाव में वृद्धि** GDR जारी करने से कम्पनियों के अंशधारी घरेलू सीमाओं को पार करके दूर-दूर तक बिखर जाते हैं। इससे कम्पनी की वित्त समस्या समाप्त हो जाती है और उसकी पहचान विश्व स्तर पर होने लगती है।

2. अमेरिकन डिपॉजिटरी रिसिप्ट

American Depository Receipt

ADR एक ऐसा प्रलेख है, जो अमेरिका से बाहर की कम्पनियाँ विदेशी पूँजी प्राप्त करने के लिए अमेरिकावासियों को जारी करती हैं। इनका सूचीयन अमेरिकन अंश बाजारों में ही हो सकता है।

ADRs की विशेषताएँ *ADRs की मुख्य विशेषताएँ निम्नलिखित हैं—*

(i) ADRs को यू. एस. डॉलर में प्रदर्शित किया जाता है।
(ii) ADRs को किसी भी अमेरिकन स्टॉक एक्सचेंज पर सूचीबद्ध करवाया जा सकता है।
(iii) एक ADRs एक से अधिक अंशों का प्रतिनिधित्व कर सकता है।
(iv) ADRs का धारक इन्हें अंशों में परिवर्तित करवा सकता है।
(v) ADRs के धारक को कम्पनी में वोट डालने का अधिकार नहीं होता है।
(vi) इन पर लाभांश अंशों की भाँति ही प्राप्त होता है।

ADRs के लाभ ADRs जारी करने से वे सभी लाभ प्राप्त होते हैं, जोकि GDRs जारी करने पर होते हैं।

रेटिंग एजेन्सी/संस्थाएँ Rating Agencies

प्रथम मर्केंटाइल क्रेडिट रेटिंग एजेन्सी की स्थापना सन् 1841 में न्यूयॉर्क में की गई थी, जिसकी प्रथम रेटिंग गाइड सन् 1859 में रॉबर्ट द्वारा प्रकाशित की गई। सन् 1857 में ऐसी ही एक एजेन्सी जॉन ब्राडस्टीन द्वारा प्रकाशित की गई, सन् 1931 में विलय करके डन एण्ड ब्राडस्ट्रीट द्वारा बनाई गई, जिसका नाम परिवर्तित करके सन् 1962 में मूडीज इन्वेस्टर कर दिया गया। सन् 1941 में एक अन्य रेटिंग संस्था स्टेण्डर्ड एण्ड स्थापित की गई। आज विश्व भर में मूडिज एवं स्टेण्डर्ड एण्ड पूअर्स जैसी विश्व प्रसिद्ध संस्थाएँ क्रेडिटर रेटिंग की सेवाएँ उपलब्ध करा रही हैं। हमारे देश में क्रिसिल सन् 1987 में पहली क्रेडिट रेटिंग संस्था के रूप में स्थापित की गई। इसके बाद सन् 1991 आईसीआरए लिमिटेड तथा सन् 1993 में केयर स्थापित की गई।

क्रेडिट रेटिंग किसी व्यक्ति या व्यावसायिक संस्था या व्यवसाय के किसी प्रपत्र की साख सामर्थ्य का मूल्यांकन होता है, जो दायित्वों को चुकाने के लिए सामर्थ्य एवं इच्छा को व्यक्त करने वाले सम्बद्ध कारकों पर आधारित होता है।

रेटिंग का उपयोग मूलधन तथा ब्याज या लाभांश की सुरक्षा, उपार्जन क्षमता, बन्धक क्षमता व विपणनशीलता पर आधारित निवेश गुणवत्ता के प्रति मार्गदर्शक के रूप में किया जाता है। क्रेडिट रेटिंग संस्था तथा उसके उपयोगकर्ता के बीच कोई विश्वास का सम्बन्ध स्थापित नहीं करती है, अपितु निर्गमनकर्ता द्वारा प्रदत्त तथा विभिन्न स्रोतों से समीक्षा द्वारा संकलित सूचनाओं पर विश्वास उत्पन्न करती है।

क्रेडिट रेटिंग की विशेषताएँ Characteristics of Credit Rating

क्रेडिट रेटिंग की मुख्य विशेषताएँ निम्नलिखित हैं–

1. क्रेडिट रेटिंग जोखिम तथा प्रत्याय के बीच एक कड़ी स्थापित करती है।
2. क्रेडिट रेटिंग से निवेशकों की बचतों में प्रत्यक्ष गतिशीलन में वृद्धि होती है।
3. क्रेडिट रेटिंग हेतु संकेतों के रूप में अंग्रेजी वर्णमाला के अक्षरों का प्रयोग किया जाता है।
4. क्रेडिट रेटिंग न केवल निवेशक संरक्षण में महत्त्वपूर्ण भूमिका निभाती है, अपितु व्यवसाय व उद्योग भी इससे लाभान्वित होते हैं।
5. रेटिंग से उधार लेने वाली संस्था या कम्पनी अपनी वित्तीय संरचना परिचालन जोखिमों में सुधार करती है।
6. रेटिंग के कारण संगत एवं विश्वसनीय सूचनाएँ निवेशकों को सही विनियोजन एवं निर्णयन में समर्थ बनाती हैं।

क्रेडिट रेटिंग के उपयोग Uses of Credit Rating

क्रेडिट रेटिंग के मुख्य उपयोग इस प्रकार हैं–

1. क्रेडिट रेटिंग की एजेन्सियों के द्वारा उपलब्ध सूचनाओं का उपयोग करते हुए निवेशकों द्वारा निवेश का निर्णय लिया जाता है।
2. ऋण लेने वाली संस्था या कम्पनी को वित्तीय अनुशासन का प्रोत्साहन मिलता है।
3. अच्छी रेटिंग प्राप्त करने की प्रत्याशा में कम्पनियाँ अपनी वित्तीय संरचना एवं परिचालन जोखिमों में सुधार करती हैं।
4. मध्यस्थों के लिए भी रेटिंग उपयोगी सिद्ध होती है; जैसे–मर्चेण्ट बैंकर्स, अभिगोपक, दलाल, डीलर्स आदि।
5. क्रेडिट रेटिंग से ऋण या अंश निर्गमन की लागतों में कमी आती है।

अभ्यास प्रश्न

व्यावसायिक वित्त एवं स्त्रोत

1. एक व्यापार को सुचारु रूप से संचालित करने के लिए मुख्य रूप से किसकी आवश्यकता होती है?
(a) व्यावसायिक वित्त
(b) व्यावसायिक कानून
(c) स्थायी पूँजी
(d) वित्तीय दायित्व

2. निम्नलिखित में से कौन व्यावसायिक वित्त की प्रकृति नहीं है?
(a) सभी प्रकार के व्यवसायों के लिए आवश्यक
(b) व्यवसाय के आकार पर निर्भरता
(c) निरन्तर परिवर्तनीय
(d) कोई लागत नहीं

3. व्यवसाय की स्थापना के लिए निम्नलिखित में से किन तत्त्वों की आवश्यकता होती है?
(a) भूमि (b) मशीन
(c) वित्त (d) ये सभी

4. व्यावसायिक वित्त के अन्तर्गत किस प्रकार की पूँजी की आवश्यकता होती है?
(a) केवल स्वामी पूँजी
(b) केवल ऋण पूँजी
(c) स्वामी पूँजी एवं ऋण पूँजी दोनों
(d) उपरोक्त में से कोई नहीं

5. अल्पकालीन व्यावसायिक वित्त कितने समय के लिए दिया जाता है?
(a) एक वर्ष तक की अवधि के लिए
(b) दो वर्ष तक की अवधि के लिए
(c) तीन वर्ष तक की अवधि के लिए
(d) पाँच वर्ष तक की अवधि के लिए

6. निम्नलिखित में से कौन-सा अल्पकालीन वित्त का स्रोत नहीं है?
(a) व्यापारिक बैंक (b) नकद साख
(c) अल्पकालीन ऋण (d) विशिष्ट वित्तीय संस्थाएँ

7. दीर्घकालीन व्यावसायिक वित्त कितने समय के लिए होता है?
(a) 10 वर्षों से अधिक अवधि के लिए
(b) 5 से 10 वर्षों के लिए
(c) 1 से 5 वर्षों के लिए (d) 2 से 3 वर्षों के लिए

8. निम्नलिखित में से कौन व्यावसायिक वित्त के स्रोत हैं?
(a) समता अंश (b) पूर्वाधिकार अंश
(c) ऋणपत्र (d) ये सभी

9. समता अंशों के निर्गमन से किस प्रकार की वित्तीय पूँजी प्राप्त होती है?
(a) दीर्घकालीन (b) मध्यकालीन
(c) अल्पकालीन (d) इनमें से कोई नहीं

10. जो पूँजी अंशों को निर्गमित करके एकत्रित की जाती है, उसे किस प्रकार की पूँजी कहते हैं?
(a) अंश पूँजी (b) जननिक्षेप पूँजी
(c) ऋणपत्र पूँजी (d) विशिष्ट पूँजी

11. निम्नलिखित में से कौन समता अंशों से विनियोजकों के लाभ में सम्मिलित नहीं है?
(a) पूँजीगत लाभ अर्जित करना
(b) लाभांश के रूप में अधिक आय
(c) प्रबन्धकीय क्रियाओं में भागीदारी
(d) साख में वृद्धि

12. अल्पकालीन व्यावसायिक वित्त की अवधि कितनी होती है?
(a) अधिकतम 1 वर्ष (b) अधिकतम 3 वर्ष
(c) अधिकतम 5 वर्ष (d) अधिकतम 2 वर्ष

13. समता अंश पर लांभाश
(a) केवल घटता है (b) केवल बढ़ता है
(c) न घटता है, न बढ़ता है (d) घटता-बढ़ता रहता है

14. समता दोष के अन्तर्गत विनियोजकों को किस प्रकार प्रकार से हानि होती है?
(a) मन्दीकाल से (b) सट्टेबाजी से
(c) अनिश्चित आय से (d) इन सभी प्रकार से

15. निम्नलिखित में से कौन-सा लाभ विनियोजकों को पूर्वाधिकार अंशों से प्राप्त नहीं होता है?
(a) नियमित आय
(b) अतिरिक्त लाभ में भागीदारी
(c) समापन पर पूर्वाधिकार
(d) प्रबन्धन में हस्तक्षेप

16. पूर्वाधिकार अंशों पर लाभांश
(a) पूर्व निश्चित होती है
(b) समता अंशधारियों के पश्चात् की जाती है
(c) नहीं दी जाती है
(d) उपरोक्त सभी

17. निम्नलिखित में से कौन ऋणपत्रों में शामिल नहीं किए जाते हैं?
(a) ऋणपत्र स्टॉक (b) बॉण्ड
(c) समता अंश पूँजी (d) इनमें से कोई नहीं

18. निम्नलिखित में से कौन-सी संस्था विशिष्ट वित्तीय संस्था के रूप में कार्य कर रही है?
(a) भारतीय औद्योगिक वित्त निगम
(b) राज्य वित्त निकाय
(c) राष्ट्रीय औद्योगिक विकास निगम
(d) उपरोक्त सभी

19. सामान्य कोष के रूप में बचाए गए लाभों का प्रयोग कम्पनी व्यवसाय के विकास एवं विस्तार के लिए करती है। बताए गए लाभों को इस प्रकार प्रयोग करने को क्या कहते हैं?
(a) अंशधारित लाभ (b) प्रतिधारित लाभ
(c) अंशधारित हानि (d) प्रतिधारित हानि

व्यापारिक बैंक, व्यापारिक साख, सूक्ष्म साख

20. व्यापारिक बैंक किस प्रकार की वित्त प्राप्ति का प्रमुख साधन है?
(a) केवल अल्पकालीन वित्त
(b) केवल दीर्घकालीन वित्त
(c) अल्पकालीन एवं दीर्घकालीन प्राप्ति दोनों वित्त
(d) उपरोक्त में से कोई नहीं

21. सूक्ष्म साख ऐसे ऋणधारकों के लिए आवश्यक है, जो
(a) बहुत अमीर हैं (b) बहुत गरीब हैं
(c) मध्य आय स्रोत वाले हैं
(d) किसी भी प्रकार से धन का उपार्जन नहीं करते हैं

22. भारतीय अर्थव्यवस्था में कब से सूक्ष्म साख का कोई अस्तित्व नही था?
(a) 1960 से पहले (b) 1970 से पहले
(c) 1980 से पहले (d) 1990 से पहले

23. निम्नलिखित में से कौन ऋणपत्रों से विनियोजकों के लाभ में शामिल नहीं हैं?
(a) स्थायी एवं नियमित आय (b) परिवर्तन का अधिकार
(c) अधिक सुरक्षित विनियोग (d) प्रबन्धकीय क्रियाओं में हस्तक्षेप

24. बैंकों को अधिकांश पूँजी कहाँ से प्राप्त होती है?
(a) जमाकर्ताओं से (b) सरकार से
(c) व्यापार से (d) इनमें से कोई नहीं

25. बैंकों की तरलता का सिद्धान्त निम्न में से किस पर निर्भर करता है?
(a) कार्यशील पूँजी पर (b) अल्पकालीन ऋणों पर
(c) ऋण की मात्रा पर (d) ये सभी

26. लघु एवं कुटीर उद्योग किसके द्वारा वित्त पोषित होते हैं?
(a) बैंकों के द्वारा (b) व्यापारियों के द्वारा
(c) सरकार द्वारा (d) इनमें से कोई नहीं

27. सामंजस्य का सिद्धान्त किन दो के मध्य होना चाहिए?
(a) सरकार और बैंक के (b) सरकार और केन्द्रीय बैंक के
(c) 'a' और 'b' दोनों के (d) इनमें से कोई नहीं

28. याचना मुद्रा किसके द्वारा दी जाती है?
(a) बैंकों के द्वारा (b) केन्द्रीय बैंक द्वारा
(c) सरकार द्वारा (d) इनमें से कोई नहीं

29. नकद साख की सुविधा किसे प्रदान की जाती है?
(a) बैंकों को (b) खाताधारियों को
(c) गैर-खाताधारियों को (d) 'b' और 'c'

30. बैंक की सुरक्षा की प्रथम रेखापंक्ति किसे कहा जाता है?
(a) स्थायी स्कन्ध को (b) नकद कोष को
(c) कोषागार विपत्रों को (d) सरकारी प्रतिभूतियों को

31. ऋण देते समय बैंक को किन तथ्यों का ध्यान रखना चाहिए?
(a) तरलता (b) जमानत (c) सुरक्षा (d) ये सभी

32. ऋण की जमानतें मुख्यत: कितने प्रकार की होती हैं?
(a) 3 (b) 2 (c) 4 (d) 5

33. बैंक द्वारा किस अंश का प्रयोग किया जाता है?
(a) पूर्वाधिकार अंश (b) समता अंश
(c) 'a' और 'b' दोनों (d) इनमें से कोई नहीं

34. अंश पूँजी का विक्रय किसके द्वारा किया जाता है?
(a) बैंक द्वारा (b) कम्पनी द्वारा
(c) 'a' और 'b' दोनों (d) इनमें से कोई नहीं

35. बैंक द्वारा ब्याज नहीं दिया जाता है
(a) बचत खाते पर (b) स्थायी जमा खाते पर
(c) चालू खाते पर (d) आवर्ती जमा खाते पर

36. बैंक ········· को अधिविकर्ष प्रदान करते हैं।
(a) बचत खाताधारक (b) चालू खाताधारक
(c) लेनदार (d) ये सभी

37. बैंक द्वारा चैक की सुविधा किस खाते में प्रदान नहीं की जाती है?
(a) सावधि जमा खाता (b) चालू खाता
(c) बचत खाता (d) इनमें से कोई नहीं

38. सबसे अधिक दर पर ब्याज दिया जाता है
(a) बचत खाते पर (b) चालू खाते पर
(c) सावधि जमा खाते पर (d) इनमें से कोई नहीं

39. सावधि जमा रसीद पर क्या-क्या अंकित होता है?
(a) धनराशि (b) जमा की अवधि
(c) ब्याज दर (d) ये सभी

40. किसी भी देश का प्रमुख बैंक होता है
(a) राष्ट्रीयकृत व्यापारिक बैंक
(b) केन्द्रीय बैंक
(c) निर्यात-आयात बैंक
(d) सहकारी बैंक

41. निम्नलिखित में से किसके द्वारा साख का सृजन किया जाता है?
(a) व्यापारिक बैंकों द्वारा (b) पूँजीपतियों द्वारा
(c) वित्त मन्त्रालय द्वारा (d) इन सभी के द्वारा

42. साख निर्माणकर्ता है
(a) बैंक (b) जमाकर्ता
(c) 'a' और 'b' दोनों (d) इनमें से कोई नहीं

43. "भले ही साख निर्माण का कार्य बैंक करता है, परन्तु जब तक जमाकर्ता सहयोग नहीं देंगे, साख निर्माण नहीं हो सकता।" यह कथन है
(a) डॉ. वाल्टर लीफ (b) कैनन
(c) कीन्स (d) हॉम

अन्तर्राष्ट्रीय वित्तीय उपकरण

44. GDR किसमें जारी किया जाता है?
(a) भारतीय पत्र मुद्रा (b) यू. एस. डॉलर
(c) साख पत्रों (d) इनमें से कोई नहीं

45. GDRs को किस स्टॉक एक्सचेंज पर सूचीबद्ध करवाया जा सकता है?
(a) अमेरिकन तथा यूरोपियन स्टॉक एक्सचेंज
(b) भारतीय स्टॉक एक्सचेंज
(c) मुम्बई स्टॉक एक्सचेंज
(d) किसी में भी करवाया जा सकता है

46. GDRs प्रतिनिधित्व कर सकता है
(a) भारतीय पत्र मुद्रा का (b) साख पत्रों का
(c) एक से अधिक अंशों का (d) यूरो का

47. ADR क्या है?
(a) अमेरिकन डिपॉजिटरी रिसिप्ट
(b) अमेरिकन डिस्कांउट रिसिप्ट
(c) अमेरिकन डिमांड रसीद
(d) उपरोक्त में से कोई नहीं

48. ADRs को किस स्टॉक एक्सचेंज में सूचीबद्ध करवाया जा सकता है?
(a) मुम्बई स्टॉक एक्सचेंज
(b) भारत के सभी स्टॉक एक्सचेंज
(c) अमेरिका के किसी भी स्टॉक एक्सचेंज
(d) विश्व के किसी भी स्टॉक एक्सचेंज

क्रेडिट रेटिंग एवं रेटिंग संस्थाएँ

49. विश्व में सर्वप्रथम मर्केंटाइल क्रेडिट रेटिंग की स्थापना कहाँ की गयी?
(a) बर्लिन (b) लन्दन
(c) मुम्बई (d) न्यूयॉर्क

50. भारत में क्रिसिल की स्थापना कब की गयी?
(a) सन् 1976 में (b) सन् 1983 में
(c) सन् 1992 में (d) सन् 1987 में

51. निम्नलिखित में से कौन–सी क्रेडिट रेटिंग एजेन्सी है?
(a) मूडीज (b) स्टेण्डर्ड एण्ड पुअर्स
(c) क्रिसिल (d) ये सभी

52. विश्व में सर्वप्रथम मर्केंटाइल क्रेडिट रेटिंग एजेन्सी की स्थापना कब की गई?
(a) सन् 1841 (b) सन् 1842 (c) सन् 1914 (d) सन् 1940

53. प्रचम रेटिंग गाइड कब प्रकाशित हुई थी?
(a) सन् 1850 (b) सन् 1859 (c) सन् 1841 (d) सन् 1931

54. प्रथम रेटिंग गाइड किसके द्वारा प्रकाशित हुई थी?
(a) रॉबर्ट (b) विलिकन्स
(c) ब्राडस्ट्रीट (d) मैरी

55. भारत में कब प्रथम क्रेडिट रेटिंग संस्था स्थापित हुई?
(a) सन् 1991 (b) सन् 1990 (c) सन् 1987 (d) सन् 1995

56. आईसीआरए (ICRA) लिमिटेड कब स्थापित हुई?
(a) सन् 1991 (b) सन् 1950
(c) सन् 1987 (d) सन् 1990

57. भारत देश की पहली क्रेडिट रेटिंग संस्था है
(a) आईसीआरए (b) क्रिसिल
(c) केयर (d) यूटीआई

58. केयर का क्रेडिट रेटिंग व्यवसाय कब प्रारम्भ हुआ?
(a) सन् 1990 (b) सन् 1995
(c) सन् 1993 (d) सन् 1991

उत्तरमाला

1.	(a)	2.	(d)	3.	(d)	4.	(c)	5.	(a)	6.	(d)	7.	(a)	8.	(d)	9.	(a)	10.	(a)
11.	(d)	12.	(a)	13.	(d)	14.	(c)	15.	(d)	16.	(a)	17.	(c)	18.	(d)	19.	(b)	20.	(c)
21.	(b)	22.	(b)	23.	(c)	24.	(a)	25.	(d)	26.	(a)	27.	(a)	28.	(a)	29.	(d)	30.	(b)
31.	(d)	32.	(b)	33.	(b)	34.	(a)	35.	(c)	36.	(b)	37.	(a)	38.	(c)	39.	(d)	40.	(b)
41.	(a)	42.	(c)	43.	(c)	44.	(b)	45.	(a)	46.	(c)	47.	(a)	48.	(c)	49.	(d)	50.	(d)
51.	(d)	52.	(a)	53.	(b)	54.	(a)	55.	(c)	56.	(a)	57.	(b)	58.	(c)				

अध्याय 7

व्यवसाय के सामाजिक उत्तरदायित्व

Social Responsibilities of Business

सामाजिक उत्तरदायित्व से आशय

Meaning of Social Responsibilities

व्यवसाय को अपने स्वामी के हितों की रक्षा करने के साथ-साथ अन्य अनेक पक्षों के हितों की भी रक्षा करनी पड़ती है। अन्य पक्षों में कर्मचारी, उपभोक्ता, पूर्तिकर्ता, प्रतियोगी, सरकार, समुदाय एवं विश्व को सम्मिलित किया जाता है। आज केवल वही व्यवसाय अच्छा माना जाता है, जो अपने स्वामी के हितों के साथ-साथ इन सभी पक्षों के हितों का भी ध्यान रखता हो। व्यवसाय की अपने स्वामी सहित इन सभी पक्षों को सन्तुष्ट करने की जिम्मेदारी को ही 'व्यवसाय का सामाजिक उत्तरदायित्व' कहते हैं। दूसरे शब्दों में कहा जा सकता है कि व्यवसाय के सामाजिक उत्तरदायित्व का अर्थ ग्राहकों, कर्मचारियों, अंशधारियों और समाज के प्रति उत्तरदायित्वों से है।

एच. आर. बोवेन के अनुसार, "व्यवसाय के सामाजिक उत्तरदायित्व का अभिप्राय उन नीतियों का अनुसरण करने, उन निर्णयों को लेने तथा उन कार्यों को करने से है, जो हमारे समाज के लक्ष्यों तथा मूल्यों की दृष्टि से वांछनीय हों।"

सामाजिक उत्तरदायित्व के पक्ष में तर्क

Arguments in Favour of Social Responsibilities

विभिन्न विद्वानों द्वारा व्यवसाय के सामाजिक उत्तरदायित्व के पक्ष में तर्क निम्नलिखित आधार पर प्रस्तुत किए गए हैं—

1. व्यावसायिक संस्थाओं का निर्माण समाज में ही होता है, इसलिए सामाजिक आवश्यकताओं के प्रति इनका सकारात्मक रुख होना चाहिए। व्यवसाय समाज की ही एक उप-पद्धति है और एक उप-पद्धति को मुख्य पद्धति में अपना पूरा योगदान देना चाहिए। व्यवसायी द्वारा लिए गए निर्णय केवल व्यवसाय के फायदे में ही नहीं होने चाहिए, बल्कि अन्य (उप-पद्धतियों ग्राहक, अंशधारी, कर्मचारी आदि) के फायदे का भी पूरा ध्यान रखा जाना चाहिए, जिससे सम्पूर्ण समाज अथवा पूर्ण पद्धति का भला हो सके। जब एक उप-पद्धति अन्य उप-पद्धतियों के हितों की रक्षा करने की सोचती है, तो दूसरे भी उसकी मदद करते हैं और अन्ततः सबका कल्याण सम्भव होता है।
2. व्यवसाय को अधिक सरकारी हस्तक्षेप से बचने के लिए सामाजिक हित के कार्यों को प्राथमिकता देनी चाहिए। व्यवसाय में सामाजिक दायित्वों की ओर पूरा ध्यान देना चाहिए।
3. प्रारम्भिक वर्षों में सामाजिक दायित्व पूरा करने के लिए अधिक लागतें सहन करनी पड़ सकती हैं, लेकिन सम्बन्धित संस्था का भविष्य सुरक्षित हो जाता है। इससे दीर्घकाल में व्यवसाय ज्यादा से ज्यादा सफलता सरलता से प्राप्त कर सकता है।

विभिन्न वर्गों के प्रति व्यवसाय का उत्तरदायित्व

Business Responsibilities Towards Various Communities

व्यवसाय का समाज के विभिन्न वर्गों के प्रति निम्नलिखित उत्तरदायित्व हैं—

1. **कर्मचारियों के प्रति उत्तरदायित्व** किसी भी व्यवसाय में कर्मचारी एक महत्त्वपूर्ण अंग होता है। अतः इनकी भावनाओं की ओर विशेष ध्यान देना चाहिए। जहाँ तक हो सके, कर्मचारी के लिए उचित पारिश्रमिक देकर काम के लिए स्वच्छ वातावरण तैयार कर देना चाहिए तथा साथ ही कर्मचारियों को विभिन्न सुविधाएँ देनी चाहिए; जैसे—
   (i) लाभ में भी हिस्सा प्रदान करना चाहिए।
   (ii) नौकरी की सुरक्षा प्रदान करनी चाहिए।
   (iii) श्रम समस्याओं का समय पर समाधान करना चाहिए।
   (iv) पदोन्नति एवं विकास के अवसर प्रदान करने चाहिए।
   (v) उनके शिक्षण एवं प्रशिक्षण की व्यवस्था प्रदान करनी चाहिए।
2. **उपभोक्ताओं के प्रति उत्तरदायित्व** व्यवसाय में राजा उपभोक्ताओं को माना गया है, इसलिए उपभोक्ताओं को अधिक महत्त्व देते हुए, उनके प्रति सभी सेवाओं का निष्पादन सही समय पर करना चाहिए। *इनके प्रति कुछ उत्तरदायित्व निम्न हैं—*
   (i) विज्ञापन में वास्तविकता को प्रकट करना।
   (ii) वस्तुओं में मिलावट नहीं करना।

(iii) विक्रय के बाद सेवा प्रदान करना।
(iv) ग्राहकों के निकटतम स्थान पर माल उपलब्ध कराना।
(v) शिकायतों का नम्रतापूर्वक समाधान करना।
(vi) ग्राहकों की अभिरुचियों के अनुसार वस्तुएँ उपलब्ध कराना।

3. **सरकार के प्रति उत्तरदायित्व** सरकार द्वारा तय नियम का अनुपालन करना व्यवसाय के लिए हितकर होता है। *सरकार के प्रति व्यवसाय के निम्नलिखित उत्तरदायित्व हैं–*
(i) नए उद्योग लगाकर आर्थिक विकास में सरकार को सहयोग देना।
(ii) सरकार द्वारा निर्धारित करों का ईमानदारी से भुगतान करना।
(iii) अनुचित उपायों से सरकारी लाभ नहीं उठाना।

4. **समुदाय के प्रति उत्तरदायित्व** *समाज के लोग किसी भी व्यवसाय से सकारात्मक दृष्टिकोण रखते हैं, इसलिए व्यवसाय के समुदाय के प्रति भी निम्नलिखित उत्तरदायित्व बनते हैं–*
(i) जीवन-स्तर में सुधार करना।
(ii) रोजगार का अवसर प्रदान करना।
(iii) समाज कल्याण में भागीदार बनना।
(iv) असभ्य विज्ञापन का सहारा नहीं लेना।

5. **निवेशकों के प्रति उत्तरदायित्व** *किसी व्यवसाय में निवेशक अन्य लोग हों, तो उनके प्रति भी व्यवसाय के निम्न महत्त्वपूर्ण उत्तरदायित्व बनते हैं–*
(i) पूँजी की सुरक्षा प्रदान करना।
(ii) लाभांश का भुगतान समय पर करना।
(iii) विभिन्न प्रकार के अंशधारियों के साथ समानता का व्यवहार करना।
(iv) विनियोजित पूँजी का सदुपयोग सुनिश्चित करना।

6. **विश्व के प्रति उत्तरदायित्व** मानवाधिकारों की सुरक्षा को सुनिश्चित करके तथा अन्तर्राष्ट्रीय बाजार के नियमों का पालन करके कोई भी व्यवसाय विश्व के प्रति अपने उत्तरदायित्व को निभा सकता है। इनके द्वारा ही कोई भी व्यवसाय आर्थिक रूप से पिछड़े देशों के विकास में मदद कर सकता है।

व्यावसायिक आचार-संहिता/नैतिकता
Business Ethics

व्यावसायिक आचार-संहिता वास्तविक रूप से व्यवसाय के आचरण एवं व्यवहार की सम्पूर्ण संहिता होती है। यह सामाजिक विज्ञान की एक शाखा है, जो सिद्धान्तों और सामाजिक मूल्यों को प्रस्तुत करती है।

इसके द्वारा हमें यह जानने में सुविधा होती है कि क्या अच्छा और क्या बुरा है। यह हमें बताती है कि हमें अच्छे कार्य करने चाहिए और बुरे कार्य करने से बचना चाहिए। अन्य शब्दों में, व्यावसायिक आचार-संहिता व्यावसायिक आचरण एवं व्यवहार में दृष्टिगत होती है। व्यावसायिक आचार-संहिताएँ विभिन्न देशों, समाजों एवं व्यवसायों की भिन्न दशाओं एवं परिस्थितियों पर आधारित होती हैं। इसके अतिरिक्त सामाजिक एवं व्यावसायिक अपेक्षाएँ भी इनके निर्धारण में महत्त्वपूर्ण भूमिका अदा करती हैं।

व्यावसायिक आचार संहिता को विभिन्न विद्वानों ने निम्न प्रकार से परिभाषित किया है–

बण्टिंग के अनुसार, ''व्यावसायिक नीतिशास्त्र व्यावसायिक समाज में प्रचलित मूल्यों के सजग परीक्षण से सम्बन्धित है।''

केथ डेविस के अनुसार, ''व्यावसायिक नीतिशास्त्र व्यावसायिक व्यवहारों के सम्बन्ध में केवल सामान्य नैतिक नियमों का उपयोग है।''

कूण्टज एवं **ओ' डोनेल** के अनुसार, ''नीतिशास्त्र व्यक्तिगत व्यवहार एवं आचरण को स्पष्ट करने के लिए एक सर्वोत्तम सामूहिक शब्द है।''

व्यावसायिक आचार-संहिता का महत्त्व
Importance of Business Ethics

व्यावसायिक आचार-संहिता एक प्राचीन विचारधारा है, जिसका महत्त्व आर्थिक लाभ के लिए धूमिल हो गया था, किन्तु हाल ही के कुछ वर्षों में पुनः इसके महत्त्व को महसूस किया जाने लगा है। अब आधुनिक व्यावसायिक युग में बिना व्यावसायिक आचार-संहिता को लागू किए दीर्घकालीन सफलता पाना सम्भव नहीं है। *व्यावसायिक नीतिशास्त्र या आचार संहिता के महत्त्व को निम्न बिन्दुओं के अन्तर्गत समझा जा सकता है–*

1. व्यावसायिक आचार-संहिता के माध्यम से एक व्यवसायी अपने सामाजिक उत्तरदायित्व का निर्वाह आसानी से कर सकता है, क्योंकि यह प्रत्येक व्यवसायी को नैतिक एवं पवित्र साधनों के उपयोग द्वारा सामाजिक लक्ष्यों की स्थापना के लिए प्रेरित करता है।
2. एक सन्तुष्ट ग्राहक व्यावसायिक सफलता का आधार है और ग्राहक सन्तुष्टि एक व्यावसायिक आचार-संहिता के अनुसरण द्वारा ही सम्भव है, जिसमें उपभोक्ता की समस्या के समाधान को व्यावसायिक, नैतिक और सामाजिक उत्तरदायित्व बताया जाता है।
3. जिन व्यावसायिक इकाइयों में व्यावसायिक नीतिशास्त्र का पालन नहीं किया जाता, उनसे उपभोक्ताओं का विश्वास उठ जाता है, जिसका उनके व्यवसाय निष्पादन तथा लाभदायकता पर प्रतिकूल प्रभाव पड़ता है।
4. जिन व्यावसायिक संस्थाओं में नैतिक मानकों तथा सिद्धान्तों का पालन किया जाता है उनकी साख में वृद्धि होती है, जिसके परिणामस्वरूप उनकी एक अच्छी छवि बनती है तथा ऐसी संस्थाओं का कार्य सुचारु रूप से चलता है। इतना ही नहीं उनकी कार्यकुशलता में वृद्धि होती है तथा सामाजिक लागतों में भी कमी आती है।
5. व्यावसायिक नीतिशास्त्र के सिद्धान्तों का पालन किए जाने के परिणामस्वरूप व्यावसायियों के विक्रय में वृद्धि होती है तथा ग्राहक नियमित रूप से वस्तुएँ एवं सेवाएँ क्रय करते हैं और परिणामस्वरूप नए ग्राहकों का सृजन होता है।

पर्यावरण संरक्षण Environment Protection

पर्यावरण प्रदूषण आज विकसित और विकासशील देशों के लिए एक कठिन समस्या बन गई है। यह प्रदूषण विभिन्न रूपों में तथा विभिन्न प्रकारों से होता है। यह पर्यावरणीय असन्तुलन की स्थिति भविष्य में अत्यधिक भयावह प्रभावों से मानव जाति के विनाश का कारण न बन जाए, इसलिए पर्यावरण संरक्षण का विचार अत्यन्त आवश्यक है अर्थात् पर्यावरण प्रदूषण के लिए जिम्मेदार घटकों का पता लगाना तथा उस पर नियन्त्रण करना अत्यन्त आवश्यक हो गया है।

पर्यावरण संरक्षण कुछ नहीं सिर्फ पर्यावरण प्रदूषण के दुष्प्रभावों से लड़ने की योजनाबद्ध व्यूह रचना है। दूसरे शब्दों में, यह कहा जा सकता है कि पर्यावरण

संरक्षण के माध्यम से मनुष्य को पर्यावरण के साथ की गई दमनात्मक त्रुटियों तथा उनके कारण हुए नुकसान का अहसास कराना है। इस सन्दर्भ में भोपाल गैस काण्ड के पश्चात् सन् 1986 में राजीव गाँधी के कार्यकाल में पर्यावरण संरक्षण अधिनियम, 1986 पास किया गया।

पर्यावरण संरक्षण अधिनियम के उद्देश्य

Objectives of Environment Protection Act

पर्यावरण संरक्षण अधिनियम के उद्देश्य निम्नलिखित हैं—

1. पहले से व्याप्त विभिन्न विनियमन एजेंसी के मध्य समन्वय स्थापित करना।
2. एक प्रदूषण अधिकारी की नियुक्ति करना, जो प्रदूषण के स्तर की जाँच कर सके।
3. पर्यावरण का संरक्षण कर जीवन-स्तर में वृद्धि करना।
4. पर्यावरणीय प्रयोगशालाओं की स्थापना करना।
5. देश में जंगल तथा जंगली जीवन की रक्षा करना।

पर्यावरण संरक्षण के लिए किए जाने वाले उपाय

Measures to be Taken for Environment Protection

पर्यावरण संरक्षण अधिनियम की स्थापना के पश्चात् पर्यावरण को संरक्षण प्रदान करने के लिए निम्नलिखित उपाय किए जा सकते हैं—

1. वनस्पति, पशु-पक्षी व कीट-पतंगों का संरक्षण करना।
2. बढ़ते शहरीकरण पर नियन्त्रण करना।
3. पर्यावरण सुरक्षा हेतु शिक्षण-प्रशिक्षण सुविधाओं का विस्तार करना।
4. दुर्लभ साधनों का परिरक्षण और सीमित साधनों का संरक्षण करना।
5. प्रकृति के प्रति सद्भाव व पर्यावरण-प्रेम की भावना पैदा करना।
6. जनसंख्या नियन्त्रण हेतु प्रभावी कदम उठाना अति आवश्यक है।
7. अन्तर्राष्ट्रीय स्तर पर पर्यावरण संरक्षण हेतु सामूहिक प्रयास आवश्यक है।

अभ्यास प्रश्न

1. किस विचारक का यह कथन है कि ''व्यवसाय के सामाजिक उत्तरदायित्व का अभिप्राय उन नीतियों का अनुसरण करने, उन निर्णयों को लेने तथा कार्यों को करने से है, जो हमारे समाज के लक्ष्यों तथा मूल्यों की दृष्टि से वांछनीय हों''

(a) एच. आर. वोवेन (b) बण्टिंग
(c) केथ डेविस (d) ओ' डोनेल

2. निम्नलिखित में से किन वर्गों के प्रति व्यवसाय का उत्तरदायित्व होता है?

(a) कर्मचारियों के प्रति (b) उपभोक्ताओं के प्रति
(c) सरकार के प्रति (d) इन सभी के प्रति

3. निम्नलिखित में से कौन-सा विकल्प सामाजिक उत्तरदायित्व के विरोध में तर्क प्रस्तुत नहीं करता?

(a) व्यवसाय के उद्देश्यों के विरुद्ध
(b) दीर्घकाल में व्यवसाय का हित
(c) कार्यप्रणाली में अकुशलता
(d) व्यावसायिक मूलों का प्रभाव

4. निम्नलिखित में से कौन-सा व्यवसाय में कर्मचारियों के प्रति उत्तरदायित्व में शामिल है?

(a) वस्तुओं में मिलावट न करना
(b) पूँजी की सुरक्षा करना
(c) नौकरी की सुरक्षा प्रदान करना
(d) उपरोक्त में से कोई नहीं

5. निम्नलिखित में से कौन सरकार के प्रति उत्तरदायित्व को सुनिश्चित करता है?

(a) अनुचित उपायों से सरकारी तन्त्र का लाभ न उठाना
(b) वातावरण को प्रदूषित होने से बचाना
(c) ईमानदारी से व्यापार करना
(d) उपरोक्त सभी

6. मानवाधिकारों की सुरक्षा सुनिश्चित करना व्यवसाय के किस प्रकार के उत्तरदायित्व में शामिल है?

(a) सामान्य जनता के प्रति उत्तरदायित्व
(b) समुदाय के प्रति उत्तरदायित्व
(c) सरकार के प्रति उत्तरदायित्व
(d) उपभोक्ताओं के प्रति उत्तरदायित्व

7. निम्नलिखित में से कौन-सा उत्तरदायित्व निवेशकों के प्रति उत्तरदायित्व को नहीं दर्शाता है?

(a) पूँजी की सुरक्षा प्रदान करना
(b) सही लेखे प्रस्तुत करना
(c) नौकरी की सुरक्षा प्रदान करना
(d) उचित लाभांश सुनिश्चित करना

8. निम्नलिखित में से कौन उपभोक्ताओं के प्रति व्यवसाय के सामाजिक उत्तरदायित्व को सुनिश्चित करता है?

(a) प्रबन्धन में भागीदारी सुनिश्चित करना
(b) लाभांश का समय पर भुगतान करना
(c) वस्तुओं में मिलावट न करना
(d) उपरोक्त सभी

9. नवीन श्रम संघ अधिनियम, 2001 के अनुसार, किसी श्रम संघ के गठन के लिए कम-से-कम कितने कर्मचारियों की आवश्यकता होती है?

(a) 90 (b) 100
(c) 110 (d) 150

10. श्रम संघ का प्रत्येक सदस्य वार्षिक श्रम संघ शुल्क के रूप में कितने रुपये देगा?

(a) ₹ 10 प्रतिवर्ष (b) ₹ 12 प्रतिवर्ष
(c) ₹ 15 प्रतिवर्ष (d) ₹ 20 प्रतिवर्ष

11. व्यावसायिक आचार-संहिता ······· एक शाखा है।
(a) सामाजिक विज्ञान की (b) आर्थिक विज्ञान की
(c) राजनीतिक विज्ञान की (d) सांस्कृतिक विज्ञान की

12. व्यावसायिक आचार-संहिता के सन्दर्भ में दिया गया कथन "व्यावसायिक नीतिशास्त्र, व्यावसायिक समाज के प्रचलित मूल्यों के सजग परीक्षण से सम्बन्धित है।" किस विचारक का है?
(a) बण्टिंग (b) कूण्टज
(c) डेविस (d) फ्रोबेल

13. "नीतिशास्त्र व्यक्तिगत व्यवहार एवं आचारण को स्पष्ट करने के लिए एक सर्वोत्तम सामूहिक शब्द है।" यह कथन किस विचारक का है?
(a) कूण्टज एवं ओ' डोनेल (b) लॉस्की एवं लॉक
(c) केन डेविस (d) स्प्रेन्जर एवं विलियम

14. नीतिशास्त्र व्यवसाय में
(a) उच्च नैतिक मूल्य एवं ऊँचे आदर्शों की स्थापना करता है
(b) निम्न नैतिक मूल्य एवं ऊँचे आदर्शों की स्थापना करता है
(c) उच्च नैतिक मूल्य एवं निम्न आदर्शों की स्थापना करता है
(d) उपरोक्त में से कोई नहीं

15. श्रम संघ से सम्बन्धित किसी भी देश में सदस्यों की संख्या होगी
(a) कम-से-कम सात (b) कम-से-कम आठ
(c) कम-से-कम नौ (d) कम-से-कम दस

16. निम्नलिखित में से कौन-सी विशेषताएँ व्यावसायिक आचार-संहिता की हैं?
(a) यह सामाजिक-सांस्कृतिक मूल्यों से प्रभावित होती है
(b) यह एक नवीन अवधारणा है
(c) यह नैतिक मूल्यों पर आधारित है
(d) उपरोक्त सभी

17. नैतिक मूल्यों के अन्तर्गत निम्नलिखित में से क्या आता है?
(a) झूठ न बोलना
(b) धोखा नहीं देना
(c) बेईमानी नहीं करना
(d) उपरोक्त सभी

18. निम्नलिखित में से कौन व्यावसायिक आचार-संहिता की विशेषताओं में शामिल है/हैं?
(a) प्राचीन विचारधारा (b) नवीन अवधारणा
(c) नैतिक मूल्यों पर आधारित (d) ये सभी

19. निम्नलिखित में से कौन-सा व्यावसायिक आचार-संहिता का महत्त्व है?
(a) सामाजिक उत्तरदायित्व (b) लागत कम करने में सहायक
(c) नए ग्राहकों का सृजन (d) ये सभी

20. समाज में धर्म का स्थान नीति से ······· रहा है।
(a) ऊँचा (b) नीचा
(c) बराबर (d) इनमें से कोई नहीं

21. एक अच्छा कार्य वह होता है
(a) जिससे सामूहिक हित में वृद्धि हो
(b) जिसे समाज स्वीकार करता हो
(c) 'a' और 'b' दोनों
(d) उपरोक्त में से कोई नहीं

22. व्यावसायिक आचार-संहिता का मूलाधार होता है
(a) सद अभिप्राय (b) शुभ आकांक्षाएँ
(c) शुभकामनाएँ (d) ये सभी

23. व्यावसायिक नीतिशास्त्र एक व्यवसायी के कार्य व्यवहार, कार्य शैली एवं उसके जीवन पद्धति में लाता है
(a) परिवर्तन (b) सुधार
(c) विकास (d) ये सभी

24. व्यावसायिक आचार-संहिता में ······· बल दिया जाता है।
(a) ग्राहक सन्तुष्टि (b) नैतिक मर्यादाओं
(c) आर्थिक लाभ (d) ये सभी

25. "संचार लोगों को लिखने या बातचीत करने से अधिक है, यह अर्थों का विनिमय है।" यह कथन किसका है?
(a) न्यूमैन और समर का (b) हेपनर और पेटिंगल का
(c) कीथ डेविस का (d) जॉर्ज आर. टैरी का

26. व्यावसायिक नीतिशास्त्र में अधिकतम खुशहाली का सिद्धान्त प्रतिपादित किया
(a) हेनरी फेयोल (b) बेन्थम
(c) काण्ट (d) प्लेटो

27. सन्तुष्टि अथवा प्रसन्नता को व्यावसायिक नीतिशास्त्र में माना जाता है
(a) स्वीकारकर्ता (b) नियन्त्रणकर्ता
(c) पथ-प्रदर्शक (d) ये सभी

28. व्यावसायिक आचार-संहिता का दर्शन सर्वव्यापी है, क्योंकि इसका सीधा सम्बन्ध ······· से है।
(a) सत्य से (b) सदआचरण से
(c) उच्च चरित्र से (d) ये सभी

29. किसके अनुसार व्यावसायिक नीतिशास्त्र, व्यावसायिक समाज में प्रचलित मूल्यों के सजग परीक्षण से सम्बन्धित है?
(a) कीथ डेविस (b) जॉर्ज आर. टैरी
(c) बण्टिंग (d) कूण्टज एवं ओ' डोनेल

30. व्यावसायिक नीतिशास्त्र आधारित होता है
(a) भावनाओं पर (b) तथ्यात्मक परिवर्तनों पर
(c) वास्तविकताओं पर (d) ये सभी

31. व्यावसायिक नैतिकता का दर्शन
(a) परिवर्तनीय है (b) अपरिवर्तनीय है
(c) प्रबन्धकों की इच्छा पर है (d) इनमें से कोई नहीं

32. नैतिकता आती है
(a) बाइबिल (b) भगवद्गीता
(c) कुरान (d) ये सभी

33. नैतिकता जिन सिद्धान्तों पर आधारित है, वे हैं
(a) न्याय (b) पवित्रता
(c) शुद्धता एवं सत्यता (d) ये सभी

34. निम्नलिखित में से कौन-सा विकल्प व्यवसाय के समुदाय के प्रति उत्तरदायित्व को सुनिश्चित करता है?
(a) जीवन-स्तर के सुधार में योगदान
(b) वातावरण को दूषित होने से बचाना
(c) रोजगार के अवसर उपलब्ध कराना
(d) उपरोक्त सभी

35. पर्यावरण संरक्षण क्या है?
(a) पर्यावरणीय प्रदूषण दुष्प्रभावों से लड़ने की योजना
(b) भूमि कटाव को रोकना
(c) वनों की हो रही कटान को रोकना
(d) कल-कारखानों मे कमी लाना

36. पर्यावरण संरक्षण का उद्देश्य क्या है?
(a) पर्यावरणीय प्रयोगशालाओं की स्थापना
(b) जंगल तथा जंगली जीवों की रक्षा
(c) जीवन-स्तर में वृद्धि करना
(d) उपरोक्त सभी

37. पर्यावरण संरक्षण अधिनियम कब पारित किया गया?
(a) सन् 1976 में
(b) सन् 1986 में
(c) सन् 1982 में
(d) सन् 2005 में

38. पर्यावरण संरक्षण के माध्यम से लोगों को क्या जानकारी दी जाती है?
(a) मानव द्वारा कृत पर्यावरणीय नुकसान की
(b) हरित गृह प्रभाव की
(c) वैश्विक तापन की
(d) जलवायु परिवर्तन की

39. भोपाल गैस काण्ड किस राज्य में हुआ?
(a) उत्तर प्रदेश (b) छत्तीसगढ़
(c) मध्य प्रदेश (d) कर्नाटक

40. पर्यावरण प्रदूषण एक समस्या है
(a) अल्प-विकासशील देशों के लिए
(b) विकासशील देशों के लिए
(c) विकसित देशों के लिए
(d) उपरोक्त सभी के लिए

41. निम्नलिखित में से कौन-सा पर्यावरण संरक्षण अधिनियम का उद्देश्य नहीं है?
(a) पर्यावरण से सम्बन्धित प्रयोगशाला की स्थापना करना
(b) जंगली जीवों की रक्षा करना
(c) पहले से स्थापित विभिन्न संस्थाओं के साथ समन्वय स्थापित करना
(d) अधिक संख्या में वनों की कटाई करना

42. पर्यावरण को संरक्षित रखने के लिए कौन-कौन से उपाय किए जा सकते हैं?
(a) वनस्पति, पशु-पक्षी तथा कीट-पतंगों का संरक्षण करना
(b) पर्यावरण सुरक्षा हेतु शिक्षण-प्रशिक्षण सुविधाओं का विस्तार
(c) सीमित साधनों का संरक्षण
(d) उपरोक्त सभी

उत्तरमाला

1.	(a)	2.	(d)	3.	(b)	4.	(c)	5.	(a)	6.	(a)	7.	(c)	8.	(c)	9.	(b)	10.	(b)
11.	(a)	12.	(a)	13.	(a)	14.	(a)	15.	(a)	16.	(d)	17.	(c)	18.	(d)	19.	(d)	20.	(a)
21.	(c)	22.	(d)	23.	(c)	24.	(b)	25.	()	26.	(b)	27.	(c)	28.	(d)	29.	(c)	30.	(d)
31.	(b)	32.	(d)	33.	(d)	34.	(d)	35.	(a)	36.	(d)	37.	(b)	38.	(a)	39.	(c)	40.	(d)
41.	(d)	42.	(d)																

अध्याय 8

प्रबन्ध
Management

प्रबन्ध से आशय Meaning of Management

इसका अभिप्राय उस प्रक्रिया से है जिसमें काम को कुशल एवं प्रभावी ढंग से करने के लिए कार्यों के एक समूह (नियोजन, संगठन, नियुक्तिकरण, निर्देशन व नियन्त्रण) को सम्पन्न किया जाता है।'

प्रबन्ध एक सामाजिक विज्ञान है। अन्य सामाजिक विज्ञान की तरह प्रबन्ध की भी कोई ऐसी निश्चित परिभाषा देना कठिन है, जोकि सर्वमान्य हो। *इसी कारण से भिन्न-भिन्न प्रबन्ध विद्वानों ने प्रबन्ध की विभिन्न परिभाषाएँ प्रस्तुत की हैं—*

एफ. डब्ल्यू. टेलर के अनुसार, ''प्रबन्ध यह जानने की कला है आप क्या करना चाहते हैं, तत्पश्चात् यह देखना कि वह सर्वोत्तम एवं मितव्ययितापूर्ण विधि से किया जाता है।''

हेनरी फेयोल के अनुसार, ''प्रबन्ध से आशय पूर्वानुमान लगाना एवं योजना बनाना, संगठित करना, आदेश देना, समन्वय करना तथा नियन्त्रण करना है।''

प्रबन्ध के उद्देश्य Objectives of Management

प्रबन्ध के उद्देश्यों को तीन मुख्य श्रेणियों में विभक्त किया जा सकता है—

1. संगठनात्मक उद्देश्य
2. सामाजिक उद्देश्य
3. व्यक्तिगत उद्देश्य

1. **संगठनात्मक उद्देश्य** संगठनात्मक उद्देश्यों का अर्थ पूरे संगठन के लिए निर्धारित किए जाने वाले उद्देश्यों से है। इन उद्देश्यों का निर्धारण करते समय प्रबन्ध द्वारा व्यवसाय में हित रखने वाले सभी पक्षों (जैसे—स्वामी, कर्मचारी, ग्राहक, सरकार, आदि) का ध्यान रखा जाता है। इससे व्यवसाय के आर्थिक उद्देश्य भी पूरे होते हैं।
2. **सामाजिक उद्देश्य** प्रबन्ध के सामाजिक उद्देश्यों का अभिप्राय प्रबन्धकीय क्रियाओं के दौरान सामाजिक हित का ध्यान रखने से है। एक संगठन समाज से स्थापित होता है। समाज द्वारा उपलब्ध किए गए संसाधनों से ही उसे चलाया जाता है। इसलिए प्रत्येक संगठन का उत्तरदायित्व बनता है कि वह सामाजिक हितों के प्रति सचेत रहे। अत: एक संगठन के समाज के प्रति अपनी जिम्मेदारी को निभाने सम्बन्ध उद्देश्य को सामाजिक उद्देश्य कहते हैं।
3. **व्यक्तिगत उद्देश्य** प्रबन्ध के व्यक्तिगत उद्देश्यों का अभिप्राय कर्मचारियों के सन्दर्भ में निश्चित किए जाने वाले उद्देश्यों से है। कर्मचारी वर्ग कम्पनी का विवेकशील एवं संवेदनशील संसाधन होता है। अत: इसकी भावनाओं की ओर विशेष ध्यान दिया जाना चाहिए। यदि कर्मचारियों को सन्तुष्ट कर दिया जाए तो कम्पनी दिन-दुगनी रात-चौगुनी उन्नति करने लगेगी।

प्रबन्ध की प्रकृति Nature of Management

प्रबन्ध की प्रकृति के सम्बन्ध में एक विवाद यह है कि 'प्रबन्ध विज्ञान है अथवा कला'। कुछ प्रबन्ध विशेषज्ञ इसे केवल विज्ञान मानते हैं तो कुछ इसे कला की श्रेणी में रखते हैं। *विज्ञान एवं कला का अर्थ एवं विशेषताएँ तथा उनकी प्रबन्ध में विद्यमानता निम्न वर्णन से स्पष्ट होती है—*

प्रबन्ध विज्ञान के रूप में
Management as a Science

प्रबन्ध को विज्ञान स्वीकार करने या न करने से पहले विज्ञान का अर्थ स्पष्ट करना जरूरी है।

विज्ञान का अभिप्राय उस क्रमबद्ध ज्ञान-समूह से है जो अवलोकन (Observation) एवं प्रयोगों (Experiments) के आधार पर प्राप्त किया जाता है और जिसको प्रमाणित करना (Verification) सम्भव है।

विज्ञान की निम्नलिखित तीन मुख्य विशेषताओं को प्रबन्ध पर लागू करके देखा जा सकता है—

1. **व्यवस्थित ज्ञान-समूह** विज्ञान के लिए क्रमबद्ध अथवा व्यवस्थित ज्ञान-समूह का होना आवश्यक है। प्रबन्ध भी एक व्यवस्थित ज्ञान-समूह है।
2. **परीक्षण पर आधारित सिद्धान्त** विज्ञान की इस विशेषता को प्रबन्ध पर लागू करने पर पता चलता है कि इसका विकास अनेक वर्षों तक तथ्यों के संग्रह, विश्लेषण एवं प्रयोग किए जाने के बाद हुआ है।
3. **व्यापक वैधता** वैज्ञानिक सिद्धान्त सत्य पर आधारित होते हैं तथा उन्हें हर परिस्थिति में एवं हर समय लागू किया जा सकता है। अत: उनका सार्वभौमिक उपयोग सम्भव है। प्रबन्ध के क्षेत्र में भी, प्रबन्धकीय ज्ञान अथवा प्रबन्ध के सिद्धान्तों को सत्य पर आधारित माना जाता है और उन्हें भी सभी परिस्थितियों में हर समय लागू किया जा सकता है।

इस प्रकार, प्रबन्ध विज्ञान को **पूर्णरूपेण विज्ञान** (Perfect Science) नहीं माना जा सकता, बल्कि इसे एक **व्यावहारिक विज्ञान** (Applied Science) अथवा **अयथार्थ विज्ञान** (Inexact Science) कहना अधिक उचित होगा, जिसके सिद्धान्त समय, परिस्थितियों एवं मनुष्य की प्रकृति के अनुसार परिवर्तनशील होते हैं।

प्रबन्ध कला के रूप में Management as an Art

कला का अभिप्राय उपलब्ध ज्ञान के दक्षतापूर्ण सैद्धान्तिक प्रयोग से है। *कला की मुख्य विशेषताएँ निम्नलिखित हैं—*

1. **सैद्धान्तिक ज्ञान का होना** कला हमेशा सैद्धान्तिक ज्ञान पर आधारित होती है। इस ज्ञान के आधार पर एक व्यक्ति यह समझ सकता है कि किसी विशेष काम को कैसे पूरा किया जा सकता है। इस सन्दर्भ में प्रबन्ध एक कला है, क्योंकि प्रबन्ध के विभिन्न क्षेत्रों से सम्बन्धित सैद्धान्तिक जानकारी उपलब्ध है।
2. **व्यक्तिगत योग्यतानुसार उपयोग** उपलब्ध सैद्धान्तिक ज्ञान का प्रयोग विभिन्न लोग अलग-अलग ढंग से करते हैं। उदाहरण के लिए, दो अध्यापकों, दो खिलाड़ियों अथवा दो सुनारों की अपनी कला के प्रदर्शन में भिन्नता होगी। प्रबन्ध में कला की यह विशेषता भी पाई जाती है। प्रबन्ध विशेषज्ञों द्वारा प्रबन्ध के अनेक सिद्धान्तों को विकसित किया गया है। प्रबन्ध अपने ज्ञान के स्तर के आधार पर इन सिद्धान्तों का प्रयोग अलग-अलग ढंग से करते हैं।
3. **व्यवहार एवं रचनात्मकता पर आधारित** जिस प्रकार कला को लगातार अभ्यास से सुधारा जा सकता है, ठीक उसी प्रकार प्रबन्धकीय कुशलता भी अभ्यास एवं अनुभव द्वारा सुधरती है। एक पूर्ण रूप से विकसित प्रबन्धक न केवल संस्था को आसानी से परिवर्तित परिस्थितियों के अनुसार ढाल लेता है बल्कि वह बाहरी वातावरण को भी अपने अनुसार बदलने की क्षमता रखता है। इस प्रकार प्रबन्ध में कला की यह विशेषता भी विद्यमान होती है।

उपरोक्त विवेचन से स्पष्ट होता है कि प्रबन्ध में कला की सभी विशेषताओं का समावेश है।

प्रबन्ध कला भी है और विज्ञान भी। प्रबन्ध, विज्ञान के रूप में प्रबन्धकों को अपनी व्यावहारिक कुशलता के प्रयोग में आवश्यक मार्ग-दर्शन (सिद्धान्तों के रूप में) प्रदान करता है तथा प्रबन्ध, कला के सन्दर्भ में हर तरह की स्थिति का सामना करने में (कार्य की सर्वोत्तम विधि के रूप में) सहायक होता है। अत: प्रबन्ध को विज्ञान एवं कला दोनों मानना तर्क संगत है।

प्रबन्ध एक पेशे के रूप में Management as a Profession

प्रबन्ध की प्रकृति से सम्बन्ध में एक और महत्त्वपूर्ण प्रश्न यह उठता है कि क्या प्रबन्ध एक पेशा है? यह निश्चित करने के लिए सर्वप्रथम पेशे का अर्थ एवं इसकी विशेषताओं का अध्ययन करना आवश्यक है। पेशे का अर्थ उस आर्थिक क्रिया से है जो एक विशेष ज्ञान एवं कुशलता प्राप्त व्यक्ति द्वारा समाज के विभिन्न वर्गों की निष्पक्ष सेवा करने के लिए की जाती है।

1. **भली-भाँति परिभाषित ज्ञान समूह** पेशे की पहली विशेषता यह है कि एक पेशेवर व्यक्ति में विशिष्ट ज्ञान होना चाहिए। प्रबन्ध के भी अपने प्रयोगों पर आधारित सिद्धान्त एवं नियम हैं। इस विशेषता के आधार पर प्रबन्ध को पेशा माना जा सकता है।
2. **पेशेवर संघ** पेशे की विशेषता के रूप में इसके लिए प्रतिनिधि संघ का होना आवश्यक है, *जिसके निम्नलिखित मुख्य कार्य होते हैं—*
   (i) प्रवेश को नियन्त्रित करना।
   (ii) पेशा प्रारम्भ करने का प्रमाण-पत्र जारी करना।
   (iii) पेशे की विभिन्न क्रियाओं का मार्ग दर्शन करने के लिए आचार-संहिता तैयार करना।

   भारत में अन्य पेशों में इस तरह के प्रतिनिधि संघ स्थापित हो चुके हैं।
3. **नैतिक आचार-संहिता** एक पेशे के सदस्य निर्धारित आचार-संहिता का पालन करने के लिए बाध्य होते हैं। आचार-संहिता का अर्थ, पेशेवरों के व्यवहार का मार्गदर्शन करने के लिए बनाए गए नियमों व अधिनियमों से है।
4. **सेवा उद्देश्य** एक पेशे का मुख्य उद्देश्य समाज सेवा होता है।

प्रबन्ध के स्तर Level of Management

प्रबन्ध के स्तरों का अध्ययन करने से पूर्व संगठन के स्तरों की जानकारी प्राप्त करना लाभदायक रहेगा।

एक संगठन/संस्था में काम करने वाले सभी सदस्यों को दो श्रेणियों में विभक्त किया जा सकता है—

(i) **प्रबन्धकीय सदस्य** इस श्रेणी में मुख्य कार्यकारी अधिकारी, विभागीय प्रबन्धक, पर्यवेक्षक, आदि को सम्मिलित किया जाता है, क्योंकि ये सभी किसी-न-किसी प्रकार का प्रबन्ध करते हैं इसलिए इन्हें प्रबन्धक कहते हैं।

(ii) **अप्रबन्धकीय सदस्य** इस श्रेणी में श्रमिकों को सम्मिलित किया जाता है। ये वे सदस्य होते हैं जो जॉब पर प्रत्यक्ष रूप में काम करते हैं। जहाँ ये सदस्य काम करते हैं उसे प्लेटफार्म क्षेत्र कहते हैं, क्योंकि ये संगठन में सबसे अन्तिम कड़ी के रूप में होते हैं और इनका कोई अधीनस्थ नहीं होता, इसलिए इन्हें प्रबन्धक नहीं कहा जा सकता। यही कारण है कि इनकी गिनती प्रबन्ध के स्तरों में नहीं होती। ये अप्रबन्धकीय स्तर पर निर्माण करते हैं।

संगठन के विभिन्न स्तरों को नीचे दिखाया गया है—

1. **उच्चस्तरीय प्रबन्ध** उच्चस्तरीय प्रबन्ध में संचालक मण्डल, मुख्य कार्यकारी अधिकारी आदि को सम्मिलित किया जाता है। मुख्य कार्यकारी अधिकारी एक अकेला व्यक्ति भी हो सकता है अथवा कुछ अधिकारियों की एक समिति भी।

   उच्चस्तरीय प्रबन्ध के पास सभी प्रबन्धकीय अधिकार होते हैं और इसी आधार पर ही इस स्तर के अधिकारी, व्यवसाय के स्वामियों अथवा अंशधारियों के प्रति उत्तरदायी होते हैं। *उच्चस्तरीय प्रबन्ध के अन्तर्गत निम्नलिखित कार्य सम्मिलित किए जाते हैं—*
   (i) **उद्देश्य निर्धारित करना** उच्चस्तरीय प्रबन्धक संस्था के उद्देश्यों का निर्धारण करते हैं।
   (ii) **नीतियाँ निर्धारित करना** इसी स्तर पर उद्देश्य प्राप्ति हेतु नीतियों का निर्धारण किया जाता है।
   (iii) **क्रियाएँ निर्धारित करना** उद्देश्य प्राप्ति हेतु की जाने वाली विभिन्न क्रियाओं का निर्धारण किया जाता है।
   (iv) **संसाधन जुटाना** उद्देश्य प्राप्ति हेतु आवश्यक विभिन्न संसाधनों की व्यवस्था की जाती है।

(v) **कार्य-निष्पादन पर नियन्त्रण करना** इच्छित परिणाम प्राप्त करने हेतु कम्पनी में हो रहे काम पर लगातार निगरानी रखी जाती है। निगरानी का आधार मध्यस्तरीय प्रबन्धकों द्वारा भेजी गई सूचनाएँ होती हैं।

(vi) **बजटों का अनुमोदन करना** विभिन्न प्रबन्धकों द्वारा तैयार किए गए बजटों को अन्तिम रूप दिया जाता है।

2. **मध्यस्तरीय प्रबन्ध** मध्यस्तरीय प्रबन्ध, उच्चस्तरीय तथा निम्नस्तरीय प्रबन्ध के मध्य स्थित होता है। इसके अन्तर्गत डिविजनल अध्यक्षों, विभागाध्यक्षों, प्लाण्ट सुपरिन्टेन्डेण्ट तथा ऑपरेशन्स/कार्यात्मक प्रबन्धकों को सम्मिलित किया जाता है। *मध्यस्तरीय प्रबन्धकों के मुख्य कार्य निम्न हैं–*

(i) **नीतियों की व्याख्या करना** इस स्तर पर उच्चस्तरीय प्रबन्धकों द्वारा निर्धारित की गई नीतियों की व्याख्या की जाती है; जैसे- **विपणन प्रबन्धक** अपने सेल्समैन को कम्पनी की बिक्री नीति से अवगत कराता है कि किसी भी कीमत पर उधार बिक्री नहीं की जाएगी।

(ii) **संगठनात्मक ढाँचा तैयार करना** मध्य स्तर का प्रत्येक प्रबन्धक कम्पनी के उद्देश्यों के सन्दर्भ में अपने-अपने विभागों का ढाँचा तैयार करते हैं। उदाहरण के लिए, विपणन प्रबन्धक यह निर्धारित करेगा कि बिक्री केवल दिल्ली में की जाएगी। पूरी दिल्ली को चार जोन में बाँटा जाएगा। हर जोन में चार **बिक्री अधिकारी** काम करेंगे। एक बिक्री अधिकारी के नीचे दस बिक्री प्रतिनिधि होंगे।

(iii) **कर्मचारियों की नियुक्ति करना** प्रत्येक विभागीय प्रबन्धक अपने विभाग की जिम्मेदारी को पूरा करने के लिए वांछित कर्मचारियों की नियुक्ति करता है।

(iv) **निर्देश जारी करना** विभागीय प्रबन्धक अपने अधीनस्थों को बताते हैं कि उन्हें क्या और कैसे करना है। अधीनस्थों को आवश्यक संसाधन उपलब्ध कराए जाते हैं ताकि वे अपने काम को बिना रुकावट के कर सके।

(v) **कर्मचारियों को अभिप्रेरित करना** मध्यस्तरीय प्रबन्धक अपने अधीनस्थों को विभिन्न तरीकों से अभिप्रेरित करते हैं ताकि वे कम्पनी के उद्देश्यों को प्राप्त करने के लिए पूरी क्षमता से काम करें।

(vi) **समन्वय स्थापित करना** कम्पनी के उद्देश्यों को सफलतापूर्वक प्राप्त करने के लिए विभिन्न विभागों में समन्वय का होना जरूरी है और यह काम मध्यस्तरीय प्रबन्धकों द्वारा किया जाता है।

3. **निम्नस्तरीय अथवा परिचालन प्रबन्ध** इसे **पर्यवेक्षकीय प्रबन्ध** भी कहा जाता है। इसके अन्तर्गत विभिन्न फोरमैन व पर्यवेक्षकों को सम्मिलित किया जाता है। इन्हें **प्रथम पंक्ति के प्रबन्धक** भी कहा जाता है। *निम्नस्तरीय प्रबन्धकों को निम्नलिखित कार्य करने होते हैं–*

(i) **श्रमिकों की पीड़ा को प्रेषित करना** निम्नस्तरीय प्रबन्धकों का काम पर लगे लोगों से सीधा सम्बन्ध होता है। ये उनकी साधारण समस्याओं को तो स्वयं ही निपटा देते हैं और गम्भीर समस्याओं को मध्यस्तरीय प्रबन्धकों तक पहुँचाते हैं।

(ii) **उचित कार्य वातावरण सुनिश्चित करना** निम्नस्तरीय प्रबन्धकों द्वारा कार्य-स्थल पर पानी, बिजली, हवा, सफाई, मैत्रीपूर्ण सम्बन्धों, आदि को सुनिश्चित किया जाता है। इससे कार्यकुशलता में वृद्धि होती है।

(iii) **श्रमिकों की सुरक्षा सुनिश्चित करना** खतरनाक मशीनों के आस-पास बाड़ की व्यवस्था करके मशीनों पर काम करते समय हो सकने वाली दुर्घटनाओं की सम्भावना को समाप्त किया जाता है।

(iv) **मध्यस्तरीय प्रबन्ध की सहायता करना** ये मध्यस्तरीय प्रबन्धकों की कर्मचारियों के चयन, प्रशिक्षण, पदोन्नति आदि में मदद करते हैं।

(v) **सुझाव आमन्त्रित करना** ये अपने अधीनस्थों से काम को और बेहतर ढंग से करने के सुझाव आमन्त्रित करते हैं।

(vi) **अच्छे मानवीय सम्बन्धों का निर्माण करना** ये अच्छे मानवीय सम्बन्धों का निर्माण करते हैं ताकि कार्य-स्थल पर टकराव को टाला जा सके।

प्रबन्ध के सिद्धान्त Principles of Management

सामान्य: शब्दों में सिद्धान्त आधारभूत कथन के रूप में किसी कार्य या विचार का मार्गदर्शन करते हैं। ये यह प्रतिपादित करते हैं कि किसी सिद्धान्त विशेष को प्रयुक्त करने पर उसके सम्भाषित परिणाम क्या होंगे।

प्रबन्ध के आधारभूत सिद्धान्त
Basic Principles of Management

हेनरी फेयोल वह व्यक्ति थे, जिन्होंने एक प्रबन्धक के तौर पर अपने व्यावहारिक अनुभवों को आधार बनाकर प्रबन्ध के सिद्धान्तों का प्रतिपादन किया। उन्होंने अपनी पुस्तक **"General Principles of Management"** में प्रबन्ध के 14 सिद्धान्तों का प्रतिपादन किया। हेनरी फेयोल का मानना था कि प्रशासनिक विज्ञान एक ही है। जिसके सभी सिद्धान्तों को प्रत्येक प्रबन्ध स्थिति में समान रूप से प्रयुक्त किया जा सकता है, *वे सिद्धान्त निम्न प्रकार हैं–*

1. **कार्य विभाजन** हेनरी फेयोल के अनुसार, प्रत्येक व्यक्ति को उसकी क्षमता तथा योग्यता के आधार पर कार्य सौंपा जाना चाहिए। इसमें विशिष्टीकरण और प्रभावीकरण का अधिकतम लाभ प्राप्त करने में मदद मिलती है तथा योग्यता, दक्षता, सुनिश्चितता एवं परिशुद्धता अर्जित होती है।

2. **अधिकार सत्ता और उत्तरदायित्व** फेयोल का मानना था कि अधिकार सत्ता का प्रवाह उत्तरदायित्व के साथ होता है अर्थात् यदि किसी व्यक्ति को कोई कार्य सौंपा जाए, तो साथ ही उस कार्य से सम्बन्धित समस्त अधिकार भी उसे सौंप देने चाहिए। वे अधिकार सत्ता को उत्तरदायित्व में प्रेरित और इसका परिणाम बताते हैं।

3. **अनुशासन** अनुशासन के अन्तर्गत कर्मचारियों के आज्ञाकारिता, व्यावहारिकता तथा आदर आदि आते हैं। अनुशासन प्रबन्धकों के व्यक्तित्व पर निर्भर होता है। संगठन में अधिकारियों का व्यवहार ऐसा होना चाहिए कि वे अधीनस्थों को आज्ञाकारी बना सकें।

4. **आदेश की एकता** इस सिद्धान्त के अनुसार, कर्मचारी को आदेश केवल एक अधिकारी द्वारा ही दिया जाना चाहिए। अनेक अधिकारियों से आदेश मिलने पर कर्मचारी भ्रमित हो जाता है। इतना ही नहीं उसे अपने दायित्व का वास्तविक ज्ञान भी नहीं रहता है।

5. **निर्देश की एकता** इसका सम्बन्ध संगठन की एकात्मकता से है न कि कर्मचारियों की एकात्मकता से अर्थात् एक उद्देश्य से सम्बन्धित क्रियाएँ एक समूह में होनी चाहिए और एक समूह का एक अधिकारी होना चाहिए। इस स्थिति के सन्दर्भ ने बड़े हास्यास्पद तरीके से कहा है ''दो सिर वाला शरीर सामाजिक एवं पशु जगत् में राक्षस माना गया है तथा जीवित रहने में कठिनाई अनुभव करता है।''

6. **सामूहिक हितों को प्राथमिकता** यद्यपि सर्वोच्च प्रशासकों एवं प्रबन्धकों को सामान्य तथा व्यक्तिगत हितों को समन्वित रखना चाहिए, किन्तु यदि इन दोनों में कभी किसी कारण से संघर्ष पैदा हो, तो सामान्य हित के लिए उन्हें व्यक्तिगत हित को त्यागने के लिए तैयार रहना चाहिए।

7. **कर्मचारियों का पारिश्रमिक** कर्मचारियों को उनके कार्य के लिए प्रतिफल देने की पद्धति न्यायपूर्ण होनी चाहिए। इस सिद्धान्त के अनुसार कर्मचारी को उनकी योग्यता के अनुसार व कार्यों के अनुरूप पारिश्रमिक दिया जाना चाहिए। ऐसा करने से सेवक तथा स्वामी दोनों को सन्तोष की प्राप्ति होती है तथा उत्पादनशीलता बढ़ती है।

8. **केन्द्रीकरण** यह सिद्धान्त अधिकार सत्ता के केन्द्रीकरण से सम्बन्धित है। संस्था में केन्द्रीकरण की मात्रा व्यक्तियों की योग्यता के आधार पर निश्चित की जाती है। किसी उपक्रम में कितना केन्द्रीयकरण हो यह उसकी परिस्थितियों पर निर्भर करता है। फेयोल के अनुसार छोटी संस्थाओं में केन्द्रीयकरण सम्भव है, किन्तु बड़ी संस्थाओं के केन्द्रीकरण का निर्णय लेते समय संस्था के व्यापक हितों, कर्मचारियों की भावनाओं तथा कार्य की प्रकृति आदि बातों पर विचार किया जाना चाहिए।

9. **सोपान शृंखला** संस्था के उच्चतम पदाधिकारियों से लेकर नीचे के पदाधिकारियों के मध्य सम्पर्क रूपी एक कड़ी रहनी चाहिए ताकि इससे कार्य में शीघ्रता आए। इस सिद्धान्त के अनुसार सामान्यत: पदाधिकारियों के साथ सम्पर्क स्थापित करते समय किसी भी पदाधिकारी को जो उस स्तर से सम्बन्धित हो अवहेलना नहीं होनी चाहिए। .

10. **व्यवस्था** व्यवस्था का आधारभूत सिद्धान्त यह है कि प्रत्येक वस्तु के लिए निश्चित स्थान तथा हर वस्तु अपने स्थान पर हो ''औद्योगिक व्यवस्था तभी ही ठीक होगी जब, उचित व्यक्ति को उचित कार्य सौंपा जाए'' अर्थात् सार रूप में इस सिद्धान्त से प्रकट होता है कि सही कार्य सही व्यक्ति को मिले तथा प्रत्येक वस्तु उचित स्थान पर रहे।

11. **समता** यह सिद्धान्त इस बात पर जोर देता है कि संगठन में प्रत्येक कर्मचारी के साथ न्यायसंगत निष्पक्ष तथा समानता का व्यवहार किया जाए। न्यायप्रियता के लिए अच्छी सूझ, अनुभव तथा स्वभाव की आवश्यकता होती है।

12. **कर्मचारियों में स्थायित्व** किसी कर्मचारी को नया काम सीखने तथा उसमें सफल होने के लिए यह आवश्यक है कि उसे अपने पद पर बने रहने का विश्वास हो, क्योंकि पदों की अस्थिरता उपक्रम के सुचारू संचालन में बाधक है। अत: जहाँ तक सम्भव हो सके कर्मचारियों के कार्यकाल में स्थायित्व होना चाहिए, जिससे कि वे निश्चित होकर तत्परता से कार्य कर सकें।

13. **पहल-क्षमता** फेयोल के अनुसार, किसी योजना को प्रस्तावित करने तथा उसे पूरा करने की आजादी से कर्मचारियों में उत्साह का संचार होता है तथा उनकी कार्यक्षमता बढ़ती है। अत: प्रबन्धक को चाहिए कि वह विभिन्न रूपों में कर्मचारियों को प्रेरणा प्रदान करे।

14. **सहयोग की भावना** सहयोग की भावना के साथ ही निर्धारित लक्ष्यों की प्राप्ति सम्भव है। फेयोल ने सहयोग की भावना को प्राप्त करने के लिए संचार के महत्त्व पर जोर दिया है। यह सिद्धान्त दर्शाता है कि एकता तथा सहयोग में शक्ति है। हेनरी फेयोल ने, प्रतिपादित उपरोक्त सिद्धान्तों को प्रशासनिक प्रबन्ध के लिए आवश्यक बताया है।

वैज्ञानिक प्रबन्ध Scientific Management

वैज्ञानिक प्रबन्ध का शाब्दिक अर्थ प्रबन्ध को वैज्ञानिक ढंग से करना है अर्थात् प्रबन्ध की रूढ़िवादी विचारधाराओं को छोड़कर आधुनिक वैज्ञानिक विचारधाराओं का प्रयोग करना ही वैज्ञानिक प्रबन्ध है। इस सम्बन्ध में टेलर ने कहा है कि प्रबन्धकों को कोई भी काम करने से पहले उसका गहन विश्लेषण करना चाहिए और उसी के आधार पर निर्णय लेना चाहिए।

एफ. डब्ल्यू. टेलर (F.W. Taylor) द्वारा प्रतिपादित प्रबन्ध की वैज्ञानिक विचारधारा *निम्नलिखित चार सिद्धान्तों पर आधारित है–*

1. **विज्ञान, न कि रूढ़िवादिता** यह सिद्धान्त इस बात पर जोर देता है कि हमें लकीर का फकीर बनकर काम की पुरानी पद्धतियों को ही नहीं अपनाते रहना चाहिए, बल्कि हर समय नए-नए प्रयोगों द्वारा नवीनतम पद्धतियों की खोज करके अपने काम को सरल बनाने का प्रत्यन करना चाहिए।

2. **मैत्री, न कि मतभेद** इस सिद्धान्त के अनुसार, संस्था के अन्दर ऐसा वातावरण बनाया जाना चाहिए जिसमें श्रम (उत्पादन का मुख्य साधन) एवं प्रबन्ध दोनों एक-दूसरे को अपना पूरक समझें। **टेलर** ने ऐसी अवस्था को **मानसिक क्रान्ति** (Mental Revolution) का नाम दिया है। उनका विश्वास है कि यदि दोनों पक्षों में मानसिक क्रान्ति आ जाए तो उनके सभी झगड़े समाप्त हो जाएँगे। परिणामस्वरूप, दोनों वर्गों को अधिक लाभ प्राप्ति होगी।

3. **सहयोग, न कि व्यक्तिवाद** इस सिद्धान्त के अनुसार, सभी व्यक्तियों द्वारा की जाने वाली क्रियाएँ आपसी सहयोग से की जानी चाहिए। टेलर ने सुझाव दिया है कि प्रमापों का निर्धारण प्रबन्धक व श्रमिक सामूहिक रूप से करें। इससे भागीदारी बढ़ती है और भागीदारी से जिम्मेदारी बढ़ती है।

4. **प्रत्येक व्यक्ति का उसकी अधिकतम कुशलता एवं सफलता तक विकास** इस सिद्धान्त के अनुसार, प्रत्येक व्यक्ति की कुशलता के स्तर पर उसके चयन से ही ध्यान दिया जाना चाहिए। सभी के लिए उपयुक्त प्रशिक्षण की व्यवस्था की जानी चाहिए। यह भी ध्यान रखा जाना चाहिए कि प्रत्येक व्यक्ति को उसकी रुचि एवं योग्यता के अनुसार की काम सौंपा जाए।

समन्वय Coordination

संगठन एक ऐसी पद्धति है, जो दूसरे से जुड़े एवं एक दूसरे पर आधारित उप पद्धतियों से बनी है। प्रबन्धक को इन भिन्न समूहों को समान उद्देश्यों की प्राप्ति के लिए एक दूसरे से जोड़ना होता है। विभिन्न विभागों की गतिविधियों की एकात्मकता की प्रक्रिया को समन्वय कहते हैं।

समन्वय वह शक्ति है जो, प्रबन्ध के अन्य सभी कार्यों को एक दूसरे से बाँधती है। यह ऐसा धागा है, जो संगठन के कार्य में निरन्तरता बनाए रखने के लिए क्रय, उत्पादन, विक्रय, एवं वित्त जैसे सभी कार्यों को पिरोए रखता है। समन्वय को कभी-कभी प्रबन्ध का एक अलग कार्य माना जाता है। लेकिन यह प्रबन्ध का सार है, क्योंकि यह सामूहिक लक्ष्यों को प्राप्त करने के लिए किए गए व्यक्तिगत प्रयत्नों में एकता लाता है।

समन्वय की विशेषताएँ Characteristics of Coordination

उपरोक्त परिभाषाओं से समन्वय की निम्न विशेषताएँ स्पष्ट होती हैं—

1. समन्वय ऐसे हितों को जो एक-दूसरे से सम्बन्धित नहीं हैं या एक-दूसरे से भिन्न हैं, उद्देश्य पूर्ण कार्य गतिविधि में एकता लाता है। यह समूह के कार्यों को एक केन्द्र बिन्दु प्रदान करता है, जो यह सुनिश्चित करता है कि निष्पादन योजना एवं निर्धारित कार्यक्रम के अनुसार हो।
2. समन्वय का उद्देश्य समान उद्देश्य को प्राप्त करने के लिए कार्यवाही में एकता लाना है। यह विभिन्न विभागों को जोड़ने की शक्ति का कार्य करता है तथा यह सुनिश्चित करता है कि सभी क्रियाएँ संगठन के लक्ष्यों को प्राप्त करने के लिए की जाएँ।
3. समन्वय कोई एक बार का कार्य नहीं है, बल्कि एक निरन्तर चलने वाली प्रक्रिया है। यह नियोजन से प्रारम्भ होती है एवं नियन्त्रण तक चलती है। सुहासिनी ठण्ड के समय के लिए वस्त्रों के सम्बन्ध में जून के महीने में ही योजना बना लेती है। तत्पश्चात् वह पर्याप्त कार्यबल की व्यवस्था करती है। उत्पादन योजना के अनुसार ही इसके लिए लगातार निगरानी रखती है, उसे अपने विपणन विभाग को समय रहते बताना होगा कि वह विक्रय प्रवर्तन एवं विज्ञापन के प्रचार के लिए तैयार रहें।
4. विभिन्न विभागों की क्रियाएँ प्रकृति से एक दूसरे पर निर्भर करती हैं, इसीलिए समन्वय की आवश्यकता प्रबन्ध के सभी स्तरों पर होती है। यह विभिन्न विभागों एवं विभिन्न स्तरों के कार्यों में एकता स्थापित करता है। संगठन के उद्देश्य बिना विरोध प्राप्त करने के लिए व्यवसायी को क्रय, उत्पादन एवं विक्रय विभागों के कार्यों में समन्वय करना होता है।
5. किसी भी संगठन में समन्वय प्रत्येक प्रबन्धक का कार्य है। उच्च स्तर के प्रबन्धक यह सुनिश्चित करने के लिए कि संगठन की नीतियों का क्रियान्वयन हो, अपने अधीनस्थों के साथ समन्वय करते हैं। मध्यस्तर के प्रबन्धक, उच्चस्तर के प्रबन्धकों एवं प्रथम पंक्ति के प्रबन्धकों, दोनों के साथ समन्वय करते हैं। यह सुनिश्चित करने के लिए कि कार्य योजनाओं के अनुसार किया जाए, प्रचालन स्तर के प्रबन्धक अपने कर्मचारियों के कार्यों में समन्वय करते हैं।
6. एक प्रबन्धक को विभिन्न लोगों के कार्यों का ध्यानपूर्वक एवं सोच समझकर समन्वय करना होता है। किसी विभाग से एक दूसरे से सहयोग करते हुए कार्य करते हैं, समन्वय इस सहयोग की भावना का दिशानिर्देश देता है। समन्वय के न होने पर सहयोग भी निरर्थक सिद्ध होगा और बिना सहयोग के समन्वय कर्मचारियों में असन्तोष को ही जन्म देगा।

समन्वय का महत्त्व Importance of Coordination

विभिन्न प्रबन्धकीय कार्यों को एकीकृत करना व्यक्तियों एवं विभागों में पर्याप्त मात्रा में समन्वय को सुनिश्चित करता है। जैसे समन्वय की समस्या के पैदा होने के कारण बड़े पैमाने के संगठन में अन्तर्निहित निरन्तर परिवर्तन कमजोर अथवा निष्क्रिय नेतृत्व एवं जटिलताएँ हैं। बड़े संगठनों में इस प्रकार की जटिलताओं के समन्वय के लिए विशेष प्रयत्नों की आवश्यकता होती है। *जो इस प्रकार हैं—*

1. बड़े संगठनों में लगे बड़ी संख्या में लोग समन्वय की समस्या को जटिल बना देते हैं। प्रत्येक व्यक्ति अपने आप में विशिष्ट है। तथा अपनी एवं संगठन की आवश्यकताओं को महसूस करता है। प्रत्येक की अपनी कार्य करने की आदतें है अपनी पृष्ठभूमि हैं, परिस्थितियों से निपटने के प्रस्ताव/तरीके हैं तथा दूसरों से सम्बन्ध हैं।

   वैसे एक अकेला व्यक्ति सदा बुद्धिमानी से कार्य नहीं करता है। उसके व्यवहार को न तो सदा ठीक से समझा जाता है और न ही पूरी तरह से उसका पूर्वानुमान लगाया जा सकता है। इसलिए संगठन की कार्य कुशलता के लिए यह अनिवार्य है कि व्यक्ति एवं समूह के उद्देश्यों को समन्वय द्वारा एकीकृत कर दिया जाए।
2. संगठन के कार्यों को बार-बार विभागों, प्रभागों, वर्गों आदि में बाँटा जाता है। समन्वय की समस्या इसलिए पैदा होती है, क्योंकि अधिकतर क्षेत्रों का सुदृढ़ीकरण हो जाता है और उनके बीच के अवरोधक और भी अधिक मजबूत हो जाते हैं। कई बार यह इसलिए होता है क्योंकि कार्यों का वर्गीकरण युक्ति संगत नहीं होता या फिर प्रबन्धक तर्क संगत मार्ग न अपनाकर अनुभव का मार्ग अपनाते हैं। ऐसे मामलों में संगठन के प्रभावी ढंग से कार्य करने के लिए समन्वय आवश्यक है।
3. विशिष्टीकरण का जन्म आधुनिक तकनीकों की जटिलताओं तथा कार्यों एवं इन्हें करने वालों की विविधता के कारण होता है। विशेषज्ञ सोचते हैं कि वे एक दूसरे को पेशे के आधार पर जाँचने के योग्य हैं लेकिन दूसरे लोगों के पास इस प्रकार निर्णय का कोई पर्याप्त आधार नहीं हो सकता।
4. समन्वय प्रबन्ध का सार है, जिसमें प्रबन्धक अधीनस्थ को प्रोत्साहित करता है, इसके द्वारा ही प्रबन्धक नियोजन, संगठन नियुक्तिकरण निर्देशन नियन्त्रण कार्यों को करता है। अतः प्रत्येक कार्य समन्वय का अभ्यास है।

अभ्यास प्रश्न

प्रबन्ध अवधारणा-उद्देश्य, प्रकृति-कला एवं विज्ञान

1. प्रबन्धक एक
(a) राजनीतिक विज्ञान है (b) आर्थिक विज्ञान है
(c) सामाजिक विज्ञान है (d) सांस्कृतिक विज्ञान है

2. प्रबन्ध के बारे में दिया गया कथन "प्रबन्ध यह जानने की कला है आप क्या करना चाहते हैं, तत्पश्चात् यह देखना कि वह सर्वोत्तम एवं मितव्ययितापूर्ण विधि से किया जाता है" किस विचारक का है?
(a) एफ. डब्ल्यू. टेलर (b) हेनरी फेयोल
(c) हर्जबर्ग (d) प्रो. जॉन एफ. मी

3. प्रबन्ध के सन्दर्भ में निर्णय-निर्णयन सिद्धान्त का प्रतिपादन किस विचारक ने किया है?
(a) हर्बर्ट ए. साइमन (b) फ्रेडरिक विन्स्लो टेलर
(c) डोनाल्ड जे. क्लग (d) हेरोल्ड कूण्टज

4. "प्रबन्ध अन्य लोगों से कार्य कराने की कला है।" यह कथन
(a) लोकप्रिय है (b) अत्यधिक लोकप्रिय है
(c) सामान्य है (d) बेकार है

5. प्रबन्ध होता है
(a) कला (b) विज्ञान
(c) 'a' और 'b' दोनों (d) इनमें से कोई नहीं

6. निम्नलिखित दिए गए कार्यों में प्रबन्ध का कौन-सा कार्य निकटतम सम्बन्धित है?
(a) नियोजन एवं नियन्त्रण (c) नियुक्ति एवं संगठन
(c) नियोजन एवं नियुक्ति (d) नियोजन एवं संगठन

7. निम्नलिखित में कौन-सा कथन सही है?
(a) राजनीति में प्रबन्ध की महत्ता नहीं है
(b) प्रबन्ध अवधारणा स्थिर नहीं है
(c) प्रबन्ध क्रिया सार्वभौमिक नहीं है
(d) प्रबन्ध पेशेवर नहीं होता है

8. समाजशास्त्रीय विचारधारा के अनुसार प्रबन्ध एक
(a) संज्ञा है (b) विधा है
(c) अदृश्य शक्ति है (d) वर्ग एक प्रस्थिति प्रणाली है

9. सर्वश्रेष्ठ में गणना होने वाले संगठनों से किसी संगठन की नीतियों, उत्पादों अथवा प्रक्रियाओं की निरन्तर तुलना करना निम्नलिखित में से क्या कहलाता है?
(a) गुणवत्ता वृत्त (b) तल-चिह्न
(c) कैजेन (d) TQM

10. प्रबन्धन में PERT से क्या तात्पर्य है?
(a) मूल गंट चार्टों का परिष्कार
(b) जो डॉ. टेलर ने कहा, उस का परिष्कार
(c) एलविन टॉफलर ने घर पर लगाए गए कम्प्यूटर-टर्मिनल के साथ 'इलेक्ट्रॉनिक कॉटेज' की जो कल्पना की, उसका परिष्कार
(d) क्रान्तिक पथ पद्धति (CPM) का परिष्कार (Refinement)

11. ऐसी कम्प्यूटर प्रणाली जो गैर-विशेषज्ञों को नियोजन तथा निर्णयन में सहायतार्थ अभिगम्य हो, क्या कहलाती है?
(a) निर्णय सहायक प्रणाली
(b) प्रबन्धकीय सूचना प्रणाली (MIS)
(c) डिस्क परिचालन प्रणाली
(d) विशेषज्ञ

12. नियोजन आधारिका (Premises) पर आधारित वह व्यापक संस्थागत लक्ष्य जो संस्था के अस्तित्व को न्यायसंगत ठहराता है, क्या कहलाता है?
(a) दर्शन कथन (b) युक्तिपूर्ण योजना
(c) संक्रियात्मक योजना (d) ध्येय कथन

13. वे योजनाएँ जो भावी कार्यकलापों को निपटाने की आवश्यक पद्धति की स्थापना करती हैं, क्या कहलाती हैं?
(a) कार्यक्रम (b) प्रक्रियाएँ
(c) उद्देश्य (d) ध्येय

14. परम्परागत अवधारणा के अनुसार प्राधिकार उच्च स्तर से निम्न स्तर की ओर प्रवाहित होती है, परन्तु अब एक नवोदित अवधारणा विकसित हुई है जो स्वीकरण सिद्धान्त कहलाती है इस विचारधारा के निम्नलिखित में से प्रतिपादक कौन हैं?
(a) हर्बर्ट ए. साइमन (b) डगलस मैकग्रेगर
(c) चेस्टर बर्नार्ड (d) कीथ डेविस

15. प्रबन्धन में PERT से क्या तात्पर्य है?
(a) मूल गंट चार्टों का परिष्कार
(b) जो डॉ. टेलर ने कहा, उस का परिष्कार
(c) एलविन टॉफलर ने घर पर लगाए गए कम्प्यूटर-टर्मिनल के साथ 'इलेक्ट्रॉनिक कॉटेज' की जो कल्पना की, उसका परिष्कार
(d) क्रांतिक पथ पद्धति (CPM) का परिष्कार (Refinement)

16. ऐसी कम्प्यूटर प्रणाली जो गैर-विशेषज्ञों को नियोजन तथा निर्णयन में सहायतार्थ अभिगम्य हो, क्या कहलाती है?
(a) निर्णय सहायक प्रणाली
(b) प्रबन्धकीय सूचना प्रणाली (MIS)
(c) डिस्क परिचालन प्रणाली
(d) विशेषज्ञ

17. किसके अनुसार प्रत्येक व्यक्ति को उसकी क्षमता तथा योग्यता के अनुसार कार्य सौंपा जाना चाहिए?
(a) हेनरी फेयोल (b) जॉर्ज टैरी
(c) कीथ डेविस (d) इनमें से कोई नहीं

18. अचार संहिता को और किस नाम से जाना जाता है?
(a) विधि शास्त्र (b) व्यावसायिक नीतिशास्त्र
(c) अर्थशास्त्र (d) नियमावली

19. 'द फण्डामेण्टल ऑफ टॉप मैनेजमेण्ट' के लेखक हैं
(a) स्टेनले वेल्स (b) आर सी डेविस
(c) जॉर्ज आर. टैरी (d) शेल्डन

20. 'फिलॉस्फी ऑफ मैनेजमेण्ट' के लेखक हैं
(a) शेल्डन (b) जोयल डीन
(c) हेनरी फेयोल (d) टीड

21. 'साइण्टिफिक मैनेजमेण्ट' के लेखक हैं
(a) जोयल डीन (b) हेनरी फेयोल
(c) एफ डब्ल्यू टेलर (d) डेनरी फेयोल

22. निम्नलिखित में से कौन-सा, उद्देश्य के आधार पर नियोजन का प्रकार नहीं है?
(a) कार्यकारी योजनाएँ (b) विकास योजनाएँ
(c) क्रियात्मक योजनाएँ (d) नवाचार योजनाएँ

23. प्रबन्ध के अन्य कार्यों की भाँति नियुक्तिकरण भी एक
(a) प्रबन्धकीय कार्य है (b) प्रशासनिक कार्य है
(c) नीति निर्धारक कार्य है (d) इनमें से कोई नहीं

24. "प्रबन्ध परिवर्तनशील वातावरण में किसी संस्था के कार्यों के नियोजन, संगठन, निर्देशन, नियन्त्रण तथा संसाधनों के उपयोग की प्रकिया है।" यह कथन है
(a) सत्य (b) असत्य
(c) 'a' और 'b' दोनों (d) इनमें से कोई नहीं

25. "प्रबन्ध औपचारिक रूप से संगठित दलों में व्यक्तियों के द्वारा तथा उनके साथ मिलकर कार्य कराने की कला है।" यह किसका कथन है?
(a) लॉरेन्स एप्पले (b) हैरोल्ड डी. कूण्ट्ज
(c) पीटर एफ. ड्रकर (d) जॉर्ज आर. टैरी

26. "प्रबन्ध लोगों का विकास है न कि वस्तुओं का निर्देशन, प्रबन्ध ही व्यक्तिगत प्रशासन है।" यह किसका कथन है?
(a) जॉर्ज आर. टैरी (b) टैरी लियोन्स
(c) पीटर एफ. ड्रकर (d) लॉरेन्स एप्पले

27. निम्न में से कौन प्रबन्ध प्रक्रिया का भाग नहीं है?
(a) नियोजन (b) संगठन
(c) विपणन (d) नियन्त्रण

28. "प्रबन्ध प्रत्येक व्यवसाय का गतिशील एवं जीवनदायी तत्त्व है। इसके नेतृत्व के अभाव में 'उत्पादन के साधन' साधन मात्र ही रह जाते हैं, कभी उत्पादन नहीं बन पाते।" यह कथन किसका है?
(a) मैक्फॉरलैण्ड (b) पीटर एफ. ड्रकर
(c) हैनरी अल्बर्ट (d) लॉरेन्स एप्पले

29. "अवधारणा एक आकार रहित विचार है, जिसे विशिष्ट उदाहरणों अथवा दृष्टान्तों से सामान्यीकृत किया गया है।" यह कथन है
(a) लूथर गुलिक (b) हैनरी फैयोल
(c) वेबस्टर शब्दकोश (d) मैक्फॉरलैण्ड

30. इनमें से किसे प्रबन्ध संज्ञा के रूप में माना है?
(a) पेशे (b) अनुशासन
(c) 'a' और 'b' दोनों (d) इनमें से कोई नहीं

31. कौन-सी अवधारणा प्रबन्ध क्रिया के रूप में नहीं है?
(a) प्रणाली के रूप में
(b) दूसरों से कार्य कराने की कला
(c) प्रयोग निर्णयन हेतु
(d) वैज्ञानिक ढंग से कार्य कराने के लिए

32. प्रबन्ध की आवश्यकता है
(a) उच्चतम स्तर पर (b) निम्नतम स्तर पर
(c) मध्यम स्तर पर (d) ये सभी

33. प्रबन्ध होता है
(a) कला (b) विज्ञान
(c) 'a' और 'b' दोनों (d) इनमें से कोई नहीं

34. निम्नलिखित में से कौन-सा कथन सही है?
(a) राजनीति में प्रबन्ध की महत्ता नहीं है
(b) प्रबन्ध अवधारणा स्थिर नहीं है
(c) प्रबन्ध क्रिया सार्वभौमिक नहीं है
(d) प्रबन्ध पेशेवर नहीं होता है

35. "प्रबन्ध अन्य लोगों से कार्य कराने की कला है।" यह कथन है
(a) लोकप्रिय (b) अत्यधिक लोकप्रिय
(c) सामान्य (d) बेकार

36. प्रबन्ध की अवधारणा को कितने भागों में विभक्त किया गया है?
(a) एक (b) दो
(c) तीन (d) चार

37. प्रबन्ध की अवधारणा है
(a) प्रबन्ध संज्ञा के रूप में
(b) प्रबन्ध एक क्रिया के रूप में
(c) 'a' और 'b' दोनों
(d) उपरोक्त में से कोई नहीं

38. प्रबन्ध एक क्रिया के रूप में
(a) दूसरों से कार्य कराने की कला है
(b) सामूहिक रूप से कार्य करने की कला है
(c) प्रबन्ध द्वारा किया जाने वाला कार्य है
(d) उपरोक्त सभी

39. प्रोफेसर थियोहैमन ने प्रबन्ध का कितने अर्थों में उल्लेख किया है?
(a) एक (b) दो
(c) तीन (d) चार

40. प्रबन्ध की अवधारणा ······ पर आधारित है।
(a) मनोविज्ञान (b) शिक्षा
(c) प्रशिक्षण (d) इनमें से कोई नहीं

प्रबन्ध के स्तर

41. प्रबन्ध की आवश्यकता है
(a) उच्चतम स्तर पर (b) निम्नतम स्तर पर
(c) मध्यम स्तर पर (d) ये सभी

42. समादेश की एकता है
(a) प्रबन्धकों के मध्य एकता
(b) केवल एक समादेश
(c) अधीनस्थों के मध्य एकता
(d) अधीनस्थ का केवल एक अधिकारी के प्रति उत्तरदायित्व

43. सेविवर्गीय प्रबन्ध विभाग रेखीय प्रबन्धकों को कौन-सी सेवाएँ प्रदान करता है?
(a) विशिष्ट परामर्श (b) परामर्श एवं समर्थन
(c) प्रशासनिक सेवाएँ (d) ये सभी

44. क्रियात्मक संगठन का मुख्य लाभ है
(a) विशिष्टीकरण (b) साधारणता
(c) अनुभव (d) अधिकार सत्ता

45. प्रबन्ध विज्ञान में 'ग्रिड' इंगित करता है
(a) विविध प्रबन्ध शैलियाँ (b) समन्वय
(c) सम्प्रेषण (d) अभिप्रेरण

प्रबन्ध के कार्य

46. स्टाफ प्रबन्धकों का कौन-सा कार्य नहीं है?
(a) सलाह देना (b) निर्णय लेना
(c) सेवा प्रदान करना (d) मार्गदर्शन प्रदान करना

47. उद्देश्यों की क्रमबद्धता ऊपर की ओर होती है
(a) बिन्दु आकार में (b) विस्तृत
(c) समतल (d) इनमें से कोई नहीं

48. वह कौन-सा संगठन है, जो समाप्त किया जाना सम्भव नहीं है?
(a) समतलीय (b) अनौपचारिक
(c) औपचारिक (d) रेखीय

49. नियुक्तिकरण कार्य का मूल दायित्व कौन-से प्रबन्धकों के पास रहता है?
(a) रेखीय (b) क्रियात्मक
(c) समिति (d) ये सभी

50. अनौपचारिक संगठन को अलिखित संगठन कहना ज्यादा अच्छा है, यह विचार है
(a) हेनरी फेयोल का (b) जॉर्ज आर टैरी का
(c) पीटर एफ. ड्रकर (d) थियो हेमन का

51. भविष्य में किस प्रकार की योग्यता वाले व्यक्तियों की आवश्यकता पड़ेगी इसका पता चलता है?
(a) कार्य विश्लेषण से (b) कार्य विवरण से
(c) कार्य विशिष्टता से (d) ये सभी

52. सेविवर्गीय प्रबन्ध विभाग रेखीय प्रबन्धकों को कौन-सी सेवाएँ प्रदान करता है
(a) विशिष्ट परामर्श (b) परामर्श एवं समर्थन
(c) प्रशासनिक सेवाएँ (d) ये सभी

53. रेखा संगठन का उप प्रारूप क्या है?
(a) विभागीय रेखा संगठन (b) विशुद्ध रेखा संगठन
(c) 'a' और 'b' दोनों (d) इनमें से कोई नहीं

54. क्रियात्मक संगठन के सन्दर्भ में निम्न में क्या सत्य है?
(a) इसमें कठोर अनुशासन का पालन होता है
(b) इसमें आदेशों की एकता का गुण होता है
(c) इसमें अधिकार सत्ता समानान्तर रूप में प्रवाहित होती है
(d) इसमें विशेषज्ञों को आदेश देने का अधिकार नहीं होता है

55. किस प्रकार के संगठन के अन्तर्गत उपक्रम में कार्यरत व्यक्तियों के मध्य सम्बन्धों को स्थापित करने के लिए किसी शासकीय अनुशंसा की आवश्यकता नहीं होती है?
(a) औपचारिक संगठन (b) रेखीय संगठन
(c) क्रियात्मक संगठन (d) अनौपचारिक संगठन

56. संगठनात्मक संस्कृति किसी संगठन की ………… को व्यक्त करती है।
(a) मूल्यों को (b) नीतियों को
(c) विश्वास (d) ये सभी

57. नियुक्तिकरण की प्रक्रिया का प्रथम चर कौन-सा है?
(a) प्रबन्धकों के स्रोतों का निर्धारण
(b) साक्षात्कार
(c) प्रबन्धकीय मानव शक्ति का निर्धारण
(d) मानव शक्ति का नियोजन

58. अनौपचारिक संगठन सदस्यों को सामाजिक सन्तुष्टि प्रदान करता है, क्योंकि यह सदस्यों में ……… करता है।
(a) नीरसता के भाव की समाप्ति (b) खालीपन कम
(c) कार्य को रुचिकर (d) ये सभी

59. उच्च अधिकारियों द्वारा नियोजित व्यवहार कहलाता है
(a) निम्न संगठन (b) उच्च संगठन
(c) औपचारिक संगठन (d) अनौपचारिक संगठन

प्रबन्ध के सिद्धान्त-सामान्य एवं वैज्ञानिक

60. किस विचारक द्वारा "General Principles of Mangement" नामक पुस्तक लिखी गई?
(a) टेलर (b) फेयोल
(c) साइमन (d) मेकियावेली

61. हेनरी फेयोल के प्रबन्ध के 14 सिद्धान्तों का प्रतिपादन करते हुए जिन दो बातों पर बल दिया गया, वे हैं
(a) प्रबन्ध के क्षेत्र में कोई भी बात बेलोच नहीं होती
(b) उनके द्वारा प्रतिपादित सिद्धान्तों की सूची अन्तिम नहीं है
(c) 'a' और 'b' दोनों
(d) उपरोक्त में से कोई नहीं

62. फेयोल के अनुसार सहयोग की भावना के दुश्मन हैं
(a) फूट डालो और राज करो
(b) लिखित सम्प्रेषण का दुरुपयोग
(c) 'a' और 'b' दोनों
(d) उपरोक्त में से कोई नहीं

63. उचित पारिश्रमिक पद्धति क्या होती है?
(a) कर्मचारियों एवं नियोक्ता दोनों को अधिकतम सन्तुष्टि प्रदान करे
(b) कर्मचारियों को अधिकतम सन्तुष्टि प्रदान करे
(c) नियोक्ता को अधिकतम सन्तुष्टि प्रदान करे
(d) लाभ को अधिकतम सन्तुष्टि प्रदान करे

64. वैज्ञानिक प्रबन्ध विचारधारा के जन्मदाता थे
(a) हेनरी फेयोल (b) जॉर्ज आर टैरी
(c) आर सी डेविस (d) स्टेनले वेग

65. प्रबन्ध के सिद्धान्त के जन्मदाता कौन हैं?
(a) फ्लेमिंग (b) वैबनार्ड
(c) एफ डब्ल्यू टेलर (d) हेनरी फेयोल

66. प्रबन्ध के सिद्धान्तों का पिता किसे कहा जाता है?
(a) फ्लेमिंग (b) बर्नार्ड
(c) एफ डब्ल्यू टेलर (d) हेनरी फेयोल

67. टेलर के कार्यात्मक संगठन के अन्तर्गत, 'गैंग बॉस' वास्तव में क्या कार्य करता है?
(a) वह किए गए कार्य की गुणवत्ता की जाँच करता है
(b) वह कर्मचारियों को निर्देश देता है
(c) वह कर्मचारियों के लिए मशीनें एवं पुर्जे तैयार करता है
(d) वह उत्पादन लागत संकलित करता है

68. 'कुशलता के 12 सिद्धान्त' किसने बनाए?
(a) फेयोल (b) इमर्सन
(c) ड्रकर (d) गैन्ट

69. डेल्फी तकनीक सम्बन्धित है
(a) नियोजन से (b) समन्वयन से
(c) निर्णयन से (d) नियन्त्रण से

70. संगठन का सिद्धान्त कौन-सा है?
(a) प्रतिष्ठित सिद्धान्त (b) नौकरशाही सिद्धान्त
(c) मानवीय सम्बन्ध सिद्धान्त (d) ये सभी

71. अधिकारों के भारार्पण का अर्थ है
(a) अधिकार सुपुर्द करना
(b) दायित्व देना
(c) 'a' और 'b' दोनों
(d) उपरोक्त में से कोई नहीं

72. उद्देश्यों द्वारा प्रबन्ध सिद्धान्त किस वर्ष प्रतिपादित हुआ?
(a) सन् 1954 (b) सन् 1963
(c) सन् 1971 (d) सन् 1951

73. वैज्ञानिक प्रबन्ध विचारधारा की विशेषता नहीं है
(a) प्रबन्ध के सिद्धान्तों की स्थापना अनुभव के आधार पर की जाती है
(b) प्रत्येक कार्य का प्रमाणित समय, सामग्री, कार्यविधि आदि निर्धारित होती है
(c) पारस्परिक सहयोग के लिए मानसिक क्रान्ति आवश्यक है
(d) उपरोक्त में से कोई नहीं

74. प्रबन्ध के कार्यों में शामिल किया जाता है
(a) लेखांकन (b) उत्पादन
(c) नेतृत्व (d) विपणन

75. प्रबन्ध के किस सिद्धान्त के अन्तर्गत अँगूठे छाप के प्रतिस्थापन पर बल दिया जाता है?
(a) निर्णय का सिद्धान्त (b) वैज्ञानिक प्रबन्ध सिद्धान्त
(c) संयोगिक प्रबन्ध सिद्धान्त (d) ये सभी

76. प्रबन्ध तथा प्रशासन के मध्य अन्तर निम्नलिखित में से कौन-सा है?
(a) प्रबन्ध उच्चतम स्तर पर किया जाता है, जबकि प्रशासन, प्रबन्ध के निम्नतम स्तर पर किया जाता है
(b) प्रशासन मुख्यतया निर्णयात्मक कार्य है, जबकि प्रबन्ध एक क्रियात्मक कार्य है
(c) प्रबन्ध में कार्य नियोजन तथा प्रशासन में क्रियान्वयन होता है
(d) उपरोक्त में से कोई नहीं

77. हेनरी फेयोल किसके लिए जाने जाते हैं?
(a) विवेकीकरण (b) प्रबन्ध के सिद्धान्त
(c) वैज्ञानिक प्रबन्ध (d) औद्योगिक मनोविज्ञान

78. किसी भी उपक्रम के निर्बाध संचालन का रहस्य निहित है?
(a) कुशल नियोजन में (b) कुशल निर्णयन में
(c) कुशल संगठन में (d) कुशल नियन्त्रण में

79. नियुक्तिकरण का कार्य मूल रूप से सम्बन्धित है, मानव संसाधन के
(a) नियोजन, भर्ती एवं चयन से
(b) स्थापना, प्रशिक्षण एवं विकास से
(c) पारिश्रमिक, निष्पादन, मूल्यांकन एवं स्थानान्तरण से
(d) उपरोक्त सभी

80. प्रक्रिया की दृष्टि से चयन कैसा होता है?
(a) सकारात्मक (b) नकारात्मक
(c) 'a' और 'b' दोनों (d) इनमें से कोई नहीं

81. कार्यात्मक संगठन का अर्थ है
(a) प्रत्येक कर्मचारी एक अधिकारी के आधीन
(b) विभागीकरण के आधार पर कार्यों की प्रकृति
(c) अधिकार का प्रवाह कार्य के माध्यम से होना
(d) कार्यकुशलता के संगठन से है

82. प्रबन्ध की प्रारम्भिक क्रिया क्या है?
(a) नियोजन (b) नियन्त्रण
(c) निर्णयन (d) समन्वय

83. उद्देश्यों द्वारा प्रबन्ध तकनीक के जन्मदाता थे
(a) हेनरी फेयोल (b) पीटर एफ. ड्रकर
(c) एल्फ्रेड स्लोन (d) उर्विक

84. निर्णयन की वैज्ञानिक विधि है
(a) प्रबन्ध सिद्धान्त विधि
(b) सामूहिक निर्णयन विधि
(c) शोध प्रणाली
(d) उपरोक्त सभी

85. हेनरी फेयोल के प्रबन्ध के 14 सिद्धान्तों का प्रतिपादन करते हुए जिन दो बातों पर बल दिया गया, वे हैं
(a) प्रबन्ध के क्षेत्र में कोई भी बात बेलोच नहीं होती
(b) उनके द्वारा प्रतिपादित सिद्धान्तों की सूची अन्तिम नहीं है
(c) 'a' और 'b' दोनों
(d) उपरोक्त में से कोई नहीं

86. उचित पारिश्रमिक पद्धति क्या होती है?
(a) कर्मचारियों एवं नियोक्ता दोनों को अधिकतम सन्तुष्टि प्रदान करे
(b) कर्मचारियों को अधिकतम सन्तुष्टि प्रदान करे
(c) नियोक्ता को अधिकतम सन्तुष्टि प्रदान करे
(d) लाभ को अधिकतम करे

87. फेयोल के अनुसार सहयोग की भावना के दुश्मन हैं
(a) फूट डालो और राज करो
(b) लिखित सम्प्रेषण का दुरुपयोग
(c) 'a' और 'b' दोनों
(d) उपरोक्त में से कोई नहीं

88. वैज्ञानिक प्रबन्ध विचारधारा के जन्मदाता थे
(a) हेनरी फेयोल (b) जॉर्ज आर टैरी
(c) आर सी डेविस (d) स्टेनले वेग

समन्वय-विशेषताएँ एवं महत्त्व

89. समन्वय है एक
(a) सतत् प्रक्रिया (b) समयबद्ध
(c) आकस्मिक (d) इनमें से कोई नहीं

90. समन्वय के रूप हैं
(a) निषेधात्मक (b) वैयक्तिक
(c) 'a' और 'b' दोनों (d) इनमें से कोई नहीं

91. समन्वय की आधारशिला है
(a) अधिकार सत्ता (b) दायित्व
(c) विचार (d) प्रयास

92. कौन समन्वय तकनीक नहीं है?
(a) संगठनात्मक योजनाएँ (b) समितियाँ
(c) सामूहिक बैठकें (d) लक्ष्य

93. उद्देश्यों की क्रमबद्धता ऊपर की ओर होती है
(a) बिन्दु आकार में (b) विस्तृत
(c) समतल (d) इनमें से कोई नहीं

94. समन्वय है एक
(a) सतत् प्रक्रिया (b) समयबद्ध प्रक्रिया
(c) आकस्मिक प्रक्रिया (d) इनमें से कोई नहीं

95. समन्वय के रूप हैं
(a) निषेधात्मक (b) वैयक्तिक
(c) 'a' और 'b' दोनों (d) इनमें से कोई नहीं

96. आन्तरिक और बाह्य समन्वय हो सकता है
(a) लम्बवत्
(b) समतलीय
(c) 'a' और 'b' दोनों
(d) उपरोक्त में से कोई नहीं

97. समन्वय की आधारशिला है
(a) अधिकार सत्त (b) दायित्व
(c) विचार (d) प्रयास

98. कौन समन्वय तकनीक नहीं है?
(a) संगठनात्मक योजनाएँ (b) समितियाँ
(c) सामूहिक बैठकें (d) लक्ष्य

99. उद्देश्यों की क्रमबद्धता ऊपर की ओर होती है
(a) बिन्दु आकार में (b) विस्तृत
(c) समतल (d) इनमें से कोई नहीं

100. उद्देश्यों द्वारा प्रबन्ध सिद्धान्त किस वर्ष प्रतिपादित हुआ?
(a) सन् 1954 (b) सन् 1963
(c) सन् 1995 (c) सन् 1996

101. निम्नलिखित में से कौन-सा भारार्पण का एक तत्त्व नहीं है?
(a) जवाबदेही (b) अधिकार
(c) जिम्मेदारी (d) अनौपचारिक संगठन

102. न्यायप्रियता के लिए इनमें से किसकी आवश्यकता होती है?
(a) सूझ-बूझ (b) अनुभव
(c) स्वभाव (d) ये सभी

उत्तरमाला

1.	(c)	2.	(a)	3.	(a)	4.	(b)	5.	(c)	6.	(a)	7.	(b)	8.	(d)	9.	(b)	10.	(d)
11.	(b)	12.	(d)	13.	(b)	14.	(b)	15.	(d)	16.	(b)	17.	(a)	18.	(b)	19.	(b)	20.	(a)
21.	(c)	22.	(a)	23.	(a)	24.	(a)	25.	(b)	26.	(d)	27.	(c)	28.	(c)	29.	(c)	30.	(c)
31.	(a)	32.	(d)	33.	(c)	34.	(b)	35.	(b)	36.	(b)	37.	(c)	38.	(d)	39.	(c)	40.	(a)
41.	(d)	42.	(d)	43.	(d)	44.	(a)	45.	(a)	46.	(b)	47.	(c)	48.	(b)	49.	(a)	50.	(c)
51.	(a)	52.	(d)	53.	(c)	54.	(c)	55.	(b)	56.	(d)	57.	(c)	58.	(d)	59.	(c)	60.	(b)
61.	(c)	62.	(c)	63.	(a)	64.	(a)	65.	(d)	66.	(b)	67.	(b)	68.	(b)	69.	(c)	70.	(d)
71.	(a)	72.	(a)	73.	(a)	74.	(c)	75.	(b)	76.	(b)	77.	(b)	78.	(b)	79.	(d)	80.	(b)
81.	(b)	82.	(a)	83.	(c)	84.	(c)	85.	(c)	86.	(a)	87.	(c)	88.	(a)	89.	(a)	90.	(b)
91.	(a)	92.	(d)	93.	(c)	94.	(a)	95.	(b)	96.	(d)	97.	(a)	98.	(d)	99.	(c)	100.	(a)
101.	(d)	102.	(d)																

अध्याय 9

व्यावसायिक पर्यावरण
Business Environment

व्यावसायिक पर्यावरण की अवधारणा
Concept of Business Environment

व्यावसायिक वातावरण विभिन्न गतिशील, जटिल व अनियन्त्रित बाह्य आर्थिक, सामाजिक, राजनैतिक, भौतिक व तकनीकी घटकों का योग है, जिनके भीतर व्यवसाय को कार्य करना पड़ता है तथा जिनसे उस व्यवसाय की कार्यकुशलता, सफलता, निष्पादन एवं नियन्त्रण, निर्णय प्रभावित होते हैं।

व्यावसायिक पर्यावरण का अर्थ
Meaning of Business Environment

'व्यावसायिक पर्यावरण' किसी भी व्यावसायिक संस्था की वह बाह्य गतिशील दशा, परिस्थिति तथा घटक है, जिससे उस संगठन की कार्यकुशलता तथा सफलता प्रभावित होती है तथा जिन पर उस संगठन का कोई नियन्त्रण नहीं होता है।

व्यावसायिक पर्यावरण की विशेषताएँ
Characteristics of Business Environment

व्यावसायिक पर्यावरण की प्रमुख विशेषताएँ निम्न हैं–

1. पर्यावरण के तत्त्वों की जटिलता पाई जाती है अर्थात् विभिन्न तत्त्व; जैसे–सामाजिक, आर्थिक आदि परस्पर जुड़े होते हैं।
2. व्यावसायिक वातावरण गतिशील होता है अर्थात् इसमें परिवर्तन होता रहता है।
3. व्यावसायिक वातावरण आन्तरिक व बाह्य दोनों प्रकार का होता है।
4. यह व्यवसायकर्ता के नियन्त्रण से बाहर होता है।
5. व्यवसाय पर्यावरण व्यष्टि व समष्टि होते हैं।
6. व्यवसाय की प्रकृति के अनुरूप ही व्यावसायिक पर्यावरण, व्यवसाय की क्रियाओं को प्रकाशित करता है।

व्यावसायिक वातावरण का महत्त्व
Importance of Business Environment

व्यावसायिक वातावरण, जहाँ एक ओर देश के आर्थिक विकास का मार्ग प्रशस्त करता है, वहीं दूसरी ओर आज के इस प्रतिस्पर्द्धी युग में व्यवसाय की विभिन्न जटिलताओं को समझने में मदद करता है। यह तो सर्वमान्य तथ्य है कि आज की इस गलाकाट प्रतिस्पर्द्धा के युग में व्यवसाय का संचालन काफी चुनौतीपूर्ण हो गया है। अत: एक व्यवसाय के कुशल संचालन के लिए व्यावसायिक पर्यावरण का अध्ययन करना अत्यन्त आवश्यक हो गया है। *निम्नलिखित कारण व्यवसायिक पर्यावरण के अध्ययन की आवश्यकता पर प्रकाश डालते हैं–*

1. **व्यवसाय के आन्तरिक वातावरण का ज्ञान** व्यावसायिक पर्यावरण का अध्ययन व्यवसाय के आन्तरिक वातावरण की जानकारी के लिए अत्यन्त आवश्यक है। यहाँ ध्यान देने योग्य बात यह है कि व्यवसाय का आन्तरिक वातावरण जिसमें नीतियों, लक्ष्यों, साधनों, योजनाओं की व्यूह रचनाओं को शामिल किया जाता है, का ज्ञान व्यवसाय के कुशल संचालन के लिए आवश्यक है।
2. **परिवर्तनों की जानकारी** व्यावसायिक पर्यावरण निरन्तर गतिशील है, जिसमें निरन्तर परिवर्तन होते रहते हैं। इन परिवर्तनों का मुख्य कारण उपभोक्ताओं की पसन्द, रुचि, आदत, फैशन आदि में होने वाले परिवर्तन हैं। उपभोक्ताओं को इस प्रकार के व्यावहारिक परिवर्तन की जानकारी होना व्यवसाय के कुशल संचालन के लिए आवश्यक है।
3. **दीर्घकालीन योजना बनाने में सहायक** किसी भी व्यावसायिक इकाई का भविष्य उसके द्वारा बनाई गई उचित और सटीक दीर्घकालीन योजनाओं पर निर्भर करता है। यह पर्यावरण योजनाओं के निर्माण के विभिन्न स्तरों; जैसे–अनुसन्धान एवं प्रोजेक्ट निर्माण में अहम भूमिका निभाता है। योजनाओं और उनसे जुड़े तथ्यों का एक कुशल बाजार अनुसन्धान के माध्यम से ही समझा जा सकता है, जिसमें व्यावसायिक पर्यावरण की अहम भूमिका है।
4. **योजनाओं का विश्लेषण तथा मूल्यांकन करना** योजनाओं को बना लेना ही व्यवसाय की सफलता की गारण्टी नहीं होता, समय-समय पर योजनाओं का विश्लेषण तथा मूल्यांकन भी आवश्यक है। सभी व्यावसायिक प्रतिष्ठानों की सफलता उनके द्वारा किए गए कुशल नियोजन पर ही निर्भर करती है।

योजना की सफलता के लिए भविष्य की समस्याओं का पूर्वानुमान अत्यन्त आवश्यक है तथा इस पूर्वानुमान के आधार पर योजना का मूल्यांकन तथा यथासमय परिवर्तन उस योजना की सफलता का मूलाधार होता है।

5. **व्यवसायिक लाभदेयता का आधार** आज के इस प्रतिस्पर्द्धी युग में जहाँ एक ओर व्यवसाय को कड़ी प्रतिस्पर्द्धा का सामना करना पड़ रहा है, वहीं दूसरी ओर व्यापार की लाभदेयता भी प्रतिस्पर्द्धी मूल्य के कारण दाँव पर लगी है। व्यवसाय में लाभ के अवसरों का अधिकाधिक उपयोग वातावरण के प्रति विशेषकर प्रतिस्पर्द्धा के प्रति जागरुक होकर ही किया जा सकता है। इस प्रकार की परिस्थितियों में न केवल अच्छी योजनाओं को बनाना आवश्यक है अपितु प्रतिद्वन्द्वियों की योजनाओं का ज्ञान भी आवश्यक है।
6. **सरकार की आर्थिक नीतियों की जानकारी** सरकार द्वारा समय-समय पर विभिन्न आर्थिक नीतियाँ घोषित की जाती हैं, जो व्यावसायिक वातावरण में एक महत्त्वपूर्ण स्थान रखती हैं। इसमें मुख्य रूप से सरकार द्वारा घोषित औद्योगिक नीति, अनुज्ञापन नीति, आयात-निर्यात नीति, विदेशी विनिमय नीति आदि शामिल हैं। व्यवसाय की सफलता के लिए न केवल इन नीतियों का ज्ञान होना पर्याप्त है अपितु इनमें किए गए नीतिगत एवं प्रक्रिया सम्बन्धी परिवर्तनों का ज्ञान भी आवश्यक है।
7. **प्रतिस्पर्द्धी क्षमता का विकास** किसी भी व्यवसाय की सफलता इस बात पर निर्भर करती है कि उसकी प्रतिस्पर्द्धी क्षमता कितनी विकसित है, जो व्यावसायिक इकाई जितनी अधिक प्रतिस्पर्द्धी क्षमता का विकास करती है उसके लिए अपने अस्तित्व को उतने ही लम्बे समय तक बनाए रखने में मदद मिलेगी। किसी भी व्यावसायिक उपक्रम के लिए आवश्यक है कि वह अपनी प्रतिस्पर्द्धी क्षमता जिसमें मुख्य रूप से उत्पादों की गुणवत्ता, लागतों को घटाना, ग्राहक के दरवाजे तक वस्तुओं और उत्पादों की पहुँच आदि शामिल हैं। इसके अलावा बिक्री के बाद की सेवाएँ, आकर्षक विज्ञापन नीति तथा उच्चकोटि की विपणन व्यूह रचना करना आदि भी उस व्यवसाय की प्रतिस्पर्द्धी क्षमता को विकसित करने में मुख्य भूमिका निभाते हैं।
8. **नव प्रवर्तन** किसी भी व्यावसायिक इकाई की सफलता उसके द्वारा धारण किए गए नव प्रवर्तन पर निर्भर करती है अर्थात् जब तक कोई भी व्यावसायिक उत्पाद नए तरीके से, नई पैकिंग, नए डिजाइन में ग्राहक तक नहीं पहुँचेगा, हम अधिकाधिक ग्राहकों को अपने साथ नहीं जोड़ पाएँगे। इसके लिए वातावरण का अध्ययन आवश्यक है, क्योंकि नव प्रवर्तन के लिए आवश्यक योजनाओं का निर्माण और क्रियान्वयन एक अच्छे बाजार अनुसन्धान पर निर्भर करता है।
9. **संसाधनों के अनुकूलतम उपयोग के लिए** जैसा कि हम जानते हैं संसाधन मूल रूप से दो प्रकार के होते हैं प्राकृतिक संसाधन तथा मानवीय संसाधन। जहाँ एक ओर देश के प्राकृतिक संसाधन व्यवसाय की प्रकृति, उसका स्थानीयकरण, परिणाम एवं प्रगति निर्धारित करते हैं, वहीं दूसरी ओर मानवीय संसाधनों द्वारा व्यवसाय में अपनाई जाने वाली तकनीक, ज्ञान, उत्पादन की तकनीकों, प्रबन्धकीय कुशलता एवं क्षमताओं को शामिल किया जाता है।

   इन दोनों प्राकृतिक एवं मानवीय संसाधनों का कुशलतम प्रयोग तभी सम्भव है, जब हम व्यावसायिक पर्यावरण का भली प्रकार अध्ययन करें।

व्यावसायिक पर्यावरण के घटक/आयाम
Factors of Business Environment

किसी भी व्यावसायिक पर्यावरण का निर्माण विभिन्न पर्यावरणीय घटकों के समावेश से होता है। ये व्यावसायिक पर्यावरण सम्बन्धी घटक व्यावसायिक योजनाओं और नीतियों को अत्यधिक प्रभावित करते हैं। इसमें मुख्य रूप से अर्थव्यवस्था की संरचना, सामाजिक रचना, राजनैतिक प्रणाली, उपभोक्ता की माँग इत्यादि शामिल होते हैं।

इनमें से कुछ प्रमुख संघटकों का विश्लेषण इस प्रकार कर सकते हैं—

1. **आर्थिक पर्यावरण** व्यावसायिक उपक्रम अपने ग्राहकों के उपभोग के लिए वस्तुओं और सेवाओं का उत्पादन करता है। व्यवसाय की माँग और पूर्ति की स्थिति ग्राहकों के साथ सम्बन्ध का निर्धारण करती है।
2. **सामाजिक पर्यावरण** सामाजिक वातावरण किसी भी व्यवसाय के संचालन को अत्यधिक प्रभावित करता है, क्योंकि यह समाज ही है, जिससे व्यवसाय उत्पादन के लिए विभिन्न आदान (Input) प्राप्त करता है तथा अन्तिम उत्पाद (Output) के रूप में समाज को वापस लौटाता है। किसी भी देश और समाज में जनसंख्या की प्रवृत्तियाँ, व्यक्तिगत आवश्यकताएँ एवं सांस्कृतिक घटक सामाजिक पर्यावरण के अभिन्न अंग होने के कारण व्यवसाय को किसी-न-किसी रूप में प्रभावित अवश्य ही करते हैं। पिछले कुछ वर्षों में नई सामाजिक मान्यताओं की स्थापना हुई है।
3. **वैधानिक पर्यावरण** व्यवसाय का वैधानिक पर्यावरण राजनैतिक पर्यावरण की शाखा या अंकुर होता है। सत्तापक्ष वाली राजनैतिक पार्टी की विचारधारा पर आधारित अथवा जन-समाज के दबाव के कारण व्यवसाय के प्रत्येक पहलू के विनिमय एवं नियन्त्रण के लिए अनेक विधान पारित किए जाते हैं।

   कानून के द्वारा सामाजिक कल्याण एवं जन आकांक्षाओं के लिए व्यावसायिक क्रियाओं पर अनेक प्रतिबन्ध लगाए जाते हैं। इसके अलावा व्यावसायिक वैधानिक वातावरण के क्षेत्र अत्यन्त व्यापक हैं। इसके द्वारा व्यवसाय के आर्थिक जगत् में व्यवसाय के विभिन्न पहलुओं पर नियन्त्रण रखा जाता है। व्यवसाय के अलग-अलग पक्षों के लिए सरकार द्वारा समय-समय पर अलग-अलग अधिनियमों का निर्माण किया जाता है। विधानमण्डलों, समितियों तथा आयोगों का गठन किया जाता है। इसके अतिरिक्त देश के संविधान के आधीन न्यायालयों एवं न्यायाधिकरणों की स्थापना की जाती है, जो सदैव इस बात का प्रयास करते हैं कि कानून की रक्षा हो तथा पीड़ित पक्षकार को न्याय मिले।
4. **तकनीकी पर्यावरण** तकनीकी पर्यावरण के अन्तर्गत वस्तुओं व सेवाओं को पैदा करने व व्यवसाय को चलाने की नई विधियों के नव प्रवर्तन अथवा खोज को सम्मिलित किया जाता है। तकनीकी परिवर्तन ग्राहकों को कुछ नया व बेहतर प्रदान करते हैं। ये कुछ व्यवसायों के लिए खतरा पैदा करते हैं तथा कुछ को लाभ के अवसर प्रदान करते हैं।

   व्यवसायी को उसके व्यवसाय से सम्बन्धित तकनीकी परिवर्तनों पर नजदीकी निगाह रखनी चाहिए। वह व्यवसायी जो इन परिवर्तनों को समय रहते भाप लेता है, वह अपने उद्देश्यों को प्राप्त करने में सफल रहता है अन्यथा व्यवसाय के अस्तित्व को खतरा पैदा होना स्वाभाविक है।

5. **राजनैतिक पर्यावरण** राजनैतिक पर्यावरण के अन्तर्गत राजनैतिक दशाओं; जैसे–देश में सामान्य स्थायित्व व शान्ति तथा सरकार के व्यवसाय के प्रति दृष्टिकोण को सम्मिलित किया जाता है।
इसका व्यावसायिक समुदाय पर गहरा प्रभाव पड़ता है। इसका व्यवसाय पर सकारात्मक अथवा नकारात्मक प्रभाव हो सकता है। अत: व्यवसायियों को इसे लगातार व ध्यानपूर्वक देखते रहने की जरूरत है।

परिवर्ती व्यावसायिक वातावरण
Changing Business Environment

व्यावसायिक वातावरण निरन्तर परिवर्तित हो रहा है तकनीक में परिवर्तन, आय में परिवर्तन आदि परिवर्ती व्यावसायिक वातावरण के कारक हैं। नए आविष्कार, नई सरकारी नीतियाँ आदि भी परिवर्ती व्यावसायिक वातावरण में योगदान करती हैं। महत्त्वपूर्ण परिवर्तन को LPG नीति द्वारा समझा जा सकता है। नई आर्थिक नीति सन् 1991 में लागू की गई जिसमें बहुत से सुधार हुए, *जिसे तीन भागों में बाँटा जा सकता है–*

1. उदारीकरण 2. निजीकरण 3. वैश्वीकरण

1. उदारीकरण Liberalisation

उदारीकरण से आशय नियन्त्रण की समाप्ति तथा सरकार तथा नियम व कानूनों को उदार बनाकर देश की अर्थव्यवस्था के विकास से है। अन्य शब्दों में उदारीकरण से आशय प्रतिबन्ध और नियन्त्रण रहित सीधे सरल व्यवसाय के संचालन से है।

उदारीकरण वह प्रक्रिया है, जिसमें शासन तन्त्र द्वारा देश के आर्थिक विकास को प्रोत्साहित करने के लिए अपनाए जा रहे अनुज्ञाकरण, नियन्त्रण, कोटा प्रशुल्क आदि प्रशासकीय अवरोधों को कम कर दिया जाता है।

भारत में उदारीकरण का इतिहास
History of Liberalisation in India

देश की अर्थव्यवस्था की मलिन हालत को देखते हुए भारत सरकार ने अस्सी के दशक में औद्योगिक विकास पर लगे सभी प्रतिबन्धों को एक-एक करके हटाना प्रारम्भ कर दिया, साथ ही उत्पादन व वितरण सम्बन्धी नियम ढीले पड़ने लगे। प्रत्येक वस्तु के लिए अलग-अलग लाइसेन्स देने की प्रणाली उदार होने लगी। आयात को आसान बनाया जाने लगा। इन सभी प्रयासों के परिणामस्वरूप औद्योगिक विकास की गति में एकाएक तेजी आना प्रारम्भ हो गया।

उदारीकरण के लाभ Merits of Liberalisation

उदारीकरण के अनेक लाभ हैं, उनमें से कुछ इस प्रकार हैं–

(i) विदेशी मुद्रा भण्डार में वृद्धि होती है।
(ii) मुद्रा बाजार के साथ-साथ पूँजी बाजार का विकास होता है।
(iii) मुद्रा स्फीति की दर में सार्थक कमी आती है।
(iv) विश्वस्तरीय प्रतिस्पर्द्धा का विकास होता है।
(v) राजकोषीय घाटे में एक सार्थक स्तर तक कमी होती है।
(vi) निर्यात में वृद्धि से देश में रोजगार परक व्यवसाय का विकास होता है।
(vii) उत्तम वस्तुओं की प्राप्ति होती है तथा देश में व्यक्तियों के जीवन-स्तर में सुधार होता है।

उदारीकरण के दोष/सीमाएँ
Demerits/Limitations of Liberalisation

उदारीकरण नीति के अनेक दोष भी हैं–

(i) उदारीकरण से विकास की गति धीमी होती है।
(ii) उदारीकरण का लाभ देश के धनी वर्ग को मिलेगा, श्रमिक वर्ग जैसा है वैसा ही रहेगा, जिससे आर्थिक असमानता में वृद्धि होगी जो ठीक नहीं है।
(iii) विलासिता की वस्तुओं का आयात तथा देशों में विदेशी मुद्रा की कमी।
(iv) विदेशी ऋणों में वृद्धि होगी, जिससे भुगतान सन्तुलन की समस्या का सामना करना पड़ेगा।
(v) कृषि नीति पर विचार किया ही नहीं जा सकता।
(vi) बेरोजगारी समस्या के समाधान का कोई ठोस उपाय नहीं प्रदान करती है।

2. निजीकरण Privatisation

निजीकरण से आशय मूल रूप से अर्थव्यवस्था के किसी भी क्षेत्र में सरकारी सम्बद्धता को किसी भी रूप में वापस लेने से होता है अर्थात् जब सरकार सार्वजनिक क्षेत्र के उपक्रमों में अपना हित कम करती है, तो उक्त प्रक्रिया को निजीकरण के नाम से जाना जाता है। *अन्य शब्दों* में निजीकरण आर्थिक क्रियाओं या सम्पत्तियों के स्वामित्व में सरकार की भूमिका कम करने या निजी क्षेत्र की भूमिका में वृद्धि करने से है।

वीरेन जे. शाह ने बहुत खूबसूरत अन्दाज में निजीकरण को परिभाषित किया है उनके अनुसार, निजीकरण का अर्थ आर्थिक प्रजातन्त्र से है, अर्थात् निजीकरण आर्थिक प्रजातन्त्र स्थापित करने की प्रक्रिया है, जिसके द्वारा सरकारी उद्यमों के स्वामित्व एवं प्रबन्धन निजी साहसियों को प्रदान किए जाते हैं। इस प्रक्रिया के द्वारा आर्थिक क्रियाओं पर सहकारी नियन्त्रण को घटाकर उद्योगों को निजी क्षेत्र को विकसित करने के लिए दे दिया जाता है। इस प्रकार किसी भी राष्ट्र के विभिन्न चुनौतीपूर्ण निर्णयों में सार्वजनिक उद्योगों का निजीकरण एक अत्यन्त ज्वलन्त परिवर्तन है।

निजीकरण के उद्देश्य Objectives of Privatisation

निजीकरण के उद्देश्य निम्न प्रकार के होते हैं–

(i) सार्वजनिक क्षेत्र के उपक्रमों की कार्यक्षमता में वृद्धि करने के लिए।
(ii) उपक्रमों के विक्रय द्वारा धन प्राप्ति के लिए।
(iii) निजी क्षेत्र के आकार और प्रसार को बढ़ाने के लिए।
(iv) राज्य पर प्रशासनिक भार कम करने के लिए।
(v) उद्योगों को राजनैतिक प्रभाव से बाहर रखने के लिए।
(vi) प्रतिस्पर्द्धा की भावना को बढ़ाने के लिए।

निजीकरण के पक्ष में तर्क
Arguments in Favour of Privatisation

निजीकरण के लाभ के सन्दर्भ में निम्नलिखित तर्क दिए जाते हैं–

(i) निजीकरण देश में नए-नए उद्यमियों तथा साहसियों को जन्म देता है।
(ii) निजीकरण के परिणामस्वरूप देश में कोषों, लाभों तथा पूँजी का सृजन होता है।

(iii) निजीकरण प्रक्रिया के द्वारा लागतों में कमी तथा किस्म में सुधार होता है। इससे अपव्यय पर अंकुश लगता है।

(iv) निजीकरण के द्वारा सरकार के लोक ऋणों में कमी आती है।

(v) स्वहित तथा कार्य एवं पुरस्कार में सीधा सम्बन्ध होने के कारण निजी उपक्रमों में संचालकीय कार्यकुशलता बढ़ जाती है।

(vi) निजी उपक्रम श्रेष्ठ उत्पादन करके सरकारी खजाने के लिए आय में वृद्धि करते हैं।

(vii) निजीकरण से देश में उत्पादन कार्यों में कोषों का अधिक विनियोग होने लगता है, जिसके परिणामस्वरूप धन गैर-उत्पादक कार्यों से उत्पादक कार्यों की ओर लगने लगता है।

(viii) निजीकरण के कारण ही सरकार उन उपक्रमों के उद्देश्यों, संचालन एवं निष्पादन से बच जाती है, जो उसके स्वामित्व में नहीं रहे।

(ix) निजी उपक्रमों की सहायता से श्रेष्ठ किस्म के उत्पादों का निर्माण करके सरकारी खजाने में वृद्धि करने में सहायता मिलती है।

(x) राष्ट्रीय और अन्तर्राष्ट्रीय स्तर पर प्रतिस्पर्द्धा बढ़ जाने के कारण अब उत्पादक श्रेष्ठ गुणवत्ता का उत्पाद और सेवाएँ ग्राहकों तक पहुँचाते हैं।

निजीकरण के विपक्ष में तर्क
Arguments Against Privatisation

निजीकरण के विपक्ष में निम्न तर्क दिए जाते हैं

(i) सार्वजनिक क्षेत्र के उपक्रमों को निजी क्षेत्र में हस्तान्तरित करने से औद्योगिक संघर्षों में वृद्धि होती है।

(ii) जनता निजीकरण के बाद भी समाजवादी समाज की कामना करती है, तथा निजी उपक्रमों से आशा करना व्यर्थ है।

(iii) सरकार के लिए यह सम्भव नहीं कि वह निजी क्षेत्र में लगे समस्त नियन्त्रणों को हटा ले। राष्ट्रहित में निजी उपक्रमों पर विभिन्न आर्थिक नियन्त्रणों का लगाया जाना आवश्यक होता है।

(iv) सार्वजनिक क्षेत्र में व्याप्त अधिकतर कमियाँ संचालकीय स्तर पर ही होती हैं, जिनको दूर करने के लिए निजीकरण ही एक मात्र समाधान नहीं, अन्य विकल्प भी हो सकते हैं।

(v) निजीकरण के द्वारा धन के केन्द्रीकरण को बढ़ावा मिलता है तथा आपसी असमानता बढ़ती है।

(vi) निजी क्षेत्र सदैव स्वहित की भावना से कार्य करता है, जिसमें सामाजिक न्याय एवं सार्वजनिक हित की भावना का ह्रास होता है।

(vii) निजी क्षेत्र घाटे में चल रहे सार्वजनिक क्षेत्र के उपक्रमों की अंश पूँजी को क्रय करने में रुचि नहीं दिखाते हैं।

(viii) निजीकरण का एक सबसे बड़ा दोष कुछ व्यावसायिक घरानों के हाथों में आर्थिक शक्ति का केन्द्रीकरण है।

3. वैश्वीकरण Globalisation

सामान्य भाषा में वैश्वीकरण से आशय देश की अर्थव्यवस्था को विश्व के अन्य देशों की अर्थव्यवस्था से जोड़ने से है। इसका प्रमुख कारण व्यावसायिक क्रियाओं का अन्तर्राष्ट्रीय स्तर पर विस्तार करना है। अन्य शब्दों में वैश्वीकरण एक ऐसी प्रक्रिया है, जिसके द्वारा एक देश की अर्थव्यवस्था को, सम्पूर्ण विश्व की अर्थव्यवस्था के साथ इस उद्देश्य से एकीकृत किया जाता है, जिससे सम्पूर्ण विश्व एक ही अर्थव्यवस्था और एक ही बाजार के रूप में कार्य कर सके।

वैश्वीकरण की इन्हीं विशेषताओं के कारण इसे भूमण्डलीय वैश्वीकरण तथा सार्वभौमीकरण आदि नामों से भी जाना जाता है। *वैश्वीकरण की कुछ परिभाषाएँ इस प्रकार हैं—*

प्रो. दीपक नैयर के अनुसार, "आर्थिक क्रियाओं का किसी देश की राजनैतिक सीमाओं के बाहर तक विस्तार करने को वैश्वीकरण कहते हैं।"

ऑस्कर लेन्जे के अनुसार, "आधुनिक समय में अल्प विकसित देशों के आर्थिक विकास का भविष्य मुख्यत: अन्तर्राष्ट्रीय सहयोग पर निर्भर करता है।"

वैश्वीकरण की विशेषताएँ Characteristics of Globalisation

वैश्वीकरण की उपरोक्त परिभाषाओं के आधार पर हम वैश्वीकरण की कुछ विशेषताओं को जान सकते हैं—

(i) वैश्वीकरण के परिणामस्वरूप अन्तर्राष्ट्रीय आर्थिक व्यवहारों पर लगे प्रतिबन्धों को धीरे-धीरे कम किया जाता है, जिससे अन्तर्राष्ट्रीय व्यापार में उत्तरोत्तर वृद्धि होती है।

(ii) वैश्वीकरण विभिन्न औद्योगिक संगठनों के विकसित स्वरूप को जन्म देता है।

(iii) वैश्वीकरण का लाभ सम्पूर्ण विश्व में संसाधनों का आवण्टन एवं प्रयोग बाजार की आवश्यकताओ तथा प्राथमिकताओं के आधार पर प्राप्त होने लगता है।

(iv) राष्ट्रीय और अन्तर्राष्ट्रीय बाजारों में ऐसा वातावरण बनाने का प्रयास किया जाता है, जिससे विभिन्न राष्ट्रों के बीच सूचना एवं प्रौद्योगिकी का स्वतन्त्र प्रवाह होकर उन्नत तकनीकी का लाभ सभी राष्ट्र उठा सकें।

(v) वैश्वीकरण के परिणामस्वरूप बौद्धिक श्रम एवं सम्पदा का विदोहन सम्भव हुआ है, जिससे एक राष्ट्र से दूसरे राष्ट्र में श्रमिक वर्ग एवं कर्मिक वर्गों का स्वतन्त्र रूप से आवागमन सम्भव हो गया है।

(vi) विकसित राष्ट्र अपने विशाल कोषों को विकासशील देशों में विनियोजित करना चाहते है, ताकि उन्हें ऊँची दर पर लाभ प्राप्त हो सके।

(vii) पूँजी किसी भी व्यवसाय की आत्मा होती है। वैश्वीकरण के परिणामस्वरूप विभिन्न राष्ट्रों में पूँजी का स्वतन्त्र प्रवाह सम्भव होता है, जिससे उद्योगों के लिए पूँजी निर्माण सम्भव हो पाया है।

वैश्वीकरण के पक्ष में तर्क
Arguments in Favour of Globalisation

वैश्वीकरण के पक्ष में निम्न तर्क दिए गए हैं—

(i) वैश्वीकरण के परिणामस्वरूप व्यवसायों का आकार बहुत बड़ा हो गया है, जिससे व्यावसायिक क्षेत्र भी अत्यधिक विस्तृत हो गया है।

(ii) वैश्वीकरण के परिणामस्वरूप सभी सम्बद्ध राष्ट्रों में उन्नत गुणवत्ता युक्त सूचना एवं तकनीक, योग्य एवं अनुभवी कर्मिक तथा कार्यशील पूँजी का स्वतन्त्र प्रवाह होता है, इससे अर्थव्यवस्था को बल मिलता है।

(iii) उत्पादन क्षमता स्वत: बाजार शक्तियों द्वारा निर्धारित होती है।

(iv) व्यवसाय का एक राष्ट्र से विपरीत परिस्थिति में दूसरे राष्ट्र में स्थानान्तरण सम्भव हो पाया है।

(v) राष्ट्र विशेष के नागरिकों के जीवन-स्तर में सुधार होता है।

(vi) कम मूल्य पर उष्ण गुणवत्ता वाले उत्पादों की प्राप्ति सम्भव हो पाई है।
(vii) रोजगार के अवसरों में वृद्धि हुई है।
(viii) भुगतान सन्तुलन सकारात्मक होने लगा है।
(ix) स्वदेशी बहुराष्ट्रीय निगमों का विकास हुआ है, इससे देश की अर्थव्यवस्था को बल मिलता है।
(x) तकनीक का स्वतन्त्र प्रवाह सम्पन्न हुआ है। स्वतन्त्र प्रतिस्पर्द्धा का विकास हुआ है।

वैश्वीकरण के विपक्ष में तर्क
Arguments Against Globalisation

वैश्वीकरण के विपक्ष में निम्नलिखित तर्क मौजूद हैं–

(i) वैश्वीकरण से गलाकाट प्रतिस्पर्द्धा का विकास होता है।
(ii) देश में पहले से व्याप्त लघु एवं कुटीर-उद्योगों के अस्तित्व को खतरा उत्पन्न होता है।
(iii) बड़े तथा बहुराष्ट्रीय संगठन आर्थिक क्षेत्र पर अधिकार करने की स्थिति में आ जाते हैं।
(iv) प्रत्यक्ष विदेशी निवेश की नीति से निरन्तर बढ़ोत्तरी हानिकारक बन जाती है।
(v) उद्योगों में यन्त्रीकरण बढ़ने से बेरोजगारी की समस्या बढ़ जाती है। विदेशी कम्पनियों द्वारा भारतीय उद्योगों के साथ भेदभाव शुरू हो रहा है।
(vi) बिना सरकारी संरक्षण के कई व्यावसायिक संस्थाएँ बर्बाद या बन्द होने की कगार पर आ सकती हैं।
(vii) स्वार्थी प्रवृत्ति के कारण निर्यात को प्रोत्साहन नहीं मिलता और आयातित वस्तुएँ बहुत महँगी हो जाती हैं

व्यवसाय : एक भविष्यवादी दृष्टिकोण
Business : A Future Vision

एक व्यावसायी को भविष्यवादी की तरह सोचने के कई लाभ हैं, लेकिन इससे पहले कि हम एक व्यवसाय को भविष्यवादी की तरह सोचने के कारण होने वाले लाभों के बारे में बात करते हैं उससे पहले यह समझना महत्त्वपूर्ण है कि यह पारम्परिक व्यापारिक पूर्वानुमान की पद्धति से कैसे अलग है।

पारम्परिक सोच में अतीत को देखना और पिछले अनुभव और आँकड़े दोनों का इस्तेमाल करना शामिल है ताकि एक रेखीय भविष्य की दुनिया बन सके जोकि अतीत से निर्धारित गति की नकल करेगा। पारम्परिक सोच और पूर्वानुमान मॉडल की खामियों में से एक यह है कि वे भविष्यवाणी के पूरा होने के बाद जारी नए नवाचारों को ध्यान में नहीं रखते हैं।

इसके विपरीत, भविष्य की सोच में कुछ अलग ही शामिल है जो अतीत से जानकारी लेकर बताता है कि क्या छोड़ना चाहिए और उपलब्ध अलग-अलग विकल्पों के बारे में बताता है जो भविष्य की व्यावसायिक सफलता के लिए बढ़िया और तेज नेविगेशन की सुविधा प्रदान करेगी। पारम्परिक सोच और भविष्य की सोच के बीच एक महत्त्वपूर्ण अन्तर यह है कि भविष्य की सोच एक निष्क्रिय पर्यवेक्षक होने के बजाय भविष्य को बनाने पर केन्द्रित है। यह व्यवसायों में प्रयोग करने के लिए वास्तव में उपयोगी है।

यह एक छोटे अन्तर भेद की तरह लग सकता है, हालाँकि हमारा मानना है कि यही एकमात्र तरीका है जिससे भविष्य, अतीत से अलग हो रहा है, और नए एवं पहचाने जाने योग्य वास्तविकता का तेजी से गठन किए जा रहा है। उदाहरण के लिए, आप कितने व्यवसायों को जानते हैं जिसने 10-15 साल पहले व्यवसाय में सामाजिक मीडिया की वृद्धि और भूमिका की भविष्यवाणी की थी? अतीत में कोई आँकड़ा नहीं था, यह पूरी तरह से नया था।

जोखिम प्रबन्धन में सौदा करने वालों के लिए भी भविष्यवादी विचार बहुत महत्त्वपूर्ण है, क्योंकि वर्गीकृत जोखिम के पारम्परिक तरीके बेकार होते जा रहे हैं। यदि आप भविष्य के बारे में सटीक भविष्यवाणी करने में नाकाम रहे हैं, तो इसके सृजन में एक सक्रिय भूमिका निभाएँ फिर यह लगभग असम्भव है कि आपके जोखिम अभी भी रह जाएँ और जब आपके जोखिम वर्गीकरण गलत होते हैं, तो आपके व्यापार और जोखिम को कम करने की रणनीतियाँ बेकार हैं।

तो इस नई दुनिया में हम यह सुनिश्चित करने के लिए क्या कर सकते हैं कि हमारा कारोबार बचा रहे।

1. **मान्यताओं को चुनौती दो** हम सभी अपने अनुभवों के आधार पर धारणाएँ बनाते हैं और उपलब्ध जानकारी को फिल्टर करते हैं। यह पहले से कहीं ज्यादा महत्त्वपूर्ण है कि हम अपनी धारणाओं के लिए कठोर जाँच करें और अंकित मूल्य पर कुछ भी न लें। उन प्रमुख मान्यताओं को चुनौती दें, जब तक कि आप पूरी तरह से निश्चित न हों कि वे विभिन्न प्रकार के भविष्य के बयान के लिए सही हैं। विभिन्न विविधतापूर्ण दृश्यों के सभी विकल्पों पर विचार करना सुनिश्चित करें। यह सुनिश्चित करने के लिए पहले से कहीं ज्यादा जरूरी है कि आपकी नेतृत्व तालिका में विविध योगदानकर्ता हैं।
2. **विभिन्न विकल्पों का पूर्वानुमान** एक रैखिक रेखा को ट्रेक न करें आपके व्यवसाय के पिछले अनुभव का एक सटीक संकेतक होने की सम्भावना नहीं है कि आपका व्यवसाय आगे कैसा दिखेगा। आपको कई सम्भावित रास्ते तैयार करने की आवश्यकता है, इसमें एक सबसे पारम्परिक और रेखीय पूर्वानुमान शामिल हो सकता है, साथ में सबसे खराब और सबसे अच्छा केस परिदृश्य जो आपके उद्योग के मौजूदा रुझान और व्यापक वातावरण के बारे में अच्छी तरह से शोधित जानकारी पर आधारित है। कई सम्भावित परिणामों का पूर्वानुमान सुनिश्चित करें और प्रत्येक के लिए सम्भावनाएँ निश्चित करें और इसके लिए आपको कई सम्भावित परिणामों पर विचार करने की आवश्यकता है, न कि केवल एक पर और आपको इसके लिए तैयार रहने की आवश्यकता है।
3. **लगातार पर्यावरण को स्कैन करें** ज्ञान ही शक्ति है। भविष्य को सूचित करने वाले उभरते रुझानों को पहचानने के लिए आपको व्यापक पर्यावरण को निरन्तर स्कैन करना होगा। इसमे वे प्रवृत्तियाँ शामिल होंगी जो सीधे आपके उद्योग को प्रभावित करेंगी और अधिक महत्त्वपूर्ण बात यह है कि आपके प्रत्यक्ष कारोबारी माहौल के बाहर क्या हो रहा है। होने वाली सामाजिक, आर्थिक, पर्यावरण, राजनीतिक और तकनीकी रुझानों पर विचार करना सुनिश्चित करें, वे आपके व्यवसाय के लिए भविष्य की चुनौतियों और अवसरों के बारे में आपको बता सकते हैं।

एक भविष्यवादी सोच मानसिकता को अपनाने से आप अपने आपको आगे और प्रथम परिवर्तक बनाने की आशा कर सकते हैं। भविष्य में आपके व्यवसाय के लिए सार्थक प्रतिस्पर्धात्मक लाभ का सृजन करने तथा उसे बचाने के लिए यह दृष्टिकोण आपको अच्छी स्थिति में रखेगा।

विमुद्रीकरण/अवमूल्यन अवधारणा

Monetisation/Devaluation Concept

साधारण शब्दों में, अवमूल्यन का अर्थ किसी देश की अपनी मुद्रा के बाहरी मूल्य (जोकि विदेशी मुद्राओं के सम्बन्ध में) को कम कर देने से है, जिससे उस देश की मुद्रा का मूल्य कम हो जाता है, तथा मुद्रा सस्ती हो जाती है।

दूसरे शब्दों में, जब किसी देश की मुद्रा डॉलर से अन्य देशों की मुद्राओं की तुलना में कम हो जाती है, तो ऐसी स्थिति को मुद्रा का अवमूल्यन कहते हैं। मुद्रा का अवमूल्यन यह इंगित करता है कि मुद्रा का विदेशी विनिमय बाजार मूल्य नीचे (निम्न) स्तर पर चला गया है तथा जब एक डॉलर की दर रुपये से ऊँची (उच्च) हो जाती है, तो यह स्थिति रुपये का अवमूल्यन कहलाती है।

पाल एन्जिग के अनुसार, ''अवमूल्यन का आशय मुद्राओं की अधिकृत समताओं में गिरावट लाने से होता है।''

एच. ई. ईविट के अनुसार, ''जब किन्हीं कारणों से, दूसरे देश की मुद्रा की विनियम दर घटाकर, उसके विनिमय मूल्य को सस्ता कर दिया जाता है, तो इस प्रकार की प्रक्रिया को अवमूल्यन कहते हैं।''

मुद्रा के अवमूल्यन के प्रभाव/परिणाम

Effects of Devaluation of Money

मुद्रा के अवमूल्यन के प्रभाव को निम्न प्रकार से समझा जा सकता है–

1. **उत्पादन वृद्धि में कमी** मुद्रा के अवमूल्यन करते समय यह अनुमान लगाया गया था कि इससे उत्पादन वृद्धि होगी तथा कृषि व औद्योगिक उत्पादन बढ़ेगा, परन्तु मुद्रा के अवमूल्यन के लिए सरकार द्वारा कच्चे माल, रासायनिक खाद, मशीनें आदि के आयात के सन्दर्भ में उदार नीति बनाई, किन्तु इसके पश्चात् भी कृषि एवं औद्योगिक उत्पादन में कोई खास वृद्धि दर्ज नहीं हो पाई।
2. **कीमतों में वृद्धि** मुद्रा के अवमूल्यन करते समय सरकार द्वारा यह अनुमान लगाया गया कि अवमूल्यन से स्फीतिक दबाव में बढ़ोतरी नहीं होगी, परन्तु हुआ इसके विपरीत, क्योंकि अवमूल्यन के कारण निर्यात बढ़ने लगे तथा आयात में कमी होने से कीमतों में 15 से 20 प्रतिशत की बढ़ोतरी हो गई, इससे जनसाधारण की जीवन-निर्वाह की लागत में वृद्धि हुई।
3. **भुगतान सन्तुलन में सुधार नहीं** मुद्रा के अवमूल्यन का उद्देश्य भुगतान की असाम्यता को सुधारना था, परन्तु अवमूल्यन के पश्चात् भी निर्यात में वृद्धि नहीं हुई तथा आयातों में भी विशेष कमी न हो पाई, इससे भुगतान सन्तुलन में वृद्धि हुई, सुधार नहीं।
4. **मुद्रा-प्रसार** मुद्रा के अवमूल्यन का मुद्रा के मूल्य में तुलनात्मक लागत लाभ बहुत कम समय तक रहता है। इससे तुलनात्मक लागत विपरीत तथा प्रतिकूल हो जाती है।
5. **आयात बिलों में वृद्धि** मुद्रा के अवमूल्यन से भारत के आयात बिलों में वृद्धि हुई। इससे आयातों पर नियन्त्रण तो स्थापित हुआ, किन्तु आवश्यक वस्तुओं का आयात तो करना ही पड़ता है। अत: अब उतनी ही वस्तुओं के आयात के लिए पहले से अधिक धन खर्च करना पड़ेगा।
6. **निर्यातों की वृद्धि में कमी** अवमूल्यन का मूल उद्देश्य निर्यात वृद्धि था, किन्तु इस सन्दर्भ में बहुत अधिक सफलता प्राप्त नहीं हो पाई। जब हमारे देश के द्वारा मुद्रा का मूल्य कम किया गया तो विदेशी निर्यातकर्ताओं ने इसमें कुछ खास दिलचस्पी नहीं दिखाई, इससे अवमूल्यन का पूरा लाभ नहीं मिल पाया।
7. **आर्थिक विकास में बाधक** मुद्रा का अवमूल्यन देश के आर्थिक विकास में बाधक साबित हुआ है। देश में निर्यात न बढ़ने तथा आयातों के महँगे हो जाने से अधिक मात्रा मे वस्तुओं का आयात कठिन हो जाता है। इससे देश के आर्थिक विकास में बाधा आती है।
8. **ऋण भारों में वृद्धि** भारतीय मुद्रा में अवमूल्यन का नकारात्मक प्रभाव यह पड़ा है कि देश में विदेशी ऋणभारों में वृद्धि हुई है; जैसे—विश्व बैंक व अन्तर्राष्ट्रीय मुद्रा कोष तथा अन्य विदेशी देशों आदि से ऋण-भार में वृद्धि हुई है। इससे जितना रुपये का अवमूल्यन हुआ है, उतना ही ऋणभार भी बढ़ा है।
9. **तस्करी पर अस्थायी नियन्त्रण** अवमूल्यन से अल्पकाल में तो तस्करी में कमी आई है, किन्तु मात्र अवमूल्यन से दीर्घकाल तक तस्करी पर नियन्त्रण स्थापित नहीं किया जा सकता है, क्योंकि तस्करी होने वाली वस्तुओं का उपभोग उच्च वर्ग द्वारा ही होता है तथा वस्तुओं की कीमत अधिक होने पर भी वस्तुओं की माँग में कमी नहीं आती है।
10. **कोषों में अनाधिकृत अन्तरण पर नियन्त्रण** मुद्रा के अवमूल्यन कोषों के अनाधिकृत अन्तरण पर नियन्त्रण स्थापित करता है तथा जब अनाधिकृत विनिमय दर तथा अवैध दर के मध्य बहुत कम अन्तर होता है, तो प्रत्येक व्यक्ति स्वत: ही कानून के तरीके अपनाने लगता है।
11. **विदेशी कोष का प्रवाह तीव्र होना** मुद्रा के अवमूल्यन से विदेशी कोष का प्रवाह तीव्र होता है तथा इस प्रवाह को प्रोत्साहन मिलता है।
12. **अन्य प्रभाव** *उपरोक्त प्रभावों के अतिरिक्त अवमूल्यन के अन्य प्रभाव निम्न हैं–*
    (i) विश्व बैंक व अन्तर्राष्ट्रीय मुद्रा कोष से ऋण
    (ii) विदेशी पूँजी को प्रोत्साहन
    (iii) अस्थायी उपाय

    अत: निष्कर्ष रूप में यह कहा जा सकता है कि मुद्रा के अवमूल्यन से हमारे देश को ज्यादा लाभ प्राप्त नहीं हुआ है। मुद्रा के अवमूल्यन से न तो निर्यातों में वृद्धि हुई है और न ही आयातों पर नियन्त्रण स्थापित हो पाया है।

अवमूल्यन 1949 सर्वप्रथम 20 सितम्बर, 1949 को भारतीय रुपये का 30.5% पर अवमूल्यन किया गया। इस समय भारतीय रुपयो पौण्ड से सम्बन्धित था। इसके कारण ही भारत सहित 20 देशों ने अपनी मुद्रा का अवमूल्यन किया। अवमूल्यन का एक कारण द्वितीय विश्वयुद्ध के पश्चात् भुगतान शेष में प्रतिकूलता का आ जाना था। अन्तर्राष्ट्रीय मुद्रा कोष के 1949 के प्रतिवेदन में यह कहा गया था कि अतिरेक तथा घाटे वाले देशों में इतना अधिक अन्तर हो गया है कि उसे अवमूल्यन के अतिरिक्त किसी और विधि द्वारा सही नहीं किया जा सकता है। अवमूल्यन के कारण रुपये की विनिमय दर डॉलर के मुकाबले 30.225 सेंट से कम होकर 21 सेंट रह गई थी तथा रुपये का स्वर्ण मूल्य 0.268601 ग्राम से कम होकर 0.186621 ग्राम प्रति रुपया रह गया। इसका प्रभाव यह हुआ की भारतीय माल की कीमत अमेरिका के लिए सस्ती हो गई थी तथा अमेरिकी समान भारत के लिए महँगा हो गया। *भारतीय रुपये के 1949 के अवमूल्यन के प्रमुख कारण निम्न हैं–*

1. इंगलैण्ड एवं स्टर्लिंग क्षेत्र के देशों के समय अपने आर्थिक सम्बन्ध बनाए रखना।
2. डॉलर जैसी दुर्लभ मुद्रा को भारत में उपलब्ध कराना।
3. भुगतान क्षेत्र का प्रतिकूल होना।
4. भारत के विदेशी व्यापार (75% व्यापार व निर्यात) स्टर्लिंग क्षेत्र पर निर्भर होना।

1949 का रुपये का अवमूल्यन उस समय की तत्कालीन परिस्थितियों का परिणाम था, उस समय के तत्कालीन वित्त मन्त्री **जॉन मथाई** के अनुसार, ''अवमूल्यन की नीति किसी तर्कसम्मत विश्वास पर आधारित न होकर घटनाओं के दबाव के कारण अपनाई गई नीति है।''

सकारात्मक प्रभाव 1949 *के अवमूल्यन के सकारात्मक प्रभाव निम्न हैं–*

1. निर्यात व्यापार में वृद्धि होना।
2. व्यापार शेष में सुधार होना।
3. पौण्ड पावनों के व्ययों से ज्यादा लाभ प्राप्त होना।

प्रतिकूल प्रभाव वर्ष 1949 *के अवमूल्यन के प्रतिकूल प्रभाव निम्न हैं–*

1. आयातों में अधिक कमी न हो पाना।
2. भारत के विदेशी ऋणों में वृद्धि होना।
3. आर्थिक विकास में बाधा आना।
4. देश के आन्तरिक कीमतों के स्तर का बढ़ना।

अवमूल्यन 1966 भारतीय रुपये का दूसरी बार अवमूल्यन 6 जून, 1966 में 36.5% पर किया गया। इस अवमूल्यन के कारण रुपये का स्वर्ण मूल्य 0.186621 ग्राम से घटकर 0.118517 ग्राम रह गया तथा डॉलर के रूप में रुपये का मूल्य 21 सेंट से कम होकर 14.33 सेंट रह गया। 1966 *में भारतीय रुपये के अवमूल्यन के मुख्य कारण निम्न हैं–*

1. निर्यातों में स्थिरता तथा आयातों में तीव्र बढ़ोतरी होना।
2. देश में मुद्रा प्रसार के कारण आन्तरिक कीमतों में वृद्धि।
3. भुगतान शेष में पर्याप्त असन्तुलन तथा निर्यात प्रोत्साहन नीति का असफल होना।
4. भारत में रुपये का मूल्य अधिक हो जाना तथा विदेशों में घट जाना।
5. आयात कम करके तथा निर्यात वृद्धि करके भुगतान शेष घाटे में कमी करना।
6. रुपये की अन्तर्राष्ट्रीय बाजार में बहु-विनिमय दरों का स्थापित हो जाना।

प्रभाव 1966 *के अवमूल्यन के प्रभाव निम्न हैं–*

1. इस अवमूल्यन से विदेशी क्रय भार में वृद्धि हुई।
2. यह अवमूल्यन अमेरिका के दबाव में किया गया था।
3. यह निर्णय पक्षपातपूर्ण नहीं रहा, क्योंकि जब यह अवमूल्यन किया गया तब भारत को खाद्यान्नों तथा पूँजीगत माल की आवश्यकता अधिक थी।

अवमूल्यन जुलाई, 1991 भारतीय मूल्य का तीसरी बार अवमूल्यन 1 जुलाई, 1991 को किया गया था। इस अवमूल्यन का उद्देश्य अन्तर्राष्ट्रीय मुद्रा कोष के दबाव में आकर भुगतान सन्तुलन के संकट को दूर करने के उद्देश्य से किया गया था। इस अवमूल्यन के कारण भारतीय रुपये का मूल्य अन्तर्राष्ट्रीय मुद्राओं की तुलना में 8.91% से 10.15% कम हो गया। परिवर्तनशील विनिमय दर व्यवस्था लागू होने के बाद यह देश का सबसे बड़ा अवमूल्यन था।

प्रमुख कारण 1991 *के अवमूल्यन के मुख्य कारण निम्न थे–*

1. भुगतान शेष की प्रतिकूलता का होना।
2. ऋणभारों में वृद्धि होना।
3. विदेशी व्यापार में हानि होना।
4. अन्तर्राष्ट्रीय मुद्रा कोष का दबाव होना।

पुनः अवमूल्यन, 1991 भारतीय मूल्य का चतुर्थ बार अवमूल्यन 3 जुलाई, 1991 को किया गया था। यह एक नाटकीय कदम था जिसके अन्तर्गत तीन दिन बाद ही पुनः अवमूल्यन किया गया। इससे भारतीय रुपये का मूल्य मुख्य विदेशी मुद्राओं की तुलना में 10% से 11% कम हो गया।

भारतीय रुपये के अवमूल्यन के कारण, उद्देश्य एवं आवश्यकता Causes, Objectives and Need of Devaluation in Indian Rupees

भारतीय रुपये के अवमूल्यन के प्रमुख कारण, उद्देश्य व आवश्यकता निम्न प्रकार हैं–

1. **भुगतान सन्तुलन को दूर करना** रुपये के अवमूल्यन का प्रमुख उद्देश्य निर्यातों में वृद्धि तथा आयातों में कमी करके भुगतान सन्तुलन की असाम्यता को समाप्त करना था। इसी कारण वर्ष 1966 व 1991 में सरकार को मजदूरी में अवमूल्यन करना पड़ा।
2. **विदेशी सहायता** भारत पर मुद्रा कोष, विश्व बैंक तथा अन्य विकसित देशों ने इस बात का दबाव डाला कि भारत यदि रुपये का अवमूल्यन करेगा तभी उसे विदेशी सहायता उपलब्ध कराई जाएगी।
3. **उद्योगों को संरक्षण** अवमूल्यन के अन्तर्गत जब कोई भी देश राशिपातन के निर्यातों को बढ़ावा देना चाहता है, तो आयातक देश को मुद्रा का अवमूल्यन करना पड़ता है।
4. **अवांछनीय क्रियाओं पर रोक** अवमूल्यन वह माध्यम है, जिससे तस्करी पर नियन्त्रण लगाने में सहायता मिलती है। अवमूल्यन के कारण ही भारतीय वस्तुएँ विदेशियों के लिए सस्ती हुई तथा तस्करी की सम्भावना में कमी आई तथा इससे तस्करों द्वारा की जाने वाली अवैध क्रियाओं पर नियन्त्रण स्थापित हो जाएगा।
5. **निर्यातों में वृद्धि** भारतीय रुपये का अवमूल्यन का उद्देश्य निर्यातों में वृद्धि करना था, जिससे अवमूल्यन से भारतीय वस्तुएँ विदेशियों के लिए सस्ती हो जाए और निर्यात में वृद्धि होने से देश में उद्योग-धन्धों व व्यापार, रोजगार में वृद्धि हो।
6. **आयातों में कमी** अवमूल्यन से भारतीयों के लिए विदेशी वस्तुएँ महँगी होगी, इससे आयातों में कमी होगी तथा देश में आयात प्रतिस्थापन्न उद्योगों को प्रोत्साहन मिलेगा। इस उद्देश्य से अवमूल्यन किया गया।
7. **सरकार की आय में वृद्धि** मुद्रा के अवमूल्यन के कारण सरकार की आय में वृद्धि होती है तथा लोचदार वस्तुओं के निर्यात में वृद्धि होती है। इसके परिणामस्वरूप सरकार को करों के रूप में आय का एक बड़ा हिस्सा प्राप्त होता है तथा रुपयो सस्ता होने से पर्यटन को भी प्रोत्साहन मिलता है।
8. **विदेशी पूँजी को प्रोत्साहन** मुद्रा के अवमूल्यन का एक प्रमुख उद्देश्य विदेशी पूँजी को प्रोत्साहित करना होता है। मुद्रा के अवमूल्यन से आयात नियन्त्रित होंगे तथा देश में वस्तुओं की माँग बनी रहेगी। इसके परिणामस्वरूप विदेशी पूँजीपति देश में उद्योग लगाने के लिए आकर्षित होंगे। इससे देश में औद्योगिक विकास पनपेगा तथा रोजगारों में भी वृद्धि होगी।
9. **बदले की कार्यवाही** मुद्रा के अवमूल्यन के अन्तर्गत जब कोई राष्ट्र अपने आयातों में कमी करने के उद्देश्य से अवमूल्यन करता है, तो दूसरे देश भी प्रतिस्पर्धा तथा बदले की भावना से अवमूल्यन करने लगते हैं।
10. **क्रय-शक्ति में सामंजस्य** मुद्रा के अवमूल्यन का उद्देश्य विनिमय दर के साथ मुद्रा की क्रय-शक्ति में सामंजस्य स्थापित करना होता है।
11. **मुद्रा संकुचन के प्रभावों को समाप्त करना** मुद्रा का अवमूल्यन धीरे-धीरे वस्तुओं की आन्तरिक माँग को कम करके समाप्त कर देता है। निर्यात में वृद्धि करने हेतु तथा विदेशों में भारतीय वस्तुओं की माँग बढ़ाने के उद्देश्य से मुद्रा का अवमूल्यन किया जाता है।

अभ्यास प्रश्न

व्यावसायिक पर्यावरण-अवधारणा, अर्थ, महत्त्व

1. व्यावसायिक वातावरण अत्यधिक विस्तृत और .... होता है।
(a) सरल (b) बड़ा (c) जटिल (d) ये सभी

2. व्यवसाय का उद्‌देश्य किन आवश्यकताओं को पूर्ण करना होता है?
(a) मानवीय (b) अमानवीय
(c) आर्थिक (d) इनमें से कोई नहीं

3. व्यावसायिक पर्यावरण उन संस्थाओं और शक्तियों से बना होता है जिन पर व्यवसाय का .... नियन्त्रण होता है।
(a) पूर्ण (b) बहुत कम
(c) बिल्कुल नहीं (d) इनमें से कोई नहीं

4. व्यावसायिक पर्यावरण निरन्तर .... है।
(a) गतिशील (b) अनिश्चित
(c) 1 और 2 दोनों (d) इनमें से कोई नहीं

5. जब प्रतिस्पर्द्धा में उपभोक्ता को उत्पादन के विभिन्न स्वरूपों में चयन करना पड़ता है तो इसे कहते हैं
(a) इच्छाओं की प्रतिस्पर्द्धा (b) ब्राण्ड प्रतिस्पर्द्धा
(c) जनन प्रतिस्पर्द्धा (d) ये सभी

6. एक व्यावसायिक संस्था में किस स्तर पर संस्था के उद्‌देश्य, नीतियों, वृहद् रणनीतियों आदि का निर्णय लिया जाता है?
(a) उच्च स्तरीय (b) मध्यम स्तरीय
(c) निम्न स्तरीय (d) ये सभी

7. देश के आर्थिक विकास के लिए आवश्यक है
(a) आयात प्रतिस्थापन (b) निर्यात संवर्द्धन
(c) 'a' और 'b' दोनों (d) इनमें से कोई नहीं

8. सरकार के आय एवं व्यय का समावेश किस नीति में होता है?
(a) व्यापारिक नीति (b) राजकोषीय नीति
(c) कृषि नीति (d) मौद्रिक नीति

9. व्यवसाय के सभी तत्त्व प्रायः किस वातावरण पर निर्भर करते हैं?
(a) सामाजिक (b) प्राकृतिक
(c) मानवीय (d) आर्थिक

10. व्यवसाय का उद्‌देश्य किन आवश्यकताओं को पूर्ण करना होता है?
(a) मानवीय (b) अमानवीय
(c) आर्थिक (d) इनमें से कोई नहीं

11. व्यावसायिक वातावरण अत्यधिक विस्तृत और .... होता है।
(a) सरल (b) बड़ा
(c) जटिल (d) इनमें से कोई नहीं

12. आर्थिक पर्यावरण प्रभावित होता है
(a) कानून एवं व्यवस्था से (b) घरेलू आर्थिक स्थिति से
(c) विश्व की आर्थिक स्थिति से (d) ये सभी

13. व्यावसायिक पर्यावरण में अध्ययन किया जाता है
(a) सामाजिक पर्यावरण का
(b) सांस्कृतिक पर्यावरण का
(c) आर्थिक पर्यावरण का
(d) वैधानिक पर्यावरण का

14. मनुष्य जिस देश, काल, परिस्थिति में जन्म लेता है और जीवनयापन करता है, वह उसका कहलाता है
(a) समाज (b) वातावरण
(c) परिवार (d) इनमें से कोई नहीं

15. जब प्रतिस्पर्द्धा में उपभोक्ता को उत्पादन के विभिन्न स्वरूपों में चयन करना पड़ता है तो इसे कहते हैं
(a) इच्छाओं की प्रतिस्पर्द्धा (b) ब्राण्ड प्रतिस्पर्द्धा
(c) जनन प्रतिस्पर्द्धा (d) ये सभी

16. पर्यावरण सम्बन्धी घटक जो व्यवसाय से अधिक घनिष्ठता से जुड़े रहते हैं, उसे कहते हैं
(a) विशिष्ट पर्यावरण (b) समष्टि पर्यावरण
(c) सामान्य पर्यावरण (d) ये सभी

17. व्यवसाय का मुख्य उद्‌देश्य है
(a) समाज की आवश्यकताओं को पूरा करना
(b) व्यक्ति विशेष की आवश्यकताओं की पूर्ति करना
(c) लाभ अर्जन करना
(d) उपरोक्त में से कोई नहीं

18. व्यावसायिक पर्यावरण उन संस्थाओं और शक्तियों से बना होता है, जिन पर व्यवसाय का .... नियन्त्रण होता है।
(a) पूर्ण (b) बहुत कम
(c) बिल्कुल नहीं (d) इनमें से कोई नहीं

19. व्यावसायिक पर्यावरण वह है, जिसके अन्तर्गत व्यावसायिक कार्य-कलापों का .... किया जाता है।
(a) संचालन (b) नियोजन
(c) समन्वय (d) इनमें से कोई नहीं

20. निम्नलिखित में कौन उत्पादन का साधन नहीं है?
(a) सामग्री (b) श्रम
(c) बाजार अनुसन्धान (d) धन

21. एक व्यावसायिक संस्था में किस स्तर पर संस्था के उद्‌देश्य, नीतियों, वृहद् रणनीतियों आदि का निर्णय लिया जाता है?
(a) उच्च स्तरीय (b) मध्यम स्तरीय
(c) निम्न स्तरीय (d) ये सभी

22. एक संस्था द्वारा अपने उद्‌देश्य को प्राप्त कर सकने की काबिलियत में सबसे अधिक हित इनमें से किसका होता है?
(a) जन सामान्य का (b) पूर्तिकर्ता का
(c) विपणन मध्यस्थ का (d) प्रतिस्पर्द्धी का

23. निम्नलिखित में से कौन-सा एक व्यावसायिक संस्था का स्वरूप नहीं है?
(a) साझेदार (b) एकल व्यापार
(c) संयुक्त पूँजी कम्पनी (d) कर्मचारी

24. व्यावसायिक पर्यावरण किसी भी व्यावसायिक संस्था की ...... परिस्थिति तथा घटक है, जिससे उस संगठन की कार्यकुशलता तथा सफलता प्रभावित होती है तथा जिन पर उस संगठन का कोई नियन्त्रण नहीं होता है।
(a) बाह्य गतिशील दशा (b) आन्तरिक गतिशील दशा
(c) विदेशी गतिशील दशा (d) इनमें से कोई नहीं

25. व्यावसायिक पर्यावरण का अर्थ है
(a) व्यावसायिक संस्था की बाह्य गतिशील दशा
(b) व्यावसायिक संस्था की परिस्थिति तथा घटक
(c) कार्यकुशलता तथा सफलता का प्रभाव
(d) उपरोक्त सभी

26. कुशल व्यावसायिक पर्यावरण से किसकी कार्यकुशलता प्रदर्शित होती है?
(a) संगठन की (b) व्यक्ति-विशेष की
(c) ग्राहक की (d) इन सभी की

27. निम्न में से व्यावसायिक पर्यावरण की विशेषता है
(a) व्यावसायिक वातावरण गतिशील होता है
(b) यह व्यवसायकर्ता के नियन्त्रण से बाहर होता है
(c) व्यवसाय पर्यावरण व्यष्टि व समष्टि होते हैं
(d) उपरोक्त सभी

28. व्यावसायिक पर्यावरण का व्यवसाय पर किस प्रकार का प्रभाव पड़ता है?
(a) सकारात्मक या नकारात्मक
(b) केवल सकारात्मक
(c) केवल नकारात्मक
(d) कभी सकारात्मक, कभी नकारात्मक

29. व्यावसायिक वातावरण किस प्रकार का होता है?
(a) गतिशील (b) स्थिर
(c) गम्भीर (d) विचलित

30. व्यावसायिक वातावरण कितने प्रकार का होता है?
(a) चार (b) तीन
(c) दो (d) पाँच

31. व्यावसायिक वातावरण में व्यवसाय के अन्तर्गत किन-किन क्रियाकलापों को सम्मिलित किया गया है?
(a) आर्थिक क्रियाकलाप (b) सामाजिक क्रियाकलाप
(c) कानूनी क्रियाकलाप (d) ये सभी

32. व्यावसायिक वातावरण में अनिश्चितता का अर्थ है
(a) घटनाओं का पूर्वानुमान लगाना कठिन होता है
(b) इसमें पर्यावरण में शीघ्रता से परिवर्तन होते हैं
(c) 'a' और 'b' दोनों
(d) उपरोक्त में से कोई नहीं

33. व्यावसायिक पर्यावरण निरन्तर गतिशील होता है, क्योंकि
(a) इसमें तकनीकों में सुधार होता है
(b) उपभोक्ताओं को प्राथमिकता मिलती है
(c) बाजार प्रतिस्पर्धा में बढ़ोतरी होती है
(d) उपरोक्त सभी

34. व्यवसायकर्ता के नियन्त्रण में नहीं होता है
(a) सरकारी आर्थिक नीतियों पर नियन्त्रण करना
(b) बाजार की दशाओं पर नियन्त्रण करना
(c) मुद्रास्फीति की दशाओं पर नियन्त्रण करना
(d) उपरोक्त सभी

35. व्यावसायिक पर्यावरण की आवश्यकताएँ हैं
(a) व्यवसाय की सफलता तथा समृद्धि हेतु
(b) बाजार की स्थिति की जानकारी हेतु
(c) दीर्घकालीन योजना के निर्माण हेतु
(d) उपरोक्त सभी

36. व्यावसायिक पर्यावरण माध्यम है
(a) अवसरों की पहचान करने का
(b) अवसरों को गँवाने का
(c) अवसर दूसरों को देने का
(d) अवसरों की पहचान न करने का

37. किन शासकीय नीतियों के उपयोग द्वारा अनुकूल पर्यावरण स्थापित किया जाता है?
(a) मौद्रिक नीति (b) वित्तीय नीति
(c) कर नीति (d) ये सभी

38. व्यावसायिक पर्यावरण सहायक है
(a) कच्चे माल की आपूर्ति हेतु (b) वस्तु की माँग हेतु
(c) श्रमिक उपलब्धता हेतु (d) ये सभी

39. एक व्यवसायी को व्यावसायिक पर्यावरण की सहायता द्वारा किस तरह की योजनाओं का निर्माण करना चाहिए?
(a) अल्पकालीन योजनाओं का (b) दीर्घकालीन योजनाओं का
(c) 'a' और 'b' दोनों (d) ये सभी

व्यावसायिक पर्यावरण के आयाम

40. व्यवसाय के सभी तत्व प्रायः किस वातावरण पर निर्भर करते हैं?
(a) सामाजिक (b) प्राकृतिक (c) मानवीय (d) आर्थिक

41. आन्तरिक व्यवसाय वातावरण का प्रमुख घटक कौन-सा है?
(a) वित्तीय संस्था (b) ग्राहक
(c) नीतियाँ एवं उद्देश्य (d) ये सभी

42. निम्न में से कौन व्यावसायिक वातावरण का सांस्कृतिक घटक नहीं है?
(a) धर्म (b) आस्था (c) संस्कार (d) रीति-रिवाज

43. निम्न में से कौन-सा सामाजिक पर्यावरण का घटक नहीं है?
(a) जनसंख्या की प्रवृत्तियाँ (b) व्यक्तिगत आवश्यकताएँ
(c) सांस्कृतिक तत्व (d) प्रतिस्पर्द्धियों की योजनाएँ

44. कर नीति व्यावसायिक पर्यावरण के किस घटक के अन्तर्गत आती है?
(a) आर्थिक (b) कानूनी (c) सामाजिक (d) राजनैतिक

45. सरकार द्वारा ई-कॉमर्स को अपनाना तथा इसके प्रयोग को बढ़ावा देना व्यावसायिक पर्यावरण के किस घटक के अन्तर्गत आता है?
(a) सामाजिक (b) राजनैतिक
(c) कानूनी (d) तकनीकी

46. निम्नलिखित में से कौन-सा समष्टि पर्यावरण का एक घटक नहीं माना जाता?
(a) तकनीकी कारक (b) कानूनी-राजनैतिक परिस्थितियाँ
(c) सामाजिक-सांस्कृतिक कारक (d) संगठनात्मक रीति-रिवाज

47. व्यावसायिक पर्यावरण के आर्थिक घटक हैं
(a) बजट एवं निवेश की स्थिति (b) माँग एवं पूर्ति की स्थिति
(c) आर्थिक नीतियाँ (d) ये सभी

48. निम्न में से कौन-सा गैर-आर्थिक पर्यावरणीय घटक है?
(a) आय स्तर (b) पूँजी उत्पाद अनुपात
(c) कीमत स्तर (d) वैधानिक पर्यावरण

49. विशिष्ट पर्यावरण के मुख्य घटक हैं
(a) आपूर्तिकर्ता (b) वित्तीय मध्यस्थ
(c) प्रतिद्वन्द्वी (d) ये सभी

50. निम्न में से कौन व्यावसायिक वातावरण का सांस्कृतिक घटक नहीं है?
(a) धर्म (b) आस्था
(c) संस्कार (d) रीति-रिवाज

51. निम्न में से कौन-सा व्यवसाय का सामाजिक पर्यावरणीय घटक है?
(a) मान्यताएँ एवं परम्पराएँ (b) धर्म
(c) आस्था (d) इनमें से कोई नहीं

52. आन्तरिक व्यवसाय वातावरण का प्रमुख घटक कौन-सा है?
(a) वित्तीय संस्था (b) ग्राहक
(c) नीतियाँ एवं उद्देश्य (d) ये सभी

53. निम्न में से कौन-सा सामाजिक पर्यावरण का घटक नहीं है?
(a) जनसंख्या की प्रवृत्तियाँ (b) व्यक्तिगत आवश्यकताएँ
(c) सांस्कृतिक तत्त्व (d) प्रतिस्पर्द्धियों की योजनाएँ

54. कर नीति व्यावसायिक पर्यावरण के किस घटक के अन्तर्गत आती है?
(a) आर्थिक (b) कानूनी (c) सामाजिक (d) राजनैतिक

55. निम्नलिखित में से कौन-सा पर्यावरणीय घटक राजनैतिक अस्थिरता का कारण नहीं है?
(a) सरकारी नीतियाँ (b) माल की उत्पादन लागत
(c) युद्ध (d) सामाजिक द्वेष

56. बहुआयामी वातावरण इनमें से किससे प्रभावित होता है?
(a) राजनैतिक कारण (b) सामाजिक कारण
(c) आर्थिक कारण (d) ये सभी

57. निम्नलिखित में से कौन-सा राजनैतिक खतरे का उदाहरण नहीं है?
(a) सरकारी नियमन (b) उत्पादन की लागत
(c) युद्ध (d) जनता का रोष

58. कर नीति किस पर्यावरणीय घटक का उदाहरण है?
(a) आर्थिक (b) कानूनी (c) सामाजिक (d) राजनैतिक

59. निम्नलिखित में से कौन-सा समष्टि पर्यावरण का एक घटक नहीं माना जाता?
(a) तकनीकी कारक
(b) कानूनी-राजनैतिक परिस्थितियाँ
(c) सामाजिक-सांस्कृतिक कारक
(d) संगठनात्मक रीति-रिवाज

60. व्यावसायिक पर्यावरण के घटकों को क्षेत्र के आधार पर कितने भागों में बाँटा गया है?
(a) एक (b) दो (c) तीन (d) चार

61. किन घटकों पर व्यवसाय का कोई भी नियन्त्रण नहीं होता है?
(a) सूक्ष्म घटक (b) व्यष्टि घटक
(c) समष्टि घटक (d) ये सभी

62. व्यावसायिक पर्यावरण में व्यवसाय को प्रत्यक्ष रूप से प्रभावित करने वाला घटक है
(a) व्यापक पर्यावरण घटक (b) सूक्ष्म पर्यावरण घटक
(c) अन्तर्राष्ट्रीय घटक (d) इनमें से कोई नहीं

63. सूक्ष्म पर्यावरण में वे तत्त्व शामिल हैं, जो कम्पनी के आस-पास दिखाई पड़ते हैं, जो वातावरण व्यवसाय के बिल्कुल पास होता है तथा जो व्यवसाय की कार्यप्रणाली को प्रत्यक्ष रूप से सबसे पहले प्रभावित करता है। वह सूक्ष्म/व्यष्टि/विशिष्ट पर्यावरण कहलाता है। यह कथन किस विद्वान का है?
(a) कोटलर व कोटलर (b) डेविड डोनर
(c) फिलिप कोटलर (d) एम. के. माथुर

64. व्यावसायिक पर्यावरण घटकों के क्षेत्र के आधार हैं
(a) व्यापक पर्यावरण (b) समष्टि पर्यावरण
(c) सूक्ष्म पर्यावरण (d) ये सभी

65. व्यष्टि पर्यावरण प्रभावित होता है
(a) ग्राहकों से प्रत्यक्ष रूप में
(b) आपूर्तिकर्ताओं द्वारा कच्चा माल उपलब्ध करके
(c) अंशधारी व संचालन मण्डल के योगदान द्वारा
(d) उपरोक्त सभी

66. समष्टि पर्यावरण का प्रमुख घटक है
(a) आर्थिक घटक (b) तकनीकी घटक
(c) राजनैतिक घटक (d) ये सभी

67. व्यावसायिक पर्यावरण के किन घटकों पर व्यवसाय का कोई भी नियन्त्रण नहीं होता है?
(a) सूक्ष्म पर्यावरण (b) व्यापक पर्यावरण
(c) भौतिक पर्यावरण (d) इनमें से कोई नहीं

68. घटकों की प्रकृति के अनुसार व्यावसायिक पर्यावरण को .... भागों में बाँटा गया है।
(a) तीन (b) चार
(c) दो (d) एक

69. "आर्थिक वातावरण से तात्पर्य सामान्यत: उन सभी बाह्य शक्तियों से है, जिनका किसी व्यवसाय पर प्रत्यक्ष आर्थिक प्रभाव होता है।" यह कथन किस विद्वान का है?
(a) पैगलर (b) स्टडीवेन्ट
(c) स्पाइसर (d) लॉरेन्स डिक्सी

70. आर्थिक वातावरण का मुख्य घटक है
(a) ग्राहक (b) विद्यार्थी
(c) गृहणी (d) ये सभी

71. व्यावसायिक पर्यावरण में विशेष आयात-निर्यात हेतु महत्त्वपूर्ण होता है
(a) अन्तर्राष्ट्रीय पर्यावरण (b) राष्ट्रीय पर्यावरण
(c) भौतिक पर्यावरण (d) ये सभी

72. आर्थिक वातावरण में सम्मिलित तत्त्व हैं?
(a) आर्थिक नीतियाँ व सन्नियम (b) मुद्रा-प्रसार की दर
(c) अर्थव्यवस्था की स्थिति (d) ये सभी

73. व्यावसायिक पर्यावरण के आर्थिक वातावरण के निर्माण में महत्त्वपूर्ण भूमिका निभाने वाला घटक है
(a) श्रम संघ (b) पूँजी निर्माण व निवेश
(c) प्रतिस्पर्धी संस्थाएँ (d) ये सभी

74. व्यावसायिक पर्यावरण में ग्राहक का कौन-सा स्तर व्यवसाय को प्रभावित करता है?
(a) आयु (b) आय
(c) आवश्यकता (d) ये सभी

75. व्यावसायिक पर्यावरण अर्थव्यवस्था में किसकी परिवर्तन की गति व्यवसाय को प्रभावित करती है?
(a) मुद्रा-प्रसार व मूल्य-स्तर (b) अंशधारियों की हिस्सेदारी
(c) संचालन मण्डल की नीतियाँ (d) इनमें से कोई नहीं

76. व्यावसायिक पर्यावरण का मुख्य आर्थिक सन्नियम है
(a) पूँजी बाजार (b) विदेशी विनिमय
(c) 'a' और 'b' दोनों (d) इनमें से कोई नहीं

77. व्यावसायिक पर्यावरण में देश की आर्थिक प्रणाली किस प्रकार की होती है?
(a) पूँजीवादी (b) समाजवादी
(c) मिश्रित (d) ये सभी

78. व्यावसायिक पर्यावरण में व्यवसाय को कच्चा माल उपलब्ध कराया जाता है
(a) अंशधारी द्वारा (b) संचालक मण्डल द्वारा
(c) आपूर्तिकर्ता द्वारा (d) ग्राहकों द्वारा

79. गैर–आर्थिक वातावरण का/के मुख्य घटक कौन–सा/से है/हैं?
(a) भौतिक पर्यावरण (b) नैतिक पर्यावरण
(c) वैधानिक पर्यावरण (d) ये सभी

80. व्यावसायिक पर्यावरण के भौतिक वातावरण में सम्मिलित घटक हैं
(a) प्राकृतिक संसाधन (b) जलवायु
(c) स्थानाकृति (d) ये सभी

81. सामान्यत: भौतिक वातावरण से आशय है
(a) देश की प्राकृतिक शक्तियाँ
(b) विदेशी प्राकृतिक शक्तियाँ
(c) सांस्कृतिक शक्तियाँ
(d) उपरोक्त सभी

82. व्यावसायिक पर्यावरण में बाजारों के विकास का मुख्य आधार है
(a) भौतिक वातावरण (b) जनसांख्यिकीय वातावरण
(c) सामाजिक वातावरण (d) राजनैतिक वातावरण

83. व्यावसायिक पर्यावरण सामाजिक पर्यावरण के निर्माण में सहायक है
(a) रीति-रिवाज (b) समाज की इच्छा
(c) बौद्धिक स्तर (d) ये सभी

84. व्यावसायिक पर्यावरण में किसे सम्मिलित करके व्यावसायिक क्रान्ति प्रारम्भ की गई?
(a) तकनीकी व प्रौद्योगिकी को (b) न्यूज चैनल को
(c) खेल-कूद प्रतियोगिता को (d) इन सभी को

85. सरकार किस पर्यावरण द्वारा व्यावसायिक पर्यावरण को प्रभावित करती है?
(a) राजनैतिक पर्यावरण (b) नैतिक पर्यावरण
(c) सामाजिक पर्यावरण (d) भौतिक पर्यावरण

86. वैधानिक पर्यावरण सम्मिश्रण है
(a) आर्थिक नीतियों का (b) कर नीतियों का
(c) व्यापारिक सन्नियमों का (d) ये सभी

87. अन्तर्राष्ट्रीय स्तर पर व्यावसायिक पर्यावरण प्रभावित होता है
(a) आयात-निर्यात की सम्भावनाओं से
(b) विदेशी पूँजी की उपलब्धता से
(c) विभिन्न राष्ट्रों की नीतियों से
(d) उपरोक्त सभी

88. वैधानिक पर्यावरण व्यवसाय को सुरक्षित करता है
(a) व्यवसायी व व्यवसाय से सम्बन्धित पक्ष के हितों की रक्षा कर
(b) संवैधानिक प्रावधानों व नियमों के निर्माण कर
(c) 'a' और 'b' दोनों
(d) उपरोक्त में से कोई नहीं

परिवर्ती व्यावसायिक पर्यावरण

89. शासकीय नीतियों में क्या शामिल है?
(a) सरकार की कर नीति (b) आयात-निर्यात नीति
(c) औद्योगिक नीति (d) ये सभी

90. उदारीकरण से आशय है
(a) सार्वजनिक क्षेत्र के लिए संरक्षित उद्योगों की संख्या 17 से 18 करना
(b) अर्थव्यवस्था व्यापार और उद्योग को आबण्टित प्रतिबन्धों से मुक्ति देना
(c) देश की अर्थव्यवस्था को अन्तर्राष्ट्रीय प्रतिस्पर्द्धा के लिए विश्व के सामने खोल देना
(d) एक राजनैतिक माहौल जो सामाजिक विकास के लिए सुधारों की तरफदारी करें

91. निम्नलिखित में कौन–सा वाहिका सम्बन्धों का वैधानिक पहलू है?
(a) एकान्तिक व्यवहार (b) एकान्तिक क्षेत्र
(c) आपसी अनुबन्ध (d) ये सभी

92. व्यवसाय पर आज स्थानीय और राष्ट्रीय तत्वों का ही प्रभाव नहीं पड़ता अपितु अन्तर्राष्ट्रीय घटकों का भी प्रभाव पड़ता है, इसका प्रमुख कारण है
(a) निजीकरण (b) उदारीकरण
(c) वैश्वीकरण (d) इनमें से कोई नहीं

93. बहुआयामी वातावरण इनमें से किससे प्रभावित होता है?
(a) राजनैतिक कारण (b) सामाजिक कारण
(c) आर्थिक कारण (d) ये सभी

94. निम्नलिखित में से कौन–सा राजनैतिक खतरे का उदाहरण नहीं है?
(a) सरकारी नियमन (b) उत्पादन की लागत
(c) युद्ध (d) जनता का रोष

95. औद्योगिक नीति से आशय है
(a) औद्योगिक इकाई को लगाने तथा उसके विस्तार के सम्बन्ध में नियम व कानून बनाने से
(b) उदारीकरण कार्यक्रम को लागू कराने से
(c) सार्वजनिक क्षेत्र के उपक्रमों की कार्यक्षमता बढ़ाने से
(d) उपरोक्त सभी

96. नवीन आर्थिक नीति में भारतीय अर्थव्यवस्था को जोड़ा गया
(a) उदारीकरण के साथ (b) निजीकरण के साथ
(c) 'a' और 'b' दोनों (d) इनमें से कोई नहीं

97. सरकार द्वारा विभिन्न अवरोधों को हटाना कहलाता है
(a) वैश्वीकरण (b) निजीकरण
(c) उदारीकरण (d) ये सभी

98. वैश्वीकरण फर्मों के लिए लाभदायक है, क्योंकि
(a) यह नए अवसरों तथा बाजार को खोलता है
(b) यह विदेशी प्रतिस्पर्द्धा से रक्षा करता है
(c) यह अन्य देशों में घट रही घटनाओं के प्रभाव से उन्हें बचाता है
(d) यह वैश्विक अर्थव्यवस्था में कार्य करने के डर और अनिश्चितता को बढ़ाता है

99. भारत में स्वतन्त्रता प्राप्ति के बाद सरकार द्वारा अपनी औद्योगिक नीति की घोषणा सर्वप्रथम किस वर्ष में की गई थी?
(a) वर्ष 1947 (b) वर्ष 1948
(c) वर्ष 1951 (d) वर्ष 1956

100. केन्द्र सरकार के सार्वजनिक क्षेत्र का सबसे बड़ा हिस्सा किस क्षेत्र में लगा हुआ है?
(a) विद्युत (b) लोहा और इस्पात
(c) पेट्रोलियम (d) कोयला

101. निम्नलिखित में से किस कम्पनी का निवेश सरकार ने रोक दिया है?
(a) भेल (b) भारतीय रेल (c) गेल (d) ये सभी

102. औद्योगिक नीति का उद्देश्य है
(a) औद्योगिक प्राथमिकताओं का निर्धारण
(b) औद्योगिक मूलभूत ढाँचे का निर्माण व पुनः निर्माण
(c) देश में विभिन्न उद्योगों की स्थापना एवं विकास
(d) उपरोक्त सभी

103. किस औद्योगिक नीति में लघु एवं कुटीर उद्योगों के विस्तार पर सर्वाधिक बल दिया गया था?
(a) औद्योगिक नीति वर्ष 1948 (b) औद्योगिक नीति वर्ष 1977
(c) औद्योगिक नीति वर्ष 1980 (d) औद्योगिक नीति वर्ष 1991

104. वर्ष 1991 में शुरू हुए उदारीकरण के पश्चात् भारत में किस देश को सर्वाधिक प्रत्यक्ष निवेश की स्वीकृति प्रदान की गई थी?
(a) जर्मनी (b) संयुक्त राज्य अमेरिका
(c) कनाडा (d) श्रीलंका

105. उदारवादी आयात-निर्यात नीति किस योजना में अपनाई गई?
(a) छठी योजना (b) आठवीं योजना
(c) सातवीं योजना (d) दसवीं योजना

106. बहुराष्ट्रीय कम्पनियों के लिए वैश्वीकरण का महत्त्व
(a) एक बहुराष्ट्रीय कम्पनी को विदेश में प्रतिस्पर्द्धात्मक क्षमता का लाभ मिलता है
(b) एक बहुराष्ट्रीय कम्पनी के लिए घरेलू आधार खास महत्त्व नहीं रखता
(c) वैश्विक प्रतिस्पर्द्धा के लिए क्षेत्र कोई महत्त्व नहीं रखता
(d) घरेलू माँग, घरेलू परिस्थितियाँ, घरेलू प्रतिस्पर्द्धा खास महत्त्व नहीं रखती

107. उदारीकरण से पूर्व के समय में भारतीय अर्थव्यवस्था पूरी तरह ········ के कब्जे में थी।
(a) बेरोजगारी
(b) कम रोजगार
(c) राजकोषीय घाटा
(d) नकारात्मक और चेतावनी पूर्ण भुगतान सन्तुलन

108. औद्योगिक नीति वर्ष 1991 के अन्तर्गत कितने उद्योगों को सार्वजनिक क्षेत्र के लिए संरक्षित रखा गया?
(a) 6 (b) 8 (c) 11 (d) 13

109. औद्योगिक नीति वर्ष 1991 का महत्त्वपूर्ण प्रस्ताव था
(a) अप्रवासी भारतीयों को भारत में पूँजी निवेश की आज्ञा न देना
(b) सभी प्रकार के उद्योगों को लाइसेन्स मुक्त बनाना
(c) तकनीकी ज्ञान के आयात पर 1 वर्ष के लिए प्रतिबन्ध
(d) प्राथमिक उद्योगों में प्रत्यक्ष निवेश को बढ़ाकर 51% करना

110. निजीकरण के निम्न तरीके हैं
(a) विनिवेश (b) अन्तर्राष्ट्रीयकरण
(c) फ्रेन्चाइजी (d) ये सभी

111. वैश्वीकरण व्यापार में परेशानियाँ पैदा करता है, क्योंकि
(a) यह विदेशों में व्यापार करने के सन्दर्भ में राजनैतिक स्तम्भ तथा परिचालन में अनिश्चितता पैदा करता है
(b) इसका अर्थ है कि कम्पनी अपने उत्पाद का मूल्य बढ़ा सकती है
(c) यह अत्यधिक प्रतिस्पर्द्धा को बढ़ावा देता है
(d) उपरोक्त सभी

112. नवीन आर्थिक नीति से देश में सुसमानता ········ है।
(a) घटी (b) बढ़ी
(c) कम (d) इनमें से कोई नहीं

113. वैश्वीकरण एकरूपता एवं ········ की एक प्रक्रिया है।
(a) बाजारीकरण (b) समरूपता
(c) निजीकरण (d) ये सभी

114. वैश्वीकरण के पूर्व भारत की अर्थव्यवस्था किस प्रकार की थी?
(a) खुली अर्थव्यवस्था
(b) बन्द अर्थव्यवस्था
(c) दोनों प्रकार की
(d) उपरोक्त में से कोई नहीं

115. लघु उद्योग की समस्याओं का अध्ययन करने के लिए डॉ. आबिद हुसैन समिति का गठन किस वर्ष में हुआ था?
(a) वर्ष 1991 (b) वर्ष 2001
(c) वर्ष 1995 (d) वर्ष 1994

116. शासकीय नीतियों में क्या शामिल है?
(a) सरकार की कर नीति (b) आयात-निर्यात नीति
(c) औद्योगिक नीति (d) ये सभी

117. निम्नलिखित में कौन-सा वाहिका सम्बन्धों का वैधानिक पहलू है?
(a) एकान्तिक व्यवहार (b) एकान्तिक क्षेत्र
(c) आपसी अनुबन्ध (d) ये सभी

118. व्यवसाय पर आज स्थानीय और राष्ट्रीय तत्त्वों का ही प्रभाव नहीं पड़ता अपितु अन्तर्राष्ट्रीय घटकों का भी प्रभाव पड़ता है, इसका प्रमुख कारण है
(a) निजीकरण (b) उदारीकरण
(c) वैश्वीकरण (d) इनमें से कोई नहीं

119. व्यावसायिक पर्यावरण निरन्तर ······· है।
(a) गतिशील (b) अनिश्चित
(c) 'a' और 'b' दोनों (d) इनमें से कोई नहीं

120. नीतियाँ बनाना किस प्रक्रिया का महत्त्वपूर्ण कार्य है?
(a) नियोजन (b) समन्वय (c) संगठन (d) ये सभी

121. अन्तर्राष्ट्रीय व्यापार का मुख्य सुरक्षा अधिकारी है
(a) विश्व बैंक
(b) विश्व व्यापार संगठन
(c) अन्तर्राष्ट्रीय मुद्राकोष
(d) उपरोक्त में से कोई नहीं

122. उदारीकरण से आशय है
(a) सार्वजनिक क्षेत्र के लिए संरक्षित उद्योगों की संख्या 17 से 18 करना
(b) अर्थव्यवस्था व्यापार और उद्योग को आवण्टित प्रतिबन्धों से मुक्ति देना
(c) देश की अर्थव्यवस्था को अन्तर्राष्ट्रीय प्रतिस्पर्द्धा के लिए विश्व के सामने खोल देना
(d) एक राजनैतिक माहौल जो सामाजिक विकास के लिए सुधारों की तरफदारी करें

123. देश के आर्थिक विकास के लिए आवश्यक है
(a) आयात प्रतिस्थापन (b) निर्यात संवर्द्धन
(c) 'a' और 'b' दोनों (d) इनमें से कोई नहीं

124. सरकार के आय एवं व्यय का समावेश किस नीति में होता है?
(a) व्यापारिक नीति (b) राजकोषीय नीति
(c) कृषि नीति (d) मौद्रिक नीति

125. कोयला उद्योग का असंरक्षण किस वर्ष हुआ?
(a) वर्ष 1956 (b) वर्ष 1980
(c) वर्ष 1999 (d) वर्ष 1991

126. नवीन आर्थिक नीति में भारतीय अर्थव्यवस्था को जोड़ा गया
(a) उदारीकरण के साथ (b) निजीकरण के साथ
(c) 'a' और 'b' दोनों (d) इनमें से कोई नहीं

127. आर्थिक दृष्टि से पिछड़े एक देश की विशेषता नहीं है
(a) उच्च मृत्यु-दर
(b) उच्च निरक्षरता
(c) निम्न प्रति व्यक्ति आय
(d) प्राथमिक क्षेत्र में निम्न श्रम अनुपात

128. सरकार द्वारा विभिन्न अवरोधों को हटाना कहलाता है
(a) वैश्वीकरण (b) निजीकरण
(c) उदारीकरण (d) ये सभी

129. वैश्वीकरण फर्मों के लिए लाभदायक है क्योंकि
(a) यह नए अवसरों तथा बाजार को खोलता है
(b) यह विदेशी प्रतिस्पर्द्धा से रक्षा करता है
(c) यह अन्य देशों में घट रही घटनाओं के प्रभाव से उन्हें बढ़ाता है
(d) यह वैश्विक अर्थव्यवस्था में कार्य करने के डर और अनिश्चितता को बढ़ाता है

130. केन्द्र सरकार के सार्वजनिक क्षेत्र का सबसे बड़ा हिस्सा किस क्षेत्र में लगा हुआ है?
(a) विद्युत (b) लोहा और इस्पात
(c) पेट्रोलियम (d) कोयला

131. निम्नलिखित में से किस कम्पनी का निवेश सरकार ने रोक दिया है?
(a) भेल (b) भारतीय रेल
(c) गेल (d) ये सभी

132. किस औद्योगिक नीति में लघु एवं कुटीर उद्योगों के विस्तार पर सर्वाधिक बल दिया गया था?
(a) औद्योगिक नीति वर्ष 1948
(b) औद्योगिक नीति वर्ष 1977
(c) औद्योगिक नीति वर्ष 1980
(d) औद्योगिक नीति वर्ष 1991

133. वर्ष 1991 में शुरू हुए उदारीकरण के पश्चात् भारत में किस देश को सर्वाधिक प्रत्यक्ष निवेश की स्वीकृति प्रदान की गई थी?
(a) जर्मनी (b) संयुक्त राज्य अमेरिका
(c) कनाडा (d) श्रीलंका

134. राष्ट्रीय योजना समिति की स्थापना कब हुई थी?
(a) वर्ष 1938 (b) वर्ष 1942
(c) वर्ष 1947 (d) वर्ष 1957

135. उदारवादी आयात-निर्यात नीति किस योजना में अपनाई गई?
(a) छठी योजना (b) आठवीं योजना
(c) सातवीं योजना (d) दसवीं योजना

136. बहुराष्ट्रीय कम्पनियों के लिए वैश्वीकरण का महत्त्व
(a) एक बहुराष्ट्रीय कम्पनी को विदेश में प्रतिस्पर्द्धात्मक क्षमता का लाभ मिलता है
(b) एक बहुराष्ट्रीय कम्पनी के लिए घरेलू आधार खास महत्त्व नहीं रखता
(c) वैश्विक प्रतिस्पर्द्धा के लिए क्षेत्र कोई महत्त्व नहीं रखता
(d) घरेलू माँग, घरेलू परिस्थितियाँ, घरेलू प्रतिस्पर्द्धा खास महत्त्व नहीं रखती

137. उदारीकरण से पूर्व के समय में भारतीय अर्थव्यवस्था पूरी तरह ········ के कब्जे में थी।
(a) बेरोजगारी
(b) कम रोजगार
(c) राजकोषीय घाटा
(d) नकारात्मक और चेतावनी पूर्ण भुगतान सन्तुलन

138. औद्योगिक नीति वर्ष 1991 के अन्तर्गत कितने उद्योगों को सार्वजनिक क्षेत्र के लिए संरक्षित रखा गया?
(a) 6 (b) 8 (c) 11 (d) 13

139. औद्योगिक नीति वर्ष 1991 का महत्त्वपूर्ण प्रस्ताव था
(a) अप्रवासी भारतीयों को भारत में पूँजी निवेश की आज्ञा न देना
(b) सभी प्रकार के उद्योगों को लाइसेन्स मुक्त बनाना
(c) तकनीकी ज्ञान के आयात पर 1 वर्ष के लिए प्रतिबन्ध
(d) प्राथमिक उद्योगों में प्रत्यक्ष निवेश को बढ़ाकर 51% करना

140. निजीकरण के निम्न तरीके हैं
(a) विनिवेश (b) अन्तर्राष्ट्रीयकरण
(c) फ्रेन्चाइजी (d) ये सभी

141. विदेशी प्रत्यक्ष निवेश में शामिल है
(a) एक सट्टेबाज द्वारा विदेश में कम्पनी के अंशों को क्रय कर लाभ कमाना
(b) एक यात्री द्वारा विदेश में छुट्टियाँ मनाने के लिए खर्च करने के लिए किया गया विदेशी मुद्रा का विनिमय
(c) एक कम्पनी द्वारा एक थोक विक्रेता से विदेश में अपने उत्पाद का विक्रय करने के लिए किया गया अनुबन्ध
(d) उपरोक्त सभी

142. वैश्वीकरण व्यापार में परेशानियाँ पैदा करता है, क्योंकि
(a) यह विदेशों में व्यापार करने के सन्दर्भ में राजनैतिक स्तम्भ तथा परिचालन में अनिश्चितता पैदा करता है
(b) इसका अर्थ है कि कम्पनी अपने उत्पाद का मूल्य बढ़ा सकती है
(c) यह अत्याधिक प्रतिस्पर्द्धा को बढ़ावा देता है
(d) उपरोक्त सभी

143. नवीन आर्थिक नीति से देश में सुसमानता ········ है।
(a) घटी (b) बढ़ी
(c) कम (d) इनमें से कोई नहीं

144. वैश्वीकरण एकरूपता एवं ········ की एक प्रक्रिया है।
(a) बाजारीकरण (b) समरूपता
(c) निजीकरण (d) ये सभी

145. भारतीय रुपये के 1949 के अवमूल्यन के क्या कारण थे?
(a) डॉलर को भारत में उपलब्ध कराना
(b) भुगतान क्षेत्र का प्रतिकूल होना
(c) इंग्लैण्ड एवं स्टर्लिंग क्षेत्र के देशों से आर्थिक सम्बन्ध बनाना
(d) उपरोक्त सभी

146. लघु उद्योग की समस्याओं का अध्ययन करने के लिए डॉ. आबिद हुसैन समिति का गठन किस वर्ष में हुआ था।
(a) वर्ष 1991 (b) वर्ष 2001 (c) वर्ष 1995 (d) वर्ष 1994

147. उदारीकरण वर्ष 1991 के समय कितने उद्योगों के लिए लाइसेन्स लेना अनिवार्य था

(a) 18 (b) 20
(c) 11 (d) 19

148. वैश्वीकरण निम्नलिखित में से किस पर प्रतिबन्धों को हटाने की प्रक्रिया को वर्णित करने में प्रयुक्त शब्द (पद है) है

(a) विदेशी व्यापार (b) विनियोग
(c) 'a' और 'b' दोनों (d) इनमें से कोई नहीं

149. भूमण्डलीकरण की बाधा निम्नलिखित में से क्या है?

(a) व्यापक आधार (b) निच बाजार
(c) अप्रचलन (d) प्रतिस्पर्धा

150. ऑन-लाइन कारोबारी के लिए 'वी एस ए टी' प्रौद्योगिकी सर्वप्रथम किसने अपनाई थी?

(a) बी एस ई ने (b) ओ टी सी ई आइ ने
(c) एन एस ई ने (d) आइ एस ई ने

151. व्यावसायिक वातावरण में होने वाले तकनीकी परिवर्तन का परिणाम है

(a) ई-कॉमर्स (b) ई-बैंकिंग
(c) 'a' और 'b' दोनों (d) इनमें से कोई नहीं

152. व्यावसायिक पर्यावरण वह है, जिसके अन्तर्गत व्यावसायिक कार्य-कलापों का ...... किया जाता है।

(a) संचालन
(b) नियोजन
(c) समन्वय
(d) उपरोक्त में से कोई नहीं

153. ग्राहकों द्वारा इन्टरनेट के प्रयोग के सन्दर्भ में उनकी राय उदाहरण है .... व्यावसायिक पर्यावरण की।

(a) सामाजिक (b) कानूनी
(c) राजनैतिक (d) तकनीकी

154. व्यावसायिक वातावरण में होने वाले तकनीकी परिवर्तन का परिणाम है

(a) ई-कॉमर्स (b) ई-बैंकिंग
(c) 'a' और 'b' दोनों (d) इनमें से कोई नहीं

155. सरकार द्वारा ई-कॉमर्स को अपनाना तथा इसके प्रयोग को बढ़ावा देना व्यावसायिक पर्यावरण के किस घटक के अन्तर्गत आता है?

(a) सामाजिक (b) राजनैतिक
(c) कानूनी (d) तकनीकी

156. किसी देश की अपनी मुद्रा के बाहरी मूल्य को कम कर देना कहलाता है

(a) अवमूल्यन (b) अधिमूल्यन
(c) गिरावट (d) इनमें से कोई नहीं

157. मुद्रा के अवमूल्यन का परिणाम होता है

(a) उत्पादन में वृद्धि (b) कीमतों में वृद्धि
(c) आयात बिलों में वृद्धि (d) ये सभी

158. भारतीय रुपये का अवमूल्यन सर्वप्रथम कब हुआ?

(a) 1949 (b) 1966
(c) 1991 (d) 1995

159. 20 सितम्बर, 1949 को भारतीय रुपये का अवमूल्यन कितना किया गया था?

(a) 35% (b) 30.5% (c) 35.5% (d) 40%

उत्तरमाला

1.	(c)	2.	(a)	3.	(b)	4.	(c)	5.	(d)	6.	(a)	7.	(c)	8.	(b)	9.	(b)	10.	(a)
11.	(c)	12.	(d)	13.	(c)	14.	(b)	15.	(d)	16.	(a)	17.	(a)	18.	(b)	19.	(a)	20.	(c)
21.	(a)	22.	(a)	23.	(d)	24.	(a)	25.	(d)	26.	(a)	27.	(d)	28.	(d)	29.	(a)	30.	(c)
31.	(d)	32.	(c)	33.	(d)	34.	(d)	35.	(d)	36	(a)	37.	(d)	38.	(d)	39.	(b)	40.	(d)
41.	(c)	42.	(d)	43.	(d)	44.	(b)	45.	(b)	46.	(d)	47.	(d)	48.	(d)	49.	(d)	50.	(d)
51.	(a)	52.	(c)	53.	(d)	54.	(b)	55.	(b)	56.	(d)	57.	(b)	58.	(b)	59.	(d)	60.	(b)
61.	(c)	62.	(b)	63.	(c)	64.	(d)	65.	(d)	66.	(d)	67.	(b)	68.	(c)	69.	(b)	70.	(a)
71.	(a)	72.	(d)	73.	(d)	74.	(d)	75.	(a)	76.	(c)	77.	(d)	78.	(c)	79.	(d)	80.	(d)
81.	(a)	82.	(b)	83.	(d)	84.	(a)	85.	(a)	86.	(d)	87.	(d)	88.	(c)	89.	(d)	90.	(b)
91.	(d)	92.	(c)	93.	(d)	94.	(b)	95.	(a)	96.	(c)	97.	(c)	98.	(a)	99.	(b)	100.	(a)
101.	(a)	102.	(d)	103.	(b)	104.	(b)	105.	(b)	106.	(a)	107.	(d)	108.	(b)	109.	(d)	110.	(b)
111.	(c)	112.	(b)	113.	(b)	114.	(b)	115.	(c)	116.	(d)	117.	(d)	118.	(c)	119.	(c)	120.	(a)
121.	(b)	122.	(b)	123.	(c)	124.	(b)	125.	(c)	126.	(c)	127.	(d)	128.	(c)	129.	(a)	130.	(a)
131.	(a)	132.	(b)	133.	(b)	134.	(a)	135.	(b)	136.	(a)	137.	(d)	138.	(b)	139.	(a)	140.	(d)
141.	(c)	142.	(c)	143.	(b)	144.	(b)	145.	(d)	146.	(c)	147.	(a)	148.	(d)	149.	(c)	150.	(c)
151.	(c)	152.	(a)	153.	(a)	154.	(c)	155.	(b)	156.	(a)	157.	(d)	158.	(a)	159.	(b)		

अध्याय 10

प्रबन्ध कार्य
Management Functions

प्रबन्धन के अनेक कार्य हैं। ये हैं नियोजन, संगठन, नियुक्तिकरण, निर्देशन, नियन्त्रण तथा समन्वय। प्रत्येक कार्य, सुचारू रूप से व्यापार चलाने के लिए आवश्यक है। व्यवसाय द्वारा किसी भी कार्य की अवहेलना नहीं की जा सकती है।

नियोजन Planning

पूर्व निर्धारित लक्ष्यों की प्राप्ति के लिए भावी कार्यक्रम तैयार करना ही नियोजन कहलाता है। इसके अन्तर्गत यह पहले से ही निश्चित कर लिया जाता है कि क्या करना है, कैसे करना है, कब करना है, कहाँ करना है तथा किसे करना है? नियोजन के अन्तर्गत किसी समस्या के समाधान के लिए विभिन्न विकल्पों में से सर्वोत्तम विकल्प का चुनाव करना भी शामिल होता है, ताकि भविष्य को अधिक निश्चित किया जा सके।

विलियम एच. न्यूमैन के अनुसार, "सामान्य रूप से भविष्य में क्या करना है, इसका पूर्व निर्णय करना ही नियोजन है।"

जार्ज आर. टेरी के अनुसार, "नियोजन भविष्य के गर्भ में देखने की विधि अथवा तकनीक है। यह भावी आवश्यकताओं का पूर्वानुमान लगाता है, ताकि निर्धारित लक्ष्यों की दृष्टि से किए जाने वाले वर्तमान प्रयासों को उनके अनुरूप बनाया जा सके।"

निष्कर्ष रूप में यह कहा जा सकता है कि भावी क्रियाओं की रूपरेखा निर्धारित करना तथा भविष्य में किए जाने वाले कार्यों के सम्बन्ध में निर्णय लेना ही नियोजन है।

नियोजन की विशेषताएँ
Characteristics of Planning

नियोजन की मुख्य विशेषताएँ निम्न प्रकार हैं—

1. प्रत्येक संस्था के कुछ निश्चित लक्ष्य होते हैं और संस्था में जो भी योजनाएँ तैयार की जाती है, उन सभी का उद्देश्य इन लक्ष्यों को प्राप्त करना होता है।
2. नियोजन सर्वव्यापक होता है। इसकी आवश्यकता प्रबन्ध के सभी स्तरों तथा सभी विभागों में होती है। नियोजन केवल उच्च प्रबन्ध का ही कार्य नहीं है। प्रबन्ध के सभी स्तरों पर नियोजन का स्वरूप एवं क्षेत्र अलग-अलग होता है।
3. नियोजन को प्रबन्ध का एक प्राथमिक एवं आधारभूत कार्य माना जाता है। प्रत्येक संस्था में सबसे पहले एक योजना तैयार की जाती है तथा अन्य सभी कार्य इस योजना के सन्दर्भ में ही निर्धारित किए जाते हैं।
4. सभी योजनाएँ एक निश्चित अवधि के लिए तैयार की जाती हैं और इस अवधि के पूर्ण होने पर नई योजनाएँ तैयार की जाती हैं। इस प्रकार, नियोजन एक सतत् प्रक्रिया है, जो निरन्तर चलती रहती है।
5. नियोजन का सम्बन्ध भविष्य से होता है। सबसे पहले भावी परिस्थितियों एवं समस्याओं के सम्बन्ध में पूर्वानुमान लगाया जाता है तथा इन पूर्वानुमानों के अनुसार ही भावी योजनाएँ तैयार की जाती हैं।
6. नियोजन के अन्तर्गत उपलब्ध विकल्पों में से सर्वोत्तम विकल्प का चुनाव किया जाता है। वास्तव में, नियोजन की आवश्यकता ही इस कारण होती है क्योंकि किसी कार्य को करने अथवा किसी समस्या को हल करने के लिए अनेक विकल्प उपलब्ध होते हैं तथा संस्था को इनमें से सर्वोत्तम विकल्प का चयन करना होता है।
7. नियोजन का सम्बन्ध भविष्य से होता है और भविष्य का पूर्ण एवं सही अनुमान लगा पाना अत्यन्त कठिन होता है। भावी परिस्थितियों में परिवर्तन होने पर यह आवश्यक हो जाता है कि योजनाओं में भी आवश्यक परिवर्तन किए जाएँ।
8. नियोजन का कार्य करने के लिए ज्ञान, अनुभव, दूरदर्शिता एवं निर्णय लेने की योग्यता की आवश्यकता होती है। इस प्रकार, नियोजन एक बौद्धिक प्रक्रिया है।

नियोजन का महत्त्व Importance of Planning

नियोजन को प्रबन्ध का प्राथमिक एवं सबसे महत्त्वपूर्ण कार्य माना जाता है। प्रबन्ध के क्षेत्र में नियोजन की भूमिका सबसे महत्त्वपूर्ण होती है।

इसके महत्त्व को निम्न प्रकार से स्पष्ट किया जा सकता है—

1. गोट्ज के शब्दों में, ''योजनाएँ उद्देश्यों पर ध्यान केन्द्रित कर सकती हैं। ये उन क्रियाओं का पूर्वानुमान लगा सकती हैं, जो अन्तिम उद्देश्य की प्राप्ति के लिए आवश्यक होगी। प्रबन्धकीय नियोजन इच्छित लक्ष्य पर ध्यान केन्द्रित करने के लिए कार्यकलापों को एक समरूप एवं समन्वित ढाँचा तैयार करना चाहता है।''
2. नियोजन द्वारा भविष्य की अनिश्चितताओं का पूर्वानुमान लगाया जाता है। इसके अतिरिक्त तकनीकी तथा बाजार सम्बन्धी परिवर्तनों की पूर्व एवं पूर्ण जानकारी प्राप्त करके उनसे निपटने की उचित व्यवस्था की जाती है। जिससे अटकल बाजियों एवं उतावलेपन से निर्णय नहीं लिए जाते हैं। इसके विपरीत उत्तम नियोजन के अभाव में अनिश्चितता तथा अव्यवस्था की स्थिति बनी रहती है।
3. नियोजन में प्रबन्धकों का मुख्य कार्य निर्णय लेना है। इसके द्वारा नये विचारों एवं कार्यों का सृजन होता है। भविष्य का मनन व पूर्वानुमान करते समय दूरदर्शिता की आवश्यकता होती है। अत: इसके द्वारा प्रबन्धकों में दूरदर्शिता का दृष्टिकोण विकसित होता है। इससे कर्मचारियों में भी रचनात्मकता को प्रोत्साहन मिलता है।
4. नियोजन के द्वारा सर्वोत्तम विकल्प का चयन किया जाता है तथा उत्तम योजनाओं का निर्माण करके उपलब्ध साधनों का सदुपयोग किया जाता है तथा लागत को न्यूनतम किया जाता है। अनावश्यक एवं अनुत्पादक विधियाँ समाप्त करके यह पूर्णता एवं दक्षता प्रदान करता है।
5. अनावश्यक विलम्बों व लाल फीताशाही को दूर करके नियोजन संगठन को अधिक सुदृढ़ बनाता है, जिससे अधिकारों का प्रत्यायोजन सरल होता है। उत्तम नियोजन से कर्मचारियों के मनोबल तथा अभिप्रेरणा में वृद्धि होती है।
6. नियोजन के द्वारा वास्तविक कार्य का मूल्यांकन किया जाता है। नीतियों, कार्यविधियों एवं बजटों द्वारा विभिन्न कार्यों पर समुचित नियन्त्रण रखा जा सकता है।

नियोजन प्रक्रिया Planning Process

नियोजन प्रक्रिया के अन्तर्गत निम्न चरण आते हैं—

1. नियोजन प्रक्रिया में सर्वप्रथम उद्देश्यों को निर्धारित एवं परिभाषित किया जाता है, ताकि सभी सम्बन्धि कर्मचारियों को इनकी जानकारी हो जाए और वे इन्हें प्राप्त करने में पूरा योगदान दे सकें।
2. नियोजन आधार अथवा सीमाएँ वे तत्व/मान्यताएँ होती हैं जो विभिन्न विकल्पों के सम्भावित परिणामों को प्रभावित करती हैं। किसी विकल्प के बारे में अन्तिम निर्णय लेने से पहले इन मान्यताओं के पूर्वानुमान (Forecasting) लगाए जाते हैं। जितने अधिक पूर्वानुमान सही होंगे, नियोजन उतना ही अधिक सफल रहेगा।
3. संस्था के उद्देश्यों के आधार पर एक ही कार्य को करने के अनेक तरीकों की खोज की जा सकती है। उदाहरणार्थ, यदि किसी संस्था का उद्देश्य अपना व्यवसाय बढ़ाने का है तो इस उद्देश्य की पूर्ति अनेक तरीकों से की जा सकती है; जैसे—
   (i) पहले से चल रहे व्यवसाय का विस्तार करके।
   (ii) दूसरे क्षेत्रों में उत्पादन प्रारम्भ करके।
   (iii) दूसरी संस्थाओं के साथ मिलाकर कोई व्यवसाय प्रारम्भ कर सकती है।
   (iv) किसी दूसरी संस्था को खरीद सकती है; आदि।
4. वे सभी विकल्प जो न्यूनतम प्रारम्भिक मापदण्ड के आधार पर खरे उतरते हैं, उन्हें गहन अध्ययन के लिए चुन लिया जाता है। यहाँ पर यह देखा जाएगा कि प्रत्येक विकल्प संस्था के उद्देश्यों को कहाँ तक पूरा करता है।
5. विभिन्न विकल्पों का मूल्यांकन करके सर्वश्रेष्ठ विकल्प को चुनाव कर लिया जाता है। कई बार मूल्यांकन के आधार पर एक से अधिक विकल्प एक जैसे गुणों वाले प्राप्त हो जाते हैं। भविष्य की निश्चितता को देखते हुए एक से अधिक अच्छे विकल्पों का चयन करना न्यायसंगत भी है।
6. नियोजन प्रक्रिया में मुख्य योजना तथा सहायक योजनाओं का निर्धारण कर लेने के बाद उन्हें लागू करना होता है। योजनाओं को लागू करने के बाद विभिन्न क्रियाओं का क्रम निर्धारित कर दिया जाता है अर्थात् यह निश्चित कर दिया जाता है कि कौन क्या करेगा और किस समय करेगा।
7. नियोजन प्रक्रिया में योजनाएँ लागू कर देने से ही नियोजन समाप्त नहीं हो जाता। योजनाएँ भविष्य के लिए बनाई जाती हैं और भविष्य अनिश्चित होता है। अनिश्चित भविष्य में सफलता सुनिश्चित करने के लिए योजनाओं की प्रगति की लगातार समीक्षा करते रहना जरूरी है। जैसे ही उन मान्यताओं में, जिन पर योजनाएँ आधारित हैं परिवर्तन होता नजर आए, योजनाओं में भी आवश्यक फेर-बदल कर दिया जाता है।

संगठन Organisation

संगठन दो अथवा दो से अधिक व्यक्तियों का एक ऐसा समूह है, जो निर्धारित लक्ष्यों की पूर्ति के लिए मिल-जुल कर कार्य करते हैं।

डेविस के शब्दों में, ''संगठन मूलत: व्यक्तियों का एक समूह है, जो एक नेता के निर्देशन में सामान्य उद्देश्यों की पूर्ति के लिए सहयोग करते हैं।''

कुण्ट्ज एवं **ओ' डोनेल** के शब्दों में, ''संगठन आपसी सम्बन्धों का एक ऐसा ढाँचा है, जिसके द्वारा उपक्रम को एकबद्ध किया जाता है, और ऐसा ढाँचा जिसमें व्यक्तिगत प्रयत्न को समन्वित किया जाता है।''

उपरोक्त परिभाषाओं के आधार पर यह कहा जा सकता है कि संगठन एक ऐसी प्रक्रिया है, जो निश्चित उद्देश्यों की प्राप्ति के लिए कार्यों को नियमबद्ध एवं नियन्त्रित करती है।

संगठन की विशेषताएँ
Characteristics of Organisation

एक संगठन की निम्नलिखित विशेषताएँ होती हैं—

1. कार्य-विभाजन संगठन का आधार होता है अर्थात् कार्य-विभाजन के बिना संगठन नहीं हो सकता। कार्य-विभाजन के अन्तर्गत व्यवसाय के पूरे काम को अनेक विभागों में विभाजित कर दिया जाता है। प्रत्येक विभाग के कार्य को पुन: उपकार्यों में विभाजित कर दिया जाता है।
2. संगठन के अन्तर्गत विभिन्न लोगों को अलग-अलग काम सौंपे जाते हैं लेकिन सभी का प्रयास एक ही होता है, उपक्रम के उद्देश्यों को पूरा करना। संगठन ऐसी व्यवस्था करता है कि सभी लोगों का काम अलग-अलग होते हुए भी एक-दूसरे से सम्बन्धित होता है। परिणामत: समन्वय स्थापित करने में सहायता मिलती है।

3. संगठन अनेक व्यक्तियों का समूह होता है जो सामान्य उद्देश्य को पूरा करने के लिए एकत्रित होते हैं। एक अकेला व्यक्ति संगठन का निर्माण नहीं कर सकता।
4. संगठन के अनेक अंग होते हैं, सभी के अलग-अलग कार्य होते हें लेकिन सभी एक सामान्य उद्देश्य को प्राप्त करने की ओर अग्रसर रहते हैं।
5. संगठन को प्रबन्ध का यन्त्र माना जाता है। यह एक ऐसी मशीन है जिसमें यदि एक पुर्जा भी खराब हो जाए अथवा सही जगह पर न लगाया जाए तो मशीन काम नहीं करेगी अर्थात यदि क्रियाओं के विभाजन में गलती हो जाए या पदों की स्थापना ठीक प्रकार से न हो तो सम्पूर्ण प्रबन्ध व्यवस्था फेल हो जाएगी।

संगठन का महत्त्व Importance of Organisation

एक संगठन का महत्त्व अथवा लाभ निम्नलिखित है—

1. संगठन के अन्तर्गत सम्पूर्ण कार्यों को अनेक उपकार्यों में बाँट दिया जाता है। सभी उपकार्यों पर योग्य व्यक्तियों की नियुक्ति की जाती है जो एक ही कार्य को बार-बार करके उसके विशेषज्ञ बन जाते हैं। इस प्रकार कम से कम समय में अधिक से अधिक कार्य होने लगता है और संस्था को विशिष्टीकरण के लाभ प्राप्त होते हैं।
2. संगठन कर्मचारियों के मध्य कार्य सम्बन्धों को स्पष्ट करता है। इससे स्पष्ट होता है कि कौन किसको रिपोर्ट करेगा। परिणामत: संदेशवाहन प्रभावी होता है। यह उत्तरदेयता निर्धारण में भी सहायक है।
3. संगठन प्रक्रिया के अन्तर्गत कुल काम को अनेक छोटी-छोटी क्रियाओं में विभाजित कर दिया जाता हैं। प्रत्येक क्रिया को करने वाला एक अलग कर्मचारी होता है। ऐसा करने से न तो कोई क्रिया पूरी होने से छूटती है और न ही किसी क्रिया को अनावश्यक रूप से दो बार किया जाता है। परिणामत: संगठन में उपलब्ध सभी संसाधनों (जैसे-माल, मशीन, वित्त, मानव-शक्ति आदि) का अनुकूलतम उपयोग सम्भव होता है।
4. संगठन प्रक्रिया एक संस्था को इस योग्य बना देती है कि वह कर्मचारियों के पद से सम्बन्धित किसी भी परिवर्तन को आसानी से सहन कर लेती है। ऐसा ऊपर से नीचे सभी प्रबन्धकों का एक स्पष्ट अधिकार शृंखला में बँधे होने के कारण होता है। जब भी कोई प्रबन्धकीय पर रिक्त होता है तो पदोन्नति द्वारा उसे तुरन्त भर दिया जाता है। क्योंकि प्रत्येक अधीनस्थ अपने बॉस की कार्य-प्रणाली से पहले ही भली प्रकार परिचित होता है इसलिए उन्हें नया पद ग्रहण करने में कोई असुविधा नहीं होती।
5. संगठन प्रक्रिया प्रबन्धक द्वारा की जाने वाली विभिन्न क्रियाओं व प्राप्त अधिकारों का स्पष्ट उल्लेख करती है। यह भी स्पष्ट कर दिया जाता है कि प्रत्येक प्रबन्धक किस कार्य के लिए किसको आदेश देगा। प्रत्येक को यह भी जानकारी होती है कि वह किसके प्रति उत्तरदायी हैं?
6. संगठन प्रक्रिया के अन्तर्गत अधिकार अंतरण किया जाता है। ऐसा एक व्यक्ति की सीमित क्षमता के कारण ही नहीं बल्कि काम करने की नई विधियों की खोज करने के लिए भी किया जाता है। इसमें अधिनस्थों को निर्णय लेने के अवसर प्राप्त होते हैं। इस स्थिति का लाभ उठाते हुए वे नवीनतम विधियों की खोज करते हैं वह उन्हें लागू करते हैं। परिणामत: उनका विकास होता है।
7. संगठन प्रक्रिया के अन्तर्गत कर्मचारियों को प्राप्त निर्णय स्वतंत्रता से उनका विकास होता है। वे नई चुनौतियों का सामना करने के लिए तैयार रहते हैं। इस स्थिति का लाभ उठाते हुए उपक्रम का विस्तार किया जा सकता है। विस्तार से उपक्रम की लाभ क्षमता बढ़ती है जो उसके विकास में सहायक होती है।

नियुक्तिकरण Staffing

नियुक्तियों का अर्थ है, संगठन के ढाँचे द्वारा प्रदत्त स्थानों की मानवीय पूर्ति करना या उन्हें भरे रखना। *इनमें चार उपकार्य शामिल हैं—*

1. मानवीय आवश्यकताओं की गणना करना एवं कर्मचारियों का चुनाव तथा प्रशिक्षण व्यवस्था करना।
2. कर्मचारियों का पारिश्रमिक निर्धारण करना।
3. कर्मचारियों का प्रमोशन, स्थानान्तरण आदि करना।
4. कर्मचारियों की प्रगति की समीक्षा करना।

विभिन्न विद्वानों ने नियुक्तिकरण के सम्बन्ध में अपने अलग-अलग मत प्रकट किए हैं।

कुण्ट्ज एवं **ओ' डोनेल** के अनुसार, ''स्टाफिंग का अभिप्राय उस प्रबन्धकीय कार्य से है, जिसमें जन प्रबन्ध सम्मिलित है, जिसमें कर्मचारियों का उचित एवं प्रभावी चयन, मूल्यांकन तथा नियुक्त व्यक्तियों का विकास करना है, जिससे वे संरचना के अनुसार योगदान प्रदान कर सकें।''

थियो हैमेन के अनुसार, ''स्टाफिंग या नियुक्ति कार्य कर्मचारियों की भर्ती, चयन, विकास एवं क्षतिपूर्ति से सम्बन्ध रखने वाला कार्य है।''

उपरोक्त परिभाषाओं के आधार पर यह कहा जा सकता है कि नियुक्तिकरण प्रबन्ध का एक महत्त्वपूर्ण कार्य तथा उत्तरदायित्व है जिसका मुख्य कार्य कर्मचारियों का चयन करना एवं उनको प्रशिक्षित करना है, जिससे वे निर्धारित उद्देश्यों की प्राप्ति में अपना पूर्ण, सहयोग प्रदान करें।

नियुक्तिकरण की विशेषताएँ Characteristics of Staffing

1. नियुक्तियों में मूल रूप से व्यक्तियों का सम्बन्ध होता है, क्योंकि इसके द्वारा सर्वप्रथम व्यक्तियों का चुनाव किया जाता है। नियुक्तिकरण पर देश के राजनीतिक, सामाजिक, आर्थिक एवं शैक्षणिक वातावरण का प्रभाव पड़ता है।
2. हैमेन के अनुसार, ''प्रबन्ध के अन्य कार्यों की भाँति नियुक्तिकरण भी प्रबन्ध का कार्य है, जिसे प्रबन्ध को निरन्तर सम्पन्न करना पड़ता है। जैसे-जैसे किसी संस्था का आकार बढ़ता जाता है, नियुक्तियों की निरन्तरता भी बढ़ती जाती है। कर्मचारियों का चयन, भर्ती, प्रशिक्षण, विकास आदि का कार्य निरन्तर चलता रहता है।''
3. ओ' डोनेल के अनुसार, ''नियुक्तियाँ स्वयं एक प्रणाली है अथवा इसे प्रणाली के रूप में स्वीकार किया जाना चाहिए। यह सम्पूर्ण प्रबन्ध प्रणाली की उप-प्रणाली है।''
4. नियुक्तियाँ केवल वर्तमान के रिक्त पदों हेतु ही नहीं बल्कि भविष्य की पूर्ति के लिए भी होती हैं।
5. नियुक्तिकरण की प्रकृति अदृश्य होती है जिसका परिणाम भविष्य में पता चलता है।
6. नियुक्तिकरण एक सामाजिक दायित्व भी है क्योंकि यह रोजगार प्रदान करता है।

नियुक्तिकरण का महत्त्व Importance of Staffing

1. कर्मचारियों की नियुक्ति प्रबन्ध का प्रथम कार्य है, क्योंकि यदि कर्मचारी ही अपना कार्य ठीक से करने वाले नहीं होंगे, तो संस्था के कार्य सुचारू रूप से नहीं चलेंगे। संस्था का भविष्य अन्धकारमय हो जाएगा।
2. यदि संस्था के कर्मचारी योग्य नहीं होंगे, तो संस्था की समस्त योजनाएँ, लक्ष्य एवं नीतियाँ केवल कल्पना मात्र रह जाएगी। कर्मचारी ही संस्था की योजनाओं को कार्य रूप प्रदान करते हैं।
3. नियुक्तिकरण की प्रक्रिया के अन्तर्गत संस्था की आवश्यकताओं के अनुसार योग्य एवं कुशल कर्मचारियों का चयन किया जाता है तथा उनका शिक्षण व प्रशिक्षण किया जाता है।
4. प्रत्येक संस्था की वास्तविक कुशलता एवं सफलता उसके कर्मचारियों की योग्यता एवं सहयोग की भावना पर निर्भर करती है। मानवीय संसाधन, भौतिक संसाधन; जैसे—भूमि, भवन, पूँजी, संयन्त्र, मशीनरी आदि की अपेक्षा कहीं अधिक महत्त्वपूर्ण है।
5. संस्था के वर्तमान एवं भावी उद्देश्यों को ध्यान में रखते हुए मानव शक्ति की आवश्यकताओं का पूर्वानुमान लगाया जाता है।

निर्देशन Direction

प्रबन्ध दूसरे व्यक्तियों से कार्य कराने की कला है। इस कला को ही प्रबन्धकीय भाषा में निर्देशन कहा जाता है। निर्देशन के अन्तर्गत प्रबन्धक अपने अधीनस्थ कर्मचारियों का मार्गदर्शन करते हैं, उनके कार्यों में समन्वय स्थापित करते हैं तथा उनकी क्रियाओं पर नियन्त्रण करके संस्था के लक्ष्यों की प्राप्ति में अग्रसर बनाते हैं। इस प्रकार यह कहा जा सकता है कि लक्ष्यों को प्राप्त करने के लिए गतिविधियों का मार्गदर्शन, अभिप्रेरणा, नेतृत्व एवं सम्प्रेषण ही निर्देशन कहलाता है।

थियो हैमेन के अनुसार, ''निर्देशन के अन्तर्गत उस प्रक्रिया एवं तकनीक का समावेश किया जाता है, जिनका उपयोग आदेशों व निर्देशों को जारी करने एवं यह देखने के लिए किया जाता है कि उपक्रम की समस्त क्रियाएँ योजनानुसार हो रही हैं अथवा नहीं।''

अर्नेस्ट डेल के अनुसार, ''व्यक्तियों को यह बताना कि उन्हें क्या करना और देखना है जिससे कि वे उसे अपनी पूर्ण योग्यता के अनुसार करें, ही निर्देशन है।''

निर्देशन की निम्नलिखित विशेषताएँ हैं—

1. प्रबन्ध का 'नियुक्तिकरण' कार्य पूरा कर लेने के बाद महत्त्वपूर्ण प्रश्न उठता है कि पूरी मानवीय मशीनरी कैसे संचालित होगी। इस का उत्तर प्रबन्ध के 'निर्देशन' में निहित है। अन्य कार्य कार्यवाही के लिए आधार प्रस्तुत करते हैं और निर्देशन कार्यवाही प्रारम्भ करता है।
2. निर्देशन की आवश्यकता सभी प्रबन्धकीय स्तरों पर होती है। उच्चस्तरीय प्रबन्धक अपने अधीनस्थों अर्थात् मध्यस्तरीय प्रबन्धकों को निर्देश देते हैं। इसी प्रकार मध्यस्तरीय प्रबन्धक, निम्नस्तरीय प्रबन्धकों को तथा निम्नस्तरीय प्रबन्धक अपने अधीनस्थों अर्थात् वास्तविक कार्य पर लगे लोगों को निर्देश देते हैं और उनका मार्गदर्शन करते हैं।
3. निर्देशन एक लगातार चलने वाला कार्य है। एक प्रबन्धक केवल आदेश एवं निर्देश देकर ही चुप नहीं बैठ सकता। उसे लगातार अधीनस्थों का पर्यवेक्षण करना पड़ता है। उनका मार्गदर्शन करना पड़ता है और समय-समय पर उन्हें प्रोत्साहित करना पड़ता है। उसे लगातार यह सुनिश्चित करना पड़ता है कि कार्य आदेशों के अनुसार हो रहा है। विपरीत परिणाम प्राप्त होने पर तुरन्त सुधारात्मक कार्यवाही करनी पड़ती है।
4. निर्देशन का प्रवाह ऊपर से नीचे की ओर चलता है। यह उच्चस्तरीय प्रबन्ध से शुरू होकर निम्नस्तरीय प्रबन्ध पर समाप्त होता है।

निर्देशन का महत्त्व Importance of Direction

निर्देशन का महत्त्व निम्नलिखित तथ्यों से स्पष्ट होता है—

1. प्रबन्ध के प्रथम तीन कार्यों (नियोजन, संगठन एवं नियुक्तिकरण) तक कर्मचारियों की नियुक्ति कर ली जाती है। लेकिन वे अपना काम प्रारम्भ नहीं कर सकते जब तक उन्हें यह नहीं बताया जाए कि उन्हें क्या करना है और कैसे करना है? यह कार्य प्रबन्धक निर्देशन के माध्यम से करते हैं। अत: स्पष्ट है कि इस कार्य के द्वारा ही संस्था में गतिशीलता आती है, अर्थात् उत्पादन कार्य प्रारम्भ होता है।
2. संगठन में सफलता तभी सम्भव है जबकि सभी अपना-अपना काम पूर्ण कुशलता से करें। यदि कर्मचारियों की शृंखला में से एक कर्मचारी भी घटिया काम करता है तो इसका प्रभाव शेष कर्मचारियों की कुशलता पर भी पड़ता है। अत: सभी की क्रियाओं में सामंजस्य स्थापित करना आवश्यक है। प्रबन्धक कर्मचारियों का पर्यवेक्षण करके, अच्छा नेतृत्व प्रदान करके, उन्हें प्रोत्साहित करके एवं विचारों का आदान-प्रदान करके उनकी क्रियाओं में सामंजस्य स्थापित करता है।
3. संस्था के उद्देश्यों को अभिप्रेरित कर्मचारी ही पूरा कर सकते हैं। अभिप्रेरित कर्मचारी पूर्ण लगाव व समर्पण भाव से काम करते हैं। प्रश्न यह है कि कर्मचारियों को अभिप्रेरित कैसे किया जाए? अभिप्रेरण का काम प्रबन्ध के निर्देशन कार्य द्वारा सम्पन्न किया जाता है।
4. प्राय: कर्मचारी जिस तरह के ढाँचे में काम कर रहे होते हैं वे उसमें कोई परिवर्तन स्वीकार नहीं करते जबकि समय की मांग को देखते हुए परिवर्तनों को लागू करना जरूरी होता है। प्रबन्धक निर्देशन के माध्यम से कर्मचारियों को इस प्रकार तैयार करते हैं कि वे परिवर्तनों को सहर्ष स्वीकार करने लगते हैं।
5. कभी-कभी व्यक्तिगत व संस्थागत उद्देश्यों में संघर्ष पैदा हो जाता है। निर्देशन इन संघर्षों को दूर करता है और संगठन में सन्तुलित स्थिति स्थापित करने में सहयता करता है।

नियन्त्रण Control

नियन्त्रण से आशय यह देखने से है कि संस्था के कार्य पूर्व निर्धारित उद्देश्यों, नीतियों, योजनाओं, नियमों एवं निर्देशों के अनुसार चल रहे हैं या नहीं। नियन्त्रण का उद्देश्य कार्य की कमियों और विकल्पों को प्रकाश में लाना है, ताकि उचित समय पर उनमें सुधार किया जा सके और भविष्य में उन्हें दोहराने से रोका जा सके।

ई. एफ. एल. ब्रेच के अनुसार, ''नियन्त्रण का अभिप्राय पर्याप्त प्रगति और कार्य के सन्तोषजनक निष्पादन के लिए वर्तमान निष्पादन को पूर्व निश्चित प्रमापों से मिलान करने तथा वर्तमान अनुभवों को भविष्य के मार्गदर्शन के लिए संचित करना है।''

फिलिप कोटलर के अनुसार, ''नियन्त्रण एक प्रक्रिया है, जिसके द्वारा वास्तविक परिणामों को अपेक्षित परिणामों के अधिकाधिक समीप लाने के प्रयास किए जाते हैं।''

नियन्त्रण की विशेषताएँ Characteristics of Control

नियन्त्रण की प्रकृति अथवा विशेषताओं को निम्नलिखित तथ्यों से सरलतापूर्वक समझा जा सकता है—

1. प्रबन्ध के अनेक कार्य है: जैसे-नियोजन, संगठन नियुक्तियाँ, निर्देशन, तथा नियन्त्रण। इन सभी कार्यों में नियन्त्रण का महत्व सबसे अधिक है। यदि प्रबन्ध में से नियन्त्रण कार्य को अलग कर दिया जाए तो शेष सभी कार्य अर्थहीन हो जाएँगे। अत: नियन्त्रण प्रबन्ध का आधार भूत कार्य है।
2. नियन्त्रण प्रबन्ध का अनिवार्य कार्य है क्योंकि यह सभी संगठनों (व्यावसायिक एवं गैर-व्यावसायिक) तथा सभी प्रबन्धकीय स्तरों पर सम्पन्न किया जाता है। यह प्रबन्ध का ऐसा कार्य है, जिसमें हर स्तर का प्रबन्धक यह विश्वास दिलाता है कि वास्तविक प्रगति निर्धारित योजनाओं के अनुरूप ही है।
3. नियन्त्रण की आवश्यकता प्रबन्धकीय प्रक्रिया के शुरू एवं अन्त दोनों में ही पड़ती है। इसलिए यह एक निरन्तर चलने वाली प्रक्रिया है।
4. नियन्त्रण का सम्बन्ध परिणामों से होता है क्योंकि प्राप्त परिणामों के आधार पर ही हम प्रगति का मूल्यांकन करते हैं व विचलनों का पता लगाकर सुधारात्मक कार्यवाही करते हैं।

नियन्त्रण का महत्त्व Importance of Control

1. योजनाओं की निगरानी के लिए नियन्त्रण प्रक्रिया लागू की जाती है। इसके द्वारा विचलनों का अति शीघ्र पता लगाया जाता है और सुधारात्मक कार्यवाही की जाती है। परिणामत: वांछित एवं वास्तविक परिणामों का अन्तर न्यूनतम हो जाता है। इस प्रकार, नियन्त्रण उद्देश्य प्राप्ति में सहायक है।
2. एक प्रबन्धक नियन्त्रण कार्य करते समय वास्तविक कार्य प्रगति व प्रमापों की तुलना करता है। वह यह जाँचता है कि कहीं निर्धारित प्रमाप सामान्य प्रमापों से अधिक या कम तो नहीं है। यदि आवश्यकता हो तो उनका पुनर्निर्धारण किया जाता है।
3. नियन्त्रण मानवीय व भौतिक साधनों के अनुकूलतम उपयोग को सम्भव बनाता है। नियन्त्रण के अन्तर्गत यह देखा जाता है कि कोई भी कर्मचारी कार्य निष्पादन में जानबूझ कर देरी न करे। इसी प्रकार सभी भौतिक साधनों के उपयोग में होने वाली बर्बादी को रोका जाता है।
4. नियन्त्रण के माध्यम से कर्मचारियों को अभिप्रेरित करने का प्रयास किया जाता है। नियन्त्रण व्यवस्था के लागू होने की जानकारी होने पर सभी कर्मचारी पूरी लगन से काम करते हैं, क्योंकि उन्हें पता है कि उनके कार्य का मूल्यांकन होगा और प्रगति रिपोर्ट अच्छी आने पर उनकी संस्था में पहचान बनेगी।
5. नियन्त्रण के लागू होने से व्यवस्था एवं अनुशासन सुनिश्चित होता है। परिणामत: सभी अवांछित क्रियाओं; जैसे-चोरी, भ्रष्टाचार, कार्य में देरी, असहयोग की भावना, आदि पर रोक लग जाती है।
6. संस्थागत उद्देश्यों को सफलतापूर्वक प्राप्त करने के लिए संस्था के सभी विभागों में समन्वय जरूरी है। संस्था के सभी विभाग एक-दूसरे पर निर्भर होते हैं; जैसे-विक्रय विभाग द्वारा माल के आदेशों की पूर्ति करना उत्पादन विभाग द्वारा उत्पादित माल पर निर्भर करता है। नियन्त्रण के माध्यम से यह पता लगाया जाता है कि क्या उत्पादन प्राप्त आदेशों के अनुरूप हो रहा है? यदि नहीं तो विचलनों के कारणों की खोज की जाती है और सुधारात्मक कार्यवाही करके दोनों विभागों में समन्वय स्थापित किया जाता है।

नियन्त्रण की सीमाएँ Limitations of Control

नियन्त्रण प्रबन्ध का एक महत्त्वपूर्ण कार्य है, लेकिन यह सीमाओं से रहित नहीं है। *इनकी मुख्य सीमाएँ निम्नलिखित हैं—*

1. प्रमाप निर्धारित करने के सम्बन्ध में एक मुख्य बात यह है कि जो कार्य संख्यात्मक प्रकृति के हैं उनके प्रमाप तो आसानी से निर्धारित हो जाते हैं, लेकिन जो कार्य गुणात्मक प्रकृति के हैं उनके माप निर्धारण में कठिनाई आती है। इनके लिए अप्रत्यक्ष मापदण्डों का सहारा लिया जाता है।

   उदाहरण के लिए, कर्मचारियों के ऊँचे मनोबल को मापना एक गुणात्मक प्रकृति का कार्य है। इसे सीधे तरीके से नहीं मापा जा सकता। इसको माने के लिए श्रम-परिवर्तन दर, अनुपस्थिति दर, झगड़ों की दर आदि को देखा जा सकता है। यदि ये तीनों दरें ऊँची हैं तो कहा जाएगा कि संस्था में कर्मचारियों का मनोबल ऊँचा नहीं है। अत: स्पष्ट है कि सभी कार्यों के लिए संख्यात्मक प्रमाप निर्धारित नहीं हो सकते और गुणात्मक प्रमाप पूर्णत: शुद्ध नहीं होते।
2. यदि हम कहें कि एक प्रबन्धक प्रबन्ध के नियन्त्रण कार्य को पूरा करके संगठन में पूर्ण नियन्त्रण कर सकता है लेकिन बाहरी तत्वों (जैसे—सरकारी नीतियाँ, तकनीकी परिवर्तन, प्रतियोगिता आदि) पर नियन्त्रण करना असम्भव है। अत: कभी भी पूर्ण नियन्त्रण की स्थिति स्थापित नहीं हो सकती।
3. व्यावसायिक वातावरण में लगातार परिवर्तन होता रहता है। इस परिवर्तन का सामना करने के लिए नियन्त्रण की नवीनतम पद्धतियों का प्रयोग करना होता है। लेकिन कर्मचारी इन पद्धतियों का विरोध करते हैं।

   उदाहरण के लिए, यदि उस हॉल में जहाँ कर्मचारी काम कर रहे हैं उनकी गतिविधियों पर नियन्त्रण के लिए CCTVs (Close Circuit T.V.) लगा दिया जाए तो वे निश्चित रूप से इसका विरोध करेंगे।
4. नियन्त्रण प्रक्रिया को लागू करने के लिए बहुत धन, समय व प्रयासों की जरूरत होती है। छोटी संस्थाएँ इतना खर्च सहन नहीं कर सकती। अत: यह केवल बड़ी संस्थाओं के लिए ही उपयोगी है और छोटी संस्थाओं के लिए यह विलासिता बन कर रह गई है। प्रबन्धकों को चाहिए कि ऐसी नियन्त्रण प्रणाली लागू करें, जिससे प्राप्त लाभ उसकी लागतों से अधिक हो।

समन्वय Coordination

संगठन एक ऐसी पद्धति है, जो दूसरे से जुड़े एवं एक दूसरे पर आधारित उप पद्धतियों से बनी है। प्रबन्धक को इन भिन्न समूहों को समान उद्देश्यों की प्राप्ति के लिए एक दूसरे से जोड़ना होता है। विभिन्न विभागों की गतिविधियों की एकात्मकता की प्रक्रिया को समन्वय कहते हैं।

समन्वय वह शक्ति है जो, प्रबन्ध के अन्य सभी कार्यों को एक दूसरे से बाँधती है। यह ऐसा धागा है, जो संगठन के कार्य में निरन्तरता बनाए रखने के लिए क्रय, उत्पादन, विक्रय, एवं वित्त जैसे सभी कार्यों को पिरोए रखता है। समन्वय को कभी-कभी प्रबन्ध का एक अलग कार्य माना जाता है। लेकिन यह प्रबन्ध का सार है, क्योंकि यह सामूहिक लक्ष्यों को प्राप्त करने के लिए किए गए व्यक्तिगत प्रयत्नों में एकता लाता है।

समन्वय की प्रकृति Nature of Coordination

समन्वय की निम्न विशेषताएँ स्पष्ट होती हैं–

1. समन्वय ऐसे हितों को जो एक दूसरे से सम्बन्धित नहीं हैं या एक दूसरे से भिन्न हैं, उद्देश्य पूर्ण कार्य गतिविधि में एकता लाता है। यह समूह के कार्यों को एक केन्द्र बिन्दु प्रदान करता है, जो यह सुनिश्चित करता है कि निष्पादन योजना एवं निर्धारित कार्यक्रम के अनुसार हो।
2. समन्वय का उद्देश्य समान उद्देश्य को प्राप्त करने के लिए कार्यवाही में एकता लाना है। यह विभिन्न विभागों को जोड़ने की शक्ति का कार्य करता है तथा यह सुनिश्चित करता है कि सभी क्रियाएँ संगठन के लक्ष्यों को प्राप्त करने के लिए की जाएँ।
3. समन्वय कोई एक बार का कार्य नहीं है, बल्कि एक निरन्तर चलने वाली प्रक्रिया है। यह नियोजन से प्रारम्भ होती है एवं नियन्त्रण तक चलती है। सुहासिनी ठण्ड के समय के लिए वस्त्रों के सम्बन्ध में जून के महीने में ही योजना बना लेती है। तत्पश्चात् वह पर्याप्त कार्यबल की व्यवस्था करती है। उत्पादन योजना के अनुसार ही इसके लिए लगातार निगरानी रखती है, उसे अपने विपणन विभाग को समय रहते बताना होगा कि वह विक्रय प्रवर्तन एवं विज्ञापन के प्रचार के लिए तैयार रहें।
4. विभिन्न विभागों की क्रियाएँ प्रकृति से एक-दूसरे पर निर्भर करती हैं, इसीलिए समन्वय की आवश्यकता प्रबन्ध के सभी स्तरों पर होती है। यह विभिन्न विभागों एवं विभिन्न स्तरों के कार्यों में एकता स्थापित करता है। संगठन के उद्देश्य बिना विरोध प्राप्त करने के लिए व्यवसायी को क्रय, उत्पादन एवं विक्रय विभागों के कार्यों में समन्वय करना होता है।
5. किसी भी संगठन में समन्वय प्रत्येक प्रबन्धक का कार्य है। उच्च स्तर के प्रबन्धक यह सुनिश्चित करने के लिए कि संगठन की नीतियों का क्रियान्वयन हो, अपने अधीनस्थों के साथ समन्वय करते हैं। मध्यस्तर के प्रबन्धक, उच्चस्तर के प्रबन्धकों एवं प्रथम पंक्ति के प्रबन्धकों, दोनों के साथ समन्वय करते हैं। यह सुनिश्चित करने के लिए कि कार्य योजनाओं के अनुसार किया जाए, प्रचालन स्तर के प्रबन्धक अपने कर्मचारियों के कार्यों में समन्वय करते हैं।
6. एक प्रबन्धक को विभिन्न लोगों के कार्यों का ध्यानपूर्वक एवं सोच समझकर समन्वय करना होता है। किसी विभाग से एक-दूसरे से सहयोग करते हुए कार्य करते हैं, समन्वय इस सहयोग की भावना का दिशानिर्देश देता है। समन्वय के न होने पर सहयोग भी निरर्थक सिद्ध होगा और बिना सहयोग के समन्वय कर्मचारियों में असन्तोष को ही जन्म देगा।

समन्वय का महत्त्व Importance of Coordination

विभिन्न प्रबन्धकीय कार्यों को एकीकृत करना व्यक्तियों एवं विभागों में पर्याप्त मात्रा में समन्वय को सुनिश्चित करता है। जैसे समन्वय की समस्या के पैदा होने के कारण बड़े पैमाने के संगठन में अन्तर्निहित निरन्तर परिवर्तन कमजोर अथवा निष्क्रिय नेतृत्व एवं जटिलताएँ हैं। बड़े संगठनों में इस प्रकार की जटिलताओं के समन्वय के लिए विशेष प्रयत्नों की आवश्यकता होती है।

समन्वय का महत्त्व निम्न प्रकार है–

1. बड़े संगठनों में लगे बड़ी संख्या में लोग समन्वय की समस्या को जटिल बना देते हैं। प्रत्येक व्यक्ति अपने आप में विशिष्ट है तथा अपनी एवं संगठन की आवश्यकताओं को महसूस करता है। प्रत्येक की अपनी कार्य करने की आदतें हैं, अपनी पृष्ठभूमि हैं, परिस्थितियों से निपटने के प्रस्ताव/तरीके हैं तथा दूसरों से सम्बन्ध हैं। वैसे एक अकेला व्यक्ति सदा बुद्धिमानी से कार्य नहीं करता है। उसके व्यवहार को न तो सदा ठीक से समझा जाता है और न ही पूरी तरह से उसका पूर्वानुमान लगाया जा सकता है। इसलिए संगठन की कार्य कुशलता के लिए यह अनिवार्य है कि व्यक्ति एवं समूह के उद्देश्यों को समन्वय द्वारा एकीकृत कर दिया जाए।
2. संगठन के कार्यों को बार-बार विभागों, प्रभागों, वर्गों आदि में बाँटा जाता है। समन्वय की समस्या इसलिए पैदा होती है, क्योंकि अधिकतर क्षेत्रों का सुदृढ़ीकरण हो जाता है और उनके बीच के अवरोधक और भी अधिक मजबूत हो जाते हैं। कई बार यह इसलिए होता है, क्योंकि कार्यों का वर्गीकरण युक्ति संगत नहीं होता या फिर प्रबन्धक तर्क संगत मार्ग न अपनाकर अनुभव का मार्ग अपनाते हैं। ऐसे मामलों में संगठन के प्रभावी ढंग से कार्य करने के लिए समन्वय आवश्यक है।
3. विशिष्टीकरण का जन्म आधुनिक तकनीकों की जटिलताओं तथा कार्यों एवं इन्हें करने वालों की विविधता के कारण होता है। विशेषज्ञ सोचते हैं कि वे एक दूसरे को पेशे के आधार पर जाँचने के योग्य हैं लेकिन दूसरे लोगों के पास इस प्रकार निर्णय का कोई पर्याप्त आधार नहीं हो सकता।
4. समन्वय प्रबन्ध का सार है, जिसमें प्रबन्धक अधीनस्थ को प्रोत्साहित करता है, इसके द्वारा ही प्रबन्धक नियोजन, संगठन नियुक्तिकरण निर्देशन नियन्त्रण कार्यों को करता हैं। अतः प्रत्येक कार्य समन्वय का अभ्यास है।

अभ्यास प्रश्न

नियोजन

1. नियोजन होता है

(a) भूतकाल के लिए (b) भविष्य काल के लिए
(c) वर्तमान के लिए (d) 'a' और 'b' दोनों के लिए

2. "नियोजन भविष्य को पकड़ने के लिए बनाया गया पिंजरा है।" यह कथन किसका है?

(a) न्यूमैन (b) हर्ले (c) एलन (d) टैरी

3. निम्नलिखित में कौन-सा कथन सही नहीं है?

(a) नियोजन मूलतः एक चयन प्रक्रिया है
(b) नियोजन प्रबन्ध का एक प्राथमिक कार्य है
(c) नियोजन मानसिक से ज्यादा शारीरिक कसरत है
(d) नियोजन भविष्य देखने वाला होता है

4. क्रियात्मक प्रबन्ध के अन्तर्गत आने वाली विभिन्न संगठनात्मक क्रियाएँ हैं

(a) उत्पादन (b) विपणन एवं वित्त
(c) सेविवर्गीय (d) ये सभी

5. नियोजन का उद्देश्य नहीं है
(a) निर्देशन एवं संचालन करना
(b) विशिष्ट शिक्षा प्रदान करना
(c) स्वस्थ प्रतिस्पर्द्धा बनाए रखना
(d) संगठन के लिए नियन्त्रण करना

6. नीति निर्धारण किसकी कार्यविधि का महत्त्वपूर्ण भाग है?
(a) नियोजन (b) समन्वय (c) संगठन (d) अभिप्रेरण

7. नियोजन मार्ग की सबसे बड़ी समस्या है
(a) व्यावसायिक प्रबन्ध की लोचहीनता
(b) भावी परिस्थितियों की अनिश्चितता
(c) श्रमिकों का अकारण विरोध
(d) शासकीय नियन्त्रण

8. निर्णयन के सन्दर्भ में निम्न में से क्या सही है?
(a) निर्णयन एवं नियोजन पूर्णतः अलग होते हैं
(b) निर्णयन एवं नियोजन समानअर्थी हैं
(c) निर्णयन नियोजन का अंग है
(d) नियोजन निर्णयन का अंग है

9. नियोजन की प्रक्रिया किसके निर्धारण के साथ शुरू होती है?
(a) नीति (b) कार्यविधि
(c) लक्ष्य एवं उद्देश्य (d) इनमें से कोई नहीं

10. नियोजन अधिक व्यापक शब्द है तथा निर्णय उसका एक
(a) भाग है (b) साथी है
(c) कार्य है (d) इनमें से कोई नहीं

11. निम्नलिखित में से कौन-सा नियोजन प्रक्रिया का तीसरा चरण है?
(a) वैकल्पिक मार्गों का निर्धारण करना
(b) लक्ष्यों को निर्धारित करना
(c) नियोजन परिसर की खोज
(d) वैकल्पिक मार्गों का मूल्यांकन करना

12. निर्णय सामान्यत: व्यक्त किया जा सकता है, किसी
(a) नियम द्वारा (b) नीति द्वारा
(c) आदेश या निर्देश द्वारा (d) ये सभी

13. नियोजन प्रक्रिया का अंग नहीं है
(a) समस्या का विश्लेषण करना
(b) नियोजन की सीमाएँ निर्धारित करना
(c) वैकल्पिक कार्यविधियों का मूल्यांकन करना
(d) उपयोजनाओं का निर्माण करना

14. नियोजन का आधार होता है
(a) पूर्वानुमान (b) विकल्प
(c) निर्णयन (d) चयन

15. निम्नलिखित में से नियोजन का सिद्धान्त है
(a) प्राथमिकता का सिद्धान्त (b) लोच का सिद्धान्त
(c) नीति संरचना का सिद्धान्त (d) ये सभी

16. नियोजन की सबसे बड़ी समस्या क्या है?
(a) व्यावसायिक प्रबन्ध में लोचहीनता
(b) शासकीय नियन्त्रण
(c) भावी परिस्थितियों की अनिश्चितता
(d) श्रमिकों द्वारा विरोध

17. निम्नलिखित में से क्या नियोजन का भाग या तत्व नहीं है?
(a) कार्यक्रम (b) प्रविधि (c) नीति (d) सूचना

18. किसी भी उपक्रम के निर्बाध संचालन का रहस्य निहित है?
(a) कुशल नियोजन में (b) कुशल निर्णयन में
(c) कुशल संगठन में (d) कुशल नियन्त्रण में

19. प्रबन्ध की प्रारम्भिक क्रिया क्या है?
(a) नियोजन (b) नियन्त्रण (c) निर्णयन (d) समन्वय

20. उद्देश्यों द्वारा प्रबन्ध तकनीक के जन्मदाता थे
(a) हेनरी फेयोल (b) पीटर एफ. ड्रकर
(c) एल्फ्रेड स्लोन (d) उर्विक

21. निर्णयन की वैज्ञानिक विधि है
(a) प्रबन्ध सिद्धान्त विधि (b) सामूहिक निर्णयन विधि
(c) शोध प्रणाली (d) ये सभी

22. निम्नलिखित में से कौन-सा, उद्देश्य के आधार पर नियोजन का प्रकार नहीं है?
(a) कार्यकारी योजनाएँ (b) विकास योजनाएँ
(c) क्रियात्मक योजनाएँ (d) नवाचार योजनाएँ

23. निम्नलिखित में से कौन-सा प्रकृति के आधार पर नियोजन का प्रकार नहीं है?
(a) आरोपित योजनाएँ (b) स्थायी योजनाएँ
(c) मास्टर योजनाएँ (d) ये सभी

24. निर्णयन की परिमाणात्मक विधि है
(a) शोध प्रणाली (b) नमूना एवं मॉडल प्रणाली
(c) सांख्यिकीय विधि (d) आर्थिक एवं वित्तीय विधियाँ

25. न्यायप्रियता के लिए इनमें से किसकी आवश्यकता होती है?
(a) सूझ-बूझ (b) अनुभव (c) स्वभाव (d) ये सभी

26. निम्नलिखित में से कौन-सा उद्देश्य के आधार पर नियोजन का वर्गीकरण नहीं है?
(a) नवाचार योजना (b) सुधार योजना
(c) प्रशासकीय नियोजन (d) क्रियात्मक योजना

27. सम्पूर्ण उपक्रम की समस्या के निवारक हेतु कौन-सा नियोजन बनाया जाता है?
(a) कार्यात्मक नियोजन (b) प्रशासकीय नियोजन
(c) विशिष्ट नियोजन (d) विस्तृत नियोजन

28. ऐसी कम्प्यूटर प्रणाली, जो गैर-विशेषज्ञों को नियोजन तथा निर्णयन में सहायतार्थ अभिगम्य हो, क्या कहलाती है?
(a) निर्णय सहायक प्रणाली
(b) प्रबन्धकीय सूचना प्रणाली (MIS)
(c) डिस्क परिचालन प्रणाली
(d) विशेषज्ञ

29. वे योजनाएँ, जो भावी कार्यकलापों को निपटाने की आवश्यक पद्धति की स्थापना करती हैं, क्या कहलाती हैं?
(a) कार्यक्रम (b) प्रक्रियाएँ (c) उद्देश्य (d) ध्येय

30. 'कुशलता के 12 सिद्धान्त' किसने बनाए?
(a) फेयोल (b) इमर्सन (c) ड्रकर (d) गैन्ट

31. कौन नियोजन का उपकरण नहीं है?
(a) नीतियाँ (b) प्रमाप
(c) सूचना (d) बजट

32. निम्नलिखित दिए गए कार्यों में प्रबन्ध का कौन-सा कार्य निकटतम सम्बन्धित है?
(a) नियोजन एवं नियन्त्रण (c) नियुक्ति एवं संगठन
(c) नियोजन एवं नियुक्ति (d) नियोजन एवं संगठन

33. निम्नलिखित में कौन-सा कथन सही नहीं है?
(a) निर्णयन प्रबन्ध का प्राथमिक कार्य है
(b) निर्णयन एक मानसिक क्रिया है
(c) निर्णयन समय की बर्बादी है
(d) प्रबन्ध निर्णयन की प्रक्रिया है

34. निम्नलिखित में कौन-सा कथन सही नहीं है?
(a) नियोजन मूलतः एक चयन प्रक्रिया है
(b) नियोजन प्रबन्ध का एक प्राथमिक कार्य है
(c) नियोजन मानसिक से ज्यादा शारीरिक कसरत है
(d) नियोजन भविष्य देखने वाला होता है

35. नियोजन का उद्देश्य नहीं है
(a) निर्देशन एवं संचालन करना
(b) विशिष्ट शिक्षा प्रदान करना
(c) स्वस्थ प्रतिस्पर्द्धा बनाए रखना
(d) संगठन के लिए नियन्त्रण करना

36. नीति निर्धारण किसकी कार्यविधि का महत्त्वपूर्ण भाग है?
(a) नियोजन (b) समन्वय
(c) संगठन (d) अभिप्रेरण

37. नियोजन आधारिका (Premises) पर आधारित वह व्यापक संस्थागत लक्ष्य जो संस्था के अस्तित्व को न्यायसंगत ठहराता है, क्या कहलाता है?
(a) दर्शन कथन (b) युक्तिपूर्ण योजना
(c) संक्रियात्मक योजना (d) ध्येय कथन

38. नियोजन मार्ग की सबसे बड़ी समस्या है
(a) व्यावसायिक प्रबन्ध की लोचहीनता
(b) भावी परिस्थितियों की अनिश्चितता
(c) श्रमिकों का अकारण विरोध
(d) शासकीय नियन्त्रण

39. नियोजन की प्रक्रिया किसके निर्धारण के साथ शुरू होती है?
(a) नीति (b) कार्यविधि
(c) लक्ष्य एवं उद्देश्य (d) इनमें से कोई नहीं

40. वित्तीय नीतियों में शामिल नहीं है
(a) पूँजी की प्राप्ति
(b) अवक्षयण विधि
(c) उपलब्ध कोषों का उपयोग
(d) योग्यता परीक्षा के आधार पर प्रशिक्षण कार्यक्रम

41. निम्नलिखित में से कौन-सा नियोजन प्रक्रिया का तीसरा चरण है?
(a) वैकल्पिक मार्गों का निर्धारण करना
(b) लक्ष्यों को निर्धारित करना
(c) नियोजन परिसर की खोज
(d) वैकल्पिक मार्गों का मूल्यांकन करना

42. नियोजन अधिक व्यापक शब्द है तथा निर्णय उसका एक
(a) भाग है (b) साथी है
(c) कार्य है (d) इनमें से कोई नहीं

43. नियोजन प्रक्रिया का अंग नहीं है
(a) समस्या का विश्लेषण करना
(b) नियोजन की सीमाएँ निर्धारित करना
(c) वैकल्पिक कार्यविधियों का मूल्यांकन करना
(d) उपयोजनाओं का निर्माण करना

44. नियोजन का आधार होता है
(a) पूर्वानुमान (b) विकल्प
(c) निर्णयन (d) चयन

45. निम्नलिखित में से नियोजन का सिद्धान्त है
(a) प्राथमिकता का सिद्धान्त (b) लोच का सिद्धान्त
(c) नीति संरचना का सिद्धान्त (d) ये सभी

46. नियोजन की सबसे बड़ी समस्या क्या है?
(a) व्यावसायिक प्रबन्ध में लोचहीनता
(b) शासकीय नियन्त्रण
(c) भावी परिस्थितियों की अनिश्चितता
(d) श्रमिकों द्वारा विरोध

47. निम्नलिखित में से क्या नियोजन का भाग या तत्त्व नहीं है?
(a) कार्यक्रम (b) प्रविधि
(c) नीति (d) सूचना

48. प्रबन्ध के निम्न कार्यों में कौन-सा कार्य प्रबन्ध का हृदय है?
(a) संगठन (b) निर्देशन
(c) नियुक्तिकरण (d) नियोजन

49. निम्नलिखित में से कौन-सा उद्देश्य के आधार पर नियोजन का वर्गीकरण नहीं है?
(a) नवाचार योजना (b) सुधार योजना
(c) प्रशासकीय नियोजन (d) क्रियात्मक योजना

50. नीति निर्धारण किसकी कार्यविधि का महत्त्वपूर्ण भाग है?
(a) नियोजन (b) समन्वय (c) संगठन (d) अभिप्रेरण

51. नियोजन अधिक व्यापक शब्द है तथा निर्णय उसका एक
(a) भाग है (b) साथी है
(c) कार्य है (d) इनमें से कोई नहीं

52. संरचनात्मक नियोजन के सम्बन्ध में कौन-सा कथन सही है?
(a) यह मौलिक परिवर्तन को अभिप्रेरित करता है
(b) इसमें जोखिम की मात्रा अधिक होती है
(c) इसका लक्ष्य भारी लाभ होता है
(d) उपरोक्त में से कोई नहीं

53. किसी भी उपक्रम के निर्बाध संचालन का रहस्य निहित है
(a) कुशल नियोजन में
(b) कुशल समन्वय में
(c) कुशल संगठन में
(d) कुशल नियन्त्रण में

54. प्रबन्धकीय क्रियाओं में नियोजन क्रिया ...... है।
(a) अनावश्यक (b) सार्वभौमिक
(c) अगतिशील (d) इनमें से कोई नहीं

55. नियोजन की विशेषता नहीं है
(a) यह एक चयनात्मक प्रक्रिया है
(b) प्रबन्धकीय क्रियाओं में नियोजन सार्वभौमिक है
(c) यह एक अगतिशील प्रक्रिया है
(d) यह प्रबन्ध का प्राथमिक कार्य है

56. नियोजन के तत्त्व के सम्बन्ध में कौन-सा कथन सत्य है?
(a) नियोजन का पहला कार्य उद्देश्यों का निर्धारण करना होता है
(b) नियोजन क्रिया के लिए नीतियों का होना भी आवश्यक है
(c) नियोजन क्रिया में पूर्वानुमान भी एक मुख्य तत्त्व है
(d) उपरोक्त सभी

57. नियोजन के तत्त्व के सम्बन्ध में कौन-सा कथन असत्य है?
(a) नियोजन प्रक्रिया में योजना का निर्माण करते समय कुछ निश्चित नियम बनए जाते हैं
(b) नियोजन कार्य को सम्पन्न करने के लिए कार्यक्रम बनाए जाते हैं
(c) नियोजन में कार्य-विधियों का निर्धारण आवश्यक नहीं है
(d) उपरोक्त सभी

58. नियोजन प्रक्रिया का अंग नहीं है
(a) समस्या का विश्लेषण करना
(b) नियोजन की सीमाएँ निर्धारित करना
(c) वैकल्पिक कार्यविधियों का मूल्यांकन करना
(d) उपयोजनाओं का निर्माण करना

59. नियोजन प्रक्रिया में सर्वश्रेष्ठ विकल्प का चयन किया जाता है
(a) सत्य (b) असत्य
(c) आंशिक सत्य (d) आंशिक असत्य

60. नियोजन प्रक्रिया के आवश्यक कदम हैं
(a) उद्देश्यों का निर्धारण करना
(b) वैकल्पिक तरीकों का विश्लेषण करना
(c) क्रियाओं के समय का निर्धारण करना
(d) उपरोक्त सभी

61. निम्नलिखित में से कौन-सा उद्देश्य के आधार पर नियोजन का प्रकार नहीं है?
(a) कार्यकारी योजनाएँ (b) विकास योजनाएँ
(c) क्रियात्मक योजनाएँ (d) नवाचार योजनाएँ

62. समय के आधार पर नियोजन का प्रकार है
(a) अल्पकालीन नियोजन (b) मध्यकालीन नियोजन
(c) दीर्घकालीन नियोजन (d) ये सभी

63. समय के आधार पर नियोजन का प्रकार नहीं है
(a) अल्पकालीन नियोजन (b) मध्यस्तरीय नियोजन
(c) मध्यकालीन नियोजन (d) दीर्घकालीन नियोजन

64. स्तर के आधार पर नियोजन का प्रकार है
(a) प्रचालन नियोजन (b) उच्चस्तरीय नियोजन
(c) दीर्घकालीन नियोजन (d) विभागीय नियोजन

65. स्तर के आधार पर नियोजन का प्रकार नहीं है
(a) मास्टर नियोजन (b) उच्चस्तरीय नियोजन
(c) मध्यस्तरीय नियोजन (d) निम्नस्तरीय नियोजन

66. क्षेत्र के आधार पर नियोजन का प्रकार है
(a) विभागीय नियोजन (b) औपचारिक नियोजन
(c) परियोजना नियोजन (d) उच्चस्तरीय नियोजन

67. औपचारिकता के आधार पर नियोजन का प्रकार है
(a) औपचारिक नियोजन (b) अनौपचारिक नियोजन
(c) 'a' और 'b' दोनों (d) इनमें से कोई नहीं

68. औपचारिकता के आधार पर नियोजन का प्रकार नहीं है
(a) परियोजना नियोजन (b) मास्टर नियोजन
(c) एकल उपयोग नियोजन (d) ये सभी

69. प्रकृति के आधार पर नियोजन का प्रकार है
(a) प्रचालन नियोजन (b) परियोजना नियोजन
(c) प्रशासकीय नियोजन (d) ये सभी

70. प्रकृति के आधार पर नियोजन का प्रकार नहीं है
(a) स्थायी उपयोग नियोजन (b) व्यूह रचनात्मक नियोजन
(c) प्रचालन नियोजन (d) प्रशासकीय नियोजन

71. उपयोग के आधार पर नियोजन का प्रकार है
(a) स्थायी उपयोग नियोजन
(b) एकल उपयोग नियोजन
(c) 'a' और 'b' दोनों
(d) उपरोक्त में से कोई नहीं

72. निम्नलिखित में से नियोजन का लाभ नहीं है
(a) कार्य नियन्त्रण में सहायक
(b) खर्चीली प्रक्रिया
(c) भावी अनिश्चितताओं का सामना करने में सहायक
(d) राष्ट्र निर्माण में सहायक

73. नियोजन की सीमाएँ हैं
(a) जानकारी का अभाव (b) मनोवैज्ञानिक बाधाएँ
(c) 'a' और 'b' दोनों (d) इनमें से कोई नहीं

74. नियोजन की कठिनाइयाँ हैं
(a) अभिप्रेरणा का अभाव (b) दोषपूर्ण नियोजन
(c) पर्याप्त लोच का अभाव (d) ये सभी

75. निम्नलिखित में से नियोजन का सिद्धान्त है
(a) प्राथमिकता का सिद्धान्त (b) लोच का सिद्धान्त
(c) नीति संरचना का सिद्धान्त (d) ये सभी

संगठन

76. संगठन का सबसे लोकप्रिय प्रारूप है
(a) रेखा संगठन (b) कार्यात्मक संगठन
(c) समिति संगठन (d) इनमें से कोई नहीं

77. प्रबन्ध का वह तन्त्र जिसके द्वारा वह अपना कार्य करता है
(a) नियोजन (b) संगठन
(c) समन्वय (d) नियन्त्रण

78. संगठन प्रक्रिया का प्रमुख स्तम्भ है
(a) कार्य विभाजन
(b) कार्यात्मक एवं पद सोपान प्रक्रिया
(c) संरचना एवं नियन्त्रण विस्तार
(d) उपरोक्त सभी

79. औपचारिक संगठन की हानि नहीं है
(a) सत्ता का दुरुपयोग (b) विशिष्टीकरण
(c) कठोरता (d) प्रेरणा का अभाव

80. किस प्रकार के संगठन के अन्तर्गत उपक्रम में कार्यरत व्यक्तियों के मध्य सम्बन्धों को स्थापित करने के लिए किसी शासकीय अनुशंसा की आवश्यकता नहीं होती है?
(a) औपचारिक संगठन (b) रेखीय संगठन
(c) क्रियात्मक संगठन (d) अनौपचारिक संगठन

81. संगठनात्मक संस्कृति किसी संगठन की ········ को व्यक्त करती है।
(a) मूल्यों को (b) नीतियों को (c) विश्वास (d) ये सभी

82. अनौपचारिक संगठन सदस्यों को सामाजिक सन्तुष्टि प्रदान करता है, क्योंकि यह सदस्यों में ·········· करता है।
(a) नीरसता के भाव की समाप्ति (b) खालीपन कम
(c) कार्य को रुचिकर (d) ये सभी

83. उच्च अधिकारियों द्वारा नियोजित व्यवहार कहलाता है
(a) निम्न संगठन (b) उच्च संगठन
(c) औपचारिक संगठन (d) अनौपचारिक संगठन

84. औपचारिक संगठन में किसी उपक्रम की ········· पूर्व में ही निश्चित कर ली जाती हैं।
(a) कार्यप्रणाली एवं विधि (b) नियम
(c) प्रक्रिया एवं कार्यक्रम (d) ये सभी

85. कार्यात्मक संगठन का अर्थ है
(a) प्रत्येक कर्मचारी एक अधिकारी के आधीन
(b) विभागीकरण के आधार पर कार्यों की प्रकृति
(c) अधिकार का प्रवाह कार्य के माध्यम से होना
(d) कार्य कुशलता के संगठन से है

86. ऐतिहासिक रूप से संगठन संरचना का सबसे प्राचीन रूप कौन-सा है?
(a) रेखीय संगठन (b) रेखा एवं स्टाफ संगठन
(c) क्रियात्मक संगठन (d) समिति संगठन

87. निम्नलिखित में से कौन-सा भारार्पण का एक तत्त्व नहीं है?
(a) जवाबदेही (b) अधिकार
(c) जिम्मेदारी (d) अनौपचारिक संगठन

88. संगठन का सिद्धान्त कौन-सा है?
(a) प्रतिष्ठित सिद्धान्त (b) नौकरशाही सिद्धान्त
(c) मानवीय सम्बन्ध सिद्धान्त (d) ये सभी

89. 'Organisation' शब्द की उत्पत्ति कौन-सी भाषा के शब्द 'Organism' से हुई है?
(a) अंग्रेजी (b) बांग्ला
(c) मराठी (d) उर्दू

90. 'Organisation' शब्द की उत्पत्ति अंग्रेजी भाषा के किस शब्द से हुई है?
(a) Organisan (b) Organism
(c) Organ (d) Organise

91. उद्देश्यों की प्राप्ति हेतु कार्यों का निर्धारण करने, सदस्यों में सम्बन्ध स्थापित करने तथा संसाधनों के वितरण से आशय है
(a) संगठन का अर्थ (b) संगठन की अवधारणा
(c) संगठन संरचना का अर्थ (d) ये सभी

92. संगठन की विशेषता है
(a) संगठन व्यक्तियों का समूह है
(b) संगठन एक क्रियात्मक प्रक्रिया है
(c) संगठन प्रबन्ध का साधन व कार्य दोनों है
(d) उपरोक्त सभी

93. संगठन की विशेषता नहीं है
(a) संगठन सभी कर्मचारियों के अधिकारों की सीमा को अस्पष्ट करता है
(b) संगठन कार्यों व दायित्वों के स्वरूप को निर्धारित करता है
(c) संगठन सामान्य उद्देश्यों की प्राप्ति के लिए बनाया जाता है
(d) उपरोक्त सभी

94. वह संगठन जिसका निर्माण व्यक्तिगत सम्बन्धों, व्यक्तिगत सन्देशवाहन, सामान्य ज्ञान आदि के आधार पर होता है, उसे क्या कहते हैं?
(a) औपचारिक संगठन (b) अनौपचारिक संगठन
(c) संगठन संरचना (d) इनमें से कोई नहीं

95. उच्च अधिकारियों द्वारा नियोजित व्यवहार कहलाता है
(a) निम्न संगठन (b) उच्च संगठन
(c) औपचारिक संगठन (d) अनौपचारिक संगठन

96. औपचारिक संगठन में किसी उपक्रम की ········ पूर्व में ही निश्चित कर ली जाती है।
(a) कार्यप्रणाली एवं विधि (b) नियम
(c) प्रक्रिया एवं कार्यक्रम (d) ये सभी

97. संगठन प्रक्रिया का प्रमुख स्तम्भ है
(a) कार्य विभाजन
(b) कार्यात्मक एवं पद सोपान प्रक्रिया
(c) संरचना एवं नियन्त्रण विस्तार
(d) उपरोक्त सभी

98. संगठनात्मक लक्ष्यों की प्राप्ति के लिए विविध उप-प्रणालियों के प्रयासों को समन्वित करने की प्रक्रिया कहलाती है
(a) विभेदीकरण (b) एकीकरण
(c) सरलीकरण (d) इनमें से कोई नहीं

99. निम्नलिखित में से कौन-सा सिद्धान्त संगठन से सम्बन्धित नहीं है?
(a) अनुरूपता का सिद्धान्त (b) व्याख्या का सिद्धान्त
(c) आदेश की एकता का सिद्धान्त (d) ये सभी

100. संगठन की प्रक्रिया के कदम हैं
(a) उद्देश्यों का निर्धारण (b) कार्यों का विभाजन
(c) क्रियाओं का समूहीकरण (d) ये सभी

101. संगठन की प्रक्रिया के कदम नहीं हैं
(a) कर्त्तव्यों की व्याख्या (b) स्थायित्व
(c) अधिकारों का प्रत्यायोजन (d) आपसी सम्बन्धों का निर्धारण

102. संगठन की प्रक्रिया का प्रथम चरण है
(a) उद्देश्यों का निर्धारण
(b) भौतिक संसाधन उपलब्ध कराना
(c) कार्यों का विभाजन
(d) कर्त्तव्यों की व्याख्या

103. ''क्रियाओं का समूहीकरण करना, संगठन प्रक्रिया का एक भाग है।'' यह कथन है
(a) सत्य (b) असत्य
(c) आंशिक सत्य (d) आंशिक असत्य

104. ''संगठन का प्रबन्ध में वही महत्त्व है, जो मानव शरीर में ……… के ढाँचे का होता है।''
(a) अंगों (b) हड्डियों
(c) हाथों (d) इनमें से कोई नहीं

105. संगठन के सिद्धान्त हैं
(a) उद्देश्य का सिद्धान्त (b) समन्वय का सिद्धान्त
(c) आदेश का सोपानिक सिद्धान्त (d) ये सभी

106. संगठन का सिद्धान्त नहीं है
(a) एकात्मक निर्देश का सिद्धान्त (b) नियन्त्रण के विस्तार का सिद्धान्त
(c) विशिष्टीकरण का सिद्धान्त (d) इनमें से कोई नहीं

नियुक्तिकरण

107. स्टाफ की नियुक्ति प्रक्रिया में निम्न में से क्या शामिल नहीं है?
(a) प्रशिक्षण (b) पदोन्नति (c) निरीक्षण (d) स्थानान्तरण

108. नियुक्तिकरण की प्रक्रिया का प्रथम चरण कौन-सा है?
(a) प्रबन्धकों के स्रोतों का निर्धारण
(b) साक्षात्कार
(c) प्रबन्धकीय मानव शक्ति का निर्धारण
(d) मानव शक्ति का नियोजन

109. नियुक्तिकरण प्रक्रिया का अन्तिम चरण इनमें कौन–सा है?
(a) प्रबन्धकों के स्रोतों का निर्धारण
(b) प्रबन्धकीय मानव शक्ति का निर्धारण
(c) मानव शक्ति नियोजन
(d) साक्षात्कार

110. निम्नलिखित में से नियुक्तिकरण (स्टाफिंग) के सन्दर्भ में असत्य है
(a) यह एक प्रबन्धकीय क्रिया है
(b) यह एक स्थिर प्रक्रिया है
(c) यह एक सामाजिक दायित्व है
(d) उपरोक्त में से कोई नहीं

111. नियुक्तिकरण का कार्य मूल रूप से सम्बन्धित है, मानव संसाधन के
(a) नियोजन, भर्ती एवं चयन से
(b) स्थापना, प्रशिक्षण एवं विकास से
(c) पारिश्रमिक, निष्पादन, मूल्यांकन एवं स्थानान्तरण से
(d) उपरोक्त सभी

112. प्रक्रिया की दृष्टि से चयन कैसा होता है?
(a) सकारात्मक (b) नकारात्मक
(c) 'a' और 'b' दोनों (d) इनमें से कोई नहीं

113. प्रबन्ध के अन्य कार्यों की भाँति नियुक्तिकरण भी एक
(a) प्रबन्धकीय कार्य है
(b) प्रशासनिक कार्य है
(c) नीति निर्धारक कार्य है
(d) उपरोक्त में से कोई नहीं

114. नियुक्तिकरण की सफलता का आधार होता है
(a) सही व्यक्ति को सही कार्य देना
(b) चयन प्रक्रिया
(c) नीति-निर्धारक कार्य
(d) अच्छा प्रशिक्षण

115. आवेदन-पत्रों की जाँच के बाद आवेदकों को……… के लिए बुलाया जाता है।
(a) चयन-परीक्षण
(b) उपस्थिति दर्ज कराने
(c) प्रशिक्षण
(d) कार्यभार ग्रहण करने के लिए

116. स्टाफिंग प्रक्रिया का पहला चरण है
(a) मानव शक्ति का नियोजन करना
(b) प्रबन्धकों के स्रोतों का निर्धारण करना
(c) प्रबन्धकीय मानव शक्ति का निर्धारण
(d) साक्षात्कार करना

117. स्टाफ की नियुक्ति में कौन–सी क्रिया शामिल नहीं है?
(a) प्रशिक्षण (b) पदोन्नति (c) निरीक्षण (d) स्थानान्तरण

118. निम्नलिखित में से कौन–सा साक्षात्कार का उद्देश्य नहीं है?
(a) सूचना प्रदान करना
(b) कार्य पर नियुक्ति
(c) सेविवर्गीय चयन
(d) धनात्मक मनोवृत्तियों का विकास

119. भर्ती को प्रक्रिया की दृष्टि से क्या कहा जा सकता है?
(a) सकारात्मक (b) नकारात्मक (c) चयनात्मक (d) ये सभी

120. निम्नलिखित में किसके लिए प्रबन्ध के स्टाफिंग कार्य की आवश्यकता है?
(a) नए व्यवसाय के लिए (b) चालू व्यवसाय के लिए
(c) 'a' और 'b' दोनों (d) इनमें से कोई नहीं

121. नियुक्तिकरण में शामिल है
(a) अभिविन्यास और मूल्यांकन (b) प्रशिक्षण और विकास
(c) भर्ती (d) ये सभी

122. नियुक्तिकरण कार्य का मूल दायित्व कौन–से प्रबन्धकों के पास रहता है?
(a) रेखीय (b) क्रियात्मक (c) समिति (d) ये सभी

123. नियुक्तिकरण प्रक्रिया का अन्तिम चरण इनमें कौन–सा है?
(a) प्रबन्धकों के स्रोतों का निर्धारण
(b) प्रबन्धकीय मानव शक्ति का निर्धारण
(c) मानव शक्ति नियोजन
(d) साक्षात्कार

124. निम्नलिखित में से नियुक्तिकरण (स्टाफिंग) के सन्दर्भ में असत्य है
(a) यह एक प्रबन्धकीय क्रिया है (b) यह एक स्थिर प्रक्रिया है
(c) यह एक सामाजिक दायित्व है (d) इनमें से कोई नहीं

125. नियुक्तिकरण की सफलता का आधार होता है
(a) सही व्यक्ति को सही कार्य देना (b) चयन प्रक्रिया
(c) सही समय पर कार्य (d) अच्छा प्रशिक्षण

126. स्टाफिंग प्रक्रिया का पहला चरण है
(a) मानव शक्ति का नियोजन करना
(b) प्रबन्धकों के स्रोतों का निर्धारण करना
(c) प्रबन्धकीय मानव शक्ति का निर्धारण
(d) साक्षात्कार करना

127. स्टाफ की नियुक्ति में कौन-सी क्रिया शामिल नहीं है?
(a) प्रशिक्षण (b) पदोन्नति (c) निरीक्षण (d) स्थानान्तरण

128. आवेदन-पत्रों की जाँच के बाद आवेदकों को ········ के लिए बुलाया जाता है
(a) चयन-परीक्षण
(b) उपस्थिति दर्ज कराने
(c) प्रशिक्षण
(d) कार्य भार ग्रहण करने के लिए

129. निम्नलिखित में स्टाफिंग के सन्दर्भ में असत्य है
(a) यह एक स्थिर प्रक्रिया है
(b) यह एक प्रबन्धकीय कार्य है
(c) यह एक सामाजिक दायित्व है
(d) उपरोक्त में से कोई नहीं

130. टैरी के अनुसार व्यक्तिगत कार्य कुशलता में वृद्धि के लिए क्या कार्य करना आवश्यक नहीं है?
(a) गुण मूल्यांकन (b) प्रगति मापन
(c) कार्य का वितरण (d) प्रशिक्षण एवं विकास

131. टैरी ने स्टाफिंग के कार्य क्षेत्र को कितने भागों में बाँटा है?
(a) 1 (b) 2 (c) 3 (d) 4

132. निम्नलिखित में से कौन-सा साक्षात्कार का उद्देश्य नहीं है?
(a) सूचना प्रदान करना (b) कार्य पर नियुक्ति
(c) सेविवर्गीय चयन
(d) धनात्मक मनोवृत्तियों का विकास

133. भर्ती को प्रक्रिया की दृष्टि से क्या कहा जा सकता है?
(a) सकारात्मक (b) नकारात्मक (c) चयनात्मक (d) ये सभी

134. नियुक्तिकरण में शामिल है
(a) अभिविन्यास और मूल्यांकन (b) प्रशिक्षण और विकास
(c) भर्ती (d) ये सभी

निर्देशन व समन्वय

135. कौन निर्देशन की तकनीकी नहीं है?
(a) भारार्पण संवाहन (b) संवाहन
(c) पर्यवेक्षण (d) अंकन

136. समन्वय की आधारशिला है
(a) अधिकार सत्ता (b) दायित्व
(c) विचार (d) प्रयास

137. कौन समन्वय तकनीक नहीं है?
(a) संगठनात्मक योजनाएँ (b) समितियाँ
(c) सामूहिक बैठकें (d) लक्ष्य

138. समन्वय है एक
(a) सतत् प्रक्रिया (b) समयबद्ध प्रक्रिया
(c) आकस्मिक प्रक्रिया (d) इनमें से कोई नहीं

139. समन्वय के रूप हैं
(a) निषेधात्मक (b) वैयक्तिक
(c) 'a' और 'b' दोनों (d) इनमें से कोई नहीं

140. निर्देशन का शाब्दिक अर्थ है
(a) आदेश/निर्देश देना (b) आदेश/निर्देश लेना
(c) 'a' और 'b' दोनों (d) इनमें से कोई नहीं

141. प्रबन्ध में निर्देशन से आशय है
(a) अधीनस्थों को आदेश/निर्देश देना
(b) अधीनस्थों का पथ-प्रदर्शन करना
(c) अधीनस्थों को व्यावसायिक क्रियाओं को सुचारू रूप से चलाने के लिए दिशा-निर्देश देना
(d) उपरोक्त में से कोई नहीं

142. प्रबन्ध की वह कौन-सी क्रिया है, जिसमें प्रबन्धक आदेश/निर्देश के साथ कर्मचारियों से सहयोग प्राप्त करने के लिए उन्हें उचित नेतृत्व भी प्रदान करते हैं?
(a) नियोजन (b) समन्वय (c) निर्देशन (d) नेतृत्व

143. निर्देशन समन्वय है
(a) नेतृत्व का (b) अभिप्रेरणा का
(c) आदेश/निर्देश का (d) ये सभी

144. प्रबन्ध में निर्देशन का स्थान है
(a) व्यापक (b) संकुचित (c) सीमित (d) ये सभी

145. निर्देशन में प्रबन्धकों द्वारा तैयार वातावरण में
(a) कर्मचारी स्वेच्छापूर्वक पूर्ण उत्साह से कार्य करता है
(b) कर्मचारी अनिच्छा से कार्य करता है
(c) कर्मचारी दबाव में कार्य करता है
(d) उपरोक्त में से कोई नहीं

146. प्रबन्ध के किस सिद्धान्त में कर्मचारी स्वेच्छापूर्वक पूर्ण उत्साह के साथ संस्थागत एवं व्यक्तिगत उद्देश्यों की प्राप्ति के लिए एक-साथ मिलकर कार्य करते हैं?
(a) निर्देशन में (b) नेतृत्व में (c) निर्णयन में (d) नियन्त्रण में

147. संस्था के मानवीय संसाधनों का सदुपयोग करने के लिए ही प्रबन्धक को ······ कार्य करना पड़ता है ताकि वह उनके प्रयासों का समुचित दिशा-निर्देश दे तथा संस्थागत व व्यक्तिगत उद्देश्यों की पूर्ति कर सके।
(a) नेतृत्व (b) निर्देशन
(c) समन्वय (d) अभिप्रेरणा

148. प्रबन्ध के दायित्व की वास्तविक आत्मा किसे कहा जाता है?
(a) कर्मचारियों को (b) प्रबन्धकों को
(c) संचालक मण्डल को (d) अंशधारियों को

149. कुशल प्रबन्धकों को बनाए रखने के लिए क्या आवश्यक है?
(a) प्राप्ति मापन (b) निर्देशन
(c) वर्गीकरण (d) गुण मूल्यांकन

150. निर्देशन की महत्त्वपूर्ण विशेषता है
(a) यह प्रबन्ध का महत्त्वपूर्ण कार्य है
(b) यह एक सतत प्रक्रिया है
(c) 'a' और 'b' दोनों
(d) उपरोक्त में से कोई नहीं

151. प्रबन्धक किस प्रबन्धकीय उपकरण द्वारा दूसरों से कार्य करवा सकता है?
(a) नियोजन (b) नियन्त्रण (c) निर्देशन (d) संगठन

152. ...... को दूसरों से कार्य करवाने की कला कहा जाता है।
(a) प्रबन्ध (b) संगठन
(c) अभिप्रेरणा (d) निर्देशन

153. संस्था में प्रभावकारी समन्वय हेतु आवश्यक है
(a) निर्देशन (b) नियन्त्रण (c) निर्णयन (d) नेतृत्व

154. निर्देशन के समन्वयकारी कार्य में शामिल होते हैं
(a) मार्गदर्शन (b) प्रेरणा (c) निर्देशन (d) ये सभी

155. निर्देशन के तहत् किन प्रबन्धकीय कार्यों में समन्वय स्थापित किया जाता है?
(a) नेतृत्व (b) अभिप्रेरणा
(c) 'a' और 'b' दोनों (d) ये सभी

156. निर्देशन किया जाता है
(a) उच्च प्रबन्धकों द्वारा (b) मध्यवर्ती प्रबन्धकों द्वारा
(c) पर्यवेक्षीय प्रबन्धकों द्वारा (d) इन सभी द्वारा

157. निर्देशन का कार्य संस्था के प्रत्येक स्तर के ...... द्वारा किया जाता है।
(a) कर्मचारी (b) प्रबन्धक
(c) 'a' और 'b' दोनों (d) इनमें से कोई नहीं

158. निर्देशन का प्रयोग किस प्रकार की संस्थाओं द्वारा किया जाता है?
(a) केवल व्यावसायिक संस्थाओं द्वारा
(b) केवल सामाजिक संस्थाओं द्वारा
(c) केवल राजनीतिक संस्थाओं द्वारा
(d) उपरोक्त सभी के द्वारा

159. निर्देशन किया जाता है
(a) अधिक संसाधनों का (b) कृत्रिम संसाधनों का
(c) मानवीय संसाधनों का (d) इनमें से कोई नहीं

160. निर्देशन का अर्थ है
(a) निष्क्रिय प्रबन्ध (b) सक्रिय प्रबन्ध
(c) दिखावटी प्रबन्ध (d) इनमें से कोई नहीं

161. निर्देशन प्रक्रिया सम्पूर्ण उपक्रम में लागू रहती हैं
(a) ऊपर से नीचे (b) नीचे से ऊपर
(c) समतल (d) ये सभी

162. संस्था में योजनाओं का कार्यान्वयन ही प्रबन्ध का सार है, जो ...... में निहित है।
(a) नियन्त्रण में (b) निर्देशन में (c) नियोजन में (d) संगठन में

163. उत्पादक को सक्रिय बनाने का कार्य किया जाता है
(a) निर्देशन द्वारा (b) निर्णयन द्वारा
(c) सम्प्रेषण द्वारा (d) अभिप्रेरण द्वारा

164. कब, कैसे और क्या करना है, की व्याख्या करता है?
(a) नेतृत्व (b) नियोजन (c) निर्देशन (d) ये सभी

165. ...... परिवर्तनों को रस गति और ढंग से कार्यान्वित करता है, जिससे वे कर्मचारियों को स्वीकार्य हो जाए।
(a) संगठन (b) निर्देशन (c) नियन्त्रण (d) संचार

166. निर्देशन के उपयुक्त नेतृत्व शैली का सिद्धान्त क्या कहता है?
(a) उपयुक्त नेतृत्व शैली का प्रयोग प्रबन्धकों को करना चाहिए
(b) नेतृत्व की भिन्न शैलियों को परिस्थितियों के अनुसार अपनाना चाहिए
(c) 'a' और 'b' दोनों
(d) उपरोक्त में से कोई नहीं

167. निर्देशन के प्रमुख घटक है/हैं
(a) आदेश/निर्देश (b) नेतृत्व
(c) संचार (d) ये सभी

नियन्त्रण

168. निम्नलिखित दिए गए कार्यों में प्रबन्ध का कौन-सा कार्य निकटतम सम्बन्धित है?
(a) नियोजन एवं नियन्त्रण (c) नियुक्ति एवं संगठन
(c) नियोजन एवं नियुक्ति (d) नियोजन एवं संगठन

169. नियन्त्रण प्रक्रिया का अन्तिम चरण कौन-सा है?
(a) विचलनों का पता लगाना
(b) वास्तविक निष्पादन का मापन
(c) निष्पादन मानकों का निर्धारण
(d) सुधारात्मक कदम उठाना

170. प्रबन्ध के कौन-से कार्य को हम उपलब्धि का लेखा कहते हैं?
(a) नियोजन (b) संगठन
(c) नियन्त्रण (d) समन्वय

171. किस प्रबन्धकीय साधन के प्रयोग द्वारा प्रबन्धक विश्वास व सुरक्षा के साथ अपने अधिकारों का प्रत्यायोजन एवं विकेन्द्रीकरण कर सकते है?
(a) नियन्त्रण द्वारा (b) समन्वय द्वारा
(c) निर्देशन द्वारा (d) नेतृत्व द्वारा

172. पूर्व-निर्धारित उद्देश्यों की पूर्ति के लिए किए जाने वाले कार्यों का मूल्यांकन क्या कहलाता है?
(a) नियोजन (b) नियन्त्रण
(c) परिवर्तन प्रबन्ध (d) निर्णयन

173. नियन्त्रण करना इनमें से किसका मुख्य कार्य है?
(a) प्रबन्धकों का (b) संस्था के अध्यक्ष का
(c) अंशधारियों का (d) उपभोक्ता का

174. प्रबन्धकों द्वारा नियन्त्रण का कार्य किया जाता है
(a) स्वयं द्वारा (b) अन्य कर्मचारी द्वारा
(c) अन्य संस्था द्वारा (d) ये सभी

175. नियन्त्रण संस्था में सदैव ...... प्रक्रिया है।
(a) सतत् रूप से चलने वाली (b) स्थायी
(c) परिवर्तनशील (d) इनमें से कोई नहीं

176. नियन्त्रण का प्रारम्भ होता है
(a) उद्देश्यों के क्रियान्वयन से (b) उद्देश्यों के निर्धारण से
(c) उद्देश्यों के मूल्यांकन से (d) उद्देश्यों के विशिष्टीकरण से

177. नियन्त्रण का निम्न में से प्रमुख उद्देश्य है
(a) उद्देश्य निर्धारित करना (b) लाभ प्राप्त करना
(c) लक्ष्यों को प्राप्त करना (d) गोपनीयता बनाए रखना

178. नियन्त्रण .... प्रबन्धकीय कार्य है।
(a) अनिवार्य (b) ऐच्छिक
(c) आवश्यक (d) इनमें से कोई नहीं

179. भविष्य में होने वाली गतियों को प्रबन्धक द्वारा किसकी सहायता से रोका जा सकता है?
(a) समन्वय की सहायता द्वारा (b) अभिप्रेरणा द्वारा
(c) प्रशिक्षण द्वारा (d) नियन्त्रण द्वारा

180. नियन्त्रण कार्य होता है
(a) परिणामोन्मुखी (b) क्रियान्मुखी
(c) लक्ष्यमुखी (d) इनमें से कोई नहीं

181. नियन्त्रण किया जाता है
(a) कार्यों पर (b) व्यक्तियों पर
(c) उत्पादन पर (d) 'a' और 'b' दोनों

182. नियोजन व नियन्त्रण में किस तरह का सम्बन्ध होता है?
(a) एक-दूसरे के पूरक होते हैं
(b) एक-दूसरे के विपरीत होते हैं
(c) एक-दूसरे के समानान्तर चलते हैं
(d) उपरोक्त सभी

183. प्रभावी नियन्त्रण व्यवस्था का आवश्यक तत्त्व निम्नलिखित में से कौन-सा है?
(a) योजना (b) परिवर्तन (c) पूँजी (d) विनियोग

184. एक प्रभावी नियन्त्रण व्यवस्था का मुख्य तत्त्व नहीं है
(a) संगठन संरचना (b) लोचशीलता
(c) सन्देशवाहन (d) नीति-निर्धारण

185. 'ओसबोर्न' ने एक अच्छी व प्रभावी नियन्त्रण व्यवस्था के कितने तत्त्व बताए हैं?
(a) 8 (b) 9 (c) 6 (d) 7

186. प्रबन्ध के नियन्त्रण कार्य का आशय है
(a) विभिन्न क्रियाओं में सामंजस्य बैठाना
(b) कर्मचारियों को सन्तुष्ट बनाए रखना
(c) सुधारात्मक कार्यवाही करना
(d) पर्याप्त किट की व्यवस्था करना

187. एक अच्छी नियन्त्रण प्रक्रिया हेतु निम्नलिखित में से सत्य कथन है/हैं
(a) लक्ष्यों व प्रभावों का निर्धारण करना
(b) कार्यों का मूल्यांकन करना
(c) सुधार के कार्य करना
(d) उपरोक्त सभी

188. नियन्त्रण प्रक्रिया में सर्वप्रथम कार्य किया जाता है
(a) कार्यों का मूल्यांकन
(b) लक्ष्यों का निर्धारण
(c) सुधारात्मक कार्य
(d) विचलन के कारण का पता लगना

189. नियन्त्रण की विशिष्ट तकनीक है/हैं
(a) प्रबन्ध सूचना प्रणाली
(b) संकट मार्ग विधि
(c) पुनर्वालोकन विधि
(d) उपरोक्त सभी

190. उच्च स्तरीय नियन्त्रण में शामिल है
(a) स्टॉक नियन्त्रण (b) दक्षता नियन्त्रण
(c) वित्तीय नियन्त्रण (d) उत्पादन नियन्त्रण

191. नियन्त्रण की परम्परागत प्रणाली के रूप में जाना जाता है
(a) अवलोकन द्वारा नियन्त्रण
(b) निजी उदाहरण द्वारा नियन्त्रण
(c) अभिलेख व प्रतिवेदन द्वारा नियन्त्रण
(d) उपरोक्त में से कोई नहीं

192. निम्नलिखित में से नियन्त्रण की विशिष्ट तकनीक नहीं है
(a) विनियोग पर प्रतिफल (b) बजटरी नियन्त्रण
(c) लागत लाभ विश्लेषण (d) प्रबन्ध अंकेक्षण

193. संस्था में क्रय नियन्त्रण हेतु निर्धारित किए जाते हैं
(a) क्रय प्रमाप (b) विक्रय प्रमाप
(c) नीति प्रमाप (d) लागत प्रमाप

194. संस्था की उत्पादन एवं विक्रय सफलता के लिए नियन्त्रण अत्यावश्यक है
(a) क्रय नियन्त्रण (b) इन्वेण्ट्री
(c) विक्रय (d) पूँजी

195. विक्रय नियन्त्रण हेतु प्रबन्धकों द्वारा बजट बनाए जाते हैं
(a) अर्द्ध-वार्षिक (b) मासिक
(c) वार्षिक (d) ये सभी

196. नियन्त्रण का/के मुख्य क्षेत्र है/हैं
(a) क्रय (b) विक्रय
(c) पूँजी (d) ये सभी

197. नियन्त्रण का क्षेत्र नहीं है
(a) लागत (b) कार्यालय
(c) मजदूरी व वेतन (d) पुरस्कार

198. नियन्त्रण का/के मुख्य सिद्धान्त है/हैं
(a) उद्देश्यों की सुरक्षा का सिद्धान्त
(b) नियन्त्रण की कुशलता का सिद्धान्त
(c) प्रमाप का सिद्धान्त
(d) उपरोक्त सभी

199. नियन्त्रण का उत्तरदायित्व सिद्धान्त के अनुसार
(a) नियन्त्रण अन्तिम रूप से उत्तरदायी व्यक्ति द्वारा किया जाना चाहिए
(b) नियन्त्रण विभागीय अधिकारी द्वारा किया जाना चाहिए
(c) नियन्त्रण उच्च प्रबन्धकों द्वारा ही किया जाना चाहिए
(d) उपरोक्त सभी

उत्तरमाला

1.	(b)	2.	(c)	3.	(c)	4.	(d)	5.	(d)	6.	(a)	7.	(b)	8.	(c)	9.	(c)	10.	(a)
11.	(a)	12.	(d)	13.	(d)	14.	(a)	15.	(d)	16.	(c)	17.	(d)	18.	(b)	19.	(a)	20.	(c)
21.	(c)	22.	(a)	23.	(a)	24.	(d)	25.	(d)	26.	(c)	27.	(d)	28.	(b)	29.	(b)	30.	(b)
31.	(c)	32.	(a)	33.	(c)	34.	(c)	35.	(d)	36.	(a)	37.	(d)	38.	(b)	39.	(c)	40.	(d)
41.	(a)	42.	(a)	43.	(a)	44.	(a)	45.	(d)	46.	(c)	47.	(d)	48.	(d)	49.	(c)	50.	(a)
51.	(a)	52.	(a)	53.	(a)	54.	(b)	55.	(c)	56.	(d)	57.	(c)	58.	(a)	59.	(a)	60.	(d)
61.	(a)	62.	(d)	63.	(b)	64.	(b)	65.	(a)	66.	(a)	67.	(c)	68.	(d)	69.	(d)	70.	(a)
71.	(c)	72.	(b)	73.	(c)	74.	(d)	75.	(d)	76.	(c)	77.	(b)	78.	(d)	79.	(b)	80.	(b)
81.	(d)	82.	(d)	83.	(c)	84.	(d)	85.	(b)	86.	(a)	87.	(d)	88.	(d)	89.	(a)	90.	(b)
91.	(b)	92.	(d)	93.	(a)	94.	(b)	95.	(c)	96.	(d)	97.	(d)	98.	(b)	99.	(a)	100	(d)
101.	(b)	102.	(a)	103.	(a)	104.	(b)	105.	(d)	106.	(d)	107.	(c)	108.	(c)	109.	(c)	110.	(b)
111.	(d)	112.	(b)	113.	(a)	114.	(a)	115.	(a)	116.	(c)	117.	(c)	118.	(b)	119.	(a)	120.	(c)
121.	(d)	122.	(a)	123.	(c)	124.	(b)	125.	(a)	126.	(c)	127.	(c)	128.	(a)	129.	(a)	130.	(d)
131.	(c)	132.	(b)	133.	(a)	134.	(d)	135.	(d)	136.	(a)	137.	(d)	138.	(a)	139.	(b)	140.	(a)
141.	(c)	142.	(b)	143.	(d)	144.	(a)	145.	(a)	146.	(a)	147.	(b)	148.	(a)	149.	(b)	150.	(c)
151.	(c)	152.	(a)	153.	(a)	154.	(d)	155.	(c)	156.	(d)	157.	(b)	158.	(d)	159.	(d)	160.	(b)
161.	(a)	162.	(b)	163.	(a)	164.	(c)	165.	(b)	166.	(c)	167.	(d)	168.	(a)	169.	(d)	170.	(c)
171.	(a)	172.	(b)	173.	(a)	174.	(a)	175.	(a)	176.	(b)	177.	(c)	178.	(a)	179.	(d)	180.	(a)
181.	(d)	182.	(a)	183.	(a)	184.	(d)	185.	(c)	186.	(c)	187.	(d)	188.	(b)	189.	(d)	190.	(c)
191.	(d)	192.	(b)	193.	(a)	194.	(b)	195.	(d)	196.	(d)	197.	(d)	198.	(d)	199.	(a)		

अध्याय 11

वित्तीय प्रबन्ध
Financial Management

वित्तीय प्रबन्ध का अर्थ
Meaning of Financial Management

वित्तीय प्रबन्ध से आशय उन संगठनों की वित्त व्यवस्था से है, जिनका मुख्य उद्देश्य लाभ अर्जित करना होता है। वित्तीय प्रबन्ध दो शब्दों से मिलकर बना है, वित्त और प्रबन्ध। जहाँ वित्त से आशय रुपये से और प्रबन्ध से आशय किसी कार्य की कुशलतम एवं सर्वोत्तम तरीके से व्यवस्था करने से है। अत: वित्तीय प्रबन्ध से आशय किसी संगठन के रुपये की कुशलतम व्यवस्था करने से है। अन्य शब्दों में, वित्तीय प्रबन्ध व्यापक रूप से व्यवसाय में प्रयुक्त कोषों के आयोजन, नियन्त्रण एवं प्रशासन से सम्बन्धित है तथा किसी भी व्यवसाय की सफलता के लिए आवश्यक बन गया है।

वित्तीय प्रबन्ध की प्रमुख परिभाषाएँ निम्न प्रकार हैं—

जे. एफ. ब्रेडले के अनुसार, "वित्तीय प्रबन्ध व्यावसायिक प्रबन्ध का वह क्षेत्र है, जिसका सम्बन्ध पूँजी के विवेकपूर्ण उपयोग एवं पूँजी साधनों के सतर्क चयन से है, ताकि व्यय करने वाली संस्था अपने उद्देश्यों की प्राप्ति की ओर बढ़ सके।"

जे. एल. मैसी के अनुसार, "वित्तीय प्रबन्ध एक व्यवसाय की वह संरचनात्मक प्रक्रिया है, जो कुशल प्रचालनों के लिए आवश्यक वित्त को प्राप्त करने तथा उसका प्रभावशाली ढंग से उपयोग करने के लिए उत्तरदायी होता है।"

हॉवर्ड एवं **उपटन** के अनुसार, "वित्तीय प्रबन्ध से आशय नियोजन एवं नियन्त्रण कार्यों को वित्त कार्य पर लागू करने से है।"

अत: निष्कर्ष में यह कहा जा सकता है कि वित्तीय प्रबन्ध आधुनिक युग में व्यावसायिक प्रबन्ध का एक अभिन्न अंग बन गया है तथा व्यवसाय के उद्देश्यों की प्राप्ति में इसका महत्त्वपूर्ण योगदान है।

वित्तीय प्रबन्ध अब न केवल कोषों की प्राप्ति तक सीमित है वरन् अब कोषों के प्रयोग तथा विनियोग के बाद प्राप्त लाभों के विभाजन को भी वित्तीय प्रबन्ध के अन्तर्गत शामिल किया जाता है, जिस कारण अब यह एक सतत् प्रशासनिक कार्य बन गया है।

वित्तीय प्रबन्ध का क्षेत्र
Scope of Financial Management

औद्योगिक और व्यावसायिक उपक्रम में वित्तीय प्रबन्धक को जो भी कार्य करने होते हैं, उन्हें ही वित्तीय प्रबन्ध के कार्यों के नाम से जाना जाता है। सामान्य अर्थ में, किसी व्यावसायिक संस्था की वित्तीय व्यवस्था करना ही वित्त कार्य है। वित्तीय प्रबन्धकों द्वारा किए जाने वाले कार्यों में विनियोग निर्णय, वित्त प्रबन्धन निर्णय तथा लाभांश नीति-निर्णय को शामिल किया जाता है।

आधुनिक काल में वित्तीय प्रबन्ध एक व्यावसायिक उपक्रम का महत्त्वपूर्ण अंग बन गया है, जबकि कुछ दशकों पूर्व वित्तीय आयोजन एवं नियन्त्रण को उतना महत्त्व नहीं दिया जाता था, जितना कि आज दिया जाता है। यह सत्य है कि सभी महत्त्वपूर्ण निर्णय संचालक मण्डल या वित्त समिति द्वारा लिए जाते हैं, परन्तु इन निर्णयों के पीछे वित्त प्रबन्धक का महत्त्वपूर्ण योगदान होता है। इन निर्णयों से सम्बन्धित समस्त सूचनाएँ एवं आवश्यक तथ्य संचालक मण्डल के समक्ष प्रस्तुत करने की जिम्मेदारी वित्त प्रबन्धक को दी जाती है। वित्तीय आयोजन, पूर्वानुमान, समन्वय एवं नियन्त्रण के साथ-साथ वित्तीय प्रशासन का समस्त दायित्व वित्त प्रबन्धक पर ही होता है।

वित्तीय प्रबन्धन के कार्यों को निम्न शीर्षकों के अन्तर्गत समझा जा सकता है—

1. **वित्तीय नियोजन** मुख्य वित्त अधिकारी का यह प्रमुख दायित्व है कि वह आवश्यक वित्त का पूर्वानुमान कर उचित पूँजी ढाँचे का निर्धारण करे। उसे इस प्रकार वित्तीय आयोजन करना है, जिससे कि कभी भी व्यवसाय को वित्तीय कठिनाई का अनुभव न हो, व्यवसाय को आर्थिक कठिनाई से बचाकर बाजार में उसकी साख को गिरने से रोके, परन्तु इस बात पर भी विशेष ध्यान दे कि कहीं आवश्यकता से अधिक कोष तो एकत्रित नहीं हो गया है।
2. **आवश्यक वित्त की प्राप्ति** वित्त प्रबन्धक की दूसरी प्रमुख जिम्मेदारी यह देखना है कि व्यवसाय की वित्त सम्बन्धी माँग की प्रकृति क्या है। माँग मौसमी है या स्थायी। किसी भी स्रोत से वित्त प्राप्त करने से पहले उसके वर्तमान अंशधारियों की आय, जोखिम एवं नियन्त्रण पर पड़ने वाला प्रभाव, पूँजी ढाँचे में आवश्यक लोच तथा वित्त प्रबन्धन की लागत आदि पर भली-भाँति विचार कर लेना चाहिए।
3. **कोषों के प्रयोग पर नियन्त्रण** वित्त प्रबन्धक का उत्तरदायित्व कोषों के प्रयोग पर नियन्त्रण रखना है। कोषों का जिन-जिन सम्पत्तियों में विनियोग किया गया है, उनका पूर्ण एवं प्रभावशाली उपयोग करना चाहिए। अनावश्यक नकदी, अपव्यय,

चोरी व गबन को रोकना चाहिए तथा पूर्व वित्तीय नियोजन के अनुसार वित्त प्राप्त करना चाहिए।

4. **स्थायी एवं चल सम्पत्तियों का प्रबन्ध** भूमि, भवन तथा मशीनों का क्रय एवं उनका प्रबन्ध, रहतिया का प्रबन्ध, नकद धनराशि, बैंको की जमा राशि एवं प्राप्य-विपत्रों का प्रबन्ध करना भी वित्त प्रबन्ध के उत्तरदायित्व में आता है।
5. **आय का वितरण** आय के समुचित वितरण की व्यवस्था का कार्य भी वित्त प्रबन्ध का ही है। आय के निर्धारण के बाद वित्त प्रबन्धक को यह देखना होता है कि आय का कितना भाग भावी वित्त प्रबन्धन के लिए रखा जाए, कितना भाग ऋण शोधन हेतु प्रयोग किया जाए और कितना लाभांश के रूप में स्वामियों में वितरित किया जाए।
6. **अन्य दायित्व** उधार क्रय-विक्रय एवं इससे सम्बन्धित नीति-निर्धारण, उधार की वसूली, सम्पत्ति का बीमा, देय करों की व्यवस्था तथा अन्य वित्तीय कार्यों का निष्पादन करने का दायित्व भी वित्त प्रबन्धक का है। उसे सदैव प्रयत्नशील रहना चाहिए कि स्वामियों के कोषों में वृद्धि हो और उन्हें उसके विनियोग पर समुचित प्रतिफल प्राप्त हो। उसे वित्तीय पुनर्गठन, व्यवसाय का विस्तार तथा किसी नए उपक्रम के प्रवर्तन में भी अपनी क्षमता एवं योग्यता का प्रदर्शन करना चाहिए।

वित्तीय प्रबन्ध की भूमिका
Role of Financial Management

वित्तीय प्रबन्ध का महत्त्व निम्नलिखित शीर्षकों के माध्यम से समझा जा सकता है–

1. **प्रबन्धकों के लिए महत्त्व** वित्तीय प्रबन्ध के आधुनिक सिद्धान्तों की समुचित जानकारी के बिना प्रबन्धक अपनी भूमिका का निर्वाह भली प्रकार नहीं कर सकते हैं। प्रबन्धक जनता द्वारा विनियोजित धन के प्रन्यासी (Trustees) होते हैं और निगमों में जनता के विभिन्न वर्गों की पूँजी का विनियोग किया जाता है, जिसकी सुरक्षा का भार प्रबन्धकों पर ही होता है। प्रबन्धकों को यह भी ध्यान रखना होता है कि विनियोजित पूँजी की मात्रा पर नियमित रूप से उचित लाभ प्राप्त होता रहे, ताकि सदस्यों को विनियोजित पूँजी एवं जोखिम के लिए समुचित लाभांश दिया जा सके। यह तभी सम्भव है, जब प्रबन्धकों को वित्तीय प्रबन्ध के सिद्धान्तों का पूर्ण ज्ञान हो, जिसके आधार पर वे ठीक-ठीक वित्तीय नीतियों का निर्धारण और परिपालन कर सकें।
2. **अंशधारियों के लिए महत्त्व** कम्पनी का स्वामित्व अंशधारियों में निहित होता है। संख्या अधिक होने के कारण वे प्रबन्ध में प्रत्यक्ष भाग नहीं लेते और प्रबन्ध का भार निर्वाचित संचालक मण्डल को सौंप देते हैं। संचालक मण्डल अंशधारियों के हित में इस कर्त्तव्य का किस सीमा तक और किस प्रकार पालन करते हैं, यह देखना अंशधारियों का कार्य है। यदि अंशधारी वित्तीय प्रबन्ध के सिद्धान्तों से अवगत हैं, तो वे कम्पनी की साधारण सभाओं में कम्पनी की वित्तीय दशा का उचित मूल्यांकन कर सकेंगे। यदि संचालक उनके हित के विरुद्ध कार्य करते रहे हैं, तो उन्हें उपयुक्त वित्तीय-नीति अपनाने के लिए बाध्य कर सकेंगे।
3. **पूँजी निवेशक के लिए महत्त्व** देश के अनेक विनियोक्ता अपनी संचित पूँजी का विनियोग इन कम्पनियों की प्रतिभूतियों में करते हैं। विनियोक्ताओं में धनी एवं साधारण सभी वर्गों के व्यक्ति होते हैं। उनका मार्गदर्शन करने के लिए देश में विनियोग बैंकों का अभाव रहा तथा उन्हें विनियोग के लिए 'सिक्योरिटी डीलर्स' व 'वित्तीय दलालों' (Financial brokers) पर निर्भर रहना पड़ता है। उन सबसे यह आशा नहीं की जा सकती है कि वे स्वयं निर्णय कर सकें कि किस कम्पनी का चयन किया जाए अथवा किन प्रतिभूतियों में धन लगाया जाए। किन्तु जिन विनियोक्ताओं को वित्तीय प्रबन्ध के सिद्धान्तों का ज्ञान होता है, वे स्वयं इस विषय में उचित निर्णय करने की स्थिति में हो जाते हैं।
4. **वित्तीय संस्थाओं के महत्त्व** अभिगोपकों, विनियोग बैंकों एवं प्रन्यास कम्पनियों के व्यवस्थापकों के लिए प्रस्तुत विषय का व्यापक ज्ञान अनिवार्य है। इसके अतिरिक्त व्यापारिक बैंकों एवं अन्य सभी प्रकार की वित्तीय संस्थाओं के प्रबन्धकों को भी विषय का पूर्ण ज्ञान होना चाहिए। यही कारण है कि प्राय: इस प्रकार की संस्थाएँ अपने लिए ऐसे वित्तीय विशेषज्ञों की सेवाएँ प्राप्त करती हैं, जो वित्तीय प्रबन्ध के प्रत्येक पहलू से पूर्ण परिचित होते हैं। इसके बिना ऐसी संस्थाएँ पूँजी लगाने के इच्छुक ग्राहकों का उचित पथ-प्रदर्शन करने में सफल नहीं हो सकती हैं।
5. **कर्मचारियों के लिए महत्त्व** आज औद्योगिक उपक्रमों में श्रम संघों का महत्त्व बढ़ा है। कर्मचारी संघ के नेताओं में वित्त की प्रवीणता हासिल रहने पर वे कर्मचारियों की मजदूरी, बोनस, भत्ते, अन्य सुविधाओं को बढ़ाने के लिए कारगर ढंग से माँगों को रख सकते हैं।
6. **अन्य के लिए महत्त्व** अन्य व्यक्तियों को भी जो देश की आर्थिक समस्याओं में रुचि रखते हैं, निगमों के वित्तीय प्रबन्ध का ज्ञान लाभ पहुँचाता है; जैसे—अर्थशास्त्री, समाजशास्त्री, राजनीतिज्ञ, वाणिज्य एवं व्यवसाय के विद्यार्थी आदि।

वित्तीय प्रबन्ध के उद्देश्य
Objectives of Financial Management

वित्तीय प्रबन्ध के उद्देश्यों का सीधा सम्बन्ध इस बात से है कि तीनों वित्तीय निर्णय (विनियोग निर्णय, पूँजी व्यवस्था सम्बन्धी निर्णय एवं लाभांश सम्बन्धी निर्णय) लेते समय वित्तीय प्रबन्धक का ध्यान किस बात पर केन्द्रित होना चाहिए। वित्तीय प्रबन्ध का उद्देश्य अंशधारियों की सम्पदा को अधिकतम करना होता है।

सम्पदा को अधिकतम करना इस विचारधारा के अनुसार, सम्पदा को अधिकतम करके व्यवसाय के स्वामियों का अधिकतम हित किया जा सकता है और यही वित्तीय प्रबन्ध का वास्तविक उद्देश्य हैं। सम्पदा को अधिकतम करने का अभिप्राय अंशधारियों द्वारा व्यवसाय में विनियोजित पूँजी में वृद्धि करने से है।

विनियोजित पूँजी में वृद्धि का सूचक अंशों का बाजार मूल्य होता है। यदि अंशों के बाजार मूल्य में वृद्धि होती है, तो कहा जाएगा कि अंशधारियों की विनियोजित पूँजी (अर्थात् सम्पदा) में वृद्धि हो रही है और अंशों के बाजार मूल्य में कमी से उनकी सम्पदा पर विपरीत प्रभाव पड़ेगा।

अंशधारियों की सम्पदा की गणना निम्न सूत्र द्वारा की जाती है–

अंशधारियों की कम्पनी में वर्तमान सम्पदा = अंशों की संख्या × प्रति अंश बाजार मूल्य

(Shareholders' Current Wealth in a Company) = (Number of Shares) × (Market Price per Share)

निम्न प्रकार से अंशधारियों की सम्पदा को अधिकतम किया जा सकता है—

1. **अनुकूलतम लाभांश निर्णय** अनुकूलतम लाभांश निर्णय का अभिप्राय कम्पनी के कुल लाभों के वितरण से है, ताकि लाभांश (Dividend) प्राप्त करके अंशधारी भी सन्तुष्ट रहें और कम्पनी के पास भावी आवश्यकताओं की पूर्ति के लिए पर्याप्त संचय भी बच जाए।
2. **अनुकूलतम विनियोग निर्णय** अनुकूलतम विनियोग निर्णय लेने से अभिप्राय विनियोग के सम्बन्ध में ऐसे निर्णय लेने से है, जो अपेक्षाकृत अधिक लाभदायक हो।
3. **अनुकूलतम वित्तीयन निर्णय** अनुकूलतम वित्तीयन निर्णय का अभिप्राय ऋण पूँजी एवं अंश पूँजी का ऐसा संयोग तैयार करने से है, जिस पर पूँजी लागत न्यूनतम हो।

उपरोक्त ढंग से लिए गए निर्णयों से कम्पनी की वित्तीय स्थिति सुदृढ़ होती है, जिसका अंशों के बाजार मूल्य पर सकारात्मक प्रभाव पड़ता है। इस प्रकार कहा जा सकता है कि वित्तीय प्रबन्ध का उद्देश्य सम्पदा को अधिकतम करना है, जिसके द्वारा व्यवसाय के स्वामियों का अधिकतम हित किया जा सकता है। ऐसा मानना पूर्णत: व्यावहारिक भी है और सर्वमान्य भी।

वित्तीय नियोजन Financial Planning

भविष्य में क्या किया जाना है, इसका पूर्व-निर्धारण करना नियोजन कहलाता है। एक वित्तीय प्रबन्धक को भविष्य में वित्त की आवश्यकता, उसकी प्राप्ति एवं उसके उपयोग के बारे में योजना तैयार करनी होती है। अत: वित्तीय नियोजन का अभिप्राय वित्तीय क्रियाओं के पूर्व निर्धारण करने से है, ताकि संस्था के उद्देश्यों को पूरा किया जा सके। वित्तीय नियोजन के अन्तर्गत संस्था की वित्तीय आवश्यकताओं एवं उसके लिए उपयुक्त स्रोतों का पूर्वानुमान लगाकर उसका कुशलतम उपयोग सुनिश्चित किया जाता है।

पूँजी की संरचना Capital Structure

वित्तीय आयोजन में पूँजी संरचना का महत्त्वपूर्ण स्थान है। पूँजी संरचना द्वारा निर्धारित पूँजी की मात्रा में विभिन्न प्रतिभूतियों के पारस्परिक अनुपात को निर्धारित किया जाता है।

वैस्टन एवं **ब्राइम** के अनुसार, ''पूँजी संरचना फर्म की स्थायी वित्तीय व्यवस्था है, जो सामान्यत: दीर्घकालीन ऋण, पूर्वाधिकार अंश एवं समता द्वारा व्यक्त होती है, जिसमें अल्पकालीन साख सम्मिलित नहीं होती है। समता में समता अंश, पूँजी आधिक्य तथा संचित धारित आय सम्मिलित होती है।''

इस प्रकार यह कहा जा सकता है कि पूँजी संरचना का अभिप्राय, पूँजी के दीर्घकालीन साधनों के पारस्परिक अनुपात से है। दूसरे शब्दों में, पूँजी संरचना का सम्बन्ध फर्म के स्थायी आर्थिक-प्रबन्धन के लिए विभिन्न प्रतिभूतियों के पारस्परिक अनुपात को निर्धारित करने से है। एक वित्तीय प्रबन्धक को अपनी कम्पनी की आदर्श पूँजी संरचना के लिए स्थायी लागत वाली तथा परिवर्तनशील लागत वाली दोनों प्रकार की प्रतिभूतियों का समावेश करना चाहिए।

पूँजी संरचना के चयन को प्रभावित करने वाले घटक

Factors Affecting Selection of Capital Structure

पूँजी संरचना के चयन को प्रभावित करने वाले घटक निम्नलिखित हैं—

1. **रोकड़ प्रवाह स्थिति** पूँजी संरचना का चयन करते समय भावी रोकड़ स्थिति का ध्यान रखना चाहिए। रोकड़ स्थिति बहुत अच्छी होने पर ही ऋण पूँजी (Debt capital) का उपयोग करना चाहिए। क्योंकि ऋण पूँजी पर ब्याज तथा मूल राशि की वापसी के लिए बहुत अधिक रोकड़ की जरूरत होती है।
2. **ब्याज आवरण अनुपात** इस अनुपात की सहायता से यह ज्ञात किया जाता है कि ब्याज के भुगतान के लिए उपलब्ध राशि (EBIT) ब्याज की राशि के कितने गुणा है। यह अनुपात जितना अधिक होगा, कम्पनी की ऋण पूँजी का प्रयोग करने की क्षमता उतनी ही अधिक होगी।

   इस अनुपात को निम्न सूत्र की सहायता से ज्ञात किया जा सकता है—

$$ICR = \frac{\text{EBIT}}{\text{Interest}}$$

3. **ऋण भुगतान अनुपात** यह अनुपात ब्याज-आवरण अनुपात (ICR) की कमी को दूर करता है। यह ऋण तथा ब्याज दोनों के भुगतान की क्षमता की जाँच करता है।

$$DSCR = \frac{\text{Profit After Tax + Depreciation + Interest + Non-cash Expenses Written-of}}{\text{Preference Dividend + Interest + Repayment Obligation}}$$

   इस अनुपात से रोकड़ में किए जाने वाले भुगतान (जैसे-पूर्वाधिकार लाभांश, ब्याज व ऋण की मूल राशि की वापसी) तथा उनके लिए उपलब्ध रोकड़ की जानकारी प्राप्त होती है। यह अनुपात जितना अधिक होता है, उतनी ही कम्पनी की ऋण भुगतान क्षमता अधिक होती है। परिणामत: पूँजी ढाँचे में अधिक ऋण का प्रयोग किया जा सकता है।
4. **विनियोग पर आय** एक कम्पनी की विनियोग पर आय दर जितनी अधिक होती है, वह उतनी ही अधिक ऋण पूँजी का प्रयोग करने की क्षमता रखती है। *विनियोग पर आय की गणना निम्न सूत्र से की जाती है—*

$$ROI = \frac{\text{EBIT}}{\text{Total Investment}}$$

5. **ऋण की लागत** कम्पनी की ऋण लेने की क्षमता ऋण की लागत पर निर्भर करती है। यदि ऋण पूँजी पर ब्याज की दर कम है, तो अधिक ऋणपूँजी का प्रयोग किया जा सकता है अन्यथा इसके विपरीत।
6. **कर दर** कर की दर ऋण की लागत को प्रभावित करती है। कर की दर जितनी अधिक होती है, ऋण की लागत उतनी ही कम हो जाती है। इसका कारण ऋण पूँजी पर ब्याज को कम्पनी का खर्च मानकर लाभों में से घटाया जाना तथा कर की बचत करना है।
7. **समता पूँजी की लागत** समता अंश पूँजी की लागत (अर्थात समता अंशधारियों की कम्पनी से अपेक्षा) ऋण पूँजी के प्रयोग से प्रभावित होती है। जितना अधिक ऋण पूँजी का प्रयोग किया जाता है, उतनी ही समता अंश पूँजी लागत में वृद्धि होती है। इसका कारण है ऋण पूँजी के प्रयोग से समता अंशधारियों की जोखिम में वृद्धि होना। अत: ऋणी पूँजी का प्रयोग एक सीमित स्तर तक ही किया जा सकता है।
8. **निर्गमन लागतें** निर्गमन लागतों का अभिप्राय उन व्ययों से है, जो प्रतिभूतियों जैसे-समता अंश, पूर्वाधिकार अंश, ऋणपत्र आदि को जारी करने के समय किए जाते हैं। इनके उदाहरण हैं—अभिगोपकों का कमीशन, दलाली, स्टेशनरी व्यय आदि। प्राय: ऋण पूँजी निर्गमन की लागत अंश पूँजी से कम होती है। इससे कम्पनी ऋण पूँजी की ओर आकर्षित होती है।

9. **जोखिम विचार** *व्यवसाय में दो तरह के जोखिम उत्पन्न होते हैं—*
   (i) **प्रचालन जोखिम अथवा व्यावसायिक जोखिम** इसका अभिप्राय स्थायी प्रचालन लागतों (जैसे-भवन का किराया, वेतन, बीमा किस्त आदि) का भुगतान न किया जा सकने के जोखिम से है।
   (ii) **वित्तीय जोखिम** इसका अभिप्राय स्थाई वित्तीय भुगतानों (जैसे—ब्याज, पूर्वाधिकार लाभांश, ऋण की मूल राशि की वापसी, आदि) को वायदे पर न किए जाने के जोखिम से है। व्यवसाय का कुल जोखिम इन दोनों तरह के जोखिमों पर निर्भर करता है। यदि व्यवसाय में प्रचालन जोखिम कम हो, तो वित्तीय जोखिम को सहन किया जा सकता है अर्थात् अधिक ऋण पूँजी का प्रयोग किया जा सकता है। इसके विपरीत, यदि प्रचालन अधिक हो, तो अधिक ऋण पूँजी से होने वाले वित्तीय जोखिम से बचना चाहिए।
10. **लोचशीलता** पूँजी ढाँचे में पर्याप्त लोचशीलता होनी चाहिए। यहाँ लोचशीलता का अभिप्राय इस बात से है कि आवश्यकता पड़ने पर व्यवसाय में पूँजी की राशि को आसानी से कम या अधिक किया जा सके। व्यवसाय में पूँजी की राशि को कम करना केवल ऋण पूँजी व पूर्वाधिकार अंश पूँजी की दशा में ही सम्भव है। यदि किसी समय व्यवसाय में आवश्यकता से अधिक पूँजी हो, तो इन दोनों का भुगतान किया जा सकता है। दूसरी ओर, समता अंश पूँजी का भुगतान कम्पनी के जीवनकाल में सम्भव नहीं है। अत: लोचशीलता के दृष्टिकोण से ऋण पूँजी व पूर्वाधिकार अंश पूँजी को निर्गमित करना अच्छा रहता है।
11. **नियन्त्रण** पूँजी ढाँचे का निर्माण करते समय इस बात का ध्यान रखना चाहिए कि वर्तमान अंशधारियों (स्वामियों) का नियन्त्रण प्रभावित न हो। यदि धन एकत्रित करने के लिए समता अंशों को जारी किया जाता है, तो इससे कम्पनी के अंशधारियों में वृद्धि होती है, जिसका सीधा प्रभाव वर्तमान अंशधारियों के नियन्त्रण पर पड़ता है अर्थात् अब कम्पनी पर नियन्त्रण करने वाले स्वामियों की संख्या में वृद्धि हो जाती है। ऐसी स्थिति को वर्तमान अंशधारी कभी भी पसन्द नहीं करते।
12. **वैधानिक ढाँचा** पूँजी ढाँचा सरकारी नियमों से भी प्रभावित होता है, जैसे बैंकिंग कम्पनियाँ केवल समता अंश पूँजी का ही निर्गमन कर सकती हैं किसी अन्य प्रकार की प्रतिभूति का नहीं। इसी प्रकार अन्य कम्पनियों द्वारा भी वित्त व्यवस्था करते समय निर्धारित ऋण-समता अनुपात का पालन करना अनिवार्य है। विभिन्न कम्पनियों के लिए अलग-अलग आदर्श ऋण-समता अनुपात, जैसे 2:1, 4:1, 6:1 आदि निर्धारित किए गए हैं। अंशों व ऋणपत्रों को जारी करने के लिए सेबी (SEBI) द्वारा निर्धारित दिशा-निर्देशों का भी पालन करना होता है।

वित्तीय उत्तोलक Financial Leverage

वित्तीय उत्तोलक का सिद्धान्त मूल रूप से पूँजी ढाँचे में स्थिर दायित्व उत्पन्न करने वाले पूँजी साधनों (जैसे, ऋण पूँजी) के उपयोग के कारण कम्पनी के लाभों पर पड़ने वाले प्रभाव की विवेचना करता है। दूसरे अर्थों में, वित्तीय उत्तोलक वस्तुत: समता पर व्यापार के समानार्थी ही है। इन दोनों ही विचारधाराओं का सार एक ही है तथा दोनों का उद्देश्य भी एक ही है। दोनों के माध्यम से पूँजी में लिवरेज (उत्तोलक) का स्वामी पूँजी की लाभदायकता पर पड़ने वाले प्रभाव का विश्लेषण किया जाता है, जिसकी मदद से पूँजी ढाँचे के स्वरूप के बारे में उचित निर्णय लेने में सहायता मिलती है।

इजरा सोलोमन के अनुसार, "वित्तीय उत्तोलक संस्था के वित्त में ऋण और समता के मिश्रण को बताता है।"

वेस्टन होस्ट के अनुसार, "वित्तीय उत्तोलक को कुल पूँजी के साथ कुल ऋण पूँजी के अनुपात या कुल सम्पत्तियों में ऋण पूँजी के अनुपात के रूप में परिभाषित किया जा सकता है।"

इस प्रकार वित्तीय उत्तोलक पूँजी ढाँचे के स्थिर लागत पूँजी के प्रयोग में लाभदायकता पर पड़ने वाले प्रभाव की व्याख्या करता है।

वित्तीय उत्तोलक की गणना के लिए निम्नलिखित सूत्र का प्रयोग किया जाता है—

$$\text{वित्तीय उत्तोलक (Financial Leverage)} = \frac{\text{EBIT}}{\text{EBT}}$$

$$\text{or } \frac{\text{EBIT}}{\text{EBIT} - \text{Interest}}$$

वहीं दूसरी ओर, यदि पूँजी ढाँचे में पूर्वाधिकारी अंश भी शामिल हैं, तो वित्तीय उत्तोलक की गणना निम्न सूत्र के माध्यम से की जाएगी—

$$\text{FL} = \frac{\text{EBIT}}{\text{EBIT} - \text{Interest} - \left(\frac{\text{PD}}{1-\text{T}}\right)}$$

जहाँ, EBIT = Earning Before Interest and Tax
Interest = Interest Paid on Debt or Debenture
PD = Preference Dividend

वित्तीय उत्तोलक परिचालन लाभ में होने वाले परिवर्तनों के परिणामस्वरूप अंशधारियों को प्राप्त होने वाले लाभों में होने वाले परिवर्तनों को दर्शाता है। **गिटमैन** के अनुसार, "वित्तीय लिवरेज एक फर्म द्वारा स्थायी वित्तीय चार्ज के प्रयोग की योग्यता है, जिसमें परिचालन लाभ में परिवर्तन द्वारा प्रति अंश आय में वृद्धि का प्रयास किया जाता है।"

इस दृष्टि से वित्तीय लिवरेज/उत्तोलक की मात्रा का आंकलन निम्न सूत्र से किया जाएगा—

$$\text{Degree of Financial Leverage} = \frac{\text{\% Change in EPS}}{\text{\% Change in EBIT}}$$

स्थायी पूँजी Fixed Capital

स्थायी पूँजी का अभिप्राय ऐसी पूँजी से है, जिसका प्रयोग स्थायी सम्पत्तियाँ क्रय करने के लिए किया जाता है। स्थायी सम्पत्तियों में मुख्यत: भूमि, भवन, मशीनरी, आदि को सम्मिलित किया जाता है।

स्थायी पूँजी का अर्थ समझने के बाद अब स्थायी पूँजी प्रबन्ध का अर्थ समझना जरूरी है। स्थायी पूँजी प्रबन्ध का अभिप्राय स्थायी पूँजी की आवश्यकता का उचित अनुमान लगाने से है।

यह अनुमान स्थायी सम्पत्तियों की आवश्यकता पर निर्भर करता है अर्थात् पहले स्थायी सम्पत्तियों की आवश्यकता का अनुमान लगाया जाता है और फिर स्थायी पूँजी की आवश्यकता का। पर्याप्त स्थायी सम्पत्तियों पर ही व्यवसाय की सफलता निर्भर करती है। स्थायी पूँजी न तो आवश्यकता से अधिक होनी चाहिए और न ही कम।

स्थायी पूँजी को प्रभावित करने वाले घटक
Factors Affecting Fixed Capital

स्थायी पूँजी की आवश्यकता निम्नलिखित घटकों से प्रभावित होती है–

1. **व्यवसाय की प्रकृति** स्थायी पूँजी की आवश्यकता व्यवसाय की प्रकृति पर निर्भर करती है। व्यवसाय की प्रकृति प्राय: दो प्रकार की होती है– निर्माणी व्यवसाय व व्यापारिक व्यवसाय। निर्माणी संस्थाओं में भूमि, भवन, मशीनरी आदि में अधिक विनियोग करना पड़ता है, अत: अधिक स्थायी पूँजी की जरूरत पड़ती है। इसके विपरीत, व्यापारिक संस्थाओं में जहाँ तैयार माल का क्रय-विक्रय किया जाता है, कम स्थायी पूँजी की जरूरत होती है।
2. **क्रियाओं का पैमाना** व्यावसायिक क्रियाओं का फैलाव जितना अधिक होता है, उतनी ही अधिक स्थायी पूँजी की जरूरत होती है। यदि किसी निर्माणी संस्था जिसका व्यवसाय बहुत बड़े पैमाने पर है, को अधिक स्थायी पूँजी की जरूरत होगी।
3. **पद्धति का चयन** जो निर्माणी संस्थाएँ आधुनिक एवं स्वचालित मशीनों द्वारा उत्पादन करती हैं, उन्हें अधिक स्थायी पूँजी की जरूरत होती है।
4. **तकनीकी नवीनता** आजकल कम्प्यूटर तकनीक में जल्दी-जल्दी परिवर्तन हो रहे हैं। अत: ऐसी कम्पनियों को जिनका व्यवसाय कम्प्यूटर पर आधारित है, अधिक स्थायी पूँजी की आवश्यकता होती है।
5. **विकास सम्भावनाएँ** विकास की दृष्टि से संगठन दो प्रकार के हो सकते हैं– (i) ऐसे संगठन जिनके विकास की सम्भावना नहीं है (इसके लिए भविष्य में अतिरिक्त स्थायी पूँजी की आवश्यकता नहीं होती) (ii) ऐसे संगठन जिनके विकास की अधिक सम्भावना है (ऐसे संगठनों के लिए भविष्य में अधिक अतिरिक्त स्थायी पूँजी की जरूरत होती है) इन संगठनों में पहले से ही वित्तीय स्रोतों का चयन कर लिया जाता है, ताकि आवश्यकता पड़ने पर अतिशीघ्र वित्त उपलब्ध कराया जा सके।
6. **विविधिकरण** विविधिकरण का अर्थ एक ही स्थान पर अनेक उत्पादों में व्यवसाय करने से है। जो संगठन विविधिकरण को अपनाना चाहते हैं, निश्चित रूप से उन्हें अधिक स्थायी पूँजी की आवश्यकता होगी।
7. **पट्टेदारी की उपलब्धता** प्राय: स्थायी सम्पत्तियों में विनियोग के लिए दीर्घकालीन पूँजी स्रोतो; जैसे– समता अंशपूँजी, पूर्वाधिकार अंशपूँजी, ऋणपत्र, आदि का प्रयोग किया जाता है। लेकिन आजकल वित्त का एक और स्रोत पट्टेदारी (Leasing) के रूप में उभरा है। यदि कोई कम्पनी इस स्रोत का प्रयोग करती है, तो वह स्थायी सम्पत्तियों को क्रय करने के स्थान पर उन्हें पट्टे (Lease) पर ले लेती है। ऐसी स्थिति में स्थायी पूँजी की आवश्यकता में कमी आती है।

कार्यशील पूँजी Working Capital

साधारण भाषा में कार्यशील पूँजी से आशय व्यवसाय में लगी पूँजी के उस भाग से है, जो दैनिक कार्य संचालन में प्रयोग की जाती है। व्यावहारिक रूप से इसे अल्पकालीन पूँजी, तरल पूँजी अथवा चक्रीय पूँजी आदि नामों से भी जाना जाता है, कुछ विद्वान कार्यशील पूँजी को कुल चल अर्थात् चालू सम्पत्तियों का योग मानते हैं, तो कुछ चालू दायित्वों के ऊपर चालू सम्पत्तियों के आधिक्य को ही कार्यशील पूँजी मानते हैं। विभिन्न विद्वानों द्वारा इसकी भिन्न-भिन्न परिभाषाएँ दी गई हैं।

मीड मैलट एवं **फील्ड** के अनुसार, ''कार्यशील पूँजी से आशय चल सम्पत्तियों के योग से है।''

हॉगलैण्ड के अनुसार, ''कार्यशील पूँजी से तात्पर्य चालू सम्पत्तियों और दायित्वों के पुस्तकीय मूल्य के अन्तर से है।''

उपरोक्त परिभाषाओं के विश्लेषणात्मक अध्ययन के आधार पर कह सकते हैं कि कार्यशील पूँजी से आशय पूँजी के उस भाग से है, जो दिन-प्रतिदिन की व्यावसायिक क्रियाओं के संचालन के लिए प्रयोग की जाती है। यही कारण है कि इसे 'अल्पकालीन' या 'वक्रशील पूँजी' भी कहते हैं।

कार्यशील पूँजी को निर्धारित करने वाले तत्व
Factors Determining Working Capital

कार्यशील पूँजी को निर्धारित करने में बहुत से तत्वों का योगदान होता है, जो निम्न प्रकार हैं–

1. **व्यवसाय की प्रकृत्ति** कार्यशील पूँजी की मात्रा को निर्धारित करने में व्यवसाय की प्रकृति का बहुत बड़ा योगदान होता है। अधिक और नियमित माँग वाले व्यवसायों में अपेक्षाकृत कम कार्यशील पूँजी की आवश्यकता होती है, क्योंकि इसमें नियमित रोकड़ प्रवाह बना रहता है। इसके विपरीत जिन व्यवसायों में माँग नियमित नहीं होती, वहाँ अधिक कार्यशील पूँजी की आवश्यकता होती है। इसके अतिरिक्त जिन व्यवसायों में मशीनों का प्रयोग अधिक होता है, वहाँ स्थिर पूँजी की अधिक तथा कार्यशील पूँजी की कम आवश्यकता होती है।
2. **व्यवसाय का आकार** यदि कम्पनी बड़े आकार की हो, तो वहाँ स्थायी तथा कार्यशील दोनों प्रकार की पूँजी की आवश्यकता अधिक होती है। बहुत छोटी कम्पनियों में परिवर्तनशील लागतें अधिक होने के कारण कार्यशील पूँजी अधिक चाहिए, जबकि मध्यम आकार की कम्पनी में अपेक्षाकृत कम पूँजी की आवश्यकता होती है।
3. **कच्चे माल का मूल्य** जिन उद्योगों के कुल उत्पादन व्यय में कच्चे माल के मूल्य का भाग अधिक रहता है (जैसे-चीनी उद्योग में), उनमें अधिक कार्यशील पूँजी की आवश्यकता होती है।
4. **निर्माण प्रक्रिया की अवधि** यदि निर्माण प्रक्रिया लम्बी है (जैसे-जहाज निर्माण उद्योग), तो कच्चे माल को निर्मित माल में बदलने में अधिक समय तथा अधिक लागत लगती है, जिसके फलस्वरूप अधिक कार्यशील पूँजी की आवश्यकता होती है।
5. **नकदी की आवश्यकता** नकदी की आवश्यकता प्राय: सभी संस्थाओं में वेतन, मजदूरी, कर, किराया आदि के भुगतानों के लिए होती है। इन मदों के लिए भुगतान की राशि जितनी अधिक होगी, कार्यशील पूँजी की आवश्यकता भी उतनी ही अधिक होगी।
6. **स्कन्ध आवर्त** व्यवसाय में कच्चा माल जितनी तेजी से उत्पादन, विक्रय तथा रोकड़ वसूली की प्रक्रियाओं को पूरा करके पुन: रोकड़ का रूप धारण करता है, उतनी ही कम कार्यशील पूँजी से काम चल सकता है।
7. **व्यापार चक्रों की संख्या** व्यापारिक तेजी और मन्दी दोनों ही कालों में अधिक कार्यशील पूँजी की आवश्यकता होती है। तेजी के समय उत्पादक को अधिक उत्पादन प्राप्त करने के लिए कच्चे माल का अधिक स्टॉक रखना पड़ता है, जिसके लिए अधिक कार्यशील पूँजी की आवश्यकता होती है। इसके विपरीत मन्दी के समय विक्रय की गति धीमी पड़ जाने के कारण निर्मित माल का स्टॉक अत्यधिक बढ़ जाता है, जिसके कारण कार्यशील पूँजी का विनियोग भी बढ़ जाता है।

8. **क्रय की शर्तें** यदि कच्चा माल उधार मिल जाता है, तो कम कार्यशील पूँजी से काम चल जाता है, लेकिन यदि कच्चा माल नकद मिलता है अथवा कच्चा माल प्राप्त करने के लिए उसके विक्रेताओं को अग्रिम भुगतान करना पड़ता है, तो अधिक कार्यशील पूँजी की आवश्यकता होगी।
9. **विक्रय की शर्तें** यदि निर्मित माल नकद बेचा जाता है, तो कम कार्यशील पूँजी की आवश्यकता होगी। इसके विपरीत यदि माल उधार बेचा जाता है तथा उधार वसूली में पर्याप्त समय लग जाता है, तो कम्पनी की अधिकांश कार्यशील पूँजी देनदार और प्राप्य बिलों में ही लग जाती है।
10. **व्यवसाय के विकास की दर** व्यवसाय के विकास के साथ-साथ कार्यशील पूँजी की आवश्यकता भी बढ़ती जाती है। व्यवसाय के विकास की दर और कार्यशील पूँजी में वृद्धि की मात्रा में पूर्ण सामंजस्य होना चाहिए अन्यथा पूँजी की कमी के कारण विकास में बाधा पड़ेगी। सामान्य विकास का वित्त पोषण प्रायः लाभ के पुनर्विनियोग के द्वारा किया जाता है, किन्तु यदि विकास की योजना बड़ी है, तो फिर अतिरिक्त कार्यशील पूँजी दीर्घकालीन या मध्यकालीन प्रतिभूतियों के आधार पर एकत्रित की जानी चाहिए।
11. **लाभांश नीति** यदि नकद लाभांश दिया जाता है, तो अधिक कार्यशील पूँजी की आवश्यकता होगी। दूसरी ओर, यदि लाभांश बोनस शेयरों का निर्गमन किया जाता है, तो कम कार्यशील पूँजी की आवश्यकता होगी।
12. **अन्य तत्व** उपरोक्त तत्वों के अतिरिक्त प्रदेश के आर्थिक एवं औद्योगिक विकास का स्तर, परिवहन तथा संचार की व्यवस्था, कम्पनी की उत्पादन नीतियों में समन्वय, आयात सम्बन्धी नियन्त्रण, युद्ध छिड़ने और भावी मुद्रा स्फीति की आशंका, मूल्य वृद्धि आदि तत्व भी कम्पनी की कार्यशील पूँजी की आवश्यकता को प्रभावित करते हैं।

वित्तीय निर्णय Financial Decision

वित्तीय निर्णय से आशय वित्त सम्बन्धी निर्णयों से है, जिसे आधुनिक विचारधारा के अनुसार तीन महत्त्वपूर्ण निर्णयों में विभाजित किया गया है—

1. **वित्तपूर्ति निर्णय** उचित समय पर आवश्यक कोषों की व्यवस्था करना वित्त का प्रमुख कार्य है। अतः वित्त पूर्ति निर्णय संस्था की पूँजी सम्बन्धी आवश्यकता से सम्बन्धित है। इसके अन्तर्गत पूँजी की मात्रा का निर्धारण, पूँजी संरचना का निर्माण तथा वित्त प्राप्ति स्रोतों के चयन सम्बन्धी निर्णय शामिल होते हैं।
2. **विनियोग निर्णय** कोषों की व्यवस्था करने के पश्चात् वित्तीय प्रबन्धक इन कोषों के सम्बन्ध में विनियोग सम्बन्धी निर्णय लेते हैं। इसके लिए वित्तीय प्रबन्धक उन सम्पत्तियों का चयन करता है, जिनमें उपक्रम के कोषों का विनियोग किया जाएगा।
   ऐसी सम्पत्तियाँ दो प्रकार की होती हैं—
   (i) स्थायी अथवा दीर्घकालीन सम्पत्तियाँ, जिनसे भविष्य में दीर्घकाल तक आय प्राप्त होगी तथा
   (ii) चालू अथवा अल्पकालीन सम्पत्तियाँ, जिनसे एक वर्ष के अन्दर नकद में परिवर्तन किया जा सकता है।
   सम्पत्ति चयन अथवा विनियोग निर्णय दो प्रकार के होते हैं—
   (a) स्थायी सम्पत्ति में विनियोग सम्बन्धी निर्णयों को पूँजी बजटन निर्णय कहा जाता है तथा
   (b) चालू या अल्पकालीन सम्पत्तियों में विनियोग सम्बन्धी निर्णयों को कार्यशील पूँजी प्रबन्ध कहा जाता है।
3. **लाभांश निर्णय** लाभांश निर्णय लाभांश के उचित वितरण से सम्बन्धित निर्णय है। इसके अन्तर्गत यह निर्णय लिया जाता है कि शुद्ध लाभों का कितना भाग नकद लाभांश के रूप में अंशधारियों को वितरित किया जाए, कितना भाग संचयों के रूप में व्यवसाय में रखा जाए तथा कितना भाग कर्मचारियों को बोनस के रूप में वितरित किया जाए।

अभ्यास प्रश्न

वित्तीय प्रबन्ध

1. "वित्तीय प्रबन्ध, एक व्यवसाय की वह संरचनात्मक प्रक्रिया है, जो कुशल प्रचालनों के लिए आवश्यक वित्त को प्राप्त करने तथा उसका प्रभावशाली ढंग से उपयोग करने के लिए उत्तरदायी होती है।" यह कथन किसका है?
(a) इरविन फ्रैण्ड (b) प्रो.सोलोमन
(c) वेस्टन ब्रीघम (d) जे. एल. मैसी

2. वित्तीय प्रबन्ध का/के मुख्य कार्य है/हैं
(a) वित्तीय नियोजन (b) वित्तीय प्राप्त व्यवस्था
(c) शुद्ध लाभ विभाजन (d) ये सभी

3. "वित्तीय प्रबन्ध का आशय वित्त क्रियाओं पर नियोजन व नियन्त्रण की क्रिया को लागू करने से होता है।" यह कथन किसका है?
(a) हावर्ड एवं उपटन (b) जे. एफ. ब्रेडले
(c) वेस्टन एवं ब्रीघम (d) जे. एल. मैसी

4. वित्तीय प्रबन्ध के उद्देश्य हैं
(a) लाभ अधिकतमीकरण (b) सम्पत्ति अधिकतमीकरण
(c) 'a' और 'b' दोनों (d) इनमें से कोई नहीं

5. वित्तीय प्रबन्ध इनमें से क्या है?
(a) विज्ञान (b) कला
(c) 'a' और 'b' दोनों (d) इनमें से कोई नहीं

6. वित्तीय प्रबन्ध की उपयोगिता निम्न में से किसके लिए है?
(a) अंशधारियों (b) पूँजी निवेशकों
(c) वित्तीय संस्थाओं (d) ये सभी

7. "वित्तीय प्रबन्ध व्यावसायिक प्रबन्ध का वह क्षेत्र है, जिसका सम्बन्ध पूँजी के विवेकपूर्ण उपयोग एवं पूँजी साधनों के सतर्क चयन से है, ताकि व्यय करने वाली संस्था अपने उद्देश्यों की प्राप्ति की ओर बढ़ सके।" यह कथन है
(a) इरविन फ्रैण्ड (b) वेस्टन ब्रीघम
(c) जे. एफ. ब्रेडले (d) जे. एल. मैसी

8. वित्तीय प्रबन्ध को अध्ययन की दृष्टि से……भागों में बाँटा जा सकता है।
(a) दो (b) तीन (c) पाँच (d) चार

9. कोषों की सुरक्षा एवं धरोहर जितनी आवश्यक है, कोषों के उपयोग पर……उससे भी अधिक आवश्यक है।
(a) अंकुश (b) नियन्त्रण
(c) विचार (d) इनमें से कोई नहीं

वित्तीय नियोजन एवं पूँजी संरचना

10. वित्तीय नियोजन को प्रभावित करने वाले तत्व हैं
(a) व्यवसाय की प्रकृति (b) जोखिम की मात्रा
(c) सरकारी नियन्त्रण (d) ये सभी

11. एक कम्पनी की अनुमानित वार्षिक आय ₹ 75,000 है तथा इस प्रकार के व्यवसाय में विनियोजित पूँजी पर प्रत्याय की दर 15% हो, तो पूँजीकरण की राशि क्या होगी?
(a) ₹ 40 लाख (b) ₹ 50 लाख
(c) ₹ 60 लाख (d) ₹ 75 लाख

12. जब पूँजी की लागत न्यूनतम हो तथा अंश का बाजार मूल्य अधिकतम हो, तो इसे किस नाम से जाना जाता है?
(a) अति पूँजीकरण (b) अनुकूल पूँजीकरण
(c) अल्प पूँजीकरण (d) इनमें से कोई नहीं

13. जब व्यवसाय का वास्तविक मूल्य पुस्तक मूल्य की तुलना में कम हो, तो यह स्थिति कहलाएगी
(a) अति पूँजीकरण (b) अल्प पूँजीकरण
(c) अनुकूल पूँजीकरण (d) इनमें से कोई नहीं

14. पूँजी ढाँचे के निर्धारक तत्व कौन-से हैं?
(a) लोच (b) पूँजी की लागत
(c) व्यवसाय की प्रकृति (d) ये सभी

15. कौन-सी पूँजी संरचना विश्लेषण की तकनीक नहीं है?
(a) पूँजीगत बजटन (b) पूँजी दन्तिकरण
(c) समता पर व्यापार (d) पूँजी की लागत

16. कौन-सा पूँजी दन्तिकरण का प्रकार नहीं है?
(a) उच्च दन्तिकरण (b) निम्न दन्तिकरण
(c) मध्य दन्तिकरण (d) इनमें से कोई नहीं

17. पूँजी संरचना में परिवर्तन का प्रमुख कारण है
(a) वैधानिक परिवर्तन
(b) अंशधारियों की मनोवृत्ति में परिवर्तन
(c) परिवर्तनशील प्रतिभूतियों का निर्गमन
(d) उपरोक्त सभी

18. अनुकूलतम पूँजी संरचना का गुण है
(a) न्यूनतम निर्गमन लागत (b) अधिकतम लाभदायकता
(c) न्यूनतम जोखिम (d) ये सभी

19. सामान्य ऋण पूँजी अनुपात आदर्श है
(a) 1 : 2 (b) 1 : 1 (c) 1 : 2 : 5 (d) 2 : 1

20. शोधन क्षमता अनुपात आदर्श है
(a) 1 : 2 (b) 1 : 1 (c) 1 : 1.75 (d) 2 : 1

21. ऋणपत्र एवं बॉण्ड निर्गमित करने की अनुकूलतम स्थिति होती है
(a) संस्था की भविष्य की आय निश्चित व नियमित हो
(b) संस्था की भावी आय अनिश्चित हो
(c) संस्था में पूर्व के वर्षों की पर्याप्त आय शेष हो
(d) उपरोक्त में से कोई नहीं

22. यदि अंश पूँजी ऋण पूँजी की तुलना में कम होगी, तो व्यापार होगा
(a) अल्प समता पर (b) शून्य समता पर
(c) उच्च समता पर (d) अनन्त समता पर

23. इस सूत्र से किसकी गणना की जाती है?

$$= \frac{\text{समता अंश पूँजी + संचय एवं बचत}}{\text{पूर्वाधिकार अंश पूँजी + ऋण पूँजी}}$$

(a) शोधन क्षमता अनुपात (b) चालू अनुपात
(c) पूँजी दन्तिकरण अनुपात (d) ऋण पूँजी अनुपात

24. पूँजी मिलान से आशय है
(a) द्रवित पूँजी से
(b) समता अंश पूँजी से
(c) समता पूँजीकरण से
(d) दो या दो से अधिक प्रकार की प्रतिभूतियों के मध्य उचित अनुपात से

25. एक कम्पनी समता पर व्यापार कर सकती है, जबकि उसने निर्गमित किए हैं
(a) केवल समता अंश (b) केवल ऋणपत्र
(c) केवल पूर्वाधिकार अंश (d) ये सभी

26. पूँजी संरचना से अभिप्राय है
(a) पूँजी का निर्माण (b) अंश पूँजी का निर्गमन
(c) विभिन्न पूँजी स्रोतों का मिश्रण
(d) विभिन्न पूँजी स्रोतों का सन्तुलन

27. पूँजी संरचना का समीकरण है
(a) दीर्घकालीन ऋण + अंश पूँजी
(b) ऋणपत्र + संचय कोष + अंश पूँजी
(c) दीर्घकालीन कोष + चालू दायित्व
(d) अंश पूँजी + संचय कोष + दीर्घकालीन ऋण

28. पूँजी संरचना + चालू दायित्व बराबर होता है
(a) अंश संरचना (b) ऋण संरचना
(c) वित्तीय संरचना (d) इनमें से कोई नहीं

29. उच्च पूँजी मिलान कब श्रेष्ठकर होता है?
(a) तेजी की दशा में (b) मन्दी की दशा में
(c) दोनों दशाओं में (d) इनमें से कोई नहीं

30. स्वामित्व पूँजी के अतिरिक्त ऋण पूँजी लेकर व्यवसाय संचालन क्या कहलाता है?
(a) ऋण पर व्यापार (b) समता पर व्यापार
(c) अंशों पर व्यापार (d) इनमें से कोई नहीं

31. विगत वर्षों की आय का पर्याप्त शेष होने तथा भविष्य की आय की अनिश्चितता होने की स्थिति में क्या निर्गमित करना चाहिए?
(a) समता अंश (b) पूर्वाधिकार अंश
(c) ऋणपत्र (d) इनमें से कोई नहीं

32. पूँजी संरचना में परिवर्तन का ढंग है।
(a) पुनर्वित्तीकरण (b) पुनः पूँजीकरण
(c) पुनर्निर्माण (d) ये सभी

33. एक कम्पनी उच्च मिलान वाली होती है, जबकि
(a) समता अंश पूँजी की तुलना में अधिक ऋणपत्र निर्गमित हों
(b) वह वित्तीय व्यवस्था समता अंश से करे
(c) वह अंशों की तुलना में अधिक पूर्वाधिकार अंश निर्गमित करे
(d) उपरोक्त में से कोई नहीं

34. वित्तीय संरचना होती है
(a) दीर्घकालीन कोष – ऋणपत्र
(b) दीर्घकालीन कोष – चालू दायित्व
(c) दीर्घकालीन कोष + चालू दायित्व
(d) दीर्घकालीन कोष + ऋणपत्र

35. समता पर व्यापार है
(a) स्थिर लागत वाले कोषों का प्रयोग
(b) अंशों का प्रयोग करना
(c) केवल दीर्घकालीन कोषों का प्रयोग
(d) उपरोक्त सभी

36. संस्था की पूँजी संरचना को प्रभावित करने वाला बाह्य तत्व है
(a) निवेशकों का स्वभाव (b) बाजार की स्थिति
(c) निर्गमन लागत (d) ये सभी

37. संस्था की पूँजी संरचना को प्रभावित करने वाला आन्तरिक तत्व है
(a) व्यवसाय का आकार (b) सरकारी नीति
(c) बाजार की उठा-पटक (d) अन्तर्राष्ट्रीय संकट

38. शून्य समता पर व्यापार कब होता है?
(a) जब ऋण पूँजी अंश पूँजी से कम हो
(b) जब अंश पूँजी ऋण पूँजी से कम हो
(c) जब ऋण पूँजी अंश पूँजी के बराबर हो
(d) उपरोक्त में से कोई नहीं

39. पूँजी ढाँचा प्रभावित होता है
(a) आय की प्रत्याशा से (b) व्यवसाय के स्वभाव से
(c) विनियोगकर्ताओं के रुझान से (d) ये सभी

40. अनुकूलतम पूँजी संरचना का क्या गुण है?
(a) न्यूनतम जोखिम उठाना (b) अधिकतम लाभदायकता
(c) न्यूनतम निर्गमन लागत (d) ये सभी

41. शोधन क्षमता अनुपात संस्था की ········ की जानकारी प्रदान करता है।
(a) ऋण देयता (b) शोधन क्षमता
(c) शोधन मूल्य (d) इनमें से कोई नहीं

42. भारतीय पूँजी निर्गमन अधिनियम के अनुसार समता व पूर्वाधिकार अंशों का अनुपात होना चाहिए
(a) 2 : 3 (b) 2 : 1 (c) 3 : 2 (d) 1 : 2

43. निम्नलिखित में से पूँजी मिलान का प्रकार नहीं है
(a) निम्न पूँजी मिलान (b) उच्च पूँजी मिलान
(c) 'a' और 'b' दोनों (d) इनमें से कोई नहीं

44. ऋण पूँजी के आधार पर व्यापार करना ········ पर व्यापार करना कहलाता है।
(a) समता (b) ऋण पूँजी (c) जोखिम (d) निश्चितता

45. कम्पनी की········से आशय परिवर्तनशील लागत पूँजी और स्थिर लागत पूँजी के समावेश से है।
(a) पूँजी संरचना (b) पूँजीकरण
(c) पूँजी दन्तिकरण (d) उत्तोलन क्षमता

उत्तोलन

46. यदि किसी कम्पनी के प्रत्याय की दर ऋण पूँजी के ब्याज की दर से अधिक है, तो वित्तीय लिवरेज होगा
(a) धनात्मक व अनुकूल (b) ऋणात्मक व प्रतिकूल
(c) तटस्थ (d) ये सभी

47. परिचालन लिवरेज की सीमा के आकार पर परिचालन लाभ पर निम्न के प्रभाव को नापा जा सकता है
(a) विक्रय में एक निर्धारित परिवर्तन को
(b) पूँजी ढाँचे में एक निर्धारित परिवर्तन को
(c) लागत में एक निर्धारित परिवर्तन को
(d) उपरोक्त में से कोई नहीं

48. यदि परिचालन उत्तोलन 2 हों, तो विक्रय में 20% परिवर्तन होने पर परिचालन लाभ में कितना परिवर्तन होगा?
(a) 20% (b) 40%
(c) 50% (d) इनमें से कोई नहीं

49. एक कम्पनी के वित्तीय लिवरेज 2 हों, तो कम्पनी की आयकर व ब्याज से पूर्व लाभ से 15% परिवर्तन होने पर कर से पूर्व लाभ में क्या परिवर्तन होगा?
(a) 30% (b) 20%
(c) 40% (d) इनमें से कोई नहीं

50. दत्तांश/कर व ब्याज से पूर्व आय होती है
(a) वित्तीय उत्तोलक (b) पूँजी उत्तोलक
(c) परिचालन उत्तोलक (d) इनमें से कोई नहीं

51. संयुक्त उत्तोलक में वित्तीय उत्तोलक का भाग देने में प्राप्त होगा
(a) वित्तीय उत्तोलक (b) पूँजी उत्तोलक
(c) परिचालन उत्तोलक (d) कार्य उत्तोलक

52. वित्तीय उत्तोलक के सम्बन्ध में सत्य है
(a) यह ऋण पूँजी की लागत को परिवर्तनशील मानता है
(b) यह कुल पूँजी का ऋण पूँजी से अनुपात दर्शाता है
(c) यह ऋण पूँजी की अस्पष्ट लागत पर ध्यान नहीं देता
(d) यह ऋण पूँजी की लागत को स्थिर मानता है

53. कर व ब्याज से पूर्व की आय/कर से पूर्व आय के बराबर होती है
(a) परिचालन उत्तोलक (b) वित्तीय उत्तोलक
(c) कार्य उत्तोलक (d) चालन उत्तोलक

54. ब्याज व कर से पूर्व आय की दर देय ब्याज की दर के बराबर होने पर वित्तीय उत्तोलक होगा
(a) धनात्मक (b) ऋणात्मक (c) शून्य (d) अनन्त

55. ''वित्तीय उत्तोलक संस्था के लिए वित्त में ऋण व समता के मिश्रण को बताता है।'' यह कथन किसका है?
(a) बेस्टन होप्ट (b) इजरा सोलोमन
(c) जॉन जे. हेम्पटन (d) इनमें से कोई नहीं

56. परिचालन उत्तोलक होता है
(a) वित्त प्रबन्धन में स्थायी पूँजी की लागत की पूर्ति करना
(b) आगम में परिवर्तन के फलस्वरूप ब्याज व कर से पूर्व आय में परिवर्तन
(c) परिचालन के लाभ में विषम रूप से परिवर्तन
(d) उपरोक्त सभी

57. अंशदान/परिचालन लाभ होता है
(a) परिचालन उत्तोलक (b) वित्तीय उत्तोलक
(c) पूँजी उत्तोलक (d) मिश्रित उत्तोलक

58. मिश्रित उत्तोलक में परिचालन उत्तोलक का भाग देने पर प्राप्त होगा
(a) वित्तीय उत्तोलक (b) परिचालन उत्तोलक
(c) पूँजी उत्तोलक (d) कार्य उत्तोलक

59. परिचालन उत्तोलक होता है
(a) परिचालन के लाभ में विषय रूप में परिवर्तन
(b) वित्त प्रबन्धन में स्थायी पूँजी की लागत की पूर्ति करना
(c) आगमन परिवर्तन के फलस्वरूप ब्याज व कर से पूर्व आय में परिवर्तन
(d) उपरोक्त सभी

60. परिचालन उत्तोलन की गणना के लिए ……… को ब्याज एवं कर से पूर्व लाभ से विभाजित किया जाता है।
(a) कुल लाभ (b) अंशदान (c) अंश मूल्य (d) कुल आगम

61. वित्तीय उत्तोलक की गणना किसकी सहायता से की जाती है?
(a) अंशदान और परिचालन लाभ से
(b) परिचालन लाभ और कर से पूर्व लाभ से
(c) अंशदान और कर से पूर्व लाभ से
(d) उपरोक्त में से कोई नहीं

62. परिचालन लाभ में प्रतिशत परिवर्तन और बिक्री में प्रतिशत परिवर्तन की सहायता से कौन-से उत्तोलक की गणना की जाती है?
(a) वित्तीय उत्तोलक (b) परिचालन उत्तोलक
(c) मिश्रित उत्तोलक (d) इनमें से कोई नहीं

63. ……… उत्तोलक का नीचा और ……… उत्तोलक का उच्च रखना आदर्श स्थिति होगी।
(a) वित्तीय (b) परिचालन
(c) 'a' और 'b' (d) 'b' और 'a'

वित्तीय निर्णय

64. वित्तीय निर्णय मुख्य रूप से कितने प्रकार के होते हैं?
(a) दो प्रकार के (b) तीन प्रकार के
(c) चार प्रकार के (d) इनमें से कोई नहीं

65. वित्तीय निर्णय होते हैं
(a) विनियोग निर्णय (b) वित पूर्ति निर्णय
(c) लाभांश निर्णय (d) ये सभी

66. संस्था की भावी आय अनिश्चित होने की स्थिति में निर्गमित करने चाहिए
(a) समता अंश (b) ऋणपत्र
(c) पूर्वाधिकारी अंश (d) ये सभी

67. जोखिम लेने वाले अर्थात् साहसी विनियोजक निवेश करना पसन्द करते हैं
(a) समता अंशों में (b) पूर्वाधिकार अंशों में
(c) ऋणपत्रों में (d) इनमें से कोई नहीं

68. मन्दी की दशा में किन कोषों को प्राथमिकता देनी चाहिए?
(a) समता अंश व ऋणपत्रों को
(b) समता अंश व पूर्वाधिकार अंशों को
(c) पूर्वाधिकार अंश व ऋणपत्रों को
(d) ऋणपत्रों को

69. निम्नलिखित में कौन-सा लाभांश निर्णय लेने के लिए अधिक संगत नहीं है?
(a) विसर्जन योग्य लाभ की उपलब्धता
(b) लाभांश के लिए निवेशकों की अपेक्षा
(c) पूँजी बाजार की स्थितियाँ
(d) उद्योग का चलन

70. निम्नलिखित में से कौन-सा अधिनियम नकद लाभांश के अतिरिक्त अन्य प्रकार के लाभांश को बाधित करता है?
(a) कम्पनी अधिनियम, 1956 की धारा 205(b)
(b) कम्पनी अधिनियम, 1956 की धारा 204(c)
(c) कम्पनी अधिनियम, 1956 की धारा 205(c)
(d) उपरोक्त में से कोई नहीं

71. अनियमित लाभांश नीति लागू करने का मूल कारण है
(a) आय में अनिश्चितता
(b) ब्याज का बड़ी मात्रा में भार
(c) तरल स्रोतों की कमी
(d) उपरोक्त सभी

उत्तरमाला

1.	(d)	2.	(d)	3.	(a)	4.	(c)	5.	(b)	6.	(d)	7.	(c)	8.	(a)	9.	(b)	10.	(d)
11.	(b)	12.	(c)	13.	(a)	14.	(d)	15.	(a)	16.	(c)	17.	(d)	18.	(d)	19.	(b)	20.	(d)
21.	(a)	22.	(a)	23.	(c)	24.	(d)	25.	(d)	26.	(c)	27.	(d)	28.	(d)	29.	(a)	30.	(b)
31.	(b)	32.	(d)	33.	(a)	34.	(c)	35.	(a)	36.	(d)	37.	(a)	38.	(c)	39.	(d)	40.	(d)
41.	(b)	42.	(a)	43.	(d)	44.	(a)	45.	(a)	46.	(a)	47.	(a)	48.	(b)	49.	(a)	50.	(c)
51.	(c)	52.	(a)	53.	(b)	54.	(c)	55.	(b)	56.	(d)	57.	(a)	58.	(a)	59.	(d)	60.	(b)
61.	(b)	62.	(b)	63.	(d)	64.	(b)	65.	(d)	66.	(a)	67.	(a)	68.	(b)	69.	(d)	70.	(c)
71.	(a)																		

अध्याय 12

वित्तीय बाजार
Financial Market

वित्तीय बाजार का अर्थ
Meaning of Financial Market

वित्तीय बाजार ऋणदाता व ऋणी के मध्य अन्तरण प्रक्रिया है, जिसके माध्यम से वित्तीय कोषों के हस्तान्तरण में सुगमता आती है। इसमें निवेशक, वित्तीय संस्थाओं और अन्य मध्यस्थों को शामिल किया जाता है, जिन्हें विभिन्न सम्पत्तियों व साख-पत्रों के व्यावसायिक विक्रय हेतु औपचारिक नियमों और संचार माध्यमों से जोड़ दिया जाता है अर्थात् वे व्यक्ति जिनके पास अधिक धन है, वे अपना धन उन व्यक्तियों को, उनकी आवश्यकता की पूर्ति हेतु उधार देते हैं, जिन्हें इसकी आवश्यकता है।

व्यवसाय के क्षेत्र में भी मुद्रा आधिक्य निवेशकों एवं ऋणदाताओं से व्यवसायियों की तरफ, माल व सेवाओं के उत्पादन अथवा विक्रय के लिए प्रवाहित होता है। इस प्रकार हम दो विभिन्न समूहों को पाते हैं, जिसमें एक समूह वह है, जो ऋण प्रदान करता है। दूसरा समूह वह है, जो ऋण प्राप्त करता है और ऋण का उपयोग करता है।

वित्तीय बाजार में क्रेता व विक्रेता के मध्य पारस्परिक वार्तालाप के फलस्वरूप क्रय-विक्रय की जाने वाली वित्तीय सम्पत्ति के मूल्य निर्धारण से सम्बन्धित सूचना दी जाती है। यह वित्तीय सम्पत्ति के लेन-देन को सुरक्षा प्रदान करता है। यह निवेशकों को वित्तीय सम्पत्ति की विक्रय प्रक्रिया में तरलता प्रदान करता है। साथ ही यह लेन-देन व सम्बन्धित सूचना की न्यूनतम लागत सुनिश्चित करता है।

वित्तीय बाजार के मुख्यत: दो घटक होते हैं—

1. मुद्रा बाजार
2. पूँजी बाजार

1. मुद्रा बाजार Money Market

मुद्रा-बाजार वित्तीय प्रणाली का एक अंग है, जहाँ राशियों का लेन-देन होता है। भारतीय मुद्रा-बाजार में अल्पकालीन समय के लिए राशियों को उधार दिया व लिया जाता है। भारतीय मुद्रा-बाजार को साख-बाजार भी कहा जाता है। इसके अन्तर्गत सामान्यत: बैंकों को समाहित किया जाता है। मुद्रा-बाजार में लेन-देन नकदी या मुद्रा में नहीं, बल्कि साख-प्रलेखों के रूप में होता है। विनिमय-पत्र, प्रतिज्ञा-पत्र, वाणिज्यिक-पत्र, ट्रेज़री बिल आदि साख-प्रलेखों के उदाहरण हैं।

भारतीय मुद्रा-बाजार में भारतीय रिज़र्व बैंक, वाणिज्यिक बैंक, सहकारी बैंक, गैर-बैंकिंग वित्त कम्पनियाँ और वित्तीय संस्थाएँ; जैसे—भारतीय जीवन बीमा निगम, यूनिट ट्रस्ट ऑफ इण्डिया आदि भी शामिल हैं। भारतीय रिज़र्व बैंक मुद्रा-बाजार की शीर्ष संस्था है, जो देश के मौद्रिक व बैंकिंग संस्थाओं का नियन्त्रणकर्ता है।

मुद्रा बाजार की प्रकृति Nature of Money Market

(i) मुद्रा बाजार अल्पकाल के लिए वित्त प्रदान करता है।
(ii) मुद्रा बाजार अपेक्षाकृत बहुत अधिक तरल होते हैं, क्योंकि इनकी अवधि 14 दिन से 1 वर्ष तक की ही होती है।
(iii) यह बहुत अधिक सुरक्षित होता है क्योंकि इन्हें जारी करने वाले की साख बहुत अधिक होती है, इसलिए धनराशि डूबने का भय बहुत कम रहता है।
(iv) मुद्रा बाजार में वित्त प्रदान करने वालों की संख्या बहुत कम पाई जाती है जबकि ऋण लेने वालों की संख्या बहुत अधिक होती है।
(v) मुद्रा बाजार में लेन-देन नकदी या मुद्रा में नहीं बल्कि साख-प्रलेखों के रूप में किया जाता है।

मुद्रा बाजार के उपकरण Instruments of Money Market

मुद्रा बाजार विभिन्न प्रकार के उपकरणों द्वारा कार्य करते हैं, जो निम्न प्रकार हैं—

(i) **प्रतिज्ञा विपत्र** प्रतिज्ञा विपत्र किसी व्यवसायी की ओर से स्वीकृत भविष्य की तिथि पर मुद्रा की निश्चित धनराशि दूसरे व्यवसायी को भुगतान करने की लिखित प्रतिज्ञा या वचन होता है। प्राय: प्रतिज्ञा विपत्र का भुगतान तीन दिन की छूट के साथ 90 दिन के बाद होता है। जिस बैंक में ऋणी का खाता होता है, उस बैंक द्वारा स्वीकृत प्रतिज्ञा विपत्र ही मान्य होता है।

(ii) **विनिमय-विपत्र या वाणिज्यिक विपत्र** मुद्रा बाजार का दूसरा उपकरण विनिमय-विपत्र होता है, जो प्रतिज्ञा-विपत्र के समान ही होता है। उधारदाता विनिमय विपत्रों को बैंक या दलालों से बट्टे पर भुना सकता है, जो स्वीकृति की तिथि से भुगतान की तिथि तक के लिए मान्य होता है।

(iii) **खजाना बिल** मुद्रा बाजार का प्रमुख बाजार खजाना बिल होता है, जो एक वर्ष से कम की परिवर्तनशील अवधियों के लिए जारी किया जाता है। भारत में खजाना बिल प्राय: 91 दिन और 364 दिन के बीच बट्टे पर भारत सरकार द्वारा जारी किए जाते हैं। भारत में इस समय तीन प्रकार के खजाना बिल होते हैं; 14 दिन, 91 दिन व 364 दिन।

(iv) **माँग एवं अल्प सूचना मुद्रा** माँग मुद्रा बाजार में निधियों को एक दिन के लिए उधार लिया या दिया जाता है। सूचना बाजार में बिना किसी जमानत के 14 दिन तक उधार लिए या दिए जाते हैं।

(v) **अन्तर-बैंक ऋण** भारत में वाणिज्यिक तथा सहकारी बैंकों के लिए अन्तर-बैंक अवधि बाजार होते हैं, जो बाजार निर्धारित दरों पर बिना किसी जमानत के 14 दिन से 90 दिन तक की अवधि के लिए निधियों को उधार लेते या देते हैं।

(vi) **जमा प्रमाण-पत्र** जमा के प्रमाण-पत्र वाणिज्यिक बैंकों द्वारा अंकित मूल्य पर बट्टे के आधार पर जारी किए जाते हैं। बट्टे की दर का निर्धारण बाजार द्वारा होता है। जमा प्रमाण-पत्रों की परिपक्वता अवधि 3 माह से 12 माह के मध्य होती है।

(vii) **व्यावसायिक-पत्र** व्यावसायिक-पत्र बैंकों से उधार लेने के बजाय सीधे बाजार से अल्पकालीन कार्यशील पूँजी की आवश्यकताओं को बढ़ाने के लिए उच्च मूल्यांकन वाली कम्पनियों द्वारा जारी किए जाते हैं। व्यावसायिक-पत्र उधार लेने वाली कम्पनी द्वारा किसी निश्चित तिथि को ऋण चुकाने का वचन होता है, जो सामान्यत: 3 माह से 6 माह की अवधि के लिए होता है।

2. पूँजी बाजार Capital Market

पूँजी बाजार वह बाजार है, जो मध्यकालीन व दीर्घकालीन कोषों में व्यवसाय करता है। दीर्घकालीन व मध्यकालीन ऋण के लिए यह संस्थागत प्रबन्ध है, जोकि प्रतिभूतियों के विपणन एवं व्यापार की सुविधा प्रदान करता है। अत: इसमें बैंकों व वित्तीय संस्थाओं से सभी दीर्घकालीन ऋण, विदेशी बाजारों से ऋण और विभिन्न प्रतिभूतियों; जैसे—अंशों, ऋणपत्रों एवं बॉण्ड्स से सम्बन्धित पूँजी शामिल होती हैं। *इस बाजार के निम्नलिखित दो मुख्य भाग होते हैं—*

1. **प्राथमिक बाजार** इसे नवीन निर्गमन बाजार भी कहते हैं, क्योंकि इस बाजार में कम्पनियाँ अपने नवीन अंशों व ऋणपत्रों का निर्गमन कर दीर्घकालीन पूँजी प्राप्त करती हैं। इन अंशों व ऋणपत्रों का नवीन निर्गमन कम्पनियाँ अपने गठन व व्यवसाय के विस्तारण के समय कर सकती हैं। यह कार्य बहुधा मित्रों, सम्बन्धियों व वित्तीय संस्थाओं से व्यक्तिगत रूप में या सार्वजनिक निर्गमन द्वारा किया जाता है, पर इसके लिए कम्पनियों को स्थापित वैधानिक प्रक्रियाओं एवं औपचारिकताओं का पालन करना पड़ता है। इस प्रक्रिया में बैंक व अभिकर्ता (एजेण्ट) आदि जो प्राथमिक बाजार के आवश्यक अंग हैं, मध्यस्थ के रूप में शामिल रहते हैं।

   आई.पी.ओ इनीशियल पब्लिक ऑफर को संक्षेप में आई पी ओ कहते हैं। आई पी ओ कम्पनी अपनी पूँजी में विस्तार के लिए करती है, लेकिन ऐसा कोई नियम नहीं है। जो भी कम्पनी आई पी ओ जारी करता है वह यह घोषित करती है कि वह किस तरह के सिक्योरिटीज जारी करेगी। आई.पी.ओ. पूरी तरह एक जोखिम भरा निवेश माना जाता है।

2. **द्वितीयक बाजार** द्वितीयक बाजार को **शेयर बाजार** के नाम से भी जाना जाता है, जो अंशों व ऋण-पत्रों को आवश्यक तरलता प्रदान कर, दीर्घकालीन वित्त की व्यवस्था में महत्त्वपूर्ण भूमिका निभाता है। यह एक संगठित बाजार है, जहाँ अंशों व ऋण-पत्रों के क्रय-विक्रय में उच्च श्रेणी की पारदर्शिता व सुरक्षा बरती जाती है। यहाँ प्रतिभूतियों का नकदीकरण अत्यन्त ही सुगमता से बिना किसी विलम्ब के पारदर्शिता एवं सुरक्षा के साथ किया जाता है।

अत: यह कहा जा सकता है कि एक सक्रिय द्वितीयक बाजार, प्राथमिक बाजार के विकास की प्रक्रिया को सुविधाजनक बना देता है, क्योंकि यह प्राथमिक बाजार के निवेशकों को उनके अंशों व ऋणपत्रों में तरलता प्रदान करने हेतु सतत बाजार का कार्य करता है।

पूँजी व मुद्रा बाजार में अन्तर

पूँजी बाजार (दीर्घकालीन कोष से सम्बन्धित)	मुद्रा-बाजार (अल्पकालीन कोष से सम्बन्धित)
यहाँ लेन-देन अंश (Shares), ऋणपत्र (Debenture) बॉण्ड्स व राजकीय (Securities) प्रतिभूतियों के माध्यम से होता है।	लेन-देन, ट्रेजरी बिल, वाणिज्यिक-पत्र, व्यापार-पत्र व जमा-पत्र के माध्यम से होता है।
दलाल (Agents), म्यूच्युअल फण्ड, वित्तीय संस्थाएँ व, अभिगोपक (Underwrith) व निवेशक (Investor) इस बाजार में भाग लेते हैं।	रिजर्व बैंक, वाणिज्यिक-बैंक व गैर-बैंकिंग वित्तीय कम्पनियाँ (NBFC's) इस बाजार की प्रतिभागी हैं।
नियमन व नियन्त्रण SEBI द्वारा किया जाता है।	नियमन और नियन्त्रण RBI द्वारा किया जाता है।

भारतीय पूँजी बाजार के अंग
Part of Indian Capital Market

ऋण की माँग तथा पूर्ति के आधार पर पूँजी बाजार के मुख्यत: दो अंग होते हैं—

I. ऋणदाता-क्षेत्र
II. ऋणी-क्षेत्र

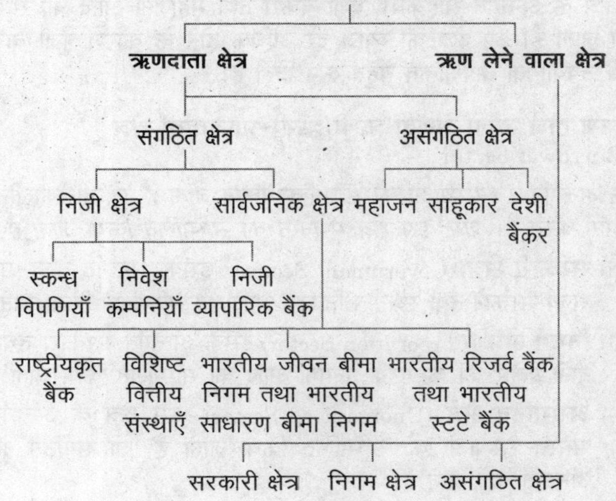

I. **ऋणदाता-क्षेत्र** Lender Sector

इसके अन्तर्गत दीर्घकालीन ऋण प्रदान करने वाली संस्थाओं को सम्मिलित किया जाता है। *इन सस्थाओं के आधार पर इस क्षेत्र को पुनः दो अगों में विभाजित किया जा सकता है—*

1. **संगठित क्षेत्र** Organised Sector

संगठनात्मक रूप से इस क्षेत्र के दो अंग होते हैं—

(i) निजी क्षेत्र (ii) सार्वजनिक क्षेत्र

(i) **निजी क्षेत्र** (Private Sector) *निजी क्षेत्र में निम्न को सम्मिलित किया जा सकता है—*

(a) **स्कन्ध विपणियाँ** (Stock Exchanges) यह पूँजी बाजार का अत्यन्त महत्त्वपूर्ण अंग होता है, जिसके माध्यम से अंशों, ऋणपत्रों सरकारी प्रतिभूतियों आदि का क्रय-विक्रय किया जाता है।

(b) **निवेश कम्पनियाँ** (Investment Companies) यह वह कम्पनियाँ होती है जो दीर्घावधि हेतु ऋण को उपलब्ध कराती हैं।

(c) **निजी व्यापारिक बैंक** (Private Commercial Bank) इसके अन्तर्गत निजी क्षेत्र के बैंक जैसे आई.सी.आई.सी.आई. बैंक, यस बैंक, इण्ड्सइण्ड बैंक को सम्मिलित किया जाता है।

(ii) **सार्वजनिक क्षेत्र** (Public Sector) *इस क्षेत्र के अन्तर्गत निम्न को सम्मिलित किया जाता है—*

(a) **राष्ट्रीय बैंक** (National Bank) इसके अन्तर्गत रिज़र्व बैंक ऑफ इण्डिया के अन्तर्गत राष्ट्रीयकृत् बैंको को सम्मिलित किया जाता है; जैसे—केनरा बैंक, पी. एन. बी. आदि। वर्तमान में 19 राष्ट्रीयकृत बैंक भारत में कार्यरत् है।

(b) भारतीय जीवन बीमा निगम (LIC) तथा भारतीय साधारण बीमा निगम (CIC)

(c) भारतीय रिज़र्व बैंक तथा भारतीय स्टेट बैंक

(d) अन्य विशिष्ट वित्तीय सस्थाएँ

इसके अन्तर्गत प्रायः भारतीय औद्योगिक विकास बैंक (IDBI), भारतीय लघु उद्योग विकास बैंक (SIDBI), भारतीय औद्योगिक वित्त निगम लिमिटेड (IFCI), राज्य वित् निगम, भारत का यूनिट ट्रस्ट (UTI) आदि सम्मिलित हैं।

2. **असंगठित क्षेत्र** Unorganised Sector

इस क्षेत्र के अन्तर्गत साहूकारों, देशी बैंकरों तथा महाजनों आदि को सम्मिलित किया जाता है। इस क्षेत्र की ब्याज दरें अधिक होने के कारण पूँजी बाजार में इनकी उपयोगिता अपेक्षाकृत बहुत कम होती है।

II. **ऋण लेने वाला अथवा ऋणी/ऋणी-प्राप्तकर्ता क्षेत्र** Borrower Sector

इसके अन्तर्गत उन सस्थाओं को सम्मिलित किया जाता है, जो दीर्घकालीन ऋण की माँग करते हैं। *प्रायः इस क्षेत्र में निम्न को सम्मिलित किया जाता है—*

(i) **सरकारी क्षेत्र** (Government Sector) इसके अन्तर्गत केन्द्र सरकार, राज्य सरकारें तथा स्थानीय निकाय आदि को सम्मिलित किया जाता है।

(ii) **निगम क्षेत्र** (Corporation Sector) इसके अन्तर्गत सरकारी तथा निजी दोनों प्रकार की कम्पनियों, निगमों आदि को सम्मिलित किया जाता है।

(iii) **असंगठित क्षेत्र** (Unorganised Sector) इस क्षेत्र के अन्तर्गत उन समस्त सस्थाओं को सम्मिलित किया जाता है, जो सगठित क्षेत्र के अन्तर्गत नहीं आते हैं।

पूँजी बाजार के कार्य/उदेद्श्य/आवश्यकता

Functions/Objectives/Requirement of Indian Capital Market

1. भारतीय पूँजी बाजार के माध्यम से जो कम्पनियाँ विद्यमान हैं, उनको बड़ी मात्रा में पूँजी की आवश्यकता होती है। भारतीय पूँजी बाजार इस प्रकार की पूँजी प्राप्ति के लिए सहायता प्रदान करता है।
2. भारतीय पूँजी बाजार में विनियोजकों को प्रतिभूतियों के सम्बन्ध में पूर्ण जानकारी देना।
3. एक विनियोजकर्ता अपनी प्रतिभूतियों को कभी-भी खरीद व बेच सकता है, जिसके माध्यम से पूँजी को तरलता प्रदान करना।
4. पूँजी बाजार के माध्यम से नई कम्पनियों की प्रतिभूतियों के वितरण को व्यापक एवं सन्तुलित बनाना है।
5. पूँजी बाजार के अन्दर प्रतिभूतियों को कभी-भी खरीदा या बेचा जा सकता है, जिसके कारण इसको नियमित बाजार माना जाता है।
6. पूँजी बाजार में वादे के सौदे होने के कारण यह परिकल्पनाओं को प्रोत्साहन देने का कार्य करता है।

स्कन्ध विपणि का अर्थ

Meaning of Stock Exchange

स्कन्ध बाजार (विपणि) का आशय उस बाजार से है, जिसमें अंशों, ऋणपत्रों, सरकारी प्रतिभूतियों अथवा बॉण्डों का क्रय-विक्रय किया जाता है। यह प्रतिभूतियाँ पहले से ही सूचीबद्ध होती हैं। स्कन्ध विपणि स्वयं क्रय-विक्रय का कार्य नहीं करता है।

इसके द्वारा क्रय-विक्रय की क्रियाओं का नियमित संचालन किया जाता है। ध्यान देने योग्य बात यह है कि स्कन्ध विपणि स्वयं अपने लिए प्रतिभूतियों का लेन-देन (क्रय-विक्रय) नहीं करता, बल्कि यह केवल प्रतिभूतियों के क्रय-विक्रय सम्बन्धी क्रियाओं को नियमित करने में सहायक होता है। 'स्कन्ध विपणि' पर भिन्न-भिन्न विचारकों ने अपनी परिभाषाएँ दी हैं, जो *निम्नलिखित प्रकार से दी जा रही हैं—*

हार्टले विदर्स के अनुसार, "स्कन्ध विपणि एक बड़े गोदाम की तरह है, जहाँ पर विभिन्न प्रतिभूतियों का क्रय-विक्रय, निश्चित कीमतों पर, जोकि अधिकाधिक सूची में दी गई होती है, किया जाता है।"

पाइले के अनुसार, "स्कन्ध विपणि वे बाजार स्थल हैं, जहाँ पर सूचीबद्ध प्रतिभूतियों में निवेश अथवा सट्टे के लिए क्रय-विक्रय किया जाता है।"

कॉमर्स पत्रिका के अनुसार, "स्कन्ध विपणि से तात्पर्य ऐसे संगठन एवं स्थायी बाजार से है जहाँ संयुक्त स्कन्ध वाली कम्पनियों, सार्वजनिक, वैयक्तिक तथा जनोपयोगी संस्थाओं की प्रतिभूतियों का वस्तुओं की भाँति विक्रय होता है।"

गुथमैन एवं **डूगल** के अनुसार, "स्कन्ध विपणि' के लिए 'प्रतिभूति विपणि' शब्दों का प्रयोग किया गया। इन सबके अतिरिक्त स्कन्ध विपणि को 'अन्तर्राष्ट्रीय प्रतिभूति विपणि' भी कहा जाता है, जिसका एक महत्त्वपूर्ण कारण यह है कि इनमें विक्रय होने वाली प्रतिभूतियाँ विश्व भर में अपना महत्त्वपूर्ण स्थान रखती हैं।"

प्रतिभूति अनुबन्ध (नियमन) **अधिनियम, 1956** के अनुसार, "स्कन्ध विपणि का आशय व्यक्तियों की समामेलित अथवा असमामेलित संस्था से है जिनकी स्थापना प्रतिभूतियों के क्रय-विक्रय या उनमें व्यवहार करने के व्यवसाय में सहायता, नियमित अथवा नियन्त्रित करने के उद्देश्य से की जाती है।"

निष्कर्ष उपरोक्त परिभाषाओं के आधार पर कहा जा सकता है कि स्कन्ध विपणि एक ऐसा गठित बाजार है जहाँ पहले से सूचीबद्ध विभिन्न प्रकार की प्रतिभूतियों का लेन-देन (क्रय-विक्रय) निश्चित नियमों के अनुसार किया जाता है।

स्कन्ध विपणि की विशेषताएँ
Characteristics of Stock Exchange

स्कन्ध विपणि की निम्नलिखित विशषताएँ हैं—

1. स्कन्ध विपणि एक सुसंगठित बाजार है।
2. इसके अन्तर्गत केवल सूचीबद्ध प्रतिभूतियों में व्यवहार किया जाता है।
3. इसमें नियमों के अनुसार ही प्रतिभूतियों का क्रय-विक्रय होता है।
4. धन का विनियोजन (निवेश) अथवा सट्टा लगाने की दृष्टि से ही प्रतिभतियों का क्रय-विक्रय किया जाता है।
5. स्कन्ध विपणि में संयुक्त पूँजी वाली कम्पनियों, सरकारी, अर्द्ध-सरकारी एवं जनोपयोगी संस्थाओं के अंशो एवं प्रमाण-पत्रों का क्रय-विक्रय सम्पन्न होता है।
6. स्कन्ध विपणि समामेलित या असमामेलित दोनों प्रकार की हो सकती है।
7. इसमें समस्त कार्य केवल अधिकृत व्यक्तियों द्वारा ही किया जाता है।
8. इसमें सौदा का नियमन एवं नियन्त्रण कुशलतापूर्वक सम्पन्न होता है।
9. यह लाभकारी व अलाभकारी प्रकृति की हो सकती है।
10. इसमें प्रतिभूतियों का लेन-देन से पूर्व प्रतिभूति अनुबन्ध (नियमन) अधिनियम, 1956 के अन्तर्गत मान्यता प्राप्त करना आवश्यक होता है।

स्कन्ध विपणि के कार्य
Functions of Stock Exchange

1. पूँजी को तरल रूप में बनाए रखना।
2. अंशों के मूल्यों का माप यन्त्र के रूप में कार्य करना।
3. विभिन्न कम्पनियों को नई पूँजी प्राप्त करने में सहायता करना।
4. व्यापक रूप में बचतों को प्रवाहित करना।
5. प्रतिभूतियों के लिए विपणन सुविधाएँ उपलब्ध कराना।
6. विभिन्न परिकल्पनाओं को आकार देना।
7. विनियोजकों के लिए रक्षक के रूप में कार्य करना।
8. स्कन्ध विपणि से सम्बन्धित आँकड़ों का संकलन एवं प्रकाशन करना।
9. अनुसूचित कम्पनियों के सम्बन्ध में जानकारी प्रदान करना।

स्कन्ध विपणियों के नियमन एवं नियन्त्रण के लिए भारतीय सरकार द्वारा अपनाए गए उपाय
Measures Adopted by Indian Government for Regulation and Controling of Stock Exchanges

1. प्रतिभूति नियमन अधिनियम पारित करना
Passing the Securities Regulation Act

वर्ष 1956 में 'गोरवाला समिति' की सिफारिश पर भारत सरकार द्वारा 1 सितम्बर, 1956 को 'प्रतिभूति अनुबन्ध (नियमन) अधिनियम, 1956 पारित किया गया। *इस अधिनियम के माध्यम से निम्नलिखित सुधार कार्य किए गए हैं—*

(i) प्रतिभूति अधिनियम के द्वारा 20 फरवरी, 1957 को विकल्प व्यवहारों को पूर्णतः निक्षेप कर दिया गया।

(ii) संगठन की सदस्यता में भी सुधार किए जाने चाहिए। निम्न व्यक्तियों को छोड़कर कोई भी व्यक्ति संगठन का सदस्य बन सकता है।
  (a) वह भारत का नागरिक न हो।
  (b) जिसकी आयु 21 वर्ष से कम हो।
  (c) वह व्यक्ति जो कपट व अपराध के लिए सजा ग्रहण कर चुका हो।
  (d) निष्कासित व्यक्ति जिसको निष्कासित किए हुए अभी 1 वर्ष पूरा न हुआ हो।

(iii) एक स्कन्ध विपणि संगठन के द्वारा अपने कार्यों से सम्बन्धित समय सारणी के प्रति भारत सरकार को भेजना अनिवार्य है।

(iv) स्कन्ध विपणि संस्थान अपने आर्थिक विकास के लिए केन्द्रीय सरकार से अनुमति लेकर नियम व उपनियम बना सकती है।

(v) स्कन्ध विपणियों पर अध्यक्षता का कार्य भारत सरकार करती है।

2. स्कन्ध विपणि निदेशालय की स्थापना
Establishment of Stock Exchange Directorate

'प्रतिभूति अनुबन्ध (नियमन) अधिनियम, 1956' की व्यवस्थाओं का पालन करने के लिए केन्द्र सरकार ने वर्ष 1959 में स्कन्ध विपणि निदेशालय की स्थापना की है। इसका मुख्यालय मुम्बई में बनाया गया है।

3. भारतीय प्रतिभूति एवं विनिमय बोर्ड (SEBI)
Securities and Exchange Board of India

(i) शेयर बाजार में चलने वाले व्यापक व वृहद् कारोबार के विनिमयन व नियन्त्रण हेतु वर्ष 1988 में केन्द्र सरकार द्वारा कानून पास करके एक गैर-सांविधिक संस्था के रूप में भारतीय प्रतिभूति व विनियामक बोर्ड की स्थापना की गई।

(ii) 30 जनवरी, 1992 को एक अध्यादेश द्वारा इस संस्था को वैधानिक दर्जा प्रदान कर दिया गया। सेबी (SEBI, Securities and Exchange Board of India) का मुख्यालय मुम्बई में है तथा कोलकाता, दिल्ली, चेन्नई में इसके क्षेत्रीय कार्यालय स्थापित किए गए हैं।

स्कन्ध विपणि के लाभ/गुण
Advantages/Merits of Stock Exchange

स्कन्ध विपणि से होने वाले लाभ का वर्णन निम्नलिखित है—

1. **निवेशकों को लाभ** (Profit to Investers) *स्कन्ध विपणि से निवेशकों को होने वाले लाभ निम्न प्रकार है—*

   (i) **प्रगतिशील कम्पनियों की जानकारी** (Acknowledgement of Progressive Company) स्कन्ध विपणियों के माध्यम से

मूल्य-सूचियों का अवलोकन करके निवेशक प्रगतिशील एवं लाभ पहुँचाने वाली कम्पनियों का चुनाव कर सकते हैं साथ ही अपनी धनराशि का निवेश भी कर सकते हैं।

(ii) **पूँजी का सदुपयोग** (Proper Utilisation of Capital) स्कन्ध विपणि के द्वारा प्राप्त जानकारी के आधार पर निवेशक अपनी धनराशि को अलाभप्रद निवेशों से निकालकर लाभप्रद उद्योगों में अधिक लाभ पाने हेतु लगा देते हैं। इस प्रकार स्कन्ध विपणि के माध्यम से पूँजी का सदुपयोग सम्भव होता है।

(iii) **पूँजी की गतिशीलता** (Mobility of Capital) स्कन्ध विपणि के माध्यम से निवेशकों को स्वतन्त्र बाजार मिल जाता है। निवेशकों द्वारा अपनी इच्छानुसार बाजार में निवेश किया जा सकता है तथा आवश्यकता पड़ने पर अपनी प्रतिभूतियों को बेचकर अपनी धनराशि निकाल सकता है। इन गुणों के कारण से ही पूँजी की गतिशीलता प्राप्त होती है।

(iv) **अत्यधिक ऋण-मूल्य** (Excessive Loan Value) जिन प्रतिभूतियों का क्रय-विक्रय स्कन्ध विपणियों के माध्यम से होता है, उनका ऋण मूल्य भी अधिक होता है, जिसके कारण उन्हें सरलता से बेचा जा सकता है।

(v) **सुरक्षा का गुण** (Quality of Safety) स्कन्ध विपणि में सुरक्षा के गुण विद्यमान होते हैं। यदि किसी कम्पनी की आर्थिक स्थिति के कमजोर होने पर उसकी प्रतिभूतियों के मूल्य में गिरावट आती है तो निवेशक सावधान हो जाता है।

इसके साथ ही स्कन्ध विपणियों के नियम तथा शर्तों के कठोर होने के कारण झूठी प्रतिभूतियों का क्रय-विक्रय असम्भव है।

2. **कम्पनियों को लाभ** (Profit to Companies) *स्कन्ध विपणियों से कम्पनियों को प्राप्त होने वाले लाभ निम्नलिखित हैं—*

(i) **पूँजी प्राप्ति में सुविधा** (Convenience in Capital Receipt) स्कन्ध विपणि कम्पनी तथा निवेशकों के बीच मध्यस्थ का कार्य करती है। इससे कम्पनियों को पूँजी जुटाने में सरलता होती है।

(ii) **विस्तृत बाजार सुलभ होना** (Expension of Market) स्कन्ध विपणि में प्रतिभूतियों का सूचीयन हो जाने से उनके क्रय-विक्रय का क्षेत्र अर्थात् बाजार विस्तृत हो जाता है।

(iii) **कम्पनियों की साख में वृद्धि** (Reputations Increase of Companies) स्कन्ध विपणि में उन्हीं कम्पनियों की प्रतिभूतियों को सूचीबद्ध करते हैं, जिनकी आर्थिक स्थिति अच्छी हो। इसी के फलस्वरूप ऐसी कम्पनियों की साख (ख्याति) बढ़ जाती है।

(iv) **प्रतिभूतियों के निर्गमन सम्बन्धी निर्णय में सहायक** (Helpful and issuence of Securities Related Decisions) शेयर बाजार के भाव में होने वाले उतार-चढ़ाव का अवलोकन करके किसी भी कम्पनी द्वारा यह तय किया जा सकता है कि अधिकाधिक पूँजी एकत्रित करने के लिए किस प्रकार की प्रतिभूतियों का निर्गमन किया जाए तथा प्रतिभूतियों को प्रीमियम पर निर्गमित किया जाए अथवा कटौती पर।

3. **समाज के लाभ** (Benefit to Society) *स्कन्ध विपणियों के द्वारा समाज को होने वाले लाभ निम्नलिखित हैं—*

(i) **बचतों को प्रोत्साहन** (Encouragement to Savings) स्कन्ध विपणि के द्वारा बचतकर्ताओं को निवेश हेतु उत्तम अवसर प्रदान करती है। इससे लोग अधिक बचत करके उसका निवेश करने हेतु प्रेरित होते हैं, जिससे देश में पूँजी निर्माण में वृद्धि होती है।

(ii) **कुशल व्यावसायिक संस्थाओं को प्रोत्साहन** (Encouragement to Efficient Commercial Institutions) स्कन्ध विपणियाँ कुशल तथा जन के लिए उपयोगी कम्पनियों की प्रतिभूतियों को प्रीमियम पर विक्रय कराती है, जिस कारण ऐसी कम्पनियों को प्रोत्साहन मिलता है।

(iii) **औद्योगीकरण में सहायक** (Helps in Industrialisation) स्कन्ध विपणियों की सहायता से नई तथा पुरानी कम्पनियों को पूँजी संकलित करने में सरलता हो जाती है। इस कारण देश में उद्योग-धन्धों का विस्तार एवं प्रगति होती है।

(iv) **सरकार हेतु उपयोगी** (Helpful for Government) स्कन्ध विपणियाँ सरकारी प्रतिभूतियों के लेन-देन (क्रय-विक्रय) के लिए एक माध्यम के रूप में कार्य करती है। वर्तमान में सरकार विकास-कार्यों के लिए आम लोगों से ऋण लेती है। अत: सार्वजनिक ऋण उपलब्ध कराने में स्कन्ध विपणियाँ सहायक सिद्ध होती हैं।

(v) **विदेशी व्यापार में सुविधा** (Help in External Trade) विदेशी विनिमय नियन्त्रण काल में भी स्कन्ध विपणियाँ सोना-चाँदी के अभाव में ही अन्तर्राष्ट्रीय भुगतान में सहायक होती हैं। इसी कारण से यह आयात-निर्यात को भी सुगम बनाती हैं।

(vi) **विदेशी प्रतिभूतियों में निवेश** (Investment in Foreign Securities) स्कन्ध विपणियों के द्वारा विदेशी प्रतिभूतियों में निवेश किया जा सकता है। विदेशी प्रतिभूतियाँ भी सुदृढ़ आर्थिक स्थिति वाली कम्पनियों की होती हैं।

स्कन्ध विपणि के दोष Disadvantages of Stock Exchange

स्कन्ध विपणि में पाए जाने वाले दोष निम्नलिखित हैं—

1. **सट्टेबाजी को प्रोत्साहन मिलना** (Encouragement to Betting) प्रतिभूतियों के भाव में लगातार परिवर्तन से सट्टेबाजी को बढ़ावा मिलता है। सट्टेबाजी के अधिक बढ़ने से सम्बन्धित पक्षों को तो हानि होती ही है साथ ही इसका स्कन्ध विपणियों पर भी विपरीत प्रभाव पड़ता है।
2. **प्रतिभूतियों के भाव में भारी उतार-चढ़ाव** (Rise and Fall in Prices of Securities) कई बार सामाजिक तथा राजनैतिक कारणों से प्रतिभूतियों के मूल्य में भारी उतार-चढ़ाव देखें जाते हैं, जिससे दोनों पक्षों को हानि का सामना करना पड़ जाता है।
3. **समुचित ज्ञान के अभाव के कारण हानि** (Loss due to Lack of Appropriate Knowledge) स्कन्ध विपणि में प्राय: ऐसे व्यक्ति प्रवेश कर जाते हैं, जिन्हें इसके सम्बन्ध में समुचित ज्ञान का अभाव होता है। इस कारण निवेशकों के लिए हानि की सम्भावनाएँ अधिक हो जाती हैं।

स्कन्ध विपणि पर ट्रेडिंग कार्यविधि Trading Procedure on Stock Exchange

स्कन्ध विपणि पर ट्रेडिंग कार्यविधि पर प्रतिभूतियों के क्रय-विक्रय की कार्यविधि इस प्रकार है—

1. **डी-मेट खाता खोलना** जब कोई व्यक्ति किसी कम्पनी के अंशों में व्यवहार करना चाहता है तो उसे डिपॉजिटरी पार्टिसिपेट के पास डिमेट खाता खोलना होता है। यह अंशों के क्रय-विक्रय को सरल बनाता है।

2. **आदेश देना** सर्वप्रथम, प्रतिभूतियों का क्रय अथवा विक्रय करने वाला व्यक्ति आदेश देता है। वह आदेश यह बताता है कि वह किस कम्पनी की प्रतिभूति, किस भाव पर, कितनी मात्रा में तथा किस समय तक खरीदने अथवा बेचने के लिए तैयार है।
3. **कम्प्यूटर को संदेश देना** टर्मिनल ऑपरेटर को जैसे ही ग्राहक से आदेश प्राप्त होता है वह उसे कम्प्यूटर में डाल देता है अर्थात फीड कर देता है। पूरे देश में स्थापित सभी टर्मिनल अपने-अपने आदेशों को लगातार कम्प्यूटर में फीड करते रहते हैं।
4. **मिलान प्रक्रिया** जैसे ही कम्प्यूटर को संदेश मिलते हैं वह मिलान प्रक्रिया शुरू कर देता है। मिलान प्रक्रिया के दौरान क्रय तथा विक्रय आदेशों के सर्वाधिक बढ़िया मिलान की खोज की जाती है।
5. **आदेश स्वीकार करना** जैसे ही मिलान प्रक्रिया के दौरान क्रय-विक्रय के सौदों का बढ़िया मिलान बनता है इसकी सूचना तुरन्त कम्प्यूटर स्क्रीन पर प्राप्त हो जाती है। सूचना में यह बताया जाता है कि आपका आदेश किस भाव पर, तथा किस समय तय हुआ है।
6. **सुपुर्दगी एवं भुगतान** सौदा पक्का होने के बाद नियमानुसार सुपुर्दगी एवं भुगतान कर दिया जाता है।

शेयर बाजार Share Market

यह संस्थानीकृत वित्तीय संगठन है, जहाँ केवल सूचीबद्ध प्रतिभूतियों में ही व्यवसाय होता है। ये वे प्रतिभूतियाँ हैं जो स्टॉक मार्केट द्वारा स्वीकृत सूची में दर्ज होती हैं। दूसरे शब्दों में, यह एक ऐसी संस्था है जो सूचीबद्ध प्रतिभूतियों का व्यवस्थित क्रय-विक्रय सम्भव बनाती है।

इसके प्रमुख कार्य निम्नलिखित हैं–

1. यह प्रतिभूति बाजार के विभिन्न घटकों की संस्थानीकृत नियमों एवं प्रक्रियाओं के अनुपालन द्वारा कटिबद्धता की गारण्टी देता है।
2. यह स्टॉक के मूल्य का निर्धारण करता है तथा निवेशकों को इसकी सूचना उपलब्ध कराता है।
3. सूचीबद्ध कम्पनियों को उनके वर्तमान स्टॉक धारकों की सूचना प्रदान करता है।
4. प्रतिभूतियों की खरीद-बिक्री की सुविधा के द्वारा प्रतिभूति बाजार में तरलता उपलब्ध कराता है।
5. अपने सूचकांकों द्वारा प्रतिभूति बाजार की वर्तमान स्थिति/रुझान आदि की सूचनाएँ उपलब्ध कराता है।

'शेयर बाजार' शब्द सामान्यत: द्वितीयक बाजार के लिए प्रयुक्त होने वाला शब्द है। यहाँ विभिन्न प्रकार की प्रतिभूतियों; जैसे—अंशों, ऋणपत्रों, बॉण्ड्स तथा सरकारी प्रतिभूतियों का नियमित क्रय-विक्रय होता है।

यह बाजार केवल उन्हीं सदस्यों के लिए खुला रहता है, जो क्रेता व विक्रेता के लिए दलाल के रूप में कार्य करते हैं। एक मान्य शेयर बाजार में सभी प्रतिभूतियों के लेन-देन करने की अनुमति नहीं होती, बल्कि लेन-देन मात्र उन सूचीबद्ध प्रतिभूतियों में हो सकता है, जो स्टॉक एक्सचेंज के अधिकारियों द्वारा स्वीकृत हैं। कम्प्यूटर द्वारा उपलब्ध ऑनलाइन स्क्रीन सेवा काफी तेज व्यवस्था है, क्योंकि इसके कारण कुछ ही मिनटों में दलालों (जोकि तत्काल उपलब्ध हो जाते हैं) के माध्यम से प्रतिभूतियों का लेन-देन किया जा सकता है।

शेयर बाजार निम्नलिखित सुविधा प्रदान करता है–

1. तात्कालिक एवं अनवरत् बाजार उपलब्ध कराना।
2. लेन-देन एवं निवेश में सुरक्षा प्रदान करना।
3. मूल्य एवं विक्रय सम्बन्धी सूचना प्रदान करना।
4. बचत की गतिशीलता एवं पूँजी नियन्त्रण में सहायक।
5. व्यापारिक एवं आर्थिक स्थिति का मापक।
6. उचित कोष आवण्टन।

भारत के शेयर बाजार Share Markets in India

भारत में पहले शेयर बाजार की स्थापना 1875 ई. में मुम्बई में **बॉम्बे स्टॉक एक्सचेंज** के नाम से की गई, जिसके पश्चात् अहमदाबाद (1894), कलकत्ता (1908), मद्रास (1937) में शेयर बाजारों की स्थापना की गई।

द्वितीय विश्वयुद्ध के समय सट्टा प्रक्रिया में आई तीव्र वृद्धि के फलस्वरूप वर्ष 1945 तक भारत में शेयर बाजारों की संख्या 21 हो गई। वर्तमान समय में भारत में कुल 22 शेयर बाजार हैं। संगठित शेयर बाजारों के अतिरिक्त बहुत से असंगठित शेयर बाजारों ने भी अनौपचारिक रूप से स्थापना के बाद कार्य प्रारम्भ किया, जिन्हें **क्रेब मार्केट** कहा जाता है।

नेशनल स्टॉक एक्सचेंज National Stock Exchange, NSE

यह भारत का सबसे महत्त्वपूर्ण शेयर बाजार है, जिसकी स्थापना वर्ष 1992 में **फेरवानी समिति** की सिफारिशों के आधार पर हुई, इसका प्रमुख प्रवर्तक भारतीय औद्योगिक विकास बैंक (IDBI) है। इसका मुख्यालय वर्ली (दक्षिणी मुम्बई) में है। इसने अपना कार्य वर्ष 1994 से प्रारम्भ किया और पूरा देश इसका कार्यक्षेत्र है।

बॉम्बे स्टॉक एक्सचेंज Bombay Stock Exchange, BSE

एशिया के सबसे पुराने 'बम्बई स्टॉक एक्सचेंज' (BSE) की स्थापना 1875 ई. में हुई थी। यह दक्षिण एशिया का सबसे बड़ा स्टॉक एक्सचेंज है। वर्ष 2005 से यह एक पब्लिक लिमिटेड कम्पनी में रूपान्तरित हो गया है। इसका वर्तमान नाम बी एस ई वर्ष 2002 में किया गया।

इस प्रकार BSE और दलाल स्ट्रीट अब एक ही है। इसमें वर्तमान में 4800 से भी अधिक भारतीय कम्पनियाँ पंजीकृत हैं। अक्टूबर, 2007 में यह दक्षिणी एशिया का सबसे बड़ा तथा विश्व का 10वें नम्बर का स्टॉक एक्सचेंज बन गया है। हमारे देश में BSE द्वारा सेंसेक्स के अलावा कुछ क्षेत्रीय शेयर सूचकांकों का भी प्रयोग किया जाता है। बॉम्बे स्टॉक एक्सचेंज (BSE) का **राष्ट्रीय सूचकांक** 100 शेयरों का होता है, जबकि बॉम्बे स्टॉक एक्सचेन्ज (BSE) का संवेदी **शेयर सूचकांक** 30 शेयरों का होता है।

ओवर द काउण्टर एक्सचेंज ऑफ इण्डिया Over the Counter Exchange of India

यह लघु मध्यम औद्योगिक इकाइयों के एक्सचेंज के रूप में भारत का प्रथम ऑनलाइन ट्रेडिंग सुविधा सम्पन्न कम्प्यूटराइज्ड एक्सचेंज है। इसकी स्थापना मुम्बई में वर्ष 1992 में की गई थी। UTI, ICICI, IDBI, IFCI, FIC आदि इसके प्रवर्तक हैं। इसमें उन कम्पनियों को सूचीबद्ध किया गया है, जिनकी पूँजी का स्तर ₹ 30 लाख से ₹ 25 करोड़ तक हो। इसके अतिरिक्त कुछ अंश-पत्रों व ऋण-पत्रों जो अन्य शेयर बाजारों में सूचीबद्ध हैं, का भी व्यवसाय इसमें होता है। इसके साथ ही UTI की इकाइयों तथा अन्य म्यूच्युअल फण्ड का व्यापार भी OTCEI में अनुमति प्राप्त प्रतिभूति के रूप में किया जा सकता है।

अभ्यास प्रश्न

वित्तीय बाजार

1. वित्तीय बाजार ऋणदाता व ………… के मध्य अन्तरण प्रक्रिया प्रदान करता है।
(a) ऋणी (b) कम्पनी
(c) फर्म (d) व्यक्ति

2. वित्तीय बाजार प्रदान करता है
(a) सुरक्षा (b) तरलता
(c) ऋण (d) ये सभी

3. मुद्रा बाजार प्रदान करता है
(a) अल्पकाल ऋण (b) दीर्घकाल ऋण
(c) मध्यकाल ऋण (d) ये सभी

4. खजाना बिल की अवधि होती है
(a) 7 दिन से 31 दिन (b) 14 महीने से 1 वर्ष
(c) 91 दिन से 364 दिन (d) इनमें से कोई नहीं

5. जमा प्रमाण-पत्रों की अवधि होती है
(a) 1 महीने से 3 महीने (b) 3 महीने से 1 वर्ष
(c) 6 महीने से 1 वर्ष (d) इनमें से कोई नहीं

6. निम्नलिखित में से किस एजेन्सी/संस्था का भारत की बैंकिंग और वित्त कम्पनियों की कार्यप्रणाली से निकट सम्बन्ध है?
(a) UNESCO (b) WTO
(c) RBI (d) UGC

7. भारत में निम्नलिखित में से कौन-सा, वायदा बाजार आयोग द्वारा विनियमित होता है?
(a) मुद्रा फ्यूचर्स व्यापार
(b) जिंस फ्यूचर्स व्यापार
(c) इक्विटी फ्यूचर्स व्यापार
(d) जिंस फ्यूचर्स व्यापार तथा वित्तीय फ्यूचर्स व्यापार दोनों

8. वित्तीय बाजार के घटक हैं
(a) पूँजी बाजार (b) मुद्रा बाजार
(c) 'a' और 'b' दोनों (d) इनमें से कोई नहीं

9. भारतीय मुद्रा बाजार का अन्य नाम है
(a) वस्तु बाजार (b) साख बाजार
(c) शेयर बाजार (d) इनमें से कोई नहीं

10. भारतीय मुद्रा बाजार में ऋणदाता होते हैं
(a) बहुत कम (b) बहुत अधिक
(c) बिल्कुल नहीं (d) इनमें से कोई नहीं

11. मुद्रा बाजार के उपकरण हैं
(a) विनिमय-विपत्र (b) व्यावसायिक विपत्र
(c) माँग मुद्रा (d) ये सभी

12. मुद्रा-बाजार की मुख्य प्रतिभागी है
(a) गैर-बैंकिंग वित्तीय कम्पनियाँ (b) वित्तीय संस्थाएँ
(c) दलाल (d) अभिगोपक

13. मुद्रा-बाजार किस प्रकार के कोष से सम्बन्धित होता है?
(a) दीर्घकालीन कोष (b) अल्पकालीन कोष
(c) अधिकारिक कोष (d) आर बी आई के कोष

14. मुद्रा बाजार से ऐसी वित्तीय संस्थाओं का बोध होता है, जो
(a) वित्तीय व्यवहारों से लाभ अर्जित करती हैं
(b) व्यापार एवं उद्योगों को ऋणों के रूप में कार्यशील पूँजी उपलब्ध कराती हैं
(c) बचतकर्ताओं को उच्च तरलता तथा सुरक्षा प्रदान करती हैं
(d) उपरोक्त सभी

15. मुद्रा बाजार में सम्मिलित होते हैं
(a) माँग और सूचना बाजार (b) वाणिज्यिक बिल बाजार
(c) राजकोषीय बिल बाजार (d) ये सभी

16. मुद्रा बाजार में सम्मिलित नहीं होते हैं
(a) जमा प्रमाण-पत्र बाजार (b) वाणिज्यिक बिल बाजार
(c) वाणिज्यिक कागज बाजार (d) वाणिज्यिक संस्थानों के बाजार

17. ऐसे मुद्रा बाजार जो सरकारी नियमों से नियन्त्रित, नियमित एवं व्यवस्थित होते हैं तथा जो एक बाजार से दूसरे बाजार को निधियों का स्थानान्तरण करने के लिए सहज और सस्ती प्रेषण सुविधाएँ उपलब्ध करते हैं
(a) संगठित मुद्रा बाजार
(b) असंगठित मुद्रा बाजार
(c) 'a' और 'b' दोनों
(d) उपरोक्त में से कोई नहीं

18. असंगठित मुद्रा बाजार की विशेषता होती है
(a) ब्याज दरें प्रायः अधिक होती हैं
(b) ब्याज दरें उधार लेने वालों की ऋण की राशि, ऋण की अवधि एवं जमानत की प्रकृति पर निर्भर करती हैं
(c) ऋण देने की प्रक्रियाओं एवं लेखांकन में अति गोपनीयता होती है
(d) उपरोक्त सभी

19. असंगठित मुद्रा बाजार के सम्बन्ध में सत्य है
(a) सरकारी नियमों से नियन्त्रित, नियमित एवं व्यवस्थित होते हैं
(b) उत्पादक निवेशों के उपयोग में बाधक होता है
(c) एकीकृत ब्याज दर ढाँचा होता है
(d) ऋण देने की प्रक्रियाओं में पारदर्शिता होती है

20. संगठित मुद्रा बाजार के सम्बन्ध में असत्य है
(a) सरकारी नियमों से नियन्त्रित, नियमित एवं व्यवस्थित होता है
(b) ऋण देने की प्रक्रियाओं एवं लेखांकन में पारदर्शिता होती है
(c) बचतों व मौद्रिक लेन-देनों का परिमाण कम होता है
(d) एकीकृत ब्याज दर ढाँचा होता है

21. संगठित मुद्रा बाजार में सम्मिलित होते हैं
(a) केन्द्रीय बैंक, वाणिज्यिक बैंक, बीमा कम्पनियाँ
(b) बट्टा गृह, बचत बैंक, निवेश घर
(c) प्रोविडेण्ट फण्ड, स्वीकृत गृह, म्यूचुअल फण्ड
(d) उपरोक्त सभी

22. असंगठित मुद्रा बाजार में सम्मिलित होते हैं
(a) प्रोविडेण्ट फण्ड, स्वीकृत गृह, म्यूचुअल फण्ड
(b) देशी बैंकर, साहूकार, महाजन मर्चेण्ट, भू-स्वामी
(c) केन्द्रीय बैंक, वाणिज्यिक बैंक, बीमा कम्पनियाँ
(d) बट्टा गृह, बचत बैंक, निवेश घर

पूँजी बाजार

23. पूँजी बाजार में दीर्घावधि निधि प्राप्त की जा सकती है या तो कुछ संस्थाओं से उधार लेकर या
(a) नोट जारी करके (b) सरकार से ऋण लेकर
(c) प्रतिभूतियाँ जारी करके (d) विदेशी संस्थाओं से ऋण लेकर

24. विनिवेश होता है
(a) नोट कम्पनियों के शेयर सरकार को बेचना
(b) सरकार के शेयर निजी कम्पनियों को बेचना
(c) निवेश में वृद्धि
(d) व्यापारिक संस्थाओं को बन्द करना

25. पूँजी बाजार से आशय है
(a) शेयर बाजार से (b) वस्तु बाजार से
(c) मुद्रा-बाजार (d) जींस बाजार

26. प्राथमिक बाजार में निम्नलिखित में से कौन–सा विकल्प सम्मिलित नहीं होता है?
(a) व्यापारिक बैंकर्स (b) वित्तीय संस्थाएँ
(c) दलाल (d) व्यक्तिगत निवेशक

27. पूँजी बाजार में लेन–देन किसके माध्यम से समान होता है?
(a) ट्रेज़री बिल (b) व्यापार-पत्र
(c) वाणिज्यिक-पत्र (d) राजकीय प्रतिभूति

28. पूँजी बाजार का नियमन किसके द्वारा होता है?
(a) आर बी आई (b) आई डी बी आई
(c) सेबी (d) सार्वजनिक बैंक

29. निम्न में से किसका पूँजी बाजार में क्रय–विक्रय होता है?
(a) अंशों का (b) माल का
(c) स्वर्ण का (d) इनमें से कोई नहीं

30. पूँजी बाजार के लिए 'विनियोग बाजार' शब्द का प्रयोग किसने किया?
(a) एल. एल. डूगल (b) एल. एन. सिन्हा
(c) बैजर एवं गुथमैन (d) ए. टी. के. ग्राण्ट

31. वित्तीय बाजार के कितने अंग हैं?
(a) दो (b) तीन (c) चार (d) पाँच

32. दीर्घकालीन प्रतिभूतियों का अभिप्राय है
(a) सरकारी प्रतिभूतियों से
(b) गैर-सरकारी प्रतिभूतियों से
(c) 'a' और 'b' दोनों से
(d) उपरोक्त में से कोई नहीं

33. पूँजी बाजार के पूर्ति पक्ष के अन्तर्गत दीर्घकालीन ऋण प्रदान करने वाले स्रोत आते हैं
(a) बीमा कम्पनी (b) वित्त निगम
(c) अंश बाजार (d) ये सभी

34. पूँजी बाजार की विशेषता है
(a) सन्तुलन स्थापित करने का कार्य
(b) दीर्घकालीन प्रतिभूतियों में व्यवहार
(c) दीर्घकालीन वित्तीय आवश्यकताओं की पूर्ति
(d) उपरोक्त सभी

35. भारतीय पूँजी बाजार के असंगठित क्षेत्र में नहीं हैं
(a) निवेश कम्पनियाँ (b) साहूकार
(c) महाजन (d) देशी बैंकर

36. द्वितीयक बाजार के व्यवहार प्राय: किसके माध्यम से सम्पन्न किए जाते हैं?
(a) स्टॉक एक्सचेन्ज के (b) सरकारी संस्थानों के
(c) गैर-सरकारी संस्थानों के (d) इनमें से कोई नहीं

37. पूँजी बाजार के महत्त्व से सम्बन्धित है
(a) औद्योगिक विकास में सहायक (b) पूँजी निर्माण में वृद्धि
(c) दोहरी भूमिका का संचालन (d) उपरोक्त सभी

38. पूँजी बाजार में परिवर्तित किया जा सकता है
(a) मुद्रा को प्रतिभूतियों में (b) प्रतिभूतियों को मुद्रा में
(c) 'a' और 'b' दोनों में (d) इनमें से कोई नहीं

39. सौदे का प्रकार है
(a) तत्काल सौदे (b) भावी सौदे
(c) 'a' और 'b' दोनों (d) इनमें से कोई नहीं

40. सट्टा एक ······ क्रिया है।
(a) वैध (b) अवैध
(c) 'a' और 'b' दोनों (d) इनमें से कोई नहीं

41. तेजड़िये का प्रकार है
(a) पक्का तेजड़िया (b) निराश तेजड़िया
(c) फँसा तेजड़िया (d) ये सभी

42. तेजड़िये से सम्बन्धी शब्दावली नहीं है
(a) दीर्घ चालक (b) तेजड़िये की खरीद
(c) मूल्यान्नयन (d) स्क्रिप

43. मन्दड़िये से सम्बन्धी शब्दावली है
(a) मन्दड़ियों की पटान (b) फँसा मन्दड़िया
(c) पक्का मन्दड़िया (d) इनमें से कोई नहीं

44. पूँजी बाजार से सम्बन्धी शब्दावली है
(a) सस्ती मुद्रा (b) स्कन्ध
(c) समाशोधन-गृह (d) मुद्रा प्रसार

45. जॉबर किसके लिए प्रतिभूतियों का क्रय-विक्रय करते हैं?
(a) सदस्यों के लिए (b) गैर-सदस्यों के लिए
(c) स्वयं के लिए (d) इनमें से कोई नहीं

46. अभिगोपक की नियुक्ति की जाती है
(a) अंशों के क्रय-विक्रय के लिए (b) ग्राहक खोजने हेतु
(c) बाजार दशाओं की जानकारी हेतु
(d) उपरोक्त में से कोई नहीं

47. ऊँचा बाजार कहते हैं
(a) सर्वाधिक प्रतिभूतियों के विक्रय को
(b) न्यूनतम प्रतिभूतियों के विक्रय को
(c) 'a' और 'b' दोनों
(d) उपरोक्त में से कोई नहीं

48. बैंक प्रथम श्रेणी की प्रतिभूतियों की जमानत पर कितने माह का ऋण देता है?
(a) 4 (b) 3 (c) 6 (d) ये सभी

स्कन्ध विपणि

49. IPO किस बाजार के अन्तर्गत आता है
(a) प्राथमिक बाजार (b) द्वितीयक बाजार
(c) 'a' और 'b' दोनों (d) इनमें से कोई नहीं

50. कम्पनी अंश (शेयर) के मर्यादित (Ltd) होने का अर्थ है
(a) निवेश राशि सीमित होना
(b) सीमित धारकों का होना
(c) धारकों का उत्तरदायित्व सीमित होना
(d) राशि का बँटवारा सीमित आधार पर होना

51. निम्नलिखित में से किस शेयर बाजार ने भारत में 'कार्बन इण्डेक्स' की शुरूआत की है, ताकि निवेशक पर्यावरण परिवर्तन सम्बन्धी जोखिम और अवसर का निर्धारण कर सकें?
(a) दिल्ली शेयर बाजार (b) राष्ट्रीय शेयर बाजार
(c) बम्बई शेयर बाजार (d) कोलकाता शेयर बाजार

52. निम्नलिखित में किस प्रकार के खाते 'डी-मेट खाते' कहलाते हैं?
(a) शून्य शेष वाले खाते
(b) बैंक से लिए गए ऋण की चुकौती सुगम बनाने के लिए खोले गए खाते, इसमें से कोई और कारोबार नहीं किया जाता है
(c) ऐसे खाते जिनमें विभिन्न कम्पनियों के शेयरों व बॉण्ड्स को इलेक्ट्रॉनिक रूप में रखा जाता है
(d) वे खाते जो इण्टरनेट बैंकिंग सुविधा के माध्यम से हैं

53. आमतौर पर एक डी-मेट खाते को खोलने के समय कौन-सा निम्नलिखित शुल्क/प्रभार उस पर नहीं लगाया जाता है?
(a) खाता खोलने का शुल्क
(b) वार्षिक रख-रखाव का शुल्क
(c) एक मुद्रा का दूसरी मुद्रा में स्पॉट रूपान्तरण करने के लिए वार्षिक शुल्क
(d) संरक्षण शुल्क

54. शेयर बाजार में निवेश/व्यापार करने वाले निवेशकों को डी-मेट खाता कौन-सी अनिवार्य सुविधाएँ देता है?
(a) यह ब्रोकरेज शुल्क कम कर देता है
(b) यह शेयरों का गिरवी रखना/दृष्टिबन्धक आसान बनाता है
(c) प्रतिभूतियों का त्वरित हस्तान्तरण करता है
(d) यह प्रतिभूतियों के स्वामित्व से सम्बन्धित भ्रम की स्थिति से बचाता है

55. 'दलाल स्ट्रीट' कहाँ पर स्थित है?
(a) लन्दन (b) पेरिस (c) मुम्बई (d) नई दिल्ली

56. 'तेजड़िया और मन्दड़िया' पदों का प्रयोग .... में होता है।
(a) सर्राफा बाजार (b) सब्जी बाजार
(c) शेयर बाजार (d) कॉमोडिटी बाजार

57. शेयर ब्रोकिंग कम्पनी का गठन करके मुम्बई स्टॉक एक्सचेन्ज की सदस्यता प्राप्त करने वाला देश का पहला स्टॉक एक्सचेन्ज कौन-सा है?
(a) दिल्ली स्टॉक एक्सचेन्ज
(b) कोचीन स्टॉक एक्सचेन्ज
(c) बंगलुरु स्टॉक एक्सचेन्ज
(d) हैदराबाद स्टॉक एक्सचेन्ज

58. इनमें से किसका संवेदी शेयर सूचकांक 30 शेयरों का होता है।
(a) BSE ने
(b) SEBI ने
(c) FISE ने
(d) BSE तथा FISE दोनों संयुक्त रूप से

59. ओवर द काउण्टर एक्सचेन्ज ऑफ इण्डिया कहाँ अवस्थित है?
(a) मुम्बई (महाराष्ट्र) (b) गुजरात
(c) पंजाब (d) दिल्ली

60. निम्नलिखित में से कौन-सा शेयर बाजार ''नेस्डैक'' के नाम से जाना जाता है तथा वह हाल ही में खबरों में था?
(a) न्यूयॉर्क (b) टोक्यो (c) मनीला (d) न्यूजर्सी

61. वित्तीय समाचार-पत्रों/पत्रिकाओं में हमें बहुत बार LIBOR शब्द पढ़ने को मिलता है। LIBOR का पूर्ण रूप क्या है?
(a) Liberal International Best Offered Rates
(b) London Inter Bank Offered Rate
(c) Liberal International Bank Offered Rate
(d) London Inter Bank Opportunity Rate

62. राष्ट्रीय शेयर बाजार पर शुरू किए गए नए म्यूच्युअल फण्ड प्लेटफॉर्म पर सूचीबद्ध पहला म्यूच्युअल फण्ड निम्नलिखित में से कौन-सा था?
(a) UTI म्यूच्युअल फण्ड
(b) SBI म्यूच्युअल फण्ड
(c) LIC म्यूच्युअल फण्ड
(d) बैंक ऑफ बड़ौदा म्यूच्युअल फण्ड

63. निक्की (NIKKEI) कहाँ का शेयर बाजार है?
(a) जर्मनी (b) हाँगकाँग (c) टोक्यो (d) कोरिया

64. वित्तीय निवेशों के विशिष्ट व्यवहार में, मन्दड़िया (Bear) शब्द किसका घोतक है?
(a) उस निवेशक का, जो यह महसूस करता है कि अमुक प्रतिभूति की कीमत गिरने वाली है
(b) उस निवेशक का, जो यह महसूस करता है कि अमुक शेयरों की कीमत बढ़ने वाली है
(c) उस शेयरधारक या बॉण्डधारक का, जिसकी किसी वित्तीय या अन्यथा, कम्पनी में हिस्सेदारी है
(d) उस उधारदाता का, जो कर्ज देता है या बॉण्ड खरीदता है

65. विश्वसनीय प्रतिभूतियों से तात्पर्य है
(a) ऐसे शेयर जिनकी सरकार ने गारण्टी दी हो
(b) ऐसे शेयर जो स्टॉक एक्सचेंज में सूचीबद्ध हों
(c) ऐसे शेयर जिन पर लगातार ऊँची दर का लाभ हो
(d) ऐसे शेयर जिनको सरकार ने सूचीबद्ध करने का फैसला किया हो

66. इनसाइड ट्रेडिंग सम्बन्धित है
(a) शेयर बाजार से (b) घुड़दौड़ से
(c) करारोपण से (d) अन्तर्राष्ट्रीय व्यापार से

67. निम्न में से कौन-सा सेबी का कार्य नहीं है?
(a) प्रतिभूतियों के अन्तरण व्यापार पर रोक लगाना
(b) प्रतिभूतियों के बाजारों से सम्बन्धित व्यापार व्यवहारों को समाप्त करना
(c) स्वयं नियमित संगठनों को प्रोत्साहित करना
(d) साख नियन्त्रण करना

68. शेयर आवण्टन आवेदकों को "ASBA" का मुख्य लाभ निम्नलिखित में से क्या है?
(a) ASBA आवेदक को शेयर आवण्टन सुनिश्चित होता है
(b) आम आवेदकों की तुलना में ASBA आवेदक को शेयरों के आवण्टन में कतिपय अधिमान प्राप्त होता है।
(c) ASBA आवेदक के लिए शेयरों के आवण्टन हेतु निधि प्रेषित करने की जरूरत नहीं होती, वह यह शेयरों का आवण्टन होने पर करेगा

(d) ASBA आवेदकों का जमा/OD खाता नाम नहीं किया जाता है, इसके लिए उसके खाते में केवल निधियाँ ब्लॉक की जाती हैं और उसे शेयरों का आवण्टन होने तक ब्याज मिलता रहता है

69. निम्नलिखित में से किस एजेन्सी/संगठन ने हाल ही में यह तय किया है कि सभी शेयर बाजारों को इक्विटी डेरिवेटिव्स के फिजिकल सेटलमेण्ट लागू करने चाहिए?
(a) भारतीय रिजर्व बैंक
(b) बम्बई शेयर बाजार
(c) कम्पनी रजिस्ट्रार
(d) भारतीय प्रतिभूति और विनिमय बोर्ड

70. भारतीय प्रतिभूति एवं विनिमय बोर्ड की स्थापना कब की गई थी?
(a) सन् 1993 में (b) सन् 1992 में
(c) सन् 1988 में (d) सन् 2002 में

71. किसी कम्पनी के ऋणपत्रधारक उसके
(a) शेयर धारक होते हैं (b) लेनदार होते हैं
(c) देनदार होते हैं (d) निदेशक होते हैं

72. सेबी (SEBI) के कार्यों में सम्मिलित है
(a) स्टॉक एक्सचेंज के कार्यों को विनियमित करना
(b) शेयर बाजारों से सम्बन्धित अनुचित एवं धोखाधड़ी से परिपूर्ण व्यापारिक कार्यों पर रोक लगाना
(c) प्रतिभूतियों के अन्तरंग व्यापार (Inside Trading) को नियन्त्रित करना
(d) उपरोक्त सभी

73. देश में नए स्टॉक एक्सचेंज के लिए नीति बनाने हेतु वित्त मन्त्रालय द्वारा वर्ष 1991 में एक उच्चस्तरीय अध्ययन दल का गठन किया गया था। इस समिति का अध्यक्ष कौन था?
(a) एम जे फेरवानी (b) एम नरसिम्हम
(c) एस एस नाडकर्णी (d) आर जानकीरमन

74. निम्नलिखित में से कौन-सा सेबी का कार्य नहीं है?
(a) प्रतिभूतियों के अन्तरण व्यापार पर रोक लगाना
(b) प्रतिभूतियों के बाजारों से सम्बन्धित व्यापार व्यवहारों को समाप्त करना
(c) स्वयं नियमित संगठनों को प्रोत्साहित करना
(d) साख का नियन्त्रण करना

75. SEBI द्वारा जारी नए दिशा निर्देशों के अनुसार, IPO के बन्द होने के कितने दिन के भीतर शेयर सूचीबद्ध करने चाहिए?
(a) 30 दिन (b) 25 दिन
(c) 20 दिन (d) 12 दिन

76. सेबी क्या है?
(a) परामर्शदात्री संस्था (b) सांविधिक संस्था
(c) संवैधानिक संस्था (d) गैर-सैवैधानिक संस्था

77. निम्नलिखित में से कौन अप्रत्यक्ष प्रतिभूति का उदाहरण है?
(a) म्यूच्युअल फण्ड (b) साधारण अंश
(c) ऋण-पत्र (d) अधिमान अंश

78. म्यूच्युअल फण्डों का विनियमन कौन करता है?
(a) भारतीय म्यूच्युअल फण्ड एसोसिएशन (AMFI)
(b) भारतीय प्रतिभूति एवं विनियम बोर्ड (SEBI)
(c) भारतीय रिजर्व बैंक
(d) IRDA

79. बॉण्ड मार्केट के भागीदारों में निम्नलिखित में से कौन शामिल नहीं है?
(a) संस्थागत निवेशक (b) सरकारें
(c) व्यक्ति विशेष (d) फण्डिंग बॉण्ड बाजार

80. उत्तर प्रदेश के किस शहर में स्टॉक एक्सचेंज की स्थापना की गई है?
(a) लखनऊ (b) गाजियाबाद
(c) मुरादाबाद (d) कानपुर

81. निम्नलिखित में किस स्थान पर स्टॉक एक्सचेंज की स्थापना नहीं की गई है?
(a) बंगलुरु (b) गुवाहाटी
(c) हैदराबाद (d) गाँधीनगर

82. सेबी की शुरुआत 1988 में की गई थी, इसकी प्रारम्भिक पूँजी कितनी थी?
(a) ₹ 8.5 करोड़ (b) ₹ 9.5 करोड़
(c) ₹ 7.5 करोड़ (d) ₹ 11.5 करोड़

83. किस तिथि से सेबी ने येन व यूरो पाउण्ड में वायदा कारोबार की अनुमति प्रदान की थी?
(a) जनवरी 2011 (b) जनवरी 2010
(c) जनवरी 2009 (d) जनवरी 2008

84. भारत में सर्वप्रथम 29 अगस्त, 2008 को राष्ट्रीय एक्सचेंज में भारतीय मुद्रा के साथ किस मुद्रा के बीच कारोबार की अनुमति की गई थी?
(a) येन (b) युआन
(c) दिनार (d) डॉलर

85. 'रेसीडेक्स' को देश के किस शहर में नहीं जारी किया गया है?
(a) दिल्ली (b) भोपाल
(c) मुम्बई (d) चेन्नई

86. राष्ट्रीय सूचकांक का आधार नहीं है
(a) 1985-86 (b) 1987-88
(c) 1990-91 (d) 1983-84

87. ओवर द काउण्टर एक्सचेन्ज ऑफ इण्डिया (OTCEI) की प्रवर्तक कम्पनी नहीं है?
(a) FIC (b) UTI
(c) IFCI (d) LIC

88. मुम्बई स्टॉक एक्सचेन्ज (BSE) का राष्ट्रीय सूचकांक कितने शेयरों का होता है
(a) 30 शेयर (b) 72 शेयर
(c) 100 शेयर (d) निर्धारित नहीं किया गया है

89. निम्नलिखित में से किसका स्कन्ध विनिमय बाजार में क्रय एवं विक्रय नहीं किया जाता है?
(a) अंश (b) ऋणपत्र
(c) बॉण्ड्स (d) प्रतिज्ञा-पत्र

90. स्कन्ध विपणि सुविधा प्रदान करता है
(a) प्रतिभूतियों के क्रय-विक्रय के लिए
(b) प्रतिभूतियों के सट्टे के लिए
(c) प्रतिभूतियों में जुआ खेलने के लिए
(d) उपरोक्त सभी

91. स्कन्ध विपणि की विशेषता है
(a) प्रतिभूतियों में व्यवहार
(b) निर्धारित किए गए नियमों का पालन
(c) अधिकृत सदस्यों द्वारा व्यवहार
(d) उपरोक्त सभी

92. सेबी (SEBI) की स्थापना हुई
(a) सन् 1992 में (b) सन् 1995 में
(c) सन् 1980 में (d) सन् 1988 में

93. सेबी के अधिकारों की प्राप्ति किस एक्ट के द्वारा हुई थी?
(a) 1995 के एक्ट द्वारा
(b) 1992 के एक्ट द्वारा
(c) 1980 के एक्ट द्वारा
(d) 1987 के एक्ट द्वारा

94. दीर्घकालीन वित्त प्राप्त करने के स्रोत हैं
(a) ऋणपत्र (b) समता अंश
(c) विशिष्ट वित्तीय संस्थाएँ (d) ये सभी

उत्तरमाला

1.	*(a)*	2.	*(d)*	3.	*(a)*	4.	*(c)*	5.	*(b)*	6.	*(c)*	7.	*(b)*	8.	*(c)*	9.	*(b)*	10.	*(a)*
11.	*(d)*	12.	*(a)*	13.	*(b)*	14.	*(d)*	15.	*(d)*	16.	*(d)*	17.	*(a)*	18.	*(d)*	19.	*(b)*	20.	*(c)*
21.	*(d)*	22.	*(b)*	23.	*(c)*	24.	*(b)*	25.	*(a)*	26.	*(c)*	27.	*(d)*	28.	*(c)*	29.	*(a)*	30.	*(c)*
31.	*(a)*	32.	*(c)*	33.	*(d)*	34.	*(d)*	35.	*(a)*	36.	*(a)*	37.	*(d)*	38.	*(c)*	39.	*(c)*	40.	*(a)*
41.	*(d)*	42.	*(d)*	43.	*(a)*	44.	*(b)*	45.	*(c)*	46.	*(a)*	47.	*(a)*	48.	*(b)*	49.	*(a)*	50.	*(c)*
51.	*(c)*	52.	*(c)*	53.	*(c)*	54.	*(a)*	55.	*(c)*	56.	*(c)*	57.	*(b)*	58.	*(a)*	59.	*(a)*	60.	*(a)*
61.	*(b)*	62.	*(a)*	63.	*(c)*	64.	*(a)*	65.	*(c)*	66.	*(a)*	67.	*(d)*	68.	*(a)*	69.	*(d)*	70.	*(b)*
71.	*(b)*	72.	*(d)*	73.	*(a)*	74.	*(d)*	75.	*(d)*	76.	*(d)*	77.	*(a)*	78.	*(b)*	79.	*(d)*	80.	*(d)*
81.	*(d)*	82.	*(c)*	83.	*(b)*	84.	*(d)*	85.	*(d)*	86.	*(d)*	87.	*(d)*	88.	*(c)*	89.	*(d)*	90.	*(a)*
91.	*(d)*	92.	*(d)*	93.	*(b)*	94.	*(d)*												

अध्याय 13

मानव संसाधन प्रबन्धन

Human Resource Management

मानव संसाधन प्रबन्धन की अवधारणा

Concept of Human Resource Management

किसी संगठन की महत्ता तीन तथ्यों से निर्धारित होती है—मानव, धन और पदार्थ। इनमें भी मानव तथ्य अत्यन्त महत्वपूर्ण स्थान रखता है, क्योंकि अन्य दो संगठन के तथ्यों का वास्तविक प्रयोग मानव के द्वारा ही होता है। इस प्रकार मानव संसाधन के दक्ष संचालन द्वारा कोई भी संस्था अधिकतम लाभ प्राप्त कर सकती है। एलन प्राइस की पुस्तक ''व्यापार प्रसंग में मानव संसाधन प्रबन्धन'' में व्यक्त मत के अनुसार, मानव संसाधन प्रबन्धन ने वर्तमान परिवेश में एक अग्रणी स्थान अर्जित कर लिया है, परन्तु यह महत्वपूर्ण है कि मानव संसाधन प्रबन्धन नई पद्धति नहीं है, बल्कि यह मानव अस्तित्व के साथ ही शुरू हो गई थी।

किसी भी संस्था में मानव संसाधन प्रबन्धन महत्वपूर्ण प्रक्रिया है। साधारणत: मानव संसाधन प्रबन्धन एक प्रबन्धकीय कार्य है, जिसमें लोगों के प्रयासों को संगठन की लक्ष्य सिद्धि की ओर एकरूप कर केन्द्रित किया जाता है। जैसे-जैसे संगठन का कार्य विस्तृत होता जाता है, वह परिष्कृत और प्रक्रिया में पेचीदा होता जाता है।

मानव संसाधन प्रबन्धन की निम्नलिखित परिभाषाएँ हैं—

मिल्कोविच के अनुसार, ''मानव संसाधन प्रबन्धन फैसले या निर्णयों की एक समन्वित शृंखला है, जो कर्मचारी और नियोक्ता के सम्बन्ध को संचालित करती है। उनकी गुणवत्ता संस्था व कर्मचारियों की उद्देश्य पूर्ति में सहायक होती है।''

डिकेंजो और **रॉबिन्स** के अनुसार, ''मानव संसाधन प्रबन्धन लोगों से सम्बन्धित प्रबन्धन है। चूँकि प्रत्येक संगठन मूलत: लोगों द्वारा निर्मित है, उनकी सेवाएँ जुटाना, प्रवीणता में विकास लाना, उन्हें प्रेरित करना, जिससे उच्च स्तर का निष्पादन सुनिश्चित हो एवं वे संगठन के प्रति वचनबद्ध हों और अपने उद्देश्य की ओर उन्मुख हों, महत्वपूर्ण प्रक्रियाएँ हैं। यह सभी संस्थाओं के लिए सत्य है; जैसे—सरकारी, व्यापारिक, शिक्षा, स्वास्थ्य, मनोरंजन अथवा सामाजिक कार्य से सम्बन्धित संस्थाएँ।''

फ्लिप्पो के अनुसार, ''मानव संसाधन प्रबन्धन मानव संसाधन की प्राप्ति, विकास, क्षतिपूर्ति, समाकलन व अनुरक्षण के लिए नियोजन, संगठन, निर्देशन, नियन्त्रण आदि क्रियाओं से सम्बन्धित है, ताकि व्यक्तिगत, संस्थागत व सामाजिक उद्देश्यों की पूर्ति हो।''

मानव संसाधन प्रबन्धन की दी गई परिभाषाएँ इसके अन्य कई पक्षों को प्रकट करती हैं; जैसे—वरिष्ठ प्रबन्धकों को मानव संसाधन प्रबन्धन से जुड़े अन्य दायित्वों को भी संभालना चाहिए।

क्योंकि कार्यस्थल पर कर्मचारियों के मध्य आपस में सौहार्दपूर्ण माहौल का होना अत्यन्त आवश्यक है और यह कार्य वरिष्ठ प्रबन्धकों को बेहतर ढंग से निभाना आना चाहिए। इसके अतिरिक्त दक्ष मानव संसाधन प्रबन्धन और प्रशासनिक या प्रबन्धन कौशल आपस में निर्भर प्रक्रियाएँ हैं। प्रतिस्पर्द्धा के कारण संगठन प्रबन्धन-नीतियों में फेरबदल करता है, जिसका प्रमाण मानव साधन प्रबन्धन नीतियों पर पड़ता है।

मानव संसाधन प्रबन्ध का महत्त्व

Importance of Human Resources Management

एक संगठन अच्छे मानव संसाधन के बिना काम करने वाले पेशेवरों की एक अच्छी टीम का निर्माण नहीं कर सकता है। मानव संसाधन प्रबन्धन (एचआरएम) टीम के प्रमुख कार्यों में लोगों की भर्ती, उन्हें प्रशिक्षण, प्रदर्शन, मूल्यांकन, कर्मचारियों को प्रेरित करने के साथ-साथ कार्यस्थल संचार, कार्यस्थल सुरक्षा और बहुत कुछ शामिल हैं। *मानव संसाधन प्रबन्धन के महत्व को निम्नलिखित बिन्दुओं द्वारा समझा जा सकता है—*

1. **भर्ती और प्रशिक्षण** यह मानव संसाधन टीम की प्रमुख जिम्मेदारियों में से एक है। मानव संसाधन प्रबन्धक सही प्रकार के लोगों को भर्ती करने के लिए योजना और रणनीतियों के साथ कार्य करते हैं। वे मानदण्ड तैयार करते हैं, जो किसी विशिष्ट कार्य विवरण के लिए सबसे अधिक उपयुक्त हैं। भर्ती से सम्बन्धित अन्य कार्यों में एक है कर्मचारी के दायित्वों को तैयार करना और उसके लिए कार्यक्षेत्र निर्धारित करना। इन दोनों कारकों के आधार पर, कम्पनी के साथ एक कर्मचारी का अनुबन्ध तैयार किया जाता है। आवश्यकता पड़ने पर वे संगठन की आवश्यकताओं के अनुसार कर्मचारियों को प्रशिक्षण भी प्रदान करते हैं। इस प्रकार कर्मचारियों को अपने मौजूदा कौशल को तेज करने या विशेष कौशल विकसित करने का अवसर मिलता है, जो उन्हें कुछ नई भूमिकाएँ लेने में मदद करते हैं।

2. **प्रदर्शन मूल्यांकन** एचआरएम एक संगठन में काम कर रहे लोगों को अपनी क्षमता के अनुसार काम करने के लिए प्रोत्साहित करता है और उन सुझावों को प्रदान करता है, जो उन्हें इसमें सुधार लाने में मदद कर सकते हैं। टीम समय-समय पर कर्मचारियों के साथ व्यक्तिगत रूप से सम्पर्क करती है और उनके प्रदर्शन के बारे में सभी आवश्यक जानकारी प्रदान करती है और उनसे सम्बन्धित भूमिकाओं को भी परिभाषित करती है। यह फायदेमन्द है, क्योंकि इससे उन्हें अपने स्पष्ट लक्ष्यों की रूपरेखा तैयार करने में तथा बेहतरीन प्रयासों के साथ लक्ष्यों को अंजाम देने में मदद मिलती है। निष्पादन मूल्यांकन, जब नियमित आधार पर किया जाता है, तो कर्मचारियों को प्रेरित करने में सहायता प्राप्त होती है।

3. **कार्य वातावरण को बनाए रखना** यह एचआरएम का एक महत्वपूर्ण पहलू है, क्योंकि किसी संगठन में किसी व्यक्ति का प्रदर्शन कार्यस्थल या कार्य संस्कृति से है, जो कार्यस्थल पर कायम है। एक अच्छी कामकाजी हालत कई लाभों में से एक है, जिसे एक कर्मचारी कुशल मानव संसाधन टीम से अपेक्षा कर सकता है। एक सुरक्षित, स्वच्छ और स्वस्थ वातावरण एक कर्मचारी में सबसे अच्छा प्रदर्शन ला सकता है। एक दोस्ताना वातावरण स्टाफ के सदस्यों को नौकरी की सन्तुष्टि भी देता है।

4. **विवाद का निपटारा** एक संगठन में ऐसे अनेक मुद्दे हैं, जिन पर कर्मचारियों और नियोक्ताओं के बीच विवाद उत्पन्न हो सकते हैं। इस प्रकार कह सकते हैं कि संघर्ष लगभग अपरिहार्य है। ऐसे परिदृश्य में मानव संसाधन विभाग एक प्रभावी तरीके से उन मुद्दों को सुलझाने के लिए सलाहकार और मध्यस्थ के रूप में कार्य करता है। वे पहले कर्मचारियों की शिकायतों को सुनते हैं फिर वे उन्हें सुलझाने के लिए उपयुक्त समाधान के साथ आते हैं। दूसरे शब्दों में, वे समय पर कार्रवाई करते हैं और सीमा से बाहर जाने से चीजों को रोकते हैं।

5. **जनसम्पर्क का विकास करना** अच्छे सार्वजनिक सम्बन्ध स्थापित करने की जिम्मेदारी काफी हद तक एचआरएम की है। वे अन्य व्यापारिक क्षेत्रों के साथ सम्बन्ध बनाने के लिए कम्पनी की तरफ से व्यावसायिक मीटिंग्स, सेमिनार और विभिन्न अधिकारिक सम्मेलनों का आयोजन करते हैं। कभी-कभी, एचआरएम विभाग संगठन के लिए व्यवसाय और मार्केटिंग योजना तैयार करने में सक्रिय भूमिका निभाता है।

मानव शक्ति अनुमान Manpower Estimation

मानव संसाधन नियोजन एक अग्रणी प्रक्रिया है, जिसके द्वारा भविष्य की मानव संसाधन आवश्यकताओं का पूर्वानुमान वर्तमान में उचित मानव शक्ति प्रबन्ध द्वारा किया जाता है। मानव संसाधन योजना कई प्रकार की होती है। यह संस्था की व्यवसायिक योजना का केवल एक हिस्सा मात्र भी हो सकती है व इच्छित परिणाम के अनुरूप एक विशिष्ट व अग्रणी प्रक्रिया भी हो सकती है। यह इस पर निर्भर है कि संस्था का कार्य कितना विस्तृत है और वह इस प्रक्रिया को कितनी प्राथमिकता देती है।

मानव संसाधन नियोजन द्वारा मानव संसाधन प्रबन्धन की प्रमुखताएँ, प्राथमिकताएँ व प्रयोजन तय किए जाते हैं। यह केवल एक सहायक प्रक्रिया नहीं, वरन् पूरक व संस्था के व्यावसायिक कारणों को सार्थक करने की प्रक्रिया है। जैसा कि कहा गया है, कुछ संस्थाओं में यह एक परिशिष्ट की तरह भी हो सकती है, जिसमें मानव संसाधन प्रबन्धन विभाग के अधिकारी भाग लेते हैं।

मानव संसाधन योजना कई स्तरों पर बनाई जाती है, समुच्चय श्रम-बल योजना (सामरिक) समान कार्य में संलग्न कर्मचारी समूह के व्यक्तिगत व्यावसायिक विकास की योजना (कौशल योजना) व (परिचालन के स्तर पर) कर्मचारियों की नियुक्ति व पदोन्नति सम्बन्धी योजना। प्रत्येक स्वरूप में व प्रत्येक स्तर पर प्रबन्धक प्रभावकारी योजना बनाने के लिए विशिष्ट तकनीकों का इस्तेमाल करते हैं। इसमें मुख्य प्रयोजन होता है पूर्व अनुमानाधारित नियोजन द्वारा समय व संसाधनों की बचत, ताकि बदलती आवश्यकताओं के अनुरूप तुरन्त योजनाएँ व सामरिक नीतियाँ परवर्तित व कार्यान्वित हो सकें व समय पर उपयुक्त मानव संसाधन उपलब्ध हो सकें। किसी भी विभाग में मानव संसाधन की कमी अतिरिक्त व्यय व कम उत्पादकता का कारण बन सकती है।

अतः परिवर्तनशील परिवेश में मानव संसाधन नियोजन के माध्यम से आकस्मकताओं से उत्पन्न समस्याओं का समाधान किया जा सकता है व आवश्यक मानव संसाधन की समय रहते उपलब्धता सुनिश्चित की जा सकती है। उपरोक्त तीन प्रकार की योजनाएँ अर्थात् कार्यनीतिक, व्यक्तिगत व्यावसायिक प्रगति व अन्य प्रक्रियात्मक सुधार योजनाओं को एकरूप करने की आवश्यकता है, ताकि वे एक-दूसरे के अनुरूप हों व संस्था की लक्ष्य प्राप्ति की ओर एकरूप हों, उन्मुख हों तथा संगठन की व्यवस्था को मजबूत करें।

भर्ती Recruitment

किसी भी अर्थव्यवस्था में मानव संसाधन के बेहतर एवं उचित इस्तेमाल के लिए सुव्यवस्थित व समुचित भर्ती प्रक्रिया का होना अति आवश्यक है। भर्ती सम्पूर्ण मानव संसाधन प्रबन्धन का केन्द्र बिन्दु होती है।

स्टाहल के अनुसार, "भर्ती नीति को सुनिर्धारित एवं सुविचारित किए बिना प्रथम श्रेणी के कार्यकरण का विकास सम्भव नहीं है।"

इस सन्दर्भ में संयुक्त राष्ट्र की एक रिपोर्ट दृष्टव्य है कि "किसी भी संगठन में एक प्रगतिशील भर्ती नीति का न होना, भाई-भतीजावाद, पक्षपात व अयोग्यता आदि स्थितियों का उन्मूलन नहीं हो, तो ये सब उसके ह्रास की गारण्टी जरूर देते हैं।" एक सक्षम व विकास रहित लोक सेवा भर्ती व्यवस्था की अनिवार्यता कई कारणों से है। यह व्यवस्था एक ऐसे सीमेण्ट का काम करती है, जो विभिन्न संस्थानों को समन्वित व एकीकृत कर एक राष्ट्र राज्य की आधारशिला रखती है। इसके समुचित संचालन के लिए गुणवत्तायुक्त मानव संसाधन अपरिहार्य है। लोक सेवाओं का प्रभावी संचालन, विशेष रूप से भारत जैसे राष्ट्रों के लिए और भी अधिक आवश्यक है, क्योंकि यहाँ अभी अधिकतर उत्पादों व सेवाओं के उत्पादन व वितरण पर सरकार का एकाधिकार है और इसके लिए एक प्रभावी, समर्थ व व्यापक लोक सेवा तन्त्र का होना अति आवश्यक है।

भर्ती के अनिवार्य तत्व
Essential Elements of Recruitment

भर्ती के अनिवार्य तत्व निम्न हैं–

1. समय व पैसे का श्रेष्ठतम उपयोग होना चाहिए, जैसे प्रक्रियागत कार्यों का निवारण कम-से-कम समय में तथा सरल-से-सरल तरीकों से होना चाहिए। इससे दक्षता व मितव्ययिता दोनों आवश्यकताओं की पूर्ति होती है।
2. भर्ती एजेन्सियों को नीतिगत आदर्शों की अपनी प्रक्रियाओं में समाहित करने पर जोर देना चाहिए। शैक्षणिक व व्यवहारिक पहलुओं का समन्वयन भी जरूरी है।

3. भर्ती प्रक्रिया को संगठन के व्यापक मानव संसाधन लक्ष्यों व योजनाओं तथा उसके निहितार्थों का बोध करने वाला होना चाहिए, ताकि गुणवत्ता, सक्षमता व प्रभावशीलता कायम रहे। मानव संसाधन योजना का उन्नयन सूक्ष्मता से व्यापकता की ओर निहित होता है, जिसमें बहुत-सी अनुमांषी क्रिया व प्रतिक्रियाएँ संलग्न रहती हैं।
4. भर्ती प्रक्रिया को व्यापक स्तर पर संचालित होना चाहिए तथा यह समाविष्ट व समरूप की जानी चाहिए, ताकि उपलब्ध श्रेष्ठ प्रतिभाओं का चयन किया जा सके।
5. प्रबन्धन को नीति निर्माण व क्रियान्वयन में कर्मचारियों की व्यापक भागीदारी को सुनिश्चित करने के लिए उन्हें निरन्तर प्रेरित व उत्साहवर्द्धित करते रहना चाहिए।

भर्ती के स्रोत Sources of Recruitment

भर्ती के दो स्रोत होते हैं—आन्तरिक व बाह्य स्रोत। आन्तरिक भर्ती के तहत् पदोन्नति का पहलू आता है, जबकि बाह्य भर्ती के अन्तर्गत नियुक्तियाँ आती हैं। दोनों ही पद्धतियाँ अलग-अलग कार्य करने की अपेक्षा समन्वित रूप से कार्य करती हैं।

1. आन्तरिक स्रोत Internal Sources

आन्तरिक स्रोत के निम्न दो उपभाग किए जा सकते हैं—

(i) वर्तमान कर्मचारी तथा
(ii) वर्तमान कर्मचारियों की सिफारिश के आधार पर लिए गए कर्मचारी, जहाँ आन्तरिक कर्मचारी कार्य से परिचित होने के कारण पदोन्नतियों के लिए अधिक सक्षम पाए जाते हैं, वहाँ उनकी सिफारिश पर बाहरी व्यक्तियों को लिया जाना भी कम्पनी के हित में समझा जाता है।

आन्तरिक स्रोत का उपयोग स्थानान्तरण, पदोन्नति, पद अवनयन आदि के माध्यम से किया जाता है।

इस नीति के कुछ गुण इस प्रकार हैं—

(i) यह व्यक्ति के नैतिक स्तर को ऊँचा उठाने में सहायक होती है।
(ii) यह व्यक्ति में संगठन के प्रति स्वामिभक्ति जागृत करती है।
(iii) जिन व्यक्तियों को कम्पनी की इस पदोन्नति प्राथमिकता नीति का ज्ञान होता है, वे अपना कार्य अधिक लगन एवं निष्ठा से करते हैं तथा उन्हें अपेक्षत: कम प्रशिक्षण की आवश्यकता होती है।
(iv) कम्पनी के सामान्य आचरण, व्यवहार नियम आदि के प्रति वे व्यक्ति प्रशिक्षित होते हैं।

आन्तरिक स्रोत के दोष निम्नलिखित हैं—

(i) इस प्रणाली में प्राय: नए एवं साहसी व्यक्तियों को कार्य में प्रवेश करने का अवसर नहीं मिलता तथा इस प्रकार संगठन योग्य कर्मचारी का लाभ प्राप्त करने से वंचित रह जाता है।
(ii) आन्तरिक साधनों से कई बार योग्य व्यक्ति प्राप्त नहीं किए जाते, क्योंकि पदोन्नति आदि के अवसरों पर सिफारिश या भाई-भतीजावाद की प्रवृत्ति अधिक कार्य करती है।
(iii) आन्तरिक स्रोत से पदोन्नति वस्तुत: वरिष्ठता क्रम में की जाती है, इससे वांछित योग्यता वाले व्यक्ति का चयन नहीं किया जा सकता है।
(iv) इस प्रकार के चयन में प्रबन्धकों की व्यक्तिगत धारणा महत्त्व रखती है।

2. बाह्य स्रोत External Sources

बाह्य स्रोत का उपयोग अधिकतर निम्न स्तर के पदों के लिए किया जाता है। इसका उपयोग कुछ विशिष्ट पदों के लिए भी किया जाता है; जैसे—इंजीनियर, लेखाधिकारी, लेखा-प्रशिक्षणार्थी, सम्पादकीय सहायक, सचिव, सांख्यिकी कर्मचारी आदि। बाह्य स्रोतों का उपयोग उस दशा में किया जाता है, जब अधिक दक्ष कर्मचारियों की आवश्यकता हो। संक्षेप में, आन्तरिक स्रोतों की अपेक्षा बाह्य स्रोत अधिक हैं तथा प्रत्येक नियोक्ता यह प्रयत्न करता है कि अधिक-से-अधिक व्यक्तियों के साक्षात्कार के उपरान्त अच्छे व्यक्ति का चयन किया जाए।

भर्ती के बाह्य स्रोतों में निम्नलिखित तथ्य शामिल होते हैं—

(i) डाक से प्रार्थना-पत्र मँगाना
(ii) कम्पनी द्वार पर भर्ती
(iii) आकस्मिक रूप से एकत्रित व्यक्तियों में से फाटक पर भर्ती
(iv) श्रम नियोजन कार्यालय एवं रोजगार कार्यालय
(v) व्यावसायिक संस्थाएँ, महाविद्यालय, विश्वविद्यालय, नियोजन ब्यूरो आदि
(vi) समाचार-पत्रों, व्यापारिक तथा अन्य तकनीकी पत्रिकाओं में विज्ञापन
(vii) महाविद्यालय प्राध्यापकों के सेमिनार
(viii) प्रबन्धकीय सलाहकार संस्थाएँ
(ix) अधिशासी नियोजक
(x) व्यावसायिक सहयोग संस्थाओं की बैठकें
(xi) मित्र एवं सम्बन्धी
(xii) अन्य साधन।

बाह्य स्रोत के गुण निम्नलिखित हैं—

(i) इस स्रोत के द्वारा बड़ी मात्रा में से कर्मचारियों की पूर्ति के लिए भर्ती की जा सकती है।
(ii) यह आन्तरिक स्रोत से भर्ती कर्मचारियों के लिए प्रेरक का कार्य करती है।
(iii) इस स्रोत से भर्ती प्रक्रिया में लाभ के अवसर न केवल विस्तृत क्षेत्र वाले होते हैं, बल्कि प्रतिभाशाली कर्मचारियों की प्राप्ति भी होती है।

बाह्य स्रोत के दोष निम्नलिखित हैं—

(i) यह अत्यधिक खर्चीली होती है।
(ii) कर्मचारियों की स्थिरता का अभाव इस भर्ती प्रक्रिया में देखने को मिलता है।
(iii) बेहतर कर्मचारियों की उपलब्धि कार्य के सन्दर्भ में अनिश्चित प्रवृत्ति की होती है।

चयन Selection

चयन वस्तुत: एक घटना होती है, जिसके अन्तर्गत प्रतियोगी को कई चरणों से गुजरना होता है। प्रत्येक चरण परीक्षण की प्रक्रिया से सम्पन्न होता है। चयन में वही व्यक्ति सफल होता है, जो एक ओर सम्बन्धित संस्थान के मानकों पर खरा उतरता है, तो दूसरी ओर उसके (संस्थान) द्वारा निर्धारित परीक्षण प्रक्रिया में सफल होता है। यदि प्रतियोगी मानकों को पूरा नहीं करता है, तो उसे अस्वीकार कर दिया जाता है।

डेल योडर के अनुसार, ''चयन एक प्रक्रिया है, जिसमें संस्थान के बाहर या अन्दर के सभी कर्मचारियों में से निर्धारित मानकों के आधार पर चुनने की प्रक्रिया सम्पन्न की जाती है।''

चयन प्रक्रिया Selection Process

कर्मचारियों के चयन हेतु एक व्यवस्थित प्रक्रिया का अनुसरण किया जाता है, क्योंकि आवेदक के बारे में पर्याप्त जानकारी प्राप्त करके व्यवसाय के लिए उपयोगी व्यक्ति का चुनाव ही चयन प्रक्रिया का उद्देश्य है। *निम्न प्रक्रियाएँ सर्वमान्य तथा प्रचलित हैं, यद्यपि इनका प्रयोग विभिन्न दशाओं के अनुसार किया जाता है–*

1. **आवेदन-पत्र** आवेदन-पत्र एक निर्धारित फार्म में प्राप्त करना परम्परागत एवं वृहद् स्तर पर प्रयोग की जाने वाली प्रणाली है। इसके द्वारा प्रार्थी के बारे में सामान्य जानकारी प्राप्त की जाती है तथा चलन के लिए प्रथम निर्णय लिया जाता है।

   सामान्यत: समस्त जानकारी प्रार्थी द्वारा स्वयं लिखित होनी चाहिए तथा वह उसके बारे में पूर्ण जानकारी देने वाली होनी चाहिए, जिससे उसके सम्बन्ध में सामान्य निर्णय लिया जा सके कि वह व्यक्ति कार्य के लिए उपयुक्त रहेगा या नहीं। आवेदन-पत्र में अभ्यर्थी की जीवन सम्बन्धी जानकारी, कार्यानुभव, व्यक्तिगत जानकारी, न्यूनतम अपेक्षित स्वीकार्य वेतन, नाम व पते आदि के बारे में जानकारी का उल्लेख होना चाहिए। संक्षेप में, आवेदन-पत्र पर प्रार्थी के बारे में सम्पूर्ण जानकारी का होना नितान्त आवश्यक होता है।

2. **प्राथमिक साक्षात्कार** जहाँ प्रार्थी बहुत अधिक संख्या में होते हैं, वहाँ प्राथमिक साक्षात्कार नियोजन कार्यालय द्वारा आयोजित किए जाते हैं। यह चयन का प्रथम चरण होता है। ऐसे साक्षात्कार को खड़े होकर साक्षात्कार भी कहा जाता है। इसके अन्तर्गत साक्षात्कार के लिए व्यक्ति को बहुत कम समय दिया जाता है तथा कार्य की प्रकृति आदि समझाकर उसकी स्वीकृति जानी जाती है।

   कार्य की प्रकृति के साथ मजदूरी, कार्य के घण्टे एवं कार्य की दशाओं सम्बन्धी सूचना भी उसे दी जाती है। प्राथमिक साक्षात्कार द्वारा अयोग्य व्यक्तियों को छाँट दिया जाता है और योग्य व्यक्तियों को ही वास्तविक साक्षात्कार के लिए आमन्त्रित किया जाता है। यह जानने के लिए कि व्यक्ति शारीरिक दृष्टि से, आयु तथा कार्यक्षमता एवं अन्य शैक्षणिक योग्यताओं की दृष्टि से पद के अनुकूल है अथवा नहीं, प्राथमिक साक्षात्कार हितकर होता है।

3. **रोजगार परीक्षण** रोजगार परीक्षण प्राय: प्रार्थियों की योग्यताओं, रुचियों, क्षमता एवं व्यक्तित्व के बारे में विस्तृत ज्ञान प्राप्त करने हेतु आयोजित किए जाते हैं। कार्य के प्रति प्रार्थी की रुचि ज्ञात करना, प्रार्थी की कार्य करने की प्रवृत्ति ज्ञात करना, प्रार्थी की मानसिक योग्यता का परीक्षण करना आदि रोजगार परीक्षण का महत्त्वपूर्ण उद्देश्य होता है।

4. **नियुक्ति साक्षात्कार** नियुक्ति साक्षात्कार चयन की वह विधि है, जिससे व्यक्ति के उत्तरदायित्व, उसके व्यवहार तथा उसके गुणों का पता लगाया जा सकता है। इस विधि का प्रयोग अत्यधिक किया जाता है।

   मैण्डेल के अनुसार, ''सामान्यत: जो साक्षात्कार आयोजित किए जाते हैं, उनकी मूलभूत कठिनाई यह है कि उनमें सीमित सूचना के आधार पर बहुत अनुमान लगाए जाते हैं तथा यह सूचना भी अविशिष्ट विचारकों द्वारा कृत्रिम परिस्थितियों में प्राप्त की जाती है।''

   'प्रार्थी क्या कर सकता है।' का अनुमान आवेदन-पत्र में की गई सूचना के आधार पर, प्राथमिक साक्षात्कार तथा परीक्षण द्वारा ज्ञात किया जा सकता है, परन्तु नियुक्ति साक्षात्कार द्वारा प्रबन्धक को प्रार्थी से सम्बन्धित अधिक जानकारी प्राप्त करने में सुविधा हो जाती है।

5. **स्वास्थ्य परीक्षण** *स्वास्थ्य परीक्षण के निम्नलिखित उद्देश्य होते हैं–*
   (i) छूत की बीमारियों से ग्रस्त व्यक्तियों को रोजगार देने से बचाया जा सके।
   (ii) ऐसे व्यक्ति जो शारीरिक दृष्टि से क्षीण हैं, किन्तु अन्य सरल कार्य काफी दक्षता से कर सकते हैं, उन्हें रोजगार प्रदान करना; जैसे–अपंग, बूढ़े व्यक्ति, बहरे या गूँगे व्यक्ति आदि।

   स्वास्थ्य परीक्षण से यह पता चल पाता है कि चयनित व्यक्ति में कार्य करने के लिए आवश्यक क्षमता है या नहीं अथवा वह कहीं अन्य पद पर स्थानान्तरित या पदोन्नत किया जा सकता है या नहीं।

6. **सन्दर्भ मँगवाना** इसके अन्तर्गत प्रार्थी द्वारा नामांकित विभिन्न व्यक्तियों से प्रार्थी के बारे में सन्दर्भ प्राप्त किए जाते हैं। इन सन्दर्भों के आधार पर प्रार्थी की पृष्ठभूमि, सामाजिक एवं अन्य वातावरण से लगाव आदि का ज्ञान प्राप्त किया जाता है। *रोजगार की दृष्टि से निम्न तीन प्रकार के सन्दर्भ सामान्यत: प्राप्त किए जाते हैं–*

(i) चरित्र (ii) कार्य (iii) शैक्षणिक सन्दर्भ

दूसरे शब्दों में, अच्छी सन्दर्भ प्रणाली से नियोक्ता प्रार्थी के प्रति पूर्ण जानकारी प्राप्त करने में समर्थ होता है। यह चयन प्रणाली का एक आवश्यक अंग बन गया है।

प्रशिक्षण Training

कर्मचारी को कार्य के अनुसार विशिष्ट योग्यता प्रदान करना ही प्रशिक्षण है। दूसरे शब्दों में, प्रशिक्षण एक ऐसी प्रक्रिया है, जिसके द्वारा व्यक्ति की योग्यता, कार्यक्षमता तथा निपुणता में वृद्धि की जाती है।

फ्लिप्पो के अनुसार, ''कर्मचारी में विशिष्ट कार्य के लिए योग्यता की वृद्धि करना ही प्रशिक्षण है।''

प्रशिक्षण सामान्य ज्ञान के विपरीत विशिष्ट ज्ञान है, जिसकी आवश्यकता कार्य विशेष को निष्पादित करने के लिए होती है।

प्रशिक्षण के उद्देश्य Objectives of Training

अनेक उपक्रम प्रशिक्षण कार्यक्रम इसलिए आयोजित करते हैं कि उन्हें आयोजित किया जाना है, वे इसके उद्देश्यों को महत्त्व नहीं देते हैं। किसी प्रशिक्षण कार्यक्रम की सफलता इस बात पर निर्भर करती है कि इसके उद्देश्यों का निर्धारण कितनी दक्षता से किया गया है। *प्रशिक्षण के विभिन्न उद्देश्य निम्नलिखित हैं–*

1. **संगठन के प्रति निष्ठा** प्रशिक्षण का मूल उद्देश्य कर्मचारियों की प्रबन्ध के प्रति आस्था जागृत करना है। प्रशिक्षण के समय सभी प्रशिक्षणार्थियों को एक-सा ज्ञान दिया जाता है, एक-सी विधियाँ सिखाई जाती हैं, जिससे यह भावना दृढ़ हो सके कि संगठन एक है तथा सभी कर्मचारियों का उद्देश्य एक ही है।
2. **कार्य सम्बन्धी ज्ञान एवं कौशल का विकास करना** प्राय: प्रशिक्षण कार्यक्रम ज्ञान एवं कुशलता में वृद्धि करने की दृष्टि से आयोजित किए जाते हैं। कुशलता की श्रेणी में शारीरिक कार्यकुशलता के साथ अन्तर्व्यक्ति सम्बन्ध कुशलता, पर्यवेक्षण, संगठन, आयोजन क्रियाएँ तथा अन्य इसी प्रकार की कुशलता में योग्यता सम्मिलित की जाती है।

3. **सूचना प्रसारित करना** कुछ प्रशिक्षण कार्यक्रमों का उद्देश्य सामान्य प्रकृति की सूचनाएँ प्रसारित करना होता है, जिनका कार्य विशेष से कोई सम्बन्ध नहीं होता; जैसे—कम्पनी का इतिहास, उसका उत्पादन, उसकी सेवाएँ, संगठन तथा उसकी नीतियों के बारे में जानकारी देना।
4. **धारणाओं में परिवर्तन** कुछ प्रशिक्षण कार्यक्रमों का उद्देश्य कर्मचारियों की धारणाओं में परिवर्तन करना होता है; जैसे—पर्यवेक्षकों और प्रबन्धकों को कर्मचारियों की धारणाओं, प्रतिक्रियाओं आदि को जानने के लिए उपयुक्त प्रशिक्षण देना, अभिप्रेरण में वृद्धि करना तथा कम्पनी के समर्थन में कर्मचारियों की धारणा को पुष्ट करना।
5. **मनोबल में वृद्धि** संगठन के प्रति कर्मचारियों की धारणा प्रबल बनाना तथा कर्मचारियों के मनोबल में वृद्धि करना।
6. **कर्मचारियों की कार्यक्षमता में वृद्धि करना** इससे कर्मचारी कार्य प्रणाली में सम्भाव्य परिवर्तन की जानकारी प्राप्त करने में सफल होते हैं तथा उन्नत विधियों के बारे में ज्ञान प्राप्त करते हैं। संक्षेप में, यह कहा जा सकता है कि प्रशिक्षण से कर्मचारी की कार्यक्षमता में वृद्धि ही नहीं होती, वरन् उसे अपनी दक्षता का पूर्ण उपयोग करते हुए संगठनात्मक व व्यक्तिगत लक्ष्यों में सामंजस्य स्थापित करने में सहायता मिलती है। इसके अतिरिक्त प्रशिक्षण से कर्मचारियों की नेतृत्व क्षमता का विकास होता है और उन्हें विकास के अवसर प्राप्त होते हैं।

प्रशिक्षण से लाभ Advantages of Training

प्रशिक्षण से निम्न लाभ प्राप्त होते हैं—

1. कर्मचारी के मनोबल से उसकी कार्यदक्षता तथा उत्पादकता में वृद्धि होती है।
2. कार्यप्रणाली में सुधार होता है।
3. संयन्त्र, औजार, मशीनों तथा कच्चे माल का अधिकतम एवं विवेकपूर्ण उपयोग सम्भव हो पाता है।
4. कर्मचारियों को अधिक पर्यवेक्षण की आवश्यकता नहीं होती है।
5. कार्य लागत में कमी आती है।
6. कर्मचारी पदोन्नतियों के प्रति आशान्वित होते हैं।
7. दुर्घटना दर कम हो जाती है तथा उत्पादित वस्तु की किस्म में सुधार हो जाता है।
8. कार्य में कच्चे माल का अपव्यय तथा सम्भावित त्रुटियों की मात्रा कम हो जाती है।

प्रशिक्षण की पद्धति Techniques of Training

प्रशिक्षण के लिए अनेक पद्धतियाँ उपलब्ध हैं, परन्तु प्रशिक्षण के लिए प्राय: निम्न पद्धतियों का इस्तेमाल किया जाता है—

1. **कार्यरत प्रशिक्षण** कर्मचारियों को प्रशिक्षण प्रदान करने के लिए सबसे अधिक प्रचलित प्रणाली कार्यरत प्रशिक्षण है। इस प्रणाली के अन्तर्गत कर्मचारी को कार्य करते समय ही प्रशिक्षण दिया जाता है। ज्यों-ज्यों कर्मचारी अधिकाधिक कार्य निष्पादन करता है, त्यों-त्यों प्रशिक्षणात्मक निर्देशन में कमी आती जाती है। प्रशिक्षण कुशल एवं अनुभवी श्रमिकों, पर्यवेक्षक या विशिष्ट प्रशिक्षण अधिकारियों द्वारा श्रमिकों को कार्य करते समय दिया जाता है। प्राय: नया कर्मचारी अन्य व्यक्तियों को कार्य करते देखकर भी कार्य सीखता है।
2. **विद्यालय प्रशिक्षण** कई कम्पनियाँ प्रशिक्षण विद्यालयों के माध्यम से प्रशिक्षण कार्यक्रमों को नियमित रूप से चलाती रहती हैं। इन विद्यालयों में प्रशिक्षणार्थियों को कक्षा की भाँति पढ़ाया जाता है तथा कार्य से पृथक् वातावरण में प्रशिक्षण प्रदान किया जाता है, किन्तु प्रशिक्षण के समय कार्य में आने वाली मशीनों एवं औजारों जैसे संसाधन ही प्रयोग में लाए जाते हैं। इस प्रकार तकनीकी प्रशिक्षण केन्द्र प्राय: सरकार अथवा अन्य कल्याणकारी संस्थाओं द्वारा चलाए जाते हैं, जिनमें इच्छुक वयस्क व्यक्ति प्रशिक्षण प्राप्त करते हैं।

   सामान्यत: इस प्रकार का प्रशिक्षण अर्द्धकुशल कर्मचारियों को दिया जाता है। यह प्रशिक्षण सामान्यत: लिपिकीय कार्यकर्ताओं, निरीक्षकों, मशीन ऑपरेटरों, जाँचकर्ता तथा टंकण लिपिकों के लिए अधिक लाभदायक होता है। इस प्रकार का प्रशिक्षण उस स्थान पर अधिक सफल होता है, जहाँ अधिकांश बातें सिद्धान्तों, विचारों, आदर्शों, नीतियों आदि के रूप में समझाई जानी आवश्यक होती हैं।
3. **पर्यवेक्षकों द्वारा प्रशिक्षण** इस प्रकार के प्रशिक्षण के माध्यम से श्रमिक अपने पर्यवेक्षकों के समीप आने में समर्थ होते हैं तथा पर्यवेक्षक अपने अधीनस्थ कर्मचारियों की योग्यता का आंकलन करने तथा उनकी प्रशिक्षण की आवश्यकता ज्ञात करने में समर्थ होते हैं।
4. **संयुक्त प्रशिक्षण** यह प्रशिक्षण तकनीकी संस्थान और व्यवसायिक संस्थान मिलकर अपने सदस्य व प्रशिक्षणार्थियों को संयुक्त रूप से देते हैं। इसमें प्रशिक्षणार्थियों को सैद्धान्तिक व व्यवहारिक प्रशिक्षण दिया जाता है। अत: इसमें समय अधिक लगता है।
5. **द्वारकोष्ट प्रशिक्षण** यह प्रशिक्षण विशेष प्रशिक्षणशाला में दिया जाता है, जहाँ कारखाने जैसा वातावरण होता है और जहाँ मशीनें व औजार कारखाने जैसे होते हैं। यहाँ पर प्रशिक्षण देने के उपरान्त प्रशिक्षणार्थी को कारखाने में कार्य पर नियुक्त कर दिया जाता है।

   उपरोक्त के अलावा भी बहुत-सी ऐसी पद्धतियाँ हैं, जिनके माध्यम से प्रशिक्षण का कार्य सम्पन्न किया जाता है; जैसे—भाषण, सम्मेलन, प्रयोगशाला विधि, नियोजित निर्देशन, भूमिका निर्वाह, शिशु प्रशिक्षण, नियोजित सामूहिक प्रयास इत्यादि।

विकास Development

विकास एक शैक्षिक प्रक्रिया होती है, जो किसी व्यक्तित्व के मानसिक एवं कार्यक्षमता के विकास में सहायक होती है। विकास के माध्यम से कर्मचारी की क्षमता में विस्तार करना सम्भव होता है। साथ ही उत्पादन के स्तर में मात्रा और गुणवत्ता दोनों के स्तर पर बेहतर लाभ प्राप्त किया जा सकता है। विकास, अक्सर कर्मचारी के अनुभव और उसकी परिपक्वता के साथ भी प्रभावित होता है, लेकिन यह सर्वविदित है कि क्रमश: किसी भी तथ्य की गुणवत्ता एवं मात्रा में विकास के माध्यम से गुणात्मक लाभ प्राप्त किया जा सकता है।

विकास की विशेषताएँ Characteristics of Development

विकास की निम्नलिखित विशेषताएँ हैं—

1. किसी कार्य की महत्ता एवं गुणवत्ता को विकास सकारात्मक सन्दर्भ में प्रभावित करता है।
2. विकास घटना से नहीं, बल्कि प्रक्रिया से गुणित होता है।
3. किसी कार्यकारी व्यवस्था में सुधार विकास के द्वारा ही सम्भव होता है।

4. विकास सर्वदा अनुभवों, कार्यों एवं निरन्तरता की गतिविधियों से लाभान्वित होता है।
5. कार्य परिवर्तन के अन्तर्गत प्रबन्धक को एक संस्था के विभिन्न कार्यों का प्रशिक्षण दिया जाता है।
6. प्रभावी प्रशिक्षण कार्यक्रम के लिए यह आवश्यक है कि वह सीख के परीक्षित सिद्धान्तों पर आधारित है।

निष्पादन मूल्यांकन Performance Evaluation

कर्मचारी के प्रदर्शन के व्यवस्थित और आगे की वृद्धि और विकास के लिए उसकी क्षमताओं को समझना निष्पादन मूल्यांकन कहलाता है। निष्पादन मूल्यांकन आमतौर पर व्यवस्थित तरीके से किया जाता है। *यह निम्नानुसार हैं—*

1. पर्यवेक्षक कर्मचारियों के वेतन का आंकलन कर लक्ष्य और योजनाओं के साथ इसकी तुलना करते हैं।
2. पर्यवेक्षक कर्मचारियों के कार्य निष्पादन के पीछे कारकों का विश्लेषण करता है।
3. नियोक्ता बेहतर प्रदर्शन के लिए कर्मचारियों को निर्देशित करता है।

निष्पादन मूल्यांकन का उद्देश्य
Objectives of Performance Evaluation

निष्पादन मूल्यांकन निम्नलिखित उद्देश्यों के साथ किया जा सकता है--

1. क्षतिपूर्ति पैकेज, मजदूरी संरचना, वेतन वृद्धि, आदि का निर्धारण करने के लिए रिकॉर्ड बनाए रखना।
2. सही नौकरी पर सही लोगों को रखने के लिए कर्मचारियों की शक्तियों और कमजोरियों की पहचान करना।
3. पुन: विकास और वृद्धि के लिए किसी व्यक्ति में उपस्थित क्षमताओं को बनाए रखना और उसका आंकलन करना।
4. कर्मचारियों को उनके प्रदर्शन और सम्बन्धित स्थिति के बारे में एक राय देना।
5. कर्मचारियों के काम करने की आदतों को प्रभावित करने का आधार।
6. कर्मचारियों के काम करने की आदतों को प्रभावित करने का आधार।
7. प्रगति और अन्य प्रशिक्षण कार्यक्रमों की समीक्षा करना।

निष्पादन मूल्यांकन के लाभ
Advantages of Performance Evaluation

ऐसा कहा जाता है कि निष्पादन मूल्यांकन कम्पनी के लिए एक निवेश है, जिसे निम्नलिखित फायदे से उचित माना जा सकता है—

1. **पदोन्नति** प्रदर्शन मूल्यांकन, पर्यवेक्षकों को कुशल कर्मचारियों के लिए पदोन्नति कार्यक्रमों को तैयार करने में मदद करता है।
2. **मुआवजा** प्रदर्शन मूल्यांकन कर्मचारियों के लिए मुआवजे के पैकेज तैयार करने में मदद करता है। निष्पादन मूल्यांकन के माध्यम से मेरिट रेटिंग सम्भव है।
3. **कर्मचारी विकास** प्रदर्शन मूल्यांकन की व्यवस्थित प्रक्रिया पर्यवेक्षकों, नीतियों और कार्यक्रमों को फ्रेम करने में मदद करती है। यह कर्मचारियों की ताकत और कमजोरियों का विश्लेषण करने में मदद करता है, ताकि कुशल कर्मचारियों के लिए नई नौकरियाँ तैयार की जा सकें।
4. **चयन मान्यकरण** प्रदर्शन मूल्यांकन पर्यवेक्षकों को चयन प्रक्रिया की वैधता और महत्त्व को समझने में मदद करता है
5. **संचार** एक संगठन के लिए कर्मचारियों और नियोक्ताओं के बीच प्रभावी संचार बहुत महत्त्वपूर्ण है।
6. **अभिप्रेरण** प्रदर्शन मूल्यांकन के माध्यम से एक व्यक्ति की दक्षता निर्धारित की जा सकती है, यदि लक्ष्य प्राप्त किए जाते हैं।

पारिश्रमिक Remuneration

कामकाज के बदले कर्मचारियों के लिए मौद्रिक मूल्य प्रदान करने के लिए पारिश्रमिक एक व्यवस्थित दृष्टिकोण है। पारिश्रमिक कार्य, प्रदर्शन और कार्य को पूर्ण करने के लिए दिया जाता है। पारिश्रमिक कम्पनी के अस्तित्व को आगे बढ़ाने के लिए विभिन्न उद्देश्यों में प्रबन्धन द्वारा उपयोग किया गया एक उपकरण है। पारिश्रमिक व्यापार की जरूरतों, लक्ष्यों और उपलब्ध संसाधनों के अनुसार समायोजित किया जा सकता है। असाधारण कार्य प्रदर्शन के लिए एक पुरस्कार के रूप में भी पारिश्रमिक का इस्तेमाल किया जा सकता है।

पारिश्रमिक का इस्तेमाल निम्न में किया जा सकता है—

1. योग्य कर्मचारियों की भर्ती और उन्हें बनाए रखना।
2. मनोबल/सतुष्टि बढ़ाने या बनाए रखने के लिए।
3. पुरस्कृत प्रदर्शन और प्रोत्साहन देना।
4. आन्तरिक और बाहरी समानता प्राप्त करना।
5. यूनियनों की बातचीत (वार्ता के माध्यम से) को संशोधित करना।

क्षतिपूर्ति Compensation

मजदूरी एवं वेतन प्रशासन के अन्तर्गत श्रमिकों की मजदूरी से जुड़ी क्षतिपूर्ति को दो हिस्सों में विभाजित किया जाता है—

1. **आधारभूत क्षतिपूर्ति या लाभ** आधारभूत क्षतिपूर्ति से आशय एक श्रमिक को दिए जाने वाले मौद्रिक लाभों से है, जो सामान्यत: उसके कार्य की प्रगति से सम्बन्धित होते हैं। अनुषंगी (Fringe) से आशय श्रमिकों को दिए जाने वाले लाभों से है, जो सामान्यत: उसके कार्य की प्रगति से सम्बन्धित होते हैं।
2. **अनुषंगी क्षतिपूर्ति या लाभ** अनुषंगी लाभों से तात्पर्य उन सुविधाओं से है, जो नियोक्ता द्वारा श्रमिक एवं उसके परिवार के सदस्यों को दी जाती है। इसके मुख्य उदाहरण हैं-प्रोविडेण्ट फण्ड, ग्रेच्युइटी, लाभांश, पेन्शन, श्रमिक, क्षतिपूर्ति, घर, स्वास्थ्य सुविधाएँ, कैण्टीन, उपभोक्ता स्टोर, शिक्षा सुविधाएँ, वित्तीय सलाह आदि।

इस तरह हम देखते हैं कि मजदूरी एवं वेतन प्रशासन से आशय इस विषय से सम्बन्धित नीतियों को निर्धारित करने एवं उन्हें लागू करने से है। इसका मुख्य उद्देश्य एक लागत प्रभावी वातावरण तैयार करना है, जो श्रमिक को प्रेरित करे, उन्हें संस्था में जोड़े रखे तथा संस्था के प्रति आकर्षित करें। यह वित्तीय सुविधाओं के अतिरिक्त प्रेरणात्मक तत्त्वों से भी सम्बन्धित होता है। सही कहा गया है कि मनुष्य जो भी कार्य करते हैं, किसी आवश्यकता की सन्तुष्टि के लिए ही होता है। इसके लिए वे अवश्य ही इसके प्रतिफल को भी देखते हैं। ये प्रतिफल मौद्रिक या तरक्की या पहचान या एक मुस्कान के रूप में भी हो सकते हैं।

अभ्यास प्रश्न

मानव संसाधन प्रबन्ध-आशय, महत्त्व

1. किसी संगठन की महत्ता तीन तथ्यों पर आधारित होती है, निम्नलिखित में से कौन-सा विकल्प असंगत है?
(a) मानव (b) धन (c) पदार्थ (d) तन्त्र

2. "व्यापार प्रसंग में मानव संसाधन प्रबन्धन" पुस्तक के लेखक हैं
(a) लुईस अब्राहम (b) मैकमिलन
(c) एलन प्राइस (d) जॉन सेनकर

3. मानव संसाधन प्रबन्धन अपने आप में है
(a) लक्ष्य (b) साधन (c) संसाधन (d) ये सभी

4. निम्नलिखित में से कौन-सा मानव संसाधन प्रबन्ध का क्रियात्मक कार्य नहीं है?
(a) विकास (b) नियन्त्रण (c) क्षतिपूर्ति (d) एकीकरण

5. "मानव संसाधन प्रबन्धन एक लम्बे समय से चली आ रही पूँजीवादी व्यवस्था का विचार है, जिसमें कामगारों को उपयोगी वस्तु माना जाता है।" यह किसका कथन है?
(a) लॉगर्ट (b) नमन सिंह
(c) गेस्ट (d) दिशा भारद्वाज

6. ऐतिहासिक रूप से, मानव संसाधन प्रबन्धन का विकास .... और उनकी .... से हुआ।
(a) रॉबर्ट ओवेन और स्पिनिंग व्हील
(b) बेयर्ड और रॉल्सन
(c) कोटेन और मिठूबेन
(d) रॉबिन्सन और रोहन

7. सामरिक मानव शक्ति योजना का उद्देश्य है
(a) भूमण्डलीकरण के अनुकूल मानव संसाधन का प्रबन्धन सुनिश्चित करना
(b) कार्यों का वर्गीकरण करना
(c) नियोजन में समन्वय बनाना
(d) आधिकारिक कार्यों का निर्धारण करना

8. "मानव संसाधन प्रबन्धन फैसले या निर्णयों की एक समन्वित शृंखला है, जो कर्मचारी और नियोक्ता के सम्बन्ध को संचालित करती है व उनकी गुणवत्ता संस्था व कर्मचारियों की उद्देश्य पूर्ति में सहायक होती है।" यह किसके द्वारा कहा गया है?
(a) फ्लिप्पो (b) मिल्कोविच
(c) ट्रेसी (d) रॉबिन्सन

9. कार्यात्मक लक्ष्य के अन्तर्गत निम्नलिखित में कौन-सा असत्य है?
(a) मूल्यांकन (b) लाभ (c) नियोजन (d) जाँच

10. मानव संसाधन प्रबन्धन संगठन के किस लक्ष्य में सहयोग देता है?
(a) प्राथमिक लक्ष्य (b) द्वितीयक लक्ष्य
(c) तृतीयक लक्ष्य (d) ये सभी

11. मानव शक्ति योजना का मुख्य आशय भविष्य के लिए सम्भावित आवश्यकतानुसार .... जुटाना है।
(a) सम्पत्ति (b) मानव संसाधन
(c) सरकारी समर्थन (d) सार्वजनिक व्यवहार

12. संस्था स्तर पर जनशक्ति आयोजन सम्पूर्ण राष्ट्र के मानव संसाधन नियोजन शृंखला में एक....... के रूप में कार्य करता है।
(a) व्यवस्था (b) सम्पत्ति (c) कड़ी (d) संसाधन

13. किसी संस्था में उपभोक्ता की सन्तुष्टि व संस्था के कर्मचारियों की सन्तुष्टि सुनिश्चित की जा सकती है
(a) सार्थक नेतृत्व द्वारा
(b) लचीली कार्यप्रणाली द्वारा
(c) स्थायित्व व सार्थक नेतृत्व द्वारा
(d) सार्थक नेतृत्व व लचीली कार्यप्रणाली द्वारा

14. विकास कार्यक्रमों और आयोजित कर्मचारी नियुक्ति के प्रभाव से प्रति इकाई.......लागत कम की जा सकती है।
(a) श्रम (b) संसाधन (c) धन (d) ईंधन

15. अल्पकालीन नियोजन या आयोजन उन दशाओं में किया जाता है, जब संस्था में किसी.......पर प्रयोग किया जा रहा हो।
(a) पुरानी विधि (b) नई विधि
(c) आधिकारिक व्यवस्था (d) सार्वभौमिक विधि

16. मानव संसाधन प्रबन्धन का मृदु पक्ष किस शाखा से प्रेरित है?
(a) मतवाद शाखा (b) पितृवाद शाखा
(c) एकेश्वरवाद शाखा (d) नारीवाद शाखा

17. मानव संसाधन विभाग है
(a) रैखिक विभाग (b) कार्यकारी विभाग
(c) अभिसत्ता विभाग (d) सेवा विभाग

18. निम्नलिखित में से कौन-सा व्यक्तिगत लक्ष्य के सहायक कार्य के अन्तर्गत नहीं आता है?
(a) क्षतिपूर्ति (b) जाँच (c) नियोजन (d) लाभ

19. मानव संसाधन प्रबन्धन के कार्यक्षेत्र में कौन-सा पक्ष शामिल नहीं किया जाता है?
(a) औद्योगिक सम्बन्ध पहलू (b) कल्याण पक्ष पहलू
(c) कर्मचारी पक्ष पहलू (d) उपभोक्ता पक्ष पहलू

20. कर्मचारी पक्ष में कौन-सा बिन्दु शामिल किया जाता है?
(a) संयुक्त परामर्श (b) सामूहिक समझौता
(c) विवाद निपटारा (d) प्रोत्साहन

21. निम्नलिखित में से कौन मानव संसाधन प्रबन्धन की प्रमुख चुनौतियाँ है?
(a) राष्ट्रीय नीतियों के साथ संस्थागत नीतियों का समागम आवश्यक है, क्योंकि सूक्ष्म स्तरीय योजनाएँ तभी सफल होती हैं, जब वृहत् नीति निर्देशों के अनुकूल हों। अतः व्यवसाय को अपनी बात नीति निर्धारण के समय स्पष्ट रूप से रखनी चाहिए, ताकि नीति कार्यान्वयन के समय अनिश्चितताएँ न हों व उन्हें अनैतिक दबाव नौकरशाही पर डालने की आवश्यकता न हो
(b) डेमोग्राफिक परिवर्तनों का सामना करते हुए कार्यबल संरचना में चुनौती बढ़ेगी, क्योंकि वरिष्ठ, युवा, महिलाओं, पिछड़ी जातियों के हितार्थ आशान्वित परिवर्तन मानव संसाधन प्रबन्धन नीतियों के द्वारा ही होंगे
(c) प्रबन्धन के क्षेत्र में कर्मचारी-साझेदारी अत्यन्त महत्त्वपूर्ण कार्य होगा
(d) उपरोक्त सभी

22. निम्नलिखित में से कौन जनशक्ति के अन्तर्गत आता है?
(a) संगठित श्रमिक (b) असंगठित श्रमिक
(c) नियोक्ता (d) ये सभी

23. भारतीय आई टी कम्पनियाँ अच्छे आई टी व्यावसायिकों को प्राप्त करने के लिए प्रारम्भिक अवस्था में निम्नलिखित में से किस पर अधिक निर्भर करती हैं?
(a) जॉब पोर्टल्स (b) स्थानन एजेंसियाँ
(c) परिसर स्थानन (d) ये सभी

24. एमबीओ (MBO) दृष्टिकोण के अन्तर्गत प्रत्येक लक्ष्य के लिए कौन-सा तत्त्व आवश्यक नहीं है?
(a) समय तत्त्व (b) लागत तत्त्व
(c) मानवीय सम्बन्ध तत्त्व (d) मापीय तत्त्व

मानव शक्ति अनुमान (मानव संसाधन, नियोजन, भर्ती)

25. निम्नलिखित में से कौन जनशक्ति के अन्तर्गत आता है?
(a) संगठित श्रमिक (b) असंगठित श्रमिक
(c) नियोक्ता (d) ये सभी

26. बहुराष्ट्रीय कम्पनियों का विभिन्न देशों से कर्मचारियों को नियुक्त करना कहलाता है
(a) विविधता प्रबन्धन (b) आर्थिक प्रबन्धन
(c) नीतिगत प्रबन्धन (d) नैतिक प्रबन्धन

27. मानव संसाधन प्रबन्धन के सामाजिक लक्ष्य के अन्तर्गत निम्नलिखित तथ्य आते हैं, इनमे से कौन-सा असत्य है?
(a) कानूनी अनुपालन (b) लाभ
(c) श्रम संघप्रबन्धन सम्बन्ध (d) नियोजन

28. अगर कर्मचारियों को सुरक्षित और बेहतर प्रदर्शन के लिए प्रेरित करना हो, तो उनके किन लक्ष्यों की पूर्ति अवश्य होनी चाहिए?
(a) कार्यात्मक (b) व्यक्तिगत
(c) सामूहिक (d) इनमें से कोई नहीं

29. कार्मिक योजना एक·······चलने वाली प्रक्रिया है।
(a) क्रमशः (b) निरन्तर
(c) एक के बाद एक (d) अस्थाई

30. भर्ती के बाह्य स्रोत के अन्तर्गत अधिकतम निम्न स्तर के पदों के लिए बाह्य स्रोत का इस्तेमाल किया जाता है। कौन-से पद इस श्रेणी में आते हैं?
(a) लेखाधिकारी (b) इंजीनियर
(c) सम्पादकीय सचिव (d) ये सभी

31. भर्ती के बाह्य स्रोत में निम्न में से कौन-सा शामिल होता है?
(a) डाक से प्रार्थना-पत्र मँगवाना
(b) कम्पनी द्वार पर भर्ती
(c) महाविद्यालय प्राध्यापकों के सेमिनार
(d) उपरोक्त सभी

32. भर्ती के आन्तरिक स्रोत की निम्नलिखित में से कौन-सी कमी या दोष नहीं है?
(a) नए व साहसी व्यक्तियों को प्रवेश का अवसर नहीं मिलता
(b) भाई-भतीजावाद का प्रचलन
(c) पदोन्नत नहीं होता है
(d) व्यक्तिगत धारणा का प्रभुत्व

33. भर्ती के बाह्य स्रोत में निम्नलिखित में से कौन-सा दोष नहीं है?
(a) अत्यधिक खर्चीला (b) स्थिरता का अभाव
(c) बेहतर कर्मचारियों का अभाव (d) कुशल प्रबन्धन का अभाव

34. किसी लक्ष्य की पूर्ति हेतु किसी संस्था का नीति सम्बन्धी निर्णय कहा जा सकता है
(a) मध्यकालीन आयोजन (b) दीर्घकालीन आयोजन
(c) अल्पकालीन आयोजन (d) इनमें से कोई नहीं

35. मध्यकालीन आयोजन प्रायः·····स्तर के पक्षों के लिए किया जाता है।
(a) कर्मचारी (b) मजदूर (c) पर्यवेक्षकीय (d) अधिकारी

36. दीर्घकालीन आयोजन की दृष्टि से प्रत्येक पद पर····ही होना चाहिए।
(a) उच्चस्थ व्यक्ति (b) योग्य व्यक्ति
(c) धनवान व्यक्ति (d) नैतिक स्तर से मजबूत व्यक्ति

37. प्रबन्धक स्तर के पदों पर कार्य करने वाले कर्मचारी किस आयोजन द्वारा भर्ती किए जाते हैं?
(a) अल्पकालीन (b) मध्यकालीन (c) दीर्घकालीन (d) ये सभी

38. उलरिच के अनुसार नियोजन के मुख्यतः कितने चरण होते हैं?
(a) तीन (b) चार (c) पाँच (d) छः

39. निम्नलिखित में से कौन उलरिच के नियोजन के चरणों में शामिल नहीं किया जाता है?
(a) सामरिक उद्देश्य का स्पष्टीकरण
(b) व्यवहारिक कार्य का स्पष्टीकरण
(c) मानव संसाधन समाकलन
(d) कार्यान्वयन चरण

40. दक्षता स्तम्भ उलरिच के किस नियोजन के चरण के अन्तर्गत शामिल किया जाता है?
(a) मानवीय गतिविधि चरण
(b) मानव संसाधन समाकलन चरण
(c) कार्यान्वयन चरण
(d) सामरिक उद्देश्य का स्पष्टीकरण

41. "कर्मचारी में विशिष्ट कार्य के लिए योग्यता की वृद्धि करना ही प्रशिक्षण है।" यह परिभाषा है
(a) फ्लिप्पो (b) रोजबर्न (c) रॉबिन्सन (d) केट वर्गर

42. मानव संसाधन प्रबन्धन के कार्यात्मक उद्देश्य के अन्तर्गत संगठन निर्माण के लिए जरूरी होता है
(a) सशक्तीकरण (b) स्वामित्व
(c) उद्देश्य (d) 'a' और 'b' दोनों

43. कार्यात्मक उद्देश्य के अन्तर्गत······पर बल दिया जाता है।
(a) प्रत्यायोजन (b) उत्तरदायित्व
(c) विकास (d) 'a' और 'b' दोनों

44. भर्ती के आन्तरिक स्रोत के कौन-कौन से गुण हैं?
(a) यह व्यक्ति के नैतिक स्तर को ऊँचा उठाने में सहायक होता है
(b) यह व्यक्ति में संगठन के प्रति स्वामिभक्ति जाग्रत करता है
(c) यह कम्पनी के सामान्य आचरण, व्यवहार, नियम आदि के प्रति प्रशिक्षित होता है
(d) उपरोक्त सभी

45. संगठनात्मक उद्देश्यों की प्राप्ति हेतु बनाई गई व्यावसायिक योजना को कहते हैं
(a) मानव संसाधन नियोजन (b) मानव संसाधन पूर्वानुमान
(c) कूटनीतिक योजना (d) निगमीय विकास योजना

46. अधिष्ठापन का हिस्सा है
(a) प्रशिक्षण (b) चयन
(c) भर्ती (d) इनमें से कोई नहीं

47. संगठन की आवश्यकताओं के साथ कर्मचारियों की आवश्यकताओं एवं अपेक्षाओं को समाहित करने की प्रक्रिया कहलाती है
(a) संगठनात्मक नियोजन (b) मानव संसाधन नियोजन
(c) कैरियर नियोजन (d) उत्तराधिकार नियोजन

48. संगठन के उद्देश्यों को प्राप्त करने के लिए बनाई गई व्यावसायिक योजना कहलाती है
(a) मानव संसाधन नियोजन (b) मानव संसाधन पूर्वानुमान
(c) रणनीतिक योजना (d) निगम विकास योजना

49. मानव संसाधन विभाग है
(a) रैखिक विभाग (b) कार्यकारी विभाग
(c) अभिसत्ता विभाग (d) सेवा विभाग

50. निम्नलिखित में से कौन-सा उद्देश्य प्रशिक्षण का उद्देश्य नहीं होता है?
(a) संगठन के प्रति निष्ठा
(b) कार्य सम्बन्धी ज्ञान व कौशल का विकास करना
(c) व्यावहारिक गतिविधियाँ
(d) सूचना प्रसारित करना

51. निम्नलिखित में से कौन-सा प्रशिक्षण अर्द्धकुशल कर्मचारियों को दिया जाता है?
(a) विद्यालय प्रशिक्षण (b) पर्यवेक्षक प्रशिक्षण
(c) संयुक्त प्रशिक्षण (d) द्वारकोष्ठ प्रशिक्षण

52. लिपिकीय कार्यकर्ताओं, निरीक्षकों, मशीन ऑपरेटरों, जाँचकर्ता तथा टंकण लिपिकों के लिए कौन-सा प्रशिक्षण अधिक लाभदायक होता है?
(a) संयुक्त प्रशिक्षण (b) द्वारकोष्ठ प्रशिक्षण
(c) विद्यालय प्रशिक्षण (d) पर्यवेक्षक प्रशिक्षण

53. "चयन एक प्रक्रिया है, जिसमें संस्थान के बाहर या अन्दर के सभी कर्मचारियों में से निर्धारित मानकों के आधार पर चुनने की प्रक्रिया सम्पन्न की जाती है।" यह कथन किसका है?
(a) डेल मॉर्टिन (b) डेल योडर
(c) एस्टन लॉर्ड (d) रॉबर्ट जॉन

54. "साक्षात्कार चयन की वह विधि है, जिससे व्यक्ति के उत्तरदायित्व, उसके व्यवहार तथा उसके गुणों का पता लगाया जाता है।" यह कथन सम्बन्धित है
(a) डेल योडर (b) कॉहन एण्ड कॉहन
(c) मैण्डेल (d) कैण्डोल

55. प्रार्थी क्या कर सकता है का अनुमान किस सूचना पर लगाया जाता है?
(a) प्रशिक्षण (b) साक्षात्कार
(c) आवेदन-पत्र (d) परिचय

56. कर्मचारियों को प्रशिक्षण प्रदान करने के लिए प्रचलित प्रणालियों में सबसे प्रचलित प्रणाली है
(a) कार्यरत प्रशिक्षण
(b) विद्यालय प्रशिक्षण
(c) द्वारकोष्ठ प्रशिक्षण
(d) संयुक्त प्रशिक्षण

57. कौन-सा प्रशिक्षण, प्रशिक्षण काल से अलग विशेष प्रशिक्षणशाला में दिया जाता है?
(a) पर्यवेक्षक प्रशिक्षण (b) द्वारकोष्ठ प्रशिक्षण
(c) संयुक्त प्रशिक्षण (d) विद्यालय प्रशिक्षण

58. किस प्रकार के प्रशिक्षण के माध्यम से श्रमिक अपने पर्यवेक्षकों के समीप आने में समर्थ होते हैं?
(a) संयुक्त प्रशिक्षण (b) कार्यरत प्रशिक्षण
(c) द्वारकोष्ठ प्रशिक्षण (d) पर्यवेक्षक प्रशिक्षण

59. "प्रशिक्षण एक ऐसी प्रक्रिया है, जिसके द्वारा व्यक्ति की योग्यता, कार्यक्षमता तथा निपुणता में वृद्धि की जाती है।" यह परिभाषा दी है?
(a) फिलप्पो (b) गेट्स
(c) दिशा भारद्वाज (d) रोहन वर्मा

60. उपक्रमों द्वारा आयोजित किए जाने वाले कार्यक्रमों के पीछे का उद्देश्य होता है?
(a) स्पष्ट (b) अस्पष्ट
(c) 'a' और 'b' दोनों (d) कहा नहीं जा सकता है

61. प्रशिक्षण के समय सभी प्रशिक्षणार्थियों को ज्ञान दिया जाता है
(a) विविध (b) विभिन्न
(c) समान (d) नैतिक

62. मानव संसाधन नियोजन द्वारा उपलब्ध कर्मचारियों की सेवाओं का……एवं……उपयोग किया जा सकता है।
(a) अधिकतम व व्यक्तिनिष्ठ (b) व्यक्तिनिष्ठ व विवेकपूर्ण
(c) विवेकपूर्ण व संवैधानिक (d) अधिकतम व विवेकपूर्ण

63. समाकलन चरण में कितनी प्रक्रियाएँ शामिल की जाती हैं?
(a) पाँच (b) तीन
(c) तेरह (d) चार

64. उत्प्रेरक नीतियों के विषय में प्रमुख निर्णय लेना मानव संसाधन समाकलन चरण के किस उपखण्ड के अन्तर्गत शामिल किया जाता है?
(a) प्रशासनिक स्तम्भ (b) नेतृत्व स्तम्भ
(c) दक्षता स्तम्भ (d) निष्पादन प्रबन्धन स्तम्भ

65. दिशा-निर्देशों द्वारा संस्था को लक्ष्य प्राप्ति की ओर उन्मुख करना किस मानव संसाधन समाकलन चरण के उपखण्ड का भाग है?
(a) नेतृत्व स्तम्भ (b) प्रशासनिक स्तम्भ
(c) दक्षता स्तम्भ (d) निष्पादन प्रबन्धन स्तम्भ

क्षतिपूर्ति, निष्पादन व मूल्यांकन

66. मानव संसाधन हेतु बार-बार साक्षात्कार, चयन, छँटनी, निष्कासन आदि करने से नष्ट होता है
(a) समय (b) धन
(c) शक्ति (d) ये सभी

67. संस्था की संरचना, कार्यों की संरचना, निर्णयन प्रक्रिया स्थापित करना, पदसोपान, समूह कार्य, संचार आदि स्थापित करना व उनका संचालन करना किस चरण के प्रमुख अंग हैं?
(a) प्रशासनिक स्तम्भ
(b) निष्पादन प्रबन्धन स्तम्भ
(c) दक्षता स्तम्भ
(d) नेतृत्व स्तम्भ

68. ''मानव संसाधन प्रबन्धन मानव संसाधन की प्राप्ति, विकास, क्षतिपूर्ति, समाकलन व अनुरक्षण के लिए, नियोजन, संगठन, निर्देशन, नियन्त्रण आदि क्रियाओं से सम्बन्धित है, ताकि व्यक्तिगत, संस्थागत व सामाजिक उद्देश्यों की पूर्ति हो।'' यह परिभाषा सम्बन्धित है
(a) एस पॉलकर (b) फ्लिप्पो
(c) रॉबिन्सन (d) मिल्कोविच

69. मानव संसाधन प्रबन्धन के ठोस विवरण के अनुसार व्यावहारिक परिप्रेक्ष्य में लोगों को समझा जाता है
(a) व्यवस्था का संचालक
(b) संसाधन
(c) माध्यम
(d) नियोजनकर्ता

70. मानव शक्ति योजना का मुख्य आशय भविष्य के लिए सम्भावित आवश्यकतानुसार.......जुटाना है।
(a) सम्पत्ति
(b) मानव संसाधन
(c) सरकारी समर्थन
(d) सार्वजनिक व्यवहार

71. ''मानव संसाधन प्रबन्धन लोगों से सम्बद्ध प्रबन्धन है। चूँकि प्रत्येक संगठन मूलतः लोगों द्वारा निर्मित है, उनकी सेवाएँ जुटाना, प्रवीणता में विकास लाना, उन्हें प्रेरित करना, जिससे उच्च स्तर का निष्पादन सुनिश्चित हो एवं वे संगठन के प्रति वचनबद्ध हों और अपने उद्देश्य की ओर उन्मुख हों, महत्त्वपूर्ण प्रक्रियाएँ हैं। यह सभी संस्थाओं के लिए सत्य है, जैसे—सरकारी, व्यापारिक, शिक्षा, स्वास्थ्य, मनोरंजन अथवा सामाजिक कार्य से सम्बन्धित संस्थाएँ।'' यह परिभाषा किस विद्वान् से सम्बन्धित है?
(a) डिकेंजो और रॉबिन्स (b) रोहन मिस्त्री
(c) एस पॉलकर (d) रॉबिन्सन

72. मजदूरी एवं वेतन प्रशासन के अन्तर्गत श्रमिकों की मजदूरी से जुड़ी क्षतिपूर्ति को कितने भागों में विभाजित किया है?
(a) 2 (b) 3
(c) 4 (d) 5

73. एक श्रमिक को दिए जाने वाले मौद्रिक लाभ, जो सामान्यतः उसके कार्य प्रगति से सम्बन्धित होते हैं, कहलाते हैं
(a) आधारभूत क्षतिपूर्ति (b) अनुषंगी क्षतिपूर्ति
(c) भत्ता (d) इनमें से कोई नहीं

74. ऐसे लाभ जो नियोक्ता द्वारा श्रमिक एवं उसके परिवार के सदस्यों को दिए जाते हैं, कहलाते हैं
(a) आधारभूत लाभ (b) अनुषंगी लाभ
(c) वेतन (d) इनमें से कोई नहीं

75. अनुषंगी लाभ का उदाहरण है
(a) लाभांश (b) पेन्शन
(c) स्वास्थ्य सुविधाएँ (d) ये सभी

उत्तरमाला

1.	(d)	2.	(c)	3.	(b)	4.	(b)	5.	(c)	6.	(a)	7.	(a)	8.	(b)	9.	(b)	10.	(a)
11.	(b)	12.	(c)	13.	(d)	14.	(a)	15.	(b)	16.	(a)	17.	(d)	18.	(d)	19.	(d)	20.	(d)
21.	(d)	22.	(d)	23.	(c)	24.	(c)	25.	(d)	26.	(a)	27.	(d)	28.	(b)	29.	(b)	30.	(d)
31.	(d)	32.	(c)	33.	(d)	34.	(b)	35.	(c)	36.	(b)	37.	(b)	38.	(b)	39.	(b)	40.	(d)
41.	(a)	42.	(d)	43	(d)	44.	(d)	45.	(c)	46.	(c)	47.	(b)	48.	(c)	49.	(d)	50.	(c)
51.	(a)	52.	(c)	53.	(b)	54.	(c)	55.	(c)	56.	(a)	57.	(b)	58.	(d)	59.	(a)	60.	(c)
61.	(c)	62.	(d)	63.	(d)	64.	(d)	65.	(a)	66.	(d)	67.	(a)	68.	(b)	69.	(b)	70.	(b)
71.	(a)	72.	(a)	73.	(a)	74.	(b)	75.	(d)										

अध्याय 14

विपणन
Marketing

विपणन का अर्थ Meaning of Marketing

विपणन वह प्रक्रिया है, जिसके द्वारा विभिन्न वस्तुओं एवं सेवाओं के उत्पादकों तथा उपभोक्ताओं को परस्पर साथ-साथ लाकर उनके बीच विनिमय सम्बन्ध स्थापित किया जाता है एवं इसके स्वामित्व का हस्तान्तरण होता है। यह उत्पादन एवं उपभोग के बीच स्थान, समय तथा मात्रा की बाधा को दूर करता है। विपणन उत्पादन एवं उपभोग के बीच समय और स्थान की भिन्नताओं की खाई को पाटता है। विपणन अवधारण का विकास एक निश्चित क्रम से हुआ है। आज हम विपणन का जो रूप देखते हैं यह कई वर्षों में धीरे-धीरे विकसित हुआ है।

आज के आधुनिक समाज में भी कुछ लोग विपणन तथा विक्रय को एक ही अर्थ में प्रयोग करते हैं जो उचित नहीं है, ये दोनों शब्द एक-दूसरे के पर्यायवाची की तरह प्रयोग नहीं किए जा सकते। इन दोनों में पर्याप्त अन्तर है। इतना ही नहीं विपणन एक विस्तृत शब्द है जिसमें हम विक्रय को शामिल कर सकते हैं।

संक्षेप में विपणन तथा विक्रय में निम्नलिखित अन्तर हैं—

1. **क्षेत्र** विपणन का क्षेत्र अत्यधिक विस्तृत है, जबकि विक्रय का क्षेत्र संकुचित है तथा वस्तु के विक्रय से सम्बन्धित है।
2. **ग्राहक की आवश्यकताओं का ख्याल** विक्रय में अधिक विक्रय पर अधिक ध्यान दिया जाता है, जबकि विपणन में ग्राहकों की आवश्यकताओं का पता लगाने व उन्हें सन्तुष्ट करने पर अधिक बल दिया जाता है।
3. **मूल्य सन्तुष्टि पर बल** वस्तु को नकद या द्रव में बदलना ही विक्रय कहलाता है, जबकि विपणन के अन्तर्गत ग्राहकों को वस्तु तथा मूल्य सन्तुष्टि देना भी आवश्यक है।
4. **ग्राहक सन्तुष्टि** विक्रय में वस्तु पर ध्यान केन्द्रित रहता है, जबकि विपणन में ग्राहक सन्तुष्टि पर ध्यान केन्द्रित होता है।

विपणन का कार्य क्षेत्र एवं भूमिका
Role and Work Place of Marketing

आज के इस आधुनिक युग में विपणन का क्षेत्र अत्यधिक विस्तृत हो गया है, जिस प्रकार विपणन की क्रियाओं का प्रारम्भ वस्तु के उत्पादन से पूर्व ही शुरू हो जाता है तथा वस्तु की अन्तिम बिक्री के पश्चात् भी उपभोक्ता सन्तुष्टि तक चलता रहता है, क्योंकि दोबारा बिक्री करने के लिए आपको एक सन्तुष्ट उपभोक्ता अत्यन्त आवश्यक है इसके लिए आवश्यक है कि वस्तु के सन्दर्भ में गारण्टी तथा बिक्री के बाद की सेवाएँ भी दी जाएँ, अत: उपरोक्त क्रियाएँ भी विपणन के क्षेत्र के अन्तर्गत आने लगी हैं।

विपणन क्रिया के स्वभाव एवं क्षेत्र का अध्ययन हम निम्नलिखित क्रियाओं के माध्यम से कर सकते हैं—

1. उपभोक्ता अनुसन्धान
2. वितरण माध्यम का निर्धारण
3. वस्तु नीतियों एवं मूल्य नीतियों का निर्धारण
4. संवर्द्धन सम्बन्धी निर्णय
5. विक्रय के बाद सेवा

इस प्रकार हम देखते हैं कि विपणन के स्वभाव एवं क्षेत्र के अन्तर्गत किसी वस्तु के उत्पादन से पूर्व की क्रियाओं के अलावा विक्रय के बाद की क्रियाओं को भी सम्मिलित किया गया है। इतना ही नहीं उपभोक्ता को कम दाम पर उचित वस्तुएँ उपलब्ध कराकर उनके जीवन-स्तर को सुधारना भी विपणन के स्वभाव व क्षेत्र के अन्तर्गत आता है।

विपणन के कार्य Functions of Marketing

विपणनकर्ता द्वारा बहुत से कार्य विपणन के लिए करने पड़ते हैं। *ये निम्न हैं—*

1. **बाजार सूचनाओं का विश्लेषण एवं एकत्रीकरण** आवश्यकता और जरूरत को पहचानने के लिए बाजार से सम्बन्धित सूचनाओं का एकत्रीकरण करना पड़ता है।
2. **विपणन नियोजन** बाजार विश्लेषण के पश्चात् विपणनकर्ता को उचित योजना बनानी पड़ती है ताकि विपणन उद्देश्यों को पूरा किया जा सके।
3. **उत्पाद रचना एवं विकास** उत्पाद की रचना न केवल इसे आकर्षक बनाता है, बल्कि प्रतियोगी बाजार में व्यवसाय की बिक्री आदि बढ़ाने में भी सहायता करता है।
4. **मानकीकरण और ग्रेडिंग** मानकीकरण से अभिप्राय मानक तैयार करना जिससे उचित गुणवत्ता, कीमत, तकनीक आदि का निर्धारण किया जा सके। ग्रेडिंग से अभिप्राय उत्पादों को विभिन्न वर्गों में कीमत, गुणवत्ता आदि के आधार पर बाँटा जा सके।

5. **पैकेजिंग एवं लेबलिंग** पैकेजिंग से अभिप्राय एक उत्पाद के पैकेज की रचना एवं उसका विकास करना। पैकेज का अर्थ है रैपर या कन्टेनर। लेबलिंग से अभिप्राय पैकेज के ऊपर लगने वाले लेबल की रचना एवं उसका विकास करना। लेबल पर उत्पाद से सम्बन्धित जानकारी दी जाती है।
6. **ब्रान्डिंग** इससे अभिप्राय एक उत्पाद को नाम, चिन्ह या निशान या ये सभी देना ताकि इसकी पहचान हो सके। इसकी सहायता से इस उत्पाद को बाजार में उपलब्ध अन्य उत्पाद से अन्तर कर पाना सम्भव है।
7. **ग्राहक सहायता सेवाएँ** इससे अभिप्राय ग्राहकों की शिकायतें एवं सुझावों को सुलझाना तथा बिक्री पश्चात् सेवाएँ देना ताकि उत्पाद पर उनका विश्वास बना रहे।
8. **उत्पाद का कीमत निर्धारण** इससे अभिप्राय उस राशि का निर्धारण करना है जो ग्राहक को उत्पाद के लिए भुगतान करनी पड़ती है। इसके बहुत से कारक होते हैं।
9. **संवर्धन** इससे अभिप्राय ग्राहकों को उत्पाद के बारे में सूचना देना एवं उन्हे इसे क्रय करने के लिए प्रोत्साहित करना है।
10. **भौतिक वितरण** उत्पाद को उत्पादक से ग्राहक पहुँचाने की प्रक्रिया को इसके अन्तर्गत शामिल किया जाता है।
11. **यातायात** इसके अन्तर्गत वस्तुओं एवं सेवाओं को एक स्थान से दूसरे स्थान पर पहुँचाने के लिए प्रयोग किए गए साधनों से है।
12. **भण्डारण** प्राय: उत्पादन करने तथा उपभोग करने के मध्य एक लम्बा समय अन्तराल पाया जाता है, इसलिए भण्डारण का उचित प्रबन्ध किया जाना आवश्यक है ताकि निरन्तर उत्पादों की पूर्ति बाजार में की जा सके।

विपणन की भूमिका Role of Marketing

सभी विपणन संस्थाएँ व्यक्तिगत उपभोक्ताओं के जीवन-स्तर को उठाने में सहायता करती हैं, क्योंकि ये उनकी आवश्यकताओं का ध्यान रख कर उन्हें उचित समय एवं स्थान पर वस्तुएँ व सेवाएँ उपलब्ध कराते हैं।

एक फर्म में भूमिका एक संगठन के बने रहने के लिए आवश्यक है कि वह उपभोक्ताओं को संतुष्ट करे। विपणन आवश्यकताओं को संतुष्ट करने के लिए उनका विश्लेषण तथा ग्राहकों को सही समय पर सूचना देने आदि का कार्य करती है। आवश्यकतानुसार उत्पाद का निर्माण किया जाता है। इससे कम्पनी एवं उसके उत्पाद के प्रति लोगों का विश्वास बढ़ता है।

एक अर्थव्यवस्था में भूमिका एक अर्थव्यवस्था के आर्थिक विकास में विपणन की भूमिका बहुत अधिक है, क्योंकि यह लोगों के जीवन स्तर को उठाती है। विपणन लोगों को बहुत सी गतिविधियों में शामिल होने के लिए प्रेरित करती है। लोग ऐसे उपक्रम का प्रारम्भ करते हैं, जो उन वस्तुओं का उत्पादन करती है जिनकी माँग बाजार में बहुत अधिक हो। इस प्रकार से आय उपभोग बचत तथा निवेश सभी में वृद्धि होती है और आर्थिक विकास सम्भव हो पाता है।

विपणन स्तर Level of Marketing

विपणन के स्तर का वर्णन निम्न प्रकार है—

1. **विपणन उद्देश्यों को निर्धारित करना** विपणन में सर्वप्रथम विपणन उद्देश्यों को निर्धारित करना शामिल किया गया है। यह विपणन के समस्त कार्यों की आधारशिला होता है, क्योंकि यही कार्य संस्था की भविष्य में दशा और दिशा निर्धारित करता है। सामान्यत: सर्वप्रथम अल्पकालीन उद्देश्यों तत्पश्चात् दीर्घकालीन उद्देश्यों तक पहुँच जाता है। विपणन उद्देश्यों के निर्धारण के पश्चात् ही अन्य कार्यों की सार्थकता होती है।
2. **नियोजन करना** नियोजन विपणन स्तर में दूसरे स्थान पर आता है। नियोजन मूलरूप से उन तरीकों से सम्बद्ध है, जिनके द्वारा विपणन के विभिन्न उद्देश्यों को प्राप्त किया जाना है अर्थात् किसी भी समस्या के समाधान के लिए उपलब्ध विकल्पों में से सर्वोत्तम विकल्प का चुनाव करना ही नियोजन के अन्तर्गत आता है। नियोजन के अन्तर्गत उन रीति-नीतियों का निर्धारण भी किया जाता है, जिनका अनुसरण करके उन उद्देश्यों को प्राप्त किया जाना है।
3. **संगठन एवं समन्वय करना** संगठन से आशय सामान्यत: उस प्रक्रिया से लगाया जाता है, जिससे विभिन्न कार्यों में संलग्न व्यक्तियों की क्रियाओं को इस प्रकार से गठित किया जा सके कि सर्वोत्तम तरीके से अधिकतम उत्पादन सम्भव हो सके, क्योंकि यदि संगठन कुशल नहीं है तो कुशलता से नीतियों का पालन करना तथा लक्ष्यों को प्राप्त करना दोनों ही मुश्किल होंगे। यदि हम कहें कि बिना संगठन के नियोजन सम्भव नहीं तथा बिना समन्वय के नियोजन तथा संगठन दोनों ही सम्भव नहीं तो कोई अतिश्योक्ति नहीं होगी, क्योंकि समन्वय भी कुशल नियोजन और संगठन के लिए परम आवश्यक है।
4. **कर्मचारियों और अन्य संसाधनों को एकत्रित करना** किसी भी संस्था के लक्ष्यों की प्राप्ति में मानवीय श्रम तथा मानवीय संसाधनों का विशेष योगदान होता है।

   अत: इन दोनों में कुशल समन्वय स्थापित करना हो तो कर्मचारियों तथा प्रबन्धकों का नियुक्ति कार्य बहुत सावधानीपूर्वक किया जाना चाहिए, ताकि किसी भी समस्या के उत्पन्न होने पर वे उसका समाधान स्वत: ही कर लें। अत: विपणन कार्य के सुचारु रूप से चलने के लिए विपणन प्रबन्धक को कर्मचारियों और अन्य संसाधनों को सावधानीपूर्वक एकत्र करना चाहिए।
5. **संचालन एवं निर्देशन** उपरोक्त स्तरों की पूर्ति के बाद विपणन का प्रमुख स्तर व्यवसाय में संचालन एवं निर्देशन करने का होता है। किसी भी कुशल संचालन एवं निर्देशन में यह ताकत होती है कि वह किसी ऐसी योजना को भी प्रभावी ढंग से लागू कर सकती है, जो लायक भी नहीं है। अर्थात् व्यवसाय में सफलता के लिए अच्छे कार्य के साथ-साथ अच्छी कार्य पद्धति भी परम आवश्यक है।
6. **विश्लेषण एवं मूल्यांकन** विश्लेषण एवं मूल्यांकन विपणन प्रबन्ध के स्तरों में अन्तिम, किन्तु बहुत महत्त्वपूर्ण कार्य है। इसके अन्तर्गत संस्था के उद्देश्यों एवं नीतियों का समय-समय पर विश्लेषण किया जाना शामिल है।

   साथ-ही-साथ उनका मूल्यांकन करके यह पता लगाने का प्रयास किया जाता है कि संस्था अपने उद्देश्यों की प्राप्ति में कहाँ तक सफल रही और यदि उसमें कोई कमी पाई जाती है तो उसका सुधार करने के लिए क्या आवश्यक कदम उठाए जा सकते हैं? इसके लिए आवश्यकता पड़ने पर नीतियों में परिवर्तन तथा उद्देश्यों में परिवर्तन को भी शामिल किया जाता है।

विपणन के बदलते आयाम/स्वरूप Changing Dimensions of Marketing

बाजार में कुछ तथ्य या कारण मौजूद होते हैं, जो विपणन को प्रभावित करते हैं। इन सभी तथ्यों के समूह को विपणन पर्यावरण कहते हैं जो दिन-प्रतिदिन

परिवर्तित हो रहे हैं। विपणन पर्यावरण से आशय बाजार की उन सभी परिस्थितियों से है, जिसके अन्तर्गत वस्तुओं का क्रय-विक्रय किया जाता है। विपणन के अन्तर्गत क्योंकि वस्तुओं के क्रय एवं विक्रय के पहले और बाद की सभी क्रियाओं को सम्मिलित किया जाता है इसलिए विपणन पर्यावरण में उसके आन्तरिक एवं बाह्य दोनों पर्यावरण तत्त्वों को शामिल किया जाता है।

विपणन पर्यावरण के आन्तरिक तत्त्वों में मुख्य रूप से उत्पादन का आकार, पूँजी की उपलब्धता, वस्तु का स्वभाव, संस्था की स्थिति आदि को शामिल किया जाता है, जबकि बाह्य तत्त्वों में बाजार का स्वभाव वैधानिक वातावरण तथा सामाजिक तत्त्वों इत्यादि को शामिल किया जाता है।

अत: एक विपणन प्रबन्धक को इन सभी तत्त्वों को ध्यान में रखकर वस्तु के विपणन के सन्दर्भ में विपणन पर्यावरण के अनुसार ही विक्रय की रीति-नीति का निर्धारण करना चाहिए।

विपणन निर्णय को प्रभावित करने वाले तत्त्व
Factors Affecting to Marketing Decision

जैसा कि हम जानते हैं कि विपणन पर्यावरण का निर्माण आन्तरिक तथा बाह्य दोनों घटकों के समावेश के द्वारा होता है। अत: विपणन निर्णय को प्रभावित करने में भी इन दोनों पर्यावरणीय घटकों का महत्त्वपूर्ण योगदान रहता है।

1. आन्तरिक घटक या पर्यावरण Internal Factors

किसी भी संस्था के विपणन निर्णय को प्रभावित करने वाले आन्तरिक पर्यावरणीय घटक *निम्नलिखित हैं—*

(i) **संस्था की स्थिति** सर्वप्रथम एक संस्था की स्थिति उसके विपणन निर्णय को प्रभावित करती है। संस्था की स्थिति से आशय उसकी आर्थिक स्थिति, कर्मचारी शक्ति, उत्पादन साधनों आदि के बारे में उसकी स्थिति से है। अत: विपणन नीति का निर्धारण करते समय उपरोक्त सभी का विशेष ध्यान रखना चाहिए *उदाहरण के लिए* यदि कोई संस्था किसी नई वस्तु को बनाने के विषय में विचार करती है और किसी कारण वश उसके पास आर्थिक साधनों की कमी है तो वह नई वस्तु को बनाने के बारे में निर्णय नहीं ले सकती।

वहीं दूसरी ओर यदि कर्मचारी शक्ति सीमित है और संस्था के विकास के लिए आवश्यक प्रशिक्षित कर्मचारी उपलब्ध नहीं हैं तो संस्था अपने विकास का निर्णय नहीं ले सकती। ठीक उसी प्रकार यदि कोई संस्था कोई नया औद्योगिक उत्पाद बनाकर बेचना चाहती है तो उसे बेचने के लिए एक नए और अलग विपणन संगठन की आवश्यकता होगी जिसका प्रभाव संस्था के विपणन निर्णय पर पड़ेगा।

(ii) **वस्तु का स्वभाव** विपणन निर्णय में वस्तु के स्वभाव का भी अहम रोल होता है, क्योंकि उपभोक्ता वस्तु के वितरण व विक्रय का तरीका औद्योगिक वस्तु के वितरण व विक्रय से भिन्न होगा।

उदाहरण के लिए उपभोक्ता वस्तुओं को प्रत्येक उपभोक्ता तक पहुँचाने के लिए जहाँ गहन वितरण प्रणाली का निर्णय लेना होता है वहीं दूसरी ओर औद्योगिक वस्तु के लिए गहन वितरण प्रणाली सम्बन्धी निर्णय लेने की कोई आवश्यकता नहीं होती। उसी प्रकार जिन वस्तुओं के मॉडल प्रत्येक वर्ष बदल दिए जाते हैं उनके वितरण का तरीका उन वस्तुओं के वितरण और विक्रय से बिल्कुल अलग होगा, जिनके मॉडल प्रत्येक वर्ष नहीं बदले जाते। ठीक उसी प्रकार कम प्रतियोगिता वाली वस्तु के विपणन निर्णय अधिक प्रतियोगिता वाली वस्तु के विपणन निर्णय से अलग होंगे।

2. बाह्य घटक External Factors

किसी संस्था के विपणन कार्यक्रम और निर्णय को प्रभावित करने वाले बाह्य घटक *निम्नलिखित हैं*

(i) **बाजार का स्वभाव** बाजार का स्वभाव एक बाह्य पर्यावरणीय घटक है, जो किसी भी संस्था के विपणन निर्णय को अत्यधिक प्रभावित करता है। बाजार के स्वभाव के अन्तर्गत मुख्य रूप से ग्राहकों की संख्या, ग्राहकों की क्रय शक्ति, ग्राहकों की क्रय करने की आदतें तथा उनके प्रेरक तत्त्वों को शामिल किया जाता है। उपरोक्त तत्त्वों में परिवर्तन आने पर स्वत: ही उत्पाद की माँग पर प्रभाव आने लगता है। अत: विपणन निर्णय लेते वक्त आवश्यक है कि इन तत्त्वों को ध्यान में रखा जाए। *उदाहरण के लिए* यदि ग्राहकों की क्रय करने की शक्ति में वृद्धि हो जाए तो अत्यधिक विक्रय संवर्द्धन सम्बन्धी निर्णय लेकर फर्म की बिक्री बढ़ाई जा सकती है।

(ii) **वैधानिक वातावरण** प्रत्येक देश में कुछ इस प्रकार के कानूनों को बनाया गया है, जो उपभोक्ता संरक्षण तथा उत्पादन एकाधिकार की प्रवृत्ति पर रोक लगाने का कार्य करते हैं। भारत में भी इसी प्रकार के अनेक कानून बनाए गए हैं, जिसमें एकाधिकार एवं प्रतिबन्धात्मक व्यापारिक व्यवहार अधिनियम, 1969, उपभोक्ता संरक्षण अधिनियम, 1986 आदि ऐसे ही कानून हैं, जिनका विपणन निर्णय लेते वक्त विशेष ध्यान रखना चाहिए।

(iii) **प्रतियोगिता** किसी भी विपणन निर्णय की सफलता प्रतियोगी की विपणन रीति-नीति की अच्छी समझ पर निर्भर करती है। अत: विपणन रीति-नीति का निर्णय लेते वक्त एक फर्म को प्रतियोगी फर्मों की विपणन रीति-नीति का पता लगा लेना चाहिए ताकि फर्म यह निर्णय ले सके कि उसे अपना बाजार अंश बनाए रखने के लिए किस प्रकार का विपणन मिश्रण उपयुक्त रहेगा। एक फर्म मूल्य कटौती द्वारा अथवा उत्पाद विभेदीकरण की रीति-नीति सम्बन्धी निर्णय लेकर प्रतियोगी फर्म के सामने आसानी से ठहर सकती है। उपरोक्त तथ्यों से स्पष्ट है कि प्रतियोगी फर्मों की विपणन रीति-नीति से भी संस्था की विपणन नीति प्रभावित होती है।

(iv) **सामाजिक तत्त्व** सामाजिक घटक भी किसी संस्था की विपणन नीति को पर्याप्त मात्रा में प्रभावित करते हैं। जैसे कि हम किसी ऐसे विज्ञापन का सहारा नहीं ले सकते जिसका उद्देश्य धोखा देना हो, क्योंकि अवश्य ही ऐसे विज्ञापन का समाज द्वारा विरोध किया जाएगा। दूसरे समाज में संस्था की अच्छी छवि बनाने के उद्देश्य से भी इस प्रकार के निर्णय नहीं लिए जा सकते।

उत्पाद मिश्रण Product Mix

उत्पाद मिश्रण से अभिप्राय उत्पाद के संबंध में लिए जाने वाले निर्णयों के योग से है। ये निर्णय मुख्यत: नामकरण पैकेजिंग, लेबलिंग, रंग, डिजाइन, किस्म, आकार, विक्रय के बाद सेवा, वस्तु के भार, आदि के संबंध से होते है। ये निर्णय ग्राहकों को अपनी ओर आकर्षित करने में महत्त्वपूर्ण भूमिका निभाते हैं। *नामकरण, पैकेजिंग व लेबलिंग की विस्तृत व्याख्या निम्नलिखित हैं—*

1. ब्राण्डिंग Branding

(i) इसका अभिप्राय उस प्रक्रिया से है जिसके द्वारा उत्पाद की विशेष पहचान स्थापित की जाती है।

(ii) ब्राण्ड इसका अभिप्राय एक विशेष शब्द, चिन्ह, वर्ण, अथवा इनके सिम्मश्रण से है। जब हम बाजार में जाकर लक्स-साबुन, सैमसंग-टी.वी., सनफीस्ट-बिस्कुट, होन्डा एक्टिवा-स्कूटर व लिवर्टी-जूता क्रय करते हैं तो उत्पादों के ये नाम कुछ और नहीं बल्कि ब्राण्ड ही होते हैं। ब्राण्ड के दो घटक होते हैं—ब्राण्ड नाम व ब्राण्ड मार्क। उदाहरण के लिए, एशियन पेंटस ब्राण्ड नाम है जबकि इसके पैकेज पर बना गट्टू ब्राण्ड मार्क है।

(iii) ब्राण्ड नाम इसका अभिप्राय ब्राण्ड के उस भाग से है जिसे बोला जा सकता है। उदाहरण के लिए, एशियन पेंटस, कुरकुरे, लक्स, माइक्रोमैक्स, आदि।

(iv) ब्राण्ड मार्क इसका अभिप्राय ब्राण्ड के उस भाग से है जिसे बोला नहीं जा सकता बल्कि आसानी से पहचाना जा सकता है। उदाहरण के लिए, एशियन पेंटस का गट्टू, जीवन बीमा निगम का योग क्षमा, व्हील सर्फ का चक्र आदि।

(v) ट्रेडमार्क जब एक ब्राण्ड का पंजीकरण The Trade Mark Act, 1999 के अंतर्गत करा लिया जाता है। तो वह Trade Mark बन जाता है। एक कम्पनी के ट्रेड मार्क का प्रयोग किसी दूसरी कम्पनी द्वारा नहीं कियाज सकता। ब्राण्ड एवं ट्रेड मार्क में अंतर करते हुए यह कहा जा सकता है कि सभी ट्रेडमार्क ब्राण्ड होते हैं जबकि सभी ब्राण्ड ट्रेडमार्क नहीं होते।

एक अच्छे ब्राण्ड नाम के गुण Merits of a Good Brand Name

एक अच्छे ब्राण्ड नाम में निम्नलिखित गुण विद्यमान होने चाहिए—

(i) **साधारण एवं सूक्ष्म** ब्राण्ड नाम साधारण एवं छोटे होने चाहिए। यहाँ साधारण का अर्थ है कि देखने व सुनने में अजीब लगे। छोटे होने जैसे LUX, TATA, BINACA, व DALDA में ये दोनों गुण है।

(ii) **सरल उच्चारण** ब्राण्ड नाम ऐसा होना चाहिए जिसे प्रत्येक व्यक्ति आसानी से बोल सके; जैसे—RIN, FIFTY-FIFTY आदि।

(iii) **सुझावात्मक** ब्राण्ड नाम ऐसा होना चाहिए जो उत्पाद के गुण बताएँ; जैसे—हाजमोला का संकेत हाजमा ठीक करने की ओर है तथा उजाला अधिक सफेदी की ओर संकेत करता है।

(iv) **भिन्न** ब्राण्ड नाम ऐसा होना चाहिए जो सबसे अलग नजर आए; जैसे—Tide, Cinthol, Perk, Indus Ind आदि।

ब्राण्डिंग के लाभ Advantages of Branding

ब्रण्डिग से उत्पादकों एवं उपभोक्ताओं दोनों को लाभ प्राप्त होते हैं, *जो निम्नलिखित हैं–*

(i) **उत्पादकों को लाभ**

(a) ब्राण्ड नाम से विज्ञापन में आसानी रहती है।

(b) ब्राण्ड नाम से उत्पाद की स्थायी पहचान बन जाती है।

(c) ब्राण्ड नाम से पुनः विक्रय को प्रोत्साहन मिलता है।

(d) ब्राण्ड नाम से प्रति निष्ठा से प्रतियोगतिता का सामना आसानी से किया जा सकता है।

(ii) **उपभोक्ताओं को लाभ**

(a) माल खरीदने में कम समय लगता है क्योंकि ब्राण्ड वाले उत्पादों को आसानी से पहचाना जा सकता है।

(b) ब्राण्ड वाली वस्तुओं की गुणवत्ता निसंदेह बेहतर होती है।

(c) ब्राण्ड वाली वस्तुओं के मूल्य निर्माता द्वारा निश्चित किए जाते हैं और उनमें परिवर्तन भी कम होते हैं।

(d) ब्राण्ड वाले उत्पादों की उपयोगिता की गारंटी रहती है।

2. लेबलिंग Labelling

इसका अभिप्राय लेबल तैयार करने की प्रक्रिया से है। लेबल वस्तु के पैकेज के साथ लगी एक ऐसी चिट होती है जो वस्तु तथा उसके उत्पादक के बारे में जानकारी प्रदान करती है। यह लपेटने वाले कागज या सील के रूप में हो जाती है। उदाहरण के लिए, दवाई की शीशी पर दवाई का नाम, उत्पादक का नाम, दवाई बनाने का फार्मूला, उत्पादक की तिथि, सुरक्षित प्रयोग की अंतिम तिथि, बैच नम्बर, मूल्य आदि सूचनाएँ दी होती हैं।

लेबल के प्रकार Types of Label

लेबल तीन प्रकार के होते हैं—

(i) **ब्रांड लेबल** ऐसा लेबल जिस पर केवल वस्तु के ब्रांड का नाम लिखा हो ब्रांड लेबल कहलाता है। इस लेबल पर वस्तु के ब्रांड के नाम के अतिरिक्त अन्य कोई जानकारी नहीं दी जाती।

(ii) **श्रेणी लेबल** यह एक ऐसा लेबल होता है जिस पर लिखे शब्द या अंक उस वस्तु की क्वालिटी या श्रेणी को प्रदर्शित करते हैं; जैसे–जय इंजिनियरिंग वर्क्स लिमिटेड, कोलकाता उषा ब्रांड के नाम से पंखे बनाती है जो कि क्वालिटी के आधार पर अनेक प्रकार के हैं। इसी आधार पर उन पर Deluxe, Prima व Continental के लेबल लगे हैं। इस प्रकार के लेबल श्रेणी लेबल कहलाते हैं।

(iii) **विवरणात्मक लेबल** इल लेबलों पर उत्पाद का पूर्ण विवरण लिखा होता हैं; जैसे— वस्तु किन-किन चीजों को मिलाकर तैयार की गई है, वस्तु का प्रयोग किस प्रकार किया जाए, वस्तु के विभिन्न प्रयोग, प्रयोग करते समय ध्यान रखने वाली बातें, उत्पादक का नाम, उत्पादन की तिथि, बैच नम्बर आदि। इस तरह के लेबलों का प्रयोग प्रायः दवाई निर्माता करते हैं।

लेबलिंग के कार्य Functions of Labelling

लेबलिंग के मुख्य कार्य निम्नलिखित हैं—

(i) **उत्पादक का विवरण एवं विषय वस्तु** लेबल पर उत्पादन से संबंधित पूर्ण विवरण दिया जाता है; जैसे—वस्तु किन-किन चीजों को मिलाकर तैयार की गई है, इसकी उपयोगिता, प्रयोग करने में सावधानियाँ, उत्पादन तिथि, बैच नम्बर आदि।

(ii) **उत्पाद अथवा ब्रांड की पहचान कराना** लेबल की सहायता से अनेक वस्तुओं में से किसी एक विशेष वस्तु को पहचानना संभव होता है। उदाहरण के लिए, एक ढेर में अनेक साबुनें रखी हैं आप CINTHOL साबुन लेना चाहते हैं। लेबल की मदद से इच्छित साबुन को पहचान पाना संभव है।

(iii) **उत्पादों का श्रेणीकरण** जब एक ही उत्पाद की गुणवत्ता होती है तो लेबल ही यह बताता है कि किस पैक में किस गुणत्ता का उत्पाद है। उदाहरण के लिए, हिन्दुस्तान लीवर लि० तीन किस्म की चाय बनाती है। प्रत्येक किस्म की चाय की अलग पहचान करने के लिए हरे, लाल व पीले रंग के लेबर का प्रयोग किया जाता है।

(iv) **उत्पाद के प्रवर्तन में सहायता** लेबलिंग का चौथा कार्य विक्रय संवर्द्धन करना है। ग्राहक कई बार सजावटी लेबर को देखकर ही उत्पाद क्रय के लिए प्रोत्साहित होते हैं।

(v) **कानून सम्मत जानकारी देना** लेंबलिंग का एक और महत्त्वपूर्ण कार्य कानूनी रूप से अनिवार्य वैधानिक चेतावनी देना है। सिगरेट के पैकेट पर 'सिगरेट पीना स्वास्थ्य के लिए हानिकारक है' तथा पान

मसाले के पैकेट पर 'तंबाकू चबाना स्वास्थ्य के लिए हानिकारक है' लिखा जाना वैधानिक चेतावनी के उदाहरण हैं। इसी प्रकार खतरानाक अथवा जहरीले उत्पादों के लेबल पर उचित सुरक्षा संबंधित चेतावनी की जरूरत होती है।

3. पैकेजिंग Packaging

पैकेजिंग का अभिप्राय उन क्रियाअें के समूह से है जो उत्पाद को रखने वाले पात्र (कन्टेनर) का डिवाइन बनाने व उनके उत्पादन से संबंधित हैं। पैकेजिंग के अंतर्गत कंटेनर का डिजाइन इस ढंग से बनाया जाता है ताकि उत्पाद को प्रयोग करने में कठिनाई ने हो। उदाहरण के लिए, डिटॉल लिक्विड का पैक इस ढंग से डिजाइन किया गया है कि पैक को ऊपर से दबाते ही लिक्विड बाहर आ जाता है। यदि ऐसा न होता तो पैक की उपयोगिता बहुत कम हो जाती।

पैकेजिंग का मुख्य उद्देश्य वस्तुओं के संग्रहण व परिवहन के समय उनमें टूट-फूट, क्षय, क्षति आदि को कम करना है। पैकेजिंग से वस्तुओं को लाने एवं ले जाने, पकड़ने, उठाने आदि में सुविधा रहती है। वस्तुओं की पैकिंग के लिए बोतलों, पीपों, प्लास्टिक के थैलों, डिब्बों आदि का प्रयोग किया जाता है।

पैकेजिंग के कार्य Functions of Packaging

पैकेजिंग के निम्नलिखित कार्य हैं—

(i) **उत्पाद पहचान** पैकेजिंग उत्पाद पहचान का काम करती है। उत्पाद को विशेष साइज, रंग व आकार के पैकेटों में इस ढंग से पैक किया जाता है कि वे प्रतियोगियों के उत्पाद से बिल्कुल अलग दिखे। जैसे Kodak Roll का पीले व काले रंग का पैक स्वयं बताता है कि वह किस कम्पनी का उत्पाद है।

(ii) **उत्पाद सुरक्षा** पैकेजिंग का मुख्य कार्य उत्पाद को धूल, कीड़े-मकोड़ो, नमी व टूट-फूट से सुरक्षा प्रदान करना है। उदाहरण के लिए, बिस्कुट, जैम, चिप्स आदि को वातावरणीय स्पर्श से बचा कर रखने की आवश्यकता है। इसलिए उन्हें एअर टाईट पैकिंग में रखा जाता है।

(iii) **सुविधा** पैकेजिंग उत्पाद को एक स्थान से दूसरे स्थान पर ले जाने, स्टॉक करने व उपभोग करने में सुविधा प्रदान करने का काम करना है: जैसे-कोका कोला की नई PET बोतलें परिवहन व स्टॉक को सुविधाजनक बनाती हैं। इसी प्रकार फ्रूटी पैक का उपभोग एक दम सरल है।

(iv) **उत्पाद संवर्द्धन** पैकेजिंग से विक्रय संवर्द्धन का काम सरल हो जाता है। जब तक उपभोक्ता के घर में पैकिंग का सामान पड़ा रहता है वह उत्पाद की याद दिलाता रहता है। इस प्रकार पैकेजिंग एक मूक विक्रयकर्ता की भूमिका अद करता है। परिणामत: विक्र में वृद्धि होती है।

पैकेजिंग के महत्त्व अथवा लाभ Importance of Packaging

निम्नलिखित कारणों से पैकेजिंग का महत्त्व बढ़ता जा रहा है—

(i) **स्वास्थ्य एवं स्वच्छता का ऊँचा होता स्तर** लोगों के स्वास्थ्य के प्रति अधिक सचेत होने के कारण वे पैक्ड वस्तुएँ खरीदना अधिक पंसन करते है। इसका कारण है इन वस्तुओं में मिलावट की संभावना का न्यूनतम होना।

(ii) **स्वयं सेवा दुकानें** आजकल स्वयं सेवा दुकानें बहुत लोकप्रिय हो रही हैं, विशेषकर बडत्रे शहरों में। यही कारण है कि बिक्री सहायकों की भूमिका अब पैकेजिंग द्वारा निभाई जा रही है।

(iii) **नवीनता के अवसर** पैकेजिंग के लगातार बढ़ते उपयोग से इन क्षेत्र में शोधकर्ताओं को नवीनता के अवसर प्राप्त हुए हैं।

(iv) **उत्पादकों का विभेदीकरण** पैकेजिंग उत्पादों के विभेदीकरण में सहायक है। पैकेज के रंग, पदार्थ व आकार के कारण क्रेता उत्पाद की क्वालिटी में अंतर को भाप लेता है।

पैकेजिंग के स्तर Level of Packaging

पैकेजिंग के निम्नलिखित तीन स्तर होते हैं—

(i) **प्राथमिक पैकेजिंग** इसका अभिप्राय उन पैकेज से है जो उत्पाद के बिल्कुल नजदीक होता है। कुछ दशाओं में इसे उत्पाद के पूरे जीवनकाल तक रखा जाता है; जैसे—शेविंग क्रीम ट्यूब, माचिस की डिबिया, आदि। कुछ अन्य दशाओं में इसे इस समय तक रखा जाता है जब तक उपभोक्ता इसका उपभोग करने के लिए तैयार होता है; जैसे—ब्रिटानिया केक का प्लास्टिक कवर।

(ii) **द्वितीयक पैकेजिंग** इसका अभिप्राय उस पैकेज से है जो उत्पाद को प्रयोग करने के समय तक उसकी अतिरिक्त देखभाल करने के लिए उपयोग में लाया जाता है; जैसे—शेविंग क्रीम ट्यूब का गत्ते का बॉक्स जब उपभोक्ता क्रीम का प्रयोग शुरू करता है। तो इसे फेंक दिया जाता है लेकिन प्राथमिक पैकेज (जैसे-प्लास्टिक ट्यूब) को रखा जाता है।

(iii) **परिवहन पैकेजिंग** इसका अभिप्राय उस पैकेज से है जिसका प्रयोग परिवहन पहचान व संग्रहण के लिए आवश्यक है। उदाहरण के लिए, एक बड़ा गत्ते का डिब्बा जिसमें माना कि 100 शेविंग क्रीम ट्यूब रखी गई हो।

विपणन मॉडल Marketing Model

प्रत्येक कम्पनी का विचार अथवा दर्शन अलग-अलग हो सकता है। उदाहरण के लिए, एक कम्पनी का विचार या दर्शन यह हो सकता है कि यदि अधिक उत्पादन किया जाय तो लागतें कम आएँगी और माल अपने-आप बिकेगा। इस प्रकार इस कम्पनी का पूरा ध्यान अधिकाधिक उत्पादन करने की ओर रहेगा। इसी प्रकार किसी अन्य कम्पनी का विचार यह हो सकता है कि माल की गुणवत्ता को बढ़ा दिया जाए तो बिक्री में कठिनाई नहीं आएगी।

विपणन प्रबन्ध दर्शन के अन्तर्गत इस प्रकार की निम्नलिखित पाँच विचारधाराएँ प्रचलन में हैं—

1. **उत्पादन विचारधारा** जो कम्पनियाँ इस दर्शन अथवा विचार का अनुसरण करती हैं उनका मानना है कि यदि वस्तुएँ/सेवाएँ सस्ती हों और उन्हें सभी जगह उपलब्ध कराया जा सके तो बिक्री की कोई समस्या नहीं है इसी विचार के मद्देनजर ये कम्पनियां अपने विपणन प्रयासों को उत्पादन लागत कम करने व मजबूत वितरण प्रणाली स्थापित करने पर लगा देती हैं। उत्पादन लागत को न्यूनतम स्तर पर लाने के लिए ये कम्पनियाँ बड़े स्तर पर उत्पादन करती हैं। इससे बड़े पैमाने पर उत्पादन की बचतें प्राप्त होती हैं, परिणामत: प्रति इकाई उत्पादन लागत में कमी आती है।

   इस दर्शन की उपयोगिता केवल उसी समय है जब माँग पूर्ति से अधिक हो। इसका सबसे बड़ा दोष यह है कि यह आवश्यक नहीं है। सस्ती और आसानी से उपलब्ध वस्तुओं/सेवाओं को ग्राहक अवश्य ही खरीदते हैं।

2. **उत्पाद विचारधारा** जो कम्पनियाँ इस दर्शन का अनुसरण करती है उनका मानना है कि वस्तुओं/सेवाओं की गुणवत्ता बेहतर हो तो ग्राहकों को आसानी से आकर्षित किया जा सकता है। इसका आधार यह है कि ग्राहक अच्छी क्वालिटी के उत्पादों की ओर आकर्षित होते हैं। इसी विचार के मद्देनजर से कम्पनियाँ अपने विपणन प्रयासों को उत्पाद की गुणवत्ता में सुधार की ओर अग्रसर कर देती हैं।

   उत्पाद विचारधारा का यह मानना कि ग्राहक क्वालिटी उत्पादों की ओर आकर्षित होते हैं बिल्कुल ठीक है। लेकिन उत्पाद क्रय करने का मात्र यहीं आधार नहीं है। ग्राहक माल के मूल्य, उपलब्धता आदि को भी देखते हैं। अच्छी क्वालिटी और अधिक मूल्य वाला माल ग्राहक का बजट बिगाड़ सकता है। अत: कहा जा सकता है कि केवल गुणवत्ता की विपणन सफलता का एकमात्र रास्ता नहीं है।

3. **बिक्री विचारधारा** जो कम्पनियाँ इस दर्शन का अनुसरण करती हैं उनका मानना है कि ग्राहकों को अकेला छोड़ देने से बात नहीं बनेगी। बल्कि उन्हें अपनी ओर आकर्षित करने के लिए विशेष प्रयास करने की जरूरत है। अर्थात् वस्तुएँ खरीदी नहीं जाती बल्कि उन्हें बेचा जाता है इसका आधार यह है कि ग्राहकों को लुभाया जा सकता है। इसी विचार के मद्देनजर ये कम्पनियाँ अपने विपणन प्रयास ग्राहकों को समझाने व लुभाने की ओर केंद्रित कर देती हैं। यहाँ कम्पनियों की सोच यह रहती है कि 'बेचो जो आपके पास है'।

   इस विचारधारा का यह मानना है कि बार-बार कोशिश करने से आप ग्राहक को कुछ भी बेच सकते हैं, कुछ हद तक तो ठीक है लेकिन लम्बे समय तक आप यह नहीं कर सकते। यदि ग्राहक को आप गलत ढंग से अपने चंगुल में फँसा लेते हैं तो बार-बार वह आपके काबू में नहीं आएगा, बल्कि अब वह अपनी साख को खराब करने का काम करेगा। अत: कहा जा सकता है कि यह तर्क अल्पकाल में ही लाभदायक हो सकता है दीर्घकाल में नहीं।

4. **विपणन विचारधारा** इस दर्शन को मानने वाली कम्पनियों की मान्यता यह होती है कि उपभोक्ता संतुष्टि द्वारा ही सफलता प्राप्त की जा सकती है। इसका आधार यह है कि कम्पनी को वस्तुएँ/सेवाएँ उत्पन्न करनी चाहिएँ जो उपभोक्ता चाहते हैं न कि वे जो वह कर सकती हैं अर्थात् 'वे उसको नहीं बेचते जो बना सकते हैं बल्कि वे हव बनाते हैं जो वे बेच सकते है'। इसी विचार के मद्देनजर में कम्पनियाँ अपने सभी विपणन प्रयास उपभोक्ता संतुष्टि पर न्यौछावर कर देती है। संक्षेप में कहा जा सकता है कि यह एक आधुनिक विचारधारा है और इसे अपना कर लम्बे समय तक लाभ कमाया जा सकता है। इस विचारधारा का दोष यह है कि इसमें सामाजिक कल्याण की ओर ध्यान नहीं दिया जाता है।

5. **सामाजिक विपणन विचारधारा** यह दर्शन उपभोक्ता संतुष्टि पर ही नहीं बल्कि उपभोक्ता कल्याण/ सामाजिक कल्याण पर भी जोर देता है। यह विचारधारा, विपणन विचारधारा से एक कदम आगे चलती है। इसके अंतर्गत कहा गया है कि मात्र उपभोक्ता संतुष्टि से बात करने वाली नहीं है बल्कि पूरे समाज की भलाई को ध्यान में रखना होगा। उदाहरण के लिए, यदि एक कम्पनी ऐसा वाहन तैयार करती हैं जिसमें पेट्रोल की तो कम खपत होती है लेकिन उससे प्रदूषण बढ़ता है तो इससे केवल उपभोक्ता संतुष्टि होगी सामाजिक कल्याण नहीं। सामाजिक कल्याण के अंतर्गत मुख्यत: दो तत्वों को सम्मिलित किया जाता है—उच्चस्तरीय मानव जीवन तथा प्रदूषण रहित वातावरण। अत: इस दर्शन को मानने वाली कम्पनियाँ अपने सभी विपणन प्रयास उपभोक्ता संतुष्टि व सामाजिक कल्याण पर लगा देती हैं।

संक्षेप में कहा जा सकता है कि यह एक नवीनतम विपणन विचारधारा है। इसे अपनाने वाली कम्पनियाँ लम्बे समय तक अच्छे लाभ अर्जित कर सकती हैं।

आधार	उत्पादन विचारधारा	उत्पाद विचारधारा	बिक्री विचारधारा	विपणन विचारधारा	सामाजिक विपणन विचारधारा
प्रारम्भ बिन्दु	कारखाना	कारखाना	कारखाना	बाजार	बाजार एवं समाज
मुख्य केन्द्र बिन्दु	उत्पादन की मात्रा	उत्पाद की गुणवत्ता	उपभोक्ताओं को आकर्षित करना	उपभोक्ता संतुष्टि	उपभोक्ता कल्याण
साधन	संतुलित मूल्य एवं आसान उपलब्धि	उत्पाद सुधार	विज्ञापन, व्यक्तिगत विक्रय एवं विक्रय संवर्द्धन	विभिन्न विपणन क्रियाएं	विभिन्न विपणन क्रियाएँ समाज कल्याण सहित
समाप्ति	अधिकतम उत्पादन द्वारा लाभ	उत्पाद गुणवत्ता द्वारा लाभ	अधिकतम बिक्री द्वारा लाभ	उपभोक्ता संतुष्टि द्वारा लाभ	उपभोक्ता संतुष्टि एवं सामाजिक कल्याण द्वारा लाभ

विपणन मिश्रण Marketing Mix

आज उपभोक्ता को बाजार का किंग अर्थात् राजा कहा जाता है। अत: इस प्रकार के उपभोक्ता बाजार वाले देश में निर्माताओं, विक्रेताओं और मध्यस्थों के लिए उपभोक्ता बहुत ही महत्त्वपूर्ण है। इतना ही नहीं उपभोक्ता आज सार्वभौमिक माना जाता है, उपरोक्त सभी कारणों से यह आवश्यक हो जाता है कि सबसे पहले ये पता लगाया जाए कि किस प्रकार के उपभोक्ता के लिए वस्तु या सेवा का निर्माण या विक्रय किया जा रहा है और फिर उसी की अपेक्षा के अनुरूप उत्पादन व विक्रय रणनीति बनाई व अपनाई जाती है।

विपणन मिश्रण के सम्बन्ध में विभिन्न विद्वानों ने निम्न प्रकार से परिभाषाएँ दी हैं—

फिलिप कोटलर के अनुसार, "एक फर्म का लक्ष्य अपने विपणन चरों के लिए सर्वोत्तम व्यवस्था को ढूँढना है। यह व्यवस्था ही विपणन मिश्रण कहलाती है।"

स्टाण्टन के अनुसार, "विपणन मिश्रण शब्द का उपयोग चार Input के संयोग का वर्णन करने के लिए किया जाता है, जो एक कम्पनी और वितरण तन्त्र को बनाता है- वस्तु, मूल्य ढाँचा, संवर्द्धन क्रियाएँ और वितरण तन्त्र है।

कीली एवं **लेजर** के अनुसार, "विपणन मिश्रण उस बैटरी की युक्तियों से बना है जिसको ग्राहकों को किसी विशेष वस्तु को क्रय करने के लिए प्रेरित करने के उद्देश्य से काम में लाया जा सकता है।"

अत: निष्कर्ष रूप में कहा जा सकता है कि विक्रय में सफलता प्राप्त करने के लिए विक्रय की विभिन्न नीतियों का जो सम्मिश्रण तैयार किया जाता है वही विपणन मिश्रण कहलाता है। इसमें वस्तु के ब्राण्ड, ट्रेडमार्क, पैकेजिंग, मूल्य वितरण, मार्ग, विक्रय शक्ति, विज्ञापन एवं विक्रय संवर्द्धन वस्तुओं का भौतिक वितरण, वितरण अनुसन्धान आदि को शामिल किया जाता है।

मुख्य रूप से विपणन मिश्रण में चार 'P' के संयोग का वर्णन है, जिसमें पहला 'P' वस्तु यानि Product के लिए दूसरा 'P' मूल्य अर्थात् Price के लिए तीसरा 'P' स्थान अर्थात् Place के लिए तथा चौथा 'P' संवर्द्धन Prometion से सम्बन्धित है।

यदि हम देखें तो विपणन मिश्रण रणनीति का एक भाग है। विपणन रणनीति में मुख्य रूप से दो बातें आती हैं—

1. बाजार लक्ष्यों को परिभाषित करना तथा
2. विपणन मिश्रण का संयोजन।

विपणन मिश्रण उपकरणों का संयोग है, जिनके द्वारा विपणन लक्ष्यों को प्राप्त किया जाता है। एक विपणन प्रबन्धक विपणन मिश्रण की सहायता से विपणन कार्यक्रम तैयार करता है, जिसके द्वारा वह अधिक-से-अधिक ग्राहक सन्तुष्टि प्राप्त कर लाभ कमाता है। विपणन मिश्रण की महत्ता को बताते हुए **लतीफ** ने कहा कि 'जिस प्रकार कम्पनी उत्पादकों को अधिकतम बनाने के लिए उपयुक्त क्रियात्मक सम्मिश्रण की आवश्यकता होती है, उसी प्रकार विपणन क्रियाओं के कुशल संचालन के लिए विपणन मिश्रण की आवश्यकता होती है।'

विपणन मिश्रण के आवश्यक तत्त्व
Essential Elements of Marketing Mix

विपणन मिश्रण के तत्त्वों को मुख्य रूप से दो *भागों में बाँटा जा सकता है।* पहले भाग में उन तत्त्वों को रखा जाता है, जो बाजार में प्रस्तुत होने वाली वस्तु से सम्बन्ध रखते हैं। जिसमें वस्तु का ब्राण्ड मूल्य व सेवा आती है और दूसरे भाग में उन तत्त्वों को रखा जाता है, जिनका सम्बन्ध विधियों व उपकरणों से होता है; जैसे—वाहिकाएँ, वैयक्तिक, विक्रय, विज्ञापन, विक्रय, संवर्द्धन इत्यादि। इस प्रकार मिश्रण के इन विभिन्न तत्त्वों को मिलाकर एक अच्छा और प्रभावकारी विपणन मिश्रणन तैयार किया जा सकता है।

कुछ प्रमुख विपणन मिश्रण तत्त्व निम्न प्रकार हैं—

1. **वस्तु का नियोजन एवं विकास** किसी भी विपणन मिश्रण में वस्तु नियोजन एवं विकास का महत्त्वपूर्ण स्थान है। एक अच्छी संस्था विपणन मिश्रण के पहले वस्तु नियोजन का पूर्ण ख्याल रखती है, जिसमें वस्तु का डिजाइन, वस्तु का नाम, वस्तु का रंग, वस्तु का ब्राण्ड, पैकिंग, लेबिल, वस्तु का प्रयोग, गारण्टी व सेवा आदि शामिल होती हैं।
2. **वस्तु का वितरण मार्ग** विपणन मिश्रण का दूसरा महत्त्वपूर्ण तत्त्व है वितरण मार्ग, क्योंकि बिना उचित वितरण मार्ग के विक्रय सम्भव नहीं हैं यह विवरण सीधा या मध्यस्थों के माध्यम से हो सकता है।
3. **वस्तु का मूल्य निर्धारण** मूल्य निर्धारण भी विपणन मिश्रण का एक महत्त्वपूर्ण अंग हैं। वस्तु का मूल्य निर्धारण इस प्रकार किया जाना चाहिए कि ग्राहकों को वस्तु का मूल्य अधिक न लगे और संस्था आसानी से प्रतियोगिता में टिक सके।
4. **विक्रय शक्ति** विक्रय करना एक विक्रेता का कार्य नहीं है। विक्रयकर्ताओं को विभिन्न प्रकार के विक्रेताओं से सम्पर्क स्थापित कर वस्तुओं को विक्रय करना पड़ता है। विक्रेताओं की इस विक्रय शक्ति को भी विक्रय मिश्रण का तत्त्व माना जाता है।
5. **विपणन अनुसन्धान** विपणन मिश्रण के तत्त्वों में विपणन अनुसन्धान का भी अपना एक स्थान है। समय-समय पर बिक्री का विश्लेषण किया जाता है। बिक्री सम्भावनाओं का पता लगाने के लिए जो सर्वेक्षण किए जाते हैं उसके लिए विभिन्न बाहरी संस्थाओं की सहायता ली जाती है।
6. **विज्ञापन एवं विक्रय संवर्द्धन** आज के इस युग में विज्ञापन एवं विक्रय संवर्द्धन का अपना अलग ही एक स्थान है एक अच्छा विज्ञापन कार्यक्रम बनाना एक विपणनकर्ता की प्रथम आवश्यकता है इस उद्देश्य की पूर्ति के लिए तथा प्रर्दशन द्वारा अपने उत्पादन की विशेषताओं को ग्राहकों को बताने तथा उन्हें क्रय करने के लिए प्रेरित करने के उद्देश्य से विक्रय संर्वद्धन एक महत्त्वपूर्ण तत्त्व का कार्य करता है।
7. **वस्तुओं का भौतिक वितरण** वस्तुओं को ग्राहकों तक पहुँचाने के लिए एक विक्रेता का विभिन्न परिवहन साधनों तथा अनेक प्रकार के संग्रह का सहारा लेना पड़ता है। विपणन में इसको इस प्रकार शामिल किया जाना चाहिए, जिससे इसकी लागत कम-से-कम पड़े। लागत को कम करने के लिए इसके मिश्रण में भी समय-समय पर परिवर्तन किया जाना शामिल होता है यह भी विपणन मिश्रण का एक अभिन्न अंग है इसमें प्रबन्ध, वित्त उद्देश्य आदि शामिल हैं।
8. **सामान्य नियोजन** आज के इस प्रतिस्पर्द्धी युग में बिना नियोजन के कुछ भी सम्भव नहीं है। यहाँ तक कि संस्था का सामान्य नियोजन भी उद्देश्यों के प्राप्ति में सहायक है तथा विपणन मिश्रण का एक अभिन्न अंग है।

व्यक्तिगत व्यवहार Personal Nature

संगठन व्यवहार संगठनों के अन्तर्गत 'मानवीय व्यवहार का अध्ययन है। सामान्य: शब्दों में संगठनात्मक व्यवहार से तात्पर्य संगठन में कार्यरत् व्यक्तियों के व्यवहार के अध्ययन से है। संगठनात्मक व्यवहार में अध्ययन किया जाता है कि संगठन में 'क्या' तथा 'क्यों' करते है तथा उनके व्यवहार का संगठन के कार्यों पर कैसा प्रभाव होता है। *वस्तुत: संगठन में तीन प्रकार के मानवीय व्यवहार देखे जा सकते हैं—*

1. **अन्त:वैयक्तिक व्यवहार** अन्त:वैयक्तिक व्यवहार कर्मचारियों का स्वयं का व्यवहार होता है जो उनके व्यक्तित्व, प्रवृत्तियों, अवबोध, अभिप्रेरणा, अपेक्षा तथा आन्तरिक भावनाओं के फलस्वरूप प्रकट होता है।
2. **अन्तर्वैयक्तिक व्यवहार** दो व्यक्तियों या दो से अधिक व्यक्तियों (समूह) के मध्य होने वाली पारस्परिक क्रियाओं के फलस्वरूप उत्पन्न व्यवहार को अन्तर्वैयक्तिक व्यवहार कहा जाता है। यह व्यवहार समूह गतिशीलता, अन्तर्समूह संघर्ष, नेतृत्व, सम्प्रेषण आदि के रूप में प्रकट होते हैं।
3. **संगठन व्यवहार** इसमें संगठन की औपचारिक संरचनाओं तथा अनौपचारिक समूहों के व्यवहार को शामिल किया जाता है।

संगठनात्मक व्यवहार में उपरोक्त तीनों प्रकार के व्यवहार एवं उसके प्रभावों तथा संगठन के आन्तरिक एवं बाह्य वातावरण के प्रभावों का अवलोकन, अध्ययन एवं नियन्त्रण किया जाता है।

एक संगठनात्मक व्यवस्था में संगठनात्मक व्यवहार, व्यक्तिगत व्यवहार का अध्ययन होता है। इसके अन्तर्गत यह अध्ययन किया जाता है कि व्यक्ति अकेले कैसे व्यवहार करता है, साथ ही साथ समूहों में कैसे व्यवहार करता हैं। संगठनात्मक व्यवहार व्यक्ति और समूह व्यवहार, पारस्परिक प्रक्रियाओं और संगठनात्मक गतिशीलता को समझने के लिए समर्पित अंत:विषय क्षेत्र अध्ययन है। संगठनात्मक व्यवहार का उद्देश्य उन कारकों की अधिक समझ प्राप्त करना है जो एक संगठनात्मक व्यवस्था में व्यक्तिगत और समूह गतिशीलता को प्रभावित करते हैं ताकि व्यक्तियों और समूहों और संगठनों को वे अधिक कुशल और प्रभावी बना सकें।

नेतृत्व का अर्थ एवं परिभाषाएँ
Meaning and Definition of Leadership

नेतृत्व से आशय किसी भी व्यक्ति विशेष के उस विशिष्ट गुण से है, जिसके द्वारा वह अन्य व्यक्तियों का मार्ग-प्रशस्त करता है तथा मार्ग दर्शन करता है। इतना ही नहीं नेता के रूप में उनकी क्रियाओं का संचालन भी करता है। एक नेता के पीछे उसके अनुयायियों का एक समूह होता है, जो उसके निर्देशानुसार ही कार्य करता है। एक उपक्रम में उच्च कोटि का नेतृत्व संगठन के प्रत्येक स्तर पर आवश्यक है।

नेतृत्व को विभिन्न विद्वानों ने निम्न प्रकार परिभाषित किया है—

हैमन के अनुसार, ''नेतृत्व को एक ऐसी प्रक्रिया के रूप में परिभाषित किया जा सकता है, जिसके द्वारा एक अधिकारी दूसरे व्यक्तियों के कार्य को व्यक्त एवं संगठन, दोनों के मध्य इस प्रकार की मध्यस्थता करके विवेकपूर्ण ढंग से निर्देशित, पथ-प्रदर्शित एवं प्रभावित करता है, ताकि विशेष उद्देश्य को चुनने एवं प्राप्त करने में दोनों में अधिकतम सन्तुष्टि प्राप्त हो।''

बर्नार्ड के अनुसार, ''नेतृत्व से आशय व्यक्ति के व्यवहार के उस गुण से है, जिसके द्वारा वह अन्य लोगों को संगठित प्रयास से सम्बन्धित कार्य करने में मार्गदर्शन करता है।''

सामाजिक विज्ञान के शब्दकोष के अनुसार, ''नेतृत्व से आशय किसी व्यक्ति एवं वर्ग के मध्य ऐसे सम्बन्धों से है, जिससे कि सामान्य हित के लिए दोनों परस्पर मिल जाते हैं तथा अनुयायियों का समूह उस एक व्यक्ति के निर्देशानुसार ही कार्य करता है।''

उपरोक्त परिभाषाओं के आधार पर सार रूप में कहा जाता है कि नेतृत्व विद्यमान परिस्थितियों में निर्धारित लक्ष्यों की प्राप्ति हेतु एवं व्यक्ति द्वारा अन्य व्यक्तियों अथवा समूह की क्रियाओं को प्रभावित करने एवं उनका मार्गदर्शन करने की प्रक्रिया है।

नेतृत्व की विशेषताएँ
Characteristics of Leadership

नेतृत्व की प्रमुख विशेषताएँ निम्नलिखित हैं—

1. **अनुयायियों का होना** नेतृत्व के लिए अनुयायियों का होना परम आवश्यक है। अनुयायियों के अभाव में नेतृत्व की कल्पना कर पाना भी सम्भव नहीं है।
2. **गतिशील प्रक्रिया** प्रत्येक संगठन में नेतृत्व का कार्य शुरू से लेकर संगठन के क्रियाशील रहने तक लगातार चलता जाता है।
3. **नेता का चरित्र एवं आचरण** एक नेता अपने चरित्र एवं आचरण के द्वारा ही अपने अनुयायियों का कुशल नेतृत्व कर सकता है।
4. **क्रियाशील सम्बन्ध** एक नेता अपने अनुयायियों के साथ रखे जाने वाले पारस्परिक सम्बन्धों को निष्क्रिय न रखकर क्रियाशील रखता है।
5. **हितों की एकता** नेता व उसके अनुयायियों के हितों की एकता होती है, क्योंकि नेतृत्व पारस्परिक उद्देश्यों की प्राप्ति के लिए लोगों को स्वेच्छा से प्रयत्न करने के लिए प्रभावित करने की प्रक्रिया है।
6. **आत्मबोध** नेता का स्वयं के विषय में अपनी शक्ति एवं दुर्बलताओं का पूर्ण ज्ञान होना चाहिए।
7. **यथार्थवादी दृष्टिकोण** नेतृत्व के अन्तर्गत नेता का मानव आचरण के प्रति दृष्टिकोण यर्थाथवादी होना चाहिए।

नेतृत्व का महत्त्व Importance of Leadership

प्रबन्ध के क्षेत्र में नेतृत्व का बड़ा महत्त्वपूर्ण स्थान है। कोई भी संगठन चाहे कितना भी बड़ा क्यों न हो कुशल नेतृत्व के बिना नहीं चल सकता। पीटर एफ ड्रकर ने नेतृत्व के महत्त्व को बताते हुए कहा है कि ''अधिकांश व्यावसायिक प्रतिष्ठान के असफल होने का प्रमुख कारण अकुशल नेतृत्व ही है, अर्थात् अधिकांश व्यावसायिक प्रतिष्ठानों के असफल होने में अकुशल नेतृत्व जितना उत्तरदायी है। उतना कोई अन्य कारण उत्तरदायी नहीं है।''

नेतृत्व के महत्त्व को निम्न शीर्षकों के अन्तर्गत समझा जा सकता है—

1. **सहयोग प्राप्त करने की आधारशिला** नेतृत्व विभिन्न व्यक्तियों के मध्य सहयोग की आधारशिला है। इसके अभाव में कर्मचारियों में द्वेष की भावना जागृत हो सकती है।
2. **अभिप्रेरण का स्रोत** नेतृत्व को अभिप्रेरण के स्रोत के रूप में भी देखा जा सकता है, क्योकि इसकी जड़ें मानवीय सम्बन्धों से भी जुड़ी हुई होती हैं। नेतृत्व अपने आप में एक ऐसा गुण है, जो व्यक्तियों के समूह के उद्देश्यों एवं प्रयत्नों को एकता प्रदान करता है, उसके अनुयायियों को प्रेरणा देता है तथा उनका मार्गदर्शन करता है, इतना ही नहीं इसके द्वारा उनके व्यक्तिगत गुणों का भी विकास होता है तथा अपनी योग्यता दिखाने का अवसर भी अनुयायियों को प्राप्त होता है।
3. **सामूहिक क्रियाओं का संचालन करने हेतु** नेतृत्व अधिकारी वर्ग को ऐसी सुविधा प्रदान करता है कि संस्था का कार्य आसानी से एवं बाधा रहित चलता रहे। कुशल नेतृत्व किसी व्यावसायिक उपक्रम में कार्य करने वाले कर्मचारियों को उसके उद्देश्यों के प्रति निष्ठावान बनाए रखता है। इसमें कुशल संचालन के वे सभी लक्षण होते हैं, जिससे कि लोगों में अधिक परिश्रम करने की लगन पैदा होती है।
4. **सामाजिक परिवर्तन की प्रक्रिया में सुगमता** उच्च स्तरीय प्रबन्ध से लेकर पर्यवेक्षणीय स्तर तक प्रभावशाली नेतृत्व की आवश्यकता होती है। नेतृत्व के द्वारा ही सामाजिक परिवर्तन लाने की प्रक्रिया में सुगमता आती है।
5. **व्यावसायिक सफलता का आधार** किसी व्यावसायिक संस्था की सफलता या असफलता बहुत कुछ इस बात पर निर्भर करती है कि उसके नेतृत्व की प्रकृति क्या है। यहाँ एक ओर कुशल नेतृत्व व्यवसाय की सफलता की ऊँचाइयों पर ले जाता है, वहीं अकुशल नेतृत्व व्यवसाय को पतन या असफलता की ओर ले जाता है।
6. **समूह को उपक्रम के उद्देश्यों के प्रति निष्ठावान बनाए रखने हेतु** कुशल नेतृत्व किसी व्यावसायिक उपक्रम में कार्य करने वाले कर्मचारियों को उसके उद्देश्यों के प्रति निष्ठावान बनाए रखने में महत्त्वपूर्ण भूमिका निभाता है। इतना ही नहीं उनके प्रयत्नों में निष्क्रियता के स्थान पर सक्रियता लाता है यही कारण है कि किसी उपक्रम का आधार जितना अधिक बड़ा होगा उसके संचालन के लिए उतने ही अधिक ऊँचे स्तर के नेतृत्व की आवश्यकता होती है।
7. **अन्य क्षेत्रों में महत्त्व** इसके अतिरिक्त प्रबन्ध का अन्य क्षेत्रों में भी महत्त्व है; जैसे—समन्वय स्थापित करने के लिए, अधिकारी वर्ग को सुरक्षा प्रदान करने के लिए तथा संगठन को क्रियाशील बनाने के लिए इत्यादि।

- **लिकर्ट** ने नेतृत्व की चार प्रणालियों को बताया है।
- तानाशाही नेतृत्व से प्रबन्धक को शीघ्र निर्णय लेने में सुविधा, कार्य के प्रति प्रेरणा एवं प्रबन्धक का उचित पुरस्कार प्राप्त होता है।
- लोकतान्त्रिक नेतृत्व में प्रबन्धक की शक्तियाँ **विकेन्द्रीकृत** होती हैं।
- **पर्यवेक्षकीय नेतृत्व** प्रणाली को कर्मचारी केन्द्रित एवं उत्पादन केन्द्रित को दो भागों में बाँटा जाता है।

नेतृत्व की बाधाएँ या कठिनाइयाँ

Difficulties and Barriers in Leadership

एक व्यावसायिक उपक्रम की सफलता के लिए कुशल नेतृत्व की आवश्यकता है, किन्तु कुशल नेतृत्व के मार्ग में आने वाली कुछ बाधाएँ भी होती हैं, जो इसे प्रभावहीन या व्यर्थ कर देती हैं, *ये बाधाएँ निम्न प्रकार हैं—*

1. कुछ नेताओं में मानवीय अवरोध की कमी होती है, जिस कारण वे अपने सहयोगियों के साथ मित्रता के स्थान पर शत्रुता उत्पन्न कर लेते हैं।
2. कुछ नेता अपने अनुयायियों के निकट सम्पर्क में नहीं होते, जिससे उनकी क्रियाओं का यथा सम्भव पता नहीं लग पाता है।
3. कुछ नेता अपने अधीनस्थों के मध्य अपने दृष्टिकोण को सही रूप में प्रकट कर पाने में असमर्थ होते हैं।
4. कुछ नेता अपने कृत्यों के योग्य नहीं होते तथा अपनी हीन भावना को छुपाने के लिए अधीनस्थों के प्रति विशिष्ट दृष्टिकोण रखते हैं।
5. कुछ नेता अभिप्रेरण के रूप में दण्ड अथवा पुरस्कार की प्रेरणा को आवश्यकता से अधिक महत्त्व देते हैं।
6. कुछ नेता दूरदर्शिता का अभाव होने के कारण अपने समूह का भावी कार्यक्रम भली प्रकार से नहीं बना पाते हैं।
7. कुछ नेता स्वयं को बॉस समझने लगते हैं।

उपरोक्त विवरण से स्पष्ट है कि नेता सकारात्मक सोच के साथ कार्य करता है तथा कर्मचारियों के विकास को भी कार्य निष्पादन के साथ आवश्यक समझता है। दूसरी ओर नेता 'मैं' की भावना से ग्रस्त होकर कार्य निष्पादन करता है तथा डरा-धमकाकर कार्य कराता है।

नेतृत्व के आवश्यक गुण

Essential Qualities of Leadership

एक नेता के अन्दर कुशल नेतृत्व के लिए निम्न गुणों का होना आवश्यक है—

1. मैत्रीभाव,
2. बौद्धिक, ज्ञान
3. भिक्षण चातुर्य,
4. उत्साह,
5. स्फूर्ति एवं सहिष्णुता,
6. निर्णयकर्ता,
7. तकनीकी कुशलता,
8. सामाजिक चेतना,
9. अनुभूति तथा
10. चारित्रिक बल।

अभिप्रेरण का अर्थ एवं परिभाषाएँ

Meaning and Definitions of Motivation

अभिप्रेरण किसी निश्चित लक्ष्य को प्राप्त करने या किसी इच्छित दिशा में जाने के लिए एक प्रकट की गई प्रेरणा अथवा तनाव है। वैसे अभिप्रेरण का शाब्दिक अर्थ प्रेरित करना ही है। दूसरे शब्दों में, यह कार्य पर लोगों के व्यवहार, आवश्यकता को समझने तथा सन्तुष्ट करने की प्रक्रिया है।

अभिप्रेरण की विभिन्न विद्वानों द्वारा दी गई परिभाषाएँ निम्न प्रकार हैं—

- **माइकल जे. जूसियस** के अनुसार, ''अभिप्रेरण स्वयं को अथवा किसी अन्य व्यक्ति को एक विशेष प्रकार का कार्य करने हेतु प्रोत्साहित करने की क्रिया है या वांछित कार्य करने के लिए सही बटन दबाना है।''
- **स्टेनले वेन्स** के अनुसार, ''कोई भी भावना या इच्छा, जो व्यक्ति की इच्छा को इस प्रकार बना देती है कि वह कार्य करने के लिए प्रेरित हो जाए, अभिप्रेरण कहलाता है।''
- **ब्रेच** के अनुसार, ''अभिप्रेरण सामान्य प्रेरणा देने वाली प्रक्रिया है, जो किसी दल के सदस्यों को कारगर रूप में मिलाकर कार्य करने, अपने दल के प्रति वफादरी दिखाने, सौंपी हुई जिम्मेदारी को ठीक प्रकार से निभाने तथा संगठन के उद्देश्य एवं कर्त्तव्य पूर्ती के लिए प्रभावी ढंग से भाग लेने के लिए प्रेरित करती है।
- **हॉज** एवं **जॉनसन** के अनुसार, ''अभिप्रेरण से तात्पर्य किसी व्यक्ति की उस इच्छा से है, जो उसे अल्पकाल में संगठनात्मक आवश्यकताओं के प्रति जागरूक बनाती है।''
- **कूण्ट्ज** एवं **ओ डोनैल** के अनुसार, ''व्यक्तियों को इच्छित तरीकों से कार्य सम्पादन कराने के लिए प्रोत्साहित करना ही अभिप्रेरण है।''

उपरोक्त परिभाषाओं के आधार पर निष्कर्ष रूप में कहा जा सकता है कि अभिप्रेरण का अर्थ उस मनोवैज्ञानिक उत्तेजना से है, जो व्यक्ति को कार्य करने के लिए प्रोत्साहित करती है, कार्य पर बनाए रखती है एवं उन्हें अधिकतम सन्तुष्टि प्रदान करती है।

अभिप्रेरण की प्रकृति या लक्षण

Nature/Characteristics of Motivation

अभिप्रेरण की उपरोक्त परिभाषाओ के आधार पर इससे निम्नलिखित लक्षणों का पता चलता है—

1. **सतत् प्रक्रिया** अभिप्रेरण एक सतत् प्रक्रिया है जिसमें व्यक्तियों से कार्य कराने के लिए उन्हें निरन्तर अभिप्रेरित करते रहना पड़ता है।
2. **अभिप्रेरण मनोबल एवं उत्पादकता से भिन्न है** मनोबल वैसे तो किसी व्यक्ति के कार्य करने की इच्छा को प्रकट करता है, जबकि उत्पादकता का अर्थ कार्य क्षमता एवं कार्यकुशलता से होता है। अभिप्रेरण मनोबल एक उत्पादकता के बीच सम्बन्ध स्थापित करने की प्रक्रिया है तथा इस सम्बन्ध की स्थापना के लिए ही प्रेरणाओं का सहारा लिया जाता है।
3. **अभिप्रेरण मनोवैज्ञानिक अवधारणा है** अभिप्रेरण एक मनोवैज्ञानिक अवधारणा है यह एक ऐसा विचार है, जो मनुष्य की मानसिक शक्तियों को इस प्रकार से प्रभावित एवं विकसित करता है, जिसके परिणामस्वरूप मनुष्य तुरन्त कार्य करने के लिए प्रेरित एवं तत्पर हो जाता है।
4. **मानवीय आवश्यकताओं की सन्तुष्टि** मानव की आवश्यकताएँ इच्छा के साथ-साथ अनन्त होती हैं। इसकी सन्तुष्टि करने के लिए अभिप्रेरणा दी जाती है। इस सन्दर्भ में भी प्रबन्धक इसका प्रयोग करते हैं।
5. **अभिप्रेरण एक कार्य पद्धति है** अभिप्रेरण मानवीय आचरण के अध्ययन के लिए महत्त्वपूर्ण होता है। यह वह कार्य है, जिसे प्रेरणाओं, उद्वेगों संवेगों, इच्छाओं, महत्त्वाकांक्षाओं, प्रयत्नों एवं आवश्यकताओं आदि को शामिल किया जाता है।

अभिप्रेरण के विभिन्न स्रोत

Different sources of Motivation

अभिप्रेरण किसी एक स्रोत से नहीं अपितु विभिन्न स्रोतों से आ सकता है; जैसे—मनोबल, पदोन्नती, कार्य सन्तुष्टि, भावी विकास, कुशल नेतृत्व इत्यादि।

1. **आन्तरिक तत्त्व** अभिप्रेरण का उद्गम मानव के अन्दर से होता है अर्थात् यह बाह्य प्रभावों से भिन्न है। मनुष्य के सम्पूर्ण व्यवहार को अभिप्रेरित करना सम्भव नहीं है, क्योंकि अभिप्रेरणाओं के अतिरिक्त व्यवहार में कुछ अन्य निर्धारक घटक भी होते हैं।
2. **विभिन्न प्रकार** अभिप्रेरण विभिन्न प्रकार का हो सकता है; जैसे—वित्तीय अभिप्रेरण, अवित्तीय अभिप्रेरण इत्यादि।

3. **बाह्य शक्तियों का प्रभाव** किसी व्यक्ति को केवल उसकी आन्तरिक आवश्यकताएँ ही अभिप्रेरित नहीं करती हैं वरन् बाह्य शक्तियाँ भी अभिप्रेरित करती हैं; जैसे—संस्कृति, भौगोलिक स्थिति, राष्ट्रीय भावना, चरित्र तथा परम्परा इत्यादि।

अभिप्रेरण के प्रकार Types of Motivation

अभिप्रेरण का क्षेत्र अत्यधिक व्यापक है विभिन्न परस्थितियों में भिन्न-भिन्न प्रकार के अभिप्रेरण का अनुसरण किया जाता है, क्योंकि विभिन्न व्यक्ति विभिन्न प्रकार के अभिप्रेरण से अभिप्रेरित हैं, मुख्य रूप से इसे चार भागों में बाँटा जा सकता है, *जो निम्न प्रकार हैं—*

1. **धनात्मक एवं ऋणात्मक अभिप्रेरण** धनात्मक अभिप्रेरण से आशय एक ऐसी प्रक्रिया से है, जिसके द्वारा सम्भावित लाभ या पारितोषण का प्रलोभन देकर दूसरों को अपनी इच्छानुसार कार्य लेने हेतु प्रेरित किया जाता है। यहाँ ध्यान देने योग्य बात यह है कि यह धनात्मक अभिप्रेरण वित्तीय तथा अवित्तीय दोनों प्रकार का हो सकता है।
   वहीं दूसरी ओर ऋणात्मक अभिप्रेरण इस मान्यता पर आधारित है कि कर्मचारियों को डराकर या भयभीत करके ही कार्य करने के लिए प्रेरित किया जा सकता है, अर्थात् जब कर्मचारियों को अपने रोजगार के समाप्त होने का भय हो या उसके मान को ठेस पहुँचे या मौद्रिक हानि होने की सम्भावना हो तो वह मन लगाकर कार्य करता है।
2. **मौद्रिक एवं अमौद्रिक अभिप्रेरण** साधारण शब्दों में मुद्रा के रूप में दिया गया अभिप्रेरण मौद्रिक अभिप्रेरण कहलाता है। वित्तीय या मौद्रिक अभिप्रेरण पाकर कर्मचारी अधिकाधिक कार्य करने के लिए प्रेरित हो सकता है। मौद्रिक अभिप्रेरण अधिकतर वेतन, मजदूरी, बोनस, प्रीमियम या लाभांश भागिता के रूप में होता है।
   वहीं दूसरी ओर अमौद्रिक अभिप्रेरण मानसिक और अदृश्य होता है, जिसका वित्त एवं मुद्रा से कोई सम्बन्ध नहीं होता। यह अभिप्रेरण कर्मचारियों की मनोवैज्ञानिक तथा सामाजिक आवश्यकताओं की सन्तुष्टि करता है। उदाहरण के लिए कर्मचारियों के कार्य की प्रशंसा कार्य की सुरक्षा प्रदान करना, मानवीय व्यवहार प्रदान करना, नेतृत्व प्रदान करना एवं श्रेष्ठतम कार्य दशाएँ देना इत्यादि है।
3. **व्यक्तिगत एवं सामूहिक अभिप्रेरण** व्यक्तिगत अभिप्रेरण से आशय व्यक्ति विशेष की आवश्यकताओं की पूर्ती करने के लिए किए गए व्यक्तिगत अभिप्रेरण से है। इस प्रकार के अभिप्रेरण में मुख्य रूप से प्रशंसा-पत्र, प्रमाण-पत्र, नौकरी की सुरक्षा, विकास एवं पदोन्नति आदि शामिल हैं, जबकि सामूहिक अभिप्रेरण के अन्तर्गत व्यक्ति के किसी समूह विशेष को किसी विशिष्ट लक्ष्य की प्राप्ति के लिए अभिप्रेरित किया जाता है। अधिकतर इस प्रकार का अभिप्रेरण, अधिकांश, समूह बोनस सामूहिक पुरस्कार, विशिष्ट वार्षिक वृद्धि आदि के द्वारा दिया जाता है।
4. **आन्तरिक तथा बाह्य अभिप्रेरण** आन्तरिक अभिप्रेरण से आशय कार्य के रूप में अभिप्रेरित करने से है। यह अभिप्रेरण इस मान्यता पर आधारित है कि प्रत्येक व्यक्ति अच्छा कार्य करना चाहता है। अत: कार्य देना व उसमें सफलता पाना ही उसका अभिप्रेरण है, इसमें मूल रूप से सम्मान पदोन्नति, मान्यता प्रसंशा आदि शामिल है। बाह्य अभिप्रेरण से आशय कार्य के अतिरिक्त अन्य स्रोतों से प्राप्त अभिप्रेरण से है, इनमें भत्ते, स्वस्थ नीतियाँ, प्रेरणात्मक पारिश्रमिक पद्धति आदि को सम्मिलित किया जाता है।

मैस्लो द्वारा प्रतिपादित अभिप्रेरण विचारधारा

Motivation Concept by Maslow

अमेरिकन विख्यात मनोवैज्ञानिक अब्राह्म एच मैस्लो ने वर्ष 1943 में अभिप्रेरण की आवश्यकताओं की क्रमबद्धता की विचारधारा का प्रतिपादन किया था, जिसके अनुसार एक व्यक्ति की आवश्यकताएँ उन्नत होती हैं तथा उनमें क्रमबद्धता पाई जाती है। एक व्यक्ति में कार्य के प्रति रुचि एवं शक्ति उत्पन्न करने के लिए उसकी एक के बाद दूसरी आवश्यकताओं को क्रमबद्धता में सन्तुष्ट करना आवश्यक होता है। मनुष्य की प्रबल आवश्यकताओं की सन्तुष्टि कर अभिप्रेरित किया जा सकता है।

मैस्लो के अनुसार, प्रमुख मानवीय आवश्यकताओं को *निम्न पाँच स्तरों में बाँटा गया है—*

1. **आधारभूत आवश्यकताएँ** ये वे आवश्यकताएँ होती हैं, जो किसी व्यक्ति को कार्य करने के लिए सबसे अधिक प्रेरित करती हैं। इन आवश्यकताओं की पूर्ति न हो पाने पर व्यक्ति के लिए अपना जीवन व्यतीत करना कठिन हो जाता है और यहाँ तक की उसकी मृत्यु भी हो सकती है ये मूलभूत आवश्यकताएँ हैं; जैसे—भोजन, हवा, आश्रय, पानी, नींद, काम तथा भावना आदि।
2. **सुरक्षात्मक आवश्यकताएँ** आधारभूत आवश्यकताओं की पूर्ति के बाद व्यक्ति सुरक्षा स्थायित्व अथवा निश्चितता की आवश्यकताओं की सन्तुष्टि प्राप्त करने का प्रयत्न करता है। प्रत्येक व्यक्ति अपने रोजगार की सुरक्षा चाहता है तथा उसमें स्थायित्व एवं निश्चितता पाने का प्रयास करता है। इसके अतिरिक्त इसमें व्यक्ति व सम्पत्ति की सुरक्षा, कार्य की सुरक्षा तथा सुरक्षित वातावरण की आवश्यकाताएँ प्रमुख हैं।
3. **सामाजिक आवश्यकताएँ** मानव एक सामाजिक प्राणी है। अत: वह समाज से अलग नहीं होना चाहता तथा समाज में रहकर सामाजिक आवश्यकताओं की पूर्ति करना परम आवश्यक है। सामाजिक आवश्यकताओं में मुख्य रूप से मैत्री, अनुराग, आत्मीयता, स्नेह तथा सामाजिक स्वीकार्यता की अभिलाषा शामिल है।
4. **सम्मान एवं स्वाभिमान की आवश्यकताएँ** इन आवश्यकताओं में स्व सम्मान तथा अन्य द्वारा सम्मान दोनों शामिल हैं। इन आवश्यकताओं में मान्यता प्राप्त करने की इच्छा प्रतिष्ठा पाने की इच्छा, अहम शान्त करने की इच्छा आदि प्रमुख हैं। यहाँ ध्यान देने योग्य बात यह है कि प्रत्येक व्यक्ति इन आवश्यकताओं को पूरा करने की कोशिश करता है, किन्तु उसकी सभी आवश्यकताओं की पूर्ति एवं सन्तुष्टि होना आवश्यक नहीं।
5. **आत्मविकास की आवश्यकताएँ** प्रत्येक व्यक्ति की यह अन्त:करण इच्छा होती है, जो कुछ उसमें बनने की योग्यता है वह उसके योग्य बन जाए। इसी को हम आत्म विकास की योग्यता कहते हैं। इसमें सम्भावित योग्यताओं ज्ञान एवं कौशल का अनुकूलतम विकास की तथा रचनात्मक व सृजनशील बनने एवं पूर्वता की ओर अग्रसर होने की आवश्यकताएँ शामिल हैं। उपरोक्त परिभाषाओं तथा विभिन्न आवश्यकता स्तरों का विश्लेषण करने के पश्चात् ज्ञात होता है कि मैस्लो द्वारा प्रतिपादित आवश्यकताओं की क्रमबद्धता का सिद्धान्त आशावादी दृष्टिकोण पर आधारित है तथा इसकी आवश्यकताओं की प्रकृति तथा प्राथमिकताओं को स्पष्ट किया गया है, जिससे मानवीय व्यवहार को समझने एवं उसके विश्लेषण करने में बहुत सुविधा रहती है। इस सिद्धान्त को प्रबन्धकीय जगत में व्यापक रूप से मान्यता प्राप्त है।

अभिप्रेरण का महत्त्व Importance of Motivation

जैसा कि विदित है अभिप्रेरण प्रबन्ध का एक महत्त्वपूर्ण कार्य है, जो संस्था में कार्य करने वाले व्यक्तियों को निर्धारित लक्ष्यों की प्राप्ति की ओर निर्देशित तथा अभिप्रेरित करता है। यह प्रबन्ध का हृदय है। *अभिप्रेरण के महत्त्व या लाभों को निम्न शीर्षकों के अन्तर्गत समझा जा सकता है—*

1. **मानवीय साधनों के उपयोग में सहायक** जैसा कि विदित उत्पादन के विभिन्न साधनों में श्रम का महत्त्वपूर्ण स्थान है, क्योंकि यह एक सक्रिय साधन है। मानव, साधन के अधिकतम उपयोग के लिए अभिप्रेरण परम आवश्यक है, क्योंकि अभिप्रेरण के द्वारा ही कर्मचारियों की आन्तरिक योग्यताओं का विकास उनका संस्था के हित में अधिकतम उपयोग किया जा सकता है।
2. **लक्ष्य प्राप्ति में सहायक** अभिप्रेरण इस संस्था में कार्यरत कर्मचारियों की कार्य करने की इच्छा शक्ति को जागृत करके उसके प्रयासों को एक निर्धारित दिशा दी जाती है, जिसके द्वारा संस्था के लक्ष्यों को सरलता से प्राप्त किया जा सकता है।
3. **मनोबल बढ़ाने में सहायक** अभिप्रेरण वह शक्ति है, जो किसी व्यक्ति को अपनी पूर्ण कुशलता का उपयोग करने के लिए प्रेरित करने के साथ-साथ उनकी कार्य करने की क्षमता में भी वृद्धि करती है, जिसका अनुकूल प्रभाव उनके मनोबल पर पड़ता है।
4. **कार्य सन्तुष्टि प्राप्ति में सहायक** अभिप्रेरण के द्वारा प्रेरित होकर कर्मचारी अपनी पूर्ण लगन, निष्ठा तथा कुशलता के साथ कार्य करता है और अधिक-से-अधिक सम्भव परिणाम देने की चेष्ठा करता है, जिससे उसे अपने द्वारा किए गए कार्य से अधिकतम सन्तुष्टि की प्राप्ति होती है।
5. **कुशलता वृद्धि में सहायक** अभिप्रेरण के द्वारा कर्मचारियों की आवश्यकताओं की सन्तुष्टि होती है, जिससे उसे कार्य में सन्तुष्टि प्राप्त होती है। मनोबल में वृद्धि होती है, कार्य करने का उत्तम वातावरण उत्पन्न होता है तथा मानवीय सम्बन्धों में सुधार होता है। अत: परिणामस्वरूप कर्मचारियों की कार्य कुशलता में वृद्धि होती है।
6. **आवश्यकताओं की सन्तुष्टि** मानवीय आवश्यकताएँ अनन्त होती हैं, किन्तु इसमें क्रमद्वता होती है, अर्थात् जैसे ही मानव की आवश्यकता की पूर्ति होती है। उसके तुरन्त बाद दूसरी आवश्यकता उत्पन्न हो जाती है। एक असन्तुष्ट आवश्यकता ही अभिप्रेरण का कार्य करता है, इसलिए एक प्रबन्धक अपने कर्मचारियों की आवश्यकताओं की सन्तुष्टि अभिप्रेरण के द्वारा करता है।
7. **अन्य महत्त्व** उपरोक्त वर्णित लाभों के अतिरिक्त अभिप्रेरण के अन्य लाभ भी हैं; जैसे—सर्वप्रथम तो अभिप्रेरण के माध्यम से संस्था में स्वस्थ श्रम सम्बन्धों की स्थापना होती है। दूसरा साधनों का मितव्ययितापूर्ण एवं अधिकतम उपभोग करना सम्भव होता है। साथ-ही-साथ संस्था की ख्याति में भी वृद्धि होती है। इतना ही नहीं अभिप्रेरित कर्मचारी अनुपस्थिति को भी कम पसन्द करता है।

अभिप्रेरण अनुसन्धान/प्रयोग
Motivation Investigation

आज के इस प्रतिस्पर्द्धी युग में एक उत्पादक के लिए आवश्यक है कि वह अपने उत्पाद को बाजार के अनुकूल बनाए इसके लिए आवश्यक है कि वह बाजार में वस्तु के प्रति उपभोक्ता या समाज की प्रतिक्रिया को जानना आवश्यक है इसके लिए विपणनकर्ता विभिन्न मनोवैज्ञानिक सिद्धान्तों के द्वारा उपभोक्ताओं की प्रतिक्रिया का अध्ययन करने का प्रयास करता है। उपभोक्ता व्यवहार का अध्ययन करने के लिए मुख्य *रूप से दो प्रकार की सूचनाओं को एकत्रित किया जाता है*—प्रथम परिणाम सम्बन्धी एवं द्वितीय गुण सम्बन्धी। इसलिए अभिप्रेरण अनुसन्धान को गुणात्मक अनुसन्धान भी कहते हैं। इस अनुसन्धान के अन्तर्गत उपभोक्ताओं के मन की छुपी सभी भावनाओं को जानने का प्रयास किया जाता है। *कुछ प्रमुख विद्वानों ने अभिप्रेरण अनुसन्धान को निम्न प्रकार परिभाषित किया है—*

लारेंस सी. लोकले के अनुसार, ''वर्तमान समय में अभिप्रेरण अनुसन्धान एक लोकप्रिय शब्द है, जिसको मस्तिष्क चिकित्सा एवं मनोवैज्ञानिक सम्बन्धी तकनीकों के उपयोग के द्वारा यह जानकारी प्राप्त करने के लिए प्रयोग किया जाता है कि उत्पादों, विज्ञापनों एवं विभिन्न दूसरी विपणन परिस्थितियों में लोग एक विशेष ढंग से आचरण क्यों करते हैं।''

मैनसन रथ के अनुसार, ''अभिप्रेरण अनुसन्धान विपणन अनुसन्धान का एक तरीका है, जिसके द्वारा उन मूल कारणों का पता लगाने का प्रयास किया जाता है जिनके कारण लोग क्रय करते हैं।''

अत: निष्कर्ष रूप में यह कहा जा सकता है कि विपणन अभिप्रेरण अनुसन्धान के द्वारा यह जानकारी प्राप्त की जा सकती है कि किसी विशेष परिस्थिति में विशेष उपभोक्ता विशिष्ट प्रकार का आचरण क्यों करता है।

अभिप्रेरण अनुसन्धान की तकनीकें
Techniques of Motivational

अभिप्रेरण अनुसन्धान के लिए निम्नलिखित तकनीकों को प्रयोग किया जाता है

1. **परम्परागत विधि** अभिप्रेरण अनुसन्धान की इस विधि के अन्तर्गत परम्परागत प्रश्नावली तैयार की जाती है। इन प्रश्नावलियों को मनोवैज्ञानिक विशेषज्ञों के द्वारा तैयार किया जाता है। यह तकनीक अधिक परम्परागत है तथा आज के युग में इसका प्रयोग बहुत कम होता ,है क्योंकि क्रेता प्रश्नावली के प्रश्नों का उत्तर नहीं दे पाता।
2. **गहन साक्षात्कार** इस विधि में न्यादर्श के आधार पर चुने गए ग्राहकों के साथ मधुर, स्वतन्त्र, भयरहित, आरामदायक वातावरण में साक्षात्कार किया जाता है। इस विधि के अन्तर्गत साक्षात्कारकर्ता उत्तरदाता के विचारों को ध्यानपूर्वक सुनता है और फिर उन सब सूचनाओं को एकत्रित करके उनका विश्लेषण करता है, किन्तु इस तकनीक की सफलता साक्षात्कारकर्ता की निपुणता व व्यवहार चातुर्य पर निर्भर करती है।
3. **प्रलम्बन या प्रक्षेपी तकनीकें** इस विधि के अन्तर्गत उपभोक्ताओं से अप्रत्यक्ष रूप में प्रश्न पूछे जाते हैं, जिससे कि उपभोक्ताओं के हृदय में छिपी हुई भावनाओं, विचारों तथा प्रेरणाओं का पता लगाया जा सके। इस विधि में ग्राहकों या उपभोक्ताओं से ये निवेदन किया जाता है कि वे अपने आप को किसी अन्य व्यक्ति की स्थिति में रखकर यह बताए कि उनकी समझ से अन्य व्यक्ति को किसी विशेष वस्तु विज्ञापन या पैकिंग के सम्बन्ध में क्या प्रतिक्रिया देंगे।

   इसकी निम्नलिखित प्रमुख तकनीकें हैं—

   (i) **युगल चित्र परीक्षण** इसमें उत्तर देने वाले के सामने दो तस्वीरें रखी जाती हैं, जो एक-दूसरे से भिन्न होती है और उससे कहा जाता है कि किसी एक के बारे में अपनी राय दें। इससे व्यक्तियों की आन्तरिक प्रेरणाओं का बोध होता है।

   (ii) **वाक्य पूर्ण परीक्षण** इसके अन्तर्गत उपभोक्ताओं को किसी वाक्य को पूर्ण करने के लिए कहा जाता है; जैसे—मैं एक विशिष्ट उत्पाद का प्रयोग करता हूँ, क्योंकि ······· और उन

अपूर्ण वाक्यों को पूर्ण करने में जो विचार सहज रूप से उपभोक्ताओं द्वारा दिया जाता है उसे विपणन में प्रयोग किया जाता है।

(iii) **शब्द संगति परीक्षण** इस विधि के अन्तर्गत अनुसन्धानकर्ता उत्तरदाता के सम्मुख किसी विशेष शब्द का उल्लेख करता है और उत्तरदाता को इस शब्द को सुनकर अपने मस्तिष्क में आने वाले तत्सम्बन्धित शब्द को बताना होता है।

(iv) **आत्मज्ञान परीक्षण** इस विधि के अन्तर्गत उपभोक्ताओं को एक या अधिक अस्पष्ट या भ्रामक चित्र दिखाए जाते हैं और फिर उनसे पूछा जाता है कि क्या चित्रों में घटना दिखाई देती है या फिर उस चित्र में दिखने वाली कहानी को सुनाने के लिए कहा जाता है।

(v) **कार्टून परीक्षण** यह विधि आत्मज्ञान परीक्षण का ही दूसरा रूप है इस विधि में उत्तरदाताओं को एक व्यंग्य चित्र दिखाया जाता है और उस चित्र के सन्दर्भ में विभिन्न वैकल्पिक शीर्षक भी बताए जाते हैं। उत्तरदाता से पूछा जाता है कि उस व्यंग्य चित्र के लिए सबसे उपयुक्त शीर्षक कौन-सा है।

सम्प्रेषण/संचार का अर्थ एवं परिभाषाएँ
Meaning and Definitions of Communication

संचार प्रबन्ध का एक महत्त्वपूर्ण अभिन्न अंग है। संचार से आशय विचारों को एक-दूसरे तक पहुँचाने से है, ताकि वह उन्हें जान सके तथा उन पर अमल कर सके दूसरे शब्दों में दो-या-दो से अधिक व्यक्तियों के मध्य तथ्यों, विचारों, संवेगों, अनुमानों, भावनाओं तथा सूचनाओं का पारस्परिक आदान-प्रदान ही संचार कहलाता है।

संचार या सम्प्रेषण को विभिन्न विद्वानों ने निम्न प्रकार से परिभाषित किया है—

कीथ डेविस के अनुसार, *"संचार वह प्रक्रिया है, जिसमें सन्देश और समझ को एक व्यक्ति से दूसरे व्यक्ति तक पहुँचाया जाता है।"*

एलन के अनुसार, *"संचार उन सब बातों का योग है, जोकि एक व्यक्ति दूसरे के मस्तिष्क में समझ उत्पन्न करने के लिए करता है यह अर्थ का सेतु है।"*

हेपनर एवं **पेटिंगल** के अनुसार, "संचार लोगों को लिखने या बातचीत करने से अधिक है यह अर्थों का विनिमय है।"

न्यूमैन एवं **समर** के अनुसार, "संचार दो या अधिक व्यक्तियों के मध्य तथ्यों, विचारों, सम्मितियों या भावनाओं का विनिमय है।"

संचार या सम्प्रेषण की विशेषताएँ
Characteristics of Communication

संचार की उपरोक्त परिभाषाओं के आधार पर इसकी निम्नलिखित विशेषता सामने आती हैं—

1. **दो-या-दो से अधिक व्यक्ति का होना** संचार प्रक्रिया की सबसे बड़ी विशेषता यह है कि इसमें दो-या-दो से अधिक व्यक्तियों का होना आवश्यक है, क्योंकि एक व्यक्ति स्वयं के साथ विचारों का आदान-प्रदान कर नहीं सकता।
2. **सतत् प्रक्रिया** संचार एक कभी न रुकने वाली सतत् प्रक्रिया है।
3. **चक्रीय प्रक्रिया** संचार एक चक्रीय प्रक्रिया है प्रत्येक सन्देश पर क्रिया एवं प्रतिक्रिया होती है, जो नए सन्देश को जन्म देती है। यह क्रम चक्र की तरह चलता जाता है।
4. **मानवीय समूह की प्रक्रिया** संचार मानवीय समूह की प्रक्रिया पशु-पक्षी के समूह की प्रक्रिया नहीं है।
5. **दोनों पक्षों की योग्यता** संचार की सफलता इससे सम्बन्धित दोनों पक्षों की योग्यता में सम्बन्धित है, अर्थात् केवल प्रेषक की योग्यता ही नहीं प्रापक की श्रवण योग्यता भी आवश्यक है।
6. **सम्बद्धकारी प्रक्रिया** यह एक सम्बद्धकारी प्रक्रिया है।
7. **उद्देश्योन्मुखी** संचार एक उद्देश्योन्मुखी प्रक्रिया है, जिसका एक पूर्ण निर्धारित उद्देश्य होता है।
8. **प्रबन्धकीय कार्यों का आधार** संचार सभी प्रबन्धकीय कार्यों का आधार है।

संचार की प्रक्रिया Process of Communication

जैसा कि संचार प्रक्रिया की विशेषता है यह एक निरन्तर चलने वाली प्रक्रिया है, जिसमें विचारों और सूचनाओं का आदान-प्रदान विभिन्न व्यक्तियों के मध्य चलता रहता है।

संचार के निम्नलिखित चरण होते हैं—

1. **प्रेषक** संचार प्रक्रिया का प्रथम चरण प्रेषक से शुरू होता है यह वह व्यक्ति होता है, जो सन्देश भेजता है।
2. **विचार** किसी भी संचार प्रक्रिया में सन्देश प्रेषक का विचार ही सन्देशवाहन की विषय वस्तु होती है, इसमें प्रेषक की धारणा, सम्मति, भावनाएँ, विचार, दृष्टिकोण, अनुभव, सुझाव एवं आदेश-निर्देश आदि को सम्मलित किया जाता है।
3. **लिपिवद्धकरण** सन्देश या सूचना की विषय-वस्तु अदृश्य होती है। अतः उसको स्वरूप प्रदान करने के लिए उसे लिपिबद्ध किया जाता है।
4. **माध्यम** यह चरण सन्देश को भेजने के लिए माध्यम के चुनाव से है। यह माध्यम सुविधा एवं आवश्यकता के अनुसार लिखित, मौखिक, सांकेतिक दृश्य श्रव्य आदि हो सकते हैं।
5. **सन्देश प्राप्तकर्ता** सन्देश के माध्यम का निर्धारण होने के पश्चात् सन्देश प्राप्तकर्ता का नम्बर आता है यह वह व्यक्ति होता है, जिसके लिए सन्देश भेजा जाता है। सन्देश प्राप्तकर्ता संचार प्रक्रिया का महत्त्वपूर्ण अंग होता है।
6. **व्याख्या करना** जब सन्देश प्राप्तकर्ता सन्देश प्राप्त कर लेता है, तो उसके पश्चात् वह उसकी व्याख्या करता है। सन्देश वाहन/संचार की सफलता इस बात पर निर्भर करती है कि प्राप्तकर्ता सन्देशों की किस प्रकार व्याख्या करता है।
7. **प्रतिपुष्टि** संचार प्रक्रिया बिना प्रतिपुष्टि के अधूरी है संचार प्रक्रिया तब पूरी होती है, जब प्रेषक को यह जानकारी प्राप्त हो जाती है कि दिया गया सन्देश यथासमय सही व्यक्ति के पास पहुँच गया है और उसने प्रेषक की भावना तथा अर्थों के अनुरूप उसे समझ लिया है।

संचार या सम्प्रेषण के प्रकार
Types of Communication

अध्ययन की सुविधा की दृष्टि से हम संचार को *निम्नलिखित चार भागों में विभाजित कर सकते हैं—*

1. मौखिक एवं लिखित संचार
2. औपचारिक एवं अनौपचारिक संचार

3. नीचे की ओर, ऊपर की ओर एवं समतल संचार
4. अँगूरीलता संचार

1. मौखिक एवं लिखित संचार

संचार के वर्गीकरण का प्रथम आधार यह है कि सन्देश केवल मुख से उच्चारित शब्दों द्वारा प्रेषित किया गया है अथवा लेखनी द्वारा लिखकर।

(i) **मौखिक संचार** मौखिक संचार से आशय ऐसे संचार से, जिसमें संवाद या सूचना मुख से उच्चारण कर प्रेषित की जाती है। मौखिक संचार दोनों पक्षों के मध्य प्रत्यक्ष रूप में वार्तालाप द्वारा, टेलीफोन पर बात करके, विचारगोष्ठियों में भाग लेकर, सम्मेलनों में उपस्थित होकर, सूचना प्रसारण यन्त्रों के माध्यम से, घण्टी या सीटी बजाकर या अन्य कोई संकेत द्वारा भी किया जाता है। कभी-कभी तो मौखिक शब्दों द्वारा सम्प्रेषण न किया जाकर शारीरिक अंगों के विशेष संचालन द्वारा भी भावाभिव्यक्ति की जाती है।

(ii) **लिखित संचार** लिखित संचार से आशय उस सन्देश के सम्प्रेषण से है, जो लिखित में हो। लिखित सन्देशवाहन या संचार के लिए पत्र-पत्रिकाएँ बुलेटिन, समाचार-पत्र, रिपोर्ट, पैम्फलेट, डायरियाँ, हैण्डबुक, मैन्युअल्स एवं सुझाव पुस्तकें आदि का प्रयोग किया जाता है। लिखित संचार के अन्तर्गत ध्यान रहे की सन्देश संक्षिप्त रूप में लिखा हो, जिसमें पढ़ने वाले का समय व्यर्थ में ही नष्ट न हो और वह सन्देश का आशय तुरन्त ग्रहण कर सके। अत: लिखित सन्देश की तैयारी करते समय बड़ी सावधानी की आवश्यकता है। दूसरा सन्देश की भाषा इस प्रकार की रखनी चाहिए कि उसके दो अर्थ नहीं निकले।

2. औपचारिक एवं अनौपचारिक संचार

(i) **औपचारिक संचार** औपचारिक संचार से आशय किसी भी सन्देश के इस प्रकार के सम्प्रेषण से है, जिसमें सन्देश भेजने वाले और प्राप्तकर्ता के मध्य औपचारिक सम्बन्ध होता है। उदाहरण के लिए जब किसी संस्था के कार्यालय में व्यवस्थापक अपने अधीनस्थ किसी कर्मचारी के विरुद्ध कोई अनुशासनात्मक कार्यवाही करता है या करने की चेतावनी देता है, तो यह लिखित रूप से औपचारिक रीति से सम्प्रेषित किया जाएगा।

(ii) **अनौपचारिक संचार** अनौपचारिक संचार या सम्प्रेषण से आशय ऐसे सन्देश के सम्प्रेषण से जहाँ सन्देश भेजने वाले तथा प्राप्त करने वाले के मध्य अनौपचारिक सम्बन्ध होता है। यहाँ तक की अनौपचारिक सन्देश लिखित होना भी जरूरी नहीं। इस प्रकार के सन्देशों का आदान-प्रदान संगठनात्मक चार्ट द्वारा निर्धारित मार्गो से नहीं होता, जब किसी संगठन में कार्यरत कर्मचारी अनौपचारिक रूप से किसी सभा सम्मेलनों में आपस में मिलते हैं, तो उनके बीच परस्पर अनौपचारिक विचारों, सन्देशों का आदान-प्रदान होता है। अनौपचारिक सन्देश शब्दों के बिना उच्चारण किए, शारीरिक अंगों के परिचालन मात्र से भी प्रेषित किए जा सकते हैं। इसे अँगूरीलता सम्प्रेषण भी कहते हैं।

3. नीचे की ओर, ऊपर की ओर एवं समतल संचार

(i) **नीचे की ओर संचार** इससे आशय ऐसे सन्देशों के सम्प्रेषण से है, जो उच्चाधिकारियों की ओर से अपने अधिकारियों या कर्मचारियों को किया जाता है। यह मौखिक और लिखित किसी भी प्रकार का हो सकता है। वैयक्तिक निर्देश, वक्तव्य, सभा-सम्मेलनों में भाषण, टेलीफोन पर सम्प्रेषण, सीटी बजाकर या घण्टी बजाकर सूचित करना, ये सभी मौखिक संचार के तरीके हैं, जबकि लिखित संचार में आदेश-पत्र, मीमों सूचनापट पर प्रसारण आदि शामिल हैं।

(ii) **ऊपर की ओर संचार** जब कोई सन्देश अधीनस्थ कर्मचारियों की ओर से अधिकारियों को भेजा जाता है, तो इसे ऊपर की ओर संचार या सम्प्रेषण कहते हैं। इस प्रकार का संचार भी लिखित अथवा मौखिक हो सकता है जहाँ एक ओर प्रत्यक्ष रूप से सूचना देना, सभा सम्मेलन तथा आपसी परामर्श ऊपर की ओर संचार के मौखिक माध्यम हैं, वहीं लिखित प्रतिवेदन, सुझाव या प्रस्ताव लिखित संचार के तरीके हैं।

(iii) **समतल संचार** जब किसी संचार एक व्यावसायिक इकाई के विभिन्न विभागाध्यक्षों या एक ही स्तर के भिन्न-भिन्न अधिकारियों के मध्य होता है, तो इसे समतल सन्देशवाहन या संचार कहते हैं। इस प्रकार के संचार से विभिन्न विभागों के मध्य समन्वय बना रहता है।

व्यक्तित्व अवबोध, सीखना और दृष्टिकोण

Personality Perception, Learning and Attitude

व्यक्तित्व के लिए एक संक्षिप्त परिभाषा यह है कि यह विचारों, भावनाओं और व्यवहारों के लक्षणों से बना है जो एक व्यक्ति का अद्वितीय बनाता हैं। व्यक्तित्व व्यक्ति के भीतर से उत्पन्न होता है और पूरे जीवन में काफी सुसंगत रहता है। व्यक्तित्व की कुछ बुनियादी विशेषताएँ हैं: आत्म-अवधाराणा (आत्म-प्रभावकारिता, आत्मसम्मान, आत्म-निरीक्षण), सकारात्मक या नकारात्मक प्रभाव, नियन्त्रण का स्थान। पूर्वधारणा संवेदी जानकारी की जातगरूकता या समझ पाने की प्रक्रिया है। यह साफ करना महत्वपूर्ण है कि लोगों की पूर्वधारणा आन्तरिक कारकों से प्रभावित होती है जैसे: पर्यावरण और सन्दर्भ से प्राप्त उत्तेजनाएँ जिसमें वे काम करते हैं।

आरोपण (एट्रिब्यूशन) एक ऐसी अवधारणा है जो लोगों को उनके आस-पास के बारे मे समझ में आती है कि वे क्या सोचते हैं और एक घटना का क्या प्रभाव हैं यह सुझाव देता है कि व्यक्ति अपने स्वयं के व्यवहार या अनुभव का निरीक्षण करते हैं और उसके आधार पर, यह पता लगाने की कोशिश करें कि इसके कारण क्या है, और इस आधार पर अपने भविष्य के व्यवहार को आकार देते है। व्यवहार की व्याख्या दो श्रेणियों में आती है एक आन्तरिक आरोपण है, जो व्यक्तित्व, क्षमता और प्रेरणा जैसे व्यक्तिगत कारकों के साथ जुडा हुआ है और दूसरा बाहरी एट्रिब्यूशन है, जो कि पर्यावरण के कारकों जैसे कि संगठनात्मक नियम, भाग्य और प्राकृतिक वातावरण से सम्बन्धित है।

दृष्टिकोण कुछ स्थितियों या लोगों के बारे में भावनाएँ हैं और यह किसी के वयवहार से अत्यधिक सम्बन्धित हैं। एबीसी मॉडल दृष्टिकोण के तीन मुख्य घटक (भावनाओं और मौखिक कथन), व्यवहार के इरादों (व्यक्ति कैसे व्यवहार करता है और इरादों के बारे में मौखिक बयान) और अनुभूति (दृष्टिकोण और विश्वास) की व्याख्या करता है। व्यवहार मुख्य रूप से दो कारणों से बनता है: प्रत्यक्ष और सामाजिक सीख।

मूल्य आचरण के बारे में ऐसे विश्वास हैं, जो स्वीकार किए जाते हैं और दो मुख्य श्रेणियों में विभाजित होते हैं: सहायक (लक्ष्य प्राप्त करने के तरीके) और टर्मिनल (लक्ष्य जो प्राप्त किये जाने है) संगठन में कुछ मूल्य सामान्यत: स्वीकार किए जाते हैं; जैसे—दूसरों की चिंता, ईमानदारी और निष्पक्षता।

समूह का अर्थ Meaning of Group

दो या दो से अधिक व्यक्तिओं के साथ को समूह कहते हैं। लोगों का एकत्रीकरण समूह कहलाता है। वे एक दूसरे से मेल-जोल करते हैं। वे एक-दूसरे को जानते हैं। इनका एक सामान्य उद्देश्य होता है। वे अपने आप को एक समूह के रूप में देखते हैं।

समूह की विशेषताएँ Characteristics of Group

1. **दो या दो से अधिक व्यक्ति** एक अकेला व्यक्ति समूह का निर्माण नहीं कर सकता है। समूह के निर्माण के लिए न्यूनतम दो व्यक्तिओं का होना अनिवार्य है। समूह का निर्माण करने के लिए व्यक्तियों की अधिकतम संख्या की कोई सीमा नहीं है।
2. **सामूहिक पहचान** समूह का हर सदस्य एक दूसरे को जानता है। समूह का हर सदस्य यह समझता है कि वह समूह का भाग है।
3. **अन्तर्क्रिया** समूह के सदस्यों के बीच अन्तर्क्रिया होती है। हर सदस्य अपने विचारों को दूसरे से विभिन्न साधनों; जैसे आमने-सामने, लिखित में टेलीफोन पर या कम्प्यूटर नेटवर्क द्वारा सम्प्रेषित करते हैं।
4. **सामान्य उद्देश्य** किसी सामान्य उद्देश्य की पूर्ति के लिए समूह के सभी सदस्य कार्य करते हैं। सामान्य उद्देश्य ही उन्हें आपस में बाँध कर रखता है।

समूह की गतिशीलता Group Dynamics

'गतिशीलता' शब्द ग्रीस शब्द 'फोर्स' से लिया गया है। अत: समूह की गतिशीलता से अभिप्राय सामाजिक अन्तर्क्रिया के लिए समूह के अन्दर बल का संचालन करना है। इस सम्बन्ध में 'एल्टन मायो' तथा उसके सहयोगी लेविन के दो अध्ययन महत्त्वपूर्ण है।

समूह की गतिशीलता का महत्त्व Importance of Group Dynamics

समूह से सम्बन्धित कुछ निश्चित पूर्वधारणाएँ हैं जो इसकी वास्तविकताओं, अवास्तविकताओं, गुणों एवं दोषों के बारे में बताती है, परन्तु मे पूर्वधारणाएँ व्यक्तिगत सिद्धान्त के अभिन्न अंग है।

ऐसी पूर्वधारणाएँ धनात्मक या ऋणात्मक हो सकती है। ऋणात्मक दृष्टिकोण प्रदर्शित करता है कि (i) समूह नही होता (ii) समूह अच्छा नहीं होता है। धनात्मक दृष्टिकोण प्रदर्शित करता है कि (i) समूह होता है (ii) समूह अच्छा होता है। धनात्मक दृष्टिकोण के इन दो बिन्दुओं को समूह की गतिशीलता की विशेषताएँ कह सकते हैं।

अभ्यास प्रश्न

विपणन-अर्थ, कार्य, भूमिका, स्तर, बदले स्वरूप

1. "विपणन से तात्पर्य उन व्यवसायिक क्रियाओं के निष्पादन से है, जोकि उत्पादन से उपभोक्ता या प्रयोगकर्ता तक वस्तुओं एवं सेवाओं के प्रवाह को निर्दिष्ट करती है।" यह कथन है?
(a) फिलिप कोटलर
(b) अमेरिकन मार्केटिंग एसोसिएशन
(c) प्रो. पाइल
(d) एडवर्ड एवं डेविड

2. "विपणन में वे सभी प्रयत्न शामिल हैं, जो वस्तुओं और सेवाओं के स्वामित्व हस्तान्तरण को प्रभावित करते हैं और उनके भौतिक वितरण की व्यवस्था करते हैं" यह कथन किसका है?
(a) टाउसले क्लार्क (b) प्रो. पाइल
(c) फिलिप कोटलर (d) इनमें से कोई नहीं

3. एक निर्माता की दृष्टि से विपणन किस प्रकार लाभदायक नहीं है?
(a) आय सृजन में सहायक
(b) लागत में कमी करने में असक्षम
(c) नियोजन निर्णयन में सहायक
(d) उपरोक्त सभी

4. "विपणन का कार्य सम्पर्क स्थापित करना है।" यह किसका कथन है?
(a) स्टाण्टन का (b) एफ जे बोर्च
(c) फिलिप कोटलर (d) सेण्ट थॉमस

5. जागरूक खरीददार कौन होता है?
(a) विक्रेता के बारे में नकारात्मक छवि होती है।
(b) अगर उत्पाद ठीक नहीं होता, तो लौटा देता है।
(c) उत्पाद की कीमत और गुणवत्ता की सावधानीपूर्वक जाँच करता है
(d) भावुकता में बहकर खरीददारी करता है।

6. .... में मूल्य उपभोक्ता के व्यवहार को प्रभावित करते हैं।
(a) अल्पकाल में (b) दीर्घकाल में
(c) 'a' और 'b' दोनों (d) इनमें से कोई नहीं

7. .... और ब्राण्ड लॉयल्टी के मध्य घनिष्ट सम्बन्ध है।
(a) सामाजिक स्तर (b) आदत
(c) पूर्वाग्रह (d) इनमें से कोई नहीं

8. एक नवीन उत्पाद के सन्दर्भ में उपभोक्ता निर्णय का तीसरा चरण है
(a) जागरूकता (b) मूल्यांकन
(c) रुचि (d) इनमें से कोई नहीं

9. सामाजिक स्तर को पुन: विभाजित किया जा सकता है
(a) उच्च स्तर और निम्न स्तर
(b) उच्च स्तर, मध्यम स्तर तथा निम्न स्तर
(c) उच्च स्तर, उच्च मध्यम स्तर, मध्यम स्तर और निम्न स्तर
(d) उपरोक्त में से कोई नहीं

10. उपभोक्ता व्यवहार के अध्ययन की व्यावहारिक एवं लोकप्रिय तकनीक है
(a) प्रलम्बन (b) प्रश्नावली
(c) साक्षात्कार (d) इनमें से कोई नहीं

11. उपभोक्ता संचालित विपणन की विचारधारा में राजा किसे माना जाता है?
(a) उपभोक्ता (b) सरकार
(c) विक्रेता (d) ये सभी

12. उत्पादन एवं विक्रय की विभिन्न रीतियों/नीतियों का सम्मिश्रण कहलाता है
(a) विपणन मिश्रण (b) विक्रय मिश्रण
(c) उत्पादन मिश्रण (d) बाजार मिश्रण

13. मनोविज्ञान के आधार पर वस्तुओं के कितने प्रकार होते हैं?
(a) 2 (b) 4 (c) 5 (d) 8

14. उपभोक्ता क्रय व्यवहार के अनुसार उपभोक्ताओं को कितने वर्गों में बाँटा जा सकता है?
(a) 5 (b) 4 (c) 2 (d) 6

15. प्रयोग दर किस बाजार विभक्तिकरण तकनीक का तत्त्व है?
(a) क्रेता व्यवहार सम्बन्धी (b) भौगोलिक आधार
(c) मनोवैज्ञानिक आधार (d) इनमें से कोई नहीं

16. उपभोक्ता व्यवहार के अध्ययन में पता लगाते हैं
(a) उपभोक्ता कब क्रय करते हैं (b) उपभोक्ता कैसे क्रय करते हैं
(c) उपभोक्ता कहाँ क्रय करते हैं (d) ये सभी

17. सीखी हुई प्रेरणाएँ होती हैं
(a) स्वाभाविक क्रिया से संचालित (b) प्रवृत्तियों द्वारा संचालित
(c) बाह्य अनुभवों द्वारा संचालित (d) अन्त:क्रिया द्वारा संचालित

18. उपभोक्ता व्यवहार के अध्ययन हेतु किस प्रश्न का उत्तर आवश्यक है?
(a) उपभोक्ता कब क्रय करते हैं (b) उपभोक्ता क्यों क्रय करते हैं
(c) उपभोक्ता क्या क्रय करते हैं (d) इनमें से कोई नहीं

19. विपणन मिश्रण को प्रभावित करने वाला घटक है
(a) उपभोक्ता की सूची में माँग में परिवर्तन
(b) देश का राजनैतिक माहौल
(c) प्रतिस्पर्द्धी की नीति
(d) उपरोक्त सभी

20. वस्तु मिश्रण का प्रमुख तत्त्व है
(a) वितरण मार्ग (b) विक्रय शर्तें
(c) विक्रय शक्ति (d) 'a' और 'c' दोनों

21. उपभोक्ता सन्तुष्टि की विचारधारा किस प्रकार की विचारधारा है?
(a) आधुनिक (b) परम्परागत
(c) प्राचीन (d) इनमें से कोई नहीं

22. भारत में विपणन की आधुनिक विचारधारा किस रूप में लागू है?
(a) पूर्ण (b) आंशिक
(c) शुरुआती स्तर पर (d) इनमें से कोई नहीं

23. विपणन की प्राचीन विचारधारा का अन्तिम लक्ष्य क्या है?
(a) उपभोक्ता सन्तुष्टि (b) अधिकतम विक्रय द्वारा लाभ
(c) लाभ व उपभोक्ता की सन्तुष्टि (d) ये सभी

24. टाउसले क्लार्क एवं क्लार्क ने विपणन के कितने कार्य माने हैं?
(a) 2 (b) 5 (c) 8 (d) 10

25. हमारे देश में विपणन की आधुनिक विचारधारा के पूर्ण रूप से लागू न हो पाने का कारण है
(a) उपभोक्ता की इच्छानुसार उत्पादन
(b) लाभों की प्रधानता
(c) विक्रय उपरान्त सेवाओं की व्यवस्था
(d) उपरोक्त सभी

26. उपभोक्ता सन्तुष्टि विचारधारा का लक्षण है
(a) उपभोक्ताओं की आवश्यकतानुसार उत्पादन
(b) उपभोक्ताओं की आवश्यकतानुसार अनुसन्धान
(c) प्रति व्यक्ति आय की अधिकता
(d) उपरोक्त सभी

27. वस्तु एवं सेवा वितरण विचारधारा सम्बन्धी है
(a) प्राचीन अवधारणा (b) मध्यकालीन अवधारणा
(c) आधुनिक अवधारणा (d) ये सभी

28. विपणन की आधुनिक विचारधारा का लक्षण है
(a) उपभोक्ता की प्रधानता (b) रहन-सहन के स्तर का निर्माण
(c) उपभोक्ता सन्तुष्टि (d) ये सभी

29. वस्तु के नियोजन व विकास से सृजन होता है
(a) रूप उपयोगिता का (b) स्थान उपयोगिता का
(c) समय उपयोगिता का (d) स्वामित्व उपयोगिता का

30. बेसिक मार्केटिंग पुस्तक के लेखक का नाम है
(a) मार्शल (b) हेन्सन (c) मैक्कार्थी (d) फिलिप कोटलर

31. उपभोक्ता सन्तुष्टि की विचारधारा की मान्यता है
(a) उपभोक्ता सन्तुष्टि के बाद ही लाभ प्राप्त किया जा सकता है
(b) उपभोक्ता सन्तुष्टि के लिए लाभ या हानि का कोई अर्थ नहीं
(c) व्यापार का परम उद्देश्य लाभ है उपभोक्ता सन्तुष्टि इसके बाद है
(d) उपरोक्त में से कोई नहीं

32. एक सामाजिक परिदृश्य में विपणन का महत्त्व किस रूप में है?
(a) रोजगार वृद्धि के उद्देश्य से
(b) वितरण लागत में कमी के उद्देश्य से
(c) राष्ट्रीय आय में वृद्धि के उद्देश्य से
(d) उपरोक्त सभी

33. विपणन की प्राचीन विचारधारा किस पर ध्यान देती है?
(a) उपभोक्ता (b) वस्तु
(c) 'a' और 'b' दोनों (d) इनमें से कोई नहीं

34. विपणन की प्राचीन अवधारणा किस प्रवृत्ति की है?
(a) विस्तृत (b) संकीर्ण
(c) आवृत्त (d) इनमें से कोई नहीं

35. विपणन की प्राचीन विचारधारा की विशेषता है
(a) वस्तु के क्रय-विक्रय पर बल (b) लाभोन्मुखी
(c) उत्पादन पर बल (d) ये सभी

36. विपणन की प्राचीन विचारधारा की विशेषता नहीं है
(a) क्रय-विक्रय पर बल (b) लाभोन्मुखी
(c) विक्रय के बाद की सेवाएँ (d) इनमें से कोई नहीं

37. विपणन की प्रमुख विचारधाराएँ हैं
(a) प्रणाली दृष्टिकोण विचारधारा
(b) जीवन-स्तर विचारधारा
(c) उपयोगिता सृजन विचारधारा
(d) उपरोक्त सभी

38. विपणन की आधुनिक विचारधारा का लक्षण है
(a) उत्पादन पर अधिक बल
(b) उपभोक्ता सन्तुष्टि पर बल
(c) विक्रयोपरान्त सेवाओं की अपेक्षा
(d) वस्तु क्रय-विक्रय पर बल

39. विपणन की प्राचीन विचारधारा के समर्थक हैं
(a) प्रो. पाइल (b) एडवर्ड व डेविड
(c) प्रो. हेन्सन (d) मैक्कार्थी

40. फण्डामेण्टल ऑफ मॉडर्न मार्केटिंग के लेखक कौन हैं?
(a) स्टिल (b) मार्शल
(c) प्रो. मैक्कार्थी (d) इनमें से कोई नहीं

41. वस्तु व सेवा के वितरण सम्बन्धी विचारधारा के समर्थक हैं
(a) टाउसले, क्लार्क एवं क्लार्क (b) कन्वर्स ह्यूजी एवं मिचैल
(c) 'a' और 'b' दोनों (d) इनमें से कोई नहीं

42. विचारक प्रणाली विचारधारा के समर्थक नहीं हैं
(a) प्रो. मैक्कार्थी (b) सेण्ट थॉमस
(c) मैकनायर (d) ये सभी

43. मार्केटिंग प्रिन्सिपल्स पुस्तक के लेखक हैं
(a) क्लार्क (b) मार्शल
(c) पाइल (d) एडवर्ड

44. मार्केटिंग मैनेजमेण्ट पुस्तक के लेखक हैं
(a) फिलिप कोटलर (b) मैक्कार्थी
(c) एडवर्ड (d) इनमें से कोई नहीं

45. विपणन ग्राहक से ही प्रारम्भ होता है और ग्राहक पर ही अन्त होता है, यह तथ्य
(a) सही है (b) गलत है
(c) 'a' और 'b' दोनों (d) इनमें से कोई नहीं

46. विक्रय प्रबन्ध है
(a) पुरानी विचारधारा (b) आधुनिक विचारधारा
(c) 'a' और 'b' दोनों (d) इनमें से कोई नहीं

47. विपणन की प्राचीन विचारधारा की विशेषता है
(a) विक्रयोपरान्त सेवाएँ (b) जीवन स्तर में वृद्धि
(c) क्रय एवं विक्रय पर ध्यान (d) उपभोक्ता सन्तुष्टि पर ध्यान

48. जीवन-स्तर प्रदान करने वाली विचारधारा सम्बन्धित है
(a) परम्परागत विचारधारा से (b) आधुनिक विचारधारा
(c) 'a' और 'b' दोनों से (d) इनमें से कोई नहीं

49. जीवन-स्तर प्रदान करने वाली विचारधारा होती है
(a) लाभोन्मुखी (b) वस्तोन्मुखी
(c) उपभोक्तामुखी (d) ये सभी

50. उपभोक्ता सन्तुष्टि विचारधारा के समर्थक हैं
(a) फिलिप कोटलर (b) सेण्ट थॉमस
(c) एफ जे बोर्च (d) इनमें से कोई नहीं

51. ग्राहक सन्तुष्टि विचारधारा किस प्रकार की विचारधारा है?
(a) आधुनिक (b) प्राचीन
(c) परम्परागत (d) इनमें से कोई नहीं

52. विपणन से लाभ निर्माता के लिए क्या नहीं है?
(a) वितरण लागतों में कमी का कारण
(b) नियमित व निर्णय में सहायक
(c) आय सृजन में सहायक
(d) उपरोक्त सभी

53. निम्नलिखित में से कौन-सा कथन सत्य नहीं है?
(a) विपणन की प्राचीन विचारधारा वस्तोन्मुखी है
(b) विपणन की प्राचीन विचारधारा में विक्रय के बाद सन्तुष्टि उपेक्षित थी
(c) विपणन की प्राचीन अवधारणा में विपणन कार्यों में पारस्परिक सम्पर्क नहीं था
(d) विपणन की प्राचीन विचारधारा में विक्रय के बाद की सेवाओं को भी स्थान दिया गया है

54. वस्तुओं व सेवाओं के वितरण सम्बन्धी विचारधारा के अनुसार विपणन कार्य
(a) वस्तु निर्माण के साथ प्रारम्भ होता है
(b) वस्तु निर्मित होने के पूर्व प्रारम्भ होता है
(c) वस्तु निर्मित होने के बाद प्रारम्भ होता है
(d) उपरोक्त में से कोई नहीं

55. जो संस्थाएँ एक वस्तु का निर्माण न करके वस्तु बाजार विभक्तिकरण को ध्यान में रखकर कई वस्तुओं का निर्माण करती हैं वे किस विपणन नीति को अपनाती हैं?
(a) भेदभावहीन विपणन नीति (b) भेदभावपूर्ण विपणन नीति
(c) केन्द्रित विपणन नीति (d) इनमें से कोई नहीं

56. व्यवहारिक विशेषताओं के आधार पर उप-विभाजित बाजार क्या कहलाता है?
(a) विभक्तिकरण (b) समग्रीकरण
(c) परिशुद्धता (d) इनमें से कोई नहीं

57. विपणन मिश्रण के स्थान तत्त्व के लिए क्या प्रासंगिक है?
(a) ब्राण्डिंग (b) कीमत बन्धन
(c) बिक्री कार्मिक अभिप्रेरण (d) इनमें से कोई नहीं

58. फिलिप कोटलर के अनुसार बाजार विभक्तिकरण का आधार है
(a) मनोवैज्ञानिक (b) जनांकिकी
(c) वस्तु सतह (d) ये सभी

59. क्रय व्यवहार को प्रभावित करने वाला आर्थिक घटक नहीं है
(a) पारिवारिक आय (b) उपभोक्ता साख
(c) सरकारी नीति (d) सीखना

60. क्रय व्यवहार को प्रभावित करने वाला आर्थिक घटक है?
(a) पारिवारिक आय (b) आय की प्रत्याशा
(c) स्वाधीन आय (d) ये सभी

61. मोटीवेशन एण्डं पर्सनैलिटी के लेखक कौन हैं?
(a) मैकनायर (b) ए एस मास्लो
(c) एडवर्ड हॉल (d) के वाशिंगटन

62. उपभोक्ता बाजार के लिए आधार है
(a) उपभोक्ता की आय (b) उपभोक्ता की आयु
(c) उपभोक्ता का लिंग (d) उपरोक्त सभी

63. भारतीय उपभोक्ताओं के क्रय व्यवहार की विशेषता है
(a) मोलभाव की प्रवृत्ति
(b) ब्राण्ड के प्रति जागरूकता
(c) किस्म की जगह मूल्य को प्राथमिकता
(d) उपरोक्त सभी

64. "ग्राहकों का समूहीकरण या बाजार को टुकड़ों में बाँटना ही बाजार विभक्तिकरण कहलाता है।" यह परिभाषा किसकी है?
(a) फिलिप कोटलर (b) आर एस डाबर
(c) काण्डिक व स्टिल (d) स्टाण्टन

65. क्रेता व्यवहार को प्रभावित करने वाला मनोवैज्ञानिक घटक है
(a) उपभोक्ता साख (b) आधारभूत आवश्यकता
(c) पारिवारिक आय (d) इनमें से कोई नहीं

66. संवेगी वर्ग का उपभोक्ता
(a) किसी वस्तु को उसके भौतिक गुणों के आधार पर क्रय करता है
(b) वस्तु के ब्राण्ड के आधार पर क्रय करता है
(c) वस्तु के मूल्य के आधार पर क्रय करता है
(d) उपरोक्त सभी

67. आधारभूत आवश्यकता का प्रकार नहीं है
(a) यथार्थवादी आवश्यकता
(b) जानने व समझने की आवश्यकता
(c) 'a' और 'b' दोनों
(d) उपरोक्त में से कोई नहीं

68. आधारभूत आवश्यकता के प्रकार हैं
(a) शरीर विज्ञान आवश्यकता (b) सुरक्षा आवश्यकता
(c) यथार्थवादी आवश्यकता (d) ये सभी

69. मैक्कार्थी व लिपसन के विभाजन में यह तत्त्व समान है
(a) वस्तु (b) विक्रय शर्तें
(c) संचार (d) संवर्द्धन

70. केन्द्रित विपणन नीति में संस्था का भविष्य निर्भर करता है
(a) एक बाजार पर (b) सम्पूर्ण बाजार पर
(c) दो बाजारों पर (d) ये सभी

71. निम्नलिखित में क्रय व्यवहार का सिद्धान्त है
(a) वस्तु चल व उपभोक्ता चल
(b) भावात्मक व विवेकपूर्ण प्रेरणाएँ
(c) सीखी हुई बनाम स्वाभाविक प्रेरणाएँ
(d) उपरोक्त सभी

72. प्रज्ञाशील वर्ग का उपभोक्ता
(a) विशिष्ट ब्राण्ड क्रय करता है
(b) मूल्य संज्ञानी होता है
(c) आदत से नियन्त्रित होता है
(d) अत्यन्त तीव्र बुद्धि वाला होता है

73. भावात्मक प्रतिकर्मी वर्ग की विशेषता है
(a) विवेकपूर्ण दावों से प्रभावित होना
(b) निश्चित ब्राण्ड से जुड़े रहना
(c) वस्तु की छवि व आदर्शों से प्रभावित होना
(d) उपरोक्त में से कोई नहीं

74. मनोवैज्ञानिक आधार पर वस्तुओं के प्रकार होते हैं
(a) व्यस्कता वस्तुएँ (b) प्रतिष्ठा वस्तुएँ
(c) उद्वेग वस्तुएँ (d) ये सभी

75. प्रो. स्टाण्टन के अनुसार बाजार विभक्तिकरण के विकास के कितने कारण हैं?
(a) 4 (b) 5 (c) 6 (d) 8

76. बाजार विभक्तिकरण का ढंग है
(a) क्रेताओं के व्यापक वर्ग बनाकर
(b) प्रत्येक उपभोक्ता को एक वर्ग मानकर
(c) बाजार को उपभोक्ताओं के विभिन्न वर्ग बनाकर बाँटना
(d) उपरोक्त में से कोई नहीं

77. बाजार विभक्तिकरण का उद्देश्य नहीं है
(a) क्रय सम्भाव्य का पता लगाना
(b) वरीयताओं का पता लगाना
(c) संस्था को ग्राहक अभिमुखी बनाना
(d) संस्था को ग्राहक अधोमुखी बनाना

78. फिलिप कोटलर ने बाजार को कितने भागों में बाँटा है?
(a) 2 (b) 4
(c) 7 (d) 10

79. स्टिल व कण्डिक के अनुसार औद्योगिक बाजार के विभक्तिकरण का आधार है
(a) उपभोक्ता का आकार (b) उपभोक्ता का धर्म
(c) उपभोक्ता का शैक्षिक स्तर (d) उपभोक्ता की आयु

80. बाजार विभक्तिकरण का लाभ है
(a) वस्तु के विपणन अवसरों का पता लगाना
(b) वस्तु के विपणन मूल्यों में सामंजस्य
(c) विपणन बजट का बँटवारा
(d) उपरोक्त सभी

81. जीवन-स्तर बाजार विभक्तिकरण के किस आधार का हिस्सा है?
(a) सामाजिक आर्थिक (b) मनोवैज्ञानिक
(c) भौगोलिक आधार (d) इनमें से कोई नहीं

82. आधारभूत आवश्यकताओं का प्रकार नहीं है
(a) प्रेम आवश्यकता (b) समान आवश्यकता
(c) काम आवश्यकता (d) सौन्दर्य आवश्यकता

83. भारतीय उपभोक्ता व्यवहार की विशेषता नहीं मानी जाती
(a) बदलती हुई उपभोग संरचना (b) उपनगरीय क्रय में कमी
(c) स्त्रियों की भूमिका (d) शिकायत करने की प्रवृत्ति

84. आदत नियन्त्रित वर्ग की विशेषता है
(a) विशिष्ट ब्राण्ड पर निर्भर न होना
(b) विवेकपूर्ण दावों से प्रभावित होना
(c) एक निश्चित ब्राण्ड क्रय करना
(d) उपरोक्त सभी

85. उपभोक्ता व्यवहार के अध्ययन से किसका पता नहीं किया जाता?
(a) उपभोक्ता कैसे क्रय करते हैं
(b) उपभोक्ता क्यों क्रय करते हैं
(c) उपभोक्ता कहाँ से क्रय करते हैं
(d) उपभोक्ता कब क्रय करते हैं

86. विटामिन के आधार पर बाजार विभक्तिकरण का आधार होगा
(a) उपभोक्ता की आयु (b) लिंग
(c) आय (d) वितरण का स्थान

87. निम्नलिखित में से कौन-सा शहर विद्युतीय कम्बल के लिए अनुकूल है?
(a) मुम्बई (b) शिलांग
(c) पूना (d) मद्रास

88. निम्नलिखित में से किसमें उपभोक्ता को केन्द्रित किया जाता है?
(a) विपणन (b) विक्रय (c) उत्पादन (d) वस्तु

89. केन्द्रित विपणन रणनीति में निर्माता
(a) सभी बाजारों पर ध्यान केन्द्रित करता है
(b) बाजार के किसी एक भाग पर ध्यान केन्द्रित करता है
(c) एक वस्तु विशेष पर ध्यान केन्द्रित करता है
(d) उपरोक्त में से कोई नहीं

90. जागरूक खरीददार कौन होता है?
(a) विक्रेता के बारे में नकारात्मक छवि होती है।
(b) अगर उत्पाद ठीक नहीं होता, तो लौटा देता है।
(c) उत्पाद की कीमत और गुणवत्ता की सावधानीपूर्वक जाँच करता है
(d) भावुकता में बहकर खरीददारी करता है।

91. विपणन की कौन–सी धारणा इस मान्यता पर आधारित है कि उत्कृष्ट उत्पाद स्वयं बिकते हैं?
(a) उत्पादन (b) विपणन (c) सामाजिक (d) उत्पाद

92. विपणन साहित्य में किन शब्दों को प्राय: अन्तबदल रूप में उपयोग किया जाता है?
(a) अवधारणा, पद्धति, दर्शन (b) अवधारणा, उपागम, तकनीक
(c) उन्मुखीकरण, उपागम, तकनीक
(d) उन्मुखीकरण, अवधारणा दर्शन

93. मानवीय आवश्यकताओं अथवा जरूरतों की तुष्टि के लिए किसी विनिमय को उत्पन्न करना और सुविधाजनक बनाना, जो ऐसी आवश्यकताओं की तुष्टि करते हुए उसका प्राकृतिक पर्यावरण पर न्यूनतम दुष्प्रभाव हो उसे जाना जाता है
(a) आक्रामक विपणन (b) प्रचालक विपणन
(c) हरित विपणन (d) ये सभी

94. जन (मास) विपणन क्या है?
(a) सभी उपभोक्ताओं को एक जैसे उत्पाद तथा विपणन मिश्रण पेश करना
(b) समस्त बाजार को विविध प्रकार के उत्पाद पेश करना
(c) सभी ग्राहकों को भिन्न-भिन्न उत्पाद पेश करना
(d) संकेन्द्रित विपणन युक्ति का पालन करना

95. उपभोक्ता व्यवहार सम्बन्धी हॉर्व सुईश मॉडल को अन्य लोक प्रसिद्ध नाम से जाना जाता है
(a) मशीन मॉडल (b) मानव मॉडल
(c) विपणन मॉडल (d) क्रय मॉडल

96. उपभोक्ता प्रसन्नता क्या है?
(a) प्रत्याशा के बराबर निष्पादन (b) प्रत्याशा से कम निष्पादन
(c) प्रत्याशा से अधिक निष्पादन (d) निष्पादन से अधिक प्रत्याशा

97. व्यवहारिक विशेषताओं के आधार पर उप–विभाजित बाजार क्या कहलाता है?
(a) विभक्तिकरण (b) समग्रीकरण
(c) परिशुद्धता (d) इनमें से कोई नहीं

98. प्रौद्योगिकी की संयोजकता (Compotibility) का तात्पर्य निम्नलिखित में से किसके सम्बन्ध में प्रौद्योगिकी के उपयुक्तता से है?
(a) उपभोक्ताओं के उपभोग का स्वरूप
(b) उपलब्ध मानव संसाधन प्रवीणता
(c) कम्पनी की उत्पाद श्रृंखला का विकास
(d) उपभोक्ता की बदलती हुई अभिरुचियों

99. विपणन में डीऐजीएएमआर (Dagmar) उपागम का प्रयोग किसे मापने के लिए किया जाता है?
(a) लोक सम्पर्क
(b) विज्ञान का परिणाम
(c) विक्रय परिमाण
(d) उपभोक्ता तुष्टि

100. अभिरुचि का आशय है
(a) एक क्रेता का मनोवेग, इच्छाएँ तथा प्रतिफल को उसे एक उत्पाद के क्रय के लिए प्रेरित करता है
(b) एक व्यक्ति का एक उत्पाद के प्रति उसके विश्वास एवं भावनाओं का कुल योग
(c) ग्राहक का अपने वातावरण के चारों तरफ के सूचना संसार की ओर मुड़ना
(d) एक व्यक्ति के मस्तिष्क में कुछ कोमलता उत्पन्न करना

101. विपणन के '4P's' को किसने प्रतिपादित किया?
(a) फिलिप कोटलर (b) केलकर
(c) मैक्कार्थी (d) पीटर एक ड्रकर

102. उपभोक्ता सन्तुष्टि की विचारधारा किस प्रकार की विचारधारा है?
(a) आधुनिक (b) परम्परागत
(c) प्राचीन (d) इनमें से कोई नहीं

103. भारत में विपणन की आधुनिक विचारधारा किस रूप में लागू है?
(a) पूर्ण (b) आंशिक
(c) शुरुआती स्तर पर (d) इनमें से कोई नहीं

104. विपणन की प्राचीन विचारधारा का अन्तिम लक्ष्य क्या है?
(a) उपभोक्ता सन्तुष्टि
(b) अधिकतम विक्रय द्वारा लाभ
(c) लाभ व उपभोक्ता की सन्तुष्टि
(d) उपरोक्त सभी

105. निम्नलिखित कथनों में कौन–सा कथन सत्य है?
(a) विपणन की नई विचारधारा में उपभोक्ता सन्तुष्टि प्रमुख है
(b) विपणन की आधुनिक विचारधारा उपभोक्तान्मुखी है
(c) विपणन की आधुनिक विचारधारा उपभोक्ता अनुसन्धान पर बल देती है
(d) उपरोक्त सभी

106. "विपणन में वे सभी प्रयत्न शामिल हैं, जो वस्तुओं और सेवाओं के स्वामित्व हस्तान्तरण को प्रभावित करते हैं और उनके भौतिक वितरण की व्यवस्था करते हैं" यह कथन किसका है?
(a) टाउसले क्लार्क (b) प्रो. पाइल
(c) फिलिप कोटलर (d) इनमें से कोई नहीं

107. "विपणन से तात्पर्य उन व्यावसायिक क्रियाओं के निष्पादन से है, जोकि उत्पादन से उपभोक्ता या प्रयोगकर्ता तक वस्तुओं एवं सेवाओं के प्रवाह को निर्दिष्ट करती है।" यह कथन है?
(a) फिलिप कोटलर
(b) अमेरिकन मार्केटिंग एसोसिएशन
(c) प्रो. पाइल
(d) एडवर्ड एवं डेविड

108. टाउसले क्लार्क एवं क्लार्क ने विपणन के कितने कार्य माने हैं?
(a) 2 (b) 5 (c) 8 (d) 10

109. हमारे देश में विपणन की आधुनिक विचारधारा के पूर्ण रूप से लागू न हो पाने का कारण है
(a) उपभोक्ता की इच्छानुसार उत्पादन
(b) लाभों की प्रधानता
(c) विक्रय उपरान्त सेवाओं की व्यवस्था
(d) उपरोक्त सभी

110. उपभोक्ता सन्तुष्टि विचारधारा का लक्षण है
(a) उपभोक्ताओं की आवश्यकतानुसार उत्पादन
(b) उपभोक्ताओं की आवश्यकतानुसार अनुसन्धान
(c) प्रति व्यक्ति आय की अधिकता
(d) उपरोक्त सभी

111. एक निर्माता की दृष्टि से विपणन किस प्रकार लाभदायक नहीं है?
(a) आय सृजन में सहायक (b) लागत में कमी करने में असक्षम
(c) नियोजन निर्णयन में सहायक (d) ये सभी

112. वस्तु एवं सेवा वितरण विचारधारा सम्बन्धी है
(a) प्राचीन अवधारणा (b) मध्यकालीन अवधारणा
(c) आधुनिक अवधारणा (d) ये सभी

113. विपणन की आधुनिक विचारधारा का लक्षण है
(a) उपभोक्ता की प्रधानता
(b) रहन-सहन के स्तर का निर्माण
(c) उपभोक्ता सन्तुष्टि
(d) उपरोक्त सभी

114. वस्तु के नियोजन व विकास से सृजन होता है
(a) रूप उपयोगिता का (b) स्थान उपयोगिता का
(c) समय उपयोगिता का (d) स्वामित्व उपयोगिता का

115. बेसिक मार्केटिंग पुस्तक के लेखक का नाम है
(a) मार्शल (b) हेन्सन
(c) मैक्कार्थी (d) फिलिप कोटलर

116. उपभोक्ता सन्तुष्टि की विचारधारा की मान्यता है
(a) उपभोक्ता सन्तुष्टि के बाद ही लाभ प्राप्त किया जा सकता है
(b) उपभोक्ता सन्तुष्टि के लिए लाभ या हानि का कोई अर्थ नहीं
(c) व्यापार का परम उद्देश्य लाभ है उपभोक्ता सन्तुष्टि इसके बाद है
(d) उपरोक्त में से कोई नहीं

117. "विपणन का कार्य सम्पर्क स्थापित करना है।" यह किसका कथन है?
(a) स्टाण्टन का (b) एफ जे बोर्च
(c) फिलिप कोटलर (d) सेण्ट थॉमस

118. एक सामाजिक परिदृश्य में विपणन का महत्त्व किस रूप में है?
(a) रोजगार वृद्धि के उद्देश्य से
(b) वितरण लागत में कमी के उद्देश्य से
(c) राष्ट्रीय आय में वृद्धि के उद्देश्य से
(d) उपरोक्त सभी

119. विपणन की प्राचीन विचारधारा किस पर ध्यान देती है?
(a) उपभोक्ता (b) वस्तु
(c) 'a' और 'b' दोनों (d) इनमें से कोई नहीं

120. विपणन की प्राचीन अवधारणा किस प्रवृत्ति की है?
(a) विस्तृत (b) संकीर्ण
(c) आवृत्त (d) इनमें से कोई नहीं

121. विपणन की प्राचीन विचारधारा की विशेषता है
(a) वस्तु के क्रय-विक्रय पर बल (b) लाभोन्मुखी
(c) उत्पादन पर बल (d) ये सभी

122. विपणन की प्राचीन विचारधारा की विशेषता नहीं है
(a) क्रय-विक्रय पर बल (b) लाभोन्मुखी
(c) विक्रय के बाद की सेवाएँ (d) इनमें से कोई नहीं

123. विपणन की प्रमुख विचारधाराएँ हैं
(a) प्रणाली दृष्टिकोण विचारधारा (b) जीवन-स्तर विचारधारा
(c) उपयोगिता सृजन विचारधारा (d) ये सभी

124. विपणन की आधुनिक विचारधारा का लक्षण है
(a) उत्पादन पर अधिक बल (b) उपभोक्ता सन्तुष्टि पर बल
(c) विक्रयोपरान्त सेवाओं की अपेक्षा
(d) वस्तु क्रय-विक्रय पर बल

125. विपणन की प्राचीन विचारधारा के समर्थक हैं
(a) प्रो. पाइल (b) एडवर्ड व डेविड
(c) प्रो. हेन्सन (d) मैक्कार्थी

126. फण्डामेण्टल ऑफ मॉडर्न मार्केटिंग के लेखक कौन हैं?
(a) स्टिल (b) मार्शल
(c) प्रो. मैक्कार्थी (d) इनमें से कोई नहीं

127. वस्तु व सेवा के वितरण सम्बन्धी विचारधारा के समर्थक हैं
(a) टाउसले, क्लार्क एवं क्लार्क (b) कन्वर्स ह्यूजी एवं मिचैल
(c) 'a' और 'b' दोनों (d) इनमें से कोई नहीं

128. विचारक प्रणाली विचारधारा के समर्थक नहीं हैं
(a) प्रो. मैक्कार्थी (b) सेण्ट थॉमस
(c) मैकनायर (d) ये सभी

129. मार्केटिंग प्रिन्सिपल्स पुस्तक के लेखक हैं
(a) क्लार्क (b) मार्शल (c) पाइल (d) एडवर्ड

130. मार्केटिंग मैनेजमेण्ट पुस्तक के लेखक हैं
(a) फिलिप कोटलर (b) मैक्कार्थी
(c) एडवर्ड (d) इनमें से कोई नहीं

131. विपणन ग्राहक से ही प्रारम्भ होता है और ग्राहक पर ही अन्त होता है, यह तथ्य
(a) सही है (b) गलत है
(c) 'a' और 'b' दोनों (d) इनमें से कोई नहीं

132. विक्रय प्रबन्ध है
(a) पुरानी विचारधारा (b) आधुनिक विचारधारा
(c) 'a' और 'b' दोनों (d) इनमें से कोई नहीं

133. विपणन की प्राचीन विचारधारा की विशेषता है
(a) विक्रयोपरान्त सेवाएँ (b) जीवन स्तर में वृद्धि
(c) क्रय एवं विक्रय पर ध्यान (d) उपभोक्ता सन्तुष्टि पर ध्यान

134. जीवन-स्तर प्रदान करने वाली विचारधारा सम्बन्धित है
(a) परम्परागत विचारधारा से (b) आधुनिक विचारधारा
(c) 'a' और 'b' दोनों से (d) इनमें से कोई नहीं

135. जीवन-स्तर प्रदान करने वाली विचारधारा होती है
(a) लाभोन्मुखी (b) वस्तोन्मुखी
(c) उपभोक्तामुखी (d) ये सभी

136. उपभोक्ता सन्तुष्टि विचारधारा के समर्थक हैं
(a) फिलिप कोटलर (b) सेण्ट थॉमस
(c) एफ जे बोर्च (d) इनमें से कोई नहीं

137. ग्राहक सन्तुष्टि विचारधारा किस प्रकार की विचारधारा है?
(a) आधुनिक (b) प्राचीन
(c) परम्परागत (d) इनमें से कोई नहीं

138. विपणन से लाभ निर्माता के लिए क्या नहीं है?
(a) वितरण लागतों में कमी का कारण
(b) नियमित व निर्णय में सहायक
(c) आय सर्जन में सहायक
(d) उपरोक्त सभी

139. जो संस्थाएँ एक वस्तु का निर्माण न करके वस्तु बाजार विभक्तिकरण को ध्यान में रखकर कई वस्तुओं का निर्माण करती हैं वे किस विपणन नीति को अपनाती हैं?
(a) भेदभावहीन विपणन नीति (b) भेदभावपूर्ण विपणन नीति
(c) केन्द्रित विपणन नीति (d) इनमें से कोई नहीं

140. व्यावहारिक विशेषताओं के आधार पर उप-विभाजित बाजार क्या कहलाता है?
(a) विभक्तिकरण (b) समग्रीकरण
(c) परिशुद्धता (d) इनमें से कोई नहीं

141. विपणन मिश्रण के स्थान तत्त्व के लिए क्या प्रासंगिक है?
(a) ब्राण्डिंग (b) कीमत बन्धन
(c) बिक्री कार्मिक अभिप्रेरण (d) इनमें से कोई नहीं

142. फिलिप कोटलर के अनुसार बाजार विभक्तिकरण का आधार है
(a) मनोवैज्ञानिक (b) जनांकिकी (c) वस्तु सतह (d) ये सभी

143. क्रय व्यवहार को प्रभावित करने वाला आर्थिक घटक नहीं है
(a) पारिवारिक आय (b) उपभोक्ता साख
(c) सरकारी नीति (d) सीखना

144. क्रय व्यवहार को प्रभावित करने वाला आर्थिक घटक है?
(a) पारिवारिक आय (b) आय की प्रत्याशा
(c) स्वाधीन आय (d) ये सभी

145. मोटीवेशन एण्ड पर्सनैलिटी के लेखक कौन हैं?
(a) मैकनायर (b) ए एस मास्लो
(c) एडवर्ड हॉल (d) के वाशिंगटन

146. निम्नलिखित से कौन-सा कथन असत्य है?
(a) विपणनकर्ता भावनात्मक उद्देश्य जागृत करते हैं
(b) विपणनकर्ता विवेकपूर्ण प्रयोजनों को सन्तुष्ट करते हैं
(c) विपणनकर्ता भिन्न उद्देश्यों के लिए भिन्न बिक्री संवर्द्धनों को बनाते हैं
(d) उपरोक्त में से कोई नहीं

147. उपभोक्ता बाजार के लिए आधार है
(a) उपभोक्ता की आय (b) उपभोक्ता की आयु
(c) उपभोक्ता का लिंग (d) ये सभी

148. भारतीय उपभोक्ताओं के क्रय व्यवहार की विशेषता है
(a) मोलभाव की प्रवृत्ति (b) ब्राण्ड के प्रति जागरूकता
(c) किस्म की जगह मूल्य को प्राथमिकता
(d) उपरोक्त सभी

149. ''ग्राहकों का सामूहीकरण या बाजार को टुकड़ों में बाँटना ही बाजार विभक्तिकरण कहलाता है।'' यह परिभाषा किसकी है?
(a) फिलिप कोटलर (b) आर एस डाबर
(c) काण्डिक व स्टिल (d) स्टाण्टन

150. क्रेता व्यवहार को प्रभावित करने वाला मनोवैज्ञानिक घटक है
(a) उपभोक्ता साख (b) आधारभूत आवश्यकता
(c) पारिवारिक आय (d) इनमें से कोई नहीं

151. संवेगी वर्ग का उपभोक्ता
(a) किसी वस्तु को उसके भौतिक गुणों के आधार पर क्रय करता है
(b) वस्तु के ब्राण्ड के आधार पर क्रय करता है
(c) वस्तु के मूल्य के आधार पर क्रय करता है
(d) उपरोक्त सभी

152. आधारभूत आवश्यकता का प्रकार नहीं है
(a) यथार्थवादी आवश्यकता
(b) जानने व समझने की आवश्यकता
(c) 'a' और 'b' दोनों
(d) उपरोक्त में से कोई नहीं

153. आधारभूत आवश्यकता के प्रकार हैं
(a) शरीर विज्ञान आवश्यकता (b) सुरक्षा आवश्यकता
(c) यथार्थवादी आवश्यकता (d) ये सभी

154. मैक्कार्थी व लिपसन के विभाजन में यह तत्त्व समान है
(a) वस्तु (b) विक्रय शर्तें
(c) संचार (d) संवर्द्धन

155. केन्द्रित विपणन नीति में संस्था का भविष्य निर्भर करता है
(a) एक बाजार पर (b) सम्पूर्ण बाजार पर
(c) दो बाजारों पर (d) ये सभी

156. निम्नलिखित में क्रय व्यवहार का सिद्धान्त है
(a) वस्तु चल व उपभोक्ता चल
(b) भावात्मक व विवेकपूर्ण प्रेरणाएँ
(c) सीखी हुई बनाम स्वाभाविक प्रेरणाएँ
(d) उपरोक्त सभी

157. प्रज्ञाशील वर्ग का उपभोक्ता
(a) विशिष्ट ब्राण्ड क्रय करता है (b) मूल्य संज्ञानी होता है
(c) आदत से नियन्त्रित होता है (d) अत्यन्त तीव्र बुद्धि वाला होता है

158. भावात्मक प्रतिकर्मी वर्ग की विशेषता है
(a) विवेकपूर्ण दावों से प्रभावित होना
(b) निश्चित ब्राण्ड से जुड़े रहना
(c) वस्तु की छवि व आदर्शों से प्रभावित होना
(d) उपरोक्त में से कोई नहीं

159. मनोवैज्ञानिक आधार पर वस्तुओं के प्रकार होते हैं
(a) व्यस्कता वस्तुएँ (b) प्रतिष्ठा वस्तुएँ
(c) उद्वेग वस्तुएँ (d) ये सभी

160. प्रो. स्टाण्टन के अनुसार बाजार विभक्तिकरण के विकास के कितने कारण हैं?
(a) 4 (b) 5 (c) 6 (d) 8

161. निम्नलिखित में से किसमें उपभोक्ता को केन्द्रित किया जाता है?
(a) विपणन (b) विक्रय (c) उत्पादन (d) वस्तु

162. वस्तु मिश्रण का प्रमुख तत्त्व है?
(a) वितरण मार्ग (b) विक्रय शर्तें
(c) विक्रय शक्ति (d) 'a' और 'c' दोनों

163. विपणन मिश्रण को प्रभावित करने वाला घटक है
(a) उपभोक्ता की सूची में माँग में परिवर्तन
(b) देश का राजनैतिक माहौल
(c) प्रतिस्पर्द्धी की नीति
(d) उपरोक्त सभी

संगठनात्मक व्यवहार-व्यक्तिगत व्यवहार, नेतृत्व

164. Motive शब्द का अर्थ होता है
(a) आदेश देना (b) निर्देश देना
(c) इच्छा शक्ति को जागृत करना (d) ये सभी

165. निम्नलिखित में से कौन-सी नेतृत्व की शैली है?
(a) अभिप्रेरणात्मक शैली (b) शक्ति शैली
(c) पर्यवेक्षणीय शैली (d) ये सभी

166. कुशल प्रबन्धकों के बनाए रखने के लिए क्या आवश्यक है?
(a) प्रगति मापन (b) प्रशिक्षण एवं विकास
(c) वर्गीकरण (d) गुण मूल्यांकन

167. नेतृत्व के सम्बन्ध में सत्य है
(a) नेतृत्व एक गतिशील प्रक्रिया है
(b) नेतृत्व एक क्रियाशील सम्बन्ध है
(c) नेतृत्व एक यर्थाथवादी दृष्टिकोण है
(d) उपरोक्त सभी

168. एक निरंकुश नेता के सम्बन्ध में क्या सत्य है?
(a) वह प्रशंसा का पात्र होता है
(b) वह उद्देश्य निर्धारित करता है
(c) वह आलोचना का पात्र होता है
(d) उपरोक्त सभी

169. एक सकारात्मक नेतृत्व प्रेरित करता है
(a) धमकी देकर
(b) अधिकारों के केन्द्रीयकरण द्वारा
(c) अधीनस्थों में भय उत्पन्न करके
(d) अधीनस्थों में कार्य सन्तोष उत्पन्न करके

170. नेतृत्व के जीवन चक्र दृष्टिकोण के प्रवर्तक थे
(a) हेनरी फोर्ड (b) विलियम्स (c) लेवर (d) फोरमैन

171. नेतृत्व की अभिप्रेरणात्मक शैली ………… नहीं है।
(a) धनात्मक शैली (b) ऋणात्मक शैली
(c) शून्य शैली (d) ये सभी

172. नेतृत्व का सिद्धान्त है
(a) आदेश की एकता का सिद्धान्त
(b) प्रत्यक्ष पर्यवेक्षण का सिद्धान्त
(c) उद्देश्य की सामंजस्यता का सिद्धान्त
(d) उपरोक्त सभी

173. किसी व्यक्ति के व्यक्तिगत गुणों के मापन की श्रेष्ठ तकनीक है
(a) परीक्षा (b) अन्य लोगों से जानकारी
(c) व्यक्तिगत अवलोकन (d) इनमें से कोई नहीं

174. नेतृत्व की अभिप्रेरणात्मक शैली है
(a) कर्मचारी प्रधान शैली
(b) धनात्मक शैली
(c) जनतन्त्रात्मक शैली
(d) उत्पादन प्रधान शैली

175. संवेदनशील प्रशिक्षण कार्य है
(a) नियोजन का (b) निर्देशन का
(c) नेतृत्व का (d) संगठन का

176. नेता द्वारा सदैव प्रयुक्त किया जाने वाला शब्द है?
(a) मैं (b) हम (c) तुम (d) ये सभी

177. नेता और अनुयायियों के मध्य सम्बन्ध होता है
(a) दिखावटी (b) निष्क्रिय
(c) क्रियाशील (d) गतिशील

178. अनुयायियों की संख्या अधिक होने पर नेता का महत्त्व ………… होता है।
(a) कम (b) अधिक
(c) अप्रभावित (d) इनमें से कोई नहीं

179. जिन कर्मचारियों की मनोवैज्ञानिक एवं सुरक्षा सम्बन्धी आवश्यकता सन्तुष्ट नहीं हो सकी, उन्हें अभिप्रेरित करने वाली विचारधारा है
(a) X विचारधारा (b) Y विचारधारा
(c) कैरट एवं स्टिक विचारधारा (d) इनमें से कोई नहीं

180. कर्मचारी केन्द्रित पर्यवेक्षण विचारधारा के प्रतिपादक थे
(a) रेनमिस लिकर्ट (b) पीटर ड्रकर
(c) एल्टन मेयो (d) जोन्स

181. 'नेतृत्व का निरंकुशवादी सिद्धान्त' मैकग्रेगर की किस विचारधारा के समान है?
(a) X सिद्धान्त (b) Y सिद्धान्त
(c) 'a' और 'b' दोनों (d) इनमें से कोई नहीं

अभिप्रेरणा, सम्प्रेषण, समूह गतिशीलता

182. निम्नलिखित में से कौन-सा संचार व्यवस्था का सरलतम रूप है?
(a) सन्देश → प्रेषक → प्राप्तकर्ता
(b) प्रेषक → सन्देश → प्राप्तकर्ता
(c) प्राप्तकर्ता → सन्देश → प्राप्तकर्ता
(d) उपरोक्त में से कोई नहीं

183. "संचार वह प्रक्रिया है, जिसमें सन्देश और समझ को एक व्यक्ति से दूसरे व्यक्ति तक पहुँचाया जाता है।" यह कथन किसका है?
(a) एलन का (b) न्यूमैन का
(c) कीथ डेविस का (d) इनमें से कोई नहीं

184. किसके अनुसार नियन्त्रण का अर्थ यह निर्धारित करना है कि क्या किया जा रहा है?
(a) कीथ डेविस (b) जॉर्ज आर टेरी
(c) कौटिल्य (d) हेनरी फेयोल

185. समाज में धर्म का स्थान नीति से …… रहा है।
(a) ऊँचा (b) नीचा
(c) बराबर (d) इनमें से कोई नहीं

186. एक अच्छा कार्य वह होता है, जिससे
(a) सामूहिक हित में वृद्धि हो (b) जिसे समाज स्वीकार करता हो
(c) 'a' और 'b' दोनों (d) इनमें से कोई नहीं

187. अभिप्रेरणा के स्रोतों में शामिल है
(a) मनोबल
(b) कार्य सन्तुष्टि एवं कुशल नेतृत्व
(c) पदोन्नति
(d) उपरोक्त सभी

188. मैकग्रेगर के अभिप्रेरण के किस सिद्धान्त को परम्परागत एवं निराशावादी कहा गया है?
(a) X सिद्धान्त (b) Y सिद्धान्त
(c) Z सिद्धान्त (d) ये सभी

189. अभिप्रेरण के Z सिद्धान्त के प्रतिपादक कौन थे?
(a) मेकग्रेगर
(b) लिण्डाल एफ. उर्विक
(c) एफ डब्ल्यू प्लेट
(d) उपरोक्त में से कोई नहीं

190. बर्नार्ड के अनुसार नेता का वह कौन-सा गुण है, जिसके आभाव में अन्य गुण प्रभावहीन हो जाते हैं?
(a) स्फूर्ति (b) अनुभूति (c) शिक्षा (d) निर्णयन

191. प्रबन्ध के सहायक कार्यों में शामिल है
(a) सम्प्रेषण (b) नियोजन
(c) निर्देशन (d) नियुक्तिकरण

192. अभिप्रेरण की विषय-वस्तु की विचारधारा ध्यान केन्द्रित करती है
(a) क्या पर (b) कैसे पर (c) कहाँ पर (d) कब पर

193. मैस्लो की विचारधारा हर्जवर्ग की विचारधारा की तुलना में
(a) ज्यादा व्यावहारिक है (b) रूढ़िवादी है
(c) सार्वभौमिक है (d) 'a' और 'c' दोनों

194. उच्चगामी सम्प्रेषण का प्रवाह होता है
(a) ऊपर से नीचे की ओर (b) नीचे से ऊपर की ओर
(c) 'a' और 'b' दोनों (d) इनमें से कोई नहीं

195. संचार का सबसे अधिक महत्त्वपूर्ण सम्बन्ध किससे है?
(a) संगठन (b) नियोजन
(c) अभिप्रेरण (d) ये सभी

196. सम्प्रेषण प्रक्रिया का अंग है
(a) संवाददाता (b) माध्यम (c) संवाद (d) ये सभी

197. अभिप्रेरण का उद्देश्य है
(a) मनोबल में वृद्धि करना
(b) आवश्यकताओं की सन्तुष्टि
(c) मधुर श्रम सम्बन्धों की स्थापना
(d) उपरोक्त सभी

198. एक सकारात्मक नेतृत्व प्रेरित करता है
(a) अधिकार केन्द्रीयकरण द्वारा
(b) अधीनस्थों में भय उत्पन्न करके
(c) धमकी देकर
(d) अधीनस्थों में कार्य सन्तोष उत्पन्न करके

199. निम्नलिखित में से कौन-सा प्रभावी सम्प्रेषण के लिए आवश्यक नहीं है?
(a) प्रबन्ध स्तरों का न्यूनतम होना
(b) योजनाबद्ध संचार व्यवस्था विकास
(c) संचार हेतु उपयुक्त माध्यम का चयन
(d) उपरोक्त में से कोई नहीं

200. "संचार लोगों को लिखने या बातचीत करने से अधिक है, यह अर्थों का विनिमय है।" यह कथन किसका है?
(a) न्यूमैन और समर का (b) हेपनर और पेटिंगल
(c) कीथ डेविस (d) जॉर्ज आर. टैरी

201. "नेता पैदा होते हैं उनका निर्माण नहीं किया जा सकता है।" यह किस प्रकार की विचारधारा का परिचायक है?
(a) क्रियात्मक विचारधारा (b) महान् व्यक्ति विचारधारा
(c) 'a' और 'b' दोनों (d) इनमें से कोई नहीं

202. वास्तविक निष्पादन एवं प्रभावित के मध्य नियन्त्रण योग्य अन्तर वे होते हैं, जो
(a) नियन्त्रण सीमा से बाहर होते हैं
(b) नियन्त्रण का कारण बताते हैं
(c) जिन पर प्रयत्न करके नियन्त्रण किया जा सकता है
(d) उपरोक्त सभी

203. निम्नलिखित में से कौन-सा मौद्रिक अभिप्रेरक है?
(a) स्तर/प्रतिष्ठा (b) कार्य सुरक्षा
(c) कर्मचारी भागीदारी (d) इनमें से कोई नहीं

204. एक प्रापक कब प्रेषक बन जाता है?
(a) कूटाभिव्यक्ति के पश्चात् (b) प्रतिपुष्ठि के बाद
(c) संकेतीकरण के पश्चात् (d) इनमें से कोई नहीं

205. किस प्रकार के संचार जाल में सन्देश सीधी रेखा में चलता है?
(a) वृत जाल (b) केन्द्रित जाल
(c) शृंखला जाल (d) ये सभी

206. किसके अनुसार नियन्त्रण वास्तविक परिणामों को इच्छित परिणामों के निकट लाने की प्रक्रिया है
(a) जॉर्ज आर. टैरी (b) फिलिप कोटलर
(c) हेनरी फेयोल (d) इनमें से कोई नहीं

207. निगम नियमन का महत्त्व किसके लिए होता है?
(a) कम्पनी के लिए (b) अंशधारियों के लिए
(c) विनियोजकों के लिए (d) ये सभी

208. किसके अनुसार व्यावसायिक नीतिशास्त्र व्यावसायिक समाज में प्रचलित मूल्यों के सजग परीक्षण से सम्बन्धित है?
(a) कीथ डेविस (b) जॉर्ज आर. टैरी
(c) बण्टिग (d) कूण्टज एवं ओण्ट डोनैल

209. व्यावसायिक नीतिशास्त्र आधारित होता है
(a) भावनाओं पर (b) तथ्यात्मक परिवर्तनों पर
(c) वास्तविकताओं पर (d) ये सभी

210. निम्नलिखित में से कौन-सी नेतृत्व की विशेषता है?
(a) गतिशील प्रक्रिया (b) अनुयायियों का होना
(c) आत्मबोध (d) ये सभी

211. व्यावसायिक नैतिकता का दर्शन
(a) परिवर्तनीय है
(b) अपरिवर्तनीय है
(c) प्रबन्धकों की इच्छा पर है
(d) इनमें से कोई नहीं

212. सम्प्रेषण का सबसे प्राचीन रूप कौन-सा है?
(a) अंगूरीलता सम्प्रेषण (b) एक मार्गीय सम्प्रेषण
(c) द्विमार्गीय सम्प्रेषण (d) ये सभी

213. "प्रबन्धकीय कार्यों की सफलता संचार की कुशलता पर निर्भर करती है।" यह किसका कथन है?
(a) हेनरी फेयोल (b) पीटर ड्रकर
(c) थियो हेमन (d) फिलिप कोटलर

214. अभिप्रेरण की समता विचारधारा के अनुसार जिन चरों को समझना अति महत्त्वपूर्ण है, उनमें शामिल है
(a) निवेश (b) प्राप्ति
(c) 'a' और 'b' दोनों (d) इनमें से कोई नहीं

215. बाह्य वातावरण को दो विरोधी प्रकारों में बाँटने वाले प्रबन्ध शोधकर्ता हैं
(a) जॉर्ज आर. टैरी (b) टॉप बर्न्स और स्टेकर
(c) फिलिप कोटलर (d) इनमें से कोई नहीं

216. अभिप्रेरण का प्रत्याशा सिद्धान्त किसके द्वारा प्रतिपादित किया गया?
(a) हर्जवर्ग (b) ब्रूम
(c) पोर्टर तथा लालेट (d) इनमें से कोई नहीं

217. 'आदेशों की एकता' सिद्धान्त का अर्थ है
(a) विचार एवं कार्यों में एकता
(b) अधीनस्थों के बीच एकता
(c) स्टॉक अधिकारी
(d) लेखाधिकारी द्वारा निर्देश

218. समिति संगठन में समिति में सदस्यों की न्यूनतम संख्या होती है
(a) 5 (b) 2 (c) 1 (d) 7

219. "सुपुर्द किए गए कार्य को अपनी श्रेष्ठतम योग्यता से करने के बन्धन को उत्तरदायित्व कहते हैं।" यह किसका कथन है?
(a) एल एफ हैने (b) जॉर्ज आर. टैरी
(c) उर्विक (d) साइमण्ड

220. प्रबन्ध के नियन्त्रण कार्य का आशय है
(a) विभिन्न क्रियाओं में सामंजस्य बैठाना
(b) कर्मचारियों को सन्तुष्ट बनाए रखना
(c) सुधारात्मक कार्यवाही करना
(d) पर्याप्त किट की व्यवस्था करना

उत्तरमाला

1.	(b)	2.	(a)	3.	(b)	4.	(b)	5.	(c)	6.	(b)	7.	(b)	8.	(c)	9.	(c)	10.	(a)
11.	(a)	12.	(a)	13.	(c)	14.	(a)	15.	(a)	16.	(d)	17.	(c)	18.	(a)	19.	(d)	20.	(d)
21.	(a)	22.	(b)	23.	(b)	24.	(c)	25.	(b)	26.	(d)	27.	(a)	28.	(d)	29.	(a)	30.	(c)
31.	(a)	32.	(d)	33.	(b)	34.	(b)	35.	(a)	36.	(c)	37.	(d)	38.	(b)	39.	(b)	40.	(a)
41.	(c)	42.	(d)	43.	(c)	44.	(a)	45.	(a)	46.	(d)	47.	(c)	48.	(b)	49.	(c)	50.	(a)
51.	(a)	52.	(a)	53.	(d)	54.	(c)	55.	(b)	56.	(a)	57.	(c)	58.	(d)	59.	(d)	60.	(d)
61.	(b)	62.	(d)	63.	(d)	64.	(b)	65.	(b)	66.	(a)	67.	(d)	68.	(d)	69.	(a)	70.	(a)
71.	(d)	72.	(b)	73.	(c)	74.	(d)	75.	(b)	76.	(c)	77.	(d)	78.	(c)	79.	(a)	80.	(d)
81.	(b)	82.	(c)	83.	(b)	84.	(c)	85.	(b)	86.	(a)	87.	(b)	88.	(a)	89.	(b)	90.	(c)
91.	(d)	92.	(d)	93.	(c)	94.	(a)	95.	(a)	96.	(a)	97.	(a)	98.	(d)	99.	(d)	100.	(a)
101.	(c)	102.	(a)	103.	(b)	104.	(b)	105.	(d)	106.	(a)	107.	(b)	108.	(c)	109.	(b)	110.	(d)
111.	(b)	112.	(a)	113.	(d)	114.	(a)	115.	(c)	116.	(a)	117.	(b)	118.	(d)	119.	(b)	120.	(b)
121.	(a)	122.	(c)	123.	(d)	124.	(b)	125.	(b)	126.	(a)	127.	(c)	128.	(d)	129.	(c)	130.	(a)
131.	(a)	132.	(a)	133.	(c)	134.	(b)	135.	(c)	136.	(a)	137.	(a)	138.	(a)	139.	(b)	140.	(a)
141.	(c)	142.	(d)	143.	(d)	144.	(d)	145.	(b)	146.	(d)	147.	(d)	148.	(d)	149.	(b)	150.	(b)
151.	(a)	152.	(d)	153.	(d)	154.	(a)	155.	(a)	156.	(d)	157.	(b)	158.	(c)	159.	(d)	160.	(b)
161.	(a)	162.	(d)	163.	(d)	164.	(c)	165.	(d)	166.	(b)	167.	(d)	168.	(c)	169.	(d)	170.	(d)
171.	(b)	172.	(d)	173.	(c)	174.	(b)	175.	(c)	176.	(b)	177.	(c)	178.	(b)	179.	(c)	180.	(a)
181.	(a)	182.	(b)	183.	(c)	184.	(b)	185.	(a)	186.	(c)	187.	(d)	188.	(a)	189.	(b)	190.	(b)
191.	(a)	192.	(a)	193.	(d)	194.	(b)	195.	(d)	196.	(d)	197.	(d)	198.	(d)	199.	(b)	200.	(b)
201.	(b)	202.	(c)	203.	(d)	204.	(b)	205.	(c)	206.	(b)	207.	(d)	208.	(c)	209.	(d)	210.	(d)
211.	(b)	212.	(b)	213.	(c)	214.	(c)	215.	(b)	216.	(b)	217.	(d)	218.	(c)	219.	(b)	220.	(c)

अध्याय 15

प्रबन्ध में नए आयाम
Emerging Trends in Management

व्यवसाय प्रक्रिया पुनर्रचना
Business Process Re-engineering-BPR

बीपीआर केन्द्र के रूप में उत्पादन की प्रक्रिया के लिए सूचना प्रौद्योगिकी के व्यापक आवेदन के मामले में एक उद्यम, उत्पादन लागत को कम करने के उत्पाद की गुणवत्ता, ग्राहक देखभाल की जरूरत को बेहतर बनाने और आन्तरिक और बाह्य व्यापार कार्यप्रवाह गहराई के प्रयोजन के लिए ग्राहकों की सन्तुष्टि में सुधार करने के लिए है।

कारोबार के आधार पर बीपीआर अभिधान के लिए प्रारम्भिक बिन्दु के रूप में लम्बी अवधि की विकास रणनीति की जरूरत है। फिर से इंजीनियरिंग प्रक्रिया केन्द्रित मूल्य वर्द्धित, एक तर्कसंगत व्यवसाय प्रक्रियाओं की स्थापना, विभागों के पारम्परिक सीमाओं को तोड़ने के संगठनात्मक सुधार, कर्मचारी सशक्तिकरण, ग्राहक अभिविन्यास और सूचना प्रौद्योगिकी के सही उपयोग को बढावा देने पर जोर देना तथा समाचार प्रबन्धन गतिविधियों की एक शृंखला के वातावरण में बढ़ती प्रतिस्पर्धा और परिवर्तन को पूरा करने के लिए अनुकूल है।

व्यापार संगठनों द्वारा निभाई गई सकारात्मक भूमिका पर बीपीआर चार अंक के रूप में संक्षेप किया जा सकता है—

1. एक विशेष रूप से व्यापार और कार्यप्रवाह, लागत को कम करने पर ध्यान देने के माध्यम से, आसान बनाने के कार्य आइटम और सामग्री, कार्यप्रवाह चिकनी पैरामीटर के लिए सुधार के उद्यमों के आन्तरिक प्रबन्धन में सुधार करने के लिए सेट सुधार के लक्ष्यों को प्राप्त करने के लिए इतनी के रूप में नियमित काम कार्यों और परिचालन क्षमता; देखने की प्रौद्योगिकी बिन्दु पर ध्यान केन्द्रित।
2. सूचना प्रौद्योगिकी और नवीनतम तकनीक के समर्थक के विभिन्न अनुप्रयोगों, नई प्रौद्योगिकियों की प्रभावशीलता को पूरा उपयोग होना चाहिए।
3. आन्तरिक कार्यात्मक टीम के काम के कार्यान्वयन, टीम लगातार मजबूत बनाने और परिचालन प्रदर्शन में सुधार और शीर्ष प्रबन्धन के समर्थन पारम्परिक व्यवसाय प्रक्रिया में सुधार होना चाहिए।
4. कार्यान्वयन, उत्पाद और सेवा की गुणवत्ता के साथ उच्च ग्राहकों की सन्तुष्टि को प्राप्त करने के क्रम में अधिकतम सम्भव।

गुणवत्ता का अर्थ Meaning of Quality

गुणवत्ता का तात्पर्य उत्पाद में निहित विशेषताओं से है। इसका अर्थ उत्कृष्टता के स्तर से है। गुणवत्ता सामान्यत: किसी भी उत्पाद की वह विशेषता होती है, जिसके लिए वह जाना जाता है। दूसरे शब्दों में, गुणवत्ता निर्माण प्रक्रिया में निर्मित किसी उत्पाद के उत्कृष्टतम होने की माप है।

गुणवत्ता की विशेषताएँ निम्नवत् हैं—

1. यह ग्राहकों की आवश्यकताओं को पूरा करती है तथा यह विचरण को न्यूनतम बनाती है।
2. इससे कार्य सन्तुष्टीकरण में वृद्धि होती है।
3. इसके कारण निवेश की गई राशि पर रिटर्न में वृद्धि होती है।

गुणवत्ता चेतना Quality Consciousness

यह वास्तविक रूप में आवश्यकताओं के प्रति जागरूकता पर निर्भर करता है। गुणवत्ता का यह दृष्टिकोण उच्च शिक्षा के क्षेत्र में अर्जित अनुभव से काफी हद तक प्रेरित हुआ है। *गुणवत्ता के प्रति चेतना का अभाव निम्नलिखित दुष्परिणाम उत्पन्न कर सकता है—*

1. सम्बन्धों का शीघ्रता से टूटना।
2. उत्पाद का आवश्यकता के अनुरूप न होना।
3. बाजार प्रतिस्पर्द्धा में प्रतियोगियों से पीछे रह जाना।

गुणवत्ता के प्रति सचेतता से निम्नलिखित लाभ हैं—

1. ग्राहकों के साथ सम्बन्धों का अच्छा होना।
2. उत्पादों की माँग में वृद्धि होना।
3. उत्पादों का ग्राहक की आवश्यकता के अनुरूप होने से ग्राहकों का सन्तुष्टीकरण।

गुणवत्ता आश्वासन Quality Assurance

यह एक प्रणाली है, जो उत्पादों को एक विशिष्ट रूपरेखा के अन्तर्गत तैयार करने में सहायक है। गुणवत्ता के प्रति सचेतता (Awareness) से पहले गुणवत्ता आश्वासन महत्त्वपूर्ण है, क्योंकि गुणवत्ता आश्वासन के बाद ही हम उत्पादों में गुणवत्ता बनाए रखने के प्रति सचेत होंगे।

विचरण प्रक्रिया के अवलोकन के लिए सांख्यिकी नियन्त्रण पद्धति का उपयोग किया जाता है। इस उद्देश्य के लिए प्रक्रिया में गुणवत्ता आश्वासन के लिए गुणवत्ता प्रणाली मानक को अपनाया जाता है। उत्पादन एवं प्रक्रिया प्रबन्धन के सिद्धान्तों का उपयोग कर एक प्रणाली के अन्दर गुणवत्ता उत्पन्न की जा सकती है। उदाहरण के लिए, ISO 9000 (अन्तर्राष्ट्रीय मानक प्रणाली) यह निर्धारित करती है कि कैसे किसी संगठन की स्थापना तथा प्रभावी गुणवत्ता प्रणाली को स्थिर रखा जाए। यह प्रणाली ग्राहकों को विश्वास दिलाती है कि निर्मित होने वाले उत्पाद उनकी (ग्राहकों) आवश्यकताओं के अनुरूप हैं।

गुणवत्ता नियन्त्रण Quality Control

गुणवत्ता नियन्त्रण इंजीनियरिंग एवं निर्माण की वह शाखा है, जो ग्राहकों की जरूरतों को पूरा करने के लिए, उत्पाद या सेवाओं के उत्पादन और डिजाइन में विश्वसनीयता और विफलता परीक्षण लेने का कार्य करती है।

गुणवत्ता नियन्त्रण के प्रमुख उद्देश्य निम्नलिखित हैं—

1. खर्चों में कमी करना।
2. कर्मचारियों में गुणवत्ता नियन्त्रण के प्रति चेतना की भावना को जाग्रत करना है। यह दोषपूर्ण वस्तुओं को छाँटता है।
3. वस्तुओं में एकरूपता बनाए रखना तथा व्यवस्थित निरीक्षण के द्वारा सर्वश्रेष्ठ उत्पादन हेतु उत्पादन प्रक्रियाओं को सुधारना।

गुणवत्ता चक्र Quality Cycle

गुणवत्ता चक्र मूलतः साधारण रूप में श्रमिकों का एक समूह है। यह समूह प्रायः सुपरवाइजर या प्रबन्धक शासित होता है। यह समूह अपने समाधान प्रबन्धन को सौंपता है। गुणवत्ता चक्र को प्रो. कारू इसिकावा ने परिभाषित किया था एवं जापान में सन् 1960 में इसे प्रसारित किया गया था।

गुणवत्ता चक्र ऐसे नियमबद्ध समूह हैं, जो नियमित रूप से नियमों का पालन करते हैं । ये मानवीय कारकों को ध्यान में रखकर प्रशिक्षित किए गए ऐसे विशेषज्ञ होते हैं, जो उचित रूप से कौशलयुक्त होते हैं। ये अपने कौशल द्वारा समस्या पहचान, सूचना एकत्रण एवं विश्लेषण, मूल सांख्यिकी एवं समाधान करने में सक्षम होते हैं।

गुणवत्ता चक्र की धारणा Concept of Quality Cycle

मैथ्यू जॉन द्वारा सन् 1991 में दिए दृष्टान्त के अनुसार, निम्न मूल धारणाओं से गुणवत्ता चक्र की उत्पत्ति हुई है—

1. श्रमिक संगठनात्मक प्रक्रिया को रचनात्मक विचार दे पाने में सक्षम हैं।
2. यह एक मानव मात्र के रूप में श्रमिक के मान को प्रथमतः पहचान देने में सक्षम है। कार्मिक ही अपने कार्य के लिए विशेषज्ञ होते हैं।
3. व्यक्ति में यदि कार्य के प्रति समर्पण भाव है और वह विधिवत् निर्देशित और प्रोत्साहित है, तो वह अपनी कार्यक्षमता में कितना भी सुधार कर सकता है।

संगठन में गुणवत्ता चक्र की भूमिका
Importance of Quality Cycle in Organisation

किसी भी संगठन में गुणवत्ता चक्र की विशेष भूमिका होती है। इनका क्रियान्वयन यद्यपि प्रबन्धन द्वारा किया जाता है, लेकिन ये श्रमिकों द्वारा श्रमिकों के लिए क्रियान्वित किए जाते हैं। अतः इनके महत्त्व में गुणात्मक वृद्धि हो जाती है।

गुणवत्ता चक्र का प्रचालन
Operation of Quality Cycle

गुणवत्ता चक्र के ऑपरेशन के अन्तर्गत अनेक अनुक्रमिक प्रयास होते हैं, जो निम्न हैं—

1. इसके अन्तर्गत समस्याओं की संख्याओं को पहचाना जाता है।
2. इसके अन्तर्गत प्राथमिकता को तय करना तथा चयन प्रक्रिया को शुरू किया जाता है।
3. इसके अन्तर्गत उत्पादन की पहचान की जाती है और इसके कारणों का मूल्यांकन किया जाता है, जिससे बहुत से वैकल्पिक समाधानों को ढूँढा जा सकता है।
4. इसमें कार्यवाही की योजना तैयार की जाती है, जिसमें कौन, क्या, कब, कहाँ, क्यों और कैसे जैसी समस्याओं को सुलझाया जाता है।

गुणवत्ता चक्र की शुरुआत करने की विधियाँ
Methods to Start Quality Cycle

किसी भी संस्थान में गुणवत्ता चक्र कार्यक्रम करने से पहले सुरक्षापूर्ण योजना बनाना आवश्यक है, जिससे संस्थान के सभी सदस्यों को इसका लाभ पूर्ण रूप से मिल सके।

किसी कम्पनी में गुणवत्ता नियन्त्रण चक्र की संकल्पना को उपयोग करने के मुख्यतः दो तरीके हैं—

1. गुणवत्ता नियन्त्रण चक्र की संकल्पना का कुल गुणवत्ता प्रबन्धन के रूप में प्रयोग तथा
2. गुणवत्ता नियन्त्रण चक्र की गतिविधियों का प्रयोग।

गुणवत्ता प्रबन्धन प्रणाली
Quality Management System

यह एक ऐसी प्रणाली है, जिसे संस्थान या संगठन अपनी सेवाओं और गुणवत्ता को व्यवस्थित करने के लिए प्रयोग करता है।

अन्तर्राष्ट्रीय मानकीकरण संगठन (150) के अनुसार, ''गुणवत्ता प्रबन्धन प्रणाली एक ऐसी प्रणाली है, जो गुणवत्ता के बारे में संगठन को निर्देशित व नियन्त्रित करने के लिए प्रयोग की जाती है।''

गुणवत्ता प्रबन्धन प्रणाली के उद्देश्य निम्नवत् हैं—

1. इस प्रणाली में उन कारकों (Factors) का अध्ययन किया जाता है, जो गुणवत्ता प्रबन्धन पर असर डालते हैं।
2. किसी भी उत्पाद की गुणवत्ता को उसके बनने से लेकर उसके पूर्ण होने तक निर्धारित मानदण्डों के अनुसार पूर्ण करते हैं।
3. इसमें निर्धारित मानदण्डों (Standards) का अध्ययन किया जाता है। ISO 9000 गुणवत्ता प्रणाली के उपयोग के विषय में जाना जाता है।
4. गुणवत्ता प्रबन्धन के विभिन्न सिद्धान्तों के विषय में जानकारी लेना।

गुणवत्ता प्रबन्धन प्रणाली के कारक निम्न हैं—

1. उत्पाद की गुणवत्ता
2. प्रक्रम
3. कार्यविधि
4. कच्चा माल
5. मशीनों की गुणवत्ता व क्षमता।

कुल गुणवत्ता प्रबन्धन
Total Quality Management

कुल गुणवत्ता प्रबन्धन एक संगठनात्मक स्तर पर गुणवत्ता का प्रबन्धन करता है। इसमें कुल का अर्थ है कि किसी भी संगठन में उपभोक्ता को सन्तुष्ट करने के लिए सभी पहलुओं को सम्मिलित करना। *कुल गुणवत्ता को कुल इसलिए कहा जाता है, क्योंकि इसमें निम्न दो प्रकार की गुणवत्ताएँ होती हैं–*

1. हिस्सेदारों की आवश्यकताओं को पूर्ण करने की गुणवत्ता,
2. उत्पादों की गुणवत्ता।

जापान में कुल गुणवत्ता प्रबन्धन के निम्न चार प्रक्रियात्मक चरण होते हैं–

1. **कैजन** यह सतत् सुधार की प्रक्रिया पर केन्द्रित होता है।
2. **एटेरिमें हिन्शुत्सु** यह इस विचार पर आधारित है कि कोई भी वस्तु या उत्पाद अपने आपेक्षित कार्य को करता है। उदाहरण के लिए, कलम एक उत्पाद है, जिसका काम लिखना है।
3. **केंजी** इसमें प्रयोगकर्ता जिस तरीके से उत्पाद को लागू करता है, उस तरीके का परीक्षण कर उत्पाद की गुणवत्ता में सुधार उत्पन्न किया जा सकता है।
4. **मिरयोकुटिकि हिन्शुत्सु** इसके अनुसार उत्पादों में सौन्दर्य गुणवत्ता होनी चाहिए। उदाहरण के लिए, एक कलम की लिखावट ऐसी हो, जिससे लेखक प्रसन्न हो जाए। कुल गुणवत्ता प्रबन्धन के लिए यह आवश्यक है कि कम्पनी गुणवत्ता के इस मानक को अपने व्यवसाय के सभी क्षेत्रों में कायम रखे। इसके लिए यह आवश्यक है कि प्रथम प्रयास में कार्य सही रूप में किया जाए एवं त्रुटि या क्षय को ऑपरेशन से अलग रखा जाए।

बेंच मार्किंग Bench Marking

बेंच मार्किंग एक प्रक्रिया है, जिसके द्वारा एक व्यापार कर सकते हैं अपनी प्रथाओं की एक समझ पाने और अपनी आन्तरिक प्रक्रिया का मूल्यांकन है। यह तरह के ऑपरेशन के लिए मानक स्थापित करने की तरह है। बेंच मार्किंग व्यवसाय प्रक्रियाओं और लागत, समय चक्र, उत्पादकता, गुणवत्ता प्रदर्शन की तुलना की प्रक्रिया है मूलत: बेंच मार्किंग अपने व्यापार के प्रदर्शन का एक स्नैपशॉट प्रदान करता है।

रणनीति Strategy

रणनीति एक विस्तृत योजना है, जो एक संगठन के उद्देश्यों को पूरा करने के लिए व्यावसायिक वातावरण को ध्यान में रखती है। *इसके निम्नलिखित तीन आयाम हैं–*

1. दीर्घकालीन उद्देश्यों का निर्धारण करना।
2. उद्देश्य प्राप्ति के लिए एक विशेष वातावरण को अपनाना।
3. पूर्व-निर्धारित उद्देश्यों को पूरा करने के लिए आवश्यक संसाधन आवंटित करना।

बड़े मोर्चाबन्दी निर्णयों के मुख्य उदाहरण निम्नलिखित हैं–

1. क्या संगठन वर्तमान व्यवस्था को ही चालू रखेगा? अथवा
2. क्या वर्तमान व्यवसाय के साथ नई क्रियाओं को जोड़ा जाएगा? अथवा
3. क्या वर्तमान व्यवसाय में ही प्रभावशाली स्थान प्राप्त करने का प्रयत्न किया जाएगा?

रणनीतिक प्रबन्धन या व्यूह रचनात्मक प्रबन्ध
Strategic Management

यह प्रबन्धन के कार्यों में से एक है, जो संगठन के लक्ष्यों और उन्हें प्राप्त करने के तरीकों के चयन की प्रक्रिया बनाता है। यह प्रबन्धन सभी प्रबन्धन के निर्णय के लिए आधार प्रदान करता है। रणनीतिक प्रबन्धन, सभी प्रबन्धन कार्यों के लक्ष्यों का मूल्यांकन करता है तथा यह एक स्पष्ट विधि और कम्पनी या उद्यम की दिशा को बतलाता है। रणनीतिक प्रबन्धन की प्रक्रिया के प्रबन्धन के लिए आधार प्रदान करता है।

ज्ञान प्रबन्धन Knowledge Management

ज्ञान प्रबन्धन एक गतिविधि पूरी दुनिया मे उद्यमों द्वारा अभ्यास है। ज्ञान प्रबन्धन की प्रक्रिया में इन उद्यमों व्यापक कई तरीकों और उपकरणों का उपयोग कर जानकारी इकट्ठा होते हैं। फिर जानकारी इकट्ठा किया जाता है, संगठित संग्रहित को साझा किया जाता है और परिभाषित तकनीक का उपयोग का विश्लेषण किया जाता है। इस तरह की जानकारी का विश्लेषण संसाधनों, दस्तावेज, लोगों और उनके कौशल के आधार पर किया जाता है। यह ज्ञान बाद में नए स्टाफ के सदस्यों को प्रशिक्षण संगठनात्मक निर्णय के रूप में गतिविधियों के लिए प्रयोग किया जाता है।

ज्ञान प्रबन्धन की प्रक्रिया
Procedure of Knowledge Management

ज्ञान प्रबन्धन की प्रक्रिया किसी भी उद्यम के लिए सार्वभौमिक है। कभी-कभी इसका प्रयोग संसाधन, संगठनात्मक पर्यावरण के लिए अद्वितीय हो सकता है। *ज्ञान प्रबन्धन की प्रक्रिया के निम्न छ: बुनियादी कदम हैं–*

चरण 1 एकत्रित यह ज्ञान प्रबन्धन की प्रक्रिया का सबसे महत्वपूर्ण कदम है। आप गलत डेटा इकट्ठा करते हैं, तो परिणामस्वरूप ज्ञान सटीक नहीं हो सकता।

चरण 2 आयोजन डेटा एकत्र एवं संगठित होने की जरूरत है। इनका संगठन आमतौर पर कुछ नियमों के आधार पर होता है। इन नियमों को संगठन द्वारा परिभाषित किया जाता है। एक उदाहरण के रूप में, बिक्री से सम्बन्धित सभी डेटा एकसाथ दायर की जा सकती हैं और सभी कर्मचारियों से सम्बन्धित डेटा को एक ही डेटाबेस तालिका में संग्रहित किया जा सकता है। इस प्रकार यह संगठन के सही रूप में एक डेटाबेस के भीतर डेटा बनाए रखने में मदद करता है।

चरण 3 डेटा का सारांश इस चरण में जानकारी संक्षेप में होती है। लम्बी जानकारी सारणीबद्ध या ग्राफिकल प्रारूप में प्रस्तुत की जाती है, जिससे डेटा उचित रूप से संग्रहित हो सके। सारांश के लिए अनेक उपकरण हैं। इसमें सॉफ्टवेयर, संकुल, चार्ट और विभिन्न तकनीकों का इस्तेमाल किया जा सकता है।

चरण 4 विश्लेषण निर्णय लेने में एक विशेषज्ञ के अनुभव के रूप में इसे उद्देश्य के लिए आवंटित किया जाना चाहिए। यह महत्त्वपूर्ण भूमिका निभाता है।

चरण 5 संश्लेषण इस बिन्दु पर जानकारी प्राप्त हो जाती है। विश्लेषण के परिणाम (आमतौर पर रिपोर्ट) विभिन्न अवधारणाओं और कालकृतियों को प्राप्त करने के लिए एक महत्त्वपूर्ण कदम है।

चरण 6 निर्णय इस स्तर पर ज्ञात निर्णय लेने के लिए प्रयोग किया जाता हैं। इस स्तर पर आंकलन किया जाना सम्भव हो पाता है।

अन्तर्राष्ट्रीय मानकीकरण संगठन (ISO)
International Organisation of Standardisation, ISO

इसकी स्थापना 23 फरवरी, 1947 को हुई थी। इसका मुख्यालय जेनेवा (स्विट्जरलैण्ड) में स्थित है। इसमें लगभग 200 समितियाँ हैं, प्रत्येक समिति किसी विशेष क्षेत्र के लिए जिम्मेदार है।

ISO 9000

ISO 9000 को सन् 1987 में अपनाया गया। यह गुणवत्ता प्रबन्धन प्रणाली के लिए मानकों का एक क्रम है। मानकीकरण के लिए ISO एक अन्तर्राष्ट्रीय संगठन है, जिसका उद्देश्य अन्तर्राष्ट्रीय गुणवत्ता मानकों पर एक सहमति स्थापित करना होता है। ISO के नियमों में आवश्यकतानुसार परिवर्तन होते रहते हैं। ISO 9000 कम्पनियों को यूरोपियन मार्केट में अपने उत्पादों के विपणन में मदद करता है।

कम्पनियों के लिए यह आवश्यक है कि वे ISO 9000 से अवश्य ही प्रमाणित हों। ISO प्रमाणित कम्पनियों के लिए ग्राहकों को अपने उत्पादों की गुणवत्ता समझाने में आसानी होती है। ये मानक सभी प्रकार की कम्पनियों में लागू होते हैं एवं इन्हें वैश्विक स्वीकृति प्राप्त है। *ISO 9000 की कुछ महत्त्वपूर्ण विशेषताएँ निम्नलिखित हैं—*

1. ISO 9000 प्रमाण, प्रमाणित लेखा परीक्षकों द्वारा प्रदान किए जाते हैं।
2. पंजीकरण का निर्धारण ग्राहकों की आवश्यकताओं एवं प्रतिस्पर्द्धा दबावों के द्वारा किया जाता है।
3. आवश्यकता पड़ने पर प्रबन्धन सांख्यिक पद्धतियों का प्रयोग कर सकता है। गुणवत्ता प्रणाली का ध्येय आवश्यकता की अनुरूपता को निर्धारित करना होता है।
4. यह सत्यापित करता है कि फैक्ट्री, कार्यालय या प्रयोगशाला सभी पूर्व निर्धारित गुणवत्ता सम्बन्धी आवश्यकताओं को पूरा करते हैं।
5. ISO 9000 एक गुणवत्ता प्रणाली मानक है, जिसे संसार में किसी भी प्रक्रियाओं के फलस्वरूप निर्मित उत्पाद या सेवा के गुणवत्ता निर्धारण में लागू किया जाता है।

दिसम्बर, 2000 में ISO 9000 में पहली बार एक बड़ा परिवर्तन किया गया, जिसके फलस्वरूप तीन नए मानकों का सूत्रपात किया गया। *ये निम्न प्रकार हैं—*

1. **ISO 9000 : 2000 गुणवत्ता प्रबन्धन प्रणाली** यह मानकों में प्रयुक्त शब्दावली एवं परिभाषाएँ प्रदान करती है। मानकों की प्रणाली को समझने का यह प्रारम्भिक स्तर है।
2. **ISO 9001 : 2000 गुणवत्ता प्रबन्धन प्रणाली** यह वह मानक है, जिसका प्रयोग फर्म की गुणवत्ता प्रबन्धन प्रणाली के प्रमाणीकरण में किया जाता है। इसका प्रयोग इस बात को सिद्ध करने में किया जाता है कि गुणवत्ता प्रबन्धन प्रणाली एवं ग्राहकों की आवश्यकता के मध्य अनुरूपता है।
3. **ISO 9004 : 2000 गुणवत्ता प्रबन्धन प्रणाली** यह गुणवत्ता प्रबन्धन प्रणाली स्थापित करने के लिए दिशा-निर्देश प्रदान करती है। इसका उद्देश्य केवल ग्राहकों की आवश्यकताओं को पूरा करना ही नहीं, बल्कि प्रदर्शन में सुधार लाना भी होता है। इन तीन मानकों का प्रयोग सबसे व्यापक रूप से होता है एवं अधिकांश कम्पनियाँ इन्हें लागू करती हैं। ISO प्रमाण-पत्र प्राप्त करने के लिए एक कम्पनी को अपनी गुणवत्ता प्रक्रियाओं से सम्बन्धित विस्तृत दस्तावेजों को प्रदान करना होता है।

ISO 14000 मानक ISO 14000 Standards

गुणवत्ता के मानकीकरण की आवश्यकता ने अन्य मानकों के विकास के लिए एक आवेग उत्पन्न किया। सन् 1996 में अन्तर्राष्ट्रीय मानक संगठन ने कम्पनी में पर्यावरण सम्बन्धी जिम्मेदारियों के मूल्यांकन के लिए एक मानक को प्रस्तावित किया, जो ISO 14000 के रूप में जाना गया।

तालिका 16.1 कुछ लोकप्रिय मानक

मानक	विषय
ISO 639	भाषा कूट
ISO 3166	देश के कूट
ISO 4217	मुद्रा कूट
ISO 9000	गुणवत्ता प्रबन्धन
ISO 14000	पर्यावरणीय प्रबन्धन
ISO 22000	खाद्य सुरक्षा प्रबन्धन
ISO 26000	सामाजिक दायित्व
ISO 31000	जोखिम प्रबन्धन
ISO 50001	ऊर्जा प्रबन्धन

भारतीय मानक ब्यूरो
Indian Standards Bureau

इसकी स्थापना सन् 1947 में हुई थी। इसका मुख्यालय दिल्ली में स्थित है। यह ब्यूरो उपभोक्ताओं के हितों की रक्षा के लिए प्रमाणन योजना पर कार्य करता है। इस योजना के अन्तर्गत उत्पादनकर्ताओं को भारतीय मानकों के अनुरूप अपने उत्पाद का निर्माण करके ISI चिन्ह प्राप्त करने के लिए BIS में आवेदन देना होता है और उत्पाद की विस्तृत जाँच के पश्चात् यदि वह मानकों पर खरा उतरता है, तो उसे ISI प्रमाण-पत्र प्रदान कर दिया जाता है। गुणवत्ता को नियन्त्रित करने के लिए BIS के निरीक्षक कम्पनी का निरीक्षण करते हैं। इसके साथ ही कच्चे माल, उत्पाद की जाँच तथा अन्य जरूरी टैस्ट भी किए जाते हैं।

भारतीय मानक ब्यूरो के कार्य
Functions of Indian Standards Bureau

भारतीय मानक ब्यूरो के सात प्रकार के कार्य होते है, जो निम्न हैं—

1. **सामान्य कार्य** इसमें मानकीकरण, चिन्हीकरण और गुणवत्ता प्रमाण की गतिविधियों का सुव्यवस्थित विकास किया जाता है। मानकों को मान्यता देने के लिए एक राष्ट्रीय रणनीति तैयार की जाती है तथा उन्हें औद्योगिक उत्पादन, निर्यातों की वृद्धि और विकास के साथ जोड़ा जाता है।
2. **मानक निर्माण** 31 मार्च, 2008 तक भारतीय मानक ब्यूरो द्वारा निर्मित 18424 मानकों का उपयोग हो रहा है, जबकि वर्ष 2001-02 में 17658 का ही रहा था। ये अर्थव्यवस्था में महत्त्वपूर्ण हिस्सों को शामिल करते हैं, जो उद्योगों को अपनी वस्तुओं और सेवाओं की गुणवत्ता में सुधार लाने में मदद करता है। भारतीय मानक ब्यूरो एक समयबद्ध कार्यक्रम के रूप में राष्ट्रीय प्राथमिकताओं के अनुरूप आवश्यकता के आधार पर भारतीय मानकों का निर्माण करता है।

3. **उत्पाद प्रमाणन योजना** भारतीय मानक ब्यूरो की उत्पाद प्रमाणन योजना मूलत: स्वैच्छिक प्रकृति की है। यह मानक उपभोक्ता के स्वास्थ्य एवं सुरक्षा में मद्देनजर और व्यापक उपभोग के मामलों में सरकार द्वारा अनेक वैधानिक उपायों; जैसे—खाद्य मिलावट निषेध अधिनियम, कोल माइन्स रेगुलेशन्स और भारतीय गैस सिलेण्डर नियम और भारतीय मानक ब्यूरो अधिनियम के माध्यम से इसे अनिवार्य बनाया गया है।
4. **हॉलमार्किंग** सोने के आभूषण पर हॉलमार्किंग एक बहुत लोकप्रिय योजना है। यह भारतीय मानक ब्यूरो अधिनियम, 1986 के अन्तर्गत ऐच्छिक आधार पर अप्रैल, 2002 में शुरू हुई थी। इसका लक्ष्य उपभोक्ता के हितों का संरक्षण और सोने की शुद्धता पर उपभोक्ता को तीसरे पक्ष की गारण्टी प्रदान करना है।
5. **प्रबन्धन तन्त्र प्रमाणन** प्रबन्धन तन्त्र प्रमाणन के अन्तर्गत भारतीय मानक ब्यूरो अन्य महत्त्वपूर्ण तन्त्र प्रमाणन की योजनाएँ चलाता है। गुणवत्ता प्रबन्धन तन्त्र प्रमाणन योजना सितम्बर, 1919 में शुरू की गई थी।
6. **अन्तर्राष्ट्रीय प्रक्रियाएँ** सन् 1947 में अपनी स्थापना के बाद से ही ब्यूरो अन्तर्राष्ट्रीय मानक संगठन और अन्तर्राष्ट्रीय विद्युत तकनीकी आयोग जैसे अन्तर्राष्ट्रीय संगठनों का सक्रिय सदस्य रहा है। भारतीय मानक ब्यूरो अन्तर्राष्ट्रीय मानक संगठन और अन्तर्राष्ट्रीय विद्युत तकनीकी आयोग में एक सदस्य निकास के रूप में भारत का प्रतिनिधित्व करता है।
7. **उपभोक्ता संरक्षण** देश में उपभोक्ताओं की बढ़ती उम्मीदों को पूरा करने के लिए भारतीय मानक ब्यूरो में उपभोक्ता संरक्षण और सार्वजनिक शिकायतों से निपटने के लिए इस विभाग की स्थापना की गई। यह विभाग उपभोक्ता मामलों पर केन्द्रीय उपभोक्ता संरक्षण परिषद् और उपभोक्ता एसोसिएशनों के साथ बातचीत करता है और उपभोक्ता मामले और सार्वजनिक वितरण मन्त्रालय के साथ समन्वय स्थापित करता है। इसमें शिकायतों को ऑनलाइन भी दर्ज कराया जा सकता है और सभी दर्ज शिकायतों की नियमित रूप से निगरानी की जाती है।

भारतीय मानक ब्यूरो विधेयक, 2015
Indian Standard Bureau Bill, 2015

3 दिसम्बर, 2015 को लोकसभा ने भारतीय मानक ब्यूरो विधेयक, 2015 को पारित कर दिया। यह विधेयक भारतीय मानक ब्यूरो अधिनियम, 1986 का स्थान लेगा। इस विधेयक के माध्यम से BIS अधिनियम की सीमा में वृद्धि की जाएगी, जिससे की केन्द्र सरकार को कुछ निश्चित अधिसूचित सामान, सेवाओं तथा प्रक्रियाओं को मानक स्तर पर लाने की शक्ति प्राप्त हो जाएगी।

भारतीय मानक ब्यूरो विधेयक के प्रमुख प्रावधान
Provisions of Indian Standard Bureau Bill

भारतीय मानक ब्यूरो विधेयक के प्रमुख प्रावधान निम्न हैं—

1. इस विधेयक के माध्यम से सामान सेवाएँ एवं प्रणाली को BIS मानकीकरण में सम्मिलित किया गया है, जबकि BIS अधिनियम, 1986 में वस्तुओं एवं प्रक्रियाओं को शामिल किया गया था।
2. ब्यूरो द्वारा गुणवत्ता आश्वासन बनाए रखने के लिए परीक्षण प्रयोगशालाओं की स्थापना का प्रावधान भी विधेयक में किया गया है।
3. कीमती धातुओं; जैसे—सोना, चाँदी, प्लेटिनम, पैलोडियम या उनके मिश्र धातुओं के प्रमाणन के लिए एक हॉलमार्क का प्रयोग किया जाएगा, जो कीमती धातु में भारतीय मानकानुसार अनुपात सामग्री इंगित करेगा। ऐसी वस्तुएँ प्रमाणित दुकानों में बेची जाएँगी।
4. इस विधेयक के माध्यम से केन्द्र सरकार को उन निश्चित वस्तुओं के लेखन की अनुमति प्राप्त हो जाती हैं, जिन्हें मानक चिन्ह के अन्तर्गत लाना है। भारतीय मानक चिन्ह का दुरुपयोग करने वाले पर ₹ 5 लाख तक का जुर्माना लगाया जा सकता है।
5. ब्यूरो के महानिदेशक के आदेश के खिलाफ अपील केन्द्र सरकार को की जा सकती है।
6. उपभोक्ताओं को ISI प्रमाणित वस्तुएँ प्राप्त होंगी तथा उत्पादों के आयात पर रोक लगेगी। ध्यातव्य है कि 17 जून, 2015 को प्रधानमन्त्री की अध्यक्षता वाली मन्त्रिमण्डलीय समिति ने BIS विधेयक, 2015 को अपनी मंजूरी प्रदान की थी।

अभ्यास प्रश्न

1. गुणवत्ता प्रबन्धन प्रणाली का एक समूह है
(a) संगठनात्मक ढाँचा (b) कार्यविधियाँ
(c) संसाधन (d) ये सभी

2. निम्न में से कौन-सा एक सेवा संगठन से सम्बन्धित है?
(a) विश्वसनीयता (b) एकरूपता
(c) सहनशीलता (d) इनमें से कोई नहीं

3. कैजन का तात्पर्य ········ है।
(a) गुणवत्ता चेतना (b) गुणवत्ता आश्वासन
(c) गुणवत्ता नियन्त्रण (d) सतत् सुधार

4. गुणवत्ता नियन्त्रण में प्रयोग किया जाता है
(a) सेम्पलिंग के द्वारा (b) कण्ट्रोल चार्ट के द्वारा
(c) 'a' और 'b' दोनों (d) इनमें से कोई नहीं

5. गुणवत्ता चेतना का मतलब है
(a) सुधार के लिए एक अवसर
(b) लाभ के लिए एक अवसर
(c) बाजार के लिए एक अवसर
(d) उत्पादन के लिए एक अवसर

6. किसी भी उत्पाद की एक विशेषता है
(a) गुणवत्ता नियन्त्रण (b) गुणवत्ता सत्ता
(c) गुणवत्ता (d) गुणवत्ता चक्र

7. गुणवत्ता की विशेषता है कि उत्पाद में कोई भी ····· नहीं है।
(a) लाभ (b) हानि
(c) दोष (d) सम्बन्ध

8. गुणवत्ता इनमें से किसकी द्योतक है?
(a) उत्पाद विशेषता (b) व्यापारिक सफलता
(c) 'a' और 'b' दोनों (d) इनमें से कोई नहीं

9. उत्पाद की गुणवत्ता में क्या निहित होता है?
(a) उत्पादन की दोष या त्रुटिरहित विशेषता
(b) उत्पाद समरूपता
(c) उपभोक्ता या ग्राहक की इच्छानुरूप आवश्यकता-पूर्ति
(d) उपरोक्त सभी

10. किसी वस्तु की गुणवत्ता इनमें से किस पर निर्भर करती है?
(a) वस्तु के सहज गुणों के समूह पर
(b) वस्तु की आवश्यकताओं के समूह पर
(c) 'a' और 'b' दोनों
(d) उपरोक्त में से कोई नहीं

11. कुछ संगठन गुणवत्ता उपकरणों के प्रयोग पर बल देते हैं, परन्तु निम्नलिखित में से क्या करनें में असफल हो जाते है?
(a) वितरकों की आवश्यकता पर केन्द्रित करना
(b) सतत् सुधार के प्रयासों का चक्र कायम रखना
(c) प्रक्रियाओं एवं परिवेश में मौलिक सुधार रखना
(d) ग्राहकों की आवश्यकता पर केन्द्रित करना

12. सम्पूर्ण लेन-देन दर माना जाने वाला एक स्केल है
(a) 0 - 1 तक (b) 1 - 10 तक
(c) 10 - 20 तक (d) 0 - 20 तक

13. विश्वप्रसिद्ध गुणवत्ता गुरु के नाम से जाना जाता है
(a) क्रोस्बे (b) जोसेफ जूरन
(c) डेमिंग (d) इनमें से कोई नहीं

14. इसिकावा ने कितने गुणवत्ता उपकरणों के महत्त्व को बताया है?
(a) 4 (b) 5
(c) 6 (d) 7

15. निम्न में से कौन-सा गुणवत्ता विशेषता से सम्बन्धित है?
(a) गुणवत्ता विचरण को कम करना
(b) भय को समाप्त करना
(c) 'a' और 'b' दोनों
(d) उपरोक्त में से कोई नहीं

16. गुणवत्ता चक्र के आकर्षण बिन्दु के अन्तर्गत आता है
(a) स्वास्थ्य (b) उत्पाद डिजाइन
(c) व्यावसायिक सुरक्षा (d) ये सभी

17. गुणवत्ता चक्र की शुरुआत हुई थी
(a) अमेरिका में (b) जापान में
(c) भारत में (d) चीन में

18. ISO 9000 एक मानक है
(a) अन्तर्राष्ट्रीय (b) राष्ट्रीय
(c) राजकीय (d) राज्यस्तरीय

19. शून्य-त्रुटि की संकल्पना
(a) प्रबन्धन के लिए एक प्रदर्शन मानक है
(b) प्रथम प्रयास में सही कार्य करने की एक प्रेरणादायी पद्धति है
(c) प्रबन्धन द्वारा प्रयुक्त होती है सभी कर्मचारियों को सचेत करने में कि सभी को प्रथम प्रयास में ही सही कार्य करना चाहिए।
(d) 'a' और 'c' दोनों

20. स्वास्थ्य और सुरक्षा के विचार से अनिवार्य प्रमाणन के अन्तर्गत आता है
(a) दूध (b) बोतल बन्द पेयजल
(c) एलपीजी सिलेंडर (d) ये सभी

21. सतत् सुधार प्रक्रिया चक्र में ·················· का प्रयोग होता है।
(a) PDSA (b) SGA
(c) QC (d) इनमें से कोई नहीं

22. भारतीय मानक ब्यूरो द्वारा विदेशी निर्माताओं के लिए उत्पाद स्कीम शुरू की गई
(a) सन् 2000 में
(b) सन् 1998 में
(c) सन् 1999 में
(d) सन् 2007 में

23. हॉलमार्किंग स्कीम भारतीय मानक ब्यूरो अधिनियम, 1986 के अन्तर्गत ········· पर अप्रैल, 2002 में शुरू हुई थी।
(a) ऐच्छिक आधार
(b) अनिवार्य आधार
(c) दुकानदारों के आधार
(d) उपरोक्त में से कोई नहीं

24. ISO 9000 की मान्यता कब घोषित हुई?
(a) सन् 1980 (b) सन् 1983
(c) सन् 1987 (d) सन् 1990

25. ISO 9000 प्रमाणीकरण के लाभ क्या हैं?
(a) यह उत्पादकता में वृद्धि करता है
(b) यह लाभ में वृद्धि करता है
(c) यह ग्राहक सन्तुष्टि में वृद्धि करता है
(d) उपरोक्त सभी

26. ISO 9000 ········ के सन्दर्भ में मानकीकरण का प्रयास करता है।
(a) उत्पादों (b) आपूर्तिकर्ता के विनिर्देश
(c) गुणवत्ता के प्रबन्धन की प्रक्रिया (d) ये सभी

27. निम्नलिखित में से कौन-सा मानक किसी कम्पनी की पर्यावरण सम्बन्धी जिम्मेदारियों का मूल्यांकन करता है?
(a) ISO 9000 (b) ISO 9001
(c) ISO 9004 (d) ISO 14000

28. उत्सर्जन एवं अन्य अपशिष्टों का मूल्यांकन करता है
(a) पर्यावरण प्रणाली मानक (b) प्रबन्धन प्रणाली मानक
(c) परिचालन प्रणाली मानक (d) ये सभी

29. ISO 14000 सर्टिफिकेट के विषय में क्या सत्य है?
(a) यह वातावरण प्रबन्धन के लिए कार्य करता है।
(b) यह केवल निर्यात करने वाली कम्पनियों के लिए है।
(c) 'a' और 'b' दोनों
(d) उपरोक्त में से कोई नहीं

30. भारतीय मानक ब्यूरो की स्थापना कब हुई?
(a) सन् 1940 (b) सन् 1947
(c) सन् 1970 (d) सन् 1976

31. भारतीय मानक ब्यूरो का कार्य है
(a) मानक तैयार करना
(b) प्रमाणन योजना संचालित करना
(c) उपभोक्ताओं में जागरूकता पैदा करना
(d) उपरोक्त सभी

32. भारतीय मानक ब्यूरो कब अस्तित्व में आया?
(a) 1 अप्रैल, 1987 में
(b) 1 मई, 1987 में
(c) 1 अप्रैल, 1986 में
(d) 1 मई, 1986 में

33. भारतीय मानक ब्यूरो की उत्पाद प्रमाणन योजना है
(a) अस्वैच्छिक प्रकृति की
(b) स्वैच्छिक प्रकृति की
(c) अनिवार्य प्रकृति की
(d) उपरोक्त में से कोई नहीं

34. ISO का पूर्ण रूप हैं
(a) Internal Standard Organisation
(b) International Organisation for Standardisation
(c) Inter Stage Organisation
(d) उपरोक्त में से कोई नहीं

उत्तरमाला

1.	(d)	2.	(b)	3.	(d)	4.	(c)	5.	(a)	6.	(c)	7.	(c)	8.	(a)	9.	(d)	10.	(c)
11.	(b)	12.	(a)	13.	(b)	14.	(d)	15.	(c)	16.	(d)	17.	(b)	18.	(a)	19.	(d)	20.	(a)
21.	(a)	22.	(c)	23.	(a)	24.	(c)	25.	(d)	26.	(c)	27.	(d)	28.	(a)	29.	(d)	30.	(b)
31.	(b)	32.	(d)	33.	(a)	34.	(b)												

अध्याय 16

उपभोक्ता संरक्षण
Consumer Protection

उपभोक्ता संरक्षण की अवधारणा
Concept of Consumer Protection

उपभोक्ता संरक्षण एक विस्तृत शब्द है। उपभोक्ताओं को उत्पादकों तथा विक्रेताओं के अनुचित व्यवहार से सुरक्षा प्रदान करने को ही उपभोक्ता संरक्षण कहते है। इसके अतिरिक्त उनके अधिकार तथा दायित्वों की उन्हें जानकारी देना भी उपभोक्ता संरक्षण के अन्तर्गत आता है। आज उपभोक्ता को बाजार का राजा कहा जाता है, क्योंकि उपभोक्ता सभी विपणन क्रियाओं का आधार है। उत्पादकों का प्रयास रहता है कि सभी वस्तुओं का उत्पादन उपभोक्ताओं की आवश्यकताओं के अनुरूप किया जाए।

उपभोक्ता संरक्षण का महत्त्व
Importance of Consumer Protection

उपभोक्ता बाजार का आधार होता है, इसलिए बाजार में होने वाले शोषण से उसे बचाना अनिवार्य है। इससे उपभोक्ता तथा व्यवसाय दोनों का भला होगा। *उपभोक्ता संरक्षण का महत्त्व निम्नलिखित है—*

उपभोक्ताओं के दृष्टिकोण से View Point of Consumers

उपभोक्ताओं के दृष्टिकोण से उपभोक्ता संरक्षण का महत्त्व निम्नलिखित है—

1. **उपभोक्ता अनदेखी** प्रायः बहुत कम उपभोक्ताओं को अपने अधिकारों की जानकारी होती है। इस कारण वे बाजार में हो रहे शोषण के विरुद्ध आवाज नहीं उठा पाते और शोषण को स्वीकार कर लेते हैं तथा चुपचाप बैठे रहते हैं। अतः उन्हें उनके अधिकारों की शिक्षा दी जानी चाहिए, ताकि वे इसका लाभ उठा सकें।
2. **असंगठित उपभोक्ता** अकेला उपभोक्ता शोषण के विरुद्ध आवाज उठाने में इतना प्रभावशाली नहीं होता है, जितना कि समूह। अतः उपभोक्ताओं के संगठित होने में ही उनका हित है। जब वे संगठित हो जाएँगे, तो उन्हें किसी बाहरी मदद की जरूरत नहीं पड़ेगी। वे अपने हितों की रक्षा स्वयं कर पाएँगे। उपभोक्ता संरक्षण भी सभी उपभोक्ताओं को संगठित होने के लिए प्रेरित करता है।
3. **उपभोक्ताओं का बड़े पैमाने पर शोषण** बाजार का केन्द्रबिन्दु होने के बावजूद भी आज उपभोक्ताओं का बड़े पैमाने पर शोषण हो रहा है; जैसे—
   (i) वस्तुओं में मिलावट
   (ii) घटिया किस्म की वस्तुओं और सेवाओं का उत्पादन
   (iii) भ्रमपूर्ण विज्ञापन
   (iv) नापतोल में गड़बड़ी
   (v) वस्तुओं को जानबूझकर दुर्लभ बनाना आदि।

उपभोक्ताओं के साथ हो रहे इस प्रकार के शोषण से मुक्ति दिलाने के लिए उपभोक्ता संरक्षण अत्यन्त आवश्यक है।

व्यवसाय के दृष्टिकोण से View Point of Business

एक व्यवसाय को भी उपभोक्ताओं की उतनी ही आवश्यकता होती है, जितनी कि एक उपभोक्ता को व्यवसाय की। अतः व्यवसाय को भी उपभोक्ताओं की सुरक्षा में भागीदार बनना चाहिए। *इसका महत्त्व निम्नलिखित है—*

1. **व्यवसाय का दीर्घकालीन हित** प्रत्येक व्यवसाय लम्बे समय तक जीवित रहने की अपेक्षा करता है, इसलिए यह आवश्यक है कि प्रत्येक व्यावसायिक फर्म उपभोक्ताओं को पूर्ण सन्तुष्टि प्रदान करे। जो फर्म उपभोक्ताओं को सन्तुष्ट करने में कामयाब हो जाती है ऐसे सन्तुष्ट उपभोक्ता बार-बार माल क्रय करने के लिए उसी के पास जाते हैं और दूसरों को भी क्रय करने के लिए कहते हैं। इस प्रकार ऐसे फर्म के ग्राहकों की संख्या में वृद्धि होती रहती है। फर्मों द्वारा उपभोक्ता सन्तुष्टि की ओर ध्यान देना भी उपभोक्ता संरक्षण है।
2. **व्यवसाय द्वारा समाज के संसाधनों का प्रयोग करना** व्यावसायिक फर्में अनेक संसाधनों; जैसे—कच्चा माल, मशीन, मानव, धन आदि का प्रयोग करती हैं। ये सभी संसाधन व्यवसाय को समाज द्वारा ही प्राप्त होते हैं। इस दृष्टि से व्यवसाय का यह कर्त्तव्य बनता है कि वे समाज को बेहतर सुविधाएँ प्रदान करें। ऐसा करने पर उपभोक्ता संरक्षण के माध्यम से उसे समाज के प्रति अपनी जिम्मेदारी पूरी करने का अवसर प्राप्त होता है।
3. **सामाजिक उत्तरदायित्व** व्यवसाय द्वारा अपने स्वामी के साथ-साथ अन्य सभी सम्बन्धित पक्षकारों को सन्तुष्ट करने के लिए उत्तरदायित्व को व्यवसाय का सामाजिक उत्तरदायित्व कहा जाता है। सभी सम्बन्धित पक्षकारों में से सर्वाधिक महत्व उपभोक्ता का है, इसलिए इसके हितों की

सुरक्षा पर अधिक ध्यान दिया जाना चाहिए। एक व्यवसाय इस प्रकार से काफी हद तक अपने सामाजिक उत्तरदायित्व को पूरा कर लेता है।

4. **नैतिक औचित्य** व्यवसाय का यह नैतिक कर्त्तव्य बनता है कि वह उपभोक्ताओं के हितों का पूरा ध्यान रखे। व्यवसाय को चाहिए कि वह मिलावट, भ्रमपूर्ण विज्ञापन, जमाखोरी, कालाबाजारी, कम नाप-तोल, आदि बुराइयों से दूर रहे तथा अपने नैतिक कर्त्तव्य का पालन करे। इस प्रकार उपभोक्ता संरक्षण के माध्यम से व्यवसाय अपनी नैतिक जिम्मेदारी की पूर्ति करता है।
5. **सरकारी हस्तक्षेप** यदि व्यवसाय द्वारा उपभोक्ताओं का शोषण किया जाता है, तो सरकारी हस्तक्षेप होना स्वाभाविक है। एक व्यवसायी फर्म में उपभोक्ता शोषण के विरुद्ध सरकारी हस्तक्षेप से उसकी साख प्रभावित होती है। यही कारण है कि प्रत्येक फर्म इससे बचना चाहती है। इस स्थिति से तभी बचा जा सकता है, जब उपभोक्ता हितों का ध्यान रखा जाए। अत: व्यवसाय उपभोक्ता संरक्षण में भागीदार बनकर सरकारी हस्तक्षेप से बच सकता है और अपनी साख बचा सकता है।

उपभोक्ता के अधिकार Rights of Consumers

उपभोक्ता संरक्षण अधिनियम के अन्तर्गत उपभोक्ताओं को निम्नलिखित अधिकार दिए गए हैं–

1. **सुरक्षा का अधिकार** यह अधिकार ऐसी वस्तुओं एवं सेवाओं से सुरक्षा प्राप्त करने से सम्बन्धित है, जिनसे एक उपभोक्ता के स्वास्थ्य, जीवन या सम्पत्ति की हानि हो सकती है। उदाहरण के लिए, नकली दवाइयाँ, घटिया किस्म के उपकरण; जैसे—प्रेशर कुकर आदि व घटिया किस्म की खाद्य वस्तुएं, जैसे—बिस्कुट, ब्रेड, दूध, घी आदि उपभोक्ताओं को हानि पहुँचा सकते हैं। उपभोक्ताओं के पास इस प्रकार की क्षति से सुरक्षा प्राप्त करने का अधिकार होता है।
2. **सूचना प्राप्ति का अधिकार** एक उपभोक्ता को अधिकार होता है कि उसको ऐसी सूचनाएँ प्रदान की जाएँ जिनके आधार पर वह किसी वस्तु अथवा सेवा का क्रय करता है। ये सूचनाएँ वस्तु की किस्म, मूल्य प्रमाप तैयार करने की तिथि, प्रयोग करने की विधि आदि के सम्बन्ध में हो सकती हैं।
3. **चुनने का अधिकार** एक उपभोक्ता को बाजार में उपलब्ध विभिन्न वस्तुओं एवं सेवाओं में से अपनी पसन्द की वस्तु या सेवा का क्रय करने का पूर्ण अधिकार होता है अर्थात् कोई भी विक्रेता उसकी पसन्द को अनुचित ढंग से प्रभावित नहीं कर सकता। यदि कोई विक्रेता ऐसा करता है, तो यह उपभोक्ता के चुनाव के अधिकार में बाधा कहलाएगा।
4. **सुनवाई का अधिकार** एक उपभोक्ता को यह अधिकार होता है कि उसकी शिकायत सुनी जाए। इसके अन्तर्गत उपभोक्ता अपने हितों को प्रभावित करने वाले सभी कारकों के खिलाफ शिकायत दर्ज करवा सकता है।
5. **क्षतिपूर्ति का अधिकार** यह अधिकार उपभोक्ता को विक्रेता के अनुचित व्यवहार के विरुद्ध क्षतिपूर्ति प्रदान करता है। उदाहरण के लिए, यदि वस्तु की मात्रा व किस्म विक्रेता के दावे के अनुसार नहीं है, तो क्रेता को क्षतिपूर्ति प्राप्त करने का अधिकार होता है। क्षतिपूर्ति के रूप में एक उपभोक्ता को अनेक विकल्प उपलब्ध होते है; जैसे—वस्तु की मुफ्त मरम्मत करना, वस्तु को बदलकर देना अथवा वापस लेना।
6. **उपभोक्ता शिक्षा का अधिकार** इसका अभिप्राय उपभोक्ताओं को उनके अधिकारों के सम्बन्ध में शिक्षित करने से है अर्थात् उपभोक्ताओं को यह जानकारी होनी चाहिए कि वस्तुओं एवं सेवाओं से होने वाली क्षति के विरुद्ध उन्हें क्या-क्या अधिकार प्राप्त हैं।

उपभोक्ता उत्तरदायित्व/कर्त्तव्य
Consumer Responsibility/Duties

वस्तुओं को क्रय करने से सम्बन्धित जहाँ उपभोक्ताओं को अनेक अधिकार प्राप्त हैं, वहीं उनके कुछ उत्तरदायित्व भी हैं। *ये निम्नलिखित हैं–*

1. उपभोक्ता को चाहिए कि वह क्रय करते समय अपने सभी अधिकारों का प्रयोग करे।
2. उपभोक्ता को चाहिए कि वस्तुएँ खरीदते समय वह अपने विवेक का पूरा प्रयोग करे। अन्य शब्दों में, क्रय करते समय उपभोक्ता को वस्तुओं की गुणवत्ता, मात्रा, मूल्य, उपयोगिता आदि की जानकारी प्राप्त कर लेनी चाहिए।
3. यदि वस्तु के सम्बन्ध में किसी प्रकार की कोई शिकायत हो, तो उपभोक्ता का यह दायित्व बनता है कि सम्बन्धित अधिकारी से तुरन्त सम्पर्क किया जाए। शिकायत में देरी होने पर गारण्टी/वारण्टी का समय निकल सकता है। कभी-कभी उपभोक्ता व्यवसायी द्वारा पहुँचाई गई हानि पर ध्यान नहीं देता है।
4. उपभोक्ता को चाहिए कि वस्तु की गुणवत्ता से कभी भी समझौता न करे अर्थात् कम मूल्य के लालच में आकर निम्न गुणवत्ता की वस्तुएँ न खरीदे। यदि उपभोक्ता ऐसा करता है, तो फिर उसे कोई सुरक्षा प्रदान नहीं कर सकता। उसका यह भी दायित्व है कि वह केवल ऐसी वस्तुएँ खरीदे जिन पर ISI, Agmark, Woolmark, FPO आदि लिखा हो। ये चिन्ह माल की अच्छी गुणवत्ता के प्रतीक हैं।
5. अधिक बिक्री के लिए विक्रेता विज्ञापन में वस्तुओं के गुणों को काफी बढ़ा-चढ़ा कर प्रदर्शित करते हैं। अत: उपभोक्ता का यह दायित्व बनता है कि वह विज्ञापन की सत्यता को पहचाने।
6. क्रय वस्तु की रसीद अवश्य प्राप्त करनी चाहिए। इसके साथ यदि वस्तु की गारण्टी/वारण्टी कार्ड प्राप्त करना भी नहीं भूलना चाहिए। वस्तु की गुणवत्ता से सम्बन्धित विक्रेता से कोई विवाद होने पर ये सभी (Document) उपयोग में आते हैं।
7. उपभोक्ता का यह दायित्व है कि उसे कभी भी जल्दबाजी में क्रय नहीं करना चाहिए। इसके लिए चाहिए कि वह समय से पहले ही अपनी आवश्यकताओं का अनुमान लगा ले और इस बात पर विचार करे कि कौन-सी वस्तु कितनी मात्रा में और कहाँ से क्रय करनी चाहिए।

उपभोक्ता जागरूकता Consumer Awareness

उपभोक्ता संरक्षण का एक महत्त्वपूर्ण पहलू यह भी है कि उपभोक्ता को अपना संरक्षण स्वयं करना चाहिए। उसे अपने अधिकारों के प्रति पूरी तरह से सचेत रहना चाहिए। सचेत उपभोक्ता ही विक्रेताओं से अपने अधिकारों के लिए माँग कर सकता है। अत: उपभोक्ता को चाहिए कि वह स्वयं ही अपने अधिकारों को जाने, समझे और विक्रेताओं के अनुचित व्यवहार के प्रति आवाज उठाए।

उपभोक्ता संरक्षण अधिनियम के सन्दर्भ में वैधानिक प्रावधान

Legal Redressel with Special Reference to Consumer Protection Act

उपभोक्ता संरक्षण अधिनियम, 1986 के अन्तर्गत उपभोक्ता को संरक्षण प्रदान किया जाता है। यह अधिनियम दिसम्बर, 1986 में संसद द्वारा पास किया गया और 1 जुलाई, 1987 को इसे पूरे भारत (जम्मू व कश्मीर को छोड़कर) में लागू कर दिया गया। सन् 1993 व 2003 में इस अधिनियम में कुछ संशोधन किए गए। यह अधिनियम सभी वस्तुओं एवं सेवाओं पर लागू होता है। इसके अन्तर्गत केन्द्र तथा राज्यों में उपभोक्ता संरक्षण परिषद् स्थापित करने की व्यवस्था है। परिषद् में सरकारी व गैर-सरकारी दोनों प्रकार के सदस्य होते हैं। इन परिषदों का उद्देश्य उपभोक्ताओं के हितों की रक्षा करना है। उपभोक्ता की पीड़ा निवारण हेतु उपभोक्ता संरक्षण अधिनियम द्वारा तीन-स्तरीय न्यायिक तन्त्र उपलब्ध कराया गया है।

1. जिला फोरम District Forum

उपभोक्ता संरक्षण अधिनियम के अनुसार, राज्य सरकार प्रत्येक जिले में एक या अधिक जिला फोरम स्थापित कर सकती है।

इसकी विशेषताएँ निम्नलिखित हैं—

(i) इसमें एक अध्यक्ष सहित तीन सदस्य होते हैं, जिनमें एक महिला सदस्य अनिवार्य है। इनकी नियुक्ति राज्य सरकार द्वारा की जाती है। अध्यक्ष बनने के लिए व्यक्ति में जिला न्यायाधीश की योग्यता का होना अनिवार्य है।

(ii) जिला फोरम में ₹ 20 लाख तक के मूल्य के विवादों से सम्बन्धित शिकायतों का समाधान किया जा सकता है।

(iii) शिकायत उपभोक्ता द्वारा अथवा उपभोक्ता संघ द्वारा की जा सकती है।

(iv) शिकायत दर्ज होने पर इसकी सूचना विरोधी पक्षकार को भेज दी जाती है।

(v) परीक्षण के बाद यदि यह सिद्ध हो जाए कि वस्तु दोषपूर्ण है, तो जिला फोरम विरोधी पक्षकार को निम्न में से एक या अधिक आदेश दे सकती है—

- (a) वस्तु के दोषों को दूर किया जाए।
- (b) दोषपूर्ण वस्तु के स्थान पर नई वस्तु दी जाए।
- (c) उपभोक्ता को माल का मूल्य लौटा दिया जाए।
- (d) क्षति के लिए उपभोक्ता को हर्जाने का भुगतान किया जाए आदि।

(vi) यदि दोनों में से कोई भी पक्षकार जिला फोरम के निर्णय से सन्तुष्ट न हो, तो वह 30 दिन के अन्दर राज्य आयोग के समक्ष अपील कर सकता है।

2. राज्य आयोग State Commission

राज्य आयोग प्रत्येक राज्य में राज्य सरकार द्वारा स्थापित किया जाता है।

इसकी विशेषताएँ निम्नलिखित हैं—

(i) इसमें भी एक अध्यक्ष सहित तीन सदस्य होते हैं, जिनमें एक महिला सदस्य अनिवार्य है। इनकी नियुक्ति राज्य सरकार द्वारा होती है। अध्यक्ष केवल उसी व्यक्ति को नियुक्त किया जा सकता है, जिसमें उच्च न्यायालय के न्यायाधीश की योग्यताएँ हों।

(ii) राज्य आयोग में ₹ 20 लाख से अधिक तथा ₹ 1 करोड़ तक के मूल्य के विवादों से सम्बन्धित शिकायतों का समाधान किया जा सकता है।

(iii) शिकायत दर्ज होने पर इसकी सूचना विरोधी पक्षकार को भेज दी जाती है।

(iv) यदि आवश्यकता हो, तो माल का परीक्षण करवाया जाता है। माल दोषपूर्ण सिद्ध हो जाने पर दोषी पक्षकार को राज्य आयोग द्वारा जिला फोरम की भाँति ही एक या अधिक आदेश दिए जा सकते हैं।

(v) यदि कोई भी पक्षकार राज्य आयोग के निर्णय से सन्तुष्ट न हो, तो वह 30 दिन के अन्दर राष्ट्रीय आयोग के समक्ष अपील कर सकता है।

3. राष्ट्रीय आयोग National Commission

राष्ट्रीय आयोग की स्थापना केन्द्रीय सरकार द्वारा की जाती है।

इसकी मुख्य विशेषताएँ निम्नलिखित हैं—

(i) इसमें एक अध्यक्ष सहित पाँच सदस्य होते हैं, जिनमें एक महिला सदस्य अनिवार्य है। इनकी नियुक्ति केन्द्रीय सरकार द्वारा होती है। अध्यक्ष केवल उसी व्यक्ति को नियुक्त किया जा सकता है, जिसमें उच्चतम न्यायालय के न्यायाधीश की योग्यताएँ हों।

(ii) राष्ट्रीय आयोग में एक करोड़ रुपये से अधिक मूल्य के विवादों से सम्बन्धित शिकायतों का समाधान किया जाता है।

(iii) शिकायत दर्ज होने पर इसकी सूचना विरोधी पक्षकार को भेज दी जाती है।

(iv) राष्ट्रीय आयोग द्वारा भी दोषी पक्षकार को राज्य आयोग की भाँति ही एक या अधिक आदेश दिए जा सकते हैं।

(v) यदि कोई पक्षकार राष्ट्रीय आयोग के निर्णय से सन्तुष्ट न हो, तो वह 30 दिन के अन्दर उच्चतम न्यायालय के समक्ष अपील कर सकता है।

उपभोक्ता संगठनों तथा गैर-सरकारी संगठनों की भूमिका Role of Consumer Organisation and Non-government Organisation

उपभोक्ताओं को संरक्षण प्रदान के लिए सरकार द्वारा अनेक प्रयास किए जा रहे हैं। इसके अतिरिक्त अनेक उपभोक्ता संगठन तथा गैर-सरकारी संगठन भी इस सम्बन्ध में महत्त्वपूर्ण भूमिका निभा रहे हैं। देश में इन्होंने उपभोक्ताओं के हितों की सुरक्षा में काफी योगदान दिया है।

ये संगठन निम्नलिखित कार्य करते हैं—

1. **उपभोक्ता जागरूकता में तेजी/उपभोक्ताओं को शिक्षा प्रदान करना** उपभोक्ता संगठनों का प्रथम कार्य उपभोक्ताओं को अपने अधिकारों के प्रति जागरूकता में तेजी प्रदान करना है। *इसके लिए इनके द्वारा निम्नलिखित प्रयास किए जाते हैं—*
   - (i) पत्रिकाएँ तथा विशेष लेख प्रकाशित करना।
   - (ii) सम्मेलन, गोष्ठियाँ व कार्यशालाएँ आयोजित करना।
   - (iii) उपभोक्ताओं को अपनी सहायता स्वयं करने की शिक्षा प्रदान करना।
   - (iv) महिलाओं को उपभोगवाद की विशेष शिक्षा प्रदान करना।
   - (v) उचित उपभोग प्रमापों का पालन करने के लिए प्रेरित करना।
2. **विभिन्न उत्पादों के आँकड़े एकत्रित करना व उनका निरीक्षण करना** ये संगठन समय-समय पर विभिन्न उत्पादों के ठीक अथवा गलत होने की पूर्व सूचना उपभोक्ताओं तक पहुँचाते हैं। इस प्रकार ये संगठन विभिन्न उत्पादों के नमूने इकट्ठा करके उनका निरीक्षण करते हैं।

तत्पश्चात् निरीक्षण के परिणामों को उपभोक्ताओं को देकर उनको संरक्षण प्रदान करते हैं।

3. **उपभोक्ताओं के लिए मुकदमा दायर करना** जब कभी कोई पीड़ित उपभोक्ता अपनी शिकायत के विरुद्ध आवाज़ उठाने में असफल होता है, तो उपभोक्ता संगठन उसकी ओर से कोर्ट में मुकदमा दायर करते हैं। उपभोक्ता संगठनों द्वारा सेवा प्रदान करने से उपभोक्ता कभी भी स्वयं को अकेला महसूस नहीं करता।
4. **मिलावट आदि के विरुद्ध आवाज उठाना** उपभोक्ता संगठन मिलावट, जमाखोरी, चोर बाजारी तथा कम तोल की बिक्री जैसी बुराइयों को रोकने में अहम् भूमिका निभाते हैं। जिन वस्तुओं के मूल्य लगातार अनावश्यक रूप से बढ़ते हैं, उपभोक्ता ऐसी प्रवृत्ति के विरुद्ध भी आवाज उठाते हैं। कई बार बनावटी व मिलावटी उत्पादों के विरुद्ध उपभोक्ताओं को जागरूक करने के लिए प्रदर्शनी लगाई ज़ाती है।
5. **शैक्षणिक संस्थाओं की सहायता करना** ये संगठन विभिन्न शैक्षणिक संस्थाओं को बताते हैं कि उपभोक्ता संरक्षण के लिए उन्हें किस तरह के पाठ्यक्रम तैयार करने चाहिए। उपभोक्ता संगठन इस बात पर जोर देते हैं कि सामान्य पाठ्यक्रम में उपभोक्ता संरक्षण के अध्याय को भी जोड़ा जाए।
6. **सरकार की सहायता करना** उपभोक्ता संगठन मिलावट, बनावटी कमी, घटिया क्वालिटी उत्पाद तथा अन्य बुराइयों के बारे में सरकारी एजेन्सी को सूचित करके सरकार की सहायता करते हैं, इससे सरकार को समय पर कार्यवाही करने में मदद मिलती है।

अभ्यास प्रश्न

1. उपभोक्ता को बाजार का ………… कहा जाता है।
(a) प्रजा (b) राजा
(c) सैनिक (d) इनमें से कोई नहीं

2. उपभोक्ता सभी विपणन क्रियाओ का ………… है।
(a) सिद्धान्त (b) नियम
(c) आधार (d) इनमें से कोई नहीं

3. उत्पादक को वस्तु कैसी बनानी चाहिए?
(a) विक्रेतानुसार (b) उपभोक्तानुसार
(c) 'a' और 'b' दोनों (d) इनमें से कोई नहीं

4. उपभोक्ता संरक्षण का महत्त्व है
(a) उपभोक्ता के लिए (b) व्यवसाय के लिए
(c) 'a' और 'b' दोनों (d) इनमें से कोई नहीं

5. उपभोक्ता के लिए क्यों उपभोक्ता संरक्षण महत्त्वपूर्ण है?
(a) उपभोक्ता अनदेखी
(b) असंगठित उपभोक्ता
(c) उपभोक्ताओं का बड़े पैमाने पर शोषण
(d) उपरोक्त सभी

6. व्यवसाय की दृष्टि से उपभोक्ता का संरक्षण क्यों महत्त्वपूर्ण है?
(a) व्यवसाय का दीर्घकालीन हित (b) समाज से संसाधनों की प्राप्ति
(c) सामाजिक उत्तरदायित्व (d) ये सभी

7. उपभोक्ता संरक्षण अधिनियम के अन्तर्गत एक उपभोक्ता को कितने अधिकार प्राप्त हैं?
(a) 3 (b) 6
(c) 2 (d) 8

8. क्रय करते समय उपभोक्ता को क्या ध्यान में रखना चाहिए?
(a) मात्रा (b) गुण
(c) मूल्य (d) ये सभी

9. निम्न में कौन-सा गुणवत्ता का सूचक है?
(a) ISI (b) Agmark
(c) Woolmark (d) ये सभी

10. निम्नलिखित में से उपभोक्ता के अधिकार हैं
(a) सुरक्षा का अधिकार
(b) वस्तुओं या सेवाओं के चयन का अधिकार
(c) सूचना प्राप्त करने का अधिकार
(d) उपरोक्त सभी

11. निम्नलिखित में से उपभोक्ता का अधिकार है
(a) सुनवाई का अधिकार (b) उपचार का अधिकार
(c) उपभोक्ता शिक्षा का अधिकार (d) ये सभी

12. उपभोक्ता संघों के अन्तर्राष्ट्रीय संगठन में निम्नलिखित में कौन-सा अधिकार जोड़ा है?
(a) सुरक्षा का अधिकार
(b) सूचना प्राप्त करने का अधिकार
(c) उपभोक्ता शिक्षा का अधिकार
(d) उपरोक्त सभी

13. गारण्टी से क्या अभिप्राय है?
(a) दोषपूर्ण वस्तु को रिपेयर करना
(b) दोषपूर्ण वस्तु के बदले नई वस्तु देना
(c) दोषपूर्ण वस्तु के बदले नकद देना
(d) उपरोक्त में से कोई नहीं

14. उपभोक्ता जागरूकता का अर्थ क्या है?
(a) अधिकार जानना
(b) उत्तरदायित्व जानना
(c) अधिकार, उत्तरदायित्व एवं अन्य सम्बन्धित जानकारी होना
(d) उपरोक्त में कोई नहीं

15. जिला फोरम में सदस्यों की संख्या ………… होती है।
(a) 3 (b) 5 (c) 2 (d) 1

16. जिला फोरम में विवादित वस्तु के लिए दावे की अधिकतम राशि ………… है।
(a) 30 लाख (b) 20 लाख (c) 10 लाख (d) 50 लाख

17. अधिकतम दावे की राशि राज्य आयोग में ………… हो सकती है।
(a) 10 लाख (b) 50 लाख (c) 1 करोड़ (d) 2 करोड़

18. राज्य आयोग के निर्णय से संतुष्ट न होने पर ………… के अन्दर राष्ट्रीय आयोग में अपील होनी चाहिए।
(a) 30 दिन (b) 15 दिन (c) 7 दिन (d) 50 दिन

19. उपभोक्ता संरक्षण अधिनियम के अन्तर्गत किसकी सेवाएँ नहीं आतीं?
(a) बैंकर की (b) वकील की
(c) डॉक्टर की (d) शिक्षक की

20. उपभोक्ता में मूल रूप से किसको शामिल किया जाता है?
(a) मात्र उपभोक्ता (b) सेवाओं का उपभोक्ता
(c) 'a' और 'b' दोनों (d) इनमें से कोई नहीं

21. राष्ट्रीय आयोग की चयन समिति का अध्यक्ष किसके द्वारा नियुक्त होता है?
(a) राष्ट्रपति द्वारा
(b) केन्द्र सरकार द्वारा
(c) प्रधानमन्त्री
(d) सर्वोच्च न्यायालय का मुख्य न्यायाधीश

22. राष्ट्रीय स्तर पर उपभोक्ता विवादों के लिए मंचों का गठन किस धारा के अन्तर्गत किया जाता है?
(a) 9 (b) (b) 9 (a) (c) 9 (c) (d) 9 (d)

23. उपभोक्ता फोरम में जिला स्तरीय फोरम में कितनी धनराशि के उपभोक्ता मामलों का निर्णय होता है?
(a) 5 लाख (b) 10 लाख (c) 15 लाख (d) 20 लाख

24. उपभोक्ता संरक्षण मंचों के गठन के लिए सरकार द्वारा गजट में प्रकाशित सूचना क्या कहलाती है?
(a) अधिनियम (b) अधिसूचना
(c) सूचना (d) नियम

25. राष्ट्रीय आयोग का सभापति किसके द्वारा नियुक्त होगा?
(a) राष्ट्रपति (b) केन्द्र सरकार
(c) सर्वोच्च न्यायाधीश (d) इनमें से कोई नहीं

26. उपभोक्ता संरक्षण अधिनियम, 2002 कब लागू हुआ?
(a) 15 मार्च, 2003 (b) 15 मार्च, 2002
(c) 15 मार्च, 2007 (d) 20 मार्च, 2003

27. राष्ट्रीय आयोग के खिलाफ कहाँ अपील सम्भव है?
(a) उच्च न्यायालय (b) लोकसभा
(c) राष्ट्रपति के समक्ष (d) उच्चतम न्यायालय

28. राष्ट्रीय आयोग कहाँ पर स्थित है?
(a) मुम्बई (b) कोलकाता
(c) लखनऊ (d) दिल्ली

29. भोपाल गैस त्रासदी किस वर्ष में हुई थी?
(a) वर्ष 1986 (b) वर्ष 1982 (c) वर्ष 1988 (d) वर्ष 1984

30. राज्य आयोग के निर्णय के विरुद्ध कहाँ अपील की जा सकती है?
(a) उच्च न्यायालय (b) राष्ट्रीय आयोग
(c) उच्चतम न्यायालय (d) राष्ट्रपति

31. उपभोक्ता संरक्षण अधिनियम देश के किस राज्य में लागू नहीं होता?
(a) जम्मू-कश्मीर (b) असोम
(c) मिजोरम (d) बिहार

32. एम आर टी पी अधिनियम किस वर्ष में हटाया गया?
(a) 1991 (b) 2002
(c) 2000 (d) इनमें से कोई नहीं

33. उपभोक्ता फोरम में जिला स्तरीय फोरम में कितनी धनराशि के उपभोक्ता मामलों का निर्णय होता है?
(a) 5 लाख (b) 10 लाख (c) 15 लाख (d) 20 लाख

34. उपभोक्ता संरक्षण मंचों के गठन के लिए सरकार द्वारा गजट में प्रकाशित सूचना क्या कहलाती है?
(a) अधिनियम (b) अधिसूचना
(c) सूचना (d) नियम

35. राष्ट्रीय आयोग का सभापति किसके द्वारा नियुक्त होगा?
(a) राष्ट्रपति (b) केन्द्र सरकार
(c) सर्वोच्च न्यायाधीश (d) इनमें से कोई नहीं

36. उपभोक्ता संरक्षण अधिनियम, 2002 कब लागू हुआ?
(a) 15 मार्च, 2003 (b) 15 मार्च, 2002
(c) 15 मार्च, 2007 (d) 20 मार्च, 2003

37. राष्ट्रीय आयोग के खिलाफ कहाँ अपील सम्भव है?
(a) उच्च न्यायालय (b) लोकसभा
(c) राष्ट्रपति के समक्ष (d) उच्चतम न्यायालय

38. उपभोक्ता विवादों के निपटारे के लिए जिला स्तर पर बनाए गए वैधानिक संगठन को क्या कहते हैं?
(a) नगर मंच (b) जिला मंच
(c) जिला न्यायालय (d) जिला उपभोक्ता केन्द्र

39. राज्य आयोग के निर्णय के विरुद्ध कहाँ अपील की जा सकती है?
(a) उच्च न्यायालय (b) राष्ट्रीय आयोग
(c) उच्चतम न्यायालय (d) राष्ट्रपति

40. व्यावसायिक पर्यावरण के लिए आवश्य होता है
(a) व्यावसायिक जटिलता का ज्ञान
(b) अनिश्चितताओं एवं जोखिमों का ज्ञान
(c) विभिन्न व्यावसायिक घटकों के एक-दूसरे पर प्रभाव का ज्ञान
(d) उपरोक्त सभी

41. उपभोक्ता संरक्षण अधिनियम देश के किस राज्य में लागू नहीं होता?
(a) जम्मू-कश्मीर (b) असोम
(c) मिजोरम (d) बिहार

42. राष्ट्रीय आयोग कहाँ पर स्थित है?
(a) मुम्बई (b) कोलकाता (c) लखनऊ (d) दिल्ली

43. उपभोक्ता संरक्षण अधिनियम, 1986 में संशोधन किया गया
(a) वर्ष 1993 में (b) वर्ष 2002 में
(c) 'a' और 'b' दोनों (d) इनमें से कोई नहीं

44. उपभोक्ता संरक्षण अधिनियम लागू होता है
(a) वस्तुओं पर (b) सेवाओं पर
(c) प्रतिबन्धित व्यापारिक व्यवहारों पर
(d) उपरोक्त सभी

45. उपभोक्ता संरक्षण अधिनियम पारित होने के मुख्य उद्देश्य हैं
(a) उपभोक्ता के हितों की रक्षा
(b) उपभोक्ता के अधिकारों का संरक्षण
(c) उपभोक्ता विवादों का शीघ्र निपटारा
(d) उपरोक्त सभी

46. उपभोक्ता संरक्षण अधिनियम लागू होता है
(a) वस्तुओं पर (b) सेवाओं पर
(c) 'a' और 'b' दोनों (d) इनमें से कोई नहीं

47. उपभोक्ता संरक्षण अधिनियम की ………… शिकायतकर्ता को परिभाषित करती है।
(a) धारा 2(1) (b) (b) धारा 2(1) (c)
(c) धारा 2(1) (d) (d) इनमें से कोई नहीं

48. निम्नलिखित में से उपभोक्ता संरक्षण अधिनियम के अन्तर्गत शिकायतकर्ता हो सकता है
(a) उपभोक्ता स्वयं (b) कोई स्वैच्छिक उपभोक्ता संघ
(c) 'a' और 'b' दोनों (d) इनमें से कोई नहीं

49. उपभोक्ता संरक्षण अधिनियम की धारा 2(1) (b) के अनुसार शिकायतकर्ता है
(a) केन्द्रीय सरकार या राज्य सरकार
(b) समान हित रखने वाले उपभोक्ताओं का समूह
(c) 'a' और 'b' दोनों
(d) उपरोक्त में से कोई नहीं

50. "उपभोक्ता की मृत्यु के बाद उसका वैधानिक प्रतिनिधि भी शिकायतकर्ता हो सकता है।" यह कथन है
(a) सत्य (b) असत्य
(c) आंशिक असत्य (d) आंशिक सत्य

51. उपभोक्ता अधिनियम की ………… को परिभाषित करती है।
(a) धारा 2(1) (d), उपभोक्ता (b) धारा 2(1) (d), शिकायत
(c) धारा 2(1) (d), शिकायतकर्ता (d) इनमें से कोई नहीं

52. उपभोक्ता वह व्यक्ति होता है, जो
(a) प्रतिफल के बदले माल खरीदता है
(b) प्रतिफल के आंशिक भुगतान के बदले माल खरीदता है
(c) 'a' और 'b' दोनों
(d) उपरोक्त में से कोई नहीं

53. धारा 2(1) (d) के अनुसार उपभोक्ता में वह व्यक्ति भी शामिल है, जो प्रतिफल के बदले माल खरीदने वाले व्यक्ति की अनुमति से माल का उपयोग करता है। यह कथन है
(a) सत्य (b) असत्य
(c) आंशिक सत्य (d) आंशिक असत्य

54. उपभोक्ता संरक्षण अधिनियम के अन्तर्गत कौन उपभोक्ता नहीं है?
(a) माल का उपभोक्ता
(b) सेवा का उपभोक्ता
(c) ऐसा व्यक्ति जो वाणिज्यिक उद्देश्य के लिए माल खरीदता हो
(d) उपरोक्त सभी

55. सेवाओं के सम्बन्ध में उपभोक्ता से आशय है
(a) वह व्यक्ति जो प्रतिफल के बदले सेवाएँ प्राप्त करता है।
(b) प्रतिफल के बदले सेवा प्राप्त करने वाले व्यक्ति की अनुमति से सेवा का लाभग्रहिता
(c) 'a' और 'b' दोनों
(d) उपरोक्त में से कोई नहीं

56. उपभोक्ता संरक्षण अधिनिमय, 1986 उपभोक्ता को परिभाषित करता है
(a) सेवा के सम्बन्ध में (b) माल या वस्तु के सम्बन्ध में
(c) 'a' और 'b' दोनों (d) इनमें से कोई नहीं

57. उपभोक्ता विवाद को परिभाषित किया गया है
(a) धारा 2(1) (d) में (b) धारा 2(1) (e) में
(c) धारा 2(1) (c) में (d) धारा 2(1) (b) में

58. उपभोक्ता विवाद उस समय उत्पन्न होता है, जब दूसरा पक्षकार शिकायत में उस पर लगे आरोपों को मानने से इनकार कर देता है। यह कथन है
(a) सत्य (b) असत्य
(c) आंशिक सत्य (d) आंशिक असत्य

59. केन्द्रीय उपभोक्ता संरक्षण परिषद् की स्थापना एवं गठन सम्बन्धी प्रावधान दिए गए हैं
(a) धारा 4 में (b) धारा 5 में
(c) धारा 6 में (d) इनमें से कोई नहीं

60. केन्द्रीय उपभोक्ता संरक्षण परिषद् की स्थापना करती है
(a) राज्य सरकार (b) केन्द्रीय सरकार
(c) उच्च न्यायालय (d) उच्चतम न्यायालय

61. उपभोक्ता संरक्षण नियम, 1987 के अनुसार केन्द्रीय उपभोक्ता संरक्षण परिषद् के सदस्यों की संख्या होती है
(a) 150 (b) 100 (c) 115 (d) 110

62. केन्द्रीय उपभोक्ता संरक्षण परिषद् का कार्यकाल ………… वर्ष का होता है।
(a) 3 (b) 5 (c) 7 (d) 4

63. राज्य उपभोक्ता संरक्षण परिषद् की स्थापना करती है
(a) राज्य सरकार (b) केन्द्र सरकार
(c) 'a' और 'b' दोनों (d) उच्चतम न्यायालय

64. राज्य उपभोक्ता संरक्षण परिषद् का अध्यक्ष होता है
(a) राज्य सरकार का कानून मन्त्री
(b) राज्य का मुख्यमन्त्री
(c) राज्य सरकार का उपभोक्ता मामलों का मन्त्री
(d) उपरोक्त में से कोई नहीं

65. जिला उपभोक्ता संरक्षण परिषद् की स्थापना करती है
(a) राज्य सरकार (b) जिला कलेक्टर
(c) उच्च न्यायालय (d) इनमें से कोई नहीं

66. जिला उपभोक्ता संरक्षण परिषद् का अध्यक्ष होता है
(a) उच्च न्यायालय का न्यायाधीश
(b) जिला पुलिस अधीक्षक
(c) जिला कलेक्टर
(d) उपरोक्त में से कोई नहीं

67. उपभोक्ता विवाद निवारण एजेन्सियों की स्थापना सम्बन्धी प्रावधान दिए गए हैं
(a) धारा 9 में (b) धारा 10 में
(c) धारा 11 में (d) धारा 12 में

68. निम्नलिखित में से उपभोक्ता विवाद निवारण एजेन्सी है
(a) जिला मंच (b) राज्य आयोग
(c) राष्ट्रीय आयोग (d) ये सभी

69. जिला मंच की स्थापना ………… द्वारा राज्य के प्रत्येक …… में की जाती है।
(a) राज्य सरकार, जिले (b) राज्य सरकार, कस्बे
(c) केन्द्र सरकार, जिले (d) 'a' और 'b' दोनों

70. जिला मंच के सदस्यों की नियुक्ति की जाती है
(a) राज्य सरकार द्वारा
(b) केन्द्र सरकार द्वारा
(c) जिला कलेक्टर द्वारा
(d) उच्च न्यायालय के मुख्य न्यायाधीश द्वारा

71. यदि राज्य सरकार उचित समझे तो एक जिले में एक से अधिक जिला मंच स्थापित कर सकती है। यह कथन है
(a) असत्य (b) आंशिक सत्य
(c) सत्य (d) आंशिक असत्य

72. जिला मंच में कुल ………… सदस्य होते हैं।
(a) 2 (b) 3 (c) 4 (d) 5

73. जिला मंच का अध्यक्ष वह व्यक्ति नियुक्त हो सकता है जो
(a) जिला न्यायाधीश है
(b) जिला न्यायाधीश रह चुका है
(c) जिला न्यायाधीश बनने की योग्यता रखता है
(d) उपरोक्त सभी

74. जिला मंच के सदस्य की न्यूनतम योग्यता होती है
(a) इण्टरमीडिएट (b) स्नातक
(c) स्नातकोत्तर (d) लॉ-स्नातक

75. जिला मंच के प्रत्येक सदस्य का कार्यकाल होता है
(a) 5 वर्ष तक
(b) 65 वर्ष की आयु तक
(c) 'a' और 'b' में, जो पहले हो
(d) उपरोक्त में से कोई नहीं

76. राज्य सरकार अपने राज्य के प्रत्येक जिले में एक 'उपभोक्ता विवाद निवारण मंच' स्थापित कर सकती है। इस मंच को …………… नाम से जाना जाता है।
(a) उपभोक्ता मंच (b) उपभोक्ता निवारण मंच
(c) उपभोक्ता विवाद समाधान मंच
(d) जिला मंच

77. जिला मंच का क्षेत्राधिकार सीमित होता है
(a) ₹ 50 लाख तक (b) ₹ 30 लाख तक
(c) ₹ 20 लाख तक (d) ₹ 10 लाख तक

77. जिला मंच में उस स्थान पर शिकायत की जा सकती है जहाँ जिला मंच के क्षेत्राधिकार की स्थानीय सीमाओं के भीतर
(a) विरोधी पक्षकार स्वेच्छा से रहता है
(b) विरोधी पक्षकार व्यवसाय करता है
(c) विरोधी पक्षकार लाभ के लिए कार्य करता है
(d) उपरोक्त सभी

79. जिला फोरम के क्षेत्राधिकार से सम्बन्धित प्रावधान हैं
(a) धारा 9 में (b) धारा 10 में (c) धारा 11 में (d) धारा 13 में

80. जिला मंच के आदेश के विरुद्ध अपील की सुनवाई कर सकता है
(a) राज्य सरकार (b) राज्य आयोग
(c) केन्द्र सरकार (d) उच्च न्यायालय

81. जिला मंच के आदेश के विरुद्ध राज्य आयोग में ……… दिन के भीतर अपील की जा सकती है।
(a) 15 (b) 30
(c) 60 (d) 90

82. जिला मंच के आदेश के विरुद्ध अपील की जा सकती है
(a) 20 दिनों के अन्दर (b) 30 दिनों के अन्दर
(c) 6 माह के अन्दर (d) 1 वर्ष के अन्दर

83. राज्य आयोग अपील करने की निर्धारित अवधि समाप्त होने पर भी जिला मंच के आदेश के विरुद्ध अपील स्वीकार कर सकता है, यदि
(a) अपील नहीं करने के पर्याप्त कारण थे
(b) पीड़ित व्यक्ति को समयसीमा का ज्ञान नहीं था
(c) उच्च न्यायालय अनुमति देता है
(d) उपरोक्त सभी

84. राज्य उपभोक्ता विवाद निवारण आयोग की स्थापना की जाती है
(a) केन्द्र सरकार द्वारा (b) राज्य सरकार द्वारा
(c) 'a' और 'b' दोनों (d) उच्च न्यायालय

85. राज्य उपभोक्ता विवाद निवारण आयोग को सामान्यतः इस नाम से जाना जाता है
(a) राज्य आयोग (b) राज्य फोरम
(c) राज्य मंच (d) ये सभी

86. राज्य आयोग के अध्यक्ष की नियुक्ति की जाती है
(a) उच्च न्यायालय द्वारा (b) राज्य सरकार द्वारा
(c) उच्चतम न्यायालय द्वारा (d) केन्द्र सरकार द्वारा

87. राज्य आयोग के सदस्य की न्यूनतम आयु होती है
(a) 18 वर्ष (b) 20 वर्ष (c) 30 वर्ष (d) 35 वर्ष

88. राज्य आयोग के सदस्यों में एक महिला सदस्य का होना आवश्यक नहीं है। यह कथन है
(a) सत्य (b) असत्य
(c) आंशिक सत्य (d) इनमें से कोई नहीं

89. राज्य आयोग के आर्थिक क्षेत्राधिकार की सीमा है
(a) ₹ 20 लाख से अधिक, लेकिन ₹ 2 करोड़ से अधिक नहीं
(b) ₹ 20 लाख से अधिक, लेकिन ₹ 1 करोड़ से अधिक नहीं
(c) ₹ 1 करोड़ तक
(d) उपरोक्त में से कोई नहीं

90. राज्य आयोग के क्षेत्राधिकार से सम्बन्धित प्रावधान दिए गए हैं
(a) धारा 15 में (b) धारा 17 में
(c) धारा 19 में (d) धारा 20 में

91. राज्य आयोग के आदेश के विरुद्ध अपील की सुनवाई कर सकता है
(a) राज्य सरकार (b) उच्चतम न्यायालय
(c) राष्ट्रीय आयोग (d) केन्द्र सरकार

92. सामान्यतः राज्य आयोग के आदेश के विरुद्ध अपील, आदेश की तिथि से ………… दिन के भीतर ……… को की जा सकती है।
(a) 30, राष्ट्रीय आयोग (b) 30, उच्चतम न्यायालय
(c) 60, उच्च न्यायालय (d) इनमें से कोई नहीं

93. राष्ट्रीय उपभोक्ता विवाद निवारण आयोग की स्थापना ………. द्वारा की जाती है।
(a) राज्य सरकार (b) केन्द्र सरकार
(c) राष्ट्रपति (d) राज्यपाल

94. राज्य आयोग के सदस्य का कार्यकाल होता है
(a) 5 वर्ष (b) 10 वर्ष
(c) 15 वर्ष (d) 20 वर्ष

95. राष्ट्रीय आयोग के अध्यक्ष की नियुक्ति ········· द्वारा की जाती है।
(a) राज्य सरकार (b) केन्द्र सरकार
(c) राष्ट्रपति (d) इनमें से कोई नहीं

96. राष्ट्रीय आयोग के सदस्यों की न्यूनतम संख्या होती है
(a) 2 (b) 4
(c) 6 (d) 8

97. राष्ट्रीय आयोग के आर्थिक या मौद्रिक क्षेत्राधिकार हैं
(a) जब माल या सेवा का मूल्य ₹ 1 करोड़ से अधिक है
(b) जब माल या सेवा का मूल्य ₹ 50 लाख से अधिक है
(c) जब माल या सेवा का मूल्य ₹ 1 करोड़ से अधिक नहीं है
(d) उपरोक्त में से कोई नहीं

98. राष्ट्रीय आयोग के आदेश के विरुद्ध अपील की सुनवाई का अधिकार है
(a) केन्द्र सरकार को (b) उच्चतम न्यायालय को
(c) उच्च न्यायालय को (d) ये सभी

99. जिला फोरम, राज्य आयोग तथा राष्ट्रीय आयोग का निर्णय अन्तिम माना जाता है, जब तक कि इसके विरुद्ध अपील न की जाए। यह कथन है
(a) सत्य
(b) असत्य
(c) आंशिक सत्य
(d) उपरोक्त में से कोई नहीं

100. जिला मंच, राज्य आयोग तथा राष्ट्रीय आयोग में शिकायत करने की परिसीमन अवधि है
(a) 1 वर्ष (b) 2 वर्ष
(c) 3 वर्ष (d) 6 माह

101. जिला मंच, राज्य आयोग तथा राष्ट्रीय आयोग के आदेश का पालन नहीं करने पर अधिकतम कारावास की अवधि है
(a) 1 वर्ष (b) 2 वर्ष
(c) 3 वर्ष (d) 5 वर्ष

102. जिला मंच, राज्य आयोग तथा राष्ट्रीय आयोग के आदेश का पालन नहीं करने पर अधिकतम जुर्माना लगाया जा सकता है
(a) ₹ 5,000 (b) ₹ 10,000
(c) ₹ 2,000 (d) ₹ 20,000

103. उपभोक्ता संगठनों की भूमिका क्या है?
(a) उपभोक्ता जागरूकता में तेजी
(b) उपभोक्ताओं के लिए मुकदमा दायर करना
(c) मिलावट के खिलाफ आवाज उठाना
(d) उपरोक्त सभी

104. उपभोक्ता विवादों के निपटारे के लिए जिला स्तर पर बनाए गए वैधानिक संगठन को क्या कहते हैं?
(a) नगर मंच (b) जिला मंच
(c) जिला न्यायालय (d) जिला उपभोक्ता केन्द्र

उत्तरमाला

1.	*(b)*	2.	*(c)*	3.	*(b)*	4.	*(c)*	5.	*(d)*	6.	*(d)*	7.	*(b)*	8.	*(d)*	9.	*(d)*	10.	*(d)*
11.	*(d)*	12.	*(c)*	13.	*(b)*	14.	*(c)*	15.	*(a)*	16.	*(b)*	17.	*(c)*	18.	*(a)*	19.	*(d)*	20.	*(b)*
21.	*(d)*	22.	*(c)*	23.	*(a)*	24.	*(b)*	25.	*(b)*	26.	*(a)*	27.	*(d)*	28.	*(d)*	29.	*(d)*	30.	*(b)*
31.	*(a)*	32.	*(b)*	33.	*(a)*	34.	*(b)*	35.	*(b)*	36.	*(a)*	37.	*(d)*	38.	*(b)*	39.	*(b)*	40.	*(d)*
41.	*(a)*	42.	*(d)*	43.	*(c)*	44.	*(d)*	45.	*(d)*	46.	*(c)*	47.	*(a)*	48.	*(c)*	49.	*(c)*	50.	*(a)*
51.	*(a)*	52.	*(c)*	53.	*(a)*	54.	*(c)*	55.	*(c)*	56.	*(c)*	57.	*(b)*	58.	*(a)*	59.	*(a)*	60.	*(b)*
61.	*(a)*	62.	*(a)*	63.	*(a)*	64.	*(c)*	65.	*(a)*	66.	*(c)*	67.	*(d)*	68.	*(d)*	69.	*(a)*	70.	*(a)*
71.	*(c)*	72.	*(b)*	73.	*(d)*	74.	*(b)*	75.	*(c)*	76.	*(d)*	77.	*(c)*	78.	*(d)*	79.	*(c)*	80.	*(b)*
81.	*(b)*	82.	*(b)*	83.	*(a)*	84.	*(b)*	85.	*(a)*	86.	*(b)*	87.	*(d)*	88.	*(b)*	89.	*(b)*	90.	*(b)*
91.	*(c)*	92.	*(a)*	93.	*(a)*	94.	*(a)*	95.	*(b)*	96.	*(b)*	97.	*(a)*	98.	*(b)*	99.	*(a)*	100.	*(b)*
101.	*(c)*	102.	*(b)*	103.	*(d)*	104.	*(b)*												

अध्याय 17

लेखांकन व इसके सिद्धान्त एवं लेखांकन प्रमाप

Accounting and its Principles and Accounting Standards

पुस्तपालन का अर्थ एवं परिभाषा
Meaning and Definition of Book-keeping

पुस्तपालन व्यावसायिक अथवा वित्तीय लेन-देनों के मौद्रिक पहलू को लेखे की पुस्तकों में लेखांकन करने की कला है।

कार्टर के अनुसार, "पुस्तपालन का आशय हिसाब की पुस्तकों में मुद्रा या माल के हस्तान्तरण से सम्बन्धित सभी व्यापारिक सौदों का लेखा करने की कला व विज्ञान से है।"

लेखांकन की आवश्यकता एवं उद्‌गम
Need and Origin of Accounting

पुस्तपालन द्वारा केवल व्यापारिक सौदों के सम्बन्ध में जानकारी प्राप्त होती है। इससे व्यापार की आर्थिक स्थिति एवं लाभ-हानि का ज्ञान नहीं हो पाता है और न ही इसके आधार पर कोई तर्कपूर्ण निर्णय या नीति निर्धारण किया जा सकता है। अंत: इस समस्या के समाधान हेतु लेखांकन का जन्म हुआ।

लेखांकन का अर्थ एवं परिभाषा
Meaning and Definition of Accounting

लेखांकन से तात्पर्य पुस्तपालन के अन्तर्गत अन्तिम चरण में उपलब्ध कराई गई सूचनाओं से व्यापारिक संस्था का लाभ-हानि खाता एवं आर्थिक चिट्ठा बनाना होता है, तत्पश्चात् उनका विश्लेषण करके उनके उपयोगकर्ताओं को उपलब्ध कराने से है।

अमेरिका की सर्टिफाइड पब्लिक एकाउण्टेण्ट्स संस्था के अनुसार, "लेखांकन सौदों तथा घटनाओं को, जो पूर्णतया या आंशिक रूप से वित्तीय स्वभाव के होते हैं, मुद्रा के रूप में महत्त्वपूर्ण ढंग से लिखने, वर्गीकृत करने तथा सारांश में व्यक्त करने और परिणामों की व्यवस्था करने की कला है।"

लेखांकन की प्रक्रिया Procedure of Accounting

लेखांकन की प्रक्रिया को निम्न प्रकार से चित्रित किया जा सकता है—

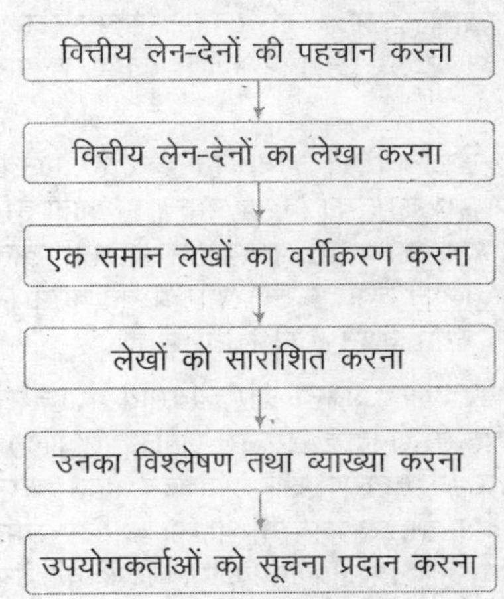

नोट *प्रक्रिया के प्रथम तीन चरण पुस्तपालन से सम्बन्धित हैं।*

लेखांकन के उद्‌देश्य (Objectives of Accounting)

लेखांकन के उद्‌देश्य निम्नलिखित हैं—

1. **व्यावसायिक लेन-देनों के नियमित लेखे रखना** लेखांकन का सर्वप्रथम उद्‌देश्य सभी व्यावसायिक लेन-देनों का पूर्ण एवं नियमों के अनुसार लेखे रखना है। लेन-देनों का पूर्ण रूप से नियमों के अनुसार लेखा करने से भूल की सम्भावना नहीं रहती है तथा इन लेखों की आवश्यकता पड़ने पर प्रमाण के आधार पर प्रस्तुत किया जा सकता है।
2. **लाभ या हानि की गणना करना** लेखांकन का दूसरा प्रमुख उद्‌देश्य एक निश्चित अवधि के अन्त में व्यावसायिक लेन-देनों के आधार पर व्यवसाय का लाभ या हानि ज्ञात करना है। इसके लिए प्रत्येक लेखांकन अवधि के अन्त में व्यापार एवं लाभ-हानि खाता तैयार किया जाता है।

3. **व्यवसाय की वित्तीय स्थिति ज्ञात करना** लेखांकन का उद्देश्य व्यवसाय की वित्तीय स्थिति ज्ञात करना भी है। इस उद्देश्य की पूर्ति के लिए लेखा वर्ष के अन्त में लाभ-हानि खाता बनाने के बाद चिट्ठा तैयार किया जाता है। इसमें एक ओर व्यवसाय की सभी सम्पत्तियों तथा इनके मूल्य लिखे जाते हैं तथा दूसरी ओर दायित्व तथा पूँजी लिखी जाती है।
4. **विभिन्न पक्षकारों को सूचना प्रदान करना** लेखांकन का एक अन्य महत्त्वपूर्ण उद्देश्य व्यवसाय में हित रखने वाले विभिन्न पक्षकारों को लेखांकन सूचनाएँ प्रदान करना है। ये पक्षकार हैं- व्यवसाय के स्वामी, विनियोक्ता, प्रबन्धक, लेनदार आदि।

   इन पक्षकारों को प्रतिवेदन, ग्राफ, विवरण आदि के रूप में सूचनाएँ प्रदान की जाती हैं। ये सूचनाएँ उन्हें व्यावसायिक संस्था के बारे में सही एवं विवेकपूर्ण निर्णय लेने में सहायता करती हैं।

लेखांकन के कार्य Functions of Accounting

लेखांकन के मुख्य कार्य निम्नलिखित हैं—

1. **रचनात्मक** इसका आशय आवश्यक सूचनाओं को अधिकतम कुशलतापूर्वक तरीके से प्रकट करने तथा इस कार्य में त्रुटियों एवं छल-कपटों को रोकने अथवा कम-से-कम करने के लिए उपयुक्त लेखा-प्रणाली के स्थापन और उसमें निरन्तर संशोधन और पुनर्गठन करने से है।

   इसके अन्तर्गत लेखापाल संस्था के आकार, व्यापार की प्रकृति व अन्य विशिष्टताओं के आधार पर लेखा-प्रणाली व लेखों के प्रारूप पर विचार करता है।
2. **संलेखात्मक** यह लेखांकन का आधारभूत कार्य है। मानव याद्दाश्त की सीमाओं के कारण इस कार्य का विशेष महत्त्व हो जाता है। इसका आशय व्यावसायिक लेन-देनों को लेखा-पुस्तकों में लिखने, खाते तैयार करने, सारांश निकालने (तलपट तैयार करने) और प्रस्तुत करने (स्थिति विवरण और आय विवरण तैयार करने) की क्रिया से है।
3. **व्याख्यात्मक** इसका आशय प्रबन्ध और व्यवसाय में हित रखने वाले बाह्य पक्षों (अंशधारी, बैंकर्स, लेनदार, सरकारी एजेन्सियाँ आदि) के उपयोग के लिए आवश्यक वित्तीय विवरण और प्रतिवेदन तैयार करने और उनकी व्याख्या करने से होता है। इस कार्य में व्याख्या के लिए समंकों का चुनाव, वर्गीकरण, संक्षेपण और विश्लेषणात्मक प्रतिवेदनों की तैयारी सम्मिलित है।
4. **परीक्षात्मक** इसका आशय लेखा-अभिलेखों, विवरणों और प्रतिवेदनों की शुद्धता, वैधानिकता तथा सत्यता की जाँच करने से होता है। लघु आकार की संस्थाओं में यह कार्य स्वयं संस्था के स्वामी द्वारा किया जाता है किन्तु बड़े व्यवसायों और कम्पनियों में यह कार्य आन्तरिक लेखा-परीक्षकों या पेशेवर अंकेक्षकों द्वारा किया जाता है। इसका उद्देश्य व्यवसाय की सम्पत्तियों की सुरक्षा है।

लेखांकन की विभिन्न शाखाएँ Different Branches of Accounting

लेखांकन की विभिन्न शाखाएँ निम्नलिखित हैं—

1. **वित्तीय लेखांकन** (Financial Accounting) वित्तीय लेखांकन, लेखांकन की वह प्रक्रिया है, जिसके अन्तर्गत सर्वप्रथम एक निश्चित अवधि के लिए वित्तीय घटना को पहचानकर उसे मौद्रिक रूप में प्रारम्भिक लेखे की पुस्तकों (रोजनामचा) में लिखा जाता है, तत्पश्चात् प्रारम्भिक लेखे की पुस्तकों से प्रत्येक मद को अलग-अलग खाते (खाताबही) में वर्गीकृत किया जाता है। इसके पश्चात् इन खातों के शेष द्वारा सारांश (तलपट) तैयार करके संस्था का वित्तीय विवरण (लाभ-हानि खाता, आर्थिक चिट्ठा) तैयार किया जाता है और अन्ततः वित्तीय विवरण से प्राप्त सूचनाओं का विश्लेषण एवं व्याख्या करके इन्हें इनके उपयोगकर्ताओं को सम्प्रेषित किया जाता है।
2. **लागत लेखांकन** (Cost Accounting) लागत लेखांकन के अन्तर्गत वस्तु के उत्पादन से सम्बन्धित समस्त व्ययों का नियमित रूप से लेखा किया जाता है, जिससे उत्पादन की कुल लागत एवं प्रति इकाई की उत्पादन लागत ज्ञात एवं नियन्त्रित की जा सके। लागत लेखांकन, वित्तीय लेखांकन का सहायक/पूरक है, परन्तु इसका विकल्प नहीं है।
3. **प्रबन्धकीय लेखांकन** (Management Accounting) यह लेखांकन की अत्यन्त आधुनिक विधि है। इस विधि के अन्तर्गत वित्तीय लेखांकन से प्राप्त सूचनाओं का विश्लेषण करके व्यापार की लाभ कमाने की क्षमता में वृद्धि करने का प्रयास किया जाता है। यह विधि व्यापारिक संस्था की भावी नीति-निर्धारण में महत्त्वपूर्ण भूमिका निभाती है।

   वित्तीय लेखांकन के अन्तर्गत प्रदत्त की गई सूचनाएँ स्वयं में मुक्त होती हैं अर्थात् वह स्वयं में कुछ नहीं बताती हैं। अतः ऐसा लेखांकन, जिसके द्वारा वित्तीय लेखांकन द्वारा प्रदत्त सूचनाओं को बोलने योग्य बनाया जाता है, प्रबन्धकीय लेखांकन कहलाता है।
4. **कर लेखांकन** (Tax Accounting) किसी स्थान विशेष में प्रचलित कर व्यवस्था के अनुसार, जो लेखांकन विधि अपनाई जाती है, उसे कर लेखांकन कहते हैं। उदाहरण—भारत में आयकर अधिनियम में वर्णित व्यवस्था के अनुसार जो लेखांकन किया जाता है, उसे आयकर लेखांकन कहा जाता है।
5. **मानवीय संसाधन लेखांकन** (Human Resource Accounting) वर्तमान प्रतिस्पर्धा के युग में किसी भी व्यावसायिक संस्था की सफलता में उस संस्था के कर्मचारियों एवं प्रबन्धकों की महत्त्वपूर्ण भूमिका होती है। अतः इस तथ्य को दृष्टिगत रखते हुए आज व्यावसायिक संस्थाओं द्वारा अपने कर्मचारियों एवं प्रबन्धकों को व्यापार के अन्य संसाधनों की तरह ही एक महत्त्वपूर्ण संसाधन मानते हुए उनका लेखा भी किया जाता है। अतः ऐसा लेखांकन जिसमें मानवीय तत्त्वों को ध्यान में रखा जाता है, मानवीय संसाधन लेखांकन कहलाता है।

लेखांकन की सीमाएँ Limitations of Accounting

लेखांकन की सीमाएँ निम्नलिखित हैं—

1. **व्यक्तिगत निर्णयों से प्रभावित** लेखांकन में विभिन्न मदों के विषय में लेखाकार को अपने व्यक्तिगत निर्णयों को प्रयोग करना पड़ता है; जैसे—सम्पत्ति पर ह्रास लगाने के लिए सम्पत्ति के अनुमानित उपयोगी जीवनकाल का अनुमान लगाना पड़ता है, जिसका पर्याप्त शुद्धता के साथ अनुमान लगाना कठिन कार्य है। इसी प्रकार स्टॉक मूल्यांकन की पद्धति, डूबत ऋण आयोजन आदि निर्णय लेखापाल के स्वयं के निर्णय से प्रभावित होते हैं।

2. **लेखांकन अवधारणाओं पर आधारित** लेखांकन अनेक अवधारणाओं तथा मान्यताओं के आधार पर किया जाता है। अत: दर्शाया गया लाभ-हानि तथा आर्थिक स्थिति की जानकारी सही हो, यह जरूरी नहीं है। उदाहरण— स्थिति विवरण में दिखाया गया सम्पत्तियों का मूल्य और बाजार में उनके वास्तविक मूल्य में भिन्नता हो सकती है।
3. **अपूर्ण सूचनाएँ** प्रतिवेदनों में दर्शाई गई स्थिति पूर्ण सही नहीं हो सकती, क्योंकि वास्तविक लाभ या हानि तो व्यवसाय बन्द करने पर ही पता चल सकती है।
4. **गुणात्मक सूचनाओं का अभाव** लेखांकन में केवल वे ही सूचनाएँ सम्मिलित होती हैं, जिनकी मुद्रा में गणना सम्भव होती है। अत: व्यवसाय की गुणात्मक सूचनाओं का उल्लेख नहीं हो पाता है; जैसे—व्यवसाय की प्रसिद्धि, प्रबन्धक-श्रमिक रिश्ते, प्रबन्ध की कुशलता, ग्राहकों की सन्तुष्टि आदि का लेखांकन में कही भी उल्लेख नहीं होता है।
5. **मूल लागत पर आधारित** लेखांकन में सम्पत्तियों को उनेक मूल लागत अर्थात् प्रारम्भिक लागत पर दिखाया जाता है। अत: आर्थिक प्रतिवेदन मूल्य स्तर में परिवर्तन को नहीं दर्शाते हैं। सामान्यत: भूमि एवं भवन का मूल्य सदैव कम आँका जाता है। अत: स्थिति विवरण में दिखाई गई स्थिति सही नहीं कही जा सकती है।
6. **झूठे दिखावों से प्रभावित** व्यवहार में वास्तविक स्थिति को बेहतर स्थिति बताने के लिए लेखांकन में वित्तीय विवरण दिखावटी बनाए जाते हैं, जिससे सही निर्णय नहीं लिए जा सकते।
7. **भावी अनुमान के लिए अनुचित** लेखांकन आँकड़े भूतकाल के होते हैं और उनके आधार पर उत्पादन की माँग, विक्रय मूल्य आदि का भावी अनुमान लगाना पूर्णत: सही नहीं हो सकता है।

लेखांकन सूचनाएँ Accounting Informations

वित्तीय विवरणों के साथ दी जाने वाली आर्थिक सहायक सूचनाएँ लेखांकन सूचनाएँ कहलाती हैं। वित्तीय विवरण पक्षों में जिन भिन्न-भिन्न पक्षों का हित होता है, उन्हें अलग-अलग प्रकार की सूचनाओं की आवश्यकता होती है। अत: लेखांकन सूचनाएँ इस प्रकार से तैयार और प्रस्तुत की जानी चाहिए कि ये व्यावसायिक संस्था का स्पष्ट व क्रमबद्ध चित्र प्रस्तुत कर सकें।

लेखांकन सूचनाओं के आवश्यक तत्त्व
Essential Elements of Accounting Informations

लेखांकन सूचनाओं के आवश्यक तत्त्व निम्नलिखित हैं—

1. **विश्वसनीयता** लेखांकन सूचना विश्वसनीय होनी चाहिए। इसका अर्थ है कि सूचना तथ्यों पर आधारित और जाँच हो सकने योग्य होनी चाहिए। लेखांकन सूचना उस समय जाँच हो सकने योग्य मानी जाती है जब ऐसी सूचना मूल प्रलेखों द्वारा प्रमाणित की जा सके।
2. **अनुरूपता** वित्तीय विवरणों द्वारा प्रदर्शित लेखांकन सूचनाएँ संस्था के उद्देश्यों के अनुरूप होना चाहिए। अनावश्यक और अनुपयुक्त सूचनाएँ वित्तीय विवरणों में सम्मिलित नहीं करनी चाहिए।
3. **समझने में आने योग्य** लेखांकन सूचनाओं को इतनी सरल तथा व तर्कपूर्ण विधि से प्रस्तुत किया जाना चाहिए कि यह इनके प्रयोग करने वालों; जैसे—विनियोक्ताओं, ऋणदाताओं और कर्मचारियों आदि को सरलता से समझ में आ जाएँ। एक ऐसा व्यक्ति भी जिसे लेखांकन शब्दावली का कोई ज्ञान न हो इन्हें बिना किसी कठिनाई के समझने में समर्थ होना चाहिए। वित्तीय विवरणों में दी गई सूचनाओं को समझाने के लिए इनसे सम्बन्धित स्पष्टीकरण नोट के रूप में दिए जाने चाहिए।
4. **तुलनात्मकता** तुलनात्मकता, लेखांकन सूचनाओं का एक बहुत ही उपयोगी गुण है। वित्तीय विवरणों में चालू वर्ष के आँकड़ों के साथ-साथ पिछले वर्ष के आँकड़े भी दिए होने चाहिए जिससे कि चालू परिणामों की पिछले परिणामों से तुलना की जा सके। इसी प्रकार, वित्तीय विवरण इस प्रकार से बनाए जाने चाहिए कि संस्था की लाभप्रदत्ता और वित्तीय स्थिति की तुलना इसी प्रकार की अन्य संस्थाओं से की जा सके।

लेखांकन सूचनाओं के उपयोगकर्ता
Users of Accounting Information

1. **स्वामी** (Proprietor) स्वामी एवं अंशधारी लेखांकन सूचनाओं का उपयोग यह जानने के लिए करते हैं कि उन्हें उनके द्वारा संस्था में किए गए विनियोग का उचित प्रतिफल मिल रहा है या नहीं तथा संस्था की वित्तीय स्थिति कैसी है।
2. **प्रबन्धक** (Manager) प्रबन्धक संस्था के कमजोर एवं सुदृढ़ पहलुओं को जानने के लिए लेखांकन सूचनाओं का उपयोग करते हैं।
3. **लेनदार** (Creditors) लेनदार यह जानने के लिए इनका उपयोग करते हैं कि संस्था उनका ब्याज नियमित रूप से चुका पाएगी या नहीं और उनका ऋण भी देय होते ही चुका पाएगी या नहीं।
4. **सम्भावित विनियोक्ता** (Possible Investor) सम्भावित विनियोक्ता यह निर्धारित करने के लिए इनका उपयोग करते हैं कि इस संस्था में विनियोग किया जाए या नहीं।
5. **कर्मचारी** (Employee) इन्हें मजदूरी तथा बोनस में वृद्धि की माँग करने के लिए लेखांकन सूचनाओं की आवश्यकता होती है।
6. **सरकार** (Government) सरकारी एजेन्सियाँ इनका उपयोग विभिन्न करों के निर्धारण के लिए करती हैं; जैसे—मूल्य वर्धित कर (VAT), आयकर इत्यादि।

लेखांकन में लेखा करने के आधार
Basis of Entry in Accounting

लेखांकन में लेखा करने के आधार निम्न हैं—

1. **रोकड़ के आधार पर लेखा** (Cash Basis of Book-keeping) यह प्रणाली रोकड़ पर आधारित प्रणाली है। इस आधार पर केवल उन्हीं व्यापारिक सौदों को अभिलेखित किया जाता है, जिनका भुगतान अथवा प्राप्ति नकद रूप में हो गई है अर्थात् सौदे का लेखा पुस्तकों में केवल तभी किया जाता है, जब उस लेन-देन में रोकड़ का आदान-प्रदान किया गया हो।

   इस आधार पर लेखा सामान्यत: उन संस्थाओं द्वारा किया जाता है, जिनका उद्देश्य लाभ कमाना नहीं होता है; जैसे—विद्यालय, पुस्तकालय, अनाथालय, गौशाला, क्लब आदि।
2. **उपार्जन के आधार पर लेखा** (Accrual Basis of Book-keeping) इस आधार के अनुसार एक लेखांकन अवधि से सम्बन्धित सभी आय तथा व्ययों का लेखा पुस्तकों में किया जाता है, भले ही उनकी प्राप्ति न

हुई हो अथवा उनका भुगतान न किया गया हो। इस आधार पर लेखा करने से व्यापार की सही स्थिति का चित्रण होता है।

द्वि-पक्षीय अवधारणा के अन्तर्गत प्रत्येक लेन-देन का दो खातों पर प्रभाव पड़ता है तथा सदैव डेबिट व क्रेडिट पक्ष का योग बराबर रहता है।

इस अवधारणा को निम्न प्रकार प्रदर्शित किया जाता है–

सम्पत्तियाँ = दायित्व + पूँजी

इस सम्बन्ध को ही 'लेखांकन समीकरण' कहते हैं।

लेखांकन के सिद्धान्त का अर्थ एवं परिभाषा

Meaning and Definition of Accounting Principles

लेखांकन विवरण विभिन्न पक्षकारों के सामने व्यवसाय की लाभप्रदता और सक्षमता को प्रकट करते हैं। अत: यह आवश्यक है कि ये विवरण एक प्रमाणित भाषा और निश्चित नियमों के आधार पर बनाए जाएँ। ये नियम प्राय: लेखांकन के सर्वमान्य सिद्धान्त (General Accepted Accounting Principles-GAAP) कहलाते हैं अर्थात् लेखांकन की अवधारणाओं, परम्पराओं एवं मान्यताओं को सामूहिक रूप से लेखाशास्त्र के सिद्धान्त कहते हैं।

अमेरिकन इन्स्टीट्यूट ऑफ सर्टिफाइड पब्लिक एकाउण्टेन्ट्स (AICPA) के अनुसार, ''सिद्धान्त शब्द का आशय सामान्य विधि अथवा नियम से है, जो कार्य मार्गदर्शन हेतु स्वीकार किया गया है तथा जो व्यवहार या आचरण का आधार है।''

लेखांकन की अवधारणाएँ

Concepts of Accounting

लेखांकन की प्रमुख अवधारणाएँ निम्न हैं–

1. **मुद्रा माप की अवधारणा** (Concept of Money Measurement) इस अवधारणा के अनुसार ऐसे लेन-देनों अथवा घटनाओं का लेखा पुस्तकों में किया जाता है, जिन्हें मुद्रा के रूप में आँका जा सकता है।
2. **द्वि-पक्ष की अवधारणा** (Concept of Dual Aspect) यह अवधारणा इस तथ्य पर आधारित है कि प्रत्येक लेन-देन से दो पक्ष प्रभावित होते हैं, जिसमें एक ऋणी तथा दूसरा धनी पक्ष कहलाता है।
3. **व्यवसाय के पृथक् अस्तित्व की अवधारणा** (Concept of Business Entity) इस अवधारणा के अनुसार, व्यवसाय और व्यवसाय का स्वामी एक-दूसरे से पृथक् होते हैं।
4. **ऐतिहासिक लागत अवधारणा** (Concept of Historical Cost) इस अवधारणा के अनुसार व्यवसाय की सम्पत्तियों का लेखा उनके लागत मूल्य या जिस मूल्य पर क्रय की गई है (ऐतिहासिक लागत), पर किया जाता है।
5. **लेखांकन अवधि की अवधारणा** (Concept of Accounting Period) इस अवधारणा के अनुसार व्यावसायिक संस्था द्वारा एक अवधि निर्धारित कर ली जाती है तथा इस अवधि के अन्तर्गत किए गए व्यवहारों के आधार पर वित्तीय विवरण तैयार किए जाते हैं। सामान्यतया 12 माह की अवधि को लेखाविधि के रूप में प्रयोग किया जाता है।
6. **वसूली या प्राप्ति की अवधारणा** (Concept of Revenue Recognition) इस अवधारणा के अनुसार आय का प्राप्त होना अथवा वसूली तब मानी जाती है, जब आधारिक रूप से उस आय को प्राप्त करने का अधिकार प्राप्त हो जाए।
7. **लागत एवं आय की तुलना की अवधारणा** (Matching Concept of Cost and Income) इस अवधारणा के अनुसार एक लेखांकन अवधि से सम्बन्धित आय की तुलना उस अवधि के व्ययों से की जाती है।

लेखांकन की परम्पराएँ

Conventions of Accounting

लेखांकन की परम्पराएँ निम्नलिखित हैं–

1. **रूढ़िवादिता की परम्परा** (Convention of Conservation) इस परम्परा के अनुसार भविष्य में होने वाली हानियों को वित्तीय विवरणों में दर्शाना चाहिए, परन्तु होने वाले लाभों को नहीं।
2. **सारता की परम्परा** (Convention of Materiality) इस परम्परा के अनुसार ऐसे सौदे जिनका वित्तीय विवरण की स्थिति पर कुछ विशेष प्रभाव नहीं पड़ता है, उनका लेखा विस्तार से करना आवश्यक नहीं है।
3. **पूर्ण प्रकटीकरण की परम्परा** (Convention of Full Disclosure) इस परम्परा के अनुसार किसी भी लेन-देन का उससे सम्बन्धित खाते में पूर्ण लेखा अवश्य होना चाहिए।

लेखांकन की मान्यताएँ

Assumptions of Accounting

लेखांकन की प्रमुख मान्यताएँ निम्नलिखित हैं–

1. **चालू व्यवसाय की मान्यता** (Going Concern Assumption) चालू व्यवसाय की मान्यता इस तथ्य पर आधारित है कि व्यवसाय अनन्तकाल तक चलता रहेगा।
2. **उपार्जन की मान्यता** (Accrual Assumption) यह मान्यता इस तथ्य पर आधारित है कि चालू वर्ष में आय व व्यय का लेखा भुगतान व प्राप्ति के आधार पर व उपार्जन दोनों के आधार पर किया जाता है।
3. **एकरूपता की मान्यता** (Assumption of Consistency) इस मान्यता के अनुसार व्यवसायी को लेखा करते समय सभी वर्षों में एक ही पद्धति अपनानी चाहिए।

लेखांकन प्रमाप का अर्थ व परिभाषा

Meaning and Definition of Accounting Standard

लेखांकन प्रमाप लिखित विवरण है, जिसमें वित्तीय विवरण बनाने के समान नियम एवं व्यवहार निश्चित किए गए हैं।

कोहलर के अनुसार, ''लेखांकन प्रमाप रीति-रिवाजों, कानून अथवा पेशेवर संस्था द्वारा लेखाकारों पर लागू की गई आचार संहिता है।''

भारतीय लेखांकन प्रमापों की सूची
List of Indian Accounting Standards

प्रमाप संख्या	प्रमाप का शीर्षक	प्रभावी होने की तिथि
AS-1	लेखांकन नीतियों का प्रकटीकरण	1-4-1993
AS-2	स्कन्ध का मूल्यांकन (संशोधित)	1-4-1999
AS-3	रोकड़ प्रवाह विवरण (संशोधित)	1-4-2001
AS-4	आर्थिक चिट्ठे की तिथि के बाद घटित होने वाली आकस्मिकताएँ एवं घटनाएँ (संशोधित)	1-4-1998
AS-5	अवधि के लिए शुद्ध लाभ या हानि, पूर्व अवधि की मदें तथा लेखांकन नीतियों में परिवर्तन (संशोधित)	1-4-1996
AS-6	ह्रास लेखांकन	1-4-1995
AS-7	निर्माणी ठेकों का लेखांकन (संशोधित)	1-4-2003
AS-8	अनुसन्धान एवं विकास के लिए लेखांकन। यह प्रमाप समाप्त हो चुका है और इसका स्थान AS-26 द्वारा ले लिया गया है।	1-4-2003
AS-9	आगम मान्यता	1-4-1993
AS-10	स्थायी सम्पत्तियों का लेखांकन	1-4-1993
AS-11	विदेशी विनिमय दरों में परिवर्तन के प्रभाव हेतु लेखांकन (संशोधित)	1-4-1995
AS-12	सरकारी अनुदानों के लिए लेखांकन	1-4-1994
AS-13	विनियोगों के लिए लेखांकन	1-4-1995
AS-14	एकीकरण के लिए लेखांकन	1-4-1995
AS-15	नियोक्ताओं के वित्तीय विवरण में अवकाश ग्रहण सुविधा के लिए लेखांकन	1-4-1995
AS-16	उधार लेने की लागतें	1-4-2000
AS-17	खण्ड प्रतिवेदन	1-4-2001
AS-18	सम्बन्धित पक्षों का प्रकटीकरण	1-4-2001
AS-19	पट्टे	1-4-2001
AS-20	प्रति अंश आय (EPS)	1-4-2001
AS-21	सम्मिलित वित्तीय विवरण	1-4-2001
AS-22	आय पर करों हेतु लेखांकन	1-4-2001
AS-23	सम्मिलित वित्तीय विवरण मे सम्बद्ध प्रतिष्ठानों में विनियोग सम्बन्धी लेखांकन	1-4-2002
AS-24	बन्द किए गए परिचालन	1-4-2004
AS-25	अन्तरिम वित्तीय रिर्पोटिंग	1-4-2002
AS-26	अमूर्त सम्पत्तियाँ	1-4-2003
AS-27	संयुक्त उपक्रमों में हितों की वित्तीय रिर्पोटिंग	1-4-2002
AS-28	सम्पत्तियों की हानि	1-4-2004
AS-29	प्रावधान, संयोगिक दायित्व एवं संयोगिक सम्पत्तियाँ	1-4-2004
AS-30	वित्तीय विलेख : मान्यता एवं मापन	1-4-2011
AS-31	वित्तीय विलेख : प्रस्तुतीकरण	1-4-2011
AS-32	वित्तीय विलेख : प्रकटीकरण	1-4-2011

लेखा मानकों के उद्देश्य या उपयोगिता
Utility and Objectives of Accounting Standards

लेखांकन मानकों के उद्देश्य एवं उनकी उपयोगिता निम्न प्रकार है—

1. **वित्तीय विवरणों की विश्वसनीयता और प्रामाणिकता में सुधार लाना** लेखांकन मानक समान दिशा-निर्देशों का एक सुनिश्चित ढाँचा प्रदान कर लेखांकन सूचना का प्रयोगकर्ताओं के लिए इस सूचना के प्रति विश्वास जागृत करते हैं और लेखांकन सूचना की विश्वसनीयता तथा प्रामाणिकता में वृद्धि करते हैं।
2. **वित्तीय विवरणों को एकरूपता और तुलनात्मकता प्रदान करना** लेखांकन मानक विभिन्न संस्थाओं के वित्तीय विवरणों को अथवा एक ही संस्था की विभिन्न लेखांकन अवधियों के वित्तीय विवरणों को तुलनात्मक बना देते हैं। वे वित्तीय विवरणों के बनाने में अपनाई गई अवधारणाओं तथा नियमों में समानता लाकर इन्हें एकरूपता तथा तुलनात्मकता प्रदान करते हैं।
3. **विभिन्न पक्षकारों के बीच वित्तीय हितों को सुलझाना** किसी संस्था की लाभप्रदता और शुद्ध मूल्य के निर्धारण में अंशधारियों और लेनदारों के हित परस्पर विरोधी हो सकते हैं। लेखा मानक इस प्रकार के विरोध को सुलझाने में सहायक होते हैं, क्योंकि लेखा मानकों के आधार पर तैयार किए गए वित्तीय विवरण सभी पक्षकारों द्वारा स्वीकार कर लिए जाते हैं।
4. **कपट की सम्भावनाओं में कमी** लेखा मानकों के अनुसार, वित्तीय विवरण बनाने से हेराफेरी व कपट की सम्भावनाओं में कमी आती है।
5. **अंकेक्षण में सहायक** लेखा मानक अंकेक्षकों को अंकेक्षण में सहायक होते हैं।

भारतीय लेखांकन प्रमाप
Indian Accounting Standard

दी इन्स्टीट्यूट ऑफ चार्टर्ड एकाउण्टेण्ट्स ऑफ इण्डिया द्वारा 21 अप्रैल, 1977 को लेखांकन मानक बोर्ड की स्थापना की गई, जिसका मुख्य कार्य लेखा मानक तैयार करना है, जिन्हें काउन्सिल के अनुमोदन के पश्चात् निर्गमित किया जाता है। लेखांकन मानक बोर्ड के गठन में विभिन्न महत्त्वपूर्ण संस्थाओं के प्रतिनिधियों को भी शामिल किया जाता है, जिनमें काउन्सिल के सदस्य उद्योग, बैंक, कम्पनी लॉ बोर्ड, केन्द्रीय प्रत्यक्ष कर बोर्ड, भारत के नियन्त्रक एवं महालेखा परीक्षक तथा भारतीय प्रतिभूति विनिमय बोर्ड के प्रतिनिधि भी शामिल होते हैं। *लेखा मानक तैयार करते समय लेखा मानक बोर्ड निम्नलिखित बातों का ध्यान रखता है—*

1. लेखा मानक विद्यमान कानून के प्रावधानों के अन्तर्गत ही तैयार किए जाएँ।
2. लेखा मानक जारी करते समय देश में विद्यमान व्यवहारों, प्रयोगों तथा व्यावसायिक वातावरण को ध्यान में रखा जाता है।
3. लेखा मानक पूर्ववर्ती विधि से जारी नहीं किया जा सकता है।
4. लेखा मानक जारी करते समय अन्तर्राष्ट्रीय लेखा मानकों का ध्यान रखा जाए एवं यथासम्भव इनमें एकरूपता रखी जाए।

दी इन्स्टीट्यूट ऑफ चार्टर्ड एकाउण्टेण्ट्स ऑफ इण्डिया द्वारा अब तक 32 लेखा मानकों का निर्गमन किया जा चुका है, जिनमें से लेखा मानक-8 (शोध एवं विकास हेतु लेखांकन) को समाप्त कर दिया गया है, इसका स्थान लेखा मानक-26 (अदृश्य सम्पत्तियों का लेखांकन) ने लिया है। इन लेखा मानकों में से 29 लेखा मानकों का पालन करना अनिवार्य कर दिया है।

अभ्यास प्रश्न

लेखांकन व इसके सिद्धान्त

1. दी इन्स्टीट्यूट ऑफ चार्टर्ड एकाउण्टेण्ट्स ऑफ इण्डिया की स्थापना की गई थी
(a) वर्ष 1948 में (b) वर्ष 1958 में
(c) वर्ष 1949 में (d) वर्ष 1971 में

2. दोहरा लेखा पद्धति के सिद्धान्तों का सर्वप्रथम वर्णन किया
(a) एडवर्ड जोन ने (b) एडम स्मिथ ने
(c) डाल्टन ने (d) ल्यूका पैसियोली ने

3. दोहरा लेखा प्रणाली के जनक 'ल्यूका पैसियोली' निवासी थे
(a) इटली के (b) फ्रांस के
(c) अमेरिका के (d) ब्रिटेन के

4. दोहरा लेखा पद्धति पर सबसे पहले अंग्रेजी पुस्तक लिखने वाले व्यक्ति का नाम है
(a) ल्यूका पैसियोली (b) एडवर्ड जोन्स
(c) आर एन एन्थोनी (d) एशबर्न

5. लेखांकन का आन्तरिक प्रयोगकर्ता है
(a) प्रबन्धक (b) ऋणदाता
(c) ग्राहक (d) सरकार

6. भारत में लेखांकन के बारे में उल्लेख है
(a) रामायण में (b) महाभारत में
(c) वेदों में (d) इन सभी में

7. निम्न में से लेखांकन के उद्देश्य हैं
(a) व्यावसायिक लेन-देनों का नियमित लेखा करना
(b) लाभ या हानि की गणना करना
(c) व्यवसाय की वित्तीय स्थिति ज्ञात करना
(d) उपरोक्त सभी

8. वित्तीय लेखांकन का मुख्य कार्य है
(a) सभी व्यावसायिक लेन-देनों का लेखांकन
(b) वित्तीय आँकड़ों की व्याख्या करना
(c) प्रबन्धकों को निर्णय लेने में सहायता प्रदान करना
(d) उपरोक्त में से कोई नहीं

9. एक व्यापारी अपने यहाँ लेखांकन के किस स्वरूप को अपनाता है?
(a) लागत लेखांकन (b) वित्तीय लेखांकन
(c) कर लेखांकन (d) प्रबन्धकीय

10. शीघ्र भुगतान प्राप्त करने के लिए कौन-सी छूट प्रदान की जाती है?
(a) नकद छूट (b) व्यापारिक छूट
(c) विशेष छूट (d) इनमें से कोई नहीं

11. लेखांकन के सिद्धान्तों को अपनाया जाता है
(a) स्वीकृति के आधार पर
(b) सर्वमान्यता के आधार पर
(c) 'a' और 'b' दोनों
(d) उपरोक्त सभी

12. लेखांकन के सिद्धान्त हैं
(a) स्थायी (b) सार्वभौमिक
(c) परिवर्तनशील (d) इनमें से कोई नहीं

13. लेखांकन के सिद्धान्तों की विशेषता है
(a) मानव-निर्मित (b) लोचपूर्ण
(c) व्यापक रूप से स्वीकृत (d) ये सभी

14. लेखांकन के सिद्धान्त का निम्न में से महत्त्व है
(a) लेखांकन सूचनाओं को अर्थपूर्ण तथा विश्वसनीय बनाना
(b) व्यापारिक घटनाओं का विधिवत् लेखांकन
(c) पक्षपातपूर्ण निष्कर्षों पर रोक
(d) उपरोक्त सभी

15. वह कौन-सी अवधारणा है, जिसके अनुसार केवल मौद्रिक व्यवहारों को ही लेखा पुस्तकों में लिखा जाता है?
(a) सारता की अवधारणा (b) वसूली की अवधारणा
(c) लागत की अवधारणा (d) इनमें से कोई नहीं

16. व्यवसाय के सम्पूर्ण ऋणी शेषों का योग व्यवसाय के सम्पूर्ण धनी शेषों के योग के बराबर किस अवधारणा के अनुसार होता है?
(a) द्वि-पक्षीय अवधारणा (b) अर्जित अवधारणा
(c) लेखा अवधि की अवधारणा (d) वसूली या प्राप्ति की अवधारणा

17. सम्पत्ति = बाह्य दायित्व + ?
(a) रोकड़ (b) लेनदार
(c) पूँजी (d) देय बिल

18. व्यवसाय का स्वामी व्यवसाय का लेनदार माना जाता है
(a) मुद्रा मापन अवधारणा के अनुसार
(b) लागत अवधारणा के अनुसार
(c) द्वि-पक्षीय अवधारणा के अनुसार
(d) पृथक् अस्तित्व अवधारणा के अनुसार

19. वित्तीय वर्ष कहलाता है
(a) 1 अप्रैल से 31 मार्च की अवधि
(b) 1 जनवरी से 31 दिसम्बर की अवधि
(c) 'a' और 'b' दोनों
(d) उपरोक्त में से कोई नहीं

20. आय में सम्मिलित की जाती है
(a) प्राप्त आय (b) अप्राप्य आय
(c) 'a' और 'b' दोनों (d) इनमें से कोई नहीं

21. किस अवधारणा के अनुसार व्यवसाय की आय का निर्धारण करते समय सम्बन्धित वर्ष के आगम से सम्बन्धित वर्ष के व्ययों की तुलना की जाती है?
(a) प्रयत्नों एवं प्राप्तियों की अवधारणा
(b) द्वि-पक्षीय अवधारणा
(c) प्राप्ति की अवधारणा
(d) वैध पक्ष की अवधारणा

22. किसी संस्था विशेष के वित्तीय विवरण उचित व सही चित्र प्रस्तुत करते हैं, यदि
(a) व्यवसाय के समस्त व्यवहारों को उनकी प्रकृति के अनुसार पूँजीगत तथा आयगत मदों में विभाजित किया जाए
(b) सभी व्यवहारों को पूँजीगत माना जाए
(c) सभी व्यवहारों को आयगत माना जाए
(d) उपरोक्त में से कोई नहीं

23. रूढ़िवादिता की परम्परा के अनुसार व्यावसायिक रहतिये का मूल्यांकन किया जाता है
(a) लागत मूल्य व बाजार मूल्य में जो भी कम हो
(b) बाजार मूल्य पर
(c) लागत मूल्य पर
(d) लागत मूल्य व बाजार मूल्य में जो भी अधिक हो

24. संदिग्ध ऋणों के लिए आयोजन किया जाता है
(a) रूढ़िवादिता की परम्परा के फलस्वरूप
(b) एकरूपता की परम्परा के फलस्वरूप
(c) सारता की परम्परा के फलस्वरूप
(d) पूर्ण प्रकटीकरण की परम्परा के फलस्वरूप

25. "भावी हानियों के लिए प्रावधान हों, किन्तु भावी लाभों के लिए प्रावधान न किए जाएँ।" यह नीति किस परम्परा के अनुसार है?
(a) रूढ़िवादिता (b) पारदर्शिता
(c) सारता (d) इनमें से कोई नहीं

26. किस परम्परा के अनुसार एक छोटे संगणक के क्रय को पुस्तकों में सम्पत्ति के स्थान पर खर्च के रूप में दर्शाया जाता है?
(a) सारता (b) पूर्ण प्रकटीकरण
(c) 'a' और 'b' दोनों (d) इनमें से कोई नहीं

27. मुन्ना ब्रदर्स द्वारा प्रतिवर्ष अपनी पुस्तकों में स्थायी सम्पत्तियों के मूल्य पर क्रमागत ह्रास विधि के द्वारा ह्रास लगाया जाता है। मुन्ना ब्रदर्स द्वारा किस मान्यता को अपनाया गया है?
(a) एकरूपता (b) सारता
(c) रूढ़िवादिता (d) पूर्ण प्रकटीकरण

28. एकरूपता की मान्यता सहायक है
(a) न्यायालय में साक्ष्य के रूप में
(b) विभिन्न वित्तीय वर्षों के तुलनात्मक अध्ययन में
(c) वित्तीय विवरणों से निष्कर्ष निकालने में
(d) उपरोक्त सभी

29. किस मान्यता पर आधारित लेखांकन को व्यावसायिक प्रणाली कहा जाता है?
(a) चालू व्यवसाय की मान्यता
(b) एकरूपता की मान्यता
(c) उपार्जन की मान्यता
(d) विनिमय की मान्यता

30. लेखांकन की मान्यताएँ हैं
(a) विनिमय (b) अवधि
(c) माप की इकाई (d) ये सभी

31. किस परम्परा के अन्तर्गत संदिग्ध दायित्व को चिट्ठे के नीचे नोट के रूप में दिखाते हैं?
(a) पूर्ण प्रकटीकरण की परम्परा
(b) लेखांकन समीकरण की परम्परा
(c) उचित समय की परम्परा
(d) रूढ़िवादिता की परम्परा

लेखांकन प्रमाप

32. लेखांकन मानक किसके लिए अति आवश्यक है?
(a) कम्पनियों (b) साझेदारी संस्था
(c) धर्मार्थ संस्थान (d) निजी स्वामित्व

33. लेखांकन मानक विशेष लेखांकन से सम्बन्धित है
(a) सिद्धान्त
(b) 'अ' सिद्धान्तों को लागू करने का तरीका
(c) 'a' और 'b' दोनों
(d) उपरोक्त में से कोई नहीं

34. स्थायी सम्पत्तियों के लिए लेखांकन
(a) AS-6 (b) AS-10
(c) AS-3 (d) AS-2

35. लेखा मानक कानून से
(a) ऊपर जा सकते हैं
(b) ऊपर नहीं जा सकते
(c) ऊपर जा भी सकते हैं
(d) उपरोक्त में से कोई नहीं

36. लेखांकन मानक का उद्देश्य है
(a) लेखांकन नीतियों की सुव्यवस्था
(b) वित्तीय विवरणों में समानता लाना
(c) वित्तीय विवरणों की विश्वसनीयता को सुधारना
(d) उपरोक्त सभी

37. निम्नलिखित में से कौन-सा एक कथन सही है? प्रथम लेखा मानक (AS-1) सम्बन्धित है
(a) वित्तीय विवरणों में सूचनाओं को दिखाने से
(b) समेकित वित्तीय विवरणों से
(c) लेखा नीतियों के प्रकटन से
(d) वित्तीय सूचनाओं के खण्डानुसार रिपोर्ट करने पर

38. मार्च, 2005 माह की अदत्त मजदूरी तथा पूर्वदत्त व्यय एवं आय को 31 मार्च, 2005 को समाप्त होने वाले वर्ष के लाभ-हानि की गणना के लिए हिसाब में लेना होता है
(a) लेखा की नकद प्रणाली
(b) लेखा की उपार्जन प्रणाली
(c) लेखा की मिश्रित प्रणाली
(d) स्टॉक तथा देनदार प्रणाली

39. निम्नलिखित में से कौन-सा लेखा मानक का शीर्षक नहीं है?
(a) AS-22 आय पर करों का लेखा
(b) AS-20 प्रति शेयर आय
(c) AS-24 ऋणों का लेखा
(d) AS-18 सम्बन्ध पक्षकार प्रकटीकरण

40. लेखांकन नीतियों का प्रकटीकरण है
(a) AS-1 (b) AS-10 (c) AS-19 (d) AS-5

41. लेखा मानक AS-2 के अनुसार माल का मूल्यांकन किस आधार पर किया जाना चाहिए?
(a) ऐतिहासिक लागत तथा निवल प्राप्य मूल्य, दोनों में से जो भी कम हो
(b) ऐतिहासिक लागत तथा बाजार मूल्य, दोनों में से जो भी कम हो
(c) केवल अनुमानित विक्रय मूल्य
(d) उपरोक्त सभी

42. प्रथम मानक लेखा परीक्षा व्यवहार (SAP-1) सम्बन्धित है
(a) वित्तीय विवरणों के लेखा परीक्षा के उद्देश्य एवं कार्यक्षेत्र से
(b) एक लेखा परीक्षा को नियन्त्रित करने वाले आधारभूत सिद्धान्तों से
(c) प्रलेखन से
(d) कपट एवं गलतियों का पता लगाने से

43. लेखा मानक बोर्ड का गठन हुआ
(a) वर्ष 1947 में (b) वर्ष 1977 में
(c) वर्ष 1969 में (d) वर्ष 1981 में

44. लेखा मानक-2 का सम्बन्ध है
(a) स्टॉक के मूल्यांकन से (b) रोकड़ प्रवाह विवरण से
(c) आगम मान्यता से (d) निवेश लेखांकन से

45. रोकड़ प्रवाह विवरण का सम्बन्ध कौन-से लेखा मानक से है?
(a) AS-5 (b) AS-13
(c) AS-3 (d) AS-22

46. लेखा मानकों की प्रकृति होती है
(a) अनुशंसात्मक (b) वैधानिक
(c) आवश्यक (d) अनावश्यक

47. लेखा मानकों की आवश्यकता हुई
(a) लाभ बढ़ाने के लिए
(b) जनता की माँग पर
(c) लेखों में एकरूपता लाने के लिए
(d) उपरोक्त सभी

48. मूल्य ह्रास लेखांकन है
(a) AS-5 (b) AS-25
(c) AS-10 (d) AS-6

49. AS-12 का सम्बन्ध है
(a) लेखांकन नीतियों का प्रकटीकरण
(b) सरकारी अनुदानों का लेखांकन
(c) अन्तरिम प्रतिवेदन
(d) परिसम्पत्तियों की क्षति

उत्तरमाला

1.	(c)	2.	(d)	3.	(a)	4.	(b)	5.	(a)	6.	(d)	7.	(d)	8.	(a)	9.	(b)	10.	(a)
11.	(a)	12.	(c)	13.	(d)	14.	(d)	15.	(d)	16.	(a)	17.	(c)	18.	(d)	19.	(a)	20.	(c)
21.	(a)	22.	(a)	23.	(a)	24.	(a)	25.	(a)	26.	(a)	27.	(a)	28.	(d)	29.	(c)	30.	(d)
31.	(a)	32.	(a)	33.	(c)	34.	(b)	35.	(b)	36.	(d)	37.	(c)	38.	(b)	39.	(c)	40.	(a)
41.	(b)	42.	(a)	43.	(b)	44.	(a)	45.	(c)	46.	(a)	47.	(c)	48.	(d)	49.	(b)		

अध्याय 18

जर्नल, सहायक बहियाँ एवं खाताबही

Journal, Subsidiary Books and Ledger

लेखांकन व्यवहार (Accounting Transaction) व्यावसायिक लेन-देन, जिन्हें मुद्रा में मापा जा सकता हो, लेखांकन व्यवहार होते हैं।

प्रमाणक (Voucher) जिस आधार पर लेखा पुस्तकों में लेखा किया जाता है, उन्हें प्रमाणक कहते हैं; जैसे—किराए की रसीद, बिजली का बिल, क्रय बीजक, आदि।

लेखांकन चक्र (Accounting Cycle) लेखांकन चक्र एक वित्तीय वर्ष अर्थात् 12 माह का होता है। यह चक्र लेन-देनों की जर्नल प्रविष्टि से प्रारम्भ होता है और खाताबही व तलपट के निर्माण के पश्चात् अन्तिम खातों के निर्माण पर जाकर समाप्त होता है।

जर्नल का अर्थ एवं परिभाषा

Meaning and Definition of Journal

रोजनामचा या जर्नल प्रारम्भिक लेखे की वह पुस्तक है, जिसमें समस्त व्यापारिक लेन-देनों का लेखा स्मरण पुस्तक से तिथि एवं क्रमानुसार किया जाता है। यदि स्मरण पुस्तक व्यापार में नहीं रखी जाती है, तो लेन-देनों का लेखा प्रमाणकों (Vouchers) से सीधे रोजनामचे में लिख दिया जाता है। इसमें लेखा करते समय दोहरा लेखा प्रणाली के नियमों का पालन करना आवश्यक होता है। रोजनामचे में लेखा करने के इस कार्य को प्रविष्टिकरण (Journalising) कहा जाता है।

कार्टर के अनुसार, "रोजनामचा या जर्नल प्रारम्भिक लेखे की पुस्तक है, जिसमें स्मरण बही या कच्ची बही से तिथि अनुसार लेखे किए जाते हैं। लेखा करते समय उन्हें नाम (डेबिट) तथा जमा (क्रेडिट) पक्षों में वर्गीकृत कर दिया जाता है, जिससे बाद में खाताबही में खतौनी करने की सुविधा बनी रहे।"

जर्नल में लेखा करने के नियम

Rules of Entry in Personal Accounts

प्रत्येक लेन-देन या सौदे के दो पक्ष होते हैं। दोहरा लेखा प्रणाली के अन्तर्गत इनका प्रभाव कम-से-कम दो खातों पर पड़ता है, जिसमें एक खाता ऋणी तथा उतनी ही धनराशि से दूसरा खाता धनी होता है। अत: इन खातों को जर्नल में ऋणी एवं धनी करने से सम्बन्धित नियमों को ही जर्नल में लेखे के नियम कहते हैं। जर्नल में लेखा करने के नियम खातों के प्रकार पर आधारित होते हैं, जोकि व्यक्तिगत, वास्तविक अथवा अवास्तविक हो सकते हैं। *इन्हें निम्न प्रकार समझाया गया है—*

1. **व्यक्तिगत खाते के नियम** (Rules of Personal Accounts) वे खाते, जो किसी व्यक्ति, कम्पनी या संस्था के नाम से सम्बन्धित होते हैं, व्यक्तिगत खाते कहलाते हैं; जैसे—राम का खाता, मनोहर एण्ड कम्पनी का खाता आदि।

   व्यक्तिगत खाते में लेखा करने के निम्न नियम हैं—

   (i) पाने वाले को ऋणी (Dr) किया जाएगा। (Debit the Receiver)

   (ii) देने वाले को धनी (Cr) किया जाएगा। (Credit the Giver)

2. **वास्तविक खाते के नियम** (Rules of Real Accounts) वे खाते, जो किसी व्यापार की सम्पत्ति से सम्बन्धित होते हैं, वास्तविक या सम्पत्ति खाते कहलाते हैं; जैसे—मशीन खाता, रोकड़ खाता आदि।

   वास्तविक खातों में लेखा करने के निम्न नियम हैं—

   (i) जो वस्तु व्यापार में आती है, उसे ऋणी (Dr) किया जाएगा। (Debit what comes in)

   (ii) जो वस्तु व्यापार से बाहर जाती है, उसे धनी (Cr) किया जाएगा। (Credit what goes out)

3. **अवास्तविक खाते के नियम** (Rules of Nominal Accounts) वे खाते, जो व्यापार के आय-व्यय तथा लाभ-हानि से सम्बन्धित होते हैं, अवास्तविक या नाममात्र खाते कहलाते हैं; जैसे—मजदूरी खाता, वेतन खाता आदि। अवास्तविक खाते में व्यापार के समस्त व्ययों तथा हानियों को ऋणी किया जाता है तथा आय व लाभ को धनी किया जाता है। *अवास्तविक खातों में लेखा करने के निम्न नियम हैं—*

   (i) समस्त व्यय तथा हानि को ऋणी (Dr) किया जाएगा। (Debit all the expenses and losses)

   (ii) समस्त आय तथा लाभ को धनी (Cr) किया जाएगा। (Credit all the income and gain)

मिश्रित या संयुक्त प्रविष्टियाँ Compound Entries

जब कभी एक ही तिथि को एक ही प्रकृति के अनेक लेन-देन होते हैं, तो उनका लेखा अलग-अलग करने में बहुत समय तथा श्रम का व्यय होता है। अतः इस प्रकार की स्थिति में समय तथा श्रम को बचाने के उद्देश्य से ऐसे सौदे, जो एक ही तिथि को होते हैं, उनके लिए एक संयुक्त अथवा मिश्रित प्रविष्टि कर दी जाती है, जिसमें उस तिथि को होने वाले एक तरह के समस्त व्यवहारों का समावेश होता है। अतः इस प्रकार के लेखों को ही संयुक्त लेखे अथवा मिश्रित प्रविष्टियाँ कहते हैं।

प्रारम्भिक प्रविष्टि Opening Entry

प्रत्येक वर्ष के प्रारम्भ में व्यवसायी नई पुस्तकें प्रयोग में लेता है, जिसमें पिछले वर्ष की पुस्तकों से सम्पत्तियों (Assets) तथा दायित्वों (Liabilities) के शेषों को लिखता है अर्थात् प्रत्येक वर्ष के प्रारम्भ में पिछले वर्ष की सम्पत्तियों और दायित्वों के शेषों को नई लेखा पुस्तकों में लिखने के लिए एक प्रविष्टि की जाती है, जिसे प्रारम्भिक प्रविष्टि कहते हैं।

खाताबही का अर्थ एवं परिभाषा Meaning and Definition of Ledger

रोजनामचा अथवा सहायक बहियों में की गई सभी प्रविष्टियों को वर्गीकृत करके किसी एक विशेष खाते की स्थिति जानने के लिए उस विशेष खाते से सम्बन्धित लेन-देनों को एक स्थान पर एकत्रित करने के लिए, जो पुस्तक बनाई जाती है, 'खाताबही' कहलाती है।

जे. आर. बाटलीबॉय के अनुसार, "लेखा पुस्तकों में खाताबही एक मुख्य पुस्तक है और अन्त में इसी पुस्तक में समस्त व्यापारिक सौदों को वर्गीकृत रूप में यथास्थान, उनसे सम्बन्धित खातों में लिखा जाता है।"

खाताबही में खतौनी की विधि Method of Posting in Ledger

जर्नल की सहायता से लेन-देनों को खाताबही में दर्ज करने की प्रक्रिया को 'खतौनी' कहते हैं। खाताबही में खतौनी का कार्य व्यापार की सुविधानुसार, दैनिक, साप्ताहिक या मासिक आधार पर किया जा सकता है।

जर्नल से खाताबही में प्रविष्टियों की खतौनी करने के निम्नलिखित नियम हैं–

1. जर्नल में प्रत्येक लेन-देन में एक खाता डेबिट तथा दूसरा खाता क्रेडिट किया जाता है। अतः खाताबही में दोनों खाते खोले जाते हैं। जर्नल प्रविष्टि में जिस खाते को डेबिट किया गया है, उस खाते के डेबिट पक्ष में डेबिट राशि लिखकर विवरण में उस खाते को लिखते हैं, जिसे प्रविष्टि में क्रेडिट किया गया है।
2. जर्नल प्रविष्टि में जिस खाते को क्रेडिट किया गया है, उसके क्रेडिट पक्ष में क्रेडिट की गई राशि को लिखकर विवरण में उस खाते का नाम लिखते हैं, जिसे प्रविष्टि में डेबिट किया गया है।
3. खातों के डेबिट पक्ष में विवरण 'To' से तथा क्रेडिट पक्ष में 'By' से शुरू किया जाता है।
4. एक नाम से सम्बन्धित खाता एक बार ही खोला जाता है एवं उससे सम्बन्धित जर्नल प्रविष्टियों की वर्षभर उसी खाते में खतौनी की जाती हैं।
5. खतौनी के समय वास्तविक तथा अवास्तविक खातों के आगे Account लिखना अनिवार्य है।

खातों को बन्द करना तथा उनके शेष निकालना Closing and Balancing of Accounts

1. सर्वप्रथम दोनों पक्षों का अलग-अलग योग करके किसी रफ कागज पर लिख लिया जाता है। यदि खाते का डेबिट पक्ष का योग क्रेडिट पक्ष के योग से अधिक है, तो ऐसे शेष को डेबिट शेष (Debit balance) कहा जाता है, जिसका अर्थ होता है कि उससे राशि लेनी है। इसके विपरीत, यदि क्रेडिट पक्ष का योग डेबिट पक्ष के योग से अधिक है, तो ऐसे शेष को क्रेडिट शेष (Credit balance) कहा जाता है जिसका अर्थ है, उसे राशि देनी है।
2. जब शेष क्रेडिट पक्ष में आता है, तो अन्तर की राशि के लिए क्रेडिट पक्ष में 'बकाया आयी' (By Balance c/d) लिखकर योग बराबर कर देते हैं और इसी प्रकार डेबिट पक्ष में शेष आ रहा है, तो अन्तर की राशि के लिए डेबिट पक्ष में 'बकाया आयी' (To Balance c/d) लिख देते हैं और दोनों पक्षों का योग बराबर कर देते हैं। यदि किसी खाते के दोनों पक्षों का योग पहले ही समान होता है, तो ऐसे खाते को सन्तुलित खाता कहते हैं।

जर्नल के उप-विभाजन का अर्थ Meaning of Sub-divison of Journal

लेखांकन की यह प्रणाली केवल छोटे व्यवसायों में ही अपनाई जा सकती है, क्योंकि उनमें व्यवहारों की संख्या सीमित है। बड़े व्यवसायों में जिनमें व्यवहारों की संख्या बहुत अधिक है, इस प्रणाली को इस रूप में अपनाना न तो व्यावहारिक है और न ही सम्भव।

ऐसे व्यवसायों में जर्नल को कुछ निश्चित पुस्तकों में विभाजित कर दिया जाता है। इसके अन्तर्गत, एक ही प्रकृति के बार-बार होने वाले व्यवहारों को एक ही पुस्तक में लिखा जाता है। जर्नल को इस प्रकार से विभाजित करना ही 'जर्नल का उप-विभाजन' कहलाता है। इसके अन्तर्गत लेखे करने के लिए जो पुस्तकें बनाई जाती हैं, उन्हें 'प्रारम्भिक लेखे की पुस्तकें' कहा जाता है।

प्रारम्भिक लेखे की पुस्तकें Books of Opening Entry

जर्नल के उप-विभाजन के अन्तर्गत प्रारम्भिक लेखे की, जो पुस्तकें तैयार की जाती हैं, वे निम्न हैं–

1. **रोकड़ पुस्तक** (Cash Book) इस पुस्तक में समस्त रोकड़ प्राप्तियों एवं भुगतानों का लेखा किया जाता है। यह पुस्तक सबसे महत्त्वपूर्ण सहायक पुस्तक होती है।
2. **क्रय पुस्तक** (Purchases Book) इस पुस्तक में केवल उधार क्रय किए हुए माल का लेखा किया जाता है। व्यापारिक सम्पत्तियों के क्रय का लेखा इस पुस्तक में नहीं किया जाता है।
3. **विक्रय पुस्तक** (Sales Book) इस पुस्तक में समस्त उधार बेचे गए माल का लेखा किया जाता है।
4. **क्रय वापसी पुस्तक** (Purchases Return Book) उधार क्रय किए हुए माल को यदि किसी भी कारण से वापस कर दिया जाता है, तो उसका लेखा इस पुस्तक में करते हैं।

5. **विक्रय वापसी पुस्तक** (Sales Return Books) उधार विक्रय किए हुए माल का वह भाग, जो क्रेता द्वारा वापस कर दिया जाता है, उसका लेखा इस पुस्तक में करते हैं।
6. **प्राप्य बिल पुस्तक** (Bills Receivable Book) इस पुस्तक में उन सभी विपत्रों का लेखा किया जाता है, जो अन्य पक्षों द्वारा व्यवसायी के नाम बेचान किए गए हों अर्थात् जिनकी धनराशि व्यापारी को प्राप्त करनी है।
7. **देय बिल पुस्तक** (Bills Payable Book) इस पुस्तक में उन सभी विपत्रों का लेखा किया जाता है, जो व्यापारी द्वारा स्वीकार किए गए हैं अर्थात् जिनका व्यापारी को भुगतान करना है।
8. **मुख्य जर्नल** (Main Journal) जिन प्रविष्टियों का लेखा उपरोक्त में से किसी भी पुस्तक में नहीं होता, उनका लेखा रोजनामचे में किया जाता है।

अभ्यास प्रश्न

रोजनामचा

1. व्यापारिक बहीखाता पद्धति को अन्य किस नाम से जाना जाता है?
(a) दोहरा लेखा प्रणाली (b) पाश्चात्य बहीखाता प्रणाली
(c) 'a' और 'b' दोनों (d) इनमें से कोई नहीं

2. 'डेबिट' शब्द कौन-सी भाषा के शब्द से लिया गया है?
(a) लैटिन (b) जर्मन
(c) फ्रेंच (d) इनमें से कोई नहीं

3. अन्तिम खाते में सम्मिलित है
(a) व्यापार खाता (b) लाभ-हानि खाता
(c) आर्थिक चिट्ठा (d) ये सभी

4. दोहरा लेखा प्रणाली की प्रधान पुस्तक किसे कहा जाता है?
(a) रोजनामचा (जर्नल) को (b) स्मरण बही को
(c) क्रय बही को (d) विक्रय बही को

5. .... व्यापारिक व्यवहारों को लिखने की प्रारम्भिक बही है।
(a) स्मारक बही (b) रोजनामचा
(c) सहायक बहियाँ (d) इनमें से कोई नहीं

6. 'जर्नल' शब्द की उत्पत्ति 'Jour' शब्द से हुई है, जोकि एक .... शब्द है।
(a) लैटिन (b) जर्मन
(c) फ्रेंच (d) जापानी

7. जर्नल प्रविष्टि करते समय दूसरी पंक्ति में .... किए जाने वाले खाते का नाम लिखा जाता है।
(a) धनी (b) ऋणी
(c) 'a' अथवा 'b' (d) इनमें से कोई नहीं

8. पूँजी खाता है
(a) नाममात्र खाता (b) व्यक्तिगत खाता
(c) वास्तविक खाता (d) इनमें से कोई नहीं

9. बैंक खाता है
(a) वास्तविक खाता (b) व्यक्तिगत खाता
(c) अवास्तविक खाता (d) इनमें से कोई नहीं

10. वास्तविक खाते का सम्बन्ध होता है
(a) देनदारों तथा लेनदारों से
(b) व्यय तथा आय से
(c) सम्पत्तियों तथा दायित्वों से
(d) उपरोक्त में से कोई नहीं

11. रोकड़ खाता है
(a) वास्तविक खाता (b) व्यक्तिगत खाता
(c) अवास्तविक खाता (d) इनमें से कोई नहीं

12. क्रय खाता है
(a) व्यक्तिगत खाता (b) सम्पत्ति खाता
(c) नाममात्र खाता (d) इनमें से कोई नहीं

13. निम्नलिखित में से कौन-सा खाता नाममात्र खाता है?
(a) देनदार खाता (b) रोकड़ खाता
(c) ऋण खाता (d) वेतन खाता

14. निम्नलिखित में से कौन-सा खाता अवास्तविक खाता है?
(a) रोकड़ खाता (b) ऋण खाता
(c) मजदूरी खाता (d) यन्त्र खाता

15. नकद पूँजी से व्यापार आरम्भ करने पर व्यवसायी द्वारा व्यवसाय की पुस्तकों में ऋणी किया जाएगा
(a) व्यवसायी का पूँजी खाता (b) रोकड़ खाता
(c) आहरण खाता (d) इनमें से कोई नहीं

16. राकेश से ₹ 2,000 प्राप्त हुए, इस व्यवहार में किया जाएगा
(a) रोकड़ खाता ऋणी तथा राकेश का व्यक्तिगत खाता धनी
(b) राकेश का व्यक्तिगत खाता ऋणी तथा रोकड़ खाता धनी
(c) 'a' और 'b' दोनों
(d) उपरोक्त में से कोई नहीं

17. मशीन खाता डेबिट करना चाहिए
(a) मशीन खाते में (b) माल खाते में
(c) यन्त्र खाते में (d) इनमें से कोई नहीं

18. माल का ऑर्डर प्राप्त होने पर धनी किया जाएगा
(a) माल खाते को (b) विक्रय खाते को
(c) कोई लेखा नहीं बनेगा (d) ये सभी

19. एक मशीन को ₹ 5,00,000 में खरीदा गया तथा इसे खरीदने के सम्बन्ध में ₹ 5,000 का व्यय हुआ। पुस्तकों में मशीन खाता कितनी धनराशि से ऋणी किया जाएगा?
(a) ₹ 55,000 (b) ₹ 4,95,000
(c) ₹ 5,50,000 (d) इनमें से कोई नहीं

20. यदि किसी व्यवहार विशेष में नकद छूट तथा व्यापारिक छूट दोनों दी गई हों, तो सर्वप्रथम किस छूट को सूची मूल्य से घटाया जाएगा?
(a) नकद छूट को (b) व्यापारिक छूट को
(c) 'a' और 'b' दोनों (d) ये सभी

21. लालू ने पप्पू से ₹ 40,000 का माल 15% व्यापारिक छूट पर क्रय किया तथा तुरन्त भुगतान करके 10% की अतिरिक्त नकद छूट प्राप्त की। लालू अपनी पुस्तकों में क्रय खाता कितने रुपये से ऋणी करेगा?
(a) ₹ 30,000 (b) ₹ 34,000 (c) ₹ 40,000 (d) ₹ 38,000

22. व्यापारी का जीवन बीमा कराने पर व्यापार द्वारा ऋणी किया जाएगा
(a) आहरण खाता (b) ऋण खाता
(c) पूँजी खाता (d) इनमें से कोई नहीं

23. संयुक्त प्रविष्टियाँ सम्भव हैं
(a) जब एक खाता ऋणी तथा अनेक खाते धनी हों
(b) जब एक खाता धनी तथा अनेक खाते ऋणी हों
(c) जब अनेक खाते ऋणी तथा अनेक खाते धनी हों
(d) उपरोक्त सभी

24. प्रत्येक वर्ष के प्रारम्भ में शेषों को नई पुस्तकों में लिखने हेतु की जाने वाली प्रविष्टि को ……… कहते हैं।
(a) अन्तिम प्रविष्टि (b) प्रारम्भिक प्रविष्टि
(c) व्यक्तिगत प्रविष्टि (d) ये सभी

25. पूँजी की राशि है
(a) सम्पत्तियाँ–दायित्व (b) दायित्व–सम्पत्तियाँ
(c) आय–व्यय (d) शुद्ध लाभ–व्यय

खाताबही

26. खातों का वर्गीकरण एवं संग्रह किया जाता है
(a) चिट्ठे में (b) खाताबही में (c) रोकड़ बही में (d) जर्नल में

27. खाताबही तैयार की जाती है
(a) जर्नल से (b) सहायक बहियों से
(c) 'a' और 'b' दोनों से (d) रोकड़ से

28. जर्नल के बाद क्या तैयार किया जाता है?
(a) तलपट (b) अन्तिम खाते
(c) खाताबही (d) इनमें से कोई नहीं

29. निम्न में से स्थायी अभिलेख है
(a) जर्नल (रोजनामचा) (b) खाताबही
(c) सहायक बही (d) इनमें से कोई नहीं

30. J.F. के कॉलम में लिखते हैं
(a) रोकड़ पन्ना सं. (b) खाताबही पन्ना सं.
(c) जर्नल पन्ना सं. (d) इनमें से कोई नहीं

31. निम्न में से कौन-सा कार्य खतौनी कहलाता है?
(a) खातों के शेष निकालना
(b) खातों के दोनों पक्षों की तुलना करना
(c) खातों के शेष से तलपट तैयार करना
(d) जर्नल या सहायक बहियों से लेन-देन को खाताबही में लिखना

32. मुकेश को ₹ 10,000 का माल विक्रय किया। इस लेन-देन की खतौनी होगी
(a) विक्रय खाते के डेबिट एवं मुकेश खाते के क्रेडिट पक्ष में
(b) मुकेश खाते के डेबिट एवं विक्रय खाते के क्रेडिट पक्ष में
(c) मुकेश खाते के डेबिट एवं रोकड़ खाते के क्रेडिट पक्ष में
(d) रोकड़ खाते के डेबिट एवं मुकेश खाते के क्रेडिट पक्ष में

33. रोकड़ खाते का शेष होता है
(a) डेबिट (b) क्रेडिट
(c) 'a' और 'b' दोनों (d) इनमें से कोई नहीं

34. रोकड़ खाते का डेबिट शेष ₹ 5,000 है, इस खाते को बन्द करने के लिए विवरण के खाने में लिखा जाएगा
(a) To Balance c/d (b) By Balance c/d
(c) To Balance b/d (d) By Balance b/d

35. बैंक खाते का डेबिट शेष है, इस खाते को बन्द करने के लिए विवरण के खाने में लिखा जाएगा
(a) To Balance b/d (b) By Balance b/d
(c) To Balance c/d (d) By Balance c/d

36. बैंक अधिविकर्ष का शेष होता है
(a) डेबिट (b) क्रेडिट
(c) डेबिट एवं क्रेडिट कोई भी (d) इनमें से कोई नहीं

37. परेश को ₹ 5,000 किराया चुकाया खतौनी होगी
(a) किराया खाते के डेबिट पक्ष में एवं रोकड़ खाते के क्रेडिट पक्ष में
(b) रोकड़ खाते के डेबिट पक्ष में एवं किराया खाते के क्रेडिट पक्ष में
(c) परेश के खाते के डेबिट पक्ष में एवं रोकड़ खाते के क्रेडिट पक्ष में
(d) परेश के खाते के डेबिट पक्ष में एवं किराया खाते के क्रेडिट पक्ष में

38. मिश्रित प्रविष्टि में किया जाता है
(a) एक से अधिक खातों को ऋणी
(b) एक से अधिक खातों को धनी
(c) 'a' और 'b' दोनों
(d) उपरोक्त में से कोई नहीं

39.

Cash A/c	Dr	10,000	
To Ram			6,000
To Mohan			4,000

उपरोक्त प्रविष्टि की रोकड़ खाते (Cash A/c) में क्या खतौनी की जाएगी?
(a) राम का खाता ₹ 6,000 से धनी किया जाएगा
(b) मोहन का खाता ₹ 4,000 से ऋणी किया जाएगा
(c) राम के खाते को ₹ 6,000 एवं मोहन के खाते को ₹ 4,000 से धनी किया जाएगा
(d) राम के खाते को ₹ 6,000 एवं मोहन के खाते को ₹ 4,000 से ऋणी किया जाएगा

प्रारम्भिक लेखे की बहियाँ

40. प्रारम्भिक लेखे की सहायक बहियों में सम्मिलित किया जाता है
(a) क्रय बही को (b) विक्रय बही को
(c) देय विपत्र बही को (d) इन सभी को

41. प्रारम्भिक लेखे की सहायक बहियों में सर्वश्रेष्ठ बही कौन-सी है?
(a) रोकड़ बही (b) क्रय बही
(c) देय विपत्र बही (d) प्राप्य विपत्र बही

42. रोकड़ पुस्तक है
(a) प्रारम्भिक प्रविष्टि की पुस्तक
(b) खाताबही
(c) तलपट
(d) उपरोक्त में से कोई नहीं

43. रोकड़ पुस्तक में सम्मिलित है
(a) केवल नकद प्राप्तियाँ
(b) केवल नकद भुगतान
(c) केवल नकद खरीद एवं विक्रय
(d) समस्त नकद प्राप्तियाँ एवं भुगतान

44. जब कोई संस्था अपने यहाँ साधारण रोकड़ बही तैयार करती है, तो इस स्थिति में उसे .... बनाने की आवश्यकता नहीं होती है।
(a) रोकड़ खाता (b) क्रय बही
(c) विक्रय बही (d) प्राप्य विपत्र बही

45. रोकड़ पुस्तक में रोकड़ खाने का शेष होता है
(a) ऋणी (डेबिट) (b) धनी (क्रेडिट)
(c) अधिविकर्ष (d) ये सभी

46. साधारण रोकड़ बही में निम्न में से किसका लेखा नहीं किया जाता है?
(a) नकद क्रय (b) नकद विक्रय
(c) नकद छूट (d) इनमें से कोई नहीं

47. कटौती खाता है
(a) वास्तविक खाता (b) व्यक्तिगत खाता
(c) अवास्तविक खाता (d) ये सभी

48. रोकड़ बही के कटौती खाने का
(a) शेष निकाला जाता है
(b) योग किया जाता है
(c) शेष तथा योग दोनों निकाले जाते हैं
(d) उपरोक्त में से कोई नहीं

49. तीन खानों वाली रोकड़ बही में धनराशि का खाना होता है
(a) बैंक (b) छूट (c) रोकड़ (d) ये सभी

50. विपरीत लेखे में मद प्रभावित होती है
(a) रोकड़ खाता (b) बैंक खाता
(c) 'a' और 'b' दोनों (d) छूट खाता

51. किसी ग्राहक द्वारा सीधे व्यवसाय के बैंक खाते में रुपया जमा कराने पर इसे रोकड़ बही में दर्शाया जाएगा
(a) रोकड़ बही के ऋणी पक्ष के बैंक खाने में
(b) रोकड़ बही के ऋणी पक्ष के रोकड़ खाने में
(c) रोकड़ बही के धनी पक्ष के बैंक खाने में
(d) रोकड़ बही के धनी पक्ष के रोकड़ खाने में

52. तीन खानों वाली रोकड़ बही के बैंक खाने का धनी शेष दर्शाता है
(a) अधिविकर्ष (b) बैंक में जमाराशि
(c) बैंक से निकाली राशि (d) इनमें से कोई नहीं

53. खुदरा रोकड़ बही में लेखा करने वाले को कहा जाता है
(a) लघु रोकड़िया (b) लिपिक रोकड़िया
(c) प्रधान रोकड़िया (d) बैंक रोकड़िया

54. लघु रोकड़िये को राशि प्राप्त होती है
(a) माह के अन्त में (b) माह के प्रारम्भ में
(c) माह की 10 तारीख को (d) कभी भी

55. क्रय बही के अवधि विशेष के योग की खतौनी किस खाते में की जाती है?
(a) क्रय खाते में (b) क्रय वापसी खाते में
(c) फर्नीचर खाते में (d) लाभ-हानि खाते में

56. व्यापारिक वस्तु की उधार खरीद को प्रविष्ट किया जाता है
(a) क्रय पुस्तक में (b) रोकड़ पुस्तक में
(c) प्राप्य विपत्र पुस्तक में (d) इनमें से कोई नहीं

57. उधार माल को वापस करने का कारण हो सकता है
(a) माल का आदेशानुसार न होना
(b) आदेशित मात्रा से अधिक मात्रा का होना
(c) बीजक से भिन्न मूल्य पर माल भेजना
(d) उपरोक्त सभी

58. विक्रय बही में लेखा किया जाता है
(a) उधार विक्रय का (b) उधार क्रय का
(c) उधार तथा नकद क्रय का (d) नकद क्रय का

59. विक्रय वापसी बही के अवधि विशेष के योग की खतौनी किस खाते में की जाती है?
(a) विक्रय वापसी खाते में (b) क्रय वापसी खाते में
(c) माल खाते में (d) लाभ-हानि खाते में

60. निम्न में से विपत्र का उदाहरण है
(a) विनिमय बिल (b) प्रतिज्ञा-पत्र
(c) हुण्डी (d) ये सभी

61. ग्राहक से प्राप्त स्वीकृति का लेखा किया जाएगा
(a) रोकड़ बही में (b) क्रय बही में
(c) प्राप्य विपत्र बही में (d) देय विपत्र बही में

62. अशुद्धियों के सुधार हेतु लेखे किस सहायक बही में किए जाते हैं?
(a) मुख्य रोजनामचा में (b) रोकड़ बही में
(c) क्रय बही में (d) विक्रय बही में

63. मुख्य रोजनामचा में लेखे किए जाते हैं
(a) त्रुटि सुधार के लेखे (b) प्रारम्भिक प्रविष्टि
(c) अन्तिम प्रविष्टि (d) ये सभी

उत्तरमाला

1.	(c)	2.	(a)	3.	(d)	4.	(a)	5.	(a)	6.	(c)	7.	(a)	8.	(b)	9.	(b)	10.	(d)
11.	(a)	12.	(c)	13.	(d)	14.	(c)	15.	(b)	16.	(a)	17.	(a)	18.	(c)	19.	(d)	20.	(b)
21.	(b)	22.	(a)	23.	(d)	24.	(b)	25.	(a)	26.	(b)	27.	(a)	28.	(c)	29.	(b)	30.	(c)
31.	(d)	32.	(b)	33.	(a)	34.	(b)	35.	(d)	36.	(b)	37.	(a)	38.	(c)	39.	(d)	40.	(d)
41.	(a)	42.	(a)	43.	(d)	44.	(a)	45.	(a)	46.	(c)	47.	(c)	48.	(b)	49.	(d)	50.	(c)
51.	(a)	52.	(a)	53.	(a)	54.	(b)	55.	(a)	56.	(a)	57.	(d)	58.	(a)	59.	(a)	60.	(d)
61.	(c)	62.	(a)	63.	(d)														

अध्याय 19

तलपट एवं अशुद्धियों का सुधार

Trial Balance and Rectification of Errors

तलपट का अर्थ Meaning of Trial Balance

एक निश्चित तिथि को खाताबही में की गयी खतौनी की गणितीय शुद्धता की जाँच करने के लिए खातों के शेषों अथवा योग को सूचीबद्ध किया जाता है, जिसे तलपट कहते हैं। तलपट को खातों का सारांश, विवरण-पत्र या सूची-पत्र भी कहा जाता है।

तलपट के दो पक्ष होते हैं, डेबिट व क्रेडिट। जिन खातों के डेबिट योग या शेष होते हैं, उन्हें तलपट के डेबिट पक्ष में लिखा जाता है और जिन खातों के क्रेडिट योग या शेष होते हैं, उन्हें तलपट के क्रेडिट पक्ष में लिखा जाता है। यदि तलपट के डेबिट एवं क्रेडिट दोनों पक्षों का योग बराबर आ जाता है, तो यह माना जाता है कि खाताबही गणितीय रूप से सही है।

स्पाइसर एण्ड **पैगलर** के अनुसार, "एक निश्चित तिथि को प्रत्येक व्यवहार का दोहरा लेखा किया जाता है तब खातों के शेषों की सूची बनाई जाती है, इस सूची को तलपट कहते हैं।"

पिकिल्स के अनुसार, "लेखा अवधि के अन्त में या किसी भी तिथि को खाताबही में खुले हुए खातों के शेष निकालकर विभिन्न जर्नलों की जाँच करने के लिए बनाई गई सूची तलपट है, जिससे यह पता लगाया जा सकता है कि डेबिट तथा क्रेडिट योग बराबर है।"

तलपट की विशेषताएँ
Characteristics of Trial Balance

तलपट की प्रमुख विशेषताएँ निम्न प्रकार हैं—

1. तलपट खाता नहीं है बल्कि यह समस्त खातों की सूची है।
2. तलपट को खाताबही से तैयार किया जाता है। अतः इसकी आधार बही खाताबही होती है।
3. तलपट से अन्तिम खाते तैयार किए जाते हैं। यह अन्तिम खातों को बनाने में सहायक होता है।
4. खातों की गणितीय शुद्धता की जाँच के लिए यह वर्ष के मध्य में भी आवश्यकतानुसार बनाया जा सकता है, परन्तु वित्तीय वर्ष के अन्त में तलपट तैयार करना अनिवार्य है।

तलपट बनाने के उद्देश्य/महत्त्व/लाभ
Objectives/Importance/Advantages of Trial Balance

तलपट बनाने के उद्देश्य निम्न प्रकार हैं—

1. **खाताबही की गणितीय शुद्धता की जाँच** तलपट बनाने का मुख्य उद्देश्य जर्नल से खाताबही में की गई खतौनी की जाँच करना होता है। यदि सभी लेन-देनों की खतौनी शुद्ध है, तो तलपट के दोनों पक्षों (डेबिट एवं क्रेडिट) का योग बराबर होगा।
2. **अन्तिम शेषों की जानकारी** तलपट बनाने का एक विशेष उद्देश्य यह भी होता है कि इससे व्यवसाय के किसी भी खाते का शेष ज्ञात किया जा सकता है, क्योंकि तलपट में खाताबही के सभी खातों के शेष एक ही स्थान पर आ जाते हैं।
3. **अन्तिम खाते बनाने का आधार** तलपट बनाए जाने पर अन्तिम खाते (व्यापारिक एवं लाभ-हानि खाता तथा आर्थिक चिट्ठा) बनाने के लिए प्रत्येक खाते को अलग-अलग देखने की आवश्यकता नहीं पड़ती है। इससे समय एवं श्रम दोनों की बचत होती है।
4. **खाताबही का संक्षिप्त विवरण** तलपट में निश्चित तिथि को खाताबही के खातों के शेष दिए जाते हैं। इस प्रकार सम्पूर्ण खाताबही तलपट के रूप में संक्षिप्त कर दी जाती है। किसी भी खाते की स्थिति की जानकारी तलपट से प्राप्त हो जाती है। इसके लिए खाताबही को देखने की आवश्यकता तभी होगी, जबकि खातों का विस्तृत विवरण देखना हो।
5. **दोहरा लेखा सिद्धान्त की जाँच** दोहरा लेखा प्रणाली के अनुसार प्रत्येक लेन-देन को डेबिट और क्रेडिट दो पक्षों में बाँटकर लिखा जाता है। जितनी राशि डेबिट पक्ष में होती है, उतनी ही राशि क्रेडिट पक्ष में भी लिखी जाती है। अतः तलपट से यह ज्ञात किया जा सकता है कि दोहरा लेखा सिद्धान्त का पालन हुआ है या नहीं।

6. **तुलनात्मक निर्णय** दो वर्षों या दो समयों के तलपटों से खातों के शेषों की तुलना सरलता से हो जाती है, जिससे कई महत्त्वपूर्ण निष्कर्ष निकाले जा सकते हैं।

तलपट बनाने की विधियाँ

Methods of Preparing Trial Balance

तलपट बनाने की प्रमुख विधियाँ निम्नलिखित हैं—

1. **योग विधि** (Total Method) जब योग विधि द्वारा तलपट बनाया जाता है, तो खाताबही के प्रत्येक खाते के डेबिट तथा क्रेडिट पक्ष का योग अलग-अलग किया जाता है। तलपट में खाते का नाम लिखकर उसके डेबिट एवं क्रेडिट खाने के योग को लिख दिया जाता है। इसके पश्चात् तलपट का योग किया जाता है। डेबिट एवं क्रेडिट खाने का योग बराबर होता है, तो इसका आशय यह होता है कि खतौनी कार्य में कोई गणितीय अशुद्धि नहीं है।
2. **शेष विधि** (Balance Method) तलपट बनाने की यह सर्वोत्तम विधि है। खाताबही में समस्त खातों के अन्तिम शेष ज्ञात कर लिए जाते हैं। खाताबही में जिस खाते का डेबिट शेष होता है, उसे तलपट के डेबिट खाने में लिख दिया जाता है और जिस खाते का क्रेडिट शेष होता है, उसकी शेष राशि तलपट के क्रेडिट के खाने में लिख दी जाती है, जिन खातों का कोई शेष नहीं होता अर्थात् जिनके दोनों पक्षों का योग बराबर होता है, उन्हें तलपट में नहीं दिखाया जाता। इस विधि द्वारा बनाए गए तलपट को 'शुद्ध तलपट' भी कहते हैं।

नोट *प्रश्न में सूचना के अभाव में शेष विधि से ही तलपट बनाया जाना चाहिए।*

3. **योग एवं शेष विधि** (Total and Balance Method) तलपट बनाने की इस विधि में पहली और दूसरी दोनों विधियों का प्रयोग किया जाता है। इस विधि में धनराशि के लिए चार खाने बनाए जाते हैं। प्रथम दो खाने योग विधि के लिए और शेष दो खाने शेष विधि के लिए। इस विधि से जाँच और सम्पूर्ण सूचनाएँ तो प्राप्त हो ही जाती हैं, किन्तु समय अधिक लगने के कारण यह विधि प्रचलित नहीं है।

तलपट के मिलान को प्रभावित न करने वाली अशुद्धियाँ

Errors not Affecting the Total of Trial Balance

खाताबही में खोले गए खातों की गणितीय शुद्धता की जाँच करने के उद्देश्य से तलपट बनाया जाता है। तलपट के डेबिट तथा क्रेडिट, दोनों पक्षों का योग मिल जाने से यह मान लिया जाता है कि खाताबही में कोई गणितीय अशुद्धि नहीं रही है, परन्तु यह पूर्णतया सत्य नहीं है, क्योंकि कई ऐसी अशुद्धियाँ भी होती हैं, जो तलपट के मिलान या योग पर कोई प्रभाव नहीं डालती हैं। ऐसी अशुद्धियों का तलपट से पता नहीं चल पाता है। अत: तलपट का योग मिल जाना खातों की पूर्ण शुद्धता का अकाट्य प्रमाण नहीं है। *निम्नांकित अशुद्धियाँ ऐसी अशुद्धियाँ हैं, जो तलपट पर प्रभाव नहीं डालती हैं—*

1. **भूल की अशुद्धियाँ** (Errors of Omission) यदि कोई लेन-देन प्रारम्भिक लेखा पुस्तकों में लिखने से छूट जाए तो उसकी खाताबही में भी खतौनी नहीं होगी। इस भूल के कारण तलपट के मिलान पर कोई प्रभाव नहीं पड़ेगा। इसी प्रकार, कोई लेखा जर्नल से खाताबही के दोनों पक्षों में खताने से छूट जाए तो उसका भी तलपट पर कोई प्रभाव नहीं पड़ेगा।

   उदाहरण—दिपेश को ₹ 5,000 का माल बेचा। यदि लेन-देन विक्रय बही में ही लिखने से छूट जाए तो इससे खतौनी न तो विक्रय खाते में होगी और न ही दिपेश के व्यक्तिगत खाते में। अत: इससे तलपट प्रभावित नहीं होगा।

2. **क्षतिपूरक अशुद्धियाँ** (Compensating Errors) ऐसी अशुद्धियाँ, जो एक-दूसरे के प्रभाव को समाप्त कर देती हैं, क्षतिपूरक अशुद्धियाँ कहलाती हैं। ऐसी अशुद्धियों के द्वारा एक अशुद्धि की क्षतिपूर्ति दूसरी अशुद्धि से स्वत: हो जाती है। क्षतिपूर्ति हो जाने से इन अशुद्धियों का तलपट पर कोई प्रभाव नहीं पड़ता है। इस प्रकार की अशुद्धियाँ दो या दो से अधिक होती हैं।

   उदाहरण—मुकेश के खाते में डेबिट की ओर ₹ 5,000 कम लिखे गए, परन्तु सुरेश के खाते में डेबिट की ओर ₹ 5,000 अधिक लिख दिए तो एक अशुद्धि से दूसरी की क्षतिपूर्ति हो गई, जिससे इसका तलपट पर कोई प्रभाव नहीं पड़ेगा।

3. **हिसाब सम्बन्धी अशुद्धियाँ** (Errors of Commission) इन अशुद्धियों में गणितीय अशुद्धियाँ आती हैं। ऐसी अशुद्धियाँ लेखा करते समय या खतौनी करते समय हो सकती हैं। प्रारम्भिक लेखा पुस्तकों में गलत राशि लिख देने पर, गलत जोड़ लगा देने पर या गलत राशि से खतौनी कर देने पर हुई गलतियाँ हिसाब सम्बन्धी अशुद्धियाँ कहलाती हैं। इनमें से कुछ अशुद्धियों का तलपट पर प्रभाव पड़ता है, कुछ का प्रभाव नहीं पड़ता है।

   उदाहरण—₹ 2,745 का माल सोनाली को विक्रय किया, किन्तु विक्रय बही में इसका लेखा ₹ 2,754 से हो गया। इससे विक्रय खाते और सोनाली दोनों के खातों में खतौनी ₹ 2,754 से होगी, जिससे तलपट प्रभावित नहीं होगा।

4. **सिद्धान्त की अशुद्धियाँ** (Errors of Principle) जब लेन-देन की प्रारम्भिक प्रविष्टियाँ करते समय दोहरा लेखा प्रणाली के सिद्धान्तों एवं लेखाशास्त्र के नियमों की अवहेलना की जाती है, तब होने वाली अशुद्धियों को 'सैद्धान्तिक अशुद्धियाँ' कहा जाता है।

   उदाहरण—मशीनरी स्थापना व्यय को मशीन खाते में डेबिट न करके मरम्मत खाते को डेबिट कर दिया जाए तो यह सैद्धान्तिक अशुद्धि होगी तथा तलपट को प्रभावित नहीं करेगी।

उपरोक्त अशुद्धियाँ तलपट को प्रभावित नहीं करती हैं, इसलिए इनका पता लगाना कठिन होता है। प्राय: खातों का अंकेक्षण (Audit) करते समय ऐसी अशुद्धियों का पता चलता है। ऐसी अशुद्धियों का आवश्यक समायोजन अन्तिम खाते बनाने से पूर्व कर लेना चाहिए।

उचन्त खाता द्वारा तलपट का योग बराबर करना

Balancing of Trial Balance by Suspense Account

अन्तर की राशि से उचन्ती खाता उस पक्ष में खोला जाता है, जिस पक्ष का योग कम हो। यदि तलपट के ऋणी पक्ष का योग, धनी पक्ष के योग से अधिक होता है, तो विवरण वाले खाने में उचन्त खाता लिखकर धनी पक्ष वाले खाने में अन्तर की राशि को लिख दिया जाता है। इसी प्रकार यदि ऋणी पक्ष का योग, धनी पक्ष के योग से कम होता है, तो ऋणी पक्ष वाले खाने में अन्तर की राशि को लिख दिया जाता है।

अशुद्धियों का सुधार Rectification of Errors

लेखांकन अभिलेख का सही एवं विश्वसनीय चित्र प्रस्तुत करने के लिए अशुद्धियों का पता लगाकर उनके सुधार हेतु आवश्यक लेखे करने की क्रिया को 'अशुद्धियों का सुधार' कहा जाता है। लेखाकर्म में हुई अशुद्धियों का सुधार प्रविष्टियों को काटकर अथवा मिटाकर नहीं करना चाहिए। अशुद्धियों का सुधार, सुधार प्रविष्टियों द्वारा किया जाता है।

नोट *लेखाकर्म में हुई अशुद्धियों को दूर करने हेतु जो प्रविष्टियाँ की जाती हैं, उन्हें सुधार प्रविष्टियाँ (Rectifying entries) कहते हैं।*

1. एकपक्षीय अशुद्धियाँ One-Sided Errors

एकपक्षीय अशुद्धियों से तात्पर्य ऐसी अशुद्धियों से है, जिनका प्रभाव केवल एक पक्ष पर पड़ता है अर्थात् ऐसी अशुद्धियाँ खाते के एक पक्ष को ही प्रभावित करती हैं; जैसे—हनुमान से ₹ 5,000 प्राप्त हुए।

उपरोक्त व्यवहार का लेखा 'रोकड़ बही' में कर दिया गया, परन्तु 'हनुमान के खाते' के क्रेडिट पक्ष में लेखा करना भूल गए। अत: अशुद्धि का प्रभाव केवल हनुमान के खाते के क्रेडिट पक्ष पर पड़ा है।

एकपक्षीय अशुद्धियों की दशाएँ Conditions of One-Sided Errors

एकपक्षीय अशुद्धियों की निम्नलिखित दशाएँ हैं—

(i) यदि किसी खाते में गलत राशि से लेखा कर दिया जाए।
(ii) यदि किसी सहायक बही का योग कम या अधिक लग जाए।
(iii) यदि किसी खाते में कम या अधिक राशि से खतौनी कर दी जाए।
(iv) यदि किसी खाते में खतौनी करना रह जाए।
(v) यदि किसी खाते के गलत पक्ष में खतौनी कर दी जाए।
(vi) यदि किसी खाते में दो बार खतौनी कर दी जाए।

एकपक्षीय अशुद्धियों के सुधार हेतु लेखा
Rectification of One-Sided Errors

जब तलपट बनाने के पश्चात् एकपक्षीय अशुद्धियों का पता चलता है, तो अशुद्धि सुधार हेतु 'जर्नल प्रविष्टि' की जाती है। एकपक्षीय अशुद्धियों में केवल एक पक्ष प्रभावित होता है। अत: दूसरे पक्ष में 'उचन्ती खाता' (Suspense Account) खोला जाता है।

2. द्विपक्षीय अशुद्धियाँ Double Sided Errors

द्विपक्षीय अशुद्धियों से तात्पर्य ऐसी अशुद्धियों से है, जिनका प्रभाव दोनों पक्षों पर पड़ता है अर्थात् ऐसी अशुद्धियाँ डेबिट तथा क्रेडिट, दोनों पक्षों को प्रभावित करती हैं।

द्विपक्षीय अशुद्धियों के सुधार
Rectification of Double Sided Errors

द्विपक्षीय अशुद्धियों का सुधार निम्न प्रकार किया जाता है—

(i) जो शुद्ध प्रविष्टि की जानी चाहिए थी, उसे लिखो।
(ii) गलत प्रविष्टि लिखो, जो पुस्तकों में लिखी गई है।
(iii) चरण (i) एवं (ii) के आधार पर सुधार प्रविष्टि लिखो

(a) *सुधार प्रविष्टि में निम्न पक्षों को डेबिट किया जाएगा—*
सही प्रविष्टि का डेबिट पक्ष
अथवा/और
गलत प्रविष्टि का क्रेडिट पक्ष

(b) *सुधार प्रविष्टि में निम्न पक्षों को क्रेडिट किया जाएगा—*
सही प्रविष्टि का क्रेडिट पक्ष
अथवा/और
गलत प्रविष्टि का डेबिट पक्ष

अभ्यास प्रश्न

1. तलपट होता है
(a) सहायक पुस्तक (b) रजिस्टर
(c) सूची (d) खाता

2. तलपट किस बही की सहायता से बनाया जाता है?
(a) खाताबही (b) रोकड़ बही
(c) क्रय बही (d) विक्रय बही

3. तलपट ………… पर आधारित है।
(a) दोहरा लेखा प्रणाली (b) एकल लेखा प्रणाली
(c) 'a' और 'b' दोनों (d) इनमें से कोई नहीं

4. तलपट बनाने के उद्देश्य हैं
(a) खातों के अन्तिम शेषों की जानकारी
(b) खाताबही की गणितीय शुद्धता की जाँच
(c) दोहरा लेखा प्रणाली के सिद्धान्त की जाँच
(d) उपरोक्त सभी

5. तलपट बनाने की विधियाँ हैं
(a) जोड़ विधि (b) अन्तर विधि
(c) जोड़ और अन्तर दोनों (d) ये सभी

6. खातों के शेष हस्तान्तरित किए जाते हैं
(a) व्यापार खाते में (b) लाभ-हानि खाते में
(c) तलपट में (d) आर्थिक चिट्ठे में

7. शेष विधि के द्वारा तैयार तलपट को ……… भी कहा जाता है।
(a) शुद्ध तलपट (b) सकल तलपट
(c) साधारण तलपट (d) नियोजन तलपट

8. अन्तिम स्टॉक तलपट में दिखाया जाता है
(a) डेबिट पक्ष में
(b) क्रेडिट पक्ष में
(c) तलपट के नीचे नोट के रूप में
(d) 'a' अथवा 'c'

9. विक्रय वापसी खाते का शेष होता है

(a) ऋणी (b) धनी
(c) कभी ऋणी, कभी धनी (d) इनमें से कोई नहीं

10. सभी सम्पत्तियों का शेष होता है

(a) डेबिट (b) क्रेडिट
(c) 'a' और 'b' दोनों (d) इनमें से कोई नहीं

11. अशुद्धियाँ हो सकती हैं

(a) भूल की अशुद्धियाँ (b) क्षतिपूरक अशुद्धियाँ
(c) हिसाब सम्बन्धी अशुद्धियाँ (d) ये सभी

12. फर्नीचर क्रय किया ₹ 5,000 और क्रय खाते को डेबिट कर दिया गया। यह अशुद्धि है

(a) हिसाब सम्बन्धी (b) भूल सम्बन्धी
(c) क्षतिपूरक सम्बन्धी (d) सैद्धान्तिक सम्बन्धी

13. श्याम से प्राप्त ₹ 12,000 राम के खाते में जमा कर दिए गए। यह अशुद्धि है

(a) भूल की अशुद्धि (b) सैद्धान्तिक अशुद्धि
(c) क्षतिपूरक अशुद्धि (d) हिसाब की अशुद्धि

14. तलपट का मिलान प्रभावित होता है

(a) केवल एकपक्षीय अशुद्धियों द्वारा
(b) केवल द्विपक्षीय अशुद्धियों द्वारा
(c) 'a' और 'b' दोनों के द्वारा
(d) उपरोक्त में से कोई नहीं

15. तलपट का मिलान न होने पर कौन-सा खाता खोला जाता है?

(a) व्यापार खाता (b) लाभ-हानि खाता
(c) उचन्त खाता (d) इनमें से कोई नहीं

16. तलपट बनाया जाता है

(a) खाताबही के खातों को एक जगह लिखने के लिए
(b) खाताबही के खातों की संख्या देखने के लिए
(c) लेखा पुस्तकों की गणितीय शुद्धता की जाँच के लिए
(d) सहायक बहियों में की गई खतौनी की जाँच के लिए

17. तलपट बनाते समय तलपट में शामिल न की जाने वाली मद है

(a) पूँजी खाता (b) प्रारम्भिक रहतिया
(c) आहरण खाता (d) अन्तिम रहतिया

18. तलपट का योग न मिलने पर खोले जाने वाले खाते को कहते हैं

(a) व्यापार खाता (b) लाभ-हानि खाता
(c) उचन्त खाता (d) पूँजी खाता

19. रमेश से प्राप्त ₹ 25,000 रमन के खाते में लिख दिए। यह अशुद्धि है

(a) सैद्धान्तिक अशुद्धि (b) हिसाब सम्बन्धी अशुद्धि
(c) भूल-चूक अशुद्धि (d) क्षतिपूरक अशुद्धि

20. रमेश को माल बेचा जिसका लेखा नहीं हुआ। उपरोक्त में अशुद्धि हुई

(a) भूल-चूक अशुद्धि (b) लेखे की अशुद्धि
(c) क्षतिपूरक अशुद्धि (d) सैद्धान्तिक अशुद्धि

21. भवन निर्माण का व्यय भवन मरम्मत खाते में नाम लिख दिया यह अशुद्धि होगी

(a) भूल की अशुद्धि (b) हिसाब की अशुद्धि
(c) सैद्धान्तिक अशुद्धि (d) क्षतिपूरक अशुद्धि

22. तलपट के योग में ₹ 5,000 का अन्तर होगा, यदि

(a) ₹ 5,000 का विक्रय पुस्तक में लिखना भूल जाए
(b) वेतन चुकाया ₹ 2,500 तथा मजदूरी खाते में लिख दिया
(c) राम से प्राप्त ₹ 2,500 उसे नाम लिख दिया
(d) ₹ 5,000 का क्रय का लेखा नहीं किया

23. राम को ₹ 456 की बिक्री का लेखा क्रय बही में ₹ 564 कर दिया गया तथा राम के खाते में ₹ 654 डेबिट खाता दिया गया। इन अशुद्धि के कारण तलपट के योग में अन्तर होगा

(a) ₹ 1,218 (b) ₹ 1,110
(c) ₹ 198 (d) ₹ 90

24. निम्नलिखित में से सैद्धान्तिक अशुद्धि का उदाहरण है

(a) श्याम को ₹ 500 का विक्रय पुस्तकों में नहीं लिखा गया
(b) श्याम को भुगतान किए गए ₹ 300 उसके खाते में ₹ 200 लिखे
(c) फर्नीचर क्रय के व्यय ₹ 2,000 मरम्मत खाते में लिख दिए
(d) किसी एक ही सौदे को श्याम के खाते में दो बार लिख दिया

25. रजनी को ₹ 2,000 के पूर्ण भुगतान में ₹ 1,900 चुकाए, उसके खाते में ₹ 2,100 जमा कर दिए, सुधार प्रविष्टि में उचन्ती खाता होगा

(a) ₹ 2,100 नाम (b) ₹ 4,100 जमा
(c) ₹ 4,100 से नाम (d) ₹ 3,900 से जमा

26. गत वर्ष उधार क्रय ₹ 500 का लेखा क्रय वापसी बही में कर दिया था। चालू वर्ष में नाम करेंगे

(a) क्रय व क्रय वापसी खाता (b) पूँजी खाता
(c) लाभ-हानि समायोजन खाता (d) विक्रय खाता

27. राम ने मकान खरीदा इसके पंजीयन के व्यय ₹ 2,000 चुकाए। यह व्यय कानूनी व्यय खाते में नाम कर दिए। यह अशुद्धि है

(a) सैद्धान्तिक अशुद्धि
(b) भूल की अशुद्धि
(c) हिसाब की अशुद्धि
(d) क्षतिपूरक अशुद्धि

28. उचन्त खाते के जमा पक्ष का योग ₹ 2,800 तथा नाम पक्ष का योग ₹ 2,000 है। अन्तर की राशि ₹ 800 अन्तिम खातों में दिखाई जाएगी

(a) व्यापार खाते के जमा पक्ष में
(b) लाभ-हानि खाते के जमा पक्ष में
(c) चिट्ठे के सम्पत्ति पक्ष में
(d) चिट्ठे के दायित्व पक्ष में

29. निम्न में से कौन-सी अशुद्धि तलपट को प्रभावित नहीं करेगी?

(a) क्रय बही का योग ₹ 500 अधिक लग गया
(b) बट्टे खाते के डेबिट पक्ष की खतौनी नहीं की
(c) राम को चुकाई राशि राजा के खाते में जमा कर दी
(d) क्रय वापसी का लेखा विक्रय वापसी बही में कर दिया

30. निम्नलिखित अशुद्धियों में से तलपट के मिलान पर प्रभाव डालने वाली अशुद्धि है

(a) मशीन खरीदने पर गाड़ी भाड़ा दिया ₹ 2,000, जिसको गाड़ी भाड़ा खाते में लिख दिया
(b) ₹ 15,000 के उधार क्रय को विक्रय वापसी बही में लिख दिया
(c) सोहन से प्राप्त ₹ 5,000 मोहन के खाते में लिख दिए
(d) ₹ 10,000 के लेनदार लेनदारों की सूची में नहीं लिखे

31. निम्न में से कौन–सी अशुद्धि व्यापार खाता, लाभ–हानि खाता तथा चिट्ठा तीनों को प्रभावित करेगी?
(a) देय बट्टे की राशि ₹ 200 बट्टे खाते के जमा पक्ष में लिख दी
(b) आवक गाड़ी भाड़ा ₹ 500 जावक गाड़ी भाड़े में लिख दिया
(c) रमेश से ₹ 500 का माल खरीदा किन्तु उसे विक्रय वापसी बही में लिख दिया
(d) स्वामी ने ₹ 500 का माल निजी प्रयोग में लिखा उसे व्यापारिक व्यय खाते में लिख दिया

32. प्रविष्टि का लेखा पुस्तकों में लिखने से छूट जाना कहलाता है
(a) क्षतिपूरक अशुद्धि (b) भूल-चूक की अशद्धि
(c) सैद्धान्तिक अशुद्धि (d) इनमें से कोई नहीं

33. मोनिका से प्राप्त ₹ 10,000 राधिका के खाते में क्रेडिट किए गए यह एक ……… है।
(a) क्षतिपूरक अशुद्धि (b) भूल-चूक अशुद्धि
(c) सैद्धान्तिक अशुद्धि (d) हिसाब की अशुद्धि

34. जब उधार विक्रय का लेखा क्रय बही में कर दिया जाता है, तो कौन–सी अशुद्धि घटित होती है?
(a) त्रुटिपूर्ण अशुद्धि (b) क्षतिपूरक अशुद्धि
(c) सैद्धान्तिक अशुद्धि (d) भूल की अशुद्धि

35. ज्योति को माल बेचा-इन व्यवहार की ज्योति के खाते के क्रेडिट पक्ष में खतौनी हो गई। यह …… सम्बन्धी अशुद्धि है।
(a) क्षतिपूरक (b) त्रुटिपूर्ण
(c) प्रारम्भिक लेखा (d) खाताबही

36. यदि कोई त्रुटि लेखांकन के आधारभूत मूल्यों में हुई हो, तो उसे कहते हैं
(a) भूल की अशुद्धि (b) त्रुटिपूर्ण अशुद्धि
(c) क्षतिपूरक अशुद्धि (d) सैद्धान्तिक अशुद्धि

37. जब कोई एक अशुद्धि दूसरी अशुद्धि के प्रभाव को समाप्त कर देती है, कहलाती है
(a) भूल-चूक अशुद्धि (b) सैद्धान्तिक अशुद्धि
(c) क्षतिपूरक अशुद्धि (d) हिसाब की अशुद्धि

38. अशुद्धियों का सुधार किया जा सकता है
(a) तलपट बनाने से पूर्व (b) तलपट बनाने के बाद
(c) अन्तिम खाते बनाने के बाद (d) ये सभी

39. निम्न में से किस परिस्थिति में एकपक्षीय अशुद्धि हो सकती है?
(a) क्रय बही का योग कम लगा
(b) विक्रय बही का योग अधिक लगा
(c) राम के खाते में खतौनी करना भूल गए
(d) उपरोक्त सभी

40. यदि खाते का ऋणी पक्ष कम हो गया है, तो सुधार हेतु
(a) खाते को ऋणी करेंगे
(b) खाते को धनी करेंगे
(c) खाते को दोगुनी राशि से ऋणी करेंगे
(d) खाते को दोगुनी राशि से धनी करेंगे

41. ऐसी अशुद्धि जो दोनों पक्षों को प्रभावित करती है
(a) एकपक्षीय अशुद्धि (b) द्विपक्षीय अशुद्धि
(c) त्रिपक्षीय अशुद्धि (d) इनमें से कोई नहीं

42. तलपट बनाने के पश्चात् अशुद्धि सुधार हेतु खोला जाता है
(a) लाभ-हानि खाता (b) व्यापार खाता
(c) उचन्ती खाता (d) लाभ-हानि समायोजन खाता

43. उचन्ती खाते का शेष होता है
(a) डेबिट शेष (b) क्रेडिट शेष
(c) 'a' और 'b' दोनों (d) इनमें से कोई नहीं

44. यदि उचन्ती खाता संशोधन के पश्चात् भी बन्द नहीं होता है, तो इससे आशय यह है कि
(a) पुस्तकों में कोई अशुद्धि नहीं है
(b) पुस्तकों में एकपक्षीय अशुद्धियाँ अभी विद्यमान हैं
(c) द्विपक्षीय अशुद्धियाँ विद्यमान हैं
(d) उपरोक्त 'a' और 'b' दोनों प्रकार की त्रुटियाँ विद्यमान हैं

45. उचन्त खाते का शेष लिखा जाता है
(a) आर्थिक चिट्ठे में
(b) व्यापार खाते में
(c) लाभ-हानि खाते में
(d) समायोजन खाते में

46. अन्तिम खाते बनाने के पश्चात् अशुद्धि सुधार हेतु खोला जाता है
(a) उचन्ती खाता
(b) पूँजी खाता
(c) लाभ-हानि समायोजन खाता
(d) व्यक्तिगत खाता

उत्तरमाला

1.	(c)	2.	(a)	3.	(a)	4.	(d)	5.	(d)	6.	(c)	7.	(a)	8.	(d)	9.	(a)	10.	(a)
11.	(d)	12.	(d)	13.	(c)	14.	(a)	15.	(c)	16.	(c)	17.	(d)	18.	(c)	19.	(b)	20.	(a)
21.	(c)	22.	(c)	23.	(a)	24.	(c)	25.	(b)	26.	(c)	27.	(a)	28.	(d)	29.	(c)	30.	(d)
31.	(d)	32.	(b)	33.	(d)	34.	(a)	35.	(b)	36.	(d)	37.	(c)	38.	(d)	39.	(d)	40.	(a)
41.	(b)	42.	(c)	43.	(c)	44.	(b)	45.	(a)	46.	(c)								

अध्याय 20

बैंक समाधान विवरण
Bank Reconciliation Statement

बैंक समाधान विवरण का अर्थ एवं परिभाषाएँ
Meaning and Definitions of Bank Reconciliation Statement

पास-बुक व रोकड़ बही दोनों में सभी प्रविष्टियाँ पूर्ण रूप से रिकॉर्ड की जाती हैं, लेकिन एक तिथि विशेष को यह सम्भव है कि दोनों पुस्तकों के शेष नहीं मिलते हों अर्थात् लेखे रोकड़ बही में तो रिकॉर्ड किए गए हों, लेकिन हो सकता है कि पास-बुक में न हों या इसके विपरीत हुए हों।

पास-बुक तथा रोकड़ बही के बैंक शेषों के न मिलने के कारणों का विश्लेषण किए जाने के बाद उनके समाधान हेतु प्रयास किए जाते हैं, जिसके लिए बैंक समाधान विवरण बनाया जाता है। इस प्रकार बैंक समाधान विवरण एक ऐसा प्रलेख है, जो व्यापारी द्वारा एक निश्चित तिथि पर अपनी इच्छानुसार अपनी रोकड़ बही के शेष का बैंक पास-बुक के शेष से मिलान करने हेतु तैयार किया जाता है।

विभिन्न विद्वानों द्वारा बैंक समाधान विवरण की परिभाषाएँ निम्नलिखित हैं—

प्रो. आर. जी. विलियम्स के अनुसार, "बैंक द्वारा ग्राहक के लिए प्रकट की गई शेष और ग्राहक की रोकड़ पुस्तक में आए शेष का मिलान करने के लिए जो विवरण-पत्र बनाया जाता है, उसे बैंक समाधान विवरण-पत्र कहा जाता है।"

विलियम पिकिल्स के अनुसार, "बैंक समाधान विवरण एक ऐसा विवरण है, जो न प्रस्तुत किए गए (Unpresented) और न वसूल हुए (Uncollected) चेकों के प्रभाव को प्रकट करता है।"

कार्टर के अनुसार, "बैंक समाधान विवरण एक ऐसा विवरण है, जो किसी ग्राहक द्वारा पास-बुक के शेष का रोकड़ बही द्वारा प्रदर्शित बैंक शेष से मिलान करने के लिए किसी विशेष तिथि को बनाया जाता है।"

बैंक समाधान विवरण बनाने की आवश्यकता
Need of Preparing Bank Reconciliation Statement

बैंक समाधान विवरण का बनाया जाना आवश्यक या अनिवार्य नहीं है, परन्तु निम्नलिखित उपयोगिताओं/उद्देश्य/महत्त्व के लिए इसे बनाया जाता है।

बैंक समाधान विवरण बनाने के मुख्य उद्देश्य निम्नलिखित हैं—

1. **रोकड़ बही में अशुद्धि-संशोधन** यदि रोकड़ बही में बैंक सम्बन्धी लेन-देनों में कोई अशुद्धि हो गई हो एवं कोई लेन-देन लिखने से रह गया हो (जैसे—बैंक द्वारा प्रदत्त ब्याज, बैंक व्यय, आदि), तो रोकड़ बही एवं पास-बुक का मिलान करने से ऐसी अशुद्धियों का पता लगाकर उन्हें संशोधित किया जा सकता है।
2. **बैंक सेवाओं पर उचित नियन्त्रण** यदि बैंक द्वारा व्यापारी को प्रदत्त सेवाओं में लापरवाही की जा रही है; जैसे—समय पर चेकों का भुगतान वसूल नहीं किया जा रहा हो, तो बैंक समाधान विवरण की सहायता से व्यापारी उपरोक्त जानकारी प्राप्त कर सकता है।
3. **भविष्य में चेक जारी करना** बैंक समाधान विवरण तैयार करने से व्यापारी को बैंक शेष की सही जानकारी प्राप्त हो जाती है, जिससे उसे भविष्य में चेक जारी करने में सुविधा होती है।
4. **भूल-चूक का ज्ञान** यदि व्यापारी और बैंक के द्वारा लेन-देन का लेखा करने में कोई भूल-चूक हो गई है, तो इसका ज्ञान बैंक समाधान विवरण द्वारा हो जाता है।
5. **चेक, बिल एवं हुण्डी के अनादरण का ज्ञान** व्यापारी द्वारा चेक, बिल एवं हुण्डी, आदि संग्रह हेतु बैंक में जमा कराए जाते हैं, तो इनका लेखा रोकड़ बही में कर दिया जाता है, परन्तु इनका अनादरण हो जाने पर बैंक द्वारा लेखा नहीं किया जाता है। इससे दोनों पुस्तकों के शेषों में अन्तर हो जाता है। अत: बैंक समाधान विवरण से चेक, बिल, हुण्डी, आदि के अनादरण का ज्ञान हो जाता है।
6. **अन्तर के कारणों का ज्ञान होना** पास-बुक और रोकड़ पुस्तक के शेष में अन्तर के कारण भी बैंक समाधान विवरण द्वारा ज्ञात हो जाते हैं।
7. **छलकपट की जानकारी** व्यवसाय के कर्मचारियों अथवा बैंक के कर्मचारियों द्वारा की गई किसी भी प्रकार की गड़बड़ी का पता बैंक समाधान विवरण तैयार करके लगाया जा सकता है तथा साथ ही उस पर नियन्त्रण भी स्थापित किया जा सकता है।

रोकड़ बही तथा पास-बुक के शेषों में अन्तर होने के कारण Reasons for Difference between Balance as per Cash Book and Balance as per Pass Book

सामान्यत: किसी तिथि को रोकड़ बही व पास-बुक के शेष का मिलान करने पर दोनों में अन्तर निम्न कारणों से हो सकता है—

1. **व्यापारी द्वारा चेक निर्गमित किए गए, परन्तु भुगतान के लिए प्रस्तुत नहीं हुए** (Cheques Issued not Presented for Payment) जब व्यापारी द्वारा लेनदारों को चेक से भुगतान किया जाता है, तो व्यापारी द्वारा उसी समय रोकड़ बही के क्रेडिट पक्ष में उसकी प्रविष्टि कर दी जाती है, जिससे बैंक शेष कम हो जाता है, परन्तु जिस व्यक्ति को यह चेक दिया गया है, यदि वह चेक भुगतान हेतु बैंक में प्रस्तुत नहीं करता, तो बैंक पास-बुक के शेष व रोकड़ बही के शेष में अन्तर आ जाता है। इसके अतिरिक्त बाहरी चेक के भुगतान होने में 4 से 5 दिन लग जाते हैं। अत: ऐसी स्थिति में रोकड़ बही के बैंक शेष और पास-बुक के शेष में अन्तर आ जाता है।
2. **व्यापारी द्वारा संग्रह हेतु चेक जमा कराना, परन्तु बैंक द्वारा धनराशि संग्रह न करपाना** (Cheques Deposited into Bank not yet Credited) व्यापारी को अपने ग्राहकों से जो चेक प्राप्त होते हैं, उन्हें बैंक में संग्रह हेतु भेज दिया जाता है। व्यापारी चेक को बैंक में संग्रह हेतु भेजते ही बैंक खाते को डेबिट कर बैंक शेष बढ़ा देता है, परन्तु बैंक व्यापारी के खाते में तब तक प्रविष्टि नहीं करता है जब तक कि वह सम्बन्धित व्यक्ति के खाते से धनराशि वसूल नहीं कर लेता है। इस प्रक्रिया में बैंक को समय लगता है। बाहरी चेक होने पर 4 से 5 दिन लग जाते हैं। इस कारण रोकड़ बही के शेष और पास-बुक के शेष में अन्तर आ जाता है।
3. **स्थायी आदेशानुसार बैंक द्वारा सीधे भुगतान करना** (Direct Payment by Bank under Standing Instructions) व्यापारी अपने बैंक को कुछ ऐसे भुगतान करने के स्थायी निर्देश दे देता है, जिनकी धनराशि व तिथि निश्चित होती है, जिससे व्यापारी खर्चों का भुगतान करना न भूल जाए; जैसे—बीमा प्रीमियम, बिजली का बिल, क्लब फीस, आदि। बैंक ये भुगतान निर्धारित तिथि को स्वयं ही करके इनका लेखा ग्राहक के खाते के डेबिट पक्ष में कर देता है, जबकि ग्राहक को इसकी सूचना न मिल पाने के कारण वह लेखा नहीं कर पाता है, जिससे दोनों के शेषों में अन्तर आ जाता है।
4. **ग्राहकों द्वारा सीधे बैंक को भुगतान करना** (Direct Deposits by Customers in Bank Account) यदि कोई ग्राहक सीधे व्यापारी के बैंक खाते में धनराशि जमा करा देता है, तो धनराशि बैंक खाते में जमा की जाती है और बैंक पास-बुक का शेष बढ़ जाता है, परन्तु व्यापारी को यह सूचना न होने के कारण वह इसका लेखा नहीं कर पाता है, जिससे दोनों के शेषों में अन्तर आ जाता है।
5. **बैंक द्वारा ब्याज या कोई खर्चा वसूल करना** (Bank Interest and Bank Charges Debited by Bank) बैंक समय-समय पर ग्राहक के खाते से अपनी सेवाओं के लिए कुछ धनराशि चार्ज करता है; जैसे—चेक बुक का खर्चा, डिमाण्ड ड्राफ्ट का खर्चा, संग्रह व्यय, लॉकर का किराया, आदि। इसी प्रकार बैंक अपने ग्राहकों को अधिविकर्ष (Overdraft) की सुविधा भी देता है, जिसमें ग्राहक जमाराशि से अधिक धनराशि निकाल सकता है। इस अधिविकर्ष पर बैंक ग्राहक से ब्याज वसूल करता है। बैंक द्वारा दी गई सेवाओं के खर्चे वसूलने पर या अधिविकर्ष पर ब्याज चार्ज करने पर बैंक शेष कम हो जाता है, परन्तु व्यापारी को इसकी सूचना न मिल पाने के कारण वह रोकड़ बही में प्रविष्टि नहीं कर पाता, जिसके कारण भी पास-बुक व रोकड़ बही के शेष में अन्तर आ जाता है।
6. **बैंक द्वारा ब्याज की धनराशि जमा करना** (Bank Interest Credited by Bank) यदि व्यापारी के बैंक खाते में धनराशि जमा रहती है, तो बैंक निर्धारित दर से जमाराशि पर ब्याज देता है। इस ब्याज के जमा करते ही बैंक शेष बढ़ जाता है, परन्तु रोकड़ बही में इसका लेखा न हो पाने के कारण दोनों के शेषों में अन्तर आ जाता है।
7. **बैंक द्वारा ग्राहक के लिए धनराशिक/आय प्राप्त करना** (Amount Directly Collected by Bank on Behalf of Customers) बैंक अपने ग्राहकों के लिए ब्याज तथा लाभांश, आदि आयों को संग्रह करने का कार्य भी ग्राहक के आदेशानुसार करता है। बैंक द्वारा यदि ऐसी आय का संग्रह किया जाता है, तो तुरन्त ही बैंक ग्राहक के खाते में जमा पक्ष में लिखकर पास-बुक शेष को बढ़ा देता है, परन्तु ग्राहक को पास-बुक में प्रविष्टियाँ कराने पर ही उसका पता चल पाता है। अत: तब तक पास-बुक शेष और रोकड़ शेष में अन्तर बना रहता है।
8. **विनिमय बिल तथा चेक का अप्रतिष्ठित हो जाना** (Dishonour of Bill of Exchange or a Cheque) रोकड़ बही और पास-बुक के शेषों का न मिलने का एक कारण यह भी हो सकता है कि जो विनिमय बिल या चेक हमने भुगतान प्राप्त करने के लिए बैंक में जमा कराए थे वह अप्रतिष्ठित हो गए हों, जिससे पास-बुक का शेष बैंक नहीं बढ़ाएगा, परन्तु रोकड़ बही का शेष बढ़ चुका होता है, जिसके कारण दोनों के शेषों में अन्तर आ जाता है।
9. **रोकड़ बही अथवा पास-बुक में गलत प्रतिष्टियों का हो जाना** (Wrong Entries in Cash Book and Pass Book) कभी-कभी दोनों शेषों में अन्तर का कारण बैंक अथवा व्यवसायी द्वारा की गई त्रुटियाँ भी हो सकती हैं, जिससे दोनों शेषों में अन्तर आ जाता है; जैसे—व्यवसायी द्वारा जारी चेक या संगृहीत चेक में त्रुटिपूर्ण रकम लिख दी जाए। इसी प्रकार बैंक भी जमा किए गए चेक से सम्बन्धित प्रविष्टि में त्रुटिपूर्ण रकम लिख दे, बैंक या व्यवसायी द्वारा प्रविष्टि को गलत पक्ष में लिख दिया जाए, खातों का जोड़ गलत लगा दे, शेष गलत निकाल ले, आदि कारणों से भी रोकड़ बही के बैंक खाने का शेष तथा पास-बुक के शेष में अन्तर आ जाएगा।
10. **प्राप्त चेक बिना रोकड़ बही में लिखे बैंक में जमा करना** (Cheque Deposited into Bank but not Entered in Cash Book) कई बार ऐसा हो जाता है कि व्यापारी चेक प्राप्त कर सीधे बैंक में संग्रह हेतु भेज देता है और उसकी रोकड़ बही में प्रविष्टि करना भूल जाता है, जिससे रोकड़ बही के शेष और बैंक पास-बुक के शेष में अन्तर आ जाता है।
11. **विपत्र को बैंक से भुनाने पर दी गई छूट का लेखा रोकड़ बही में लिखने से रह जाना** (Discounting Charges of a Bill Receivable not Entered into Cash Book) जब विपत्र को देय तिथि से पूर्व बैंक के माध्यम से भुनाया जाता है, तो बैंक द्वारा छूट की राशि काटकर शेष राशि को ग्राहक (व्यापारी) के खाते में जमा कर दिया जाता है, परन्तु ग्राहक (व्यापारी) द्वारा कभी-कभी भूलवश छूट की राशि का लेखा करना छूट जाता है तथा सम्पूर्ण विपत्र की राशि से रोकड़ बही के बैंक खाने में लेखा कर दिया जाता है, इस प्रकार रोकड़ बही तथा पास-बुक के शेष में अन्तर आ जाता है।
12. **प्राप्त चेकों के सम्बन्ध में रोकड़ बही में लेखा कर देना, परन्तु इन्हें संग्रह हेतु बैंक न भेजना** (Cheques Received Recorded in Cash Book but not sent to Bank for Collection) जब कभी व्यापारी को चेक प्राप्त होते

हैं, तो उनका लेखा तुरन्त रोकड़ बही में कर दिया जाता है, परन्तु यह सम्भव है कि उनको भूलवश अथवा किसी अन्य कारणों से बैंक समाधान विवरण तैयार करने की तिथि तक बैंक में न भेजा गया हो, जिस कारण बैंक द्वारा इस सम्बन्ध में किसी भी प्रकार लेखा ग्राहक के खाते में नहीं किया जाता है। अत: इस प्रकार की स्थिति में रोकड़ बही तथा पास-बुक के शेषों में अन्तर आ जाता है।

13. **अवधि से पूर्व विपत्र के भुगतान पर छूट** (Rebate on Bill Payable not Recorded in Cash Book) जब व्यापारी के पास देय बिल की अवधि से पहले ही धनराशि की व्यवस्था हो जाती है, तो वह प्राप्तकर्ता को अपने द्वारा स्वीकृत बिल का भुगतान कर सकता है। इस स्थिति में प्राप्तकर्ता अपने व्यापारी को इस अवधि के लिए कुछ छूट प्रदान करता है। प्राय: व्यापारी द्वारा सम्पूर्ण देय विपत्र की राशि से रोकड़ बही में लेखा कर दिया जाता है, जबकि बैंक द्वारा छूट की राशि के सम्बन्ध में कोई लेखा नहीं किया जाता है, अपितु बैंक द्वारा छूट की राशि घटाने के पश्चात् की धनराशि से ग्राहक व्यापारी के खाते को ऋणी कर दिया जाता है। अत: इस प्रकार रोकड़ बही एवं पास-बुक के शेषों में अन्तर आ जाता है। यह उस स्थिति में होता है जब बैंक के माध्यम से भुगतान किया गया है।

रोकड़ बही एवं पास-बुक के शेष
Balances of Cash Book and Pass Book

रोकड़ बही एवं पास-बुक में से किसी एक शेष को आधार मानकर बैंक समाधान विवरण बनाया जाता है। *रोकड़ बही एवं पास-बुक के निम्न शेष होते हैं—*

1. रोकड़ बही के डेबिट शेष/ऋणी शेष का अर्थ है, व्यापारी के बैंक में जमा है। इसे रोकड़ बही का अनुकूल (Favourable) शेष भी कहते हैं।
2. रोकड़ बही का क्रेडिट/धनी शेष का अर्थ है, व्यापारी की रोकड़ बही में बैंक खाने का धनी पक्ष का योग, ऋणी पक्ष के योग से अधिक है, इसे रोकड़ बही के अनुसार अधिविकर्ष (Overdraft balance as per cash book) अथवा प्रतिकूल शेष (Unfavourable balance) भी कहते हैं।
3. पास-बुक के क्रेडिट शेष/जमा शेष का अर्थ है, व्यापारी के पैसे बैंक में जमा हैं। इसे पास-बुक का अनुकूल शेष भी कहा जाता है।
4. पास-बुक के डेबिट शेष/नाम शेष का अर्थ है, व्यापारी ने इतनी राशि जमाराशि से अधिक निकाल रखी है, इसे पास-बुक का अधिविकर्ष (Overdraft as per pass book) अथवा बैंक का प्रतिकूल शेष भी कहते हैं।

अभ्यास प्रश्न

1. बैंक समाधान विवरण है
(a) रोकड़ बही का हिस्सा (b) पास-बुक का हिस्सा
(c) बैंक द्वारा बनाया गया विवरण (d) ग्राहक द्वारा बनाया विवरण

2. निम्नलिखित में से दोहरा लेखा प्रणाली का भाग नहीं है
(a) रोकड़ बही (b) बैंक समाधान विवरण
(c) रोजनामचा (d) तलपट

3. पास-बुक नकल है
(a) रोकड़ बही के बैंक खाने की (b) ग्राहक के बैंक खाते की
(c) रोकड़ बही के नकद खाने की (d) प्राप्ति एवं भुगतानों की

4. बैंक समाधान विवरण ········ द्वारा बनाया जाता है।
(a) बैंक (b) बैंक खाताधारक
(c) कर्मचारी (d) इनमें से कोई नहीं

5. बैंक समाधान विवरण कब तैयार किया जाता है?
(a) अन्तिम खाते बनाने से पूर्व
(b) अन्तिम खाते बनाने के पश्चात्
(c) व्यापारी की इच्छानुसार
(d) उपरोक्त में से कोई नहीं

6. बैंक समाधान विवरण तैयार करने का उद्देश्य है
(a) व्यापार का लाभ ज्ञात करना
(b) बैंक शेष ज्ञात करना
(c) रोकड़ बही का शेष ज्ञात करना
(d) रोकड़ बही के बैंक कॉलम के शेष व पास-बुक के शेष का मिलान करना

7. जब बैंक में रुपया जमा कराया जाता है, तो बैंक ग्राहक के खाते को करता है
(a) जमा (b) नाम
(c) 'a' और 'b' दोनों (d) इनमें से कोई नहीं

8. पास-बुक तथा रोकड़ बही के शेष में अन्तर होगा, यदि
(a) संग्रह हेतु चेक जमा की धनराशि बैंक ने जमा कर दी हो
(b) व्यापारी द्वारा लिखे गए सभी चेकों का भुगतान बैंक ने कर दिया हो
(c) बैंक द्वारा बैंक शुल्क लिया गया, परन्तु रोकड़ बही में प्रविष्टि नहीं हुई
(d) बैंक ने ब्याज दिया और रोकड़ बही में प्रविष्टि कर ली

9. बैंक अधिविकर्ष से आशय है
(a) बचत खाते में जमाराशि से अधिक धनराशि निकालने की बैंक द्वारा प्रदत्त सुविधा
(b) चालू खाते में जमाराशि से अधिक धनराशि निकालने की बैंक द्वारा प्रदत्त सुविधा
(c) 'a' और 'b' दोनों
(d) उपरोक्त में से कोई नहीं

10. प्रतिकूल शेष का अर्थ है
(a) रोकड़ बही का जमा शेष (b) पास-बुक का जमा शेष
(c) रोकड़ बही का नाम शेष (d) 'b' और 'c'

11. प्रतिकूल बैंक शेष का अर्थ है
(a) पास-बुक का क्रेडिट शेष (b) रोकड़ बही का डेबिट शेष
(c) रोकड़ बही का क्रेडिट शेष (d) 'a' और 'b'

12. जब बैंक समाधान विवरण रोकड़ पुस्तक के अनुकूल शेष से बनाया जा रहा हो, तो निम्न में से कौन-सी मद नहीं जोड़ी जाएगी?
(a) चेक जारी किया गया, किन्तु भुगतान के लिए प्रस्तुत नहीं किया गया
(b) चेक जमा किया गया, किन्तु वसूल नहीं हुआ
(c) एक ग्राहक द्वारा सीधे ही बैंक खाते में चेक जमा किया गया
(d) रोकड़ पुस्तक के बैंक खाने के क्रेडिट पक्ष का अधिमूल्यांकन हो गया

13. जब रोकड़ बही के अनुसार अनुकूल शेष प्रारम्भिक बिन्दु है, तो बैंक द्वारा फर्म के चालू खाते को गलती से डेबिट किए जाने पर इसे
(a) घटाया जाएगा (b) जोड़ा जाएगा
(c) 'a' और 'b' दोनों (d) इनमें से कोई नहीं

14. यदि उपरोक्त प्रश्न में रोकड़ बही के अनुसार प्रतिकूल शेष बिन्दु हो तो, तब उत्तर क्या होगा?
(a) घटाया जाएगा (b) जोड़ा जाएगा
(c) 'a' और 'b' दोनों (d) इनमें से कोई नहीं

15. पास-बुक के अनुसार क्रेडिट शेष दिया गया है। रोकड़ बही के प्राप्ति पक्ष का योग कम लगाया गया है, तो समायोजन होगा
(a) पास-बुक के शेष में जोड़ा जाएगा
(b) पास-बुक के शेष से घटाया जाएगा
(c) समायोजन नहीं होगा
(d) उपरोक्त में से कोई नहीं

16. पास-बुक के अनुसार ऋणी (डेबिट) शेष ₹ 2,000 दिया गया है। बैंक द्वारा एकत्रित किए गए लाभांश को विवरण के किस खाने में लिखा जाएगा?
(a) धनात्मक (b) ऋणात्मक
(c) कोई लेखा नहीं (d) इनमें से कोई नहीं

17. जब बैंक समाधान विवरण पास-बुक के प्रतिकूल शेष से बनाया जा रहा है, तो निम्न में से कौन-सी मद जोड़ी जाएगी?
(a) चेक जमा किया गया, किन्तु वसूल नहीं हुआ
(b) चेक जारी किया गया, किन्तु भुगतान हेतु अभी तक प्रस्तुत नहीं किया गया
(c) एक ग्राहक द्वारा सीधे ही बैंक में चेक जमा किया गया
(d) रोकड़ पुस्तक के बैंक खाने के क्रेडिट पक्ष का अधिमूल्यांकन हो गया

18. यदि 30 जून, 2016 के लिए रोकड़ बही तथा पास-बुक की नकल दी गई हो तब किस प्रकार की मदों का उल्लेख बैंक समाधान विवरण में किया जाएगा?
(a) जो केवल रोकड़ बही में दी गई हो
(b) जो केवल पास-बुक में दी गई हो
(c) जो रोकड़ बही अथवा पास-बुक में न दी गई हो
(d) जो रोकड़ बही तथा पास-बुक दोनों में दी गई हो

19. पास-बुक में ₹ 10,000 का क्रेडिट शेष प्रदर्शित हो रहा है, लेकिन उपरोक्त दिनांक को एक ₹ 1,000 का चेक दिया गया, जिसका भुगतान नहीं हुआ एवं ₹ 2,000 का चेक जमा किया गया, जिसका भुगतान अभी प्राप्त नहीं हुआ है। रोकड़ बही के अनुसार शेष होगा
(a) ₹ 13,000 (b) ₹ 12,000 (c) ₹ 11,000 (d) ₹ 9,000

20. रोकड़ बही के अनुसार बैंक शेष— ₹ 2,000
चेक निर्गमित किया लेकिन प्रस्तुत नहीं हुआ— ₹ 200
चेक जमा किया लेकिन प्राप्त नहीं हुआ— ₹ 100
बैंक द्वारा संगृहीत लाभांश— ₹ 100
बैंक द्वारा दिया गया ब्याज— ₹ 50
पास-बुक के अनुसार शेष होगा
(a) ₹ 2,100 (b) ₹ 2,250 (c) ₹ 2,150 (d) ₹ 2,350

21. रोकड़ पुस्तक का क्रेडिट शेष ₹ 10,000 है। चेक जमा कराए परन्तु क्रेडिट नहीं हुए ₹ 2,500; चेक निर्गमित किए परन्तु भुगतान नहीं हुए ₹ 3,500; पास-बुक का शेष क्या है?
(a) Balance ₹ 9,000 (b) Overdraft ₹ 9,000
(c) Overdraft ₹ 11,000 (d) Balance ₹ 11,000

22. रोकड़ पुस्तक का क्रेडिट शेष ₹ 1,500 है; ₹ 400 के चेक जमा कराए परन्तु जमा नहीं हुए; चेक निर्गमित किए परन्तु भुगतान नहीं हुए हैं ₹ 100, ₹ 125 तथा ₹ 50; पास-बुक का शेष होगा
(a) ₹ 1,100 Debit (b) ₹ 1,625 Debit
(c) ₹ 2,175 Credit (d) ₹ 1,625 Credit

उत्तरमाला

1.	(d)	2.	(b)	3.	(b)	4.	(b)	5.	(c)	6.	(d)	7.	(a)	8.	(c)	9.	(b)	10.	(a)
11.	(c)	12.	(b)	13.	(a)	14.	(b)	15.	(b)	16.	(b)	17.	(a)	18.	(c)	19.	(c)	20.	(b)
21.	(b)	22.	(b)																

उत्तर व्याख्या सहित

19.

Balance as per pass book	1,00,000
(+) Cheque deposit but credited	2,000
(–) Cheque issue but not presented	1,000
	11,000

20.

Balance as per cash book	2,000
(+) Cheque issue	200
(–) Cheque deposit	100
(+) Dividend collected by balance	100
(+) Bank interest	50
	2,250

21.

Balance as per cash book	– 10,000
Cheque deposited but not credited	– 2,500
Cheque issued but not presented for payment	+ 3,500
Debit balance as per pass book	9,000

22.

Balance as per cash book	– 1,500
Cheque deposited but not credited	– 400
Cheque issued but not presented for payment 100 + 125 + 50	+ 275
Debit balance as per pass book	1,625

अध्याय 21

मूल्य ह्रास, प्रावधान एवं संचय
Depreciation, Provision and Reserve

मूल्य ह्रास का अर्थ
Meaning of Depreciation

'ह्रास' को अंग्रेजी भाषा में 'Depreciation' कहते हैं। इस शब्द की उत्पत्ति लैटिन भाषा के 'डेप्रिटियम' शब्द से हुई है। डेप्रिटियम दो शब्दों डे (De) + प्रेटियम (Pretium) का योग है।

'डे' शब्द का अर्थ 'कमी' तथा 'प्रेटियम' शब्द का अर्थ 'मूल्य' से होता है। इस प्रकार 'डेप्रिटियम' शब्द का अर्थ 'मूल्य में कमी' से है। व्यवसाय के सन्दर्भ में ह्रास का तात्पर्य स्थायी सम्पत्तियों के मूल्य में कमी से है।

व्यवसाय के सफल संचालन में स्थायी सम्पत्तियों का विशेष योगदान होता है, इसलिए व्यवसाय में दीर्घकालीन उपयोग हेतु भवन, फर्नीचर, मशीनरी आदि स्थायी सम्पत्तियाँ खरीदी जाती हैं। सम्पत्तियों का प्रयोग करने से तथा समय व्यतीत होने पर सम्पत्तियों के मूल्य में कमी आ जाती है, जिसे 'ह्रास' कहा जाता है।

मूल्य ह्रास की परिभाषाएँ
Definitions of Depreciation

मूल्य ह्रास को विभिन्न विद्वानों एवं संस्थाओं ने परिभाषित किया है, जिसमें से कुछ परिभाषाएँ निम्न प्रकार हैं—

आर. जी. विलियम्स के अनुसार, "प्रयोग के कारण सम्पत्ति के मूल्य में होने वाली उत्तरोत्तर कमी मूल्य ह्रास है।"

पिकल्स के अनुसार, "एक सम्पत्ति के गुण, मात्रा व मूल्य में आने वाली निरन्तर व स्थायी कमी मूल्य ह्रास है।"

जे. आर. बाटलीबॉय के अनुसार, "यह एक साधारण ज्ञान की बात है कि सभी स्थायी सम्पत्तियाँ; जैसे— संयन्त्र, मशीनें, औजार, फर्नीचर आदि जैसे-जैसे पुरानी होती जाती हैं, वैसे-वैसे इनके मूल्य में कमी होती जाती है और व्यापार में निरन्तर प्रयोग होते रहने से बेकार हो जाती हैं।"

चार्टर्ड इन्स्टीट्यूट ऑफ मैनेजमेण्ट एकाउण्टिंग, लन्दन के अनुसार, "प्रयोग के कारण अथवा समय बीतने के कारण सम्पत्ति के आन्तरिक मूल्य में होने वाली कमी मूल्य ह्रास है।"

मूल्य ह्रास की विशेषताएँ
Characteristics of Depreciation

उक्त परिभाषाओं के आधार पर मूल्य ह्रास की निम्नलिखित विशेषताएँ प्रकट होती हैं—

1. **पुस्तकीय मूल्य में कमी** मूल्य ह्रास सम्पत्ति के पुस्तकीय मूल्य में कमी कर देता है। इससे बाजार मूल्य में कोई कमी हो, यह आवश्यक नहीं होता है। सम्पत्ति के पुस्तकीय मूल्य से आशय उस मूल्य से है, जिस पर सम्पत्ति को आर्थिक चिट्ठे में प्रदर्शित किया गया है।
2. **ह्रास दीर्घकालीन सम्पत्तियों से सम्बन्धित** ह्रास केवल स्थायी या दीर्घकालीन सम्पत्तियों पर ही लगाया जाता है। चाहे वह मूर्त सम्पत्ति हो; जैसे—भवन, फर्नीचर, मशीनरी इत्यादि या अमूर्त सम्पत्ति; जैसे—पेटेण्ट, कॉपीराइट इत्यादि।

नोट
- *आयकर अधिनियम, 1961 के अनुसार 31 मार्च, 1998 के पश्चात् क्रय की गई अमूर्त सम्पत्तियाँ; जैसे- पेटेण्ट, कॉपीराइट, ट्रेडमार्क, लाइसेंस, जानकारी आदि को सम्पत्ति मानते हुए मूल्य ह्रास लगाया जाएगा।*
- *भूमि ही एक ऐसी स्थायी सम्पत्ति हैं, जिस पर ह्रास नहीं लगाया जाता है।*

3. **सतत् प्रक्रिया** मूल्य ह्रास एक सतत् तथा निरन्तर प्रक्रिया है, जो प्रयोग के कारण अथवा समय व्यतीत होने के साथ धीरे-धीरे सम्पत्ति के मूल्य में कमी करता है।
4. **ह्रास सम्पत्ति की प्रकृति पर निर्भर** सम्पत्ति पर लगाया जाने वाला ह्रास सम्पत्ति की प्रकृति पर निर्भर होता है; जैसे—तेल के कुँए पर ह्रास उसके रिक्तिकरण पर निर्भर होगा, लाइसेंस पर ह्रास उसके समय पर निर्भर होगा, मशीनरी का ह्रास उसके प्रयोग पर निर्भर होगा आदि।
5. **अन्ततः सम्पत्ति मूल्यहीन** सम्पत्ति पर लगातार ह्रास लगाए जाने से अन्ततः सम्पत्ति मूल्यहीन हो जाती है तथा उसका पुस्तकीय मूल्य शून्य हो जाता है।
6. **लेखा** ह्रास को लाभ-हानि खाते के डेबिट पक्ष में दिखाते हुए सम्पत्ति के मूल्य में कमी की जाती है।
7. **गैर-नकद संचालन व्यय** ह्रास एक गैर-नकद व्यय होता है। यह व्यवसाय के लाभ को कम करता है, परन्तु इससे रोकड़ पर कोई प्रभाव नहीं पड़ता। इसके साथ ही ह्रास व्यवसाय के संचालन से सम्बन्धित व्यय है।

मूल्य ह्रास के कारण Causes of Depreciation

मूल्य ह्रास अथवा किसी सम्पत्ति के मूल्य में कमी के निम्नलिखित कारण होते हैं—

1. **निरन्तर प्रयोग** सम्पत्तियों का व्यवसाय में निरन्तर प्रयोग करने से उनमें घिसावट होती है, जिसके कारण उनकी कार्यक्षमता एवं मूल्य दोनों में कमी आती है।
2. **अप्रचलन या फैशन में परिवर्तन** आधुनिक युग में नए-नए आविष्कारों के कारण दिन-प्रतिदिन नई-नई मशीनें एवं तकनीकें बाजार में आती रहती हैं। इन नई मशीनों एवं तकनीकों के कारण पुरानी मशीनें या तो व्यर्थ हो जाती हैं या अप्रचलित हो जाती हैं, जिसके कारण उनके मूल्य में कमी आ जाती है।
3. **समय की समाप्ति** व्यवसाय में कुछ सम्पत्तियों का जीवनकाल निश्चित समयावधि का होता है; जैसे—एकस्व (Patent), पट्टे पर सम्पत्ति (Lease hold property), ट्रेडमार्क (Trade mark) आदि। ऐसी सम्पत्तियों का जीवनकाल व्यतीत होने के साथ-साथ इनके मूल्य में भी कमी आती है।
4. **दुर्घटना द्वारा** कई बार सम्पत्तियाँ दुर्घटनाग्रस्त हो जाती हैं, जिससे उनके मूल्य में अचानक कमी आ जाती है; जैसे—मोटरगाड़ी का दुर्घटनाग्रस्त हो जाना, आग से मशीनरी का नष्ट होना आदि।
5. **रिक्तिकरण** कुछ सम्पत्तियाँ; जैसे— खानें, तेल के कुँओं, इमारती लकड़ी के पेड़ आदि के मूल्य में दोहन के कारण कमी आती है। प्रतिवर्ष दोहन होने से इन प्राकृतिक भण्डारों का सम्पूर्ण रिक्तिकरण या समापन हो जाता है। अत: इनका मूल्य समाप्त हो जाता है।
6. **बाजार मूल्यों में स्थायी कमी** जब सम्पत्ति के बाजार मूल्य में स्थायी कमी हो जाती है तथा उसका मूल्य बढ़ने की कोई सम्भावना नहीं रह जाती है, तब इस कमी को ह्रास मानकर सम्पत्ति को अपलिखित कर लिया जाता है।

नोट *सम्पत्ति के बाजार मूल्य में होने वाले उतार-चढ़ाव को 'उच्चावचन' कहा जाता है।*

7. **प्राकृतिक प्रभाव** भूकम्प, वर्षा, आँधी, धूप आदि प्राकृतिक कारणों से भी कुछ सम्पत्तियाँ क्षीण होती रहती हैं; जैसे— भवन, फर्नीचर आदि।

मूल्य ह्रास का प्रावधान करने के आधार तत्त्व
Basic Factors Affecting the Amount of Depreciation

किसी भी स्थायी सम्पत्ति के ह्रास की गणना करना अत्यन्त कठिन कार्य है। इसका केवल अनुमान ही लगाया जा सकता है। *अत: ह्रास की गणना करते समय निम्नलिखित तत्त्वों को ध्यान में रखना चाहिए—*

1. **सम्पत्ति की लागत** ह्रास का अनुमान लगाने के लिए सम्पत्ति की कुल लागत का ज्ञान होना चाहिए। सम्पत्ति की कुल लागत की गणना हेतु उसके क्रय मूल्य में उसको व्यवसाय में लाने के खर्चें एवं उसे चालू स्थिति में लाने तक के सभी खर्चों; जैसे—भाड़ा, मजदूरी, स्थापना व्यय आदि को जोड़ा जाता है।

   अत: सम्पत्ति की लागत = सम्पत्ति का क्रय मूल्य + भाड़ा + मजदूरी + स्थापना व्यय
2. **सम्पत्ति का अनुमानित जीवनकाल** अनुमानित जीवनकाल वह अवधि है, जिसमें सम्पत्ति का ठीक प्रकार से व्यवसाय में उपयोग किया जा सकता है। यह अवधि मीलों, वर्षों, महीनों, दिनों, घण्टों, किलोमीटर आदि में हो सकती है। सम्पत्ति का उपयोगी जीवनकाल समाप्त होने का अर्थ सम्पत्ति के भौतक जीवन की समाप्ति नहीं है, अपितु यह तो व्यवसाय में अनुमानित प्रभावी कार्यशील अवधि है।
3. **सम्पत्ति का अवशिष्ट मूल्य** सम्पत्ति का उपयोगी जीवनकाल समाप्त हो जाने पर उस सम्पत्ति की बिक्री से जो मूल्य प्राप्त होगा, उसे सम्पत्ति का अवशिष्ट मूल्य (Scrap value) कहते हैं। सम्पत्ति के ह्रासित मूल्य को ज्ञात करने के लिए उसकी लागत में से उसका अवशिष्ट मूल्य घटाया जाता है।
4. **पूँजीगत व्यय** सम्पत्ति को स्थापित करने के पश्चात् उसकी कार्यक्षमता बढ़ाने के लिए कोई पूँजीगत व्यय किया गया है, तो वह ह्रास ज्ञात करने के लिए मूल लागत में जोड़ा जाता है।
5. **वैधानिक नियमों का पालन** ह्रास लगाते समय आयकर अधिनियम, 1961 की धारा 32 तथा कम्पनियों के लिए कम्पनी अधिनियम के प्रावधानों का ध्यान रखना व उनका पालन करना आवश्यक है।

ह्रास का लेखांकन Accounting of Depreciation

ह्रास का लेखा करने हेतु निम्न दो विधियों का प्रयोग किया जा सकता है—

1. जब पुस्तकों में ह्रास हेतु पृथक् से ह्रास आयोजन खाता न खोला जाए तथा ह्रास को सम्पत्ति पर प्रभार (Charge) माना जाए।
2. जब पुस्तकों में पृथक् से ह्रास आयोजन खाता खोला जाए।

निम्न दोनों विधियों में की जाने वाली जर्नल प्रविष्टियाँ आगे दी जा रही हैं—

1. **जब पुस्तकों में ह्रास हेतु पृथक् से ह्रास आयोजन खाता न खोला जाए तथा ह्रास को सम्पत्ति पर प्रभार माना जाए** (When Provision for Depreciation Account is not Opened in the Books and Depreciation is Treated as a Charge on the Value of Asset) इस स्थिति में वार्षिक ह्रास की राशि को सम्पत्ति के मूल्य से घटाया जाता है।

   इस विधि में पुस्तकों में निम्न प्रविष्टियाँ की जाती हैं—

(i)	**सम्पत्ति क्रय करने पर** (On purchase of asset)	Asset A/c To Cash/Bank A/c (Being asset purchased)	Dr
(ii)	**सम्पत्ति स्थापित करने पर हुए व्ययों के लिए** (On payment of expenses related to asset)	Asset A/c To Cash/Bank A/c (Being expenses paid)	Dr
	नोट *सम्पत्ति के स्थापना व्ययों का लेखा करते समय व्ययों को डेबिट करने के स्थान पर सम्पत्ति को डेबिट किया जाएगा।*		
(iii)	**सम्पत्ति पर ह्रास लगाने पर** (On charging depreciation on asset)	Depreciation A/c To Asset A/c (Being depreciation charged on the asset)	Dr
(iv)	**ह्रास की राशि लाभ-हानि खाते में हस्तान्तरित करने पर** (On transferring the amount of depreciation to profit and loss account)	Profit & Loss A/c To Depreciation A/c (Being depreciation transferred to profit and loss account)	Dr

(v)	**सम्पत्ति का विक्रय करने पर** (On sale of asset)	Cash/Bank A/c To Asset A/c (Being asset sold for cash)	Dr
(vi)	**विक्रय की तिथि तक का ह्रास लगाने पर** (On charging depreciation upto the date of sale)	Depreciation A/c To Asset A/c (Being depreciation charged on the asset upto the date of sale)	Dr
(vii)	**सम्पत्ति के विक्रय पर लाभ होने पर** (On transferring profit on sale of asset)	Asset A/c To Profit & Loss A/c (Being profit on sale of asset transferred to profit and loss account)	Dr
(viii)	**सम्पत्ति के विक्रय पर हानि होने पर** (On transferring loss on sale of asset)	Profit & Loss A/c To Asset A/c (Being loss on sale of asset transferred to profit and loss account)	Dr

2. **जब पुस्तकों में पृथक् से ह्रास आयोजन खाता खोला जाए** (When Provision for Depreciation Account is Opened in the Books) जब पुस्तकों में 'मूल्य ह्रास प्रावधान खाता' (Provision for Depreciation Account) खोला जाता है, तो वार्षिक ह्रास की राशि से मूल्य ह्रास प्रावधान खाते को क्रेडिट करते हैं। आर्थिक चिट्ठे में सम्पत्ति खाता मूल लागत (Original cost) पर सम्पत्ति पक्ष में तथा मूल्य ह्रास प्रावधान खाता दायित्व पक्ष में दर्शाया जाता है। *इस विधि में निम्न प्रविष्टियाँ की जाती हैं—*

(i)	**सम्पत्ति क्रय करने पर** (On purchase of asset)	Asset A/c To Cash/Bank A/c (Being asset purchased)	Dr
(ii)	**सम्पत्ति स्थापित करने पर हुए व्ययों के लिए** (On payment of expenses related to asset)	Asset A/c To Cash/Bank A/c (Being expenses paid)	Dr
(iii)	**वर्ष के अन्त में ह्रास का प्रावधान करने पर** (On making provision for deperciation at the end of the year)	Depreciation A/c To Provision for Depreciation A/c (Being annual depreciation provided)	Dr
(iv)	**ह्रास की राशि को लाभ-हानि खाते में हस्तान्तरित करने पर** (On transferring the amount of depreciation to profit and loss account)	Profit & Loss A/c To Depreciation A/c (Being depreciation charged to profit and loss account)	Dr

नोट *इस विधि में ह्रास के कारण सम्पत्ति खाता प्रभावित नहीं होता है। इसे खाताबही में सदैव मूल लागत पर ही दिखाया जाएगा, जब तक कि इसका विक्रय न कर दिया जाए।*

(v) **सम्पत्ति का विक्रय करने पर** (On Sale of Asset) इस विधि के अन्तर्गत जब सम्पत्ति का विक्रय किया जाता है, तो सम्पत्ति निपटान खाता (Asset Disposal Account) खोला जाता है। इस खाते में बेची गई सम्पत्ति का लागत मूल्य तथा सम्पत्ति पर अब तक लगाया गया ह्रास हस्तान्तरित किया जाता है। सम्पत्ति के विक्रय से प्राप्त राशि इस खाते में क्रेडिट की जाती है तथा विक्रय पर होने वाला लाभ अथवा हानि भी इसी खाते से ज्ञात की जाती है। *इससे सम्बन्धित प्रविष्टियाँ निम्न हैं—*

(a)	**विक्रय की गई सम्पत्ति को सम्पत्ति निपटान खाते में हस्तान्तरित करने पर** (On transferring the asset to asset disposal account at the time of sale)	Asset Disposal A/c To Asset A/c (Being asset transferred to asset disposal account)	Dr
(b)	**विक्रय की राशि प्राप्त होने पर** (On receiving sale proceeds)	Cash/Bank A/c To Asset Disposal A/c (Being asset sold)	Dr
(c)	**विक्रय की तिथि तक का ह्रास लगाने पर** (On charging depreciation upto the date of sale)	Depreciation A/c To Provision for Depreciation A/c (Being depreciation charged on asset upto the date of sale)	Dr
(d)	**सम्पत्ति पर लगाए गए कुल ह्रास को सम्पत्ति निपटान खाते में हस्तान्तरित करने पर** (On transferring the depreciation charged to asset disposal account)	Provision for Depreciation A/c To Asset Disposal A/c (Being accumulated depreciation on asset transferred to asset disposal account)	Dr
(e)	**सम्पत्ति के विक्रय पर लाभ होने पर** (On transferring profit on sale of asset)	Asset Disposal A/c To Profit & Loss A/c (Being profit on sale of asset transferred to profit and loss account)	Dr
(f)	**सम्पत्ति के विक्रय पर हानि होने पर** (On transferring loss on sale of asset)	Profit & Loss A/c To Asset Disposal A/c (Being loss on sale of asset transferred to profit and loss account)	Dr

ह्रास ज्ञात करने की प्रमुख विधियाँ
Important Methods for Computing Depreciation

सम्पत्तियों पर ह्रास लगाने की अनेक विधियाँ प्रचलन में हैं। अलग-अलग विधि से ह्रास की राशि भी भिन्न-भिन्न ज्ञात होती है। किस व्यवसाय में कौन-सी विधि का प्रयोग किया जाए, यह व्यवसाय के स्वभाव, सम्पत्ति के प्रकार व सरकारी नियमों पर निर्भर करता है।

ह्रास लगाने की मुख्यत: निम्नलिखित विधियाँ हैं—

1. स्थायी किस्त विधि या सरल रेखा विधि (Fixed Installment Method or Straight Line Method)
2. क्रमागत ह्रास विधि या ह्रासित विधि (Diminishing Balance Method or Reducing Installment Method)
3. वार्षिक वृत्ति विधि (Annuity Method)
4. ह्रास कोष विधि (Depreciation Fund Method)
5. बीमा पॉलिसी विधि (Insurance Policy Method)
6. ह्रास ज्ञात करने की कुछ अन्य विधियाँ

1. स्थायी किस्त विधि या सरल रेखा विधि
Fixed Installment Method or Straight Line Method

इस पद्धति में एकसमान स्थायी राशि मूल्य ह्रास के रूप में प्रतिवर्ष अपलिखित की जाती है। अत: इसे स्थायी किस्त विधि कहते हैं। इस विधि में ह्रास सदैव मूल लागत (Original cost) पर लगाया जाता है, इसलिए इसे 'मूल लागत विधि' के नाम से भी जाना जाता है। यदि ह्रास की राशि को ग्राफ पर अंकित करें, तो एक सीधी सरल रेखा प्राप्त होगी, इसलिए इसे सरल रेखा पद्धति भी कहते हैं।

स्थायी किस्त विधि के गुण
Merits of Fixed Installment Method

इस पद्धति के गुण निम्नलिखित हैं—

(i) यह विधि अत्यन्त सरल है। इस विधि में केवल प्रथम वर्ष ह्रास की गणना करनी होती है, उसके पश्चात् प्रत्येक वर्ष ह्रास की वही राशि अपलिखित की जाती है।

(ii) इस विधि में सम्पत्ति पर उसका मूल्य शून्य होने तक अथवा अवशिष्ट मूल्य तक ह्रास लगाया जा सकता है।

(iii) इस विधि में लाभों में से प्रतिवर्ष एकसमान राशि की कटौती की जाती है, जिससे लाभ-हानि खाते पर एकसमान प्रभाव पड़ता है।

(iv) ऐसी सम्पत्तियाँ जिनका जीवनकाल पूर्व निर्धारित है, उन सम्पत्तियों पर यह विधि सबसे उपयुक्त है; जैसे—लाइसेंस, पेटेण्ट, कॉपीराइट आदि।

स्थायी किस्त विधि के दोष
Demerits of Fixed Installment Method

इस पद्धति के दोष निम्नलिखित हैं—

(i) जैसे-जैसे समय व्यतीत होता है, वैसे-वैसे प्रत्येक सम्पत्ति की उपयोगिता व उससे प्राप्त होने वाले लाभ की मात्रा में भी कमी हो जाती है। इसी कारण प्रतिवर्ष समान ह्रास की राशि काटना अवैज्ञानिक है।

(ii) इस विधि में सम्पत्ति क्रय करने के लिए विनियोजित की गई राशि पर ब्याज का प्रावधान नहीं किया जाता है।

(iii) यदि वर्ष के मध्य में सम्पत्ति का क्रय या विक्रय किया जाता है, तो उस सम्पत्ति पर वर्ष के मध्य में ह्रास की गणना करने में कठिनाई होती है।

(iv) इस विधि को आयकर अधिनियम के अन्तर्गत मान्यता प्राप्त नहीं है।

स्थायी किस्त विधि की उपयुक्तता
Suitability of Fixed Installment Method

उपरोक्त विवेचना से यह कहा जा सकता है कि इस विधि का उपयोग उन सम्पत्तियों, जिनका उपयोगी जीवनकाल सरलता से ज्ञात किया जा सकता है अर्थात् समयावधि आधारित सम्पत्तियों; जैसे—एकस्व, व्यापार चिह्न आदि को अपलिखित करने के लिए किया जाता है।

2. क्रमागत शेष विधि
Diminishing Balance Method

मूल्य ह्रास की इस विधि में ह्रास की दर निश्चित होती है और उस दर से सम्पत्ति के वर्ष के प्रारम्भ के मूल्य या पुस्तकीय मूल्य (Book value) पर ह्रास की गणना की जाती है। प्रतिवर्ष उसी दर से ह्रास लगाया जाता है, परन्तु ह्रास की राशि प्रतिवर्ष कम होती जाती है, क्योंकि ह्रास सम्पत्ति के ह्रासित मूल्य पर लगाया जाता है। प्रतिवर्ष ह्रास की किस्त घटते जाने के कारण इसे 'घटती हुई किस्त पद्धति' भी कहते हैं। इस विधि में मूल्य ह्रास की गणना सदैव सम्पत्ति के अपलिखित मूल्य पर की जाती है, इसलिए इसे 'अपलिखित मूल्य विधि' (Written down value method) भी कहते हैं। यह विधि सर्वाधिक लोकप्रिय एवं मान्यता प्राप्त है।

क्रमागत शेष विधि के गुण
Merits of Diminishing Balance Method

इस विधि के गुण निम्न हैं—

(i) इस विधि के अन्तर्गत ह्रास की गणना अत्यन्त सरल है और सम्पत्ति में वृद्धि या कमी के कारण भी ह्रास की गणना करने में कठिनाई नहीं होती है।

(ii) इस विधि से ह्रास और मरम्मत का लाभ-हानि खाते पर एकसमान प्रभाव पड़ता है। प्रारम्भ में ह्रास अधिक आता है, परन्तु मरम्मत व्यय कम और बाद के वर्षों में ह्रास कम, परन्तु मरम्मत व्यय अधिक होता है।

(iii) यह विधि आयकर अधिनियम एवं कम्पनी अधिनियम द्वारा मान्यता प्राप्त है।

(iv) इस विधि में प्रारम्भ के वर्षों में ह्रास की राशि अधिक व बाद के वर्षों में ह्रास की राशि कम हो जाती है, जोकि तर्कसंगत एवं न्यायोचित है।

क्रमागत शेष विधि के दोष
Demerits of Diminishing Balance Method

इस विधि के दोष निम्न हैं—

(i) इस विधि में सम्पत्ति का मूल्य कभी भी शून्य नहीं होता है।

(ii) इस विधि में सम्पत्ति में लगाए गए विनियोग पर ब्याज को ध्यान में नहीं रखा जाता है।

(iii) ह्रास की उचित दर का निर्धारण करना काफी कठिन कार्य है।

(iv) इस विधि में ह्रास की दर ऊँची रखने से प्रारम्भ के वर्षों में काफी अधिक ह्रास का प्रावधान करना पड़ता है।

(v) इसमें सम्पत्ति के व्यर्थ हो जाने पर भी पुस्तकों में अवशेष मूल्य रह जाता है।

आयोजन या प्रावधान से आशय एवं परिभाषा Meaning and Definition of Provision

आयोजन या प्रावधान से अभिप्राय ऐसी धनराशि से है, जिसे ज्ञात हानियों एवं दायित्वों अथवा विशिष्ट उद्देश्यों, जिनकी राशि वास्तविक शुद्धता के साथ निश्चित नहीं की जा सकती, की पूर्ति हेतु व्यवसाय में सुरक्षित रखा जाता है।

वैधानिक रूप से, आयोजन का निर्माण करना अनिवार्य होता है, चाहे व्यवसाय में लाभ हो अथवा हानि। आयोजित राशि का व्यापार में विनियोग किया जा सकता है, परन्तु लाभांश वितरण में प्रयोग नहीं किया जा सकता है।

भारतीय कम्पनी अधिनियम, 2013 के अनुसार, 'प्रावधान' या 'आयोजन' शब्द से आशय ऐसी राशि से है, जिसे–

- स्थायी या चल सम्पत्तियों के मूल्य पर ह्रास, नवीनीकरण या मूल्य में कमी के लिए आयोजन के रूप में रख लिया गया हो या अपलिखित कर दिया गया हो अथवा
- ज्ञात दायित्व के रूप में रख लिया गया हो तथा जिनकी राशि का पर्याप्त शुद्धता के साथ निश्चय नहीं किया जा सकता हो; जैसे–संदिग्ध ऋणार्थ प्रावधान, मरम्मत एवं नवीनीकरण के लिए प्रावधान तथा इसी प्रकार के अन्य प्रावधान, आदि।

इस प्रकार कहा जा सकता है कि सम्भावित दायित्व या हानि को आयोजन में सम्मिलित नहीं किया जाता है। साथ ही ऐसे ज्ञात दायित्व जिनकी राशि की गणना स्पष्ट रूप से की जा सकती है; जैसे–अदत्त मजदूरी, आदि आयोजन की श्रेणी में नहीं आते हैं, क्योंकि ये शुद्ध वास्तविक दायित्व होते हैं।

प्रावधान के निम्नलिखित उदाहरण हैं–

1. ह्रास के लिए आयोजन।
2. डूबत एवं संदिग्ध ऋण हेतु आयोजन।
3. मरम्मत तथा नवीनीकरण के लिए आयोजन।
4. कर आयोजन।
5. देनदारों एवं लेनदारों पर छूट के लिए आयोजन।

प्रावधान के निर्माण हेतु जर्नल प्रविष्टि निम्नलिखित है–

Profit & Loss A/c	Dr
To Provision for ... A/c	
लाभ-हानि खाता	ऋ
......प्रावधान खाते का	

आयोजन या प्रावधान की विशेषताएँ
Characteristics of Provision

आयोजन या प्रावधान की विशेषताएँ निम्नलिखित हैं–

1. **उद्देश्य** प्रावधान का उद्देश्य किसी अज्ञात या अनिश्चित राशि के ज्ञात दायित्व की पूर्ति करना होता है।
2. **भार** इसका भार लाभ-हानि खाते पर पड़ता है, क्योंकि प्रावधान की राशि का उपयोग क्षति, हानि, व्यय अथवा दायित्व के लिए किया जाता है, इसलिए इसे लाभ-हानि खाते के ऋणी पक्ष में दिखाया जाता है।
3. **वैधानिक अनिवार्यता** आयोजन का सृजन वैधानिक रूप से अनिवार्य है। यही कारण है कि व्यापार में चाहे लाभ हो अथवा हानि, आयोजन का सृजन अनिवार्य रूप में किया जाता है।
4. **विनियोजन** साधारणत: प्रावधान का प्रयोग बाह्य प्रतिभूतियों में विनियोजित करने के लिए नहीं किया जाता है, परन्तु जब किसी क्षयशील सम्पत्ति को ह्रास कोष पद्धति द्वारा प्रतिस्थापित किया जाता है, तो इसका बाह्य प्रतिभूतियों में अनिवार्य रूप से विनियोजन किया जाता है।
5. **उपयोग** प्रावधान की राशि का उपयोग केवल उसी दायित्व या हानि को अपलिखित करने में किया जा सकता है, जिसके लिए इसका सृजन किया गया है। अन्य किसी व्यय या हानि को इसकी धनराशि से अपलिखित नहीं किया जा सकता है।

संचय से आशय एवं परिभाषाएँ
Meaning and Definitions of Reserve

'संचय' शब्द से अभिप्राय उन धनराशियों से है, जिन्हें भविष्य में उत्पन्न होने वाली अज्ञात हानियों एवं व्ययों की पूर्ति करने के लिए लाभों में से निकाला जाता है। यह लाभों का नियोजन (Appropriation of Profit) होता है, जिससे कम्पनी की वित्तीय स्थिति सुदृढ़ होती है एवं कार्यशील पूँजी में वृद्धि होती है। इसे आर्थिक चिट्ठे के दायित्व पक्ष में 'संचय एवं आधिक्य' (Reserves and Surplus) शीर्षक के अन्तर्गत दर्शाया जाता है।

संचय की परिभाषाएँ निम्न प्रकार हैं–

कम्पनी अधिनियम, 2013 के अनुसार, ऐसी धनराशि जो किसी आकस्मिक दायित्व के भुगतान के लिए व्यवसाय के लाभ में से सुरक्षित रखी जाती है, परन्तु जिसका सही अनुमान लगाना असम्भव है, संचय कहलाती है। *परन्तु कम्पनी अधिनियम, 2013 की अनुसूची III के अनुसार, संचय में निम्नांकित को सम्मिलित नहीं किया गया है–*

(i) कोई भी राशि जो सम्पत्तियों के मूल्य में ह्रास (Depreciation), नवीनीकरण या कमी के लिए अपलिखित की गई हो या रखी गई हो।

(ii) किसी ज्ञात दायित्व के लिए रखी गई हो।

जे. आर. बाटलीबॉय के अनुसार, "आरक्षण या आरक्षण खाता ज्ञात अथवा प्रत्याशित हानि के लिए व्यवस्था है।"

कार्टर के अनुसार, "आरक्षण या संचय उस व्यवस्था को कहते हैं, जो किसी प्रत्याशित हानि अथवा दायित्व के लिए शुद्ध लाभ पर प्रभाव डालकर सृजित किया जाता है।"

संचय के उदाहरण निम्न प्रकार हैं–

1. सामान्य संचय
2. पूँजीगत संचय
3. निवेश उतार-चढ़ाव कोष
4. लाभांश समानीकरण संचय
5. कर्मचारी क्षतिपूर्ति संचय
6. ऋणपत्रों के शोधन के लिए संचय
7. संयोगिक संचय

संचय के निर्माण हेतु जर्नल प्रविष्टि निम्नलिखित है–

Profit & Loss Appropriation A/c	Dr
To Reserve A/c	
लाभ-हानि नियोजन खाता	ऋ
संचय खाते का	

संचय की विशेषताएँ Characteristics of Reserve

संचय की प्रमुख विशेषताएँ निम्नलिखित हैं–

1. **उद्देश्य** संचय के सृजन का उद्देश्य व्यवसाय की कार्यशील पूँजी में वृद्धि करके व्यवसाय के प्रत्याशित दायित्वों अथवा हानियों की पूर्ति के लिए व्यवस्था करना होता है।
2. **भार** इसका भार लाभ-हानि नियोजन खाते के डेबिट पक्ष पर पड़ता है, क्योंकि इसकी स्थापना शुद्ध लाभ में से की जाती है।
3. **वैधानिक रूप से अनिवार्यता** संचय का निर्माण कोई कानूनी बाध्यता नहीं है, बल्कि इसका निर्माण ऐच्छिक है।

4. **लेखा** सम्भावित हानियों की क्षतिपूर्ति के लिए ही संचय का सृजन किया जाता है। संचय का निर्माण वितरण योग्य लाभों में से किया जाता है। यदि भविष्य में वे हानियाँ न हों, जिनके लिए संचय का सृजन किया गया था, तब संचय व्यावसायिक संस्था के स्वामियों के लिए एक सामान्य लाभ की भाँति माना जाएगा तथा उस संचित लाभ को व्यवसाय के स्वामियों को वितरित करना व्यवसायी का दायित्व होगा। इस प्रकार संचय एक दायित्व है।
5. **उपयोग** संचय की राशि का उपयोग किसी भी सम्भावित दायित्व अथवा हानि की पूर्ति के लिए किया जा सकता है।

संचय के प्रकार या भेद Types of Reserve

संचय को निम्नलिखित भागों में विभक्त किया जाता है–

I. प्रकट या प्रकाशित संचय Open or Published Reserve

ऐसे संचय जिन्हें पुस्तकों में स्पष्ट रूप से प्रकट या प्रदर्शित किया जाता है अर्थात् जिनको लाभ-हानि नियोजन खाते से बनाकर स्पष्ट रूप से आर्थिक चिट्ठे में दर्शाया जाता है, प्रकट या प्रकाशित संचय कहलाते हैं। *इन्हें दो भागों में बाँटा गया है–*

1. आयगत संचय Revenue Reserve

आयगत संचय से अभिप्राय ऐसे संचय से है, जिसका निर्माण अथवा सृजन आयगत लाभों में से किया जाता है। इसे अंशधारियों में लाभांश के रूप में बाँटा जा सकता है।

आयगत संचय को निम्न दो श्रेणियों में बाँटा गया है–

(i) **सामान्य चयन** ऐसे संचय जिनका निर्माण व्यवसाय के सामान्य उद्देश्यों की पूर्ति के लिए किया जाता है, 'सामान्य संचय, आकस्मिक या स्वतन्त्र संचय' कहलाते हैं। यदि किसी वर्ष लाभ नहीं होता है, तो इनका निर्माण करना आवश्यक नहीं होता है। सामान्य संचय को 'संचित कोष, अवितरित लाभ या रखी हुई आय' भी कहा जाता है।

सामान्य संचय का सृजन साधारणतः निम्न उद्देश्यों की पूर्ति हेतु किया जाता है–

(a) इससे व्यवसाय की साख एवं कार्यशील पूँजी में वृद्धि हो जाती है।
(b) इसका उद्देश्य व्यवसाय की आर्थिक स्थिति को सुदृढ़ करना होता है।
(c) इसका सृजन भविष्य में होने वाली अज्ञात एवं अनिश्चित हानियों की पूर्ति हेतु किया जाता है।
(d) लाभांश की दर को समान बनाए रखने के लिए इसका निर्माण किया जाता है।
(e) इसके द्वारा आवश्यकता पड़ने पर व्यवसाय के विकास एवं उन्नति के लिए धन की कमी को पूरा किया जाता है।
(f) अविभाजित लाभों को पुनः विनियोजित करने के लिए भी सामान्य संचय का सृजन किया जाता है।

(ii) **विशेष संचय** ऐसे संचय जिनका निर्माण व्यवसाय के विशेष उद्देश्यों की पूर्ति के लिए किया जाता है, विशेष संचय कहलाते हैं। यदि किसी वर्ष लाभ नहीं होता है अर्थात् हानि होने की स्थिति में भी इसे अनिवार्य रूप से बनाया जाता है, इसलिए कम्पनी अधिनियम में इन्हें 'प्रावधान' के नाम से भी जाना जाता है।

विशेष संचय का निर्माण निम्न प्रमुख उद्देश्यों की प्राप्ति हेतु किया जाता है–

(a) संदिग्ध ऋणों, व्ययों एवं हानियों के लिए विशेष संचय (प्रावधान)।
(b) ह्रास अथवा मरम्मत व्यय के लिए।
(c) किसी विवादास्पद मामले से सम्बन्धित दायित्वों के लिए आयोजन।
(d) अदत्त व्ययों के भुगतान के लिए।

2. पूँजीगत संचय Capital Reserve

पूँजीगत संचय से आशय ऐसे संचय से है, जिसका सृजन अथवा निर्माण पूँजीगत लाभों अर्थात् ऐसे लाभों से किया जाता है, जिन्हें व्यापार के सामान्य व्यवहारों (लेन-देनों) से प्राप्त नहीं किया जा सकता है। पूँजीगत संचय को आर्थिक चिट्ठे के दायित्व पक्ष में दिखाया जाता है।

पूँजीगत लाभ के निम्नलिखित उदाहरण दिए गए हैं–

(i) ऋणपत्रों व अंशों के निर्गमन पर प्राप्त प्रीमियम
(ii) सम्पत्तियों एवं दायित्वों के पुनर्मूल्यांकन से लाभ
(iii) ऋणपत्रों के शोधन पर होने वाला लाभ
(iv) अंशों के हरण पर प्राप्त लाभ
(v) किसी चालू व्यवसाय को क्रय करते समय हुआ लाभ
(vi) स्थायी सम्पत्तियों के विक्रय पर लाभ
(vii) कम्पनी के समामेलन से पूर्व के लाभ
(viii) अंश पूँजी घटाने पर (Capital reduction) पूँजी बट्टे खाते का धनी शेष
(ix) हरण (Forfeiture) किए गए अंशों के पुनर्निर्गमन पर प्राप्त लाभ आदि।

पूँजीगत संचय के प्रमुख उपयोग निम्नलिखित हैं–

(i) पूँजीगत हानियों को अपलिखित करने में।
(ii) अमूर्त सम्पत्तियाँ (Intangible assets); जैसे–ख्याति, ट्रेडमार्क, पेटेण्ट, प्रारम्भिक व्यय, अंशों एवं ऋणपत्रों के निर्गमन पर व्यय एवं बट्टा, आदि को अपलिखित करने में।
(iii) सरलता से बिकने योग्य प्रतिभूतियों के विनियोजन में।
(iv) बोनस अंशों के निर्गमन में, यदि कम्पनी के अन्तर्नियमों में इससे सम्बन्धित व्यवस्था की गई है।
(v) सामान्यतः पूँजीगत संचय का प्रयोग लाभांश वितरित करने के लिए नहीं किया जा सकता है, परन्तु कुछ विशेष परिस्थितियों में इन संचयों को लाभांश के रूप में वितरित (बाँटा) किया जा सकता है; जैसे–
 (a) यदि कम्पनी के सीमानियम एवं अन्तर्नियम इसके लिए निषेध न करते हों।
 (b) यदि पूँजीगत लाभों को नकद (रोकड़) में प्राप्त कर लिया गया हो।
 (c) यदि सम्पूर्ण सम्पत्तियों एवं दायित्वों के उचित पुनर्मूल्यांकन के बाद भी ऐसे लाभ बने रहते हों।

नोट *अंशों के निर्गमन पर प्राप्त लाभ पूँजीगत लाभ होता है। इसका उपयोग पूँजीगत हानियों की पूर्ति के लिए किया जा सकता है, इसलिए इसे पूँजीगत संचय में अन्तरित नहीं किया जाता है और चिट्ठे में दायित्व पक्ष में दिखाया जाता है।*

II. गुप्त या अप्रकाशित संचय
Secret or Unpublished Reserve

गुप्त संचय से आशय ऐसे संचय से है, जो वास्तव में तो विद्यमान होता है, परन्तु जिसे आर्थिक चिट्ठे में नहीं दिखाया जाता है। इस प्रकार गुप्त संचय के कारण व्यवसाय की वास्तविक वित्तीय स्थिति चिट्ठे द्वारा प्रदर्शित की गई स्थिति से अधिक अच्छी होती है। गुप्त संचय को 'छिपा हुआ कोष' या 'आन्तरिक कोष' भी कहा जाता है।

इस प्रकार के संचय की व्यवस्था अधिकतर वित्त सम्बन्धी संस्थाओं; जैसे—बैंक, बीमा एवं बिजली कम्पनियों द्वारा की जाती है। इस प्रकार के संचय में प्रायः सम्पत्तियों को कम मूल्य पर तथा दायित्वों को अधिक मूल्य पर दिखाया जाता है।

अप्रकाशित या गुप्त संचय की परिभाषा निम्न है—

स्पाइसर एवं **पैगलर** के अनुसार, ''गुप्त संचय से आशय ऐसे संचय से है, जो विद्यमान तो हो लेकिन चिट्ठे पर अस्तित्व प्रकट न होता हो। ये संचय व्यवसाय की सम्पत्तियों के अवमूल्यन या दायित्वों के अधिमूल्य के रूप में छिपे रहते हैं।''

कम्पनी अधिनियम, 2013 के अनुसार, ''ऐसी कम्पनियाँ जो किसी अन्य विशेष अधिनियम के अन्तर्गत स्थापित की जाती हैं; जैसे—बैंकिंग कम्पनी, बीमा कम्पनी और बिजली कम्पनी को छोड़कर अन्य कम्पनियाँ गुप्त संचय का निर्माण नहीं कर सकती हैं, क्योंकि गुप्त संचय के कारण व्यवसाय की सच्ची एवं स्पष्ट आर्थिक स्थिति प्रदर्शित नहीं हो पाती है और कम्पनी अधिनियम के अनुसार कम्पनी के वार्षिक खातों में सभी प्रकार के संचय एवं कोष को प्रत्यक्ष दिखाना एवं कम्पनी की सच्ची एवं स्पष्ट आर्थिक स्थिति को प्रदर्शित करना अनिवार्य है। इसी कारण गुप्त संचय का सृजन अवैध माना गया है।''

गुप्त संचय के सृजन की विधियाँ
Methods of Creation of Secret Reserve

गुप्त संचय के सृजन की प्रमुख विधियाँ निम्न हैं—

1. स्थायी सम्पत्तियों पर अधिक ह्रास की व्यवस्था करके उन्हें कम मूल्य पर दिखाना।
2. चालू सम्पत्तियों को कम मूल्य पर दिखाना; जैसे—स्टॉक, विनियोग आदि।
3. पूँजीगत व्ययों को आयगत व्यय मानना अथवा पूँजीगत तथा आयगत में कोई अन्तर न करना।
4. दायित्वों को अधिक मूल्य पर दिखाना।
5. जाली अथवा झूठे दायित्व दिखाना।
6. अदत्त व्ययों को आर्थिक चिट्ठे में न दिखाना।
7. पूर्वदत्त आय का समायोजन न करना।
8. ख्याति को चिट्ठे में न दिखाना।
9. दायित्वों को गलत तरीके से प्रदर्शित करके; जैसे—एजेण्टों को दिया जाने वाला कमीशन जिसे जब्त कर लिया गया है, दायित्व के रूप में दिखाना।
10. अधिक मात्रा में संचय एवं प्रावधान बनाना।
11. देनदारों पर आवश्यकता से अधिक अशोध्य एवं संदिग्ध ऋणार्थ संचिति तथा छूट के लिए संचय बनाना।
12. सम्भाव्य दायित्वों के लिए बनाए गए संचय को पृथक् से न दर्शाकर स्थायी, चालू एवं अन्य खातों के साथ सम्मिलित करके दर्शाना।
13. सम्भावित दायित्वों को वास्तविक दायित्व मानकर उन्हें आर्थिक चिट्ठे में राशि पर दिखाना इत्यादि।

अभ्यास प्रश्न

1. 'डेप्रिटियम' शब्द का अर्थ है
(a) मूल्य में कमी (b) ह्रास में कमी
(c) सम्पत्ति का मूल्यहीन होना (d) इनमें से कोई नहीं

2. ह्रास सम्बन्धित होता है
(a) दीर्घकालीन सम्पत्तियों से
(b) अल्पकालीन सम्पत्तियों से
(c) 'a' और 'b' दोनों
(d) उपरोक्त में से कोई नहीं

3. मूल्य ह्रास का आयोजन किन सम्पत्तियों पर किया जाता है?
(a) चल सम्पत्तियों पर
(b) स्थायी सम्पत्तियों पर
(c) कृत्रिम सम्पत्तियों पर
(d) उपरोक्त सभी पर

4. ह्रास लगाए जाने का कारण है
(a) सम्पत्ति के बाजार मूल्य में कमी
(b) मुद्रास्फीति
(c) उपयोग होने व समय व्यतीत होने के साथ सम्पत्ति के मूल्य में कमी
(d) उपरोक्त में से कोई नहीं

5. ह्रास लगाए जाने का कारण है
(a) सम्पति के बाजार मूल्य में कमी
(b) उपयोग होने व समय व्यतीत होने के साथ सम्पत्ति के मूल्य में कमी
(c) मुद्रास्फीति
(d) उपरोक्त में से कोई नहीं

6. ह्रास लगाए जाने का मुख्य कारण है
(a) निरन्तर प्रयोग (b) मूल्य में कमी
(c) अप्रचलन (d) ये सभी

7. ह्रास को विभाजित किया जाता है
(a) समय अनुपात में (b) बिक्री अनुपात में
(c) समान अनुपात में (d) इनमें से कोई नहीं

8. निम्न में से किस सम्पत्ति पर मूल्य ह्रास नहीं लगाया जाता है?
(a) भवन (b) भूमि
(c) मशीन (d) इनमें से कोई नहीं

9. सम्पत्ति के उपयोगी जीवनकाल की समाप्ति पर उसे बेचने से प्राप्त राशि कहलाती है
(a) प्रतिस्थापित मूल्य (b) मशीन का विक्रय मूल्य
(c) अवशेष मूल्य (d) अपलिखित मूल्य

10. किसी सम्पत्ति के सम्बन्ध में अप्रचलन का कारण होता है
(a) घिसावट (b) भौतिक ह्रास
(c) नवीन आविष्कार (d) इनमें से कोई नहीं

11. सम्पत्ति को बेचने पर हानि को डेबिट करते हैं
(a) संचय में (b) मूल्य ह्रास कोष में
(c) लाभ-हानि खाता में (d) सम्पत्ति खाता में

12. स्थायी किस्त पद्धति में सम्पत्ति के जीवनकाल की समाप्ति पर सम्पत्ति का पुस्तक मूल्य होता है
(a) शून्य
(b) बाजार मूल्य के बराबर
(c) अवशेष मूल्य के बराबर
(d) अवशेष मूल्य होने पर अवशेष मूल्य के बराबर अन्यथा शून्य

13. एक मशीन ₹ 40,000 में क्रय की गई तथा उसे स्थापित करने में ₹ 6,000 व्यय हुए। मशीन का अवशिष्ट मूल्य ₹ 1,000 है, तो स्थायी किस्त विधि से मशीन के अन्तिम वर्ष में कितना ह्रास लगाया जाएगा, यदि मशीन का जीवनकाल 3 वर्ष है?
(a) ₹ 6,000 (b) ₹ 10,000
(c) ₹ 15,000 (d) ₹ 1,000

14. किस पद्धति में सम्पत्ति खाते का शेष शून्य नहीं होता है?
(a) स्थायी किस्त पद्धति (b) क्रमागत शेष पद्धति
(c) ह्रास कोष पद्धति (d) इनमें से कोई नहीं

15. क्रमागत शेष विधि एक ऐसी विधि है, जिसमें
(a) मूल्य ह्रास की दर प्रतिवर्ष घटती है
(b) मूल्य ह्रास की राशि, दर व वर्ष तीनों घटते हैं
(c) मूल्य ह्रास की राशि प्रतिवर्ष घटती है
(d) मूल्य ह्रास की दर एवं राशि सदैव समान रहती हैं

16. एक फर्नीचर का अपलिखित मूल्य (ह्रास पश्चात्) ₹ 4,50,000 रह गया। ह्रास 10% वार्षिक दर से लगाया गया है। फर्नीचर की लागत क्या थी?
(a) ₹ 4,95,000 (b) ₹ 5,00,000
(c) ₹ 4,40,000 (d) इनमें से कोई नहीं

17. मूल्य ह्रास विधि में परिवर्तन किया जा सकता है
(a) वैधानिक अनिवार्यता
(b) लेखा मानक की आवश्यकता
(c) यदि परिवर्तन से संस्था के वित्तीय विवरणों को अधिक उपयुक्तता के साथ प्रस्तुत किया जा सकता हो
(d) उपरोक्त सभी

18. एक मशीन का मूल्य ₹ 40,000 है तथा उसका जीवनकाल 5 वर्ष है। ब्याज की दर 5% है, तो वार्षिक तालिका के अनुसार ह्रास की राशि क्या होगी? यदि 5% दर के अनुसार ₹ 1 का वर्तमान मूल्य ₹ 0.230975 है।
(a) ₹ 9,239 (b) ₹ 9,293
(c) ₹ 2,309 (d) ₹ 3,929

19. जब वाहन की लागत और जीवनकाल किलोमीटर में पता है, तो ह्रास की राशि के लिए सबसे उपयुक्त विधि कौन-सी होगी?
(a) दूरी पद्धति (b) रिक्तिकरण पद्धति
(c) घण्टा दर पद्धति (d) पुनर्मूल्यांकन पद्धति

20. 'तेल के कुँए' हेतु ह्रास की कौन-सी विधि उपयुक्त है?
(a) रिक्तिकरण पद्धति
(b) घण्टा दर पद्धति
(c) पुनर्मूल्यांकन पद्धति
(d) उपरोक्त में से कोई नहीं

21. स्थायी सम्पत्ति के ...... पर ह्रास लगाया जाता है।
(a) बाजार मूल्य (b) लागत मूल्य
(c) पुस्तक मूल्य (d) इनमें से कोई नहीं

22. ज्ञात हानि एवं ज्ञात दायित्व की पूर्ति के लिए बनाया जाता है
(a) संचय (b) आयोजन या प्रावधान
(c) गुप्त संचय (d) इनमें से कोई नहीं

23. 'देनदारों पर छूट' के लिए बनाया जाता है
(a) संचय (b) गुप्त संचय
(c) प्रावधान (d) इनमें से कोई नहीं

24. डूबत व संदिग्ध ऋण आयोजन निम्न में से क्या है?
(a) गुप्त संचय (b) पूँजीगत संचय
(c) आयगत संचय (d) इनमें से कोई नहीं

25. प्रावधान का प्रयोग नहीं किया जा सकता है
(a) ऋणपत्रों के भुगतान के लिए
(b) ऋणों के भुगतान के लिए
(c) लाभांश के भुगतान के लिए
(d) आयकर के भुगतान के लिए

26. अज्ञात हानियों एवं अज्ञात दायित्वों की पूर्ति के लिए निर्माण किया जाता है
(a) प्रावधान का (b) संचय का
(c) गुप्त संचय का (d) पूँजीगत संचय का

27. संचय का निर्माण किया जाता है
(a) व्यवसाय की आर्थिक स्थिति सुदृढ़ बनाने के लिए
(b) किसी अज्ञात दायित्व का सामना करने के लिए
(c) भावी आकस्मिकता का सामना करने के लिए
(d) उपरोक्त सभी

28. लाभांश के वितरण हेतु प्रयोग किया जाएगा
(a) सामान्य संचय (b) विशेष संचय
(c) गुप्त संचय (d) आयोजन

29. अवितरित लाभ कहा जाता है
(a) सामान्य संचय को (b) पूँजीगत संचय को
(c) गुप्त संचय को (d) विशेष संचय को

30. विशेष संचय कम करता है
(a) शुद्ध लाभ को (b) सकल लाभ को
(c) विभाजन योग्य लाभ को (d) पूँजीगत लाभ को

31. कर्मचारी क्षतिपूर्ति कोष है
(a) सामान्य संचय (b) विशेष संचय
(c) गुप्त संचय (d) इनमें से कोई नहीं

32. कौन-सा संचय आर्थिक चिट्ठे में नहीं दिखाया जाता है?
(a) आयगत संचय (b) पूँजी संचय
(c) गुप्त संचय (d) अंश प्रीमियम

33. गुप्त संचय का निर्माण किया जा सकता है
(a) बैंकिंग कम्पनी द्वारा (b) बीमा कम्पनी द्वारा
(c) बिजली कम्पनी द्वारा (d) ये सभी

34. गुप्त संचय का सृजन किया जाता है
(a) सम्पत्तियों को कम मूल्य पर दिखाकर
(b) ऋणों को अधिक मूल्य पर दिखाकर
(c) पूँजीगत व्ययों को लाभ में से घटाकर अर्थात् उन्हें आयगत मानकर
(d) उपरोक्त सभी

35. शोधन कोष बनाया जाता है
(a) पूँजीगत हानियों के लिए
(b) ऋणपत्रों के भुगतान के लिए
(c) वित्तीय स्थिति सुदृढ़ करने के लिए
(d) लाभांश समानीकरण के लिए

36. ऋणपत्रों के भुगतान एवं सम्पत्ति के प्रतिस्थापन हेतु बनाया जाता है
(a) कोष
(b) संचय कोष
(c) शोधन कोष का सिंकिंग फण्ड
(d) लाभांश समानीकरण कोष

37. लाभांश वितरण की दर को समान रखने के लिए बनाया जाता है
(a) संचय
(b) संचय कोष
(c) लाभांश समानीकरण कोष
(d) शोधन कोष

उत्तरमाला

1.	*(a)*	2.	*(a)*	3.	*(b)*	4.	*(c)*	5.	*(b)*	6.	*(a)*	7.	*(a)*	8.	*(b)*	9.	*(c)*	10.	*(c)*
11.	*(c)*	12.	*(d)*	13.	*(c)*	14.	*(b)*	15.	*(c)*	16.	*(b)*	17.	*(d)*	18.	*(a)*	19.	*(a)*	20.	*(a)*
21.	*(b)*	22.	*(b)*	23.	*(c)*	24.	*(d)*	25.	*(c)*	26.	*(b)*	27.	*(d)*	28.	*(a)*	29.	*(a)*	30.	*(a)*
31.	*(b)*	32.	*(c)*	33.	*(d)*	34.	*(a)*	35.	*(b)*	36.	*(c)*	37.	*(c)*						

उत्तर व्याख्या सहित

13. $\text{Depreciation} = \dfrac{\text{Cost of Machine + Installation Charge – Scrap Value}}{\text{Useful Life}}$

$$= \frac{40{,}000 + 6{,}000 - 1{,}000}{3} = \frac{45{,}000}{3} = ₹\,15{,}000 \text{ प्रति वर्ष}$$

16. $\dfrac{4{,}50{,}000}{90} \times 100 = ₹\,5{,}00{,}000$

अध्याय 22

विनिमय-विपत्र
Bill of Exchange

विनिमय-विपत्र का अर्थ व परिभाषा
Meaning and Definition of Bill of Exchange

जब विक्रेता माल का उधार विक्रय करता है, तो वह क्रेता से भविष्य में एक निश्चित समय बाद भुगतान प्राप्त करने के लिए एक लिखित वचन-पत्र प्रमाण के रूप में अपने पास रखना चाहता है, इसलिए विक्रेता (लेनदार), क्रेता (देनदार) पर एक प्रमाण-पत्र लिखता है, जिसमें वह विक्रय से सम्बन्धित सभी सूचनाएँ; जैसे–देय राशि, भुगतान तिथि, भुगतान का स्थान आदि लिखता है।

इस प्रमाण-पत्र को क्रेता स्वीकार करके अपने हस्ताक्षर कर देता है, जिससे वह निश्चित अवधि के पश्चात् विक्रेता को भुगतान करने के लिए बाध्य हो जाता है। इस लेख-पत्र या प्रमाण-पत्र को विनिमय-विपत्र (Bill of exchange) कहते हैं। विनिमय-विपत्र को हिन्दी या अंग्रेजी किसी भी भाषा में लिखा जा सकता है।

भारतीय विनिमय साध्य प्रलेख अधिनियम, 1881 की धारा 5 के अनुसार, "विनिमय-विपत्र एक शर्तरहित लिखित आज्ञा-पत्र होता है, जिसमें लिखने वाला व्यक्ति अपने हस्ताक्षर करके किसी व्यक्ति विशेष को आदेशित करता है कि वह एक निश्चित धनराशि या तो स्वयं उसे या उसकी आज्ञानुसार किसी निश्चित व्यक्ति को या उस विनिमय-विपत्र के धारक को माँगने पर या एक निश्चित अवधि के पश्चात् भुगतान कर दे।"

विनिमय-विपत्र की विशेषताएँ
Characteristics of Bill of Exchange

उपरोक्त परिभाषा के आधार पर विनिमय-विपत्र की निम्न प्रमुख विशेषताएँ स्पष्ट होती हैं–

1. **लिखित आज्ञा-पत्र** (Written Order) विनिमय-विपत्र लिखित प्रमाण-पत्र होता है। यह मौखिक आदेश नहीं होता है।
2. **शर्तरहित आज्ञा-पत्र** (Unconditional Order) यह शर्तरहित आज्ञा-पत्र होता है। इसके पक्षकार इसमें किसी भी प्रकार की शर्त नहीं लगा सकते।
3. **हस्ताक्षर** (Signature) विनिमय-विपत्र पर लिखने वाले तथा स्वीकार करने वाले, दोनों के हस्ताक्षर होते हैं।
4. **निश्चित धनराशि** (Fixed Amount) विनिमय-विपत्र में लिखी धनराशि निश्चित होती है। इसमें धनराशि को अंकों तथा शब्दों दोनों में लिखा जाता है।
5. **निश्चित तिथि** (Fixed Date) विनिमय-विपत्र में भुगतान की तिथि निश्चित होती है।
6. **भुगतान** (Payment) विनिमय-विपत्र में लिखी धनराशि का भुगतान या तो माँगने पर या एक निश्चित अवधि की समाप्ति पर कर दिया जाता है।
7. **स्वीकृति** (Acceptance) विनिमय-विपत्र पर देनदार की स्वीकृति आवश्यक होती है। स्वीकृति के रूप में विनिमय-विपत्र पर देनदार के हस्ताक्षर कराए जाते हैं। स्वीकृति के अभाव में विनिमय-विपत्र केवल एक ड्राफ्ट होता है।
8. **भुगतान-प्राप्तकर्ता** (Payee-Receiver) विनिमय-विपत्र का भुगतान या तो बिल में लिखे व्यक्ति को या उसके आदेशानुसार किसी अन्य व्यक्ति को या बिल के वाहक (Bearer) को किया जाता है।
9. **टिकट** (Stamp) विनिमय-विपत्र पर इसकी राशि के अनुसार टिकटें लगाई जाती हैं या यह न्यायालय के स्टाम्प पेपर पर लिखा जाता है।

विनिमय-विपत्र के पक्षकार
Parties of Bill of Exchange

विनिमय-विपत्र के मुख्य रूप से निम्नलिखित तीन पक्ष होते हैं–

1. **आहर्ता या लेखक** (Drawer) वह व्यक्ति (विक्रेता/लेनदार) जो विपत्र को लिखता है, उसे विपत्र का आहर्ता या लेखक कहते हैं। यह वह पक्ष होता है, जिसे दूसरे पक्ष से भुगतान लेना होता है। विनिमय-विपत्र पर लेखक के हस्ताक्षर होते हैं।
2. **आहार्यी या स्वीकर्ता** (Drawee or Acceptor) जिस व्यक्ति (क्रेता/देनदार) पर बिल लिखा जाता है, उसे विपत्र का आहार्यी या स्वीकर्ता कहते हैं। स्वीकर्ता विपत्र को स्वीकार करके उस पर अपने हस्ताक्षर करता है तथा निश्चित अवधि के समाप्त होने पर विपत्र में लिखी धनराशि का भुगतान करता है।

3. **प्राप्तकर्ता** (Payee) निश्चित अवधि के पश्चात् जो व्यक्ति विपत्र का भुगतान प्राप्त करता है, उसे प्राप्तकर्ता कहते हैं। सामान्यत: लेखक एवं प्राप्तकर्ता दोनों एक ही व्यक्ति होते हैं।

नोट *जब विनिमय-विपत्र का लेखक एवं प्राप्तकर्ता एक ही व्यक्ति होता है, तो इस स्थिति में विनिमय-विपत्र के दो ही पक्ष होते हैं।*

विनिमय-विपत्र के भेद Types of Bill of Exchange

विनिमय-विपत्र को निम्न आधारों पर वर्गीकृत किया गया है—

1. स्थान के आधार पर On the Basis of Place

स्थान के आधार पर विनिमय-विपत्र निम्न दो प्रकार के होते हैं—

(i) **देशी विनिमय-विपत्र** (Inland Bill of Exchange) ऐसा विपत्र, जिसका भुगतान एवं स्वीकृति उसी देश में, जहाँ उसे लिखा गया है, होती है, देशी विनिमय-विपत्र कहलाता है। इस विपत्र पर टिकट एक ही बार लगाए जाते हैं।

(ii) **विदेशी विनिमय-विपत्र** (Foreign Bill of Exchange) ऐसा विनिमय-विपत्र जिसे लिखा एक देश में गया है एवं स्वीकृति तथा भुगतान दूसरे देश में किया गया है, विदेशी विनिमय-विपत्र कहलाता है; जैसे—बिल के लेखक विनोद गुप्ता, मेरठ अर्थात् भारत के हैं तथा बिल को स्वीकार करने वाले राजेश कुमार, अमेरिका के रहने वाले हैं, तो यह विपत्र विदेशी विपत्र कहलाएगा।

2. अवधि के आधार पर On the Basis of Period

अवधि के आधार पर बिलों को दो भागों में विभाजित किया जा सकता है—

(i) **दर्शनी विनिमय-विपत्र** (Bill of Exchange at Sight) ऐसा विपत्र, जिसका भुगतान माँगने पर या देनदार के समक्ष प्रस्तुत करने पर ही कर दिया जाता है, दर्शनी विनिमय-विपत्र कहलाता है, इसलिए इस विपत्र पर तिथि या अवधि लिखने की कोई आवश्यकता नहीं होती है।

(ii) **मुद्दती या सावधि विनिमय-विपत्र** (Bill of Exchange after Date) वह विनिमय-विपत्र जिसका भुगतान एक निश्चित अवधि के पश्चात् कर दिया जाता है, उसे मुद्दती या सावधि विनिमय-विपत्र कहते हैं। इन विनिमय-विपत्रों पर तिथि या अवधि लिखी जाती है, जो भुगतान की देय तिथि (Due date) का आधार होती है।

इन विनिमय-विपत्रों की स्वीकृति आवश्यक होती है और इन पर इनकी धनराशि के अनुसार टिकट लगाया जाता है।

3. उद्देश्य के आधार पर On the Basis of Objective

उद्देश्य के आधार पर विनिमय-विपत्र निम्न दो प्रकार के होते हैं—

(i) **व्यापारिक विनिमय-विपत्र** (Trade Bill of Exchange) ऐसे विनिमय-विपत्र, जिन्हें उधार व्यापारिक लेन-देनों के लिए लेनदार अथवा विक्रेता द्वारा लिखा तथा देनदार अथवा क्रेता द्वारा स्वीकार किया जाता है, उन्हें व्यापारिक विनिमय-विपत्र कहते हैं।

(ii) **अनुग्रह विनिमय-विपत्र** (Accommodation Bill of Exchange) ऐसे विनिमय-विपत्र, जिन्हें बिना प्रतिफल के एक-दूसरे की सहायता के लिए लिखा जाता है, उन्हें अनुग्रह विनिमय-विपत्र या सहायतार्थ बिल कहा जाता है।

4. प्राप्तकर्ता के आधार पर

On the Basis of Receiver

प्राप्तकर्ता के आधार पर विनिमय-विपत्र निम्न दो प्रकार के होते हैं—

(i) **वाहक विनिमय-विपत्र** (Bearer Bill of Exchange) ऐसा विपत्र जिसमें लिखी धनराशि का भुगतान देय तिथि पर उसे स्वीकर्ता के समक्ष प्रस्तुत करने वाले वाहक को प्राप्त करने का अधिकार होता है, उसे वाहक विनिमय-विपत्र कहते हैं। इस विपत्र का भुगतान कोई भी व्यक्ति प्राप्त कर सकता है, बशर्ते वह बिल का वाहक हो।

(ii) **आदेशित विनिमय-विपत्र** (Ordered Bill of Exchange) ऐसा विनिमय-विपत्र, जिसकी धनराशि का भुगतान केवल किसी व्यक्ति-विशेष या जिसका नाम विपत्र में लिखा गया हो, उसी को ही किया जाता है, उसे आदेशित विनिमय-विपत्र कहते हैं।

5. भुगतान के आधार पर On the Basis of Payment

भुगतान के आधार पर विनिमय-विपत्र को निम्न दो भागों में विभाजित किया गया है—

(i) **प्राप्य विनिमय-विपत्र** (Bills Receivable; B/R) जो पक्ष बिल लिखता है, वह भविष्य में उस बिल का भुगतान प्राप्त करता है। यदि लेखक अपना बिल बैंक से भुना लेता है अथवा बिल का बेचान कर देता है, तो वे पक्ष बिल का भुगतान प्राप्त करेंगे और इन सभी के लिए बिल, प्राप्य विनिमय-विपत्र कहलाता है।

(ii) **देय विनिमय-विपत्र** (Bills Payable; B/P) जो व्यक्ति बिल स्वीकार करता है, उसे भविष्य में बिल का भुगतान करना होता है। इस प्रकार यह उसके लिए देय बिल होता है।

विनिमय-विपत्र की स्वीकृति

Acceptance of Bill of Exchange

जब लेनदार अपने माल के भुगतान को सुरक्षित रखने हेतु देनदार पर एक विनिमय-विपत्र लिखता है, तो उसे देनदार के पास स्वीकृति के लिए भेजा जाता है और देनदार विनिमय-विपत्र को पढ़कर सन्तुष्ट होने के बाद उसके मुख पर 'स्वीकृत' शब्द लिखकर पत्र पर अपने हस्ताक्षर कर देता है। इस प्रकार यह प्रक्रिया 'विनिमय-विपत्र की स्वीकृति' कहलाती है। *विनिमय-विपत्र की स्वीकृति के दो प्रकार होते हैं—*

(i) **साधारण स्वीकृति** (General Acceptance) जब विनिमय-विपत्र का आहार्यी अथवा स्वीकर्ता बिना किसी शर्त एवं संकोच के विनिमय-विपत्र को स्वीकार कर लेता है और उस पर अपने हस्ताक्षर करके 'स्वीकृत' (Accepted) शब्द लिख देता है, तो इसे विनिमय-विपत्र की साधारण या सामान्य शर्तरहित पूर्ण स्वीकृति कहते हैं।

(ii) **विशेष या मर्यादित स्वीकृति** (Special or Qualified Acceptance) जब विनिमय-विपत्र का आहार्यी विपत्र को ज्यों-का-त्यों स्वीकार न करके, उसे कुछ शर्तों के साथ स्वीकार करता है, तो उसे विशेष या मर्यादित स्वीकृति कहते हैं। शर्त भुगतान की धनराशि, अवधि या घटना, आदि किसी से भी सम्बन्धित हो सकती है।

भुगतान की देय तिथि तथा अनुग्रह दिवस
Due Date of Payment and Days of Grace

विनिमय-विपत्र में लिखी अवधि के समाप्त होने के पश्चात् जिस तिथि को बिल अथवा विनिमय-विपत्र का भुगतान कानूनी रूप से देय हो जाता है, उसे विनिमय-विपत्र के भुगतान की देय तिथि अथवा 'परिपक्वता तिथि' भी कहते हैं।

विनिमय-विपत्र के भुगतान की देय तिथि का निर्धारण करते समय इसकी अवधि की समाप्ति में तीन दिन रियायत के रूप में ओर जोड़ दिए जाते हैं। ये तीन दिन 'रियायती दिन' या 'अनुग्रह दिवस' कहलाते हैं। उदाहरण—यदि कोई विनिमय-विपत्र 1 अप्रैल, 2016 को 3 माह की अवधि के लिए लिखा गया, तो इसकी भुगतान की देय तिथि 4 जुलाई, 2016 (1 जुलाई, 2016 + 3 रियायती दिन) होगी।

बिल की देय तिथि ज्ञात करने के नियम
Rules for Ascertaining Due Date/Maturity Date of a Bill

1. **जब बिल की अवधि महीनों में दी हो** इस स्थिति में भुगतान अथवा परिपक्वता तिथि की गणना कैलेण्डर महीनों (एक महीनों में दिनों की संख्या पर ध्यान न देते हुए) को विनिमय-विपत्र की अवधि में जोड़कर की जाएगी तथा 3 दिन अनुग्रह दिवस के भी जोड़े जाएँगे।

   उदाहरण—माना कोई बिल 30 जनवरी, 2016 को एक माह की अवधि के लिए लिखा गया, तो यह बिल 28 फरवरी + 3 दिन = 3 मार्च, 2016 को देय माना जाएगा, क्योंकि फरवरी का महीना 28 दिन में ही पूर्ण हो जाता है।

   नोट *30 मई और 31 मई को लिखे गए बिल, जो एक माह बाद देय हैं, दोनों ही 3 जुलाई को देय होंगे।*

2. **जब बिल की अवधि दिनों में दी हो** इस स्थिति में भुगतान की देय तिथि की गणना विनिमय-विपत्र की तिथि में अवधि के दिनों को जोड़कर की जाएगी तथा प्राप्त तिथि में 3 दिन रियायती दिवस के और जोड़ दिए जाएँगे।

   उदाहरण—1 जनवरी, 2016 को एक बिल लिखा गया, जो 60 दिन बाद देय होगा, तो इसकी देय तिथि 63 दिन (60 दिन + 3 रियायती दिन) के बाद होगी अर्थात् 5 मार्च, 2016 (जनवरी के 30 दिन + फरवरी के 28 दिन + मार्च के 5 दिन को जोड़ा जाएगा।)

3. **यदि परिपक्वता तिथि सार्वजनिक छुट्टी के दिन हो** इस स्थिति में बिल की परिपक्वता तिथि देय तिथि से 1 दिन पहले होगी।

   उदाहरण—यदि कोई बिल 12 जून को 2 माह की अवधि के लिए लिखा गया हो, तो इसकी देय तिथि 15 अगस्त बनती है, जो एक राष्ट्रीय छुट्टी (National holiday) का दिन है, इसलिए देय तिथि 1 दिन पहले अर्थात् 14 अगस्त को होगी।

4. **यदि परिपक्वता तिथि को आपातकालीन छुट्टी घोषित हो जाती है** इस स्थिति में देय तिथि परिपक्वता तिथि के 1 दिन बाद अर्थात् अगले कार्य दिवस पर मानी जाएगी।

   उदाहरण—यदि कोई बिल 1 जनवरी को 2 माह की अवधि के लिए लिखा गया हो, तो इसकी देय तिथि 4 मार्च होगी (2 महीने + 3 अनुग्रह दिवस), परन्तु यदि 4 मार्च को सरकार आपातकालीन छुट्टी घोषित कर देती है, तो इस स्थिति में देय तिथि 1 दिन बाद अर्थात् 5 मार्च को होगी।

5. **लेखन तिथि के पश्चात् विनिमय-विपत्र** इस विनिमय-विपत्र की देय तिथि की गणना इसके लेखन की तिथि (Date of drawing) में अवधि को जोड़कर की जाएगी। इससे स्पष्ट होता है कि ऐसे विपत्रों की अवधि लेखन की तिथि से आरम्भ होती है। इन विनिमय-विपत्रों पर तीन दिन अनुग्रह दिवस के जोड़ दिए जाते हैं।

   नोट *उपरोक्त बिन्दुओं (Points) 1, 2, 3 और 4 में दिए गए उदाहरण तिथि के पश्चात् विनिमय-विपत्र के आधार पर दिए गए हैं।*

6. **दर्शन के पश्चात् विनिमय-विपत्र की स्थिति में** यदि कोई बिल या विनिमय-विपत्र 'दर्शन के पश्चात्' देय है, तो इसकी अवधि की गणना इसकी स्वीकृति की तिथि (Date of acceptance) से आरम्भ होती है। इन विपत्रों पर भी तीन अनुग्रह दिवस दिए जाते हैं। विदेशी विनिमय-विपत्रों की भुगतान की तिथि की गणना स्वीकृति की तिथि से की जाती है।

   उदाहरण—एक विनिमय-विपत्र की लेखन तिथि 1 जनवरी, 2016 है और यह 2 माह दर्शन के पश्चात् देय है और इसे 15 जनवरी, 2016 को स्वीकार किया गया है, तो इस विनिमय-विपत्र की देय तिथि, स्वीकृति की तिथि में अवधि को जोड़कर की जाएगी अर्थात् 18 मार्च, 2016 होगी।

   नोट *यदि प्रश्न में यह स्पष्ट नहीं किया गया है कि विपत्र दर्शन के पश्चात् विनिमय-विपत्र है या स्वीकृति की तिथि से, इससे सम्बन्धित सूचना नहीं दी गई है, तो देय तिथि की गणना विपत्र की लेखन की तिथि (Date of drawing) से ही की जाती है।*

विनिमय-विपत्र का अनादरण या अप्रतिष्ठित होना Dishonour of Bill of Exchange

यदि विनिमय-विपत्र का स्वीकर्ता विपत्र के लेखक या प्राप्तकर्ता को देय तिथि पर विपत्र का भुगतान करने से मना कर देता है या किसी कारणवश भुगतान करने में असमर्थ हो जाता है, तो इसे बिल का अनादरण, तिरस्कृत होना या अप्रतिष्ठित होना भी कहा जाता है तथा इस प्रकार के बिल को अनादृत बिल (Dishonoured bill) कहा जाता है।

विनिमय-विपत्र का अनादरण निम्न परिस्थितियों में हो सकता है—

1. स्वीकर्ता द्वारा देय तिथि पर पूर्ण भुगतान न करने पर
2. स्वीकर्ता द्वारा आंशिक भुगतान करने पर
3. स्वीकर्ता के दिवालिया हो जाने पर
4. स्वीकर्ता द्वारा देय तिथि पर नया बिल लिखने का आग्रह करने पर

निकराई व्यय Noting Charges

विनिमय-विपत्र के तिरस्कृत या अनादृत हो जाने पर विपत्र के स्वीकर्ता पर कानूनी कार्यवाही करने हेतु लेखक के पास विपत्र के अनादृत होने का वैधानिक प्रमाण होना आवश्यक होता है, जिससे कि वह यह सिद्ध कर सके कि देय तिथि पर बिल वास्तव में भुगतान के लिए प्रस्तुत किया गया था और वास्तव में अनादृत हो गया। इसके लिए उसे बिल का आलोकन (Noting) कराने की आवश्यकता होती है।

आलोकन करने का कार्य सरकारी अधिकारी (वकील) करता है, जिसे **लेख प्रमाणक** (Notary public) कहा जाता है। नोटरी पब्लिक का यह कार्य होता है कि वह स्वयं स्वीकर्ता के पास भुगतान के लिए बिल को प्रस्तुत करता है और यदि स्वीकर्ता अब भी बिल का भुगतान नहीं करता है, तो वह बिल की पीठ पर उसके तिरस्कृत हो जाने का कारण और दिनांक लिखकर उस पर अपने हस्ताक्षर कर देता है और बिल लेखक या धारक को वापस कर देता है।

इस प्रकार नोटरी पब्लिक द्वारा आलोकित किया गया बिल वैधानिक प्रमाण होता है, जिसे न्यायालय में प्रस्तुत करके स्वीकर्ता से भुगतान प्राप्त किया जा सकता है।

बिल को आलोकित करने के लिए नोटरी पब्लिक बिल के धारक से कुछ फीस लेता है, जिसे **आलोकित या निकराई व्यय** (Noting charges) कहते हैं।

आलोकित व्यय का भुगतान पहले तो बिल के धारक को ही करना पड़ता है, परन्तु बाद में इन्हें स्वीकर्ता से वसूल कर लिया जाता है, क्योंकि ये व्यय स्वीकर्ता की गलती के कारण करने पड़ते हैं। निकराई व्यय का लेखा पृथक् न करके बिल के अनादरण के लेखे के साथ भी किया जा सकता है। निकराई व्यय बिल के धारक को वहन करने पड़ते हैं।

बिल का नवीनीकरण Renewal of a Bill

जब विपत्र की देय तिथि से पूर्व या देय तिथि पर उस विपत्र का स्वीकर्ता विपत्र का भुगतान करने में असमर्थ हो जाता है, तो वह उस विपत्र के लेखक (अपने लेनदार) से निवेदन करता है कि वह इस विपत्र के स्थान पर एक नया विपत्र लिख दे।

यदि बिल का लेखक, स्वीकर्ता के इस निवेदन को स्वीकार कर लेता है और एक नयी अवधि का नया विनिमय-विपत्र लिख देता है। इस नए विपत्र के लिखने की प्रक्रिया को विनिमय-विपत्र का नवीनीकरण कहते हैं।

इस नए विपत्र का भुगतान स्वीकर्ता और लेखक के मध्य निश्चित की गई नई अवधि के बाद किया जाएगा। लेखक बढ़ी हुई अवधि का सहमत दर से देय राशि पर ब्याज भी चार्ज करता है। ब्याज की राशि या तो स्वीकर्ता द्वारा नकद दे दी जाती है या अधिकतर नए बिल की राशि में जोड़ दी जाती है। नया विपत्र लिखने पर पुराने विपत्र को रद्द (Cancel) कर दिया जाता है।

अनुग्रह या सहायतार्थ विनिमय-विपत्र Accommodation Bill of Exchange

सामान्यत: विनिमय-विपत्र को व्यापारिक लेन-देन के लिए लिखा जाता है, परन्तु जब कोई व्यापारी बिना किसी व्यापारिक लेन-देन के लिए अपने मित्र व्यापारी पर पारस्परिक सहायता हेतु विनिमय-विपत्र लिखता है, तो इसे अनुग्रह या सहायतार्थ विनिमय-विपत्र कहते हैं। इसे **सिफारशी विनिमय-विपत्र** भी कहा जाता है। ऐसे विनिमय-विपत्र प्राय: एक-दूसरे की आर्थिक (वित्तीय) आवश्यकताओं की पूर्ति हेतु लिखे जाते हैं।

ये बिल बिना किसी प्रतिफल के लिखे एवं स्वीकार किए जाते हैं और स्वीकृति के पश्चात् इन विपत्रों को बैंक से भुनाकर आर्थिक आवश्यकता की पूर्ति कर ली जाती है तथा देय तिथि आने पर बिल का भुगतान कर दिया जाता है। ऐसे विनिमय-विपत्र में लेखक एवं स्वीकर्ता एक-दूसरे के लेनदार एवं देनदार नहीं होते हैं।

अभ्यास प्रश्न

1. विनिमय-विपत्र खाता कौन-सा खाता है?
(a) व्यक्तिगत खाता (b) नाममात्र का खाता
(c) वास्तविक खाता (d) अवास्तविक खाता

2. विनिमय बिल का भुगतान किया जाता है
(a) लेखक द्वारा (b) स्वीकारकर्ता द्वारा
(c) बेचान करने वाले द्वारा (d) बेचान प्राप्तकर्ता द्वारा

3. विनिमय बिल स्वीकार किया जाता है
(a) लेनदार द्वारा (b) देनदार द्वारा
(c) बैंक द्वारा (d) ये सभी

4. 31 मार्च, 2018 को 3 माह की अवधि का बिल लिखा गया उसकी भुगतान तिथि होगी
(a) 4 जून (b) 30 जून
(c) 3 जुलाई (d) 6 जुलाई

5. विनिमय-विपत्र का लेखक होता है
(a) देनदार (b) लेनदार
(c) बैंक (d) इनमें से कोई नहीं

6. विनिमय-विपत्र में कौन-सी विशेषता नहीं पाई जाती है?
(a) इस पर लेखक के हस्ताक्षर होते हैं
(b) यह एक शर्तरहित लिखित आज्ञा-पत्र है
(c) यह सरकार द्वारा निर्गमित किया जाता है
(d) इसका भुगतान माँगने पर अथवा एक निश्चित अवधि के पश्चात् होता है

7. किस बिल में अवधि की गणना, बिल स्वीकार करने की तिथि से करते हैं?
(a) दर्शनी बिल पर (b) दर्शनी के पश्चात् बिल
(c) तिथि के पश्चात् बिल (d) इनमें से कोई नहीं

8. अनुग्रह दिवस के रूप में कितने दिन स्वीकार किए जाते हैं?

अथवा

अनुग्रह दिवस कितने होते हैं?
(a) एक (b) दो
(c) तीन (d) चार

9. राजकुमार ने श्याम पर ₹ 5,000 का विनिमय-विपत्र 12 जुलाई, 2008 को 1 माह की अवधि के लिए लिखा। इस बिल की देय तिथि होगी
(a) 12 अगस्त, 2008 (b) 13 अगस्त, 2008
(c) 15 अगस्त, 2008 (d) 14 अगस्त, 2008

10. एक विनिमय-विपत्र की देय तिथि 17 अगस्त को होती है। अचानक 17 अगस्त को बैंक में हड़ताल हो जाती है और 18 अगस्त को रविवार होता है, तो विपत्र की परिपक्व तिथि होगी
(a) 17 अगस्त (b) 18 अगस्त
(c) 19 अगस्त (d) 16 अगस्त

11. बैंक से बिल को भुनाने से होने वाले दायित्व को माना जाता है
(a) चालू दायित्व (b) आस्थगित दायित्व
(c) संदिग्ध दायित्व (d) दायित्व नहीं माना जाएगा

12. विनिमय-विपत्र को बेचान करने वाला व्यक्ति कहलाता है
(a) लेखक (b) बेचानकर्ता
(c) बेचानपात्र (d) स्वीकर्ता

13. अनादरण के समय विपत्र हो सकता है
(a) बैंक के पास (b) लेखक के पास
(c) बेचानपात्र के पास (d) ये सभी

14. अनादरण होने पर नोटरी पब्लिक पर हुए व्यय को कहा जाता है
(a) आलोकन/निकराई व्यय (b) साधारण व्यय
(c) व्यापारिक व्यय (d) इनमें से कोई नहीं

15. स्वीकर्ता के दिवालिया होने पर विनिमय-विपत्र ····· हो जाता है।
(a) रद्द (b) अनादृत
(c) 'a' और 'b' दोनों (d) इनमें से कोई नहीं

16. अनुग्रह-विपत्र में लेखक एवं स्वीकर्ता के मध्य सम्बन्ध होता है
(a) लेनदार एवं देनदार का (b) बेचानकर्ता एवं बेचानपात्र का
(c) मित्र एवं सहयोगी का (d) इनमें से कोई नहीं

17. अनुग्रह-विपत्र को सामान्यत: स्वीकृति के बाद ········ जाता है।
(a) बेचान (b) बैंक से भुनाया
(c) बैंक में संग्रह हेतु जमा (d) 'a' और 'b'

उत्तरमाला

1.	(a)	2.	(b)	3.	(b)	4.	(c)	5.	(b)	6.	(c)	7.	(b)	8.	(c)	9.	(d)	10.	(c)
11.	(c)	12.	(b)	13.	(d)	14.	(a)	15.	(b)	16.	(c)	17.	(b)						

अध्याय 23

गैर-व्यापारिक संस्थाओं के लेखे तथा अपूर्ण लेखे

Accounts of Non-Trading Organisations and Incomplete Records

गैर-व्यापारिक संस्थाओं से आशय
Meaning of Non-trading Organisations

ऐसी संस्थाएँ, जिनकी स्थापना लाभ अर्जित करने के लिए नहीं, अपितु अपने सदस्यों एवं समाज की सेवा करने के उद्देश्य से की जाती है, गैर-व्यापारिक संस्थाएँ कहलाती हैं। ऐसी संस्थाओं में क्लब, चिकित्सालय, पुस्तकालय, अनाथालय, शैक्षणिक संस्थाएँ, धार्मिक संस्थाएँ, साहित्य समितियाँ, सांस्कृतिक समितियाँ, मनोरंजन समितियाँ, राजनीतिक संस्थाएँ आदि सम्मिलित होती हैं।

गैर-व्यापारिक संस्थाओं की विशेषताएँ
Characteristics of Non-trading Organisations

गैर-व्यापारिक संस्थाओं की प्रमुख विशेषताएँ निम्नलिखित हैं—

1. गैर-व्यापारिक संस्थाएँ व्यक्तियों के विशिष्ट समूह या समाज को शिक्षा, स्वास्थ्य, खेल, व्यायाम, मनोरंजन आदि सेवाएँ प्रदान करने के उद्देश्य से स्थापित की जाती हैं।
2. गैर-व्यापारिक संस्थाएँ समिति (Committee) या धर्मार्थ ट्रस्ट (Religious Trust) के रूप में स्थापित की जाती हैं तथा इन संस्थाओं में अंशदान (Contribution) करने वाले व्यक्तियों को सदस्य कहा जाता है।
3. गैर-व्यापारिक संस्थाओं का अस्तित्व इनके सदस्यों के अस्तित्व से अलग माना जाता है।
4. गैर-व्यापारिक संस्थाओं का संचालन प्रबन्ध समिति (Management committee) या कार्यकारी समिति (Executive committee) के द्वारा किया जाता है।
5. गैर-व्यापारिक संस्थाओं की आय के मुख्य साधन दान, सदस्यों से प्राप्त चन्दा, आजीवन सदस्यता शुल्क, प्रवेश शुल्क, विनियोगों से आय, सरकार द्वारा अनुदान (Grant-in-aid) आदि होते हैं।
6. गैर-व्यापारिक संस्थाओं की पूँजी को 'पूँजी कोष' या 'संचित कोष' कहते हैं। इनके आय-व्यय खाते में प्रकट होने वाले व्यय पर आय का आधिक्य (लाभ) सदस्यों में नहीं बाँटा जाता अपितु पूँजी कोष में जोड़ दिया जाता है और इसी प्रकार आय पर व्यय का आधिक्य (हानि) को पूँजी कोष से घटा दिया जाता है।
7. संस्था के कोषों (Funds) पर उचित नियन्त्रण रखने एवं कानूनी आवश्यकताओं की पूर्ति हेतु गैर-व्यापारिक संस्थाओं द्वारा भी लेखांकन वर्ष के अन्त में उचित विधि से लेन-देनों का लेखांकन किया जाता है।
8. गैर-व्यापारिक संस्थाओं का कार्य नकद लेन-देनों तक ही सीमित होता है। अत: ये अपने वित्तीय विवरण को उपार्जन आधार (Accrual basis) के अनुसार न रखते हुए रोकड़ आधार (Cash basis) के अनुसार रखती हैं।

गैर-व्यापारिक संस्था द्वारा तैयार किए जाने वाले वित्तीय विवरण
Financial Statements to be Prepared by Non-trading Organisations

इन संस्थाओं का उद्देश्य लाभ अर्जित करना नहीं होता है। अत: ये संस्थाएँ व्यापारिक एवं लाभ-हानि खाता (Trading and profit & loss account) तैयार नहीं करती हैं, किन्तु ये संस्थाएँ भी जानना चाहती हैं कि उनके चालू व्यय उनकी चालू आय की तुलना में कम है या अधिक।

इसलिए ये एक आय एवं व्यय खाता (Income and expenditure account) बनाती हैं, जोकि एक लाभ अर्जित करने वाली संस्था के लाभ-हानि खाते की भाँति ही होता है। वर्ष के अन्त में यह अपनी वित्तीय स्थिति जानने के लिए स्थिति

विवरण (Balance sheet) भी बनाती हैं। इसके अतिरिक्त सभी नकद भुगतान तथा प्राप्तियों का लेखा करने हेतु ये संस्थाएँ प्राप्ति एवं भुगतान खाता भी बनाती हैं।

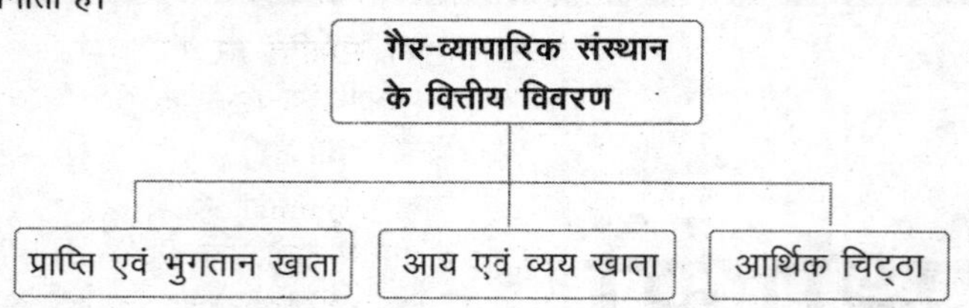

प्राप्ति एवं भुगतान खाता/आगम एवं शोधन खाता
Receipts and Payments Account

प्राप्ति एवं भुगतान खाता लेखांकन वर्ष के नकद व बैंक सम्बन्धी लेन-देनों का एक सारांश है, जो विभिन्न शीर्षकों के अन्तर्गत समस्त नकद प्राप्तियों (Receipts) एवं नकद भुगतानों (Payments) के सम्बन्ध में पूर्ण सूचना उपलब्ध कराता है। इसे रोकड़ बही (Cash book) की सहायता से तैयार किया जाता है।

प्राप्ति एवं भुगतान खाते का प्रारूप
(Format of Receipts and Payments Account)

Receipts and Payments A/c
(for the year ending ......)

Dr Cr

Receipts	Amt (₹)	Payments	Amt (₹)
To Balance b/d		By Balance b/d	
Cash in Hand	—	Bank Overdraft	—
Cash at Bank	—	**Revenue Payments**	
Revenue Receipts		By Rent and Taxes	—
To Subscription Received		By Salaries and Wages	—
Previous year	—	By Office Expenses	—
Current Year	—	By General Expenses	—
Next Year	—	By Bank Charges	—
To Entrance Fees	—	By Audit Fee	—
To General Donations	—	By Legal Expenses	—
To Membership Fees	—	By Printing & Stationery	—
To Interest on Securities	—	By Electricity Charges	—
To Interest on Fixed Deposits	—	By Postage and Telephone	—
To Dividends on Shares	—	By Travelling Expenses	—
To Income from Entertainment	—	By Insurance Charges	—
To Sale of Old Magazines	—	By Entertainment Expenses	—
		By Drama Expenses	—
To Sale of Old Sports Equipments	—	By News Paper/Magazines	—
		By Lecturer's Honorarium	—
To Income from Lectures	—	By Prize Distribution	—
To Miscellaneous Receipts	—	By Charity	—
		By Miscellaneous Expenses	—
Captial Receipts		**Capital Payments**	
To Receipts for Special Funds	—	By Fixed Assets Purchased	—
To Specific Donations	—		
To Life Membership Fees	—	By Books Purchased	—
To Receipt from Legacy	—	By Investment Purchased	—
To Endowments Fund	—	By Repayment of Loan	—
To Sale of Fixed Assets	—	By Other Capital Payments	—
To Sale of Investments	—	By Balance c/d	—
To Loan	—	Cash in Hand	—
To Other Capital Receipts	—	Cash at Bank	—
	—		—

प्राप्ति एवं भुगतान खाते की विशेषताएँ
Characteristics of Receipts and Payments Account

प्राप्ति एवं भुगतान खाते की प्रमुख विशेषताएँ निम्नलिखित हैं–

1. प्राप्ति एवं भुगतान खाता वर्ष के नकद व बैंक सम्बन्धी लेन-देनों का एक सरल सारांश होता है।
2. प्राप्ति एवं भुगतान खाता एक वास्तविक खाता (Real account) है। इसे तैयार करने के लिए वास्तविक खाते के नियम लागू होते हैं।
3. प्राप्ति एवं भुगतान खाते का आरम्भ नकद तथा बैंक के प्रारम्भिक शेष से होता है। यदि रोकड़ तथा बैंक का शेष डेबिट होता है, तो इसे प्राप्ति एवं भुगतान खाते के डेबिट (प्राप्ति) पक्ष में लिखा जाता है और यदि बैंक का शेष क्रेडिट (बैंक अधिविकर्ष) होता है, तो इसे प्राप्ति एवं भुगतान खाते के क्रेडिट (भुगतान) पक्ष में लिखा जाता है।
4. इसके प्राप्ति या आगम पक्ष में आयगत एवं पूँजीगत प्रकृति की सभी प्राप्तियों का लेखा किया जाता है।
5. इसके भुगतान या शोधन पक्ष में आयगत एवं पूँजीगत प्रकृति के सभी भुगतानों का लेखा किया जाता है।
6. प्राप्ति एवं भुगतान खाते के अन्त में नकद तथा बैंक के अन्तिम शेष को दर्शाया जाता है।
7. प्राप्ति एवं भुगतान खाते में गैर-रोकड़ व्यवहारों (Non-cash transactions); जैसे– उपार्जित किन्तु अप्राप्त आय, अदत्त व्ययों एवं ह्रास का कोई लेखा नहीं किया जाता है।
8. प्राप्ति एवं भुगतान खाते से आधिक्य (Surplus) या कमी (Deficit) ज्ञात नहीं हो पाती है।
9. इसकी सहायता से उचित समायोजनाओं (Adjustments) के उपरान्त आय एवं व्यय खाता तथा आर्थिक चिट्ठा तैयार किया जाता है।

आय एवं व्यय खाता
Income and Expenditure Account

आय एवं व्यय खाता एक गैर-व्यापारिक संस्था द्वारा एक वित्तीय वर्ष में अर्जित आधिक्य (आय का व्ययों पर आधिक्य) अथवा कमी (व्ययों की आय पर अधिकता) को ज्ञात करने हेतु बनाया जाता है। आय एवं व्यय खाता नाममात्र खाता (Nominal account) है, जो प्राप्ति एवं भुगतान खाते तथा उपलब्ध अतिरिक्त सूचना की सहायता से उपार्जन आधार (Accrual basis) पर तैयार किया जाता है।

आय एवं व्यय खाते का प्रारूप
(Format of Income and Expenditure Account)

Income and Expenditure A/c
(for the year ending .....)

Expenditure		Amt (₹)	Income		Amt (₹)
To Salaries & Wages			By Subscription Received		
(+) Outstanding at the end	—		(+) Outstanding at the end	—	
(–) Outstanding at the beginning	—	—	Advance in the beginning	—	
To Rent and Taxes	—		(–) Outstanding at the beginning	—	
(–) Prepaid at the end	—		Advance in the End	—	—
(+) Prepaid at the beginning	—	—	By Entrance Fees		—
To Office Expenses		—	By General Donations		—
To General Expenses		—	By Membership Fees		
To Bank Charges		—	By Interest on Securities		
To Audit Fee		—	(+) Accrued at the end	—	
To Legal Expenses		—	(–) Accrued at the beginning	—	—
To Printing and Stationery		—	By Interest on Fixed Deposits		—
To Electricity Charges			By Dividends on Shares		—
To Postage and Telephone		—	By Income from Entertainment		—
To Travelling Expenses		—	By Income from Drama		
To Insurance Charges		—	By Sale of Tickets		—
To Repairs and Maintenance		—	By Rent Received		—
To Advertisement Expenses		—	By Sale of Old News Papers		—
To Sports Equipments		—	By Sale of Old Magazines		—
To Entertainment Expenses		—	By Profit on Sale of Fixed Assets		—
To Drama Expenses		—	By Income from Lectures		—
To News Paper/ Magazines		—	By Miscellaneous Receipts		—
To Lecture's Honorarium		—	By Excess of Expenditure over Income i.e. Deficit		—
To Prize Distribution		—			
To Charity		—			
To Bad Debts		—			
To Miscellaneous Expenses					
To Loss on Sale of Fixed Assets					
To Depreciation					
Building	—				
Furniture	—				
Books	—				
Other Fixed Assets	—	—			
To Excess of Income over Expenditure i.e., Surplus		—			
		—			—

आय एवं व्यय खाते की विशेषताएँ
Characteristics of Income and Expenditure Account

आय एवं व्यय खाते की प्रमुख विशेषताएँ निम्नलिखित हैं—

1. आय एवं व्यय खाता लेखांकन वर्ष की समाप्ति पर गैर-व्यापारिक संस्था के संचालन के अन्तिम परिणाम आधिक्य (Surplus) या कमी (Deficit) ज्ञात करने के लिए तैयार किया जाता है।
2. आय एवं व्यय खाता एक नाममात्र खाता (Nominal account) है। इसे तैयार करने के लिए नाममात्र खाते के नियम लागू होते हैं।
3. आय एवं व्यय खाता एक निश्चित लेखांकन अवधि के लिए तैयार किया जाता है।
4. यह खाता प्राप्ति एवं भुगतान खाते की सहायता से उचित समायोजनाओं (Adjustments) के उपरान्त तैयार किया जाता है।
5. इसके क्रेडिट पक्ष में आयगत प्रकृति की समस्त आयों का लेखा किया जाता है, चाहे वे प्राप्त हुई हों अथवा न हुई हों।
6. इसके डेबिट पक्ष में आयगत प्रकृति के समस्त व्ययों का लेखा किया जाता है, चाहे उनका भुगतान हुआ हो अथवा न हुआ हो।
7. इस खाते में पूँजीगत प्रकृति की आय एवं व्ययों का लेखा नहीं किया जाता है।
8. इसमें प्राप्ति एवं भुगतान खाते के प्रारम्भिक एवं अन्तिम शेष को नहीं दर्शाया जाता है।
9. आय एवं व्यय खाता लेखाशास्त्र की उपार्जन अवधारणा (Accrual concept) पर आधारित होता है।
10. आय एवं व्यय खाते में गैर-रोकड़ व्यवहारों (Non-cash transations); जैसे— उपार्जित किन्तु अप्राप्त आय, अनुपार्जित किन्तु प्राप्त आय, अदत्त व्यय, पूर्वदत्त व्यय एवं ह्रास आदि का भी लेखा किया जाता है।
11. आय एवं व्यय खाते के अन्तिम परिणाम के रूप में ज्ञात किए गए आधिक्य (Surplus) या कमी (Deficit) को पूँजी कोष में हस्तान्तरित कर दिया जाता है।
12. इसकी सहायता से उचित समायोजनाओं (Adjustments) के उपरान्त आर्थिक चिट्ठा तैयार किया जाता है।

विशिष्ट मदों का आय-व्यय खाते में लेखांकन Accounting of Special Items in Income and Expenditure Account

प्राप्ति एवं भुगतान खाते में मदों का लेखा नकद भुगतान अथवा नकद प्राप्ति के आधार पर किया जाता है, परन्तु आय एवं व्यय खाते में लेखा केवल आयगत मदों का किया जाता है तथा वह भी उपार्जन के आधार पर। अत: आय-व्यय खाते में दिखाई जाने वाली कुछ विशिष्ट मदों का लेखांकन नीचे समझाया गया है। *जो निम्न प्रकार हैं—*

1. **दान** (Donation) किसी व्यक्ति, फर्म, कम्पनी या अन्य संस्था से भेंट स्वरूप प्राप्त राशि को 'दान' कहते हैं। *दान दो प्रकार के हो सकते हैं—*

   (i) **विशिष्ट दान** (Specific Donation) जब दान किसी विशेष उद्देश्य के लिए दिया जाता है, तो उसे विशेष दान कहते हैं; जैसे—पुस्तकालय या खेल का मैदान या भवन बनाने के लिए प्राप्त दान आदि। ये दान बार-बार प्राप्त नहीं होते हैं। ऐसे दान की राशि को पूँजीगत प्रकृति का मानते हुए, आर्थिक चिट्ठे के दायित्व पक्ष में दर्शाया जाता है।

   (ii) **सामान्य दान** (General Donation) जब दान किसी विशेष उद्देश्य के लिए नहीं दिए जाते हैं, तो उस स्थिति में दान की राशि

को आयगत प्रकृति का मानते हुए, आय एवं व्यय खाते के क्रेडिट पक्ष में दर्शाया जाता है।

2. **चन्दा** (Subscription) गैर-व्यापारिक संस्थाओं में सदस्यों द्वारा दिया गया चन्दा आय का प्रमुख स्रोत होता है। आय एवं व्यय खाते में चन्दे की उस राशि को ही दर्शाया जाता है, जोकि चालू वर्ष से सम्बन्धित होती है।

आय-व्यय खाते में दर्शाई जाने वाली चन्दे की राशि निम्न प्रकार ज्ञात की जा सकती है—

Subscription received during the year		—
(+) Outstanding Subscription at the end of the year	—	
(+) Advance Subscription at the beginning of the year	—	—
(–) Outstanding Subscription at the beginning of the year	—	
(–) Advance Subscription at the end of the year	—	—
Net Amount of Subscription Credited in Income and Expenditure Account		—

नोट
- *वर्ष के अन्त में अदत्त चन्दा तथा वर्ष के आरम्भ में पूर्वदत्त चन्दा जोड़ा जाता है, क्योंकि यह चालू वर्ष से सम्बन्धित होता है।*
- *वर्ष के आरम्भ में अदत्त चन्दा घटाया जाता है, क्योंकि यह गत वर्ष से सम्बन्धित होता है।*
- *वर्ष के अन्त में पूर्वदत्त चन्दा घटाया जाता है, क्योंकि यह आगामी वर्ष से सम्बन्धित होता है।*

3. **आजीवन सदस्यता शुल्क** (Life Membership Fee) यह एक ऐसा शुल्क है, जो उन सदस्यों से लिया जाता है, जिन्हें जीवन-पर्यन्त के लिए सदस्य बनाया जाता है। इसे पूँजीगत आय माना जाता है और आर्थिक चिट्ठे के दायित्व पक्ष में दर्शाया जाता है।

4. **प्रवेश शुल्क** (Entrance Fee) गैर-व्यापारिक संस्था में नया सदस्य बनने के लिए जो राशि प्रवेश हेतु प्राप्त की जाती है, उसे 'प्रवेश शुल्क' कहते हैं। प्रश्न में स्पष्ट सूचना के अभाव में प्रवेश शुल्क को आयगत प्राप्ति मानकर आय एवं व्यय खाते के क्रेडिट पक्ष में लिखा जाता है। यदि प्रश्न में प्रवेश शुल्क को पूँजीगत प्राप्ति मानने के लिए निर्देश दिए गए हैं, तो इसे आर्थिक चिट्ठे के दायित्व पक्ष में दर्शाना चाहिए।

5. **उत्तरदान या वसीयत से प्राप्त राशि** (Legacy) उत्तरदान या वसीयत से प्राप्त राशि वह राशि होती है, जो मृत्यु के उपरान्त इच्छा-पत्र (Will) के कारण गैर-व्यापारिक संस्था को प्राप्त होती है। यह संस्था की आय तो मानी जाती है, किन्तु ऐसी आय आवर्तक प्रकृति की नहीं होती है। अत: इसे पूँजीगत आय मानते हुए आर्थिक चिट्ठे के दायित्व पक्ष में दर्शाया जाता है।

6. **विशिष्ट कोष** (Special Fund) गैर-व्यापारिक संस्थाएँ प्राय: विशिष्ट उद्देश्यों के लिए विशिष्ट कोष भी बनाती हैं; जैसे— खेल कोष, पारितोषक कोष आदि। विशिष्ट कोष के निवेश से प्राप्त आय को सम्बद्ध कोष में जोड़ना चाहिए तथा इसी प्रकार विशिष्ट उद्देश्यों के लिए किए गए व्ययों को विशिष्ट कोष में से घटाकर शेष राशि को आर्थिक चिट्ठे के दायित्व पक्ष में दर्शाना चाहिए।

7. **समर्पित कोष या आधार कोष** (Endowment Fund) कोहलर के अनुसार, "यह एक ऐसा कोष है, जो किसी वसीयत या उपहार के कारण उत्पन्न हुआ है और जिसकी आय किसी विशेष उद्देश्य के लिए ही प्रयोग की जा सकती है।" अत: इस कोष हेतु प्राप्त राशि को पूँजीगत आय मानते हुए, आर्थिक चिट्ठे के दायित्व पक्ष में दर्शाया जाता है।

8. **पुराने समाचार-पत्रों की बिक्री** (Sale of Old News Papers) पुराने समाचार-पत्रों की बिक्री से प्राप्त आय को आवर्तक प्रकृति की होने के कारण आयगत मानते हैं तथा इसे आय एवं व्यय खाते में क्रेडिट किया जाता है।

9. **मानदेय** (Honorarium) प्राय: गैर-व्यापारिक संस्थाएँ संगठन के कुछ कार्यों के लिए संस्था से बाहर के व्यक्तियों की सहायता लेती हैं; जैसे—विद्वान/पेशेवर व्यक्तियों को विशेष व्याख्यान के लिए आमन्त्रित करना, कलाकारों को प्रदर्शन के लिए आमन्त्रित करना आदि। इस प्रकार की सेवाओं के लिए दी जाने वाली राशि को मानदेय कहा जाता है, जिसे आय एवं व्यय खाते में डेबिट किया जाता है।

10. **अदत्त व्यय** (Outstanding Expenses) चालू वर्ष के अन्तर्गत देय किन्तु भुगतान न किए गए व्यय को 'अदत्त व्यय' कहते हैं। आय एवं व्यय खाते के डेबिट पक्ष में चालू वर्ष के अदत्त व्यय को सम्बन्धित व्यय में जोड़ा जाता है तथा गत वर्ष के अदत्त व्यय को सम्बन्धित व्यय से घटाया जाता है।

Expenses paid during the year	—
(+) Outstanding expenses at the end of the year	—
(–) Outstanding expenses at the beginning of the year	—
Net Amount of Expenses Debited to Income and Expenditure Account	—

11. **पूर्वदत्त व्यय** (Prepaid Expenses) चालू वर्ष के अन्तर्गत भुगतान किए गए, किन्तु देय न होने वाले व्यय को 'पूर्वदत्त व्यय' कहते हैं। आय एवं व्यय खाते के डेबिट पक्ष में चालू वर्ष के पूर्वदत्त व्यय सम्बन्धित व्यय से घटाए जाते हैं तथा गत वर्ष के पूर्वदत्त व्यय सम्बन्धित व्यय में जोड़े जाते हैं।

Expenses paid during the year	—
(–) Prepaid expenses at the end of the year	—
(+) Prepaid expenses at the beginning of the year	—
Net Amount of Expenses Debited to Income and Expenditure Account	—

12. **उपभोग्य वस्तुएँ** (Consumable Goods) लेखन-सामग्री, डाक सामग्री, खेल का सामान, खाद्य सामग्री, दवाएँ आदि उपभोग्य वस्तुओं की श्रेणी में आती हैं। *ऐसे पदार्थों के सम्बन्ध में आय एवं व्यय खाते के डेबिट पक्ष में लेखांकन निम्न प्रकार किया जाएगा—*

Payment made for consumable goods during the year	—
(+) Opening stock of consumable goods	—
(–) Closing stock of consumable goods	—
Net Amount of Consumed Goods Debited to Income and Expenditure Account	—

आर्थिक चिट्ठा Balance Sheet

लाभ अर्जित करने वाली व्यावसायिक संस्थाओं की तरह गैर-व्यापारिक संस्थाएँ भी अपनी वित्तीय स्थिति ज्ञात करने के लिए लेखांकन वर्ष के अन्त में आय एवं व्यय खाता बनाने के उपरान्त एक निश्चित तिथि को संस्था का आर्थिक चिट्ठा

तैयार करती हैं। आर्थिक चिट्ठे में केवल पूँजीगत मदें अर्थात् सम्पत्तियाँ, दायित्व एवं पूँजी कोष ही दर्शाए जाते हैं।

आर्थिक चिट्ठे का प्रारूप (Format of Balance Sheet)

Balance Sheet
as at......

Liabilities	Amt (₹)	Assets	Amt (₹)
Bank Overdraft	—	Cash in Hand	—
Creditors	—	Cash at Bank	—
Outstanding Expenses	—	Debtors	—
Unaccrued Subscription	—	Stock of Consumable	
Unaccrued Income	—	Items like Food,	
Loans	—	Medicines, Stationery	—
Specific Funds		Prepaid or Unexpired	
(+) Donation for		Expenses	—
Specific Fund —		Accrued Subscription	—
(–) Expenses out of		Accrued Income	—
Specific Fund —	—	Investments —	
Capitalised Donation	—	(+) Additions —	—
Life Membership Fee	—	Furniture	
Endowment Fund	—	(+) Additions —	
Legacy	—	(–) Depreciation —	—
Capital Fund —		Motor Vehicles —	
(+) Surplus —		(+) Additions —	
(–) Deficit —	—	(–) Depreciation —	—
		Land and Building	
		(+) Additions	
		(–) Depreciation	—
	—		—

आर्थिक चिट्ठा तैयार करते समय सम्पत्ति तथा दायित्व पक्ष से सम्बन्धित निम्नलिखित महत्त्वपूर्ण बातों को ध्यान में रखना चाहिए–

सम्पत्ति पक्ष Assets Side

1. प्राप्ति एवं भुगतान खाते के अन्तिम शेष को रोकड़ एवं बैंक शेष के रूप में आर्थिक चिट्ठे में सम्पत्ति पक्ष की ओर दर्शाया जाता है।
2. विनियोगों को आर्थिक चिट्ठे के सम्पत्ति पक्ष की ओर दर्शाया जाता है।
3. विगत वर्ष के आर्थिक चिट्ठे, जिसे प्रारम्भिक आर्थिक चिट्ठा भी कहते हैं कि सम्पत्तियों में चालू वर्ष में क्रय की गई सम्पत्तियों, विक्रय की गई सम्पत्तियों एवं उन पर लगाए गई ह्रास को समायोजित करते हुए अन्तिम आर्थिक चिट्ठे के सम्पत्ति पक्ष की ओर दर्शाया जाता है।

   स्थायी सम्पत्तियों का समायोजन निम्न प्रकार किया जाएगा–

   (i) यदि चालू वर्ष में कोई सम्पत्ति क्रय की गई है, तो उसे प्राप्ति एवं भुगतान खाते के प्राप्ति पक्ष में दर्शाया जाएगा। ऐसी क्रय की गई सम्पत्ति को विगत वर्ष के आर्थिक चिट्ठे की सम्पत्तियों में जोड़कर चालू वर्ष के आर्थिक चिट्ठे के सम्पत्ति पक्ष की ओर दर्शाया जाता है।

   (ii) यदि चालू वर्ष में कोई सम्पत्ति विक्रय की गई है, तो उसे प्राप्ति एवं भुगतान खाते में प्राप्ति पक्ष में दर्शाया जाएगा। ऐसी विक्रय की गई सम्पत्ति के पुस्तक मूल्य (Book value) को विगत वर्ष के आर्थिक चिट्ठे की सम्पत्तियों में से घटाकर चालू वर्ष के आर्थिक चिट्ठे के सम्पत्ति पक्ष की ओर दर्शाया जाता है।

   (iii) यदि सम्पत्तियों पर ह्रास का आयोजन किया जाना है, तो ह्रास की राशि को सम्पत्तियों के मूल्य में से घटा दिया जाता है।
4. पूर्वदत्त व्यय (Prepaid expenses) या असमाप्त व्यय (Unexpired expenses) एवं उपार्जित आय (Accrued income) को आर्थिक चिट्ठे के सम्पत्ति पक्ष की ओर दर्शाया जाता है।

दायित्व पक्ष Liabilities Side

1. वर्ष की प्रारम्भिक कुल सम्पत्तियों का कुल प्रारम्भिक दायित्वों पर जो आधिक्य होता है, उसे पूँजी निधि (Capital fund) या प्रारम्भिक पूँजी कहते हैं। आर्थिक चिट्ठे में पूँजी कोष को दायित्व पक्ष की ओर दर्शाया जाता है।
2. आय का व्ययों पर आधिक्य (Excess of income over expenditure i.e. surplus) को पूँजी कोष में जोड़कर तथा व्ययों का आय पर आधिक्य (Excess of expenditure over income i.e. deficit) को पूँजी कोष (Capital fund) में से घटाकर आर्थिक चिट्ठे में दायित्व पक्ष की ओर दर्शाया जाता है।
3. पूँजीगत दान, चन्दा, उत्तर दान, प्रवेश शुल्क, जीवन सदस्यता शुल्क आदि को आर्थिक चिट्ठे में दायित्व पक्ष की ओर पूँजी कोष में जोड़कर दर्शाया जाता है।
4. अनुपार्जित आय (Unaccrued income) एवं अदत्त व्ययों (Outstanding expenses) को आर्थिक चिट्ठे के दायित्व पक्ष की ओर दर्शाया जाता है।
5. यदि चालू वर्ष में कोई ऋण लिया गया है, तो उसे प्राप्ति एवं भुगतान खाते के प्राप्ति पक्ष में दर्शाया जाएगा, ऐसे ऋण को आर्थिक चिट्ठे में दायित्व पक्ष की ओर ऋण की राशि में से घटाकर दर्शाया जाता है।
6. विशिष्ट कोष; जैसे–खेल कोष आदि में कोष के निवेश से प्राप्त आय को सम्बद्ध कोष में जोड़ना चाहिए तथा विशिष्ट उद्देश्यों पर किए गए व्यय को कोष की राशि से घटाकर शेष राशि को आर्थिक चिट्ठे में दर्शाना चाहिए।
7. समर्पित कोष भी आर्थिक चिट्ठे में दर्शाया जाता है।

अपूर्ण लेखे Incomplete Records

कुछ छोटे आकार की व्यावसायिक संस्थाएँ लेखांकन अभिलेख बनाए रखने की द्विअंकन प्रणाली का पालन नहीं करतीं, क्योंकि–

1. यह बहुत महँगी प्रणाली है।
2. यह एक समय लेने वाला तरीका है।
3. इसके लिए विशेषज्ञ कर्मचारियों की आवश्यकता होती है, ताकि सिद्धान्तों और लेखांकन मानकों का पालन किया जा सके।

   उपरोक्त कारणों के कारण, कुछ व्यावसायिक संस्थाएँ अपूर्ण रिकॉर्ड से लेखा सिस्टम के तहत खातों की पुस्तकों को रखती हैं। इस प्रणाली के तहत केवल रोकड़ बही, देनदार और लेनदारों के व्यक्तिगत खाते को बनाए रखा जाता है।

इस प्रणाली के तहत वास्तविक और नाममात्र खातों का लेखा नहीं रखा जाता।

खातों को बनाए रखने की इस प्रणाली के अन्तर्गत केवल कुछ लेन-देन के दोनों पहलुओं को दर्ज किया जाता है। उदाहरण के लिए, देनदारों से प्राप्त नकद या लेनदारों को नकद भुगतान।

कुछ लेन-देनों का एक पहलू दर्ज किया जाता है। उदाहरण के लिए, माल की खरीद के लिए नकद भुगतान।

कुछ वित्तीय घटनाओं को बिल्कुल भी शामिल नहीं किया जाता है। उदाहरण के लिए, अचल सम्पत्तियों पर मूल्यह्रास।

अपूर्ण लेखों की सीमाएँ

अपूर्ण लेखों की निम्न सीमाएँ हैं–

1. **अपूर्ण विधि** यह विधि ऐसी गणना रिकॉर्ड को बनाए रखने की अपूर्ण विधि है, क्योंकि प्रत्येक लेन-देन के दोनों पहलू, डेबिट और क्रेडिट रिकॉर्ड नहीं किए जाते हैं।
2. **अवैज्ञानिक प्रणाली** यह प्रणाली एक अवैज्ञानिक प्रणाली है, क्योंकि व्यापार लेन-देन रिकॉर्ड करने के लिए निर्धारित नियमों का पालन नहीं किया जाता है।
3. **सही लाभ या हानि का पता नहीं लगाया जा सकता है** परीक्षण सन्तुलन की अनुपस्थिति में, एक व्यापार और लाभ और हानि खाता तैयार नहीं किया जा सकता है और इसलिए एक अंशीय अवधि के दौरान लाभ या हानि अनुमान के आधार पर है, इसलिए इस पर भरोसा नहीं किया जा सकता है।
4. **व्यवसाय की सही वित्तीय स्थिति को ज्ञात नहीं किया जा सकता है** चूँकि असली खाते नहीं बनाए जाते हैं, इसलिए व्यापार की वास्तविक वित्तीय स्थिति दिखाते हुए एक बैलेंस शीट तैयार करना सम्भव नहीं है।
5. **त्रुटियों और धोखाधड़ी द्वारा परिवर्तन** इस प्रणाली के तहत द्विअंकन प्रणाली के सिद्धान्त का पालन नहीं किया जाता है, इसलिए आन्तरिक जाँच सम्भव नहीं है। इसमें त्रुटियों और धोखाधड़ी द्वारा परिवर्तन किया जा सकता है। इसके अलावा उन्हें पता लगाना बहुत मुश्किल हो जाता है।

अपूर्ण लेखों से लाभ या हानि की जानकारी

किसी भी व्यावसायिक उद्यम का मुख्य उद्देश्य मुनाफा अर्जित करना है लेखापरीक्षरी अवधि के दौरान हुए लाभ या नुकसान का पता करने में व्यवसायी हमेशा रुचि रखते हैं। अपूर्ण लेखों के तहत् खातों को बनाए रखने वाले संगठनों के मामले में लाभ या हानि की रकम शुद्ध मूल्य पद्धति द्वारा निर्धारित की जा सकती है।

इस पद्धति के तहत्, व्यापार के मुनाफे या नुकसान को अन्त में पूँजी और लेखा अवधि की शुरुआत में पूँजी की तुलना करके पता लगाया जाता है।

लाभ या हानि के निर्धारण के लिए निम्नलिखित कदम उठाए जाएँगे–

चरण 1 प्रारम्भिक पूँजी की राशि की गणना करना।

लेखा अवधि की शुरुआत में स्टेटमेण्ट ऑफ अफेयर्स को तैयार करके प्रारम्भिक पूँजी का पता लगाया जाता है।

चरण 2 'समापन पूँजी' की मात्रा की गणना करना।

समापन पूँजी का निर्धारण लेखा अवधि के अन्त में स्टेटमेण्ट ऑफ अफेयर्स 'तैयार करके' किया जाता है।

चरण 3 लाभ या हानि की गणना करना।

लाभ अथवा हानि की गणना निम्न प्रकार की जाती है–

प्रारम्भिक पूँजी	—
(+) व्यापार में वर्ष के दौरान निवेशित पूँजी	—
(–) व्यापार से वर्ष के दौरान आहरित पूँजी	—
(–) समापन पूँजी	—
लाभ/हानि	—

अभ्यास प्रश्न

गैर-व्यापारिक संस्थाओं के लेखे

1. गैर-व्यापारिक संस्थाओं का मुख्य उद्देश्य होता है
(a) जन-सेवा द्वारा लाभ कमाना
(b) जन-सेवा के कार्य करना
(c) लाभ कमाकर सेवा करना
(d) व्यापारिक कार्य करना

2. प्राप्ति एवं भुगतान खाते के डेबिट पक्ष में सर्वप्रथम लिखा जाता है
(a) चन्दा (b) प्रवेश शुल्क
(c) रोकड़ शेष (d) सदस्यता शुल्क

3. प्राप्ति एवं भुगतान खाते का शेष दिखाते हैं
(a) आय-व्यय खाते के डेबिट पक्ष में
(b) आय-व्यय खाते के क्रेडिट पक्ष में
(c) आर्थिक चिट्ठे में
(d) उपरोक्त में से कोई नहीं

4. प्राप्ति एवं भुगतान खाता किसके द्वारा बनाया जाता है?
(a) एकल व्यापार (b) फर्म
(c) कम्पनी (d) गैर-व्यापारिक संस्था

5. निम्न में से कौन आय-व्यय खाता नहीं बनाते?
(a) क्लब (b) शिक्षण संस्था
(c) धर्मार्थ संस्था (d) व्यापारी

6. गैर-व्यापारिक संस्थाएँ दिन-प्रतिदिन के लेन-देन दर्ज करती हैं
(a) रोकड़ बही में (b) प्राप्ति-भुगतान खाते में
(c) आय-व्यय खाते में (d) लाभ-हानि खाते में

7. कौन-सी मद प्राप्ति एवं भुगतान खाते में नहीं दिखाई जाएगी?
(a) गत वर्ष के किराये का भुगतान
(b) चालू वर्ष का बकाया वेतन
(c) अग्रिम प्राप्त ब्याज
(d) चालू वर्ष का चुकाया वेतन

8. गैर–व्यापारिक संस्थाओं की आय का मुख्य स्रोत है
(a) सम्पत्ति का विक्रय (b) पत्र पत्रिकाओं का विक्रय
(c) चन्दा (d) इनमें से कोई नहीं

9. सदस्यता शुल्क की जाँच की जाती है
(a) रोकड़ बही से (b) सदस्य रजिस्टर से
(c) स्टॉक रजिस्टर से (d) इन सभी से

10. गैर–व्यापारिक संस्थाएँ स्टॉक रजिस्टर में दिखाती हैं
(a) नकद शेष (b) सदस्यों के नाम व पते
(c) सम्पत्तियों का विवरण (d) ये सभी

11. मशीन क्रय की, इसे आय–व्यय खाते में दिखाया जाएगा
(a) नाम पक्ष में (b) जमा पक्ष में
(c) खर्चों में जोड़कर (d) नहीं दिखाई जाएगी

12. गैर–व्यापारिक संस्थाएँ उधार लेन–देन लिखती हैं
(a) रोकड़ बही में (b) स्टॉक रजिस्टर में
(c) स्मरण पुस्तक में (d) सदस्य रजिस्टर में

13. प्राप्ति एवं भुगतान खाता प्रदर्शित करता है
(a) आय तथा व्यय (b) बचत तथा घाटा
(c) लाभ तथा हानि (d) नकद प्राप्ति एवं भुगतान

14. चालू वर्ष में प्राप्त पेशगी चन्दे का लेखा किया जाता है
(a) प्राप्ति एवं भुगतान खाते में
(b) केवल आय-व्यय खाते में
(c) प्राप्ति एवं भुगतान खाते तथा चिट्ठे में
(d) आय-व्यय खाते तथा चिट्ठे में

15. एक क्लब का आय–व्यय खाता वर्ष 2014 के लिए ₹ 150 की बचत बताता है। इस खाते में अग्रिम वेतन ₹ 50, अग्रिम प्राप्त आय ₹ 300 एवं अप्राप्त चन्दा ₹ 80 के समायोजन के बाद आय-व्यय खाता बताएगा
(a) ₹ 20 घाटा (b) ₹ 30 बचत
(c) ₹ 230 घाटा (d) ₹ 530 घाटा

16. गैर–व्यापारिक संस्थाओं की आयगत प्राप्ति एवं आयगत भुगतान दिखाए जाते हैं
(a) व्यापार खाते में (b) प्राप्ति एवं भुगतान खाते में
(c) आय-व्यय खाते में (d) लाभ-हानि खाते में

17. आय-व्यय खाता है
(a) व्यक्तिगत खाता (b) वस्तुगत खाता
(c) नाममात्र खाता (d) इनमें से कोई नहीं

18. प्राप्ति भुगतान खाता है
(a) व्यक्तिगत खाता (b) वास्तविक खाता
(c) नाममात्र खाता (d) इनमें से कोई नहीं

19. पूँजीगत मदें आय-व्यय खाते में दिखाते हैं
(a) आय पक्ष को (b) व्यय पक्ष को
(c) 'a' और 'b' दोनों पक्षों को (d) इनमें से कोई नहीं

20. आजीवन सदस्यता शुल्क दिखाया जाएगा
(a) आय-व्यय खाते के नाम पक्ष में
(b) आय-व्यय खाते के जमा पक्ष में
(c) चिट्ठे में पूँजी कोष में जोड़कर
(d) चिट्ठे में पूँजी कोष में घटाकर

21. प्रवेश शुल्क है
(a) आयगत आय (b) पूँजीगत आय
(c) आयगत और पूँजीगत दोनों (d) इनमें से कोई नहीं

22. एक क्लब ने चन्दा प्राप्त किया ₹ 30,000, जिसमें पिछले वर्ष के चन्दे के ₹ 10,000 व आगामी वर्ष के चन्दे के ₹ 5,000 है। प्राप्ति एवं भुगतान खाते में राशि दिखाई जाएगी
(a) ₹ 15,000 (b) ₹ 30,000
(c) ₹ 35,000 (d) ₹ 25,000

23. भवन निर्माण हेतु दान प्राप्त हुआ दिखाया जाएगा
(a) आय-व्यय खाते के क्रेडिट पक्ष में
(b) चिट्ठे के सम्पत्ति पक्ष में
(c) चिट्ठे के दायित्व पक्ष में
(d) आय-व्यय खाते के डेबिट पक्ष में

24. निम्नलिखित में से आय-व्यय खाते में नहीं लिखी जाने वाली मद है
(a) सरकारी सहायता (b) विशिष्ट दान
(c) मानदेय (d) चन्दा

25. गैर–व्यापारिक संस्थाएँ आय ज्ञात करने के लिए बनाती हैं
(a) प्राप्ति-भुगतान खाता (b) लाभ-हानि खाता
(c) आय-व्यय खाता (d) व्यापार खाता

26. यदि किसी आय को पूँजीकृत करना है, तो उसे दिखाया जाएगा
(a) चिट्ठे के दायित्व पक्ष में
(b) चिट्ठे के सम्पत्ति पक्ष में
(c) आय-व्यय खाते के नाम पक्ष में
(d) आय-व्यय खाते के जमा पक्ष में

27. गैर–व्यापारिक संस्थाएँ आयगत आय व आयगत व्यय को कहाँ दिखाती हैं?
(a) प्राप्ति-भुगतान खाते में (b) आय-व्यय खाते में
(c) चिट्ठे में (d) लाभ-हानि खाते में

28. रॉयल क्लब का 31 दिसम्बर, 2014 को समाप्त होने वाले वर्ष का आय–व्यय खाता ₹ 770 घाटा बताता है। इस खाते में किराये की अग्रिम चुकाई गई ₹ 200 की राशि और ₹ 1,000 की उपार्जित ब्याज की राशि का समायोजन किया जाना है। समायोजन के बाद आय–व्यय खाता बताएगा
(a) ₹ 30 बचत (b) ₹ 230 घाटा
(c) ₹ 430 बचत (d) ₹ 530 घाटा

29. स्टॉक 1-1-2014 खेल सामग्री ₹ 1,200

बकाया भुगतान 1-1-2014	₹ 300
वर्ष में भुगतान किया	₹ 2,000
बकाया लेनदार	₹ 400
स्टॉक 31-12-2014	₹ 500

वर्ष 2014 के लिए खेल सामग्री के व्यय की राशि होगी
(a) ₹ 2,600 (b) ₹ 2,800
(c) ₹ 3,300 (d) ₹ 3,400

30. एक पत्रिका के प्रकाशक द्वारा पेशगी प्राप्त चन्दा वर्गीकृत किया जाना चाहिए
(a) अर्जित लाभ (b) भावी लाभ
(c) अनुपार्जित आय (d) इनमें से कोई नहीं

31. एक क्लब द्वारा प्राप्त अग्रिम चन्दा कहाँ दिखाया जाता है?
(a) आय-व्यय खाते के जमा पक्ष में
(b) चिट्ठे के सम्पत्ति पक्ष में
(c) चिट्ठे के दायित्व पक्ष में
(d) आय-व्यय खाते के नाम पक्ष में

32. एक क्लब में फर्नीचर के विक्रय पर लाभ दर्शाते हैं
(a) लाभ-हानि खाते के जमा पक्ष में
(b) आय-व्यय खाते के जमा पक्ष में
(c) प्राप्ति-भुगतान खाते के प्राप्ति पक्ष में
(d) चिट्ठे के दायित्व पक्ष में

33. एक क्लब का आय-व्यय खाता ₹ 2,000 की बचत बताता है। इस खाते को बनाते समय उपार्जित ब्याज ₹ 400, बकाया वेतन ₹ 100, पूर्वदत्त बीमा ₹ 150 का समायोजन करने के बाद आय-व्यय खाता बताएगा
(a) ₹ 2,350 बचत (b) ₹ 2,400 बचत
(c) ₹ 2,450 बचत (d) ₹ 1,850 बचत

34. आय-व्यय खाते में सम्मिलित मदों का सम्बन्ध होता है
(a) गत वर्ष से (b) चालू वर्ष से
(c) भविष्य के वर्षों से (d) इन सभी वर्षों से

35. प्रतियोगिता निधि फण्ड ₹ 1,500 तथा प्रतियोगिता खर्च ₹ 1,200 है। आय-व्यय खाते में कितनी राशि खताई जाएगी?
(a) ₹ 1,500 (b) ₹ 1,200 (c) ₹ 300 (d) ₹ 3,700

36. ब्याज प्राप्त हुआ ₹ 850, जिसमें पूर्व वर्ष का अर्जित ब्याज ₹ 100 सम्मिलित है। आय-व्यय खाते में राशि दिखाई जाएगी
(a) ₹ 750 (b) ₹ 950 (c) ₹ 850 (d) ₹ 180

37. क्रॉकरी का विक्रय मूल्य ₹ 360 व पुस्तक मूल्य ₹ 320 है। आय-व्यय खाते में कितनी राशि खताई जाएगी?
(a) ₹ 360 (b) ₹ 320 (c) ₹ 140 (d) ₹ 680

38. वर्ष 2014 में प्राप्त चन्दा ₹ 7,800, 1 जनवरी, 2014 को बकाया चन्दा ₹ 150, 31 दिसम्बर, 2014 को बकाया चन्दा ₹ 340 चन्दे के लिए प्राप्ति एवं भुगतान खाते में राशि दिखाई जाएगी?
(a) ₹ 7,800 (b) ₹ 7,950 (c) ₹ 8,140 (d) ₹ 7,650

39. आय-व्यय खाता ₹ 100 का घाटा दिखाता है। इस खाते में किराये की अग्रिम राशि ₹ 20 तथा उपार्जित ब्याज की राशि ₹ 200 का लेखा अभी समायोजित करना है। समायोजन के पश्चात् यह खाता बताएगा
(a) ₹ 120 बचत (b) ₹ 120 घाटा
(c) ₹ 100 बचत (d) ₹ 200 बचत

40. संस्था के भवन हेतु दान होता है
(a) व्यय (b) दायित्व
(c) सम्पत्ति (d) पूँजीगत हानि

अपूर्ण लेखे

41. अपूर्ण लेखे रखे जाते हैं
(a) एकाकी व्यापारी द्वारा
(b) फर्म द्वारा
(c) कम्पनी द्वारा
(d) गैर-व्यावसायिक संस्थाओं द्वारा

42. अपूर्ण लेखा विधि में खाते खोले जाते हैं
(a) व्यक्तिगत (b) वास्तविक
(c) अवास्तविक (d) ये सभी

43. अपूर्ण लेखों का लाभ है
(a) यह सरल विधि है
(b) कम खर्चीली
(c) छोटे व्यवसाय के लिए उपयुक्त
(d) उपरोक्त सभी

44. अपूर्ण लेखों की सीमा है
(a) तलपट बनाना सम्भव नहीं
(b) अवैज्ञानिक प्रणाली
(c) सम्पत्तियों पर नियन्त्रण सम्भव नहीं
(d) उपरोक्त सभी

45. अपूर्ण लेखा विधि में लाभ-हानि ज्ञात की जाती है
(a) लाभ-हानि खाता बनाकर
(b) आय-व्यय खाता बनाकर
(c) रोकड़ खाता बनाकर
(d) आरम्भिक तथा अन्तिम पूँजी की तुलना करके

46. अपूर्ण लेखा विधि में सम्पत्तियों एवं दायित्वों को दर्शाया जाता है
(a) चिट्ठे में (b) अवस्था विवरण में
(c) रोकड़ खाते में (d) लाभ-हानि खाते में

47. अपूर्ण लेखा विधि में लाभ-हानि ज्ञात करते समय अन्तिम पूँजी में जोड़ा जाता है
(a) अतिरिक्त पूँजी (b) आहरण
(c) पूँजी पर ब्याज (d) प्रारम्भिक पूँजी

48. अपूर्ण लेखा विधि में किस अवधारणा का पालन नहीं किया जाता है?
(a) द्वि-पहलू अवधारणा (b) प्रत्येक अस्तित्व अवधारणा
(c) मुद्रा मापन की अवधारणा (d) ये सभी

49. यदि अन्तिम पूँजी ₹ 50,000, आहरण ₹ 500 व प्रारम्भिक पूँजी ₹ 20,000 है, तो लाभ-हानि होगी
(a) ₹ 35,000 हानि (b) ₹ 35,000 लाभ
(c) ₹ 30,000 लाभ (d) ₹ 30,000 हानि

50. यदि प्रारम्भिक पूँजी ₹ 70,000, अन्तिम पूँजी ₹ 90,000, आहरण ₹ 18,000 तथा अतिरिक्त पूँजी ₹ 6,000 है, तो लाभ-हानि होगी
(a) ₹ 32,000 (b) ₹ 40,000 (c) ₹ 50,000 (d) ₹ 60,000

51. यदि प्रारम्भिक पूँजी ₹ 24,000, अन्तिम पूँजी ₹ 40,000, आहरण ₹ 50,000 तथा लाभ ₹ 15,000 है, तो अतिरिक्त पूँजी होगी
(a) ₹ 5,000 (b) ₹ 8,000
(c) ₹ 6,000 (d) ₹ 7,000

52. यदि प्रारम्भिक पूँजी ₹ 64,000, अन्तिम पूँजी ₹ 50,000, अतिरिक्त पूँजी ₹ 14,000 व हानि ₹ 16,000 है, तो आहरण होगा
(a) ₹ 12,000 (b) ₹ 14,000
(c) ₹ 15,000 (d) ₹ 16,000

53. यदि प्रारम्भिक पूँजी ₹ 60,000, आहरण ₹ 15,000, अतिरिक्त पूँजी ₹ 20,000 व लाभ ₹ 10,000 है, तो अन्तिम पूँजी होगी
(a) ₹ 75,000 (b) ₹ 80,000
(c) ₹ 90,000 (d) ₹ 50,000

उत्तरमाला

1.	(b)	2.	(c)	3.	(c)	4.	(d)	5.	(d)	6.	(a)	7.	(b)	8.	(c)	9.	(b)	10.	(c)
11.	(d)	12.	(c)	13.	(d)	14.	(c)	15.	(a)	16.	(b)	17.	(c)	18.	(b)	19.	(d)	20.	(c)
21.	(c)	22.	(b)	23.	(c)	24.	(b)	25.	(c)	26.	(a)	27.	(b)	28.	(c)	29.	(b)	30.	(c)
31.	(c)	32.	(b)	33.	(c)	34.	(b)	35.	(c)	36	(a)	37.	(c)	38.	(a)	39.	(a)	40.	(b)
41.	(a)	42.	(a)	43.	(d)	44.	(d)	45.	(d)	46.	(b)	47.	(b)	48.	(a)	49.	(b)	50.	(a)
51.	(b)	52.	(a)	53.	(a)														

उत्तर व्याख्या सहित

28.

To Dabit	770	By Accured Interest	1,000
To Surplus	430	By Unearned Rent	200
	1,200		1,200

29.

वर्ष में भुगतान	2,000
(+) प्रारम्भिक स्टॉक	1,200
(–) प्रारम्भ में बकाया	(300)
(+) अन्त में बकाया	400
(–) अन्तिम स्टॉक	(500)
व्यय की राशि	2,800

33.

		By Surplus	2,000
To Outstanding Salary	100	By Accured Interest	400
To Surplus	2,450	By prepaid Insurance	150
	2,550		2,550

49.

	(₹)
अन्तिम पूँजी	50,000
(+) आहरण	5,000
	55,000
(–) प्रारम्भिक पूँजी	20,000
लाभ	35,000

50.

	(₹)
अन्तिम पूँजी	90,000
(+) आहरण	18,000
	1,08,000
(–) अतिरिक्त पूँजी	6,000
	1,02,000
(–) प्रारम्भिक पूँजी	70,000
लाभ	32,000

51. अतिरिक्त पूँजी = अन्तिम पूँजी + आहरण – प्रारम्भिक पूँजी – लाभ

= 40,000 + 7,000 – 24,000 – 15,000 = ₹ 8,000

52. प्रारम्भिक पूँजी + अतिरिक्त पूँजी – अन्तिम पूँजी – हानि

64,000 + 14,000 – 50,000 – 16,000 = ₹ 12,000

अध्याय 24

साझेदारी खाते
Partnership Accounts

साझेदारी Partnership

दो या दो से अधिक व्यक्ति जब किसी अनुबन्ध के आधार पर लाभ कमाने एवं आपस में बाँटने के उद्देश्य से कोई वैध व्यवसाय करने के लिए सहमत होते हैं, तो उसे 'साझेदारी' कहा जाता है। साझेदारी का आधार एक अनुबन्ध होता है, जो लिखित भी हो सकता है और मौखिक भी, परन्तु भविष्य में विवाद की स्थिति से बचने के लिए अच्छा यही है कि यह अनुबन्ध लिखित हो।

साझेदारी को निम्न प्रकार परिभाषित किया गया है—

ब्रिटिश साझेदारी अधिनियम, 1890 के अनुसार, "साझेदारी लाभ की दृष्टि से मिलजुलकर व्यापार चलाने के लिए व्यक्तियों के मध्य पाया जाने वाला सम्बन्ध है।"

भारतीय साझेदारी अधिनियम, 1932 की धारा 4 के अनुसार, "साझेदारी उन व्यक्तियों के पारस्परिक सम्बन्ध को कहते हैं, जो ऐसे व्यापार के लाभों को बाँटने के लिए सहमत हुए हों, जो सभी व्यक्तियों की ओर से कार्य करते हुए किसी एक व्यक्ति द्वारा चलाया जाता है।"

प्रो. किम्बाल एवं **किम्बाल** के अनुसार, "साझेदारी व्यक्तियों का एक ऐसा समूह है, जिन्होंने किसी व्यावसायिक उपक्रम को चलाने के उद्देश्य से पूँजी अथवा सेवाओं का एकीकरण किया है।"

प्रो. एल.एच. हैने के अनुसार, "साझेदारी को उन व्यक्तियों के बीच सम्बन्ध के रूप में परिभाषित किया जा सकता है, जिन्होंने निजी लाभ के उद्देश्य से व्यवसाय को मिलकर चलाने का अनुबन्ध किया है।"

प्रो. हैन्सन के अनुसार, "साझेदारी से आशय व्यावसायिक संगठन के ऐसे रूप से है, जिसमें दो या दो से अधिक व्यक्ति, अधिकतम 20 तक, किसी-न-किसी व्यावसायिक क्रिया को करने के लिए एक साथ मिलते हैं।"

साझेदारी के आवश्यक लक्षण
Essential Features of Partnership

साझेदारी में कुछ लक्षणों का एकसाथ होना आवश्यक है। यदि इनमें से एक भी तत्त्व की कमी होगी, तो इसे केवल कुछ व्यक्तियों का समूह कहा जाएगा, साझेदारी नहीं।

ये तत्त्व निम्न हैं—

1. साझेदारी में कम-से-कम दो व्यक्ति होने चाहिए।
2. साझेदारों की अधिकतम संख्या कम्पनी अधिनियम, 2013 के अनुसार 50 हो सकती है।
3. साझेदारी का आधार कोई-न-कोई अनुबन्ध होता है, जो मौखिक भी हो सकता है और लिखित भी, परन्तु इसका लिखित होना ही अच्छा माना जाता है।
4. साझेदारी किसी-न-किसी वैध व्यवसाय को करने के लिए होनी चाहिए।
5. साझेदारी का उद्देश्य लाभ कमाना और उसे आपस में बाँटना होना चाहिए।
6. साझेदारी व्यवसाय का संचालन सभी साझेदारों द्वारा या उनमें से एक या कुछ साझेदारों द्वारा किया जा सकता है।
7. प्रत्येक साझेदार अपने व्यवसाय का स्वामी भी होता है और एजेण्ट भी।
8. साझेदारी फर्म का पंजीयन अनिवार्य नहीं होता तथापि अपने हितों की रक्षा करने के लिए इसका पंजीयन करा लिया जाना चाहिए।
9. प्रत्येक साझेदार का दायित्व असीमित होता है। सभी साझेदार व्यक्तिगत रूप से एवं सामूहिक फर्म के दायित्वों को पूरा करने के लिए उत्तरदायी होते हैं।

साझेदारी के प्रकार Types of Partnership

1. **ऐच्छिक साझेदारी** यह साझेदारी साझेदारों की इच्छा पर निर्भर करती है। इसे तब तक समाप्त नहीं किया जाता, जब तक सभी साझेदार फर्म को चालू रखना चाहते हैं। प्राय: सभी साझेदारियाँ इसी प्रकार की होती हैं।
2. **विशेष कार्य के लिए साझेदारी** दो या दो से अधिक व्यक्ति जब मिलकर किसी विशेष कार्य को करने के लिए साझेदारी में प्रवेश करते हैं, तो इसे विशेष साझेदारी कहा जाता है। जैसे ही यह कार्य पूरा हो जाता है, प्राय: इस साझेदारी का समापन हो जाता है।
3. **विशेष अवधि के लिए साझेदारी** दो या दो से अधिक व्यक्ति जब किसी विशेष अवधि के लिए साझेदारी फर्म में प्रवेश करते हैं, तो इसे विशेष अवधि की साझेदारी कहा जाता है। इस अवधि के पूरा होते ही यह साझेदारी प्राय: समाप्त हो जाती है।

साझेदार, फर्म तथा फर्म का नाम

Partner, Firm and Name of Firm

- जो व्यक्ति आपस में मिलकर व्यवसाय करने के लिए सहमत होते हैं, वे सभी व्यक्तिगत रूप से 'साझेदार' कहलाते हैं।
- सभी साझेदारों को सामूहिक रूप से 'साझेदारी फर्म' कहा जाता है। साझेदारी फर्म का अपने साझेदारों से अलग कोई वैधानिक अस्तित्व नहीं होता। यह न तो कोई व्यक्ति होता है, न कोई संस्था और न कोई निगम। यह तो सभी साझेदारों को दिया गया एक सामूहिक नाम होता है।
- फर्म अपना एक नाम रख सकती है। यह नाम वैधानिक दृष्टि से उचित होना चाहिए और किसी विद्यमान फर्म के नाम से मिलता-जुलता नहीं होना चाहिए।

साझेदारों के प्रकार Types Partners

1. **सक्रिय साझेदार** जो साझेदार फर्म के व्यवसाय में सक्रिय रूप से भाग लेते हैं, उन्हें सक्रिय साझेदार कहा जाता है।
2. **सुषुप्त साझेदार** जो साझेदार फर्म में पूँजी भी लगाता है, लाभ-हानि में भाग भी लेता है और फर्म के दायित्वों के प्रति उत्तरदायी भी होता है किन्तु फर्म के कार्यों में सक्रिय रूप से भाग नहीं लेता, वह सुषुप्त साझेदार कहलाता है।
3. **नाममात्र का साझेदार** जो साझेदार फर्म को केवल अपना नाम देता है, नाममात्र का साझेदार कहलाता है। वह न तो फर्म में पूँजी लगाता है, न फर्म के लाभ-हानि में भाग लेता है और न फर्म के कार्यों में सक्रिय रूप से भाग लेता है। ऐसा साझेदार तीसरे पक्षों के प्रति उत्तरदायी होता है।
4. **गत्यावरोध द्वारा साझेदार** कोई व्यक्ति यदि फर्म में वास्तव में तो साझेदार नहीं है, किन्तु अपने वचनों या व्यवहार के द्वारा दूसरे लोगों को यह समझने और विश्वास करने का अवसर देता है कि वह उस फर्म में साझेदार है, तो वह गत्यावरोध द्वारा साझेदार कहलाता है। ऐसा साझेदार तीसरे पक्षों के प्रति उत्तरदायी माना जाता है।
5. **अवयस्क साझेदार** सामान्यत: केवल बालिग व्यक्ति को ही साझेदार बनाया जाता है, किन्तु यदि अन्य सभी साझेदार सहमत हों, तो अवयस्क को भी साझेदार बनाया जा सकता है। अवयस्क फर्म के लाभ में तो भाग लेगा, किन्तु वह हानि के लिए उत्तरदायी नहीं होगा।

साझेदारी संलेख Partnership Deed

समझौता या अनुबन्ध लिखित होने पर इसे साझेदारी संलेख की संज्ञा दी जाती है। इसे साझेदारी प्रलेख भी कहते हैं। *इसमें निम्नलिखित बातों का समावेश किया जाता है—*

1. सभी साझेदार लाभ व हानि का बँटवारा किस प्रकार करेंगे।
2. साझेदारों को पूँजी एवं आहरण पर ब्याज पाने एवं देने का अधिकार होगा अथवा नहीं।
3. कोई साझेदार यदि फर्म में सक्रिय रूप से भाग लेगा, तो उसे कितना वेतन अथवा पारिश्रमिक दिया जाएगा।
4. कोई साझेदार यदि दिवालिया होता है, तो ऐसी स्थिति में भारतीय साझेदारी अधिनियम का पालन किया जाएगा या गार्नर बनाम मर्रे नियम का पालन किया जाएगा।
5. फर्म में किसी नये साझेदार को यदि प्रवेश दिया जाएगा, तो ख्याति मूल्यांकन का आधार क्या होगा।
6. फर्म में किसी साझेदार की यदि मृत्यु हो जाती है या कोई साझेदार फर्म से अवकाश ग्रहण करता है, तो ऐसी स्थिति में ख्याति का मूल्यांकन किस प्रकार किया जाएगा।

साझेदारी संलेख के अभाव में लागू होने वाले नियम

Rules Applicable in the Absence of Partnership Deed

साझेदारों के बीच में यदि कोई लिखित समझौता नहीं है, तो ऐसी स्थिति में भारतीय साझेदारी अधिनियम, 1932 की धारा 12 से 17 तक वर्णित नियम लागू किए जाएँगे। *ये निम्न प्रकार हैं—*

1. कोई साझेदार यदि फर्म के संचालन में सक्रिय रूप से भाग लेता है, तो उसे इसके लिए अलग से कोई वेतन या पारिश्रमिक नहीं दिया जाएगा।
2. कोई साझेदार यदि फर्म में कार्य करता है, तो उसे इसके लिए कोई अतिरिक्त मजदूरी, वेतन या लाभांश नहीं दिया जाएगा।
3. सभी साझेदारों में लाभ-हानि का वितरण समान रूप से किया जाएगा।
4. किसी साझेदार ने यदि फर्म को कोई ऋण दिया है, तो उसे इस पर 6% वार्षिक ब्याज की दर से ब्याज दिया जाएगा।
5. साझेदारों को पूँजी पर कोई ब्याज नहीं दिया जाएगा।
6. साझेदारों से आहरण पर कोई ब्याज नहीं लिया जाएगा।
7. किसी साझेदार को यदि पूंजी पर ब्याज देय है, तो वह ब्याज केवल लाभ की दशा में दिया जाएगा, हानि की दशा में नहीं।

आहरण पर ब्याज के सम्बन्ध में नियम

Rules Related to Interest on Capital

साझेदारों के आहरण पर ब्याज की गणना निम्न प्रकार की जाती है—

1. यदि आहरण प्रत्येक माह के आरम्भ में किया जाता है

$$\text{ब्याज} = \left(\frac{\text{महीनों की संख्या} + 1}{2}\right) \text{माह का ब्याज}$$

2. यदि आहरण प्रत्येक माह के अन्त में किया जाता है

$$\text{ब्याज} = \left(\frac{\text{महीनों की संख्या} - 1}{2}\right) \text{माह का ब्याज}$$

3. यदि आहरण माह के मध्य में किया जाता है

$$\text{ब्याज} = \left(\frac{\text{महीनों की संख्या}}{2}\right) \text{माह का ब्याज}$$

- **उदाहरण 1.** राम, श्याम और हरि एक फर्म में साझेदार हैं। प्रत्येक साझेदार फर्म से क्रमश: ₹ 300, ₹ 250 और ₹ 150 का आहरण प्रतिमाह करता है। निम्नलिखित परिस्थितियों में आहरण पर ब्याज की गणना कीजिए, यदि ब्याज की दर 6% वार्षिक है।

(a) यदि आहरण प्रत्येक माह की मध्य तिथि को किया जाता है।
(b) यदि आहरण प्रत्येक माह की अन्तिम तिथि को किया जाता है।
(c) यदि आहरण प्रत्येक माह की प्रथम तिथि को किया जाता है।

हल राम के कुल वार्षिक आहरण $= 300 \times 12 = ₹3600$

श्याम के कुल वार्षिक आहरण $= 250 \times 12 = ₹3000$

हरि के कुल वार्षिक आहरण $= 150 \times 12 = ₹1800$

(a) यदि आहरण प्रत्येक माह की मध्य तिथि को किया जाता है, तब

राम के आहरण पर ब्याज $= \left(3{,}600 \times \frac{6}{100} \times \frac{6}{12}\right) \Rightarrow ₹108$

श्याम के आहरण पर ब्याज $= \left(3{,}000 \times \frac{6}{100} \times \frac{6}{12}\right) \Rightarrow ₹90$

हरि के आहरण पर ब्याज $= \left(1{,}800 \times \frac{6}{100} \times \frac{6}{12}\right) \Rightarrow ₹54$

(b) यदि आहरण प्रत्येक माह की अन्तिम तिथि को किया जाता है, तब

राम के आहरण पर ब्याज $= \left(3{,}600 \times \frac{6}{100} \times \frac{5.5}{12}\right) \Rightarrow ₹99$

श्याम के आहरण पर ब्याज $= \left(3{,}000 \times \frac{6}{100} \times \frac{5.5}{12}\right) \Rightarrow ₹82.50$

हरि के आहरण पर ब्याज $= \left(1{,}800 \times \frac{6}{100} \times \frac{5.5}{12}\right) \Rightarrow ₹49.50$

(c) यदि आहरण प्रत्येक की माह प्रथम तिथि को किया जाता है, तब

राम के आहरण पर ब्याज $= \left(3{,}600 \times \frac{6}{100} \times \frac{6.5}{12}\right) \Rightarrow ₹117$

श्याम के आहरण पर ब्याज $= \left(3{,}000 \times \frac{6}{100} \times \frac{6.5}{12}\right) \Rightarrow ₹97.50$

हरि के आहरण पर ब्याज $= \left(1{,}800 \times \frac{6}{100} \times \frac{6.5}{12}\right) \Rightarrow ₹58.50$

नये साझेदार का प्रवेश Admission of New Partner

जब किसी फर्म में कोई अन्य व्यक्ति प्रवेश पाने का इच्छुक होता है, तो पुराने साझेदार मिलकर उसे फर्म में एक नये साझेदार के रूप में प्रवेश दे सकते हैं। *निम्नलिखित कारणों से वे स्वयं भी किसी व्यक्ति को फर्म में नया साझेदार बना सकते हैं—*

1. यदि फर्म के विकास के लिए और अधिक पूँजी की आवश्यकता है, तो ऐसी स्थिति में नये साझेदार को फर्म में प्रवेश देकर फर्म की पूँजी को बढ़ाया जा सकता है तथा फर्म का वांछित विकास किया जा सकता है।
2. यदि फर्म में किसी साझेदार की मृत्यु हो जाए या कोई साझेदार फर्म से अवकाश ग्रहण करने का इच्छुक हो, तो उसके स्थान पर नये साझेदार को फर्म में प्रवेश दिया जा सकता है।
3. यदि आने वाला साझेदार फर्म से सम्बन्धित व्यवसाय में विशेष अनुभव एवं कुशलता रखता है, तो उसे फर्म में प्रवेश दिया जा सकता है।
4. किसी प्रभावी अथवा विशेष व्यक्ति को फर्म में प्रवेश देकर उसकी योग्यताओं एवं प्रतिष्ठा का लाभ उठाया जा सकता है।

नये साझेदार के प्रवेश पर ख्याति का मूल्यांकन Valuation of Goodwill on Admission of New Partner

किसी नये साझेदार को फर्म में प्रवेश देने पर फर्म की ख्याति का मूल्यांकन करना आवश्यक होता है। *फर्म की ख्याति का मूल्यांकन निम्नलिखित विधियों से किया जा सकता है—*

1. औसत लाभ विधि Average Profit Method

औसत लाभ विधि ख्याति मूल्यांकन की सबसे सरल एवं प्रचलित विधि है, क्योंकि ख्याति का सीधा सम्बन्ध फर्म के लाभों से होता है, इसलिए ख्याति का मूल्यांकन औसत लाभ विधि से ही उचित माना जाता है।

इस विधि में पिछले कुछ वर्षों का लाभ दिया हुआ होता है। इन लाभों का औसत निकालकर उसका दो गुना, तीन गुना अथवा चार गुना (जैसा प्रश्न में कहा जाए) करके ख्याति का मूल्य ज्ञात किया जाता है।

- **उदाहरण 2.** निम्नलिखित आँकड़े एक फर्म के पिछले कुछ वर्षों की लाभ-हानि को प्रदर्शित करते हैं

वर्ष 2004	₹ 5,000 का लाभ
वर्ष 2005	₹ 1,2500 का लाभ
वर्ष 2006	₹ 3,500 की हानि
वर्ष 2007	₹ 1,0500 का लाभ
वर्ष 2008	₹ 8,500 का लाभ

आप फर्म की ख्याति का मूल्य ज्ञात कीजिए, यदि ख्याति का मूल्यांकन गत पाँच वर्षों के औसत लाभ के तीन गुने के बराबर किया जाता है।

हल पिछले पाँच वर्षों का औसत लाभ

$$= \left[\frac{5{,}000 + 12{,}500 + (-3{,}500) + 10{,}500 + 8{,}500}{5}\right]$$

$$= \frac{33{,}000}{5} \Rightarrow ₹6{,}600$$

$\therefore$ ख्याति का मूल्य $= 6{,}600 \times 3 \Rightarrow ₹19{,}800$

2. अधिलाभ विधि Super Profit Method

आशा से अधिक लाभ को अधिलाभ कहते हैं। यह विधि भी लगभग औसत लाभ विधि की ही भाँति है। इसमें पिछले कुछ वर्षों के औसत लाभ में से अनुमानित वार्षिक लाभ को घटाकर जो शेष बचता है, उसे दो गुना, तीन गुना अथवा पाँच गुना (जैसा प्रश्न में कहा जाए) करके ख्याति का मूल्य ज्ञात किया जाता है।

- **उदाहरण 3.** एक फर्म की कुल पूँजी ₹ 3,00,000 है और इसका अनुमानित वार्षिक लाभ 12% है। पिछले तीन वर्षों का वास्तविक औसत लाभ ₹ 42,000 है। साझेदारी संलेख के अनुसार ख्याति का मूल्यांकन पिछले तीन वर्षों के औसत अधिलाभ के 4 गुने के बराबर पर किया जाएगा। ख्याति का मूल्य ज्ञात कीजिए।

हल ₹ 3,00,000 पर अनुमानित वार्षिक लाभ

$$= \left(\frac{3{,}00{,}000 \times 12}{100}\right) \Rightarrow ₹36{,}000$$

पिछले तीन वर्षों का वास्तविक औसत लाभ $= ₹42{,}000$

पिछले तीन वर्षों का औसत अधिलाभ $42{,}000 - 36{,}000 \Rightarrow ₹6{,}000$

$\therefore$ ख्याति का मूल्य $= 6{,}000 \times 4 \Rightarrow ₹24{,}000$

3. भारित औसत लाभ विधि Weighted Average Profit Method

इस विधि के अनुसार ख्याति की गणना करने के लिए प्रत्येक वर्ष के लाभ को उसके भार से गुणा कर देते हैं। इस प्रकार जो गुणनफल प्राप्त होता है, उसके योग को भार के योग से भाग करके जो भागफल प्राप्त होता है उसी को दो गुना, तीन गुना अथवा पाँच गुना (जैसा प्रश्न में कहा जाए) करके ख्याति का मूल्य ज्ञात किया जाता है।

उदाहरण 4. एक फर्म के पिछले छः वर्षों के लाभ निम्न प्रकार हैं–

प्रथम वर्ष	₹ 20,000 का. लाभ
द्वितीय वर्ष	₹ 28,000 का लाभ
तृतीय वर्ष	₹ 12,000 का लाभ
चतुर्थ वर्ष	₹ 19,500 का लाभ
पंचम वर्ष	₹ 33,500 का लाभ
षष्ठम वर्ष	₹ 24,500 का लाभ

हल

Year	Profit	Weight	Product
I	20,000	1	20,000
II	28,000	2	56,000
III	12,000	3	36,000
IV	19,500	4	78,000
V	33,500	5	1,67,500
VI	24,500	6	1,47,000
		21	5,04,500

$$\text{Weighted Average Profit} = \left(\frac{\text{Total Product}}{\text{Total Weight}}\right)$$

$$= \left(\frac{5,04,500}{21}\right) \Rightarrow ₹24,023.81$$

ख्याति का मूल्य = 24,023.81 × 3 ⇒ ₹ 72,071.43

4. अधिकतम लाभ की पूँजीकरण विधि Capitalisation Method of Super Profit

इस विधि के अनुसार सबसे पहले अधिलाभ ज्ञात किया जाता है, उसके पश्चात् सामान्य आय की दर (Normal Rate of Return) पर अधिलाभ के लिए पूँजी का मूल्यांकन किया जाता है। इस प्रकार, मूल्यांकित पूँजी ही फर्म की ख्याति होती है।

$$\text{Goodwill} = \text{Super profit} \times \frac{100}{\text{Normal Rate of Return}}$$

$$\text{ख्याति} = \text{अधिलाभ} \times \frac{100}{\text{सामान्य आय की दर}}$$

- **उदाहरण 5.** यदि एक फर्म का औसत लाभ ₹ 5,000 है। फर्म की पूँजी ₹ 40,000 है और इस व्यवसाय पर 10% आय अपेक्षित है, तो ख्याति का मूल्यांकन कीजिए।

हल औसत लाभ = ₹ 5,000

$$\text{सामान्य लाभ} = \frac{40,000 \times 10}{100} = ₹\,4,000$$

अधिकतम लाभ = 5,000 – 4,000 = ₹ 1,000

$$\text{ख्याति} = \frac{1,000 \times 100}{10} = ₹\,10,000$$

5. पूँजीकरण विधि Capitalisation Method

ख्याति ज्ञात करने की यह एक सरल एवं प्राचीनतम विधि है। इस विधि के द्वारा विनियोजित पूँजी की पूँजीकरण द्वारा ज्ञात पूँजी से तुलना करके ख्याति का मूल्य ज्ञात किया जाता है।

- **उदाहरण 6.** एक फर्म का औसत लाभ ₹ 9,000 है। फर्म की पूँजी ₹ 60,000 है और व्यापार से सामान्य आय की दर 10% वार्षिक सम्भावित है। पूँजीकरण पद्धति द्वारा ख्याति की राशि की गणना कीजिए।

हल फर्म की कुल विनियोजित पूँजी = ₹ 60,000

फर्म का औसत लाभ = ₹ 9,000

पूँजी पर सामान्य आय की दर = 10% वार्षिक

$$\therefore \text{ लाभ के अनुसार विनियोजित पूँजी} = \left(\frac{9,000 \times 100}{10}\right) = ₹\,90,000$$

∴ ख्याति की राशि = 90,000 – 60,000 = ₹ 30,000

या इस विधि में सर्वप्रथम साझेदारी फर्म का कुल मूल्य निकाला जाता है और इसमें शुद्ध सम्पत्तियों का मूल्य घटाकर जो शेष बचता है, उसे फर्म की ख्याति कहते हैं।

$$\text{Goodwill} = \frac{\text{Profit} \times 100}{\%\text{ Normal Return}} - \text{Net Assets}$$

या

$$\text{ख्याति} = \frac{\text{लाभ} \times 100}{\text{सामान्य लाभ का प्रतिशत}} - \text{शुद्ध सम्पत्तियाँ}$$

- **उदाहरण 7.** किसी फर्म में ₹ 20,000 वार्षिक लाभ होता है और लाभ की औसत दर 10% है। फर्म कि सम्पत्तियाँ ₹ 2,00,000 और देयधन ₹ 1,00,000 है, तो फर्म की ख्याति का मूल्यांकन कीजिए।

हल

$$\text{Goodwill} = \frac{\text{Profit} \times 100}{\%\text{ Normal Return}} - \text{Net Assets}$$

$$= \frac{20,000 \times 100}{10} - 1,00,000 = ₹1,00,000$$

Net Assets = Assets – Liabilities

= 2,00,000 – 1,00,000 = ₹ 1,00,000

छुपी हुई ख्याति ज्ञात करना Calculation of Hidden Goodwill

कभी-कभी नये साझेदार के प्रवेश पर यह नहीं दिया होता है कि ख्याति खाता किस मूल्य से खोलना है। ऐसी स्थिति में ख्याति छुपी रहती है। नये साझेदार की पूँजी के आधार पर फर्म की पूँजी मूल्यांकित की जाती है। इसके बाद फर्म की मूल्यांकित पूँजी में से पुराने और नये साझेदारों की पूँजी घटा दी जाती है, शेष बची राशि ख्याति कहलाती है।

- **उदाहरण 8.** यदि 'B' 1/4 हिस्से के लिए ₹ 50,000 पूँजी प्रवेश के समय लाया। फर्म में 'A' व 'C' की पूँजी क्रमशः ₹ 60,000 व ₹ 40,000 है। ख्याति का मूल्यांकन कीजिए।

हल A, B व C की वास्तविक पूँजी = 60,000 + 50,000 + 40,000 = ₹ 1,50,000

B की पूँजी के 1/4 हिस्से के लिए = ₹ 50,000

$$\text{B के हिस्से के आधार पर फर्म की पूँजी} = \frac{50,000 \times 4}{1} = ₹\,2,00,000$$

ख्याति = 2,00,000 – 1,50,000 = ₹ 50,000

फर्म की पुस्तकों में ख्याति के लिए जर्नल लेखे
Journal Related to Goodwill in the Books of Firm

फर्म की पुस्तकों में नये साझेदार के प्रवेश पर निम्न प्रकार जर्नल लेखे किए जाते हैं—

1. यदि नया साझेदार ख्याति की राशि नकद लाता है
   (i) Cash A/c Dr
   To Goodwill A/c
   (Being amount of goodwill brought in by new partner)
   (ii) Goodwill A/c Dr
   To Old Partners' Capital A/c (Sacrificing Ratio)
   (Being goodwill credited in old partners' capital account)
2. यदि नया साझेदार ख्याति की रकम नकद लाता है और पुराने साझेदार उसे अपने लाभालाभ वितरण अनुपात में निकाल लेते हैं।
   (i) Cash A/c Dr
   To Goodwill A/c
   (Being amount of goodwill brought in by new partner)
   (ii) Goodwill A/c Dr
   To Old Partners' Capital A/c (Sacrificing Ratio)
   (Being goodwill credited in old partners' capital account)
   (iii) Old Partners' Capital A/c Dr
   To Cash A/c
   (Being amount of goodwill withdrawn by the old partners)
3. यदि फर्म की पुस्तकों में ख्याति खाता खोला जाए और उसे बन्द कर दिया जाए
   Goodwill A/c Dr
   To Old Partners' Capital A/c (Old Ratio)
   (Being goodwill account raised and credited in old partners' capital account)
   All Partners' Capital A/c (New Ratio) Dr
   To Goodwill A/c
   (Being goodwill account closed)

नये साझेदार के प्रवेश पर नया लाभ-हानि अनुपात ज्ञात करना Calculation of New Profit and Loss Ratio on Admission of New Partner

फर्म में कोई नया साझेदार जब प्रवेश करता है, तो पुराने साझेदारों के लाभ-विभाजन अनुपात में संशोधन होना स्वाभाविक है। *पुराने साझेदारों द्वारा नये साझेदार को उसका लाभ अनुपात निम्न प्रकार दिया जा सकता है—*

1. अपने पुराने लाभालाभ अनुपात में।
2. सभी पुराने साझेदार उसे बराबर-बराबर हिस्सा दें।
3. कोई एक ही साझेदार उसे अपने हिस्से में से उसका हिस्सा दे दे।
4. कोई एक साझेदार उसे अपना हिस्सा न दे शेष साझेदार उसे अपने हिस्से में से हिस्सा दें।

- **उदाहरण 9.** सूर, कबीर और तुलसी एक फर्म में साझेदार हैं, जो 5 : 3 : 2 के अनुपात में लाभ-हानि का विभाजन करते हैं। उन्होंने बिहारी को 1/5 भाग के लिए फर्म में नया साझेदार बनाने का निश्चय किया। निम्नलिखित दशाओं में सभी साझेदारों के लाभ विभाजन अनुपात ज्ञात कीजिए

(a) यदि बिहारी अपना हिस्सा सभी साझेदारों से समान अनुपात में क्रय करता है।
(b) यदि बिहारी सभी साझेदारों से अपना हिस्सा उनके लाभ विभाजन अनुपात में क्रय करता है।
(c) यदि बिहारी अपना आधा हिस्सा सूर से व आधा हिस्सा कबीर से क्रय करता है।
(d) यदि बिहारी अपना हिस्सा केवल सूर से क्रय करता है।

हल

(a) **बिहारी अपना हिस्सा सभी साझेदारों से समान अनुपात में क्रय करता है**

यदि सूर, कबीर और तुलसी का पुराना लाभ वितरण अनुपात = 5 : 3 : 2

अनुपातिक योग = 5 + 3 + 2 = 10

बिहारी का फर्म में हिस्सा = $\frac{1}{5}$ भाग

बिहारी प्रत्येक से लेता है = $\frac{1}{5} \times \frac{1}{3} = \frac{1}{15}$ भाग

∴ सूर का नया लाभालाभ अनुपात = पुराना अनुपात – त्याग अनुपात

$$= \left(\frac{5}{10} - \frac{1}{15}\right)$$

$$\left(\frac{15-2}{30}\right) = \frac{13}{30}$$

∴ कबीर का नया अनुपात $= \left(\frac{3}{10} - \frac{1}{15}\right) = \left(\frac{9-2}{30}\right) = \frac{7}{30}$

∴ तुलसी का नया अनुपात $= \left(\frac{2}{10} - \frac{1}{15}\right) = \left(\frac{6-2}{30}\right) = \frac{4}{30}$

बिहारी का लाभालाभ अनुपात $= \left(\frac{1}{5} \times \frac{6}{6}\right) = \frac{6}{30}$

चारों का नया लाभ वितरण अनुपात = 13 : 7 : 4 : 6

(b) **यदि बिहारी सभी साझेदारों से अपना हिस्सा उनके लाभ विभाजन अनुपात में क्रय करता है**

माना फर्म का कुल लाभ = 1

बिहारी प्रवेश करता है = $\frac{1}{5}$ भाग के लिए

∴ बिहारी के प्रवेश के बाद शेष भाग $= \left(1 - \frac{1}{5}\right) \Rightarrow \frac{4}{5}$ भाग

∴ सूर का नया लाभालाभ अनुपात $= \left(\frac{4}{5} \times \frac{5}{10}\right) \Rightarrow \frac{20}{50}$

∴ कबीर का नया लाभालाभ अनुपात $= \left(\frac{4}{5} \times \frac{3}{10}\right) \Rightarrow \frac{12}{50}$

∴ तुलसी का नया लाभालाभ अनुपात $= \left(\frac{4}{5} \times \frac{2}{10}\right) \Rightarrow \frac{8}{50}$

∴ तुलसी का लाभालाभ अनुपात $= \left(\frac{1}{5} \times \frac{10}{10}\right) \Rightarrow \frac{10}{50}$

चारों का नया लाभालाभ अनुपात = 20 : 12 : 8 : 10 = 10 : 6 : 4 : 5

(c) **यदि बिहारी अपना आधा हिस्सा सूर से व आधा कबीर से क्रय करता है**

बिहारी प्रत्येक साझेदार से प्राप्त करेगा $= \frac{1}{5} \times \frac{1}{2} \Rightarrow \frac{1}{10}$ भाग

∴ सूर का नया लाभालाभ अनुपात $= \left(\frac{5}{10} - \frac{1}{10}\right) = \frac{5-1}{10} = \frac{4}{10}$

∴ कबीर का नया लाभालाभ अनुपात $= \left(\frac{3}{10} - \frac{1}{10}\right) = \left(\frac{3-1}{10}\right) = \frac{2}{10}$

∴ तुलसी का नया लाभालाभ अनुपात = (अपरिवर्तित) $\Rightarrow \frac{2}{10}$

∴ बिहारी का नया लाभालाभ अनुपात = $\left(\frac{1}{5} \times \frac{2}{2}\right) \Rightarrow \frac{2}{10}$

∴ चारों का नया लाभालाभ अनुपात = 4 : 2 : 2 : 2 = 2 : 1 : 1 : 1

(d) **यदि बिहारी अपना हिस्सा केवल सूर से क्रय करता है**

∴ सूर का नया लाभालाभ अनुपात = $\left(\frac{5}{10} - \frac{1}{5}\right) = \left(\frac{15-6}{30}\right) \Rightarrow \frac{9}{30}$

∴ कबीर का नया लाभालाभ अनुपात = $\frac{3}{10}$ या $\frac{9}{30}$

∴ तुलसी का नया लाभालाभ अनुपात = $\frac{2}{10}$ या $\frac{6}{30}$

∴ बिहारी का लाभालाभ अनुपात = $\frac{1}{5}$ या $\frac{6}{30}$

∴ चारों के लाभालाभ अनुपात = 9 : 9 : 6 : 6 = 3 : 3 : 2 : 2

साझेदार की मृत्यु या अवकाश ग्रहण करना

Death or Retirement of Partner

जब कोई साझेदार फर्म से अवकाश ग्रहण करता है या किसी साझेदार की मृत्यु हो जाती है, तो साझेदारी संलेख के अनुसार उसको देय धनराशि की गणना की जाती है। कोई भी साझेदार अस्वस्थ होने या अशक्त होने पर या वृद्ध होने पर फर्म से अवकाश ग्रहण कर सकता है। इसके अतिरिक्त कोई भी साझेदार स्वेच्छा से अन्य साझेदारों को सूचना देकर फर्म से अवकाश ग्रहण कर सकता है।

अवकाश ग्रहण पर ख्याति का लेखा

Accounting Treatment of Goodwill on Retirement

(i) यदि फर्म की पुस्तकों में ख्याति खाता न खुला हो

Goodwill A/c Dr

To All Partners' Capital A/c (Old Ratio)

(Being goodwill account raised in the books of firm)

(ii) यदि फर्म की पुस्तकों में ख्याति खाता न दिखाना हो, तो ऐसी दशा में ख्याति के कुल मूल्य से ख्याति खाता खोलकर इसे बन्द कर देते हैं

Goodwill A/c Dr

To All Partners' Capital A/c (Old Ratio)

(Being goodwill account raised in the books of firm)

Remaining Partner's Capital A/c Dr (New Ratio)

To Goodwill A/c

(Being goodwill account closed)

(iii) केवल अवकाश प्राप्त साझेदार के हिस्से का ख्याति खाता खोलना और उसे बन्द कर देना

Goodwill A/c Dr

To Retiring Partner's Capital A/c

(Share of retiring partner)

(Being goodwill account raised only with the amount of retiring partner's share)

Remaining Partner's Capital A/c Dr

(Gaining Ratio)

To Goodwill A/c

(Being goodwill account closed)

अवकाश प्राप्त साझेदार को भुगतान

Payment to Retired Partner

अवकाश के समय अवकाश पाने वाले साझेदार को देय राशि का भुगतान साझेदारी संलेख में वर्णित किसी भी एक विधि द्वारा किया जाता है।

अवकाश प्राप्त साझेदार को भुगतान निम्न में से किसी एक विधि द्वारा किया जा सकता है—

1. **एकमुश्त राशि में भुगतान** अवकाश प्राप्त करने वाले साझेदार को देय धनराशि की गणना करने के बाद उसका भुगतान एकमुश्त राशि में कर दिया जाता है। लेकिन यह आवश्यक है कि फर्म के पास इतनी धनराशि अवश्य हो कि जाने वाले साझेदार का भुगतान किया जा सके।

   इसके लिए निम्न प्रविष्टि की जाती है—

   Retiring Partner's Capital A/c Dr

   To Bank A/c

   (Being amount paid to retiring partner)

2. **वार्षिक वृत्ति पद्धति द्वारा भुगतान** वार्षिक वृत्ति पद्धति के अनुसार एक निश्चित धनराशि का भुगतान अवकाश प्राप्त करने वाले साझेदार को तब तक किया जाता है, जब तक कि वह जीवित रहता है। इस पद्धति में उस साझेदार या उसकी विधवा या उसके प्रतिनिधि के जीवन का अनुमान लगाकर एक वार्षिक वृत्ति की धनराशि निश्चित कर ली जाती है और अवकाश प्राप्त करने वाले साझेदार की देय राशि को वार्षिक उचन्त खाते (Annuity Suspense A/c) में हस्तान्तरित कर दिया जाता है। इस खाते में बकाया राशि पर प्रतिवर्ष ब्याज क्रेडिट कर दिया जाता है और वर्ष के अन्त में ब्याज सहित वार्षिक वृत्ति की धनराशि का भुगतान साझेदार को कर दिया जाता है।

इसके लिए फर्म की पुस्तकों में निम्नलिखित प्रविष्टियाँ की जाती हैं—

(i) साझेदार के खाते में शेष को वार्षिक उचन्त खाते में हस्तान्तरित करने पर

Retiring Partner's Capital A/c Dr

To Annuity Suspense A/c

(Being balance of retiring partner's capital account transferred to annuity suspense account)

(ii) ब्याज देय होने पर

Interest A/c Dr

To Annuity Suspense A/c

(Being interest paid)

(iii) वर्ष के अन्त में वार्षिकी की किस्त का भुगतान करने पर

Annuity Suspense A/c Dr

To Bank A/c

(Being instalment to partner made with interest)

साझेदारी फर्म का विघटन

Dissolution of a Partnership Firm

फर्म के विघटन या समापन से आशय उस स्थिति से है, जब एक फर्म अपना व्यवसाय बन्द करके सभी साझेदारों का हिसाब चुकता कर देती है। ऐसी दशा में फर्म का विघटन तो होता ही है, साझेदारी भी स्वत: ही समाप्त हो जाती है।

साझेदारी फर्म के समापन की रीतियाँ
Methods of a Dissolution Partnership Firm

एक फर्म का समापन अथवा विघटन प्रायः निम्नलिखित परिस्थितियों में हो जाता है—

1. **ऐच्छिक समापन** जब सभी साझेदार आपस में मिलकर स्वेच्छा से साझेदारी को समाप्त करते हैं या समाप्त करने का निश्चय करते हैं, तो इसे साझेदारी अथवा फर्म का ऐच्छिक समापन कहा जाता है।
2. **न्यायालय द्वारा समापन** *निम्नलिखित दशाओं में न्यायालय फर्म के विघटन का आदेश दे सकता है—*
   (i) जब कोई साझेदार पागल या दिवालिया हो जाए।
   (ii) जब कोई साझेदार फर्म में अयोग्य सिद्ध हो रहा हो।
   (iii) फर्म में लाभों की सम्भावनाएँ लगभग समाप्त हो गई हों।
   (iv) किसी साझेदार की लापरवाही से फर्म को कोई क्षति उठानी पड़ रही हो।
   (v) अन्य कोई आधार जिसे न्यायालय उचित समझे।
3. **समझौते अथवा ठहराव द्वारा समापन** जिस प्रकार साझेदारी का जन्म अनुबन्ध अथवा ठहराव से होता है, उसी प्रकार फर्म का समापन भी सभी साझेदारों की सहमति से किया जा सकता है।
4. **उद्देश्य पूरा होने पर समापन** जो साझेदारी किसी विशेष उद्देश्य को पूरा करने के लिए की जाती है, वह उद्देश्य के पूरा होने पर स्वतः ही समाप्त हो जाती है।

फर्म की समाप्ति पर वसूली खाता तैयार करना
To Prepare Realisation Account on Dissolution of Firm

फर्म की समाप्ति पर समस्त बिक्री योग्य सम्पत्तियों एवं बाह्य भुगतान योग्य दायित्वों को जिस खाते में हस्तान्तरित किया जाता है, उसे वसूली खाता (Realisation Account) कहते हैं। वसूली खाता समापन पर लाभ अथवा हानि ज्ञात करने के लिए खोला जाता है।

Realisation A/c

Particulars	Amt (₹)	Particulars	Amt (₹)
To Sundry Assets (विविध सम्पत्तियाँ)		By Sundry Liabilities (विविध दायित्व)	
Building (भवन) –			
Machine (मशीन) –		Creditors (लेनदार) –	
Furniture (फर्नीचर) –		B/P (देय विपत्र) –	
Plants (प्लाण्ट) –			
Investment (विनियोग) –		Bank Overdraft (बैंक अधिविकर्ष) –	
Goodwill (ख्याति) –			
B/R (प्राप्य विपत्र) –		Depreciation Fund (ह्रास कोष) –	
Debtors (देनदार) –		Provident Fund (प्रोविडेन्ट कोष) –	
Stock (स्टॉक) –			
Motor Car (मोटर कार) –		Provision for Bad Debts (डूबते ऋणों के लिए प्रावधान) –	–
To Bank or Cash A/c (बैंक या नकद खाता) –		By Bank or Cash A/c (बैंक या नकद खाता) –	

Particulars	Amt (₹)	Particulars	Amt (₹)
Payment of Liabilities – (दायित्वों का भुगतान)		Sale of Assets – (सम्पत्तियों का विक्रय)	
Payment of Expenses – (व्ययों का भुगतान)		Assets takenover (सम्पत्तियों का साझेदारों द्वारा ले लेना)	
Partner's A/c – (साझेदारों के खाते)	–	Partners' Capital A/c – (साझेदारों के पूँजी खाते)	–
To Profit on Realisation A/c (वसूली खाते से लाभ)	–	By Loss on Realisation A/c (वसूली खाते से हानि)	–

- **उदाहरण 10.** राम और रहीम एक फर्म में साझेदार हैं। वे लाभ-हानि बराबर बाँटते हैं। 31 दिसम्बर, 2008 को उन्होंने फर्म को विघटित करने का निश्चय किया। इस तिथि को उनका चिट्ठा निम्न प्रकार था—

Balance Sheet

Liabilities		Amt (₹)	Assets	Amt (₹)
Creditors		30,000	Fixed Assets	1,30,000
Other Current Liabilities		30,000	Current Assets	60,000
Capital			Cash	10,000
Ram	70,000			
Rahim	70,000	1,40,000		
		2,00,000		2,00,000

स्थायी सम्पत्तियों की बिक्री से ₹ 90,000 तथा चालू सम्पत्तियों की बिक्री से ₹ 45,000 वसूल हुए। लेनदारों एवं दायित्वों का भुगतान ₹ 50,000 में कर दिया गया। समापन के व्यय ₹ 4,000 हुए। आप वसूली पर लाभ अथवा हानि की गणना कीजिए।

हल **Realisation A/c**

Particulars	Amt (₹)	Particulars	Amt (₹)
To Fixed Assets	1,30,000	By Creditors	30,000
To Current Assets	60,000	By Current Liabilities	30,000
To Bank A/c		By Bank A/c	
Payment to Creditors &		Sale of Fixed Assets 90,000	
Other Current Liabilities 50,000		Sale of Current Assets 45,000	1,35,000
Expenses on Realisation 4,000	54,000	By Partnerrs' Capital A/c	
		Ram 24,500	
		Raheem 24,500	49,000
	2,44,000		2,44,000

गार्नर बनाम मर्रे विवाद एक फर्म में तीन साझेदार थे; गार्नर, मर्रे और विलिंक्स। ये समान साझेदार थे परन्तु उनकी पूँजी असमान थी। उनमें कोई लिखित साझेदारी संलेख नहीं था। जून, 1900 में उनकी फर्म का विघटन हो गया। फर्म की सम्पत्ति को बेचकर लेनदारों का भुगतान कर दिया गया।

विघटन या समापन के पश्चात् उनकी स्थिति इस प्रकार थी–

Liabilities (दायित्व)	Amt (पौण्ड)	Assets (सम्पत्ति)	Amt (पौण्ड)
Capital of Garner	2,500	Cash	1,916
Capital of Murray	314	Lack of Vilinks' Capital	263
		Loss on Realisation	635
	2,814		2,814

विलिंक्स दिवालिया हो गया और अपने हिस्से की वसूली की हानि तथा पूँजी की कमी के प्रति कुछ भी देने में असमर्थ था। विलिंक्स के हिस्से की हानि तथा उसकी पूँजी की कमी को बाँटने पर गार्नर व मर्रे में मतभेद था। गार्नर चाहता था कि अन्य हानियों की भाँति यह हानि भी लाभ विभाजन के अनुपात में बाँटी जाए। परन्तु मर्रे का कहना था कि यह पूँजी सम्बन्धी हानि है, अतः इसे पूँजी अनुपात में बाँटा जाए।

अतः इस विवाद को लेकर गार्नर व मर्रे के बीच मुकदमा चला, जिसमें न्यायाधीश जौयस ने नवम्बर, 1903 में अपना निर्णय इस प्रकार दिया–

1. वसूली पर होने वाली हानि सभी साझेदारों में (दिवालिया साझेदार सहित) लाभ-हानि अनुपात में बाँटी जाए और शोधक्षम्य साझेदार अपने हिस्से की हानि की रकम रोकड़ के रूप में लाए।
2. दिवालिया साझेदार की पूँजी की कमी (वसूली की हानि सहित) शोधक्षम्य साझेदारों में उनकी पूँजी के अनुपात में बाँटी जाए, लाभ-हानि अनुपात में नहीं।
3. शोधक्षम्य साझेदारों की पूँजी का अनुपात निकालने के लिए कौन-सी पूँजी ली जाए? इस सम्बन्ध में यह निर्णय दिया गया कि विघटन से पूर्व अन्तिम आर्थिक चिट्ठे में दी हुई पूँजी के आधार पर पूँजी का अनुपात निश्चित किया जाए। इस सम्बन्ध में यह जान लेना आवश्यक है कि साझेदारों की पूँजी स्थाई है अथवा परिवर्तनशील।

   स्थाई पूँजी यदि पूँजी स्थाई है, तो अन्तिम आर्थिक चिट्ठे में दी हुई पूँजी का अनुपात निकाला जाएगा और उसी अनुपात में शोधक्षम्य साझेदार दिवालिया साझेदार की पूँजी की कमी को पूरा करेंगे।

   परिवर्तनशील पूँजी यदि पूँजी परिवर्तनशील है, तो अनुपात निकालने से पूर्व यदि आर्थिक चिट्ठे में कोई अवितरित लाभ अथवा हानि या संचित कोष दिया हुआ है, तो उसे पूँजी खाते में समायोजित कर देना चाहिए। इसके पश्चात् ही शोधक्षम्य साझेदारों की पूँजी का अनुपात निकालना चाहिए।

फर्म के विघटन पर जर्नल प्रविष्टियाँ
Accounting Treatment on Dissolution of Firm

फर्म के विघटन या समापन पर फर्म की पुस्तकों में निम्नलिखित जर्नल प्रविष्टियाँ की जाती हैं–

1. समस्त सम्पत्तियों को (रोकड़ के अतिरिक्त) वसूली खाते में अन्तरित करने पर
   Realisation A/c Dr
   To Sundry Assets A/c
   (Being balance of sundry assets transferred to realisation account)
2. समस्त दायित्वों को वसूली खाते में अन्तरित करने पर
   Sundry Liabilities A/c Dr
   To Realisation A/c
   (Being balance of sundry liabilities transferred to realisation account)
3. सम्पत्ति की बिक्री करने पर
   Bank or Cash A/c Dr
   To Realisation A/c
   (Being assets sold for cash)
4. यदि सम्पत्तियाँ साझेदारों द्वारा ली जाती हैं
   Partners' Capital A/c Dr
   To Realisation A/c
   (Being assets takenover by partners)
5. दायित्वों का भुगतान करने पर
   Realisation A/c Dr
   To Bank or Cash A/c
   (Being payment paid to sundry creditors)
6. यदि दायित्वों का भुगतान कोई साझेदार करता है
   Realisation A/c Dr
   To Partner's Capital A/c
   (Being liabilities paid off by partner)
7. वसूली व्ययों या समापन व्ययों का भुगतान करने पर
   Realisation A/c Dr
   To Bank or Cash A/c
   (Being expenses paid on dissolution of firm)
8. यदि वसूली पर लाभ हो
   Realisation A/c Dr
   To Partners' Capital A/c
   (Being profit on realisation)
9. यदि वसूली पर हानि हो
   Partners' Capital A/c Dr
   To Realisation A/c
   (Being loss on realisation)
10. साझेदारों को अन्तिम भुगतान की दशा में
    Partners' Capital A/c Dr
    To Bank A/c
    (Being final payment paid to partners)

साझेदारों का दिवालिया होना
Insolvency of Partners

साझेदारी फर्म के विघटित होने के पश्चात् सभी सम्पत्तियों को बेचकर लेनदारों का भुगतान कर दिया जाता है। लेनदारों के भुगतान के पश्चात् साझेदारों को भुगतान किया जाता है। कई बार ऐसी स्थिति उत्पन्न हो जाती है कि किसी एक साझेदार का पूँजी खाता डेबिट शेष दर्शाता है अर्थात् वह साझेदार फर्म का ऋणी बन जाता है।

ऐसी स्थिति में उसकी निजी सम्पत्तियों से जो कुछ भी प्राप्त होता है, उसे उस साझेदार के खाते में क्रेडिट कर दिया जाता है।

इसके बाद भी यदि कोई डेबिट बाकी रहती है, तो शोधक्षम्य साझेदार इस कमी को पूरा करते हैं। सन् 1903 से पहले (गार्नर बनाम मर्रे विवाद) इस प्रकार की कमी को शोधक्षम्य साझेदार अपने लाभ विभाजन अनुपात में पूरा

करते थे, परन्तु सन् 1903 के बाद इस कमी को शोधक्षम्य (solvent) साझेदार अपनी पुरानी पूँजी शेष (प्रारम्भिक शेष) के अनुपात में पूरा करते हैं।

इस सम्बन्ध में नियम निम्न प्रकार हैं–

1. यदि पूर्ण रूप से 'गार्नर बनाम मरें' नियम लागू होता है, तो दिवालिया साझेदार की पूँजी की कमी को शोधक्षम्य साझेदारों में उनकी पूँजी के अनुपात में विभाजित किया जाता है तथा वे अपने हिस्से की वसूली की हानि की राशि नकद रूप में लाते हैं।
2. यदि भारत में गार्नर बनाम मरें नियम लागू किया जाता है, तो दिवालिया साझेदार की पूँजी की कमी को शोधक्षम्य साझेदारों में लाभ-हानि अनुपात में विभाजित किया जाता है, परन्तु ऐसी दशा में वसूली की हानि की राशि नकद रूप में नहीं लाई जाती है।
3. यदि भारतीय साझेदारी अधिनियम, 1932 का अनुपालन किया जाता है, तो दिवालिया साझेदार के हिस्से की हानि को शोधक्षम्य साझेदार आपस में बराबर-बराबर वहन करते हैं तथा अपने हिस्से की वसूली की हानि की राशि भी नकद नहीं लाते।

अभ्यास प्रश्न

साझेदारी-सामान्य परिचय

1. साझेदारों में लाभ-हानि का बँटवारा किया जाना चाहिए
(a) पूँजी के अनुपात में (b) बराबर-बराबर
(c) साझेदारी संलेख के अनुसार (d) ये सभी

2. एक साझेदारी संस्था में साझेदारों की अधिकतम संख्या हो सकती है
(a) 20 (b) 30 (c) 10 (d) 50

3. साझेदारी संलेख है
(a) करारनामा (b) अनुबन्ध (c) राजीनामा (d) ये सभी

4. साझेदारी संलेख के अभाव में लाभ-हानि विभाजन किया जाएगा
(a) बराबर-बराबर (b) पूँजी अनुपात में
(c) विशेष अनुपात में (d) किसी भी अनुपात में

5. साझेदारी संलेख के अभाव में पूँजी पर ब्याज दिया जाएगा
(a) 5% (b) 10%
(c) 6% (d) नहीं दिया जाएगा

6. जब समान राशि प्रत्येक माह की प्रथम तिथि को आहरित की जाए, तो .... माह का ब्याज लगेगा।
(a) 5.5 (b) 6 (c) 6.5 (d) 10

7. आहरण की राशि का उपयोग किया जाता है
(a) व्यक्तिगत रूप से (b) फर्म के लिए
(c) सम्पत्ति क्रय हेतु (d) ये सभी

8. आहरण पर ब्याज की गणना की जाती है
(a) गुणनफल विधि द्वारा (b) मासिक आहरण विधि द्वारा
(c) 'a' और 'b' दोनों (d) इनमें से कोई नहीं

9. लाभ-हानि नियोजन खाता .... एक भाग है।
(a) व्यापार खाते का (b) लाभ-हानि खाते का
(c) पूँजी खाते का (d) चालू खाते का

10. साझेदारी फर्म में पूँजी खाते रखने की विधियाँ हैं
(a) दो (b) चार
(c) पाँच (d) छः

11. परिवर्तनशील पूँजी विधि में पूँजी खाते का शेष होता है
(a) ऋणी (b) धनी
(c) 'a' और 'b' दोनों (d) इनमें से कोई नहीं

12. स्थिर पूँजी पद्धति में खाते खोले जाते हैं
(a) पूँजी खाता (b) चालू खाता
(c) 'a' और 'b' दोनों (d) इनमें से कोई नहीं

13. न्यूनतम लाभ की गारण्टी दी जा सकती है
(a) एक साझेदार द्वारा (b) एक से अधिक साझेदार द्वारा
(c) फर्म द्वारा (d) ये सभी

14. साझेदारी खाते बन्द होने के पश्चात् अशुद्धि का सुधार किया जाता है
(a) काँट-छाँट कर (b) संशोधित प्रविष्टि द्वारा
(c) नहीं किया जाता (d) वापिस खाते बनाकर

15. ख्याति के मूल्यांकन की विधियाँ हैं
(a) औसत लाभ विधि (b) अधिलाभ विधि
(c) पूँजीकरण विधि (d) ये सभी

16. साझेदार के चालू खाते का डेबिट शेष दिखाया जाता है
(a) पूँजी खाते के क्रेडिट पक्ष की ओर
(b) चिट्ठे के दायित्व में
(c) लाभ-हानि खाते के डेबिट पक्ष की ओर
(d) चिट्ठे की सम्पत्तियों में

17. साझेदारी का पंजीयन कराना .... है।
(a) अनिवाय (b) आवश्यक
(c) ऐच्छिक (d) इनमें से कोई नहीं

18. एक फर्म की कुल पूँजी ₹ 1,00,000 है, उद्योग में उचित प्रतिफल की दर 7.5% वार्षिक है। यदि फर्म का गत पाँच वर्षों का अर्जित लाभ क्रमशः ₹ 9,000; ₹ 10,000; ₹ 12,000; ₹ 14,000 और ₹ 17,000 हो, तो फर्म का अधिलाभ होगा
(a) ₹ 7,500 (b) ₹ 12,400
(c) ₹ 4,900 (d) ₹ 5,100

19. A एक फर्म में साझेदार है। वह प्रतिमाह की अन्तिम तिथि को ₹ 300 का आहरण करता है। 30 जून को समाप्त होने वाली छमाही के लिए आहरण पर ब्याज की राशि क्या होगी, यदि ब्याज की दर 6% वार्षिक है?
(a) ₹ 24.50 (b) ₹ 23
(c) ₹ 22.50 (d) ₹ 45

20. एक फर्म का औसत लाभ ₹ 9,000 है। फर्म की पूँजी ₹ 60,000 है और व्यापार में सामान्य आय की दर 10% सम्भावित है। पूँजीकरण पद्धति द्वारा ख्याति की राशि होगी
(a) ₹ 20,000 (b) ₹ 30,000 (c) ₹ 40,000 (d) ₹ 50,000

21. एक फर्म के औसत लाभ ₹ 18,000 हैं। फर्म की कुल पूँजी ₹ 1,20,000 है और व्यापार से सामान्य आय की दर 10% सम्भावित है। पूँजीकरण विधि द्वारा ख्याति की राशि होगी
(a) ₹ 30,000 (b) ₹ 60,000
(c) ₹ 90,000 (d) ₹ 2,40,000

22. उपरोक्त प्रश्न में औसत अधिलाभ की राशि होगी
(a) ₹ 3,000 (b) ₹ 4,000 (c) ₹ 5,000 (d) ₹ 6,000

23. एक फर्म के गत पाँच वर्षों के लाभ क्रमशः ₹ 8,000; ₹ 9,000; ₹ 7,000; ₹ 8,500 और ₹ 10,000 हैं। फर्म की ख्याति का मूल्यांकन पिछले पाँच वर्षों के औसत लाभ के तीन गुने के बराबर आँका जाता है। ख्याति का मूल्य होगा
(a) ₹ 8,900 (b) ₹ 25,500
(c) ₹ 28,500 (d) ₹ 24,500

24. एक फर्म की पूँजी ₹ 80,000 है। उद्योग में उचित प्रतिफल 7.5% वार्षिक है। यदि फर्म का गत पाँच वर्षों का औसत लाभ ₹ 8,500 है, तो अधिलाभ होगा
(a) ₹ 2,000 (b) ₹ 2,500 (c) ₹ 1,500 (d) ₹ 500

25. उपरोक्त प्रश्न में ख्याति का मूल्य क्या होगा, यदि पूँजीकरण पद्धति को अपनाया जाता है?
(a) ₹ 33,333.33 (b) ₹ 33,500
(c) ₹ 33,667 (d) ₹ 31,674

26. A तथा B एक फर्म में साझेदार हैं। वे लाभ की आशा से क्रमशः ₹ 500, ₹ 400 प्रतिमाह के मध्य में आहरण करते हैं। 30 सितम्बर, 2007 को समाप्त होने वाली छमाही के लिए ब्याज की गणना कीजिए, यदि ब्याज की दर 6% वार्षिक है।
(a) क्रमशः ₹ 45, ₹ 36 (b) क्रमशः ₹ 44, ₹ 35
(c) क्रमशः ₹ 46, ₹ 37 (d) क्रमशः ₹ 45.50, ₹ 35.50

नए साझेदार का प्रवेश

27. किसी नए साझेदार का प्रवेश ………… किया जाता है।
(a) स्वेच्छा से (b) सर्व-सहमति से
(c) किसी एक साझेदार द्वारा (d) ये सभी

28. नए साझेदार के प्रवेश का कारण है
(a) व्यवसाय के कुशल संचालन हेतु
(b) व्यवसाय के विस्तार हेतु
(c) ख्याति में वृद्धि हेतु
(d) उपरोक्त सभी

29. पुराने साझेदारों द्वारा अपने लाभों का कुछ भाग नए साझेदार को दिया जाता है, उसे ………… कहते हैं।
(a) लाभ अनुपात (b) हानि अनुपात
(c) त्याग अनुपात (d) पूँजी अनुपात

30. यदि नए साझेदार द्वारा अपने हिस्से की ख्याति नकद लाई जाती है, तो इसे ………… में ऋणी करेंगे।
(a) रोकड़ खाता (b) ख्याति खाता
(c) नए साझेदार का पूँजी खाता (d) पुराने साझेदार का पूँजी खाता

31. अमन और अनमोल 2 : 1 के अनुपात में साझेदार हैं। वे अतुल को 1/4 अंश के लिए प्रवेश देते हैं। अतुल अपने अंश की ख्याति के लिए ₹ 6,000 अंशदान करता है। फर्म की ख्याति का कुल मूल्य है
(a) ₹ 10,000 (b) ₹ 24,000
(c) ₹ 20,000 (d) ₹ 16,000

32. P एवं Q समान अनुपात में लाभ-हानि साझा करते हैं। उन्होंने R को लाभ में 1/5 भाग के लिए प्रवेश दिया। उनका नया लाभ-हानि विभाजन अनुपात है
(a) 1 : 1 : 1 (b) 2 : 2 : 1
(c) 1 : 1 : 2 (d) 3 : 2 : 1

33. पुनर्मूल्यांकन खाता है
(a) व्यक्तिगत खाता (b) वास्तविक खाता
(c) अवास्तविक खाता (d) इनमें से कोई नहीं

34. पुनर्मूल्यांकन से ………… हो सकती है।
(a) सम्पत्तियों के मूल्य में वृद्धि
(b) सम्पत्तियों के मूल्य में कमी
(c) दायित्वों के मूल्य में वृद्धि
(d) उपरोक्त सभी

35. A एवं B का लाभ-विभाजन अनुपात 2 : 3 हैं तथा उनकी पूँजी ₹ 32,000 एवं ₹ 48,000 है। C अपनी पूँजी के $\frac{1}{5}$ भाग के साथ साझेदारी में प्रवेश करता है। C की पूँजी होगी
(a) ₹ 16,000 (b) ₹ 20,000
(c) ₹ 1,00,000 (d) ₹ 65,000

36. नए साझेदार के प्रवेश पर न्यूनतम लाभ की गारण्टी दी जा सकती है
(a) फर्म द्वारा (b) किसी एक साझेदार द्वारा
(c) सभी साझेदारों द्वारा (d) ये सभी

37. राम और श्याम एक फर्म में साझेदार हैं, जो लाभ-हानि को 3 : 2 के अनुपात में बाँटते हैं। एक नया साझेदार हरि 1/4 भाग के लिए फर्म में प्रवेश पाता है, साझेदारों का नया लाभ-विभाजन अनुपात होगा
(a) 1 : 1 : 2 (b) 1 : 2 : 3 (c) 3 : 2 : 1 (d) 9 : 6 : 5

38. A और B एक फर्म में समान साझेदार हैं। उन्होंने C को 1/6 भाग के लिए नया साझेदार बनाने का निश्चय किया और वह ₹ 60,000 ख्याति के नकद लेकर आया। तीनों साझेदारों का नया लाभ-हानि वितरण अनुपात 3 : 2 : 1 हो जाता है। यदि ₹ 60,000 की ख्याति की राशि पुराने साझेदारों में त्याग के अनुपात में बाँटी जाए तो, B को कितनी राशि मिलेगी?
(a) ₹ 30,000 (b) ₹ 60,000
(c) ₹ 45,000 (d) ₹ 35,000

39. A और B एक फर्म में साझेदार हैं। वे लाभ-हानि का विभाजन 5 : 3 के अनुपात में करते हैं। वे C को 1/4 भाग के लिए फर्म में नया साझेदार नियुक्त करते हैं। C अपने हिस्से का 3/4 भाग A से तथा 1/4 भाग B से क्रय करता है और ₹ 4,000 ख्याति के नकद लाता है। A और B को प्राप्त होगा
(a) ₹ 2,500 व ₹ 1,500 (b) प्रत्येक को ₹ 2,000
(c) ₹ 1,000 व ₹ 3,000 (d) ₹ 3,000 व ₹ 1,000

40. A तथा B एक फर्म में साझेदार हैं, जो लाभ-हानि को 5 : 3 के अनुपात में बाँटते हैं। वे C को 3/10 भाग के लिए फर्म में नया साझेदार नियुक्त करते हैं। साझेदारों का नया लाभ-वितरण अनुपात होगा
(a) 35 : 21 : 24 (b) 1 : 2 : 3
(c) 1 : 7 : 2 (d) 24 : 21 : 35

41. X और Y एक फर्म में साझेदार हैं, जो लाभ-हानि का विभाजन 5 : 1 के अनुपात में करते हैं। उन्होंने Z को फर्म में 1/4 भाग के लिए नया साझेदार बनाने का निश्चय किया। साझेदारों का नया लाभ-हानि वितरण अनुपात होगा
(a) 5 : 1 : 4 (b) 6 : 5 : 4
(c) 5 : 1 : 2 (d) 5 : 3 : 2

42. A और B एक फर्म में 4 : 3 के अनुपात में साझेदार हैं। नये साझेदार C के प्रवेश के बाद उनका नया लाभ-हानि वितरण अनुपात 7 : 4 : 3 हो जाता है। A और B का त्याग अनुपात होगा
(a) 1 : 2 (b) 2 : 3
(c) 3 : 4 (d) बराबर

43. A तथा B एक फर्म में 4 : 3 के अनुपात में साझेदार हैं। वे C को 2/7 भाग के लिए फर्म में नया साझेदार बनाने का निश्चय करते हैं। C दोनों साझेदारों से अपना हिस्सा बराबर-बराबर प्राप्त करता है। साझेदारों का नया लाभ-हानि विभाजन अनुपात होगा
(a) 3 : 2 : 2 (b) 4 : 3 : 2
(c) 4 : 1 : 1 (d) 15 : 20 : 14

44. A और B एक फर्म में साझेदार हैं, जो लाभ-हानि का विभाजन 3 : 2 के अनुपात में करते हैं। वे C को फर्म में 1/5 भाग के लिए नया साझेदार बनाते हैं। लाभ-हानि विभाजन का नया अनुपात होगा
(a) 9 : 3 : 2 (b) 12 : 8 : 5 (c) 3 : 1 : 1 (d) 11 : 9 : 5

45. A और B एक फर्म में 7 : 3 के अनुपात में साझेदार हैं। वे C को 3/7 भाग के लिए फर्म में नया साझेदार बनाते हैं। साझेदारों का नया लाभ विभाजन अनुपात होगा
(a) 14 : 6 : 15 (b) 7 : 6 : 7 (c) 7 : 3 : 3 (d) 5 : 3 : 3

46. A और B साझेदार हैं, जो लाभ-हानि का विभाजन 3 : 1 के अनुपात में करते हैं। वे C को साझेदारी व्यवसाय में प्रविष्ट करने के लिए सहमत हुए। C को भविष्य के लाभों में 1/4 भाग दिया जाएगा, जिसे वह A तथा B से क्रमशः 2 : 1 के अनुपात में प्राप्त करेगा। साझेदारों का नया लाभ विभाजन अनुपात होगा
(a) 4 : 3 : 1 (b) 7 : 2 : 3 (c) 7 : 3 : 2 (d) 7 : 1 : 1

47. A और B एक फर्म में साझेदार हैं, जो लाभ-हानि का विभाजन 2 : 1 के अनुपात में करते हैं। वे C को 1/5 भाग के लिए फर्म में नया साझेदार बनाने के लिए सहमत हुए। साझेदारों का नया लाभ-हानि विभाजन अनुपात होगा
(a) 4 : 1 : 1 (b) 4 : 6 : 3 (c) 8 : 3 : 4 (d) 8 : 4 : 3

48. A और B लाभ-हानि का विभाजन 2 : 1 के अनुपात में करते हैं। वे फर्म में C को 1/4 भाग के लिए प्रवेश देते हैं, जोकि ₹ 24,000 अपनी पूँजी के रूप में लाता है। A की समायोजित पूँजी होगी
(a) ₹ 48,000 (b) ₹ 76,000 (c) ₹ 24,000 (d) ₹ 32,000

49. उपरोक्त प्रश्न में B की समायोजित पूँजी होगी
(a) ₹ 48,000 (b) ₹ 76,000 (c) ₹ 24,000 (d) ₹ 32,000

50. A, B और C एक फर्म में 4 : 3 : 2 के अनुपात में लाभ विभाजन करते हुए साझेदार हैं। एक नया साझेदार D फर्म में प्रवेश पाता है और A, B, C और D का नया लाभ वितरण अनुपात 5 : 4 : 2 : 1 हो जाता है। D अपने हिस्से की ख्याति के लिए ₹ 36,000 का अंशदान करता है। ख्याति की राशि A, B तथा C को प्राप्त होगी
(a) क्रमशः ₹ 24,000; Nil; ₹ 12,000
(b) क्रमशः ₹ 12,000; Nil; ₹ 24,000
(c) क्रमशः ₹ 24,000; ₹ 9000; ₹ 3,000
(d) क्रमशः ₹ 24,000; ₹ 6000; ₹ 6,000

साझेदार का अवकाश ग्रहण एवं मृत्यु

51. किसी साझेदार द्वारा फर्म से अवकाश ग्रहण किया जा सकता है
(a) आपसी अनुबन्ध के अनुसार
(b) अन्य समस्त साझेदारों की सहमति से
(c) लिखित सूचना देकर
(d) उपरोक्त सभी

52. यदि किसी साझेदार द्वारा फर्म से अवकाश ग्रहण कर लिया जाता है, तो
(a) पुरानी साझेदारी फर्म समाप्त हो जाती है
(b) पुरानी साझेदारी समाप्त हो जाती है
(c) 'a' और 'b' दोनों
(d) उपरोक्त में से कोई नहीं

53. L, M तथा N 4 : 3 : 1 के अनुपात में साझेदार हैं। L के सेवानिवृत्त होने पर शेष साझेदारों का नया अनुपात क्या होगा?
(a) 3 : 1 (b) 4 : 1 (c) 4 : 3 (d) 2 : 1

54. अ, ब तथा स $\frac{1}{2}:\frac{2}{5}:\frac{1}{10}$ के अनुपात से साझेदार हैं। अ के सेवानिवृत्त होने पर शेष साझेदारों का नया अनुपात क्या होगा?
(a) 4 : 1 (b) 5 : 1 (c) 3 : 1 (d) 2 : 1

55. सुभाष, दिनेश तथा गावस्कर जो क्रमशः $\frac{1}{4}$, $\frac{1}{5}$ तथा $\frac{1}{6}$ के अनुपात में साझेदार हैं। दिनेश के सेवानिवृत्त होने पर शेष साझेदारों का नया अनुपात क्या होगा?
(a) 3 : 1 (b) 3 : 2 (c) 2 : 3 (d) 1 : 3

56. अली, खली और बली लाभ को 2 : 2 : 1 के अनुपात में बाँटते हैं। बली ने व्यवसाय से अवकाश ग्रहण किया तथा उसका हिस्सा अली तथा खली द्वारा बराबर-बराबर खरीदा गया। नया लाभ-विभाजन अनुपात होगा
(a) 1 : 1 (b) 2 : 1
(c) 1 : 2 (d) इनमें से कोई नहीं

57. रवि, कवि तथा छवि 3 : 4 : 3 के अनुपात में लाभ का विभाजन करते हैं। कवि अवकाश ग्रहण करता है। कवि के हिस्से को रवि तथा छवि द्वारा 1 : 2 के अनुपात में ले लिया जाता है। नया लाभ-वितरण अनुपात ज्ञात कीजिए
(a) 13 : 17 (b) 17 : 13 (c) 9 : 8 (d) 8 : 5

58. अनुज, तरुण तथा मयंक तीन साझेदार हैं, जो लाभों को $\frac{9}{15}:\frac{3}{15}:\frac{3}{15}$ के अनुपात में बाँटते हैं। मयंक अवकाश ग्रहण करता

है और उसका हिस्सा तरुण द्वारा खरीद लिया जाता है। नया लाभ-विभाजन अनुपात होगा

(a) $\frac{9}{15}:\frac{6}{15}$ (b) $\frac{7}{15}:\frac{3}{15}$ (c) $\frac{3}{15}:\frac{1}{15}$ (d) $\frac{4}{15}:\frac{6}{15}$

59. मनराल, बसनाल और खाती 7 : 5 : 3 के लाभ-वितरण अनुपात में एक फर्म में साझेदार हैं। खाती द्वारा फर्म से अवकाश ग्रहण कर लिया जाता है। प्राप्ति अनुपात ज्ञात कीजिए

(a) 5 : 7 (b) 7 : 5 (c) 3 : 5 (d) 5 : 3

60. बंगारी, माहोड़ी तथा रावत एक फर्म में क्रमश: $\frac{1}{7}:\frac{1}{8}:\frac{1}{4}$ भाग के लिए साझेदार थे। रावत के सेवानिवृत्त होने के फलस्वरूप प्राप्ति अनुपात ज्ञात कीजिए

(a) 8 : 7 (b) 1 : 2 (c) 7 : 8 (d) 2 : 1

61. अ, ब और स साझेदार हैं, जो लाभ-हानि को $\frac{1}{2}, \frac{3}{10}$ एवं $\frac{1}{5}$ के अनुपात में बाँटते हैं। ब अवकाश ग्रहण करता है तथा अ और स निर्णय करते हैं कि वे भविष्य में लाभ-हानि का बँटवारा 3 : 2 में करेंगे। लाभ-प्राप्ति अनुपात होगा

(a) 1 : 2 (b) 3 : 2
(c) 2 : 3 (d) इनमें से कोई नहीं

62. P, Q तथा R तीन साझेदार हैं जिनकी पूँजी क्रमश: ₹ 2,00,000; ₹ 1,50,000 व ₹ 1,00,000 है। वे पूँजी के अनुपात में लाभ का वितरण करते हैं। R द्वारा अवकाश ग्रहण कर लिया जाता है। P तथा Q उसका भाग 3 : 2 के अनुपात में ले लेते हैं। लाभ-प्राप्ति अनुपात ज्ञात कीजिए

(a) 3 : 2 (b) 2 : 2 (c) 2 : 3 (d) 4 : 3

63. क, ख तथा ग एक फर्म में समान साझेदार हैं। ग अवकाश ग्रहण करता है। क तथा ख के मध्य नया अनुपात 1 : 2 है। लाभ-प्राप्ति अनुपात ज्ञात कीजिए

(a) 3 : 2 (b) 2 : 1
(c) 4 : 1 (d) केवल 'ख' $\frac{1}{3}$ भाग प्राप्त करेगा

64. P, Q तथा R 2 : 2 : 1 के अनुपात में साझेदार हैं। Q के अवकाश ग्रहण के समय ख्याति का मूल्य ₹ 60,000 है। P तथा R द्वारा Q को दिया गया क्षतिपूर्ति अंशदान होगा

(a) ₹ 16,000 और ₹ 8,000 (b) ₹ 10,000 और ₹ 5,000
(c) ₹ 7,500 और ₹ 7,500 (d) ₹ 15,000 और ₹ 7,500

65. नमीता, निशा तथा नीरू एक फर्म में 4 : 3 : 1 के अनुपात में साझेदार हैं। नीरू द्वारा फर्म से अवकाश ग्रहण कर लिया जाता है तथा उसके पूँजी खाते का शेष समस्त समायोजनाओं के पश्चात् ₹ 65,000 था। नमीता तथा निशा द्वारा नीरू को अन्तिम रूप से ₹ 85,000 देना तय किया गया। नीरू के हिस्से की ख्याति की राशि होगी

(a) ₹ 20,000 (b) ₹ 15,000
(c) ₹ 30,000 (d) ₹ 65,000

66. पुनर्मूल्यांकन खाते का ऋणी पक्ष दर्शाता है

(a) सम्पत्तियों में कमी
(b) दायित्वों में वृद्धि
(c) सम्पत्तियों में कमी तथा दायित्वों में वृद्धि
(d) उपरोक्त में से कोई नहीं

67. किसी साझेदार के अवकाश ग्रहण करने पर पुस्तकों में निम्न शेष थे—

देनदार—₹ 32,000

अशोध्य ऋण हेतु आयोजन—₹ 1,600

इसके अतिरिक्त यह बताया गया है कि देनदारो में सम्मिलित ₹ 2,200 को अपलिखित किया जाएगा तथा देनदारों पर अशोध्य ऋण हेतु आयोजन वर्तमान दर पर किया जाएगा। अशोध्य ऋण हेतु आयोजन की राशि होगी

(a) ₹ 1,490 (b) ₹ 1,520 (c) ₹ 1,410 (d) ₹ 1,570

68. किसी साझेदार के अवकाश ग्रहण करने पर, पुस्तकों में उपलब्ध अवितरित लाभों को साझेदारों के पूँजी खातों में हस्तान्तरित किया जाता है

(a) नए लाभ-विभाजन अनुपात में
(b) पूँजी अनुपात में
(c) पुराने लाभ-विभाजन अनुपात में
(d) उपरोक्त में से कोई नहीं

69. किसी साझेदार के अवकाश ग्रहण करने पर प्राप्त संयुक्त जीवन बीमा पॉलिसी के समर्पण मूल्य को क्रेडिट किया जाता है

(a) समस्त साझेदारों के पूँजी खातों में
(b) केवल अवकाश प्राप्त साझेदार के पूँजी खाते में
(c) समस्त साझेदारों (निवृत्त साझेदार को छोड़कर) के पूँजी खातों में
(d) उपरोक्त में से कोई नहीं

70. साझेदार के अवकाश ग्रहण करने पर प्राप्त होता है

(a) उसकी जमा पूँजी (b) फर्म के लाभ-हानि में हिस्सा
(c) ख्याति में हिस्सा (d) ये सभी

71. अवकाश ग्रहण करने वाले या साझेदार को देय राशि में से ऋण के रूप में रखी जाने वाली राशि पर कोई समझौता न होने पर साझेदारी अधिनियम के अनुसार ब्याज दिया जाता है

(a) 6% वार्षिक (b) 8% वार्षिक
(c) 12% वार्षिक (d) 24% वार्षिक

72. विपिन, जय और अजय एक फर्म में 5 : 3 : 2 के लाभ-वितरण अनुपात में साझेदार थे। 1 अप्रैल, 2017 को जय ने अवकाश ग्रहण कर लिया। इस तिथि को सभी समायोजन कर लेने के पश्चात् विपिन, जय तथा अजय की पूँजी क्रमश: ₹ 17,500, ₹ 17,000 तथा ₹ 15,500 थी। समायोजन की प्रविष्टि कर लेने के पश्चात् नई फर्म की पूँजी ₹ 40,000, विपिन तथा अजय के मध्य 5/8 और 3/8 के अनुपात में निश्चित की गई है। विपिन द्वारा लाई जाने वाली अथवा निकाली जाने वाली राशि होगी

(a) ₹ 7,500 फर्म में लाए जाएँगे
(b) ₹ 7,500 फर्म से निकाले जाएँगे
(c) ₹ 2,000 फर्म में लाए जाएँगे
(d) ₹ 2,000 फर्म से निकाले जाएँगे

73. किसी साझेदार की मृत्यु होने पर, मृत्यु की तिथि तक अर्जित लाभ का समायोजन 'लाभ-हानि उचन्त खाते' के माध्यम से किया जाता है

(a) यदि शेष साझेदारों का नया तथा पुराना लाभ-वितरण अनुपात एक समान हो
(b) यदि शेष साझेदारों का नया तथा पुराना लाभ-वितरण अनुपात एक समान न हो

(c) 'a' और 'b' दोनों
(d) उपरोक्त में से कोई नहीं

74. यदि आर्थिक चिट्ठे में संयुक्त जीवन बीमा विद्यमान है, तो वह दर्शाता है
(a) पॉलिसी का समर्पण मूल्य
(b) फर्म द्वारा दिया गया कुल प्रीमियम
(c) जीवन बीमा पॉलिसी का वार्षिक प्रीमियम
(d) पॉलिसी की नियत तिथि पर मिलने वाली राशि

75. L, M तथा N एक फर्म में 2:1:1 के लाभ-वितरण अनुपात में साझेदार हैं। फर्म द्वारा ₹ 1,20,000 की एक संयुक्त जीवन बीमा पॉलिसी क्रय की गयी है तथा स्थिति विवरण में यह ₹ 20,000 के समर्पण मूल्य पर दर्शायी गयी है। L की मृत्यु पर इस पॉलिसी को किस प्रकार साझेदारों के मध्य बाँटा जाएगा?
(a) 50,000 : 25,000 : 25,000
(b) 60,000 : 30,000 : 30,000
(c) 40,000 : 35,000 : 25,000
(d) सम्पूर्ण ₹ 1,20,000 'L' को दे दिए जाएँगे

76. राम और श्याम एक फर्म में साझेदार हैं। वे लाभ-हानि को 3 : 2 के अनुपात में बाँटते हैं। एक नये साझेदार हरि के प्रवेश के बाद उनका लाभ-हानि अनुपात 6 : 3 : 2 हो जाता है। त्याग अनुपात होगा
(a) 0 : 1 (b) 1 : 1
(c) 2 : 3 (d) 3 : 7

77. K, L व M एक फर्म में 3 : 2 : 1 के अनुपात में साझेदार हैं। L फर्म से अवकाश ग्रहण करता है। K तथा M उसका हिस्सा समान अनुपात में क्रय करते हैं। शेष साझेदारों का नया अनुपात होगा
(a) 1 : 2 (b) 2 : 1
(c) 2 : 3 (d) 3 : 2

फर्म का समापन व दिवालिया होना

78. एक साझेदारी फर्म विघटित हो जाती है
(a) फर्म के विद्यमान व्यवसाय के अवैध हो जाने पर
(b) किसी साझेदार की मृत्यु या दिवालिया हो जाने पर
(c) किसी साझेदार द्वारा लिखित सूचना देने पर
(d) उपरोक्त सभी

79. समस्त साझेदारों के दिवालिया होने पर विघटन का कार्य पूर्ण किया जाता है
(a) न्यायालय द्वारा नियुक्त सरकारी प्रापक (कर्मचारी) द्वारा
(b) दिवालिया साझेदारों में से किसी एक साझेदार के द्वारा
(c) 'a' और 'b' दोनों
(d) उपरोक्त में से कोई नहीं

80. एक साझेदारी फर्म अनिवार्यतः समाप्त नहीं होगी, यदि—
(a) कोई एक साझेदार दिवालिया हो जाए
(b) फर्म का व्यापार अवैध हो जाए
(c) यदि फर्म अनेक व्यापार कर रही हो, जो एक-दूसरे से अलग हों तथा कोई एक व्यापार अवैध हो जाए
(d) फर्म द्वारा चलाए जाने वाले व्यापार अलग-अलग न किए जा सकते हों

81. जब एक साझेदार को छोड़कर शेष सभी साझेदार दिवालिया हो जाते हैं, तब फर्म का ·········· हो जाता है।
(a) अनिवार्य समापन (b) ऐच्छिक समापन
(c) नवीनीकरण (d) समझौते द्वारा समापन

82. फर्म के विघटन पर सम्पत्तियों के विक्रय से प्राप्त धनराशि का प्रयोग निम्न में किसका सर्वप्रथम भुगतान करने के लिए किया जाएगा?
(a) लेनदारों का
(b) साझेदारों द्वारा दिए गए ऋण का
(c) साझेदारों की पूँजी का
(d) उपरोक्त में से कोई नहीं

83. किसी साझेदार की व्यक्तिगत सम्पत्ति को सर्वप्रथम किसका भुगतान करने में प्रयोग करना चाहिए?
(a) फर्म के ऋणों का (b) निजी ऋणों का
(c) संयुक्त ऋणों का (d) इनमें से कोई नहीं

84. वसूली खाता है
(a) व्यक्तिगत खाता (b) वास्तविक खाता
(c) अवास्तविक खाता (d) वस्तुगत खाता

85. साझेदारी फर्म के समापन पर सर्वप्रथम कौन-सा खाता तैयार किया जाता है?
(a) वसूली खाता (b) पुनर्मूल्यांकन खाता
(c) लाभ-हानि खाता (d) बैंक खाता

86. फर्म के समापन पर अशोध्य ऋण संचय खाते को हस्तान्तरित किया जाता है
(a) वसूली खाते में (b) सामान्य संचय खाते में
(c) साझेदारों के पूँजी खाते में (d) इनमें से कोई नहीं

87. फर्म के विघटन पर संदिग्ध ऋणों हेतु आयोजन को लिखा जाता है
(a) वसूली खाते के धनी पक्ष में
(b) वसूली खाते के ऋणी पक्ष में
(c) पुनर्मूल्यांकन खाते के ऋणी पक्ष में
(d) पुनर्मूल्यांकन खाते के धनी पक्ष में

88. फर्म के समापन पर सम्पत्तियों को वसूली खाते में हस्तान्तरित किया जाता है
(a) पुस्तक मूल्य पर (b) प्राप्य मूल्य पर
(c) विक्रय मूल्य पर (d) बाजार मूल्य पर

89. वसूली सम्बन्धी व्यय साझेदारी फर्म के होते हैं
(a) व्यय (b) आय
(c) 'a' और 'b' दोनों (d) इनमें से कोई नहीं

90. किसी साझेदार द्वारा किसी दायित्व के भुगतान की जिम्मेदारी स्वयं लेने पर
(a) वसूली खाता डेबिट किया जाता है
(b) सम्बन्धित साझेदार व पूँजी खाता क्रेडिट किया जाता है
(c) 'a' और 'b' दोनों
(d) उपरोक्त में से कोई नहीं

91. फर्म के विघटन होने पर सबसे अन्त में कौन-सा खाता तैयार किया जाता है?
(a) रोकड़ खाता (b) पूँजी खाता
(c) साझेदार का ऋण खाता (d) बैंक ऋण खाता

92. यदि फर्म के विघटन पर विविध सम्पत्तियों का पुस्तक मूल्य ज्ञात न हो, तो उसे ज्ञात किया जाता है

(a) स्मरणार्थ आर्थिक चिट्ठा तैयार करके
(b) वसूली खाता तैयार करके
(c) 'a' और 'b' दोनों
(d) उपरोक्त में से कोई नहीं

93. गार्नर बनाम मर्रे विवाद कहाँ घटित हुआ?

(a) अमेरिका में (b) इंग्लैण्ड में
(c) कजाकिस्तान में (d) पाकिस्तान में

94. गार्नर बनाम मर्रे विवाद किस वर्ष घटित हुआ?

(a) वर्ष 1900 में (b) वर्ष 1903 में
(c) वर्ष 1904 में (d) इनमें से कोई नहीं

95. गार्नर बनाम मर्रे नियम के अनुसार, दिवालिया साझेदार की कमी को शेष साझेदारों में बाँटा जाता है

(a) वर्ष के प्रारम्भ की पूँजी के अनुपात में
(b) समापन के पूर्व की पूँजी के अनुपात में
(c) लाभ-हानि के अनुपात में
(d) समान अनुपात में

96. यदि फर्म का केवल एक ही साझेदार शोधक्षम्य हो तथा अन्य समस्त साझेदार दिवालिया घोषित हो जाएँ, तो उस स्थिति में दिवालिया साझेदार की पूँजी की कमी को वहन किया जाता है

(a) समस्त साझेदारों द्वारा रोकड़ लाकर
(b) केवल दिवालिया साझेदारों द्वारा रोकड़ लाकर
(c) केवल शोधक्षम्य साझेदार द्वारा स्वयं
(d) उपरोक्त में से कोई नहीं

97. साझेदारी फर्म के विघटन की दशा में सम्पत्तियों के विक्रय से वसूली गई राशि का प्रयोग सर्वप्रथम किया जाएगा

(a) विघटन सम्बन्धी व्ययों के भुगतान हेतु
(b) तीसरे पक्षकार को भुगतान हेतु
(c) साझेदारों के निजी लेनदारों के भुगतान हेतु
(d) उपरोक्त में से कोई नहीं

98. 31 मार्च, 2008 को एक फर्म के सम्पत्ति और दायित्व क्रमश: ₹ 40,000 व ₹ 30,000 के थे। फर्म का समापन हो गया और लेनदारों को रुपये में 60 पैसे का भुगतान किया गया। वसूली की हानि होगी

(a) ₹ 10,000 (b) ₹ 12,000 (c) ₹ 22,000 (d) ₹ 18,000

99. एक फर्म के समापन की दशा में निम्नलिखित लेनदारों का भुगतान क्रम में होना चाहिए

1. फर्म की सम्पत्तियों पर चल प्रभार प्राप्त लेनदार
2. निस्तारक का पारिश्रमिक
3. कर्मचारियों को देय भविष्य निधि
4. बैंक अधिविकर्ष

कूट

(a) 3, 2, 1, 4 (b) 1, 2, 3, 4
(c) 4, 3, 2, 1 (d) 4, 1, 3, 2

100. 'गार्नर बनाम मर्रे' नियम साझेदारों में निम्न अवसर पर परस्पर हिसाब-किताब तय करने से सम्बन्ध रखता है

(a) फर्म में साझेदार के अवकाश ग्रहण के समय
(b) फर्म में साझेदार की मृत्यु के समय
(c) फर्म में नए साझेदार के प्रवेश के समय
(d) साझेदार के दिवालिया होने पर

उत्तरमाला

1.	(c)	2.	(d)	3.	(d)	4.	(a)	5.	(d)	6.	(c)	7.	(a)	8.	(c)	9.	(b)	10.	(a)
11.	(c)	12.	(c)	13.	(d)	14.	(b)	15.	(d)	16.	(d)	17.	(c)	18.	(c)	19.	(c)	20.	(b)
21.	(b)	22.	(d)	23.	(b)	24.	(b)	25.	(a)	26.	(a)	27.	(b)	28.	(d)	29.	(c)	30.	(a)
31.	(b)	32.	(b)	33.	(c)	34.	(d)	35.	(b)	36	(d)	37.	(d)	38.	(b)	39.	(d)	40.	(a)
41.	(c)	42.	(a)	43.	(a)	44.	(b)	45.	(a)	46.	(b)	47.	(d)	48.	(a)	49.	(c)	50.	(b)
51.	(d)	52.	(b)	53.	(a)	54.	(a)	55.	(a)	56.	(a)	57.	(a)	58.	(a)	59.	(b)	60.	(a)
61.	(a)	62.	(a)	63.	(d)	64.	(a)	65.	(a)	66.	(c)	67.	(a)	68.	(a)	69.	(a)	70.	(d)
71.	(a)	72.	(a)	73.	(a)	74.	(a)	75.	(a)	76.	(d)	77.	(b)	78.	(d)	79.	(a)	80.	(c)
81.	(a)	82.	(a)	83.	(b)	84.	(b)	85.	(a)	86.	(c)	87.	(a)	88.	(a)	89.	(a)	90.	(c)
91.	(a)	92.	(a)	93.	(b)	94.	(a)	95.	(b)	96.	(c)	97.	(a)	98.	(c)	99.	(a)	100.	(d)

अध्याय 25

प्रेषण एवं संयुक्त साहस लेखे
Consignment and Joint Venture Account

प्रेषण या चालान से आशय व परिभाषा
Meaning and Definition of Consignment

प्रेषण या चालान एक ऐसी व्यवस्था है, जिसमें एक व्यापारी अपने द्वारा नियुक्त एजेण्ट को कमीशन पर बिक्री के लिए स्वयं के जोखिम पर माल भेजता है। इस प्रक्रिया में व्यापारी द्वारा प्रत्येक क्षेत्र में एजेण्ट नियुक्त कर लिए जाते हैं और एजेण्ट को माल की बिक्री के प्रतिफल के रूप में कमीशन दिया जाता है।

माल का स्वामित्व (Ownership), व्यापारी (प्रधान) के पास ही होता है। समस्त लाभ का अधिकारी वही होता है तथा प्रेषण सम्बन्धी समस्त जोखिम व खर्चों के लिए वह स्वयं ही उत्तरदायी होता है।

जे. आर. बाटलीबॉय के अनुसार, ''एक व्यापारी द्वारा अपने उत्तरदायित्व तथा जोखिम पर एक एजेण्ट के पास कमीशन पर विक्रय हेतु माल भेजने को प्रेषण कहते हैं।''

प्रेषण से सम्बन्धित आवश्यक शब्दावली
Terminology Related to Consignment

1. **प्रेषक** (Consignor) वह व्यक्ति जो माल का स्वामी होता है और अपने जोखिम व उत्तरदायित्व पर अपने माल को बेचने के लिए एजेण्ट या प्रतिनिधि को नियुक्त करता है, 'प्रेषक' कहलाता है।
2. **प्रेषिति या प्रेषी** (Consignee) वह व्यक्ति जिसको प्रेषक माल भेजता है और उस माल की बिक्री करने के लिए अपने प्रतिनिधि अथवा एजेण्ट के रूप में नियुक्त करता है, वह 'प्रेषी या चालान पाने वाला' कहलाता है।
3. **प्रेषित माल** (Goods Sent on Consignment) प्रेषक द्वारा प्रेषी को जो माल बिक्री के लिए भेजा जाता है, उसे 'प्रेषित माल' कहते हैं।
4. **बाह्य प्रेषण** (Outward Consignment) जब माल का स्वामी एजेण्ट को बिक्री के लिए माल भेजता है, तो मालिक की दृष्टि से यह प्रेषण 'बाह्य प्रेषण' कहलाता है।
5. **आन्तरिक प्रेषण** (Inward Consignment) प्रेषण पर एजेण्ट के पास आया हुआ माल एजेण्ट की दृष्टि से 'आन्तरिक प्रेषण' कहलाता है।
6. **आढ़त** (Agency) प्रधान (प्रेषक) तथा प्रतिनिधि (प्रेषी) के मध्य जो सम्बन्ध स्थापित होता है, उसे 'आढ़त' कहते हैं।
7. **कमीशन** (Commission) प्रेषी को प्रेषक की ओर से विक्रय करने पर जो प्रतिफल प्राप्त होता है, उसे 'कमीशन' कहते हैं।

एजेण्ट का पारिश्रमिक : कमीशन
Agent's Remuneration: Commission

एजेण्ट के पारिश्रमिक से तात्पर्य एजेण्ट द्वारा की गई बिक्री के बदले उसे मिलने वाले प्रतिफल से है। यह प्रतिफल उसे साधारण, परिशोध अथवा विशेष कमीशन के रूप में प्राप्त होता है।

1. साधारण या विक्रय कमीशन
Ordinary or General Commission

प्रेषक द्वारा प्रेषी को माल भेजने से पूर्व कुछ शर्तें तय की जाती हैं। इन्हीं शर्तों के अनुसार प्रेषी को उसके द्वारा बेचे गए माल के प्रतिफल में कुल विक्रय (नकद + उधार) पर एक निश्चित प्रतिशत से जो राशि प्रदान की जाती है, उसे साधारण या विक्रय कमीशन कहते हैं।

इसकी गणना निम्न सूत्र द्वारा की जाती है—

$$\text{साधारण कमीशन} = \frac{\text{कुल बिक्री} \times \text{कमीशन की दर}}{100}$$

2. **परिशोध कमीशन** Del-credere Commission

कई बार प्रेषी विक्रय बढ़ाने हेतु अधिक-से-अधिक माल उधार बेचता है तथा यह भी आवश्यक नहीं है कि उधार बेचे गए माल का समस्त रुपया वसूल हो जाए।

अत: जब प्रेषिति इस अशोध्य ऋण की हानि को वहन करने का उत्तरदायित्व स्वयं ले लेता है, तो उसके बदले उसे साधारण कमीशन के अतिरिक्त जो कमीशन दिया जाता है, उसे परिशोध कमीशन कहते हैं। परिशोध कमीशन की गणना कुल विक्रय मूल्य अथवा उधार विक्रय मूल्य पर (जैसा भी प्रेषक तथा प्रेषी के मध्य निर्धारित हो) की जाती है।

3. **विशेष कमीशन या अधिभावी कमीशन**
Over-riding Commission

अधिभावी कमीशन प्रेषक द्वारा प्रेषी को प्राय: एक निश्चित कीमत से अधिक मूल्य पर माल बेचने पर दिया जाता है। यह कमीशन प्रेषी को प्रोत्साहित करने के लिए दिया जाता है। इसका उद्देश्य वस्तु को अधिक-से-अधिक मूल्य पर बेचना है। इसकी गणना वास्तविक बिक्री मूल्य तथा निर्धारित मूल्य के अन्तर की राशि पर की जाती है।

इसकी गणना हेतु निम्न सूत्र का प्रयोग किया जाता है—

अधिभावी कमीशन की गणना

$$= \frac{(\text{बिक्री मूल्य} - \text{निर्धारित बीजक मूल्य}) \times \text{कमीशन की दर}}{100}$$

नोट *यदि साधारण कमीशन तथा विशेष कमीशन दोनों दिए जा रहे हों, तो स्पष्ट निर्देशों के अभाव में साधारण कमीशन तथा विशेष कमीशन की गणना कुल विक्रय मूल्य पर की जाएगी।*

प्रेषण स्टॉक (रहतिया) का मूल्यांकन
Valuation of Consignment Stock

किसी भी प्रेषी के लिए यह आवश्यक नहीं है कि उसको जितना माल प्रेषण पर भेजा जाए, उस सम्पूर्ण माल का विक्रय हो जाए। अत: जब प्रेषी के पास कुछ माल बिकने से रह जाता है, तो ऐसी स्थिति में प्रेषण पर बचे माल का सही-सही मूल्यांकन किया जाना चाहिए, ताकि प्रेषण खाता सही-सही लाभ-हानि प्रदर्शित कर सके।

इसके मूल्यांकन के लिए निम्नलिखित प्रक्रिया को अपनाया जाता है—

1. सर्वप्रथम प्रेषण स्टॉक का कुल लागत मूल्य ज्ञात किया जाता है।
2. कुल लागत मूल्य ज्ञात करने के लिए प्रेषण स्टॉक की लागत में प्रेषण और प्रेषी द्वारा किए गए अनावर्तक (प्रत्यक्ष) व्ययों को आनुपातिक रूप में जोड़ दिया जाता है।

   इसके लिए निम्न सूत्रों का प्रयोग किया जाता है—

   (i) प्रेषक द्वारा किए गए आनुपातिक व्यय =

   $$\text{प्रेषक द्वारा किए गए व्यय} \times \frac{\text{प्रेषण स्टॉक}}{\text{प्रेषण पर भेजा हुआ माल}}$$

   (ii) प्रेषी द्वारा किए गए अनावर्तक आनुपातिक व्यय

   $$= \text{प्रेषी द्वारा किए गए अनावर्तक व्यय} \times \frac{\text{प्रेषण स्टॉक}}{\text{प्रेषण पर प्राप्त हुआ माल}}$$

3. अन्त में गणना किए गए लागत मूल्य या बाजार मूल्य में से जो भी मूल्य कम होता है, उस पर प्रेषी द्वारा स्टॉक को पुस्तकों में दर्शाया जाता है।

माल की स्वाभाविक क्षति या सामान्य हानि पर प्रेषण स्टॉक का मूल्यांकन Valuation of Consignment Stock in Case of Normal Loss

कुछ वस्तुएँ ऐसी होती हैं, जिनका स्वभाववश कुछ भाग प्राय: मार्ग में या गोदाम में पड़े-पड़े नष्ट हो जाता है (तरल पदार्थ; जैसे—घी, तेल, पेट्रोल, आदि तथा आटा, मैदा, चीनी, सीमेण्ट, कोयला, आदि इसी प्रकार की वस्तुएँ हैं।

इनमें होने वाली कमी को माल की स्वाभाविक क्षति (Normal loss) कहा जाता है। इस क्षति को समस्त प्रेषित माल में वितरित कर दिया जाना चाहिए और कुल माल की लागत (खर्चों सहित) को बचे माल की लागत मानकर स्टॉक का मूल्यांकन किया जाना चाहिए। अत: इस प्रकार स्वाभाविक क्षति के फलस्वरूप बचे हुए माल की प्रति इकाई लागत में वृद्धि हो जाती है।

प्रेषण स्टॉक का मूल्यांकन निम्न सूत्र द्वारा ज्ञात किया जा सकता है—

$$\frac{\text{माल का लागत मूल्य} + \text{प्रेषक के व्यय} + \text{प्रेषिति के प्रत्यक्ष व्यय} \times \text{बचा हुआ माल}}{\text{भेजा गया माल (इकाइयों में)} - \text{सामान्य हानि}}$$

माल की अस्वाभाविक या असामान्य या संयोगवश क्षति (हानि) Calculation of Abnormal Loss

कभी-कभी कुछ हानियाँ ऐसी होती हैं, जो मनुष्य की स्वयं की गलतियों का परिणाम होती हैं, ऐसी हानियों को अस्वाभाविक क्षति (हानि) कहा जाता है; जैसे—टूट-फूट, चोरी होना, आग लगना, खो जाना, आदि।

इस प्रकार की हानि का माल की लागत पर कोई प्रभाव नहीं पड़ता है। असामान्य हानि का मूल्यांकन ठीक उसी प्रकार किया जाता है; जैसे—अन्तिम स्टॉक का मूल्यांकन किया जाता है।

प्रेषक की पुस्तकों में खोले जाने वाले खाते
Accounts to be Opened in the Books of Consignor

प्रेषण पर भेजे गए माल से सम्बन्धित लाभ-हानि या अन्य जानकारी प्राप्त करने के लिए प्रेषक प्राय: अपनी पुस्तकों में निम्नलिखित खाते तैयार करता है—

(i) **प्रेषण खाता** (Consignment Account) यह एक अवास्तविक खाता है, इसे लाभ-हानि खाते की भाँति बनाया जाता है। इसके ऋणी पक्ष में प्रेषण पर भेजे गए माल तथा सभी व्ययों और धनी पक्ष में प्रेषी द्वारा बिक्रीत माल और बचे हुए माल का उल्लेख किया जाता है।

प्रेषण खाते का प्रारूप निम्नलिखित है—

प्रेषण खाते का प्रारूप

Dr **Consignment A/c** Cr

Particulars	Amt (₹)	Particulars	Amt (₹)
To Goods Sent on Consignment A/c	—	By Consignee's Personal A/c Cash Sales — Credit Sales —	—
To Cash or Bank A/c Freight — Carriage — Insurance —	—	By Goods Sent on Consignment A/c (Return by consingee)	—
To Consignee's Personal A/c Expenses — Commission —	—	By Abnormal Loss A/c By Consignment Stock A/c	— —
To Profit & Loss A/c* (if profit) (Balancing figure)	—	By Profit & Loss A/c* (if loss) (Balancing figure)	—
	—		—

2. **प्रेषी का खाता** (Consignee's Account) यह एक व्यक्तिगत खाता होता है। इस खाते के ऋणी पक्ष में प्रेषी द्वारा किए गए विक्रय की राशि और धनी पक्ष में प्रेषी द्वारा किए गए व्यय, प्रेषी का कमीशन, प्रेषक को देय अग्रिम राशि का उल्लेख होता है। इस खाते के शेष निकालने पर यह ज्ञात हो जाता है कि प्रेषी को रुपया देना है या लेना है।

प्रेषी खाते का प्रारूप

Dr **Consignee's A/c** Cr

Particulars	Amt (₹)	Particulars	Amt (₹)
To Consignment A/c Cash Sales — Credit Sales —	—	By Cash/Bank/Bills Receivable A/c (Advanced received)	—
		By Consignment A/c Expenses — Commission —	—
		By Balance c/d/ Bank Draft / Bills Receivable A/c (Final payment)	—
	—		—

3. **प्रेषण पर भेजे गए माल का खाता** (Goods Sent on Consignment Account) यह खाता एक वास्तविक खाता है। माल को प्रेषण पर प्रतिनिधि के पास भेजने पर इस खाते को धनी किया जाता है तथा जब प्रतिनिधि से माल वापस आता है, तो उस परिस्थिति में इस खाते को ऋणी किया जाता है। इस खाते में अन्तिम शेष को व्यापार खाते में हस्तान्तरित कर दिया जाता है।

प्रेषित माल खाते का प्रारूप

Dr **Goods Sent on Consignment A/c** Cr

Particulars	Amt (₹)	Particulars	Amt (₹)
To Consignment A/c (Return)	—	By Consignment A/c (Cost price)	—
To Trading A/c	—		
	—		—

4. **प्रेषण रहतिया खाता** (Consignment Stock Account) यह खाता भी वास्तविक खाता है। प्रेषण पर जो माल बिना बिके बचा रह जाता है, उस मूल्य से यह खाता डेबिट किया जाता है।

प्रेषण स्टॉक खाते का प्रारूप

Dr **Consignment Stock A/c** Cr

Particulars	Amt (₹)	Particulars	Amt (₹)
To Consignment A/c	—	By Balance c/d	—
	—		—

प्रेषी (एजेन्ट) की पुस्तकों में खोले जाने वाले खाते Accounts to be Opened in the Books of Consignee

1. **प्रेषक का व्यक्तिगत खाता** (Consignor's Personal Account) यह एक व्यक्तिगत खाता है, इसमें प्रेषी द्वारा किए गए समस्त व्ययों, कमीशन, बिक्री एवं अग्रिम आदि का उल्लेख होता है।

प्रेषक के व्यक्तिगत खाते का प्रारूप

Dr **Consignor's Personal A/c** Cr

Particulars	Amt (₹)	Particulars	Amt (₹)
To Bills Payable A/c	—	By Cash A/c (Sales)	—
To Cash or Bank A/c	—	By Debtors A/c (Credit sales)	—
To Commission A/c	—	By Balance c/d	—
To Del-credere Commission A/c	—		
To Bad Debts A/c	—		
To Cash A/c (Expenses)	—		
To Balance c/d	—		
	—		—

2. **कमीशन खाता** (Commission Account) इस खाते में कमीशन से सम्बन्धित व्यवहारों का लेखा किया जाता है।

कमीशन खाते का प्रारूप

Dr **Commission A/c** Cr

Particulars	Amt (₹)	Particulars	Amt (₹)
To Bad Debts A/c	—	By Consignor's Personal A/c	—
To Profit & Loss A/c	—		
	—		—

संयुक्त साहस या संयुक्त उपक्रम का अर्थ एवं परिभाषा Meaning and Definition of Joint Venture

दो या दो से अधिक व्यक्तियों अथवा कम्पनियों द्वारा किसी विशेष कार्य को करने तथा उसके लाभ या हानि को निश्चित अनुपात में बाँटने के लिए सहमत होकर की गई अस्थायी साझेदारी को 'संयुक्त साहस' कहते हैं। ऐसी साझेदारी किसी विशेष प्रकार के व्यवसाय के लिए तथा एक निश्चित अवधि के लिए की जाती है। यह अस्थायी व अल्पकालीन साझेदारी होती है, जिस कारण इसका पंजीयन कराना अनिवार्य नहीं होता है। प्राय: किसी विशेष वस्तु के व्यापार, भवन निर्माण, कम्पनी के अंशों व ऋणपत्रों का अभिगोपन, जमीन

खरीद, भू-खण्डों या मकानों का विक्रय आदि कार्य संयुक्त साहस के अन्तर्गत किए जाते हैं।

कार्य के पूर्ण हो जाने पर संयुक्त साहस स्वत: समाप्त हो जाता है। संयुक्त साहस वाले व्यवसाय में होने वाले लाभ-हानि को पूर्व निर्धारित अनुपात में साहसियों में वितरित कर दिया जाता है। संयुक्त साहस में सम्मिलित होने वाले व्यक्तियों को 'सह-साहसी' (Co-venturer) कहते हैं।

जे. आर. बाटलीबॉय के अनुसार, "संयुक्त साहस व्यापारिक रूप में दो या दो से अधिक व्यक्तियों के बीच एक साझेदारी है, जो एक व्यापार के विशेष भाग या विशेष कार्य तक सीमित रहती है। संयुक्त साहस निम्न में से किसी भी रूप में हो सकता है—माल का चालान पर भेजना, अंशों में सट्टा लगाना, एक नए उद्यम के अंशों या ऋणपत्रों का अभिगोपन करना या अन्य कोई इसी प्रकार का कार्य करना।"

संयुक्त साहस की आवश्यकता/उद्देश्य

Need/Objectives of Joint Venture

संयुक्त साहस की आवश्यकता या उद्देश्य निम्न प्रकार से हैं—

1. पर्याप्त पूँजी की कमी होने पर।
2. विशेष ज्ञान व अनुभव न होने पर।
3. जोखिम को स्वयं वहन करने में असमर्थ होने पर।
4. माल अधिक मात्रा में क्रय करके उसे बेचने के लिए।
5. ठेका कार्य पूर्ण करने के लिए।
6. कम्पनी के अंशों व ऋणपत्रों के अभिगोपन के लिए।
7. निर्यात आदेश स्वीकार करने के लिए।
8. सट्टे के सौदे के लिए।

संयुक्त साहस के लेखांकन की विधियाँ

Accounting Methods of Joint Venture

संयुक्त साहस के लेखांकन की चार विधियाँ हैं, जिनमें से किसी भी विधि से लेखा किया जा सकता है। *ये विधियाँ निम्नलिखित हैं—*

1. **संयुक्त साहस के लिए पृथक् पुस्तकें रखना** (Separate Books of Account are Maintained for the Joint Venture) इस विधि का प्रयोग तब किया जाता है, जब संयुक्त साहस का कारोबार कुछ बड़ा हो और सभी साहसी एक ही स्थान पर रहते हों। इस विधि में सभी साहसी मिलकर संयुक्त साहस खाता खुलवाते हैं तथा सभी व्यवहार सामान्यत: बैंक के माध्यम से करते हैं।

इस विधि के अन्तर्गत पुस्तकों में निम्नलिखित खाते खोले जाते हैं—

(i) **संयुक्त साहस खाता** (Joint Venture Account) यह एक अवास्तविक खाता है तथा इसे लाभ-हानि खाते की तरह बनाया जाता है। इसका उद्देश्य संयुक्त उपक्रम का लाभ-हानि ज्ञात करना है। इसमें डेबिट पक्ष में क्रय किया गया माल एवं समस्त व्ययों का लेखा होता है तथा क्रेडिट पक्ष में समस्त विक्रय व उपार्जित आयों का लेखा किया जाता है।

संयुक्त उपक्रम खाते का प्रारूप इस प्रकार है—

Dr **Joint Venture A/c** Cr

Date	Particulars	L.F.	Amt (₹)	Date	Particulars	L.F.	Amt (₹)
	To Joint Bank A/c (Cash purchases)		—		By Joint Bank A/c (Cash sales)		—
	To Vendor/Creditor's Personal A/c (Credit purchases)		—		By Debtor's Personal A/c (Credit sales)		—
	To Co-venturer's Personal A/c (Goods given by any co-venture)		—		By Co-venturer's Personal A/c (Sales made by co-venture)		—
	To Joint Bank A/c (Expenses paid)		—		By Co-venturer's Personal A/c (Stock taken over)		—
	To Co-venturer's Personal A/c (Expenses paid by any co-venture)		—		By Co-venturer's Personal A/c (Loss transferred, if any)		—
	To Co-venturer's Personal A/c (Profit transferred, if any)		—				
			—				—

(ii) **सह-साहसियों का व्यक्तिगत खाता** (Co-venturer's Personal Account) सभी साहसियों द्वारा लगाई गई पूँजी व सह-साहसियों के मध्य हुए लेन-देन का लेखा इस खाते में किया जाता है।

सह-साहसियों के खाते का प्रारूप इस प्रकार है—

Dr **Co-venturer's A/c** Cr

Date	Particulars	L.F.	Amt (₹)	Date	Particulars	L.F.	Amt (₹)
	To Joint Venture A/c (Sales made by co-venturer)		—		By Joint Bank A/c (Cash introduced)		—
	To Joint Venture A/c (Stock taken over)		—		By Joint Venture A/c (Goods given)		—

Date	Particulars	L.F.	Amt (₹)	Date	Particulars	L.F.	Amt (₹)
	To Joint Venture A/c* (Loss on joint venture)		—		By Joint Venture A/c (Expenses paid)		—
	To Joint Bank A/c* (Balancing figure)		—		By Joint Venture A/c* (Profit on joint venture)		—
					By Joint Bank A/c* (Balancing figure)		—
			—				—

(iii) **संयुक्त बैंक खाता** (Joint Bank Account) सभी प्रकार के नकद व्ययों का भुगतान इसी खाते से किया जाता है एवं अन्त में सभी साहसियों को भुगतान करने के पश्चात् यह खाता स्वत: ही बन्द हो जाता है।

संयुक्त बैंक खाते का प्रारूप इस प्रकार है–

Dr **Joint Bank A/c** Cr

Date	Particulars	L.F.	Amt (₹)	Date	Particulars	L.F.	Amt (₹)
	To Co-venturer's A/c (Being amount introduced by co-venturers)		—		By Joint Venture A/c (Cash purchases)		—
	To Joint Venture A/c (Cash sales)		—		By Joint Venture A/c (Expenses paid)		—
	To Co-venturer A/c (Amount received by co-venturer)		—		By Co-venturer's A/c (Amount paid to co-venturer)		—
			—				—

2. **केवल एक ही साहसी द्वारा संयुक्त साहस सम्बन्धी हिसाब-किताब रखना** (Books of Account are Maintained by One Co-venturer Only) जब समस्त सह-साहसियों द्वारा सर्व-सहमति से तय कर लिया जाता है कि समस्त कार्य; जैसे–क्रय-विक्रय, आय-व्यय, लाभ-हानि, आदि का लेखा अर्थात् व्यवसाय से सम्बन्धित सभी कार्य या लेन-देन एक ही सह-साहसी द्वारा किए जाएँगे, तब इस विधि से पुस्तकों में लेखा किया जाता है। इसमें संयुक्त उपक्रम का पूर्ण हिसाब उसी साहसी के पास रहता है। इस कार्य के प्रतिफल में उस सक्रिय साहसी को लाभ में हिस्से के अतिरिक्त निश्चित दर से कमीशन भी दिया जाता है। सभी साहसियों द्वारा लगाई गई पूँजी भी सक्रिय साहसी के पास जमा कराई जाती है और शेष निष्क्रिय साहसियों को केवल लाभ का हिस्सा दिया जाता है।

सक्रिय साहसी द्वारा समस्त हिसाब-किताब के लिए पुस्तकों में निम्नलिखित दो खाते खोले जाते हैं–

(i) **संयुक्त साहस खाता** (Joint Venture Account) यह एक नाममात्र खाता होता है। इसके द्वारा उपक्रम में हो रहे लाभ या हानि का पता लगाया जाता है। तत्पश्चात् यह लाभ समस्त साहसियों में पूर्व निर्धारित अनुपात में बाँट दिया जाता है।

(ii) **सह-साहसियों का व्यक्तिगत खाता** (Co-venturers' Personal Account) इस खाते में प्रत्येक सह-साहसी से प्राप्त राशि एवं संयुक्त साहस की समाप्ति पर प्रत्येक साहसी को भुगतान की जाने वाली राशि का लेखा किया जाता है।

3. **प्रत्येक साहसी द्वारा स्वयं की पुस्तकों में पृथक्-पृथक् हिसाब-किताब रखना** (Each Co-venturer Keeps a Record of Transactions in his Books) इस विधि का प्रयोग उस स्थिति में किया जाता है, जब प्रत्येक साहसी संयुक्त उपक्रम में कोई-न-कोई कार्य अवश्य करता हो अर्थात् सभी साहसी सक्रिय स्थिति में हों। इसके अन्तर्गत प्रत्येक साहसी संयुक्त उपक्रम के सम्बन्ध में अपनी पुस्तकों में हिसाब रखता है।

इस विधि के अनुसार प्रत्येक साहसी अपनी पुस्तकों में निम्नलिखित खाते खोलता है–

(i) **संयुक्त उपक्रम खाता** (Joint Venture Account) यह खाता लाभ-हानि खाते की तरह बनाया जाता है, जिसके डेबिट पक्ष में समस्त साहसियों द्वारा किया गया क्रय, व्ययों तथा स्वयं द्वारा लगाए स्टॉक का लेखा किया जाता है तथा क्रेडिट पक्ष में समस्त बिक्री एवं स्टॉक का लेखा कर अन्तर की राशि से संयुक्त उपक्रम पर होने वाले लाभ या हानि का ज्ञान होता है।

(ii) **अन्य सह-साहसियों के व्यक्तिगत खाते** (Other Co-venturers' Personal Account) प्रत्येक साहसी अपनी पुस्तकों में दूसरे साहसी का व्यक्तिगत खाता खोलता है तथा अन्य साहसियों द्वारा किए गए लेन-देनों की सूचना प्राप्त करके उसके व्यक्तिगत खाते में लेखा करता है।

यदि साहसियों के व्यक्तिगत खाते का क्रेडिट पक्ष अधिक है, तो अन्तर की राशि से रोकड़/बैंक को क्रेडिट किया जाता है। यह शेष सम्बन्धित सह-साहसी को किया जाने वाला अन्तिम भुगतान दर्शाता है। इसके विपरीत, यदि सम्बन्धित व्यक्तिगत खाते का डेबिट पक्ष अधिक है, तो अन्तर की राशि से रोकड़/बैंक को डेबिट किया जाता है। यह शेष उस सह-साहसी से प्राप्त होने वाला अन्तिम भुगतान दर्शाता है।

4. **प्रत्येक साहसी द्वारा अपनी बही में दूसरे साहसियों के व्यक्तिगत खाते रखना एवं संयुक्त उपक्रम निष्कर्ष या मैमोरेण्डम खाता तैयार करना** (Each Co-venturer Maintains Personal Accounts of Other Co-venturers and Opens Memorandum Joint Venture Account) संयुक्त साहस की यह विधि तब अधिक उपयोगी सिद्ध होती है, जब व्यवसाय का आकार छोटा हो एवं सभी साहसी अलग-अलग शहरों में निवास करते हों, ऐसी स्थिति में सभी

साहसियों को एक-दूसरे द्वारा किए गए लेन-देनों की पूर्ण जानकारी नहीं होती है।

अत: प्रत्येक साहसी केवल अपने द्वारा किए गए लेन-देनों का लेखा करता है। प्रत्येक सह-साहसी द्वारा दूसरे सह-साहसी के साथ संयुक्त साहस (उपक्रम) खाता (Joint Venture A/c with......) खोला जाता है। संयुक्त उपक्रम पर लाभ-हानि ज्ञात करने के उद्देश्य से प्रत्येक साहसी द्वारा अपनी पुस्तकों में खोले गए खातों की नकल दूसरे साहसी को भेज दी जाती है, जिसकी सहायता से प्रत्येक साहसी द्वारा 'संयुक्त साहस (उपक्रम) निष्कर्ष खाता' (Joint Venture Memorandum Account) तैयार किया जाता है। इसे **स्मरण विधि** के नाम से भी जाना जाता है।

इस विधि के अन्तर्गत प्रत्येक साहसी द्वारा अपनी पुस्तकों में निम्नलिखित खाते खोले जाते हैं—

(i) **अन्य साहसियों के साथ संयुक्त साहस खाता** (Joint Venture Account with Other Co-venturers') यह खाता व्यक्तिगत खाता होता है। इस खाते में साहसी द्वारा स्वयं किए गए व्ययों एवं प्राप्तियों का लेखा किया जाता है। इस खाते में साहसी केवल स्वयं के लेन-देनों का लेखा करता है। यह खाता साहसी को देय या साहसी से प्राप्त राशि ज्ञात करने के लिए तैयार किया जाता है।

(ii) **संयुक्त उपक्रम निष्कर्ष खाता** (Memorandum Joint Venture Account) यह खाता संयुक्त उपक्रम पर होने वाले लाभ-हानि को ज्ञात करने के लिए बनाया जाता है। इस खाते में प्रत्येक सह-साहसी द्वारा किए गए भुगतानों एवं प्राप्तियों का लेखा होता है। इसे **स्मरण संयुक्त उपक्रम खाता** भी कहते हैं। यह खाता लाभ-हानि खाते की भाँति बनाया जाता है, जिसमें दोनों पक्षों के अन्तर की राशि से संयुक्त साहस में हुए लाभ-हानि का पता चलता है।

अभ्यास प्रश्न

1. .... व्यवस्था के अन्तर्गत व्यापारी अपने द्वारा नियुक्त प्रतिनिधि को कमीशन पर बिक्री के लिए स्वयं के जोखिम पर माल भेजता है।
(a) प्रेषण (b) किराया क्रय पद्धति
(c) 'a' और 'b' दोनों (d) इनमें से कोई नहीं

2. प्रेषण में मुख्यत: कितने पक्षकार होते हैं?
(a) एक (b) दो
(c) तीन (d) चार

3. प्रेषक तथा प्रेषी के मध्य क्रमश: सम्बन्ध होता है
(a) क्रेता तथा विक्रेता का (b) प्रधान तथा प्रतिनिधि का
(c) प्रतिनिधि तथा प्रधान का (d) इनमें से कोई नहीं

4. प्रेषक द्वारा माल को प्रेषी के पास भेजना प्रेषक की दृष्टि से है
(a) आन्तरिक प्रेषण (b) बाह्य प्रेषण
(c) 'a' और 'b' दोनों (d) इनमें से कोई नहीं

5. विक्रय-विवरण तैयार किया जाता है
(a) प्रेषक द्वारा (b) प्रेषी द्वारा
(c) क्रेता द्वारा (d) इनमें से कोई नहीं

6. साधारण कमीशन निकालने का सूत्र है
(a) (कुल बिक्री × दर) ÷ 100 (b) (उधार बिक्री × दर) ÷ 100
(c) (नकद बिक्री × दर) ÷ 100 (d) उपरोक्त में से कोई नहीं

7. परिशोध कमीशन की गणना की जाती है
(a) कुल बिक्री पर (b) नकद बिक्री पर
(c) उधार बिक्री पर (d) इनमें से कोई नहीं

8. प्रेषण पर बिना बिके माल की लागत ₹ 10,000 का बाजार मूल्य ₹ 5,000 है। प्रेषण रहतिया होगा
(a) ₹ 5,000 (b) ₹ 10,000
(c) ₹ 15,000 (d) ₹ 20,000

9. वस्तु की प्रकृतिवश होने वाली हानि कहलाती है
(a) सामान्य हानि (b) असामान्य हानि
(c) 'a' और 'b' दोनों (d) इनमें से कोई नहीं

10. वह हानि जिससे सामान्य बातों का ध्यान रखकर बचा जा सकता है, कहलाती है
(a) सामान्य हानि (b) असामान्य हानि
(c) 'a' और 'b' दोनों (d) इनमें से कोई नहीं

11. किस प्रकार की हानि से बचने के लिए माल का बीमा कराया जाता है?
(a) असामान्य हानि
(b) सामान्य हानि
(c) 'a' और 'b' दोनों
(d) इनमें से कोई नहीं

12. दिनेश लाल वर्मा ने 10 बोरी गेहूँ, 100 किलो प्रति बोरी दर ₹ 16 प्रति किलो के हिसाब से प्रेषण पर भेजी तथा ₹ 500 का व्यय किया। रास्ते में प्रति बोरी 500 ग्राम गेहूँ स्वाभाविक रूप से नष्ट हो गया। भेजे गए माल का प्रति किलो लागत मूल्य ज्ञात कीजिए
(a) ₹ 16.58 प्रति किलो (b) ₹ 16.5 प्रति किलो
(c) ₹ 16.48 प्रति किलो (d) ₹ 16 प्रति किलो

13. प्रेषी द्वारा प्रेषण पर हुए व्ययों का भुगतान करने के लिए ऋणी किया जाता है
(a) प्रेषण खाते को
(b) प्रेषक के व्यक्तिगत खाते को
(c) व्यय खाते को
(d) उपरोक्त में से कोई नहीं

14. परिशोध कमीशन के अभाव में प्रेषी की पुस्तकों में अशोध्य ऋण के सम्बन्ध में ऋणी किया जाएगा
(a) प्रेषक के व्यक्तिगत खाते को (b) अशोध्य ऋण खाते को
(c) देनदार के व्यक्तिगत खाते को
(d) उपरोक्त में से कोई नहीं

15. प्रेषक की पुस्तकों में खोले जाने वाले खातों में से नहीं है
(a) प्रेषण खाता (b) प्रेषी का खाता
(c) प्रेषण रहतिया खाता (d) कमीशन खाता

16. प्रेषण खाता किस प्रकृति का खाता है?
(a) अवास्तविक खाता (b) वास्तविक खाता
(c) वस्तुगत खाता (d) ये सभी

17. एजेण्ट से माल के वास्तविक मूल्य को छिपाने के लिए माल का प्रेषण किस मूल्य पर किया जाता है?
(a) लागत मूल्य पर (b) बीजक मूल्य पर
(c) 'a' और 'b' दोनों (d) किसी एक पर

18. किसी वस्तु का लागत मूल्य ₹ 100 है, उसका बीजक मूल्य लागत पर 20% जोड़कर बनाया गया। वस्तु का बीजक मूल्य बताइए
(a) ₹ 120 (b) ₹ 130
(c) ₹ 140 (d) ₹ 110

19. किसी वस्तु को प्रेषण पर ₹240 के बीजक मूल्य, जोकि लागत पर 20% बढ़ाकर बनाया गया था भेजा। प्रेषित माल का लागत मूल्य बताइए
(a) ₹ 200 (b) ₹ 220
(c) ₹ 230 (d) ₹ 180

20. जब दो या दो से अधिक व्यक्ति मिलकर कोई विशेष कार्य करने के लिए अस्थायी साझेदारी करते हैं, तो उसे कहते हैं
(a) एजेन्सी (b) संयुक्त साहस
(c) साझेदारी (d) ये सभी

21. संयुक्त साहस का निर्माण किया जाता है
(a) विशेष व्यापारिक कार्य के लिए
(b) स्वरोजगार को प्रोत्साहित करने के लिए
(c) व्यापारिक कार्य में पारस्परिक सहायता के लिए
(d) दीर्घकालीन व्यापारिक कार्य के लिए

22. एक संयुक्त साहस व्यवसाय का उद्देश्य होता है
(a) सेवा कार्य करना (b) जोखिम का कार्य करना
(c) संयुक्त कारोबार से लाभ कमाना
(d) संयुक्त कारोबार को प्रोत्साहन देना

23. संयुक्त साहस के लिए कौन–सा अधिनियम लागू होता है?
(a) वस्तु विक्रय अधिनियम
(b) कम्पनी अधिनियम
(c) साझेदारी अधिनियम
(d) कोई अधिनियम लागू नहीं होता

24. संयुक्त साहस में सदस्यों की न्यूनतम संख्या कितनी होनी चाहिए?
(a) 2 (b) 10
(c) 20 (d) 7

25. संयुक्त उपक्रम के पक्षकार कहलाते हैं
(a) साझेदार (b) सह-उपक्रमी
(c) प्रधान और एजेण्ट (d) मित्र

26. संयुक्त उपक्रम व्यवसाय में लेखांकन हेतु अपनाई जाने वाली विधि का निर्धारण किया जाता है
(a) संयुक्त उपक्रम के लिए पृथक् अधिनियम
(b) ICAI
(c) लेखांकन मापदण्ड
(d) सह-उपक्रमियों द्वारा

27. संयुक्त उपक्रम सम्बन्धी लेखों में बनाया जाता है
(a) लाभ-हानि खाता (b) संयुक्त उपक्रम खाता
(c) माल प्रेषण खाता (d) इनमें से कोई नहीं

28. संयुक्त उपक्रम खाता है
(a) व्यक्तिगत खाता (b) वास्तविक खाता
(c) नाममात्र खाता (d) इनमें से कोई नहीं

29. जब केवल एक ही साहसी द्वारा संयुक्त साहस सम्बन्धी समस्त लेन–देन का हिसाब रखा जाता है, तो उस साहसी को इसके लिए ········ प्राप्त होता है।
(a) ब्याज (b) कमीशन
(c) अतिरिक्त लाभ (d) ये सभी

30. जब केवल एक ही साहसी द्वारा संयुक्त साहस सम्बन्धी लेन–देनों का हिसाब रखा जाता है, तो निम्नलिखित में से कौन–कौन से खाते खाले जाते हैं?
(a) संयुक्त साहस खाता
(b) संयुक्त बैंक खाता
(c) सह-साहसियों का व्यक्तिगत खाता
(d) 'a' और 'c' दोनों

31. जब प्रत्येक साहसी अपनी पुस्तक में संयुक्त साहस सम्बन्धी लेन–देन का पृथक्–पृथक् हिसाब रखता है, तो निम्न में से कौन–कौन से खाते खोले जाते हैं?
(a) संयुक्त बैंक खाता
(b) संयुक्त उपक्रम खाता
(c) अन्य सह-साहसी का व्यक्तिगत खाता
(d) 'b' और 'c' दोनों

32. संयुक्त साहस में प्राप्य विपत्र को बट्टे पर भुनाने के व्यय के लिए डेबिट किया जाता है
(a) प्राप्य विपत्र खाता
(b) संयुक्त साहस खाता
(c) छूट खाता (d) इनमें से कोई नहीं

33. जब प्रत्येक सह–साहसी अपनी पुस्तकों में केवल स्वयं के सौदे दर्ज करता है, तो उसे ······ खोलना आवश्यक है।
(a) संयुक्त साहस खाता
(b) संयुक्त बैंक खाता
(c) दूसरे सहभागी का व्यक्तिगत खाता
(d) स्मरणार्थ संयुक्त उपक्रम खाता

34. 'स्मरणार्थ संयुक्त खाता' खोलने का उद्देश्य होता है
(a) संयुक्त साहस का अन्तिम रहतिया ज्ञात करना
(b) संयुक्त साहस का लाभ-हानि ज्ञात करना
(c) एक सह-साहसी द्वारा दूसरे सह-साहसी को भुगतान की जाने वाली राशि ज्ञात करने के लिए
(d) उपरोक्त सभी

35. "अन्य साहसियों के साथ संयुक्त साहस खाता" है
(a) व्यक्तिगत खाता (b) वास्तविक खाता
(c) वस्तुगत खाता (d) अवास्तविक खाता

36. रिषी ने रणधीर को 500 मीटर कपड़ा विक्रय हेतु भेजा। रणधीर ने 300 मीटर कपड़ा नकद ₹ 30,000 में बेचा तथा 200 मीटर कपड़ा ₹ 24,000 में बेचा। प्रेषण की शर्तों के अनुसार, रणधीर 5% सामान्य कमीशन तथा 10% परिशोध कमीशन पाने का अधिकारी है। कुल कमीशन होगा
(a) ₹ 8,000 (b) ₹ 8,100
(c) ₹ 9,000 (d) ₹ 9,100

37. प्रेषक ने प्रेषी के पास 100 मीटर कपड़ा ₹ 50 प्रति मीटर की दर से प्रेषण पर बिक्री के लिए भेजा, जिस पर प्रेषक ने ₹ 100 ठेला भाड़ा, ₹ 50 मार्ग बीमा व्यय के दिए। प्रेषी ने ₹ 100 चुंगी, ₹ 250 गोदाम किराया तथा ₹ 300 बिक्री व्यय के दिए। वर्ष के अन्त में 20 मीटर कपड़ा बिना बिके रह गया। प्रेषण स्टॉक की राशि होगी

(a) ₹ 1,050
(b) ₹ 1,000
(c) ₹ 1,200
(d) ₹ 900

38. मथुरा के कृष्णा ने मुम्बई के मोहन को 400 किलोग्राम चाय ₹ 300 प्रति किलो के हिसाब से भेजी। उन्होंने प्रेषण पर ₹ 500 भाड़ा व ₹ 400 दुलाई के दिए। मार्ग में 30 किलोग्राम चाय चोरी हो गई। मोहन ने माल की सुपुर्दगी ली और ₹ 1,800 माल छुड़ाने पर और ₹ 500 गोदाम किराये पर खर्च किए। मोहन ने 320 किलोग्राम चाय ₹ 400 प्रति किलो के भाव से 5% कमीशन पर बेच दी। असामान्य हानि की राशि होगी

(a) ₹ 9,000 (b) ₹ 9,067.5
(c) ₹ 9,068.5 (d) ₹ 9,080

उत्तरमाला

1.	*(a)*	**2.**	*(b)*	**3.**	*(b)*	**4.**	*(b)*	**5.**	*(b)*	**6.**	*(a)*	**7.**	*(a)*	**8.**	*(a)*	**9.**	*(a)*	**10.**	*(b)*
11.	*(a)*	**12.**	*(a)*	**13.**	*(b)*	**14.**	*(a)*	**15.**	*(d)*	**16.**	*(a)*	**17.**	*(b)*	**18.**	*(a)*	**19.**	*(a)*	**20.**	*(b)*
21.	*(a)*	**22.**	*(c)*	**23.**	*(d)*	**24.**	*(a)*	**25.**	*(b)*	**26.**	*(d)*	**27.**	*(b)*	**28.**	*(c)*	**29.**	*(b)*	**30.**	*(d)*
31.	*(d)*	**32.**	*(b)*	**33.**	*(d)*	**34.**	*(b)*	**35.**	*(a)*	**36.**	*(b)*	**37.**	*(a)*	**38.**	*(b)*				

उत्तर व्याख्या सहित

36. कुल विक्रय = नकद + उधार विक्रय

= 30,000 + 24,000 = ₹ 54,000

साधारण कमीशन = $54{,}000 \times \frac{5}{100}$ = ₹ 2,700

परिशोध कमीशन = $54{,}000 \times \frac{10}{100}$ = ₹ 5,400

कुल कमीशन = 2,700 + 5,400 = ₹ 8,100

37. प्रेषण स्टॉक की गणना (₹)

20 मीटर कपड़े का लागत मूल्य = 20 × 50 = 1,000

जोड़ा

1. प्रेषक के समस्त व्ययों का आनुपातिक भाग = $\frac{150}{100} \times 20 = 30$

2. प्रेषी के अनावर्तक व्ययों का आनुपातिक भाग = $\frac{100}{100} \times 20 = 20$

प्रेषण स्टॉक का मूल्य = 1,050

नोट *गोदाम किराया तथा बिक्री व्यय अप्रत्यक्ष व्यय हैं, इसलिए इन्हें स्टॉक के मूल्य में नहीं जोड़ा जाएगा।*

38. असामान्य हानि की गणना (₹)

जितना माल नष्ट हुआ उसकी मात्रा × लागत मूल्य

30 × 300 = 9,000

(+) $\frac{\text{प्रेषक के खर्चे} \times \text{नष्ट माल की मात्रा}}{\text{कुल माल की मात्रा}}$ =

$\left[\frac{900 \times 30}{400}\right]$ = 67.5

असामान्य हानि = 9,067.5

अध्याय 26

कम्पनी लेखे
Company Accounts

अंश Share

कम्पनी की कुल पूँजी को निश्चित मूल्य की छोटी-छोटी इकाइयों में विभाजित किया जाता है तथा ऐसी प्रत्येक इकाई को 'अंश' कहते हैं। इस प्रकार एक कम्पनी की 1,00,000 की अंश पूँजी ₹ 10 वाले 10,000 भागों में विभाजित हो सकती है तथा ₹ 10 के प्रत्येक भाग को अंश कहा जाता है।

अंश की परिभाषाएँ निम्न प्रकार हैं—

कम्पनी अधिनियम, 2013 की धारा 2(84) के अनुसार, "अंश से आशय कम्पनी की अंश पूँजी के एक भाग से है और उसमें स्टॉक भी सम्मिलित है।"

न्यायाधीश लिण्डले के अनुसार, "पूँजी का वह आनुपातिक भाग जिसका प्रत्येक सदस्य अधिकारी होता है, अंश कहलाता है।"

अंशों के प्रकार Types of Shares

कम्पनी अधिनियम, 2013 की धारा 43 के अनुसार, अंशों द्वारा सीमित दायित्व वाली एक सार्वजनिक कम्पनी निम्न दो प्रकार के अंश निर्गमित कर सकती है—

1. पूर्वाधिकार या अधिमान अंश Preference Share

पूर्वाधिकार अंश वे होते हैं, जिन्हें निम्न दो प्रकार के पूर्वाधिकार प्राप्त होते हैं—

(i) कम्पनी के जीवनकाल में एक निश्चित दर से लाभांश पाने का प्रथम अधिकार होता है तथा

(ii) कम्पनी के समापन पर पूँजी वापसी का भी प्रथम अधिकार होता है।

एक कम्पनी निम्न प्रकार के पूर्वाधिकार अंशों का निर्गमन कर सकती है—

(i) **संचयी पूर्वाधिकार अंश** (Cumulative Preference Share) संचयी पूर्वाधिकार अंश वे होते हैं, जिन पर यदि कम्पनी द्वारा किसी वर्ष अपर्याप्त लाभ अथवा हानि की दशा में लाभांश का भुगतान न किया जा सके, तो इस बकाया लाभांश को प्राप्त करने का अंशधारियों का अधिकार संचित रहेगा। आगामी वर्ष में ऐसे अंशों पर कम्पनी को विगत वर्ष के लाभांश की बकाया राशि एवं उस वर्ष के लाभांश का भुगतान करना होगा।

(ii) **असंचयी पूर्वाधिकार अंश** (Non-cumulative Preference Share) असंचयी पूर्वाधिकार अंश वे होते हैं, जिन्हें यदि किसी वर्ष लाभांश का भुगतान न किया जा सके, तो इस बकाया लाभांश को प्राप्त करने का अंशधारियों का अधिकार संचित नहीं रहेगा, अपितु ऐसे अंशधारियों का उस वर्ष के सम्बन्ध में लाभांश प्राप्त करने का अधिकार समाप्त हो जाता है।

(iii) **भागयुक्त पूर्वाधिकार अंश** (Participating Preference Share) भागयुक्त पूर्वाधिकार अंशों पर एक निश्चित दर से लाभांश प्राप्त करने के अतिरिक्त, समता अंशधारियों को लाभांश दिए जाने के बाद शेष लाभ में से पूर्व निश्चित अनुपात में लाभांश प्राप्त करने का अधिकार दिया जाता है।

(iv) **अभागयुक्त पूर्वाधिकार अंश** (Non-participating Preference Share) अभागयुक्त पूर्वाधिकार अंशों पर एक निश्चित दर से लाभांश दिया जाता है। ऐसे अंशधारकों को अतिरिक्त लाभ में भाग पाने का अधिकार नहीं होता है।

(v) **शोध्य पूर्वाधिकार अंश** (Redeemable Preference Share) शोध्य पूर्वाधिकार अंशों का शोधन निर्गमन की शर्तों के अनुसार एक निश्चित अवधि के पश्चात् या कम्पनी द्वारा निर्धारित सूचना देकर किया जा सकता है। अंशों द्वारा सीमित कम्पनी 20 वर्ष से अधिक अवधि के शोध्य पूर्वाधिकार अंश निर्गमित नहीं कर सकती है।

(vi) **अशोध्य पूर्वाधिकार अंश** (Irredeemable Preference Share) अशोध्य पूर्वाधिकार अंशों का शोधन कम्पनी के समापन के अतिरिक्त अन्य किसी स्थिति में नहीं किया जा सकता है। ऐसे अंश भारत में निर्गमित नहीं किए जा सकते।

(vii) **परिवर्तनशील पूर्वाधिकार अंश** (Convertible Preference Share) जिन पूर्वाधिकार अंशों के धारकों को यह अधिकार होता है कि यदि वे चाहें तो एक निश्चित अवधि के पश्चात् पूर्वाधिकार अंशों को समता अंशों में परिवर्तित कर सकते हैं, तो उन्हें परिवर्तनीय पूर्वाधिकार अंश कहते हैं।

(viii) **अपरिवर्तनीय पूर्वाधिकार अंश** (Non-convertible Preference Share) जिन पूर्वाधिकार अंशों के धारकों को यह अधिकार नहीं दिया जाता है कि वे अपने अंशों को समता अंशों में परिवर्तित कर सकें, तो ऐसे अंशों को अपरिवर्तनीय पूर्वाधिकार अंश कहते हैं।

2. समता अंश Equity Share

समता अंश वह अंश है, जोकि पूर्वाधिकार अंश नहीं है अर्थात् समता अंशों पर लाभांश भुगतान या पूँजी वापसी का पूर्वाधिकार नहीं होता है। समता अंशों पर लाभांश की कोई निर्धारित दर नहीं होती है। इन अंशों पर लाभांश तभी दिया जा सकता है, जबकि संचालक मण्डल सिफारिश करे और कम्पनी की वार्षिक सभा में लाभांश को घोषित किया जाए।

कम्पनी निम्न दो प्रकार के समता अंश निर्गमित कर सकती है—

(i) **मताधिकार सहित समता अंश** (Equity Share with Voting Rights) इन समता अंशधारियों को सामान्य मताधिकार प्राप्त होता है अर्थात् समता अंशधारियों को कम्पनी की किसी भी साधारण सभा में पारित किए जाने वाले प्रत्येक संकल्प पर मतदान का अधिकार प्राप्त होता है। इन अंशधारियों का ही वास्तव में कम्पनी के प्रबन्ध एवं संचालन पर नियन्त्रण होता है।

(ii) **विभेदात्मक अधिकार वाले समता अंश** (Equity Share with Differential Rights) ऐसे समता अंशधारियों को लाभांश एवं मताधिकार हेतु विभेदात्मक अधिकार प्राप्त होते हैं।

अंश पूँजी Share Capital

अंश पूँजी से आशय उस पूँजी से है, जो कम्पनी के अंशों के निर्गमन से प्राप्त हुई है या प्राप्त करनी है।

कम्पनी अधिनियम, 2013 के प्रावधानों के अन्तर्गत कम्पनी की पूँजी संरचना (Capital Structure) में साधारणत: निम्नलिखित अंश पूँजी के स्वरूप होते हैं—

1. **अधिकृत पूँजी** (Authorised Capital) अधिकृत पूँजी कम्पनी की अधिकतम अंश पूँजी होती है, जिसका उल्लेख कम्पनी के पार्षद सीमानियम (Memorandum of association) में किया जाता है। इसे पंजीकृत पूँजी (Registered capital) तथा नाममात्र की पूँजी (Nominal capital) भी कहा जाता है।

   कम्पनी अधिनियम, 2013 की धारा 2 (8) के अनुसार, ''अधिकृत पूँजी कम्पनी की अंश पूँजी की वह अधिकतम राशि है, जो कम्पनी के पार्षद सीमानियम द्वारा अधिकृत होती है।''

2. **निर्गमित पूँजी** (Issued Capital) निर्गमित पूँजी अधिकृत पूँजी के उस भाग का अंकित मूल्य होता है, जिसे नकद राशि अथवा अन्य किसी प्रतिफल के लिए वास्तव में निर्गमित किया जाता है। निर्गमित पूँजी की धनराशि कदापि अधिकृत पूँजी से अधिक नहीं हो सकती है, किन्तु इसके समान हो सकती है।

   कम्पनी अधिनियम, 2013 की धारा 2 (50) के अनुसार, ''निर्गमित अंश पूँजी से आशय ऐसी पूँजी से है, जो कम्पनी अभिदान के लिए समय-समय पर निर्गमित की जाती है।''

3. **प्रार्थित पूँजी** (Subscribed Capital) निर्गमित पूँजी का वह भाग, जिसे लेने के लिए जनता द्वारा आवेदन किया जाता है, उसे प्रार्थित पूँजी कहते हैं।

   कम्पनी अधिनियम, 2013 की धारा 2(86) के अनुसार, ''पूँजी का वह भाग, जो उस समय तक कम्पनी के सदस्यों के द्वारा प्रार्थित किया जाता है, उसे प्रार्थित पूँजी कहते हैं।''

   यह निम्न दो प्रकार की हो सकती है—

   (i) **प्रार्थित एवं पूर्ण प्रदत्त** (Subscribed and Fully Paid-up) जब कम्पनी द्वारा अंशधारियों से अंश के सम्पूर्ण अंकित मूल्य (Face value) को माँग लिया जाता है तथा अंशधारी द्वारा सम्पूर्ण मूल्य को चुका भी दिया जाता है, तो ऐसे अंश को प्रार्थित एवं पूर्ण प्रदत्त कहते हैं।

   (ii) **प्रार्थित परन्तु पूर्ण प्रदत्त नहीं** (Subscribed but not Fully Paid-up) *अंश को प्रार्थित परन्तु पूर्ण प्रदत्त नहीं, निम्नलिखित दो दशाओं में कहा जाता है—*

   (a) जब कम्पनी ने अंश का पूर्ण अंकित मूल्य माँग लिया है, परन्तु इसमें से कुछ राशि सदस्यों द्वारा नहीं चुकाई गई है।

   (b) जब कम्पनी ने अंश का पूर्ण अंकित मूल्य नहीं माँगा है।

4. **याचित पूँजी** (Called-up Capital) प्रार्थित पूँजी का वह भाग, जो अंशधारियों से माँगा जाता है, उसे याचित या माँगी गई पूँजी कहते हैं।

5. **अयाचित पूँजी** (Uncalled Capital) प्रार्थित पूँजी का वह भाग, जो अंशधारियों से नहीं माँगा जाता है, उसे अयाचित या न माँगी गई पूँजी कहते हैं।

6. **प्रदत्त पूँजी** (Paid-up Capital) प्रदत्त पूँजी याचित पूँजी का वह भाग है, जिसका वास्तव में भुगतान कर दिया गया है। अन्य शब्दों में, याचित पूँजी में से याचना पर बकाया (Calls-in-arrear) राशि को घटाकर, जो राशि शेष रहती है, उसे प्रदत्त पूँजी कहते हैं।

   कम्पनी अधिनियम, 2013 की धारा 2 (64) के अनुसार, ''निर्गमित अंशों के सम्बन्ध में प्रदत्त या चुकता अंश पूँजी के रूप में क्रेडिट राशि का कुल योग प्राप्त राशि के बराबर होता है तथा इसमें कम्पनी के अंशों के सम्बन्ध में चुकता हुई क्रेडिट किसी भी राशि को सम्मिलित किया जाता है, किन्तु ऐसे अंशों के सम्बन्ध में प्राप्त किसी अन्य राशि को सम्मिलित किया जाता है, चाहे उसे किसी भी नाम से जाना जाए।''

7. **आरक्षित या संचित पूँजी** (Reserve Capital) कम्पनी कभी-कभी विशेष प्रस्ताव के द्वारा यह प्रावधान कर लेती है कि अयाचित या न माँगी गई पूँजी का सम्पूर्ण भाग या कुछ भाग कम्पनी के जीवनकाल में नहीं माँगा जाएगा। अयाचित पूँजी के इस भाग को 'आरक्षित या संचित पूँजी' कहते हैं। इस प्रकार आरक्षित या संचित पूँजी अयाचित पूँजी का वह भाग है, जिस पर कम्पनी के समापन की दशा में ही याचना की जा सकती है। प्राय: ऐसी पूँजी का प्रावधान ऋणदाताओं को अतिरिक्त सुरक्षा प्रदान करने के लिए किया जाता है। पूँजीगत संचय के शेष को आर्थिक चिट्ठे के समता तथा दायित्व (Equity and Liabilities) पक्ष के अंशधारकों के कोष (Shareholders' Fund) के उप-शीर्षक संचय एवं आधिक्य (Reserve and Surplus) शीर्षक के अन्तर्गत दर्शाया जाता है।

अंशों का निर्गमन Issue of Shares

एक कम्पनी द्वारा अंश निम्न प्रकार निर्गमित किए जा सकते हैं—

1. **सम-मूल्य पर निर्गमन** (Issue at Par) जब कम्पनी अपने अंशों को अंकित मूल्य (Face value) पर निर्गमित करती है, तो इसे 'अंशों का सम-मूल्य पर निर्गमन' कहते हैं।

2. **प्रीमियम पर निर्गमन** (Issue at Premium) जब कम्पनी अपने अंशों को अंकित मूल्य (Face vlaue) से अधिक मूल्य पर निर्गमित करती है, तो इसे 'अंशों का प्रीमियम पर निर्गमन' कहते हैं। अंश के निर्गमन मूल्य का उसके अंकित मूल्य पर आधिक्य 'प्रीमियम' कहलाता है।

3. **कटौती पर निर्गमन** (Issue at Discount) जब कम्पनी अपने अंशों को अंकित मूल्य से कम मूल्य पर निर्गमित करती है, तो इसे 'अंशों का कटौती या बट्टे पर निर्गमन' कहते हैं। कम्पनी अधिनियम, 2013 की धारा 53 के अनुसार, कम्पनियों को अपने अंशों को कटौती पर निर्गमित करने पर प्रतिबन्ध लगाया गया है, किन्तु धारा 53 के अपवादस्वरूप, धारा 54 के अन्तर्गत कम्पनी केवल अपने कर्मचारियों या संचालकों को उनकी सेवाओं के बदले में श्रमसाध्य समता अंशो (Sweat equity shares) को कटौती पर निर्गमित कर सकती है।

अंशों के निर्गमन पर लेखा

Accounting Treatment for Issue of Shares

अंशों के निर्गमन पर लेखा, अंशों का भुगतान प्राप्त करने की विधि से प्रभावित होता है। *एक कम्पनी निम्न दो प्रकार से अंशों पर देय राशि प्राप्त कर सकती है—*

1. **एकमुश्त भुगतान की दशा में अंशों के निर्गमन पर लेखा** (Accounting Treatment for Issue of Shares When Amount Payable is Received in Lump-sum) *यदि कम्पनी अंशधारकों पर देय सम्पूर्ण राशि एकमुश्त भुगतान से प्राप्त करती है, तो इस दशा में निम्न जर्नल प्रविष्टियाँ की जाती हैं—*

(i)	**आवेदन राशि प्राप्त होने पर**	Bank A/c Dr To Share Application and Allotment A/c (Being application and allotment money received on......... shares @ ₹..........per share)
(ii)	**अंशों का आवण्टन होने पर, यदि अंश सम-मूल्य पर निर्गमित किए गए हों**	Share Application and Allotment A/c Dr To Share Capital A/c (Being shares allotted and application money transferred to share capital account)
(iii)	**अंशों का आवण्टन होने पर, यदि अंश प्रीमियम पर निर्गमित किए गए हों**	Share Application and Allotment A/c Dr To Share Capital A/c To Securities Premium Reserve A/c (Being share allotted and application money transferred to share capital 1account and securities premium reserve account)

2. **किस्तों में भुगतान प्राप्त होने की दशा में लेखा** (Accounting Treatment When Amount Payable is Received in Instalments) अंशधारियों की सुविधा की दृष्टि से कम्पनियाँ सम्पूर्ण राशि एकमुश्त न माँगकर किस्तों में भी माँग सकती हैं।

इस दशा में कम्पनी की लेखा पुस्तकों में अंशों के निर्गमन पर निम्नलिखित जर्नल प्रविष्टियाँ की जाती हैं—

(i)	**आवेदन राशि प्राप्त होने पर**	Bank A/c Dr To Share Application A/c (Being application money received on...... shares @ ₹ ...... per share)
(ii)	**आवेदन राशि को पूँजी खाते में स्थानान्तरित करने पर**	Share Application A/c Dr To Share Capital A/c (Being application money transferred to share capital account)
(iii)	**आवण्टन राशि देय होने पर, यदि अंशों का निर्गमन सम-मूल्य पर किया गया हो**	Share Allotment A/c Dr To Share Capital A/c (Being allotment money due on......shares @ ₹......per share)
(iv)	**आवण्टन राशि देय होने पर, यदि अंशों का निर्गमन प्रीमियम पर किया गया हो**	Share Allotment A/c Dr To Share Capital A/c To Securities Premium Reserve A/c (Being share allotment money due, including securities premium)
(v)	**आवण्टन राशि प्राप्त होने पर**	Bank A/c Dr To Share Allotment A/c (Being allotment money received on...... shares @ ₹...per share)
(vi)	**प्रथम माँग की राशि देय होने पर**	Share First Call A/c Dr To Share Capital A/c (Being first call money due on......shares @ ₹ ... per share)
(vii)	**प्रथम माँग की राशि प्राप्त होने पर**	Bank A/c Dr To Share First Call A/c (Being first call money received on......shares @ ₹ ...per share)

अंशों का हरण Forfeiture of Shares

अंशों के हरण से आशय, अंशों पर की गई याचना का भुगतान न किए जाने के कारण दण्डस्वरूप अंशधारी के अंशों को जब्त करके उसकी सदस्यता समाप्त कर उसका नाम सदस्यों के रजिस्टर से हटाने से है। यदि कोई अंशधारी आवण्टन या किसी याचना की राशि का भुगतान नहीं करता है, तो कम्पनी को ऐसे अंशधारी के अंशों से प्राप्त राशि को जब्त करते हुए अंशों का हरण करने का अधिकार होता है।

अपहृत अंशों के सम्बन्ध में लेखा प्रविष्टियाँ (Accounting Entries Regarding Forfeiture of Shares) *अपहृत अंशों के सम्बन्ध में निम्न लेखा प्रविष्टियाँ की जाती हैं—*

1. **सम-मूल्य पर निर्गमित अंशों का हरण** (Forfeiture of Shares Issued at Par)

Share Capital A/c Dr	(with called-up amount)
To Forfeited Share A/c	(with amount already received on forfeited shares)
To Share Allotment A/c	(with amount due but not paid on allotment)
To Share Unpaid Call A/c (Being forfeiture of .... shares for non-payment of call @ ₹ ...... per share)	(with amount due but not paid on call)

नोट *यदि अंशों का निर्गमन प्रीमियम पर किया गया है तथा प्रीमियम की राशि प्राप्त हो चुकी है, तो उस दशा में अंशों के हरण के लिए भी उपरोक्त दी गई प्रविष्टियाँ ही की जाएँगी।*

2. **प्रीमियम पर निर्गमित अंशों का हरण**, (जब प्रीमियम की राशि प्राप्त नहीं हुई है) **(Forfeiture of Shares Issued at Premium, (when Premium is not Received))**

Share Capital A/c	Dr	(with amount called-up per share)
Securities Premium Reserve A/c	Dr	(with premium amount called-up but not received)
To Forfeited Share A/c		(amount received)
To Share Allotment A/c		(amount not received on allotment)
To Share Unpaid Calls A/c		(amount not received on calls)
(Being forfeiture of .... shares for non-payment of allotment and call @ ₹ .... per share)		

नोट *यदि अवशिष्ट याचना खाता खोला गया है, तो अंश आवण्टन तथा अंश याचना खातों के स्थान पर तीनों परिस्थितियों में अवशिष्ट याचना खाता क्रेडिट किया जाएगा।*

3. **बट्टे पर निर्गमित अंशों का हरण (Forfeiture of Shares Issued at Discount)**

Share Capital A/c	Dr	(with amount called-up amount)
Discount on Issue of Share A/c	Dr	(discount amount on called-up share)
To Share Forfeited A/c		(amount received on called share)
To Share Allotment A/c		(amount not received on allotment)
To Share Unpaid Calls A/c		(amount not received on calls)
(Being forfeiture of .... shares for non-payment of allotment and calls @ ₹ .... per share)		

हरण किए गए अंशों का पुनर्निर्गमन
Re-issue of Forfeited Shares

कम्पनी हरण किए गए अंशों का पुनर्निर्गमन कर सकती है। तालिका-F कम्पनी को हरण किए गए अंशों के पुनर्निर्गमन का अधिकार प्रदान करती है। पुनर्निर्गमन के समय अंशो के बाजार मूल्य की स्थिति के अनुसार हरण किए गए अंशों को सम-मूल्य पर, प्रीमियम पर या कटौती पर निर्गमित किया जा सकता है।

कटौती की राशि को सामान्यत: अंश हरण खाते से पूरा किया जाता है, किन्तु अंशों का निर्गमन यदि बट्टे पर किया गया हो तथा तत्पश्चात् उसका हरण करके पुनर्निर्गमन किया जा रहा हो, तो उस स्थिति में पुनर्निर्गमित अंशों की कटौती की राशि को सर्वप्रथम हरण किए गए अंशों के कटौती खाते से समायोजित किया जाएगा तत्पश्चात् यदि कोई शेष बचता है, तो उसे अंश हरण खाते से पूरा किया जाएगा। पुनर्निर्गमन के पश्चात् अंश हरण खाते के शेष को पूँजी संचय खाते में हस्तान्तरित कर दिया जाता है।

हरण किए गए अंशों के पुनर्निर्गमन के सम्बन्ध में लेखा प्रविष्टियाँ Accounting Entries Related to Re-issue of Forfeited Shares

(i) **यदि अंशों का पुनर्निर्गमन सम-मूल्य पर किया जाता है**	Bank A/c	Dr
	To Share Capital A/c	
	(Being .... forfeited shares re-issued @ ₹ .... per share)	
(ii) **यदि अंशों का पुनर्निर्गमन प्रीमियम पर किया जाता है**	Bank A/c	Dr
	To Share Capital A/c	
	To Securities Premium Reserve A/c	
	(Being ……forfeited shares re-issued @ ₹..... per share)	
(iii) **यदि अंशों का पुनर्निर्गमन कटौती पर किया जाता है**	Bank A/c	Dr
	Forfeited Share A/c	Dr
	To Share Capital A/c	
	(Being .... forfeited shares re-issued @ ₹ .... per share)	

नोट *अंशों के पुनर्निर्गमन पर दिया जाने वाला बट्टा अंशों पर हरण की गई राशि से अधिक नहीं होना चाहिए।*

(iv) **अपहृत अंश खाते के शेष को पुनर्निर्गमन के बाद पूँजी संचय खाते में हस्तान्तरित करना**	Forfeited Share A/c	Dr
	To Capital Reserve A/c	
	(Being balance of share forfeiture account transferred to capital reserve account)	

ऋणपत्र का अर्थ एवं परिभाषाएँ
Meaning and Definitions of Debenture

कोई भी कम्पनी अपनी अधिकृत पूँजी (Authorised capital) से अधिक मूल्य के अंशों का निर्गमन नहीं कर सकती है। अत: जब कम्पनी को दीर्घावधि के लिए और अधिक पूँजी की आवश्यकता होती है, तो वह ऋणपत्र निर्गमित करके जनता से ऋण प्राप्त कर लेती है।

ऋणपत्र से आशय एक ऐसे विलेख से है, जो कम्पनी द्वारा ऋणदाता को ऋण प्राप्ति के लिखित प्रमाण के रूप में निर्गमित किया जाता है, जिस पर कम्पनी की सार्वमुद्रा (Common seal) अंकित होती है तथा मूलधन की वापसी, ब्याज दर, सम्पत्तियों पर प्रभार आदि सभी शर्तों का उल्लेख होता है। ऋणपत्रों के निगमन से प्राप्त धनराशि (ऋण) को 'ऋण पूँजी' कहते हैं।

- **पॉमर** के अनुसार, "ऋणपत्र कम्पनी की सार्वमुद्रा के अन्तर्गत निर्गमित दस्तावेज है, जिसका मूल-तत्त्व ऋण की स्वीकृति है।"
- **कम्पनी अधिनियम, 2013 की धारा 2(30)** के अनुसार, "ऋणपत्र में ऋणपत्र स्टॉक, बॉण्ड्स तथा कम्पनी द्वारा जारी किए गए अन्य विलेख, जो ऋण के साक्ष्य हों, सम्मिलित हैं, चाहे वे कम्पनी की सम्पत्तियों पर प्रभार रखते हों अथवा नहीं।"

बॉण्ड तथा ऋणपत्र में मूल अन्तर उनकी निर्गमन की शर्तों के आधार पर किया जाता है। बॉण्ड का निर्गमन बिना पूर्व निर्धारित ब्याज दर के आधार पर भी किया जा सकता है, जबकि ऋणपत्रों का निर्गमन पूर्व निर्धारित ब्याज दर के आधार पर ही किया जाता है।

ऋणपत्र स्टॉक से आशय पूर्णत: प्रदत ऋणपत्रों के समूह से है।

अन्य विलेख से आशय कोई भी ऐसे विलेख से है, जो कम्पनी के ऋण का साक्ष्य है।

कम्पनी अधिनियम के अनुसार, ये तीनों ही ऋणपत्रों की श्रेणी में आते हैं।

ऋणपत्रों के प्रकार Types of Debentures

ऋणपत्रों के प्रकारों को निम्न प्रकार से वर्गीकृत किया गया है—

1. सुरक्षा के आधार पर On the Basis of Security

(i) **सुरक्षित या बन्धक ऋणपत्र** (Secured or Mortgaged Debentures) सुरक्षित ऋणपत्र कम्पनी की सम्पत्तियों को बन्धक रखकर निर्गमित किए जाते हैं। इन ऋणपत्रों के मूलधन एवं ब्याज के भुगतान के लिए कम्पनी की सम्पत्तियों पर प्रभार (Charge) होता है अर्थात् देय तिथि पर कम्पनी के द्वारा ऋणपत्रों का भुगतान न करने की स्थिति में ऋणपत्रधारक बन्धक सम्पत्तियों को विक्रय कर अपनी देय राशि प्राप्त कर सकते हैं।

(ii) **असुरक्षित या साधारण ऋणपत्र** (Unsecured or Simple Debentures) असुरक्षित ऋणपत्र बिना किसी प्रतिभूति (Non-security) के निर्गमित किए जाते हैं। इन ऋणपत्रों के मूलधन एवं ब्याज के भुगतान के लिए कम्पनी की सम्पत्तियाँ बन्धक नहीं होती हैं। कम्पनी के समापन पर ऋणपत्रधारकों को अरक्षित (Unsecured) लेनदारों की भाँति ही भुगतान प्राप्त करने का अधिकार होता है।

2. प्राथमिकता के आधार पर On the Basis of Priority

(i) **प्रथम ऋणपत्र** (First Debentures) प्रथम ऋणपत्र वे होते हैं, जिन पर बन्धक सम्पत्तियों से ऋणपत्रधारकों को अपनी राशि वसूल करने का प्रथम अधिकार होता है।

(ii) **द्वितीय ऋणपत्र** (Second Debentures) ऐसे ऋणपत्र जिन पर बन्धक सम्पत्तियों से ऋणपत्रधारकों को अपनी राशि वसूल करने का अधिकार प्रथम ऋणपत्रधारकों का भुगतान करने के बाद होता है, द्वितीय ऋणपत्र कहलाते हैं।

3. शोधन के आधार पर On the Basis of Redemption

(i) **शोध्य ऋणपत्र** (Redeemable Debentures) शोध्य ऋणपत्र वे होते हैं, जिनका शोधन कम्पनी के जीवनकाल में ही कर दिया जाता है। ये ऋणपत्र एक निश्चित अवधि के पश्चात् शोध्य होते हैं। कम्पनी अधिनियम, 2013 के अनुसार, किसी भी कम्पनी के लिए निर्गमन की तिथि से 10 वर्ष से अधिक अवधि के शोध्य ऋणपत्र निर्गमित करना प्रतिबन्धित है। एक अपवाद स्वरूप इन्फ्रास्ट्रक्चर प्रोजेक्ट संचालित करने वाली कम्पनी 10 वर्ष से अधिक अवधि के शोध्य ऋणपत्र निर्गमित कर सकती है, परन्तु यह अवधि 30 वर्ष से अधिक नहीं हो सकती है।

(ii) **अशोध्य ऋणपत्र** (Irredeemable Debentures) अशोध्य ऋणपत्र वे होते हैं, जिनका शोधन कम्पनी के जीवनकाल में नहीं किया जाता है। कम्पनी के जीवनकाल में अशोध्य ऋणपत्रधारकों को निर्धारित दर से केवल ब्याज पाने का ही अधिकार होता है तथा मूलधन की वापसी कम्पनी के जीवनकाल में नहीं होती है, अपितु कम्पनी के समापन पर ही होती है।

4. रजिस्ट्रेशन के आधार पर On the Basis of Registration

(i) **वाहक ऋणपत्र** (Bearer Debentures) वाहक ऋणपत्र वे होते हैं, जिनके धारकों का नाम व पता कम्पनी के किसी रजिस्टर में नहीं लिखा जाता है। अत: वाहक ऋणपत्रधारक ही इनके मूलधन व ब्याज लेने का अधिकार रखते हैं। ऐसे ऋणपत्रों के स्वामित्व का हस्तान्तरण केवल सुपुर्दगी द्वारा ही हो जाता है।

(ii) **पंजीकृत ऋणपत्र** (Registered Debentures) पंजीकृत ऋणपत्रधारकों का नाम व पता कम्पनी के 'ऋणपत्रधारियों के रजिस्टर' में लिखा जाता है तथा ये धारक ही मूलधन व ब्याज पाने का अधिकार रखते हैं। ऐसे ऋणपत्रों के स्वामित्व का हस्तान्तरण निर्धारित विधि द्वारा ही सम्भव होता है।

5. परिवर्तन के आधार पर On the Basis of Conversion

(i) **परिवर्तनशील ऋणपत्र** (Convertible Debentures) परिवर्तनशील ऋणपत्र वे होते हैं, जिनके धारकों को एक निर्धारित अवधि के बाद निर्धारित शर्तों पर अपने ऋणपत्रों की सम्पूर्ण राशि अथवा उसके एक भाग के बदले में अंश या अन्य प्रतिभूतियाँ प्राप्त करने का विकल्प प्राप्त होता है। यदि ऋणपत्रों की राशि के कुछ भाग को ही अंशों या अन्य प्रतिभूतियों में परिवर्तित कराने का अधिकार है, तो ऐसे ऋणपत्रों को अंशत: परिवर्तनीय ऋणपत्र (Partly convertible debentures) कहते हैं और यदि ऋणपत्रों की राशि के सम्पूर्ण भाग को ही अंशों या अन्य प्रतिभूतियों में परिवर्तित कराने का अधिकार है, तो ऐसे ऋणपत्रों को पूर्णत: परिवर्तनीय ऋणपत्र (Fully convertible debentures) कहते हैं।

(ii) **अपरिवर्तनशील ऋणपत्र** (Non-convertible Debentures) अपरिवर्तनशील ऋणपत्र वे होते हैं, जिनके धारकों को अपने ऋणपत्रों की सम्पूर्ण राशि अथवा उसके एक भाग के बदले में अंश या अन्य प्रतिभूतियाँ प्राप्त करने का अधिकार नहीं होता है।

ऋणपत्रों का निर्गमन Issue of Debentures

प्रतिफल के दृष्टिकोण से ऋणपत्रों का निर्गमन निम्नलिखित प्रकार से किया जाता है—

I. नकद के लिए निर्गमन Issue for Cash

कम्पनी ऋणपत्रों का निर्गमन सम-मूल्य, प्रीमियम या बट्टे पर कर सकती है। कम्पनी निर्गमन पर राशि एक मुश्त या किस्तों में प्राप्त कर सकती है। *इसके लिए निम्न प्रविष्टियाँ की जाती हैं—*

1. यदि आवेदन पर सम्पूर्ण राशि प्राप्त की जाए

(i) **आवेदन राशि प्राप्त करने पर**	Bank A/c Dr To Debenture Application and Allotment A/c (Being application and allotment money received on .... debentures @ ₹ .... each)

(ii) ऋणपत्रों का आवण्टन करने पर	Debenture Application and Allotment A/c Dr To Debentures A/c (Being debenture application and allotment money transferred to debenture account)

2. यदि ऋणपत्रों की राशि किस्तों में प्राप्त की जाए

(i) आवेदन राशि प्राप्त करने पर	Bank A/c Dr To Debenture Application A/c (Being debenture application money received)
(ii) आवेदन राशि ऋण खाते में हस्तान्तरित करने पर	Debenture Application A/c Dr To Debenture A/c (Being debenture application money transferred to debenture account)
(iii) आवण्टन राशि देय होने पर, यदि ऋणपत्र सम-मूल्य पर निर्गमित हैं	Debenture Allotment A/c Dr To Debenture A/c (Being debenture allotment money due)
(iv) आवण्टन राशि देय होने पर, यदि ऋणपत्र प्रीमियम पर निर्गमित हैं	Debenture Allotment A/c Dr To Debenture A/c To Securities Premium Reserve A/c (Being debenture aallotment money due with premium)
(v) आवण्टन राशि देय होने पर यदि ऋणपत्र बट्टे पर निर्गमित हैं	Debenture Allotment A/c Dr Discount on Issue of Debenture A/c Dr To Debenture A/c (Being debenture allotment money due on discount)
(vi) आवण्टन राशि प्राप्त होने पर	Bank A/c Dr To Debenture Allotment A/c (Being debenture allotment money received)
(vii) प्रथम माँग की राशि देय होने पर	Debenture First Call A/c Dr To Debenture A/c (Being debenture first call money due)
(viii) प्रथम माँग की राशि प्राप्त होने पर	Bank A/c Dr To Debenture First Call A/c (Being debenture issued as collateral security for bank loan)

II. नकद के अतिरिक्त अन्य प्रतिफल के लिए निर्गमन Issue of Debenture for Consideration Other than Cash

जब कम्पनी सम्पत्तियों के क्रय का भुगतान ऋणपत्रों के निर्गमन द्वारा करती है, *तब निम्न प्रविष्टियाँ की जाती हैं—*

1. सम्पत्ति क्रय करने पर

	Asset A/c Dr To Vendor's A/c (Being assets purchased on credit)

2. विकेता को भुगतान ऋणपत्रों के निर्गमन द्वारा करने पर

(i) यदि ऋणपत्र सम-मूल्य पर निर्गमित किए गए हैं	Vendor's A/c Dr To Debenture A/c (Being debentures issued at par in purchase consideration to vendor)
(ii) यदि ऋणपत्र प्रीमियम पर निर्गमित किए गए हैं	Vendor's A/c Dr To Debenture A/c To Securities Premium Reserve A/c (Being debenture issued at a premium in purchase consideration to vendor)
(iii) यदि ऋणपत्र बट्टे पर निर्गमित किए गए हैं	Vendor's A/c Dr Discount on Issue of Debenture A/c Dr To Debenture A/c (Being debenture issued at a discount in purchase consideration to vendor)

III. सहायक प्रतिभूति के रूप में निर्गमन
Issue of Debenture as a Collateral Security

कम्पनी बैंकों या वित्तीय संस्थानों से ऋण लेने पर बन्धक के रूप में स्वयं के ऋणपत्र रख देती है, जिसे सहायक प्रतिभूति के रूप में निर्गमन कहा जाता है। *इसकी लेखांकन प्रविष्टियाँ निम्नलिखित दो विधियों से की जाती हैं—*

1. **प्रथम विधि** (First Method) ऋणपत्रों को सहायक प्रतिभूति के रूप में निर्गमन की प्रविष्टि नहीं की जाए

(i) बैंक से ऋण लेने पर	Bank A/c Dr To Bank Loan A/c (Being the loan taken from bank and issue debentures as collateral security)

2. **द्वितीय विधि** (Second Method) ऋणपत्रों को सहायक प्रतिभूति के रूप में निर्गमन की प्रविष्टि की जाए

(i) बैंक से ऋण लेने पर	Bank A/c Dr To Bank Loan A/c (Being the loan taken from bank and issue debentures as collateral security)
(ii) सहायक प्रतिभूति के रूप में निर्गमन करने पर	Debenture Suspense A/c Dr To Debenture A/c (Being debenture issued as collateral security for bank loan)

ऋणपत्रों का शोधन Redemption of Debentures

ऋणपत्रों के शोधन से आशय, कम्पनी द्वारा निश्चित अवधि की समाप्ति पर ऋणपत्रों पर देय राशि का भुगतान करके ऋणपत्रधारकों के प्रति दायित्व को समाप्त करना है अर्थात् ऋणपत्रधारकों को ऋणपत्रों की राशि का भुगतान करना 'ऋणपत्रों का शोधन' कहलाता है।

ऋणपत्रों के शोधन की विधियाँ
Methods of Redemption of Debentures

ऋणपत्रों के शोधन की निम्नलिखित विधियाँ हैं—

1. **परिपक्वता पर एकमुश्त ऋणपत्रों का शोधन** (Redemption of Debentures at the Time of Maturity in Lump-Sum) इस विधि में निश्चित अवधि के पश्चात् ऋणपत्रों की सम्पूर्ण राशि का भुगतान एकमुश्त कर दिया जाता है।

इसकी निम्न लेखांकन प्रविष्टियाँ की जाती हैं—

(i) **ऋणपत्र शोधन संचय का सृजन करने पर**	Surplus A/c Dr To Debenture Redemption Reserve A/c (Being debenture redemption reserve created equal to 25%/100% of the nominal value of debentures)

नोट *यदि ऋणपत्रों का शोधन पूँजी से किया जा रहा है, तो 25% राशि हस्तान्तरित की जाती है तथा यदि लाभों से किया जा रहा है, तो 100% राशि हस्तान्तरित की जाती है।*

(ii) **ऋणपत्र शोधन संचय की राशि का प्रतिभूतियों में विनियोग करने पर**	Debenture Redemption Investment A/c Dr To Bank A/c (Being investment made in specified securities)
(iii) **शोधन से पूर्व विनियोग को भुनाने पर**	Bank A/c Dr To Debenture Redemption Investment A/c (Being investment encashed at book value)
(iv) **ऋणपत्रों का शोधन सम-मूल्य पर देय होने पर**	X% Debenture A/c Dr To Debentureholders' A/c (Being redemption of debenture due at par)
(v) **ऋणपत्रों का शोधन प्रीमियम पर देय होने पर**	X% Debenture A/c Dr Premium on Redemption of Debentures A/c Dr To Debentureholders' A/c (Being redemption of debenture due at premium)
(vi) **ऋणपत्रधारकों को भुगतान करने पर**	Debentureholders' A/c Dr To Bank A/c (Being payment made to debentureholders)
(vii) **शोधन के पश्चात् ऋणपत्र शोधन संचय की राशि को सामान्य संचय में हस्तान्तरित करने पर**	Debenture Redemption Reserve A/c Dr To General Reserve A/c (Being balance of debenture redemption reserve transferred to general reserve account)

2. **लॉटरी विधि द्वारा किस्तों में ऋणपत्रों का शोधन** (Redemption of Debentures in Instalment by Drawn of Lottery) इस विधि में वार्षिक किस्त द्वारा जिन ऋणपत्रों का शोधन करना होता है, उनका चयन लॉटरी विधि द्वारा किया जाता है। इस विधि में भी पूर्व में वर्णित जर्नल प्रविष्टियाँ की जाती हैं।

3. **खुले बाजार से स्वयं के ऋणपत्रों को क्रय करके शोधन** (Redemption by Purchase of Own Debentures from Open Market) कम्पनी स्वयं के ऋणपत्रों को खुले बाजार से क्रय करके शोधन कर सकती है। *ऐसी स्थिति में कम्पनी के पास निम्नलिखित दो विकल्प होते हैं, जिसकी प्रविष्टियाँ निम्न हैं—*

 (i) **खुले बाजार से स्वयं के ऋणपत्रों को क्रय करके तुरन्त निरस्त करने के सम्बन्ध में लेखा प्रविष्टियाँ** (Accouting Entries of Redemption of Debentures by Purchase from Open Market by Immediate Cancellation)

(a) **स्वयं के ऋणपत्रों को क्रय करने पर**	Own Debentures A/c Dr To Bank A/c (Being …… debenture @ ₹…… each purchased for immediate cancellation)
(b) **ऋणपत्र निरस्त करने पर, यदि क्रय सम-मूल्य पर किया गया हो**	X% Debenture A/c Dr To Own Debentures A/c (Being own debentures cancelled)
(c) **ऋणपत्र निरस्त करने पर, यदि क्रय सम-मूल्य से कम मूल्य पर किया गया हो**	X% Debenture A/c Dr To Own Debentures A/c To Gain or Profit on Cancellation of Own Debentures A/c (Being own debentures cancelled)
(d) **ऋणपत्र निरस्त करने पर, यदि क्रय सम-मूल्य से अधिक मूल्य पर किया गया हो**	X% Debenture Own Debentures A/c Dr Loss on Cancellation of Own Debentures A/c Dr To Own Debentures A/c (Being own debentures cancelled)
(e) **ऋणपत्रों को निरस्त करने पर होने वाले लाभ को पूँजी संचय खाते में हस्तान्तरित करने पर**	Profit on Cancellation of Own Debenture A/c Dr To Capital Reserve A/c (Being profit on cancellation of own debentures transferred to capital reserve account)
(f) **ऋणपत्रों को निरस्त करने पर होने वाली हानि को पूँजी संचय खाते में हस्तान्तरित करने पर**	Capital Reserve A/c Dr To Loss on Cancellation of Own Debentures A/c (Being loss on cancellation of debentures transferred to capital reserve account)

 (ii) **खुले बाजार में स्वयं के ऋणपत्रों को विनियोग के रूप में क्रय करने के सम्बन्ध में लेखा प्रविष्टियाँ**

(a) **स्वयं के ऋणपत्रों को विनियोग के रूप में क्रय करने पर**	Investment in Own Debentures A/c Dr To Bank A/c (Being .... debentures @ ₹ ...... each purchased for investment)
(b) **कम्पनी द्वारा ऋणपत्रों में विनियोग को रद्द करने पर**	X% Debenture A/c Dr Loss on Cancellation of Own Debentures A/c Dr To Investment in Own Debentures A/c To Profit on Cancellation of Own Debentures A/c (Being investment in own debentures cancelled)

नोट *ऋणपत्रों को रद्द करने पर लाभ अथवा हानि हो सकती है। रद्द करने पर होने वाले लाभ अथवा हानि को पूँजी संचय में हस्तान्तरित किया जाएगा। इससे सम्बन्धित प्रविष्टियाँ पूर्व वर्णित विधि में बताई जा चुकी हैं।*

(c) **कम्पनी द्वारा ऋणपत्रों में विनियोगों का विक्रय करने पर**	Bank A/c Dr* Loss on Sale of Own Debentures A/c Dr* To Investment in Own Debentures A/c To Profit on Sale of Own Debentures A/c (Being investment in own debentures sold in the market)

* परिस्थिति के अनुसार दोनों में से किसी एक का प्रयोग होगा।

4. **परिवर्तन द्वारा शोधन** (Redemption of Debentures by Conversion) कम्पनी के अन्तर्नियमों में प्रावधान होने पर एक कम्पनी ऋणपत्रधारियों को विकल्प देकर अंशों में परिवर्तन द्वारा शोधन करती है। *इससे सम्बन्धित प्रविष्टियाँ निम्नलिखित हैं—*

(i) **ऋणपत्रों का शोधन सम-मूल्य पर देय होने पर**	X% Debenture A/c Dr To Debentureholders' A/c (Being redemption of debenture due at par)
(ii) **ऋणपत्रों का शोधन प्रीमियम पर देय होने पर**	X% Debenture A/c Dr Premium on Redemption of Debentures A/c Dr To Debentureholders' A/c (Being redemption of debenture due at premium)
(iii) **ऋणपत्रधारकों को अंश अथवा नए ऋणपत्र सम-मूल्य पर निर्गमित करने पर**	Debentureholders' A/c Dr To Share Capital/New Debentures A/c (Being debentures converted into shares/new debentures at par)
(iv) **ऋणपत्रधारकों को अंश अथवा नए ऋणपत्र प्रीमियम पर निर्गमित करने पर**	Debentureholders' A/c Dr To Share Capital/New Debentures A/c To Securities Premium Reserve A/c (Being debentures converted into shares/new debentures at premium)

नोट *अंशत: परिवर्तनीय ऋणपत्रों के सम्बन्ध में ऋणपत्र शोधन संचय तथा ऋणपत्र शोधन निवेश से सम्बन्धित प्रविष्टियाँ पूर्व की भाँति ही की जाएँगी।*

5. **ऋणपत्र शोधन कोष द्वारा शोधन** (Redemption by Debenture Redemption Fund) ऋणपत्र शोधन कोष विधि के अन्तर्गत कम्पनी आधिक्य (Surplus) से ऋणपत्र शोधन कोष का निर्माण करती है। इस कोष में एकत्रित राशि विनियोग कर दी जाती है और शोधन वाले वर्ष में इन्हें विक्रय कर शोधन कर देती हैं। *शोधन से सम्बन्धित प्रविष्टियाँ निम्नलिखित हैं—*

(i) **प्रथम वर्ष के अन्त में**

(a) **आधिक्य नियोजन खाते से वार्षिक धनराशि अन्तरित करने पर** Surplus A/c Dr To Debenture Sinking Fund A/c (Being annual sum transferred to debenture sinking fund account)	(निश्चित वार्षिक राशि से)
(b) **शोधन कोष में अन्तरित राशि को विनियोजित करने पर** Debenture Sinking Fund Investment A/c Dr To Bank A/c (Being amount of sinking fund invested in securities)	(सिंकिंग फण्ड की राशि से)

(ii) **प्रथम वर्ष के पश्चात् अगले प्रत्येक वर्ष के अन्त में**

(a) **वार्षिक राशि अन्तरित करने पर** Surplus A/c Dr To Debenture Sinking Fund A/c (Being annual sum transferred to debenture sinking fund account)	(निश्चित वार्षिक राशि से)
(b) **गत वर्ष के विनियोगों पर ब्याज प्राप्त करने पर** Bank A/c Dr To Debenture Sinking Fund A/c (Being interest received on sinking fund investments)	(शोधन कोष विनियोग पर प्राप्त ब्याज की राशि से)
(c) **वार्षिक राशि तथा ब्याज़ का विनियोजन करने पर** Debenture Sinking Fund Investment A/c Dr To Bank A/c (Being annual installment and interest invested)	(वार्षिक किस्त और प्राप्त ब्याज की राशि से)

(iii) **अन्तिम वर्ष के अन्त में** (जब ऋणपत्रों का शोधन किया जाता है) अन्तिम वर्ष में जब ऋणपत्रों का शोधन करना हो, तो उस वर्ष की किस्त और प्राप्त ब्याज का विनियोग नहीं किया जाएगा।

(a) **गत वर्षों के विनियोगों पर ब्याज प्राप्त करने पर** Bank A/c Dr To Debenture Sinking Fund A/c (Being interest received on sinking fund investments)	(प्राप्त ब्याज की राशि से)
(b) **शोधन कोष में राशि अन्तरित करने पर** Surplus A/c Dr To Debenture Sinking Fund A/c (Being annual sum transferred to debenture sinking fund account)	(वार्षिक किस्त की राशि से)
(c) **विनियोगों के विक्रय करने पर** Bank A/c Dr To Debenture Sinking Fund Investment A/c (Being sinking fund investments sold)	(विनियोगों की विक्रय राशि से)
(d) **विनियोगों के विक्रय पर लाभ होने पर** Debenture Sinking Fund Investment A/c Dr To Debenture Sinking Fund A/c (Being profit on sale of investments transferred to debenture sinking fund account)	(लाभ की राशि से)

नोट *हानि होने पर उपरोक्त प्रविष्टि की विपरीत प्रविष्टि की जाएगी।*

(e) **ऋणपत्रों का शोधन करने पर** Debenture A/c Dr To Bank A/c (Being debenture redeemed)	(ऋणपत्रों के अंकित मूल्य से)
(f) **सिंकिंग फण्ड के शेष को सामान्य संचय में अन्तरित करने पर** Debenture Sinking Fund A/c Dr To General Reserve A/c (Being balance transferred to general reserve account)	(शोधन कोष की राशि से)

अभ्यास प्रश्न

अंश व अंश पूँजी

1. एक कम्पनी कितने प्रकार के अंशों का निर्गमन कर सकती है?
(a) तीन (b) दो (c) चार (d) पाँच

2. कम्पनी की अधिकृत पूँजी से आशय है
(a) सरकार द्वारा निर्धारित पूँजी
(b) पार्षद सीमानियम में उल्लेखित पूँजी
(c) पार्षद अन्तर्नियमों में उल्लेखित पूँजी
(d) उपरोक्त में से कोई नहीं

3. कम्पनी की निर्गमित पूँजी से आशय है
(a) जनता को निर्गमित की गई पूँजी
(b) पार्षद सीमानियम में उल्लेखित पूँजी
(c) पार्षद अन्तर्नियमों द्वारा निर्धारित पूँजी
(d) उपरोक्त में से कोई नहीं

4. निर्गमित पूँजी का वह भाग, जिसे लेने के लिए जनता द्वारा आवेदन किया जाता है, कहलाएगा
(a) अधिकृत पूँजी (b) संचित पूँजी
(c) निर्गमित पूँजी (d) प्रार्थित पूँजी

5. निम्न में से किस पूँजी को आर्थिक चिट्ठे में नहीं दर्शाया जाता है?
(a) अधिकृत पूँजी (b) संचित पूँजी
(c) निर्गमित पूँजी (d) प्रार्थित पूँजी

6. अंशधारी कम्पनी के होते हैं
(a) देनदार (b) लेनदार (c) कर्मचारी (d) स्वामी

7. अंशधारियों को प्रतिफल में प्राप्त होता है
(a) ब्याज (b) कमीशन (c) लाभांश (d) वेतन

8. किन अंशधारियों को एक निश्चित अवधि के पश्चात् पूँजी का भुगतान कर दिया जाता है?
(a) शोध्य पूर्वाधिकार अंशधारी (b) अशोध्य पूर्वाधिकार अंशधारी
(c) संचयी पूर्वाधिकार अंशधारी (d) भागयुक्त पूर्वाधिकार अंशधारी

9. निम्नलिखित विवरण समता/पूर्वाधिकार अंशों के विषय में है। इनमें से कौन-सा केवल पूर्वाधिकार अंशों पर लागू होता है?
(a) अंशधारियों को विनियोग का जोखिम होता है
(b) हानि की दशा में अंशधारियों को लाभांश प्राप्त न होने का जोखिम होता है
(c) अंशधारियों को प्रायः वोट देने का अधिकार होता है
(d) प्रत्येक वित्तीय वर्ष में लाभांश प्रायः निश्चित राशि के ही दिए जाते हैं

10. जब तक स्पष्ट वर्णित न हो, एक पूर्वाधिकार अंश माना जाता है
(a) संचयी, भागयुक्त एवं अपरिवर्तनीय
(b) गैर-संचयी, अभागयुक्त एवं अपरिवर्तनीय
(c) संचयी, अभागयुक्त एवं अपरिवर्तनीय
(d) गैर-संचयी, भागयुक्त एवं अपरिवर्तनीय

11. अंकित पूँजी .... ।
(a) अधिकृत पूँजी का वह भाग है, जो कम्पनी द्वारा निर्गमित किया गया है
(b) पूँजी का वह भाग है, जो सम्भावित अंशधारियों द्वारा वास्तव में आवेदित किया गया है
(c) पूँजी का वह भाग है, जो अंशधारियों द्वारा वास्तव में चुकाया गया है
(d) अधिकतम अंश पूँजी है, जिसे कम्पनी को निर्गमित करने का अधिकार है

12. पूँजी का वह भाग, जो केवल कम्पनी के समापन पर ही माँगा जा सकता है, ... कहलाता है।
(a) अधिकृत पूँजी (b) माँगी गई पूँजी
(c) न माँगी गई पूँजी (d) संचित पूँजी

13. कम्पनी के स्थिति विवरण के जोड़ में सम्मिलित की जाने वाली पूँजी कहलाती है
(a) निर्गमित पूँजी (b) प्रार्थित पूँजी
(c) माँगी गई पूँजी (d) अधिकृत पूँजी

14. पूँजीगत संचय में हस्तान्तरित किया जाता है
(a) स्थायी सम्पत्तियों को बेचने से लाभ
(b) अंश निर्गमन करने पर प्रीमियम
(c) अंशों के हरण से प्राप्त लाभ
(d) उपरोक्त सभी

15. संचित पूँजी को निम्नलिखित नाम से भी पुकारा जाता है
(a) पूँजीगत संचय (b) माँगी गई पूँजी
(c) प्रार्थित पूँजी (d) इनमें से कोई नहीं

16. एक कम्पनी के चिट्ठे में अंश पूँजी शीर्षक के अन्तर्गत सबसे अन्त में दर्शाई जाती है
(a) अधिकृत पूँजी (b) प्रार्थित अंश पूँजी
(c) निर्गमित अंश पूँजी (d) आरक्षित अंश पूँजी

17. निम्न में से किस पूँजी को स्थिति विवरण में 'अंश पूँजी' शीर्षक के अन्तर्गत दिखाया जाता है?
(a) प्रार्थित पूँजी (b) निर्गमित पूँजी
(c) आरक्षित पूँजी (d) अधिकृत पूँजी

18. निम्न में से कौन-सा कथन सत्य है?
(a) अधिकृत पूँजी = निर्गमित पूँजी (b) अधिकृत पूँजी > निर्गमित पूँजी
(c) चुकता पूँजी > निर्गमित पूँजी (d) इनमें से कोई नहीं

19. एक कम्पनी की अधिकृत पूँजी का उल्लेख होता है
(a) पार्षद सीमानियम में (b) पार्षद अन्तर्नियम में
(c) प्रविवरण में (d) स्थानापन्न प्रविवरण में

20. अंशों के निजी विक्रय की स्थिति में उनकी प्रतिबन्धित अवधि होती है
(a) 1 वर्ष (b) 2 वर्ष
(c) 3 वर्ष (d) इनमें से कोई नहीं

21. अंशों के निजी विक्रय की स्थिति में कम्पनी पूँजी एकत्रित करने के लिए आम जनता को
(a) प्रविवरण के द्वारा आमन्त्रित करती है
(b) आमन्त्रित नहीं करती है
(c) विज्ञापन के द्वारा आमन्त्रित करती है
(d) पार्षद सीमानियम के द्वारा आमन्त्रित करती है

22. एक कम्पनी के द्वारा अपने कर्मचारियों अथवा संचालकों को 'बौद्धिक सम्पदा अधिकार' के प्रतिफल के लिए जारी किए गए अंशों को कहते हैं
(a) अधिकार समता अंश (b) निजी समता अंश
(c) स्वेट समता अंश (d) बोनस समता अंश

23. संचयी परिवर्तनीय अधिमान अंशों पर लाभांश दिया जाता है
(a) 5% (b) 10% (c) 15% (d) 20%

24. संचयी परिवर्तनीय अधिमान अंशों को निर्गमन के कितने वर्षों के बाद समता अंशों में परिवर्तित करना होता है?
(a) 1 से 2 वर्ष (b) 2 से 3 वर्ष
(c) 3 से 5 वर्ष (d) 5 से 7 वर्ष

25. समता अंशों को निम्न उद्देश्य के लिए जारी नहीं किया जा सकता है
(a) नकद प्राप्ति के लिए
(b) सम्पत्ति क्रय के लिए
(c) ऋणपत्रों का शोधन करने के लिए
(d) लाभांश वितरण के लिए

26. एक कम्पनी निर्गमित नहीं कर सकती है
(a) शोधनीय समता अंश (b) शोधनीय पूर्वाधिकार अंश
(c) शोधनीय ऋणपत्र (d) पूर्णत: परिवर्तनीय ऋणपत्र

27. ऐसा पूर्वाधिकार अंश, जिसे आधिक्य लाभों में भाग लेने का अधिकार नहीं होता, ……… कहा जाता है।
(a) गैर-संचयी पूर्वाधिकार अंश
(b) अभागयुक्त पूर्वाधिकार अंश
(c) अशोधनीय पूर्वाधिकार अंश
(d) अपरिवर्तनीय पूर्वाधिकार अंश

28. किन अंशधारियों को भविष्य के लाभों में से अदत्त लाभांश प्राप्त करने का अधिकार होता है?
(a) शोध्य पूर्वाधिकार अंशधारी
(b) भागयुक्त पूर्वाधिकार अंशधारी
(c) संचयी पूर्वाधिकार अंशधारी
(d) असंचयी पूर्वाधिकार अंशधारी

अंशों का निर्गमन तथा आवण्टन

29. अंशों का निर्गमन किया जा सकता है
(a) सम-मूल्य पर (b) अधिमूल्य पर
(c) बट्टे पर (d) इनमें से सभी पर

30. अंशों के प्रीमियम की अधिकतम सीमा होती है
(a) अंकित मूल्य का 5%
(b) अंकित मूल्य का 10%
(c) अंकित मूल्य का 15%
(d) कोई सीमा निर्धारित नहीं है

31. एक आवेदक को उसके आवेदन के बदले निश्चित संख्या में अंश दिए जाने को निम्नलिखित में से किसके द्वारा परिभाषित किया जाएगा?
(a) अंश आवण्टन (b) अंश हरण
(c) अंश व्यापार (d) अंश क्रय

32. न्यूनतम अभिदान की 90% राशि किस अंश पूँजी से सम्बन्धित है?
(a) अधिकृत पूँजी (b) निर्गमित पूँजी
(c) चुकता पूँजी (d) आरक्षित पूँजी

33. अंश आवेदन-पत्र खाता किस प्रकृति का होता है?
(a) वास्तविक खाता (b) व्यक्तिगत खाता
(c) नाममात्र खाता (d) इनमें से कोई नहीं

34. सेबी के दिशा-निर्देशों के अनुसार, प्रति अंश आवेदन की राशि अंश के निर्गमन मूल्य के …… से कम नहीं होनी चाहिए।
(a) 10% (b) 15% (c) 25% (d) 50%

35. एक कम्पनी के प्रवर्तकों को उनकी सेवाओं के लिए ₹ 10 वाले 4,000 समता अंश 8% प्रीमियम पर निर्गमित किए गए। इस व्यवहार के लिए कौन-सा खाता डेबिट होगा?
(a) अंश पूँजी खाता
(b) ख्याति खाता/प्रवर्तन लागत खाता
(c) प्रतिभूति प्रीमियम संचय खाता
(d) रोकड़ खाता

36. निम्नलिखित में से कौन-सा पूँजीगत लाभ नहीं है?
(a) कम्पनी के समामेलन से पूर्व का लाभ
(b) स्थायी सम्पत्तियों के विक्रय से लाभ
(c) अंश निर्गमन पर प्रीमियम
(d) अनुबन्ध भंग के कारण प्राप्त क्षतिपूर्ति

37. यदि कोई कम्पनी प्रीमियम पर अंश निर्गमित करती है, तब प्रीमियम की राशि प्राप्त की जानी चाहिए
(a) आवेदन राशि के साथ (b) आवण्टन राशि के साथ
(c) याचनाओं के साथ (d) इनमें से सभी के साथ

38. प्रतिभूति प्रीमियम संचय खाते का उपयोग किस उद्देश्य के लिए नहीं किया जा सकता है?
(a) प्रारम्भिक व्ययों का अपलेखन (b) लाभांश वितरण
(c) पूर्णदत्त बोनस अंशों का निर्गमन
(d) अपने ही अंशों का पुनर्क्रय

39. अदत्त याचनाओं की राशि स्थिति विवरण में
(a) निर्गमित पूँजी में से घटाई जाती है
(b) प्रार्थित पूँजी में से घटाई जाती है
(c) प्रार्थित पूँजी में जोड़ी जाती है
(d) सम्पत्ति पक्ष में दिखाई जाती है

40. अग्रिम याचनाओं की राशि
(a) अंश पूँजी में जोड़ी जाती है
(b) अंश पूँजी में से घटाई जाती है
(c) सम्पत्ति पक्ष में दिखाई जाती है
(d) समता एवं दायित्व पक्ष में दिखाई जाती है

41. कम्पनी अधिनियम के अनुसार, आवण्टन की तिथि के कितने माह के अन्दर प्रमाण-पत्र सुपुर्दगी के लिए तैयार रखने चाहिए?
(a) 1 माह (b) 2 माह (c) 3 माह (d) 4 माह

42. प्रत्येक अंशधारी को माँग सम्बन्धी सूचना कितने दिन पहले दी जानी चाहिए?
(a) 15 दिन (b) 14 दिन (c) 20 दिन (d) 21 दिन

43. दो लगातार भागों के मध्य कम-से-कम कितने दिन का समय होना चाहिए?
(a) 20 दिन (b) 30 दिन (c) 40 दिन (d) 25 दिन

44. न्यूनतम अभिदान प्राप्त करने की अवधि कितनी है?
(a) 20 दिन (b) 30 दिन (c) 40 दिन (d) 50 दिन

45. न्यूनतम अभिदान प्राप्त न होने की स्थिति में आवेदकों से प्राप्त राशि कितने दिनों में लौटानी होगी?
(a) 15 दिन (b) 20 दिन
(c) 25 दिन (d) 30 दिन

46. कम्पनी अधिनियम, 2013 की किस धारा के अनुसार, अंशों को बट्टे पर निर्गमित करने पर प्रतिबन्ध लगा दिया है?
(a) धारा 48 (b) धारा 53 (c) धारा 50 (d) धारा 54

47. किन अंशों का निर्गमन बट्टे पर किया जा सकता है?
(a) समता अंश (b) पूर्वाधिकार अंश
(c) अधिकार अंश (d) स्वेट समता अंश

48. किस धारा के प्रावधानों के अन्तर्गत स्वेट समता अंशों का निर्गमन बट्टे पर किया जा सकता है?
(a) धारा 53 (b) धारा 54 (c) धारा 48 (d) धारा 55

49. स्वेट समता अंशों का निर्गमन किया जा सकता है
(a) अंशधारियों को (b) ऋणपत्रधारियों को
(c) कर्मचारियों को (d) इनमें से कोई नहीं

50. बकाया माँग पर ब्याज प्राप्त होने पर किस खाते को क्रेडिट किया जाता है?
(a) अंश पूँजी खाते को
(b) अंश आवेदन खाते को
(c) बकाया माँग पर ब्याज खाते को
(d) अंशधारी के खाते को

51. बकाया माँग पर प्राप्त ब्याज को हस्तान्तरित किया जाता है
(a) लाभ-हानि खाते मे (b) लाभ-हानि के विवरण मे
(c) चिट्ठे में (d) इनमें से कोई नहीं

52. देय तिथियों तक न चुकाई गई राशि के योग को कहते हैं
(a) अग्रिम माँग (b) बकाया माँग
(c) अंश हरण (d) इनमें से कोई नहीं

53. अंश निर्गमन पर प्राप्त प्रीमियम दिखाया जाता है
(a) चिट्ठे के सम्पत्ति पक्ष में
(b) चिट्ठे के दायित्व पक्ष में
(c) लाभ-हानि खाते के डेबिट पक्ष में
(d) लाभ-हानि खाते के क्रेडिट पक्ष में

54. अंशों के निर्गमन पर प्राप्त प्रीमियम का प्रयोग किया जा सकता है
(a) प्रारम्भिक व्ययों को अपलिखित करने हेतु
(b) अंशों के पुनर्क्रय हेतु
(c) पूर्णदत्त बोनस अंशों के निर्गमन हेतु
(d) उपरोक्त सभी

55. अंशो के आवेदन पर देय न्यूनतम राशि होनी चाहिए
(a) अंश के मूल्य का 5%
(b) अंश के मूल्य का 10%
(c) अंश के मूल्य का 15%
(d) अंश के मूल्य का 25%

56. सेबी के अनुसार न्यूनतम अभिदान की राशि निर्धारित की गई है
(a) कुल निर्गमन की 45% (b) कुल निर्गमन की 90%
(c) कुल निर्गमन की 99% (d) इनमें से कोई नहीं

57. 'तालिका-F' अपनाने वाली कम्पनी बकाया माँग पर किस दर से ब्याज वसूल कर सकती है?
(a) 5% (b) 10% (c) 7% (d) 12%

58. 'तालिका F' अपनाने वाली कम्पनी अग्रिम माँग पर किस दर से ब्याज का भुगतान कर सकती है?
(a) 5% (b) 10%
(c) 7% (d) 12%

59. आवेदन राशि के आधिक्य को हस्तान्तरित करने पर डेबिट किया जाता है
(a) अंश पूँजी खाते को (b) अंश आवेदन खाते को
(c) अंश आवण्टन खाते को (d) बैंक खाते को

60. आवेदन राशि लौटाने पर डेबिट किया जाता है
(a) बैंक खाते को (b) अंश पूँजी खाते को
(c) अंश आवेदन खाते को (d) अंश आवण्टन खाते को

61. आवण्टन राशि माँगने पर डेबिट किया जाता है
(a) अंश आवण्टन खाते को (b) अंश पूँजी खाते को
(c) बैंक खाते को (d) इनमें से कोई नहीं

62. प्रवर्तकों को सेवा के बदले आवण्टित अंशों के लिए किस खाते को डेबिट किया जाता है?
(a) प्रवर्तक खाते को (b) बैंक खाते को
(c) प्रारम्भिक व्यय खाते को (d) इनमें से कोई नहीं

63. अधिकार अंशों का निर्गमन कम्पनी अधिनियम, 2013 की किस धारा के अनुसार होता है?
(a) धारा 51 (b) धारा 54 (c) धारा 62 (d) धारा 66

64. अधिकार अंशों का निर्गमन किया जाता है
(a) कर्मचारियों को (b) जन-साधारण को
(c) वर्तमान अंशधारियों को (d) इनमें से कोई नहीं

65. कम्पनी अधिनियम, 2013 की धारा 62 के प्रावधान लागू नहीं होते
(a) निजी कम्पनी पर (b) सार्वजनिक कम्पनी पर
(c) सीमित दायित्व वाली कम्पनी पर
(d) इनमें से कोई नहीं

अंशों का हरण एवं पुनर्निर्गमन

66. अंशों के अपहरण के समय अंश पूँजी खाते को डेबिट किया जाता है
(a) अंकित मूल्य से (b) माँगी गई राशि से
(c) चुकता मूल्य से (d) निर्गमित मूल्य से

67. यदि हरण किए गए अंशों पर प्रीमियम पहले ही प्राप्त हो चुका है, तो प्रतिभूति प्रीमियम संचय खाता किया जाना चाहिए
(a) क्रेडिट (b) डेबिट
(c) कोई लेखा नहीं (d) इनमें से कोई नहीं

68. स्थिति विवरण में अंश हरण खाते के शेष को ······· शीर्षक के अन्तर्गत दिखाया जाता है।
(a) अंश पूँजी खाता (b) संचय एवं आधिक्य
(c) चालू दायित्व एवं आयोजन (d) आरक्षित ऋण

69. अंशो का हरण करने से पूर्व अंशधारियों को ······ नोटिस दिया जाना आवश्यक होता है।
(a) 7 दिन का (b) 14 दिन का
(c) 21 दिन का (d) इनमें से कोई नहीं

70. अंश हरण खाते का शेष कम्पनी के आर्थिक चिट्ठे के किस शीर्षक के अन्तर्गत दर्शाया जाता है?
(a) अन्य चालू दायित्व (b) संचय एवं आधिक्य
(c) अंश पूँजी (d) दीर्घकालीन ऋण

71. जब अंशों का हरण किया जाता है, तो पूँजी खाते को ······ से डेबिट किया जाता है।
(a) अंशों पर प्रदत्त राशि (b) हरण खाता
(c) लाभ-हानि खाता (d) अवशिष्ट याचना

72. अपहरित अंशों के पुनर्निर्गमन के बाद अपहरित अंश खाते के शेष को अन्तरित किया जाता है
(a) लाभ-हानि खाते में (b) अंश प्रीमियम खाते में
(c) पूँजी संचय खाते में (d) सामान्य संचय खाते में

73. अपहरित अंशों के पुनर्निर्गमन पर दी गई कटौती को डेबिट किया जाता है
(a) अंश पूँजी खाते के रूप में (b) अंश हरण खाते के रूप में
(c) लाभ-हानि खाते के रूप में (d) इनमें से कोई नहीं

74. अंश हरण पर किस खाते को डेबिट किया जाता है?
(a) अंश हरण खाते को (b) अंश भाग खाते को
(c) अंश पूँजी खाते को (d) इनमें से कोई नहीं

75. अंश हरण पर अंशों पर प्राप्त पूँजी से क्रेडिट किया जाएगा
(a) माँग खाते को (b) अंश हरण खाते को
(c) अंश पूँजी खाते को (d) इनमें से कोई नहीं

76. अंशों को पुनर्निर्गमित किया जा सकता है
(a) सम-मूल्य पर (b) बट्टे पर
(c) प्रीमियम पर (d) ये सभी

क्रियात्मक प्रश्नों पर आधारित वस्तुनिष्ठ प्रश्न

77. ₹ 10 वाले 500 अंश, जो पूर्ण याचित थे तथा जिन पर ₹ 7 का भुगतान किया जा चुका है, का हरण किया गया। इनमें से 300 अंश पूर्णदत्त रूप में ₹ 8.50 प्रति अंश पर पुनर्निर्गमित किए गए। पूँजी संचय खाते में हस्तान्तरित की जाने वाली राशि होगी
(a) ₹ 5,000 (b) ₹ 3,500
(c) ₹ 1,650 (d) इनमें से कोई नहीं

78. ₹ 10 वाले 1200 अंश, जो पूर्ण याचित हैं और जिन पर ₹ 8 का भुगतान किया जा चुका है, का हरण किया गया। अपहरित अंश खाते में क्रेडिट की जाने वाली राशि होगी
(a) ₹ 12,000 (b) ₹ 9,600
(c) ₹ 2,400 (d) इनमें से कोई नहीं

79. ₹ 10 वाले 800 अंश, जिन पर ₹ 8 की याचना की गई थी और ₹ 5 का भुगतान किया जा चुका है, का हरण किया गया। अपहरित अंश खाते में क्रेडिट की जाने वाली राशि होगी
(a) ₹ 8,000 (b) ₹ 6,400
(c) ₹ 4,000 (d) इनमें से कोई नहीं

80. ₹ 10 वाले 500 अंश, जिन पर ₹ 8 की याचना की गई थी और ₹ 6 का भुगतान किया जा चुका है, का हरण किया गया। इनमें से 300 अंश पूर्णदत्त रूप में ₹ 9 प्रति अंश पर पुनर्निर्गमित किए गए। अपहरित अंश खाते का शेष होगा
(a) ₹ 1,500 (b) ₹ 1,200
(c) ₹ 3,000 (d) इनमें से कोई नहीं

81. एक कम्पनी की प्रार्थित पूँजी ₹ 80,00,000 है और प्रत्येक अंश का अंकित मूल्य ₹ 100 है। अन्तिम याचना करने से पूर्व कोई अदत्त याचनाएँ नहीं थीं। अन्तिम याचना केवल 77500 अंशों पर चुकाई गई। अदत्त याचना राशि में ₹ 62,500 का शेष रहा। अंश पर अन्तिम याचना होगी
(a) ₹ 7 (b) ₹ 20
(c) ₹ 22 (d) ₹ 25

82. एक अंशधारी, जिसके पास 600 अंश थे, ₹ 5 प्रति अंश याचना की राशि 01 नवम्बर, 2013 को भेज दी, जबकि याचना 01 मार्च, 2014 को देय थी। अग्रिम याचना पर अधिकतम ब्याज होगा
(a) ₹ 45 (b) ₹ 120
(c) ₹ 50 (d) ₹ 60

83. एक कम्पनी ने 100000 अंशों के लिए आवेदन आमन्त्रित किए और इसे 150000 अंशों के आवेदन प्राप्त हुए। 30000 अंशों के आवेदन अस्वीकृत किए गए तथा शेष का समानुपात आवण्टन किया गया। 3000 अंशों के आवेदक को कितने अंश आवण्टित किए जाएँगे?
(a) 2500 अंश (b) 3600 अंश
(c) 4500 अंश (d) 2000 अंश

84. E लिमिटेड ने 14000 अंशों के आवेदकों को समानुपात आधार पर 10000 अंशों का आवण्टन किया। आवेदन पर ₹ 2 देय थे। F ने 420 अंशों के लिए आवेदन किया। F को आवण्टित अंशों की संख्या तथा आवण्टन पर समायोजन के लिए आगे लाई गई राशि होगी
(a) 60 अंश, ₹ 120 (b) 340 अंश, ₹ 160
(c) 320 अंश, ₹ 200 (d) 300 अंश, ₹ 240

85. यदि 80000 अंशों के आवेदकों को समानुपात आधार पर 60000 अंश आवण्टित किए गए, तो जिस अंशधारी को 1200 अंश आवण्टित किए गए, उसने कितने अंशों के लिए आवेदन किया होगा?
(a) 900 अंश (b) 3600 अंश
(c) 1600 अंश (d) 4800 अंश

86. एक कम्पनी ने 50000 अंश प्रत्येक ₹ 10 के सम-मूल्य पर प्रस्तावित किए। इन पर ₹ 3 आवेदन पर, ₹ 5 आवण्टन पर तथा शेष राशि अन्तिम याचना पर देय थी। 60000 अंशों के लिए आवेदन प्राप्त हुए और आवण्टन आनुपातिक आधार पर किया गया। अतिरिक्त आवेदन राशि को आवण्टन व याचना पर समायोजित करना है। अंश आवेदन खाते से कितनी राशि अंश आवण्टन खाते में हस्तान्तरित की जाएगी?
(a) ₹ 1,80,000 (b) ₹ 30,000 (c) ₹ 1,50,000 (d) ₹ 50,000

87. एक कम्पनी ने ₹ 10 वाले 4000 समता अंश सम-मूल्य पर निर्गमित किए। भुगतान इस प्रकार होना था—आवेदन पर ₹ 3, आवण्टन पर ₹ 2, प्रथम याचना पर ₹ 4, अन्तिम याचना पर ₹ 1, 10000 अंशों के लिए आवेदन प्राप्त हुए। समानुपातिक आधार पर आवण्टन किया गया। आवण्टन पर कितनी राशि प्राप्त होगी?
(a) ₹ 8,000 (b) ₹ 12,000
(c) शून्य (d) इनमें से कोई नहीं

88. एक कम्पनी ने ₹ 100 वाले 5000 समता अंश सम-मूल्य पर निर्गमित किए। भुगतान इस प्रकार होना था- आवेदन पर ₹ 40, आवण्टन पर ₹ 50, याचना पर ₹ 10; 8000 अंशों के लिए आवेदन-पत्र प्राप्त हुए। समानुपातिक आधार पर आवण्टन किया गया। आवण्टन पर कुल नकद राशि कितनी प्राप्त होगी?
(a) ₹ 2,50,000 (b) ₹ 1,20,000
(c) ₹ 1,30,000 (d) ₹ 50,000

89. निम्न में से कौन-सी मद कम्पनी की प्रार्थित पूँजी का हिस्सा नहीं होती है?
(a) समता अंश (b) पूर्वाधिकार अंश
(c) जब्त किए गए अंश (d) बोनस अंश

90. 700 अंश ₹ 10 प्रत्येक को ₹ 9 चुकता मानते हुए ₹ 7 प्रति अंश में पुनर्निर्गमित किया गया। पुनर्निर्गमन पर प्रविष्टि होगी

(a) Bank A/c Dr 4,900
Share Discount A/c Dr 1,400
To Share Capital A/c 6,300

(b) Bank A/c Dr 4,900
To Share Capital A/c 4,900

(c) Bank A/c Dr 4,900
Share Capital A/c Dr 1,400
To Share Capital A/c 6,300

(d) Bank A/c Dr 4,900
Share Forfeiture A/c Dr 2,100
To Share Capital A/c 7,000

91. *A* लिमिटेड ने ₹ 10 वाले 2000 पूर्णतया माँगे गए अंशों का हरण किया, जिन पर अन्तिम याचना के ₹ 2 नहीं चुकाए गए हैं। इनमें से 1200 अंशों को ₹ 7 प्रति अंश पूर्णतया चुकता मानते हुए पुनर्निर्गमित किया। पूँजी संचय खाते में कितनी राशि हस्तान्तरित की जाएगी?

(a) ₹ 7,600 (b) ₹ 1,200 (c) ₹ 12,400 (d) ₹ 6,000

92. काशी लिमिटेड ₹ 10 वाले 900 अंशों का हरण करती है, जिन पर एक अंशधारी ने केवल आवेदन-पत्र के साथ ₹ 2 का आवेदन किया है, परन्तु आवण्टन पर ₹ 3 और प्रथम व अन्तिम याचना पर ₹ 5 देने में चूक गया। अंश हरण खाते में हस्तान्तरित की जाने वाली राशि होगी

(a) ₹ 2,000 (b) ₹ 1,800
(c) ₹ 900 (d) ₹ 2,700

93. रहीम लिमिटेड ने ₹ 5 प्रति अंश प्रीमियम पर जारी ₹ 10 वाले 1000 अंशों को ₹ 3 प्रति अंश अन्तिम याचना पर भुगतान न मिलने के कारण हरण कर लिया। इसमें से 200 अंशों को ₹ 4 प्रति अंश छूट पर पुनर्निर्गमित कर दिया। पूँजी संचय खाते में हस्तान्तरित की जाने वाली राशि होगी

(a) ₹ 600 (b) ₹ 800
(c) ₹ 400 (d) ₹ 1,000

94. A लिमिटेड ने M के ₹ 10 वाले 500 पूर्णदत्त अंशों का हरण कर लिया, जिन पर प्रथम याचना पर ₹ 2 प्रति अंश तथा अन्तिम याचना पर ₹ 2 प्रति अंश प्राप्त नहीं हुआ था। इन अंशों में से 300 अंशों को ₹ 9 प्रति अंश, पूर्णदत्त अंशों में पुनर्निर्गमित किया गया। पूँजी संचय की राशि होगी

(a) ₹ 1,000 (b) ₹ 1,200
(c) ₹ 2,000 (d) ₹ 1,500

95. एक कम्पनी के संचालक मण्डल ने ₹ 10 वाले 500 अंशों को द्वितीय एवं अन्तिम माँग की राशि ₹ 2.50 न चुकाने के कारण हरण करने का निर्णय लिया। यदि 200 अंश A को ₹ 6 प्रति अंश पूर्ण प्रदत्त मानकर पुनर्निर्गमित किए गए, तो पूँजी संचय खाते में हस्तान्तरित की जाने वाली राशि होगी

(a) ₹ 700 (b) ₹ 800 (c) ₹ 1,500 (d) ₹ 600

96. एक कम्पनी में ₹ 10 वाले 1000 अंश हरण कर लिए, जिन पर ₹ 8 प्रति अंश माँगा जा चुका था तथा ₹ 3 प्रति अंश की प्रथम माँग कम्पनी को नहीं मिली। अंश हरण खाते की राशि होगी

(a) ₹ 8,000 (b) ₹ 4,000
(c) ₹ 5,000 (d) ₹ 3,000

97. अमित के पास X लिमिटेड के ₹ 10 वाले 30 अंश थे, जोकि 10% प्रीमियम पर निर्गमित किए गए थे। अंशधारक ने आवेदन राशि ₹ 2 का भुगतान कर दिया, किन्तु आवण्टन राशि ₹ 3 (प्रीमियम सहित) का भुगतान नहीं कर सका। अंशों का हरण कर लिया गया। अंश हरण खाते की राशि होगी

(a) ₹ 60 (b) ₹ 40 (c) ₹ 100 (d) ₹ 50

98. एक कम्पनी ने ₹ 100 वाले 80 समता अंश 10% प्रीमियम पर R को निर्गमित किए। R ने प्रति अंश ₹ 20 की प्रथम याचना और प्रति अंश ₹ 30 की द्वितीय व अन्तिम याचना का भुगतान नहीं किया। अत: R के अंशों का हरण हो गया। अंश हरण खाते में हस्तान्तरित की जाने वाली राशि होगी

(a) ₹ 3,000 (b) ₹ 2,000 (c) ₹ 4,000 (d) ₹ 5,000

99. Z लिमिटेड ने एक भवन ₹ 2,20,000 में खरीदा। 1/2 राशि का भुगतान कम्पनी ने नकद तथा शेष राशि के लिए 12% पूर्वाधिकार अंश 10% प्रीमियम पर निर्गमित किए। निर्गमित अंशों की संख्या होगी

(a) 1000 अंश (b) 1100 अंश
(c) 900 अंश (d) 2200 अंश

100. कम्पनी ने ₹ 10 वाले 700 अंशों का हरण किया, जिन पर ₹ 5 प्रति अंश चुकाया गया था। इनमें 200 अंशों को ₹ 9 प्रति अंश की दर से पुनर्निर्गमित कर दिया गया। अंश हरण खाते से पूँजी संचय खाते में राशि हस्तान्तरित की जाएगी

(a) ₹ 800 (b) ₹ 200 (c) ₹ 3,500 (d) ₹ 2,500

101. ₹ 10 वाले 300 समता अंशों को ₹ 5 प्रति अंश प्रीमियम पर जारी किया गया था। इन पर केवल ₹ 4 प्रति अंश आवेदन पर चुकाया गया है। इनको जब्त कर लिया गया। बाद में इनमें से 200 अंशों को ₹ 12 प्रति अंश की दर से पूर्णदत्त रूप में निर्गमित कर दिया गया। पूँजी संचय की कितनी राशि होगी?

(a) ₹ 500 (b) ₹ 1,200 (c) ₹ 200 (d) ₹ 800

102. यदि ₹ 100 का अंश जिस पर ₹ 60 भुगतान किए जा चुके हैं, हरण कर लिया जाता है। इसे कम-से-कम कितने मूल्य पर पुनर्निर्गमित किया जा सकता है?

(a) ₹ 60 (b) ₹ 100 (c) ₹ 40 (d) ₹ 140

103. एक कम्पनी ने ₹ 10 वाले पूर्ण यचित 1000 अंशों का हरण किया, जिन पर ₹ 6,000 भुगतान किया गया था। इनमें से 800 अंश ₹ 6,600 में पुनर्निर्गमित कर दिए गए। पूँजी संचय में कितनी राशि हस्तान्तरित की जाएगी?

(a) ₹ 4,800 (b) ₹ 6,000 (c) ₹ 4,600 (d) ₹ 3,400

104. कम्पनी ने ₹ 10 वाले 700 अंशों का हरण किया, जिन पर ₹ 5 प्रति अंश चुकाया गया था। इनमें से 200 अंशों को ₹ 9 प्रति अंश की दर से पुनर्निर्गमित कर दिया गया। अंश हरण खाते से पूँजी संचय खाते में कितनी राशि हस्तान्तरित की जाएगी?

(a) ₹ 4,800 (b) ₹ 6,000
(c) ₹ 4,600 (d) ₹ 3,400

105. ₹ 10 वाले 400 अंश, जिन पर ₹ 8 माँगा गया था और ₹ 5 दे दिया गया है, का हरण किया गया। इनमें से 300 अंश पूर्णदत्त अंश के रूप में ₹ 9 पर पुनर्निर्गमित कर दिए गए। पूँजी संचय खाते में कितनी राशि हस्तान्तरित की जाएगी?

(a) ₹ 1,200 (b) ₹ 1,600
(c) ₹ 2,000 (d) ₹ 1,700

106. R लिमिटेड ने ₹ 100 वाले 600 अंश, जिन पर ₹ 70 माँगे गए हैं तथा जिन पर महेश ने आवेदन तथा आवण्टन की राशि के ₹ 50 दिए हैं, हरण कर लिए। इनमें से 400 अंशों का पूर्णदत्त रूप में नरेश को ₹ 110 प्रति अंश की दर से पुनर्निर्गमन कर दिया। पूँजी संचय में कितनी राशि हस्तान्तरित की जाएगी?

(a) ₹ 30,000 (b) ₹ 36,000 (c) ₹ 24,000 (d) ₹ 20,000

107. मधु लिमिटेड ने ₹ 10 वाले 800 अंश 10% प्रीमियम पर जारी किए, जिन पर ₹ 9 माँगे गए हैं। श्याम द्वारा आवण्टन (प्रीमियम सहित) के ₹ 3 तथा प्रथम याचना के ₹ 2 न देने पर उसके अंश हरण कर लिए गए। इसमें से 600 अंश पूर्णदत्त रूप में राम को ₹ 9 की दर से पुनर्निर्गमित कर दिए। पूँजी संचय की कितनी राशि हस्तान्तरित की जाएगी?

(a) ₹ 2,400 (b) ₹ 1,800 (c) ₹ 3,000 (d) ₹ 3,600

108. 'B' लिमिटेड ने ₹ 100 वाले 300 अंशों का, जिन पर ₹ 70 माँगे गए थे, ₹ 20 प्रति अंश की प्रथम याचना का भुगतान न किए जाने पर हरण किया। इनमें से 200 अंशों को ₹ 60 प्रति अंश पर ₹ 70 चुकता मानते हुए पुनर्निर्गमन किया। पूँजी संचय खाते में कितनी राशि हस्तान्तरित की जाएगी?

(a) ₹ 13,000 (b) ₹ 8,000 (c) ₹ 2,000 (d) ₹ 7,000

109. ₹ 10 वाले 2000 अंश, जिन पर ₹ 7 माँगा गया था और ₹ 5 दे दिया गया है, का हरण किया। इनमें से 1500 अंश पूर्णदत्त के रूप में ₹ 9 पर पुनर्निर्गमित कर दिए गए। पूँजी संचय खाते में कितनी राशि हस्तान्तरित की जाएगी?

(a) ₹ 6,000 (b) ₹ 7,500
(c) ₹ 10,000 (d) ₹ 8,500

110. अपहृत अंशों के पुनर्निर्गमन पर दिए जाने वाले बट्टे की राशि अधिक नहीं हो सकती

(a) अंकित मूल्य के 5% से
(b) अंकित मूल्य के 10% से
(c) जब्त अंशों पर अब तक प्राप्त राशि से
(d) जब्त अंशों पर अब तक न प्राप्त राशि से

111. 'X' लिमिटेड ने ₹ 10 वाले 500 पूर्णतया माँगे गए अंशों का हरण किए जाने पर अन्तिम याचना के ₹ 3 नहीं चुकाए हैं। इनमें से 300 अंशों को ₹ 9 प्रति अंश पूर्णतया चुकता मानते हुए पुनर्निर्गमित किया गया। पूँजी संचय खाते में कितनी राशि हस्तान्तरित की जाएगी?

(a) ₹ 3,500 (b) ₹ 2,100
(c) ₹ 3,200 (d) ₹ 1,800

112. 'Y' लिमिटेड ने ₹ 10 वाले 400 अंशों का, जिन पर ₹ 7 माँगे गए थे, ₹ 2 प्रति अंश की प्रथम याचना का भुगतान न किए जाने पर हरण किया। इनमें से 300 अंशों का ₹ 6 प्रति अंश पर ₹ 7 चुकता मानते हुए पुनर्निर्गमन किया। पूँजी संचय खाते में कितनी राशि हस्तान्तरित की जाएगी?

(a) ₹ 1,700 (b) ₹ 1,200 (c) ₹ 2,100 (d) ₹ 300

113. P लिमिटेड ने ₹ 10 वाले 150 अंशों का हरण किया, जो ₹ 2 प्रीमियम पर निर्गमित किए गए थे और जिन्होंने ₹ 3 को अन्तिम याचना नहीं दी थी। इनमें से 100 अंशों को ₹ 11 प्रति अंश पर पुनर्निर्गमित किया गया। पूँजी संचय में कितनी राशि हस्तान्तरित की जाएगी?

(a) ₹ 700 (b) ₹ 500
(c) ₹ 1,200 (d) ₹ 300

114. ₹ 5 प्रति अंश आवण्टन के साथ प्रीमियम पर जारी ₹ 10 वाले 200 अंशों का हरण कर लिया गया था, जिस पर प्रीमियम सहित ₹ 9 प्रति अंश आवण्टन राशि का भुगतान नहीं हुआ था। ₹ 3 प्रति अंश प्रथम और अन्तिम याचना नहीं की गई थी। हरण किए गए अंशों को ₹ 14 प्रति अंश पूर्णतया चुकता के रूप में पुनर्निर्गमित किया गया था। पूँजी संचय खाते में हस्तान्तरित की जाने वाली राशि होगी

(a) ₹ 400 (b) ₹ 500
(c) ₹ 600 (d) ₹ 1,000

115. एक कम्पनी ने ₹ 10 वाले 2000 समता अंश 10% प्रीमियम पर निर्गमित किए। 'एक्स' के पास 100 अंश हैं। वह ₹ 3 वाली अन्तिम माँग का भुगतान नहीं कर सका और उसके अंशों का हरण कर लिया गया। हरण किए गए आधे अंश ₹ 8 पूर्णदत्त पर पुनर्निर्गमित कर दिए गए। पूँजी संचय खाते में हस्तान्तरित की जाने वाली राशि होगी

(a) ₹ 250 (b) ₹ 300 (c) ₹ 400 (d) ₹ 500

116. 'X' लिमिटेड ने ₹ 20 वाले 400 अंश, जिन पर ₹ 15 माँगे गए हैं तथा जिन पर आवेदन तथा आवण्टन की राशि के ₹ 11 दिए हैं, अपहरण कर लिए गए। इनमें से 100 अंश पूर्णदत्त रूप में ₹ 24 प्रति अंश की दर से पुनर्निर्गमित कर दिए। पूँजी संचय में कितनी राशि हस्तान्तरित की जाएगी?

(a) ₹ 1,500 (b) ₹ 4,400 (c) ₹ 1,100 (d) ₹ 3,500

117. 'Z' लिमिटेड ने ₹ 10 वाले 300 अंश, 20% प्रीमियम पर जारी किए, जिन पर ₹ 9 माँगे गए हैं। ये अंश आवण्टन (प्रीमियम सहित) के ₹ 4 तथा प्रथम याचना के ₹ 2 न देने पर अपहरण कर लिए गए। इनमें से 100 अंश पूर्णदत्त के रूप में ₹ 9 की दर से पुनर्निर्गमित कर दिए। पूँजी संचय में कितनी राशि हस्तान्तरित की जाएगी?

(a) ₹ 400 (b) ₹ 300 (c) ₹ 500 (d) ₹ 600

ऋणपत्र एवं ऋणपत्रों का निर्गमन

118. ऋणपत्रों में सम्मिलित किया जाता है

(a) ऋणपत्र स्कन्ध (b) बॉण्ड्स
(c) ऋण के प्रमाण के रूप में अन्य प्रतिभूतियाँ
(d) उपरोक्त सभी

119. ऋणपत्र प्रदर्शित करते हैं

(a) कम्पनी के संचालकों की भागीदारी
(b) कम्पनी में दीर्घकालीन दायित्व
(c) कम्पनी में अंशधारियों द्वारा किया गया निवेश
(d) कम्पनी के ग्राहकों की अग्रिम राशि

120. रक्षित ऋणपत्रों के लिए कम्पनी की सम्पत्तियों पर प्रभार का अर्थ होता है

(a) केवल ऋणपत्रों के मूलधन का भुगतान
(b) केवल ऋणपत्रों के ब्याज का भुगतान
(c) ऋणपत्रों के मूलधन एवं ब्याज का भुगतान
(d) उपरोक्त में से कोई नहीं

121. ऐसे ऋणपत्र, जिनके धारकों को एक निर्धारित अवधि के बाद निर्धारित शर्तों पर ऋणपत्रों की सम्पूर्ण राशि या उसके एक भाग के बदले में अंश या अन्य प्रतिभूतियाँ प्राप्त करने का विकल्प होता है, कहलाते हैं

(a) अपरिवर्तनशील ऋणपत्र (b) शोध्य ऋणपत्र
(c) परिवर्तनशील ऋणपत्र (d) पंजीकृत ऋणपत्र

122. शून्य कूपन बॉण्ड निर्गमित किए जाते हैं
(a) शून्य ब्याज दर पर
(b) पूर्व निर्धारित ब्याज दर पर
(c) बिना पूर्व निर्धारित ब्याज दर पर
(d) इनमें से कोई नहीं

123. ऋणपत्रधारी होते हैं
(a) कम्पनी के लेनदार (b) कम्पनी के अधिकारी
(c) कम्पनी के देनदार (d) कम्पनी के स्वामी

124. ऋणपत्रों का निर्गमन किया जा सकता है
(a) सम-मूल्य पर (b) अधिमूल्य पर
(c) कटौती पर (d) इन सभी पर

125. ऋणपत्रों के निर्गमन पर हानि को अपलिखित किया जा सकता है
(a) ऋणपत्रों के निर्गमन के वर्ष में (b) ऋणपत्रों के जीवनकाल में
(c) ऋणपत्रों के शोधन के वर्ष में (d) इनमें से कोई नहीं

126. ऋणपत्र निर्गमन पर अधिकतम बट्टा दिया जा सकता है
(a) 10% (b) 5%
(c) 20% (d) कोई प्रतिबन्ध नहीं

127. शून्य कूपन बॉण्ड निर्गमित किए जाते हैं
(a) शून्य ब्याज दर पर
(b) पूर्व निर्धारित ब्याज दर पर
(c) बिना पूर्व निर्धारित ब्याज दर पर
(d) इनमें से कोई नहीं

128. ऋणपत्रों पर देय ब्याज है
(a) कम्पनी के लाभों का नियोजन
(b) कम्पनी के लाभों पर प्रभार
(c) सिंकिंग फण्ड विनियोग में हस्तान्तरण
(d) सामान्य संचय में हस्तान्तरण

129. निम्नलिखित में से कौन-सा कथन असत्य है?
(a) ऋणपत्रों पर एक निश्चित दर से ब्याज दिया जाता है
(b) ऋणपत्रधारी कम्पनी के लेनदार होते है
(c) ऋणपत्रधारी को वोट देने का अधिकार है
(d) उपरोक्त सभी

130. निम्नलिखित में से कौन-सा कथन सत्य है?
(a) ऋणपत्र का अंकित मूल्य निर्धारित होता है
(b) ऋणपत्रों का निर्गमन कम्पनी की सार्वमुद्रा के अन्तर्गत किया जाता है
(c) सामान्यतः ऋणपत्र कम्पनी की सम्पत्तियों से चल प्रभार द्वारा सुरक्षित होते हैं
(d) उपरोक्त सभी

131. ऐसे ऋणपत्र, जिनके धारकों के नाम कम्पनी के एक रजिस्टर में दर्ज किए जाते हैं, कहलाते हैं
(a) वाहक ऋणपत्र (b) रजिस्टर्ड ऋणपत्र
(c) शोध्य ऋणपत्र (d) अरक्षित ऋणपत्र

132. ऐसे ऋणपत्र, जिनके धारकों का नाम व पता कम्पनी के रजिस्टर में दर्ज नहीं होता है, कहलाते हैं
(a) वाहक ऋणपत्र (b) रजिस्टर्ड ऋणपत्र
(c) शोध्य ऋणपत्र (d) अरक्षित ऋणपत्र

133. ऐसे ऋणपत्र, जिनके भुगतान के लिए कम्पनी की कुछ सम्पत्तियाँ बन्धक होती हैं, कहलाते हैं
(a) वाहक ऋणपत्र (b) रजिस्टर्ड ऋणपत्र
(c) बन्धक ऋणपत्र (d) शोध्य ऋणपत्र

134. ऐसे ऋणपत्र, जिन पर कोई भी सम्पत्ति गिरवी या प्रभार स्वरूप नहीं रखी होती है, कहलाते हैं
(a) वाहक ऋणपत्र (b) नग्न ऋणपत्र
(c) शोधनीय ऋणपत्र (d) अशोधनीय ऋणपत्र

135. परिवर्तनशील ऋणपत्रों का निर्गमन की तिथि के कितने माह के भीतर परिवर्तन हो जाना चाहिए
(a) 18 माह (b) 20 माह (c) 36 माह (d) 30 माह

136. सुरक्षित ऋणपत्रों का निर्गमन किया जा सकता है
(a) 5 वर्ष के लिए (b) 10 वर्ष के लिए
(c) 15 वर्ष के लिए (d) इनमें से कोई नहीं

137. आधारभूत संरचना में संलग्न कम्पनियाँ सुरक्षित ऋणपत्रों का निर्गमन कर सकती हैं
(a) 10 वर्ष के लिए (b) 15 वर्ष के लिए
(c) 20 वर्ष के लिए (d) 30 वर्ष के लिए

138. कम्पनी अधिनियम के अनुसार ऋणपत्रों के आवण्टन की कितनी अवधि के भीतर ऋणपत्र प्रमाण-पत्र जारी करना आवश्यक है?
(a) 2 माह (b) 5 माह
(c) 6 माह (d) 9 माह

139. ऋणपत्रधारी अधिकारी होता है
(a) स्थिर लाभांश का (b) लाभों में हिस्से का
(c) कम्पनी में वोटिंग का (d) निश्चित दर से ब्याज का

140. निम्नलिखित में से कौन-सा कथन असत्य है?
(a) ऋणात्मक एवं सार्वजनिक ऋण का माध्यम है
(b) यह प्रचलन है कि ऋणपत्रों से पूर्व निर्धारित ब्याज की दर लिखी जाए
(c) ऋणपत्र ब्याज लाभों पर प्रभार है
(d) ऋणपत्रों के निर्गमन मूल्य और शोधन मूल्य में अन्तर नहीं हो सकता है

141. निम्नलिखित में से कौन-सी एक वाहक ऋणपत्र की विशेषता नहीं है?
(a) ये विनिमय-साध्य लेखपत्र माने जाते हैं
(b) इन्हें हस्तान्तरण करने के लिए एक हस्तान्तरण प्रलेख की आवश्यकता होती है
(c) ये केवल सुपुर्दगी से हस्तान्तरणीय होते हैं
(d) इन पर ब्याज इनके धारक को उसकी पहचान के बिना ही दिया जाता है

142. निम्नलिखित में से कौन-सा कथन असत्य है?
(a) परिपक्वता पर ऋणपत्रधारी अपना धन वापिस प्राप्त करते हैं
(b) ऋणपत्रों की याचना राशि न चुकाने पर हरण किया जा सकता है
(c) कम्पनी के स्थिति विवरण में ऋणपत्रों को दीर्घकालीन ऋण शीर्षक के अन्तर्गत दिखाया जाता है
(d) ऋणपत्रों पर ब्याज लाभों पर प्रभार है

143. निम्नलिखित में से कौन-सा कथन असत्य है?
(a) एक कम्पनी शोधनीय ऋणपत्र निर्गमित कर सकती है
(b) एक कम्पनी वोटिंग अधिकार रखने वाले ऋणपत्र निर्गमित कर सकती है
(c) एक कम्पनी परिवर्तनीय ऋणपत्र निर्गमित कर सकती है
(d) एक कम्पनी अपने ही ऋणपत्रों एवं अंशों का क्रय कर सकती है

144. ऋणपत्र निर्गमन पर दी गई छूट को दिखाया जाना चाहिए
(a) लाभ-हानि विवरण में व्यय के रूप में
(b) स्थिति विवरण के समता एवं दायित्व पक्ष में
(c) स्थिति विवरण के सम्पत्ति पक्ष में
(d) लाभ-हानि विवरण में आय के रूप में

145. ऋणपत्र निर्गमन पर दी गई छूट को अपलिखित किया जा सकता है
(a) आयगत लाभ से (b) पूँजीगत लाभ से
(c) आयगत या पूँजीगत लाभ से (d) इनमें से कोई नहीं

146. 'ए' लिमिटेड ने 'बी' लिमिटेड से ₹ 5,40,000 की सम्पत्ति खरीदी, उसके बदले में 'ए' लिमिटेड ने ₹ 100 वाले 10% ऋणपत्र 10% कटौती पर निर्गमित किए। 'बी' लिमिटेड को ऋणपत्र मिलेंगे
(a) 54,000 (b) 5,400
(c) 60,000 (d) इनमें से कोई नहीं

147. कम्पनी के ऋणपत्रों को निर्गमित किया जा सकता है
(a) नकदी के बदले (b) बिना नकद प्रतिफल के
(c) सहायक प्रतिभूति के रूप में (d) इनमें से कोई नहीं

148. ऋणपत्रों को सहायक प्रतिभूति के रूप में निर्गमित करने पर कौन-सा खाता क्रेडिट किया जाता है?
(a) ऋणपत्र खाता (b) बैंक ऋण खाता
(c) ऋणपत्र धारण खाता (d) ऋणपत्र सस्पेन्स खाता

149. सहायक प्रतिभूति के रूप में निर्गमित किए गए ऋणपत्रों पर ब्याज दिया जाता है
(a) ऋणपत्रों के अंकित मूल्य पर (b) कोई ब्याज नहीं दिया जाता
(c) ऋणपत्रों के बाजार मूल्य पर (d) ऋणपत्रों के चुकता मूल्य पर

150. ऋणपत्रों के निर्गमन पर हानि को अपलिखित किया जाता है
(a) ऋणपत्रों के निर्गमन के वर्ष में
(b) ऋणपत्रों के जीवनकाल में
(c) ऋणपत्रों के निर्गमन के 3 वर्ष में
(d) ऋणपत्रों के शोधन के वर्ष में

151. जब ऋणपत्रों का शोधन प्रीमियम पर किया जाना है, तो ऋणपत्रों के निर्गमन के समय एक अतिरिक्त प्रविष्टि करनी पड़ती है, इस प्रविष्टि में कौन-सा खाता क्रेडिट किया जाता है?
(a) ऋणपत्रों के निर्गमन पर हानि खाता
(b) ऋणपत्र शोधन प्रीमियम खाता
(c) बैंक खाता
(d) ऋणपत्रधारकों का खाता

152. ऋणपत्रों को सहायक प्रतिभूतियों के रूप में निर्गमन पर डेबिट किया जाएगा
(a) बैंक खाता (b) ऋणपत्र उचन्त खाता
(c) ऋणपत्र खाता (d) इनमें से कोई नहीं

153. निम्नलिखित में से कौन-सा कथन सत्य है?
(a) ऋणपत्रों की ब्याज दर अनिश्चित होती है
(b) कम्पनी को हानि की दशा में ऋणपत्रों पर ब्याज नहीं दिया जाता है
(c) ऋणपत्रों पर ब्याज पंजीकृत स्वामी को दिया जाता है
(d) उपरोक्त सभी

154. ऋणपत्रों पर ब्याज दिया जाता है
(a) बाजार मूल्य पर (b) निर्गमित मूल्य पर
(c) अंकित मूल्य पर (d) इनमें से कोई नहीं

ऋणपत्रों का शोधन

155. ऋणपत्रों का शोधन होता है
(a) नकदी में (b) नवीन ऋणपत्रों के निर्गमन द्वारा
(c) समता अंशों के निर्गमन द्वारा (d) ये सभी

156. ऋणपत्रों का शोधन है
(a) सम-मूल्य पर (b) प्रीमियम पर (c) कटौती पर (d) ये सभी

157. कम्पनी अधिनियम के प्रावधानों के अनुसार शोधन किए जाने वाले ऋणपत्रों के अंकित मूल्य की कितनी प्रतिशत राशि से ऋणपत्र शोधन संचय बनाना अनिवार्य है?
(a) 25% (b) 50% (c) 75% (d) 100%

158. ऋणपत्र शोधन संचय को आर्थिक चिट्ठे में दर्शाया जाता है
(a) चालू दायित्व शीर्षक में (b) गैर-चालू दायित्व शीर्षक में
(c) अंशधारकों के कोष शीर्षक में (d) इनमें से कोई नहीं

159. ऋणपत्रों के शोधन के पश्चात् 'ऋणपत्र शोधन संचय' का शेष हस्तान्तरित किया जाता है
(a) पूँजी संचय खाते में (b) सामान्य संचय खाते में
(c) लाभ एवं हानि विवरण में (d) सिंकिंग फण्ड खाते में

160. निम्न में से किसे कम्पनी (अंश पूँजी एवं ऋणपत्र) नियम, 2014 के अनुसार 'ऋणपत्र शोधन संचय' के सृजन की आवश्यकता नहीं होती है?
(a) भारतीय रिज़र्व बैंक द्वारा विनियमित अखिल भारतीय वित्तीय संस्थान को
(b) बैंकिंग कम्पनियों को
(c) राष्ट्रीय आवास बैंक को
(d) उपरोक्त सभी को

161. कम्पनी (अंश पूँजी एवं ऋणपत्र) नियम, 2014 के अनुसार शोधन किए जाने वाले ऋणपत्रों के अंकित मूल्य के कितने प्रतिशत राशि प्रभार मुक्त प्रतिभूतियों में विनियोजित करनी अनिवार्य है?
(a) 10% (b) 15% (c) 50% (d) 80%

162. स्वयं के ऋणपत्रों को क्रय करके निरस्त करने पर लाभ को हस्तान्तरित किया जाता है
(a) पूँजी संचय खाते में (b) सामान्य संचय खाते में
(c) लाभ एवं हानि विवरण में (d) सिंकिंग फण्ड खाते में

163. संचयी शोधन कोष विधि में ऋणपत्र शोधन संचय पर अर्जित ब्याज को हस्तान्तरित किया जाता है
(a) ऋणपत्र शोधन कोष में (b) लाभ एवं हानि विवरण में
(c) सामान्य संचय में (d) इनमें से कोई नहीं

164. प्रतिभूति एवं विनिमय बोर्ड ऑफ इण्डिया (सेबी) द्वारा जारी किए गए दिशा-निर्देशों के अनुसार परिवर्तनशील ऋणपत्रों की अवस्था में ऋणपत्रों के शोधन से पूर्व, ऋणपत्रों की राशि का कितने प्रतिशत 'ऋणपत्र शोधन संचय' बनाने के लिए आवश्यक है?
(a) 25% (b) 50% (c) 100% (d) 0%

165. 'एक्स' लिमिटेड ₹ 100 वाले 5,000 ऋणपत्र 5% प्रीमियम पर शोधन करना चाहती है। इसे कितनी राशि में हस्तान्तरित करनी होगी, यदि इसके पास पहले ही में ₹ 1,00,000 का शेष हो?
(a) ₹ 4,00,000 (b) ₹ 25,000 (c) ₹ 2,00,000 (d) ₹ 2,50,000

166. ऋणपत्रों के शोधन पर लाभ को किस खाते में हस्तान्तरित किया जाता है?
(a) पूँजी संचय खाता (b) सामान्य संचय खाता
(c) सिंकिंग फण्ड खाता (d) लाभ-हानि विवरण

167. ऋणपत्रों का शोधन किया जा सकता है
(a) नये अंशों को निर्गमित करके (b) वर्तमान साधनों से
(c) संचित लाभों में से (d) इन सभी से

168. ऋणपत्रों का शोधन किया जा सकता है
(a) वार्षिक आहरण द्वारा (b) खुले बाजार में क्रय करके
(c) परिवर्तन द्वारा (d) इन सभी से

169. एक कम्पनी के 'स्वयं के ऋणपत्र' क्रय करने और रद्द न करने पर स्थिति विवरण में दिखाया जाएगा
(a) सम्पत्ति पक्ष में अदृश्य सम्पत्ति शीर्षक के अन्तर्गत
(b) सम्पत्ति पक्ष में गैर-चालू विनियोग शीर्षक के अन्तर्गत
(c) समता एवं दायित्व पक्ष में दीर्घकालीन ऋण शीर्षक के अन्तर्गत
(d) समता एवं दायित्व पक्ष में ऋणपत्र शीर्षक के अन्तर्गत

170. स्वयं के ऋणपत्रों के रद्द होने से होने वाला लाभ है
(a) आयगत लाभ (b) पूँजीगत लाभ
(c) संचालन लाभ (d) व्यापारिक लाभ

171. ऋणपत्र शोधन प्रीमियम खाता है
(a) व्यक्तिगत खाता (b) वास्तविक खाता
(c) नाममात्र खाता (d) ये सभी

क्रियात्मक प्रश्नों पर आधारित वस्तुनिष्ठ प्रश्न

172. 'एक्स' लिमिटेड ने 'वाई' लिमिटेड से ₹ 20 लाख की सम्पत्तियाँ तथा ₹ 20 हजार के लेनदार लिए। 'एक्स' लिमिटेड ने क्रय प्रतिफल में ₹ 200 वाले 8% ऋणपत्र 10% छूट पर निर्गमित किए। ऋणपत्रों की संख्या होगी
(a) 11,000 (b) 9,000
(c) 10,000 (d) 10,100

173. 'एक्स' लिमिटेड ने ₹ 60,00,000 का एक भवन खरीदा, जिसका 20% नकद चुकाया तथा शेष ₹ 500 के 8% ऋणपत्र 20% प्रीमियम पर देकर चुकाया। निर्गमित किए गए ऋणपत्रों की संख्या होगी
(a) 9,600 (b) 8,000
(c) 12,000 (d) 10,000

174. यदि विक्रेताओं को ₹ 1,00,000 की शुद्ध सम्पत्तियों के प्रतिफल के बदले ₹ 80,000 के ऋणपत्र निर्गमित किए जाते हैं, तो शेष ₹ 20,000 क्रेडिट किए जाएँगे
(a) लाभ-हानि विवरण में (b) ख्याति खाते में
(c) सामान्य संचय खाते में (d) पूँजी संचय खाते में

175. यदि विक्रेताओं को ₹ 5,00,000 की सम्पत्तियों तथा ₹ 1,00,000 के दायित्वों के बदले ₹ 4,40,000 के ऋणपत्र निर्गमित किए जाते हैं, तो शेष ₹ 40,000 डेबिट किए जाएँगे
(a) सामान्य संचय खाते में (b) पूँजी संचय खाते
(c) ख्याति खाते में (d) लाभ-हानि विवरण में

176. 'ए' लिमिटेड ने ₹ 1,00 वाले 1,000, 10% ऋणपत्र 5% प्रीमियम पर निर्गमित किए। एक वर्ष का कुल ब्याज होगा
(a) ₹ 10,500 (b) ₹ 10,000 (c) ₹ 40,000 (d) ₹ 25,000

177. 1 अप्रैल, 2007 को सनराइज लिमिटेड ने ₹ 100 वाले 5,000, 8% ऋणपत्र 5% कटौती पर निर्गमित किए। 31 मार्च, 2008 को समाप्त वर्ष के लिए कुल ब्याज कितना होगा?
(a) ₹ 38,000 (b) ₹ 42,000 (c) ₹ 40,000 (d) ₹ 25,000

178. ग्लोब लिमिटेड ने ₹ 100 वाले 20,000, 9% ऋणपत्र 5% कटौती पर निर्गमित किए, जिनका शोधन 5 वर्ष पश्चात् 6% प्रीमियम पर किया जाना है। निर्गमन पर हानि होगी
(a) ₹ 1,00,000 (b) ₹ 1,20,000 (c) ₹ 2,80,000 (d) ₹ 2,20,000

179. 5,000, 12% ऋणपत्र, जो प्रत्येक ₹ 100 का है, का निर्गमन 2% कटौती पर किया, जिनका शोधन 5% प्रीमियम पर होना है। ऐसी दशा में
(a) निर्गमन पर हानि को ₹ 35,000 से क्रेडिट किया जाएगा
(b) निर्गमन पर हानि को ₹ 35,000 से डेबिट किया जाएगा
(c) शोधन पर प्रीमियम को ₹ 25,000 से डेबिट किया जाएगा
(d) शोधन पर प्रीमियम को ₹ 35,000 से क्रेडिट किया जाएगा

180. 4,000, 12% ऋणपत्र, जो प्रत्येक ₹ 100 का है, का निर्गमन 4% प्रीमियम पर किया, जिनका शोधन 10% प्रीमियम पर होना है। ऐसी दशा में
(a) निर्गमन पर हानि को ₹ 24,000 से डेबिट किया जाएगा
(b) निर्गमन पर हानि को ₹ 56,000 से डेबिट किया जाएगा
(c) निर्गमन पर हानि को ₹ 40,000 से डेबिट किया जाएगा
(d) शोधन पर प्रीमियम को ₹ 24,000 से क्रेडिट किया जाएगा

उत्तरमाला

1.	(b)	2.	(b)	3.	(a)	4.	(d)	5.	(b)	6.	(d)	7.	(c)	8.	(a)	9.	(d)	10.	(b)
11.	(d)	12.	(d)	13.	(c)	14.	(d)	15.	(d)	16.	(b)	17.	(a)	18.	(b)	19.	(a)	20.	(c)
21.	(b)	22.	(c)	23.	(b)	24.	(c)	25.	(d)	26.	(a)	27.	(b)	28.	(b)	29.	(d)	30.	(d)
31.	(a)	32.	(b)	33.	(b)	34.	(c)	35.	(b)	36	(d)	37.	(d)	38.	(b)	39.	(b)	40.	(d)
41.	(c)	42.	(b)	43.	(b)	44.	(b)	45.	(a)	46.	(b)	47.	(d)	48.	(b)	49.	(c)	50.	(c)
51.	(b)	52.	(b)	53.	(b)	54.	(d)	55.	(d)	56.	(b)	57.	(b)	58.	(d)	59.	(b)	60.	(c)
61.	(a)	62.	(c)	63.	(c)	64.	(c)	65.	(a)	66.	(b)	67.	(b)	68.	(a)	69.	(b)	70.	(c)
71.	(a)	72.	(c)	73.	(b)	74.	(c)	75.	(b)	76.	(d)	77.	(c)	78.	(b)	79.	(c)	80.	(a)
81.	(d)	82.	(b)	83.	(a)	84.	(d)	85.	(c)	86.	(b)	87.	(c)	88.	(c)	89.	(c)	90.	(b)
91.	(d)	92.	(b)	93.	(a)	94.	(d)	95.	(a)	96.	(c)	97.	(a)	98.	(a)	99.	(a)	100.	(a)
101.	(d)	102.	(c)	103.	(d)	104.	(d)	105.	(a)	106.	(d)	107.	(a)	108.	(b)	109.	(a)	110.	(c)
111.	(d)	112.	(b)	113.	(a)	114.	(c)	115.	(a)	116.	(c)	117.	(a)	118.	(d)	119.	(b)	120.	(c)
121.	(c)	122.	(a)	123.	(a)	124.	(d)	125.	(b)	126.	(d)	127.	(c)	128.	(b)	129.	(c)	130.	(d)
131.	(b)	132.	(a)	133.	(c)	134.	(b)	135.	(c)	136.	(b)	137.	(d)	138.	(c)	139.	(d)	140.	(d)
141.	(b)	142.	(b)	143.	(b)	144.	(b)	145.	(c)	146.	(d)	147.	(d)	148.	(a)	149.	(b)	150.	(b)
151.	(b)	152.	(b)	153.	(c)	154.	(c)	155.	(d)	156.	(d)	157.	(a)	158.	(c)	159.	(b)	160.	(d)
161.	(d)	162.	(a)	163.	(a)	164.	(d)	165.	(b)	166.	(a)	167.	(d)	168.	(d)	169.	(b)	170.	(b)
171.	(a)	172.	(a)	173.	(b)	174.	(d)	175.	(c)	176.	(b)	177.	(c)	178.	(d)	179.	(b)	180.	(c)

उत्तर व्याख्या सहित

77. पुनर्निर्गमित 300 अंशों पर प्राप्त राशि = 300 × 7 = ₹ 2,100

(–) पुनर्निर्गमन पर बट्टा 300 × 1.5 = 450

पूँजी संचय की राशि 1,650

80. पुनर्निर्गमित 300 अंशों पर प्राप्त राशि = 300 × 6 = 1,800

(–) पुनर्निर्गमन पर बट्टा 300 × 1 = 300

पूँजी संचय की राशि 1,500

82. ब्याज = 600 × 5 = $300 \times \frac{12}{100} \times \frac{4}{12}$ = ₹ 120

(ब्याज की अवधि 1 नवम्बर से 1 मार्च = 4 माह)

83. 1,20,000 आवेदकों को अंश = 1,00,000

30000 अंशों के आवेदकों को अंश = $\frac{1,00,000}{1,20,000} \times 30,000 = 2,500$

87. आवेदन पर आधिक्य प्राप्त राशि = (10,000×3) – (4,000×3) = ₹ 18,000 आवण्टन पर माँगी गई समस्त राशि आवेदन के आधिक्य पर समायोजित होगी तथा आवण्टन पर प्राप्त राशि शून्य होगी।

88 आवण्टन पर माँगी गई राशि = 5,000 × 50 = ₹ 2,50,000

(–) आवेदन पर आधिक्य राशि = 3,000 × 40 = 1,20,000

आवण्टन पर प्राप्त राशि 1,30,000

91. पुनर्निर्गमित 1,200 अंशों पर प्राप्त राशि = 1200 × 8 = 9,600

(–) पुनर्निर्गमन पर बट्टा = 1200 × 3 = 3,600

पूँजी संचय की राशि = 6000

96. 1000 अंशों पर माँगी गई राशि = 1,000 × 8 = 8,000

(–) न प्राप्त राशि = 1,000 × 3 = 3,000

प्राप्त या हरण की राशि = 5,000

100. पुनर्निर्गमित 200 अंशों पर प्राप्त राशि = 200 × 5 = 1,000

(–) पुनर्निर्गमन पर बट्टा = 200 × 1 = 200

पूँजी संचय की राशि = 800

103. 800 अंशों पर प्राप्त राशि = $\frac{6,000}{1,000} \times 800 = 4,800$

(–) पुनर्निर्गमन पर बट्टा (8,000 – 6,600) = 1,400

पूँजी संचय की राशि = 3,400

108. पुनर्निर्गमित 200 अंशों पर प्राप्त राशि = 200 × 50 = 1,0000

(–) पुनर्निर्गमन पर बट्टा = 200 × 10 = 2,000

पूँजी संचय की राशि = 8,000

113. 150 अंशों पर पूँजी की प्राप्त राशि = 150 × 7 = ₹ 1,050

100 अंशों पर प्राप्त राशि $\frac{1,050}{150} \times 100 = 700$

(–) पुनर्निर्गमन पर बट्टा

पूँजी संचय की राशि = 700

172. शुद्ध सम्पत्तियों की राशि = 20,00,000 – 20,000 = ₹ 19,80,000

ऋणपत्रों का निर्गमन मूल्य = 200 – 10% = ₹ 180

निर्गमित ऋणपत्रों की संख्या = $\frac{19,80,000}{180} = 11,000$

173. शेष देय राशि = 60,00,000 – 20% = 48,00,000

निर्गमित ऋणपत्रों की संख्या

$= \frac{48,00,000}{(500 + 100)\ 600} = 8000$

178. निर्गमन पर बट्टा = $20,00,000 \times \frac{5}{100}$

= 1,00,000

शोधन पर प्रीमियम = $20,00,000 \times \frac{6}{100} = 1,20,000$

निर्गमन पर हानि = 2,20,000

अध्याय 27

एकल स्वामित्व के खाते
Sole Proprietorship Accounts

अन्तिम खातों से आशय
Meaning of Final Accounts

व्यापार की लाभ-हानि एवं आर्थिक स्थिति ज्ञात करने के उद्देश्य से तैयार किए गए खाते अन्तिम खाते कहलाते हैं। अन्तिम खाते दोहरा लेखा प्रणाली पर आधारित होते हैं तथा इनको बनाना आर्थिक व वैधानिक दृष्टि से अनिवार्य होता है। चूँकि ये खाते वर्ष की समाप्ति पर सबसे अन्त में तैयार किए जाते हैं, इसलिए इन्हें **वार्षिक खाते** (Annual accounts) भी कहते हैं।

अन्तिम खातों की अवधि सामान्यतः एक वर्ष होती है। कुछ व्यापारी अपने खाते 1 जनवरी से 31 दिसम्बर (कैलेण्डर वर्ष) तक की अवधि के लिए तैयार करते हैं लेकिन आयकर अधिनियम व कम्पनी अधिनियम के अनुसार, यह अवधि 1 अप्रैल से 31 मार्च (वित्तीय वर्ष) तक की मान्य है।

आर. एन. एन्थोनी के अनुसार, "अन्तिम खाते या वित्तीय विवरण से अभिप्राय उस विवरण से होता है जो लेखा अवधि की समाप्ति पर व्यवसाय की वित्तीय स्थिति एवं व्यावसायिक क्रियाओं के परिणाम प्रदर्शित करता है।"

अन्तिम खातों में निम्नलिखित को सम्मिलित किया जाता है—

1. निर्माण खाता
2. व्यापार खाता
3. लाभ-हानि खाता
4. आर्थिक चिट्ठा

1. निर्माण खाता Manufacturing Account

जो संस्थाएँ वस्तुओं का निर्माण या उत्पादन करती हैं, वे वर्ष के अन्त में या वर्ष के दौरान कारखाने में हुई उत्पादन लागत (Cost of production) ज्ञात करने हेतु निर्माण खाता बनाती हैं अर्थात् निर्माण खाता उन्हीं संस्थाओं द्वारा बनाया जाता है, जो वस्तुओं के निर्माण या उत्पादन कार्य में संलग्न हैं। इसे **उत्पादन खाता** (Production account) भी कहा जाता है। निर्माण खाता व्यापार खाते का ही अंग है। निर्माण खाते से वस्तुओं की उत्पादन लागत ज्ञात करके उसे व्यापार खाते के ऋणी पक्ष में हस्तान्तरित कर दिया जाता है।

Manufacturing A/c

Dr for the year ending ... Cr

Particulars		Amt (₹)	Particulars		Amt (₹)
To Opening Stock			By Sales of Stock A/c		—
Raw Material	—		By Closing Stock		
Working-in-Progress	—	—	Raw Material	—	
To Purchases A/c	—		Work-in-Progress	—	—
(–) Purchase Return	—	—	By Cost of Production (Transferred to Trading A/c)		—
To Manufacturing Expenses A/c		—			
To Wages A/c		—			
To Carriage Inward A/c		—			
To Salary of Factory Watchman A/c		—			
To Custom Duty A/c		—			
To Excise Duty A/c		—			
To Import Duty A/c		—			
To Dock Charges A/c		—			
To Factory Rent A/c		—			
To Factory Expenses A/c		—			
To Factory Repair A/c		—			
To Factory Light, Gas and Water A/c		—			
To Factory Insurance A/c		—			
To Machine Depreciation A/c		—			
To Consumable Stores A/c		—			
To Other Production Expenses A/c		—			
		—			—

निर्माण खाते की मदों का स्पष्टीकरण
Clarification of the Items of Manufacturing Account

निर्माण खाते की मदों का स्पष्टीकरण निम्न प्रकार है—

ऋणी पक्ष की मदें Items of Debit Side

निर्माण खाते के ऋणी पक्ष की मदें निम्नलिखित हैं—

(i) **कच्चा माल** (Raw Material) जो माल उत्पादन की जाने वाली वस्तु के निर्माण का आधार होता है, उसे कच्चा माल कहते हैं।

(ii) **अर्द्धनिर्मित माल** (Work-in-Progress) जो माल पूर्ण रूप से निर्मित नहीं हुआ है अथवा निर्माणाधीन अवस्था में है, अर्द्धनिर्मित माल कहलाता है।

(iii) **अन्य प्रत्यक्ष व्यय** (Other Direct Expenses) इसमें कच्चे माल को क्रय करके उत्पादन स्थल तक लाने के व्यय, माल के निर्माण में लगने वाले व्यय, उत्पादन खर्चों, कारखाना व्यय, आयात कर, उत्पादन कर, मशीन का ह्रास एवं मरम्मत व्यय, आदि सम्मिलित हैं।

(iv) **उपभोग्य सामग्री** (Consummable Stores) इसमें मशीन को संचालित करने में लगने वाले व्यय; जैसे—ईंधन, शक्ति, तेल, ग्रिस, आदि खर्चों को सम्मिलित किया जाता है।

धनी पक्ष की मदें Items of Credit Side

निर्माण खाते के धनी पक्ष की मदें निम्नलिखित हैं—

(i) अर्द्धनिर्मित माल का अन्तिम रहतिया।

(ii) **कच्चे माल के छीजन का विक्रय** (Sale of Scrap) कुछ माल दूषित या छीजत हो जाता है, तो इसके विक्रय से प्राप्त राशि निर्माण खाते के धनी पक्ष में दिखायी जाती है।

(iii) **उत्पादन लागत** (Cost of Production) निर्माण खाते के ऋणी पक्ष की मदों के योग में से धनी पक्ष की मदों का योग घटाने के बाद जो शेष बचता है, वह उत्पादन लागत कहलाती है। इसे व्यापार खाते में हस्तान्तरित कर दिया जाता है।

2. व्यापार खाता Trading Account

किसी निश्चित अवधि में माल के क्रय-विक्रय से हुए सकल लाभ या हानि (Gross profit or loss) को ज्ञात करने हेतु तैयार किया जाने वाला खाता व्यापार खाता कहलाता है। इस खाते में माल से सम्बन्धित मदें ही दिखाई जाती हैं; जैसे—माल का प्रारम्भिक रहतिया, माल का क्रय, माल को लाने व निर्माण सम्बन्धित व्यय, माल का विक्रय तथा माल का अन्तिम रहतिया। इसलिए इसे **माल खाता** (Goods Account) भी कहते हैं। इसे बनाने का प्रमुख उद्देश्य किसी निश्चित अवधि में व्यवसाय का सकल लाभ एवं हानि ज्ञात करना है।

बाटलीबॉय के अनुसार, "व्यापार खाता वह खाता है, जो माल के क्रय-विक्रय का आर्थिक परिणाम दर्शाता है। इसमें केवल माल से सम्बन्धित व्यवहारों को ही लिखा जाता है तथा कार्यालय व्ययों को छोड़ दिया जाता है।"

व्यापार खाता बनाने के उद्देश्य/लाभ

Objectives/Advantages of Trading Account

व्यापार खाता बनाने के निम्नलिखित उद्देश्य अथवा लाभ हैं—

(i) एक निश्चित अवधि का सकल लाभ एवं हानि ज्ञात करना।

(ii) बिक्री पर सकल लाभ की दर ज्ञात करना, यदि कम है तो कारणों का पता लगाना।

(iii) विक्रय पर प्रत्यक्ष व्ययों की दर ज्ञात करना, यदि अधिक है तो कम करने का प्रयत्न करना।

(iv) सकल लाभ की दर एवं प्रत्यक्ष व्ययों की दरों का गत वर्षों की दरों से तुलनात्मक अध्ययन करना।

(v) वर्तमान क्रय-विक्रय की तुलना, गत वर्षों के क्रय-विक्रय से करना।

(vi) अनावश्यक व्ययों पर नियन्त्रण लगाना।

(vii) अन्तिम स्टॉक का गत वर्षों के अन्तिम स्टॉक से तुलना करना।

(viii) शुद्ध विक्रय में से सकल लाभ को घटाकर बेचे गए माल की लागत ज्ञात की जा सकती है।

Trading A/c

Dr for the year ending..... Cr

Particulars	Amt (₹)	Particulars	Amt (₹)
To Opening Stock	—	By Sales A/c —	
To Purchases A/c —		(–) Sales Return —	—
(–) Purchase Return —	—	By Closing Stock	—
To Productive Wages A/c	—	By Gross Loss c/d (Transferred in P & L A/c)	—
To Wages and Salary A/c	—		
To Freight A/c	—		
To Coal, Gas and Water A/c	—		
To Carriage Inward A/c	—		
To Octroi A/c	—		
To Factory Light A/c	—		
To Factory Expenses A/c	—		
To Production Expenses A/c	—		
To Railway Freight A/c	—		
To Import Duty A/c	—		
To Clearing Expenses A/c	—		
To Dock Charges	—		
To Other Direct Expenses A/c	—		
To Manufacturing Expenses A/c	—		
To Gross Profit c/d (Transferred in P & L A/c)	—		
	—		—

नोट *क्रय वापसी को क्रय में से न घटाकर धनी पक्ष में व विक्रय वापसी को विक्रय में से न घटाकर ऋणी पक्ष में भी दिखाया जा सकता है।*

व्यापार खाते से सम्बन्धित मदों का स्पष्टीकरण

Clarification of the Items Related to Trading Account

ऋणी पक्ष की मदें Items of Debit Side

व्यापार खाते के ऋणी पक्ष से सम्बन्धित मदों का स्पष्टीकरण निम्न प्रकार है—

(i) **प्रारम्भिक रहतिया** (Opening Stock) गत वर्ष के अन्त में जो माल बिना बिके रह जाता है, वह अगले वर्ष के प्रारम्भ में प्रारम्भिक रहतिया कहलाता है। नया व्यापार आरम्भ करने की दशा में अथवा पिछले वर्ष कुछ भी शेष न रहने की दशा में प्रारम्भिक रहतिया नहीं होता। प्रारम्भिक रहतिया तीन प्रकार से हो सकता है—कच्चा माल, अर्द्धनिर्मित माल तथा तैयार या निर्मित माल।

(ii) **क्रय** (Purchases) पुन: विक्रय के लिए जितना माल खरीदा जाता है, उसे कुल क्रय कहते हैं। इसमें उधार व नकद दोनों क्रय सम्मिलित किए जाते हैं। कुल क्रय में से क्रय वापसी को घटाकर जो राशि शेष बचती है, शुद्ध क्रय कहलाती है।

(iii) **विक्रय वापसी** (Sales Return) विक्रय किए गए माल में से जितना माल क्रेता वापस कर देता है, विक्रय वापसी कहलाती है। इसे **आन्तरिक वापसी** (Return inward) भी कहते हैं। इसे विक्रय में से घटाकर दिखाया जा सकता है।

(iv) **प्रत्यक्ष व्यय** (Direct Expenses) जब खरीदे गए माल को व्यापारी के गोदाम अथवा व्यापार स्थल तक लाने में जो व्यय किए जाते हैं, वे प्रत्यक्ष व्यय कहलाते हैं; जैसे—गाड़ी भाड़ा, रेलभाड़ा, मजदूरी, चुंगी, कस्टम ड्यूटी, आयात शुल्क, माल को छुड़ाने के व्यय, आदि प्रत्यक्ष व्ययों के उदाहरण हैं।

(v) **निर्माणी व्यय** (Manufacturing Expenses) जो संस्थाएँ माल का उत्पादन करके विक्रय करती हैं, उनके द्वारा कच्चे माल को तैयार माल में बदलने के लिए जो व्यय किए जाते हैं, उन्हें निर्माण व्यय कहते हैं। इनमें कारखाना किराया, कारखाना बिजली, पानी, कोयला, गैस, अन्य कारखाना व्यय, उत्पादन व्यय, आदि निर्माणी व्ययों को सम्मिलित किया जाता है।

धनी पक्ष की मदें Items of Credit Side

व्यापार खाते के धनी पक्ष से सम्बन्धित मदों का स्पष्टीकरण निम्न प्रकार है—

(i) **विक्रय** (Sales) माल के उधार व नकद विक्रय की राशि का योग कुल विक्रय होता है। इस कुल विक्रय में से विक्रय वापसी को घटाकर जो राशि शेष बचती है, शुद्ध विक्रय कहलाती है।

(ii) **क्रय वापसी** (Purchase Return) क्रय किए गए माल में से जितना माल विक्रेता को वापस कर दिया जाता है, क्रय वापसी कहलाती है। इसे **बाह्य वापसी** (Return outward) भी कहते हैं। इसे क्रय में से घटाकर भी दिखाया जा सकता है।

(iii) **अन्तिम रहतिया** (Closing Stock) जो माल चालू वर्ष के अन्त में बिना बिके रह जाता है, उसे अन्तिम रहतिया कहते हैं। इसका मूल्यांकन बाजार मूल्य व लागत मूल्य, जो दोनों में से कम हो, उस मूल्य पर करना चाहिए।

सकल लाभ या सकल हानि ज्ञात करना
To Calculate Gross Profit or Gross Loss

व्यापार खाते का परिणाम ज्ञात करने के लिए धनी एवं ऋणी दोनों पक्षों का योग किया जाता है। दोनों पक्षों के योग के अन्तर से प्राप्त राशि सकल लाभ अथवा सकल हानि (Gross profit or loss) कहलाती है।

(i) यदि धनी पक्ष का योग ऋणी पक्ष के योग से अधिक है, तो अन्तर की राशि सकल लाभ (Gross profit) होती है।

सकल लाभ = धनी पक्ष का योग – ऋणी पक्ष का योग

(ii) यदि ऋणी पक्ष का योग धनी पक्ष के योग से अधिक है, तो अन्तर की राशि सकल हानि (Gross loss) होती है।

सकल हानि = ऋणी पक्ष का योग – धनी पक्ष का योग

सकल लाभ या सकल हानि को लाभ-हानि खाते में हस्तान्तरित कर दिया जाता है, *जिसकी निम्न प्रविष्टि की जाती है—*

(i) **सकल लाभ होने पर**

व्यापार खाता	ऋ	Trading A/c	Dr
लाभ-हानि खाते का		To Profit & Loss A/c	

(ii) **सकल हानि होने पर**

लाभ-हानि खाता	ऋ	Profit & Loss A/c	Dr
व्यापार खाते का		To Trading A/c	

3. लाभ-हानि खाता Profit & Loss Account

व्यापार खाते से सकल लाभ अथवा हानि ज्ञात करने के पश्चात् व्यापारी अपने व्यापार का शुद्ध लाभ अथवा हानि (Net profit or loss) ज्ञात करने के लिए जो खाता तैयार करता है, वह लाभ-हानि खाता कहलाता है। यह खाता भी व्यापार खाते की भाँति अवास्तविक खाता (Nominal account) होता है। इस खाते के ऋणी पक्ष में आयगत अप्रत्यक्ष व्ययों, व्यवसाय के संचालन के लिए तथा स्थायी सम्पत्तियों की कार्यक्षमता बनाए रखने के लिए किए गए व्यय तथा धनी पक्ष में व्यापार के संचालन के दौरान हुई आयगत आयों; जैसे—ब्याज, किराया, बट्टा, कमीशन, आदि का लेखा किया जाता है। इस खाते से ज्ञात परिणाम (शुद्ध लाभ अथवा हानि) व्यापार के वास्तविक परिणाम होते हैं। इन्हें व्यापारी के व्यक्तिगत खाते (पूँजी खाता) में हस्तान्तरित कर दिया जाता है।

कार्टर के अनुसार, "लाभ-हानि खाता एक ऐसा खाता है, जिसमें सम्पूर्ण आय तथा व्यय को इस उद्देश्य से एकत्रित किया जाता है, ताकि आय का व्यय से अथवा व्यय का आय से आधिक्य ज्ञात किया जा सके।"

लाभ-हानि खाता बनाने के उद्देश्य/महत्त्व
Objectives/Importance of Preparing Profit & Loss Account

लाभ-हानि खाता निम्नलिखित उद्देश्यों की पूर्ति के लिए बनाया जाता है—

(i) एक निश्चित अवधि का शुद्ध लाभ या हानि ज्ञात करने के लिए।
(ii) विक्रय पर शुद्ध लाभ की दर ज्ञात करने के लिए।
(iii) विक्रय पर अप्रत्यक्ष व्ययों की दर ज्ञात करने के लिए।
(iv) शुद्ध लाभ की दर एवं अप्रत्यक्ष व्ययों की दर का पिछले वर्षों से तुलनात्मक अध्ययन करने के लिए।
(v) समस्त अप्रत्यक्ष व्ययों की जानकारी प्राप्त करके इन व्ययों में कमी करने की योजना बनाने के लिए।
(vi) व्यापारी के द्वारा व्यापार की आय पर दिए जाने वाले आयकर की राशि ज्ञात करने के लिए।
(vii) लाभ-हानि खाते के परिणामों के आधार पर व्यापार के सम्बन्ध में भावी नीति का निर्धारण करने के लिए।
(viii) भविष्य में होने वाली सम्भावित हानियों का सामना करने हेतु, वर्तमान लाभों में से संचय बनाने के लिए।

लाभ-हानि खाते के ऋणी पक्ष में लिखी जाने वाली मदें
Items to be Written on the Debit Side of Profit & Loss Account

लाभ-हानि खाते के ऋणी पक्ष में उन नाममात्र खातों के शेषों को दिखाया जाता है, जो व्यापार खाते में नहीं दिखाए गए हैं। *ये निम्न हैं—*

(i) **सकल हानि** (Gross Loss) व्यापार खाते से ज्ञात सकल हानि को लाभ-हानि खाते के ऋणी पक्ष में दिखाया जाता है।

(ii) **अप्रत्यक्ष व्यय** (Indirect Expenses) ये वे व्यय होते हैं, जो माल के व्यापार स्थल पर पहुँचने के बाद विक्रय करने के लिए किए जाते हैं, इनमें निम्न प्रमुख हैं—

(a) **कार्यालय एवं प्रशासन व्यय** (Office and Administrative Expenses) वे व्यय, जो कार्यालय या प्रशासन से सम्बन्धित हैं, इस खाते के ऋणी पक्ष में दिखाए जाते हैं; जैसे—कार्यालय कर्मचारियों का वेतन, कार्यालय का किराया, बिजली व्यय, डाक व्यय, कानूनी व्यय, छपाई, अंकेक्षण फीस, आदि।

(b) **विक्रय एवं वितरण व्यय** (Sales and Distribution Expenses) वे व्यय, जो विक्रय एवं वितरण से सम्बन्धित होते हैं, इस खाते के ऋणी पक्ष में दिखाए जाते हैं; जैसे—विक्रय व्यय, डूबत ऋण, यात्रा व्यय, कमीशन, जावक भाड़ा, विज्ञापन, आदि। ये व्यय माल की बिक्री बढ़ाने के उद्देश्य से किए जाते हैं।

(*iii*) **हानियाँ** (Losses) व्यापार के संचालन से सम्बन्धित समस्त हानियों का लेखा लाभ-हानि खाते के ऋणी पक्ष में किया जाता है; जैसे—सम्पत्ति के विक्रय से हानि, मूल्य ह्रास, डूबत ऋण, आग द्वारा माल नष्ट होना, माल का चोरी हो जाना, आदि।

(*iv*) **अन्य व्यय** (Other Expenses) जैसे—ब्याज, मरम्मत, दान, आदि।

नोट • *आयकर तथा जीवन बीमा प्रीमियम को लाभ-हानि खाते में नहीं दिखाया जाता है। इन्हें आहरण में जोड़कर चिट्ठे में पूँजी में से घटाया जाता है।*

• *यदि प्रश्न में किराया, कमीशन, ब्याज, कटौती की राशि का डेबिट या क्रेडिट शेष नहीं लिखा है, तो इन्हें डेबिट मानते हुए लाभ-हानि खाते के ऋणी पक्ष में दिखाया जाएगा।*

लाभ-हानि खाते के धनी पक्ष में लिखी जाने वाली मदें

Items to be Written on the Credit Side of Profit & Loss Account

लाभ-हानि खाते के धनी पक्ष में लिखी जाने वाली मदें निम्न हैं—

(i) **सकल लाभ** (Gross Loss) व्यापार खाते से ज्ञात सकल लाभ, लाभ-हानि खाते के धनी पक्ष में दिखाया जाता है।

(ii) **अन्य लाभ या आय** (Other Profit or Income) अन्य आय; जैसे—प्राप्त बट्टा, प्राप्त किराया, प्राप्त कमीशन, विनियोगों से आय, प्राप्त ब्याज, आदि मदों को इस खाते के धनी पक्ष में लिखा जाता है।

Profit & Loss A/c

Dr for the year ending ... Cr

Particulars	Amt (₹)	Particulars	Amt (₹)
To Gross Loss b/d	—	By Gross Profit b/d	—
Office Expenses		By Rent Received A/c	—
To Salary A/c	—	By Sub Let Rent A/c	—
To Salary and Wages A/c	—	By Discount Received A/c	—
To Rent and Tax A/c	—	By Commission Received A/c	—
To Printing and Stationery A/c	—	By Interest Received A/c	—
To Postage and Telegram A/c	—	By Dividend Received A/c	—
		By Bad Debts Recovered A/c	—
To Insurance Premium A/c	—		
To Telephone Expenses A/c	—	By Profit on Sale of Assets A/c	—
To Legal Expenses A/c	—	By Miscellaneous Receipt A/c	—
To Audit Fees A/c	—		
To Travelling Expenses A/c	—	By Apprentice Premium A/c	—
To Office Expenses A/c	—	By Net Loss (Transferred to Capital A/c)	—
To Trade Expenses A/c	—		
To General Expenses A/c	—		
Selling and Distribution Expenses			
To Carriage Outward A/c	—		
To Advertisement A/c	—		
To Commission A/c	—		
To Brokerage A/c	—		
To Bad Debts A/c	—		
To Packing Expenses A/c	—		
To Distribution Expenses A/c	—		
Miscellaneous Expenses			
To Discount A/c	—		
To Repair A/c	—		
To Depreciation A/c	—		
To Interest A/c	—		
To Bank Expenses A/c	—		
To Entertainment Expenses A/c	—		
To Conveyance Expenses A/c	—		
To Donation A/c	—		
To Loss on Sale of Assets A/c	—		
To Net Profit (Transferred to Capital A/c)	—		
	—		—

शुद्ध लाभ या शुद्ध हानि ज्ञात करना

To Calculate Net Profit or Net Loss

लाभ-हानि खाते से शुद्ध लाभ व शुद्ध हानि को ज्ञात करने के लिए धनी एवं ऋणी दोनों पक्षों का योग किया जाता है। दोनों पक्षों के योग का अन्तर शुद्ध लाभ या शुद्ध हानि होता है।

(i) यदि धनी पक्ष का योग ऋणी पक्ष के योग से अधिक है, तो अन्तर की राशि शुद्ध लाभ (Net profit) होती है।

शुद्ध लाभ = धनी पक्ष का योग − ऋणी पक्ष का योग

(ii) यदि ऋणी पक्ष का योग धनी पक्ष से अधिक है, तो अन्तर की राशि शुद्ध हानि (Net loss) होती है।

शुद्ध हानि = ऋणी पक्ष का योग − धनी पक्ष का योग

लाभ-हानि खाते से ज्ञात शुद्ध लाभ या शुद्ध हानि को पूँजी खाते में स्थानान्तरित कर दिया जाता है।

4. आर्थिक चिट्ठा Balance Sheet

लाभ-हानि खाते के द्वारा केवल शुद्ध लाभ अथवा हानि ज्ञात की जाती है। व्यापारी द्वारा एक निश्चित तिथि को व्यापार में विद्यमान सम्पत्तियों एवं दायित्वों, देनदारों व लेनदारों, पूँजी एवं आहरण, आदि की वास्तविक स्थिति

का पता लगाने के लिए एक विवरण-पत्र तैयार किया जाता है, जिसे आर्थिक चिट्ठा या **स्थिति विवरण** या **तुलना पत्र** कहते हैं। इसमें एक निश्चित तिथि को व्यक्तिगत एवं वास्तविक खातों के शेषों को सम्पत्तियों एवं दायित्वों में वर्गीकृत करके दिखाया जाता है।

आर्थिक चिट्ठे को विभिन्न विद्वानों ने निम्न प्रकार परिभाषित किया है—

- **बाटलीबॉय** के अनुसार, ''स्थिति विवरण एक ऐसा विवरण है, जो विशेष तिथि को व्यापार की आर्थिक स्थिति जानने के लिए बनाया जाता है।''
- **पामर** के अनुसार, ''चिट्ठा एक ऐसा विवरण है, जो एक निश्चित तिथि को एक ओर व्यापारी की सम्पत्तियों एवं अधिकारों तथा दूसरी ओर व्यापारिक दायित्वों को दर्शाता है।''
- **कार्लसन** के अनुसार, ''चिट्ठा उस विवरण को कहते हैं, जो यह स्पष्ट करता है कि व्यापार कितने से ऋणी है और व्यापार के स्वामी का सामर्थ्य कितना है।''

आर्थिक चिट्ठे की विशेषताएँ
Characteristics of Balance Sheet

आर्थिक चिट्ठे की निम्नलिखित विशेषताएँ होती हैं—

(i) चिट्ठा एक विवरण पत्र है, खाता नहीं।
(ii) चिट्ठा एक निश्चित तिथि को तैयार किया जाता है।
(iii) चिट्ठे में 'का' (To) और 'से' (By) शब्दों का प्रयोग नहीं किया जाता है।
(iv) चिट्ठे में केवल व्यक्तिगत एवं वास्तविक खातों के शेषों को ही लिखा जाता है।
(v) चिट्ठे में दर्शायी गई सम्पत्तियाँ एवं दायित्व निश्चित तिथि को व्यापार में विद्यमान होते हैं।
(vi) चिट्ठे के दोनों पक्षों का योग समान होता है।

आर्थिक चिट्ठा बनाने के उद्देश्य/महत्त्व
Objectives/Importance of Preparing Balance Sheet

आर्थिक चिट्ठा बनाने के प्रमुख उद्देश्य निम्नलिखित हैं—

(i) चिट्ठा बनाने का मुख्य उद्देश्य व्यापार की सही आर्थिक स्थिति ज्ञात करना होता है।
(ii) चिट्ठा बनाने से समस्त सम्पत्तियों की प्रकृति और उनकी लागत का ज्ञान हो जाता है।
(iii) चिट्ठा बनाने से व्यापार के दायित्वों की प्रकृति और मूल्य का ज्ञान हो जाता है।
(iv) चिट्ठा बनाने से व्यापार की पूँजी तथा आहरण का ज्ञान हो जाता है।
(v) चिट्ठे की तुलना गत वर्षों के चिट्ठे से करके सम्पत्तियों, दायित्वों व पूँजी में होने वाले परिवर्तन का ज्ञान हो जाता है।
(vi) चिट्ठे के आधार पर ही नए वर्ष के प्रथम दिन प्रारम्भिक प्रविष्टियाँ की जाती हैं।
(vii) चिट्ठा बनाने से व्यापार में रोकड़ व बैंक शेष का ज्ञान हो जाता है।
(viii) चिट्ठा बनाने से वर्ष के अन्त में शेष बिना बिका माल (अन्तिम रहतिया) का ज्ञान हो जाता है।
(ix) चिट्ठा बनाने से देनदारों एवं लेनदारों का ज्ञान हो जाता है अर्थात् कितनी रकम व्यापार को लेनी है एवं कितनी रकम व्यापार को देनी है, का पता चलता है।

आर्थिक चिट्ठे का प्रारूप Format of Balance Sheet

चिट्ठे के दो भाग होते हैं, इसके बाईं ओर दायित्वों तथा पूँजी को दिखाया जाता है तथा दाईं ओर सम्पत्तियों को दिखाया जाता है। चिट्ठे का बायाँ भाग **दायित्व पक्ष** (Liability side) व दायाँ भाग **सम्पत्ति पक्ष** (Assets side) कहलाता है। एकाकी व साझेदारी संस्थाओं में चिट्ठे बनाने के लिए कोई वैधानिक प्रारूप नहीं है, लेकिन फिर भी सम्पत्ति तथा दायित्व पक्षों की विभिन्न मदों को एक निश्चित क्रम में दिखाया जाता है, जिसे क्रमबद्ध करना (Marshalling) कहते हैं।

आर्थिक चिट्ठे में सम्पत्तियों एवं दायित्वों को क्रमानुसार लिखने के निम्नलिखित दो तरीके हैं—

(i) **तरलता क्रम** (Order of Liquidity) इस विधि के अनुसार, सम्पत्तियों को शीघ्र रोकड़ में परिवर्तित होने के क्रम से और दायित्वों को उनके भुगतान करने के क्रम से लिखते हैं अर्थात् जिस सम्पत्ति का मूल्य सबसे पहले वसूल हो सकता है, उसे सबसे पहले लिखा जाता है और फिर वसूली में जिस क्रम से समय लगता है, उसी क्रम में सम्पत्तियों को दिखाया जाता है। इसी प्रकार, जिस दायित्व का सबसे पहले भुगतान करना होता है, उसे सबसे पहले दिखाया जाता है और फिर जिस क्रम से भुगतान करना होता है, उसे उसी क्रम में दिखाया जाता है।

तरलता क्रम में आर्थिक चिट्ठे का प्रारूप निम्नांकित है—

Balance Sheet
as on ......

Liabilities		Amt (₹)	Assets	Amt (₹)
Current Liabilities			**Current Assets**	
Bank Overdraft		—	Cash in Hand	—
Bills Payable		—	Cash at Bank	—
Sundry Creditors		—	Bills Receivable	—
Outstanding Expenses		—	Short Term Investment	—
Unearned Income		—	Sundry Debtors	—
Long Term Liabilities			Closing Stock	—
Loan		—	Prepaid Expenses	—
Reserve		—	Accrued Income	—
Capital		—	**Fixed Assets**	
Opening Balance			Long Term Investment	—
(+/–) Net Profit/			Furniture	—
Net Loss	—		Loose Tools	—
(–) Drawings	—		Motor Vehicle	—
			Machine	—
			Land & Building	—
			Patents	—
			Goodwill	—
		—		—
Contingent Liabilities				

(ii) **स्थिरता क्रम** (Order of Permanance) इस क्रम का उपयोग संयुक्त पूँजी कम्पनी एवं सहकारी समितियों द्वारा किया जाता है। यह क्रम तरलता क्रम से बिल्कुल विपरीत है। इसमें सबसे पहले स्थायी सम्पत्तियाँ व स्थायी दायित्व लिखे जाते हैं, उसके बाद चालू सम्पत्तियाँ एवं दायित्व लिखे जाते हैं।

स्थिरता क्रम में आर्थिक चिट्ठे का प्रारूप निम्नांकित है—

Balance Sheet
as on ....

Liabilities	Amt (₹)	Assets	Amt (₹)
Capital		**Fixed Assets**	
Opening Balance		Goodwill	—
(+/–) Net Profit/		Patents	—
Net Loss —	—	Land & Building	—
(–) Drawings —	—	Plant & Machine	—
Reserve	—	Motor Vehicle	—
Long Term Liabilities		Loose Tools	—
Loan		Furniture	—
Current Liabilities		Long Term Investment	—
Unearned Income	—	**Current Assets**	
Outstanding Expenses	—	Accrued Income	—
Sundry Creditors	—	Prepaid Expenses	—
Bills Payable	—	Closing Stock	—
Bank Overdraft	—	Sundry Debtors	—
		Short Term Investment	—
		Bills Receivable	—
		Cash at Bank	—
		Cash in Hand	—
	—		—
Contingent Liabilities			

सम्पत्तियों का वर्गीकरण Classification of Assets

व्यापार में विद्यमान मूर्त एवं अमूर्त अधिकार जिनका व्यापार के स्वामी के लिए आर्थिक मूल्य हो, सम्पत्तियाँ (Assets) कहलाती हैं।

इन्हें निम्नलिखित शीर्षकों में वर्गीकृत किया जा सकता है—

1. **स्थायी या अचल सम्पत्तियाँ** (Fixed Assets) वे सम्पत्तियाँ, जो व्यापार में स्थायी प्रयोग के लिए या व्यापार में लम्बे समय के प्रयोग के लिए क्रय की जाती हैं, स्थायी अथवा अचल सम्पत्तियाँ कहलाती हैं। स्थायी सम्पत्तियों में मूर्त एवं अमूर्त दोनों सम्पत्तियों को सम्मिलित किया जाता है।

   (i) वे सम्पत्तियाँ, जिनका निश्चित रूप व आकार होता है तथा जिन्हें स्पर्श कर सकते हैं व देख सकते हैं, **मूर्त सम्पत्तियाँ** कहलाती हैं; जैसे—भूमि एवं भवन, फर्नीचर, मशीन, आदि।

   (ii) वे सम्पत्तियाँ, जिन्हें न तो देख सकते हैं और न ही स्पर्श कर सकते हैं, **अमूर्त सम्पत्तियाँ** कहलाती हैं; जैसे—ख्याति, ट्रेडमार्क, एकस्व पट्टा, आदि।

   स्थायी सम्पत्तियों की प्रमुख विशेषताएँ निम्नलिखित हैं—

   (a) ये स्थायी प्रकृति की होती हैं।

   (b) इन सम्पत्तियों को निरन्तर प्रयोग करने के उद्देश्य से क्रय किया जाता है।

   (c) इनको शीघ्र नहीं बेचा जा सकता है।

2. **अस्थायी या चालू सम्पत्तियाँ** (Current Assets) वे सम्पत्तियाँ, जो व्यापार के संचालन एवं विक्रय के लिए क्रय की जाती हैं, चल या अस्थायी सम्पत्तियाँ कहलाती हैं। इन सम्पत्तियों का मूल्य प्रतिवर्ष परिवर्तित होता रहता है; जैसे—देनदार, स्कन्ध, रोकड़ शेष, आदि।
3. **तरल सम्पत्तियाँ** (Liquid Assets) वे सम्पत्तियाँ, जो नकद के रूप में व्यापार में विद्यमान हों या सरलता से नकदी में बदली जा सकें, तरल सम्पत्तियाँ कहलाती हैं; जैसे—नकद शेष, बैंक शेष, प्राप्य विपत्र, आदि।
4. **क्षयशील सम्पत्तियाँ** (Wasting Assets) वे सम्पत्तियाँ, जिनका मूल्य समय के व्यतीत होने के साथ-साथ तथा सम्पत्ति का उपयोग होने के साथ-साथ घटता जाता है, क्षयशील सम्पत्तियाँ कहलाती हैं; जैसे—पट्टे पर ली गई सम्पत्ति, तेल के कुएँ, खानें, आदि।
5. **कृत्रिम सम्पत्तियाँ** (Fictitious Assets) वे सम्पत्तियाँ, जो वास्तव में सम्पत्तियाँ नहीं हैं, बल्कि ऐसे खर्चे या हानियाँ हैं, जिन्हें लाभ-हानि खाते में नहीं लिखा गया है, कृत्रिम सम्पत्तियाँ कहलाती हैं; जैसे—प्रारम्भिक व्यय, विशेष विज्ञापन व्यय, आदि।
6. **संदिग्ध सम्पत्तियाँ** (Contingent Assets) ऐसी सम्पत्ति, जो चिट्ठा बनाने की तिथि तक सम्पत्ति नहीं होती हैं, परन्तु किसी विशेष घटना के घटित होने पर सम्पत्ति बन जाती हैं, संदिग्ध सम्पत्ति कहलाती हैं; जैसे—यदि किसी विवाद का फैसला होने पर मिलने वाली सम्पत्ति। इन्हें चिट्ठे के सम्पत्ति पक्ष में न दिखाकर चिट्ठे के योग के नीचे बाईं ओर टिप्पणी के रूप में दिखाते हैं।

दायित्वों का वर्गीकरण Classification of Liabilities

जो व्यापार की देनदारियाँ होती हैं, उन्हें दायित्व (Liabilities) कहते हैं।

इन्हें निम्नलिखित शीर्षकों में वर्गीकृत किया जा सकता है—

1. **स्थायी या अचल दायित्व** (Fixed Liabilities) वे दायित्व, जिनका भुगतान लम्बी अवधि के पश्चात् या व्यापार की समाप्ति पर किया जाता है, स्थायी या दीर्घकालीन दायित्व कहलाते हैं; जैसे—दीर्घकालीन ऋण, बन्धक ऋण, पूँजी, आदि।
2. **अस्थायी अथवा चालू दायित्व** (Current Liabilities) वे दायित्व, जिनका भुगतान अल्प अवधि (प्राय: एक वर्ष) में करना पड़ता है, चालू या अस्थायी दायित्व कहलाते हैं; जैसे—लेनदार, देय बिल, बैंक अधिविकर्ष, आदि।
3. **संदिग्ध या आकस्मिक या सम्भाव्य दायित्व** (Contingent Liabilities) ऐसे दायित्व, जो चिट्ठा बनाने की तिथि तक दायित्व नहीं हैं लेकिन किसी घटना विशेष के घटने पर दायित्व बन सकते हैं, संदिग्ध दायित्व कहलाते हैं; जैसे—भुनाए गए विपत्रों का दायित्व, न्यायालय में विचाराधीन दावे, आदि। इन्हें चिट्ठे के दायित्व पक्ष में न दिखाकर चिट्ठे के योग के नीचे बाईं ओर टिप्पणी के रूप में दिखाते हैं।

अभ्यास प्रश्न

1. अन्तिम खाते में सम्मिलित किया जाता है
(a) व्यापार खाता (b) लाभ-हानि खाता
(c) आर्थिक चिट्ठा (d) ये सभी

2. व्यापार की आर्थिक स्थिति ज्ञात करने हेतु बनाया जाता है
(a) तलपट (b) अन्तिम खाते
(c) खाताबही (d) इनमें से कोई नहीं

3. निर्माण खाता ······ का ही अंग माना जाता है।
(a) व्यापार खाते (b) लाभ-हानि खाते
(c) आर्थिक चिट्ठा (d) इनमें से कोई नहीं

4. निर्माणी संस्थाओं द्वारा माल की लागत ज्ञात करने हेतु बनाया जाता है
(a) व्यापार खाता (b) लाभ-हानि खाता
(c) निर्माण खाता (d) ये सभी

5. निर्माण खाता बनाया जाता है
(a) जिनके यहाँ वस्तुओं का निर्माण होता है
(b) जिनके यहाँ वस्तुओं का उत्पादन होता है
(c) 'a' और 'b' दोनों
(d) उपरोक्त में से कोई नहीं

6. व्यापार खाता है
(a) वास्तविक खाता (b) अवास्तविक खाता
(c) व्यक्तिगत खाता (d) इनमें से कोई नहीं

7. व्यापार खाता बनाने का उद्देश्य है
(a) सकल लाभ अथवा हानि ज्ञात करना
(b) विक्रय पर प्रत्यक्ष व्ययों की दर ज्ञात करना
(c) माल की लागत ज्ञात करना
(d) उपरोक्त सभी

8. व्यापार खाते के ऋणी पक्ष में सम्मिलित किया जाता है
(a) विक्रय को (b) क्रय को
(c) अन्तिम स्कन्ध को (d) इनमें से कोई नहीं

9. प्रेषण पर भेजे गए माल के अन्तिम रहतिया को दर्शाया जाता है
(a) व्यापार खाते के ऋणी पक्ष में
(b) व्यापार खाते के धनी पक्ष में
(c) लाभ-हानि खाते के ऋणी पक्ष में
(d) लाभ-हानि खाते के धनी पक्ष में

10. व्यापार खाते से प्राप्त 'सकल लाभ' को लाभ-हानि खाते के ······ में दर्शाया जाता है।
(a) ऋणी पक्ष (b) धनी पक्ष
(c) 'a' और 'b' दोनों पक्षों में (d) इनमें से कोई नहीं

11. शुद्ध विक्रय में से सकल लाभ को घटाने पर ज्ञात होती है
(a) बिक्रीत माल की लागत (b) अन्तिम रहतिया
(c) प्रारम्भिक रहतिया (d) इनमें से कोई नहीं

12. व्यापार खाते में ············ नहीं दिखाई जाती है।
(a) आगत ढुलाई (b) निर्गत ढुलाई
(c) मजदूरी (d) कारखाना बिजली

13. ············ व्यापार खाते में दर्शाया जाता है।
(a) गैस एवं ईंधन (b) वेतन
(c) कमीशन (d) किराया

14. प्रत्यक्ष व्यय का लेखा किया जाता है
(a) चिट्ठे में
(b) व्यापार खाते में
(c) लाभ-हानि खाते के ऋणी पक्ष में
(d) लाभ-हानि खाते के धनी पक्ष में

15. लाभ-हानि खाते के ऋणी पक्ष में दर्शाया जाता है
(a) आयगत व्ययों को (b) पूँजीगत व्ययों को
(c) 'a' और 'b' दोनों को (d) इनमें से कोई नहीं

16. लाभ-हानि खाते के धनी पक्ष में दर्शाया जाता है
(a) डूबत ऋण प्राप्त (b) प्राप्त कमीशन
(c) ऋण पर प्राप्त ब्याज (d) ये सभी

17. बाह्य भाड़ा लिखा जाता है
(a) व्यापार खाते के ऋणी पक्ष में
(b) लाभ-हानि खाते के ऋणी पक्ष में
(c) व्यापार खाते के धनी पक्ष में
(d) लाभ-हानि खाते के धनी पक्ष में

18. लाभ-हानि खाता ·········· द्वारा तैयार किया जाता है।
(a) साझेदारी फर्म द्वारा (b) एकल व्यापारी द्वारा
(c) कम्पनी द्वारा (d) इन सभी के द्वारा

19. व्यापारिक व्यय लिखे जाते हैं
(a) व्यापार खाते में (b) लाभ-हानि खाते में
(c) चिट्ठे में (d) इनमें से कोई नहीं

20. 'विक्रय गाड़ी भाड़ा' अन्तिम खातों में दिखाया जाएगा
(a) व्यापार खाते के ऋणी पक्ष में
(b) व्यापार खाते के धनी पक्ष में
(c) लाभ-हानि खाते के ऋणी पक्ष में
(d) लाभ-हानि खाते के धनी पक्ष में

21. ऋण तथा पूँजी पर ब्याज एक प्रकार का है
(a) बिक्री तथा वितरण व्यय (b) वित्तीय व्यय
(c) प्रबन्ध व्यय (d) इनमें से कोई नहीं

22. पूँजीगत व्ययों का लेखा किया जाता है
(a) व्यापारिक व लाभ-हानि खाते में
(b) निर्माण खाते में
(c) चिट्ठे में
(d) उपरोक्त में से कोई नहीं

23. व्यापार की आर्थिक स्थिति को प्रदर्शित करता है
(a) व्यापार खाता (b) लाभ-हानि खाता
(c) आर्थिक चिट्ठा (d) इनमें से कोई नहीं

24. आर्थिक चिट्ठा तैयार किया जाता है
(a) एक निश्चित अवधि में (b) एक निश्चित तिथि को
(c) सप्ताह में (d) इनमें से कोई नहीं

25. आर्थिक चिट्ठे का पक्ष है
(a) सम्पत्ति पक्ष (b) दायित्व पक्ष
(c) 'a' और 'b' दोनों (d) इनमें से कोई नहीं

26. आर्थिक चिट्ठे में आते हैं
(a) व्यक्तिगत खातों के शेष
(b) वास्तविक खातों के शेष
(c) 'a' और 'b' दोनों
(d) उपरोक्त में से कोई नहीं

27. आर्थिक चिट्ठा एक .... है।
(a) खाता (b) विवरण
(c) बही (d) इनमें से कोई नहीं

28. आर्थिक चिट्ठे के दोनों पक्षों का योग होना चाहिए
(a) सम्पत्ति = दायित्व (b) सम्पत्ति > दायित्व
(c) सम्पत्ति < दायित्व (d) इनमें से कोई नहीं

29. दायित्वों को वर्गीकृत किया गया है
(a) अचल दायित्व में (b) चालू दायित्व में
(c) 'a' और 'b' दोनों में (d) इनमें से कोई नहीं

30. सम्पत्तियों को बाँटा गया है
(a) स्थायी सम्पत्तियों में (b) अस्थायी सम्पत्तियों में
(c) तरल सम्पत्तियों में (d) इन सभी में

31. निम्नलिखित में से कौन-सी चालू सम्पत्ति नहीं है?
(a) रहतिया (b) अग्रिम भुगतान किया वेतन
(c) प्रारम्भिक व्यय (d) देनदार

32. चालू सम्पत्तियों में सम्मिलित नहीं किया जाता है
(a) रोकड़ (b) व्यापारिक रहतिया
(c) फर्नीचर (d) अग्रिम भुगतान

33. निम्नलिखित में से कौन चालू सम्पत्तियों की श्रेणी में नहीं आता है?
(a) रहतिया (b) ख्याति
(c) रोकड़ (d) देनदार

34. कृत्रिम सम्पत्ति है
(a) विनियोग (b) फर्नीचर
(c) ख्याति (d) रहतिया
संकेत *यह प्रश्न सही नहीं है। ख्याति एक अमूर्त सम्पत्ति है।*

35. निम्नलिखित में से कौन स्थायी सम्पत्ति नहीं है?
(a) भूमि एवं भवन (b) यन्त्र एवं उपकरण
(c) फर्नीचर (d) व्यापारिक रहतिया

36. अमूर्त सम्पत्ति है
(a) विनियोग (b) फर्नीचर (c) ख्याति (d) रहतिया

37. चालू सम्पत्ति है
(a) रोकड़ (b) फर्नीचर
(c) मशीन (d) इनमें से कोई नहीं

38. .... चालू दायित्व नहीं है।
(a) लेनदार (b) देय बिल
(c) बैंक अधिविकर्ष (d) पूँजी

39. .... आर्थिक चिट्ठे में दर्शाया जाता है।
(a) वेतन (b) किराया एवं कर
(c) मरम्मत (d) रोकड़

40. पूँजी में शुद्ध लाभ दर्शाया जाता है
(a) जोड़कर (b) घटाकर
(c) 'a' और 'b' दोनों (d) इनमें से कोई नहीं

41. स्थायी सम्पत्ति नहीं है
(a) भूमि एवं भवन (b) रहतिया
(c) फर्नीचर (d) मशीन

42. रोकड़ है
(a) तरल सम्पत्ति (b) अचल सम्पत्ति
(c) स्थायी सम्पत्ति (d) इनमें से कोई नहीं

43. 'भुनाए गए विपत्रों' का दायित्व है
(a) स्थायी दायित्व (b) चालू दायित्व
(c) संदिग्ध दायित्व (d) इनमें से कोई नहीं

उत्तरमाला

1.	(d)	2.	(b)	3.	(a)	4.	(c)	5.	(c)	6.	(b)	7.	(d)	8.	(b)	9.	(b)	10.	(b)
11.	(a)	12.	(b)	13.	(a)	14.	(b)	15.	(a)	16.	(d)	17.	(b)	18.	(d)	19.	(b)	20.	(c)
21.	(b)	22.	(c)	23.	(c)	24.	(b)	25.	(c)	26.	(c)	27.	(b)	28.	(a)	29.	(c)	30.	(d)
31.	(c)	32.	(c)	33.	(b)	34.	(c)	35.	(d)	36	(c)	37.	(a)	38.	(d)	39.	(d)	40.	(a)
41.	(b)	42.	(a)	43.	(c)														

अध्याय 28

कम्पनी का परिसमापन
Liquidation of Company

कम्पनी परिसमापन का अर्थ
Meaning of Liquidation of Company

कम्पनी समापन का आशय कम्पनी के पूर्ण विघटन से है। यह एक ऐसी कार्यवाही है, जिसके द्वारा कम्पनी का व्यापार बन्द कर दिया जाता है, कम्पनी की सम्पत्तियाँ बेच दी जाती हैं, कम्पनी की सम्पत्तियों, आदि से प्राप्त धन का लेनदारों को भुगतान करने के लिए प्रयोग किया जाता है और यदि विभिन्न प्रकार के लेनदारों को भुगतान करने के बाद कुछ रकम शेष बचती है, तो उसे अन्तर्नियमों में दी गई व्यवस्थाओं के अनुसार अंशधारियों में बाँट दिया जाता है। इस प्रकार कम्पनी के समापन से तात्पर्य उस प्रक्रिया से है, जिसके द्वारा कम्पनी का जीवन समाप्त किया जाता है।

कम्पनी परिसमापन की रीतियाँ
Modes of Liquidation of Company

कम्पनी अधिनियम, 2013 की धारा 270 (1) के अनुसार, एक कम्पनी का समापन निम्नलिखित में से किसी भी विधि से हो सकता है—

1. **अनिवार्य समापन अथवा ट्रिब्यूनल द्वारा समापन** (Compulsory Winding-up or Winding-up by Tribunal) जब कम्पनी का समापन ट्रिब्यूनल के आदेश पर होता है, तो इसे ट्रिब्यूनल द्वारा समापन या अनिवार्य समापन कहते हैं।
2. **ऐच्छिक समापन** (Voluntary Winding-up) ऐच्छिक समापन से आशय किसी समामेलित कम्पनी के ऐसे समापन से है, जो ट्रिब्यूनल के हस्तक्षेप के बिना, कम्पनी के लेनदारों अथवा अंशधारियों के द्वारा किया जाता है।

स्थिति विवरण Statement of Affairs

धारा 454 के अनुसार, कम्पनी के समापन के आदेश से निस्तारक की नियुक्ति के 30 दिनों के अन्दर, कम्पनी द्वारा आधिकारिक निस्तारक को कम्पनी के क्रियाकलापों का विवरण (स्थिति विवरण) प्रस्तुत करना अनिवार्य है, बशर्ते न्यायालय द्वारा कोई अन्य आदेश न दिया गया हो। स्थिति विवरण निर्धारित प्रारूप में एवं शपथ-पत्र द्वारा सत्यापित होना अनिवार्य है। इसमें आठ सूचियाँ निहित हैं।

कमी अथवा आधिक्य खाता
Deficiency or Surplus Account

कमी या आधिक्य खाता स्थिति विवरण में कमी या आधिक्य को प्रमाणित करने हेतु तैयार किया जाता है।

इसका प्रारूप निम्न प्रकार है—

List 'H' Deficiency or Surplus Account

Particulars		Amt (₹)
Items Contributing to Deficiency (or reducing surplus):		
1. Excess (if any) of capital and liabilities over assets on the ....20..... as shown by balance sheet (copy annexed)		—
2. Net dividends and bonus declared during the period .....20..... to the date of statement		—
3. Net trading losses (after charging items shown in note below) for the same period		—
4. Losses other than trading losses written-off or for which provision has been made in the books during the same period (give particulars or annex schedule)		—
5. Estimated loss now written-off or for which provision has been made for the purpose of preparing the statement (give particulars or annex schedule)		—
6. Other items contributing to deficiency or reducing surplus.		—
Items Reducing Deficiency (or contributing to surplus) :		
7. Excess (if any) of assets over capital and liabilities ₹ .... on the ... 20.....as shown in the balance sheet (copy annexed)	—	
8. Net trading profits (after charging items shown in note below) for the period from the .....20..... to the date of statement	—	
9. Profits and income other than trading profits during the same period (give particulars or annex schedule)	—	
10. Other items reducing deficiency or contributing to surplus	—	—
Deficiency (surplus as shown by statement)		—

निस्तारक का अन्तिम विवरण खाता
Liquidator's Final Statement of Account

एक कम्पनी के समापन की प्रक्रिया के अन्तर्गत व्यवस्थापक अर्थात् निस्तारक की नियुक्ति की जाती है, जो कम्पनी पर नियन्त्रण रखता है, इसकी सम्पत्तियों की वसूली करता है, ऋणों का भुगतान करता है और अन्त में शेष आधिक्य को सदस्यों के मध्य उनके अधिकारों के अनुसार वितरित करता है।

अत: यह निस्तारक का कर्त्तव्य है कि वह सम्पत्तियों से वसूली करे एवं जिन लोगों के पास उचित दावे हैं, उन सभी को राशि वितरित करे। उसे एक विवरण तैयार करना होता है, जिसमें यह प्रदर्शित किया जाता है कि कितनी वसूली हुई है एवं कितना चुकाया गया है। इस उद्देश्य हेतु उसे एक विवरण खाता तैयार करना पड़ता है, जिसे निस्तारक का अन्तिम विवरण खाता कहते हैं।

इसका प्रारूप निम्न प्रकार है—

Liquidator's Final Statement of Account

Receipts		Amt (₹)	Payments		Amt (₹)
Cash in Hand		—	Legal Charges		—
Cash at Bank		—	**Liquidator's Remuneration :**		
Amount Realised from			(i) Fixed Amount (if any)	—	
the Sale of Assets :			(ii) % On Amount Realised from Assets	—	
Land and Building	—		(iii) % On Amount Paid to Trade Payables	—	
Plant and Machinery	—		(iv) % On Amount Paid to Shareholders	—	—
Furniture	—		Liquidation expenses or cost of winding-up		—
Inventories	—		debentureholders or other creditors having		
Trade Receivables	—	—	a floating charge on the assets of the company		—
Surplus amount received from secured creditors calls from shareholders @ ...₹...on...shares			Preferential Creditors		—
			Unsecured Creditors		—
		—	Preferential Shareholders (Refund of capital)		
			Equity Shareholders (Refund of capital)		—
		—			—

अभ्यास प्रश्न

1. कम्पनी समापन की विधियाँ हैं
(a) 1 (b) 2 (c) 3 (d) 4

2. 'कम्पनी का समापन' के सम्बन्ध में कम्पनी अधिनियम की धारा है
(a) 256 (b) 55 (c) 270 (d) 205

3. जब ट्रिब्यूनल द्वारा कम्पनी का समापन किया जाता है, तो उसे कहते हैं
(a) ऐच्छिक समापन (b) अनिवार्य समापन
(c) न्यायालय द्वारा समापन (d) इनमें से कोई नहीं

4. कम्पनी का ऐच्छिक समापन का सम्बन्ध होता है
(a) सदस्यों की स्वेच्छा से समापन
(b) लेनदारों की स्वेच्छा समापन
(c) सदस्यों व लेनदारों की स्वेच्छा से समापन
(d) संचालकों की स्वेच्छा से समापन

5. कम्पनी के समापन के समय स्थिति विवरण निस्तारक की नियुक्ति के कितने दिनों के अन्दर प्रस्तुत करना अनिवार्य है?
(a) 20 दिन (b) 30 दिन
(c) 14 दिन (d) 25 दिन

6. धनदाता होता है
(a) लेनदार (b) ऋणपत्रधारी
(c) अंशधारी (d) इनमें से कोई नहीं

7. निस्तारक का अन्तिम विवरण खाता तैयार किया जाता है
(a) केवल अनिवार्य समापन पर
(b) केवल सदस्यों की स्वेच्छा से समापन की दशा में
(c) केवल लेनदारों की स्वेच्छा से समापन की दशा में
(d) उपरोक्त सभी

8. न्यूनता खाता को स्थिति विवरण में दिखाया जाता है
(a) सूची 'ए' में (b) सूची 'बी' में
(c) सूची 'एच' में (d) सूची 'डी' में

9. कम्पनी के समापन पर सबसे पहले भुगतान किया जाता है
(a) कानूनी व्यय का (b) ऋणपत्रधारियों को
(c) अंशधारियों को (d) लेनदारों को

10. कम्पनी के समापन पर कमी या आधिक्य को प्रमाणित करने के लिए बनाया जाता है
(a) कमी अथवा आधिक्य खाता (b) लाभ-हानि का विवरण
(c) आर्थिक चिट्ठा (d) इनमें से कोई नहीं

कम्पनियों का समापन

11. सुरक्षित लेनदारों को स्थिति विवरण में दिखाया जाता है
(a) सूची 'ए' में (b) सूची 'बी' में
(c) सूची 'सी' में (d) सूची 'डी' में

12. भविष्य निधि से एक कर्मचारी को देय कोई राशि एक उदाहरण है
(a) असुरक्षित लेनदार (b) रक्षित लेनदार
(c) पूर्वाधिकार लेनदार (d) इनमें से कोई नहीं

13. स्थिति विवरण तैयार किया जाता है
(a) निस्तारक द्वारा (b) संचालकों द्वारा
(c) प्रापक द्वारा (d) न्यायालय द्वारा

14. सूची 'एफ' सम्बन्धित है
(a) पूर्वाधिकार लेनदारों से (b) ऋणपत्रधारियों से
(c) पूर्वाधिकार अंशधारियों से (d) असुरक्षित लेनदारों से

15. कम्पनी का समापन होता है
(a) व्यापार बन्द करने से
(b) सम्पत्तियाँ बेचने से
(c) वैधानिक अस्तित्व समाप्त होने से
(d) अन्तर्नियमों द्वारा

16. न्यायालय द्वारा समापन हेतु आवश्यक है
(a) साधारण प्रस्ताव (b) असाधारण प्रस्ताव
(c) विशेष प्रस्ताव (d) साधारण सभा के द्वारा प्रस्ताव

17. न्यायालय से समापन का आदेश प्राप्त होने पर इसकी सूचना देना आवश्यक है
(a) रजिस्ट्रार को (b) संचालकों को
(c) प्रवर्तकों को (d) अंशधारियों को

18. सदस्यों द्वारा ऐच्छिक समापन करने पर संचालकों द्वारा की जाने वाली घोषणा है
(a) व्यापार प्रगति घोषणा
(b) शोधन क्षमता की घोषणा
(c) समापन की घोषणा
(d) निस्तारक नियुक्ति की घोषणा

19. कम्पनी के समापन पर स्थिति विवरण के साथ संलग्न सूचियों की संख्या है
(a) पाँच (b) चार (c) आठ (d) छः

20. चल प्रभार से सुरक्षित लेनदारों की सूची है
(a) सूची 'ए' (b) सूची 'बी'
(c) सूची 'सी' (d) सूची 'डी'

उत्तरमाला

1	(b)	2	(c)	3	(b)	4	(c)	5	(b)	6	(c)	7	(d)	8	(c)	9	(a)	10	(a)
11	(b)	12	(c)	13	(b)	14	(c)	15	(c)	16	(c)	17	(a)	18	(b)	19	(c)	20	(d)

अध्याय 29

कम्पनियों के वित्तीय विवरण व उनका विश्लेषण

Financial Statements of Companies and Their Analysis

वित्तीय विवरण का अर्थ व परिभाषा
Meaning and Definition of Financial Statement

वित्तीय विवरण एक निश्चित समय पर संस्था की वित्तीय स्थिति तथा एक समयावधि की क्रियाओं के परिणामों का चित्रण है।

जॉन मायर के अनुसार, "वित्तीय विवरण एक व्यावसायिक संस्था के लेखों का सारांश होता है, जिसमें चिट्ठा एक निश्चित तिथि पर सम्पत्तियों, दायित्वों एवं पूँजी दर्शाता है और आय विवरण एक निश्चित अवधि के परिणाम एवं परिचालनों को दर्शाता है।" *कम्पनी अधिनियम, 2013 की धारा 2(40) के अनुसार, कम्पनी के वित्तीय विवरणों में निम्नलिखित को सम्मिलित किया जाएगा–*

1. स्थिति विवरण (Balance sheet)
2. लाभ-हानि का विवरण (Statement of profit and loss)
3. रोकड़-प्रवाह विवरण (Statement of cash flow)
4. समता में परिवर्तनों का विवरण (Statement of change in equity)
5. स्पष्टीकरण नोट (Explanatory notes)

वित्तीय विवरणों की प्रकृति
Nature of Financial Statements

वित्तीय विवरणों की प्रकृति निम्न प्रकार है–

1. वित्तीय विवरण उन लेन-देनों पर आधारित होते हैं, जिनका लेखा पुस्तकों में किया गया है।
2. वित्तीय विवरण लेखांकन सिद्धान्तों व परम्पराओं (Conventions) पर आधारित होते हैं।
3. वित्तीय विवरण व्यक्तिगत निर्णयों से प्रभावित होते हैं।
4. लेखांकन अवधारणाएँ वित्तीय विवरण बनाने में सहायक होती हैं।

वित्तीय विवरणों के उद्देश्य
Objectives of Financial Statements

वित्तीय विवरणों के उद्देश्य निम्न हैं–

1. आवश्यक सूचनाएँ उपलब्ध कराना।
2. संस्था की लाभार्जन शक्ति का अनुमान लगाना।
3. संसाधनों का प्रभावपूर्ण उपयोग।
4. वित्तीय पूर्वानुमान उपलब्ध कराना।
5. वित्तीय विवरण तैयार करना।
6. भावी रोकड़ प्रवाह का अनुमान लगाना।

वित्तीय विवरणों की सीमाएँ
Limitations of Financial Statements

वित्तीय विवरणों की सीमाएँ निम्न हैं–

1. इसमें तथ्यों की सूक्ष्मता का अभाव होता है।
2. इसमें गैर-मौद्रिक लेन-देनों का अभाव होता है।
3. ऊपरी दिखावों से वास्तविकता छिप जाती है।
4. वित्तीय विवरण पूर्व घटनाओं पर आधारित होते हैं।
5. इसमें भावी घटनाओं का आभास नहीं हो पाता है।
6. मूल्य-स्तर में परिवर्तन से तुलना की समस्या होती है।
7. इसमें पक्षपात होने की सम्भावना रहती है।
8. यह अन्तरिम प्रतिवेदन का आधार है।

चिट्ठे का प्रारूप Format of the Balance Sheet

कम्पनी अधिनियम, 2013 की अनुसूची III के भाग I के अन्तर्गत चिट्ठे का निर्धारित प्रारूप इस प्रकार है—

Name of the Company ....

Balance Sheet
as at .... (₹ in......)

Particulars	Note No.	Figures as at the end of the Current Reporting Period	Figures as at the end of the Previous Reporting Period
1	2	3	4
I. EQUITY AND LIABILITIES			
1. **Shareholders Funds**			
(a) Share Capital			
(b) Reserves and Surplus			
(c) Money Received against Share Warrants			
2. **Share Application Money Pending Allotment**			
3. **Non-current Liabilities**			
(a) Long-term Borrowings			
(b) Deferred Tax Liabilities (Net)			
(c) Other Long-term Liabilities			
(d) Long-term Provisions			
4. **Current Liabilities**			
(a) Short-term Borrowings			
(b) Trade Payables			
(c) Other Current Liabilities			
(d) Short-term Provisions			
Total		......	......
II. ASSETS			
1. **Non-current Assets**			
(a) Fixed Assets			
(i) Tangible Assets			
(ii) Intangible Assets			
(iii) Capital Work-in-Progress			
(iv) Intangible Assets under Development			
(b) Non-current Investment			
(c) Deferred Tax Assets (Net)			
(d) Long-term Loans and Advances			
(e) Other Non-current Assets			
2. **Current Assets**			
(a) Current Investments			
(b) Inventories			
(c) Trade Receivable			
(d) Cash and Cash Equivalents			
(e) Short-term Loans and Advances			
(f) Other Current Assets			
Total		......	......

लाभ-हानि विवरण का प्रारूप Format of Statement of Profit and Loss

कम्पनी अधिनियम, 2013 की अनुसूची III के भाग II में लाभ-हानि विवरण का निर्धारित प्रारूप निम्न प्रकार है—

Name of the Company ....

Statement of Profit and Loss
for the year ended ......

Particulars	Note No.	Figures for the Current Reporting Period (₹)	Figures for the Previous Reporting Period (₹)
I. Revenue from Operations		......	......
II. Other Income		......	......
III. Total Revenue (I +II)		......	......
IV. Expenses			
Cost of Materials Consumed		......	......
Purchase of Stock-in-trade		......	......
Change in Inventories of Finished Goods		......	......
Work-in-progress and Stock-in-trade		......	......
Employees Benefits Expenses		......	......
Finance Costs		......	......
Depreciation and Amortisation Expenses		......	......
Other Expenses		......	......
Total Expenses		......	......
V. Profit Before Exceptional and Extraordinary Items and Tax (III-IV)		......	......
VI. Exceptional Items			
VII. Profit before Extraordinary Items and Tax (V-VI)		......	......
VIII. Extraordinary Items		......	......
IX. Profit before Tax (VII-VIII)		......	......
X. Tax Expenses			
1. Current Tax		....	......
2. Deferred Tax		......	......
XI. Profit (Loss) for the Period from Continuing Operations (VII-VIII)		......	......
XII. Profit (Loss) from Discontinuing Operations		......	......
XIII. Tax Expenses of Discontinuing Operations		......	......
XIV. Profit (Loss) from Discontinuing Operations (after tax) (XII-XIII)		......	......
XV. Profit (Loss) for the Period (XI-XIV)		......	......
XVI. Earnings per Equity Shares			
1. Basic		......	......
2. Diluted		......	......

वित्तीय विश्लेषण का अर्थ व परिभाषाएँ
Meaning and Definitions of Financial Analysis

वित्तीय विश्लेषणों से आशय किसी व्यवसाय की आर्थिक स्थिति एवं लाभार्जन शक्ति का पता लगाने के लिए विवरण-पत्रों में प्रस्तुत किए गए तथ्यों को किसी वैज्ञानिक रीति द्वारा सुविधाजनक अवयवों में वर्गीकृत एवं विन्यासित करना है, जिससे इनसे अर्थपूर्ण निष्कर्ष निकाले जा सकें।

कैनेडी एवं **मैकमुलन** के अनुसार, ''वित्तीय विवरणों का विश्लेषण एवं निर्वचन सूचना को इस प्रकार प्रस्तुत करना है, जिससे व्यवसाय के प्रबन्धकों, विनियोगकर्ताओं, लेनदारों एवं अन्य वर्गों, जो व्यवसाय की वित्तीय स्थिति व परिचालन परिणामों में रुचि रखते हैं, निर्णय में सहायक हो सकें।''

स्पाइसर एवं **पेगलर** के अनुसार, ''खातों की व्याख्या वह कला एवं विज्ञान है, जिसके द्वारा उनमें दिए गए अंकों के अर्थ को इस प्रकार स्पष्ट करना है कि उनसे एक व्यवसाय की वित्तीय सामर्थ्य अथवा दुर्बलता तथा उसके कारण प्रकट हो सकें।''

अत: वित्तीय विवरणों में मुख्यत: स्थिति विवरण, लाभ-हानि खाता एवं कोष-प्रवाह विवरण को सम्मिलित किया जाता है।

वित्तीय विश्लेषण के उद्देश्य
Objectives of Financial Analysis

वित्तीय विश्लेषण का मुख्य उद्देश्य व्यावसायिक संस्था के चिट्ठे से उसकी शोधन क्षमता ज्ञात करना, आय विवरण से लाभदायकता अथवा प्रक्रियाओं की कुशलता निर्धारित करना तथा समान स्थिति वाली संस्थाओं की तुलना में वित्तीय शक्ति का मूल्यांकन करना है।

वित्तीय विश्लेषण के मुख्य उद्देश्य निम्न हैं—

1. **वित्तीय सुदृढ़ता की माप** व्यवसाय अपनी वित्तीय सुदृढ़ता का मापन विभिन्न अनुपातों की गणना करके करता है। यदि यह प्रतिकूल पाई जाती है, तो सुधारात्मक कदम उठाए जाते हैं।
2. **शोधन क्षमता की माप** लेनदार सदैव शोधन क्षमता अर्थात् अपने व्यवसाय सम्बन्धी ऋणों का भुगतान करने की क्षमता में रुचि रखते हैं। अल्पकालीन ऋणों के भुगतान के लिए तरलता तथा दीर्घकालीन ऋणों के भुगतान के लिए ऋण समता अनुपात ज्ञात किया जाता है।
3. **लाभदायकता की माप** लाभदायकता की माप के लिए सकल लाभ, शुद्ध लाभ, व्यय एवं परिचालन अनुपातों की गणना की जाती है। इन अनुपातों के अधिक व कम होने की स्थिति में निष्पादन के लिए उत्तरदायी कारणों का मूल्यांकन किया जा सकता है।
4. **भावी कार्यवाही का निर्धारण** विश्लेषण व्यवसाय की लाभदायकता, निष्पादन तथा वित्तीय सुदृढ़ता के बारे में पर्याप्त सूचनाएँ देता है। इन सूचनाओं के आधार पर प्रभावी पूर्वानुमान, बजटन एवं नियोजन किया जा सकता है।
5. **वृद्धि सामर्थ्य का मूल्यांकन** व्यवसाय की प्रवृत्ति एवं गतिशील विश्लेषण व्यवसाय की वृद्धि सामर्थ्य दर्शाने के लिए पर्याप्त सूचनाएँ उपलब्ध करवाता है। यदि प्रवृत्ति कमजोर चित्र प्रस्तुत करती है, तो इसे सुधारने के लिए प्रभावी उपाय किए जा सकते हैं।
6. **उपलब्धियों की प्रवृत्ति दर्शाना** गत वर्षों के वित्तीय विवरणों की तुलना करके विभिन्न व्ययों, क्रय-विक्रय, सकल लाभ, शुद्ध लाभ सम्बन्धी प्रवृत्तियों को ज्ञात किया जाता है।

वित्तीय विश्लेषण की सीमाएँ
Limitations of Financial Analysis

वित्तीय विश्लेषण की सीमाएँ निम्न प्रकार हैं—

1. **तुलना का उचित आधार होना** वित्तीय विवरणों के विश्लेषण के आधार पर लिए गए निष्कर्ष अर्थपूर्ण हो सकते हैं, किन्तु उचित नहीं, क्योंकि परिस्थितियाँ एक संस्था से दूसरी संस्था में भिन्न होती हैं।
2. **मूल्य स्तर में परिवर्तन की अवहेलना** वित्तीय विवरणों से निकाले गए निष्कर्ष, मूल्यों में परिवर्तनों के कारण अर्थहीन हो जाते हैं। इन विवरणों में जो भी सूचनाएँ प्रस्तुत की जाती हैं, वे मुद्रा में प्रकट की जाती हैं, जिसे स्थिर माना जाता है, किन्तु मूल्य स्तर में परिवर्तन के कारण उनके मूल्य स्थिर नहीं रहते, बदलते रहते हैं।
3. **मानव तत्व के अधीन** वित्तीय विश्लेषण मानव के हाथों में होता है, जिसका उचित प्रयोग उसकी योग्यता, कुशलता व ईमानदारी पर निर्भर है, किन्तु यदि विश्लेषक ईमानदार व पक्षपातरहित नहीं है, तो उसके द्वारा निकाले गए निष्कर्ष भ्रामक हो सकते हैं।
4. **विश्वसनीयता में कमी** वित्तीय विवरण केवल वित्तीय घटनाओं, जो मुख्यत: मुद्रा में प्रकट की जाती हैं, का उल्लेख होता है। यदि इनके विश्लेषण से प्राप्त सूचनाओं की व्याख्या अन्य स्रोतों से प्राप्त की गई सूचनाओं व गैर-मौद्रिक पहलुओं के साथ नहीं की गई, तो निष्कर्षों के विश्वसनीय होने की सम्भावना कम हो जाती है।
5. **ऐतिहासिक समंक** वित्तीय विवरणों की मद भूतकाल में घटित घटनाओं से सम्बन्धित होती है। इन घटनाओं में अकुशलताएँ एवं कमियाँ भी रह जाती हैं। अत: इनसे निकाले गए निष्कर्ष गलत हो सकते हैं।
6. **भ्रामक निष्कर्ष** यदि वित्तीय विवरणों में विशेष रूप से आर्थिक चिट्ठे व लाभ-हानि विवरण में ऊपरी दिखावटी मदों का प्रयोग किया गया हो, तो इन वित्तीय आर्थिक विवरणों के विश्लेषण के आधार पर निकाले गए निष्कर्ष भ्रमपूर्ण ही निकलेंगे।
7. **अपूर्ण सूचनाएँ** प्राय: विश्लेषण हेतु पूर्ण सूचनाएँ प्राप्त नहीं हो पाती हैं। अत: पूर्ण सूचनाओं के अभाव में लिए गए निर्णय विश्वसनीय नहीं होते हैं।

वित्तीय विश्लेषण के प्रकार
Types of Financial Analysis

वित्तीय विश्लेषणों को दो आधारों पर वर्गीकृत किया जा सकता है —

1. **प्रयुक्त सामग्री के अनुसार**
   (i) **आन्तरिक विश्लेषण** (Internal Analysis) यह विश्लेषण साधारणत: प्रबन्धकीय उद्देश्य के लिए किया जाता है। यह विश्लेषण संस्था के ही कर्मचारियों द्वारा किया जाता है, जिन्हें सभी आवश्यक सूचनाएँ प्राप्त होती हैं। अत: आन्तरिक विश्लेषण अधिक विश्वसनीय है, किन्तु इसमें व्यक्तिगत पक्षपात का भय भी रहता है।
   (ii) **बाह्य विश्लेषण** (External Analysis) यह विश्लेषण बाह्य पक्षों द्वारा किया जाता है, जिनकी पहुँच संस्था के लेखों तक नहीं होती है। ये पक्ष केवल प्रकाशित वार्षिक खातों व अन्य प्राप्त सूचनाओं के आधार पर ही विश्लेषण करते हैं। सूचना के अभाव में बाह्य पक्षों द्वारा किया गया विश्लेषण अपूर्ण होता है, किन्तु पक्षपातरहित होता है।

2. **कार्यप्रणाली के अनुसार**

(i) **क्षैतिज विश्लेषण** (Horizontal Analysis) जब एक मद का विभिन्न समयान्तराल पर अध्ययन किया जाता है, तो इसे क्षैतिज विश्लेषण कहते हैं। इसके अन्तर्गत यह देखा जाता है कि तुलनात्मक विवरण के अन्तर्गत दिखाई गई विभिन्न मदों या तत्त्वों में क्या प्रवृत्ति रही है अर्थात् समय के व्यतीत होने के साथ-साथ उनमें कमी हुई है या वृद्धि।

(ii) **लम्बवत् विश्लेषण** (Vertical Analysis) इसके अन्तर्गत एक विशिष्ट समय के अन्तर्गत विवरण में दिए गए विभिन्न मदों का सापेक्षिक अध्ययन किया जाता है। इसको स्थिर विश्लेषण भी कहा जाता है, क्योंकि इस विधि के प्रयोग में विवरण में दी गई मदों को साधारणतया योग के प्रतिशत रूप में व्यक्त किया जाता है।

वित्तीय विवरणों के विश्लेषण की तकनीकें
Techniques of Financial Statements Analysis

वित्तीय विवरणों के विश्लेषण की तकनीकें निम्नलिखित हैं—

1. **तुलनात्मक वित्तीय विवरण विश्लेषण** (Comparative Financial Statement Analysis) तुलनात्मक वित्तीय विवरण वे विवरण होते हैं, जिनमें अनेक वर्षों से सम्बन्धित लेखांकन समंकों की व्यक्तिगत मदों में हुए परिवर्तनों को सम्मिलित करते हुए संक्षिप्त करके प्रस्तुत किया जाता है।

वित्तीय विश्लेषण हेतु दो प्रकार के तुलनात्मक विवरण बनाए जाते हैं—तुलनात्मक स्थिति विवरण व तुलनात्मक लाभ-हानि विवरण।

(i) **तुलनात्मक चिट्ठा** (Comparative Balance Sheet) तुलनात्मक चिट्ठा विश्लेषण एक ही व्यावसायिक संस्था की विभिन्न तिथियों के दो या दो से अधिक चिट्ठों में समान मदों के समूह एवं संगठित मदों की प्रवृत्ति का अध्ययन है।

(ii) **तुलनात्मक लाभ-हानि विवरण** (Comparative Statement of Profit and Loss) तुलनात्मक लाभ-हानि विवरण व्यवसाय की अनेक लेखांकन अवधियों के परिचालानात्मक परिणाम दर्शाता है ताकि एक अवधि से दूसरी अवधि के निरपेक्ष अंकों में हुए परिवर्तनों को मुद्रा मूल्य या प्रतिशत में व्यक्त किया जा सके।

2. **समानाकार वित्तीय विवरण विश्लेषण** (Common-size Financial Statements Analysis) तुलनात्मक वित्तीय विवरणों में विभिन्न मदों का कुल सम्पत्तियों, दायित्वों व पूँजी या शुद्ध विक्रय से सम्बन्ध तथा इनमें प्रतिवर्ष होने वाले परिवर्तनों को नहीं दर्शाया जाता है। इस कमी के कारण एक संस्था के वित्तीय तथ्यों की तुलना न तो उसी प्रकार की अन्य संस्थाओं से और न ही सम्पूर्ण उद्योग से की जा सकती है। इसी कमी को दूर करने के लिए समानाकार वित्तीय विवरण बनाए जाते हैं।

वित्तीय विश्लेषण हेतु दो प्रकार के समानाकार विवरण बनाए जाते हैं समानाकार स्थिति विवरण व समानाकार आय विवरण।

3. **प्रवृत्ति विश्लेषण** (Trend Analysis) तुलनात्मक विवरणों में किसी संस्था के दो वर्षों के वित्तीय विवरणों की मदों में हुए परिवर्तनों का अध्ययन किया जाता है। ऐसे विवरणों में संस्था का रूख उन्नति की ओर है अथवा अवनति की ओर, इस बात की जानकारी नहीं मिलती। यह रुख जानने के लिए अनेक वर्षों के आँकड़ों का विश्लेषण किया जाना आवश्यक है। इसके लिए वित्तीय विवरण की प्रत्येक मद के आधार वर्ष की उसी मद से प्रतिशत सम्बन्ध की गणना की जाती है। आधार वर्ष तुलना में निहित सबसे पहला वर्ष या बीच का कोई भी वर्ष हो सकता है। इस प्रकार के विश्लेषण हेतु तीन विधियाँ अपनाई जाती हैं—प्रवृत्ति प्रतिशत, प्रवृत्ति अनुपात व बिन्दु रेखीय प्रदर्शन।

(i) **प्रवृत्ति प्रतिशत** (Trend Percentage) इस विधि में सर्वप्रथम कई वर्षों के वित्तीय विवरणों की सूचनाओं का सारणीयन कर लेते हैं। तत्पश्चात् किसी एक अवधि या वर्ष को आधार मानकर अन्य वर्षों की प्रतिशत वृद्धि या कमी ज्ञात कर ली जाती है। ये प्रतिशत ही प्रवृत्ति प्रतिशत कहलाते हैं।

(ii) **प्रवृत्ति अनुपात** (Trend Ratio) प्रवृत्ति प्रतिशत भी तुलना हेतु उपयुक्त नहीं माने जाते, क्योंकि इनमें धन (+) तथा ऋण (–) चिन्हों का प्रयोग किया जाता है। इसलिए प्रवृत्ति अनुपातों का प्रयोग सबसे उचित होता है। इसमें किसी एक वर्ष को आधार मानकर उसकी प्रत्येक मद की राशि को 100 मान लिया जाता है तथा अन्य वर्षों की राशियों को उसी अनुपात में परिवर्तित कर लिया जाता है।

(iii) **बिन्दु रेखीय प्रदर्शन** (Graphical Presentation) प्रवृत्ति प्रदर्शन के लिए व्यावसायिक संस्थाएँ साधारणतया वार्षिक वित्तीय विवरणों में रेखाचित्रों एवं दण्ड चित्रों का भी प्रयोग करती हैं। कुछ संस्थाएँ केवल निरपेक्ष मूल्यों को ही रेखाचित्रों पर प्रदर्शित करती हैं, जबकि कुछ प्रवृत्ति अनुपातों को।

4. **अनुपात विश्लेषण** (Ratio Analysis) अनुपात विश्लेषण में अनुपात का अर्थ दो संख्याओं के बीच के सम्बन्ध को प्रकट करता है। सामान्य शब्दों में, संख्याओं का परिमाणात्मक सम्बन्ध इस प्रकार ज्ञात किया जाता है कि एक संख्या का दूसरी संख्या के साथ सम्बन्ध पता चल जाए। एक अकेला अनुपात निर्वचन के लिए इतना उपयोगी नहीं होता जितना कि एक-दूसरे से सम्बन्धित अनुपातों का एक समूह। अनुपात विश्लेषण परिमाणात्मक स्थिति को संक्षिप्त रूप में प्रकट करता है।

5. **कोष-प्रवाह विश्लेषण** (Fund Flow Analysis) किसी संस्था के दो स्थिति विवरणों के बीच संस्था के कोषों में परिवर्तन के अध्ययन के लिए बनाया गया विवरण कोष-प्रवाह विवरण कहलाता है। यह विवरण बताता है कि संस्था में कार्यशील पूँजी कोषों के विभिन्न स्रोत क्या रहे तथा इन कोषों का संस्था में किस प्रकार उपयोग किया गया है।

6. **रोकड़-प्रवाह विश्लेषण** (Cash Flow Analysis) रोकड़-प्रवाह विवरण एक विशिष्ट प्रकार का विवरण होता है, जो दैनिक, साप्ताहिक, मासिक, त्रैमासिक या अन्य किसी निश्चित समय के अन्तर से तैयार किया जा सकता है। यह विवरण किन्हीं दो अवधियों के मध्य व्यवसाय के नकद शेष में हुए परिवर्तन के कारणों की व्याख्या करता है। रोकड़-प्रवाह विवरण लेखा मानक-3 के अनुसार बनाया जाता है।

7. **सम-विच्छेद विश्लेषण** (Break-even Analysis) यह एक अल्पकालीन अवधारणा है। इसके अन्तर्गत लागतों को स्थायी व परिवर्तनशील में विभक्त किया जाता है तथा लागत, लाभ व विक्रय के मध्य सम्बन्ध स्थापित किया जाता है। सम-विच्छेद बिन्दु उस स्तर को कहते हैं, जिस पर उत्पादक को न तो लाभ होता है और न ही हानि।

अभ्यास प्रश्न

1. कम्पनी अधिनियम, 2013 की किस धारा के अनुसार वित्तीय विवरण तैयार करना आवश्यक है?
(a) 140 (b) 129
(c) 156 (d) 151

2. कम्पनी अधिनियम, 2013 की धारा 2(40) के प्रावधानों के अनुसार कम्पनी के वित्तीय विवरण में सम्मिलित है
(a) चिट्ठा (b) लाभ-हानि का विवरण
(c) रोकड़ प्रवाह विवरण (d) ये सभी

3. एक व्यक्ति कम्पनी के वित्तीय विवरणों में सम्मिलित नहीं किया जाता
(a) चिट्ठा (b) लाभ-हानि का विवरण
(c) रोकड़ प्रवाह विवरण (d) इनमें से कोई नहीं

4. कम्पनी अधिनियम, 2013 की धारा 2(41) के अनुसार कम्पनी का वित्तीय वर्ष होगा
(a) 1 जनवरी से 31 दिसम्बर
(b) 1 जुलाई से 30 जून
(c) 1 अप्रैल से 31 मार्च
(d) उपरोक्त में से कोई नहीं

5. वित्तीय विवरण तैयार किए जाते हैं
(a) व्यवसाय के प्रारम्भ में (b) लेखा वर्ष के अन्त में
(c) व्यवसाय के समापन के समय (d) इनमें से कोई नहीं

6. वह विवरण, जो कम्पनी की वित्तीय स्थिति को दर्शाता है
(a) स्थिति विवरण (b) रोकड़ प्रवाह विवरण
(c) लाभ-हानि विवरण (d) समता में परिवर्तनों का विवरण

7. निम्न में से किस कम्पनी को रोकड़ प्रवाह विवरण बनाना अनिवार्य है?
(a) निष्क्रिय कम्पनी (b) सार्वजनिक कम्पनी
(c) एक व्यक्ति कम्पनी (d) लघु कम्पनी

8. वह विवरण, जो कम्पनी वर्ष के लाभों को ज्ञात करने के लिए वर्ष के अन्त में बनती है
(a) व्यापार खाता (b) लाभ-हानि खाता
(c) चिट्ठा (d) लाभ-हानि विवरण

9. संशोधित अधिनियम के अनुसार चिट्ठा कितने प्रारूपों में बनाया जा सकता है?
(a) एक (b) दो (c) तीन (d) चार

10. वित्तीय विवरण उपयोगी होते हैं
(a) कर्मचारियों के लिए (b) प्रबन्धकों के लिए
(c) अंशधारियों के लिए (d) सभी के लिए

11. कम्पनी के चिट्ठे में समता एवं दायित्वों भाग के मुख्य शीर्षकों की संख्या है
(a) 1 (b) 2 (c) 3 (d) 4

12. कम्पनी के स्थिति विवरण में सम्पत्तियों भाग के मुख्य शीर्षकों की संख्या है
(a) 1 (b) 2 (c) 3 (d) 4

13. चालू दायित्वों की भुगतान अवधि होती है
(a) 6 माह (b) 12 माह
(c) 2 वर्ष (d) 4 वर्ष

14. किस दायित्व को आर्थिक चिट्ठे के योग में सम्मिलित नहीं करते हैं?
(a) अयाचित लाभांश (b) आयकर हेतु प्रावधान
(c) सम्भाव्य दायित्व (d) असुरक्षित ऋण

15. चालू दायित्व है
(a) लेनदार (b) देय बिल
(c) बैंक अधिविकर्ष (d) ये सभी

16. अमूर्त सम्पत्ति है
(a) पेटेण्ट (b) प्रारम्भिक व्यय
(c) अभिगोपन कमीशन (d) अंशों के निर्गमन पर बट्टा

17. अवास्तविक सम्पत्तियों में सम्मिलित किया जाता है
(a) प्रारम्भिक व्यय (b) अभिगोपन कमीशन
(c) विकास व्यय (d) ये सभी

18. कौन-सी सम्पत्ति चालू सम्पत्ति नहीं है?
(a) देनदार (b) पूर्वदत्त व्यय
(c) ख्याति (d) स्टॉक

19. अंशधारियों के कोष को कितने उप-शीर्षकों में दर्शाया जाता है?
(a) 1 (b) 2
(c) 3 (d) 4

20. गैर-चालू दायित्वों को कितने उप-शीर्षकों में दर्शाया जाता है?
(a) 1 (b) 2
(c) 3 (d) 4

21. चालू दायित्वों को कितने उप-शीर्षकों में दर्शाया जाता है?
(a) 1 (b) 2
(c) 3 (d) 4

22. गैर-चालू सम्पत्तियों को कितने उप-शीर्षकों में दर्शाया जाता है?
(a) 1 (b) 2
(c) 3 (d) 4

23. स्थायी सम्पत्तियों को कितने उप-शीर्षकों में दर्शाया जाता है?
(a) 1 (b) 2
(c) 3 (d) 4

24. चालू सम्पत्तियों को कितने उप-शीर्षकों में दर्शाया जाता है
(a) 3 (b) 4
(c) 5 (d) 6

25. जब लेखांकन आय कर-योग्य आय से अधिक होती है, तो उत्पन्न होता है
(a) स्थगित कर दायित्व (b) स्थगित कर सम्पत्ति
(c) दीर्घकालीन ऋण (d) इनमें से कोई नहीं

26. निम्न में से कौन-सा व्यय कर्मचारी हित का व्यय नहीं है?
(a) वेतन (b) भविष्य निधि अंशदान
(c) मरम्मत व्यय (d) ग्रेच्युइटी भुगतान

27. जब लेखांकन आय कर योग्य आय से कम होती है, तो उत्पन्न होता है
(a) स्थगित कर दायित्व (b) स्थगित कर सम्पत्ति
(c) दीर्घकालीन ऋण (d) इनमें से कोई नहीं

28. अल्पकालीन आयोजन है
(a) संदिग्ध ऋणों के लिए आयोजन
(b) कर्मचारी कल्याण आयोजन
(c) कर आयोजन
(d) उपरोक्त सभी

29. अमूर्त सम्पत्ति है
(a) ख्याति (b) खनिज अधिकार
(c) प्रकाशन अधिकार (d) ये सभी

30. विश्लेषण का तात्पर्य आँकड़ों ………… से है।
(a) सरलीकरण (b) प्रस्तुतीकरण
(c) निर्वचन (d) ये सभी

31. एक व्यावसायिक संस्था में रोकड़ स्थिति में हुए परिवर्तन के कारणों की विश्लेषण विधि है
(a) अनुपात विश्लेषण (b) रोकड़ प्रवाह विश्लेषण
(c) प्रवृत्ति विश्लेषण (d) तुलनात्मक विश्लेषण

32. वित्तीय विवरणों का विश्लेषण उपयोगी है
(a) लेनदारों के लिए (b) प्रबन्धकों के लिए
(c) अशंधारियों के लिए (d) इन सभी के लिए

33. प्रवृत्ति विश्लेषण के उद्देश्य हैं
(a) प्रवृत्ति अनुपात (b) समानाकार विश्लेषण
(c) अनुपात विश्लेषण (d) रोकड़ प्रवाह विश्लेषण

34. वित्तीय विश्लेषण का/के उद्देश्य है/हैं
(a) वित्तीय सदृढ़ता की माप (b) शोधन क्षमता की माप
(c) भावी योजनाओं का निर्धारण (d) ये सभी

35. क्षैतिज विश्लेषण में किस तकनीक या उपकरण का प्रयोग किया जाता है?
(a) चिट्ठा
(b) तुलनात्मक विवरण व प्रवृत्ति विश्लेषण
(c) समानाकार लाभ-हानि खाता
(d) समानाकार चिट्ठा

36. क्षैतिज विश्लेषण में ……… लेखांकन अवधियों के वित्तीय विवरणों की आवश्यकता होती है।
(a) दो या अधिक (b) केवल एक
(c) 'a' और 'b' दोनों (d) इनमें से कोई नहीं

37. अन्तर फर्म तुलना को ……… भी कहा जाता है।
(a) काल श्रेणी विश्लेषण (b) प्रवृत्ति विश्लेषण
(c) क्रॉस वर्गीय विश्लेषण (d) ये सभी

38. वित्तीय विश्लेषण हेतु सामान्यत: उपयोग लिए जाने वाले उपकरण हैं
(a) अनुपात विश्लेषण (b) क्षैतिज विश्लेषण
(c) लम्बवत् विश्लेषण (d) ये सभी

39. लागतों को स्थायी एवं परिवर्तनशील में किस विश्लेषण में विभक्त किया जाता है?
(a) अनुपात विश्लेषण (b) सम-विच्छेद विश्लेषण
(c) रोकड़ प्रवाह विश्लेषण (d) कोष प्रवाह विश्लेषण

40. समानाकार आय विवरण में विभिन्न मदों को ………… के प्रतिशत के रूप में प्रस्तुत किया जाता है।
(a) परिचालन से आय (b) सकल बिक्री
(c) शुद्ध आय (d) सकल आय

41. समानाकार चिट्ठा ………… भी कहलाता है।
(a) प्रतिशत चिट्ठा
(b) प्रतिशत आय विवरण
(c) निरपेक्ष अंकों का विवरण
(d) उपरोक्त में से कोई नहीं

42. बेचे गये माल की लागत
(a) क्रय + प्रत्यक्ष खर्चे
(b) प्रारम्भिक स्टॉक + माल का क्रय + प्रत्यक्ष खर्चे – माल का अन्तिम स्टॉक
(c) माल का प्रारम्भिक स्टॉक + माल का क्रय – माल का अन्तिम स्टॉक
(d) उपरोक्त में से कोई नहीं

43. तुलनात्मक चिट्ठा, चिट्ठे की प्रत्येक मद में ……… होने वाले परिवर्तन को बताता है।
(a) सापेक्ष (b) निरपेक्ष
(c) निरपेक्ष व सापेक्ष (d) इनमें से कोई नहीं

44. समानाकार चिट्ठे में कुल समता व दायित्वों को किसके समान माना जाता है?
(a) 1 (b) 100 (c) 10 (d) 1000

45. लम्बवत् विश्लेषण माना जाता है
(a) संरचनात्मक विश्लेषण
(b) स्थैतिक विश्लेषण
(c) गतिशील विश्लेषण
(d) उपरोक्त में से कोई नहीं

46. वित्तीय विश्लेषण की सीमा/सीमाएँ है/हैं
(a) पक्षपात का होना
(b) मूल्य स्तर में परिवर्तन की अवहेलना
(c) विश्वसनीयता की कमी
(d) उपरोक्त सभी

उत्तरमाला

1.	(b)	2.	(d)	3.	(c)	4.	(c)	5.	(b)	6.	(a)	7.	(b)	8.	(d)	9.	(a)	10.	(d)
11.	(d)	12.	(b)	13.	(b)	14.	(c)	15.	(d)	16.	(a)	17.	(d)	18.	(c)	19.	(c)	20.	(d)
21.	(d)	22.	(d)	23.	(d)	24.	(d)	25.	(a)	26.	(c)	27.	(b)	28.	(d)	29.	(d)	30.	(d)
31.	(b)	32.	(d)	33.	(a)	34.	(d)	35.	(b)	36	(a)	37.	(b)	38.	(d)	39.	(b)	40.	(b)
41.	(a)	42.	(b)	43.	(c)	44.	(b)	45.	(b)	46.	(d)								

अध्याय 30

लेखांकन-अनुपात विश्लेषण

Accounting-Ratio Analysis

अनुपात विश्लेषण का अर्थ व परिभाषाएँ
Meaning and Definitions of Ratio Analysis

अनुपात विश्लेषण से आशय वित्तीय विवरणों (Financial statements) की मदों के मध्य सम्बन्ध स्थापित करके लेखांकन अनुपातो के आधार पर व्यवसाय के वित्तीय विश्लेषण से होता है। अनुपात विश्लेषण वित्तीय विवरणों के अर्थपूर्ण विश्लेषण की एक महत्त्वपूर्ण तकनीक है, जिसके अन्तर्गत निर्दिष्ट उद्देश्यों की पूर्ति के लिए वित्तीय विवरणों की दो या दो से अधिक मदों के मध्य लेखांकन अनुपात ज्ञात करके एक निश्चित निष्कर्ष पर पहुँचा जा सकता है।

विक्सन, कैल एवं बेडफोर्ड के अनुसार, "अनुपात विश्लेषण विवरणों में मदों और मदों के समूहों के सम्बन्ध निर्धारित करने और प्रस्तुत करने की प्रक्रिया है।"

जे. बेट्टी के अनुसार, "लेखांकन अनुपात शब्द का प्रयोग चिट्ठे, लाभ-हानि खाते, बजटरी नियन्त्रण पद्धति या लेखांकन संगठन के किसी भाग में दिखाई गई संख्याओं के मध्य महत्त्वपूर्ण सम्बन्ध को प्रकट करने के लिए किया जाता है।"

अनुपात विश्लेषण के उद्देश्य एवं महत्त्व
Objectives and Importance of Ratio Analysis

1. **प्रवृत्ति का अध्ययन करना** अनेक वर्षों के अनुपातों के आधार पर यह ज्ञात किया जा सकता है कि संस्था की वित्तीय स्थिति में सुधार हो रहा है अथवा नहीं। साथ ही विश्लेषक यह भी ज्ञात कर सकता है कि प्रवृत्ति अनुकूल है या प्रतिकूल।
2. **नियन्त्रण में सहायक** अनुपात विश्लेषण का प्रयोग निष्पादनों और लागतों पर नियन्त्रण के लिए भी किया जा सकता है। एक संस्था अपने वर्तमान अनुपातों की भूतकालीन अनुपातों से या अपने जैसी अन्य संस्थाओं के अनुपातों से तुलना करके अपनी लागतों पर नियन्त्रण रख सकती है।
3. **कार्यकुशलता का मापन** अनुपातों की सहायता से विभिन्न कालों में हुए परिवर्तनों को या विभिन्न व्यावसायिक संस्थाओं में किसी लेखा अवधि में हुए परिवर्तनों को मापा जा सकता है तथा इस प्रकार उनकी कार्यकुशलता का अनुमान लगाया जा सकता है।
4. **तरलता का ज्ञान** अनुपातों के कई प्रकारों में से तरलता अनुपात बहुत महत्त्वपूर्ण होते हैं, जिनकी सहायता से फर्मों की तरलता की स्थिति की जानकारी प्राप्त की जा सकती है।
5. **समन्वय में सहायक** अनुपात विश्लेषण से आदर्श अनुपातों की गणना की जा सकती है और प्रमुख अनुपातों के बीच पाए गए सम्बन्धों का प्रयोग व्यावसायिक क्रियाओं में वांछनीय समन्वय के लिए किया जा सकता है।
6. **प्रमाप निर्धारण** अनुपातों के माध्यम से संस्था की सामान्य कार्यकुशलता को ध्यान में रखते हुए संस्था की सामान्य गतिविधियों के मानक निर्धारित किए जा सकते हैं।
7. **दीर्घकालीन शोधन क्षमता का ज्ञान** संस्था की शोधन क्षमता की जानकारी दीर्घकालीन लेनदारों, प्रतिभूति विश्लेषकों तथा वर्तमान एवं भावी विनियोजकों के लिए उपयोगी होती है। इससे संस्था की सुदृढ़ता व कमजोरी पता चलती है।
8. **अन्तःफर्म तुलना** अनुपात विश्लेषण एक ही उद्योग की विभिन्न संस्थाओं अथवा एक व्यावसायिक संस्था के विभिन्न विभागों की कार्यकुशलता की तुलना करने का आधार है।

अनुपात विश्लेषण की सीमाएँ
Limitations of Ratio Analysis

1. **एक अकेले अनुपात का सीमित महत्त्व** केवल एक अनुपात किसी स्थिति का सम्पूर्ण चित्र प्रदर्शित नहीं करता है। अतः अवलोकित समस्या से सम्बन्धित सभी अनुपातों पर विचार किए बिना एक ही अनुपात के आधार पर निकाले गए निष्कर्ष स्थिति का भ्रामक चित्र प्रस्तुत कर सकते हैं।
2. **गुणात्मक विश्लेषण का अभाव** अनुपात किसी समस्या के परिमाणात्मक पक्ष को व्यक्त करता है, उसके गुणात्मक कारणों का स्पष्टीकरण नहीं करता।
3. **झूठे दिखावों से प्रभावित** वित्तीय विवरणों में कभी-कभी कुछ झूठे दिखावे भी होते हैं, जिनका प्रभाव वित्तीय अनुपातों पर पड़ता है। अतः विश्लेषक को निर्वचन करते समय इन झूठे दिखावों पर ध्यान देना चाहिए।

4. **निर्वचन के लिए साधन मात्र** अनुपात विश्लेषण उन पहलुओं पर अधिक ध्यान केन्द्रित करता है जिनकी अधिक जाँच-पड़ताल आवश्यक है। विश्लेषक को चाहिए कि वह निष्कर्ष निकालने से पूर्व सम्बन्धित पहलुओं का पर्याप्त परीक्षण कर ले अन्यथा भ्रामक निष्कर्ष प्राप्त हो सकते हैं।
5. **लेखांकन अभिलेखों की स्वाभाविक सीमाओं का प्रभाव** अनुपातों की गणना लेखांकन अभिलेखों के आधार पर की जाती है। अत: इनमें वे सभी कमियाँ रह जाती हैं, जो इन अभिलेखों में होती हैं।
6. **उचित प्रमापों का अभाव** अनुपात विश्लेषण में तुलना के लिए उसी प्रकार की अन्य संस्था या प्रमाप अनुपातों का प्रयोग किया जाता है। सभी प्रकार की संस्थाओं के लिए किसी एक अनुपात को प्रमाप अनुपात नहीं कहा जा सकता। विभिन्न परिस्थितियों व संस्थाओं के आकार के अनुरूप प्रमाप का संशोधन आवश्यक है।
7. **भूतकाल के आधार पर भावी अनुमान** विभिन्न अनुपातों की गणना भूतकालीन तथ्यों के आधार पर की जाती है। इन्हें वर्तमान या भविष्य के लिए प्रयोग करना सदैव वांछनीय नहीं होता है, क्योंकि वर्तमान या भविष्य, भूतकालीन प्रवृत्ति से भिन्न हो सकते हैं।
8. **पक्षपात का प्रभाव** अनुपात विश्लेषण में निष्कर्ष व्यक्तिगत योग्यता व पक्षपात से प्रभावित हो सकते हैं। अत: इनका प्रयोग बड़ी सावधानी के साथ किया जाना चाहिए।
9. **मूल्य स्तर के परिवर्तन को न दर्शाना** वित्तीय विवरण में साधारणत: मूल्य स्तर के परिवर्तनों का समावेश नहीं किया जाता है। अत: मूल्य स्तर में होने वाले परिवर्तनों का समावेश न होने के कारण इन पर आधारित अनुपातों से भ्रामक परिणाम प्राप्त हो सकते हैं।
10. **केवल सापेक्षिक स्थिति का प्रदर्शन** अनुपात केवल सापेक्षिक स्थिति प्रदर्शित करते हैं। अत: अनुपातों को वास्तविक आँकड़ों का स्थानापन्न नहीं समझना चाहिए।

अनुपातों का वर्गीकरण Classification of Ratios

अनुपातों का प्रयोग भिन्न-भिन्न व्यक्तियों व संस्थाओं द्वारा किया जाता है, लेकिन यह आवश्यक नहीं है कि सभी व्यक्ति या संस्थाएँ एक समान अनुपातों की गणना करें। इन सभी को अपने उद्देश्यों को ध्यान में रखते हुए श्रेष्ठ अनुपातों की गणना करनी होती है। *एक व्यापार की लाभदायकता, तरलता तथा आर्थिक पुष्टि मापने के महत्त्वपूर्ण अनुपात निम्नलिखित हैं—*

1. **तरलता अनुपात या अल्पकालीन शोधन क्षमता अनुपात** (Liquidity Ratio or Short-term Solvency Ratio) ये अनुपात एक व्यवसाय की अल्पकालीन वित्तीय स्थिति का विश्लेषण करने में महत्त्वपूर्ण भूमिका निभाते हैं। किसी व्यवसाय की तरलता का आशय उसके द्वारा अपने चालू दायित्वों का यथासमय भुगतान करने की क्षमता से है।

   कुछ महत्त्वपूर्ण तरलता अनुपात निम्न हैं—

   (i) **चालू अनुपात** (Current Ratio) चालू सम्पत्तियों व चालू दायित्वों के मध्य के सम्बन्ध को चालू अनुपात या कार्यशील अनुपात कहते हैं।

   $$\text{Current Ratio} = \frac{\text{Current Assets}}{\text{Current Liabilities}}$$

   चालू सम्पत्तियाँ (Current Assets) ये वे सम्पत्तियाँ होती हैं, जिन्हें सामान्य रूप से 12 माह में रोकड़ में परिवर्तित किया जा सके।

   जैसे— Cash in Hand, Cash at Bank, Inventory, Debtors, Bills Receivable, Short-term Investment, Prepaid Expenses, Advance Payments etc.

   चालू दायित्व (Current Liabilities) ये वे दायित्व हैं, जिनका भुगतान 12 माह के अन्दर किया जाता है।

   जैसे—Creditors, Bills Payable, Bank Overdraft, Short-term Loans, Outstanding Expenses, Tax Provision, Proposed Dividend etc.

   आदर्श अनुपात (Ideal Ratio) व्यवसाय में 2 : 1 का चालू अनुपात संस्था या फर्म की चालू या अल्पकालीन स्थिति की सुदृढ़ता का परिचायक माना जाता है।

   (ii) **तरल अनुपात/त्वरित अनुपात/अम्ल-परख अनुपात** (Liquid Ratio/Quick Ratio/ Acid-Test Ratio) यह अनुपात यह जानने के लिए ज्ञात किया जाता है कि यदि संस्था को अपने चालू दायित्वों का भुगतान निकट भविष्य में करना पड़े, तो क्या यह भुगतान किया जा सकता है।

   $$\text{Quick Ratio} = \frac{\text{Quick Assets}}{\text{Current Liabilities}}$$

   तरल सम्पत्तियाँ (Quick Assets) ये वे सम्पत्तियाँ होती हैं, जो तुरन्त रोकड़ में परिवर्तित हो जाती हैं।

   Assets = Current Assets – Stock – Prepaid Expenses

   आदर्श अनुपात (Ideal Ratio) यह अनुपात 1 : 1 का आदर्श माना जाता है। इससे अधिक होने पर संस्था की वित्तीय स्थिति अच्छी मानी जाती है व कम होने पर कमजोर मानी जाती है।

   (iii) **पूर्ण तरलता अनुपात** (Absolute Quick Ratio)

   $$= \frac{\text{Absolute Liquid Assets}}{\text{Current Liabilities}}$$

2. **पूँजी संरचना अनुपात या दीर्घकालीन शोधन क्षमता अनुपात** (Capital Structure Ratio or Long-term Solvency Ratio) पूँजी संरचना अनुपात या उत्तोलक अनुपातों की गणना एक संस्था की दीर्घकालीन शोधन क्षमता अथवा वित्तीय स्थिति जाँचने के लिए की जाती है। इसका सम्बन्ध व्यवसाय के स्वामियों द्वारा लगाई गई पूँजी तथा ऋणदाताओं से प्राप्त की गई रकम के बीच सम्बन्ध से होता है।

   (i) **ऋण-समता अनुपात** (Debt-Equity Ratio) यह अनुपात संस्था की सम्पत्तियों के विरुद्ध स्वामियों तथा ऋणदाताओं के सापेक्षिक दायित्व को प्रस्तुत करता है।

   $$\text{Debt-Equity Ratio} = \frac{\text{Long-term Debts}}{\text{Shareholder's Fund}}$$

   दीर्घकालीन दायित्व (Long-term Loan) = Long-terms Loan + Debenture

   अंशधारियों के कोष (Shareholder's Fund) इसके अन्तर्गत स्वामियों की पूँजी को लिया जाता है।

   Shareholder's Fund = Equity Share Capital + Preference Share Capital + Reserve and Surplus + Retained Earnings etc.

आदर्श अनुपात (Ideal Ratio) साधारणत: 1 : 1 का ऋण–समता अनुपात सन्तोषजनक माना जाता है।

(ii) **स्वामित्व अनुपात** (Proprietory Ratio) यह अनुपात संस्था की कुल सम्पत्तियों व स्वामियों के कोषों के मध्य सम्बन्ध व्यक्त करता है अर्थात् इस अनुपात से यह ज्ञात होता है कि व्यवसाय की कुल सम्पत्तियों में स्वामियों के कोष किस सीमा तक लगे हुए हैं।

$$\text{Proprietory Ratio} = \frac{\text{Shareholder's Fund}}{\text{Total Assets}}$$

यह अनुपात जितना अधिक होगा, लेनदार की स्थिति उतनी ही मजबूत होगी व जितना कम होगा, लेनदारों का जोखिम भी उतना ही अधिक होगा।

(iii) **शोधन–क्षमता अनुपात** (Solvency Ratio) यह अनुपात व्यवसाय की दीर्घकालीन शोधन–क्षमता की माप करता है। यह कुल सम्पत्तियों तथा कुल बाह्य दायित्वों के बीच सम्बन्ध को प्रदर्शित करता है।

$$\text{Solvency Ratio} = \frac{\text{Total Liabilities}}{\text{Total Assets}}$$

(iv) **स्थायी सम्पत्ति अनुपात** (Fixed Assets Ratio) यह अनुपात इस बात की जानकारी देता है कि प्रबन्धकों द्वारा पूँजी के दीर्घकालीन उपयोगों और साधनों में उचित ताल–मेल स्थापित किया गया है या नहीं। यदि यह अनुपात एक से कम है, तो इसका आशय यह है कि दीर्घकालीन कोषों का प्रयोग चालू सम्पत्तियों की पूर्ति के लिए किया गया है। यदि यह अनुपात एक से अधिक होता है, तो यह इस बात का सूचक है कि स्थायी सम्पत्तियों के कुछ भाग का क्रय अल्पकालीन साधनों आदि से किया गया है।

$$\text{Fixed Assets Ratio} = \frac{\text{Net Fixed Assets}}{\text{Long-term Funds}}$$

(v) **पूँजी दन्तिकरण अनुपात** (Capital Gearing Ratio) यह अनुपात मुख्यत: एक कम्पनी की पूँजी संरचना का विश्लेषण करने के लिए प्रयुक्त किया जाता है। यह अनुपात किसी व्यावसायिक संस्था की पूँजी संरचना में अस्थिर लागत वाली तथा स्थिर लागत वाली पूँजी के मध्य सम्बन्ध स्थापित करता है।

Capital Gearing Ratio

$$= \frac{\text{Equity Capital} + \text{Reserve and Surplus}}{\text{Preference Capital} + \text{Debenture} + \text{Loans}}$$

(vi) **ऋण–सेवा अनुपात** (Debt-service Ratio) इसे **ब्याज व्याप्ति अनुपात** (Interest Coverage Ratio) भी कहते हैं। यह अनुपात किसी संस्था की आय में कमी की उस सीमा को बताता है, जिसके पश्चात् वर्तमान आय में कमी से संस्था स्थिर ब्याज प्रभारों को पूरा करने में असमर्थ हो जाएगी।

Interest Coverage Ratio

$$= \frac{\text{Net Profit before Interest and Tax}}{\text{Fixed Interest Charges}}$$

(vii) **रोकड़ ऋण–सेवा अनुपात** (Cash to Debt-service Ratio) कुछ विद्वान ऋण–सेवा अनुपात के स्थान पर इस अनुपात का प्रयोग अधिक उचित मानते हैं। उनका तर्क यह है कि ब्याज प्रभारों का भुगतान नकद में करना होता है। अत: संस्था की दीर्घकालीन तरलता के अध्ययन के लिए शुद्ध आय के स्थान पर रोकड़ अन्तर्वाहों का प्रयोग करना अधिक उचित रहता है।

Cash to Debt-service Ratio

$$= \frac{\text{Annual Cash Flow before Interest and Tax}}{\text{Interest} + \dfrac{\text{Sinking Fund Appropriation on Debt}}{1 - \text{Tax Rate}}}$$

***नोट आर्थिक पुष्टि मापने हेतु** (Measuring Economic Condition)* *आर्थिक पुष्टि को मापने हेतु पूँजी संरचना अनुपात व क्रियाशीलता अनुपातों की गणना की जाती है।*

3. **लाभदायकता अनुपात** (Profitability Ratio) *लाभदायकता अनुपात को निम्नलिखित प्रकार से वर्गीकृत किया गया है—*

(i) **बिक्री पर आधारित अनुपात** (Ratio Based on Sales)

(a) **सकल लाभ अनुपात** (Gross Profit Ratio) यह अनुपात सकल लाभ की शुद्ध विक्रय पर अर्जन क्षमता को प्रदर्शित करता है। यह अनुपात बताता है कि व्यवसाय के उपरिव्यय को छोड़ते हुए अर्जन क्षमता क्या है।

$$\text{Gross Profit Ratio} = \frac{\text{Gross Profit}}{\text{Net Sales}} \times 100$$

(b) **शुद्ध लाभ अनुपात** (Net Profit Ratio) यह अनुपात सम्पूर्ण व्यवसाय की लाभदायकता तथा कार्यकुशलता का प्रतीक अथवा सूचक होता है।

$$\text{Net Profit Ratio} = \frac{\text{Net Profit}}{\text{Net Sales}} \times 100$$

(c) **परिचालन लाभ अनुपात** (Operating Profit Ratio) इसे **शुद्ध परिचालन आय अनुपात** भी कहते हैं। यह अनुपात परिचालन लाभ तथा शुद्ध विक्रय में सम्बन्ध स्थापित करता है।

$$\text{Operating Profit Ratio} = \frac{\text{Operating Profit}}{\text{Net Sales}} \times 100$$

$\therefore$ Operating Profit = Gross Profit – Operating Expenses

Or

= Net Profit + Non-operating Expenses – Non-operating Incomes

(d) **परिचालन अनुपात** (Operating Ratio) यह अनुपात संस्था की परिचालन कुशलता की माप करने हेतु ज्ञात किया जाता है।

$$\text{Operating Ratio} = \frac{\text{Operating Cost}}{\text{Net Sales}} \times 100$$

Operating Cost = Cost of Goods Sold + Operating Expenses

(ii) **विनियोजित पूँजी पर आधारित अनुपात** (Ratio Based on Capital Employed)

(a) **विनियोजित पूँजी पर प्रत्याय** (Return on Capital Employed) व्यवसाय की पूर्ण लाभदायकता का यह एक महत्त्वपूर्ण मापक है। यह अनुपात व्यवसाय में लगाए गए कोषों के प्रयोग में प्रबन्ध की कुशलता का मूल्यांकन करता है।

Return on Capital Employed

$$= \frac{\text{Net Profit before Interest and Tax}}{\text{Gross / Net / Average Capital Employed}} \times 100$$

Gross Capital Employed = Current Assets + Fixed Assets

Net Capital Employed = Fixed Assets + Working Capital

Or

= Equity Share Capital + Preference Share Capital + Reserve and Surplus + Long-term Loans

Average Capital Employed

$$= \frac{\text{Capital Employed at Beginning} + \text{Capital Employed at End}}{2}$$

नोट *यदि प्रश्न को हल करने हेतु कोई भी सूचना नहीं दी गई है, तो शुद्ध विनियोजित पूँजी का ही प्रयोग करना चाहिए।*

(b) **स्वामित्व कोषों पर प्रत्याय** (Return on Shareholder's Fund) यह अनुपात बताता है कि अंशधारियों के कोषों पर अर्जन दर क्या है। यह अर्जन दर समता पर व्यापार की नीति के सम्बन्ध में निर्णय लेने में भी सहायक होती है।

Return on Shareholder's Fund

$$= \frac{\text{Net Profit after Interest and Tax}}{\text{Shareholder's Fund}} \times 100$$

(c) **समता पूँजी पर प्रत्याय** (Return on Equity Capital) यह अनुपात बताता है कि चुकता अंश पूँजी पर अर्जन दर क्या रही है। इस अनुपात के आधार पर यह निर्णय लिया जा सकता है कि संस्था के नए अंशों में विनियोजन किया जाए या नहीं।

Return on Equity Capital

$$= \frac{\text{Net Profit after Tax} - \text{Preference Dividend}}{\text{Paid-up Equity Share Capital}} \times 100$$

(d) **कुल सम्पत्तियों पर प्रत्याय** (Return on Total Assets) यह अनुपात कुल सम्पत्तियों की लाभदायकता को प्रदर्शित करता है।

Return on Total Assets

$$= \frac{\text{Net Profit after Tax} + \text{Interest}}{\text{Total Assets}} \times 100$$

(iii) **अंशों पर अर्जित लाभांश पर आधारित अनुपात**
(Ratio Based on Earning on Shares)

(a) **प्रति अंश अर्जन** (Earning Per Share) अंशों पर लाभांश की दर संस्था के लाभों की मात्रा पर निर्भर करती है। सभी व्ययों व अधिमान अंशों पर लाभांश का भुगतान करने के पश्चात् जो भी शेष बचता है, उस पर समता अंशधारियों का अधिकार होता है।

$$\text{EPS} = \frac{\text{Net Profit after Tax} - \text{Preference Dividend}}{\text{Number of Equity Shares}}$$

(b) **मूल्य-अर्जन अनुपात** (Price-earning Ratio) यह अनुपात बताता है कि समता अंश का प्रति अंश बाजार मूल्य अर्जनों का कितने गुना है।

$$\text{Price Earning Ratio} = \frac{\text{Market Price}}{\text{Earning Per Share}} = \frac{\text{MPS}}{\text{EPS}}$$

(c) **प्रति अंश लाभांश** (Dividend Per Share) EPS इस तथ्य का प्रतीक है कि अंशधारी सैद्धान्तिक रूप से संस्था से कितना लाभांश प्राप्त करने का अधिकारी है। किन्तु उनके हिस्से का एक भाग संस्था में रोक लिया जाता है तथा शेष राशि ही लाभांश के रूप में वितरित की जाती है।

Dividend Per Share

$$= \frac{\text{Dividend Paid to Equity Shareholders}}{\text{Number of Equity Shares Outstanding}}$$

(d) **लाभांश भुगतान अनुपात** (Dividend Pay-out Ratio) यह अनुपात यह जानने के लिए निकाला जाता है कि प्रबन्धक कर के पश्चात् शुद्ध लाभ का कितना भाग नकद लाभांश के रूप में वितरित करते हैं तथा कितना भाग व्यवसाय में रोकी गई आय के रूप में रखते हैं।

$$\text{Dividend Pay-out Ratio} = \frac{\text{Dividend Per Share}}{\text{Earning Per Share}} \times 100$$

(e) **लाभांश प्राप्ति अनुपात** (Dividend Yield Ratio) यह अनुपात अंशधारियों को अंशों के बाजार मूल्य के आधार पर लाभांश के रूप में प्रत्याय अर्थात् उनके विनियोग पर वास्तविक प्रत्याय दर दर्शाता है।

$$\text{Dividend Yield Ratio} = \frac{\text{Dividend Per Share}}{\text{Market Price Per Share}}$$

4. क्रियाशीलता या कार्यकुशलता अनुपात
Activity or Efficiency Ratio

ये अनुपात व्यवसाय में कार्य-निष्पादनों पर प्रकाश डालते हैं तथा इनकी गणना का प्रमुख उद्देश्य संस्था की कार्य-निष्पत्ति तथा प्रबन्धकों की कार्यकुशलता का मूल्यांकन करना होता है। *ये अनुपात निम्न हैं—*

(i) **स्कन्ध आवर्त अनुपात** (Inventory Turnover Ratio) इस अनुपात की गणना स्कन्ध में लगाई गई पूँजी के औचित्य व मात्रा की पर्याप्तता पर विचार करने के लिए की जाती है। यह अनुपात बताता है कि संस्था के स्कन्ध में विनियोजित प्रति रुपये से कितनी बिक्री की जा सकती है।

$$\text{Inventory Turnover Ratio} = \frac{\text{Cost of Goods Sold}}{\text{Average Inventory}}$$

Cost of Goods Sold = Sales – Gross Profit

Or Opening Stock + Net Purchases + Direct Expenses – Closing Stock

$$\text{Average Inventory} = \frac{\text{Opening Stock} + \text{Closing Stock}}{2}$$

नोट *स्कन्ध गति की तीव्रता की माप महीनों में भी की जा सकती है।*

$$\text{Stock Velocity} = \frac{\text{Average Stock}}{\text{Cost of Goods Sold}} \times 12$$

(ii) **देनदार आवर्त अनुपात** (Debtors Turnover Ratio) इसे प्राप्त आवर्त अनुपात भी कहते हैं। इसकी गणना का उद्देश्य संस्था की विपणन और साख नीति तथा देनदारों की वसूली का गुणात्मक विश्लेषण करना होता है।

$$\text{Debtors Turnover Ratio} = \frac{\text{Net Credit Sales}}{\text{Average Trade Receivables}}$$

Net Credit Sales = Total Sales – Cash Sales – Sales Return

Average Trade Receivables

$$= \frac{\text{Opening Debtor and B/R + Closing Debtor and B/R}}{2}$$

नोट *देनदारों से धन संग्रह या वसूली के औसत समय को निम्न सूत्र से ज्ञात किया जा सकता है—*

Average Collection Period

$$= \frac{\text{Average Trade Receivables}}{\text{Net Credit Sales}} \times \frac{\text{12 Months}}{\text{365 Days}} \text{ or } \frac{\text{365 Days/12 Months}}{\text{Creditor Turnover Ratio}}$$

(iii) **लेनदार आवर्त अनुपात** (Creditors Turnover Ratio) इसे देय आवर्त अनुपात भी कहते हैं। व्यवसाय के अल्पकालीन ऋणदाता तथा लेनदारों के लिए इस अनुपात का बहुत महत्त्व है। यह अनुपात उधार क्रय एवं व्यापारिक लेनदारों के बीच सम्बन्ध प्रदर्शित करता है।

$$\text{Creditors Turnover Ratio} = \frac{\text{Net Credit Purchases}}{\text{Average Trade Payables}}$$

Net Credit Purchases = Total Purchases – Cash Purchases – Purchases Return

Average Trade Payables

$$= \frac{\text{Opening Creditors and B/P + Closing Creditors and B/P}}{2}$$

नोट *लेनदारों को धन चुकाने के औसत समय को निम्न सूत्र से ज्ञात किया जा सकता है—*

$$\text{Average Payment Period} = \frac{\text{Average Trade Payables}}{\text{Net Credit Purchases}} \times \frac{\text{12 Months}}{\text{365 Days}} \text{ or } \frac{\text{365 Days/12 Months}}{\text{Debtor Turnover Ratio}}$$

(iv) **कुल सम्पत्ति आवर्त अनुपात** (Total Assets Turnover Ratio) यह अनुपात व्यवसाय में विनियोजित सम्पूर्ण सम्पत्तियों तथा उनके आधार पर होने वाले विक्रय या बेची गयी वस्तु की लागत में सम्बन्ध स्थापित करता है। इसे कुल विनियोग आवर्त अनुपात भी कहते हैं।

Total Assets Turnover Ratio

$$= \frac{\text{Net Sales or Cost of Goods Sold}}{\text{Total Assets}}$$

(v) **स्थायी सम्पत्ति आवर्त अनुपात** (Fixed Assets Turnover Ratio) यह अनुपात स्थायी सम्पत्तियों के कुशल एवं लाभदायक प्रयोग का सूचक होता है। यह अनुपात निर्माणी संस्थाओं के लिए महत्त्वपूर्ण है।

Fixed Assets Turnover Ratio

$$= \frac{\text{Net Sales or Cost of Goods Sold}}{\text{Net Fixed Assets}}$$

(vi) **चालू सम्पत्ति आवर्त अनुपात** (Current Assets Turnover Ratio) यह अनुपात चालू सम्पत्तियों की कार्यकुशलता तथा कार्यशील पूँजी की क्षमता पर प्रभाव डालता है। यह गैर-निर्माणी संस्थाओं के लिए महत्त्वपूर्ण है।

Current Assets Turnover Ratio

$$= \frac{\text{Net Sales or Cost of Goods Sold}}{\text{Current Assets}}$$

(vii) **पूँजी आवर्त अनुपात** (Capital Turnover Ratio) यह अनुपात विनियोजित पूँजी के प्रयोग में कुशलता का मापक है। पूँजी का कुशल प्रयोग व्यवसाय की लाभार्जन क्षमता तथा प्रबन्धकीय कुशलता का प्रतीक है।

Capital Turnover Ratio

$$= \frac{\text{Net Sales or Cost of Goods Sold}}{\text{Capital Employed}}$$

(viii) **शुद्ध मूल्य आवर्त अनुपात** (Net Worth Turnover Ratio) यह अनुपात व्यवसाय में अंशधारियों द्वारा विनियोजित पूँजी के प्रयोग में कुशलता का सूचक है।

Net Worth Turnover Ratio

$$= \frac{\text{Net Sales or Cost of Goods Sold}}{\text{Net Worth}}$$

Net Worth = Shareholder's Fund

अभ्यास प्रश्न

1. अनुपात विश्लेषण के जन्मदाता का नाम बताइए
(a) हेनरी फेयोल (b) अलेक्जैण्डर वॉल
(c) न्यूटन (d) जॉन मैसी

2. निम्नलिखित में से कौन-सा अनुपात एक व्यावसायिक संस्था की अल्पकालीन वित्तीय स्थिति की सुदृढ़ता को दर्शाता है?
(a) लाभप्रदता अनुपात (b) चालू अनुपात
(c) तरलता अनुपात (d) शोधन क्षमता अनुपात

3. चालू अनुपात माप है
(a) अल्पकालीन शोधन क्षमता की (b) लाभप्रदता की
(c) विनियोगों पर आय की (d) इनमें से कोई नहीं

4. निम्न चालू अनुपात का अर्थ होता है
(a) कार्यशील पूँजी की पर्याप्तता (b) कार्यशील पूँजी की कमी
(c) अनुकूलतम कार्यशील पूँजी (d) इनमें से कोई नहीं

5. चालू अनुपात को कहा जा सकता है
(a) कार्यशील पूँजी अनुपात (b) तरलता अनुपात
(c) लाभप्रदता अनुपात (d) कार्य निष्पादन अनुपात

6. तरलता अनुपात उत्तम माना जाता है
(a) 2 : 3 (b) 1 : 1 (c) 3 : 1 (d) 1 : 2

7. तरल अनुपात, तरल सम्पत्तियों को ······ से भाग देने पर प्राप्त होता है।
(a) दीर्घकालीन दायित्वों (b) चालू दायित्वों
(c) केवल लेनदारों (d) इनमें से कोई नहीं

8. अम्ल परीक्षण अनुपात व्यक्त करता है
(a) दीर्घकालीन शोधन क्षमता (b) तरलता
(c) लाभप्रदता (d) कार्य-निष्पादन

9. निम्न स्वामित्व अनुपात सूचक है
(a) अति व्यापार का (b) अल्प व्यापार का
(c) अनुकूलतम व्यापार का (d) इनमें से कोई नहीं

10. दीर्घकालीन शोधन क्षमता प्रदर्शित किया जाता है
(a) तरल अनुपात द्वारा
(b) ऋण-समता अनुपात द्वारा
(c) कार्यशील पूँजी आवर्त अनुपात द्वारा
(d) उपरोक्त में से कोई नहीं

11. एक निम्न स्वामित्व अनुपात संकेत देता है
(a) सुदृढ़ वित्तीय स्थिति का (b) औसत वित्तीय स्थिति का
(c) निम्न वित्तीय स्थिति का (d) इनमें से कोई नहीं

12. निष्पादन अनुपात प्रबन्ध को सहायता देते हैं
(a) संसाधनों के प्रबन्ध में (b) वित्त के नियोजन में
(c) निष्पादन के मूल्यांकन में (d) इनमें से कोई नहीं

13. निम्न स्टॉक आवर्त अनुपात सूचक है
(a) स्टॉक में अति विनियोग का (b) कुशल स्टॉक नीति का
(c) स्टॉक में निम्न विनियोग का (d) इनमें से कोई नहीं

14. शुद्ध विक्रय का शुद्ध कार्यशील पूँजी के साथ अनुपात है
(a) कार्यशील पूँजी आवर्त अनुपात (b) लाभप्रदता अनुपात
(c) तरलता अनुपात (d) इनमें से कोई नहीं

15. शुद्ध लाभ अनुपात, शुद्ध लाभ और किसके बीच सम्बन्ध को स्पष्ट करता है?
(a) विक्रय के बीच (b) सकल लाभ के बीच
(c) अन्तिम रहतिया के बीच (d) क्रय के बीच

16. परिचालन अनुपात है
(a) निष्पादन अनुपात (b) शोधन क्षमता अनुपात
(c) तरलता अनुपात (d) लाभप्रदता अनुपात

17. "अनुपात जितना ही ऊँचा होता है, उतना ही अनुकूल होता है।" यह निम्न में से किस पर लागू नहीं होता है?
(a) संचालन अनुपात (b) स्टॉक आवर्त अनुपात
(c) शुद्ध लाभ अनुपात (d) इनमें से कोई नहीं

18. अंशधारियों के लिए प्रमुख अनुपात है
(a) चालू अनुपात (b) संचालन अनुपात
(c) लाभांश दर अनुपात (d) इनमें से कोई नहीं

19. X लिमिटेड का चालू अनुपात 2:1 और त्वरित अनुपात 1.5:1 है। यदि उसके चालू दायित्व ₹ 80,000 हैं, तो स्टॉक का मूल्य होगा
(a) ₹ 1,60,000 (b) ₹ 1,20,000
(c) ₹ 40,000 (d) ₹ 80,000

20. यदि माल की विक्रय लागत ₹ 1,00,000, प्रारम्भिक स्टॉक का मूल्य ₹ 20,000 और अन्तिम रहतिया का मूल्य ₹ 80,000 है, तो स्टॉक आवर्त अनुपात होगा
(a) 5 गुना (b) 4 गुना (c) 2 गुना (d) 1 गुना

21. EPS का परिकलन किया जाता है
(a) $\frac{\text{EBIT}}{\text{इक्विटी शेयर}}$ के रूप में
(b) $\frac{\text{EBIT अधिमान लाभांश}}{\text{इक्विटी शेयर}}$ के रूप में
(c) $\frac{\text{EBIT}}{\text{इक्विटी शेयर}}$ के रूप में
(d) $\frac{\text{EBiT अधिमान लाभांश}}{\text{इक्विटी शेयर}}$ के रूप में

22. दिया है–

स्टॉक	₹ 14,000
देनदार	₹ 20,000
स्टॉक आवर्त	5 बार
देनदारों से रकम वसूल होने की अवधि	73 दिन
लेनदार	₹ 20,000
अदत्त व्यय	लेनदारों का

चालू परिसम्पत्तियों की आवर्त दर होगी
(a) 2.06 (b) 2.94 (c) 1.52 (d) 2.6

23. दिया हुआ है—

अन्तिम स्टॉक	—	₹ 30,000
प्रारम्भिक स्टॉक	—	₹ 20,000

विक्रय — ₹ 1,00,000
प्रशासनिक और विक्रय खर्चे — ₹ 20,000
क्रय — ₹ 70,000
परिचालन अनुपात होगा
(a) 50% (b) 65%
(c) 75% (d) 80%

24. यदि चालू अनुपात 2:1 दिया गया हो और शुद्ध कार्यशील पूँजी ₹ 60,600 हो, तो चालू दायित्व की रकम होगी
(a) ₹ 30,300 (b) ₹ 60,600
(c) ₹ 1,21,200 (d) ₹ 90,900

25. दिया है—
स्थायी परिसम्पत्ति — ₹ 10,00,000
चालू परिसम्पत्ति — ₹ 6,00,000
कुल शुद्ध लाभ — ₹ 2,60,000
चालू देयताएँ — ₹ 3,00,000
निम्नलिखित में से कौन-सा आर ओ आई होगा?
(a) 26% (b) 25%
(c) 20% (d) 16.5%

26. यदि प्रारम्भिक स्टॉक = ₹ 2,45,000, क्रय = ₹ 15,00,000, विक्रय = ₹ 17,40,000 तथा सकल लाभ दर = विक्रित माल की लागत पर 20%, तब रहतिया होगा
(a) ₹ 3,53,000 (b) ₹ 2,95,000
(c) ₹ 2,45,000 (d) ₹ 1,95,000

27. 31 मार्च, 2012 को समाप्त होने वाले वर्ष के लाभ एवं हानि खाते से निम्नलिखित सूचना उपलब्ध कराई गई हैं—
सकल लाभ — ₹ 2,00,000
सकल लाभ सीमा — ₹ 20%
स्टॉक वेग — 4
यदि चालू वर्ष में, विक्रय में 50% वृद्धि की आशा है, तो अभीष्ट औसत माल होगा
(a) ₹ 2,00,000 (b) ₹ 2,50,000
(c) ₹ 3,00,000 (d) ₹ 3,50,000

28. जब चालू अनुपात 3:2 है और चालू दायित्व ₹ 40,000 है, तब चालू परिसम्पत्तियों की राशि क्या होगी?
(a) ₹ 60,000 (b) ₹ 70,000
(c) ₹ 80,000 (d) ₹ 1,00,000

29. यदि औसत वसूली अवधि 15 दिन है और औसत पुस्तकीय प्राप्यताएँ ₹ 45,000 हैं, तो कुल वार्षिक उधार बिक्री क्या होगी?
(a) ₹ 10,80,000 (b) ₹ 16,20,000
(c) ₹ 6,75,000 (d) ₹ 1,87,500

30. कम्पनी का कर पूर्व लाभ ₹ 2,00,000 है। यदि ब्याज आवर्त है, तो ब्याज की रकम कितनी होगी?
(a) ₹ 20,000 (b) ₹ 33,333 (c) ₹ 40,000 (d) ₹ 50,000

31. यदि शुद्ध लाभ-बिक्री अनुपात 10%, कुल सम्पत्ति आवर्त 2 और कुल दायित्व कुल सम्पत्ति अनुपात 0.6 है, तो समता पर प्रत्याय दर होगी
(a) 20% (b) 50% (c) 33.33% (d) 40%

32. यदि कुल बिक्री ₹ 1,00,000, कुल बिक्री शामिल नकद बिक्री ₹ 20,000, विक्रय वापस ₹ 7,000, 31 मार्च, 2012 को बिक्री के लिए कुल देनदार ₹ 9,000 तथा 31 मार्च, 2012 का प्राप्य बिल ₹ 2,000 हो तो, औसत भुगतान अवधि वर्ष 2011-12 के लिए होगी
(a) 60 दिन (b) 45 दिन (c) 90 दिन (d) 55 दिन

33. यदि व्यापारिक लेनदार ₹ 10,000, अदत्त व्यय लेनदार के 10%, चालू अनुपात 2 : 1 और स्टॉक ₹ 7,000 हो, तो सरल परिसम्पत्ति होगी
(a) ₹ 10,000 (b) ₹ 12,000 (c) ₹ 14,000 (d) ₹ 15,000

34. एक फर्म की कुल चालू सम्पत्तियाँ ₹ 10,000 हैं (जिसमें ₹ 4,000 का स्टॉक भी शामिल है) तथा कुल चालू दायित्व ₹ 3,000 है। तरल अनुपात को 1.5 करने के लिए अल्पकालीन बैंक ऋण आवश्यक होगा
(a) ₹ 11,000 (b) ₹ 5,000 (c) ₹ 3,000 (d) ₹ 1,000

35. निम्न अनुपातों में कौन-सा प्राथमिक अनुपात है?
(a) चालू अनुपात (b) विनियोग पर प्रत्याय
(c) ऋण-समता अनुपात (d) सामग्री-आवर्त अनुपात

36. एक फर्म का चालू अनुपात 5 : 3 है। इसकी कार्यशील पूँजी ₹ 20,000 है। इसकी चालू सम्पत्तियों का मूल्य होगा
(a) ₹ 30,000 (b) ₹ 50,000 (c) ₹ 20,000 (d) ₹ 60,000

37. एक फर्म से ₹ 5,00,000 का लाभ देने की अपेक्षा है और सामान्य अपेक्षा 16% है। यदि फर्म की निवल परिसम्पत्ति का मूल्य ₹ 21,00,000 है, तो पूँजीकरण पद्धति से आकलन करने पर उसके सुनाम का मूल्य क्या होगा?
(a) ₹ 31,25,000 (b) ₹ 21,00,000
(c) ₹ 10,25,000 (d) ₹ 1,25,000

38. एक कम्पनी ने अपने शेयरधारियों को ₹ 100 वाले प्रत्येक तीन शेयरों के लिए, प्रत्येक ₹ 100 वाला शेयर ₹ 150 में क्रय करने के अधिकार का प्रस्ताव किया। प्रत्येक शेयर का बाजार मूल्य ₹ 200 है। निम्नलिखित में से कौन-सा एक शेयर का अधिकार मूल्य है?
(a) ₹ 12.50 (b) ₹ 10.00 (c) ₹ 12.00 (d) ₹ 11.50

उत्तरमाला

1.	(b)	2.	(b)	3.	(a)	4.	(b)	5.	(a)	6.	(b)	7.	(b)	8.	(b)	9.	(a)	10.	(b)
11.	(c)	12.	(c)	13.	(a)	14.	(a)	15.	(a)	16.	(d)	17.	(a)	18.	(c)	19.	(c)	20.	(c)
21.	(d)	22.	(b)	23.	(d)	24.	(b)	25.	(c)	26.	(b)	27.	(c)	28.	(a)	29.	(a)	30.	(c)
31.	(a)	32.	(d)	33.	(d)	34.	(c)	35.	(b)	36	(b)	37.	(c)	38.	(a)				

उत्तर व्याख्या सहित

23. Operating ratio $= \frac{\text{Operating cost}}{\text{Sale}} \times 100$

$\frac{8,000}{1,00000} \times 100 = 80\%$

Operating cost = Operating stock + Purchase + Administration expenses − Closing Stock

$= 20,000 + 7,000 + 2,000 - 3,000$

$=$ ₹ 8,000

25. ROI $= \frac{\text{Net profit}}{\text{Capital employed}}$

$\frac{26,000}{13,00,000} \times 100 = 20\%$

Capital employed = Fixed assets + Current assets − Current liabilities

$= 10,00,000 + 6,00,000 - 3,00,000$

$=$ ₹ 13,00,000

26. Gross profit $= 17,40,000 \times \frac{20}{120} =$ ₹ 2,90,000

Cost of goods sold = Sale − Gross profit

$= 1,74,000 - 29,000 =$ ₹ 1,45,000

Closing stock = Opening stock + Purchase − Cost of goods sold

$= 2,45,000 + 15,00000 - 14,50,000 =$ ₹ 2,95,000

27. Sale $= \frac{\text{Gross profit}}{\text{Gross profit rate}}$

$= \frac{2,00,000}{20\%} =$ ₹ 10,00,000

New sale = 10,00,000 + 50% = ₹ 15,00,000

COGS $= 15,00,000 \times \frac{80}{100} = 12,00,000$

Average stock $= \frac{\text{COGS}}{\text{Stock turnover}}$

$= \frac{12,00,000}{4} =$ ₹ 3,00,000

29. Credit sale $= \frac{\text{Average receivable}}{\text{Collection period}}$

$= \frac{45,000}{15} \times 360 =$ ₹ 10,80,000

30. Interest coverage rate $= \frac{\text{Profit before tax and interest}}{\text{Interest}}$

Interest $= \frac{2,00,000}{5} =$ ₹ 40,000

32. Average collection period $= \frac{\text{Average receivable}}{\text{Credit sale}} \times 365$

$= \frac{11,000}{73,000} \times 365 : 55$ दिन

Average receivable = Debtors + B/R

$= 9,000 + 2,000 =$ ₹ 11,000

Credit sale = 1,00,000 − 20,000 − 7,000 = ₹ 73,000

33. Creditor = ₹ 10,000

Outstanding expenses = 10% or 1,000

Current liabilities = 10,000 + 1,000 = 11,000

Current assets = 11,000 × 2 = ₹ 22,000

Liquid assets = Current assets − Stock

$= 22,000 - 7,000 =$ ₹ 15,000

34. Liquid assets = 10,000 − 4,000 = ₹ 6,000

Current liability = ₹ 3,000

Liquid ratio $= \frac{\text{Liquid assets}}{\text{Current liability}}$

$= \frac{6,000}{3,000} = 2$

After loan

$1.5 = \frac{6,000 + x}{3,000 + x}$

$4,500 + 1.5x = 6,000 + x$

$1.5 - x = 6,000 = 45,000$

$0.5x = 1,500$

$x = \frac{1,500}{0.5} =$ ₹ 3,000

36. CA = 5

CL = 3

Covering capital = CA − CL

$= 5 - 3 = 2$

Current assets $= \frac{20,000}{2} \times 5 =$ ₹ 50,000

अध्याय 31

कोष प्रवाह एवं रोकड़ प्रवाह विवरण

Fund Flow and Cash Flow Statement

कोष प्रवाह का अर्थ Meaning of Fund Flow

'प्रवाह' शब्द का आशय परिवर्तन से है, अत: कोष के सम्बन्ध में प्रवाह से आशय कोष में परिवर्तन से है। चूँकि 'कोष' शब्द का आशय शुद्ध कार्यशील पूँजी से लगाया जाता है। अत: शुद्ध कार्यशील पूँजी में परिवर्तन ही कोष प्रवाह कहलाता है, जब लेन-देन के फलस्वरूप कोष में वृद्धि होती है तो उसे कोष का स्रोत तथा जब लेन-देन के फलस्वरूप कोष में कमी होती है, तो उसे कोष का प्रयोग माना जाता है।

इस प्रकार कोष प्रवाह द्वारा कार्यशील पूँजी में कमी या वृद्धि द्वारा परिवर्तन देखा जाता है। कार्यशील पूँजी में परिवर्तन ऐसे लेन-देनों से हो सकता है, जो चालू सम्पत्तियों में तो वृद्धि लाते हैं, किन्तु चालू दायित्वों में कोई वृद्धि नहीं लाते हैं या चालू सम्पत्तियों में कमी को प्रभावित करते हैं, किन्तु चालू दायित्वों में कोई कमी नहीं लाते हैं। यदि चालू सम्पत्तियों एवं चालू दायित्वों में समान दिशा एवं समान मात्रा में परिवर्तन होता है, तो केवल चालू सम्पत्तियों एवं चालू दायित्वों के योग में ही परिवर्तन होता है और उनके अन्तर अर्थात् कार्यशील पूँजी पर कोई प्रभाव नहीं पड़ता है, तो इस स्थिति में कोष का प्रभाव नहीं होगा।

उदाहरण के लिए, यदि देय बिल या लेनदारों का भुगतान किया जाए तो चालू सम्पत्ति एवं चालू दायित्व दोनों में कमी आ जाएगी। इसी प्रकार देनदारों से वसूली की जाती है, तो देनदारों में कमी एवं रोकड़ शेष में वृद्धि का चालू सम्पत्ति के योग पर कोई प्रभाव नहीं पड़ेगा।

एन्थॉनी के अनुसार, "कोष प्रवाह विवरण उन स्रोतों का वर्णन करता है, जिनसे अतिरिक्त कोष प्राप्त किए गए थे और जिनमें इन कोषों का प्रयोग किया गया।"

कोष से आशय Meaning of Fund

विस्तृत अर्थ में, कोष या निधि का आशय समस्त आर्थिक स्रोतों से है तथा संकुचित अर्थ में, कोष या निधि का आशय रोकड़ से लगाया जाता है, जबकि कोष प्रवाह विवरण तैयार करने के उद्देश्य से 'कोष' शब्द का अर्थ शुद्ध चालू सम्पत्तियाँ या शुद्ध कार्यशील पूँजी से है। अत: कुल चालू सम्पत्तियों एवं कुल चालू दायित्व का अन्तर ही 'कोष' कहलाता है। 'कोष' शब्द को भली प्रकार से समझने के लिए चालू सम्पत्ति, चालू दायित्व, गैर-चालू सम्पत्ति, गैर-चालू दायित्व को जानना अनिवार्य है।

चालू सम्पत्तियाँ Current Assets

चालू सम्पत्तियों से आशय रोकड़ एवं अन्य सम्पत्ति या संसाधनों से है, जिन्हें अल्पकाल में नकद धन में परिवर्तित किया जा सकता है। अन्य शब्दों में, चालू सम्पत्तियों से तात्पर्य ऐसी सम्पत्तियों से है, जिन्हें एक वर्ष की अवधि में नकद धन में परिवर्तित किया जा सकता है। इस प्रकार चालू सम्पत्तियाँ वे सम्पत्तियाँ हैं, जिन्हें व्यवसाय के सामान्य क्रिया चक्र में बेचे जाने या वसूल किए जाने की यथोचित रूप से सम्भावना होती है।

चालू सम्पत्तियों के अन्तर्गत निम्नलिखित सम्पत्तियों को शामिल किया जाता है—

1. रोकड़ एवं बैंक शेष।
2. पुस्तकीय ऋण या विविध देनदार।
3. पूर्वदत्त व्यय या अग्रिम भुगतान; जैसे—पूर्वदत्त किराया, बीमा के प्रीमियम का अग्रिम भुगतान आदि।
4. अर्जित आय, जो बकाया है।
5. प्राप्य विपत्र।
6. अल्पकालीन या अस्थायी विनियोग या विक्रय योग्य प्रतिभूतियाँ।
7. व्यापारिक स्कन्ध।

चालू दायित्व Current Liabilities

चालू दायित्व से आशय ऐसे ऋणों या अनुग्रह से है, जो माँग पर या एक वर्ष के अन्दर देय हों और जिनका भुगतान वर्तमान चालू सम्पत्तियों में से या नए चालू दायित्वों के सृजन से किया जाता है। *सामान्यत: चालू दायित्वों के अन्तर्गत निम्नलिखित को शामिल किया जाता है—*

1. देय बिल या विपत्र
2. व्यापारिक लेनदार
3. न माँगा गया लाभांश
4. बैंक अधिविकर्ष
5. करों के लिए आयोजन
6. पेशगी प्राप्त आय; जैसे—अदत्त व्यय, अदत्त वेतन, अदत्त मजदूरी आदि
7. अल्पकालीन ऋण
8. सहायक कम्पनी को देय रकम
9. देनदारों पर बट्टे के लिए प्रावधान
10. अशोध्य एवं संदिग्ध ऋण प्रावधान।

गैर-चालू सम्पत्तियाँ Non-current Assets

गैर-चालू सम्पत्तियों या स्थायी सम्पत्तियों से आशय उन सभी सम्पत्तियों से है, जो चालू सम्पत्तियाँ नहीं हैं।

इन सम्पत्तियों के अन्तर्गत निम्नलिखित सम्पत्तियों को शामिल करते हैं–

1. भूमि एवं भवन
2. ख्याति या साख
3. संयन्त्र एवं मशीने
4. फर्नीचर एवं फिक्चर्स
5. पेटेण्ट्स अधिकार
6. दीर्घकालीन विनियोग
7. व्यापारिक चिह्न
8. सूत्र एवं लाइसेन्स
9. मुद्रणाधिकार
10. लाभ-हानि खाते का डेबिट शेष
11. प्रारम्भिक व्यय
12. अंशों एवं ऋणपत्रों पर दी गई कटौती

गैर-चालू दायित्व Non-current Liabilities

गैर-चालू दायित्वों से आशय ऐसे दायित्वों से है, जिनका भुगतान प्राय: एक वर्ष के बाद करना होता है।

इन दायित्वों के अन्तर्गत निम्नलिखित दायित्वों को शामिल करते हैं–

1. ऋणपत्र या बॉण्ड्स
2. बन्धक पर ऋण
3. दीर्घकालीन बैंक ऋण
4. वित्तीय संस्थाओं के दीर्घकालीन ऋण

कोष प्रवाह विवरण के उद्देश्य
Objectives of Fund Flow Statement

कोष प्रवाह विवरण का मुख्य उद्देश्य एक निश्चित अवधि में कार्यशील पूँजी में हुए परिवर्तनों के कारणों पर प्रकाश डालना होता है।

इस मुख्य उद्देश्य के साथ-साथ कोष प्रवाह विवरण निम्नलिखित प्रश्नों के विश्लेषणात्मक उत्तर प्रदान करता है–

1. एक निश्चित अवधि के अन्तर्गत अर्जित लाभ कहाँ गया?
2. एक निश्चित अवधि के अन्तर्गत लाभ कम होने पर या शुद्ध हानि होने पर भी लाभांश का वितरण किन कोषों में से किया गया?
3. जबकि लाभ पर्याप्त है, फिर भी शुद्ध कार्यशील पूँजी कम क्यों है?
4. शुद्ध हानि होने पर भी शुद्ध कार्यशील पूँजी अधिक क्यों है?
5. स्थायी सम्पत्तियों के विक्रय से प्राप्त रकम का क्या किया गया?
6. अंशों पर लाभांश और अधिक क्यों नहीं दिया गया?
7. स्थायी सम्पत्तियों में वृद्धि की वित्त व्यवस्था के लिए अतिरिक्त राशि का सृजन व्यवसाय में पर्याप्त लाभ होते हुए भी बाह्य साधनों से क्यों किया गया?
8. कार्यशील पूँजी में वृद्धि के लिए वित्तीय प्रबन्ध किस प्रकार किया गया?
9. अंश पूँजी में वृद्धि से प्राप्त स्थायी सम्पत्तियों का क्या परिणाम रहा?
10. ऋणों के पुनर्भुगतान के लिए किस प्रकार वित्तीय प्रबन्ध किया गया?

कोष प्रवाह विवरण को तैयार करना
Preparing Fund Flow Statement

कोष प्रवाह विवरण तैयार करने की अवधि साधारणत: एक वर्ष की होती है। इसको तैयार करने के लिए आँकड़ों को दो वर्षों के चिट्ठों से प्राप्त किया जाता है, पूरक के रूप में अन्य सूचनाएँ अन्य खातों से भी ली जा सकती हैं। *वर्तमान समय में कोष प्रवाह विवरण को निम्नलिखित तीन भागों में तैयार किया जाता है–*

1. कार्यशील पूँजी में परिवर्तन की अनुसूची
Schedule of Working Capital Change

इस अनुसूची में दो तिथियों के चिट्ठों के मध्य चल सम्पत्तियों एवं चल दायित्वों के व्यक्तिगत मदों में हुई वृद्धि या कमी को प्रदर्शित किया जाता है।

इस अनुसूची को तैयार करते समय चिट्ठे में प्रदर्शित चल सम्पत्तियों एवं चल दायित्वों को ही दर्शाया जाता है। चिट्ठे की अन्य मदों एवं दी गई अतिरिक्त सूचना को ध्यान में नहीं रखा जाता। *अनुसूची बनाते समय निम्नलिखित नियमों को ध्यान में रखना चाहिए–*

(i) चालू सम्पत्तियों में वृद्धि के फलस्वरूप कार्यशील पूँजी में वृद्धि होती है। अत: इसे वृद्धि वाले स्तम्भ में लिखा जाता है।

(ii) चालू सम्पत्तियों में कमी के फलस्वरूप कार्यशील पूँजी में कमी होती है। अत: इसे कमी वाले स्तम्भ में लिखा जाता है।

(iii) चालू दायित्वों में वृद्धि के फलस्वरूप कार्यशील पूँजी में कमी होती है। अत: इसे कमी वाले स्तम्भ में लिखा जाता है।

(iv) चालू दायित्वों में कमी के फलस्वरूप कार्यशील पूँजी में वृद्धि होती है। अत: इसको वृद्धि वाले स्तम्भ में लिखा जाता है।

कार्यशील पूँजी में परिवर्तन की अनुसूची का प्रारूप निम्न है–

Schedule of Changes in Working Capital

Items	End of the Year		Effect on Working Capital	
	Previous Year	Current Year	Increase	Decrease
A. **Current Assets**	(₹)	(₹)	(₹)	(₹)
Cash in Hand	...	...		
Cash in Bank	...	...		
Marketable Securities	...	...		
Bills Receivable	...	...		
Debtors	...	...		
Stock	...	...		
Prepaid Expenses	...	...		
Total of A	–x–x–	–x–x–		
B. **Current Liabilities**				
Creditors	...	...		
Bills Payable	...	...		
Outstanding Expenses	...	...		
Total of B	–x–x–	–x–x–		
Working Capital (A–B)				
Increase or Decrease in Working Capital Total				

2. संचालन से लाभ की गणना
Calculation of Profit by Operation

यह कोष के स्रोत की एक ऐसी मद होती है, जो आन्तरिक स्रोतों द्वारा उत्पन्न होती है। संचालन से लाभ की गणना शुद्ध लाभ के आधार पर की जाती है, किन्तु लाभ-हानि खाता द्वारा प्रदर्शित लाभ को ही कोष का स्रोत नहीं मानना चाहिए, क्योंकि यह सत्य है कि शुद्ध लाभ की गणना करते समय कुछ ऐसे खर्चों को लाभ-हानि खाते में शामिल किया जाता है, जिनका कोष पर प्रभाव नहीं पड़ता। इसी प्रकार कुछ ऐसी आयों एवं हानियों को भी शामिल कर लिया

जाता है, जिनका संचालन से कोई सम्बन्ध नहीं होता है। अत: ऐसी मदों का समायोजन किया जाना आवश्यक हो जाता है।

इसके लिए निम्नलिखित प्रक्रिया अपनाई जाती है—

(i) *यदि शुद्ध लाभ सम्बन्धी सूचना स्पष्ट रूप से दी गई है, तो संचालन से लाभ निम्न प्रकार ज्ञात किया जाएगा—*

Net Profit of the Year		–x–x–
Add : Non-cash items and Non-trading Losses		
1. Depreciation	…	
2. Goodwill Written-off	…	
3. Preliminary Expenses Written-off	…	
4. Discount on Issue of Debentures	…	
5. Fixed Assets Written-off	…	
6. Premium on Redemption Written-off	…	
7. Loss on Sale of Long-term Investments	…	
8. Loss on Sale of Fixed Assets	…	–x–x–
Less : Non-trading Incomes		–x–x–
1. Profit on Sale of Fixed Assets	…	
2. Interest and Dividend Received	…	–x–
Profit from Operations		–x–

(ii) *यदि शुद्ध लाभ सम्बन्धी सूचना स्पष्ट रूप से नहीं दी गई है, तो सर्वप्रथम शुद्ध लाभ की गणना निम्न प्रकार की जाएगी,* फिर संचालन से लाभ ज्ञात किया जाएगा—

Current Year's Balance of Profit and Loss Appropriation A/c		…
Less : Last Year's Balance of Profit and Loos Appropriation A/c Increase or Decrease	xxx	xxx
Add : Appropriations		
1. Transfer to General Reserve		…
2. Transfer to Other Reserves		…
3. Proposed Dividend for the Current Year		…
4. Interim Dividend		… –x–
Net Profit for the Year		–x–

3. कोषों के स्रोतों एवं प्रयोगों का विवरण
Statement of Sources and Uses of Funds

कोषों के स्रोतों एवं प्रयोगों का विवरण एक ऐसा विवरण पत्र है, जो यह व्यक्त करता है कि किस अवधि में कोष किन-किन स्रोतों से प्राप्त हुआ है तथा उस कोष का उपयोग किन-किन मदों में किया गया है। इसकी रचना करते समय प्रदत्त आर्थिक चिट्ठों की स्थायी सम्पत्तियों, दीर्घकालीन दायित्वों, पूँजी कोष तथा अतिरिक्त सूचनाओं को ध्यान में रखा जाता है।

सामान्यत: स्थायी सम्पत्तियों में वृद्धि कोष का प्रयोग (स्थायी सम्पत्तियों के क्रय रूप में) तथा उनमें कमी (बशर्ते यह कमी ह्रास के कारण नहीं हुई हो) कोष का स्रोत (स्थायी सम्पत्तियों की बिक्री रूप में) होती है। दीर्घकालीन दायित्वों में वृद्धि कोष का स्रोत तथा इनमें कमी कोष का प्रयोग होता है। यही बात अंश पूँजी के सम्बन्ध में लागू होती है।

यहाँ यह बात विशेष रूप से ध्यान में रखनी चाहिए कि इन स्थायी सम्पत्तियों, दीर्घकालीन दायित्वों एवं अंश पूँजी में हुए परिवर्तनों को तभी कोष प्रवाह विवरण में लिखा जाएगा जब इनके लेन-देन में दूसरी ओर चालू सम्पत्तियाँ या चालू दायित्व या दोनों हों। *कोष के विभिन्न स्रोतों एवं प्रयोगों को एक प्रारूप के रूप में निम्नलिखित प्रकार से स्पष्ट कर सकते हैं—*

Funds Flow Statement

Sources of Funds	Amt (₹)	Uses of Funds	Amt (₹)
Issue of Share Capital	…	Redemption of Preference Share	…
Issue of Debentures	…		
Loan of Institutions	…	Redemption of Debentures	…
Sale of Fixed Assets	…		
Dividend Received	…	Repayment of Loans	
Profit from Operations	…	Purchase of Fixed Assets	…
Decrease in Working Capital	…		…
		Payment of Dividend and Taxes	…
		Loss in Operations	…
		Increase in Working Capital	…
Total Sources		**Total Uses**	

रोकड़ प्रवाह का अर्थ Meaning of Cash Flow

एक रोकड़ प्रवाह विवरण, कोष प्रवाह विवरण से बहुत अधिक भिन्न नहीं होता तथा इस विवरण को भी कोष प्रवाह विवरण की भाँति तुलनात्मक स्थिति विवरण, लाभ-हानि खाते एवं अतिरिक्त सूचनाओं की सहायता से तैयार किया जाता है। अन्तर का कोई आधार है, तो वह यह है कि दोनों विवरणों में प्रयोग किए जाने वाले शब्द 'कोष' की परिभाषा भिन्न-भिन्न होती है। रोकड़ प्रवाह विवरण में कोष का आशय केवल रोकड़ से होता है, जबकि कोष प्रवाह विवरण में कोष का आशय 'कार्यशील पूँजी' से होता है।

कोष प्रवाह विवरण में कार्यशील पूँजी की विभिन्न मदों एवं उनमें हुए परिवर्तनों का अध्ययन किया जाता है। चूँकि कार्यशील पूँजी में रोकड़ के अतिरिक्त अन्य चालू सम्पत्तियों एवं चालू दायित्वों को भी शामिल किया जाता है। अत: कोष प्रवाह विवरण से यह ज्ञात नहीं किया जा सकता है कि व्यवसाय के अन्तर्गत कुल कितनी रोकड़ प्राप्त हुई एवं कुल कितनी रोकड़ का भुगतान के रूप में बहिर्गमन हुआ।

आधुनिक समय में व्यवसाय के प्रबन्धकों को यह जानकारी रखना अति आवश्यक होता है कि एक निश्चित समय के अन्दर रोकड़ कोषों के विभिन्न स्रोत क्या हैं एवं रोकड़ के इन स्रोतों का व्यवसाय में किस प्रकार उपयोग किया गया है। यह जानकारी हमें रोकड़ प्रवाह विवरण के माध्यम से होती है। रोकड़ प्रवाह विवरण को एक ऐसे विवरण के रूप में परिभाषित किया जा सकता है, जोकि एक निश्चित अवधि के दौरान (जैसे—मासिक या त्रैमासिक या वार्षिक) संस्था के रोकड़ अन्त: प्रवाहों के स्रोतों एवं रोकड़ बहिर्गमन के उपयोगों का निष्कर्ष प्रस्तुत करता है।

इण्डियन इन्स्टीट्यूट ऑफ कॉस्ट एण्ड वर्क्स एकाउण्टेण्ट्स के अनुसार, "रोकड़ प्रवाह विवरण किसी दी हुई अवधि में रोकड़ आवश्यकताओं के निर्धारण एवं उनकी पर्याप्त व्यवस्था करने के उद्देश्य से विभिन्न शीर्षकों के अन्तर्गत रोकड़ के स्रोतों एवं उनके उपयोगों से बनाया गया एक विवरण है।"

चूँकि इस विवरण को तैयार करने के पीछे यही मूल भावना रहती है कि विभिन्न लेन-देनों का संस्था की रोकड़ स्थिति पर पड़ने वाले प्रभावों की समीक्षा की जाए, अत: यह विवरण केवल उन्हीं लेन-देनों को ध्यान में रखता है, जो तत्परता के साथ रोकड़ के आगम या निर्गमन का सृजन कर सके। ऐसे लेन-देन जिनके माध्यम से संस्था की रोकड़ स्थिति में वृद्धि हो, उन्हें 'रोकड़ के स्रोत' अथवा 'रोकड़ का अन्त: प्रवाह' तथा ऐसे लेन-देन जिनके माध्यम से संस्था की रोकड़ स्थिति में गिरावट या कमी आए, उन्हें 'रोकड़ के उपयोग' अथवा 'रोकड़ का बहिर्वाह' कहते हैं।

रोकड़ प्रवाह विवरण के उपयोग एवं महत्त्व

Utility and Importance of Cach Flow Statement

वास्तव में, रोकड़ किसी भी व्यवसाय का जीवन-रक्त होता है। व्यवसाय में इसकी कमी आ जाने पर व्यवसाय संचालन की क्रिया अवरुद्ध होने लगती है। अत: व्यवसाय में रोकड़ का संचालन लगातार होना चाहिए। रोकड़ प्रवाह विवरण किसी संस्था के रोकड़ के संचालन की तरकीब है। किसी व्यवसाय के अल्पकालीन वित्तीय परिवर्तन की जाँच के लिए यह एक जाति उपयोगी विधि मानी जाती है।

भारत के चार्टर्ड एकाउण्टेण्ट्स इंस्टीट्यूट द्वारा जारी संशोधित लेखा मानक-3 के अनुसार किसी उपक्रम को रोकड़ प्रवाहों से सम्बन्धित सूचनाएँ वित्तीय विवरणों के प्रयोगकर्ताओं को उपलब्ध कराना उपयोगी है, जिनके आधार पर वे उस उपक्रम के रोकड़ एवं रोकड़ तुल्य के स्रोत और उस उपक्रम के आवश्यक रोकड़ प्रवाह के प्रयोग की योग्यता की जाँच कर सकें और आर्थिक निर्णय ले सकें। *इसके प्रमुख उपयोग इस प्रकार हैं—*

1. **संस्था की वर्तमान रोकड़ स्थिति के मूल्यांकन में सहायक** चूँकि रोकड़ प्रवाह विवरण, रोकड़ आधार लेखांकन पर आधारित होता है, जिससे रोकड़ की स्थिति के मूल्यांकन में इससे काफी सहायता मिलती है। इस विवरण की सहायता से संस्था का रोकड़ बजट भी तैयार किया जाता है। रोकड़ की प्राप्ति एवं भुगतान के अन्तर से रोकड़ की आवश्यकता या आधिक्य की जानकारी होती है।
2. **दायित्व शोधन क्षमता की जानकारी** इसकी सहायता से यह जानकारी प्राप्त की जा सकती है कि फर्म की दायित्व शोधन क्षमता क्या है? यदि प्रबन्ध यह जानना चाहे कि फर्म की एक माह बाद शोधन क्षमता क्या होगी? तो इसकी जानकारी रोकड़ प्रवाह विवरण की सहायता से की जा सकती है। वास्तव में, वित्तीय विश्लेषण का समय जितना कम होता है, इस विवरण का महत्त्व उतना ही बढ़ जाता है।
3. **प्रबन्ध में सहायक** यह स्पष्ट किया जा चुका है कि रोकड़ प्रवाह विवरण से रोकड़ बजट का भी निर्माण किया जा सकता है। इन दोनों की तुलना करके प्रबन्ध यह निश्चित कर सकता है कि रोकड़ का प्रयोग योजनाबद्ध ढंग से हुआ है या नहीं।
4. **महत्त्वपूर्ण तथ्यों की जानकारी** रोकड़-प्रवाह से ऐसे तथ्यों की जानकारी होती है, जिनके कारण व्यवसाय में लाभ की स्थिति में भी रोकड़ की कमी रहती है तथा हानि होने पर भी रोकड़ की मात्रा प्रचुर रहती है।
5. **नीति के निर्धारण में सहायक** इस विवरण की सहायता से दीर्घकालीन ऋणों को चुकता करने, स्थायी सम्पत्तियों का विस्तार अथवा पुनर्स्थापन करने एवं लाभांश घोषित करने सम्बन्धी नीतियों का निर्माण किया जा सकता है।
6. **बाह्य पक्षों के लिए उपयोगी** यह विवरण बाह्य पक्ष खासकर बैंकर्स के लिए एक महत्त्वपूर्ण विवरण होता है। वर्तमान में वित्तीय संस्थाएँ अपने ग्राहकों को वित्तीय स्थिति के अध्ययन में रोकड़ प्रवाह विवरण का अध्ययन करती हैं, जिसके आधार पर वे उन्हें ऋण प्रदान करने या नहीं करने का निर्णय लेती हैं।

रोकड़ प्रवाह विवरण की सीमाएँ

Limitations of Cash Flow Statement

रोकड़ प्रवाह विवरण के अनेक गुणों के बावजूद इसकी कुछ सीमाएँ भी हैं। *ये इस प्रकार हैं—*

1. रोकड़ प्रवाह विवरण रोकड़ के अन्तर्गमन एवं बाह्यगमन को स्पष्ट करता है, किन्तु रोकड़ के रूप में मानी जाने वाली मदों को छोड़ देने से फर्म की तरलता के सम्बन्ध में सही जानकारी प्राप्त नहीं होती है।
2. रोकड़ की सही-सही परिभाषा देना एक कठिन कार्य है। वस्तुत: रोकड़ के अन्तर्गत चैक, पोस्टल ऑर्डर, स्टाम्प आदि रखे जाने चाहिए।
3. किसी संस्था के सम्बन्ध में रोकड़ प्रवाह विवरण की तुलना में कोष प्रवाह विवरण से अधिक स्पष्ट चित्र प्रस्तुत होता है।
4. रोकड़ प्रवाह विवरण आय विवरण के समकक्ष नहीं हो सकता क्योंकि आय विवरण में रोकड़ मदों के अलावा गैर-रोकड़ मदों को भी शामिल किया जाता है। अत: रोकड़ प्रवाह विवरण से व्यवसाय की शुद्ध आय की जानकारी नहीं हो सकती।

संशोधित लेखांकन मानक के अनुसार रोकड़ प्रवाह विवरण Cash Flow Statement According to Revised Accounting Standard

रोकड़ प्रवाह विवरण में रोकड़ और रोकड़ तुल्य में होने वाले परिवर्तनों को दिखाया जाता है। रोकड़ व रोकड़ तुल्य में होने वाले परिवर्तनों को रोकड़ प्रवाह कहते हैं। रोकड़ प्रवाह रोकड़ एवं रोकड़ तुल्य का अन्तर्वाह एवं बहिर्वाह है। *संशोधित लेखा मानक AS-3 के अनुसार रोकड़ प्रवाहों को तीन भागों में बाँटा जा सकता है—*

1. **परिचालन क्रियाओं से रोकड़ प्रवाह** परिचालन क्रियाओं से आशय उन क्रियाओं से है, जो मुख्यत: किसी उपक्रम को आगम उत्पन्न कराती हैं। परिचालन सम्बन्धी क्रियाओं से रोकड़ प्रवाह उन लेन-देनों और व्यवहारों का परिणाम है, जो लाभ या हानि का निर्धारण करते हैं।

   परिचालन क्रियाओं से रोकड़ अन्तर्वाह एवं रोकड़ बहिर्वाह को निम्न तालिका से स्पष्ट किया जा सकता है—

रोकड़ अन्तर्वाह	रोकड़ बहिर्वाह
1. नकदी बिक्री	1. नकद क्रय
2. देनदारों से प्राप्त	2. लेनदारों को भुगतान
3. कमीशन एवं फीस	3. नकद परिचालन व्यय
4. अधिकार शुल्क	4. मजदूरी का भुगतान
	5. आयकर

2. **विनियोजन क्रियाओं से रोकड़ प्रवाह** विनियोजन क्रियाओं से आशय उन क्रियाओं से है, जो उपक्रम की भावी आय और रोकड़ प्रवाहों को उत्पन्न करने के लिए साधनों अर्थात् सम्पत्तियों के क्रय-विक्रय से सम्बन्धित हैं। विनियोजन क्रियाओं से रोकड़ प्रवाह में दीर्घकालीन सम्पत्तियों व विनियोगों, जिन्हें रोकड़ तुल्य में सम्मिलित नहीं किया जाता है, की प्राप्ति एवं निस्तारण का लेखा रखा जाता है।

विनियोजन क्रियाओं से रोकड़ अन्तर्वाह एवं रोकड़ बहिर्वाह को निम्न तालिका से स्पष्ट किया जा सकता है—

रोकड़ अन्तर्वाह	रोकड़ बहिर्वाह
1. स्थायी सम्पत्तियों का नकद विक्रय	1. स्थायी सम्पत्तियों का नकद क्रय
2. विनियोगों का विक्रय	2. विनियोगों का क्रय
3. प्राप्त ब्याज	
4. लाभांश प्राप्ति	

3. **वित्तीय क्रियाओं से रोकड़ प्रवाह** विनियोजन क्रियाओं से आशय उन क्रियाओं से है, जो उपक्रम की पूँजी और ऋण प्रदान करने वाले रोकड़ प्रवाहों से सम्बन्धित हैं। वित्तीय क्रियाओं से रोकड़ प्रवाह उपक्रम की स्वामित्व पूँजी एवं ऋणों की संरचना तथा आकार में परिवर्तन का परिणाम है।

वित्तीय क्रियाओं से रोकड़ अन्तर्वाह एवं रोकड़ बहिर्वाह को निम्नलिखित तालिका से स्पष्ट किया जा सकता है—

रोकड़ अन्तर्वाह	रोकड़ बहिर्वाह
1. अंश निर्गमन से रोकड़	1. ऋणों का भुगतान
2. ऋणपत्रों के निर्गमन से रोकड़	2. अधिमान अंशों का शोधन
3. दीर्घकालीन ऋण से रोकड़	3. लाभांश का भुगतान
	4. ब्याज का भुगतान
	5. वित्त/पट्टा दायित्वों का पुनर्भुगतान

रोकड़ प्रवाह विवरण का प्रारूप

Format of Cash Flow Statement

भारतीय लेखा मानक AS-3 के अन्तर्गत रोकड़ प्रवाह विवरण का प्रारूप निम्नलिखित है—

Name of the Company....

Cash Flow Statement
for the year ending.....

Particulars	Amt (₹)	Amt (₹)
A. **Cash Flow from Operating Activities**		
Net Profit during the year as per Profit and Loss Account	....	
(+) Non-cash and Non-operating Expenses	....	
(–) Non-operating Income	(....)	
Operating Profit or Loss before Working Capital Changes	.....	
(+) Decrease in Current Assets	....	
Increase in Current Liabilities	.....	
(–) Increase in Current Assets	(....)	
Decreases in Current Liabilities	....	
Cash from or used in Operating Activities	(....)	
(–) Income Tax paid	....	
Net Cash from or used in Operating Activities	(....)	
B. **Cash Flows from Investing Activities**		
Proceeds from Sale of Fixed Assets	....	
Proceeds from Sale of Investment	....	
Proceeds from Sale of Intangible Assets	....	
Purchase of Fixed Assets	(....)	
Purchase of Investment	(....)	
Purchase of Intangible Assets	(....)	
Rent/Interest/Dividend Received	.....	
Net Cash from or used in Investing Activities		....
C. **Cash Flow from Financing Activities**		
Proceeds from Issue of Shares	....	
Proceeds from Issue of Debentures	....	
Proceeds from Long-terms Borrowings	....	
Proceeds from Increase in Securities Premium	....	—
Bu-back of Equity Shares	(....)	
Redemption of Preference Shares	(....)	—
Redemption of Debentures	(....)	—
Repayment of Long-terms Borrowings	(....)	
Interest Paid on Borrowings/Debentures	(....)	
Dividend Paid		
Net Cash from or used in Financing Activities		
Net Increase/Decrease in Cash and Cash Equivalents		
Cash and Cash Equivalents at Beginning of Period		
Cash in Hand	.....	
Cash at Bank	.....	
Marketable Securities	....	
Bank Overdraft/Cash Credit	(.....)	....
Cash and Cash Equivalents at end of Period		
Cash in Hand	....	
Cash at Bank	....	
Marketable Securities	...	
Bank Overdraft/Cash Credit	(....)	......

अभ्यास प्रश्न

1. निम्नलिखित में से कौन-सा एक चालू दायित्वों में संग्रहित नहीं होता?
(a) देय बिल (b) सम्भाव्य दायित्व
(c) व्यापारिक लेनदार (d) ऋणपत्रों पर अदत्त ब्याज

2. निम्नलिखित लेन-देनों में से किसका परिणाम कोष प्रवाह के रूप में होता है?
(a) लेनदारों के बिल जारी किए गए
(b) मशीनरी के बदले अंश जारी किए गए
(c) देनदारों से रोकड़ की वसूली हुई
(d) अंशतः रोकड़ तथा अंशतः कच्चे माल के बदले में ऋणपत्र जारी किए गए

3. निधि प्रवाह विवरण नामे (डेबिट) से क्या आशय हो सकता है?
(a) परिसम्पत्ति खाते में कमी (b) परिसम्पत्ति खाते में वृद्धि
(c) देयता खाते में वृद्धि (d) पूँजी खाते में वृद्धि

4. निम्नलिखित में से कौन-सा एक, रोकड़ प्रवाह विवरण द्वारा, विवरण में अथवा उसकी अलग अनुसूची में, नहीं दिखाया जाता है?
(a) सकल रोकड़ प्राप्तियों के प्रमुख वर्ग
(b) आयकर भुगतान की राशि
(c) निवल आय का प्रचालनों से हुए निवल रोकड़ प्रवाहों के साथ समाधान
(d) अन्तिम प्रतिधारित उपार्जनों का प्रचालनों से हुए निवल रोकड़ प्रवाहों के साथ समाधान

5. यदि कोषों के स्रोत कोषों के उपयोग से अधिक हों तो शुद्ध प्रवाह होगा
(a) कार्यशील पूँजी में कमी (b) कार्यशील पूँजी में वृद्धि
(c) परिचालन कोषों में वृद्धि (d) कोई प्रभाव नहीं

6. रोकड़ प्रवाह विवरण में वित्तीय क्रियाओं का उदाहरण है
(a) मशीन का क्रय (b) ह्रास का आयोजन
(c) अंशों का निर्गमन (d) फर्नीचर का विक्रय

7. कोष प्रवाह का आशय है
(a) शुद्ध कार्यशील पूँजी में परिवर्तन
(b) चालू दायित्वों में परिवर्तन
(c) चालू सम्पत्तियों में परिवर्तन
(d) नकद में परिवर्तन

8. निम्नलिखित में कोष का उपयोग है
1. अधिमान अंशों का शोधन 2. परिचालन हानि
3. स्थायी सम्पत्तियों की बिक्री 4. जमाओं का भुगतान
कूट
(a) 1 और 2 (b) 1, 2 और 4
(c) 1, 2 और 3 (d) 1, 2, 3 और 4

9. कोष प्रवाह विवरण प्रस्तुत करता है
(a) वर्ष में कमाए गए लाभ
(b) एक निश्चित तिथि को आर्थिक स्थिति
(c) प्रबन्धकीय निर्णय प्रस्तुत करता है
(d) कोष का अन्तर्वाह एवं बहिर्वाह

10. कोष प्रवाह विवरण के सम्बन्ध में सत्य है
(a) यह गतिशील प्रकृति का है और कोषों के स्रोत एवं उपयोग बताता है
(b) यह गतिशील प्रकृति का है और आर्थिक स्थिति प्रकट करता है
(c) यह स्थिर प्रकृति का है और आर्थिक स्थिति प्रकट करता है
(d) यह स्थिर प्रकृति का है और कोषों का स्रोत एवं उपयोग बताता है

11. अजय लिमिटेड ने परिसम्पत्तियों पर ₹ 20,000 के मूल्य ह्रास प्रावधान, ₹ 10,000 प्रारम्भिक व्यय को बट्टे खाते में डालने तथा संयन्त्र के एक भाग के विक्रय पर ₹ 5,000 मुनाफे के उपरान्त ₹ 1,00,000 शुद्ध लाभ अर्जित किया। अजय लिमिटेड की प्रचालन से निधि होगी
(a) ₹ 1,00,000 (b) ₹ 1,20,000
(c) ₹ 1,25,000 (d) ₹ 1,35,000

12. X कम्पनी ने एक माह के दौरान एक मशीन ₹ 50,000 नकद में खरीदी, ₹ 10,000 का माल (लागत पर) नकद बेचा तथा ₹ 5,000 के प्राप्य बिलों की नकद वसूली की। इसका कोष प्रवाह पर शुद्ध प्रभाव पड़ेगा
(a) ₹ 35,000 कोषों का प्रयोग
(b) ₹ 35,000 कोषों का स्रोत (प्राप्ति)
(c) ₹ 50,000 कोषों का प्रयोग
(d) ₹ 65,000 कोषों का प्रयोग

13. निधि प्रवाह विवरण बनाते समय, कार्यशील पूँजी की मात्रा में वृद्धि को माना जाता है
(a) निधि का प्रयोग (b) निधि का स्रोत
(c) 'a' और 'b' दोनों (d) इनमें से कोई नहीं

14. कोष प्रवाह विवरण बनाते समय कर के लिए आयोजन माना जाता है
(a) केवल चालू दायित्व
(b) चालू दायित्व अथवा लाभ का समायोजन
(c) लाभ का समायोजन मात्र
(d) उपरोक्त में से कोई नहीं

15. कोष प्रवाह विवरण रोकड़ प्रवाह विवरण से भिन्न है
(a) कोष प्रवाह में रोकड़ सम्मिलित होती है
(b) रोकड़ प्रवाह विवरण रोकड़ में स्रोत व उपयोग प्रकट करता है और कोष प्रवाह विवरण कार्यशील पूँजी के
(c) दोनों में लाभ-हानि खाते का विश्लेषण किया जाता है
(d) कार्यशील पूँजी का विवरण-पत्र व रोकड़ प्रवाह समान है

16. अल्फा कम्पनी लिमिटेड ने मैसर्स भारत ट्रेडर्स का व्यवसाय अधिग्रहीत किया है। अधिग्रहीत किए गए मदों का मूल्यांकन इस प्रकार था-भवन ₹ 1,20,000, मशीनरी ₹ 80,000 और भण्डार माल ₹ 30,000। कम्पनी ने उपरोक्त मदों के एवज में 800, 10% ऋणपत्र ₹ 100 के सममूल्य पर तथा ₹ 15,000 इक्विटी शेयर प्रत्येक ₹ 10 के निर्गमित किए हैं।
उपरोक्त व्यवहार में निधि प्रवाह कितना हुआ है?
(a) ₹ 2,30,000 (b) ₹ 1,00,000
(c) ₹ 50,000 (d) ₹ 30,000

17. देनदारों से प्राप्त राशि ₹ 12,000 है तथा फर्नीचर क्रय किया गया है, ₹ 7,000 का कोष प्रवाह पर शुद्ध प्रवाह क्या पड़ेगा?
(a) कार्यशील पूँजी में ₹ 7,000 की शुद्ध कमी
(b) कार्यशील पूँजी में ₹ 5,000 की शुद्ध वृद्धि
(c) कार्यशील पूँजी में ₹ 5,000 की शुद्ध कमी
(d) कार्यशील पूँजी में ₹ 19,000 की शुद्ध वृद्धि

18. रोकड़ प्रवाह विवरण बनाया जाता है
(a) आर्थिक चिट्ठे से
(b) लाभ-हानि खाते से
(c) अतिरिक्त सूचनाओं से
(d) उपरोक्त सभी

19. रोकड़ प्रवाह विवरण किस प्रकार के वित्तीय नियोजन में सहायक है?
(a) अल्पकालीन (b) दीर्घकालीन
(c) 'a' और 'b' दोनों (d) इनमें से कोई नहीं

20. लेनदारों को देय राशि में वृद्धि दर्शाती है
(a) रोकड़ में कमी
(b) रोकड़ में वृद्धि
(c) रोकड़ में कोई परिवर्तन नहीं
(d) उपरोक्त में से कोई नहीं

21. निम्नलिखित में कौन-सा रोकड़ बाह्य बहाव नहीं है?
(a) लेनदारों में वृद्धि (b) देनदारों में वृद्धि
(c) स्कन्ध में वृद्धि (d) विनिमय-विपत्र में वृद्धि

22. रोकड़ प्रवाह विवरण हेतु रोकड़ प्राप्ति के साधन हैं
(a) परिचालन क्रियाकलापों से प्राप्ति
(b) विनियोजन क्रियाकलापों से प्राप्ति
(c) वित्तीय क्रियाकलापों से प्राप्ति
(d) उपरोक्त सभी

23. निम्नलिखित में से प्रचालन क्रियाकलाप नहीं है
(a) नकद बिक्री (b) देनदारों से नकद प्राप्ति
(c) मशीन का क्रय (d) नकद क्रय

24. निम्नलिखित में से निवेश क्रियाकलाप नहीं है
(a) मशीन का क्रय (b) विनियोग क्रय
(c) ख्याति का क्रय (d) वितरण व्यय का भुगतान

25. निम्न में से किसे रोकड़ तुल्य राशियों में सम्मिलित नहीं किया जाता है?
(a) नकद जमा (b) बैंक जमा
(c) विक्रय प्रतिभूतियाँ (d) प्राप्त किराया

26. देनदारों की राशि में कमी से
(a) रोकड़ में कमी होती है
(b) रोकड़ में वृद्धि होती है
(c) 'a' और 'b' दोनों
(d) रोकड़ में परिवर्तन नहीं होता है

27. जब परिचालन क्रियाओं से रोकड़ की गणना की जाती है, तो निम्न में से किसे नहीं जोड़ा जाता है?
(a) लेनदारों में वृद्धि
(b) स्टॉक के मूल्य में कमी
(c) प्राप्त विपत्र के मूल्य में वृद्धि
(d) बकाया व्ययों में वृद्धि

28. लेखा मानक-3 के अनुसार चुकाया गया कर शामिल होगा
(a) परिचालन क्रियाओं में (b) विनियोग क्रियाओं में
(c) वित्तीय क्रियाओं में (d) इनमें से किसी में नहीं

29. लाभांश भुगतान दर्शाया जाता है
(a) परिचालन क्रियाओं में (b) विनियोजन क्रियाओं में
(c) वित्तीय क्रियाओं में (d) इन सभी में

उत्तरमाला

1	(b)	2	(d)	3	(b)	4	(d)	5	(b)	6	(c)	7	(a)	8	(b)	9	(d)	10	(a)
11	(c)	12	(c)	13	(b)	14	(b)	15	(b)	16	(d)	17	(a)	18	(d)	19	(a)	20	(b)
21	(a)	22	(d)	23	(c)	24	(d)	25	(d)	26	(b)	27	(b)	28	(a)	29	(c)		

उत्तर सहित व्याख्या

11. (c)

		(₹)
शुद्ध लाभ	=	1,00,000
(+) मूल्य ह्रास	=	20,000
(+) प्रारम्भिक व्यय	=	10,000
(–) संयन्त्र विक्रय से लाभ	=	5,000
		1,25,000

अध्याय 32

लागत लेखांकन
Cost Accounting

लागत लेखांकन का अर्थ
Meaning of Cost Accounting

उत्पादित वस्तुओं व सेवाओं की प्रति इकाई उचित लागत ज्ञात करने के लिए तथा प्रबन्धकों को व्यावसायिक नियन्त्रण एवं नीति निर्धारण हेतु आवश्यक आँकड़े उपलब्ध कराने की दृष्टि से लागत लेखांकन के अन्तर्गत लागतों का लेखन, वर्गीकरण तथा विभाजन किया जाता है। *लागत लेखांकन की परिभाषाएँ निम्न प्रकार हैं—*

आई. सी. एम. ए., लंदन के अनुसार, "लागत लेखांकन, लागत निर्धारण की तकनीक एवं प्रक्रिया है।"

वाल्टर डब्ल्यू. बिग के अनुसार, "लागत लेखांकन व्ययों का एक ऐसा विश्लेषण एवं वर्गीकरण है, जिससे उत्पादन की किसी विशिष्ट इकाई की कुल लागत का निर्धारण शुद्धतापूर्वक किया जा सके और साथ ही यह भी ज्ञात हो सके कि कुल लागत कैसे आई है।"

लागत लेखांकन की विशेषताएँ
Characteristics of Cost Accounting

लागत लेखांकन की विशेषताएँ निम्नलिखित हैं—

1. **लेखांकन की विशिष्ट शाखा** दोहरा लेखा प्रणाली पर आधारित लागत लेखांकन, लेखांकन की विशिष्ट शाखा है, जिसके अन्तर्गत वस्तु या सेवा की लागत एवं लाभप्रदता के निर्धारण हेतु किए गए व्ययों का लेखन, वर्गीकरण एवं विभाजन किया जाता है।
2. **वैज्ञानिक विधि** लागत लेखांकन में परम्पराओं, सिद्धान्तों, नियमों एवं लेखांकन मानकों का पालन किया जाता है। अत: यह एक वैज्ञानिक विधि है।
3. **कला का उपयोग** यद्यपि लागत लेखांकन एक वैज्ञानिक विधि है, किन्तु इसमें कला का भी उपयोग किया जाता है। नियमों एवं सिद्धान्तों का पालन करते हुए, लागत लेखा पुस्तकों की संख्या, स्वरूप एवं विवरण-पत्रों के प्रारूपों में आवश्यकतानुसार संशोधन किया जा सकता है।
4. **पेशे के रूप में मान्यता** द इन्स्टीट्यूट ऑफ कॉस्ट एण्ड वर्क्स एकाउण्टेण्ट्स ऑफ इण्डिया ने लागत लेखांकन को एक पृथक् पेशे के रूप में मान्यता प्रदान की है। यह पेशेवर व्यवहार के लिए आवश्यक नियमों की रचना करता है तथा लागत लेखाकारों को पेशेवर सहायता प्रदान करता है।
5. **वास्तविक एवं अनुमानित व्ययों पर आधारित** लागत लेखांकन के अन्तर्गत न केवल वास्तविक व्ययों का लेखांकन किया जाता है, अपितु प्रबन्धकीय मार्गदर्शन एवं निर्णयन हेतु तैयार किए जाने वाले विभिन्न विवरण-पत्रों में अनुमानित व्ययों का भी प्रयोग किया जाता है।
6. **कुल लागत एवं प्रति इकाई लागत निर्धारण** लागत लेखांकन में उत्पादित वस्तुओं एवं सेवाओं की कुल लागत के साथ-साथ प्रति इकाई लागत का भी निर्धारण किया जाता है।
7. **प्रबन्धकीय निर्णयन में सहायक** लागत लेखांकन प्रबन्धकीय नियोजन एवं निर्णयन हेतु महत्त्वपूर्ण तथ्य उपलब्ध कराता है, जिससे प्रबन्धन को निर्णयन, नीति निर्धारण एवं नियोजन में सहायता मिलती है।

लागत लेखांकन की प्रकृति
Nature of Cost Accounting

लागत लेखांकन की प्रकृति विज्ञान एवं कला दोनों की है। इसके अतिरिक्त इसे एक व्यवहार माना गया है। लागत लेखाशास्त्र को परिभाषित करते हुए सी.आई.एम.ए. इंग्लैण्ड ने उचित ही कहा है कि "लागत लेखाशास्त्र, लागत लेखापाल का विज्ञान, कला एवं व्यवहार है।"

लागत लेखाशास्त्र के कुछ सिद्धान्त हैं, यह व्यवस्थित ज्ञान का समूह है, इसलिए इसे विज्ञान कहा गया है। लागत लेखापाल को अन्य विषय; जैसे—प्रबन्ध के सिद्धान्त, अर्थशास्त्र आदि की जानकारी होनी भी आवश्यक है। लागत लेखाशास्त्र एक कला भी है, क्योंकि लागत लेखापाल की कुशलता, अनुभव व योग्यता के बिना लागत विधियों का कुशल प्रयोग सम्भव नहीं है। लागत लेखाशास्त्र व्यवहार भी है, क्योंकि लागत लेखापाल को अपने कार्य में निपुणता लाने हेतु सतत् प्रयास करने होते हैं और निर्धारित योग्यता के अतिरिक्त व्यावहारिक प्रशिक्षण प्राप्त करना होता है।

लागत लेखांकन के कार्य

Functions of Cost Accounting

लागत लेखांकन के कार्य/उद्देश्य निम्नलिखित हैं—

1. **लागत निर्धारण** लागत ज्ञात करने की तकनीक या प्रक्रिया लागत निर्धारण कहलाती है।

   लागत निर्धारण की प्रक्रिया में निम्नलिखित कार्य किए जाते हैं—

   (i) समस्त व्ययों का संग्रहण करना,

   (ii) व्ययों का वर्गीकरण एवं विश्लेषण करना तथा

   (iii) वर्गीकृत व्ययों को उत्पादित वस्तुओं पर वितरित करके कुल लागत व प्रति इकाई लागत ज्ञात करना।

2. **लाभप्रदता का निर्धारण** लागत लेखांकन के अन्तर्गत विभिन्न विभागों, प्रक्रियाओं एवं उत्पादों की तुलनात्मक लाभप्रदता ज्ञात की जाती है, जिससे प्रबन्ध को हानि वाले विभागों, प्रक्रियाओं एवं उत्पादों को बन्द करने तथा अधिक लाभप्रदता वाले विभागों, प्रक्रियाओं एवं उत्पादों के विस्तार के लिए निर्णय लेने में सरलता होती है।

3. **विक्रय मूल्य का निर्धारण** लागत लेखांकन के द्वारा वस्तुओं व सेवाओं के विक्रय मूल्य या निविदा मूल्य निर्धारित किए जाते हैं। सामान्य अर्थव्यवस्था की स्थिति में वस्तुओं व सेवाओं की कुल लागत में इच्छित लाभ जोड़कर विक्रय मूल्य निर्धारित किया जाता है, जबकि मन्दीकाल में सीमान्त लागत लेखांकन द्वारा न्यूनतम विक्रय मूल्य निर्धारित किया जाता है।

4. **लागत में कमी** लागत में कमी से तात्पर्य किसी उत्पाद या सेवा के मूल्य में बिना, उसकी गुणवत्ता में समझौता किए, स्थायी रूप से कमी करने से है। *अत: यह कहा जा सकता है कि लागत में कमी हेतु तीन बातों का होना आवश्यक है—*

   (i) लागत में बचत (कमी),

   (ii) यह बचत स्थायी प्रकृति की होनी चाहिए तथा

   (iii) बचत के फलस्वरूप उत्पाद/सेवा की गुणवत्ता में कमी नहीं होनी चाहिए (गुणवत्ता में वृद्धि हो सकती है)।

   यदि उक्त तीनों बिन्दुओं में से कोई भी एक बिन्दु अनुपस्थित है, तो उसे 'लागत में कमी' की संज्ञा नहीं दी जा सकती है।

5. **प्रबन्धकीय निर्णय में सहायक** लागत लेखांकन के माध्यम से जो आँकड़े तैयार किए जाते हैं, वह प्रबन्धकों को दीर्घकालीन तथा अल्पकालीन नीति-निर्धारण में सहायता प्रदान करते हैं। इसके अतिरिक्त यह प्रबन्धकों को विभिन्न प्रकार के निर्णयों; जैसे—अधिकतम लाभ हेतु विक्रय मिश्रण में परिवर्तन, पुरानी मशीन के स्थान पर नई मशीन लगाने का निर्णय, निष्क्रिय उत्पादन क्षमता के प्रयोग के विषय में निर्णय आदि को लेने में सहायक होता है।

लागत लेखांकन की विधियाँ

Methods of Cost Accounting

विभिन्न उद्योगों द्वारा अपने व्यवसाय की प्रकृति एवं स्वरूप के अनुसार विभिन्न प्रकार की लागत लेखांकन विधियों का प्रयोग किया जाता है।

यह विधियाँ निम्न प्रकार हैं—

1. **उपकार्य लागत लेखांकन विधि** इस विधि के अन्तर्गत किसी आदेश विशेष के फलस्वरूप प्राप्त कार्य के सन्दर्भ में लागत का निर्धारण किया जाता है। प्रत्येक उपकार्य स्वयं में पूर्ण होता है। अत: यह उपकार्य एक-दूसरे से तुलनात्मक नहीं होते हैं। इसके अतिरिक्त यह उपकार्य अनावृत्ति प्रकृति के होते हैं। यह विधि उन व्यवसायों हेतु उपयुक्त होती है, जहाँ ग्राहक के आदेशानुसार कार्य किया जाता है; जैसे—प्रिंटिंग प्रेस, मोटर कार्यशाला आदि।

2. **समूह लागत लेखांकन विधि** ऐसे उत्पादक जो अनेक वस्तुओं का उत्पादन करते हैं, उनके लिए यह सम्भव नहीं हो पाता है कि सभी वस्तुओं का उत्पादन निरन्तर चलता रहे। अत: ऐसे उत्पादक प्रत्येक वस्तु का उत्पादन 'समूह' में करते हैं; जैसे—दवाइयाँ, बिस्किट, मिठाई, खाद्य, कीटनाशक वस्तुओं का उत्पादन सूमह में करते हैं। प्रत्येक 'समूह' की पृथक् लागत ज्ञात करने के लिए समूह लागत लेखांकन विधि उपयोग में लाई जाती है।

3. **ठेका लागत लेखांकन विधि** इस विधि का प्रयोग ग्राहक के आदेशानुसार किसी ठेके विशेष की लागत तथा अर्जित लाभ ज्ञात करने हेतु किया जाता है। यह विधि उन व्यवसायों हेतु उपयुक्त होती है, जो निर्माण कार्य में लगे हों; जैसे—भवन निर्माण, जहाज निर्माण, सड़क निर्माण आदि। इस प्रकार के ठेके के कार्य सामान्यत: दीर्घकालीन अवधि के होते हैं तथा कारखाने के बाहर ग्राहक के आदेशित स्थान पर सम्पन्न किए जाते हैं।

4. **इकाई लागत लेखांकन विधि** एक ही प्रकार की प्रमापित वस्तुओं का निरन्तर उत्पादन करने वाले उद्योगों में उत्पादन लागत ज्ञात करने के लिए इकाई लागत लेखांकन विधि का प्रयोग किया जाता है। इकाई लागत लेखांकन में उत्पादन की कुल लागत ज्ञात की जाती है तथा कुल लागत को उत्पादित इकाइयों की संख्या से भाग देकर प्रति इकाई लागत ज्ञात की जाती है। खान उद्योग, ईंट के भट्ठों, साइकिल उद्योग, चमड़ा उद्योग, सीमेण्ट उद्योग, चीनी उद्योग, आटा मिल आदि में इस विधि का प्रयोग किया जाता है, क्योंकि इन सभी उद्यमों में एक ही प्रकार की वस्तुओं का निरन्तर उत्पादन किया जाता है। इस विधि को **एकाकी लागत लेखांकन विधि या उत्पादन लागत लेखांकन विधि** भी कहते हैं।

5. **प्रक्रिया लागत लेखांकन विधि** जब कोई वस्तु निर्मित अवस्था तक पहुँचने में उत्पादन की विभिन्न प्रक्रियाओं या अवस्थाओं से होकर गुजरती है, तब प्रत्येक प्रक्रिया का कार्य दूसरी प्रक्रिया में सरलता से पृथक् किया जा सकता है तथा उत्पादक प्रत्येक प्रक्रिया की पृथक्-पृथक् कुल लागत एवं प्रति इकाई लागत ज्ञात करना चाहता है, तो ऐसे में प्रक्रिया लागत लेखांकन विधि को अपनाया जाता है।

   इस विधि में प्रत्येक प्रक्रिया का पृथक् खाता (Process account) खोलकर उससे सम्बन्धित व्यय उसमें लिखे जाते हैं। इससे प्रत्येक प्रक्रिया की उत्पादन लागत ज्ञात हो जाती है। एक प्रक्रिया का माल दूसरी प्रक्रिया में और दूसरी का तीसरी प्रक्रिया में कच्ची सामग्री की भाँति स्थानान्तरित कर दिया जाता है। इस विधि का प्रयोग तेल उद्योग, रसायन, चीनी, साबुन, रंग, खाद्य तेल आदि उद्योगों में लागत निर्धारण हेतु किया जाता है।

6. **परिचालन लागत लेखांकन विधि** इकाई लागत लेखांकन के सिद्धान्त के अनुरूप सेवा की प्रति इकाई लागत ज्ञात करने के लिए सेवा प्रदाता संस्थाओं द्वारा परिचालन लागत लेखांकन विधि का उपयोग किया जाता है। यातायात सेवा प्रदान करने वाली कम्पनियाँ; जैसे—रेलवे, रोडवेज, ट्रांसपोर्ट, ट्राम्बे तथा जल, विद्युत, गैस आपूर्ति उपक्रम आदि सेवा

सम्पादन की प्रति इकाई लागत ज्ञात करने के लिए इस विधि का उपयोग करती हैं; जैसे—यात्री ले जाने की प्रति किलोमीटर लागत या माल ले जाने की प्रति क्विण्टल/किलोमीटर लागत ज्ञात करने के लिए। इस विधि को **सेवा लागत विधि** भी कहते हैं।

7. **बहुसंख्यक लागत लेखांकन विधि** ऐसे उद्योग जिनमें भिन्न-भिन्न छोटी वस्तुओं का निर्माण करके उनका संयोजन कर, पूर्ण वस्तुएँ तैयार की जाती हैं, वहाँ बहुसंख्यक लागत लेखांकन या मिश्रित लागत लेखांकन विधि का उपयोग किया जाता है; जैसे—टाइपराइटर, साइकिल, रेडियो, डीवीडी प्लेयर, टीवी, सिलाई मशीन, घड़ी, मोटरकार आदि निर्मित करने में अनेक पुर्जे तैयार करने के उपरान्त उन्हें संकलित करके वस्तुएँ तैयार की जाती हैं। सभी पुर्जे एक-दूसरे से भिन्न होने के कारण उनकी लागत का निर्धारण करने के लिए इस विधि का उपयोग किया जाता है।

कुल लागत के विभिन्न अंग/तत्त्व
Different Types/Components of Total Cost

उत्पादन की कुल लागत ज्ञात करने के उद्देश्य से एक लागत विवरण-पत्र पर बनाया जाता है। इसमें लागत के विभिन्न तत्त्वों की पृथक्-पृथक् लागत को, विभिन्न वर्गों में विभाजित करके दर्शाया जाता है। *मुख्य वर्ग निम्न हैं—*

1. **मूल लागत** (Prime Cost) मूल लागत का आशय उस लागत से है, जो किसी लागत केन्द्र अथवा लागत इकाई से सम्बन्धित की जा सकती है। प्रत्यक्ष सामग्री, प्रत्यक्ष श्रम व प्रत्यक्ष व्यय के योग को कुल प्रत्यक्ष लागत अथवा मूल लागत कहते हैं। प्रत्यक्ष सामग्री से तात्पर्य उत्पादन में प्रयुक्त कच्ची सामग्री से है। क्रय की गई सामग्री के मूल्यों में प्रारम्भिक स्कन्ध एवं अन्तिम स्कन्ध के मूल्यों का समायोजन करना आवश्यक है। अत: प्रारम्भिक स्कन्ध का मूल्य जोड़ दिया जाता है और अन्तिम स्कन्ध का मूल्य घटा दिया जाता है। इसे मुख्य लागत या प्राथमिक लागत भी कहते हैं।

   मूल लागत = प्रत्यक्ष सामग्री का उपयोग + प्रत्यक्ष श्रम + प्रत्यक्ष व्यय

   Prime Cost = Direct Material Consumed + Direct Wages + Direct Expenses

   प्रत्यक्ष सामग्री का उपभोग = क्रय की गई सामग्री + सामग्री का प्रारम्भिक स्कन्ध − सामग्री का अन्तिम स्कन्ध

   Direct Material Consumed = Material Purchased + Opening Stock of Materials − Closing Stock of Materials

   कारखाना लागत = मूल लागत + कारखाना उपरिव्यय

   Factory Cost = Prime Cost + Factory Overhead

2. **कारखाना लागत** (Factory Cost) यह मूल लागत में कारखाना उपरिव्यय को जोड़कर ज्ञात की जाती है। कारखाना लागत अलग से ज्ञात करने का उद्देश्य कारखाना लागत पर नियन्त्रण करना व कारखाने की कार्यकुशलता ज्ञात करना है। श्रम लागत, श्रम घण्टे या अन्य आधार पर कारखाना उपरिव्यय का अनुमान लगाकर उद्यमी अनुमानित कारखाना लागत ज्ञात कर सकते हैं। इसे अन्य कई नाम से जाना जाता है; जैसे—कारखाना व्यय, निर्माण व्यय या उत्पादन व्यय।

3. **उत्पादन लागत** (Cost of Production) यह लागत कारखाना लागत में कार्यालय उपरिव्यय जोड़कर ज्ञात की जाती है। यह विक्रय उपरिव्यय शामिल करने के पूर्व की लागत है। इसे कार्यालय लागत (Office Cost) या सकल लागत (Gross Cost) भी कहते हैं।

   सूत्र रूप में—

   उत्पादन लागत = कारखाना लागत + कार्यालय एवं प्रशासनिक उपरिव्यय

   Cost of Production = Factory Cost + Office and Administration Overhead

4. **बेचे गए माल की लागत** (Cost of Goods Sold) बेचे गए माल की उत्पादन लागत में विक्रय एवं वितरण उपरिव्यय जोड़कर बेचे गए माल की कुल लागत ज्ञात की जाती है। विक्रय एवं वितरण व्यय केवल बेची गई इकाइयों पर ही शामिल होने चाहिए, इसलिए इन्हें चार्ज करने से पूर्व निर्मित माल के स्कन्ध का समायोजन कर लिया जाता है। इसे विक्रय लागत या विक्रय की लागत (Selling Cost or Cost of Sales) भी कहते हैं। *सूत्र रूप में—*

   कुल लागत या विक्रय लागत = उत्पादन की कुल लागत + विक्रय एवं वितरण व्यय

   Total Cost or Selling Cost = Total Cost of Production + Selling and Distribution Overhead

सीमान्त लागतीकरण Marginal Adoption

सीमान्त लागतीकरण लागत सूचनाओं को प्रदर्शित करने की एक विशेष तकनीक है, जो लाभ नियोजन, लागत नियन्त्रण और प्रबन्धकीय निर्णयों में सहायक होती है। इसमें मूल रूप से केवल परिवर्तनशील उत्पादन लागतों को ही शामिल किया जाता है। सीमान्त लागतीकरण के सन्दर्भ में ध्यान देने योग्य बात यह है कि यह लागत लेखांकन, उपकार्य लागत विधि, परिचालन लागतीकरण की तरह लागत निर्धारित करने की कोई विधि नहीं है बल्कि यह एक ऐसा लागतीकरण है, जो उत्पादन की मात्रा में परिवर्तनों के परिणामस्वरूप लागतों और लाभ में होने वाले परिवर्तनों को प्रकट करती है।

सीमान्त लागतीकरण की परिभाषाएँ कुछ निम्न प्रकार दी गई हैं—

डी जोसेफ के अनुसार, "सीमान्त लागतीकरण लेखांकन वर्तमान उत्पादन स्तर से एक इकाई अधिक उत्पादन के कारण कुल लागत में हुए परिवर्तन को निर्धारित करने की तकनीक है।"

आई.सी.एम.ए. लन्दन के अनुसार, "सीमान्त लागतीकरण से आशय सीमान्त लागत का निर्धारण करना तथा स्थिर लागत एवं परिवर्तनशील लागत में अन्तर करके उत्पादन की मात्रा अथवा किस्म में परिवर्तन का लाभ पर प्रभाव ज्ञात करना है।"

सीमान्त लागतीकरण की मान्यताएँ
Assumptions of Marginal Adoption

सीमान्त लागतीकरण की अपनी कुछ मान्यताएँ हैं, जो इस प्रकार हैं—

1. सर्वप्रथम प्रशासन, निर्माण, विक्रय और वितरण इन सभी लागत तत्त्वों को स्थिर एवं परिवर्तनशील भागों में बाँटा जा सकता है।
2. उत्पादन स्तर पर ध्यान दिए बिना उत्पाद की प्रति इकाई परिवर्तनशील लागत अपरिवर्तनीय रहती है। इस प्रकार यह लागत उत्पादन की मात्रा में हुए परिवर्तनों के अनुपात में परिवर्तित होती है।
3. उत्पादन की सम्पूर्ण मात्रा (100% तक) पर स्थिर लागतें अपरिवर्तनीय रहती हैं।

4. प्रति इकाई विक्रय मूल्य परिचालन-प्रक्रिया के सभी स्तरों पर अपरिवर्तित रहता है।
5. यदि उत्पादन वर्तमान स्तर से अधिक किया जाता है, तो केवल परिवर्तनशील लागतें ही अतिरिक्त रूप से बढ़ती हैं।
6. उत्पादन या उत्पाद की मात्रा ही केवल एक ऐसा तत्त्व है, जो लागतों को प्रभावित करता है।

सीमान्त लागत विधि के अन्तर्गत लाभ निर्धारण

विवरण		
विक्रय		–
घटा– सीमान्त लागत	–	
प्रत्यक्ष माल	–	
प्रत्यक्ष मजदूरी	–	
प्रत्यक्ष व्यय	–	
परिवर्तनीय उपरिव्यय		
कारखाना	–	
प्रशासनिक	–	
विक्रय एवं वितरण	–	–
अंशदान		–
घटा– स्थिर व्यय		
कारखाना	–	
प्रशासनिक	–	
विक्रय	–	–
लाभ		–

सीमान्त लागत पद्धति के लाभ
Merits of Marginal Cost Method

सीमान्त लागत पद्धति के निम्न लाभ हैं–

1. **लागत नियन्त्रण में सहायक** लागत को नियन्त्रित करने तथा कम करने में यह पद्धति बहुत महत्त्वपूर्ण है। इसके अलावा स्थिर एवं परिवर्तनशील व्यय का अलग-अलग ज्ञान होने पर परिवर्तनशील बजट तैयार किया जा सकता है। जिससे इन लागतों के लिए अलग-अलग उत्तरदायित्व निर्धारित करना सरल हो जाता है।
2. **मूल्य निर्धारण में सहायक** इस पद्धति द्वारा उपलब्ध कराई गई सूचनाओं के आधार पर मूल्य सम्बन्धी निर्णय सही एवं ठोस सूचनाओं के आधार पर लिए जाते हैं, जो इस प्रतिस्पर्द्धी युग में सफलता का मूल मन्त्र है।
3. **लाभ नियोजन में सहायक** अल्पकाल में लाभ में वृद्धि या कमी परिवर्तनशील लागतों तथा विक्रय मूल्य में होने वाले परिवर्तनों के कारण होती है। इसका प्रमुख कारण अल्पकाल में भी स्थिर लागतों का स्थिर रहना है। अत: व्यवसायी द्वारा परिवर्तनशील लागतों तथा विक्रय मूल्य के आवश्यकतानुसार परिवर्तन करके वांछित लाभों को प्राप्त करने की रणनीति बनाई जा सकती है।
4. **नीति सम्बन्धी निर्णय लेने में सहायक** व्यवसाय में अनेक निर्णय उत्पादन, विक्रय मात्रा, विक्रय मिश्रण आदि के सम्बन्ध में लिए जाते हैं। इस प्रकार के निर्णय लेने में सीमान्त लागतीकरण पद्धति अत्यन्त आवश्यक है।
5. **शुद्ध आय का सीधा ज्ञान** सीमान्त लागतीकरण पद्धति के अन्तर्गत उत्पादन स्तर में परिवर्तन या स्कन्ध मात्रा में परिवर्तन का लाभ पर कोई प्रभाव नहीं पड़ता है, लाभ का सीधा बिक्री से सम्बन्ध होता है, जिससे विक्रय की बदलती मात्रा के अनुसार लाभ को सीधा ज्ञात करना सरल हो जाता है।

सीमान्त लागत पद्धति की सीमाएँ
Limitations of Marginal Cost Method

सीमान्त लागतीकरण पद्धति की कुछ प्रमुख सीमाएँ निम्न प्रकार हैं–

1. **सर्वव्यापी प्रयोग सम्भव नहीं** ऐसे व्यवसायों के लिए यह विधि उपयुक्त नहीं है, जहाँ पर चालू कार्य एवं निर्मित माल का स्टॉक अधिक मात्रा में रहता है अर्थात् इस विधि का उपयोग भी सीमित है।
2. **लागत वर्गीकरण का असन्तुलित आधार** सीमान्त लागत पद्धति की अवधारणा पूर्णत: कुल लागत को स्थिर एवं परिवर्तनशील लागत में वर्गीकरण पर आधारित है जबकि लागत का इस आधार पर वर्गीकरण बहुत कठिन कार्य है और इस वर्गीकरण की कोई प्रभावित विधि भी नहीं है।
3. **तुलनात्मक अध्ययन असम्भव** इस विधि के अन्तर्गत लागत ज्ञात करते समय स्थिर लागतों को लागत में सम्मिलित नहीं किया जाता, जिससे विभिन्न वस्तुओं और विभिन्न उपकार्यों की इस विधि के अन्तर्गत ज्ञात की गई लागत की आपस में तुलना करना सम्भव नहीं हो पाता।
4. **गलत स्कन्ध मूल्यांकन** कुल लागत ज्ञात करते समय स्थिर लागत को शामिल नहीं किए जाने के कारण चालू कार्य और निर्मित माल के स्टॉक का मूल्यांकन इस विधि के अन्तर्गत गलत निकाला जाता है।
5. **लागत नियन्त्रण सम्भव नहीं** लागत लेखांकन का एक उद्देश्य लागत नियन्त्रण करना भी है। यह विधि उस स्तर पर लागत नियन्त्रण में पूर्णत: फेल हो जाती है, जब प्रमाप लागत विधि तथा बजट नियन्त्रण विधि लागत नियन्त्रण का एक समुचित आधार प्रदान करती है।

लागत-मात्रा-लाभ विश्लेषण
Cost-Volume-Profit Analysis

लागत-मात्रा-लाभ विश्लेषण को ब्रेक-इवन विश्लेषण भी कहा जाता है। यह व्यवसाय अपने लाभ को अधिकतम करने के काम करता है।

सीवीपी विश्लेषण गतिविधि के स्तर से सम्बन्धित है, यदि कुल बिक्री कुल लागत के बराबर होती है, तो इसे ब्रेक इवन पॉइण्ट कहा जाता है।

लागत-मात्रा-लाभ की मान्यताएँ
Assumptions of Cost-Volume-Profit

लागत-मात्रा-लाभ निम्न मान्यताओं पर कार्य करता है–

1. परिवर्ती लागत परिवर्तित होती रहती है और स्थिर लागत उत्पादन के प्रत्येक स्तर पर स्थिर रहती है।
2. बिक्री की मात्रा उत्पादन के मूल्य को प्रभावित नहीं करती है।

3. बिक्री के सभी स्तरों पर, सामग्री, श्रम आदि लागत समान दर पर रहते हैं।
4. बिक्री की मात्रा के सभी स्तरों पर दक्षता और उत्पादकता अपरिवर्तित है।
5. सभी स्तरों पर बिक्री पर बिक्री-मिश्रण बहुत उत्पाद स्थिति में स्थिर रहता है।
6. लागत और राजस्व को प्रभावित करने वाले प्रासंगिक कारक केवल मात्रा है।
7. बिक्री की मात्रा उत्पादन की मात्रा के बराबर है।

लागत-मात्रा-लाभ से सम्बन्धित कुछ महत्त्वपूर्ण समीकरण

1. बिक्री = परिवर्तन लागत + स्थिर लागत ± लाभ/हानि

   या बिक्री – परिवर्तन लागत = स्थिर लागत ± लाभ/हानि

   या बिक्री – परिवर्तन लागत = योगदान
2. योगदान = बिक्री – सीमान्त लागत
3. लाभ-मात्रा अनुपात

   $$\text{पी/वी अनुपात} = \frac{\text{योगदान}}{\text{बिक्री}} = \frac{\text{स्थिर लागत + लाभ}}{\text{बिक्री}}$$

   $$= \frac{\text{बिक्री}- \text{परिवर्ती लागत}}{\text{बिक्री}} = \frac{\text{योगदान में परिवर्तन}}{\text{बिक्री में परिवर्तन}}$$

   पी/वी अनुपात मुनाफे के साथ एक सीधा सम्बन्ध रखता है। उच्च पी/वी अनुपात, अधिक लाभ और निम्न पी/वी अनुपात कम लाभ को दर्शाता है।
4. **लाभ-अलाभ स्थिति** जब व्यापार निष्पादित करने की कुल लागत कुल बिक्री के बराबर होती है, तो इसे ब्रेक-इवन पॉइण्ट कहा जाता है। इस बिन्दु पर योगदान निश्चित लागत के बराबर होता है।

   (i) BEP (इकाइयों में)

   $$= \frac{\text{कुल स्थिर लागत}}{\text{प्रति इकाई कीमत} - \text{प्रति इकाई परिवर्ती लागत}}$$

   $$= \frac{\text{कुल स्थिर लागत}}{\text{योगदान प्रति इकाई}}$$

   (ii) $\text{BEP (बिक्री राशि में)} = \frac{\text{स्थित लागत}}{\text{पी/वी अनुपात}}$
5. (i) वांछित लाभ के लिए बिक्री इकाई

   $$= \frac{\text{स्थिर लागत + वांछित लाभ}}{\text{प्रति इकाई कीमत} - \text{प्रति इकाई परिवर्ती लागत}}$$

   (ii) वांछित लाभ के लिए बिक्री (राशि)

   $$= \frac{\text{स्थिर लागत + वांछित लाभ}}{\text{पी/वी अनुपात}}$$
6. सुरक्षा अन्तर = वास्तविक बिक्री – बीईपी पर बिक्री

   या $\text{सुरक्षा अन्तर} = \frac{\text{लाभ}}{\text{पी/वी अनुपात}}$
7. $\text{सुरक्षा अन्तर (इकाई में)} = \frac{\text{लाभ}}{\text{योगदान प्रति इकाई}}$

लागत नियन्त्रण Cost Control

लेखांकन एक अनुशासन है, जो जानकारी प्रदान कराता है जिसके आधार पर बाहरी और आन्तरिक उपयोगकर्ता निर्णय लेते हैं और इसका उपयोग समाज में आर्थिक संसाधनों के आवण्टन में होता है। लेखांकन मालिक, प्रबन्धन, कम्पनी के कर्मचारियों और साथ ही सरकार, लेनदारों, निवेशकों और ग्राहकों को व्यवसाय से सम्बन्धित जानकारी प्रदान करता है।

वित्तीय लेखांकन वास्तविक अतीत पर आधारित है और लागत लेखा योजना व नियन्त्रण पर आधारित है। बजट तैयार करना, नियोजन और नियन्त्रण लागत को नियन्त्रित करने का एक हिस्सा है, जो योजना के अनुसार वास्तविक कार्य को जाँचने से सम्बन्धित है। वास्तविक प्रदर्शन के साथ बजट की तुलना प्रबन्धकों को कमजोर प्रदर्शन को खत्म करने के लिए एक विचार प्रदान करता है।

लागत नियन्त्रण तकनीक Cost Control Technique

निम्न विधियों को नियोजित करके लागत को नियन्त्रित किया जा सकता है–

1. सामग्री नियन्त्रण
2. श्रम नियन्त्रण
3. उपरिव्यय नियन्त्रण
4. मानक लागत
5. बजट नियन्त्रण
6. पूँजीगत व्यय नियन्त्रण
7. उत्पादकता और लेखा अनुपात

लागत में कमी Decrease in Cost

इसे उत्पाद की गुणवत्ता में कमी या उपयोग के लिए उनकी उपयुक्तता को बाधित किए बिना उत्पादित वस्तुओं की लागत में कमी की उपलब्धि के रूप में समझा जाना चाहिए। किसी भी संगठन का लाभ बढ़ाने के लिए केवल दो तरीके हैं या तो इकाई का बिक्री मूल्य बढ़ाया जाए या उस इकाई की लागत कम की जाए। जैसा कि आज हम देख रहे हैं, अधिकांश व्यवसाय कठिन प्रतिस्पर्धा बाजार की स्थिति का सामना कर रहे हैं, जहाँ बिक्री मूल्य में वृद्धि बिक्री कम कर सकती है। बिक्री मूल्य में वृद्धि उन उत्पादों के मामले में ही सम्भव है, जहाँ कम्पनी एकाधिकार वस्तुओं में काम कर रही है और हम सभी जानते हैं कि यह स्थिति किसी भी कम्पनी और उसके उत्पादों के लिए लम्बे समय तक नहीं हो सकती, इसलिए लागत में कमी ही इस स्थिति से निपटने के लिए केवल एक वैज्ञानिक तरीका है। कच्चे माल की लागत में किसी भी अस्थायी कमी का परिणाम, सरकारी नीतियों में बदलाव आदि के कारण हो सकता है। *लागत में कटौती निम्नलिखित तरीके से होनी चाहिए–*

1. उत्पादन की मात्रा समान होनी चाहिए, लेकिन व्यय की लागत कम होनी चाहिए।
2. उत्पादन के स्तर को बदले बिना उत्पादन में वृद्धि होनी चाहिए।
3. लागत में कटौती कार्यक्रम कम्पनी की आवश्यकता के अनुसार होना चाहिए।
4. लागत में कमी कार्यक्रम एक सतत् गतिविधि है, जिसे एक बार या अल्पावधि के रूप में नहीं माना जा सकता है। किसी भी लागत में कमी कार्यक्रम की सफलता केवल प्रयासों में निरन्तर सुधार से आ सकती है।
5. लागत में कमी कार्यक्रम वास्तविक और स्थायी होना चाहिए।
6. सभी कर्मचारियों और संगठन के विभाग का सहयोग होना चाहिए।

7. लागत कम करने के कार्यक्रम में उनकी भागीदारी के लिए और इस कार्यक्रम से सम्बन्धित नवीन विचार देने के लिए कर्मचारियों को पुरस्कृत किया जाना चाहिए।

लागत में कटौती की तकनीक

Technique of Deduction in Cost

लागत कम करने के लिए निम्नलिखित उपकरण और तकनीकों का उपयोग किया जाता है–

1. बजट नियन्त्रण
2. स्टैंडर्ड कॉस्टिंग
3. सरलीकरण और विविधता न्यूनीकरण योजना और नियन्त्रण वित्त
4. लागत लाभ विश्लेषण
5. मूल्य विश्लेषण
6. योगदान विश्लेषण
7. नौकरी मूल्यांकन और मेरिट रेटिंग
8. डिजाइन में सुधार
9. सामग्री नियन्त्रण
10. श्रम नियन्त्रण
11. ओवरहेड कन्ट्रोल
12. बाजार अनुसन्धान

अभ्यास प्रश्न

1. मानक लागत निर्धारण प्रणाली के अन्तर्गत उपयोग की जाने वाली वह कौन-सी पद्धति है, जो मानक लागतों तथा वास्तविक लागतों में अन्तर के कारणों का विश्लेषण करती है?
(a) सामग्री बिल (b) प्रगति विश्लेषण
(c) प्रसरण विश्लेषण (d) लागत विवरण

2. उत्तरदायित्व केन्द्र में निम्न में कौन-सा शामिल नहीं होता?
(a) बिक्री केन्द्र (b) व्यय केन्द्र
(c) लाभ केन्द्र (d) विनियोग केन्द्र

3. विक्रय बजट है
(a) कार्यकारी बजट (b) मास्टर बजट
(c) व्यय बजट (d) इनमें से कोई नहीं

4. उत्पादन बजट प्रभावित होता है
(a) विक्रय पूर्वानुमान (b) उत्पादन क्षमता
(c) स्कन्ध स्तर (d) ये सभी

5. यदि किसी व्यय के भुगतान की देरी $\frac{1}{4}$ माह है, तो चालू माह में भुगतान की राशि होगी
(a) पिछले माह के व्यय का $\frac{3}{4}$ + चालू माह के व्यय का $\frac{1}{4}$
(b) पिछले माह का $\frac{1}{4}$ + चालू माह के व्यय का $\frac{3}{4}$
(c) चालू माह के व्यय का $\frac{1}{4}$ + आगामी माह का $\frac{3}{4}$
(d) आगामी माह के व्यय का $\frac{1}{4}$ + चालू माह के व्यय का $\frac{3}{4}$

6. सामान्यत: निम्न में से कौन-सा दीर्घकालीन बजट है?
(a) पूँजीगत व्यय बजट (b) रोकड़ बजट
(c) विक्रय बजट (d) इनमें से कोई नहीं

7. सर्वप्रथम बनाया जाने वाला बजट है
(a) रोकड़ बजट (b) मास्टर बजट
(c) कुँजी कारक बजट (d) परिवर्तनशील बजट

8. एक पूँजीगत बजट विश्लेषण में हम मूल्यांकन करते हैं, बढ़ते हुए
(a) रोकड़ प्रवाह का (b) लेखांकन आय का
(c) आय का (d) परिचालन लाभ का

9. मूल लागत तथा कारखाना उपरिव्यय का योग है
(a) परिवर्तनीय लागत (b) उत्पादन लागत
(c) कुल लागत (d) बेचे गए माल की लागत

10. स्थिर लागत और परिवर्तनशील लागत के बीच अन्तर की सार्थकता किस बजट के निर्माण में है?
(a) लोचदार बजट (b) मास्टर बजट
(c) रोकड़ बजट (d) ये सभी

11. सीमान्त लागत विधि के अन्तर्गत केवल .... लागत ही परिवर्तित होती है।
(a) स्थिर (b) परिवर्तनशील
(c) 'a' और 'b' दोनों (d) इनमें से कोई नहीं

12. 'बनाएँ' या 'खरीदें' के बारे में निर्णय करने के लिए कौन-सी लागत पर विचार किया जाता है?
(a) मूल लागत (b) कुल लागत
(c) उत्पादन की लागत (d) सीमान्त लागत

13. निम्नलिखित राशियों की सहायता से लाभ की गणना कीजिए
प्रत्यक्ष सामग्री ₹ 5,000 : प्रत्यक्ष श्रम ₹ 3,000 : प्रत्यक्ष व्यय ₹ 500 : कारखाना व्यय ₹ 1,500 : प्रशासनिक व्यय ₹ 800 : विक्रय व्यय ₹ 700 तथा विक्रय ₹ 1,500
(a) ₹ 3,500 (b) ₹ 5,500
(c) ₹ 3,800 (d) इनमें से कोई नहीं

14. परिवर्तनशील लागत है
(a) सामयिक लागत (b) उत्पादन लागत
(c) अर्द्ध परिवर्तनशील लागत (d) इनमें से कोई नहीं

15. सीमान्त लागत के बारे में क्या असत्य है?
(a) यह परिवर्तनशील लागतों का योग है
(b) स्थायी लागत का अंग है
(c) मूल लागत तथा परिवर्तनशील उपरिव्यय पर आधारित है
(d) उपरोक्त में से कोई नही

16. सम-विच्छेद बिन्दु पर
(a) अंशदान स्थायी लागतों के बराबर रहते हैं
(b) अंशदान स्थायी लागत से कम होता है
(c) लाभ की मात्रा कम होती है
(d) उपरोक्त सभी

17. परिवर्तनशील लागत हमेशा
(a) उत्पादन के बढ़ने या घटने के अनुपात में बदलती रहती है
(b) उत्पादन की एक निश्चित सीमा तक बदलती रहती है
(c) हानि के साथ-साथ म होती जाती है
(d) उत्पादन की प्रारम्भिक अवस्था के बाद बदलती है

18. लाभ में स्थायी लागत जोड़ने पर
(a) कुल लागत प्राप्त होगी
(b) अंशदान प्राप्त होगा
(c) कुल परिवर्तनशील लागत प्राप्त होगी
(d) उपरोक्त सभी

19. अंशदान सीमा निम्नलिखित के बराबर होती है
(a) विक्रय – स्थायी लागत लाभ
(b) लाभ + परिवर्तनशील लागत
(c) स्थायी लागत + लाभ
(d) विक्रय – लाभ

20. जब स्थायी लागत ₹ 7,000, लाभ ₹ 3,000 और विक्रय ₹ 50,000 है, तो लाभ मात्रा अनुपात है
(a) 14% (b) 20%
(c) 25% (d) गणना नहीं की जा सकती

21. अंशदान सीमा को इस नाम से भी जाना जाता है
(a) सीमान्त आय (b) सकल लाभ
(c) शुद्ध आय (d) स्थायी

22. अवधि लागत (Perodical Cost) से तात्पर्य है
(a) परिवर्तनशील लागत (b) स्थायी लागत
(c) मूल लागत (d) कारखाना लागत

23. सुरक्षा सीमा (MOS) को सुधारा जा सकता है
(a) विक्रय मात्रा को बढ़ाकर
(b) परिवर्तनशील लागत को कम करके
(c) स्थायी लागत को कम करके
(d) उपरोक्त सभी

24. सुरक्षा सीमा (MOS) को घटाया जा सकता है
(a) विक्रय मूल्य में कमी करके
(b) उत्पाद मिश्रण का निर्धारण करके
(c) परिवर्तनशील लागत में कमी करके
(d) उपरोक्त सभी

25. लागत के तत्त्व हैं
(a) प्रत्यक्ष सामग्री (b) प्रत्यक्ष श्रम
(c) प्रत्यक्ष व्यय (d) ये सभी

26. कुल लागत – स्थायी लागत = ?
(a) सीमान्त लागत (b) लाभ
(c) हानि (d) अंशदान

27. दिया गया है–

$$\text{B.E.P} = \frac{\text{Fixed Cost}}{5} = 40{,}000 \text{ units}$$

स्थायी लागत की राशि होगी
(a) ₹ 40,000 (b) ₹ 2,00,000
(c) ₹ 1,50,000 (d) ₹ 1,20,000

28. दो अवधियों के विक्रय तथा लाभ नीचे दिए गए हैं–

	अवधि I	अवधि II
विक्रय	₹ 20,00,000	₹ 30,00,000
लाभ	₹ 2,00,000	₹ 4,00,000

लाभ मात्रा अनुपात ज्ञात कीजिए
(a) 20% (b) 30% (c) 40% (d) 25%

29. दिया गया है–

$$\text{Ratio} = \frac{\text{Contribution}}{2{,}00{,}000} = 80\%$$

अंशदान की राशि ज्ञात कीजिए
(a) ₹ 1,60,000 (b) ₹ 1,20,000
(c) ₹ 1,10,000 (d) ₹ 1,05,000

30. दिया है–
लाभ 20,000
लाभ मात्रा अनुपात 40%
सुरक्षा सीमा होगी
(a) ₹ 50,000 (b) ₹ 30,000 (c) ₹ 12,000 (d) ₹ 80,000

31. सम-विच्छेद चार्ट की उपयोगिता है
(a) लाभ-हानि को ज्ञात करने में
(b) परिचालन लागत ज्ञात करने में
(c) सुरक्षा सीमा ज्ञात करने में
(d) उपरोक्त सभी

32. सम-विच्छेद चार्ट की मान्यताएँ हैं
(a) स्थायी लागत समान रहनी चाहिए अर्थात् क्रिया स्तर के साथ परिवर्तित नहीं होनी चाहिए
(b) लागत को स्थायी तथा परिवर्तनशील लागत में विभाजित करना चाहिए
(c) परिवर्तनशील लागत उत्पादन की मात्रा के साथ परिवर्तन करें
(d) उपरोक्त सभी

33. सम-विच्छेद विश्लेषण का उपयोग है
(a) अन्तः फर्म की तुलना करना (b) लागत नियन्त्रण में सहायक
(c) कुल लाभ की गणना में (d) ये सभी

34. सीमान्त लागत नियन्त्रण तकनीक के क्षेत्र हैं
(a) लागत नियन्त्रण (b) लाभ नियोजन
(c) विक्रय मूल्य निर्धारण करने में (d) ये सभी

35. निम्नलिखित में किसको लागत लेखे रखना अनिवार्य है?
(a) तेल उद्योग (b) कागज उद्योग
(c) चीनी उद्योग (d) ये सभी

36. भारत में "दि इन्स्टीट्यूट ऑफ कॉस्ट एण्ड वर्क्स एकाउण्टेण्ट्स" का एक गारण्टी द्वारा सीमित कम्पनी के रूप में पंजीयन हुआ
(a) सन् 1959 में (b) सन् 1965 में
(c) सन् 1944 में (d) सन् 1954 में

37. लागत लेखांकन का प्रमुख उद्देश्य है
(a) लागत अंकेक्षण करना (b) लागत पर नियन्त्रण रखना
(c) लाभ-हानि ज्ञात करना (d) प्रबन्ध की सहायता करना

38. लागत लेखाशास्त्र में निम्न में से सम्मिलित नहीं है
(a) लागत लेखांकन
(b) लागत अंकेक्षण
(c) लागत निर्धारण
(d) वित्तीय लेखों को प्रतिस्थापित करना

39. प्रक्रिया लागत निर्धारण-रीति सामान्य तथा निम्न में से प्रयुक्त होती है
(a) ईंट निर्माण में (b) तेल परिशोधन में
(c) सड़क निर्माण में (d) चीनी उद्योग में

40. प्रक्रिया लागत निर्धारण-रीति की प्रमुख विशेषता है
(a) समयावधि (b) पर्यवेक्षण एवं नियन्त्रण
(c) लागत प्रक्रिया (d) इनमें से कोई नहीं

41. प्रक्रिया एवं उपकार्य या ठेका लागत निर्धारण-रीति में अन्तर का प्रमुख आधार है
(a) लागत का संग्रहण
(b) विकृत इकाइयों की लागत
(c) मात्रा का लेखा करना
(d) लागत का औसत ज्ञात करना

42. असामान्य क्षय अथवा बचत का मूल्यांकन निम्नलिखित आधार पर किया जाएगा
(a) सामान्य क्षय के विक्रय से प्राप्त राशि
(b) क्रय सामग्री का मूल्य
(c) अच्छी इकाइयों की प्रति इकाई लागत
(d) उपरोक्त में से कोई नहीं

43. अन्त: प्रक्रिया लाभ का तात्पर्य है
(a) प्रत्येक प्रक्रिया पर अर्जित लाभ
(b) प्रत्येक प्रक्रिया पर अन्तिम स्टॉक के मूल्यांकन की राशि
(c) न वसूल हुआ लाभ
(d) लागत में कुछ लाभ जोड़कर अन्तरित करना

44. इकाई लागत निर्धारण रीति का प्रयोग निम्न में से किया जाता है
(a) ईंटों के भट्टे में (b) भवन निर्माण में
(c) प्रिन्टिंग प्रेस में (d) यातायात सेवाओं में

45. सीमान्त लागत लेखांकन स्पष्ट करता है
(a) स्थायी लागत (b) कुल लागत
(c) लागत मात्रा लाभ सम्बन्ध (d) अवशोषण लागत

46. एक अतिरिक्त इकाई के उत्पादन पर कुल लागत में वृद्धि होती है
(a) इकाई लागत (b) क्रिया लागत
(c) सीमान्त लागत (d) प्रमाप लागत

47. यदि विक्रय ₹ 32,000, परिवर्तनशील लागत ₹ 24,000 है, तो लाभ मात्रा अनुपात होगा
(a) 24% (b) 32% (c) 25% (d) 40%

48. यदि विक्रय ₹ 32,000, परिवर्तनशील लागत ₹ 24,000 व स्थायी लागत ₹ 4,000 है, तो सुरक्षा सीमा होगी
(a) ₹ 4,000 (b) ₹ 16,000
(c) ₹ 18,000 (d) ₹ 20,000

49. यदि वर्ष 2013 में विक्रय ₹ 1,00,000 व 2014 में ₹ 4,00,000 तथा वर्ष 2013 में हानि ₹ 10,000 व वर्ष 2014 में लाभ ₹ 50,000 हो, तो लाभ मात्रा अनुपात होगा
(a) 30% (b) 40% (c) 15% (d) 20%

50. बजटरी नियन्त्रण का मुख्य उद्देश्य है
(a) लागत पर नियन्त्रण करना
(b) व्यावसायिक क्रियाओं में स्थायित्व लाना
(c) मूल घटकों का निर्धारण करना
(d) उपरोक्त में से कोई नहीं

51. बजट को वर्गीकृत किया जा सकता है
(a) समय के आधार पर
(b) क्रियाओं के आधार पर
(c) लोचशीलता के आधार पर
(d) उपरोक्त सभी

52. समय के आधार पर बजट हो सकता है
(a) लोचशील बजट (b) स्थिर बजट
(c) विक्रय बजट (d) इनमें से कोई नहीं

53. रोकड़ बजट तैयार करने की सर्वाधिक प्रचलित विधि है
(a) चिट्ठा विधि
(b) लाभ-हानि खाता विधि
(c) प्राप्ति एवं भुगतान विधि
(d) आय-व्यय खाता विधि

54. प्रमाप लागत लेखांकन प्रणाली में जिस आधार पर प्रमाप निर्धारित किए जाते हैं, वे हैं
(a) आदर्श प्रमाप (b) आधारभूत प्रमाप
(c) सामान्य प्रमाप (d) प्राप्य प्रमाप

55. प्रमाप लागत लेखांकन है
(a) लागत ज्ञात करने की रीति
(b) लागत नियन्त्रण की प्रणाली
(c) प्रबन्धकीय निर्णय की तकनीक
(d) उपरोक्त सभी

उत्तरमाला

1.	(c)	2.	(a)	3.	(a)	4.	(d)	5.	(b)	6.	(a)	7.	(c)	8.	(a)	9.	(b)	10.	(a)
11.	(b)	12.	(d)	13.	(a)	14.	(b)	15.	(b)	16.	(a)	17.	(a)	18.	(b)	19.	(c)	20.	(b)
21.	(a)	22.	(b)	23.	(d)	24.	(a)	25.	(d)	26.	(a)	27.	(b)	28.	(a)	29.	(a)	30.	(a)
31.	(d)	32.	(d)	33.	(d)	34.	(d)	35.	(d)	36.	(c)	37.	(b)	38.	(d)	39.	(b)	40.	(b)
41.	(a)	42.	(c)	43.	(d)	44.	(a)	45.	(c)	46.	(c)	47.	(c)	48.	(b)	49.	(d)	50.	(a)
51.	(d)	52.	(d)	53.	(c)	54.	(c)	55.	(b)										

अध्याय 33

लेखांकन में कम्प्यूटर तथा डाटाबेस प्रबन्ध प्रणाली

Computer in Accounting and Database Management System

कम्प्यूटर प्रणाली Computer System

कम्प्यूटर का विकास 1642 ई. में 18 वर्षीय ब्लेज़ पास्कल ने किया था, जबकि 1833 ई. में एक ब्रिटिश गणितज्ञ चार्ल्स बैवेज ने एक मशीन का आविष्कार किया, जिसको एनालिटिक इंजन का नाम दिया गया। इसी कारण चार्ल्स बैवेज को 'कम्प्यूटर का जनक या आविष्कारक' माना जाता है। सन् 1937 में मार्क-1 नामक प्रथम कम्प्यूटर का निर्माण किया जा सका, जो आँकड़ों को न केवल संजोकर रख सकता था, बल्कि उन्हें काट-छाँट और संयोजित कर सकता था।

कम्प्यूटर अनेक कलपुर्जों से बनी एक मशीन मात्र है। कम्प्यूटर के पास अपनी स्वयं की कोई चेतना या मस्तिष्क नहीं होता। इसको कार्यशील बनाने के लिए इसके कलपुर्जों के अलावा इसमें एक विशेष प्रकार के सन्देश अर्थात् सॉफ्टवेयर की आवश्यकता होती है। सॉफ्टवेयर के माध्यम से ही कम्प्यूटर अपने से जुड़े प्रत्येक उपकरण से उनके लिए निर्धारित किए गए कार्य करवाता है। किसी उपकरण को किस प्रकार कार्य में लाना है, उसकी जानकारी सॉफ्टवेयर के अन्दर पूर्व स्थापित होती है। कम्प्यूटर के प्रोसेसर में अपार शक्ति होती है, परन्तु सॉफ्टवेयर के निर्देश के बिना वह कुछ भी नहीं कर सकता। उसे चलाने के लिए एक विशेष प्रकार के सॉफ्टवेयर की आवश्यकता होती है, जो प्रोसेसर, मदरबोर्ड, रैम, हार्ड डिस्क, फ्लॉपी ड्राइव, सीडी रोम एवं अन्य सभी डिवाइसों के बीच तालमेल बनाकर, कम्प्यूटर प्रणाली को संचालित करता है। इस विशेष सॉफ्टवेयर को ऑपरेटिंग सिस्टम कहते हैं।

कम्प्यूटर उपयोगकर्ता द्वारा दिए गए कार्य को उपलब्ध तथ्यों के आधार पर निर्देशानुसार विश्लेषित कर अपेक्षित जानकारी उपलब्ध कराता है। यह पूरी प्रक्रिया एक चरणबद्ध तरीके से सम्पन्न होती है।

कम्प्यूटर प्रणाली के संघटक Components of Computer System

कम्प्यूटर प्रणाली के दो प्रमुख भाग हैं—

1. हार्डवेयर Hardware

कम्प्यूटर का वह सम्पूर्ण भाग जिसे स्पर्श द्वारा अनुभव किया जा सकता है, हार्डवेयर कहलाता है।

कार्य प्रणाली के आधार पर इसे निम्नलिखित चार इकाइयो में बाँटा गया है—

(i) **इनपुट इकाई** इस इकाई का उपयोग आँकड़ों, तथ्यों व निर्देशों को कम्प्यूटर यूनिट के अन्दर सम्प्रेषित करने के लिए किया जाता है। *मुख्य रूप से उपयोग होने वाली प्रमुख इनपुट इकाइयाँ निम्नलिखित हैं—*

(a) **की-बोर्ड** की-बोर्ड किसी भी कम्प्यूटर की प्रमुख इनपुट डिवाइस है। इसके प्रयोग से कम्प्यूटर में टेक्स्ट तथा न्यूमैरिकल डाटा प्रविष्ट कर सकते हैं। की-बोर्ड में अनेक कुंजियाँ होती हैं तथा की-बोर्ड की कुंजियाँ टाइपराइटर के क्रम में होती हैं।

(b) **माउस** इसका आविष्कार डगलस सी इंजेल्वरट ने वर्ष 1977 में किया था। इसमें लेफ्ट राइट बटन तथा मध्य में स्क्रोल व्हील होता है। यह बिन्दु पद्धति की निदेशांक प्रणाली पर आधारित है। इसे इसके पैड पर घुमाने से कम्प्यूटर स्क्रीन पर इच्छित कार्य सम्पन्न किया जाता है।

(c) **स्कैनर** इसका उपयोग टेक्स्ट या चित्र को डिजिटल रूप में परिवर्तित करने में होता है, जिसे मॉनीटर की स्क्रीन पर देखा जा सकता है।

(d) **माइक्रोफोन** किसी ध्वनि सन्देश को कम्प्यूटर में प्रविष्ट करने के लिए इसका प्रयोग किया जाता है।

(e) **वेब-कैमरा** फोटो खींच कर कम्प्यूटर में प्रविष्ट करने के लिए तथा वीडियो वार्ता के लिए इसका प्रयोग किया जाता है।

(ii) **प्रोसेसिंग इकाई** कम्प्यूटर को सम्प्रेषित किए गए निर्देशों को सुचारु रूप से क्रियान्वित करने का कार्य प्रोसेसिंग इकाई का होता है।

इसके मुख्य भाग निम्न हैं—

(a) **सेण्ट्रल प्रोसेसिंग यूनिट** यह कम्प्यूटर का सबसे प्रमुख भाग है, जो कि निर्देशों का प्रयोग कर पूरी कम्प्यूटर प्रणाली को संचालित करता है। यह कम्प्यूटर का मस्तिष्क कहलाता है। इससे अन्य सभी पेरीफेरल्स (अन्य कम्प्यूटर उपकरण); जैसे—की-बोर्ड, माउस, मॉनीटर आदि मदरबोर्ड के माध्यम से जुड़े रहते हैं। मदरबोर्ड का सबसे मुख्य भाग इसका चिपसेट होता है, जो मदरबोर्ड की क्षमता और फीचर के सम्बन्ध में बताता है। कम्प्यूटर के अलावा मदरबोर्ड का उपयोग रोबोट तथा अन्य इलेक्ट्रॉनिक उपकरणों में होता है। *सीपीयू मुख्यत: निम्नलिखित चार भागों में पृथक् होता है—*

- **कण्ट्रोल यूनिट** निर्देशों का सही उपयोग व उनको कण्ट्रोल करने का कार्य।
- **अर्थमैटिक एवं लॉजिक यूनिट** सभी प्रकार के अंकीय व तार्किक निर्देशों को क्रियान्वित करने का कार्य।
- **मैमोरी** निर्देशों को संग्रहित करने का कार्य।
- **इण्टरनल बस** संचार लाइनों का ऐसा नेटवर्क जो प्रोसेसर के आन्तरिक तत्त्वों को जोड़ता है और कम्प्यूटर प्रणाली के अन्य अंगों के साथ प्रोसेसर को बाहरी संयोजन से जोड़ता है।

(b) **माइक्रोप्रोसेसर** माइक्रोप्रोसेसर की सहायता से ही सारे फंक्शन होते हैं। माइक्रोप्रोसेसर को कम्प्यूटर के लॉजिक चिप के रूप में भी प्रयोग किया जाता है। कम्प्यूटर के स्टार्ट होने से लेकर कम्प्यूटर के प्रत्येक कम्पोनेण्ट के क्रियाकलाप में माइक्रोप्रोसेसर मुख्य भूमिका निर्वाह करता है। इसका मुख्य काम गणितीय तथा लॉजिकल ऑपरेशन को पैदा करना है। इसके सभी क्रियाकलाप चिप में लगे रजिस्टरों की सहायता से होते हैं।

(iii) **आउटपुट इकाई** इनपुट इकाई से प्रेषित तथ्य व निर्देश प्रोसेसिंग इकाई से क्रियान्वित होने के बाद जिस भाग के पास जाते हैं, उसे आउटपुट इकाई कहते हैं। यह प्रमुखत: दो भागों में विभाजित होती है—सॉफ्ट कॉपी और हार्ड कॉपी, जिसके उदाहरण क्रमश: मॉनीटर एवं प्रिण्टर हैं। मॉनीटर देखने में टेलीविजन की भाँति होता है, परन्तु टेलीविजन की बनावट ऐसी होती है कि एक लाइन में 40 से अधिक अक्षर होने पर वे अस्पष्ट लगने लगते हैं, किन्तु कम्प्यूटर के मॉनीटर विशेष प्रकार के होते हैं, इनमें एक लाइन में 80 अक्षर भी स्पष्ट प्रदर्शित होते हैं।

प्रिण्टर का उपयोग अनेक प्रकार की कार्य प्रणाली पर आधारित आँकड़ों, संख्याओं, चित्रों, ग्राफों या अन्य प्रकार की सूचनाओं को कागज पर अंकित करने के लिए किया जाता है।

(iv) **संग्रह इकाई** (मैमोरी) सूचनाओं को पुन: प्रयोग में लाने हेतु कम्प्यूटर में संग्रह इकाई का प्रयोग किया जाता है। यह मुख्यत: दो प्रकार की (प्राथमिक मैमोरी तथा द्वितीयक या सहायक) होती है। प्राइमरी मैमोरी के अन्तर्गत रैम एवं रोम आते हैं। प्राइमरी मैमोरी का उपयोग प्रोसेसिंग इकाई द्वारा कार्य करते समय निर्देशों को संग्रहित करने के लिए रैम तथा कम्प्यूटर प्रणाली को चलाने के लिए निर्देशों को संग्रहित करने हेतु रोम का उपयोग किया जाता है।

सेकण्डरी मैमोरी विभिन्न प्रकार की सूचना को स्थायी रूप से संग्रह करने के काम आती है। विभिन्न प्रकार की संग्रह पद्धतियों पर आधारित यह मुख्य रूप से *निम्नलिखित प्रकार की होती है*

हार्ड डिस्क, फ्लॉपी डिस्क, सीडी तथा डीवीडी आदि।

2. सॉफ्टवेयर Software

कम्प्यूटर को संचालित करने तथा उसकी विभिन्न इकाइयों में समन्वय स्थापित करने वाली प्रणाली सॉफ्टवेयर के अन्तर्गत आती है। वस्तुत: हार्डवेयर को उपयोग में लाने वाले दिशा-निर्देशों के समुच्चय सॉफ्टवेयर हैं। *कार्य प्रणाली के आधार पर इन्हें मुख्यत: दो भागों में विभाजित किया गया है—*

(i) **सिस्टम सॉफ्टवेयर** वह सॉफ्टवेयर जो कि कम्प्यूटर के आन्तरिक क्रियान्वयन को प्रभावित करता है, उसे सिस्टम सॉफ्टवेयर कहते हैं। इसका प्रमुख उदाहरण ऑपरेटिंग सिस्टम है, जो कि कम्प्यूटर के क्रियान्वयन तथा सभी उपकरणों के समन्वय व उनको सुचारु रूप से चलाने के लिए बनाया गया है। ऑपरेटिंग सिस्टम कम्प्यूटर से जुड़े मूलभूत कार्यों यथा की-बोर्ड से मिलने वाले इनपुट लेना, डिस्प्ले स्क्रीन को आउटपुट भेजना, डायरेक्ट्री एवं फाइल को डिस्क में ट्रैक करना आदि कार्य करता है। वह बड़े सिस्टमों में लगातार यह चैक करता है कि एक ही समय पर कम्प्यूटर में चलने वाले प्रोग्रामों, फाइलों और एक ही समय पर खुलने वाली साइटों पर ओवरलैपिंग न हो। प्रमुख ऑपरेटिंग सिस्टम हैं—एम एस डॉस, एम एस विण्डोज, लाइनेक्स, यूनीक्स

(ii) **एप्लीकेशन सॉफ्टवेयर** वह सॉफ्टवेयर जिनका उपयोग उपयोगकर्ता अपने दैनिक कार्यों को करने के लिए करता है, उन्हें एप्लीकेशन सॉफ्टवेयर कहते हैं। उदाहरण के लिए लिखने के लिए तथा पेज मेकर व कोरल प्रकाशन व अन्य कार्यों के लिए।

लेखांकन क्षेत्र में कम्प्यूटर का प्रयोग
Uses of Computer in Accounting Sector

कम्पनी के महत्त्वपूर्ण क्रियात्मक कार्य लेखांकन का सम्बन्ध कम्पनी की विभिन्न गतिविधियों से है, जिसके अन्तर्गत कर्मचारियों के वेतन, विशेष भत्ते, आयकर, ऋण कटौती, पी एफ, कम्पनी की आर्थिक स्थिति, लाभ, हानि, पूँजी एवं सम्पत्ति आदि की गणना मैनुअल से करने पर बहुत समय लगता है। उपरोक्त कार्यों के लिए कम्प्यूटर का प्रयोग करने पर बहुत कम समय में तथा शुद्ध एवं सटीक गणना कर ली जाती है। लेखपाल एवं लेखा प्रबन्धक कम्प्यूटर की सहायता से नवीनतम सूचनाओं की जानकारी प्राप्त कर पूर्वानुमान लगाते हैं तथा उसी के अनुसार भावी रणनीति बनाने एवं सटीक निर्णय लेन में सफल होते हैं। इण्टरनेट की सहायता से पूँजी बाजार की दशाओं की स्थिति ही नहीं, बल्कि लेखा तकनीक एवं लेखा मानकों की भी जानकारी पल भर में प्राप्त हो जाती है।

वर्तमान में मैनुअल लेखांकन के सभी कार्य कम समय एवं परिश्रम के साथ कम्प्यूटर लेखांकन में परिवर्तित हो गए हैं; जैसे—खाता खोलकर खतौनी करना, वाउचर बनाना, लाभ-हानि खाता तैयार करना, डे-बुक तैयार करना, जनरल एवं सहायक खाता बहियों को तैयार करना आदि सभी कार्य कम्प्यूटर की सहायता से सम्पन्न होने लगे हैं। उपरोक्त कार्यों को करने के लिए उपलब्ध सॉफ्टवेयर की सहायता से व्यक्तिगत स्तर पर बेरोजगार युवक जीविकोपार्जन भी कर रहे हैं। पहले कम्प्यूटर का प्रयोग केवल वित्तीय लेखांकन तक ही सीमित था, लेकिन वर्तमान में इसके प्रयोग से लागत लेखांकन एवं प्रबन्धकीय लेखांकन भी सम्पन्न किया जा रहा है।

कुछ प्रमुख लेखांकन सॉफ्टवेयर निम्न हैं —

1. **टैली** यह एक उपयोगकर्ता लेखांकन सॉफ्टवेयर है। यह लेखांकन समस्याओं को सरल भाषा में प्रस्तुत करता है। अर्थात् लेखांकन समस्याओं का हल सरल भाषा में करता है। यह सभी प्रकार की

कम्पनियों की लेखांकन आवश्यकताओं को सन्तुष्ट करने की क्षमता रखता है। टैली के माध्यम से कठिन-से-कठिन लेखांकन कार्य सरल किया जा सकता है।

2. **विंग्स** यह भी एक लेखांकन सॉफ्टवेयर है, यह व्यवसाय एक लेखांकन क्रियाओं में उपयोग किया जाने वाला एक शक्तिशाली सॉफ्टवेयर पैकेज है। इसके माध्यम से वित्तीय लेखांकन, प्राप्ति एवं भुगतान आदि को कम्प्यूटर आधारित किया जा सकता है।
3. **विंग्स ट्रेड** यह एक सॉफ्टवेयर है, इसकी सहायता से स्टाकिस्ट्स या डीलर्स के सभी लेखांकन कार्य आसानी से किए जा सकते हैं। इसके द्वारा उत्पाद विभिन्नीकरण बैंक, समशोधन, सामग्री प्रबन्ध आदि का लेखांकन आसानी से किया जा सकता है। विंग्स ट्रेड की सहायता से रहतिया मूल्यांकन की रिपोर्ट तैयार की जा सकती है।

कम्प्यूटरीकृत लेखांकन पद्धति
Computerised Accounting System

परम्परागत रूप से लेखांकन मानवीय पद्धति से चलती आ रही थी। इसमें यह समस्या होती है कि बहुत सारी बहियों का प्रबन्धन करना पड़ता है; जैसे—नकद बही, जर्नल, खाताबही आदि। इसके अतिरिक्त अंतिम खाते व वित्तीय विवरण भी लेखाकार द्वारा ही तैयार करने पड़ते हैं।

तकनीकी प्रगति ने ऐसी मशीनें विकसित कर दी हैं, जिसकी सहायता से लेखांकान कार्य बड़ी आसानी से किए जा सकते हैं। बिलिंग मशीन टाइपराइटर और कैलकूलेटर दोनों का काम करता है। लगातार विकास होने के लिए साथ नई किस्म की मशीनें आई जिससे गति, भंडारण, प्रक्रिया आदि सभी कार्यों में आसानी हुई। इसकी सहायता से कम्प्यूटरीकृत लेखांकन संभव हो पाया जिसे कम्प्यूटरीकृत लेखांकन पद्धति के नाम से जाना जाता है।

कम्प्यूटरीकृत लेखांकन पद्धति के लाभ
Advantages of Computerised Accounting System

1. लेखांकन कार्य बहुत तेज गति से किया जा सकता है।
2. इसमें 100% शुद्धता पाई जाती है, क्योंकि त्रुटि की संभावना न के बराबर होती है।
3. इसमें गति, त्रुटि न होनी की संभावना आदि के कारण विश्वसनीयता पाई जाती है।
4. सभी स्तर के व्यवसाय में यह उपयोगी होता है।
5. इसके द्वारा की गई लेखांकन साफ-सुथरी होने के कारण पढ़ने योग्य होती है।
6. इसमें कार्यकुशलता पाई जाती है, क्योंकि यह कम समय में अधिक तथा शुद्ध कार्य करता है।
7. इसके द्वारा सूचना को तुरन्त परिवर्तित किया जा सकता है।
8. सभी सूचनाओं का भंडारण किया जा सकता है जिससे जब चाहे उन्हें उपयोग में लाया जा सकता है।

कम्प्यूटरीकृत लेखांकन पद्धति की सीमाएँ
Limitations of Computerised Accounting System

1. ट्रेनिंग की अतिरिक्त लागत चुकानी पडती है ताकि स्टॉफ कम्प्यूटर पर कार्य कर सके।
2. कई बार स्टॉफ इसका विरोध भी करता है, क्योंकि उन्हें भय रहता है कि इस कारण उनकी नौकरी छूट सकती है।
3. जब मानवीय लेखांकन को कम्प्यूटरीकृत लेखांकन में परिवर्तन किया जा सकता है। तब कार्य में अवरूद्ध उत्पन्न होता है।
4. हार्डवेयर या साफ्टवेयर में दिक्कत आने पर पद्धति फेल हो सकती है।
5. अप्रत्याशित त्रुटि को जाँचना लगभग असम्भव होता है।
6. इसे उपयोग करने के कारण स्वास्थ्य भी प्रभावित होता है।
7. आँकड़ों में किए गए किसी परिवर्तन को पकड़ पाना लगभग असम्भव होता है।

लेखांकन प्रक्रिया का स्वचालन
Automation of Accounting Process

इसका अभिप्राय है, लेखांकन क्रिया का लेखांकन साफ्टवेयर से स्वत: होना। इसका उद्देश्य मानव शक्ति का कम प्रयोग करना है ताकि त्रुटियों में कमी की जा सके। हालाँकि मानवीय हस्तक्षेप को पूरी तरह से समाप्त नहीं किया जा सकता, परन्तु उसे न्यूनतम किया जा सकता है।

स्वचालन के चरण Steps of Automation

चरण 1 संगठन के आकर तथा लेनदेन की मात्रा के अनुसार हार्डवेयर तथा सॉफ्टवेयर की आवश्यकताओं का विश्लेषण किया जाता है।

चरण 2 उचित साफ्टवेयर का चयन किया जाता है।

चरण 3 उचित हार्डवेयर प्राप्त करना

चरण 4 खातों का वर्गीकरण एवं समूहीकरण

चरण 5 रिपोर्ट तैयार करना

लेखांकन रिपोर्ट तैयार करना
Preparation of Accounting Report

लेखांकन समीकरण का प्राथमिक उद्देश्य रिपोर्ट तैयार करना है। हर रिपोर्ट को एक विशेष उद्देश्य के लिए तैयार किया जाता है। रिपोर्ट को स्क्रीन पर देखा जा सकता है या प्रिन्ट भी किया जा सकता है। रिपोर्ट के अन्तर्गत आकड़ों के साथ-साथ ग्राफ, चित्र आदि भी हो सकते हैं। तीन मुख्य लेखांकन रिपोर्ट तलपट, आय विवरण, तथा तुलन पत्र हैं।

प्रबन्धन सूचना प्रणाली
Management Information System

प्रबन्धन सूचना प्रणाली (MIS) एक व्यवसाय, जिसमें लोगों, दस्तावेजों और प्रौद्योगिकी के प्रक्रम के अनुप्रयोग शमिल हैं, के समग्र आन्तरिक नियन्त्रण का एक सबसेट है, जो प्रबन्धन लेखाकारों द्वारा उत्पाद या सेवा की लागत तय करने या व्यापार की व्यापक रणनीति बनाने जैसी व्यापार समस्याएँ सुलझाने के लिए प्रयोग किया जाता है। प्रबन्धन सूचना प्रणाली आम सूचना प्रणाली से अलग है, क्योंकि इसका प्रयोग संगठन में होने वाली परिचालन गतिविधियों पर लागू होने वाली अन्य सूचना प्रणालियों का विश्लेषण करने के लिए किया जाता है

'MIS' प्रबन्धन के कार्यों को करने के लिए जरूरी सूचनाओं के रूप में आंकड़ों को इकट्ठा करने, उन्हें प्रसंस्कृत करने, उनका भण्डारण करने और उनका प्रसार करने के लिए प्रयोग होने वाली एक सुनियोजित प्रणाली है। एक तरह से यह उन गतिविधियों की रिपोर्ट है। जिनकी योजना बनाई गई थी और जिनका कार्यान्वयन किया गया। फिलिप कोटलर के

अनुसार,"एक विपणन सूचना प्रणाली लोगों, उपकरणों और ऐसी प्रक्रियाओं से मिलकर बनती है, जो विपणन निर्णयकर्ताओं के लिए जरूरी सटीक सूचना इकट्ठा करने, अलग करने, उनका विश्लेषण करने, आकलन करने और समय पर उनका वितरण करने का कार्य करती हैं।"

प्रबंधन के लिए आवश्यक सूचना को निर्धारित करना : परियोजना के आयोजन, कार्यान्वयन और निरीक्षण के दौरान बहुत सारी जानकारी उत्पन्न होती है। कुछ जानकारी तत्काल फैसले लेने के लिए आवश्यक है और कुछ बाद में लिए जाने वाले प्रबंधन निर्णयों के लिए जरुरी है, इसलिए एक अच्छी प्रबन्ध सूचना प्रणाली, परियोजना के नेताओं को यह जानने में मदद करती है कि अलग-अलग समय पर विविध प्रबन्ध निर्णय लेने के लिए किस तरह की जानकारी को प्राप्त करना चाहिए।

अन्य इन्फॉर्मेशन सिस्टम के साथ डेटा एक्सचेन्ज करना Exchange Rate with other Information System

डेटा एक्सचेन्ज एक स्रोत स्कीमा के अन्तर्गत स्ट्रक्चर्ड डेटा लेने और इसे लक्ष्य स्कीमा के अन्तर्गत स्ट्रक्चर्ड डेटा में बदलने की प्रक्रिया है। डेटा एक्सचेन्ज डेटा को विभिन्न कम्प्यूटर प्रोग्रामों के बीच शेयर करने की अनुमति देता है। यह डेटा समीकरण (Integration) की सम्बन्धित अवधारणा के समान है, इसके अतिरिक्त डेटा वास्तव में डेटा एक्सचेन्ज में पुनः संरचित (Restructured) किया जाता है।

कम्प्यूटर एडेड डिजाइन (CAD) डेटा एक्सचेन्ज, डेटा एक्सचेन्ज का प्रकार है, जो विभिन्न कम्प्यूटर एडेड डिजाइन ऑथरिंग सिस्टम या CAD और अन्य डाउनस्ट्रीम CAx सिस्टम के बीच डेटा का अनुवाद (Translate) करने के लिए प्रयोग किया जाता है।

रेडीमेड, कस्टमाइज्ड तथा टेलर मेड अकाउण्टिंग सिस्टम Readymade, Customised and Tailormade Accounting System

रेडीमेड सॉफ्टवेयर ऐसे सॉफ्टवेयर हैं, जो किसी विशिष्ट उपयोगकर्ता के लिए नहीं बल्कि सामान्य रूप से उपयोगकर्ताओं के लिए डेवलप किए जाते हैं, क्योंकि रेडीमेड सॉफ्टवेयर सामान्य उपयोगकर्ता के लिए है, इसलिए यह आवश्यक नहीं है कि इस तरह के सॉफ्टवेयर के सभी मॉड्यूल प्रत्येक उपयोगकर्ता के लिए उपयोग किए जाएँ। यह सम्भावना है कि एक विशेष का कहना है कि पेरोल का उपयोग नहीं किया जा सकता है, क्योंकि एण्टरप्राइज में बहुत कम कर्मचारी (Employees) हैं। कुछ रेडीमेड सॉफ्टवेयर Tally.Ex, व्यवसायी एकाउण्टेण्ट है।

कस्टम सॉफ्टवेयर वह सॉफ्टवेयर है, जो विशेष रूप से कुछ विशिष्ट संगठन या अन्य उपयोगकर्ता के लिए डेवलप किया जाता है। इस प्रकार के सॉफ्टवेयर बड़े पैमाने पर बाजार के लिए डेवलप सॉफ्टवेयर पैकेजों के उपयोग से अलग किया जा सकता है; जैसे—COTS सॉफ्टवेयर, जो एक फ्री सॉफ्टवेयर है।

टेलर मेड सॉफ्टवेयर उपयोगकर्ता को विशिष्ट सॉफ्टवेयर डिजाइन और डेवलप करने के लिए सन्दर्भित करता है। ये सॉफ्टवेयर बिल्ट इन सॉफ्टवेयर नहीं है बल्कि उपयोगकर्ता द्वारा बनाए गए सॉफ्टवेयर हैं, जो उपयोगकर्ता और डेवलपर के बीच आवश्यकताओं को पूरा करने के लिए डेवलप किए गए हैं।

डाटाबेस अभिकल्पन Database Design

डाटाबेस द्वारा एक साथ विभिन्न प्रकार के उपयोक्तओं की आवश्यकताओं की पूर्ति की जाती है। इस प्रकार डाटाबेस एक सहभागी प्रणाली है। इस कारण से इसका अभिकल्पन एक जटिल प्रक्रिया है। डाटाबेस डाटाबेस मैनेजमेन्ट सिस्टम का एक भाग है, जो इसके प्रयोग हेतु बनाया जाता है। अतः डाटाबेस मैनेजमेण्ट सिस्टम किस प्रकार प्रयुक्त हो रहा है और अन्य प्रणालियों से किस प्रकार भिन्न है, इसके आधार पर ही डाटाबेस अभिकल्पन के स्तार पर निर्धारित किए जा सकते हैं।

डाटाबेस को प्रमुख चार भागों में विभक्त कर सकते हैं—

1. **डाटा** विशिष्ट अथवा अनेक कार्यों हेतु एक ही समय पर प्रयुक्त हो सकता है।
2. **हार्डवेयर** डाटा को एक स्थान से दूसरे स्थान तक जाने, संग्रहीत करने, प्रोसेस करने में, इनपुट एवं आउटपुट चैनल के रूप में प्रयुक्त भौतिक भाग।
3. **साफ्टवेयर** व्यवस्थापन एवं अनुप्रयोग हेतु प्रोग्राम
4. **उपयोक्ता** *इन्हें तीन श्रेणियों में विभक्त किया जा सकता है—*
   (i) **डाटाबेस एडमिनिस्ट्रेटर** डाटा प्रयोग को अधिकृत, व्यवस्थित एवं समन्वित करने के साथ साथ डाटा के उपयोग पर नजर रखता है।
   (ii) **एप्लीकेशन प्रोग्रामर/सिस्टम ऐनालिस्ट** सिस्टम ऐनालिस्ट अन्तिम उपयोक्ता की आवश्यकताओं को तय करता है तथा उसकी पूर्ति करता है।
   (iii) **अन्तिम उपयोक्ता** अन्तिम उपयोक्ता वे हैं, जो डाटाबेस का उपयोग किसी प्रश्न का उत्तर जानने, डाटाबेस का अपटन करने एवं उससे रिपोर्ट बनाने का कार्य करते हैं।

एंटिटि की अवधारणा एवं लेखांकन प्रणाली से सम्बन्ध Concept of Entity and Relation with Accounting System

एंटिटि-रिलेशनशिप मॉडल एंटिटि-रिलेशनशिप मॉडल (E-R model) का प्रयोग डेटाबेस के सन्दर्भ में एंटिटीज (Entities) तथा उनके बीच के सम्बन्ध को ग्राफिकल (Graphical) रूप में प्रदर्शित करने के लिए किया जाता है। इसे **एंटिटि-रिलेशनशिप डायग्राम** भी कहा जाता है।

एंटिटि वास्तविक दुनिया की वस्तुओं को दर्शाती है। यह उन सभी वस्तुओं को सम्मिलित करती है, जिनके बारे में डेटा एकत्रित किया जाना है, एंटिटि रिलेशनशिप डायग्राम (E-R डायग्राम) में इसे आयताकार बॉक्स के द्वारा दर्शाया जाता है; जैसे—Customer buys items, यहाँ पर Customer और items एंटिटी है।

एट्रिब्यूट यह एक एंटिटि की विशेषताओं और गुणों का वर्णन करता है। टेबल में एट्रिब्यूट्स (Attributes) को फील्डों द्वारा दर्शाया जाता है। E-R डायग्राम में, एट्रिब्यूट्स को दीर्घ वृत्ताकार बॉक्स में दर्शाया जाता है; जैसे—Item ID और Price एंटिटि Item के एट्रिब्यूट्स हो सकते हैं।

रिलेशनशिप यह एंटिटीज के मध्य परस्पर सम्बन्धों को दर्शाता है। यह E-R डायग्राम में, डायमण्ड की आकृति वाले बॉक्स के द्वारा दर्शाया जाता है।

लेखांकन में डाटाबेस मैनेजमेन्ट सिस्टम
Datebase Management System in Accounting

डाटाबैंस मैनेमेन्ट सिस्टम साफ्टवेयर अनुप्रयोगों का समूह है, जो कम्प्यूटर प्रयोगकर्त्ता को डाटाबेस बनाने उसके रख-रखाव तथा डाटाबेस प्रोसेसिंग में सहायता करता है। मैनेमेन्ट कार्यों में नियन्त्रित डाटा प्राप्ति, डाटाबेस चुनाव, विभिन्न क्षेत्रों में डाक प्राप्त करने सम्बन्धी कार्य सम्मिलित हैं। इस प्रकार डाटाबेस में डाटा के संग्रहण, सम्पादन एवं पुर्नप्राप्ति हेतु प्रयुक्त साफ्टवेयरों के समूह को डाटाबेस मैनेजमेन्ट सिस्टम करते हैं, जो प्रयोक्ता एवं डाटा के मध्य एक मध्य एक अन्तरापृष्ठ के रूप में कार्य करता है।

डाटाबेस मैनेजमेण्ट सिस्टम (DBMS) के उदाहरण में लेखांकन, मानव संसाधन और कस्टमर सपोर्ट सिस्टम शामिल हैं।

डाटाबेस के गुण एवं विशेषताएँ
Characteristics of Database

सामान्यतः डाटाबेस के निम्नलिखित गुण बताए जा सकते हैं–

1. डाटा का एकीकृत संकलन होता है।
2. डाटा का व्यवस्थित स्वरूप होता है।
3. कम्प्यूटर द्वारा ग्राह्य डाटा प्राकृतिक डाटा का प्रतिनिधित्व करता है।
4. डाटा की पुनरावृत्ति के बिना समस्त सम्बन्धित अनुप्रयुक्तियों द्वारा उपयोग करने के योग्य
5. डाटाबेस वास्तविक दुनिया के कुछ पहलुओं को प्रदर्शित करता है।
6. डाटाबेस को कुछ खास उद्देश्य के लिए डिजाइन किया जाता है।
7. डाटाबेस डाटा का तर्क संगत संग्रह है।
8. डाटाबेस किसी आकार एवं स्तर तक जटिल हो सकता है।

डाटाबेस मैनेजमेन्ट प्रणाली के लाभ
Merits of Database Management System

डाटाबेस प्रणाली के *निम्नलिखित लाभ हैं–*

1. **रिडेण्डन्सी नियन्त्रण** इसका अर्थ है, एक ही डाटा को बार-बार स्टोर करना। इसमें कई समस्याए उत्पन्न होती हैं। ऐसी हर फाइल में सिंगल लॉजिकल अपडेट करने की आवश्यकता होती है, जहाँ एक ही डाटा स्टोर होता है। इससे डाटा का डुप्लीकेशन होता है।
3. **स्टैण्र्डस लागू किए जा सकते हैं** डाटाबेस केन्द्रीय नियन्त्रण के साथ डी वी ए डाटा के रिप्रेजेन्टेशन को स्टैण्डर्डाइज करना भी सुनिश्चित कर सकता है, जो विभिन्न सिस्टम के मध्य डाटा के इण्टरचेन्ज में उपयोगी होता है।
4. **बैकअप और रिकवरी प्रदान करना** डी.बी.एम.एस. का बैकअप और रिकवरी सबसिस्टम, रिवकरी के सिल जिम्मेदार होता है। साथ ही रिकवरी सब-सिस्टम यह सुनिश्चित करता है कि यह प्रोग्राम उसी बिन्दु से दोबारा प्रारम्भ हो जाए, जहाँ वह रूका था ताकि इसका पूरा प्रभाव डाटाबेस पर रिकार्ड हो जाए।
5. **एप्लीकेशन डेवलपमेन्ट टाइम को कम करना** एक बार जब डाटाबेस तैयार हो जाता है, तब वह नए डाटाबेस की डिजाइनिंग और इम्प्लीमेन्टिंग की अपेक्षा कम समय लेता है।
6. **डेटा का स्वतन्त्र प्रयोग** इस प्रणाली के अन्तर्गत डेटा का सभी स्थानों पर स्वतन्त्र रूप से उपयोग किया जाता है। इससे महत्वपूर्ण गणनाओं के निष्पादन में सहायता मिलती है।
9. **डाटा प्रबन्धन** इस प्रणाली के अन्तर्गत अनेक प्रयोक्तओं द्वारा डाटा का एक साथ प्रयोग करते समय डाटा प्रबन्ध केन्द्रीय भूमिका का निर्वाह करता है, इससे डाटा संसाधन तथा डाटा पुर्नप्राप्ति सरलता पूर्वक सम्भव हो जाते हैं।
10. **अनुप्रयुक्त विकास के समय में कमी** यह प्रणाली अनेक महत्त्वपूर्ण कार्यों के निष्पादन तथा डाटा के अभिगम तथा संग्रहण में सार्मथ्य प्रदान करती है। अन्य सम्बन्धित उच्च स्तरीय अर्न्तपृष्ठ भी अनुप्रयोगों के त्वरित विकास में सहायक होता है। इसमें अनुप्रयुक्त विकास के समय में कमी की जा सकती है।
11. **प्रणाली में विकृति की अवस्था में डाटा सुरक्षा** कार्य निष्पादन करते समय प्रणाली में किसी प्रकार की विकृति आ जाने पर भी डाटा की सुरक्षा पुर्नप्राप्ति के रूप में की जा सकती है तथा प्रयोक्ता को इसकी सूचना मिल जाती है।
12. **सरलता** (फ्लेक्सिब्लिटी) डी.बी.एम.एस. स्टोर किए जा चुके डाटा या उपस्थित एप्लीकेशन प्रोग्राम को प्रभावित किए बिना डाटा के स्ट्रक्चर में कुछ बदलावों की आज्ञा देता है।

मुद्रास्फीतिक लेखांकन Inflation Accounting

मुद्रास्फीतिक लेखांकन, लेखांकन की एक तकनीक है, जो देश या देश की वित्तीय स्थिति को समझने में सहायता करती है। जब देश उच्च स्फीतिक का अनुभव कर रहा है। उच्च मुद्रा स्फीतिक गलत आयोजन (Projection) का कारण बनती है, इसलिए इस तकनीक का उपयोग किया जाता है। मुद्रा स्फीतिक लेखांकन में उच्च मुद्रास्फीति और अतिस्फीति (Hyper inaflation) की उपस्थिति में ऐतिहासिक लागत लेखांकन से उत्पन्न होने वाली समस्याओं को ठीक करने के लिए डिजाइन किए गए लेखांकन मॉडल की शृंखला शामिल है। उदाहरण के लिए, अतिस्फीति का सामना करने वाले देशों में अन्तर्राष्ट्रीय लेखांकन मानक बोर्ड को मासिक प्रकाशित उपभोक्ता मूल्य सूचकांक के सन्दर्भ में लगातार क्रय शक्ति की इकाइयों में वित्तीय पूँजी रखरखाव लागू करने की आवश्यकता होती है।

संगठन के मानव संसाधन हेतु लेखांकन एवं सामाजिक उत्तरदायित्व Accounting and Social Responsibility for Human Resource of the Organisation

मानव संसाधन लेखांकन को मानव सम्पत्ति लेखांकन के रूप में भी जाना जाता है, जिसमें संगठन के मानव संसाधनों की क्षमता की पहचान, माप, कैप्चरिंग, ट्रैकिंग और विश्लेषण शामिल हैं और परिणामी जानकारी को संगठन के हिस्सेदारों (Stakeholders) को कम्युनिकेट करना शामिल हैं। मानव संसाधनों के मूल्य को मापने से संगठनों की उनकी सम्पत्तियों का सही तरीके से डॉक्यूमेन्ट करने में सहायता मिलती है।

सामाजिक लेखांकन (जिसे सामाजिक उत्तरदायित्व के रूप में भी जाना जाता है) संगठनों के आर्थिक कार्यों के सामाजिक और पर्यावरणीय प्रभावों को संचारित करने की प्रक्रिया है। सामाजिक लेखांकन आमतौर पर व्यापार या कॉर्पोरेट सामाजिक जिम्मेदारी के सन्दर्भ में उपयोग किया जाता है, NGO, दान और सरकारी एजेंसियों समेत कोई भी संगठन सामाजिक लेखांकन में संलग्न हो सकता है।

अभ्यास प्रश्न

1. कम्प्यूटर का जनक है

(a) ब्लेज़ पास्कल (b) चार्ल्स बैवेज
(c) टिम बर्नर्स ली (d) हरमन होलेरिथ

2. निम्नलिखित कथनों पर विचार कीजिए

1. सन् 1933 में ब्रिटिश गणितज्ञ चार्ल्स बैवेज ने एनॉलिटिकल इंजन बनाया। इसका उपयोग कर कम्प्यूटर का निर्माण किया गया।
2. सन् 1937 में मार्क-1 नामक प्रथम कम्प्यूटर का निर्माण किया गया था।

उपरोक्त कथनों में कौन-सा/से कथन सही है/हैं?

(a) केवल 1 (b) केवल 2
(c) 1 और 2 (d) न तो 1 और न ही 2

3. निम्नलिखित में कौन-सा कथन असत्य है?

(a) मार्क-1 आँकड़ों को काट-छाँट कर संयोजित करता था
(b) कम्प्यूटर केवल कलपुर्जों की एक मशीन ही नहीं है, बल्कि उसके पास अपनी स्वयं की चेतना भी होती है
(c) कम्प्यूटर सॉफ्टवेयर के माध्यम से अपने से जुड़े प्रत्येक उपकरणों से उनके लिए निर्धारित किए गए कार्य करवाता है
(d) उपरोक्त में से कोई नहीं

4. निम्नलिखित समूहों में कौन-सा समूह इनपुट डिवाइस का प्रतिनिधित्व करता है?

(a) की-बोर्ड, माउस, प्रिण्टर (b) स्कैनर, मॉनिटर, माउस
(c) प्रिण्टर, मॉनिटर, माउस (d) की-बोर्ड, स्कैनर, माउस

5. हार्डवेयर को कार्य प्रणाली के आधार पर कितनी इकाइयों में बाँटा जाता है?

(a) पाँच (b) चार (c) तीन (d) दो

6. की-बोर्ड से सम्बन्धित निम्नलिखित कथनों पर विचार कीजिए

1. फंक्शन-की (Key) इसके मध्य में स्थित होतें हैं, जिसे $F_1, F_2.....F_{12}$ तक से निरूपित करते हैं।
2. स्क्रीन पर कर्सर के नियन्त्रण के लिए 4 की (Key) होती हैं।
3. A से Z तक अल्फाबेट एवं 0 से 89 तक अंक लिखे होते हैं।

उपरोक्त कथनों में कौन-से कथन सही हैं?

(a) 1 और 2 (b) 1 और 3 (c) 2 और 3 d) ये सभी

7. सुमेलित कीजिए

सूची I	सूची II
A. डगलस सी इंजेल्वर्ट	1. एनॉलिटिकल इंजन
B. ब्लेज पास्कल	2. कैलकुलेटर
C. चार्ल्स बैवेज	3. माउस
D. हरमन होलेरिथ	4. पंच कार्ड

कूट

	A	B	C	D
(a)	1	2	3	4
(b)	3	2	1	4
(c)	3	2	4	1
(d)	3	1	4	2

8. माउस किस पद्धति पर आधारित है?

(a) रेखा (b) वृत्त
(c) बिन्दु एवं रेखा (d) बिन्दु

9. निम्नलिखित कथनों पर विचार कीजिए

1. स्कैनर का उपयोग चित्र को डिजिटल रूप में परिवर्तित करने के लिए होता है।
2. माइक्रोफोन के द्वारा ध्वनि सन्देश को कम्प्यूटर से बाहर या निर्गत किया जाता है।

उपरोक्त कथनों में कौन-सा/से कथन सही है/हैं?

(a) केवल 1 (b) केवल 2
(c) 1 और 2 (d) न तो 1 और न ही 2

10. प्रोसेसिंग इकाई में शामिल है

(a) सेण्ट्रल प्रोसेसिंग इकाई (b) माइक्रो प्रोसेसर
(c) '1' और '2' दोनों (d) इनमें से कोई नहीं

11. सेण्ट्रल प्रोसेसिंग यूनिट में शामिल है

(a) नियन्त्रण यूनिट (b) अंकगणितीय तर्क यूनिट
(c) मैमोरी यूनिट (d) ये सभी

12. निम्नलिखित में कौन-सा कथन असत्य है?

(a) सेण्ट्रल प्रोसेसिंग यूनिट को कम्प्यूटर का मस्तिष्क कहते हैं
(b) सेण्ट्रल प्रोसेसिंग यूनिट से बिना किसी माध्यम के ही कम्प्यूटर के अन्य उपकरण-की-बोर्ड, माउस, मॉनीटर आदि जुड़े रहते हैं
(c) अर्थमैटिक-लॉजिक यूनिट सभी प्रकार के अंकीय एवं तार्किक निर्देशों को क्रियान्वित करता है
(d) उपरोक्त में से कोई नहीं

13. कम्प्यूटर का कौन-सा कार्य नहीं है?

(a) कण्ट्रोलिंग (b) इप्यूटिंग
(c) प्रोसेसिंग (d) अण्डर स्टैण्डिंग

14. निम्नलिखित कथनों पर विचार कीजिए

1. कम्प्यूटर के प्रोसेसर के आन्तरिक तत्त्वों को इण्टरनल बस द्वारा जोड़ा जाता है।
2. कम्प्यूटर के स्टार्ट होने से लेकर कम्प्यूटर के प्रत्येक कम्पोनेण्ट के क्रियाकलाप में माइक्रोप्रोसेसर की मुख्य भूमिका होती है।

उपरोक्त कथनों में कौन-सा/से कथन सही है/हैं?

(a) केवल 1 (b) केवल 2
(c) 1 और 2 (d) न तो 1 और न ही 2

15. कम्प्यूटर के मॉनीटर में एक लाइन में ········ अक्षर तक स्पष्ट प्रदर्शित होते हैं।

(a) 40 (b) 50
(c) 80 (d) 100

16. लिक्विड क्रिस्टल डिस्प्ले मे ········ को काँच की प्लेट्स के मध्य संयोजित किया जाता है।

(a) आवेशित रसायनों तथा गैसेज (b) केवल आवेशित रसायन
(c) केवल गैसेज (d) इनमें से कोई नहीं

17. निम्नलिखित कथनों विचार कीजिए

1. लिक्विड क्रिस्टल डिस्प्ले को प्लैट पैनल डिस्प्ले भी कहते हैं।
2. आउटपुट इकाई–दो भागों में विभाजित होती है; जैसे—सॉफ्ट कॉपी एवं हार्ड कॉपी।
3. मॉनीटर एवं प्रिण्टर इनपुट डिवाइस का उदाहरण हैं।

उपरोक्त कथनों में कौन–सा/से कथन सही है/हैं?

(a) केवल 1 (b) 1 और 2
(c) 2 और 3 (d) ये सभी

18. प्राइमरी मैमोरी का उदाहरण है

(a) रैम (RAM) (b) रोम (ROM)
(c) 'a' और 'b' दोनों (d) फ्लॉपी डिस्क

19. निम्नलिखित में कौन–सा कथन असत्य है?

(a) प्रोसेसिंग इकाई द्वारा कार्य करते समय निर्देशों को संग्रहित करने के लिए रैम (RAM) का उपयोग किया जाता है
(b) कम्प्यूटर प्रणाली को चलाने के लिए निर्देशों को संग्रहित करने हेतु हार्डडिस्क का उपयोग किया जाता है
(c) विभिन्न प्रकार की सूचना को स्थायी रूप से सेकण्डरी मैमोरी में संग्रह किया जाता है
(d) उपरोक्त में से कोई नहीं

20. निम्नलिखित समूहों में कौन–से समूह सेकण्डरी मैमोरी के संग्रह करने के लिए उपयोग किए गए हैं?

(a) हार्ड डिस्क, फ्लॉपी डिस्क, सीडी एवं डीवीडी
(b) हार्ड डिस्क, फ्लॉपी डिस्क, रोम एवं सीडी
(c) रैम, फ्लॉपी डिस्क, सीडी एवं डीवीडी
(d) उपरोक्त सभी

21. निम्नलिखित में से कौन–सा ऑपरेटिंग सिस्टम है?

(a) एम एस डॉस (b) यूनिक्स
(c) '1' और '2' दोनों (d) इनमें से कोई नहीं

22. एम एस वर्ड (MS Word) का प्रयोग किया जाता है

(a) पढ़ने
(b) लिखने
(c) 'a' और 'b' दोनों
(d) उपरोक्त में से कोई नहीं

23. निम्नलिखित कथनों पर विचार कीजिए

1. कम्प्यूटर द्वि-अंकीय पद्धति 0 तथा 1 पर आधारित है।
2. 0 से तात्पर्य विद्युत धारा का प्रवाह है।

उपरोक्त कथनों में कौन–सा/से कथन सही है/हैं?

(a) केवल 1 (b) केवल 2
(c) 1 और 2 (d) न तो 1 और न ही 2

24. कम्प्यूटर की उच्चस्तरीय भाषा है

(a) बेसिक (b) कोबोल
(c) फोरट्रान (d) ये सभी

25. प्रकाशन एवं अन्य कार्यों के लिए किस एप्लीकेशन सॉफ्टवेयर का प्रयोग किया जाता है?

(a) पेज मेकर (b) कोरल
(c) '1' और '2' दोनों (d) इनमें से कोई नहीं

26. निम्नलिखित कथनों में कौन–सा कथन असत्य है?

(a) कम्प्यूटर की भाषा में 0 का तात्पर्य विद्युत धारा का प्रवाह, जबकि 1 का तात्पर्य विद्युत धारा का प्रवाह नहीं
(b) उच्चस्तरीय भाषा के लिए निर्देशों को क्रमिक ढंग से लिखना कोई जरूरी नहीं होता
(c) असेम्बली भाषा तथा मशीनी भाषा निम्नस्तरीय भाषा का उदाहरण है
(d) उपरोक्त में से कोई नहीं

27. 'भारत भाषा' परियोजना के अन्तर्गत किन लिपियों का विकास किया गया है?

(a) देवनागरी (b) गुरुमुखी
(c) गुजराती (d) ये सभी

28. एम ए आई टी और नैस्कॉम ने 'भारत भाषा' परियोजना की शुरूआत कब की?

(a) फरवरी, 1997 (b) फरवरी, 1998
(c) अगस्त, 1998 (d) मार्च, 1999

29. भारत के प्रथम कम्प्यूटर का नाम था

(a) परम (b) भाभा
(c) सिद्धार्थ (d) विक्रम

30. प्रथम माइक्रो प्रोसेसर वर्ष 1970 में इण्टेल कम्पनी ने बनाया था, जिसका नाम था

(a) इण्टेल-0001 (b) इण्टेल-2002
(c) इण्टेल-1004 (d) इण्टेल-4004

31. निम्नलिखित कथनों पर विचार कीजिए

1. रैम एवं रोम की चिप सिलिकॉन की बनी होती है।
2. 'मन्त्र' सॉफ्टवेयर प्रणाली द्वारा सरकारी गजट, अधिसूचनाओं आदि को अंग्रेजी से हिन्दी में रूपान्तरित किया जाता है।

उपरोक्त कथनों में कौन–सा/से कथन सही है/हैं?

(a) केवल 1 (b) केवल 2
(c) 1 और 2 (d) न तो 1 और न ही 2

32. कम्प्यूटर की प्रथम पीढ़ी आधारित थी

(a) ट्रांजिस्टर (b) वैक्यूम ट्यूब
(c) '1' और '2' दोनों (d) इण्टीग्रेटेड सर्किट

33. सुमेलित कीजिए

सूची I	सूची II
A. एप्लीकेशन सॉफ्टवेयर	1. शुशा
B. सिस्टम सॉफ्टवेयर	2. एम एस डॉस
C. उच्चस्तरीय भाषा	3. एम एस वर्ड
D. भारत भाषा	4. फोरट्रान

कूट

	A	B	C	D		A	B	C	D
(a)	3	2	1	4	(b)	1	4	2	3
(c)	3	2	4	1	(d)	2	3	4	1

34. कम्प्यूटर की भाषा (c) का प्रयोग किस पीढ़ी में किया जाता है?

(a) द्वितीय पीढ़ी (b) तृतीय पीढ़ी
(c) पंचम पीढ़ी (d) चतुर्थ पीढ़ी

35. थर्ड लेवल पैरेलेलिडम में एक सेण्ट्रल प्रोसेसिंग यूनिट में कितने माइक्रोप्रोसेसर कार्य करते हैं?
(a) एक (b) दो
(c) तीन (d) इनमें से कोई नहीं

36. ड्यूल कोर तकनीक की शुरूआत सर्वप्रथम ········ ने की थी।
(a) इण्टेल (b) माइक्रोसॉफ्ट
(c) एप्पल (d) इनमें से कोई नहीं

37. प्रथम व्यावसायिक कम्प्यूटर था
(a) सिद्धार्थ (b) वैनवैक
(c) यूनीवैक (d) यूनीसेक

38. सुमेलित कीजिए

सूची I	सूची II
A. पहली पीढ़ी	1. लैपटॉप
B. तीसरी पीढ़ी	2. मार्क-I
C. चौथी पीढ़ी	3. एप्पल-II
D. पाँचवीं पीढ़ी	4. NCR-395

कूट

	A	B	C	D		A	B	C	D
(a)	1	4	3	2	(b)	2	4	3	1
(c)	4	3	2	1	(d)	1	2	3	4

39. ULSI तकनीक में एक चिप में कितने माइक्रोप्रोसेसर स्थापित होने लगे हैं?
(a) 2 से 4 (b) 6 से 8 (c) 4 से 8 (d) 5 से 10

40. संरचना के आधार पर वर्गीकरण में कम्प्यूटरों के कौन-से प्रकार शामिल हैं?
(a) डिजिटल कम्प्यूटर (b) एनालॉग कम्प्यूटर
(c) हाइब्रिड कम्प्यूटर (d) ये सभी

41. निम्नलिखित कथनों पर विचार कीजिए
1. वोल्टमीटर, बैरोमीटर आदि एनालॉग कम्प्यूटर के उदाहरण हैं।
2. अंकीय कम्प्यूटर संख्यात्मक या प्रतीकात्मक जानकारी को निर्दिष्ट गणनात्मक प्रक्रियाओं के अनुरूप बदलता है।

उपरोक्त कथनों में कौन-सा/से कथन सही है/हैं?
(a) केवल 1 (b) केवल 2
(c) 1 और 2 (d) न तो 1 और न ही 2

42. हाइब्रिड कम्प्यूटर में इनपुट एवं आउटपुट किस रूप में होता है?
(a) एनालॉग
(b) डिजिटल
(c) 'a' और 'b' दोनों
(d) उपरोक्त में से कोई नहीं

43. निम्नलिखित कथनों में कौन-सा कथन असत्य है?
(a) एनालॉग कम्प्यूटर में सभी प्रचालन समानान्तर तरीके से होते हैं
(b) डिजिटल कम्प्यूटर सभी प्रकार की सूचनाओं को आन्तरिक रूप से संख्यात्मक रूप में दर्शाने के लिए द्विआधारी अंकों-'0' तथा '1' का प्रयोग करता है
(c) हाइब्रिड कम्प्यूटर में प्रोसेसिंग एनालॉग रूप में होता है
(d) उपरोक्त में से कोई नहीं

44. निम्नलिखित कम्प्यूटरों में से किसकी सहायता से रोगियों के तापमान, रक्तचाप आदि का पता लगाया जाता है?
(a) एनालॉग (b) डिजिटल
(c) 'a' और 'b' दोनों (d) हाइब्रिड

45. कार्यक्षमता तथा आकार के अनुसार वर्गीकरण में कौन-से शामिल नहीं हैं?
(a) मेनफ्रेम कम्प्यूटर (b) डिजिटल कम्प्यूटर
(c) माइक्रो कम्प्यूटर (d) लैपटॉप

46. किसमें इनपुट ध्वनि के रूप में होता है?
(a) पामटॉप (b) लैपटॉप
(c) सुपर कम्प्यूटर (d) ये सभी

47. सुमेलित कीजिए

सूची I	सूची II
A. मेनफ्रेम कम्प्यूटर	1. IMAC
B. मिनी कम्प्यूटर	2. AS-400
C. माइक्रो कम्प्यूटर	3. IBM-370
D. सुपर कम्प्यूटर	4. CRAY-I

कूट

	A	B	C	D		A	B	C	D
(a)	1	3	2	4	(b)	3	1	4	2
(c)	3	2	1	4	(d)	4	2	3	1

48. मेनफ्रेम कम्प्यूटर के लिए मल्टिक्स ऑपरेटिंग सिस्टम का निर्माण किस प्रयोगशाला में किया गया?
(a) कैम्ब्रिज (b) बेल (c) कैंडी (d) इलिनायास

49. निम्नलिखित कथनों पर विचार कीजिए
1. मिनी कम्प्यूटर में सुपर चिप-80386 का प्रयोग करने पर यह सुपर मिनी कम्प्यूटर में बदल जाता है।
2. मिनी कम्प्यूटर का प्रयोग रक्षा, अनुसन्धान अन्तरिक्ष, बैंकिंग आदि क्षेत्रों में किया जाता है।

उपरोक्त कथनों में कौन-सा/से कथन सही है/हैं?
(a) केवल 1 (b) केवल 2
(c) 1 और 2 (d) न तो 1 और न ही 2

50. माइक्रो कम्प्यूटर की क्षमता ········ संक्रियाएँ प्रति सेकण्ड होती हैं।
(a) पचास हजार (b) दो लाख
(c) एक लाख (d) दस लाख

51. निम्नलिखित में कौन-सा कथन असत्य है?
(a) HP 9000 मिनी कम्प्यूटर का उदाहरण है, इसका प्रयोग यात्री आरक्षण, कम्पनी एवं अनुसन्धान में किया जा सकता है
(b) IBM, LENOVO, HP एवं BVLLHN-DPX$_2$ आदि पर्सनल कम्प्यूटर के उदाहरण हैं
(c) पर्सनल कम्प्यूटर पर एक समय में एक ही प्रयोक्ता कार्य कर सकता है
(d) उपरोक्त में से कोई नहीं

52. सुपर कम्प्यूटर की स्मृति भण्डार क्षमता है
(a) 100 MB से 1000 MB (c) 32 MB से 52 M
(c) 5 MB से 512 MB (d) 52 MB से 512 MB

53. **कथन** (A) सुपर कम्प्यूटर पर कई प्रयोक्ता एक साथ कार्य कर सकते हैं।
कारण (R) सुपर कम्प्यूटर में मल्टी संक्रिया एवं समानान्तर संक्रिया का उपयोग किया जाता है, जिसके कारण किसी भी कार्य को टुकड़ों में विभाजित किया जा सकता है।
कूट
(a) A और R दोनों सही हैं और R, A की सही व्याख्या है
(b) A और R दोनों सही हैं, परन्तु R, A की सही व्याख्या नहीं है
(c) A सही है, किन्तु R गलत है
(d) A गलत है, किन्तु R सही है

54. निम्नलिखित कम्प्यूटरों में किसमें बाइनरी बिट्स के स्थान पर क्यू बिट का प्रयोग किया जाएगा?
(a) हाइब्रिड कम्प्यूटर (b) क्वाण्टम कम्प्यूटर
(c) सुपर कम्प्यूटर (d) इनमें से कोई नहीं

55. निम्नलिखित कथनों पर विचार कीजिए
1. क्वाण्टम कम्प्यूटर को भविष्य का कम्प्यूटर कहा जाता है।
2. क्वाण्टम कम्प्यूटर में बाइनरी बिट्स के स्थान पर क्यू बिट का प्रयोग किया जाएगा, जो 'शून्य' एवं 'एक' का अध्यारोपण है।
उपरोक्त कथनों में कौन-सा/से कथन सही है/हैं?
(a) केवल 1 (b) केवल 2
(c) 1 और 2 (d) न तो 1 और न ही 2

56. आँकड़ा परिष्करण को मुख्यत: कितने भागों में विभाजित किया जा सकता है?
(a) पाँच (b) तीन (c) चार (d) दो

57. निम्नलिखित में कौन-सा कथन असत्य है?
(a) वर्तमान में कम्पनियों की बैलेन्स शीट का निर्माण कम्प्यूटर के द्वारा किया जा रहा है, जो मैनुअल आँकड़ा परिष्करण का उदाहरण है
(b) आँकड़ा परिष्करण आगम, परिष्करण एवं निर्गम चरण में पूरा होता है
(c) जब कम्प्यूटर का प्रयोग आँकड़ा परिष्करण के लिए किया जाता है, तो उसे इलेक्ट्रॉनिक आँकड़ा परिष्करण कहा जाता है
(d) उपरोक्त में से कोई नहीं

58. आँकड़ा परिष्करण की कौन-सी विधि नहीं है?
(a) बैच परिष्करण (b) ऑनलाइन परिष्करण
(c) डिस्ट्रीब्यूटेड परिष्करण (d) ये सभी

59. निम्नलिखित कथनों पर विचार कीजिए
1. ऑनलाइन आँकड़ा परिष्करण में इनपुट एवं आउटपुट डिवाइसेज अप्रत्यक्ष रूप से सी पी यू से जुड़े रहते हैं।
2. बैच परिष्करण में एक निश्चित समयान्तराल के बाद आँकड़ों एवं सूचनाओं को संग्रहित किया जाता है।
उपरोक्त कथनों में कौन-सा/से कथन सही है/हैं?
(a) केवल 1 (b) केवल 2
(c) 1 और 2 (d) न तो 1 और न ही 2

60. बैंकों में आँकड़ा परिष्करण की किस विधि का प्रयोग किया जाता है?
(a) बैच परिष्करण (b) इण्टर एक्टिव परिष्करण
(c) डिस्ट्रीब्यूटेड परिष्करण (d) ऑनलाइन परिष्करण

61. आँकड़ा, प्रोग्राम आदि को नियन्त्रण यूनिट में निर्देशन इनपुट डिवाइसेज की सहायता से कम्प्यूटर की .... यूनिट में इनपुट करना आँकड़ा प्रविष्टि कहलाता है।
(a) अंकगणितीय तर्क (b) मैमोरी
(c) 'a' और 'b' दोनों (d) इनमें से कोई नहीं

62. निर्देश रूप में लिखी गई सूचना को .... कहते हैं।
(a) प्रोग्राम (b) आँकड़ा
(c) 'a' और 'b' दोनों (d) पेरीफेरल्स

63. निम्नलिखित में से किससे कम्प्यूटर में आँकड़ों को प्रविष्ट कराया जाता है?
(a) पंच कार्ड (b) पेपर टेप
(c) की-बोर्ड (d) ये सभी

64. निम्नलिखित कथनों पर विचार कीजिए
1. नाम, पता एवं अक्षरों में लिखित अन्य सूचनाएँ आँकड़ों का संख्यात्मक रूप हैं।
2. प्रोग्राम कम्प्यूटर को यह बताता है कि उसे क्या करना है।
3. आँकड़ों को बाइनरी संख्या पद्धति में परिवर्तित किया जाता है।
उपरोक्त कथनों में कौन-से कथन सही हैं?
(a) 1 और 2 (b) 1 और 3
(c) 2 और 3 (d) ये सभी

65. कम्प्यूटर में .... के माध्यम से सीधे तथ्यों एवं सूचनाओं को बैंकिंग स्टोर में भेजा जाता है।
(a) स्कैनर (b) की-बोर्ड
(c) CPU (d) मदरबोर्ड

66. एक अनुमान के अनुसार वर्तमान में कम्प्यूटर पर होने वाले कार्य का कितने प्रतिशत कार्य व्यावसायिक कार्य की श्रेणी में आता है?
(a) 25 (b) 50
(c) 80 (d) 60

67. विनिर्माण कम्पनियों में कच्ची सामग्री, निर्मित वस्तु एवं चालू कार्य आदि के विवरण को कहते हैं
(a) स्कन्ध (b) विपणन
(c) लेखांकन (d) इनमें से कोई नहीं

68. स्टोरेज की सबसे छोटी माप है
(a) टेराबाइट (b) बाइट
(c) गीगाबाइट (d) किलोबाइट

69. आँकड़ा परिष्करण की विधि इण्टरएक्टिव आँकड़ा परिष्करण में कम्प्यूटर प्रोग्रामिंग भाषा .... का प्रयोग किया जाता है।
(a) (b) COBOL
(c) BASIC (d) ये सभी

70. आँकड़ा परिष्करण के परिणाम के रूप में प्राप्त सूचना में गुण होना चाहिए
(a) सुगमता (b) शुद्धता
(c) मात्रात्मकता (d) ये सभी

71. कम्प्यूटर पर सूचना किस रूप में स्टोर की जाती है?
(a) मॉडम आँकड़ा (b) डिजिटल आँकड़ा
(c) एनालॉग आँकड़ा (d) वाट्स आँकड़ा

72. निम्नलिखित कथनों पर विचार कीजिए

1. कम्प्यूटर में लॉजिक गेट एक प्रकार का सर्किट होता है।
2. बाइट कम्प्यूटर आँकड़ा की सबसे छोटी इकाई है तथा एक बाइट आठ द्वि-आधारी अंकों का बना होता है।

उपरोक्त कथनों में कौन-सा/से कथन सही है/हैं?

(a) केवल 1 (b) केवल 2
(c) 1 और 2 (d) न तो 1 और न ही 2

73. बैंकिंग स्टोर में आँकड़ा प्रविष्टि की कौन-सी विधि है?

(a) की से टेप तक (b) की से डिस्क तक
(c) की से कैसेट तक (d) ये सभी

74. आँकड़ा परिष्करण चक्र में शामिल नहीं है

(a) इनपुट (b) स्कन्ध
(c) आउटपुट (d) स्टोरेज

75. निम्नलिखित कथनों पर विचार कीजिए

1. आँकड़ा प्रविष्टि की विधि 'की से टेप तक' की युक्ति को मैग्नेटिक टेप एनकोडर भी कहा जाता है।
2. 'की से टेप तक' की युक्ति का प्रयोग सुपर कम्प्यूटर में किया जाता है।

उपरोक्त कथनों में कौन-सा/से कथन सही है/हैं?

(a) केवल 1 (b) केवल 2
(c) 1 और 2 (d) न तो 1 और न ही 2

76. आँकड़ा को सूचना में परिवर्तित करने के लिए उसका परिष्करण किया जाता है, जिसकी एक प्रक्रिया है

(a) विज्ञापन करना (b) क्रमबद्ध करना
(c) लेखांकन करना (d) इनमें से कोई नहीं

77. केवल कॉलेज परिसर तक सीमित नेटवर्क को कहते हैं

(a) एक्सट्रानेट
(b) कैम्पस एरिया नेटवर्क
(c) इण्टरनेट
(d) वाइड परिसर नेटवर्क

78. निम्नलिखित कथनों पर विचार कीजिए

1. फॉक्स प्रो मैनेजमेण्ट सिस्टम है, जो इण्टरप्रीटर तथा कम्पायलर दोनों है।
2. सुपर कम्प्यूटर की चिप 'गैलियम आर्सेनाइड' की बनी होती है।

उपरोक्त कथनों में कौन-सा/से कथन सही है/हैं?

(a) केवल 1 (b) केवल 2
(c) 1 और 2 (d) न तो 1 और न ही 2

79. विपणन अनुसन्धान में शामिल नहीं है

(a) उपभोक्ता (b) उत्पाद
(c) बाजार (d) सरकार

80. निम्नलिखित में कौन-सा कथन असत्य है?

(a) माल की मात्रा एवं मूल्य पर स्कन्ध नियन्त्रण में नियन्त्रण रखा जाता है
(b) स्टॉक की नवीनतम स्थिति की तुरन्त जानकारी लेखपाल से मिल सकती है
(c) आँकड़ा के संग्रह को सूचना कहते हैं
(d) उपरोक्त में से कोई नहीं

81. कम्प्यूटर की भाषा में निर्देशों के समूह को कहते हैं

(a) प्रोग्राम (b) आँकड़ा
(c) सॉफ्टवेयर (d) ये सभी

उत्तरमाला

1.	(b)	2	(c)	3	(b)	4	(d)	5	(b)	6	(c)	7	(b)	8	(d)	9	(a)	10	(c)
11	(d)	12	(b)	13	(d)	14	(c)	15	(c)	16	(a)	17	(b)	18	(c)	19	(b)	20	(a)
21	(c)	22	(b)	23	(a)	24	(d)	25	(c)	26	(b)	27	(d)	28	(b)	29	(c)	30	(d)
31	(c)	32	(b)	33	(c)	34	(d)	35	(b)	36	(a)	37	(c)	38	(b)	39	(c)	40	(d)
41	(c)	42	(a)	43	(c)	44	(d)	45	(b)	46	(a)	47	(c)	48	(b)	49	(a)	50	(c)
51	(b)	52	(d)	53	(a)	54	(b)	55	(c)	56	(b)	57	(a)	58	(d)	59	(b)	60	(a)
61	(b)	62	(a)	63	(d)	64	(c)	65	(b)	66	(c)	67	(a)	68	(b)	69	(c)	70	(d)
71	(b)	72	(c)	73	(d)	74	(b)	75	(a)	76	(b)	77	(b)	78	(c)	79	(d)	80	(b)
81	(a)																		

अध्याय 34

मुद्रा-स्फीति, मानव संसाधन और सामाजिक लेखांकन

Inflation, Human Resource and Social Accounting

मुद्रा-स्फीति लेखांकन Inflation Accounting

समय-समय पर मुद्रा की क्रय-शक्ति कम होने के कारण मुद्रा के मूल्य में कमी होती रहती है। इस परिवर्तन के कारण उपक्रमों की स्थायी सम्पत्तियों की ऐतिहासिक लागतों एवं लाभों पर प्रभाव पड़ता है।

मुद्रा के मूल्य एवं सामान्य कीमत-स्तर में व्युत्क्रम सम्बन्ध होता है। सामान्य कीमत में वृद्धि होने पर मुद्रा की क्रय-शक्ति कम हो जाती है, परिणामस्वरूप मुद्रा-स्फीति की स्थिति उत्पन्न होती है, जबकि इसके विपरीत सामान्य कीमत में कमी होने पर मुद्रा की क्रय-शक्ति में वृद्धि हो जाती है, परिणामस्वरूप मुद्रा-अपस्फीति या संकुचन की स्थिति उत्पन्न होती है। कीमत-स्तर में इन परिवर्तनों का वित्तीय विवरणों पर दूषित प्रभाव पड़ता है, क्योंकि इन विवरणों में लाभ-हानि, सम्पत्ति, दायित्व आदि को दर्शाने का एकमात्र मापदण्ड मुद्रा ही है, जो कीमत-स्तर में परिवर्तन से स्वयं परिवर्तित हो जाती है।

मुद्रा के मूल्य में परिवर्तन होने के कारण ऐतिहासिक लागत पर तैयार किए गए वित्तीय विवरण उपक्रम की सही वित्तीय स्थिति व सही लाभ-हानि का चित्रण नहीं कर पाते हैं।

इस प्रकार जब मुद्रा-स्फीति हो तो वित्तीय विवरण पर उसके प्रभाव को समायोजित करते हुए लेखांकन करना ही 'मुद्रा-स्फीति' या 'कीमत-स्तर लेखांकन' कहलाता है।

वित्तीय विवरणों पर मुद्रा-स्फीति का प्रभाव

Effect of Inflation on Financial Statements

वित्तीय विवरणों पर मुद्रा-स्फीति के निम्न प्रभाव हैं—

1. लाभ-हानि विवरण में उपक्रम की विभिन्न सम्पत्तियों पर ह्रास की गणना ऐतिहासिक लागत पर ही की जाती है तथा ऐतिहासिक लागत मुद्रा-स्फीति की स्थिति में वर्तमान मूल्य से कम होती है। अत: लाभ-हानि विवरण पर डेबिट किया गया ह्रास भी वास्तविक धनराशि से कम ही होता है और प्रदर्शित लाभ की धनराशि बढ़ जाती है।
2. तुलन-पत्र में सम्पत्तियों को पुस्तकीय मूल्य या ऐतिहासिक लागत में से ह्रास कम करके प्रकट किया जाता है और यह मूल्य वर्तमान वसूली मूल्य से कम ही होता है। इस प्रकार तुलन-पत्र उपक्रम की वास्तविक स्थिति को दर्शाने में असफल रहता है।
3. वित्तीय लेखांकन में ह्रास की गणना सम्पत्ति की ऐतिहासिक लागत पर ज्ञात करके पुरानी सम्पत्ति के प्रतिस्थापन हेतु संचित किया जाता है, किन्तु मुद्रा-स्फीति की स्थिति में प्रतिस्थापित होने वाली सम्पत्ति की लागत इतनी अधिक हो जाती है कि ह्रास के रूप में संचित धनराशि प्रतिस्थापन के लिए अपर्याप्त रह जाती है।
4. वित्तीय लेखांकन में स्टॉक का मूल्यांकन लागत या बाजार मूल्य, दोनों में जो भी कम हो, पर किया जाता है। यदि लेखांकन वर्ष के अन्तर्गत उपक्रम द्वारा विक्रय की जाने वाली वस्तुओं/सेवाओं के मूल्य में वृद्धि हो जाती है, तब परिणामस्वरूप उपक्रम के लाभों में भी वृद्धि हो जाती है।

मुद्रा-स्फीति लेखांकन की सीमाएँ

Limitations of Inflation Accounting

मुद्रा-स्फीति लेखांकन की निम्न सीमाएँ हैं—

1. मुद्रा-स्फीति लेखांकन के आधार पर तैयार किए गए वित्तीय विवरण आयकर अधिनियम, 1961 के अन्तर्गत स्वीकार्य नहीं होते हैं।
2. मुद्रा-स्फीति लेखांकन के प्रयोग से मूल्य वृद्धि के काल में उपक्रम के लाभों में कमी हो जाती है, परिणामस्वरूप आयकर का भुगतान कम किया जाता है। इससे मुद्रा-स्फीति की प्रवृत्ति को प्रोत्साहन मिलता है।
3. मुद्रा-स्फीति लेखांकन अपव्ययी एवं श्रम साध्य है।
4. मुद्रा-स्फीति लेखांकन के अन्तर्गत तैयार किए गए पूरक वित्तीय विवरण उपक्रम की भ्रामक वित्तीय स्थिति का चित्रण करते हैं।

मुद्रा–स्फीति लेखांकन की विधियाँ
Methods of Inflation Accounting

कीमत–स्तर में परिवर्तन से उत्पन्न लेखांकन समस्याओं के निराकरण हेतु एवं उपक्रम की लाभदायकता पर पड़ने वाले प्रभाव को मापने के लिए तकनीकें निम्न प्रकार हैं—

1. **चालू क्रय शक्ति विधि** (Current Purchase Power Method) चालू क्रय शक्ति विधि के अन्तर्गत लाभ–हानि विवरण एवं तुलन–पत्र के विभिन्न मदों के मूल्यों को कीमत–स्तर में परिवर्तन के अनुरूप परिवर्तित कर दिया जाता है। इस उद्देश्य के लिए अनुमोदित सामान्य कीमत निर्देशांक का प्रयोग किया जाता है। इस विधि के अनुसार व्यावसायिक उपक्रमों द्वारा ऐतिहासिक लागत को आधार बनाकर लाभ–हानि विवरण एवं तुलन–पत्र तैयार किए जाते हैं। सामान्य वित्तीय विवरणों के अतिरिक्त, उपक्रमों द्वारा पूरक विवरण तैयार किए जाते हैं, जिनमें कीमत–स्तर में परिवर्तन के अनुसार लेखांकन मदों के पुनः परिवर्तित मूल्य दर्शाए जाते हैं। अंकों को परिवर्तित करने के लिए अनुमोदित सामान्य कीमत निर्देशांक का प्रयोग करते हुए सम्पत्तियों एवं दायित्वों के विभिन्न मदों को मौद्रिक और गैर–मौद्रिक वर्गों में विभाजित किया जाता है।
2. **चालू लागत लेखांकन विधि** (Current Cost Accounting Method) चालू क्रय शक्ति विधि के दोषों को ध्यान में रखते हुए चालू लागत लेखांकन का प्रतिपादन किया गया। इस विधि के अन्तर्गत चालू क्रय शक्ति विधि की भाँति मापन की इकाई के रूप में मुद्रा का प्रयोग ही किया जाता है। सम्पत्तियों एवं दायित्वों को उपक्रम के लिए उनके मूल्य पर दर्शाया जाता है। लेखांकन अवधि के अन्तर्गत सम्पत्ति के 'उपक्रम के लिए मूल्य' का जो भाग उपभोग होगा, उसे घटाने के बाद ही अवधि का लाभ निर्धारित किया जाता है। इसके लिए ह्रास समायोजन, बिक्री की लागत समायोजन, मौद्रिक कार्यशील पूँजी समायोजन किया जाता है।
3. **पुनर्स्थापन लागत लेखांकन विधि** (Replacement Cost Accounting Method) पुनर्स्थापन लागत लेखांकन विधि चालू क्रय शक्ति विधि का सुधार है। चालू क्रय शक्ति विधि की सबसे बड़ी कमी यही है कि यह किसी विशेष सम्पत्ति की व्यक्तिगत कीमत निर्देशांक को ध्यान में रखती है। इसके विपरीत, पुनर्स्थापन लागत लेखांकन विधि मूल्य परिवर्तन के लिए प्रत्येक सम्पत्ति से प्रत्यक्ष रूप से सम्बन्धित व्यक्तिगत निर्देशांकों का प्रयोग किया जाता है। इस प्रकार इस विधि में अनेक प्रकार के निर्देशांकों का प्रयोग किया जाता है। व्यवहार में इन विभिन्न प्रकार के निर्देशांकों की उपलब्धि कठिन होती है।
4. **चालू मूल्य लेखांकन विधि** (Current Price Accounting Method) मुद्रा–स्फीति लेखांकन की इस विधि के अन्तर्गत सभी सम्पत्तियों एवं दायित्वों को तुलन–पत्र में चालू मूल्य पर दर्शाया जाता है। लेखांकन वर्ष के प्रारम्भ व अन्त में शुद्ध सम्पत्तियों एवं दायित्वों का मूल्य ज्ञात कर लिया जाता है और इन दोनों प्रकार की शुद्ध सम्पत्तियों के मूल्य में अन्तर को लाभ या हानि माना जाता है। इस विधि में भी पुनर्स्थापन लागत लेखांकन विधि की भाँति सम्बद्ध चालू मूल्यों को निर्धारित करना जटिल कार्य है।

मुद्रा–स्फीति लेखांकन का उपयोग
Utility of Inflation Accounting

1. तुलन–पत्र में स्थायी सम्पत्तियों एवं दायित्वों को उनके चालू मूल्य पर दर्शाने से उपक्रम की वित्तीय स्थिति का सत्य एवं उचित चित्र प्रस्तुत हो जाता है।
2. स्थायी सम्पत्तियों के चालू मूल्य पर ह्रास की गणना व प्रयुक्त स्टॉक को चालू लागत पर दर्शाने के कारण इसमें लाभ–हानि विवरण लेखांकन अवधि के परिचालन के उचित व वास्तविक लाभ को दर्शाते हैं।
3. यह प्रणाली विभिन्न तिथियों पर स्थापित दो संयन्त्रों की लाभप्रदता के तुलनात्मक अध्ययन में सहायक होती है।
4. सम्पत्तियों के पुनर्मूल्यांकन से व्यवसाय में विनियोग का सही मूल्य ज्ञात हो जाता है तथा इसके आधार पर प्रयुक्त पूँजी पर प्रत्याय की गणना अधिक सत्य एवं उचित होती है।
5. प्रतिस्थापन लागत के आधार पर ह्रास की गणना किए जाने से पुनर्मूल्यांकन लेखांकन के अन्तर्गत स्थायी सम्पत्तियों के प्रयोजन योग्य न रहने पर उनका सरलतापूर्वक प्रतिस्थापन किया जा सकता है।
6. इस विधि के प्रयोग से परिचालन को प्रभावित करने वाले वास्तविक कारकों का खातों में समावेश हो जाता है।
7. इस विधि के अन्तर्गत प्रकाशित खातों में स्थायी सम्पत्तियों के चालू मूल्य दर्शाने से उपक्रम में 'स्वामियों की समता' का उचित मूल्य निर्धारित किया जाता है।

मानव संसाधन लेखांकन
Human Resource Accounting

वित्तीय विवरणों में व्यवसाय का संचालन करने वाले व्यक्तियों के मूल्य को पर्याप्त रूप से नहीं दर्शाया जाता है, यद्यपि व्यवसाय की सफलता पर्याप्त सीमा तक इन्हीं व्यक्तियों की कुशलता, योग्यता व शक्ति पर निर्भर करती है। परम्परागत लेखांकन पद्धति की इस कमी को दूर करने के लिए ही मानव संसाधन लेखांकन किया जाता है।

मानव संसाधन लेखांकन एक ऐसी लेखांकन पद्धति है, जिसके प्रयोग से मानव संसाधन अर्थात् व्यवसायिक संस्थान में कार्यरत् कर्मचारियों को सम्पत्ति के रूप में मान्यता प्रदान की जाती है तथा अन्य भौतिक संसाधनों की भाँति मानव संसाधन के मूल्य को माप कर लेखा पुस्तकों में लेखा किया जाता है। मानव संसाधन लेखांकन के माध्यम से मानवीय संसाधनों के सम्बन्ध में बहुमूल्य सूचनाओं का सृजन व प्रस्तुतीकरण किया जा सकता है।

वास्तव में, मानव संसाधन लेखांकन मानव संसाधनों को पहचानने, उनको अंकों में मापने एवं प्राप्त सूचना को सम्बन्धित पक्षों को सम्प्रेषित (Communicate) करने की प्रक्रिया है।

मानव संसाधन लेखांकन की विशेषताएँ
Characteristics of Human Resource Accounting

मानव संसाधन की निम्नलिखित विशेषताएँ हैं—

1. मानव संसाधनों की पहचान की जाती है।
2. मानव संसाधनों की लागत व मूल्य का मापन किया जाता है।
3. मानव संसाधनों में किए गए विनियोग का लेखा किया जाता है।
4. मानव संसाधन के सन्दर्भ में सृजित सूचनाओं को वित्तीय विवरणों के माध्यम से हित रखने वाले सम्बन्धित पक्षों को सम्प्रेषित की जाती है।

मानव संसाधन लेखांकन के उद्देश्य
Objectives of Human Resource Accounting

मानव संसाधन लेखांकन के निम्न उद्देश्य हैं–

1. उपक्रमों में कार्यरत् कर्मचारियों को सम्पत्ति के रूप में मान्यता प्रदान करना।
2. उपक्रम में दक्ष एवं सेवा के प्रति पूर्ण समर्पित मानवीय संसाधनों अर्थात् कर्मचारियों की मात्रा व मूल्य का मापन करना।
3. उपक्रम में कार्यरत् मानवीय संसाधनों से मिलने वाले लाभ एवं उसकी लागत का मापन तथा लेखा करना।
4. मापन संसाधनों को अभिप्रेरित व कार्य के प्रति समर्पित करने वाले कारकों का सही मात्रा में मापन करना।
5. भौतिक संसाधनों की भाँति मानव संसाधन के मूल्य को मापकर लेखा पुस्तकों में लेखा करना।

मानव संसाधन लेखांकन का महत्त्व
Importance of Human Resource Accounting

1. मानव संसाधन के अल्पकालीन व दीर्घकालीन नियोजन, विकास व प्रयोग हेतु मानव संसाधन लेखांकन श्रेष्ठ, वैज्ञानिक व वास्तविक आधार प्रदान कर सकता है।
2. मानव संसाधनों का लागत-लाभ विश्लेषण किया जा सकता है।
3. विनियोग पर प्रत्याय की अवधारणा को मानवीय सम्पत्ति पर लागू करके मानव संसाधनों के विकास में किए गए विनियोग पर नियन्त्रण औजार के रूप में मानव संसाधन लेखांकन का प्रयोग किया जा सकता है।
4. मानव संसाधन लेखांकन के द्वारा विनियोग सम्बन्धी निर्णय अधिक वास्तविक व व्यावहारिक हो सकते हैं।
5. मानव संसाधन लेखांकन द्वारा उपलब्ध कराई गई सूचनाओं का महत्त्व बाह्य पक्षकारों; जैसे–वित्तीय संस्थानों, बैंकर्स आदि के लिए भी होता है।

मानव संसाधन लेखांकन की सीमाएँ
Limitations of Human Resource Accounting

1. मानव संसाधन के मूल्य मापन हेतु कोई निश्चित व पर्याप्त मानक निर्धारित नहीं किए गए हैं।
2. श्रम संघों द्वारा मानव संसाधन लेखांकन का विरोध किए जाने का भय व्याप्त रहता है।
3. यह सुनिश्चित नहीं किया गया है कि मानव संसाधन को किस वर्ग की सम्पत्ति माना जाए अर्थात् मानव संसाधन को स्थायी सम्पत्ति या चालू सम्पत्ति या विनियोग या अमूर्त सम्पत्ति माना जाए।
4. मानव संसाधन के रूप में कार्य करने वाले कर्मचारी उपक्रम को छोड़ने के लिए स्वतन्त्र होते हैं। अत: अन्य सम्पत्तियों की भाँति मानव संसाधनों की उपक्रम में ही बने रहने की दशा पूर्णत: अनिश्चित होती है।
5. सेविवर्गीय इन्वेण्ट्री व अधिकारियों के अप्रचलन के सम्बन्ध में अभी तक किसी भी लेखांकन तकनीक का उदय नहीं हुआ है।

मानव संसाधन लेखांकन की विधियाँ
Methods of Human Resource Accounting

मानव संसाधन लेखांकन की निम्नलिखित विधियाँ हैं–

1. ऐतिहासिक लागत की पूँजीकरण विधि
Historical Cost Capitalisation Method

भौतिक सम्पत्तियों के मूल्यांकन की यह विधि मानव संसाधन के मूल्यांकन में भी प्रयोग की जाती है। ऐतिहासिक लागत की पूँजीकरण विधि के अन्तर्गत कार्मिकों के चयन, नियुक्ति, प्रशिक्षण व विकास पर जितना भी व्यय किया जाता है, उसे ही पूँजीकृत कर दिया जाता है।

कार्मिकों के सेवाकाल की अनुमानित अवधि के आधार पर पूँजीकृत मूल्य को समान किस्तों में विभाजित कर अपलिखित किया जाता है तथा अपलिखित न किए गए पूँजीकृत मूल्य को सम्पत्ति के रूप में दर्शाया जाता है।

यदि अनुमानित सेवाकाल से पूर्व कोई कर्मचारी उपक्रम को छोड़ता है, तब अपलिखित न किए गए पूँजीकृत मूल्य को आयगत व्यय मानते हुए चालू वर्ष में अपलिखित कर दिया जाता है।

2. पुनर्स्थापना लागत विधि
Replacement Cost Method

ऐतिहासिक लागत की पूँजीकरण विधि के अन्तर्गत केवल कार्मिकों के चयन, नियुक्ति, प्रशिक्षण व विकास पर किए गए व्यय को ही ध्यान में रखा जाता है, जिसका प्रबन्धकीय निर्णयन से कोई सम्बन्ध नहीं होता है। पुनर्स्थापन लागत विधि के अन्तर्गत मानव संसाधनों को पुनर्स्थापित करने के लागत मूल्य को ज्ञात किया जाता है।

पुनर्स्थापन लागत को दो प्रकार से ज्ञात किया जाता है–

(i) **पदीय पुनर्स्थापन लागत** (Post Replacement Cost) एक विशेष पद पर कार्य करने वाले कर्मचारी के स्थान पर प्रतिस्थापन व्यक्ति (जो उस पद पर वही कार्य कर सकता है) को प्रतिस्थापित करने पर होने वाला व्यय पदीय पुनर्स्थापन लागत कहलाती है। इसके अन्तर्गत पुराने पदाधिकारी के स्थान पर नए पदाधिकारी का चुनाव, नियुक्ति कार्य पर लगाना व विकास करने में होने वाले व्ययों को सम्मिलित किया जाता है।

(ii) **व्यक्तिगत पुनर्स्थापन लागत** (Personal Replacement Cost) किसी व्यक्ति विशेष को प्रतिस्थापित करने पर होने वाला व्यय व्यक्तिगत पुनर्स्थापन लागत कहलाती है। इसके अन्तर्गत एक कर्मचारी को दूसरे कर्मचारी से, जो पहले वाले कर्मचारी के समान सेवा कर सकता हो, बदलने में होने वाले व्ययों को सम्मिलित किया जाता है। व्यक्तिगत पुनर्स्थापन लागत को निर्धारित करते समय मानव संसाधनों को चालू मूल्य व कीमत-स्तर में परिवर्तनों को भी ध्यान में रखा जाता है।

3. अवसर लागत विधि Opportunity Cost Method

अवसर लागत विधि को प्रतिस्पर्द्धात्मक बोली विधि भी कहते हैं। इस विधि का प्रयोग तभी किया जाता है, जबकि कर्मचारियों की उपलब्धि सीमित होती है। एक सीमित कर्मचारी की सेवाओं को प्राप्त करने से लाभ में होने वाली वृद्धि को ज्ञात किया जाता है। सामान्य प्रत्याय की दर से लाभ में इस वृद्धि का पूँजीकरण कर लिया जाता है और इस पूँजीकृत मूल्य को संस्था की आधार पूँजी में जोड़ दिया जाता है तथा इस नई पूँजी की धनराशि के आधार पर

सामान्य दर से लाभ की गणना की जाती है। इस नई पूँजी पर ज्ञात किए गए लाभ या मूल पूँजी पर अर्जित ब्याज पर आधिक्य को पूँजीकृत कर लिया जाता है।

आधिक्य लाभ के इसी पूँजीकृत मूल्य तक अधिकतम बोली लगाई जाती है। प्रतिस्पर्द्धात्मक बोली लगाकर अवसर लागत ज्ञात की जाती है। जिन उपक्रमों में अधिकारियों द्वारा सीमित कर्मचारी की नियुक्ति करने की इच्छा को प्रकट किया जाता है, वे ही प्रतिस्पर्द्धात्मक बोली लगाते हैं।

सामाजिक लेखांकन Social Accounting

सामाजिक लेखांकन के क्रियान्वयन का सम्बन्ध प्रत्यक्ष या अप्रत्यक्ष रूप से समाज से होता है तथा सामाजिक लेखांकन का उपयोग किसी कार्य के प्राथमिक स्तर से लेकर क्रियान्वयन तथा उस क्रियान्वयन के दीर्घकालीन प्रभावों की स्वतन्त्र व निष्पक्ष जाँच एवं जाँच में परिलक्षित कमियों में सुधार का परीक्षण औचित्य के साथ किया जाता है, ताकि समाज के हितों का उच्चतम स्तर तक विकास हो सके।

सामाजिक लेखांकन ऐसी विधि है, जिसके द्वारा एक व्यावसायिक उपक्रम द्वारा उसकी व्यापारिक गतिविधियों का समाज पर होने वाले प्रभावों का मूल्यांकन किया जाता है। सामाजिक लेखांकन व्यावसायिक उपक्रम के सामाजिक उत्तरदायित्वों एवं अपेक्षाओं की जवाबदेही की एक अभिव्यक्ति है। यह सामाजिक प्रदर्शन पर निगरानी रखने की प्रणाली के विकास से सम्बन्धित है। इसे सामाजिक एवं पर्यावरणीय लेखांकन, कॉर्पोरेट सामाजिक रिपोर्टिंग, सामाजिक रिपोर्टिंग, कॉर्पोरेट सामाजिक उत्तरदायित्व रिपोर्टिंग, गैर-वित्तीय रिपोर्टिंग आदि के नामों से भी जाना जाता है।

सामाजिक उत्तरदायित्व लेखांकन औद्योगिक विकास से वातावरण और परिस्थिति को खतरे के प्रति बढ़ती हुई सामाजिक चेतना का सूचक है। इसमें व्यावसायिक निर्णयों के आर्थिक प्रभावों के साथ-साथ सामाजिक प्रभावों पर ही ध्यान देकर लेखांकन के क्षेत्र को विस्तृत किया गया है। इसके अन्तर्गत एक व्यावसायिक उपक्रम की सामाजिक लागतों एवं सामाजिक लाभों का लेखाकरण और उनकी रिपोटिंग का समावेश किया जाता है।

कॉर्पोरेट सामाजिक उत्तरदायित्व व्यापारिक एवं औद्योगिक संस्थाओं द्वारा अपनाया गया स्वनियन्त्रण है, जिसके अन्तर्गत वे ऐसे व्यापारिक मॉडल के अनुसार कार्य करती हैं, जो कानून, नैतिक मानकों एवं अन्तर्राष्ट्रीय नीतियों के अनुकूल हो। इसके अन्तर्गत कम्पनी के द्वारा ऐसे कार्य किए जाते हैं, जो पर्यावरण, जनता, उपभोक्ता, कर्मचारी तथा अंशधारियों पर सकारात्मक प्रभाव डालें।

सामाजिक लेखांकन के उद्देश्य
Objectives of Social Accounting

सामाजिक लेखांकन के मुख्य उद्देश्य व्यावसायिक उपक्रमों के द्वारा समाज को विभिन्न प्रकार की सेवाएँ उपलब्ध कराना एवं उनका लेखांकन करना होता है। *सामाजिक लेखांकन के उद्देश्य निम्न प्रकार हैं—*

1. यह निर्धारित करना कि व्यापारिक एवं औद्योगिक उपक्रमों के द्वारा प्राकृतिक साधनों का उपयुक्त दोहन किया जा रहा है अथवा नहीं।
2. यह निर्धारित करना कि व्यापारिक एवं औद्योगिक उपक्रमों के द्वारा कार्यरत् कर्मचारियों को उपयुक्त कार्य वातावरण, परिवहन, चिकित्सा, बच्चों के लिए शिक्षा आदि की व्यवस्था की गई है अथवा नहीं।
3. सामाजिक लेखांकन में इस बात का लेखांकन किया जाता है कि किसी संस्था की आर्थिक गतिविधियों का समाज एवं पर्यावरण पर क्या और कितना प्रभाव हुआ है।
4. उपक्रमों को समाज को नए रोजगार के अवसर उपलब्ध कराने के लिए उद्योगों की स्थापना करना, औद्योगिक उपक्रमों के निकट पार्क स्थापित करना, समाज में शिक्षा के प्रसार के लिए विद्यालयों की स्थापना करना, समाज के नागरिकों के लिए उत्तम स्वास्थ्य व चिकित्सा के लिए चिकित्सालयों की स्थापना कराना, पेड़ लगाना आदि कार्य करने चाहिए।
5. उपक्रमों को समाज के लिए उच्च गुणवत्ता वाली वस्तुएँ एवं सेवाएँ उपलब्ध करानी चाहिए।
6. उपक्रमों के द्वारा वर्तमान एवं भावी निवेशकों को वित्तीय विवरणों के माध्यम से पारदर्शी लेखांकन सूचनाएँ उपलब्ध कराई जानी चाहिए, ताकि वर्तमान निवेशकों को उनके द्वारा किए गए निवेश पर सन्तुष्टि मिले तथा भावी निवेशक उपक्रम में निवेश के लिए आकर्षित हो।

सामाजिक लेखांकन का क्षेत्र
Scope of Social Accounting

कॉर्पोरेट सामाजिक उत्तरदायित्व एवं विश्लेषण को सुविधाजनक बनाने के उद्देश्य से पाँच सम्भावित क्षेत्रों की पहचान की गई है। प्रत्येक क्षेत्र में समाज के योगदान को मापा एवं प्रतिवेदित किया जा सकता है।

ये क्षेत्र निम्नलिखित हैं—

1. शुद्ध आय अंशदान Net Income Distribution

सामाजिक उद्देश्यों के प्रति जागरूकता में वृद्धि आय उद्देश्य के महत्त्व को कम नहीं कर सकती है। कोई भी व्यपारिक उपक्रम के मौलिक उद्देश्य 'लाभ' अर्जन के लिए मना नहीं कर सकता। एक व्यापारिक उपक्रम को अपने अस्तित्व के लिए वर्तमान तथा भविष्य को लागतों के लिए पर्याप्त लाभ अर्जित करना चाहिए, किन्तु यह अधिकतम लाभ अर्जित करने के लिए प्रोत्साहित नहीं करता है अपितु यह सामाजिक लाभ वैध सीमा तक होना चाहिए। इस प्रकार यह कहा जा सकता है कि वित्तीय एवं सामाजिक लक्ष्यों की प्राप्ति के लिए व्यावसायिक दक्षता के परीक्षण के रूप में आय उद्देश्य आवश्यक है।

2. मानव संसाधन अंशदान Human Resource Distribution

सामाजिक लेखांकन व्यावसायिक संगठन के मानव संसाधनों की व्यावसायिक गतिविधियों के प्रभाव को दर्शाता है। इन संगठनात्मक गतिविधियों में नियुक्ति नीतियाँ एवं व्यवहार, प्रशिक्षण, अनुभव, रोजगार संवर्द्धन, मजदूरी व वेतन, ट्रेड यूनियन सम्बन्ध, संगठनात्मक व व्यक्तिगत लक्ष्यों के प्रति कर्मचारियों का रुख, कार्य-सन्तुष्टि, परस्पर विश्वास, स्थानान्तरण, पदोन्नति आदि को सम्मिलित किया जाता है।

3. सार्वजनिक अंशदान Public Distribution

सार्वजनिक अंशदान के क्षेत्र में सामान्यत: संगठन के बाहर के व्यक्तियों पर व्यावसायिक गतिविधियों के प्रभावों को सम्मिलित किया जाता है। रोजगार के अवसर के सृजन के साथ-साथ स्थानीय सेवाओं के विकास में सार्वजनिक अंशदान महत्त्वपूर्ण भूमिका निभाता है, जो समुदाय में व्यावसायिक विस्तार में सहायक होता है।

4. **पर्यावरणीय अंशदान** Environmental Distribution

पर्यावरणीय अंशदान पारिस्थितिक सन्तुलन पर व्यावसायिक गतिविधियों के प्रभाव की माप से सम्बन्धित है। यह माना जाता है कि व्यावसायिक गतिविधियों में प्राकृतिक संसाधनों का अत्यधिक दोहन तथा ठोस कचरे का उत्पादन किया जाता है। इस प्रक्रिया में वायु, जल व वातावरण प्रदूषित होता है। यह बाहरी सामाजिक नकारात्मक प्रभाव है। कॉर्पोरेट सामाजिक उद्देश्य हेतु प्राकृतिक संसाधनों के उपयुक्त दोहन एवं ठोस कचरे के उत्पादन को कम करने के लिए और अधिक कुशल तकनीकों को अपनाया जाता है।

5. **उत्पाद या सेवा अंशदान**
Product or Service Distribution

उत्पाद या सेवा अंशदान व्यावसायिक संगठनों के द्वारा उत्पादित उत्पादों व सेवाओं की गुणवत्ता से सम्बन्धित है। इस क्षेत्र में उत्पाद या सेवा की उपयोगिता, स्थायित्व, सुरक्षा, क्षमता, पैकिंग–लेबलिंग की स्पष्टता, उपभोक्ता सन्तुष्टि, विज्ञापन में स्पष्टता आदि के साथ–साथ उत्पाद या सेवा की कल्याणकारी भूमिका भी सम्मिलित है।

अभ्यास प्रश्न

मुद्रा–स्फीति लेखांकन

1. मुद्रा के मूल्य में होने वाले परिवर्तनों के लेखांकन हेतु ध्यान में रखा जाता है
(a) वित्तीय लेखांकन (b) मुद्रा-स्फीति लेखांकन
(c) सामाजिक लेखांकन (d) प्रबन्धकीय लेखांकन

2. मुद्रा के मूल्य एवं सामान्य कीमत-स्तर में सम्बन्ध होता है
(a) आंशिक सम्बन्ध होता है (b) समानान्तर सम्बन्ध होता है
(c) व्युत्क्रम सम्बन्ध होता है (d) इनमें से कोई नहीं

3. परम्परागत लेखांकन के अन्तर्गत स्थायी सम्पत्तियों को दर्शाया जाता है
(a) ऐतिहासिक मूल्य पर (b) चालू मूल्य पर
(c) 'a' और 'b' दोनों (d) इनमें से कोई नही

4. उपक्रम की विभिन्न सम्पत्तियों पर ह्रास की गणना ऐतिहासिक लागत पर ही की जाती है तथा ऐतिहासिक लागत मुद्रा-स्फीति की स्थिति में वर्तमान मूल्य से होती है
(a) अधिक (b) कम
(c) बराबर (d) इनमें से कोई नहीं

5. कीमत-स्तर में परिवर्तन से उत्पन्न लेखांकन समस्याओं के निराकरण हेतु एवं उपक्रम की लाभदायकता पर पड़ने वाले प्रभाव को मापने के लिए तकनीक है
(a) चालू क्रय शक्ति विधि
(b) चालू लागत लेखांकन विधि
(c) पुनर्स्थापन लागत लेखांकन विधि
(d) उपरोक्त सभी

6. अनुमोदित सामान्य कीमत निर्देशांक का प्रयोग किया जाता है
(a) पुनर्स्थापन लागत लेखांकन विधि
(b) चालू लागत लेखांकन विधि
(c) चालू क्रय शक्ति विधि
(d) उपरोक्त में से कोई नहीं

7. चालू क्रय शक्ति विधि के अन्तर्गत अनुमोदित सामान्य कीमत निर्देशांक का प्रयोग करते हुए सम्पत्तियों एवं दायित्वों की विभिन्न मदों को विभाजित किया जाता है
(a) मौद्रिक वर्गों में (b) गैर-मौद्रिक वर्गों में
(c) 'a' और 'b' दोनों (d) इनमें से कोई नहीं

8. मुद्रा-स्फीति लेखांकन का प्रयोग किया जाता है
(a) उपक्रम की वित्तीय स्थिति का सत्य एवं उचित चित्र प्रस्तुत करने के लिए
(b) लेखांकन अवधि के परिचालन के उचित व वास्तविक लाभ को दर्शाने के लिए
(c) विभिन्न तिथियों पर स्थापित दो संयन्त्रों की लाभप्रदता के तुलनात्मक अध्ययन के लिए
(d) उपरोक्त सभी

9. सामान्य कीमत में वृद्धि होने पर मुद्रा की क्रय-शक्ति हो जाती है
(a) अधिक (b) बराबर
(c) कम (d) इनमें से कोई नहीं

10. मुद्रा-स्फीति लेखांकन के प्रयोग से मूल्य वृद्धि काल में उपक्रम में लाभ की मात्रा हो जाती है
(a) बराबर (b) कम
(c) अधिक (d) इनमें से कोई नहीं

11. मुद्रा-स्फीति लेखांकन के अन्तर्गत तैयार किए गए वित्तीय विवरण कहलाते हैं
(a) मूल वित्तीय विवरण
(b) पूरक वित्तीय विवरण
(c) 'a' और 'b' दोनों
(d) उपरोक्त में से कोई नहीं

12. मुद्रा-स्फीति लेखांकन का सम्बन्ध है
(a) ऐतिहासिक लागतों से
(b) मुद्रा की क्रय शक्ति के निर्धारण से
(c) मुद्रा-स्फीति के प्रभावों को समायोजित करने से
(d) उपरोक्त सभी

मानव संसाधन लेखांकन

13. मानव संसाधन लेखांकन पद्धति के अन्तर्गत आता है
(a) मानव संसाधन के मूल्य को मापकर लेखांकन करना
(b) मानव संसाधनों की गणना करना
(c) मानव संसाधनों को प्रशिक्षण प्रदान करना
(d) उपरोक्त सभी

14. मानव संसाधन लेखांकन पद्धति का सम्बन्ध है
(a) भौतिक संसाधनों से (b) मानव संसाधनों से
(c) 'a' और 'b' दोनों (d) ये सभी

15. मानव संसाधन लेखांकन का उद्देश्य है
(a) किसी संगठन के लोगों की लागत का मापन करना
(b) मानव सम्पत्ति का प्रभावी उपयोग करना
(c) सम्पत्ति नियन्त्रण को प्रभावी आधार प्रदान करना
(d) उपरोक्त सभी

16. मानव संसाधन से सम्बन्धित आँकड़ों का चिह्नीकरण तथा मापन कहलाता है
(a) मानव संसाधन प्रबन्ध (b) मानव संसाधन लेखांकन
(c) मूल्य संवर्द्धन लेखांकन (d) सामाजिक लेखांकन

17. मानव संसाधन लेखांकन की विधियाँ हैं
(a) ऐतिहासिक लेखांकन की पूँजीकरण विधि
(b) पुनर्स्थापना लागत विधि
(c) अवसर लागत विधि
(d) उपरोक्त सभी

18. कर्मचारियों को प्रशिक्षित व विकसित इसलिए किया जाता है, ताकि भविष्य में संस्था के लिए उनके मूल्यों में वृद्धि हो जाए। यह अवधारणा आधारित है
(a) ऐतिहासिक लागत की पूँजीकरण विधि
(b) पुनर्स्थापना लागत विधि
(c) अवसर लागत विधि
(d) उपरोक्त में से कोई नहीं

19. मानव संसाधनों को पुन:स्थापित करने के लागत मूल्य को ज्ञात किया जाता है
(a) हरमैन्सन मॉडल के अन्तर्गत
(b) अवसर लागत विधि के अन्तर्गत
(c) पुनर्स्थापना लागत विधि के अन्तर्गत
(d) उपरोक्त में से कोई नहीं

20. एक विशेष पद पर कार्य करने वाले कर्मचारी के स्थान पर प्रतिस्थापन्न व्यक्ति को प्रतिस्थापित करने पर होने वाला व्यय कहलाता है
(a) पदीय पुनर्स्थापन लागत (b) व्यक्तिगत पुनर्स्थापन लागत
(c) अवसर लागत (d) इनमें से कोई नहीं

21. किसी व्यक्ति विशेष को प्रतिस्थापित करने पर होने वाला व्यय कहलाता है
(a) अवसर लागत (b) पदीय पुनर्स्थापन लागत
(c) व्यक्तिगत पुनर्स्थापन लागत (d) इनमें से कोई नहीं

22. अवसर लागत विधि कहते हैं
(a) ऐतिहासिक लागत की पूँजीकरण विधि
(b) प्रतिस्पर्द्धात्मक बोली विधि
(c) पुनर्स्थापना लागत विधि
(d) उपरोक्त में से कोई नहीं

23. उपक्रम से उच्च प्रबन्धकीय कार्मिक के जाने पर मानव संसाधनों के मूल्य में परिवर्तन हो सकता है
(a) सारवान परिवर्तन (b) सामान्य परिवर्तन
(c) असामान्य परिवर्तन (d) इनमें से कोई नहीं

24. सीमित एवं वर्ग विभेद के कारण कर्मचारियों के मनोबल पर प्रभाव पड़ता है
(a) अनुकूल (b) प्रतिकूल
(c) तटस्थ (d) इनमें से कोई नहीं

25. मॉडल, जो भावी आय के वर्तमान मूल्य पर आधारित है तथा बचे हुए सेवाकाल से उपक्रम के लिए कर्मचारी के आर्थिक मूल्य को मान्यता प्रदान करता है
(a) हरमैन्सन मॉडल (b) जग्गी एवं लाऊ मॉडल
(c) लेव एवं श्वार्ज मॉडल (d) फ्लेमहोल्ज मॉडल

26. मॉडल, जिसमें कर्मचारियों की भूमिका में होने वाले परिवर्तनों व अवकाश ग्रहण की निश्चित तिथि से पूर्व ही अवकाश ग्रहण करने की सम्भावनाओं को ध्यान में रखते हुए भावी आय को ह्रासित करके मानव संसाधन का मूल्य ज्ञात किया जाता है
(a) जग्गी एवं लाऊ मॉडल (b) फ्लेमहोल्ज मॉडल
(c) हरमैन्सन मॉडल (d) इनमें से कोई नहीं

27. मानव संसाधन लेखांकन के सम्बन्ध में निम्न में से कौन-सा कथन असत्य है?
(a) मानव संसाधन के मूल्य मापन हेतु कोई निश्चित व पर्याप्त मानक निर्धारित नहीं किए गए हैं
(b) श्रम संघों द्वारा मानव संसाधन लेखांकन का विरोध किए जाने का भय व्याप्त रहता है
(c) मानव संसाधन के रूप में कार्य करने वाले कर्मचारी उपक्रम को छोड़ने के लिए स्वतन्त्र होते हैं
(d) सेविवर्गीय इन्वेण्ट्री के अप्रचलन के सम्बन्ध में लेखांकन तकनीक का विकास हो गया है

28. उपक्रम के सभी कर्मचारियों को अलग-अलग समूहों में एकरूपता के आधार पर विभाजित कर दिया जाता है
(a) जग्गी एवं लाऊ मॉडल (b) फ्लेमहोल्ज मॉडल
(c) हरमैन्सन मॉडल (d) इनमें से कोई नहीं

29. मानव संसाधन लेखांकन के सन्दर्भ में भारत हैवी इलेक्ट्रिकल्स लिमिटेड में निम्न में से किस मॉडल को अपनाया गया है?
(a) हरमैन्सन मॉडल (b) जग्गी एवं लाऊ मॉडल
(c) लेव एवं श्वार्ज मॉडल (d) इनमें से कोई नहीं

सामाजिक उत्तरदायित्व लेखांकन

30. सामाजिक उत्तरदायित्व महत्त्व रखता है
(a) स्वामियों एवं कर्मचारियों के लिए
(b) उपभोक्ताओं एवं समुदाय के लिए
(c) सरकार एवं राष्ट्र के लिए
(d) उपरोक्त सभी

31. उत्तरदायित्व लेखांकन का उद्देश्य होता है
(a) श्रमिकों के उत्तरदायित्व का निर्धारण
(b) कार्यालय के उत्तरदायित्व का निर्धारण
(c) प्रत्येक स्तर पर लागत के उत्तरदायित्व का निर्धारण
(d) उपरोक्त में से कोई नहीं

32. प्रबन्धकीय नियन्त्रण हेतु आवश्यक लेखांकन सूचनाओं की प्राप्ति की सुविधा को दृष्टिगत रखते हुए उत्तरदायित्व केन्द्र हो सकते हैं
(a) दो (b) तीन
(c) पाँच (d) इनमें से कोई नहीं

33. जब किसी उत्तरदायित्व केन्द्र द्वारा निष्पादित कार्यों से प्राप्त होने वाले आगम और उस पर होने वाले व्ययों की गणना की जाती है, तो वह कहलाता है
(a) लागत केन्द्र (b) लाभ केन्द्र
(c) विनियोग केन्द्र (d) इनमें से कोई नहीं

34. जिस केन्द्र के लिए निष्पादन की माप केवल लाभ के आधार पर ही न करके बल्कि उस केन्द्र के लिए किए गए विनियोग से सम्बन्धित करके की जाती है, उसे कहते हैं
(a) लागत केन्द्र (b) लाभ केन्द्र
(c) विनियोग केन्द्र (d) इनमें से कोई नहीं

35. वह उत्तरदायित्व केन्द्र है, जहाँ लागत मुख्य नियोजन व नियन्त्रण समंक उपस्थित होते हैं, कहलाता है
(a) लागत केन्द्र (b) लाभ केन्द्र
(c) विनियोग केन्द्र (d) इनमें से कोई नहीं

36. विनियोग केन्द्र के सम्बन्ध में निम्न में से सत्य है
(a) प्रबन्धक केन्द्र पर होने वाले विनियोगों के लिए उत्तरदायी होते हैं
(b) प्रबन्धक केन्द्र पर होने वाले आगमों व व्ययों के लिए उत्तरदायी होते हैं
(c) प्रबन्धक सन्तोषजनक प्रत्याय अर्जित करने के लिए बाध्य होते हैं
(d) उपरोक्त सभी

37. लाभ केन्द्र है
(a) प्रबन्ध निष्पादन केन्द्र (b) वित्तीय निष्पादन केन्द्र
(c) विनियोग निष्पादन केन्द्र (d) इनमें से कोई नहीं

38. विनियोग केन्द्र की अवधारणा अनुसार विनियोग पर प्रत्याय है
(a) विनियोग केन्द्र का लाभ × 100 / विनियोग केन्द्र में अप्रयुक्त सम्पत्तियाँ
(b) विनियोग केन्द्र का लाभ × 100 / विनियोग केन्द्र में प्रयुक्त सम्पत्तियाँ
(c) विनियोग केन्द्र की हानि × 100 / विनियोग केन्द्र में प्रयुक्त सम्पत्तियाँ
(d) उपरोक्त में से कोई नहीं

39. एक लाभ केन्द्र के सन्दर्भ में निम्न में से असत्य है
(a) लाभ केन्द्र का प्रमुख समंक आगम व व्यय है
(b) व्यय प्रयुक्त साधनों का माप होता है
(c) आगम उत्पादन का अमौद्रिक मूल्य होता है
(d) लाभ केन्द्र की उत्पत्ति के मूल्य को माना जाता है

40. लाभ केन्द्र का प्रमुख समंक है
(a) आगम व व्यय (b) आगम
(c) व्यय (d) इनमें से कोई नहीं

41. एक लाभ केन्द्र की उत्पत्ति के मूल्य को माना जाता है
(a) आगम (b) लागत
(c) आगम व व्यय (d) इनमें से कोई नहीं

42. सामाजिक उत्तरदायित्व लेखांकन का उद्देश्य होता है
(a) सामाजिक चेतना का प्रसार करना
(b) सामाजिक लागतों व सामाजिक लाभों का लेखाकरण
(c) समाज सेवा करना
(d) उपरोक्त में से कोई नहीं

43. सामाजिक लेखांकन की अवधारणा पर सर्वप्रथम अपने विचार प्रस्तुत किए
(a) एडम स्मिथ (b) पीगू
(c) कीन्स (d) कार्ल मार्क्स

44. सामाजिक लेखांकन के क्षेत्र हैं
(a) आठ (b) पाँच
(c) तीन (d) दस

45. निम्न में कौन सामाजिक लेखांकन से सम्बन्धित है?
(a) पर्यावरणीय लेखांकन (b) कॉर्पोरेट सामाजिक रिपोर्टिंग
(c) गैर-वित्तीय रिपोर्टिंग (d) ये सभी

46. सामाजिक लेखांकन के क्रियान्वयन का सम्बन्ध प्रत्यक्ष या अप्रत्यक्ष रूप से समाज से होता है तथा सामाजिक लेखांकन का उपयोग किया जाता है
(a) किसी कार्य के प्राथमिक स्तर से लेकर क्रियान्वयन तक
(b) क्रियान्वयन के दीर्घकालीन प्रभावों की स्वतन्त्र व निष्पक्ष जाँच तक
(c) जाँच में परिलक्षित कमियों में सुधार का परीक्षण तक
(d) उपरोक्त सभी

47. 'CSR' का आशय है
(a) कॉर्पोरेट सोशल रिलॉयबिलिटी
(b) कॉर्पोरेट सोशल रिस्पॉन्सबिलिटी
(c) कॉम्बिनेशन सोशल रिस्पॉन्सबिलिटी
(d) कल्चरल सोशल रिस्पॉन्सबिलिटी

48. उत्तरदायित्व लेखांकन को किस अन्य नाम से सम्बोधित करते हैं?
(a) लाभदायकता लेखांकन
(b) क्रियाशीलता लेखांकन
(c) 'a' और 'b' दोनों
(d) इनमें से कोई नहीं

49. उत्तरदायित्व लेखांकन में किन लागतों के लिए प्रबन्धकों को उत्तरदायी ठहराया जाता हैं?
(a) नियन्त्रणीय लागतों (b) अनियन्त्रणीय लागतों
(c) 'a' और 'b' दोनों (d) इनमें से कोई नहीं

उत्तरमाला

1.	(b)	2.	(c)	3.	(a)	4.	(b)	5.	(d)	6.	(c)	7.	(c)	8.	(d)	9.	(c)	10.	(b)
11.	(b)	12.	(c)	13.	(a)	14.	(b)	15.	(d)	16.	(b)	17.	(d)	18.	(a)	19.	(c)	20.	(a)
21.	(c)	22.	(b)	23.	(a)	24.	(b)	25.	(c)	26.	(b)	27.	(d)	28.	(a)	29.	(c)	30.	(d)
31.	(c)	32.	(b)	33.	(b)	34.	(c)	35.	(c)	36.	(d)	37.	(c)	38.	(b)	39.	(c)	40.	(d)
41.	(a)	42.	(b)	43.	(a)	44.	(b)	45.	(d)	46.	(d)	47.	(b)	48.	(c)	49.	(a)		

मध्य प्रदेश
शासन, स्कूल शिक्षा विभाग के अन्तर्गत

उच्च माध्यमिक शिक्षक

प्रैक्टिस पेपर्स (1-5)

मध्य प्रदेश
उच्च माध्यमिक शिक्षक पात्रता परीक्षा (भाग-ब)

प्रैक्टिस पेपर 1

निर्देश

इस प्रश्न-पत्र में कुल 120 वस्तुनिष्ठ प्रश्न हैं तथा प्रत्येक प्रश्न के लिए एक अंक निर्धारित है।

1. आर्थिक क्रिया का उदाहरण है
(a) दर्जी का कपड़े सिलना (b) खेलना
(c) समाज सेवा (d) मनोरंजन

2. व्यवसाय है
(a) वैध क्रिया (b) मानवीय क्रिया
(c) आर्थिक क्रिया (d) ये सभी

3. व्यवसाय का आशय है
(a) उद्योग एवं वाणिज्य (b) वाणिज्य
(c) वस्तुओं का क्रय-विक्रय (d) व्यापार तथा वाणिज्य

4. सामान्य व्यापार में सदस्यों की अधिकतम संख्या होती है
(a) 7 (b) 10 (c) 20 (d) 50

5. किस फर्म को व्यवसाय के लिए अवैध माना जाएगा?
(a) 18 भागीदारों वाली फर्म (b) 21 भागीदारों वाली फर्म
(c) 10 भागीदारों वाली फर्म (d) 9 भागीदारों वाली फर्म

6. एकाकी व्यापार में प्रबन्ध व नियन्त्रण किसके पास होता है?
(a) स्वामी (b) समिति
(c) विधान (d) प्रबन्धक

7. निजीकरण को कहा जाता है
(a) वि-शासनीकरण (b) विशेषीकरण
(c) वि-नियोजीकरण (d) ये सभी

8. भारत में निजीकरण की दिशा में कब कदम उठाए गए?
(a) सन् 1981 में (b) सन् 1991 में
(c) सन् 2001 में (d) इनमें से कोई नहीं

9. वर्तमान में जिन उद्योगों के लिए लाइसेन्स लेना अनिवार्य है
(a) 5 (b) 10 (c) 8 (d) 20

10. इनमें से किस खाते को माँग जमा खाता भी कहते हैं?
(a) बचत खाता (b) चालू खाता
(c) मियादी जमा खाता (d) इनमें से कोई नहीं

11. भारत के किस बैंक को 'शीर्ष बैंक' (Apex Bank) के नाम से जाना जाता है?
(a) भारतीय स्टेट बैंक (b) भारतीय रिज़र्व बैंक
(c) केन्द्रीय बैंक (d) बैंक ऑफ इण्डिया

12. इनमें से कौन-सा धनराशि निकालने और जमा करने में सहायता करता है?
(a) डेबिट कार्ड (b) क्रेडिट कार्ड
(c) ATM (d) इनमें से कोई नहीं

13. व्यापार एक प्रक्रिया है, जिसके अन्तर्गत शामिल है
(a) वस्तुओं का क्रय (b) वस्तुओं का विक्रय
(c) वस्तुओं का विनिमय (d) इनमें से कोई नहीं

14. उपभोक्ताओं को साख सुविधा कौन प्रदान करता है?
(a) उत्पादक (b) थोक विक्रेता
(c) फुटकर विक्रेता (d) इनमें से कोई नहीं

15. पेटेण्ट एक्ट किस वर्ष लागू हुआ?
(a) वर्ष 1960 (b) वर्ष 1970
(c) वर्ष 1975 (d) वर्ष 1980

16. दीर्घकालीन व्यावसायिक वित्त कितने समय के लिए होता है?
(a) 10 वर्षों से अधिक अवधि के लिए
(b) 5 से 10 वर्षों के लिए
(c) 1 से 5 वर्षों के लिए
(d) 2 से 3 वर्षों के लिए

17. अल्पकालीन व्यावसायिक वित्त की अवधि कितनी होती है?
(a) अधिकतम 1 वर्ष (b) अधिकतम 3 वर्ष
(c) अधिकतम 5 वर्ष (d) अधिकतम 2 वर्ष

18. पूर्वाधिकार अंशों पर लाभांश
(a) पूर्व निश्चित होती है
(b) समता अंशधारियों के पश्चात् की जाती है
(c) नहीं दी जाती है
(d) उपरोक्त सभी

19. निम्नलिखित में से किन वर्गों के प्रति व्यवसाय का उत्तरदायित्व होता है?
(a) कर्मचारियों के प्रति (b) उपभोक्ताओं के प्रति
(c) सरकार के प्रति (d) इन सभी के प्रति

20. नवीन श्रम संघ अधिनियम, 2001 के अनुसार, किसी श्रम संघ के गठन के लिए कम-से-कम कितने कर्मचारियों की आवश्यकता होती है?
(a) 90 (b) 100
(c) 110 (d) 150

21. व्यावसायिक आचार-संहिता ········ एक शाखा है।
(a) सामाजिक विज्ञान की (b) आर्थिक विज्ञान की
(c) राजनीतिक विज्ञान की (d) सांस्कृतिक विज्ञान की

22. प्रबन्धक एक
(a) राजनीतिक विज्ञान है (b) आर्थिक विज्ञान है
(c) सामाजिक विज्ञान है (d) सांस्कृतिक विज्ञान है

23. "प्रबन्ध अन्य लोगों से कार्य कराने की कला है।" यह कथन
(a) लोकप्रिय है (b) अत्यधिक लोकप्रिय है
(c) सामान्य है (d) बेकार है

24. 'द फण्डामेण्टल ऑफ टॉप मैनेजमेण्ट' के लेखक हैं
(a) स्टेनले वेल्स (b) आर सी डेविस
(c) जॉर्ज आर. टैरी (d) शेल्डन

25. देश के आर्थिक विकास के लिए आवश्यक है
(a) आयात प्रतिस्थापन (b) निर्यात संवर्द्धन
(c) 'a' और 'b' दोनों (d) इनमें से कोई नहीं

26. व्यावसायिक वातावरण अत्यधिक विस्तृत और ······· होता है।
(a) सरल (b) बड़ा
(c) जटिल (d) इनमें से कोई नहीं

27. मनुष्य जिस देश, काल, परिस्थिति में जन्म लेता है और जीवनयापन करता है, वह उसका कहलाता है
(a) समाज (b) वातावरण
(c) परिवार (d) इनमें से कोई नहीं

28. "नियोजन भविष्य को पकड़ने के लिए बनाया गया पिंजरा है।" यह कथन किसका है?
(a) न्यूमैन (b) हर्ले
(c) एलन (d) टैरी

29. नियोजन का आधार होता है
(a) पूर्वानुमान (b) विकल्प
(c) निर्णयन (d) चयन

30. प्रबन्ध की प्रारम्भिक क्रिया क्या है?
(a) नियोजन (b) नियन्त्रण
(c) निर्णयन (d) समन्वय

31. "वित्तीय प्रबन्ध का आशय वित्त क्रियाओं पर नियोजन व नियन्त्रण की क्रिया को लागू करने से होता है।" यह कथन किसका है?
(a) हावर्ड एवं उपटन (b) जे. एफ. ब्रेडले
(c) वेस्टन एवं ब्रीघम (d) जे. एल. मैसी

32. एक कम्पनी की अनुमानित वार्षिक आय ₹ 75,000 है तथा इस प्रकार के व्यवसाय में विनियोजित पूँजी पर प्रत्याय की दर 15% हो, तो पूँजीकरण की राशि क्या होगी?
(a) ₹ 40 लाख (b) ₹ 50 लाख
(c) ₹ 60 लाख (d) ₹ 75 लाख

33. पूँजी ढाँचे के निर्धारक तत्व कौन-से हैं?
(a) लोच (b) पूँजी की लागत
(c) व्यवसाय की प्रकृति (d) ये सभी

34. मुद्रा बाजार प्रदान करता है
(a) अल्पकाल ऋण (b) दीर्घकाल ऋण
(c) मध्यकाल ऋण (d) ये सभी

35. भारतीय मुद्रा बाजार का अन्य नाम है
(a) वस्तु बाजार (b) साख बाजार
(c) शेयर बाजार (d) इनमें से कोई नहीं

36. भारतीय मुद्रा बाजार में ऋणदाता होते हैं
(a) बहुत कम (b) बहुत अधिक
(c) बिल्कुल नहीं (d) इनमें से कोई नहीं

37. "व्यापार प्रसंग में मानव संसाधन प्रबन्धन" पुस्तक के लेखक हैं
(a) लुईस अब्राहम (b) मैकमिलन
(c) एलन प्राइस (d) जॉन सेनकर

38. निम्नलिखित में से कौन-सा मानव संसाधन प्रबन्ध का क्रियात्मक कार्य नहीं है?
(a) विकास (b) नियन्त्रण
(c) क्षतिपूर्ति (d) एकीकरण

39. कार्यात्मक लक्ष्य के अन्तर्गत निम्नलिखित में कौन-सा असत्य है?
(a) मूल्यांकन (b) लाभ
(c) नियोजन (d) जाँच

40. "विपणन का कार्य सम्पर्क स्थापित करना है।" यह किसका कथन है?
(a) स्टाण्टन का (b) एफ जे बोर्च
(c) फिलिप कोटलर (d) सेण्ट थॉमस

41. जागरूक खरीददार कौन होता है?
(a) विक्रेता के बारे में नकारात्मक छवि होती है।
(b) अगर उत्पाद ठीक नहीं होता, तो लौटा देता है।
(c) उत्पाद की कीमत और गुणवत्ता की सावधानीपूर्वक जाँच करता है
(d) भावुकता में बहकर खरीददारी करता है।

42. उपभोक्ता संचालित विपणन की विचारधारा में राजा किसे माना जाता है?
(a) उपभोक्ता (b) सरकार
(c) विक्रेता (d) ये सभी

43. कैजन का तात्पर्य ·········· है।
(a) गुणवत्ता चेतना (b) गुणवत्ता आश्वासन
(c) गुणवत्ता नियन्त्रण (d) सतत् सुधार

44. गुणवत्ता इनमें से किसकी द्योतक है?
(a) उत्पाद विशेषता (b) व्यापारिक सफलता
(c) 'a' और 'b' दोनों (d) इनमें से कोई नहीं

45. सम्पूर्ण लेन-देन दर माना जाने वाला एक स्केल है
(a) 0 - 1 तक (b) 1 - 10 तक
(c) 10 - 20 तक (d) 0 - 20 तक

46. उपभोक्ता को बाजार का ············ कहा जाता है।
(a) प्रजा (b) राजा
(c) सैनिक (d) इनमें से कोई नहीं

47. निम्न में कौन-सा गुणवत्ता का सूचक है?
(a) ISI (b) Agmark
(c) Woolmark (d) ये सभी

48. गारण्टी से क्या अभिप्राय है?
(a) दोषपूर्ण वस्तु को रिपेयर करना
(b) दोषपूर्ण वस्तु के बदले नई वस्तु देना
(c) दोषपूर्ण वस्तु के बदले नकद देना
(d) उपरोक्त में से कोई नहीं

49. दी इन्स्टीट्यूट ऑफ चार्टर्ड एकाउण्टेण्ट्स ऑफ इण्डिया की स्थापना की गई थी
(a) वर्ष 1948 में (b) वर्ष 1958 में
(c) वर्ष 1949 में (d) वर्ष 1971 में

50. दोहरा लेखा प्रणाली के जनक 'ल्यूका पैसियोली' निवासी थे
(a) इटली के (b) फ्रांस के
(c) अमेरिका के (d) ब्रिटेन के

51. सम्पत्ति = बाह्य दायित्व + ?
(a) रोकड़ (b) लेनदार
(c) पूँजी (d) देय बिल

52. व्यापारिक बहीखाता पद्धति को अन्य किस नाम से जाना जाता है?
(a) दोहरा लेखा प्रणाली (b) पाश्चात्य बहीखाता प्रणाली
(c) 'a' और 'b' दोनों (d) इनमें से कोई नहीं

53. अन्तिम खाते में सम्मिलित है
(a) व्यापार खाता (b) लाभ-हानि खाता
(c) आर्थिक चिट्ठा (d) ये सभी

54. पूँजी खाता है
(a) नाममात्र खाता (b) व्यक्तिगत खाता
(c) वास्तविक खाता (d) इनमें से कोई नहीं

55. तलपट किस बही की सहायता से बनाया जाता है?
(a) खाताबही (b) रोकड़ बही
(c) क्रय बही (d) विक्रय बही

56. तलपट बनाने की विधियाँ हैं
(a) जोड़ विधि (b) अन्तर विधि
(c) जोड़ और अन्तर दोनों (d) ये सभी

57. अन्तिम स्टॉक तलपट में दिखाया जाता है
(a) डेबिट पक्ष में (b) क्रेडिट पक्ष में
(c) तलपट के नीचे नोट के रूप में (d) 'a' अथवा 'c'

58. बैंक समाधान विवरण है
(a) रोकड़ बही का हिस्सा (b) पास-बुक का हिस्सा
(c) बैंक द्वारा बनाया गया विवरण (d) ग्राहक द्वारा बनाया विवरण

59. बैंक समाधान विवरण ········ द्वारा बनाया जाता है।
(a) बैंक (b) बैंक खाताधारक
(c) कर्मचारी (d) इनमें से कोई नहीं

60. बैंक समाधान विवरण कब तैयार किया जाता है?
(a) अन्तिम खाते बनाने से पूर्व (b) अन्तिम खाते बनाने के पश्चात्
(c) व्यापारी की इच्छानुसार (d) इनमें से कोई नहीं

61. ह्रास सम्बन्धित होता है
(a) दीर्घकालीन सम्पत्तियों से (b) अल्पकालीन सम्पत्तियों से
(c) 'a' और 'b' दोनों (d) इनमें से कोई नहीं

62. ह्रास लगाए जाने का मुख्य कारण है
(a) निरन्तर प्रयोग (b) मूल्य में कमी
(c) अप्रचलन (d) ये सभी

63. निम्न में से किस सम्पत्ति पर मूल्य ह्रास नहीं लगाया जाता है?
(a) भवन (b) भूमि
(c) मशीन (d) इनमें से कोई नहीं

64. विनिमय-विपत्र खाता कौन-सा खाता है?
(a) व्यक्तिगत खाता (b) नाममात्र का खाता
(c) वास्तविक खाता (d) अवास्तविक खाता

65. विनिमय बिल स्वीकार किया जता है
(a) लेनदार द्वारा (b) देनदार द्वारा
(c) बैंक द्वारा (d) ये सभी

66. 31 मार्च, 2018 को 3 माह को अवधि का बिल लिखा गया उसकी भुगतान तिथि होगी
(a) 4 जून (b) 30 जून
(c) 3 जुलाई (d) 6 जुलाई

67. प्राप्ति एवं भुगतान खाते का शेष दिखाते हैं
(a) आय-व्यय खाते के डेबिट पक्ष में
(b) आय-व्यय खाते के क्रेडिट पक्ष में
(c) आर्थिक चिट्ठे में
(d) उपरोक्त में से कोई नहीं

68. प्राप्ति एवं भुगतान खाता किसके द्वारा बनाया जाता है?
(a) एकल व्यापार (b) फर्म
(c) कम्पनी (d) गैर-व्यापारिक संस्था

69. कौन-सी मद प्राप्ति एवं भुगतान खाते में नहीं दिखाई जाएगी?
(a) गत वर्ष के किराये का भुगतान (b) चालू वर्ष का बकाया वेतन
(c) अग्रिम प्राप्त ब्याज (d) चालू वर्ष का चुकाया वेतन

70. एक साझेदारी संस्था में साझेदारों की अधिकतम संख्या हो सकती है
(a) 20 (b) 30 (c) 10 (d) 50

71. साझेदारी संलेख के अभाव में पूँजी पर ब्याज दिया जाएगा
(a) 5% (b) 10%
(c) 6% (d) नहीं दिया जाएगा

72. लाभ-हानि नियोजन खाता ·········· एक भाग है।
(a) व्यापार खाते का (b) लाभ-हानि खाते का
(c) पूँजी खाते का (d) चालू खाते का

73. प्रेषण में मुख्यत: कितने पक्षकार होते हैं?
(a) एक (b) दो (c) तीन (d) चार

74. साधारण कमीशन निकालने का सूत्र है
(a) (कुल बिक्री × दर) ÷ 100 (b) (उधार बिक्री × दर) ÷ 100
(c) (नकद बिक्री × दर) ÷ 100 (d) इनमें से कोई नहीं

75. परिशोध कमीशन की गणना की जाती है
(a) कुल बिक्री पर (b) नकद बिक्री पर
(c) उधार बिक्री पर (d) इनमें से कोई नहीं

76. अंशधारी कम्पनी के होते हैं
(a) देनदार (b) लेनदार (c) कर्मचारी (d) स्वामी

77. अंकित पूँजी ············· ।
(a) अधिकृत पूँजी का वह भाग है, जो कम्पनी द्वारा निर्गमित किया गया है
(b) पूँजी का वह भाग है, जो सम्भावित अंशधारियों द्वारा वास्तव में आवेदित किया गया है
(c) पूँजी का वह भाग है, जो अंशधारियों द्वारा वास्तव में चुकाया गया है
(d) अधिकतम अंश पूँजी है, जिसे कम्पनी को निर्गमित करने का अधिकार है

78. संचित पूँजी को निम्नलिखित नाम से भी पुकारा जाता है
(a) पूँजीगत संचय (b) माँगी गई पूँजी
(c) प्रार्थित पूँजी (d) इनमें से कोई नहीं

79. व्यापार की आर्थिक स्थिति ज्ञात करने हेतु बनाया जाता है
(a) तलपट (b) अन्तिम खाते
(c) खाताबही (d) इनमें से कोई नहीं

80. निर्माण खाता ······ का ही अंग माना जाता है।
(a) व्यापार खाते (b) लाभ-हानि खाते
(c) आर्थिक चिट्ठा (d) इनमें से कोई नहीं

81. व्यापार खाते के ऋणी पक्ष में सम्मिलित किया जाता है
(a) विक्रय को (b) क्रय को
(c) अन्तिम स्कन्ध को (d) इनमें से कोई नहीं

82. कम्पनी समापन की विधियाँ हैं
(a) 1 (b) 2 (c) 3 (d) 4

83. जब ट्रिब्यूनल द्वारा कम्पनी का समापन किया जाता है, तो उसे कहते हैं
(a) ऐच्छिक समापन (b) अनिवार्य समापन
(c) न्यायालय द्वारा समापन (d) इनमें से कोई नहीं

84. कम्पनी के समापन के समय स्थिति विवरण निस्तारक की नियुक्ति के कितने दिनों के अन्दर प्रस्तुत करना अनिवार्य है?
(a) 20 दिन (b) 30 दिन (c) 14 दिन (d) 25 दिन

85. कम्पनी अंधिनियम, 2013 की किस धारा के अनुसार वित्तीय विवरण तैयार करना आवश्यक है?
(a) 140 (b) 129
(c) 156 (d) 151

86. कम्पनी अधिनियम, 2013 की धारा 2(41) के अनुसार कम्पनी का वित्तीय वर्ष होगा
(a) 1 जनवरी से 31 दिसम्बर (b) 1 जुलाई से 30 जून
(c) 1 अप्रैल से 31 मार्च (d) इनमें से कोई नहीं

87. वह विवरण, जो कम्पनी की वित्तीय स्थिति को दर्शाता है
(a) स्थिति विवरण (b) रोकड़ प्रवाह विवरण
(c) लाभ-हानि विवरण (d) समता में परिवर्तनों का विवरण

88. अनुपात विश्लेषण के जन्मदाता का नाम बताइए
(a) हेनरी फेयोल (b) अलेक्जैण्डर वॉल
(c) न्यूटन (d) जॉन मैसी

89. तरलता अनुपात उत्तम माना जाता है
(a) 2 : 3 (b) 1 : 1
(c) 3 : 1 (d) 1 : 2

90. अम्ल परीक्षण अनुपात व्यक्त करता है
(a) दीर्घकालीन शोधन क्षमता (b) तरलता
(c) लाभप्रदता (d) कार्य-निष्पादन

91. निम्नलिखित में से कौन-सा एक चालू दायित्वों में संग्रहित नहीं होता?
(a) देय बिल (b) सम्भाव्य दायित्व
(c) व्यापारिक लेनदार (d) ऋणपत्रों पर अदत्त ब्याज

92. यदि कोषों के स्रोत कोषों के उपयोग से अधिक हों तो शुद्ध प्रवाह होगा
(a) कार्यशील पूँजी में कमी (b) कार्यशील पूँजी में वृद्धि
(c) परिचालन कोषों में वृद्धि (d) कोई प्रभाव नहीं

93. कोष प्रवाह का आशय है
(a) शुद्ध कार्यशील पूँजी में परिवर्तन
(b) चालू दायित्वों में परिवर्तन
(c) चालू सम्पत्तियों में परिवर्तन
(d) नकद में परिवर्तन

94. विक्रय बजट है
(a) कार्यकारी बजट (b) मास्टर बजट
(c) व्यय बजट (d) इनमें से कोई नहीं

95. सामान्यतः निम्न में से कौन-सा दीर्घकालीन बजट है?
(a) पूँजीगत व्यय बजट (b) रोकड़ बजट
(c) विक्रय बजट (d) इनमें से कोई नहीं

96. सर्वप्रथम बनाया जाने वाला बजट है
(a) रोकड़ बजट (b) मास्टर बजट
(c) कुँजी कारक बजट (d) परिवर्तनशील बजट

97. कम्प्यूटर का जनक है
(a) ब्लेज़ पास्कल (b) चार्ल्स बैवेज
(c) टिम बर्नर्स ली (d) हरमन होलेरिथ

98. हार्डवेयर को कार्य प्रणाली के आधार पर कितनी इकाइयों में बाँटा जाता है?
(a) पाँच (b) चार
(c) तीन (d) दो

99. मुद्रा के मूल्य एवं सामान्य कीमत-स्तर में सम्बन्ध होता है
(a) आंशिक सम्बन्ध होता है (b) समानान्तर सम्बन्ध होता है
(c) व्युत्क्रम सम्बन्ध होता है (d) इनमें से कोई नहीं

100. सामान्य कीमत में वृद्धि होने पर मुद्रा की क्रय-शक्ति हो जाती है
(a) अधिक (b) बराबर
(c) कम (d) इनमें से कोई नहीं

101. सहकारी संगठन में कम-से-कम कितने सदस्य होने आवश्यक हैं?
(a) 20 (b) 10
(c) 2 (d) 25

102. मिनीरत्न कम्पनियों की संख्या है
(a) 62 (b) 65 (c) 73 (d) 50

103. किसी भी राष्ट्र के आर्थिक विकास में महत्त्वपूर्ण भूमिका अदा करता है
(a) रेल परिवहन (b) सड़क परिवहन
(c) जल परिवहन (d) ये सभी

104. अंकटाड का मुख्यालय कहाँ स्थित है?
(a) वाशिंगटन डी सी (b) जेनेवा
(c) मास्को (d) बर्लिन

105. बैंक द्वारा चैक की सुविधा किस खाते में प्रदान नहीं की जाती है?
(a) सावधि जमा खाता (b) चालू खाता
(c) बचत खाता (d) इनमें से कोई नहीं

106. पर्यावरण को संरक्षित रखने के लिए कौन-कौन से उपाय किए जा सकते हैं?
(a) वनस्पति, पशु-पक्षी तथा कीट-पतंगों का संरक्षण करना
(b) पर्यावरण सुरक्षा हेतु शिक्षण-प्रशिक्षण सुविधाओं का विस्तार
(c) सीमित साधनों का संरक्षण
(d) उपरोक्त सभी

107. संगठन का सिद्धान्त कौन-सा है?
(a) प्रतिष्ठित सिद्धान्त (b) नौकरशाही सिद्धान्त
(c) मानवीय सम्बन्ध सिद्धान्त (d) ये सभी

108. ऑन-लाइन कारोबारी के लिए 'वी एस ए टी' प्रौद्योगिकी सर्वप्रथम किसने अपनाई थी?
(a) बी एस ई ने (b) ओ टी सी ई आइ ने
(c) एन एस ई ने (d) आइ एस ई ने

109. संस्था की उत्पादन एवं विक्रय सफलता के लिए नियन्त्रण अत्यावश्यक है
(a) क्रय नियन्त्रण (b) इन्वेण्ट्री
(c) विक्रय (d) पूँजी

110. निम्नलिखित में कौन-सा लाभांश निर्णय लेने के लिए अधिक संगत नहीं है?
(a) विसर्जन योग्य लाभ की उपलब्धता
(b) लाभांश के लिए निवेशकों की अपेक्षा
(c) पूँजी बाजार की स्थितियाँ
(d) उद्योग का चलन

111. दीर्घकालीन वित्त प्राप्त करने के स्रोत हैं
(a) ऋणपत्र (b) समता अंश
(c) विशिष्ट वित्तीय संस्थाएँ (d) ये सभी

112. ऐसे लाभ जो नियोक्ता द्वारा श्रमिक एवं उसके परिवार के सदस्यों को दिए जाते हैं, कहलाते हैं
(a) आधारभूत लाभ (b) अनुषंगी लाभ
(c) वेतन (d) इनमें से कोई नहीं

113. 'आदेशों की एकता' सिद्धान्त का अर्थ है
(a) विचार एवं कार्यों में एकता (b) अधीनस्थों के बीच एकता
(c) स्टॉक अधिकारी (d) लेखाधिकारी द्वारा निर्देश

114. भारतीय मानक ब्यूरो की उत्पाद प्रमाणन योजना है
(a) अस्वैच्छिक प्रकृति की (b) स्वैच्छिक प्रकृति की
(c) अनिवार्य प्रकृति की (d) इनमें से कोई नहीं

115. राष्ट्रीय आयोग के आदेश के विरुद्ध अपील की सुनवाई का अधिकार है
(a) केन्द्र सरकार को (b) उच्चतम न्यायालय को
(c) उच्च न्यायालय को (d) ये सभी

116. मूल्य ह्रास लेखांकन है
(a) AS-5 (b) AS-25 (c) AS-10 (d) AS-6

117. उधार माल को वापस करने का कारण हो सकता है
(a) माल का आदेशानुसार न होना
(b) आदेशित मात्रा से अधिक मात्रा का होना
(c) बीजक से भिन्न मूल्य पर माल भेजना
(d) उपरोक्त सभी

118. प्रविष्टि का लेखा पुस्तकों में लिखने से छूट जाना कहलाता है
(a) क्षतिपूरक अशुद्धि (b) भूल-चूक की अशद्धि
(c) सैद्धान्तिक अशुद्धि (d) इनमें से कोई नहीं

119. रोकड़ पुस्तक का क्रेडिट शेष ₹ 1,500 है; ₹ 400 के चेक जमा कराए परन्तु जमा नहीं हुए; चेक निर्गमित किए परन्तु भुगतान नहीं हुए हैं ₹ 100, ₹ 125 तथा ₹ 50; पास-बुक का शेष होगा
(a) ₹ 1,100 Debit (b) ₹ 1,625 Debit
(c) ₹ 2,175 Credit (d) ₹ 1,625 Credit

120. गुप्त संचय का सृजन किया जाता है
(a) सम्पत्तियों को कम मूल्य पर दिखाकर
(b) ऋणों को अधिक मूल्य पर दिखाकर
(c) पूँजीगत व्ययों को लाभ में से घटाकर अर्थात् उन्हें आयगत मानकर
(d) उपरोक्त सभी

उत्तरमाला

1.	*(a)*	2.	*(d)*	3.	*(a)*	4.	*(a)*	5.	*(b)*	6.	*(a)*	7.	*(d)*	8.	*(b)*	9.	*(d)*	10.	*(b)*
11.	*(b)*	12.	*(c)*	13.	*(c)*	14.	*(c)*	15.	*(b)*	16.	*(a)*	17.	*(a)*	18.	*(a)*	19.	*(d)*	20.	*(b)*
21.	*(a)*	22.	*(c)*	23.	*(b)*	24.	*(b)*	25.	*(c)*	26.	*(c)*	27.	*(b)*	28.	*(c)*	29.	*(a)*	30.	*(a)*
31.	*(a)*	32.	*(b)*	33.	*(d)*	34.	*(a)*	35.	*(b)*	36.	*(a)*	37.	*(c)*	38.	*(b)*	39.	*(b)*	40.	*(b)*
41.	*(c)*	42.	*(a)*	43	*(d)*	44.	*(a)*	45.	*(a)*	46.	*(b)*	47.	*(d)*	48.	*(b)*	49.	*(c)*	50.	*(a)*
51.	*(c)*	52.	*(c)*	53.	*(d)*	54.	*(b)*	55.	*(a)*	56.	*(d)*	57.	*(d)*	58.	*(d)*	59.	*(b)*	60.	*(c)*
61.	*(a)*	62.	*(a)*	63.	*(b)*	64.	*(a)*	65.	*(b)*	66.	*(c)*	67.	*(c)*	68.	*(d)*	69.	*(b)*	70.	*(d)*
71.	*(d)*	72.	*(b)*	73.	*(b)*	74.	*(a)*	75.	*(a)*	76.	*(d)*	77.	*(d)*	78.	*(d)*	79.	*(b)*	80.	*(a)*
81.	*(b)*	82.	*(b)*	83.	*(b)*	84.	*(b)*	85.	*(b)*	86.	*(c)*	87.	*(a)*	88.	*(b)*	89.	*(c)*	90.	*(b)*
91.	*(b)*	92.	*(b)*	93.	*(a)*	94.	*(a)*	95.	*(a)*	96.	*(c)*	97.	*(b)*	98.	*(b)*	99.	*(c)*	100.	*(c)*
101.	*(b)*	102.	*(c)*	103.	*(c)*	104.	*(b)*	105.	*(a)*	106.	*(d)*	107.	*(d)*	108.	*(c)*	109	*(b)*	110.	*(d)*
111.	*(d)*	112.	*(b)*	113.	*(d)*	114.	*(a)*	115.	*(b)*	116.	*(d)*	117.	*(d)*	118.	*(b)*	119	*(b)*	120.	*(a)*

मध्य प्रदेश
उच्च माध्यमिक शिक्षक पात्रता परीक्षा (भाग-ब)

प्रैक्टिस पेपर 2

निर्देश

इस प्रश्न-पत्र में कुल 120 वस्तुनिष्ठ प्रश्न हैं तथा प्रत्येक प्रश्न के लिए एक अंक निर्धारित है।

1. व्यवसाय को स्पष्ट किया जा सकता है
(a) व्यवसाय = उद्योग + वाणिज्य (b) व्यवसाय = उद्योग − वाणिज्य
(c) व्यवसाय = उद्योग/वाणिज्य (d) इनमें से कोई नहीं

2. व्यवसाय की विशेषता है
(a) आर्थिक क्रिया (b) सेवार्थ कार्य
(c) धमार्थ कार्य (d) इनमें से कोई नहीं

3. व्यावसायिक संगठन की प्रकृति है
(a) कला (b) विज्ञान
(c) 'a' और 'b' दोनों (d) इनमें से कोई नहीं

4. एकाकी व्यापार में स्वामी का दायित्व होता है
(a) सीमित (b) पूँजी तक
(c) असीमित (d) हानियों तक

5. संयुक्त हिन्दू परिवार व्यवसाय में पंजीयन होता है
(a) ऐच्छिक (b) अनिवार्य
(c) वैधानिक (d) इनमें से कोई नहीं

6. साझेदारी फर्म की अधिकतम संख्या निर्धारित की गई है
(a) कम्पनी अधिनियम, 2013 में (b) साझेदारी अधिनियम, 1932 में
(c) कम्पनी अधिनियम, 1956 में (d) इनमें से कोई नहीं

7. वैधानिक निगम की शक्ति किसके द्वारा निर्धारित होती है?
(a) राष्ट्रपति (b) संसद
(c) प्रधानमन्त्री (d) कैबिनेट मन्त्री

8. वर्ष 1956 में आरक्षित उद्योगों की संख्या कितनी थी?
(a) 16 (b) 17 (c) 18 (d) 19

9. मिनीरत्न कम्पनियों की संख्या है
(a) 62 (b) 65 (c) 73 (d) 50

10. हमारे देश में भुगतान हेतु चैक उसके जारी करने की तारीख से ..... के लिए वैध रहता है।
(a) 3 माह (b) 6 माह (c) 9 माह (d) 12 माह

11. भारतीय जीवन बीमा निगम का राष्ट्रीयकरण कब हुआ?
(a) 1954 (b) 1956 (c) 1960 (d) 1974

12. अग्नि बीमा में कौन-सा तत्त्व विद्यमान होता है?
(a) सुरक्षा (b) विनियोग
(c) लाभ (d) इनमें से कोई नहीं

13. बाह्य व्यापार में कितने देश शामिल होते हैं?
(a) 1 (b) 2
(c) 2 या दो से अधिक (d) इनमें से कोई नहीं

14. पुनर्निर्यात का अर्थ है
(a) आयात (b) निर्यात
(c) निर्यात के लिए आयात (d) इनमें से कोई नहीं

15. सीमा शुल्क को इस नाम से भी जाना जाता है
(a) आयात कर (b) निर्यात कर
(c) निर्यात के लिए आयात कर (d) 'a' और 'b' दोनों

16. अंश पूँजी का विक्रय किसके द्वारा किया जाता है?
(a) बैंक द्वारा (b) कम्पनी द्वारा
(c) 'a' और 'b' दोनों (d) इनमें से कोई नहीं

17. बैंक द्वारा ब्याज नहीं दिया जाता है
(a) बचत खाते पर (b) स्थायी जमा खाते पर
(c) चालू खाते पर (d) आवर्ती जमा खाते पर

18. साख निर्माणकर्ता है
(a) बैंक (b) जमाकर्ता
(c) 'a' और 'b' दोनों (d) इनमें से कोई नहीं

19. श्रम संघ से सम्बन्धित किसी भी देश में सदस्यों की संख्या होगी
(a) कम-से-कम सात (b) कम-से-कम आठ
(c) कम-से-कम नौ (d) कम-से-कम दस

20. समाज में धर्म का स्थान नीति से ········ रहा है।
(a) ऊँचा (b) नीचा
(c) बराबर (d) इनमें से कोई नहीं

21. नैतिकता आती है
(a) बाइबिल (b) भगवद्गीता (c) कुरान (d) ये सभी

22. 'साइण्टिफिक मैनेजमेण्ट' के लेखक हैं
(a) जोयल डीन (b) हेनरी फेयोल
(c) एफ डब्ल्यू टेलर (d) डेनरी फेयोल

23. प्रबन्ध होता है
(a) कला (b) विज्ञान
(c) 'a' और 'b' दोनों (d) इनमें से कोई नहीं

24. प्रबन्ध की अवधारणा है
(a) प्रबन्ध संज्ञा के रूप में (b) प्रबन्ध एक क्रिया के रूप में
(c) 'a' और 'b' दोनों (d) उपरोक्त में से कोई नहीं

25. व्यवसाय का मुख्य उद्देश्य है
(a) समाज की आवश्यकताओं को पूरा करना
(b) व्यक्ति विशेष की आवश्यकताओं की पूर्ति करना
(c) लाभ अर्जन करना
(d) उपरोक्त में से कोई नहीं

26. निम्नलिखित में कौन उत्पादन का साधन नहीं है?
(a) सामग्री (b) श्रम (c) बाजार अनुसन्धान (d) धन

27. निम्नलिखित में से कौन-सा एक व्यावसायिक संस्था का स्वरूप नहीं है?
(a) साझेदार (b) एकल व्यापार
(c) संयुक्त पूँजी कम्पनी (d) कर्मचारी

28. न्यायप्रियता के लिए इनमें से किसकी आवश्यकता होती है?
(a) सूझ-बूझ (b) अनुभव (c) स्वभाव (d) ये सभी

29. ऐसी कम्प्यूटर प्रणाली, जो गैर-विशेषज्ञों को नियोजन तथा निर्णयन में सहायतार्थ अभिगम्य हो, क्या कहलाती है?
(a) निर्णय सहायक प्रणाली (b) प्रबन्धकीय सूचना प्रणाली (MIS)
(c) डिस्क परिचालन प्रणाली (d) विशेषज्ञ

30. कौन नियोजन का उपकरण नहीं है?
(a) नीतियाँ (b) प्रमाप (c) सूचना (d) बजट

31. सामान्य ऋण पूँजी अनुपात आदर्श है
(a) 1 : 2 (b) 1 : 1 (c) 1 : 2 : 5 (d) 2 : 1

32. यदि अंश पूँजी ऋण पूँजी की तुलना में कम होगी, तो व्यापार होगा
(a) अल्प समता पर (b) शून्य समता पर
(c) उच्च समता पर (d) अनन्त समता पर

33. पूँजी संरचना से अभिप्राय है
(a) पूँजी का निर्माण (b) अंश पूँजी का निर्गमन
(c) विभिन्न पूँजी स्रोतों का मिश्रण (d) विभिन्न पूँजी स्रोतों का सन्तुलन

34. विनिवेश होता है
(a) नोट कम्पनियों के शेयर सरकार को बेचना
(b) सरकार के शेयर निजी कम्पनियों को बेचना
(c) निवेश में वृद्धि
(d) व्यापारिक संस्थाओं को बन्द करना

35. निम्न में से किसका पूँजी बाजार में क्रय-विक्रय होता है?
(a) अंशों का (b) माल का
(c) स्वर्ण का (d) इनमें से कोई नहीं

36. वित्तीय बाजार के कितने अंग हैं?
(a) दो (b) तीन (c) चार (d) पाँच

37. मानव संसाधन विभाग है
(a) रैखिक विभाग (b) कार्यकारी विभाग
(c) अभिसत्ता विभाग (d) सेवा विभाग

38. कर्मचारी पक्ष में कौन-सा बिन्दु शामिल किया जाता है?
(a) संयुक्त परामर्श (b) सामूहिक समझौता
(c) विवाद निपटारा (d) प्रोत्साहन

39. निम्नलिखित में से कौन जनशक्ति के अन्तर्गत आता है?
(a) संगठित श्रमिक (b) असंगठित श्रमिक
(c) नियोक्ता (d) ये सभी

40. भारत में विपणन की आधुनिक विचारधारा किस रूप में लागू है?
(a) पूर्ण (b) आंशिक
(c) शुरुआती स्तर पर (d) इनमें से कोई नहीं

41. बेसिक मार्केटिंग पुस्तक के लेखक का नाम है
(a) मार्शल (b) हेन्सन (c) मैक्कार्थी (d) फिलिप कोटलर

42. विपणन की प्राचीन अवधारणा किस प्रवृत्ति की है?
(a) विस्तृत (b) संकीर्ण
(c) आवृत्त (d) इनमें से कोई नहीं

43. विश्वप्रसिद्ध गुणवत्ता गुरु के नाम से जाना जाता है
(a) क्रोस्बे (b) जोसेफ जूरन
(c) डेमिंग (d) इनमें से कोई नहीं

44. ISO 9000 एक मानक है
(a) अन्तर्राष्ट्रीय (b) राष्ट्रीय (c) राजकीय (d) राज्यस्तरीय

45. स्वास्थ्य और सुरक्षा के विचार से अनिवार्य प्रमाणन के अन्तर्गत आता है
(a) दूध (b) बोतल बन्द पेयजल
(c) एलपीजी सिलेंडर (d) ये सभी

46. जिला फोरम में सदस्यों की संख्या .... होती है।
(a) 3 (b) 5 (c) 2 (d) 1

47. राष्ट्रीय आयोग का सभापति किसके द्वारा नियुक्त होगा?
(a) राष्ट्रपति (b) केन्द्र सरकार
(c) सर्वोच्च न्यायाधीश (d) इनमें से कोई नहीं

48. उपभोक्ता संरक्षण अधिनियम, 2002 कब लागू हुआ?
(a) 15 मार्च, 2003 (b) 15 मार्च, 2002
(c) 15 मार्च, 2007 (d) 20 मार्च, 2003

49. वित्तीय वर्ष कहलाता है
(a) 1 अप्रैल से 31 मार्च की अवधि (b) 1 जन. से 31 दिस. की अवधि
(c) 'a' और 'b' दोनों (d) इनमें से कोई नहीं

50. रूढ़िवादिता की परम्परा के अनुसार व्यावसायिक रहतिये का मूल्यांकन किया जाता है
(a) लागत मूल्य व बाजार मूल्य में जो भी कम हो
(b) बाजार मूल्य पर
(c) लागत मूल्य पर
(d) लागत मूल्य व बाजार मूल्य में जो भी अधिक हो

51. किस मान्यता पर आधारित लेखांकन को व्यावसायिक प्रणाली कहा जाता है?
(a) चालू व्यवसाय की मान्यता (b) एकरूपता की मान्यता
(c) उपार्जन की मान्यता (d) विनिमय की मान्यता

52. बैंक खाता है
(a) वास्तविक खाता (b) व्यक्तिगत खाता
(c) अवास्तविक खाता (d) इनमें से कोई नहीं

53. रोकड़ खाता है
(a) वास्तविक खाता (b) व्यक्तिगत खाता
(c) अवास्तविक खाता (d) इनमें से कोई नहीं

54. निम्नलिखित में से कौन-सा खाता अवास्तविक खाता है?
(a) रोकड़ खाता (b) ऋण खाता (c) मजदूरी खाता (d) यन्त्र खाता

55. अशुद्धियाँ हो सकती हैं
(a) भूल की अशुद्धियाँ (b) क्षतिपूरक अशुद्धियाँ
(c) हिसाब सम्बन्धी अशुद्धियाँ (d) ये सभी

56. तलपट का मिलान प्रभावित होता है
(a) केवल एकपक्षीय अशुद्धियों द्वारा (b) केवल द्विपक्षीय अशुद्धियों द्वारा
(c) 'a' और 'b' दोनों के द्वारा (d) उपरोक्त में से कोई नहीं

57. तलपट बनाया जाता है
(a) खाताबही के खातों को एक जगह लिखने के लिए
(b) खाताबही के खातों की संख्या देखने के लिए
(c) लेखा पुस्तकों की गणितीय शुद्धता की जाँच के लिए
(d) सहायक बहियों में की गई खतौनी की जाँच के लिए

58. बैंक अधिविकर्ष से आशय है
(a) बचत खाते में जमाराशि से अधिक धनराशि निकालने की बैंक द्वारा प्रदत्त सुविधा
(b) चालू खाते में जमाराशि से अधिक धनराशि निकालने की बैंक द्वारा प्रदत्त सुविधा
(c) 'a' और 'b' दोनों
(d) उपरोक्त में से कोई नहीं

59. प्रतिकूल शेष का अर्थ है
(a) रोकड़ बही का जमा शेष (b) पास-बुक का जमा शेष
(c) रोकड़ बही का नाम शेष (d) 'b' और 'c'

60. प्रतिकूल बैंक शेष का अर्थ है
(a) पास-बुक का क्रेडिट शेष (b) रोकड़ बही का डेबिट शेष
(c) रोकड़ बही का क्रेडिट शेष (d) 'a' और 'b'

61. किसी सम्पत्ति के सम्बन्ध में अप्रचलन का कारण होता है
(a) घिसावट (b) भौतिक ह्रास
(c) नवीन आविष्कार (d) इनमें से कोई नहीं

62. 'तेल के कुँए' हेतु ह्रास की कौन-सी विधि उपयुक्त है?
(a) रिक्तिकरण पद्धति (b) घण्टा दर पद्धति
(c) पुनर्मूल्यांकन पद्धति (d) उपरोक्त में से कोई नहीं

63. स्थायी सम्पत्ति के ...... पर ह्रास लगाया जाता है।
(a) बाजार मूल्य (b) लागत मूल्य
(c) पुस्तक मूल्य (d) इनमें से कोई नहीं

64. विनिमय-विपत्र का लेखक होता है
(a) देनदार (b) लेनदार (c) बैंक (d) इनमें से कोई नहीं

65. विनिमय-विपत्र को बेचान करने वाला व्यक्ति कहलाता है
(a) लेखक (b) बेचानकर्ता (c) बेचानपात्र (d) स्वीकर्ता

66. अनादरण के समय विपत्र हो सकता है
(a) बैंक के पास (b) लेखक के पास
(c) बेचानपात्र के पास (d) ये सभी

67. सदस्यता शुल्क की जाँच की जाती है
(a) रोकड़ बही से (b) सदस्य रजिस्टर से
(c) स्टॉक रजिस्टर से (d) इन सभी से

68. प्राप्ति एवं भुगतान खाता प्रदर्शित करता है
(a) आय तथा व्यय (b) बचत तथा घाटा
(c) लाभ तथा हानि (d) नकद प्राप्ति एवं भुगतान

69. आय-व्यय खाता है
(a) व्यक्तिगत खाता (b) वस्तुगत खाता
(c) नाममात्र खाता (d) इनमें से कोई नहीं

70. ख्याति के मूल्यांकन की विधियाँ हैं
(a) औसत लाभ विधि (b) अधिलाभ विधि
(c) पूँजीकरण विधि (d) ये सभी

71. साझेदारी का पंजीयन कराना ……… है।
(a) अनिवाय (b) आवश्यक (c) ऐच्छिक (d) ये सभी

72. किसी नए साझेदार का प्रवेश ………… किया जाता है।
(a) स्वेच्छा से (b) सर्व-सहमति से
(c) किसी एक साझेदार द्वारा (d) ये सभी

73. प्रेषण खाता किस प्रकृति का खाता है?
(a) अवास्तविक खाता (b) वास्तविक खाता
(c) वस्तुगत खाता (d) ये सभी

74. जब दो या दो से अधिक व्यक्ति मिलकर कोई विशेष कार्य करने के लिए अस्थायी साझेदारी करते हैं, तो उसे कहते हैं
(a) एजेन्सी (b) संयुक्त साहस (c) साझेदारी (d) ये सभी

75. संयुक्त साहस में सदस्यों की न्यूनतम संख्या कितनी होनी चाहिए?
(a) 2 (b) 10 (c) 20 (d) 7

76. अंशों का निर्गमन किया जा सकता है
(a) सम-मूल्य पर (b) अधिमूल्य पर
(c) बट्टे पर (d) इनमें से सभी पर

77. अंश आवेदन-पत्र खाता किस प्रकृति का होता है?
(a) वास्तविक खाता (b) व्यक्तिगत खाता
(c) नाममात्र खाता (d) इनमें से कोई नहीं

78. सेबी के दिशा-निर्देशों के अनुसार, प्रति अंश आवेदन की राशि अंश के निर्गमन मूल्य के …… से कम नहीं होनी चाहिए।
(a) 10% (b) 15% (c) 25% (d) 50%

79. ………… व्यापार खाते में दर्शाया जाता है।
(a) गैस एवं ईंधन (b) वेतन (c) कमीशन (d) किराया

80. लाभ-हानि खाता ……… द्वारा तैयार किया जाता है।
(a) साझेदारी फर्म द्वारा (b) एकल व्यापारी द्वारा
(c) कम्पनी द्वारा (d) इन सभी के द्वारा

81. आर्थिक चिट्ठा तैयार किया जाता है
(a) एक निश्चित अवधि में (b) एक निश्चित तिथि को
(c) सप्ताह में (d) इनमें से कोई नहीं

82. कम्पनी के समापन पर सबसे पहले भुगतान किया जाता है
(a) कानूनी व्यय का (b) ऋणपत्रधारियों को
(c) अंशधारियों को (d) लेनदारों को

83. सुरक्षित लेनदारों को स्थिति विवरण में दिखाया जाता है
(a) सूची 'ए' में (b) सूची 'बी' में
(c) सूची 'सी' में (d) सूची 'डी' में

84. स्थिति विवरण तैयार किया जाता है
(a) निस्तारक द्वारा (b) संचालकों द्वारा
(c) प्रापक द्वारा (d) न्यायालय द्वारा

85. वित्तीय विवरण उपयोगी होते हैं
(a) कर्मचारियों के लिए (b) प्रबन्धकों के लिए
(c) अंशधारियों के लिए (d) सभी के लिए

86. चालू दायित्वों की भुगतान अवधि होती है
(a) 6 माह (b) 12 माह (c) 2 वर्ष (d) 4 वर्ष

87. चालू दायित्व है
(a) लेनदार (b) देय बिल
(c) बैंक अधिविकर्ष (d) ये सभी

88. शुद्ध विक्रय का शुद्ध कार्यशील पूँजी के साथ अनुपात है
(a) कार्यशील पूँजी आवर्त अनुपात (b) लाभप्रदता अनुपात
(c) तरलता अनुपात (d) इनमें से कोई नहीं

89. परिचालन अनुपात है
(a) निष्पादन अनुपात (b) शोधन क्षमता अनुपात
(c) तरलता अनुपात (d) लाभप्रदता अनुपात

90. अंशधारियों के लिए प्रमुख अनुपात है
(a) चालू अनुपात (b) संचालन अनुपात
(c) लाभांश दर अनुपात (d) इनमें से कोई नहीं

91. कोष प्रवाह विवरण प्रस्तुत करता है
(a) वर्ष में कमाए गए लाभ
(b) एक निश्चित तिथि को आर्थिक स्थिति
(c) प्रबन्धकीय निर्णय प्रस्तुत करता है
(d) कोष का अन्तर्वाह एवं बहिर्वाह

92. निधि प्रवाह विवरण बनाते समय, कार्यशील पूँजी की मात्रा में वृद्धि को माना जाता है
(a) निधि का प्रयोग (b) निधि का स्रोत
(c) 'a' और 'b' दोनों (d) इनमें से कोई नहीं

93. रोकड़ प्रवाह विवरण बनाया जाता है
(a) आर्थिक चिट्ठे से (b) लाभ-हानि खाते से
(c) अतिरिक्त सूचनाओं से (d) उपरोक्त सभी

94. सीमान्त लागत विधि के अन्तर्गत केवल ……… लागत ही परिवर्तित होती है।
(a) स्थिर (b) परिवर्तनशील
(c) 'a' और 'b' दोनों (d) इनमें से कोई नहीं

95. परिवर्तनशील लागत है
(a) सामयिक लागत (b) उत्पादन लागत
(c) अर्द्ध परिवर्तनशील लागत (d) इनमें से कोई नहीं

96. सम-विच्छेद बिन्दु पर
(a) अंशदान स्थायी लागतों के बराबर रहते हैं
(b) अंशदान स्थायी लागत से कम होता है
(c) लाभ की मात्रा कम होती है
(d) उपरोक्त सभी

97. माउस किस पद्धति पर आधारित है?
(a) रेखा (b) वृत्त
(c) बिन्दु एवं रेखा (d) बिन्दु

98. सेण्ट्रल प्रोसेसिंग यूनिट में शामिल है
(a) नियन्त्रण यूनिट (b) अंकगणितीय तर्क यूनिट
(c) मैमोरी यूनिट (d) ये सभी

99. मुद्रा-स्फीति लेखांकन का सम्बन्ध है
(a) ऐतिहासिक लागतों से
(b) मुद्रा की क्रय शक्ति के निर्धारण से
(c) मुद्रा-स्फीति के प्रभावों को समायोजित करने से
(d) उपरोक्त सभी

100. मानव संसाधन लेखांकन पद्धति का सम्बन्ध है
(a) भौतिक संसाधनों से (b) मानव संसाधनों से
(c) 'a' और 'b' दोनों (d) ये सभी

101. एक सहकारी समिति के पंजीकरण के लिए सदस्यों की न्यूनतम संख्या है
(a) बीस (b) दस (c) सात (d) दो

102. निम्न में से कौन-सा संगठन वित्तीय मजबूती के कारण जीवित रहता है?
(a) सार्वजनिक क्षेत्र (b) सहकारी समितियाँ
(c) बहुराष्ट्रीय कम्पनी (d) इनमें से कोई नहीं

103. पाइप लाइन के माध्यम से किन पदार्थों को गन्तव्य स्थान तक पहुँचाया जाता है?
(a) गैस (b) तरल पदार्थ
(c) 'a' और 'b' दोनों (d) इनमें से कोई नहीं

104. ऐसी सब्सिडी जो पूर्णत: प्रतिबन्धित हो क्या कहलाती है?
(a) रेड सब्सिडी (b) अम्बर बॉक्स सब्सिडी
(c) ब्लू बॉक्स सब्सिडी (d) ग्रीन बॉक्स सब्सिडी

105. GDR किसमें जारी किया जाता है?
(a) भारतीय पत्र मुद्रा (b) यू. एस. डॉलर
(c) साख पत्रों (d) इनमें से कोई नहीं

106. निम्नलिखित में से कौन-सा पर्यावरण संरक्षण अधिनियम का उद्देश्य नहीं है?
(a) पर्यावरण से सम्बन्धित प्रयोगशाला की स्थापना करना
(b) जंगली जीवों की रक्षा करना
(c) पहले से स्थापित विभिन्न संस्थाओं के साथ समन्वय स्थापित करना
(d) अधिक संख्या में वनों की कटाई करना

107. प्रबन्ध के किस सिद्धान्त के अन्तर्गत अँगूठे छाप के प्रतिस्थापन पर बल दिया जाता है?
(a) निर्णय का सिद्धान्त (b) वैज्ञानिक प्रबन्ध सिद्धान्त
(c) संयोगिक प्रबन्ध सिद्धान्त (d) ये सभी

108. ग्राहकों द्वारा इन्टरनेट के प्रयोग के सन्दर्भ में उनकी राय उदाहरण है .... व्यावसायिक पर्यावरण की।
(a) सामाजिक (b) कानूनी (c) राजनैतिक (d) तकनीकी

109. संस्था में क्रय नियन्त्रण हेतु निर्धारित किए जाते हैं
(a) क्रय प्रमाप (b) विक्रय प्रमाप
(c) नीति प्रमाप (d) लागत प्रमाप

110. स्कन्ध विपणि की विशेषता है
(a) प्रतिभूतियों में व्यवहार
(b) निर्धारित किए गए नियमों का पालन
(c) अधिकृत सदस्यों द्वारा व्यवहार
(d) उपरोक्त सभी

111. अनुषंगी लाभ का उदाहरण है
(a) लाभांश (b) पेन्शन
(c) स्वास्थ्य सुविधाएँ (d) ये सभी

112. "सुपुर्द किए गए कार्य को अपनी श्रेष्ठतम योग्यता से करने के बन्धन को उत्तरदायित्व कहते हैं।" यह किसका कथन है?
(a) एल एफ हैने (b) जॉर्ज आर. टैरी
(c) उर्विक (d) साइमण्ड

113. ISO का पूर्ण रूप है
(a) Internal Standard Organisation
(b) International Organisation for Standardisation
(c) Inter Stage Organisation
(d) उपरोक्त में से कोई नहीं

114. उपभोक्ता विवादों के निपटारे के लिए जिला स्तर पर बनाए गए वैधानिक संगठन को क्या कहते हैं?
(a) नगर मंच (b) जिला मंच
(c) जिला न्यायालय (d) जिला उपभोक्ता केन्द्र

115. लेखा मानकों की आवश्यकता हुई
(a) लाभ बढ़ाने के लिए
(b) जनता की माँग पर
(c) लेखों में एकरूपता लाने के लिए
(d) उपरोक्त सभी

116. व्यापारिक वस्तु की उधार खरीद को प्रविष्ट किया जाता है
(a) क्रय पुस्तक में (b) रोकड़ पुस्तक में
(c) प्राप्य विपत्र पुस्तक में (d) इनमें से कोई नहीं

117. यदि खाते का ऋणी पक्ष कम हो गया है, तो सुधार हेतु
(a) खाते को ऋणी करेंगे
(b) खाते को धनी करेंगे
(c) खाते को दोगुनी राशि से ऋणी करेंगे
(d) खाते को दोगुनी राशि से धनी करेंगे

118. पास-बुक के अनुसार क्रेडिट शेष दिया गया है। रोकड़ बही के प्राप्ति पक्ष का योग कम लगाया गया है, तो समायोजन होगा
(a) पास-बुक के शेष में जोड़ा जाएगा
(b) पास-बुक के शेष से घटाया जाएगा
(c) समायोजन नहीं होगा
(d) उपरोक्त में से कोई नहीं

119. लाभांश वितरण की दर को समान रखने के लिए बनाया जाता है
(a) संचय (b) संचय कोष
(c) लाभांश समानीकरण कोष (d) शोधन कोष

120. नवीन साझेदार के प्रवेश के समय, सम्पत्तियों एवं दायित्वों का पुनर्मूल्यांकन किया जाता है
(a) पुराने साझेदारों के लाभ के लिए
(b) नए साझेदारों के लाभ के लिए
(c) पुराने एवं नए साझेदारों के आपसी लाभ के लिए
(d) उपरोक्त में से कोई नहीं

उत्तरमाला

1.	(a)	2.	(a)	3.	(c)	4.	(c)	5.	(a)	6.	(a)	7.	(b)	8.	(c)	9.	(c)	10.	(a)
11.	(b)	12.	(a)	13.	(c)	14.	(c)	15.	(d)	16.	(a)	17.	(c)	18.	(c)	19.	(a)	20.	(a)
21.	(d)	22.	(c)	23.	(c)	24.	(c)	25.	(a)	26.	(c)	27.	(d)	28.	(d)	29.	(b)	30.	(c)
31.	(b)	32.	(a)	33.	(c)	34.	(b)	35.	(a)	36.	(a)	37.	(d)	38.	(d)	39.	(d)	40.	(b)
41.	(c)	42.	(b)	43	(b)	44.	(a)	45.	(a)	46.	(a)	47.	(b)	48.	(a)	49.	(a)	50.	(a)
51.	(c)	52.	(b)	53.	(a)	54.	(c)	55.	(d)	56.	(a)	57.	(c)	58.	(b)	59.	(a)	60.	(c)
61.	(c)	62.	(a)	63.	(b)	64.	(b)	65.	(b)	66.	(b)	67.	(b)	68.	(d)	69.	(c)	70.	(d)
71.	(c)	72.	(b)	73.	(a)	74.	(b)	75.	(a)	76.	(d)	77.	(b)	78.	(c)	79.	(a)	80.	(d)
81.	(b)	82.	(a)	83.	(b)	84.	(b)	85.	(d)	86.	(b)	87.	(d)	88.	(a)	89.	(d)	90.	(c)
91.	(d)	92.	(b)	93.	(d)	94.	(b)	95.	(b)	96.	(a)	97.	(d)	98.	(d)	99.	(c)	100.	(b)
101.	(b)	102.	(c)	103.	(c)	104.	(a)	105.	(b)	106.	(d)	107.	(b)	108.	(a)	109.	(a)	110.	(d)
111.	(d)	112.	(b)	113.	(b)	114.	(b)	115.	(c)	116.	(a)	117.	(a)	118.	(b)	119.	(c)	120.	(c)

मध्य प्रदेश
उच्च माध्यमिक शिक्षक पात्रता परीक्षा (भाग-ब)

प्रैक्टिस पेपर 3

निर्देश

इस प्रश्न-पत्र में कुल 120 वस्तुनिष्ठ प्रश्न हैं तथा प्रत्येक प्रश्न के लिए एक अंक निर्धारित है।

1. उद्योग कितने प्रकार के होते हैं?
(a) दो (b) तीन (c) चार (d) छः

2. दो देशों के मध्य व्यापार, ... व्यापार कहलाता है।
(a) स्थानीय (b) देशी
(c) विदेशी (d) राज्यीय

3. भारत-श्रीलंका के मध्य व्यापार है
(a) स्थानीय व्यापार (b) देशी व्यापार
(c) विदेशी व्यापार (d) राज्यीय व्यापार

4. बैंकिंग व्यवसाय में साझेदारों की अधिकतम संख्या होती है
(a) 7 (b) 10 (c) 20 (d) 50

5. साझेदारी अनुबन्ध हो सकता है
(a) मौखिक (b) लिखित
(c) मौखिक व लिखित (d) इनमें से कोई नहीं

6. निजी कम्पनी में अधिकतम सदस्य होते हैं
(a) 100 (b) 200 (c) 20 (d) 120

7. स्वतन्त्र भारत में पहली औद्योगिक नीति की घोषणा किस वर्ष में की गई थी?
(a) 1948 (b) 1950 (c) 1952 (d) 1955

8. MNCs का पूर्ण रूप क्या है?
(a) Multilateral corporations (b) Multinational corporations
(c) Multination corporations (d) Multinavel corporation

9. भारतीय अर्थव्यवस्था के उपक्रम हैं
(a) केवल निजी उपक्रम
(b) केवल सार्वजनिक उपक्रम
(c) निजी एवं सार्वजनिक उपक्रम दोनों
(d) उपरोक्त में से कोई नहीं

10. यातायात कितने प्रकार का होता है?
(a) 2 (b) 3 (c) 4 (d) 5

11. भारतीय रेलवे का स्वामी कौन है?
(a) उद्योगपति (b) राज्य सरकारें
(c) केन्द्रीय सरकार (d) ये सभी

12. भारतीय रेलवे देश की सबसे बड़ी .... है।
(a) प्राइवेट संस्था (b) निजी संस्था
(c) अर्द्ध-सरकारी व्यवस्था (d) सार्वजनिक व्यवस्था

13. 'अनुरक्षण कर' का दूसरा नाम है
(a) राजस्व कर (b) अधिमान्य कर
(c) संरक्षणात्मक कर (d) इनमें से कोई नहीं

14. इण्डेण्ट के प्रकार है/हैं
(a) खुला इण्डेण्ट (b) बन्द इण्डेण्ट
(c) 'a' और 'b' दोनों (d) इनमें से कोई नहीं

15. कप्तान की रसीद निर्गमित की जाती है
(a) निर्यातकर्ता द्वारा (b) बैंक द्वारा
(c) अभिकर्ता द्वारा (d) जहाज के कप्तान द्वारा

16. GDR किसमें जारी किया जाता है?
(a) भारतीय पत्र मुद्रा (b) यू. एस. डॉलर
(c) साख पत्रों (d) इनमें से कोई नहीं

17. ADR क्या है?
(a) अमेरिकन डिपॉजिटरी रिसिप्ट (b) अमेरिकन डिस्कांउट रिसिप्ट
(c) अमेरिकन डिमांड रसीद (d) उपरोक्त में से कोई नहीं

18. विश्व में सर्वप्रथम मर्केंटाइल क्रेडिट रेटिंग की स्थापना कहाँ की गयी?
(a) बर्लिन (b) लन्दन
(c) मुम्बई (d) न्यूयॉर्क

19. पर्यावरण संरक्षण क्या है?
(a) पर्यावरणीय प्रदूषण दुष्प्रभावों से लड़ने की योजना
(b) भूमि कटाव को रोकना
(c) वनों की हो रही कटान को रोकना
(d) कल-कारखानों मे कमी लाना

20. पर्यावरण संरक्षण अधिनियम कब पारित किया गया?
(a) सन् 1976 में (b) सन् 1986 में
(c) सन् 1982 में (d) सन् 2005 में

21. भोपाल गैस काण्ड किस राज्य में हुआ?
(a) उत्तर प्रदेश (b) छत्तीसगढ़
(c) मध्य प्रदेश (d) कर्नाटक

22. किस विचारक द्वारा "General Principles of Mangement" नामक पुस्तक लिखी गई?
(a) टेलर (b) फेयोल
(c) साइमन (d) मेकियावेली

23. प्रबन्ध के सिद्धान्तों का पिता किसे कहा जाता है?
(a) फ्लेमिंग (b) बर्नार्ड
(c) एफ डब्ल्यू टेलर (d) हेनरी फेयोल

24. संगठन का सिद्धान्त कौन-सा है?
(a) प्रतिष्ठित सिद्धान्त (b) नौकरशाही सिद्धान्त
(c) मानवीय सम्बन्ध सिद्धान्त (d) ये सभी

25. व्यावसायिक वातावरण कितने प्रकार का होता है?
(a) चार (b) तीन (c) दो (d) पाँच

26. कर नीति व्यावसायिक पर्यावरण के किस घटक के अन्तर्गत आती है?
(a) आर्थिक (b) कानूनी
(c) सामाजिक (d) राजनैतिक

27. व्यावसायिक पर्यावरण के आर्थिक घटक हैं
(a) बजट एवं निवेश की स्थिति (b) माँग एवं पूर्ति की स्थिति
(c) आर्थिक नीतियाँ (d) ये सभी

28. नीति निर्धारण किसकी कार्यविधि का महत्त्वपूर्ण भाग है?
(a) नियोजन (b) समन्वय
(c) संगठन (d) अभिप्रेरण

29. नियोजन की प्रक्रिया किसके निर्धारण के साथ शुरू होती है?
(a) नीति (b) कार्यविधि
(c) लक्ष्य एवं उद्देश्य (d) इनमें से कोई नहीं

30. नियोजन का आधार होता है
(a) पूर्वानुमान (b) विकल्प
(c) निर्णयन (d) चयन

31. वित्तीय संरचना होती है
(a) दीर्घकालीन कोष – ऋणपत्र
(b) दीर्घकालीन कोष – चालू दायित्व
(c) दीर्घकालीन कोष + चालू दायित्व
(d) दीर्घकालीन कोष + ऋणपत्र

32. पूँजी ढाँचा प्रभावित होता है
(a) आय की प्रत्याशा से (b) व्यवसाय के स्वभाव से
(c) विनियोगकर्ताओं के रुझान से (d) ये सभी

33. भारतीय पूँजी निर्गमन अधिनियम के अनुसार समता व पूर्वाधिकार अंशों का अनुपात होना चाहिए
(a) 2 : 3 (b) 2 : 1 (c) 3 : 2 (d) 1 : 2

34. सट्टा एक ······ क्रिया है।
(a) वैध (b) अवैध
(c) 'a' और 'b' दोनों (d) इनमें से कोई नहीं

35. 'दलाल स्ट्रीट' कहाँ पर स्थित है?
(a) लन्दन (b) पेरिस (c) मुम्बई (d) नई दिल्ली

36. 'तेजड़िया और मन्दड़िया' पदों का प्रयोग ·········· में होता है।
(a) सर्राफा बाजार (b) सब्जी बाजार
(c) शेयर बाजार (d) कॉमोडिटी बाजार

37. कार्मिक योजना एक·······चलने वाली प्रक्रिया है।
(a) क्रमशः (b) निरन्तर
(c) एक के बाद एक (d) अस्थाई

38. उल्रिच के अनुसार नियोजन के मुख्यत: कितने चरण होते हैं?
(a) तीन (b) चार (c) पाँच (d) छः

39. "कर्मचारी में विशिष्ट कार्य के लिए योग्यता की वृद्धि करना ही प्रशिक्षण है।" यह परिभाषा है
(a) फ्लिप्पो (b) रोजबर्न
(c) रॉबिन्सन (d) केट वर्गर

40. मार्केटिंग प्रिन्सिपल्स पुस्तक के लेखक हैं
(a) क्लार्क (b) मार्शल
(c) पाइल (d) एडवर्ड

41. जीवन-स्तर प्रदान करने वाली विचारधारा होती है
(a) लाभोन्मुखी (b) वस्तोन्मुखी
(c) उपभोक्तामुखी (d) ये सभी

42. मोटीवेशन एण्ड पर्सनैलिटी के लेखक कौन हैं?
(a) मैकनायर (b) ए एस मास्लो
(c) एडवर्ड हॉल (d) के वाशिंगटन

43. ISO 9000 की मान्यता कब घोषित हुई?
(a) सन् 1980 (b) सन् 1983
(c) सन् 1987 (d) सन् 1990

44. भारतीय मानक ब्यूरो का कार्य है
(a) मानक तैयार करना
(b) प्रमाणन योजना संचालित करना
(c) उपभोक्ताओं में जागरूकता पैदा करना
(d) उपरोक्त सभी

45. ISO का पूर्ण रूप हैं
(a) Internal Standard Organisation
(b) International Organisation for Standardisation
(c) Inter Stage Organisation
(d) उपरोक्त में से कोई नहीं

46. एम आर टी पी अधिनियम किस वर्ष में हटाया गया?
(a) 1991 (b) 2002
(c) 2000 (d) इनमें से कोई नहीं

47. उपभोक्ता संरक्षण अधिनियम देश के किस राज्य में लागू नहीं होता?
(a) जम्मू-कश्मीर (b) असोम
(c) मिजोरम (d) बिहार

48. उपभोक्ता संरक्षण अधिनियम, 1986 में संशोधन किया गया
(a) वर्ष 1993 में (b) वर्ष 2002 में
(c) 'a' और 'b' दोनों (d) इनमें से कोई नहीं

49. लेखांकन मानक किसके लिए अति आवश्यक है?
(a) कम्पनियों (b) साझेदारी संस्था
(c) धर्मार्थ संस्थान (d) निजी स्वामित्व

50. स्थायी सम्पत्तियों के लिए लेखांकन
(a) AS-6 (b) AS-10
(c) AS-3 (d) AS-2

51. लेखांकन नीतियों का प्रकटीकरण है
(a) AS-1
(b) AS-10
(c) AS-19
(d) AS-5

52. रोकड़ खाते का शेष होता है
(a) डेबिट
(b) क्रेडिट
(c) 'a' और 'b' दोनों
(d) इनमें से कोई नहीं

53. रोकड़ पुस्तक है
(a) प्रारम्भिक प्रविष्टि की पुस्तक
(b) खाताबही
(c) तलपट
(d) उपरोक्त में से कोई नहीं

54. तीन खानों वाली रोकड़ बही में धनराशि का खाना होता है
(a) बैंक
(b) छूट
(c) रोकड़
(d) ये सभी

55. तलपट का योग न मिलने पर खोले जाने वाले खाते को कहते हैं
(a) व्यापार खाता
(b) लाभ-हानि खाता
(c) उचन्त खाता
(d) पूँजी खाता

56. जब कोई एक अशुद्धि दूसरी अशुद्धि के प्रभाव को समाप्त कर देती है, कहलाती है
(a) भूल-चूक अशुद्धि
(b) सैद्धान्तिक अशुद्धि
(c) क्षतिपूरक अशुद्धि
(d) हिसाब की अशुद्धि

57. उचन्ती खाते का शेष होता है
(a) डेबिट शेष
(b) क्रेडिट शेष
(c) 'a' और 'b' दोनों
(d) इनमें से कोई नहीं

58. जब रोकड़ बही के अनुसार अनुकूल शेष प्रारम्भिक बिन्दु है, तो बैंक द्वारा फर्म के चालू खाते को गलती से डेबिट किए जाने पर इसे
(a) घटाया जाएगा
(b) जोड़ा जाएगा
(c) 'a' और 'b' दोनों
(d) इनमें से कोई नहीं

59. यदि उपरोक्त प्रश्न में रोकड़ बही के अनुसार प्रतिकूल शेष बिन्दु हो तो, तब उत्तर क्या होगा?
(a) घटाया जाएगा
(b) जोड़ा जाएगा
(c) 'a' और 'b' दोनों
(d) इनमें से कोई नहीं

60. पास-बुक के अनुसार ऋणी (डेबिट) शेष ₹ 2,000 दिया गया है। बैंक द्वारा एकत्रित किए गए लाभांश को विवरण के किस खाने में लिखा जाएगा?
(a) धनात्मक
(b) ऋणात्मक
(c) कोई लेखा नहीं
(d) इनमें से कोई नहीं

61. डूबत व संदिग्ध ऋण आयोजन निम्न में से क्या है?
(a) गुप्त संचय
(b) पूँजीगत संचय
(c) आयगत संचय
(d) इनमें से कोई नहीं

62. कौन-सा संचय आर्थिक चिट्ठे में नहीं दिखाया जाता है?
(a) आयगत संचय
(b) पूँजी संचय
(c) गुप्त संचय
(d) अंश प्रीमियम

63. गुप्त संचय का निर्माण किया जा सकता है
(a) बैंकिंग कम्पनी द्वारा
(b) बीमा कम्पनी द्वारा
(c) बिजली कम्पनी द्वारा
(d) ये सभी

64. अनुग्रह दिवस के रूप में कितने दिन स्वीकार किए जाते हैं?

अथवा

अनुग्रह दिवस कितने होते हैं?
(a) एक
(b) दो
(c) तीन
(d) चार

65. अनादरण होने पर नोटरी पब्लिक पर हुए व्यय को कहा जाता है
(a) आलोकन/निकराई व्यय
(b) साधारण व्यय
(c) व्यापारिक व्यय
(d) इनमें से कोई नहीं

66. अनुग्रह-विपत्र को सामान्यत: स्वीकृति के बाद .... जाता है।
(a) बेचान
(b) बैंक से भुनाया
(c) बैंक में संग्रह हेतु जमा
(d) 'a' और 'b'

67. आजीवन सदस्यता शुल्क दिखाया जाएगा
(a) आय-व्यय खाते के नाम पक्ष में
(b) आय-व्यय खाते के जमा पक्ष में
(c) चिट्ठे में पूँजी कोष में जोड़कर
(d) चिट्ठे में पूँजी कोष में घटाकर

68. भवन निर्माण हेतु दान प्राप्त हुआ दिखाया जाएगा
(a) आय-व्यय खाते के क्रेडिट पक्ष में
(b) चिट्ठे के सम्पत्ति पक्ष में
(c) चिट्ठे के दायित्व पक्ष में
(d) आय-व्यय खाते के डेबिट पक्ष में

69. गैर-व्यापारिक संस्थाएँ आय ज्ञात करने के लिए बनाती हैं
(a) प्राप्ति-भुगतान खाता
(b) लाभ-हानि खाता
(c) आय-व्यय खाता
(d) व्यापार खाता

70. पुराने साझेदारों द्वारा अपने लाभों का कुछ भाग नए साझेदार को दिया जाता है, उसे .... कहते हैं।
(a) लाभ अनुपात
(b) हानि अनुपात
(c) त्याग अनुपात
(d) पूँजी अनुपात

71. पुनर्मूल्यांकन खाता है
(a) व्यक्तिगत खाता
(b) वास्तविक खाता
(c) अवास्तविक खाता
(d) इनमें से कोई नहीं

72. नए साझेदार के प्रवेश पर न्यूनतम लाभ की गारण्टी दी जा सकती है
(a) फर्म द्वारा
(b) किसी एक साझेदार द्वारा
(c) सभी साझेदारों द्वारा
(d) ये सभी

73. संयुक्त उपक्रम खाता है
(a) व्यक्तिगत खाता
(b) वास्तविक खाता
(c) नाममात्र खाता
(d) इनमें से कोई नहीं

74. संयुक्त साहस में प्राप्य विपत्र को बट्टे पर भुनाने के व्यय के लिए डेबिट किया जाता है
(a) प्राप्य विपत्र खाता
(b) संयुक्त साहस खाता
(c) छूट खाता
(d) इनमें से कोई नहीं

75. 'स्मरणार्थ संयुक्त खाता' खोलने का उद्देश्य होता है
(a) संयुक्त साहस का अन्तिम रहतिया ज्ञात करना
(b) संयुक्त साहस का लाभ-हानि ज्ञात करना
(c) एक सह-साहसी द्वारा दूसरे सह-साहसी को भुगतान की जाने वाली राशि ज्ञात करने के लिए
(d) उपरोक्त सभी

76. न्यूनतम अभिदान प्राप्त करने की अवधि कितनी है?
(a) 20 दिन (b) 30 दिन (c) 40 दिन (d) 50 दिन

77. स्वेट समता अंशों का निर्गमन किया जा सकता है
(a) अंशधारियों को (b) ऋणपत्रधारियों को
(c) कर्मचारियों को (d) इनमें से कोई नहीं

78. अंशों के निर्गमन पर प्राप्त प्रीमियम का प्रयोग किया जा सकता है
(a) प्रारम्भिक व्ययों को अपलिखित करने हेतु
(b) अंशों के पुनर्क्रम हेतु
(c) पूर्णदत्त बोनस अंशों के निर्गमन हेतु
(d) उपरोक्त सभी

79. आर्थिक चिट्ठा एक ······· है।
(a) खाता (b) विवरण
(c) बही (d) इनमें से कोई नहीं

80. निम्नलिखित में से कौन-सी चालू सम्पत्ति नहीं है?
(a) रहतिया (b) अग्रिम भुगतान किया वेतन
(c) प्रारम्भिक व्यय (d) देनदार

81. चालू सम्पत्ति है
(a) रोकड़ (b) फर्नीचर
(c) मशीन (d) इनमें से कोई नहीं

82. कम्पनी का समापन होता है
(a) व्यापार बन्द करने से
(b) सम्पत्तियाँ बेचने से
(c) वैधानिक अस्तित्व समाप्त होने से
(d) अन्तर्नियमों द्वारा

83. न्यायालय से समापन का आदेश प्राप्त होने पर इसकी सूचना देना आवश्यक है
(a) रजिस्ट्रार को (b) संचालकों को
(c) प्रवर्तकों को (d) अंशधारियों को

84. कम्पनी के समापन पर स्थिति विवरण के साथ संलग्न सूचियों की संख्या है
(a) पाँच (b) चार (c) आठ (d) छ:

85. कौन-सी सम्पत्ति चालू सम्पत्ति नहीं है?
(a) देनदार (b) पूर्वदत्त व्यय
(c) ख्याति (d) स्टॉक

86. विश्लेषण का तात्पर्य आँकड़ों ··········· से है।
(a) सरलीकरण (b) प्रस्तुतीकरण
(c) निर्वचन (d) ये सभी

87. बेचे गये माल की लागत
(a) क्रय + प्रत्यक्ष खर्चे
(b) प्रारम्भिक स्टॉक + माल का क्रय + प्रत्यक्ष खर्चे – माल का अन्तिम स्टॉक
(c) माल का प्रारम्भिक स्टॉक + माल का क्रय – माल का अन्तिम स्टॉक
(d) उपरोक्त में से कोई नहीं

88. जब चालू अनुपात 3:2 है और चालू दायित्व ₹ 40,000 है, तब चालू परिसम्पत्तियों की राशि क्या होगी?
(a) ₹ 60,000 (b) ₹ 70,000
(c) ₹ 80,000 (d) ₹ 1,00,000

89. यदि व्यापारिक लेनदार ₹ 10,000, अदत्त व्यय लेनदार के 10%, चालू अनुपात 2 : 1 और स्टॉक ₹ 7,000 हो, तो सरल परिसम्पत्ति होगी
(a) ₹ 10,000 (b) ₹ 12,000
(c) ₹ 14,000 (d) ₹ 15,000

90. निम्न अनुपातों में कौन-सा प्राथमिक अनुपात है?
(a) चालू अनुपात (b) विनियोग पर प्रत्याय
(c) ऋण-समता अनुपात (d) सामग्री-आवर्त अनुपात

91. लेनदारों को देय राशि में वृद्धि दर्शाती है
(a) रोकड़ में कमी (b) रोकड़ में वृद्धि
(c) रोकड़ में कोई परिवर्तन नहीं (d) इनमें से कोई नहीं

92. देनदारों की राशि में कमी से
(a) रोकड़ में कमी होती है (b) रोकड़ में वृद्धि होती है
(c) 'a' और 'b' दोनों (d) रोकड़ में परिवर्तन नहीं होता है।

93. लेखा मानक-3 के अनुसार चुकाया गया कर शामिल होगा
(a) परिचालन क्रियाओं में (b) विनियोग क्रियाओं में
(c) वित्तीय क्रियाओं में (d) इनमें से किसी में नहीं

94. अंशदान सीमा को इस नाम से भी जाना जाता है
(a) सीमान्त आय (b) सकल लाभ
(c) शुद्ध आय (d) स्थायी

95. लागत के तत्त्व हैं
(a) प्रत्यक्ष सामग्री (b) प्रत्यक्ष श्रम
(c) प्रत्यक्ष व्यय (d) ये सभी

96. कुल लागत – स्थायी लागत = ?
(a) सीमान्त लागत (b) लाभ
(c) हानि (d) अंशदान

97. कम्प्यूटर के मॉनीटर में एक लाइन में ······· अक्षर तक स्पष्ट प्रदर्शित होते हैं।
(a) 40 (b) 50 (c) 80 (d) 100

98. एम एस वर्ड (MS Word) का प्रयोग किया जाता है
(a) पढ़ने (b) लिखने
(c) 'a' और 'b' दोनों (d) इनमें से कोई नहीं

99. मानव संसाधन से सम्बन्धित आँकड़ों का चिह्नीकरण तथा मापन कहलाता है
(a) मानव संसाधन प्रबन्ध (b) मानव संसाधन लेखांकन
(c) मूल्य संवर्द्धन लेखांकन (d) सामाजिक लेखांकन

100. अवसर लागत विधि कहते हैं
(a) ऐतिहासिक लागत की पूँजीकरण विधि
(b) प्रतिस्पर्द्धात्मक बोली विधि
(c) पुनर्स्थापना लागत विधि
(d) उपरोक्त में से कोई नहीं

101. सार्वजनिक कम्पनी में कितने निदेशक होने चाहिए?
(a) 2 (b) 4 (c) 1 (d) 3

102. बहुराष्ट्रीय कम्पनियों के सन्दर्भ में निम्नलिखित में से क्या सही नहीं है?
(a) इनकी शाखाएँ विश्व के विभिन्न देशों में होती हैं
(b) इनका मुख्यालय मातृदेश में होता है
(c) इनकी विपणन नीति बहुत प्रभावशाली नहीं होती है
(d) इनका व्यापक बाजार विस्तार होता है

103. वस्तुओं के भण्डार के लिए बनाए गए भवन को कहते हैं
(a) भण्डारण (b) फैक्ट्री
(c) शोरुम (d) ऑफिस

104. व्यापार को विरुपित करने वाले सभी घरेलू समर्थन को किस बॉक्स में रखा जाता है?
(a) ग्रीन बॉक्स (b) ब्लू बॉक्स
(c) अम्बर बॉक्स (d) इनमें से कोई नहीं

105. विश्व में सर्वप्रथम मर्केंटाइल क्रेडिट रेटिंग की स्थापना कहाँ की गयी?
(a) बर्लिन (b) लन्दन
(c) मुम्बई (d) न्यूयॉर्क

106. पर्यावरण प्रदूषण एक समस्या है
(a) अल्प-विकासशील देशों के लिए
(b) विकासशील देशों के लिए
(c) विकसित देशों के लिए
(d) उपरोक्त सभी के लिए

107. प्रक्रिया की दृष्टि से चयन कैसा होता है?
(a) सकारात्मक (b) नकारात्मक
(c) 'a' और 'b' दोनों (d) इनमें से कोई नहीं

108. व्यावसायिक पर्यावरण वह है, जिसके अन्तर्गत व्यावसायिक कार्य-कलापों का ······· किया जाता है।
(a) संचालन (b) नियोजन
(c) समन्वय (d) इनमें से कोई नहीं

109. विक्रय नियन्त्रण हेतु प्रबन्धकों द्वारा बजट बनाए जाते हैं
(a) अर्द्ध-वार्षिक (b) मासिक
(c) वार्षिक (d) ये सभी

110. मानव संसाधन लेखांकन के सन्दर्भ में भारत हैवी इलेक्ट्रिकल्स लिमिटेड में निम्न में से किस मॉडल को अपनाया गया है?
(a) हरमैन्सन मॉडल
(b) जग्गी एवं लाऊ मॉडल
(c) लेव एवं श्वार्ज मॉडल
(d) इनमें से कोई नहीं

111. कम्प्यूटर की भाषा में निर्देशों के समूह को कहते हैं
(a) प्रोग्राम (b) आँकड़ा
(c) सॉफ्टवेयर (d) ये सभी

112. बजट को वर्गीकृत किया जा सकता है
(a) समय के आधार पर (b) क्रियाओं के आधार पर
(c) लोचशीलता के आधार पर (d) ये सभी

113. लाभांश भुगतान दर्शाया जाता है
(a) परिचालन क्रियाओं में (b) विनियोजन क्रियाओं में
(c) वित्तीय क्रियाओं में (d) इन सभी में

114. "अनुपात जितना ही ऊँचा होता है, उतना ही अनुकूल होता है।" यह निम्न में से किस पर लागू नहीं होता है?
(a) संचालन अनुपात (b) स्टॉक आवर्त अनुपात
(c) शुद्ध लाभ अनुपात (d) इनमें से कोई नहीं

115. एक व्यावसायिक संस्था में रोकड़ स्थिति में हुए परिवर्तन के कारणों की विश्लेषण विधि है
(a) अनुपात विश्लेषण (b) रोकड़ प्रवाह विश्लेषण
(c) प्रवृत्ति विश्लेषण (d) तुलनात्मक विश्लेषण

116. चल प्रभार से सुरक्षित लेनदारों की सूची है
(a) सूची 'ए' (b) सूची 'बी'
(c) सूची 'सी' (d) सूची 'डी'

117. ············ आर्थिक चिट्ठे में दर्शाया जाता है।
(a) वेतन (b) किराया एवं कर
(c) मरम्मत (d) रोकड़

118. स्वयं के ऋणपत्रों को क्रय करके निरस्त करने पर लाभ को हस्तान्तरित किया जाता है
(a) पूँजी संचय खाते में (b) सामान्य संचय खाते में
(c) लाभ एवं हानि विवरण में (d) सिंकिंग फण्ड खाते में

119. जब प्रत्येक साहसी अपनी पुस्तक में संयुक्त साहस सम्बन्धी लेन-देन का पृथक्-पृथक् हिसाब रखता है, तो निम्न में से कौन-कौन से खाते खोले जाते हैं?
(a) संयुक्त बैंक खाता
(b) संयुक्त उपक्रम खाता
(c) अन्य सह-साहसी का व्यक्तिगत खाता
(d) 'b' और 'c' दोनों

120. गार्नर बनाम मर्रे विवाद कहाँ घटित हुआ?
(a) अमेरिका में (b) इंग्लैण्ड में
(c) कजाकिस्तान में (d) पाकिस्तान में

उत्तरमाला

1.	(c)	2.	(c)	3.	(c)	4.	(d)	5.	(c)	6.	(b)	7.	(b)	8.	(b)	9.	(c)	10.	(d)
11.	(c)	12.	(d)	13.	(a)	14.	(c)	15.	(c)	16.	(b)	17.	(a)	18.	(d)	19.	(a)	20.	(b)
21.	(c)	22.	(b)	23.	(b)	24.	(d)	25.	(c)	26.	(b)	27.	(d)	28.	(a)	29.	(c)	30.	(a)
31.	(c)	32.	(d)	33.	(a)	34.	(a)	35.	(c)	36.	(c)	37.	(b)	38.	(b)	39.	(a)	40.	(c)
41.	(c)	42.	(b)	43	(c)	44.	(b)	45.	(b)	46.	(b)	47.	(a)	48.	(c)	49.	(a)	50.	(b)
51.	(a)	52.	(a)	53.	(a)	54.	(d)	55.	(c)	56.	(c)	57.	(c)	58.	(a)	59.	(b)	60.	(b)
61.	(d)	62.	(c)	63.	(d)	64.	(c)	65.	(a)	66.	(b)	67.	(c)	68.	(c)	69.	(c)	70.	(c)
71.	(c)	72.	(d)	73.	(c)	74.	(b)	75.	(b)	76.	(b)	77.	(c)	78.	(d)	79.	(b)	80.	(c)
81.	(a)	82.	(c)	83.	(a)	84.	(c)	85.	(c)	86.	(d)	87.	(c)	88.	(a)	89.	(d)	90.	(b)
91.	(b)	92.	(b)	93.	(a)	94.	(a)	95.	(d)	96.	(a)	97.	(c)	98.	(b)	99.	(b)	100.	(b)
101.	(d)	102.	(c)	103.	(a)	104.	(c)	105.	(d)	106.	(d)	107.	(b)	108.	(a)	109.	(d)	110.	(c)
111.	(a)	112.	(d)	113.	(c)	114.	(a)	115.	(b)	116.	(d)	117.	(d)	118.	(a)	119.	(d)	120.	(b)

मध्य प्रदेश
उच्च माध्यमिक शिक्षक पात्रता परीक्षा (भाग-ब)

प्रैक्टिस पेपर 4

निर्देश

इस प्रश्न-पत्र में कुल 120 वस्तुनिष्ठ प्रश्न हैं तथा प्रत्येक प्रश्न के लिए एक अंक निर्धारित है।

1. किसी अंश के निर्गम मूल्य पर अंकित मूल्य का आधिक्य कहलाता है
(a) लाभ (b) बट्टा
(c) हानि (d) प्रतिभूति प्रीमियम

2. सोपान श्रृंखला सिद्धान्त का प्रतिपादन किया था
(a) एफ. डब्ल्यू. टेलर ने (b) हेनरी फेयोल ने
(c) एल्टन मेयो ने (d) मैक्स वेबर ने

3. प्रबन्धक किस क्रम में प्रबन्धकीय कार्यों को निष्पादित करते हैं?
(a) नियोजन, संगठन, नियन्त्रण, निर्देशन
(b) संगठन, नियोजन, निर्देशन, नियन्त्रण
(c) संगठन, निर्देशन, नियोजन, नियन्त्रण
(d) नियोजन, संगठन, निर्देशन, नियन्त्रण

4. फर्म के विघटन पर फर्म की सम्पत्तियों को वसूली खाते में हस्तान्तरित किया जाता है, उनके
(a) पुस्तक मूल्य पर
(b) बाजार मूल्य पर
(c) वसूली योग्य मूल्य पर
(d) साझेदारों के मध्य हुए सहमति मूल्य पर

5. जब अंशों का हरण किया जाता है, तो अंश पूँजी खाता डेबिट किया जाता है
(a) अंशों के अंकित मूल्य से (b) अंशों पर माँगी गई धनराशि से
(c) अंशों के प्रदत्त मूल्य से (d) अंशों पर अदेय धनराशि से

6. निम्नलिखित सूचनाओं से अशोध्य एवं संदिग्ध ऋण संचय की गणना कीजिए
देनदार M : ₹ 3,200 अशोध्य अपलिखित किया जाना है
देनदार N : ₹ 8,000 केवल 70% वसूल होने का अनुमान
देनदार O : ₹ 6,000 केवल 60% वसूल होने का अनुमान
देनदार P : ₹ 4,000 आर्थिक स्थिति खराब, कोई भी वसूली की उम्मीद नहीं
(a) ₹ 8,800 (b) ₹ 12,000 (c) ₹ 4,800 (d) ₹ 4,000

7. 31 मार्च 2019 को कुल देनदार ₹ 2500 हैं तथा अप्राप्य ऋण ₹ 1,000 हैं, तो यदि देनदारों पर छूट की दर 2% तथा अप्राप्य ऋण के लिए प्रावधान की दर 5% हो, तो देनदारों पर छूट की राशि होगी
(a) ₹ 456 (b) ₹ 475 (c) ₹ 480 (d) ₹ 500

8. देनदारों से संग्रहण
(a) चालू अनुपात घटाता है
(b) चालू अनुपात बढ़ाता है
(c) चालू अनुपात पर कोई प्रभाव नहीं डालता
(d) शोधक्षमता अनुपात में सुधार करता है

9. संगठन का वह प्रारूप, जिसमें रेखीय प्रबन्धकों को विशेषज्ञों की सहायता उपलब्ध होती है, कहलाता है
(a) रेखीय संगठन (b) समिति संगठन
(c) कार्यात्मक संगठन (d) रेखीय एवं विशेषज्ञ संगठन

10. स्कन्ध आवर्त अनुपात है
(a) क्रियाशीलता अनुपात (b) लाभदायकता अनुपात
(c) शोधनक्षमता अनुपात (d) तरलता अनुपात

11. निम्नलिखित में से कौन-सी व्यावसायिक पूर्वानुमान की एक तकनीक नहीं है?
(a) काल श्रेणी विश्लेषण (b) विचरण विश्लेषण
(c) प्रतीपगमन विश्लेषण (d) आगत-निर्गत विश्लेषण

12. प्रतिभूति प्रीमियम है
(a) पूँजीगत प्राप्ति (b) आयगत प्राप्ति
(c) व्यक्तिगत प्राप्ति (d) चालू दायित्व

13. निम्नलिखित विवरणों से यह मानते हुए 'अ' की करयोग्य आय की गणना कीजिए कि वह एक असाधारण निवासी है।
1. भारत में प्राप्त ₹ 1,000 जो कि इंग्लैण्ड में अर्जित हुई।
2. पिछले कुछ वर्षों की गैर कर लगी हुई विदेशी आय, जो कि गत वर्ष भारत लाई गई ₹ 6,000
3. भारत में अर्जित, किन्तु इंग्लैण्ड में प्राप्त ₹ 2,000
4. अफ्रीका में अर्जित व प्राप्त किन्तु भारत लाई गई ₹ 10,000

(a) ₹ 19,000 (b) ₹ 12,000
(c) ₹ 9,000 (d) ₹ 3,000

14. प्रविधि लागत लेखांकन के अन्तर्गत प्रति इकाई लागत में वृद्धि होने का कारण है
(a) असामान्य क्षय (b) सामान्य क्षय
(c) असामान्य बचत (d) सामान्य बचत

15. अशोध्य ऋण जिन्हें बट्टे खाते में डाल दिया गया हो बाद में यदि प्राप्त हो जाएँ, तो उन्हें क्रेडिट करेंगे
(a) देनदार खाते में (b) विक्रय खाते में
(c) व्यापार खाते में (d) लाभ-हानि खाते में

16. किसी समस्या का समाधान करने के लिए वैकल्पिक उपायों में से किसी एक उपाय का वैकल्पिक उपयोग का चयन करने को कहा जाता है
(a) नियोजन (b) निर्णयन (c) निर्देशन (d) नियन्त्रण

17. यदि मूल लागत ₹ 20,000; कारखाना उपरिव्यय मूल लागत का 25% तथा कार्यालय उपरिव्यय कारखाना उपरिव्ययों का 80% हो, तो कार्यालय लागत होगी
(a) ₹ 25,000 (b) ₹ 29,000
(c) ₹ 36,000 (d) ₹ 45,000

18. श्रेणी के प्रत्येक मान पर आधारित माप है
(a) विस्तार (b) मानक विचलन
(c) चतुर्थक विचलन (d) अन्तर-चतुर्थक विस्तार

19. परिवर्तनशील साधन की मात्रा बढ़ाने से यदि कुल उत्पादन बढ़ता है, तो यह कहलाता है
(a) उत्पत्ति समता नियम (b) उत्पत्ति ह्रास नियम
(c) उत्पत्ति वृद्धि नियम (d) उत्पत्ति आपूर्ति नियम

20. निम्न कथनों में से कौन-सा सही नहीं है?
(a) प्रबन्धकीय लेखांकन और लागत लेखांकन दोनों ही स्वभाव से एक-दूसरे के पूरक हैं
(b) प्रबन्धकीय लेखांकन का सम्बन्ध इस लेखा सूचना से है जो कि प्रबन्ध के लिए उपयोगी होती है
(c) प्रबन्धकीय लेखांकन केवल परिमाणात्मक सूचनाओं का विवरण सम्मिलित करता है
(d) प्रबन्धकीय लेखांकन लागत लेखांकन पर निर्भर होता है

21. साझेदारों के संयुक्त जीवन बीमा पॉलिसी पर चुकाए गए प्रीमियम को
(a) सम्बन्धित साझेदारों के पूँजी खाते में क्रेडिट किया जाता है
(b) सम्बन्धित साझेदारों के पूँजी खातों में डेबिट किया जाता है
(c) लाभ-हानि खाते में क्रेडिट किया जाता है
(d) लाभ-हानि खाते में डेबिट किया जाता है

22. विभिन्न विभागों में विभिन्न स्तर के लोगों के मध्य सूचना के प्रवाह को जिस रूप में जाना जाता है, उसे कहते हैं
(a) क्षैतिज सम्प्रेषण (b) उर्ध्वमुखी सम्प्रेषण
(c) अनौपाचारिक सम्प्रेषण (d) विकर्णी सम्प्रेषण

23. सेबी के दिशा-निर्देशों के अनुसार अंशों के निर्गमन के सम्बन्ध में आवेदन राशि इससे कम नहीं होनी चाहिए
(a) अंशों के नामित मूल्य का 10%
(b) अंशों के निर्गमत मूल्य का 10%
(c) अंशों के नामित मूल्य का 25%
(d) अंशों के निर्गत मूल्य का 25%

24. किसे वैज्ञानिक प्रबन्धन का जनक कहा जाता है?
(a) इमरसन (b) मयो
(c) एफ. डब्ल्यू. टेलर (d) कीथ डेविस

25. एक कम्पनी द्वारा ऋण पत्रों का शोधन नहीं किया जा सकता
(a) संचित लाभों से
(b) संचित हानियों से
(c) अपने ऋण पत्रों को बाजार से क्रय करके
(d) ऋण पत्रों को अंशों में परिवर्तित करके

26. अधिकतम आना, पहले जाना (HIFO) सामग्री निर्गमन की पद्धति उपयोगी होती है जबकि
(a) सामग्री का मूल्य बढ़ रहा हो
(b) सामग्री का मूल्य घट रहा हो
(c) सामग्री के मूल्य में उतार-चढ़ाव हो रहा हो
(d) सामग्री का मूल्य स्थिर हो

27. निम्नलिखित में से कौन-सी व्यावसायिक पूर्वानुमान की एक तकनीक नहीं है?
(a) बजटन (b) वित्तीय विवरणों का प्रस्तुतीकरण
(c) लागत मानकों का निर्धारण (d) लाभ नियोजन

28. लेखांकन प्रणाली जो अदत्त व्ययों तथा उपार्जित आयों को लाभ की गणना करने के लिए संज्ञान में नहीं लेती, कहलाती है
(a) दोहरी लेखा प्रणाली (b) उपार्जन आधारित प्रणाली
(c) इकहरा लेखा प्रणाली (d) रोकड़ प्रणाली

29. किसी अनुबन्ध की अनुपस्थिति में एक अवकाश ग्रहण करने वाले साझेदार की फर्म में हिस्सेदारी को शेष साझेदार क्रय करेंगे
(a) पूँजी अनुपात में (b) लाभ विभाजन अनुपात में
(c) समान अनुपात में (d) उपरोक्त में से कोई नहीं

30. देनदार ₹ 40,000; प्राप्त विपत्र ₹ 20,000; उधार विक्रय ₹ 2,50,000; विक्रय वापसी ₹ 10,000; देय विपत्र ₹ 10,000 औसत वसूली अवधि होगी
(a) 2 माह (b) 3 माह
(c) 4 माह (d) 5 माह

31. कम्पनी अधिनियम, 2013 के अनुसार एक कम्पनी द्वारा अंशों का निर्गमन किया जा सकता है
(a) सम मूल्य पर (b) बट्टे पर
(c) सम मूल्य अथवा प्रीमियम पर (d) प्रीमियम पर

32. किए गए वास्तविक व्ययों से लागत का निर्धारण कहलाता है
(a) प्रत्यक्ष लागत लेखांकन (b) अप्रत्यक्ष लागत लेखांकन
(c) ऐतिहासिक लागत लेखांकन (d) मानक लागत लेखांकन

33. गत वर्ष से अभिप्राय होता है
(a) वित्तीय वर्ष से
(b) लेखांकन वर्ष से
(c) कलेण्डर वर्ष से
(d) कर-निर्धारण वर्ष के ठीक पूर्व के वित्तीय वर्ष से

34. निम्नलिखित में से कौन-सा कथन सही नहीं है?
(a) वातावरण में ऑक्सीजन का प्रतिशत 21 है
(b) पर्यावरण प्रदूषण का सबसे महत्वपूर्ण कारण कृषि में रसायनों का प्रयोग है
(c) पर्यावरण संरक्षण अधिनियम, 1986 में पारित हुआ था
(d) हरित ईंधन योजना का उद्देश्य शीशा रहित पेट्रोल द्वारा वायु प्रदूषण को कम करना है

35. प्रत्यक्ष रूप से एक पर्यवेक्षक का निर्देश मानने वाले अधीनस्थों की संख्या कहलाती है
(a) व्यवसाय का विस्तार (b) नियन्त्रण का विस्तार
(c) संगठन का विस्तार (d) गतिविधि का विस्तार

36. व्यावसायिक पूर्वानुमान के सम्बन्ध में निम्नलिखित कथनों में से कौन-सा एक सही नहीं है?
(a) अल्प विस्तार पूर्वानुमान दीर्घ विस्तार पूर्वानुमान से कम सही होते हैं
(b) काल श्रेणी पूर्वानुमान के अन्तर्गत गत अनुभवों से प्राप्त समंकों का विश्लेषण किया जाता है
(c) निर्देशांक पूर्वानुमान की विधियों में से एक है
(d) व्यावसायिक पूर्वानुमान की न्यूनतम वर्ग रीति को सर्वोपयुक्त रेखा भी कहते हैं

37. प्रबन्धक के सिद्धान्तों के महत्त्वपूर्ण होने की वजह है
(a) संसाधनों का अनुकूलतम उपयोग
(b) कार्य कुशलता में वृद्धि
(c) पहल
(d) परिवर्तित हो रही तकनीक का अनुकूलन

38. वैवाहिक आमन्त्रण-पत्र के मुद्रण के लिए सर्वाधिक उपयुक्त लागत लेखांकन प्रणाली है
(a) प्रविधि लागत विधि (b) ठेका लागत विधि
(c) इकाई लागत विधि (d) उपकार्य लागत विधि

39. किसी कम्पनी द्वारा प्रतिभूति प्रीमियम का प्रयोग किया जा सकता है
(a) अपने सदस्यों को पूर्णदत्त बोनस अंश निर्गमित करने के लिए
(b) पूर्वाधिकार अंशों के शोधन के लिए
(c) अंशों पर लाभांश भुगतान करने के लिए
(d) उपरोक्त में से कोई नहीं

40. किसी एक उत्पाद अथवा सेवा की मूल लागत की गणना करने की लागत लेखांकन विधि है
(a) प्रविधि लागत विधि (b) ठेका लागत विधि
(c) समरूप लागत विधि (d) इकाई लागत विधि

41. कार्यात्मक संगठन का प्रमुख लाभ है
(a) विशेषज्ञता (b) समन्वयन
(c) सम्प्रेषण (d) सरलीकरण

42. एक वर्ष के दौरान देश में उत्पादित वस्तुओं एवं सेवाओं के कुल मूल्य को कहा जाता है
(a) जीडीपी (b) जीएनपी
(c) एनएनपी (d) एनडीपी

43. एक निजी कम्पनी में सदस्यों की अधिकतम संख्या हो सकती है
(a) 20 (b) 50 (c) 200 (d) असीमित

44. यदि पूँजी ₹ 50,000, दायित्व ₹ 30,000 और स्थायी सम्पत्तियाँ ₹ 70,000 हों तो चालू सम्पत्तियाँ होंगी
(a) ₹ 90,000 (b) ₹ 50,000
(c) ₹ 10,000 (d) ₹ 1,50,000

45. निम्नलिखित में से कौन-सा प्रबन्धकीय लेखांकन का एक उपकरण नहीं है?
(a) वित्तीय लेखांकन (b) स्फीति लेखांकन
(c) प्रमाप लागत लेखांकन (d) वित्तीय विवरणों का विश्लेषण

46. किसी ग्राहक को 'अनुमोदन द्वारा विक्रय' के आधार पर बेचे गए माल का लेखा किया जाता है
(a) नकद विक्रय के रूप में (b) उधार विक्रय के रूप में
(c) अन्तिम रहतिए के रूप में (d) देनदार के रूप में

47. यदि चालू अनुपात 2.5 तथा कार्यशील पूँजी ₹ 90,000 हो, तो चालू सम्पत्तियों का मूल्य होगा
(a) ₹ 60,000 (b) ₹ 1,35,000
(c) ₹ 1,50,000 (d) ₹ 2,25,000

48. एक व्यक्ति द्वारा 10% का अधिभार देय है जहाँ उसकी कुल आय अधिक है
(a) ₹ 7,50,000 से (b) ₹ 10,00,000 से
(c) ₹ 50,00,000 से (d) ₹ 1,00,00,000 से

49. निम्नलिखित में कौन-सी कम्पनी की एक विशेषता नहीं है?
(a) गैर-समामेलित संस्था
(b) कृत्रिम व्यक्तित्व
(c) शाश्वत उत्तराधिकार
(d) पृथक वैधानिक अस्तित्व

50. एक संगठित समूह की सभी क्रियाओं, लक्ष्य निर्धारण एवं लक्ष्य प्राप्ति को प्रभावित करने वाली प्रक्रिया को कहा जाता है।
(a) नियोजन (b) नियन्त्रण
(c) प्रबन्धन (d) नेतृत्व

51. प्रबन्ध का अन्तिम कार्य है
(a) निर्देशन (b) नियन्त्रण
(c) संगठन (d) नियोजन

52. अभिप्रेरणा का सम्बन्ध है
(a) नियोजन से (b) नियन्त्रण से
(c) नेतृत्व से (d) संगठित करने से

53. नेतृत्व की वह शैली जिसमें समूह के सदस्यों को अपना कार्य स्वतन्त्रतापूर्वक करने की अनुमति प्रदान की जाती है, कहलाती है
(a) निर्बाधवादी शैली (b) जनतन्त्रीय शैली
(c) निरंकुश शैली (d) पैतृक शैली

54. प्रबन्धकीय प्रतिवेदन प्रणाली के अन्तर्गत नियन्त्रण प्रतिवेदन एवं सूचना प्रतिवेदन अभिन्न अंग है
(a) वित्तीय प्रतिवेदनों का
(b) परिचालन प्रतिवेदनों का
(c) वित्तीय प्रतिवेदनों एवं परिचालन प्रतिवेदन दोनों का
(d) अंशधारियों को दिए जाने वाले प्रतिवेदनों का

55. संसद अथवा किसी राज्य के विधानमण्डल द्वारा पारित विशेष अधिनियम के अन्तर्गत समामेलित कम्पनी कहलाती है।
(a) सरकारी कम्पनी (b) सार्वजनिक कम्पनी
(c) वैधानिक कम्पनी (d) पंजीकृत कम्पनी

56. वार्षिक आवश्यकता हेतु एक कम्पनी किसी वस्तु की 8,000 इकाइयाँ क्रय करती है। प्रत्येक इकाई की लागत ₹ 10 है। आदेश देने की लागत प्रति आदेश ₹ 30 है। सामग्री रखने की लागत वार्षिक औसत स्कन्ध का 7.5% है। मितव्ययी आदेश मात्रा होगी।
(a) 566 इकाई (b) 800 इकाई
(c) 2530 इकाई (d) 900 इकाई

57. निम्नलिखित में से कौन-सा प्रबन्धकीय कार्य साधन और परिणाम से सम्बन्धित है?
(a) संगठन (b) नियन्त्रण
(c) नियोजन (d) निर्देशन

58. व्यापार चक्र के सम्बन्ध में निम्नलिखित में से कौन-सा एक सही नहीं है?
(a) विस्तार, उत्सादन, अवनति और पुनरुत्थान व्यापार चक्र के चार चरण हैं
(b) व्यापार चक्र पूँजीवादी पद्धति का एक अंग है
(c) कीन्स के अनुसार, व्यापार चक्र एक विशुद्ध मौद्रिक घटना है
(d) व्यापार चक्र का नवाचार सिद्धान्त जोसेफ शुम्पीटर के नाम से सम्बन्धित है

59. नए साझेदार के प्रवेश पर यदि साझेदार यह निर्णय करते हैं कि सम्पत्तियों एवं दायित्वों के मूल्य में हुए परिवर्तनों का लेखा पुस्तकों में तो किया जाए, किन्तु खातों में नहीं तो फर्म तैयार करती है
(a) लाभ-हानि विनियोजन खाता (b) लाभ-हानि समायोजन खाता
(c) पुनर्मूल्यांकन खाता (d) अनुस्मारक पुनर्मूल्यांकन खाता

60. स्थायी सम्पत्तियों पर ह्रास की गणना की जाती है उनके
(a) पुस्तक मूल्य पर (b) बाजार मूल्य पर
(c) वसूली योग्य मूल्य पर (d) अवशेष मूल्य पर

61. आकस्मिक आय में सम्मिलित नहीं है
(a) लॉटरी से जीती हुई राशि (b) जुए में जीती हुई राशि
(c) अंशों के विक्रय पर पूँजी लाभ (d) सड़क पर पड़ा धन मिलना

62. लेखांकन की उपार्जन प्रणाली, इस नाम से भी जानी जाती है
(a) रोकड़ प्रणाली (b) व्यापारिक प्रणाली
(c) प्राप्ति प्रणाली (d) सरकारी प्रणाली

63. ह्रास लेखांकन के लिए किस लेखांकन प्रमाप का प्रयोग किया जाता है?
(a) लेखांकन प्रमाप-2 (b) लेखांकन प्रमाप-5
(c) लेखांकन प्रमाप-6 (d) लेखांकन प्रमाप-13

64. "लाभों की प्रत्याशा मत करो और सभी हानियों के लिए व्यवस्था कर लो।" इस मान्यता का आधार है
(a) रूढ़िवादिता की परिपाटी (b) एकरूपता की परिपाटी
(c) सारता की परिपाटी (d) पूर्ण प्रकटीकरण की परिपाटी

65. स्थिर लागत ₹ 12,00,000 (₹ 80,000 ह्रास को सम्मिलित करते हुए); प्रति इकाई विक्रय मूल्य ₹ 1,200; प्रति इकाई परिवर्तनशील लागत ₹ 900; ऋण की किश्त ₹ 2,00,000। नकद सम विच्छेद बिन्दु होगा
(a) 4367 इकाई (b) 4400 इकाई
(c) 4000 इकाई (d) 4933 इकाई

66. निर्माण के लिए निविदा है
(a) लाभ का अनुमान (b) लागत का अनुमान
(c) विक्रय मूल्य का अनुमान (d) कार्य का अनुमान

67. निर्यातकों को पैकिंग क्रेडिट की सुविधा प्रदान की जाती है
(a) भारतीय रिजर्व बैंक द्वारा
(b) व्यापारिक बैंकों द्वारा
(c) सहकारी बैंकों द्वारा
(d) निर्यात साख एवं गारण्टी निगम द्वारा

68. आय के मापन का आधार है
(a) मिलान अवधारणा (b) लेखांकन अवधि अवधारणा
(c) मुद्रा मापन अवधारणा (d) लागत अवधारणा

69. किसी सम्पत्ति के मूल्य, स्वामित्व, स्वत्व, अस्तित्व एवं कब्जे के सम्बन्ध में जाँच कहलाती है
(a) प्रमाणन (b) मूल्यांकन
(c) सत्यापन (d) अन्वेषण

70. अधिकार अंश का आशय है, वे अंश जो
(a) निदेशकों को निर्गत किए गए हों
(b) वर्तमान अंशधारियों को प्रस्तावित किए गए हों
(c) वर्तमान ऋणपत्रधारियों को प्रस्तावित किए गए हों
(d) कम्पनी के लेनदारों को निर्गत किए गए हों

71. नियन्त्रण प्रक्रिया सम्बन्धित होती है
(a) वास्तविक निष्पादन के मापन से (b) मानकों के निर्धारण से
(c) कार्यों के अभिहस्तांकन से (d) लक्ष्यों को निर्धारित करने से

72. अभिप्रेरण का Z-सिद्धान्त प्रतिपादित किया गया था
(a) एफ. डब्ल्यू. टेलर द्वारा (b) कीथ डेविस द्वारा
(c) एल. एफ. उर्विक द्वारा (d) पीटर ड्रकर द्वारा

73. "जितना ऊँचा अनुपात होता है, उतना ही यह पक्ष में होता है।" यह कथन लागू नहीं होता है
(a) स्कन्ध आवर्त अनुपात में सम्बन्ध में
(b) शुद्ध लाभ अनुपात में सम्बन्ध में
(c) सकल लाभ अनुपात में सम्बन्ध में
(d) परिचालन अनुपात में सम्बन्ध में

74. वह शक्ति जो किसी व्यक्ति को कार्य करने के लिए गति प्रदान करती है, कहलाती है
(a) प्रबन्धन (b) निर्देशन
(c) नियन्त्रण (d) अभिप्रेरणा

75. 1 मार्च, 2018 को प्रारम्भ किए गए व्यापार की आय का कर निर्धारण जिस कर निर्धारण वर्ष में होगा, वह है
(a) 2017-18 (b) 2018-19
(c) 2019-20 (d) 2020-21

76. साझेदारी का समापन जिस कारण हो सकता है, वह है
(a) साझेदार की मृत्यु
(b) किसी साझेदार का दिवालिया होना
(c) सभी साझेदारों की सहमति द्वारा
(d) उपरोक्त सभी

77. अधिकार प्रतिनिधायन करते समय वरिष्ठ प्रदान करता है
(a) केवल अधिकार
(b) अधिकार एवं उत्तरदायित्व
(c) अधिकार, उत्तरदायित्व एवं उत्तरदेयता
(d) उत्तरदायित्व एवं उत्तरदेयता

78. विनियोग की बिक्री के पश्चात् शोधन कोष विनियोग खाते का शेष हस्तान्तरित किया जाता है
(a) लाभ-हानि खातें में (b) पूँजी संचय खाते में
(c) शोधन कोष खाते में (d) ऋणपत्र खाते में

79. कर्मचारियों की जिम्मेदारियों की एक ऐसी व्यवस्था जिसमें किसी लेनदेन के प्रत्येक पहलुओं का अभिलेखन किसी एक व्यक्ति द्वारा नहीं किया जाता, कहलाता है
(a) आन्तरिक प्रशासन (b) आन्तरिक रोकथाम
(c) आन्तरिक अंकेक्षण (d) आन्तरिक प्रबन्धन

80. किसी सामान्य उद्देश्य की पूर्ति के लिए की जाने वाली विभिन्न क्रियाओं में सामंजस्य स्थापित करने तथा तालमेल बनाए रखने के उद्देश्य से सामूहिक प्रयत्नों में व्यवस्था करने को कहा जाता है
(a) निर्देशन (b) समन्वय (c) नियन्त्रण (d) निर्णयन

81. एक नए उत्पादन का परिचय कराने हेतु विज्ञापन पर किया गया भारी प्रारम्भिक व्यय वर्गीकृत किया जाता है
(a) पूँजीगत व्यय के रूप में (b) आयगत व्यय के रूप में
(c) माने गए दायित्व के रूप में (d) स्थगित आयगत व्यय के रूप में

82. अयाचित पूँजी का वह भाग, जिसे कम्पनी के समापन के समय याचित किया जा सकता है, कहलाता है
(a) अधिकृत पूँजी (b) निर्गमित पूँजी
(c) प्रार्थित पूँजी (d) संचित पूँजी

83. वे व्यय, जो कि किसी वस्तु की माँग बढ़ाने के लिए किए जाते हैं, जाने जाते हैं
(a) बिक्री व्यय (b) वितरण व्यय
(c) 'a' और 'b' दोनों (d) न तो 'a' और न ही 'b'

84. एक नए साझेदार के प्रवेश पर किसी सम्पत्ति के मूल्य में हुई वृद्धि को क्रेडिट किया जाता है
(a) पुराने साझेदारों के पूँजी खाते में
(b) पुनर्मूल्यांकन खाते में
(c) सम्पत्ति खाते में
(d) सभी साझेदारों के पूँजी खाते में

85. सुरक्षा सीमा से तात्पर्य है
(a) वास्तविक विक्रय एवं कुल लागत के अन्तर से
(b) वास्तविक विक्रय एवं परिवर्तनशील लागत के अन्तर से
(c) वास्तविक विक्रय एवं स्थिर लागत के अन्तर से
(d) वास्तविक विक्रय एवं सम विच्छेद विक्रय के अन्तर से

86. सकल लाभ अनुपात की गणना की जाती है
(a) $\frac{\text{सकल लाभ}}{\text{सकल विक्रय}} \times 100$ द्वारा (b) $\frac{\text{सकल लाभ}}{\text{शुद्ध विक्रय}} \times 100$ द्वारा
(c) $\frac{\text{शुद्ध लाभ}}{\text{सकल विक्रय}} \times 100$ द्वारा (d) $\frac{\text{सकल प्राप्तियाँ}}{\text{शुद्ध विक्रय}} \times 100$ द्वारा

87. साझेदारी के गठन के लिए साझेदारों के मध्य लिखित अनुबन्ध कहलाता है
(a) समामेलन का प्रमाण-पत्र (b) पार्षद सीमा नियम
(c) फर्म के निर्माण का प्रमाण-पत्र (d) साझेदारी संलेख

88. निम्नलिखित में से कौन-सा लाभ मात्रा अनुपात (*P/V* Ratio) का सूत्र नहीं है?
(a) $P/V \text{ Ratio} = \frac{S - V}{S} \times 100$
(b) $P/V \text{ Ratio} = \frac{\text{Profit}}{\text{MOS}} \times 100$
(c) $P/V \text{ Ratio} = \frac{\text{Change in Profit}}{\text{Change in Total Cost}} \times 100$
(d) $P/V \text{ Ratio} = \frac{F}{\text{BEP}(₹)} \times 100$

89. किस सैद्धान्तिक वितरण के अन्तर्गत चतुर्थक विचलन, प्रमाप विचलन का 2/3 होता है?
(a) द्विपद वितरण (b) प्रसामान्य वितरण
(c) पॉयसन वितरण (d) यादृच्छिक वितरण

90. टेलर के क्रियात्मक संगठन में 'टोली नायक'
(a) कार्य की गुणवत्ता की जाँच करता है
(b) आदेश व निर्देश जारी करता है
(c) उपकरण व मशीनें तैयार करवाता है
(d) उत्पादन लागत के निर्धारण के लिए आँकड़े संकलित करता है

91. ऋण-समता अनुपात एक परीक्षण है
(a) लाभदायकता का (b) शोधक्षमता का
(c) तरलता का (d) प्रबन्धकीय कार्यकुशलता का

92. उत्पादन लागत होती है
(a) मूल लागत + कारखाना उपरिव्यय
(b) कारखाना लागत + प्रशासनिक उपरिव्यय
(c) प्रत्यक्ष लागत + अप्रत्यक्ष व्यय
(d) मूल लागत + प्रशासनिक उपरिव्यय

93. ऋण पत्रों के शोधन के पश्चात् ऋण शोधन कोष खाते के शेष को हस्तान्तरित किया जाता है
(a) सामान्य संचय खाते में (b) पूँजी संचयन खाते में
(c) लाभ-हानि खाते में (d) ऋण पत्र खाते में

94. यदि एक मशीन का क्रय किया जाता है, तो यह ए.एस.-3 (संशोधित) के अनुसार किस प्रकार दिखाया जाना चाहिए?
(a) क्रय क्रिया (b) विनियोजन क्रिया
(c) वित्तीयन क्रिया (d) परिचालन क्रिया

95. किस अधिकतम परिपक्वता अवधि के लिए कॉमर्शियल पेपर जारी किए जाते हैं?
(a) तीन माह के लिए (b) छः माह के लिए
(c) नौ माह के लिए (d) बारह माह के लिए

96. कॉमर्शियल पेपर है
(a) पूर्णतया सुरक्षित (b) आंशिक सुरक्षित
(c) असुरक्षित (d) इनमें से कोई नहीं

97. जमा प्रमाण-पत्र का न्यूनतम मूल्यवर्ग है
(a) ₹ 1,00,000 (b) ₹ 2,00,000
(c) ₹ 1,50,000 (d) ₹ 5,00,000

98. निम्नलिखित में से कौन-सा जमा प्रमाण-पत्र का लक्षण है?
(a) बिक्री योग्यता (b) तरलता
(c) हस्तान्तरणीयता (d) ये सभी

99. निम्नलिखित में से कौन-सा ट्रेज़री बिल का गुण नहीं है?
(a) सुरक्षा (b) तरलता
(c) कम प्रत्याय (d) अल्पकालीन फण्ड का स्रोत

100. निम्नलिखित में से कौन-सी ट्रेज़री बिल की विशेषता है?
(a) परक्राम्य
(b) अदायगी जोखिम की अनुपस्थिति
(c) वैधानिक तरलता अनुपात में समावेश की पात्रता
(d) उपरोक्त सभी

101. ऋण प्रतिभूतियों का सूचीयन है
(a) आवश्यक
(b) ऐच्छिक
(c) आवश्यक एवं ऐच्छिक दोनों
(d) उपरोक्त में से कोई नहीं

102. विनियोगकर्ता के लिए निम्नलिखित में से कौन-सा गुण है जब ऋणपत्रों में विनियोग करता है?
(a) स्थिर प्रत्याय (b) निश्चित परिपक्वता
(c) ऋणपत्र विलेख द्वारा सुरक्षित (d) उपरोक्त सभी

103. 'क्रियाओं में लोचता' के सन्दर्भ में, व्यवसाय संगठन का सबसे उपयुक्त प्रारूप है
(a) एकल स्वामित्व (b) साझेदारी
(c) सार्वजनिक कम्पनी (d) निजी कम्पनी

104. 'अनिश्चित जीवन विस्तार' एक विशेषता है
(a) सहकारी समिति की (b) एकल स्वामित्व की
(c) सरकारी कम्पनी की (d) निजी कम्पनी की

105. निम्नलिखित में से कौन-सी एक साझेदारी फर्म की विशेषता नहीं है?
(a) व्यवसाय का अस्तित्व (b) लाभों का बँटवारा
(c) अंश का स्वतन्त्र हस्तान्तरण (d) असीमित दायित्व

106. निम्नलिखित में से कौन एक कम्पनी के कार्यालय में नियमित रूप से आता है?
(a) अंशधारी गण (b) संचालक मण्डल
(c) प्रबन्ध संचालक (d) ये सभी

107. कम्पनी अधिनियम, 1956 के अनुसार, एक कम्पनी को अपने प्रबन्ध संचालक मण्डल की पहली सभा उसके सम्मेलन की तिथि से कितने दिनों के अन्दर बुलानी चाहिए?
(a) 30 दिन (b) 60 दिन
(c) 90 दिन (d) 120 दिन

108. निम्नलिखित में से किसे 'उदग्र संगठन' के रूप में भी जाना जाता है?
(a) रेखा तथा स्टाफ संगठन को (b) रेखा संगठन को
(c) क्रियात्मक संगठन को (d) समिति संगठन को

109. निम्नलिखित में से कौन-सा स्टाफ पद नहीं है?
(a) कानूनी सलाहकार (b) व्यक्तिगत सहायक
(c) जनरल मैनेजर (d) उपरोक्त में से कोई नहीं

110. रेखा तथा स्टाफ संगठन के सन्दर्भ में, स्टाफ होता है
(a) पूर्णतया उत्तरदायी
(b) कुछ परिस्थितियों में आंशिक उत्तरदायी
(c) सभी परिस्थितियों में आंशिक उत्तरदायी
(d) बिल्कुल उत्तरदायी नहीं

111. रेखा संगठन के अनेक लाभ हैं, सिवाय निम्नलिखित के
(a) त्वरित निर्णय (b) बेहतर नियन्त्रण
(c) बहुत खर्चीला (d) त्वरित संदेशवाहन

112. निम्नलिखित में से कौन-सा कथन सही नहीं है?
(a) रेखा संगठन छोटी इकाइयों के लिए अधिक उपयुक्त है
(b) रेखा संगठन में भ्रम की सम्भावना अपेक्षाकृत अधिक होती है
(c) रेखा संगठन में आदेश ऊपर से नीचे की ओर प्रवाहित होता है
(d) रेखा संगठन, संगठन का सबसे आसान प्रारूप है

113. लम्बवत् संयोजन के दोषों के सन्दर्भ में, निम्नलिखित में से कौन-सा सही नहीं है?
(a) अत्यधिक पारस्परिक निर्भरता (b) प्रतियोगिता में कमी
(c) सीमित प्रयोग क्षेत्र (d) फैशन में परिवर्तन का दुष्प्रभाव

114. यदि एक सीमेंट फैक्ट्री, एक स्टील मिल, एक चीनी मिल तथा एक चमड़ा फर्म आपस में संयोजित होती हैं, तो यह उदाहरण है
(a) लम्बवत् संयोजन का (b) क्षैतिज संयोजन का
(c) विकर्णीय संयोजन का (d) वृत्तीय संयोजन का

115. नियोजन के महत्त्व के सन्दर्भ में, निम्नलिखित में से कौन-सा बिल्कुल सही नहीं है?
(a) बर्बादी में कमी (b) अतिशीघ्र निर्णयों पर रोक
(c) जोखिम की समाप्ति (d) लागतों पर नियन्त्रण

116. नियोजन प्रक्रिया में, 'अनुगमन करना' है
(a) पहला कदम (b) मध्य कदम
(c) अन्तिम कदम (d) इनमें से कोई नहीं

117. एक कारखाने में फोरमैन द्वारा बनाई गई योजना, एक उदाहरण है
(a) मध्य स्तरीय योजना का (b) निम्न स्तरीय योजना का
(c) उच्च स्तरीय योजना का (d) उच्च-मध्य स्तरीय योजना का

118. नियोजन है
(a) रोजगार उन्मुख (b) लक्ष्य परक
(c) सरकार उन्मुख (d) जनता उन्मुख

119. जब 'संगठन' शब्द का प्रयोग क्रिया के रूप में किया जाता है, तब इसका अभिप्राय होता है
(a) ढाँचे से (b) कार्य से (c) प्रक्रिया से (d) कम्पनी से

120. "हमारे कारखाने ले जाओ, हमारा व्यापार ले जाओ, परिवहन के साधन तथा धन ले जाओ, हमारे पास कुछ न छोड़ो, किन्तु हमारा संगठन छोड़ दो और चार वर्ष में हम अपने को पुनः स्थापित कर लेंगे।"
यह कथन है
(a) मैक फॉरलैण्ड का (b) डेल कारनेगी का
(c) विलियम आर. स्प्रिगल का (d) एण्ड्रयू कारनेगी का

उत्तरमाला

1.	(b)	2.	(b)	3.	(d)	4.	(a)	5.	(b)	6.	(a)	7.	(a)	8.	(c)	9.	(d)	10.	(a)
11.	(b)	12.	(a)	13.	(d)	14.	(b)	15.	(d)	16.	(b)	17.	(b)	18.	(b)	19.	(c)	20.	(c)
21.	(d)	22.	(d)	23.	(d)	24.	(c)	25.	(b)	26.	(c)	27.	(b)	28.	(d)	29.	(b)	30.	(b)
31.	(c)	32.	(c)	33.	(d)	34.	(b)	35.	(b)	36.	(a)	37.	(b)	38.	(d)	39.	(a)	40.	(d)
41.	(a)	42.	(a)	43.	(c)	44.	(c)	45.	(b)	46.	(c)	47.	(c)	48.	(c)	49.	(a)	50.	(d)
51.	(b)	52.	(c)	53.	(a)	54.	(b)	55.	(c)	56.	(b)	57.	(c)	58.	(c)	59.	(d)	60.	(a)
61.	(c)	62.	(b)	63.	(c)	64.	(a)	65.	(b)	66.	(b)	67.	(b)	68.	(a)	69.	(c)	70.	(b)
71.	(a)	72.	(c)	73.	(d)	74.	(d)	75.	(b)	76.	(d)	77.	(b)	78.	(c)	79.	(b)	80.	(b)
81.	(d)	82.	(d)	83.	(a)	84.	(b)	85.	(d)	86.	(b)	87.	(d)	88.	(c)	89.	(b)	90.	(c)
91.	(b)	92.	(b)	93.	(a)	94.	(b)	95.	(d)	96.	(c)	97.	(a)	98.	(c)	99.	(c)	100.	(d)
101.	(a)	102.	(d)	103.	(a)	104.	(b)	105.	(a)	106.	(c)	107.	(c)	108.	(a)	109.	(a)	110.	(c)
111.	(c)	112.	(b)	113.	(b)	114.	(d)	115.	(c)	116.	(c)	117.	(a)	118.	(b)	119.	(c)	120.	(d)

मध्य प्रदेश
उच्च माध्यमिक शिक्षक पात्रता परीक्षा (भाग-ब)

प्रैक्टिस पेपर 5

निर्देश

इस प्रश्न-पत्र में कुल 120 वस्तुनिष्ठ प्रश्न हैं तथा प्रत्येक प्रश्न के लिए एक अंक निर्धारित है।

1. लेखांकन विवरणों में संयोगिक दायित्वों के सम्बन्ध में नोट्स जोड़ने का अभ्यास इसके अनुपालन में है
(a) स्थिरता की प्रथा (b) मुद्रा मापन अवधारणा
(c) रुढ़िवादिता की परिपाटी (d) प्रकटीकरण की परिपाटी

2. रुढ़िवादिता की परिपाटी लागू होती है
(a) लेनदारों पर छूट प्रदान करने में
(b) अप्राप्य एवं संदिग्ध ऋण के प्रावधान में
(c) वित्तीय स्थिरता के लिए संचय बनाने में
(d) उपरोक्त में से कोई नहीं

3. यदि ₹ 10 के एक अंश जिस पर ₹ 6 का भुगतान हुआ है, को हरित किया जाता है, तो उसे इस न्यूनतम मूल्य पर पुनर्निगमित किया जा सकता है
(a) ₹ 6 प्रति अंश (b) ₹ 4 प्रति अंश
(c) ₹ 10 प्रति अंश (d) उपरोक्त में से कोई नहीं

4. अर्जित किन्तु अप्राप्त आय मानी जाती है
(a) सम्पत्ति (b) दायित्व (c) हानि (d) पूँजी

5. भविष्य में माल की आपूर्ति के लिए किसी ग्राहक से प्राप्त अग्रिम धनराशि है एक
(a) आय (b) व्यय
(c) चालू दायित्व (d) चालू सम्पत्ति

6. विक्रय बजट है एक
(a) कार्यात्मक बजट (b) मास्टर बजट
(c) व्यय बजट (d) इनमें से कोई नहीं

7. जिसे बनाने में स्थिर एवं परिवर्तनशील लागत के मध्य अन्तर का विशेष महत्त्व है, वह है
(a) लचीला बजट (b) मास्टर बजट
(c) रोकड़ बजट (d) इनमें से कोई नहीं

8. यदि मशीन घण्टे 8000 हैं तथा कारखाना उपरिव्यय अधिशोषण दर प्रति मशीन ₹ 8 है तो अधिशोषित कारखाना उपरिव्यय होंगे
(a) ₹ 1000 (b) ₹ 8000 (c) ₹ 64000 (d) ₹ 7992

9. लेखांकन के सिद्धान्त आधारित हैं
(a) व्यवहारिकता पर (b) व्यक्तिपरकता पर
(c) अभिलेखन में सुविधा पर (d) इनमें से कोई नहीं

10. तरलता और जोखिम के मध्य सम्बन्ध है
(a) सीधा (b) विपरीत
(c) कोई नहीं (d) इनमें से कोई नहीं

11. एक निजी कम्पनी में सदस्यों की अधिकतम संख्या है
(a) 20 (b) 200
(c) 500 (d) इनमें से कोई नहीं

12. प्रबन्ध लेखांकन सम्बन्ध रखता है
(a) मात्रात्मक सूचनाओं से
(b) गुणात्मक सूचनाओं से
(c) (a) और (b) दोनों से
(d) (a) और (b) दोनों में से कोई नहीं

13. थोक व्यापारी मध्यस्थ के रूप में एक कड़ी है
(a) निर्माता एवं उपभोक्ता के मध्य
(b) निर्माता एवं भण्डारी के मध्य
(c) निर्माता एवं फुटकर व्यापारी के मध्य
(d) फुटकर व्यापारी एवं ग्राहक के मध्य

14. नियोजन, संगठन, निर्देशन एवं नियन्त्रण है
(a) प्रबन्ध के कार्य (b) प्रबन्ध के उद्देश्य
(c) प्रबन्ध के परिणाम (d) ये सभी

15. क्षेत्रीय समूहों में लोगों और भौतिक संसाधनों को समूहीकृत करके श्रम का विभाजन इससे सम्बन्धित होता है।
(a) विशिष्टीकरण (b) समन्वय
(c) मण्डलीकरण (d) लक्ष्य निर्धारण

16. हेनरी फेयोल द्वारा दिए गए प्रबन्ध के सिद्धान्तों की संख्या है
(a) 12 (b) 14
(c) 16 (d) 20

17. समन्वय के तत्त्व है
(a) सामूहिक प्रयास (b) कार्यों में एकता
(c) समान उद्देश्य (d) ये सभी

18. व्यवसाय के आर्थिक परिवेश में सम्मिलित है
(a) आर्थिक व्यवस्था (b) आर्थिक नीतियाँ
(c) आर्थिक दशाएँ (d) ये सभी

19. प्रबन्धकीय कौशल में सम्मिलित है
(a) तकनीकी कौशल (b) नैदानिक कौशल
(c) राजनीतिक कौशल (d) ये सभी

20. किसी संगठन में उप–इकाइयों के कार्यों को एक सतत् पैटर्न में जोड़ने के लिए उपयोग किए जाने वाले तन्त्र के समूह को कहते हैं
(a) विभागीयकरण (b) समन्वय
(c) नियन्त्रण (d) औपचारिक प्राधिकारी

21. हेनरी फेयोल ने प्रशासनिक गतिविधियों को बाँटा है
(a) दो समूहों में (b) चार समूहों में
(c) छह समूहों में (d) आठ समूहों में

22. लागत के तत्त्व है
(a) सामग्री (b) श्रम
(c) व्यय (d) ये सभी

23. प्रबन्धकीय प्रतिवेदन प्रणाली के अन्तर्गत नियन्त्रण एवं सूचना सम्बन्धी प्रतिवेदन एक हिस्सा होते हैं
(a) वित्तीय प्रतिवेदनों का
(b) परिचालन प्रतिवेदनों का
(c) वित्तीय एवं परिचालन दोनों प्रतिवेदनों का
(d) उपरोक्त में से कोई नहीं

24. अप्राप्य ऋण के कारण घाटे को पूरा करने के लिए निर्धारित की गई अलग राशि है
(a) संचय (b) प्रावधान
(c) देयता (d) इनमें से कोई नहीं

25. यदि प्रस्तावित लाभांश 20% है, तो संचय में हस्तान्तरित किए जाने वाले लाभ का प्रतिशत होगा
(a) 2.5% (b) 5%
(c) 7.5% (d) 10%

26. तलपट में दिए गए स्टॉक को दिखाया जाता है
(a) व्यापारिक खाते में
(b) लाभ-हानि खाते में
(c) आर्थिक चिट्ठे में
(d) व्यापारिक खाते तथा आर्थिक चिट्ठे में

27. नए साझेदार के प्रवेश पर यदि साझेदार यह निर्णय करते हैं कि सम्पत्तियों एवं दायित्वों के मूल्यों में परिवर्तन का लेखा पुस्तकों में किया जाए परन्तु खातों में नहीं तो फर्म बनाती है
(a) स्मारक पुनर्मूल्यांकन खाता
(b) पुनर्मूल्यांकन खाता
(c) लाभ-हानि समायोजन खाता
(d) लाभ-हानि विनियोजन खाता

28. गार्नर बनाम मरे के नियमानुसार दिवालिया साझेदार की कमी को शोधक्षम साझेदार बाँटते हैं अपने
(a) लाभ विभाजन अनुपात में
(b) पूँजी अनुपात में
(c) चालू खाते के अनुपात में
(d) समान अनुपात में

29. कौन एक 'दोहरा लेख प्रणाली' का सिद्धान्त है?
(a) क्रय बढ़ाता है नामे, आय घटाती है जमा
(b) व्यय बढ़ाता है नामे, आय घटाती है जमा
(c) प्राप्तकर्ता है नामे, प्रदाता है जमा
(d) प्राप्तकर्ता है जमा, प्रदाता है नामे

30. ब्याज, लाभांश और किराया इन पर आय कर
(a) लाभ और हानि खाते में डेबिट किया जाना चाहिए
(b) लाभ और हानि विनियोजन खातों में डेबिट किया जाना चाहिए
(c) कराधान के प्रावधान में डेबिट किया जाना
(d) उपरोक्त में से कोई नहीं

31. अयाचित पूँजी का वह भाग जिसे कम्पनी के समापन के समय याचित किया जा सकता है, कहलाता है
(a) अधिकृत पूँजी (b) निर्गमित पूँजी
(c) प्रार्थित पूँजी (d) संचित पूँजी

32. फर्म के विघटन पर पुस्तकों में न लिखे गए एक दायित्व को
(a) वसूली खाते में डेबिट किया जाता है
(b) वसूली खाते में क्रेडिट किया जाता है
(c) दायित्व खाते में क्रेडिट किया जाता है
(d) पुनर्मूल्यांकन खाते में डेबिट किया जाता है

33. एक अवधि में ₹ 15,00,000 के शुद्ध लाभ की गणना में ₹ 20,000 सम्पत्ति बिक्री का मुनाफा और ₹ 10,000 मूल्य ह्रास का भी विचार किया गया है। इस मामले में परिचालन से कोष होगा
(a) ₹ 15,00,000 (b) ₹ 15,30,000
(c) ₹ 14,90,000 (d) ₹ 15,10,000

34. अंश अधिशुल्क का प्रयोग किया जा सकता है
(a) लाभांश का भुगतान करने में
(b) ख्याति के अपलेखन में
(c) पूर्णदत्त बोनस अंशों को निर्गत करने के लिए
(d) उपरोक्त में से कोई नहीं

35. मूल लागत ₹ 16,000 है। सामग्री श्रम का 60% है। श्रम क्या होगा?
(a) ₹ 5,000 (b) ₹ 6,000
(c) ₹ 10,000 (d) इनमें से कोई नहीं

36. आन्तरिक प्रबन्धकीय प्रतिवेदन उपयोगी होते हैं
(a) शीर्ष स्तरीय प्रबन्धकों के लिए
(b) कार्यात्मक प्रबन्धकों के लिए
(c) परिचालन से सम्बद्ध प्रबन्धकों के लिए
(d) उपरोक्त सभी के लिए

37. वह व्यक्ति जो लाभ अर्जित करने के लिए माल अथवा सेवाओं को उत्पादित करने का जोखिम उठाता है, उसे कहते हैं
(a) उद्यमी (b) पेशेवर (c) व्यापारी (d) निवेशक

38. कौन व्यापार चक्र का भाग नहीं है?
(a) उछाल (b) अवसाद
(c) समुत्थान (d) गतिवर्धन

39. निम्न समंकों से लाभ-मात्रा अनुपात की गणना कीजिए।

	विक्रय	लाभ
2017	₹ 50000	₹ 5000
2018	₹ 75000	₹ 10000

(a) 15% (b) 20%
(c) 18% (d) 16%

40. द्वि पहलू अवधारणा के आधार पर लेनदेन को अभिलेखित करने की प्रणाली को कहते हैं
(a) दोहरा खाता प्रणाली (b) दोहरा लेखा प्रणाली
(c) एकल लेखा प्रणाली (d) इनमें से कोई नहीं

41. जहाजी बिल्टी निर्गत की जाती है
(a) जहाजी कम्पनी द्वारा
(b) निर्यातक द्वारा
(c) बन्दरगाह प्रन्यास अधिकरण द्वारा
(d) आयतक द्वारा

42. अंशों व ऋणपत्रों में अभिदान आमन्त्रित करने के लिए प्रविवरण निर्गत कर सकती है, केवल
(a) सार्वजनिक कम्पनी (b) निजी कम्पनी
(c) ये सभी (d) इनमें से कोई नहीं

43. नए साझेदार के प्रवेश पर भवन के मूल्य में हुई किसी वृद्धि को क्रेडिट किया जाता है
(a) भवन खाते में
(b) लाभ-हानि खाते में
(c) पुनर्मूल्यांकन खाते में
(d) सभी साझेदारों के पूँजी खाते में

44. लागत लेखांकन का मुख्य उद्देश्य है
(a) संगठन के लाभ को अधिकतम करना
(b) वस्तुओं एवं सेवाओं के विक्रय मूल्य को निर्धारित करना
(c) निर्णयन प्रक्रिया हेतु प्रबन्धन को सूचनाएँ प्रदान करना
(d) निर्मित माल के रहतिया के मूल्यांकन में सहायता करना

45. एक ₹ 10 वाले ऐसे अंश जिस पर ₹ 8 की याचना की गई है और ₹ 6 का भुगतान किया गया है, यदि उसका हरण किया जाता है, तो अंश पूँजी खाते को डेबिट किया जाना चाहिए।
(a) ₹ 10 से (b) ₹ 8 से
(c) ₹ 6 से (d) ₹ 4 से

46. लीफो विधि का प्रयोग करना तब उपयुक्त होता है जब कीमतें
(a) गिर रही हों (b) बढ़ रही हों
(c) स्थिर हों (d) उपरोक्त सभी परिस्थितियों में

47. एक सामान्य साझेदारी फर्म में अधिकतम साझेदारों की संख्या इससे अधिक नहीं होनी चाहिए
(a) 10 (b) 20
(c) 30 (d) 40

48. छोटे उद्योग के रूप में वर्गीकृत करने के लिए संयन्त्र और मशीनरी में निवेश की सीमा है
(a) ₹ 35 लाख (b) ₹ 5 करोड़
(c) ₹ 70 लाख (d) इनमें से कोई नहीं

49. माल के आयात एवं निर्यात पर जो शुल्क लगाया जाता है उसे कहा जाता है
(a) उत्पाद शुल्क (b) सीमा शुल्क
(c) क्रय एवं विक्रय शुल्क (d) व्यापार शुल्क

50. तरलता का सबसे सटीक परीक्षण है
(a) त्वरित अनुपात (b) चालू अनुपात
(c) पूर्णतया तरल अनुपात (d) इनमें से कोई नहीं

51. निम्नलिखित में से कौन सा एक नियुक्ति कार्य सम्बन्धी प्रक्रिया का तत्त्व नहीं है?
(a) मानव संसाधन नियोजन (b) भर्ती एवं चयन
(c) वेतनसूची प्रबन्धन (d) कर्मचारियों का कार्य मूल्यांकन

52. अधिकांश संगठनों के लिए प्रमुख लक्ष्य है
(a) सामाजिक, निजी और उत्पादन
(b) सामाजिक, उत्पादन और प्रणाली
(c) निजी और अवैयक्तिक
(d) उपरोक्त में से कोई नहीं

53. लाइन और स्टाफ इकाइयों के बीच प्रमुख भेद इस सम्बन्धित होता है
(a) संसाधनों की मात्रा का उपयोग करने के लिए प्रत्येक की मिली हुई अनुमति
(b) फर्म के लक्ष्य से उनके कामों का जुड़ाव
(c) बाहरी दुनिया से उनका जुड़ाव
(d) उपरोक्त में से कोई नहीं

54. नियन्त्रण में सभी शमिल है सिवाय
(a) परिणाम मापन (b) लक्ष्य स्थापित करना
(c) सुधारात्मक कार्यवाही करना (d) मानव संसाधन का चयन

55. यदि कोई माल उधार क्रय किया गया है तो निम्नलिखित में से कौन-सा खाता नामे किया जाएगा?
(a) रोकड़ (b) देनदार
(c) लेनदार (d) क्रय

56. साझेदारों के मध्य लिखित अनुबन्ध कहलाता है
(a) पार्षद सीमा नियम (b) पार्षद अन्तर्नियम
(c) साझेदारी संलेख (d) पंजीयन का प्रमाण-पत्र

57. संगठनात्मक उद्देश्य के लिखित विवरण को कहते हैं
(a) मिशन विवरण
(b) औपचारिकता
(c) औपचारिक संगठन चार्टस्
(d) उपरोक्त में से कोई नहीं

58. किसी संगठन के भीतर कार्य इकाइयों या समूहों के गठन के माध्यम से श्रम विभाजन को कहते हैं
(a) नियन्त्रण (b) लम्बवत् विशिष्टीकरण
(c) क्षैतिज विशिष्टीकरण (d) समन्वय

59. पूर्वनिर्धारित सीमाओं के भीतर क्रियाओं और उत्पादन को रखने के लिए उपयोग किए जाने वाले तन्त्र के समूह को कहते हैं
(a) समन्वय (b) लम्बवत् विशिष्टीकरण
(c) नियन्त्रण (d) औपचारिकता

60. निम्नलिखित में से कौन-सा एक संगठन प्रक्रिया के लिए एक आवश्यक कदम है?
(a) नियोजन के आधार की स्थापना
(b) अधिकार अन्तरण
(c) आन्तरिक समन्वय
(d) कार्य मूल्यांकन

61. निम्नलिखित में से कौन एकल स्वामित्व का लाभ है?
(a) गठन में आसानी (b) संचालन में लचीलापन
(c) न्यूनतम विनियोजन (d) उपरोक्त सभी

62. लाभांश का आमतौर पर इस आधार पर भुगतान किया जाता है
(a) प्रदत्त पूँजी (b) अधिकृत पूँजी
(c) याचित पूँजी (d) निर्गमित पूँजी

63. प्रतिभूति प्रीमियम संचय खाता आर्थिक चिट्ठे के दायित्व पक्ष में इस शीर्षक के तहत दिखाया जाता है
(a) संचय एवं अतिरेक (b) चालू दायित्व एवं प्रावधान
(c) अंश पूँजी (d) यह सभी

64. अधिशेष खाते में दिखाई देने वाली मद को इंगित करें
(a) प्रस्तावित लाभांश
(b) कराधान के लिए प्रावधान
(c) भविष्य निधि में अंशदान
(d) उपरोक्त में से कोई नहीं

65. यदि ₹ 10,000 मूल्य का माल अनुमोदन द्वारा विक्रय के आधार पर बेचा गया हो लेखांकन की तिथि पर इस लेनदेन का समायोजन किया जाता है
(a) विक्रय में (b) स्टॉक में
(c) देनदारों में (d) ये सभी

66. फर्म के विघटन पर इसकी सम्पत्तियाँ वसूली खाते में हस्तान्तरित की जाती है
(a) पुस्त मूल्य पर
(b) बाजार मूल्य पर
(c) पुस्त मूल्य तथा बाजार मूल्य (इनमें जो भी कम हो उस पर)
(d) वसूली योग्य मूल्य पर

67. पूर्वदत्त व्यय के समायोजन के लिए प्रविष्टि प्रभावित करती है
(a) सम्पत्ति एवं व्यय (b) सम्पत्ति एवं आय
(c) दायित्व एवं व्यय (d) दायित्व एवं सम्पत्ति

68. ऋणपत्रधारी होते हैं
(a) लेनदार (b) स्वामी
(c) ग्राहक (d) नियामक

69. ऋणपत्रों के शोधन के पश्चात् ऋणपत्र शोधन संचय खाते के शेष को हस्तान्तरित किया जाता है
(a) पूँजी संचय खाते में (b) सामान्य संचय खाते में
(c) शोधन कोष खाते में (d) लाभ-हानि खाते में

70. जब अंशों का हरण किया जाता है, तब अंश पूँजी खाते को डेबिट किया जाता है
(a) हरित अंशों की चुकता राशि से
(b) हरित किए गए अंशों पर याचित की गई राशि से
(c) हरित अंशों पर याचित नहीं की गई राशि से
(d) हरित किए गए अंशों के अंकित मूल्य की राशि से

71. निम्न समायोजनाओं से पूर्व शुद्ध लाभ ₹ 3,60,000 है। अदत्त वेतन ₹ 20,000; पूर्वदत्त बीमा ₹ 26,000
उक्त समायोजनाओं के पश्चात् लाभ होगा
(a) ₹ 3,66,000 (b) ₹ 3,80,000
(c) ₹ 3,46,000 (d) ₹ 3,86,000

72. 'चालू व्यवसाय की अवधारणा' का आधार है
(a) स्थायी सम्पत्तियों के प्रयोज्य जीवन काल पर ह्रास लगाने का
(b) सहायक कम्पनियों के लेखों को उनकी मूल कम्पनियों के लेखों में समेकित करने का
(c) प्रतिभूतियों के बाजार मूल्य को प्रकट करने का
(d) आय विवरण में विक्रय एवं परिचालन सूचनाओं को प्रदर्शित करने का

73. अ ब स का लाभ विभाजन अनुपात $\frac{1}{2}, \frac{2}{5}, \frac{1}{10}$ है। अ के सेवानिवृत्त होने पर शेष साझेदारों का अनुपात होगा
(a) 4 : 1 (b) 5 : 1 (c) 3 : 1 (d) 2 : 1

74. लागत इकाई को उपरिव्यय का आवंटन कहलाता है
(a) लागत वितरण (b) लागत विभाजन
(c) लागत अधिशोषण (d) लागत वर्गीकरण

75. चिकित्सालयों में परिव्ययांकन की कौन सी विधि अपनाई जाती है?
(a) इकाई परिव्ययांकन (b) परिचालन परिव्ययांकन
(c) बहुविधि परिव्ययांकन (d) उपकार्य परिव्ययांकन

76. यदि एक फर्म का चालू अनुपात 2.5 : 1 तथा कार्यशील पूँजी ₹ 90,000 है, तो चालू दायित्व की राशि होगी।
(a) ₹ 2,25,000 (b) ₹ 1,35,000
(c) ₹ 60,000 (d) ₹ 36,000

77. निम्नलिखित में से कौन-सी एक व्यावसायिक पूर्वानुमान की तकनीक नहीं है?
(a) बजटन (b) लाभ-नियोजन
(c) लागत मानकों का निर्धारण (d) वित्तीय विवरणों का प्रस्तुतीकरण

78. सकल लाभ अनुपात की गणना की जाती है
(a) (सकल लाभ/सकल विक्रय) × 100
(b) (सकल लाभ/शुद्ध विक्रय) × 100
(c) (शुद्ध लाभ/सकल बिक्री) × 100
(d) उपरोक्त में से कोई नही

79. निम्नलिखित में से कौन-सी एक गैर आर्थिक क्रिया है?
(a) व्यवसाय (b) नौकरी (c) परोपकार (d) पेशा

80. प्रबन्ध में, नीति निर्धारण किसका हिस्सा है?
(a) नियोजन का (b) निर्देशन का
(c) समन्वय का (d) नियन्त्रण का

81. जब माल को निर्यात करने के उद्देश्य से आयात किया जाता है तो इसे कहते हैं
(a) आयात (b) निर्यात
(c) पुनर्निर्यात (d) विदेशी व्यापार

82. साझेदारी में एक अवयस्क साझेदार हो सकता है
(a) किसी भी स्थिति में नहीं
(b) लेकिन एक से अधिक नहीं
(c) लेकिन केवल साझेदारी फर्म के लाभों में ही शामिल हो सकता है
(d) लेकिन केवल गुप्त साझेदार के रूप में

83. कम्पनी अधिनियम, 2013 के अनुसार एक व्यक्ति कम्पनी होती है
(a) सार्वजनिक कम्पनी (b) निजी कम्पनी
(c) साझेदारी कम्पनी (d) सुशुप्त कम्पनी

84. कम्पनी अधिनियम, 2013 के अनुसार, सामान्य तौर पर एक कम्पनी की दो वार्षिक सभाओं के बीच में अधिकतम अन्तर होना चाहिए
(a) बारह महीनों से अधिक नहीं (b) सोलह महीनों से अधिक नहीं
(c) पन्द्रह महीनों से अधिक नहीं (d) चौबीस महीनों से अधिक नहीं

85. जब दो या दो से अधिक स्टील निर्माणी कम्पनियाँ संयोजित होती हैं तब यह है
(a) लम्बवत् संयोजन (b) क्षैतिज संयोजन
(c) पार्श्व संयोजन (d) विकर्णीय संयोजन

86. एकीकरण स्वरूप है
(a) फेडरेशन का (b) पूर्ण विलयन का
(c) कार्टेल का (d) पूल्स का

87. व्यवसाय के आर्थिक पर्यावरण में शामिल है
(a) औद्योगिक नीतियाँ (b) आर्थिक नीतियाँ
(c) आर्थिक दशाएँ (d) ये सभी

88. भौतिक वातावरण में शामिल है
(a) प्राकृतिक संसाधन (b) जलवायु
(c) जल (d) ये सभी

89. आर्थिक नियोजन एक आवश्यक लक्षण है
(a) पूँजीवादी अर्थव्यवस्था का (b) समाजवादी अर्थव्यवस्था का
(c) मिश्रित अर्थव्यवस्था का (d) उपरोक्त में से कोई नहीं

90. निम्नलिखित में से कौन-सी संगठन की विशेषता नहीं है?
(a) औपचारिक सम्बन्ध (b) अनौपचारिक सम्बन्ध
(c) अपरिचित लोगों का समूह (d) अधिकार का अन्तरण

91. 'करो या मरो क्यों का प्रश्न नहीं' से सम्बन्धित है
(a) प्रजातान्त्रिक निर्देशन (b) तानाशाही निर्देशन
(c) निर्बाध निर्देशन (d) इनमें से कोई नहीं

92. निम्नलिखित में से समन्वय की सर्वोत्तम तकनीक कौन-सी है?
(a) स्टाफ सभा के द्वारा समन्वय (b) नेतृत्व के द्वारा समन्वय
(c) स्वयं-समन्वय द्वारा समन्वय (d) उपरोक्त में से कोई नहीं

93. बी ई पी विश्लेषण (BEP Analysis) का पूरा नाम है
(a) ब्रेक-इक्वल प्रपोर्शन विश्लेषण (b) ब्रेक-इक्वल पार्ट विश्लेषण
(c) ब्रेक-इवन प्वॉइण्ट विश्लेषण (d) ब्रेक-इवन प्रोसेस विश्लेषण

94. भविष्य की परिस्थिति का अनुमान लगाने की प्रक्रिया को कहा जाता है
(a) कार्यक्रम (b) पूर्वानुमान (c) विधि (d) परिसंख्या

95. 'ग्राहक सदैव नहीं होता है'—एक उदाहरण हैं
(a) नीति का (b) नियम का (c) प्रक्रिया का (d) रणनीति का

96. "प्रत्येक अधीनस्थ को एक और केवल एक अधिकारी द्वारा निर्देश दिया जाना चाहिए।" यह सिद्धान्त जाना जाता है
(a) निर्देश की एकता का सिद्धान्त
(b) आदेश की एकता का सिद्धान्त
(c) पर्यवेक्षण के विस्तार का सिद्धान्त
(d) पदाधिकारी सम्पर्क श्रृंखला का सिद्धान्त

97. निम्नलिखित में से कौन-सा रेखा संगठन का लाभ नहीं है?
(a) तानाशाही प्रवृत्ति (b) प्रभावशाली नियन्त्रण
(c) लोचशीलता (d) कठोर नियन्त्रण

98. समिति संगठन के सन्दर्भ में निम्नलिखित में से कौन-सा कथन सत्य नहीं है?
(a) एक व्यक्ति समिति कभी नहीं हो सकती है
(b) एक स्थायी समिति हो सकती है
(c) एक अनौपचारिक समिति हो सकती है
(d) आवश्यकतानुसार एक समिति का पुनर्संगठन किया जा सकता है

99. निम्नलिखित में से कौन-सा सफल निर्देशन का लाभ नहीं है?
(a) न्यून अनुपस्थिति (b) ऊँचा श्रम आवर्तन
(c) ऊँचा आत्म-विश्वास (d) ऊँचा मनोबल

100. एक समस्या की अनुभूति होने से पूर्व जब एक योजना प्रतिपादित की जाती है, उसे कहते हैं
(a) पूर्व-प्रतिक्रियावादी योजना (b) प्रतिक्रियावादी योजना
(c) सूक्ष्म योजना (d) औपचारिक योजना

101. रेखा तथा स्टाफ संगठन के सन्दर्भ में, निम्नलिखित में से कौन-सा स्टाफ पद है?
(a) ऑफिसर ऑन स्पेशल ड्यूटी (b) व्यक्तिगत सचिव
(c) व्यक्तिगत सहायक (d) उपरोक्त सभी

102. निम्नलिखित में से कौन-सा नियन्त्रण का भाग नहीं है?
(a) निष्पादन का मापन (b) प्रमापों का अनिर्धारण
(c) प्रतिपुष्टि (d) सुधारात्मक कदम उठाना

103. निम्नलिखित में से किस प्रबन्धकीय कार्य के बाद, निर्देशन की आवश्यकता पड़ती है?
(a) अभिप्रेरण (b) नियोजन
(c) स्टाफिंग (d) संगठन

104. निम्नलिखित में से कौन-सा कथन सत्य नहीं है?
(a) वित्तीय विवरणों को लेखांकन सिद्धान्तों तथा परिपाटियों को ध्यान में रखकर बनाया जाता है।
(b) लेखांकन सिद्धान्तों एवं विधियों में किया गया कोई परिवर्तन वित्तीय विवरणों की उपयोगिता प्रभावित करता है।
(c) उच्च स्फीति की अवधि के दौरान, चिट्ठे की मदों से सम्बन्धित राशियों को चालू मूल्य स्तर के अनुसार समायोजित किया जाता है।
(d) वित्तीय विवरण केवल उन्हीं व्यवहारों का लेखन करता है जिन्हें केवल मौद्रिक इकाइयों में प्रकट किया जा सकता है।

105. सकल लाभ अनुपात क्या है? यदि

कुल विक्रय	₹ 6,00,000
विक्रय वापसी	₹ 50,000
विक्रीत माल की लागत	₹ 4,40,000

(a) 20% (b) 02% (c) 25% (d) 30%

106. कम रहतिया आवर्त अनुपात संकेत करता है

(a) रहतिया में अधिनिवेश (b) शोधन क्षमता स्थिति
(c) एकाधिकार स्थिति (d) उपरोक्त में से कोई नहीं

107. दीर्घकालीन शोधन क्षमता का संकेतक है

(a) तरलता अनुपात (b) ऋण-समता अनुपात
(c) पूँजी मिलान अनुपात (d) लाभदायकता अनुपात

108. पुस्तक ऋण का संग्रह

(a) चालू अनुपात में वृद्धि करता है
(b) चालू अनुपात में कमी करता है
(c) चालू अनुपात पर कोई प्रभाव नहीं
(d) उपरोक्त में से कोई नहीं

109. वित्तीय विवरण होते हैं

(a) प्रत्याशित तथ्य (b) अभिलेखित तथ्य
(c) तथ्यों के अनुमान (d) विश्लेषणात्मक तथ्य

110. कौन–सा उच्चतर अनुपात हितकारी नहीं है?

(a) शुद्ध लाभ अनुपात (b) रहतिया आवर्त अनुपात
(c) सकल लाभ अनुपात (d) परिचालन अनुपात

111. रोकड़ प्रवाह विवरण किस प्रकार के वित्तीय नियोजन में सहायता करता है?

(a) दीर्घकालीन (b) अल्पकालीन
(c) मध्यकालीन (d) ये सभी

112. AS-3 के अनुसार अंशों के निर्गमन से रोकड़ प्राप्ति है

(a) परिचालन क्रिया (b) वित्तीयन क्रिया
(c) विनियोजन क्रिया (d) इनमें से कोई नहीं

113. निम्नलिखित में से कौन–सा कथन सत्य है?

(a) तरलता अनुपात एक संस्था की दीर्घकालीन शोधन क्षमता की माप है
(b) शोधन क्षमता अनुपात दीर्घकालीन शोधन क्षमता का भाग है
(c) स्टॉक तरल सम्पत्तियों का भाग है
(d) सकल लाभ अनुपात एक संस्था की समग्र लाभदायकता की माप है

114. चालू अनुपात 2 : 5 है, चालू दायित्व ₹ 25,000; चालू सम्पत्ति की राशि होगी

(a) ₹ 62,500 (b) ₹ 12,500
(c) ₹ 10,000 (d) ₹ 15,000

115. सकल लाभ अनुपात क्या है?

सकल विक्रय	₹ 7,60,000
विक्रय वापसी	₹ 40,000
ब्याज के बाद शुद्ध लाभ	₹ 40,000
अप्रत्यक्ष व्यय	₹ 60,000
ब्याज का भुगतान ऋणपत्रों पर	₹ 20,000

(a) 16.67% (b) 12.22%
(c) 13.88% (d) 24.44%

116. कर्मचारियों को अन्य की ओर से किया गया नकद भुगतान है

(a) वित्तीयन क्रिया (b) विनियोजन क्रिया
(c) परिचालन क्रिया (d) इनमें से कोई नहीं

117. परिचालन से रोकड़ होगी यदि

कुल विक्रय ₹ 5,00,000, उधार विक्रय ₹ 2,25,000, कुल क्रय ₹ 2,48,000, उधार क्रय ₹ 1,08,000, रोकड़ परिचालन व्यय ₹ 40,000

(a) ₹ 1,30,000 (b) ₹ 1,90,000
(c) ₹ 2,12,000 (d) ₹ 95,000

118. निम्नलिखित में से कौन–सी क्रिया वित्तीयन क्रिया से सम्बन्धित है?

(a) अधिकार शुल्क से प्राप्त रोकड़
(b) अचल सम्पत्तियों के क्रय पर नकद भुगतान
(c) लाभांश का भुगतान
(d) अचल सम्पत्तियों के विक्रय से प्राप्त रोकड़

119. अनुपात का निम्न होना फर्म की अनुकूलता का सूचक होता है। यह किस अनुपात पर लागू होता है?

(a) स्कन्ध आवर्त अनुपात (b) परिचालन लाभ अनुपात
(c) देनदार आवर्त अनुपात (d) परिचालन अनुपात

120. ऋण–समता अनुपात उप–भाग होता है

(a) अल्पकालीन शोधन क्षमता अनुपात का
(b) दीर्घकालीन शोधन क्षमता अनुपात का
(c) देनदार आवर्त अनुपात का
(d) स्कन्ध आवर्त अनुपात का

उत्तरमाला

1.	(d)	2.	(b)	3.	(b)	4.	(a)	5.	(c)	6.	(a)	7.	(a)	8.	(c)	9.	(c)	10.	(b)
11.	(b)	12.	(c)	13.	(c)	14.	(a)	15.	(c)	16.	(b)	17.	(d)	18.	(d)	19.	(d)	20.	(b)
21.	(c)	22.	(d)	23.	(c)	24.	(b)	25.	(c)	26.	(c)	27.	(a)	28.	(b)	29.	(c)	30.	(d)
31.	(d)	32.	(a)	33.	(c)	34.	(c)	35.	(c)	36.	(d)	37.	(a)	38.	(d)	39.	(b)	40.	(b)
41.	(a)	42.	(a)	43.	(c)	44.	(c)	45.	(b)	46.	(b)	47.	(b)	48.	(b)	49.	(b)	50.	(c)
51.	(c)	52.	(b)	53.	(b)	54.	(d)	55.	(d)	56.	(c)	57.	(a)	58.	(c)	59.	(c)	60.	(b)
61.	(d)	62.	(a)	63.	(a)	64.	(a)	65.	(d)	66.	(a)	67.	(a)	68.	(a)	69.	(b)	70.	(b)
71.	(a)	72.	(a)	73.	(a)	74.	(a)	75.	(b)	76.	(c)	77.	(d)	78.	(b)	79.	(c)	80.	(a)
81.	(c)	82.	(c)	83.	(b)	84.	(c)	85.	(b)	86.	(b)	87.	(d)	88.	(d)	89.	(b)	90.	(c)
91.	(b)	92.	(d)	93.	(c)	94.	(b)	95.	(a)	96.	(b)	97.	(c)	98.	(a)	99.	(b)	100.	(a)
101.	(d)	102.	(b)	103.	(c)	104.	(c)	105.	(a)	106.	(a)	107.	(b)	108.	(c)	109.	(b)	110.	(d)
111.	(b)	112.	(b)	113.	(b)	114.	(c)	115.	(a)	116.	(c)	117.	(d)	118.	(c)	119.	(d)	120.	(b)